Alberta

Zeichenerklärung für die Karten

Highway	Highlight	Weingut
Hauptstraße	Ort/Stadt	Wasserfall
Nebenstraße	Berg	Park
Piste	Landschaftliche Sehenswürdigkeit	Wanderung
Bahnlinie	Sehenswürdigkeit	Skigebiet
Fähre	Unterkunft	Badestelle
	Restaurant/Bar	Golfplatz
	Sonstiges	Parkplatz
	Campground	Ausgrabung
	Flugplatz	Kirche
	Flughafen	Tankstelle

Kartenverzeichnis

Was haben Sie entdeckt?

Haben Sie einen schönen Campground entdeckt, ein stilvolles Restaurant oder einen tollen Wanderweg? Wenn Sie Tipps, Anregungen oder Verbesserungsvorschläge haben, schreiben Sie uns:

Michael Müller Verlag
Stichwort „Kanada – der Westen“
Gerberei 19
D-91054 Erlangen
E-Mail: info@michael-mueller-verlag.de

Das Opabin Plateau im Yoho National Park

Den Westen Kanadas erleben

Der Westen Kanadas nimmt eine unvorstellbar große Fläche des nordamerikanischen Kontinents ein. In diesem Gebiet liegen zwei Provinzen (British Columbia und Alberta) sowie zwei Territorien (Northwest Territories und Yukon Territory), und es erstreckt sich vom Pazifik bis zu den Prärien und reicht im Norden sogar über den Polarkreis hinaus. Einige seiner Landschaften sind allgemein bekannt, etwa die urtümlichen Wälder an der Westküste, die Seen und Gipfel der kanadischen Rockies sowie die Tundra im hohen Norden. Doch der Westen Kanadas hält auch einige Überraschungen bereit. Dazu gehören eine Wüste, mit Obstbäumen bewachsene Täler, die seltsam geformten Badlands und sogar weitläufige Sandstrände. Das Beste ist jedoch, dass der Großteil des Landes eine unberührte Wildnis mit einer geradezu unvergleichlichen Artenvielfalt ist, und dass sich hier, im Westen Kanadas, Chancen auf grenzenlose Abenteuer bieten.

Die Tierwelt im Westen Kanadas ist so abwechslungsreich wie das Land selbst. Wapitis, Elche, Rotwild, Bären und Dickhornschafe sind weit verbreitet. In den küstennahen Gewässern leben Säugetiere wie Delfine und Robben. Etwa 420 Vogelarten haben hier ihren Lebensraum oder machen als Zugvögel im Frühjahr oder Herbst hier Station. Neben den überall heimischen Tierarten, denen man fast zwangsläufig irgendwann einmal begegnet, gibt es auch solche Spezies, die nur an bestimmten Stellen anzutreffen sind und nach denen man ganz besonders Ausschau halten sollte. So passieren zweimal jährlich Wale auf ihrer Wanderung in den Norden bzw. den Süden die Pazifikküste. Manche Arten, wie etwa die Orcas, tummeln sich sogar das ganze Jahr über in den Gewässern um Vancouver Island. Tausende Meilen weiter nördlich bevölkern Belugawale die Beaufort Sea. Auf dem Fest-

Die Middle Beach Lodge südlich von Tofino bietet schöne Ausblicke

land wandern Hunderttausende von Karibus durch den Norden der Northwest Territories und das Yukon Territory. An manchen Stellen leben so viele Tiere, dass man Beobachtungsmöglichkeiten fast garantieren kann. Das gilt beispielsweise für Braunbären im Khutzeymateen Provincial Park und für Bisons im Elk Island National Park von Alberta. Aber auch schon zu Urzeiten gedieh die Tierwelt hier prächtig. Das belegen unzählige Fußabdrücke von Dinosauriern, die man im Upper Peace Valley freigelegt hat. Und im Red Deer River Valley von Alberta ist man auf eine der weltweit größten Ansammlungen von Dinosaurierknochen gestoßen.

Einen wichtigen Schlüssel zum besseren Verständnis von Westkanada liefert die nähere Beschäftigung mit seiner Besiedlungsgeschichte. Die Glanzstücke in vielen Museen sind Artefakte aus der Kulturgeschichte der Ureinwohner. Einige Museen, wie etwa das Museum of Anthropology in Vancouver, räumen dieser Thematik sogar zentrale Bedeutung ein. Um den wahren Einfluss der ersten menschlichen Siedler allerdings wirklich begreifen zu können, muss man auf die Queen Charlotte Islands fahren, den Head-Smashed-In Buffalo Jump in Alberta mit eigenen Augen sehen oder sich nach Norden zum Nordpolarmeer wagen, um eine der abgelegenen Siedlungen der Inuit zu besuchen. Aufgrund der neuzeitlichen Zuwanderung ist der Westen Kanadas zu einem Schmelztiegel der verschiedensten Nationen geworden, was einem besonders in den großen Städten wie Vancouver deutlich vor Augen geführt wird. Dort gibt es beispielsweise nicht nur eine pulsierende Chinatown, sondern dort wohnt auch die Hälfte aller in Kanada lebenden Sikhs.

Den ersten Eindruck von Kanada erhalten die meisten Touristen in Vancouver, der größten Stadt im Westen des Landes. Die pulsierende Metropole schmiegt sich an die umliegenden Küstenabschnitte und ist eine prachtvolle Mischung aus alten und neuen architektonischen Wunderwerken, aus Parks und Gärten. Ironischerweise

Die Badlands sind das Charakteristikum des Red Deer River Valley

sind die beiden größten Städte der Region, Vancouver und Calgary, nicht die Hauptstädte ihrer Provinzen. In British Columbia fällt diese Ehre dem überaus prächtigen Victoria zu, das am südöstlichen Ende von Vancouver Island thront und durch die Strait of Georgia vom gegenüberliegenden Vancouver getrennt ist. Augenscheinlich fast eine Weltreise vom Meer entfernt liegen hingegen Calgary und Edmonton, die beiden größten Städte Albertas. Calgary ist die am schnellsten wachsende Stadt Kanadas und weltberühmt für die hier jährlich stattfindende *Calgary Stampede,* ein Western- und Rodeo-Spektakel, das seinesgleichen sucht. Dafür beherbergt Edmonton einige der namhaftesten kulturellen Einrichtungen Kanadas.

Doch der Großteil des kanadischen Westens, den man als Besucher erleben möchte, liegt abseits der Städte in der umliegenden, unermesslichen Weite des Landes. Die geschützten Gewässer an der Küste, die schroffe Westküste von Vancouver Island, die reizvollen Queen Charlotte Islands, die berühmte Szenerie der kanadischen Rockies und die entlegenen nördlichen Breiten werden Ihnen Eindrücke vermitteln, die Sie niemals vergessen werden. Dazu gibt es jede Menge landschaftliche Postkartenmotive, die selbst den König unter den Weltenbummlern in Ehrfurcht erstarren lassen. Inmitten dieser ursprünglichen Landschaften findet man nahezu unbegrenzte Möglichkeiten zum Wandern und Radfahren. Man kann aber auch auf erstklassig gepflegten Fairways Golf spielen, in einem der unzähligen Seen oder in den Flüssen angeln, in einem der vielen Wintersportorte Ski fahren und snowboarden oder in einer heißen Quelle entspannen.

Es ist schwer, die wahre Erhabenheit des kanadischen Westens in einfachen Worten oder Bildern zu beschreiben. Mit beidem lässt sich weder der Duft einer Bergwiese voller Wildblumen vermitteln noch das Gefühl, das der frische Hauch einer Meeresbrise erzeugt, wenn man auf einem der Trails an der Küste unterwegs ist. Ganz zu schweigen von dem Respekt, der sich plötzlich einstellt, wenn man einen

Der Bow Lake im Banff National Park

Grizzly beim Äsen beobachtet, oder dem Adrenalin, das einem durch die Adern schießt, wenn man dem Bullenreiten auf der Calgary Stampede beiwohnt. Man kann den Nervenkitzel nicht beschreiben, den man empfindet, wenn man einen rekordverdächtigen Lachs an der Angel hat, nicht die Einsamkeit, die einen bei einem frühen Morgenspaziergang in den Bergen befällt, und nicht die Anspannung, die man beim Wildwasserrafting durchleidet. Wie soll man die entspannte Behaglichkeit erklären, die von einer rustikalen Blockhütte am Seeufer ausgeht, oder den Geschmack einer zarten Scheibe Rinderbraten? Nein, es gibt keine Worte, mit denen sich diese Dinge vermitteln lassen, und es gelingt einem auch nicht mit den schönsten Fotos. Es gibt nur eine einzige Möglichkeit, die Naturwunder des kanadischen Westens wirklich zu begreifen: indem man sich persönlich auf den Weg macht.

Reiseplanung

Reisevorbereitungen können schnell in Stress ausarten, was man unbedingt vermeiden sollte. Daher empfiehlt es sich, zunächst einmal alle Vorurteile über Bord zu werfen, die man angesichts der beabsichtigten Reise in den Westen Kanadas bereits angehäuft hat. Konzentrieren Sie sich vielmehr auf den Gesichtspunkt des Erlebens. Natürlich wollen Sie in Vancouver das eine oder andere Museum besichtigen, nachmittags eine gepflegte Tasse Tee in Victoria trinken, die Calgary Stampede besuchen, in den kanadischen Rockies wandern und vielleicht sogar vor Long Beach surfen. Versuchen Sie aber trotz all dieser Wünsche, sich insgesamt weniger auf konkrete Sehenswürdigkeiten als auf das Erlebnis an sich zu konzentrieren.

Starten Sie damit, sich erst einmal Gedanken darüber zu machen, welche Arten von Landschaften Sie sehen wollen, welche Nationalparks Sie auf keinen Fall versäumen möchten, welche Städte Ihnen besonders ansprechend erscheinen und nicht zuletzt, wie viel Geld Sie ausgeben wollen. Sobald Sie diese grundlegenden Entscheidungen getroffen haben, sollten Sie sich um den Flug kümmern und die entsprechenden Unterkünfte buchen – und zwar so bald wie möglich. Das gilt besonders für den Fall, dass Sie im Juli oder August unterwegs sein wollen.

Zwar ist es durchaus möglich, den Westen Kanadas auch ohne Mietwagen zu erkunden. Allerdings bindet Sie das weitgehend an die größeren Städte. Um mobil zu sein, müssen Sie sich auf öffentliche Verkehrsmittel verlassen und vor Ort Ausflüge buchen. Autofahren ist dagegen wesentlich praktischer, v. a. wenn Sie den Besuch von Nationalparks planen und viel in der Natur unterwegs sein wollen.

Reisezeit

Zu welcher Jahreszeit Sie den Westen Kanadas ansteuern, hängt generell von Ihren ganz persönlichen Plänen ab. Die folgenden Überlegungen sollen daher lediglich einige Anregungen zur optimalen Reisezeit geben.

Obwohl man Westkanada ganzjährig bereisen kann, konzentrieren sich die großen Besucherströme auf zwei Jahreszeiten: Sommer und Winter. In den warmen Sommermonaten stehen bei den Besuchern alle erdenklichen Outdoor-Unternehmungen im Mittelpunkt, wie etwa Wandern, Radfahren, Schwimmen, Paddelausflüge mit dem Kanu und Fischen. Im Winter konzentriert sich hingegen alles aufs Skilaufen und Snowboarden.

Hauptsaison ist in Westkanada der **Sommer**, v. a. Juli und August. Dann werden die Parks von Campern bevölkert, an den Seen und Flüssen tummeln sich Angler, Wanderer sind in den Bergen unterwegs, in den Wäldern streift jede Menge Wild umher, und an den Verkaufsbuden am Straßenrand warten alle erdenklichen Arten von landwirtschaftlichen Erzeugnissen auf die zahlreich vorbeifahrende Kundschaft. Die Tagestemperaturen liegen in Vancouver durchschnittlich bei 25 °C. In heißen Gegenden wie dem Okanagan Valley und im Süden von Alberta klettert das Thermometer an vielen Tagen sogar auf über 30 °C.

Sollten Sie nicht von einem strengen Terminplan (wie etwa den Schulferien) abhängig sein, bieten sich Frühjahr und Herbst als exzellente Reisezeiten an. Obwohl April und Juni als Nebensaison gelten, zeigt sich das Land gerade zur Blütezeit im **Frühling** meist von seiner schönsten Seite. Es sind nur wenige Touristen unterwegs, es ist lange hell, die Golfspieler sind schon in T-Shirts und kurzen Hosen unterwegs – und in den Hotels und anderen Unterkünften gewährt man Preisnachlässe. Besonders auf Vancouver Island und im Binnenland von British Columbia ist v. a. der Mai ein wahrer Wonnemonat.

Der von Mitte September bis November dauernde **Herbst** weiß v. a. im September zu gefallen. Es ist noch angenehm warm, und nach dem langen Wochenende zu Monatsbeginn bleiben plötzlich, wie auf Kommando, die Scharen von Touristen aus. Obwohl die Herbstfärbung des Laubes längst nicht die Intensität wie etwa in den östlichen Provinzen oder in Neuengland erreicht, tauchen die Lärchen die hochalpinen Gegenden im späten September dennoch in ein strahlendes Gelb.

Die großen Städte Vancouver, Victoria, Calgary und Edmonton sind ganzjährig lohnende Reiseziele. Auf Vancouver Island kann man sogar mitten im **Winter** einige Outdoor-Aktivitäten wie Golfen, Wandern oder Radfahren in Angriff nehmen. Die alpinen Skigebiete öffnen im Dezember und haben meist bis Ende April Saison, einige sogar länger, wie etwa Sunshine Village (bis Mai) und Whistler (bis Anfang

Juni). Beste Schneebedingungen herrschen im Januar und Februar. Wahren Winterfreunden, die auf der Suche nach der perfekten Mischung aus gutem Schnee und warmem Wetter sind, sei der März als exzellente Reisezeit empfohlen.

Was in den Koffer gehört

Es gibt wenig Gelegenheiten, im Westen Kanadas Anzug und Krawatte spazieren zu tragen. Stattdessen sollte man besser zweckmäßige Kleidung einpacken, v. a. wenn man Naturerlebnisse sucht. An erster Stelle stehen feste Wanderstiefel. Wer für die Reise extra noch Wanderstiefel kaufen muss, der sollte diese vor dem Abflug unbedingt noch ein- oder zweimal tragen. Auf diese Weise werden sie nicht nur eingelaufen, sondern man kann auch noch reagieren, falls sie wider Erwarten nicht passen sollten. Da die Temperaturen im Sommer nur selten unter den Gefrierpunkt fallen, sind Daunenjacke und Winterstiefel zu dieser Zeit überflüssig. Ist man hingegen in einem Zeitraum unterwegs, zu dem ein Jahreszeitenwechsel ansteht, dann sollte man für eine Vielzahl unterschiedlicher Wetterbedingungen gerüstet sein. Am besten packt man Kleidung ein, von der man nach dem altbewährten Zwiebelsystem verschiedene Lagen übereinander anziehen kann. Unverzichtbar sind dabei eine warme Fleece-Hose und ein dickes, langärmeliges Hemd. Gegen die kräftigen Sonnenstrahlen sollte man sich mit Sonnenbrille und einem breitkrempigen Hut wappnen. Wer campen will, wird ein Paar Handschuhe und eine Wollmütze schnell zu schätzen wissen. Was formelle Kleidung angeht, so ist zu sagen, dass man nur in den allernobelsten Restaurants der Städte und Ferienorte nicht in normaler Freizeitkleidung eingelassen wird. Auf keinen Fall vergessen sollte man seine Schwimmsachen. Damit kann man nicht nur in die Gewässer vor Vancouver Island eintauchen, sondern auch im warmen Whirlpool eines Skiresorts entspannen. Schließlich ist im Sommer auch Insektenspray eine Notwendigkeit. Die wirksamsten Marken sollte man gleich nach der Ankunft direkt vor Ort erwerben (siehe Kapitel „Wissenswertes von A bis Z“, Gesundheitsrisiken).

Die Wintertemperaturen weichen je nach Region erheblich voneinander ab. Wer etwa im Januar auf Vancouver Island Golf spielen möchte, der muss sich natürlich warm anziehen – aber er kann dort Golf spielen. Ansonsten bringt der Januar überall extrem kalte Temperaturen. Auch hier gilt, sich nach dem Zwiebelprinzip in mehreren Schichten einzukleiden. Die unterste Schicht sollte dabei lange Thermounterwäsche sein. Als äußerste Schicht empfehlen sich eine atmungsaktive, windabweisende Jacke und Hose. Warme Stiefel mit neuen Innenstiefeln (sog. *Liner*), gefütterte Fäustlinge und eine Wollmütze sind ein Muss. Wer aus wärmeren Regionen anreist und nicht über die passende Winterausrüstung verfügt, sollte sich diese sofort nach der Ankunft besorgen.

In Kanada funktionieren nur amerikanische Elektrogeräte. Wer aus Europa einreist, braucht einen entsprechenden Spannungswandler samt Adapter für die Steckdose (siehe Kapitel „Wissenswertes von A bis Z“, Stromanschlüsse und Steckdosen).

Auch die Auswahl des richtigen Koffers bzw. Rucksacks ist wichtig. Vor der endgültigen Entscheidung sollte man sich vorweg einige Gedanken über Anlass und Art der geplanten Reise machen. So leistet auf dem Weg durch Flughäfen und Hotels ein mittelgroßer Koffer mit Rädern beste Dienste. In Geschäften werden auch spezielle zusammenklappbare Koffer gerne angeboten, in denen formelle Kleidung weitgehend faltenfrei bleibt. Allerdings braucht man auf einer Reise in den Westen

Kanadas normalerweise keine besonders schicke Ausgehkleidung, sofern man nicht geschäftlich unterwegs ist oder sonstige repräsentative Aufgaben wahrnehmen muss. Von diesen Fällen abgesehen, erweisen sich die klappbaren Koffer eher als Pein, wenn es ans Packen bzw. Auspacken geht.

Die Fluglinien erlauben zumindest ein Handgepäckstück pro Person, das den vorgeschriebenen Maßen entsprechen muss, damit es in die Gepäckablage über den Sitzen passt. In Fachgeschäften wird man meist gut beraten, welche Größen hier die richtigen sind. Ins Handgepäck gehören Wertsachen, Medikamente, bruchgefährdete Gegenstände, ein gutes Buch zum Schmökern und alle persönlichen Dokumente wie Führerschein, Kreditkarte, Reisepass und die Reiseunterlagen. Auch für den Fall, dass man per Bus, Zug oder im Mietwagen nach Kanada einreist, hat es sich bewährt, die vorgenannten Dinge in einer leicht zu erreichenden und einfach zu transportierenden Tasche aufzubewahren. Gute Dienste leistet ein kleiner Rucksack, der sich mit einem normalen Rucksack verbinden lässt (sog. *Daypack*) und dann auch auf Wanderungen oder bei Stadtbesichtigungen problemlos mitgenommen werden kann.

Reisekosten

Laut offizieller Statistik liegen die Lebenshaltungskosten in Kanada etwas niedriger als in Deutschland. Doch wie bei jeder Statistik ist auch hier Vorsicht angebracht. Einerseits ist zu beachten, dass es in den einzelnen Provinzen deutliche Unterschiede hinsichtlich der Lebenshaltungskosten gibt. So gilt British Columbia – und dort insbesondere der Großraum Vancouver – neben Ontario als das teuerste Pflaster in ganz Kanada. Andererseits kommt es ganz entscheidend auf die persönlichen Vorlieben des Einzelnen an. Wer während seines Kanada-Aufenthalts z. B. gerne in guten Lokalen speist, muss für dieses Vergnügen dort deutlich mehr ausgeben, als es zu Hause der Fall wäre. Bei Fastfood-Lokalen und Salatbars kommt man dagegen günstiger weg als in heimischen Gefilden. Kaum einen Unterschied gibt es schließlich bei Einkäufen im Supermarkt, da die Lebensmittelpreise in Kanada weitgehend denen in Deutschland entsprechen. Bezüglich der Übernachtungskosten gilt die Faustregel, dass man bei mittleren und gehobeneren Unterkünften günstiger fährt, wenn man diese von Deutschland aus über einen Reiseveranstalter bucht. Außerdem lassen sich in der Nebensaison erhebliche Beträge sparen, da viele Quartiere dann deutlich billiger angeboten werden. Auch bei Mietwagen gilt, dass man bei einer Buchung von Deutschland aus erheblich sparen kann – vor Ort muss man bei Abschluss der entsprechenden Versicherungen ein Mehrfaches zahlen. Wer mit dem Mietwagen unterwegs sein will, muss allerdings auch die Benzinkosten bedenken. War das Benzin vor einigen Jahren noch eine völlig vernachlässigbare Größe bei jeder Nordamerika-Reise, so schlägt dieser Rechnungsposten mittlerweile angesichts der hohen Preise auf dem Ölmarkt und der riesigen zu überwindenden Distanzen im Land erheblich zu Buche. Anfang 2010 lag der Preis für 1 l unverbleites Benzin *(Regular Unleaded)* bei $ 1/l. In entlegenen Gebieten wie etwa am Icefields Parkway (Banff und Jasper National Park) und in den beiden Territorien kostet 1 l bis zu $ 1,50.

Zusammenfassend lässt sich feststellen, dass man mit weniger als $ 100/Pers. und Tag auskommen kann, wenn man vorausschauend plant, im Zelt oder in Hostels übernachtet und nichts dabei findet, sich selbst zu verpflegen.

Reiseziele

British Columbia

Vancouver und Umgebung: Kein Wunder, dass die Bewohner ihre Stadt lieben: Majestätische, schneebedeckte Berge erheben sich als grandiose Kulisse hoch über Vancouver, das sich eng an die Küstenlinie schmiegt. Im Zentrum der Downtown besticht die Mixtur aus jahrhundertealten roten Ziegelsteinbauten und modernen Wolkenkratzern aus Stahl und Glas. Von hier hat man auch einen guten Überblick über das geschäftige Treiben auf den umliegenden Gewässern. In Vancouver findet man gepflegte Vororte, die von goldenen Sandstränden und felsigen Küstenstreifen gesäumt werden, Naturschutzgebiete mit prächtigen alten Baumbeständen und leuchtende, bunte Blumengärten von ungeheurer Farbenpracht. Dazu gibt es in Vancouver absolute Spitzenunterkünfte und ein sich ständig wandelndes Angebot an kulinarischen Köstlichkeiten. Alle diese positiven Seiten formen exakt jenen bleibenden Eindruck, den Vancouver bei seinen Besuchern hinterlässt. In der größten Metropole von British Columbia leben 2 Mio. Menschen. Sobald man mit ihrer Erkundung fertig ist, winken einem Abenteuer entlang der so treffend benannten Sunshine Coast im Norden und in dem ebenso berühmten wie klassischen Ferienort Whistler im Nordosten.

Vancouver Island: Der Gegensatz zwischen dem eleganten Victoria, der auf dem südlichen Ende von Vancouver Island gelegenen Hauptstadt von British Columbia, und ihrer Nachbarin Vancouver könnte gar nicht größer sein. Die Einheimischen erklären einem hier mit größter Selbstverständlichkeit, dass in Victoria nicht nur das Wetter schöner ist, sondern auch alles etwas ruhiger zugeht als drüben auf dem Festland. Beides Tatsachen, die man nur schwer abstreiten kann. Genauso wenig, wie man sich den Impressionen der Stadt entziehen kann. Gut erhaltene, jahrhundertealte Gebäude säumen die Straßen im Zentrum, und in den schattigen Parks stehen ehrwürdige Totempfähle. Trendige Läden, Büros und exotische Restaurants residieren in den sanierten historischen Straßenzügen. Doppelstöckige Busse und Pferdekutschen buhlen nebeneinander um die Gunst der Touristen, während die Einheimischen die ursprünglichen Traditionen und die Atmosphäre des „guten alten England“ aufrechterhalten. Außerhalb der Stadtgrenzen lockt das übrige Vancouver Island mit einer ganzen Reihe von Aktivitäten, die vom Erwandern des berühmten West Coast Trail bis zum Surfen vor Long Beach reichen.

Südliches Binnenland: Wie ein Band zieht sich diese Region der extremen Gegensätze durch den Süden British Columbias. Ihren Ausgangspunkt hat sie im großartigen Okanagan Valley, einem äußerst fruchtbaren Landstrich mit einer Ausdehnung von 180 km, der unzählige Obstplantagen und Weingüter beherbergt. Letztere sind die besondere Attraktion der Gegend. Doch selbst wer vom Wein nicht wirklich etwas versteht, braucht sich bei einer Weinprobe im Okanagan Valley keinerlei Sorgen zu machen – hier geht es gemütlich und ohne jegliche Besserwisserei zu. Zwischen dem Okanagan Valley und Alberta erstrecken sich mächtige Gebirgszüge. Alpine Schneefelder speisen gewaltige Flüsse und kolossale Seen, ein ideales Revier für Angler und Kanu- bzw. Kajakfahrer. Begibt man sich von der Kootenay-Region aus in Richtung Osten, werden die Bergriesen noch dramatischer – willkommen in den kanadischen Rockies! Die Tierwelt ist hier von unglaublicher Vielfalt, und auf dem ausgedehnten Netz aus Wanderwegen lässt sich fast jeder landschaftlich reizvolle Schauplatz erreichen. Der atemberaubende Höhepunkt dieser Region – und in den Augen des Autors der gesamten kanadischen Wildnis – erschließt sich einem am Lake O'Hara im Yoho National Park.

Zentrales und nördliches British Columbia: Das Zentrum und der Norden von British Columbia bleiben den Abenteurern vorbehalten. Im Südosten liegen einige von Gletschern bedeckte Gebirgszüge, deren höchste Erhebungen von zwei Nationalparks geschützt sind. Weiter im Westen wird das Landschaftsbild hingegen von Hügeln geprägt, die überwiegend mit Salbeisträuchern bewachsen sind. Richtung Norden führen einen die Highways in den wildreichen Wells Gray Provincial Park, zu den hohen Gipfeln des Mount Robson Provincial Park und durch die Weidegründe der Karibus. Noch weiter nördlich liegt inmitten der Wälder eine bis heute ungezähmte Wildnis. Hier hat man noch an jeder Ecke die Möglichkeit, nach rekordverdächtig großen Forellen zu angeln. Auf dem Landweg hat man im zentralen und nördlichen British Columbia nur selten Zugang zur Küste. An den wenigen Stellen, an denen einen die Straßen jedoch bis ans Meer führen, wird man für die an den Tag gelegte Ausdauer mit grandiosen Panoramen belohnt. Wer das wahre Abenteuer sucht, sollte in Prince Rupert die Fähre auf die Queen Charlotte Islands nehmen. Hier stößt man auf die verlassenen, mit zahllosen Totempfählen geschmückten Dörfer der einst als furchtlos bekannten Haida, die von der Natur nun langsam wieder zurückerobert werden.

Alberta

Calgary und Umgebung: Ya-Hoo! Willkommen in der Viehmetropole Calgary, wo vor etwas mehr als 100 Jahren eine Einheit der North West Mounted Police ein Camp errichtete. Heute steht an dieser Stelle eines der Welthandelszentren der Öl- und Gasindustrie, und die supermodernen Wolkenkratzer sprießen schneller aus dem Boden, als es sich jeder Architekt hätte träumen lassen. Ist das Öl auch für die wirtschaftliche Entwicklung verantwortlich, so ist es doch eine ganz andere Art von Energie, die in der zweiten Juliwoche ganz Calgary in Atem hält. Dann verwandelt sich die Stadt anlässlich der Calgary Stampede in ein Partyzentrum Marke Wilder Westen. Bevor man sich auf dem Trans-Canada Hwy. schnurstracks in westlicher Richtung nach Banff begibt, sollte man einen Umweg in die wenig besuchten Berge des Kananaskis Country oder einen Abstecher ins östlich gelegene Dinosaur Valley in Erwägung ziehen, wo die weltweit ergiebigsten Fundstätten von Dinosaurierknochen liegen. Der Hwy. 2 ist zwar die schnellste Verbindung von Calgary nach Edmonton, aber entlang seiner Route locken sowohl im Osten wie im Westen überall lohnende Umwege. Auf der den Bergen zugewandten Seite finden sich zwischen den auslaufenden Hängen viele Farmer-Gemeinden wie etwa das malerisch gelegene Markerville und geschichtlich bedeutsame Orte wie der Rocky Mountain House National Historic Site, wo sich einst ein für die weitere Besiedlung des Westens bedeutsamer Handelsposten befand.

Südliches Alberta: Süd-Alberta umfasst einen breiten Streifen der Provinz südlich von Calgary. Die Gegend hat von allem ein wenig, ist aber überschaubar genug, um ein eigenständiges Reiseziel darzustellen. Im Westen liegt der Waterton Lakes National Park. Verglichen mit seinen berühmten Nachbarn im Norden, ist er zwar nur ein kleiner Fleck auf der Landkarte, trotzdem verfügt er über ein gut ausgebautes Netz an Wanderwegen und Dutzende von landschaftlichen Sehenswürdigkeiten. Besonders beeindruckend ist der östlich und weiter nördlich von Waterton mit einem Mal einsetzende Wandel der Landschaft, die in eine Ebene übergeht. Nach gerade einmal einer Fahrstunde findet man sich plötzlich mitten in der Prärie wieder und stößt auf Sehenswürdigkeiten wie das Remington Carriage Museum und die höchst interessante Geschichte des Head-Smashed-In Buffalo Jump. Schaut man auf die Landkarte, scheint der Südosten Albertas keine größeren Anziehungspunkte zu haben – und das stimmt im Grunde auch. Trotzdem existieren hier einige ebenso reizvolle wie versteckte Naturflecken. Man muss nur genügend

Zeit mitbringen, um sie aufzuspüren. Und das gilt nicht nur für den Writing-on-Stone Provincial Park.

Banff und Jasper National Park: Banff und Jasper sind die beiden Kronjuwelen unter den kanadischen Nationalparks und zugleich Heimat der meistfotografierten Seen der Welt. Aber was darf man von diesen beiden Parks, die ursprünglich speziell als Touristenattraktionen eingerichtet wurden, wirklich erwarten? Lake Louise, Moraine Lake, der Icefields Parkway und Maligne Lake sind nur einige ihrer vielen eindrucksvollen Höhepunkte. Jeder der genannten Orte gehört zum Pflichtprogramm eines Besuchs in den kanadischen Rockies. Aber die Parks bestehen keineswegs nur aus diesen weltweit bekannten Sehenswürdigkeiten, die meist von ganzen Touristenhorden belagert werden. Man kann auch per Rad das Ufer vom Lake Minnewanka entlangfahren, im Herbst, wenn die Färbung des Laubes ihren Höhepunkt erreicht, das Larch Valley erkunden, im Kanu den Bow Lake queren, zur im Hinterland gelegenen Skoki Lodge wandern und im Winter den Maligne Canyon erforschen. Zwar handelt es sich bei den genannten um weit weniger berühmte Naturwunder, die man nicht unbedingt in den gängigen Touristenbroschüren findet, dennoch hinterlassen sie beim Besucher ganz besondere Eindrücke. Auch der Glanz, den Hotels wie das Fairmont Banff Springs, das Fairmont Château Lake Louise und die Fairmont Jasper Park Lodge ausstrahlen, verfehlt seine Wirkung auf den Betrachter nicht. Wer lieber etwas preiswerter unterkommen will, der kann auch in einer der Jugendherbergen bzw. Backpacker Lodges schlafen oder die Nacht auf einem der zahlreichen Campingplätze unter dem Sternenhimmel verbringen.

Edmonton und nördliches Alberta: Die Provinzhauptstadt Edmonton liegt genau in der Mitte von Alberta. Ihre Downtown erstreckt sich entlang dem Nordufer des North Saskatchewan River. Da die Sehenswürdigkeiten gleichmäßig über das gesamte Stadtgebiet verteilt sind, hat man eine prima Entschuldigung dafür, der nicht übermäßig großen Innenstadt bald wieder den Rücken zu kehren. Die bekannteste unter ihnen ist die West Edmonton Mall, der größte Einkaufs- und Unterhaltungskomplex der Welt. Allerdings gibt es durchaus bessere Alternativen, als seine Zeit nur dem Glamour dieses Einkaufsparadieses zu widmen. An erster Stelle zu nennen ist eine Stippvisite im Royal Alberta Museum. Oder man lässt sich im Ford Edmonton Park in eine längst vergangen geglaubte Zeit zurückversetzen oder schlendert die restaurierten Straßen von Old Strathcona entlang. Eine Fahrt von Edmonton nach Nord-

Alberta ist nicht nur mit der Durchquerung der halben Provinz verbunden, sie ist auch zugleich Abenteuerreise und Erholungsurlaub. Dabei geht es durch bewaldetes Gebiet, das immer wieder von Straßen durchschnitten wird. Folgt man ihnen, gelangt man zu kleinen Städtchen mit Versorgungseinrichtungen für die umliegende Gegend, zu historischen Handelposten, zu Seen mit einem ungeheuren Fischreichtum und – für viele Menschen heute am wichtigsten – zu den größten bekannten Ölvorkommen der Erde.

Kanadas hoher Norden

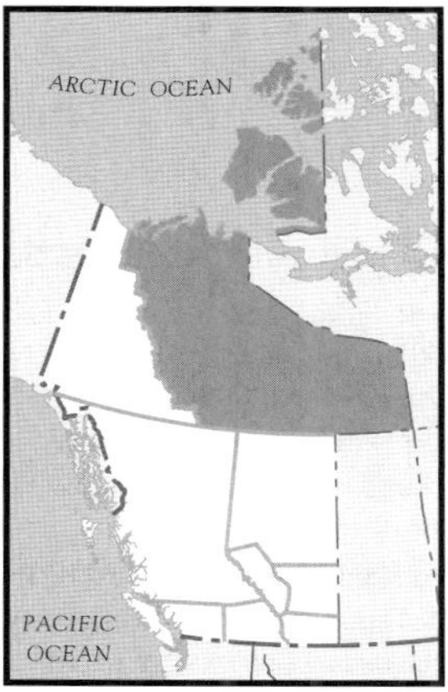

Northwest Territories: Die Fahrt von Alberta aus in die Northwest Territories erscheint einem praktisch endlos. Doch ihr Ende ist zugleich der Beginn des wahren Abenteuers. Bei einer Reise in solch abgelegene nördliche Gefilde geht es weniger darum, bestimmte Ziele anzusteuern. Vielmehr besteht ihr tieferer Sinn darin, diese Breiten einfach zu erleben und die Eindrücke einer der letzten großen Wildnisse unserer Erde in sich aufzusaugen. Beste Ausgangspunkte für dieses Unterfangen sind die beiden Nationalparks Wood Buffalo und Nahanni. Allerdings kann man das Naturerlebnis auch in jedem anderen der zahlreich vertretenen Parks genießen. Jenseits der von Straßen erschlossenen Gebiete stößt man auf kleine Städtchen, in denen das Wort „Tradition“ nichts mit der Vergangenheit zu tun hat. Und wer es sich zum Ziel gemacht haben sollte, seine Zehen in die kalten Fluten des Nordpolarmeeres zu tauchen, hat auf dem Weg dorthin reichlich Gelegenheiten, sich mit der Kultur der Ureinwohner vertraut zu machen.

Yukon Territory: Das Yukon Territory wird von den Northwest Territories durch die Mackenzie Mountains getrennt, grenzt im Westen an Alaska und stellt praktisch die Fortsetzung der nördlichen Wildnis in Richtung Süden dar. Die meisten Besucher passieren den Yukon nur kurz auf ihrem Weg nach Alaska. Der Leser soll hiermit aber ausdrücklich aufgefordert werden, etwas länger im Yukon zu verweilen, die Naturwunder der dortigen Nationalparks zu genießen und die Geschichte der berühmtesten Goldgräberstadt der Welt, Dawson City, zu studieren. Wer es sich zum Ziel gesetzt hat, möglichst weit nach Norden zu fahren, ist ohnehin an der richtigen Stelle. Der Dempster Hwy. führt durch den nördlichen Abschnitt des Yukon und über den Polarkreis hinaus, fast bis zum Nordpolarmeer. Und wer einmal eine Pause von der Wildnis braucht, den erwarten in der Hauptstadt Whitehorse nicht nur gemütliche Unterkünfte und gutes Essen, sondern sogar heiße Quellen.

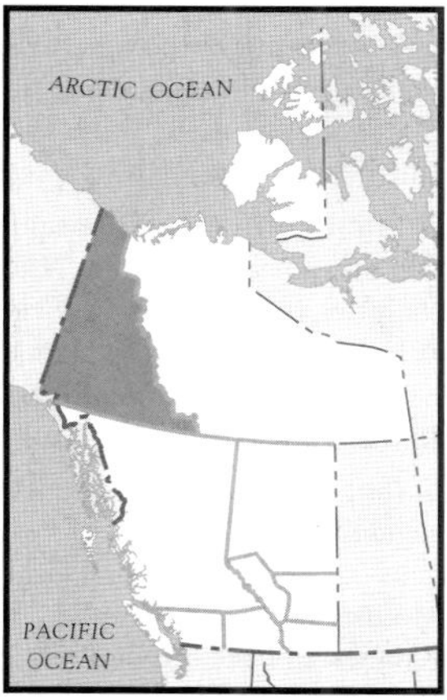

Routenvorschläge

Wie viel Zeit steht Ihnen zur Verfügung?

Ein Wochenende: Verbringen Sie es in Vancouver und Whistler.

Eine Woche: Besuchen Sie zusätzlich Vancouver Island und den Banff National Park.

Zwei Wochen: Machen Sie einen Abstecher ins südliche Binnenland und nach Calgary.

Die Highlights Westkanadas

Die Höhepunkte des kanadischen Westens in zwei Wochen zu erleben ist möglich. Allerdings sind dafür Zwischenflüge notwendig, um in die nördlichen Territorien zu gelangen. Wer drei Wochen oder mehr Zeit zur Verfügung hat, kann die folgende Route auch mit dem Mietwagen in Angriff nehmen, der für den Großteil der Strecke ohnehin unverzichtbar ist. Vancouver ist der Start- und Endpunkt der Rundreise, die so gestaltet wurde, dass die zurückzulegenden Entfernungen so knapp wie möglich bemessen sind – insgesamt sind etwa 4000 km zu bewältigen.

1. Tag: Vom Vancouver International Airport fährt man in Richtung Norden und dann um Point Grey herum zum **Museum of Anthropology,** das einen perfekten Einstieg in die Geschichte des Pazifischen Nordwestens bietet. Beim anschließenden Spaziergang durch den gleich hinter dem Museum gelegenen Urwald bekommt man ein Gefühl für die üppige Natur Vancouvers. Nach dem Einchecken in eines der in der Downtown gelegenen Hotels lässt sich der Bereich des **Canada Place** gemütlich zu Fuß erkunden. Von dort schlendert man durch Gastown bis zum **Storyeum.**

2. Tag: Selbst wer es schafft, den **Stanley Park** bereits in den ersten Strahlen der Morgensonne zu erreichen, wird feststellen, dass unzählige Einheimische noch schneller waren und schon ihr morgendliches Joggingpensum absolvieren. Mit der Fähre geht es anschließend nach Vancouver Island, wo man etwa gegen Mittag die farbenprächtigen **Butchart Gardens** bewundern darf. Den Rest des Tages kann man auf Schusters Rappen den Bereich des Inner Harbour von Victoria erkunden. Dort sollte man auf jeden Fall das **Royal British Columbia Museum** und das Hotel **Fairmont Empress** in Augenschein nehmen.

3. Tag: Bevor man die Hauptstadt Victoria wieder verlässt, lohnt sich ein Spaziergang durch die üppigen Wälder des **Goldstream Provincial Park.** Weiter geht es Richtung Norden in das auf Holzpfählen erbaute **Tofino,** wo man eine Bootsfahrt zum Whale Watching unternehmen sollte. Anschließend führt die Fahrt zurück nach Nanaimo, von wo aus man mit der Fähre nach Vancouver übersetzt. Zurück auf dem Festland, macht man sich auf dem Sea to Sky Hwy. auf den Weg nach **Whistler.**

4. Tag: In Whistler werden Aktivitäten für jeden Geschmack angeboten – vom aufregenden Rafting bis zur friedlichen Seilbahnfahrt in der **Whistler Gondola.** Weiter geht es nach **Vernon.** Dort kann man das schillernde Ferienresort **Silver Star Mountain Resort** erkunden, nachmittags eine Runde im kristallklaren Wasser des **Kalamalka Lake** schwimmen und dann in **Kelowna** übernachten, wo die **Okanagan Wineries** einige der besten Weine des ganzen Landes produzieren.

5. Tag: Es geht nach **Golden,** wo einen die Seilbahn hinauf zum **Kicking Horse Mountain Resort** bringt. Dann führt der Weg nach Osten zum Yoho National Park. Dort wird man mit der Aussicht auf den wunderschönen **Emerald Lake** belohnt. Übernachten sollten Sie in **Lake Louise.**

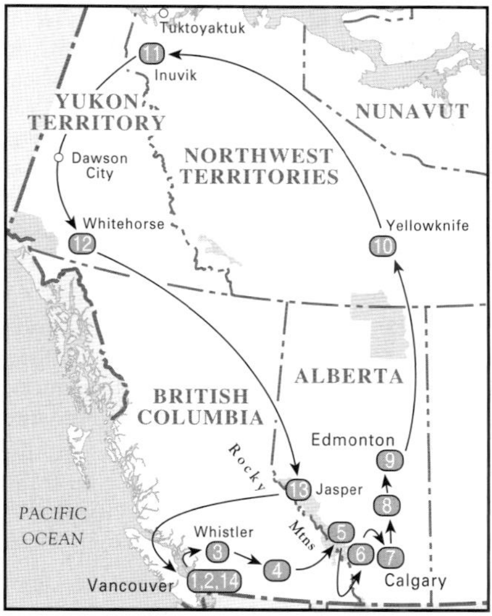

6. Tag: Die beste Tageszeit, um den **Lake Louise** in all seiner Schönheit zu bewundern, ist der frühe Morgen. Vom Lake Louise aus ist es nur eine kurze Fahrt zum **Moraine Lake,** mit dem man vom Wasser aus in einem gemieteten Kanu nähere Bekanntschaft schließen sollte. Über den ruhigen und landschaftlich sehenswerten Bow Valley Parkway geht es nach **Banff.** Zur Erkundung der Gegend rund um Banff ist der leicht zu bewältigende Pfad auf den Gipfel des Tunnel Mountain eine gute Wahl. Dann darf man sich zur Entspannung dem Luxus im Wellnessbereich des Willow Stream Spa im **Fairmont Banff Springs** hingeben.

7. Tag: Nachdem man die Berge hinter sich gelassen hat, sollte man sich die Zeit nehmen, die olympische Vergangenheit des **Canada Olympic Park** wieder aufleben zu lassen, bevor man in das Stadtgebiet von Calgary hineinfährt. Wer am Nachmittag noch die Zeit dazu findet, sollte auch einen Stopp am **Calgary Tower** und **Glenbow Museum** einlegen.

8. Tag: Von Calgary aus geht es nach Westen in das Dinosaur Valley und zum **Dinosaur Provincial Park.** Ein Besuch des **Royal Tyrrell Museum** vermittelt weitere urzeitliche Eindrücke. Übernachten kann man entweder in Drumheller oder weiter nördlich in Red Deer.

9. Tag: Die Fahrt führt weiter nach Norden, bis man Edmonton erreicht. Zu den Sehenswürdigkeiten der Stadt zählen insbesondere das **Royal Alberta Museum** und der **Fort Edmonton Park.** Beides kann man leicht an einem Tag besichtigen. Allerdings sollte man nicht vergessen, eine Pause vom offiziellen Besichtigungsprogramm einzulegen, um einen Einkaufsbummel durch die **West Edmonton Mall** zu machen.

10. Tag: Edmonton ist eine der am nördlichsten gelegenen Großstädte der Welt. Das macht es zum idealen Ausgangspunkt für Ausflüge in die Northwest Territories und das Yukon Territory. Man sollte mit Ersteren beginnen und zunächst nach **Yellowknife** fliegen. Zu den wichtigsten Sehenswürdigkeiten dort zählen die geschichtlichen Ausstellungen im **Prince of Wales Northern Heritage Centre** und die Straßen der **Old Town.** Zum Abendessen ist ein heimisches Wildgericht im **Wildcat Café** zu empfehlen.

11. Tag: Jetzt geht es mit dem Flugzeug nach **Inuvik.** Von dort ist es nur ein kurzer Charterflug zum nördlichen Außenposten von **Tuktoyaktuk.** In der kleinen Ortschaft angekommen, kann man seine Zehenspitzen ins Nordpolarmeer halten. Zum Übernachten fliegt man wieder zurück nach Inuvik.

12. Tag: Per Flugzeug geht es nach **Dawson City,** wo man zunächst die in der **Dawson Historical Complex National Historic Site** zusammengefassten Gebäude aus der Zeit des Goldrausches in Augenschein nehmen sollte. Anschließend kann man sich auf den vor der Stadt gelegenen **Goldfeldern** selbst im Goldwaschen versuchen. Am Nachmittag fliegt man weiter nach **Whitehorse,** wo der historische Schaufelraddampfer **SS Klondike** am Flussufer vertäut liegt.

13. Tag: Rückflug nach Edmonton und Weiterfahrt nach Westen zum **Jasper National Park.** Dort darf man sich auf keinen Fall den Besuch des zauberhaften **Maligne Canyon** und eine Bootstour auf dem wunderschönen **Maligne Lake** entgehen lassen. Übernachten Sie in einer der Holzhütten südlich von Jasper.

14. Tag: Die Fahrt von Jasper zurück zum Ausgangspunkt nach Vancouver nimmt fast den gesamten Tag in Anspruch. Wer früh startet, hat unterwegs noch ein wenig Zeit, die unglaubliche Gebirgskulisse des **Mount Robson Provincial Park** zu bestaunen und die mit Blumen übersäten Wiesen entlang des **Meadows in the Sky Parkway** zu bewundern.

Immer nach Westen: Von Calgary nach Vancouver

Für diese Verbindungsroute zwischen den beiden größten Städten Westkanadas brauchen gestandene Trucker gerade einmal um die 12 Std. Auch viele Reisende, die von Alberta aus nach Vancouver unterwegs sind, bringen die Strecke nonstop hinter sich. Andere wiederum planen wenigstens eine Übernachtung ein. Wer jedoch im Urlaub ist, darf sich für diese Route eine Woche lang Zeit lassen, um – vielleicht – in Vancouver anzukommen. Diese Rundfahrt lässt sich gut mit einem Gabelflug verbinden (Landung in Calgary und Rückflug von Vancouver aus).

1. Tag: Verlässt man Calgary in Richtung Westen, passiert man den **Canada Olympic Park.** Er ist ein nettes Plätzchen für eine erste Erkundungstour, bevor man sich wirklich ernsthaft auf den langen Weg nach Westen macht. Im Banff National Park steht man als Besucher vor der schwierigen Entscheidung zwischen landschaftlich schönen und landschaftlich einmaligen Kulissen. Wahrlich kein leichtes Unterfangen! Auf keinen Fall versäumen sollte man den **Lake Louise** und den **Moraine Lake,** die zwei wahre Naturwunder darstellen und von allen Unterkünften in Lake Louise aus leicht zu erreichen sind.

2. Tag: Wer dem Ratschlag folgt, weit im Voraus einen Platz im Bus zum **Lake O'Hara** zu reservieren, darf eine von Westkanadas spektakulärsten Gegenden zum Wandern besuchen. Übernachten kann man am **Emerald Lake,** der zugleich der perfekte Ort für einen Abendspaziergang ist.

3. Tag: Die Seilbahn bringt einen zum **Kicking Horse Mountain Resort.** Anschließend geht die Fahrt weiter zum Glacier National Park. Dieser bietet schon vom Auto aus einen fantastischen Anblick. Wer kein eifriger Wanderer oder schon recht spät dran ist, sollte weiter nach Revelstoke fahren. Auf dem **Meadows in the Sky Parkway** geht es immer höher hinauf durch den Mount Revelstoke National Park. Zum Übernachten bleibt man in Revelstoke.

4. Tag: Von Revelstoke aus geht es ins südlich gelegene Nelson. Auf der Strecke lohnen ein Umweg über **Sandon,** der einzigen Geisterstadt British Columbias, und ein Stopp im **Kokanee Creek Provincial Park,** wo man Kokanees (Süßwasserlachse) beim Laichen beobachten kann. Übernachtet wird in Nelson, wo es eine Vielzahl von Möglichkeiten zum Abendessen gibt.

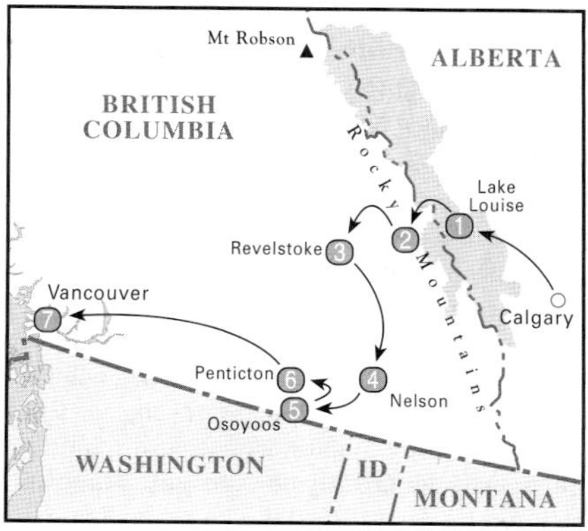

5. Tag: Die Fahrt durch die West Kootenays ist zwar ein wahres Vergnügen, da der Highway aber viele Schlenker macht und die Straße immer wieder rauf und runter geht, braucht man für diese Strecke normalerweise länger als erwartet. Auf dem Weg bietet sich ein Stopp am **Christina Lake** zum Baden an. Übernachten kann man in Osoyoos.

6. Tag: Es steht ein entspannter Tag im südlichen Okanagan Valley auf dem Programm. Dem **Desert Centre** sollte man allerdings einen Besuch abstatten, solange es noch nicht zu heiß ist. Danach lässt sich die eine oder andere Weinprobe bei einer der ortsansässigen Winzereien hervorragend mit ein wenig Strandvergnügen am Osoyoos Lake kombinieren. Zum Übernachten geht's nach Penticton.

7. Tag: Zwar bietet der Coquihalla Hwy. die direkte Verbindung nach Hope, doch sollte man ihn lieber links liegen lassen und für die Fahrt die Route durch den Fraser River Canyon nehmen. Schon bald tauchen die ersten Vororte von Vancouver auf. Wer bei ihrem Anblick keine Lust verspürt, sich sofort wieder ins Chaos des Stadtverkehrs zu stürzen, sollte noch ein wenig Zeit mit einem ruhigen Spaziergang durch die Othello-Quintette Tunnels verbringen.

Tierbeobachtung

Der Westen Kanadas ist berühmt für seine reiche Tierwelt. Zum Glück kann auch der normale Reisende einen Großteil davon am Wegesrand in Augenschein nehmen. Große Säugetiere wie Wapitis, Hirsche, Dickhornschafe und Schwarzbären sind im ganzen Westen recht weit verbreitet. Daher stehen die Chancen sehr gut, dass einem Exemplare dieser Gattungen selbst dann irgendwann einmal über den Weg laufen, wenn man es gar nicht darauf anlegt. Wer allerdings einen Schwerpunkt seiner Reise gezielt auf die Beobachtung von Wildtieren legt, kann sogar Grizzlys, Wale und Moschusochsen in freier Wildbahn bewundern.

Die besten Jahreszeiten, um größere Säugetiere zu beobachten, sind Frühling und Herbst. Im Sommer hingegen ziehen sich viele Tiere ins Hinterland zurück, wo sie die Zeit weit abseits der viel befahrenen Highways und dann teilweise überlaufenen Nationalparks verbringen. Zu jeder Jahreszeit sind die Morgen- und Abenddämmerung die beste Tageszeit, um Wildtiere zu beobachten. Es lohnt sich also besonders in den Nationalparks, früh aufzustehen oder das Abendessen auf später zu verschieben, um Ausschau nach Tieren zu halten.

British Columbia

Um die besten Plätze zur Wildbeobachtung in British Columbia zu erreichen, muss man die Städte hinter sich lassen (obwohl auch das Vancouver Aquarium wegen seiner Meeressäugetiere durchaus interessant ist) und sich hinaus in die Wildnis der Berge begeben. **Schwarzbären** sind die am weitesten verbreiteten größeren Säugetiere in British Columbia. Sie wagen sich auch bis in die Vororte der Städte. Am einfachsten zu sehen bekommt man sie allerdings während einer Fahrt durch eine der bewaldeten Regionen wie etwa die Kootenays. Auf Vancouver Island kann man sie im Pacific Rim National Park beobachten. Um **Kermode-Bären** zu sehen, die eine extrem seltene Unterart des Schwarzbären mit weißem Fell sind, muss man nach Princess Royal Island fahren. **Grizzlybären** sind zwar weit verbreitet, allerdings längst nicht so häufig wie Schwarzbären zu beobachten. Entlang der Küste wird der Grizzly übrigens nur **Braunbär** genannt. Eine verlässliche Gelegenheit, um im August Grizzlys zu sehen, bietet der in der Nähe von Stewart gelegene Fish Creek. Denn im August wandern die Grizzlys aus den Bergen hinunter zum Fluss, um sich hier an den vorbeiziehenden Lachsen gütlich zu tun. Ein sehr teures Vergnügen ist die Teilnahme an einer geführten Tour im Khutzeymateen Provincial Park. Dafür bekommt man auf solch einer Tour durch das weltweit einzige Schutzgebiet für Grizzlybären unvergessliche Eindrücke vermittelt.

Hirsche, Wapitis und **Elche** kann man in praktisch allen Waldgebieten British Columbias beobachten. Dabei sind Elche in den nördlichen Ausläufern der Provinz am häufigsten. Man kann sie beispielsweise entlang dem Alaska Hwy. sehen.

Pumas sind ebenfalls weit verbreitet, die meisten Exemplare gibt es allerdings auf Vancouver Island. Auch wenn Pumas zu den wenigen Tieren zählen, denen man auf einer Wanderung lieber nicht begegnen möchte, kann man bei Fahrten auf den Holzfällerstraßen im Norden von Vancouver Island aus dem sicheren Auto heraus getrost nach ihnen Ausschau halten.

Grauwale wandern jedes Frühjahr und jeden Herbst an der Küste entlang. Schiffe für Whale-Watching-Touren legen in Victoria und Tofino ab. Auf den Queen Charlotte Islands kann man sich den einmaligen Luxus gönnen, die Wale direkt vom Auto aus zu beobachten, während sie in der flachen Bucht bei Queen Charlotte City im Wasser herumtollen. **Buckelwale** und **Killerwale** kann man ebenfalls auf organisierten Whale-Watching-Touren beobachten. Für mich ist das Beobachten der Killerwale von Robson Bight die eindrucksvollste Art der Tierbeobachtung, die in British Columbia möglich ist. Die Tour-Boote legen den ganzen Sommer über von Telegraph Cove ab. **Tümmler** und **Delfine** kann man in der Strait of Georgia sehen. Wer mit einer Fähre vom Festland aus nach Vancouver Island (oder umgekehrt) übersetzt, sollte auf die Durchsagen der Kapitäne achten. Diese weisen oft darauf hin, wenn Delfine in der Nähe sind. **Robben** tauchen dagegen immer dort auf, wo man am wenigsten mit ihnen rechnet. Sie lassen sich beispielsweise an den Anlegestellen im Inner Harbour von Victoria sehen.

Auch wenn die meisten Menschen, die Ausschau nach **Lachsen** halten, dies nur deshalb tun, um sie mit einer Angel aus dem Wasser zu ziehen, ist es durchaus auch erlaubt, den Fischen einfach nur bei ihren im Spätsommer stattfindenden Wanderungen flussaufwärts zuzusehen. Ein gutes Revier dazu ist der Capilano River in Vancouver. Der größte Lachszug von ganz Nordamerika findet alle vier Jahre

(2010, 2014 usw.) im Oktober statt. Dann zieht es Tausende von Besuchern zu den Aussichtsplattformen am Adams River im Roderick Haig-Brown Provincial Park. Den **Kokanee,** einen Süßwasserlachs, kann man beim Laichen in den flachen Wasserstellen rund um den Kootenay Lake beobachten (im Kokanee Creek Provincial Park gibt es dafür extra eine Aussichtsplattform).

Jeden Winter versammeln sich etwa 3000 **Weißkopfseeadler** am Ufer des Squamish River bei Brackendale, wo sie einen spät im Jahr stattfindenden Lachszug zu einem ganz besonderen Festmahl nutzen. Den Rest des Jahres über kann man die Adler am besten entlang der Küste von Vancouver Island oder bei der Fischjagd am Skeena River beobachten. Der auserkorene Provinzvogel British Columbias ist der **Schwarzkopfhäher** (*Stellar's Jay*, oft auch *Diademhäher* genannt; in Kanada hat jede Provinz/jedes Territorium eine eigene Flagge, ein Motto, eine offizielle Blume, einen Baum und eben auch einen Vogel). Der Schwarzkopfhäher ist leicht an seinen leuchtend blauen Federn und dem schwarzen Kopf zu erkennen. Er ist weit verbreitet, lässt sich aber am einfachsten im offenen Gelände wie etwa an den Stränden der Westküste von Vancouver Island beobachten. Einer der am besten erreichbaren Plätze, um **Wasserzugvögel** zu beobachten, ist die am südlichen Stadtrand von Vancouver gelegene Boundary Bay.

Alberta

Wer als Besucher nach Alberta kommt, um Wildtiere zu beobachten, wird fast magisch von den Bergregionen und v. a. von den dort gelegenen Nationalparks angezogen. Die vor Ort am häufigsten zu sehenden großen Säugetiere sind **Wapitis,** die in und um Banff und Jasper heimisch sind. Jeden Herbst sucht sich sogar eine ganze Herde Wapitis vorübergehend den örtlichen Golfplatz von Banff als Heimat aus. **Hirsche** sind ebenfalls weit verbreitet. Die Unterart der Weißwedelhirsche bekommt man am häufigsten zu Gesicht, und Maultierhirsche lassen sich oft innerhalb der Stadtgrenzen von Waterton blicken. Es ist praktisch unmöglich, einen **Elch** mit irgendeinem anderen Säugetier zu verwechseln. Allerdings sind Elche heute längst nicht mehr so oft anzutreffen wie noch vor 100 Jahren. Man kann sie beim Äsen in den Feuchtgebieten der Nationalparks von Banff und Jasper beobachten. Die Chancen stehen aber fast genauso gut, auf einen Vertreter dieser Spezies entlang der Hauptstraße durch den Peter Lougheed Provincial Park oder in einem der Provinzparks in der Prärie wie etwa dem Miquelon Lake zu treffen.

Schwarzbären sind in den Bergen weit verbreitet. Man kann sie aber auch häufig am Straßenrand beobachten, v. a. im Frühling entlang des Icefields Parkway. **Grizzlys** haben ebenfalls ein großes Verbreitungsgebiet, sind aber viel seltener als Schwarzbären. Man kann ihnen besonders im Frühling begegnen, wenn sie frisch aus dem Winterschlaf erwacht sind und sich in den tieferen Lagen der in den Bergen gelegenen Nationalparks auf Futtersuche begeben.

Für **Dickhornschafe** gibt es im Kananaskis Country ein eigenes Reservat. Man kann sie aber auch auf der Fahrt zum Mount Norquay oder Lake Minnewanka sowie in der Gegend südlich der Waterton Lakes beobachten. Oft mit Schafen verwechselt werden die **Schnee- oder Bergziegen,** die – wie der Name vermuten lässt – in Bergregionen leben. Am Goat Lookout im Jasper National Park lassen sich die behänden Tiere an einer natürlichen Salzquelle beobachten, zu der sie aus den Bergen hinuntersteigen.

Abseits der Berge bewohnen **Luchse** die Senken des Writing-on-Stone Provincial Park, und **Gabelböcke** lassen sich in den Grasebenen nördlich von Medicine Hat erspähen. Wer unter Garantie Wildtiere beobachten möchte, der sollte Zeit für einen Besuch im Elk Island National Park einplanen. Der kleine Park östlich von Edmonton wurde einst eingerichtet, um das Überleben des **Bisons** zu ermöglichen. Heute leben dort Wald- und Präriebisons, die durch einen Zaun voneinander getrennt sind, um das unerwünschte Kreuzen beider Arten zu verhindern. Im Park lebt außerdem eine große Zahl von Wapitis, Hirschen und Elchen. Auch wenn die Tiere das ganze Jahr über im Park anzutreffen sind, lassen sie sich am besten im Winter beobachten.

In Alberta sind etwa 340 **Vogelarten** heimisch. Das Schutzgebiet der Beaverhill Natural Area wurde extra geschaffen, um die dort vorkommenden 250 Arten zu schützen. Die größte Ansammlung von Vögeln, darunter Millionen von **Kanadagänsen,** kann man jeden Frühling und Herbst entlang ihrer Flugroute *Central Flyway* beobachten. Im Wyndham-Carseland Provincial Park östlich von Calgary gibt es eine leicht zugängliche Kolonie von **Pelikanen. Fischadler** sind selten, man kann sie aber entlang dem Bow Valley und in den südlichen Prärien antreffen, wo sie wachen Auges ihre Nester beschützen.

Northwest Territories und Yukon Territory

In den nördlichen Regionen von Kanada ist die Artenvielfalt zwar geringer als in den übrigen Gebieten. Diese Breiten sind jedoch dafür berühmt, dass man hier riesige Tierherden antrifft. **Schwarzbären** sind in den Wäldern beider Territorien häufig zu sehen. Einer der besten Plätze, um **Elche** zu beobachten, ist die Gegend von Fort Liard. Die weltweit größte Anzahl von Bisons kann man im Wood Buffalo National Park bestaunen. Man kann sie v. a. im Bereich der im Park gelegenen Salzebenen oder im Sweetgrass Delta finden.

Das bekannteste Meeressäugetier der kanadischen Arktis ist der **Belugawal.** Um Belugas beim Herumtollen in der Beringsee beobachten zu können, muss man nach Inuvik oder noch weiter nach Norden fliegen. Von dort aus werden Flüge zur Walbeobachtung angeboten.

Moschusochsen, die im Aulavik National Park unter Schutz stehen, sind die Domäne für eher abenteuerlustige Naturliebhaber. Denn allein um den Park auch nur zu erreichen, muss man bereits die Hilfe eines einheimischen Führers in Anspruch nehmen. Von allen in den nördlichen Breiten vorkommenden Säugetierarten sind die **Karibus** zahlenmäßig am stärksten vertreten. Sie ziehen in riesigen Herden durch den Norden Kanadas. Die größte aller Herden ist die *Bluenose-Herde,* die den Sommer im Tuktut Nogait National Park verbringt. Wesentlich einfacher macht es dem interessierten Beobachter die *Porcupine-Herde,* die auf ihrer Wanderung vom nördlichen Yukon Territory in das Arctic National Wildlife Refuge von Alaska jedes Frühjahr den Dempster Hwy. überquert.

Der Kluane National Park (Yukon Territory) ist eine entlegene Wildnis, die erfahrenen Mehrtageswanderern die Gelegenheit bietet, **Grizzlys, Elche, Karibus** und **Schneeziegen** zu sehen. Wer die Gegend auf dem Highway durchquert, der kann oft unverhofft **Dickhornschafe** beobachten, die sich an Salzvorkommen entlang der Straße gütlich tun.

Zweiwöchige Entdeckungstour durch den Norden

Eine zweiwöchige Tour durch die nördlichen Regionen von Westkanada gibt einem die Gelegenheit, viele Orte aufzusuchen, deren Besuch man später niemals mehr missen möchte. Allerdings liegt es in der Natur der Sache, dass man auf dieser Route viel Zeit im Auto verbringen muss. Daher sollte man, falls es einem möglich ist, den einen oder anderen Zusatztag einplanen. Wer hingegen nur wenig Zeit hat, kann direkt nach Whitehorse fliegen und dort die beschriebenen Sehenswürdigkeiten in Augenschein nehmen. Von Whitehorse aus kann man dann entweder weiter in Richtung Norden nach Inuvik oder ins östlich gelegene Yellowknife fliegen. Wie auch bei den anderen Routen ist selbstverständlich ein Mietwagen für die Tour Voraussetzung.

1. Tag: Zu Beginn geht es nach Vancouver Island, wo man am Nachmittag eine Whale-Watching-Tour bei **Telegraph Cove** unternehmen sollte. Anschließend nimmt man in Port Hardy die Nachtfähre nach Prince Rupert.

2. Tag: Obwohl die Fährverbindungen zu den **Queen Charlotte Islands** gut sind, sollte man seinen Platz in jedem Fall im Voraus buchen. Am späten Nachmittag geht es auf landschaftlich reizvoller Strecke zum Naikoon Provincial Park in der Nähe von Masset, wo es ausreichend Übernachtungsmöglichkeiten gibt.

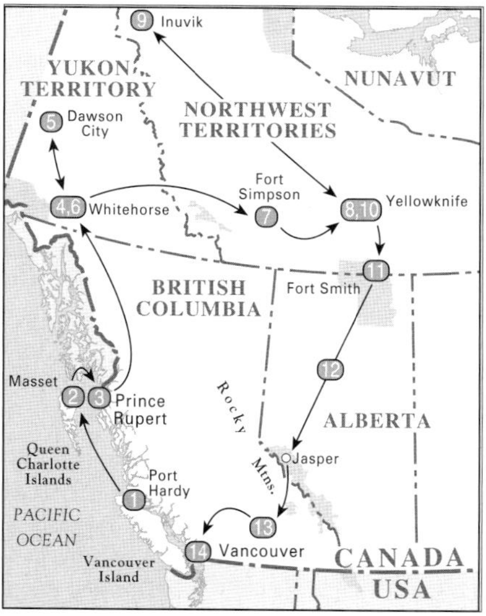

3. Tag: Selbst all jenen, die mit Kulturgeschichte nur wenig am Hut haben, wird der Besuch der verlassenen Dörfer im **Gwaii Haanas National Park Reserve** als ein Höhepunkt ihres Aufenthalts im Westen Kanadas in Erinnerung bleiben. Am Abend geht es mit der Fähre von den Queen Charlotte Islands zurück aufs Festland (wer eine Kabine bucht, kann sich während der Überfahrt auch richtig ausschlafen).

4. Tag: Die Fahrt führt auf dem Cassiar Hwy. nach **Whitehorse.** Unterwegs gibt es jede Menge Wildnis zu sehen. Man hat aber auch die Gelegenheit, die Kultur der Ureinwohner zu bestaunen, beispielsweise im **'Ksan Historical Village.**

5. Tag: Am Vormittag geht es auf Erkundungstour durch Whitehorse – ein Spaziergang am Fluss entlang zur **SS Klondike** und eine **Hundeschlittenfahrt** sind dabei Pflicht. Dann führt der Weg weiter in Richtung Norden nach **Dawson City,** wo eine ganze Reihe von B&Bs für ein nettes historisches Ambiente sorgt.

6. Tag: Nach einer Übernachtung in einem der historischen Hotels von Dawson City sollte man sich so viel Zeit wie möglich nehmen, um die alte Goldgräberstadt zu erkunden. Viele der alten Gebäude stehen im denkmalgeschützten Bereich der **Dawson Historical Complex National Historic Site,** deren Besuch sich durchaus lohnt. Anschließend sollte man noch einen Stopp bei den **Goldfeldern** einlegen, die Dawson so berühmt gemacht haben, bevor man zurück nach Whitehorse zum Übernachten fährt.

7. Tag: Eine lange Fahrt nach **Fort Simpson** steht auf dem Programm. Am Wegesrand liegen dabei Dutzende von Plätzen, die einen geradezu herausfordern, die Fahrt zu unterbrechen und die Schönheit der nördlichen Wildnis zu genießen. Gleichgültig ist dabei, ob man ein wenig wandern, Tiere beobachten, ein erquickendes Bad in den **Liard River Hot Springs** nehmen oder einfach nur die Einsamkeit genießen möchte. Die einzige offizielle Sehenswürdigkeit entlang der Strecke ist übrigens der **Signpost Forest.**

8. Tag: Vormittags macht man einen Rundflug über den **Nahanni National Park,** bei dem man sich als Höhepunkt die Virginia Falls aus der Luft ansehen kann. Dann führt die Fahrt zunächst nach Osten und dann nach Norden in die Hauptstadt der Northwest Territories, **Yellowknife.** Zum Abendessen empfiehlt sich ein Besuch des Wildcat Café und danach noch eine Runde Golf auf dem Platz des **Yellowknife Golf Club.**

9. Tag: Ein Besuch des **Prince of Wales Northern Heritage Centre** und der **Old Town** vermitteln einem einen guten Eindruck vom Charakter der Stadt Yellowknife. Nachmittags geht es dann per Flugzeug über den Polarkreis nach **Inuvik,** wo auch übernachtet wird.

10. Tag: Von Inuvik aus ist es nur ein kurzer Flug nach **Tuktoyaktuk,** das sich an die Küste des Nordpolarmeeres schmiegt. Hier ist man am nördlichsten Punkt der Reise angekommen. Für das obligatorische Beweisfoto sollte man ruhig seine Zehenspitzen in das eiskalte Wasser tauchen. Im Preis der meisten Flüge ist außerdem eine Bustour durch das Städtchen inbegriffen. Zur Übernachtung geht es zurück nach Yellowknife.

11. Tag: Um den Great Slave Lake herum führt die Fahrt zum **Wood Buffalo National Park.** Die Morgen- und Abenddämmerung sind die beste Zeit, um die Namensgeber des Parks zu beobachten. Oft lassen sie sich in der Gegend um die im Park gelegenen Salzebenen blicken. Das nahe am Parkeingang gelegene **Fort Smith** ist ein guter Ort, um die Nacht zu verbringen.

12. Tag: Es nützt nichts – den Großteil des Tages verbringt man erneut auf der Straße und fährt dabei durch die borealen Wälder Nord-Albertas bis zum **William A. Switzer Provincial Park.** Nach der Ankunft hat man dort die freie Wahl – man kann angeln, mit dem Kanu übers Wasser paddeln oder wandern.

13. Tag: In Richtung Westen geht es durch den **Jasper National Park.** Bei gutem Wetter sollte man dort einen Abstecher zum **Maligne Lake** machen. Hinter Jasper liegt der **Mount Robson Provincial Park,** wo sich der höchste Gipfel der kanadischen Rocky Mountains erhebt. In **Valemount** gibt es eine Handvoll Übernachtungsmöglichkeiten, man kann aber auch weiter nach **Kamloops** fahren, wo die Auswahl deutlich größer ist.

14. Tag: Die letzte Fahrt führt zurück nach **Vancouver.** Bevor man dort ankommt, kann man noch ein wenig Zeit mit einer Paddeltour im Wells Gray Provincial Park verbringen und schließlich auf der **Historic Hat Creek Ranch** einen letzten sehnsüchtigen Blick auf die Geschichte des Westens werfen.

Ein Winter in Westkanada

Wer Wintersport liebt, könnte leicht den ganzen Winter in Westkanada verbringen. Die Realität sieht allerdings leider meist so aus, dass einem vielleicht gerade einmal zehn Tage Zeit zur Verfügung stehen. Die folgende Rundstrecke führt zwar zu den berühmtesten Resorts, bezieht aber auch einige der weniger bekannten Wintersportgebiete mit ein und endet schließlich mit einer Runde Golf (einfach nur deswegen, weil man auch das mitten im Winter in Westkanada machen kann).

1. Tag: Gleich nach der Ankunft in **Vancouver** verspürt man wahrscheinlich keine besondere Lust, gleich noch etwas zu unternehmen. Doch das wäre ein großer Fehler! Am besten schnappt man sich sofort seine Skiausrüstung und macht sich auf den Weg zum Grouse Mountain, wo die Abfahrten auch nachts beleuchtet sind und der Blick über das Lichtermeer der größten Stadt British Columbias einfach atemberaubend ist.

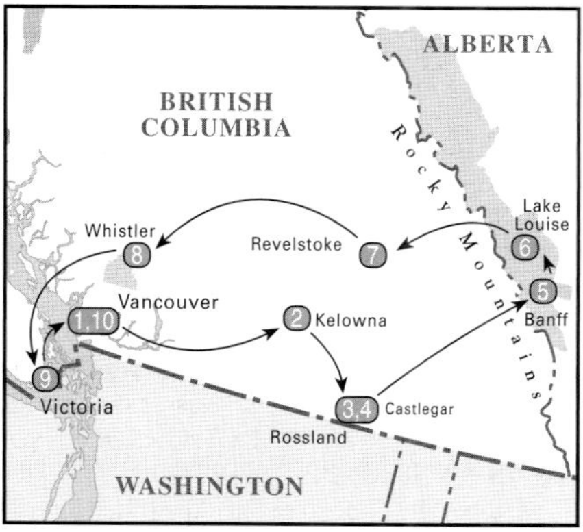

2. Tag: In Richtung Osten geht es durch das Fraser River Valley nach **Kelowna.** Den Nachmittag über kann man entweder das Städtchen erkunden oder die Zeit für eine Weinprobe in einer der örtlichen Winzereien nutzen. Zur Übernachtung empfiehlt sich das **Silver Star Mountain Resort,** wo man vor dem Abendessen unbedingt eine Schlittenfahrt machen sollte.

3. Tag: Bevor die Fahrt nach **Rossland** weitergeht, kann man die Pisten von Silver Star genießen.

4. Tag: Geübte Skifahrer, die sich dem legendären Pulverschnee von British Columbia hingeben wollen, werden diesen Tag lieben. Mit dem Helikopter geht es zum **Red Mountain,** wo man die schönsten Tiefschneehänge findet.

5. Tag: Auf der Fahrt nach Banff lässt sich ein Stopp für ein warmes Entspannungsbad in den **Radium Hot Springs** einlegen. Dann sollte man alles zum Übernachten Notwendige packen und sich mit der Seilbahn ins **Sunshine Village** bringen lassen, das über der Baumgrenze liegt und nur per Gondel erreichbar ist. Das Sunshine Village bietet die einzige Bergunterkunft in den Gebirgsparks (und der große warme Whirlpool im Freien ist ein dickes Plus).

6. Tag: Man sollte den Tag noch im Sunshine Village verbringen (je nach Buchung kann der Skipass im Übernachtungspreis enthalten sein, also bitte vor Ort nachfragen). Am Nachmittag geht es dann weiter das Tal hinauf zum **Lake Louise.** Das dortige

Postkartenpanorama lässt sich besonders gut bewundern, während man sich auf der auf dem See angelegten Eisbahn vor dem Château im Schlittschuhlaufen übt. Die Bahn ist übrigens bis spät in die Nacht beleuchtet.

7. Tag: Lake Louise ist das zweitgrößte Skiresort Kanadas. Wer hier nur einen Tag lang auf Skiern oder dem Snowboard unterwegs ist, kann die Ausmaße dieses Skigebiets lediglich erahnen. Zumindest einmal sollte man auf jeden Fall in den Hauptsessellift steigen, der einem hoch über den Baumwipfeln großartige Ausblicke auf das Bergpanorama in alle Himmelsrichtungen erlaubt. Anschließend geht es wieder zurück in Richtung Vancouver, übernachtet wird in Revelstoke.

8. Tag: Fahrt ins westlich gelegene **Whistler.**

9. Tag: Wintersportfans sollten früh aufstehen, um den ganzen Tag auf der Piste nutzen zu können. Statt den Versuch zu starten, das gesamte Areal irgendwie abzudecken, sollte man sich besser auf das Skifahren am Whistler oder Blackcomb Mountain konzentrieren. Abends geht die Fahrt weiter zur Horseshoe Bay, von wo aus man mit der Fähre über die Georgia Strait nach Victoria übersetzt.

10. Tag: Im milden Winterklima von Victoria lässt es sich morgens herrlich eine gemütliche Runde Golf spielen. Anschließend bringt einen die Fähre zurück nach Vancouver, von wo aus man den Rückflug antritt.

Die Top Ten der Übernachtungsmöglichkeiten

Die Mehrzahl der Besucher, die sich für eine Reise nach Westkanada entscheiden, sucht das Naturerlebnis. Daneben gibt es aber einige einzigartige Unterkünfte, die ihre gehobenen Übernachtungspreise wirklich wert sind.

British Columbia:

- Opus Hotel (Vancouver, S. 169)
- Wickaninnish Inn (Vancouver Island, S. 261)
- Echo Valley Ranch & Spa (Zentrales British Columbia, S. 363)
- Emerald Lake Lodge (Südliches Binnenland, S. 333)

Alberta:

- Kensington Riverside Inn (Calgary, S. 441)
- Skoki Lodge (Banff National Park, S. 578)
- Alpine Village (Jasper National Park, S. 599)
- Crandell Mountain Lodge (Südliches Alberta, S. 520)
- Selkirk Hotel (Edmonton, S. 635)

Yukon:

- Muktuk Adventures (bei Whitehorse, S. 722)

Der Mount Kidd in den kanadischen Rocky Mountains

Land und Leute

Geografie

Der Westen Kanadas lässt sich mit einem einzigen Wort beschreiben – riesig. Die vier Provinzen und Territorien umfassen ein Gebiet von 3.440.000 km^2 und sind damit etwa halb so groß wie die USA. Allein die Northwest Territories sind flächenmäßig fast viermal so groß wie Deutschland, haben aber nur 43.000 Einw. British Columbia ist nach Ontario und Quebec die drittgrößte Provinz Kanadas. Mit 948.596 km^2 ist sie etwa viermal größer als ganz Großbritannien, zweieinhalbmal so groß wie Japan und Deutschland und größer als jeder einzelne US-Bundesstaat (mit Ausnahme von Alaska).

Der Begriff *Western Canada* ist keine streng geografische, sondern eine recht willkürliche Bezeichnung für die gesamte westliche Region. In dem vorliegenden Buch werden die beiden westlichen Provinzen (**British Columbia** und **Alberta**) und die beiden westlichen Territorien (**Northwest Territories** und **Yukon Territory**) beschrieben.

Gebirge

Die Szenerie des Westens wird von mächtigen Gebirgsmassiven beherrscht. Diese sind die Fortsetzung jener geologischen Formation, die auch an der Westküste der USA verläuft. Die einzelnen Gebirgszüge verlaufen in Nord-Süd-Richtung und wer den durch eine Reihe von Tälern voneinander getrennt. Die Gebirge im Norden sind dabei zwar nicht ganz so hoch, dafür aber weitläufiger und streckenweise noch unerforschtes Land. Sie erheben sich zunächst zu riesigen Plateaus, formen dann fortlaufende Bergrücken und verlieren sich schließlich in den endlosen Weiten der arktischen Tundra und dem Kanadischen Schild.

Die schroffen und steilen **Coast Mountains** bilden auf 1000 km eine ununterbrochene Bergkette, die sich an der Pazifikküste entlangzieht. Sie sind nicht nur die eindrucksvolle Hintergrundkulisse für die Skyline von Vancouver, sondern – in der Region von Whistler/Blackcomb – auch das ultimative Wintersportparadies für alle Ski- und Snowboardfahrer. Die höchste Erhebung ist der 4016 m hohe **Mount Waddington,** der damit zugleich auch der höchste Gipfel in British Columbia ist. Die nördliche Fortsetzung der Coast Mountains bildet die **St. Elias Range,** die durch die Südwestecke des Yukon Territory verläuft. In dieser entlegenen Gegend liegt der 6050 m hohe **Mount Logan,** der höchste Berg Kanadas. Östlich der Coast Mountains ragen die **Columbia Mountains** in den Himmel. Bei der Bezeichnung Columbia Mountains handelt es sich streng genommen nur um einen Sammelbegriff für die einzelnen Gebirgszüge der **Cariboo, Monashee, Selkirk** und **Purcell Mountains.** Diese Gebirge sind im Süden am höchsten und durch tiefe Täler und große Seen voneinander getrennt. Weiter östlich befinden sich die **kanadischen Rockies,** der kanadische Teil der Rocky Mountains, deren höchster Punkt der 3954 m hohe Gipfel des **Mount Robson** ist. Sie bilden die natürliche Grenze zwischen den Provinzen British Columbia und Alberta. Obwohl die kanadischen Rockies nördlich des 49. Breitengrades nicht so hoch sind wie ihre amerikanischen Verwandten im Süden, zählen die Nationalparks Banff, Jasper, Kootenay und Yoho zu den schönsten und berühmtesten Reisezielen der Welt.

Flüsse

Im Westen Kanadas gibt es etwa 50.000 namentlich verzeichnete Flüsse und Seen. Sie liegen in Dutzenden sog. Drainagebecken, die voneinander durch höher gelegene Landstriche getrennt werden, den Wasserscheiden. Die wichtigste davon ist die **kontinentale Wasserscheide,** die dem Höhenzug der Rocky Mountains folgt und die Grenze zwischen British Columbia und Alberta bildet. Von hier aus fließen alle Flüsse entweder nach Westen in den Pazifik, nach Osten in den Atlantik oder nach Norden ins Nordpolarmeer.

Den größten Teil der vorhandenen Wassermassen nimmt in British Columbia der **Fraser River** auf. Er entspringt im Mount Robson Provincial Park, der direkt im Gebiet der kontinentalen Wasserscheide liegt. Auf seiner 1368 km langen Reise bis nach Vancouver, wo er in den Pazifik mündet, nimmt der Fraser River unterwegs fast 25 % des Wassers der gesamten Provinz auf. Dennoch ist er nicht der längste Fluss British Columbias. Diesen Titel beansprucht der **Columbia River** für sich. Sein gewundener Lauf führt ihn durch den Südosten der Provinz, wo er die kanadische Grenze überquert und sich schließlich nach 2000 km im US-Bundesstaat Oregon in den Pazifik ergießt.

Für die Entwässerung der mittleren und südlichen Region von Alberta sorgt der **Saskatchewan River,** der in die Hudson Bay und den Atlantik mündet. Zwei seiner größten Nebenflüsse sind der am Columbia Icefield entspringende **North Saskatchewan River** und der **Red Deer River,** der durch das Dinosaur Valley fließt.

Das Flusssystem des **Peace River** ist das einzige, das die kanadischen Rockies durchschneidet. Es verläuft von British Columbia aus in nordöstliche Richtung, durch den Norden von Alberta und mündet in den Mackenzie River, der in der Rangliste der längsten Flüsse unserer Erde den beachtlichen zehnten Platz einnimmt. Der **Mackenzie River** strömt durch die Northwest Territories zum Nordpolarmeer. Ebenfalls im Norden stößt man auf den berühmten **Yukon River.** Seine Quelle liegt hoch in den Coast Mountains, von wo aus er erst nach Norden und dann in unzähligen Windungen nach Westen bis zur Beringsee fließt.

Aurora borealis – das Nordlicht

Aurora borealis ist für den einen Betrachter eine eher emotionale Erfahrung, für den anderen eine mehr spirituelle – in jedem Fall ist es ein unvergessliches Erlebnis, die bunten Lichter wie bei einem Kaleidoskop über den Himmel tanzen zu sehen.

Nordlichter sind eine wissenschaftlich hoch komplizierte Erscheinung, ein plötzlich auftretendes Phänomen, das keinerlei Gesetzmäßigkeiten zu gehorchen scheint. Entsprechend gibt es auch keine bestimmte Jahreszeit, zu der man sie am besten beobachten könnte. Die Entstehung eines Nordlichts beginnt unendlich weit entfernt in der Sonne und endet schließlich in der Erdatmosphäre. Als Folge der Kernfusion werden von der Sonne nicht nur die Wärme und das Licht abgegeben, die alles Leben auf unserer Erde erst möglich machen, sondern darüber hinaus auch Ionen mit unglaublicher Geschwindigkeit in den Weltraum geschleudert. Treffen diese elektrisch geladenen Teilchen in einer Höhe von etwa 180 km auf die dünne äußere Schicht der Erdatmosphäre, werden sie vom Magnetfeld der Erde eingefangen und in Richtung der beiden Pole umgelenkt. Auf ihrem Weg dorthin kollidieren die Teilchen mit den Atomen und Molekülen verschiedener Gase, die sich in der Erdatmosphäre befinden. Diese werden dadurch energetisch aufgeladen oder – wissenschaftlich ausgedrückt – ionisiert. Die auf diese Weise aufgenommene Energie geben die Gase anschließend wieder ab. Diese Abgabe geschieht sehr häufig in Form von Licht. Je nach Gas hat das Licht unterschiedliche Farben: Die Atome von Stickstoff geben violettes und manchmal auch rötliches Licht ab, Sauerstoff erzeugt grünes und in größeren Höhenlagen auch oranges Licht.

Weil das Erdmagnetfeld in der Nähe der beiden Pole stärker ist, kann man Nordlichter in höheren Breiten besser beobachten. Im Norden findet dieses natürliche Lichterspektakel jährlich bis zu 160 Mal statt und ist am besten nördlich des 60. Breitengrades zu verfolgen. Meist bemerkt man erst nur ein mattes Glimmen am nordöstlichen Horizont, gleich nach Sonnenuntergang. Mit zunehmender Dunkelheit wird dann auch das Strahlen des Nordlichts intensiver.

Klima

Die Existenz unterschiedlicher Klimazonen und enormer Temperaturunterschiede ergibt sich in Westkanada allein schon aus der unvorstellbaren Größe des Landes. Maßgebliche Klimafaktoren sind dabei die jeweilige Höhenlage, der Breitengrad, die Geländeneigung und die Entfernung zum Meer. So ist die Küstenregion von British Columbia zwar berühmt für das mildeste Klima in ganz Kanada, doch das hat gleichzeitig auch einen Haken – es regnet hier sehr viel. Die beiden größten Städte, Vancouver und Victoria, liegen mitten in dieser Zone. Während anhaltende, Regen mit sich führende Westwinde über British Columbia wehen, sorgen die kühlen Höhenlagen der Gebirgszüge im Landesinneren dafür, dass die Wolken abregnen. Dadurch trifft man, je weiter man nach Osten kommt, auf immer trockenere Landstriche mit warmen Sommertemperaturen und wolkenfreiem Himmel. Gleiches gilt im Winter, allerdings mit umgekehrter Temperaturlage. Zu dieser Jahreszeit sind die Temperaturen in Calgary niedriger als im Binnenland von British Columbia, und es ist dort wesentlich kälter als in Vancouver. Im Winter wehen die trockenen Winde entlang der Osthänge der kanadischen Rockies talwärts und können dort die Temperaturen in den Prärien innerhalb von 24 Std. auf 40 °C ansteigen lassen. Diese trockenen Luftströmungen werden **Chinook** genannt und stellen ein meteorologisches Phänomen dar, das es nur in Alberta gibt.

Die nördlichen Breiten

Der Mensch lebt gewöhnlich in den mittleren Breiten und ist an die dort herrschenden natürlichen Abläufe gewöhnt – die Sonne geht jeden Morgen im Osten auf und abends im Westen wieder unter. Auf die Nacht folgt der Tag, die Vegetation ist üppig, das Wasser meist in seinem flüssigen Aggregatzustand anzutreffen. Im äußersten Norden jedoch gibt es diese angenehmen Gesetzmäßigkeiten nicht. Hier geht im Winter die Sonne tagelang nicht auf, in der Arktis ist sie sogar ganze Monate lang nicht zu sehen. Im Sommer hingegen steht sie dafür fast endlos am Firmament. Auch die Flüsse, Seen und selbst das Meer führen für mehr als ein halbes Jahr kein fließendes Wasser, sondern bestehen aus massivem Eis. Das Klima in dieser Region ist zwar rau. Dennoch ist die Vorstellung, dass der Norden Kanadas nur von ewigem Eis und Schnee geformt wird, falsch. In den Sommermonaten, von Mai bis September, kann das Klima durchaus angenehm sein.

Der Großteil der Region wird von **Permafrostböden** bedeckt, deren jährliche Durchschnittstemperatur unter dem Gefrierpunkt liegt. Im Großteil des Kontinents taut der Oberboden im Sommer auf und wird daher als *aktive Schicht des Permafrostes* bezeichnet. Weiter im Norden und in der Arktis jedoch bleibt der Boden in einer Tiefe von 2–500 m gefroren; dies wird *kontinuierlicher Permafrost* genannt.

Pflanzenwelt

Der Westen Kanadas kann in vier geografische Hauptzonen unterteilt werden: die Pazifikküste, die Gebirgszüge im Landesinneren, die Ebenen von Alberta und die Arktis. In jedem dieser vier Bereiche liegen unterschiedliche Vegetationszonen, deren Grenzen von Faktoren wie etwa der Niederschlagsmenge, der geografischen Breite und der Höhenlage bestimmt werden.

Küstenregion

Gemäßigter Regenwald

Die Szenerie jener Küstenregionen, in denen die jährliche Niederschlagsmenge über 1000 mm liegt, wird von gemäßigten Regenwäldern beherrscht, die überwiegend immergrün sind. Lediglich 0,02 % der Landfläche unserer Erde sind solche gemäßigten Regenwälder, und davon liegen 25 % in British Columbia. Hier wachsen überwiegend Kanadische Hemlocktannen, Rotzedern, Sitkafichten und in etwas trockeneren Gegenden auch Douglasien. Der Regenwald auf den Queen Charlotte Islands ist in schwammartiges, blassgrünes Moos gehüllt, das auf den Douglasien der Küstenzone sprießt. In den subalpinen Regionen wachsen die Berg-Hemlocktannen *(Mountain Hemlock)*.

Gebirge

Die enormen Höhenunterschiede sind Garant für eine abwechslungsreiche Pflanzenwelt. Sie reicht von den Kakteen, die in Kanadas einziger Wüste im Okanagan Valley gedeihen, bis zu den ebenfalls äußerst widerstandsfähigen Gewächsen, die sich an die vereisten Berggipfel klammern und nur für einige Wochen im Sommer zu farbenprächtigem Leben erwachen.

Bergregion

Die Bergwälder stellen von allen Vegetationszonen den vielfältigsten Lebensraum dar und sind ein bevorzugtes Winterquartier der größeren Säugetiere. In dieser Zone gibt es jedoch auch die meisten menschlichen Eingriffe, sodass der ursprüngliche Zustand der Bergwälder oft verändert wurde.

Im südlichen Binnenland von British Columbia bedecken die Bergwälder ganze Landstriche bis zu einer Höhe von etwa 1500 m. An den trockeneren Südhängen der Berge finden sich **Douglasien** und **Gelbkiefern** *(Ponderosa Pine)*. Weiter östlich und im Norden werden die Höhenlagen der kanadischen Rockies von **Espen** *(Aspen)*, **Balsampappeln** *(Balsam Poplar)* und **Schimmelfichten** *(White Spruce)* besiedelt. In größeren Höhenlagen wachsen die **Engelmannfichten** *(Engleman Spruce)*. Überall anzutreffen sind **Drehkiefern** *(Lodgepole Pine)*. Sie sind auch die ersten Pflanzen, die nach einem Feuer wieder austreiben. Ihre Samen sind in den Zapfen mit einer Harzschicht versiegelt, die nur bei sehr hohen Temperaturen schmilzt. Kommt es zu einem Waldbrand, verflüssigt sich das Harz und die Samen fallen aus dem Zapfen. In den trockensten Gebieten trifft man außerdem auch auf ausgedehnte Grasflächen.

Subalpine Zone

Subalpine Wälder gedeihen dort, wo die Temperaturen zwar niedriger, die Niederschläge dafür aber höher sind als in den Bergregionen. In den kanadischen Rockies ist das generell in Höhenlagen zwischen 1500 und 2200 m über dem Meeresspiegel der Fall. Im südlichen Binnenland von British Columbia liegt diese Zone etwas höher. Obergrenze für die subalpine Zone ist die Baumgrenze. In der subalpinen Zone am weitesten verbreitet sind Engelmannfichten und Felsengebirgstannen. In den höheren Lagen trifft man an Orten, die in den letzten 100 Jahren von Bränden heimgesucht wurden, auf ganze Drehkiefernwälder. In großen Höhen finden sich Lärchenschonungen. **Lärchen** *(Larches)* gehören zu den Nadelbäumen, werfen aber im Gegensatz zu den immergrünen Arten jedes Jahr ihre Nadeln ab. Diese verwandeln sich im Herbst in ein feuriges Orange (oder zumindest in ein kräftiges Gelb), ein tolles Motiv für jeden Fotografen.

Alpine Zone

Die alpine Zone verläuft zwischen der Baumgrenze und den Berggipfeln. Unterhalb des 60. Breitengrades beginnt sie je nach Gegend bei etwa 1800–2400 m über dem Meeresspiegel. In Richtung Norden sinkt die Baumgrenze stetig ab und erreicht schließlich die baumlose Tundra der Northwest Territories. In den extremen Höhenlagen stößt man nur dort auf Vegetation, wo entsprechende Erdablagerungen vorhanden sind. Die alpinen Bergwiesen verwandeln sich jeden Sommer für kurze Zeit in ein Farbenmeer voller Blüten. Verantwortlich dafür sind v. a. **Lupinen, Gebirgsnelkenwurz** *(Mountain Aven)*, **Alpines Vergissmeinnicht** *(Alpine Forget-me-not)*, **Hundszahnlilien** *(Avalanche Lily)*, **stängelloses Leimkraut** *(Moss Campion)* und in mehreren Farben blühendes **Heidekraut** *(Heather)*.

Die Plains

Östlich der kanadischen Rockies erstrecken sich die endlos anmutenden Ebenen. Obwohl die durchschnittliche Höhe etwa 1000 m über dem Meeresspiegel beträgt, ist dieser Landstrich unglaublich flach. In der südöstlichen Ecke von Alberta markieren die gerade einmal 500 m höher als ihre Umgebung gelegenen Cypress Hills auf einer Strecke von 5000 km den höchsten Punkt zwischen den kanadischen Rockies und Labrador. Obwohl es auf den ersten Blick nicht so erscheinen mag, bestehen die Plains aus drei unterschiedlichen Vegetationszonen.

Prärie

Der Süden von Alberta wird von der Prärie dominiert, der wärmsten und trockensten Klimazone, die in Kanada anzutreffen ist. Es handelt sich um flaches, offenes Grasland. Bäume wachsen nur an Stellen, an denen es fließendes Wasser gibt. Entlang der meisten Flüsse spenden **Pappeln** *(Cottonwood)* und Espen Mensch und Tier willkommenen Schatten, während die Uferbänke selbst meist von **Weiden** *(Willows)* besetzt sind. Um hier intensiv Landwirtschaft betreiben zu können, wird aus den Flüssen Wasser abgepumpt und mittels eines Kanalsystems über die Prärie verteilt. Im Gegensatz zu den Kulturpflanzen brauchen die heimischen Gräser wie das **raue Schwingelgras** *(Rough Fescue)* und das **Haarschotengras** *(Grama)* dazu keinerlei künstliche Überlebenshilfe. Mitten in der öden Landschaft kann man unerwartet auf farbenprächtige Blumen wie etwa **Wildrosen** *(Wild Roses)* stoßen.

Aspen Parkland

Hierbei handelt es sich um eine nur in Kanada vorzufindende Übergangszone zwischen der Graslandschaft der Prärien im Süden und den borealen Wäldern im Norden. Wie der Name vermuten lässt, trifft man hier vorwiegend **Zitterpappeln** *(Trembling Aspen)* an. Sie verdanken ihren Namen den flachen hellen Blättern, die selbst im leisesten Windhauch zu zittern scheinen. Ein Großteil des Aspen Parkland wurde mittlerweile der Landwirtschaft geopfert. Eines der wenigen in seiner einzigartigen Ursprünglichkeit erhaltenen Gebiete ist der Elk Island National Park, der v. a. aufgrund seiner großen Population an Säugetieren berühmt ist.

Boreale Wälder

Die borealen Wälder, die in Europa besser unter der Bezeichnung *Taiga* bekannt sind und sich wie ein riesiger Gürtel durch den Westen Kanadas ziehen, sind genau genommen ein Bestandteil der Plains. Sie erstrecken sich fast über halb Alberta und setzen sich im Norden von British Columbia sowie in den beiden Territorien fort. Die Landschaft ist hier weitgehend flach, aber sehr bewaldet. Allerdings gibt es nur einige wenige Baumarten, die sich an die in den nördlichen Breiten herrschenden Bedingungen anpassen können. Im südlichen Teil der borealen Wälder wachsen überwiegend Espen und Balsampappeln. Weiter nördlich gedeihen Nadelgehölze wie Schimmelfichten, Drehkiefern und Balsamtannen, wobei auf trockenen Höhenzügen auch **Bankskiefern** *(Jack Pine)* und **Amerikanische Lärchen** *(Tamarack)* anzutreffen sind. Die Wälder sind von Seen, Sümpfen und Kanälen durchsetzt, an denen v. a. Schwarzfichten und Lärchen ideale Wachstumsbedingungen vorfinden. In trockeneren Höhenlagen bietet das dichte Unterholz einen guten Lebensraum für **Himbeeren** *(Raspberries)*, **Erlenblättrige Felsenbirnen** *(Saskatoons)* und **Büffelbeeren** *(Buffalo Berries)*. Weiter nördlich, wo das Wasser nur schlecht abfließen kann, ist der Boden mit dicken Matten aus Torf bedeckt.

Von der Baumgrenze bis zur Tundra

Als Baumgrenze bezeichnet man jene imaginäre Linie, bis zu der im Norden noch Bäume wachsen. Sie liegt im Osten Kanadas unterhalb des 60. Breitengrades und überquert den Polarkreis etwa 500 km nördlich von Yellowknife, von wo aus sie quer über den Kontinent nach Alaska verläuft. Die Baumgrenze steht in direktem

Zusammenhang mit der Höhenlage. Als Faustregel gilt: Je niedriger die Landschaft gelegen ist, umso weiter nördlich verläuft die Baumgrenze. Der Name als solcher ist eigentlich irreführend. Denn die Baumgrenze ist nicht etwa eine klare Linie, sondern der Begriff bezeichnet lediglich den Übergang in eine neue Vegetationszone, die *Taiga*. Der Übergangsstreifen kann dabei bis zu 100 km breit sein. Wo innerhalb dieser Übergangszone überhaupt Bäume wachsen, handelt es sich meist um immergrüne Nadelgehölze. Da es meist nur wenig regnet und sich die Wachstumsperiode auf 70–80 frostfreie Tage beschränkt, sind diese Bäume zudem fast immer verkrüppelt. Am häufigsten trifft man auf **Schwarzfichten** *(Black Spruce)*, **Schimmelfichten** *(White Spruce)*, Bankskiefern (*Jack Pine;* die am weitesten nördlich vorkommende Kiefernart) und Espen. Als einziger Laubbaum kann die **Papierbirke** *(White Birch)* dem rauen Klima die Stirn bieten.

Tundra

Oberhalb der Baumgrenze, im Bereich des kontinuierlichen Permafrostes, liegt die Tundra. Hier ist es einer einzigartigen Auswahl an Pflanzen gelungen, sich im Laufe der Jahrtausende an die extremen Temperaturwechsel, die unterschiedliche Dauer der Sonneneinstrahlung sowie an die fehlenden Niederschläge (weniger als in der Sahara) anzupassen. Nur an Stellen, an denen Wasser oder Wind Erde abgelagert haben, ist die Vegetation vielfältiger. Dabei handelt es sich fast ausnahmslos um Senken oder Flussufer. Fast alle Pflanzen sind mehrjährig und besitzen die Fähigkeit, nach dem Winterschlaf innerhalb kürzester Zeit zu erblühen. Im kurzen Sommer sind daher ganze Landstriche mit strahlenden Blütenteppichen voller Wildblumen bedeckt. Als wichtigste Vertreter sind v. a. der gelb blühende **arktische Mohn** *(Yellow Arctic Poppy)*, der violett blühende **Steinbrech** *(Purple Saxifrage)*, der rosa **Rhododendron** *(Pink Rhododendron)* und die **Weiße Erika** *(White Heather)* zu nennen. Zu den wenigen Gehölzen, die in der ansonsten baumlosen Tundra überleben können, gehört die **Weide.** Man kann sie auf dem arktischen Kontinent zusammen mit der **Drüsigen Birke** *(Ground Birch)* und dem oft auch als wilden Rosmarin bezeichneten **Sumpfporst** *(Labrador Tea)* finden. In manchen Landstrichen gibt es fast keine Erde. Hier gedeihen nur einige wenige arktische Farne, Flechten und Moose. Da die niedrigen Temperaturen die bakteriellen Zersetzungsprozesse hemmen, fehlt es der wenigen Erde außerdem an Stickstoff, ohne den kein pflanzliches Wachstum möglich ist. Gelegentlich trifft man allerdings auch auf regelrechte Oasen mit üppiger Vegetation. Sie markieren Orte, an denen ein Stickstoffvorrat in der Erde vorhanden ist. Das kann beispielsweise eine Stelle sein, an der ein Tierkadaver vor sich hin fault, oder der fast schon antike Abfallhaufen eines längst verschwundenen Inuit-Zeltplatzes.

Umweltschutz

Der Mensch beutet die in Westkanada reichlich vorhandenen natürlichen Ressourcen seit etwa 10.000 Jahren aus. Während die von der Bisonjagd lebenden Ureinwohner das empfindliche natürliche Gleichgewicht dabei nicht beeinträchtigten, haben die weißen Siedler diese Balance durch die Ausrottung des Bisons und den Kahlschlag riesiger Wälder zur Gewinnung von landwirtschaftlichen Nutzflächen erheblich gestört. Die aktuelle Diskussion im Bereich des Umweltschutzes dreht sich v. a. darum, wie man die von der Holz-, Öl- und Gasindustrie verursachten

Umweltschäden begrenzen kann, wie sich die globale Erwärmung wirksam bekämpfen lässt und mit welchen Auswirkungen die weitere Erschließung von Rohstoffvorkommen innerhalb der Nationalparkgrenzen verbunden ist.

Trotz der großen Reserven an nicht erneuerbaren Ressourcen in Westkanada wird Windenergie dort immer beliebter

Forstwirtschaft

Die Problematik der Forstwirtschaft ist im Westen Kanadas derart komplex, dass man allein über dieses Thema ein ganzes Buch schreiben könnte. So wird in British Columbia die gesamte Branche von einigen Großkonzernen kontrolliert, die allerdings jährlich eine Summe von $ 17 Mrd. in die lokale Wirtschaft fließen lassen. Entsprechend haben viele Entscheidungen im Bereich der Forstwirtschaft ebenso viel mit der hohen Politik zu tun wie mit dem Gedanken an die bestmögliche Verwaltung der natürlichen Lebensgrundlagen. Das Top-Thema ist dabei der Kahlschlag, bei dem ganze Landstriche einfach dem Erdboden gleichgemacht werden und der besonders bei Wäldern mit altem Baumbestand äußerst umstritten ist. Die Auswirkungen dieser „Erntemethode“ gehen weit über die bloße Zerstörung der uralten Bäume hinaus. So lassen sich etwa die Folgen des Kahlschlags häufig auch in Flüssen mit Lachsbestand erkennen. Zu einem besonderen Sinnbild für den Kampf der Umweltschützer gegen die Holzindustrie hat sich der *Clayoquot Sound* entwickelt, an dem sich der größte noch existierende Küstenregenwald der Erde befindet. Mittlerweile arbeitet man hier mit umweltfreundlichen Methoden und beschäftigt Firmen wie *Eco-Lumber Co-op*, die Holz im Rahmen nachhaltiger Forstwirtschaft gewinnt und es entsprechend zertifiziert verkauft.

Man kann zwar das Ausmaß des Kahlschlags in British Columbia nach der Ankunft erkennen, trotzdem lohnt sich vorab ein Besuch bei Google Maps (www.maps.google.com). Dort kann man auf den Link für die Satellitenbilder klicken und sich dann nach British Columbia zoomen. Ein hervorragendes Beispiel, um die Dimension des Kahlschlages erahnen zu können, bietet etwa der Norden von Vancouver Island.

Öl- und Gasindustrie

In British Columbia setzt die Öl- und Gasindustrie pro Jahr $ 6 Mrd. um, was, verglichen mit dem Umsatz in benachbarten Alberta, nur eine verschwindend geringe Summe ist. Trotzdem bringt der willkommene Geldsegen einige fundamen tale Umweltprobleme mit sich. Thema Nummer eins ist dabei der Ausstoß von Treibhausgasen, die zur globalen Erwärmung beitragen. Regierung und Industrie arbeiten eng zusammen, um die Menge der Emissionen zu reduzieren, beispielsweise durch den Einsatz neuer Technologien. Dabei werden herkömmliche Methoden, wie etwa die Verwendung von Schwefel aus schwefelhaltigen Quellen zur Gewinnung von Düngemitteln, um brandneue Ideen ergänzt. Einer der interessantesten Pläne ist, das Kohlendioxid gleich bei seiner Entstehung in den Industrieanlagen einzufangen, die Emissionen dann zu komprimieren und in leere Öl- und Gaslagerstätten unter dem Erdboden einzuleiten.

Der Einsatz umweltschonender, erneuerbarer Energien steigt rapide an. So stammen fast 90 % der Energie, die in Alberta von Regierungseinrichtungen verbraucht wird, mittlerweile aus erneuerbaren Energien wie Sonne und Wind. Und für Gemeinden, die Gleiches tun wollen, gibt es ein zinsfreies Kreditprogramm. Aber wie überall sonst auf dem Erdball wird die Öffentlichkeit über drohende Gefahren für das Ökosystem meist erst dann informiert, wenn es fast schon zu spät ist. Ein Paradebeispiel für dieses Vorgehen ist der Plan, in den McClelland Lake Wetlands im Norden von Alberta einen offenen Tagebau zu errichten – an einem Ort, der ursprünglich als Kandidat für die Aufnahme in die Liste des UNESCO-Welterbes galt.

Nationalparks

Auch der Umweltschutz innerhalb der kanadischen Nationalparks ist zurzeit ein heißes Eisen. Im Zentrum der Diskussion stehen dabei die in den Bergen gelegenen Parks in Westkanada. Auf den ersten Blick scheint deren zunehmende Kommerzialisierung dem Zweck ihrer Errichtung zuwiderzulaufen. Andererseits haben sie sich aus rein gewinnorientierten Unternehmen entwickelt und nehmen insoweit eine Sonderstellung ein. Kritiker sollten sich ins Gedächtnis rufen, dass vor 100 Jahren in den Parks noch Holz geschlagen und Bergbau betrieben wurde. Ganz zu schweigen von der Anordnung an die Aufseher, „alle Raubtiere auszurotten". Es ist noch gar nicht so lange her, dass man dort in den Seen zum Vergnügen der Angler nicht heimische Fischarten ausgesetzt hat, und selbst heute wird die Tierwelt innerhalb der Parkgrenzen bis zu einem gewissen Grad „verwaltet" – beispielsweise, indem störende Bären gefangen und in entlegenen Gegenden wieder ausgesetzt oder unmittelbar in der Nähe von Wohngebieten lebende Wapitis umgesiedelt werden.

Im Fokus der Debatte über die künftige Entwicklung der kanadischen Nationalparks steht **Banff**, die weltweit größte in einem Nationalpark gelegene Stadt. Für ihre Existenz gibt es gute Gründe – schließlich wollen die täglich bis zu 50.000 Besucher erst einmal versorgt sein. Um deren Bedürfnisse befriedigen zu können, ist natürlich das Vorhandensein einer entsprechenden Infrastruktur aus Unterkünften und Restaurants notwendig, die aber zwangsläufig auch weitere Baulichkeiten nach sich zieht: die Errichtung eines Klärwerks, die Schaffung einer kommunalen Infrastruktur, den Bau von Schulen, eines Krankenhauses und sonstigen Einrichtungen, die man eher in einer mittleren Kleinstadt erwarten würde. Doch daneben gibt es in Banff noch wesentlich mehr: Man kann hier in einer mehrstöckigen Parkgarage parken, einen Kaffee bei Starbucks trinken, sich tätowieren lassen, ein Bärenfell als Bettvorleger kaufen und in einem Motel übernachten, das zu einer der großen landesweiten Ketten gehört. Natürlich sollte man von all diesen Dingen während seines Aufenthalts die Finger lassen, aber man kann sie in Banff tun, mitten in einem Nationalpark. Kein Wunder, dass vielen Besuchern mittlerweile der ausufernde Kommerz entlang der Banff Ave. ein Dorn im Auge ist. Doch man darf andererseits nicht vergessen, dass man auch viele Anstrengungen unternommen hat, um den Schutz des alpinen Ökosystems mit den gestiegenen Bedürfnissen seiner Besucher in Einklang zu bringen. Anstrengungen, die nicht immer auf den ersten Blick ersichtlich sind. Zu nennen sind etwa die Einschränkung künftiger Bauvorhaben, die Schließung des Flugplatzes und des Bisongeheges sowie die Entscheidung, auf einigen Trails den Gebrauch von Mountainbikes zu untersagen. Ferner wurden in der Umgebung zum Schutz des Wildes Geschwindigkeitsbegrenzungen erlassen, die Durchfahrt durch einige bedrohte Lebensräume wurde gänzlich untersagt, und im Gegenzug wurden zu einigen Gegenden im Hinterland kürzere Zufahrten ermöglicht. In den Skigebieten wird im Sommer nur noch eine begrenzte Anzahl von möglichen Aktivitäten angeboten, und in einigen Fällen, wie etwa im Kootenay National Park, hat man sogar einige Unterkünfte zwangsenteignet, die sich in für Wildtiere wichtigen Lebensräumen befanden.

Kontakt

Wer sich näher mit den angesprochenen Themen beschäftigen möchte, kann sich an die folgenden Umweltschutzorganisationen wenden: **Canadian Parks and Wilderness Society** (www.cpaws.org), **Greenpeace** (www.greenpeace.ca), **Society Promoting Environmental Conservation** (www.spec.bc.ca) und **Valhalla Wilderness Society** (www.vws.org).

Greenpeace

Ende der 1960er Jahre wurde Vancouver zu einer Hochburg der Hippie-Bewegung, quasi zum Haight-Ashbury des Nordens. Die Hippies zogen in die älteren Häuser an der 4th Ave. in Kitsilano, etablierten hier eine feste Hippie-Gemeinde und waren auch überall in den umliegenden Parks anzutreffen. Eine kleine Gruppe von ihnen äußerte öffentlich ihre Bestürzung darüber, dass die USA vor der Küste Alaskas einen Atombombentest durchführen wollten. In der Überzeugung, etwas dagegen unternehmen zu können, charterte die Gruppe ein kleines Schiff und machte sich damit unter großer Anteilnahme der Presse auf den Weg zum im Norden gelegenen Testgelände. Das Ganze geschah im Jahr 1971, das Schiff wurde *Greenpeace* getauft, und der Rest ist aus der Sicht seiner Anhänger Geschichte. Heute hat Greenpeace seinen Hauptsitz in Amsterdam, setzt sich aber nach wie vor weltweit dafür ein, dass Regierungen und Unternehmen ihrer bestehenden Umweltverantwortung gegenüber unserem Planeten nachkommen. Auf lokaler Ebene setzt sich Greenpeace vehement für die Erhaltung des größten noch bestehenden Küstenregenwaldes der Erde am Clayoquot Sound, gegen den Abbau von Ölsand in Alberta, für den Ausbau erneuerbarer Energien und für ein Verbot des Walfangs im Pazifik ein.

Tierwelt

Dank der unterschiedlichen Topografie bietet der Westen Kanadas die verschiedensten Lebensräume für Tiere. Wapitis, Elche, Dickhornschafe und Bären fühlen sich hier besonders wohl und sind weit verbreitet. Fast überall lassen sich die großen Säugetiere problemlos beobachten. In den Northwest Territories und im nördlichen Yukon Territory ist die Artenvielfalt zwar vergleichsweise gering, dafür ist die Anzahl der jeweiligen Tiere pro Art enorm hoch. Daher findet man hier einige der weltweit größten Populationen von Karibus, Moschusochsen, Eisbären, Walen und Seevögeln.

Bären

Im Westen Kanadas sind drei Arten von Bären heimisch, von denen aber nur zwei – Schwarz- und Grizzlybären – weit verbreitet und zahlreich sind. Man kann sie anhand von Größe und Körperbau gut unterscheiden. Grizzlys sind wesentlich größer als Schwarzbären und haben ein flaches, rundes Gesicht. Besonders kennzeichnend ist der aus Muskeln bestehende Buckel in ihrem Nacken. Kein aussagekräftiges Unterscheidungsmerkmal ist allerdings die Farbe des Fells: Schwarzbären sind durchaus nicht immer schwarz, sondern es gibt auch braune und zimtfarbene Exemplare, was dann zu Verwechslungen mit den braun gefärbten Grizzlys führt.

Die fast vergessenen Kermode-Bären

Außerhalb der Grenzen von British Columbia ist der Kermode (gesprochen: kerr-MO-dee; *Kermode Bear* oder *Spirit Bear*) nahezu unbekannt. Es handelt sich um eine Unterart des Schwarzbären, die im ersten Moment eher der blühenden Fantasie eines Abenteurers entsprungen zu sein scheint. Die Tiere kommen ausschließlich in einem großen Gebiet nördlich von Terrace, British Columbia, und auf der vor der Küste liegenden, unbewohnten Princess Royal Island vor.

Erstmals wissenschaftlich studiert wurden die Bären von Francis Kermode, der um das Jahr 1900 Direktor des Provinzmuseums war. Ursprünglich ging man davon aus, dass es sich um eine eigene Spezies handelt. Die Tiere sind etwas größer als normale Schwarzbären, und ihre Kiefer sind anders gebaut. Obwohl die Färbung des Fells stark variiert, sind einige Exemplare nahezu blütenweiß. Bei diesen Bären handelt es sich jedoch keineswegs um Albinos, sondern lediglich um die am schwächsten gefärbten Vertreter ihrer Art.

Die Tsimshian nannten den Kermode *Spirit Bear*, verehrten ihn und stellten ihn in ihren Kunstwerken häufig in Menschengestalt dar. Die einst von Ausrottung bedrohten Tiere stehen mittlerweile vollständig unter Artenschutz.

Schwarzbären

Sieht man einen Bären am Straßenrand, handelt es sich mit ziemlicher Sicherheit um einen Schwarzbären *(Black Bear)*. Es gibt davon etwa 150.000 Exemplare in

Westkanada, und sie kommen in praktisch allen bewaldeten Gebieten vor. Obwohl sich ihr Gewicht stark unterscheiden kann, bringen männliche Tiere in der Regel 150 kg auf die Waage, weibliche Tiere 100 kg. Schwarzbären sind Allesfresser, die sich hauptsächlich von Gräsern und Beeren ernähren, aber auch kleine Säugetiere als willkommene Abwechslung auf ihrem Speiseplan ansehen. Obwohl sie keinen echten Winterschlaf halten, können sie in der kalten Jahreszeit einen Monat lang durchschlafen, bevor sie sich auch nur einmal bewegen, um die Schlafposition zu wechseln.

Grizzlys

Grizzlys sind die zweitgrößte der acht bekannten Bärenarten (nur der Eisbär ist größer). In der Küstenregion von British Columbia werden sie schlicht Braunbären *(Brown Bears)* genannt. Sie kommen in Nordamerika nur noch in wenigen Gebieten vor, wozu v. a. Westkanada zählt. Hier leben noch etwa 12.000 Grizzlys, die man aber nur sehr selten zu Gesicht bekommt. Die besten Chancen hat man in Hochlagen, aber mitunter wagen sich die Bären auch in niedriger gelegene Landstriche, v. a. bei sehr frühem oder erst sehr spätem Wintereinbruch. Wenn im Herbst die Laichwanderungen der Lachse an der Küste von British Columbia beginnen, versammeln sich die Grizzlys entlang der Flüsse, und es gibt einige Plätze, an denen man sie dann (fast) garantiert beobachten kann. Die Färbung des Pelzes reicht von Hellbraun bis Schwarz, meist sind die Tiere jedoch dunkelbraun. Die Männchen wiegen durchschnittlich 200–300 kg, in den Küstenregionen heimische Exemplare sogar wesentlich mehr. Sieht man einmal von dem Teil ihrer Population ab, der sich alljährlich während der Lachswanderungen wahren Fressorgien hingibt, besteht die Hauptnahrung der Grizzlys aus kleineren Säugetieren und im Herbst vorwiegend aus Beeren.

Eisbären

Eisbären *(Polar Bears)* stammen vom Grizzly ab und entwickelten sich vor etwa 250.000–400.000 Jahren als eigenständige Spezies. Sie werden bis zu 600 kg schwer und 3,5 m groß. Sie sind angesichts des weißen Fells, des lang gestreckten Körpers und des massigen Nackens sehr leicht zu erkennen. *Achtung:* Das gilt nur, wenn sich der Bär im andersfarbigen Gelände bewegt. Liegt er reglos auf einer Schneefläche oder schleicht zwischen Schneewechten herum, ist er perfekt getarnt, und man sieht ihn manchmal erst aus einer Entfernung von einigen wenigen Metern. Der wissenschaftliche Name *ursus maritimus* beschreibt trefflich den angestammten Lebensraum des Eisbären, das östlich der Hudson Bay gelegene Packeis des Nordpolarmeeres. Eisbären sind hervorragende Schwimmer und können Hunderte von Kilometern im Wasser zurücklegen.

Hirsche

Maultierhirsche und Weißwedelhirsche

Maultierhirsche *(Mule Deer)* und Weißwedelhirsche *(White-Tailed Deer)* sind von der Größe und vom äußeren Erscheinungsbild her nur schwer zu unterscheiden. Auch die Farbe des Fells wechselt je nach Jahreszeit. Im Sommer ist es ein Hellbraun, im Winter werden die Tiere grau. Maultierhirsche wirken meist ein wenig stämmiger als Weißwedelhirsche, und beide Arten sind kleiner als Wapitis. Maultierhirsche haben einen weißen Bauch, einen hellen Schwanz mit schwarzer Spitze und große Ohren, die an einen Esel erinnern. Sie sind v. a. in den nicht zu dicht bewachsenen Waldgebieten der Täler anzutreffen. Im Gegensatz dazu ist der Schwanz eines Weißwedelhirsches an der Oberseite dunkel gefärbt, und die Tiere richten ihn auf, wenn sie auf der Flucht sind. Nur dann lässt sich die weiße Unterseite gut erkennen, der sie ihren Namen verdanken. Weißwedelhirsche fühlen sich im Dickicht entlang von Flüssen, Seen und Highways besonders wohl. Weit verbreitet sind die Tiere auf Vancouver Island. Eine Unterart, der **Sitka-Hirsch** *(Sitka Deer)*, ist auf den Queen Charlotte Islands zu finden.

Elche

Der Gigant unter den Hirschen! Er wirkt auf den Betrachter manchmal, als hätte sich ein Cartoonzeichner das Tier ausgedacht. Elche *(Moose)* haben das größte Geweih in der ganzen Tierwelt, ihre Schulterhöhe beträgt gute 1,8 m, und sie wiegen bis zu 500 kg. Der Körper ist dunkelbraun gefärbt, und neben einer äußerst markanten Nase verfügt der Elch über lange, spindeldürre Beine, winzige Augen sowie große Ohren und hat einen großen Hautlappen unter seinem Kinn hängen (sog. *Bell*). Wenn man von diesen Kleinigkeiten einmal absieht, sehen Elche ansonsten ganz normal aus. Den Bullen wächst in jedem Frühjahr ein ausladendes Geweih, das in seinem Aussehen an ein Palmblatt erinnert und dessen Entwicklung im August abgeschlossen ist. Elche sind Einzelgänger und bevorzugen Marschland sowie üppig wuchernde Nassflächen. Am weitesten verbreitet sind sie im Norden von British Columbia und stehen dort oft einfach am Straßenrand des Alaska Hwy., aber auch in den Rocky Mountains fühlen sie sich äußerst wohl. Obwohl sie den Eindruck außerordentlich friedfertiger Zeitgenossen machen, greifen Elche auch Menschen an, wenn sie sich bedroht fühlen.

Um Verwechslungen vorzubeugen: Der Elch heißt in Nordamerika *Moose,* nicht etwa *Elk*. Ein *Elk* ist vielmehr ein Wapiti.

Wapitis

Der Wapiti *(Elk)* hat ein bräunliches Fell und einen dunkelbraunen Nacken, dunkelbraune Beine und ein weiß gefärbtes Hinterteil. Er ist nach dem Elch der zweitgrößte Vertreter der Hirschgattung, wird 250–400 kg schwer und hat eine Schulterhöhe von 1,5 m. Ihm wächst vom Frühjahr an ein imposantes Geweih, das zunächst vom sog. Bast bedeckt wird. Die in dieser Haut enthaltenen Nährstoffe regen den weiteren Wuchs des Geweihs an. Ist dieses im Herbst ausgewachsen, wird der Bast abgeworfen. Von September bis Oktober herrscht Brunftzeit. Die Brunftschreie der Hirsche, mit denen sie Weibchen anlocken, sind dann überall zu vernehmen. *Vorsicht:* Während der Brunft sind die Männchen auch für Menschen gefährlich und gehen auf jeden vermeintlichen Eindringling los. Auch darf man sich als Wanderer nicht allzu sehr von der Tatsache in Sicherheit wiegen lassen, dass die Männchen im Frühjahr ihr Geweih abwerfen. Denn dann können auch die Weibchen gleichermaßen gefährlich werden, wenn sie ihre Kitze verteidigen. Wapitis kommen überall in den kanadischen Rockies vor. Besonders große Herden gibt es in und um Banff und Jasper. Hier kann man nicht selten besonders vorwitzigen Exemplaren begegnen, die unbekümmert durch die Straßen ziehen und in den Vorgärten Ausschau nach schmackhaften Pflanzen halten.

Karibus

Der Name *Caribou,* auf den die Ureinwohner dieses Tier tauften, bedeutet so viel wie „Huf-Kratzer". Er bezieht sich auf die Art und Weise, wie Karibus im Winter an ihre Nahrung gelangen, nämlich indem sie so lange den Schnee mit ihren Hufen vom Boden scharren, bis sie auf das darunter verborgene Grün stoßen. Obwohl sie etwas plump wirken, haben sich die Karibus im Laufe der Zeit perfekt an das harte Klima im hohen Norden angepasst. Mit einer Schulterhöhe von nicht ganz 1,5 m sind sie kleiner als Wapitis. Ihr Fell ist dunkelbraun, am Nacken und an den Keulen finden sich cremefarbene Flecken. Wie beim Wapiti ist auch bei den Karibus im Herbst Brunftzeit, und die Hirsche scharen dann die Weibchen um sich. Außerdem versammeln sich die Karibus jeden Herbst oberhalb der Baumgrenze und ziehen von hier in die westlich gelegenen borealen Wälder. Man kann dann bis zu 40.000 Tiere zählende Herden beobachten. Im Frühling geht die Reise wieder zurück über den Polarkreis hinaus, wo die Jungtiere zur Welt kommen. Im Yukon Territory, im Norden von British Columbia und in einigen entlegenen Ecken der kanadischen Rockies gibt es außerdem kleine Populationen von **Waldkaribus** *(Woodland Caribou).*

Andere große Säugetiere

Dickhornschafe

Dickhornschafe *(Bighorn Sheeps)* werden mitunter auch als *Dallschafe* oder schlicht *Rocky-Mountain-Schafe* bezeichnet. Sie sind sehr einfach an ihren spiralförmig gebogenen Hörnern zu erkennen. Im Sommer sieht man sie an den Berghängen und sogar am Straßenrand grasen. Einen wichtigen Anziehungspunkt für sie bilden dabei natürliche Salzvorkommen, wie sie etwa entlang dem Alaska Hwy. oder östlich von Jasper zu finden sind.

Schneeziegen

Die behänden Schnee- oder Bergziegen *(Mountain Goats)* sind wahre Kletterkünstler und können es sich angesichts ihrer außergewöhnlichen Fähigkeiten erlauben, steinige Felsvorsprünge und fast senkrechte Abhänge zu bevölkern, an denen ihnen keinerlei Gefahr von Raubtieren droht. Sie sind auch auf Bergwiesen und in den lichteren Wäldern der Rocky Mountains zu finden, wo sie sich gerne um natürliche Salzvorkommen herum sammeln. Böcke haben eine Schulterhöhe von 1 m und wiegen zwischen 40 und 53 kg. Alle Schneeziegen tragen einen seltsam anmutenden Spitzbart und verlieren jeden Sommer ihr dickes Winterfell, was sie ein wenig zerlumpt aussehen lässt; im Herbst wächst ihnen aber ein makelloses neues, weißes Fell nach.

Gabelböcke

Gabelböcke *(Pronghorns)* durchstreifen die weiten Prärien im Südosten von Alberta. Sie werden mitunter auch als *Gabel-* oder *Amerikanische Antilopen* bezeichnet und gehören zu den schnellsten Tieren der Welt, die auch über längere Distanzen Geschwindigkeiten von bis zu 80 km/h durchhalten können. Erwähnenswert ist auch, dass sie über ein unglaublich feines Gehör und eine phänomenale Sehschärfe verfügen. Darüber hinaus sichert ihnen auch die Fähigkeit, lange Zeit ohne jegliche Wasseraufnahme auskommen zu können, das Überleben in ihrem mitunter kargen Lebensraum.

Moschusochsen

Die zotteligen Moschusochsen *(Musk Oxen)* waren um die Wende zum 20. Jh. durch übermäßige Bejagung vom Aussterben bedroht. Man findet sie heute nur noch in den nördlichen Regionen der Arktis. Bank Island beherbergt mit 65.000 Exemplaren mehr als die Hälfte des weltweiten Bestandes dieser Tiere. Bei Gefahr bilden die Moschusochsen um ihre Jungen herum einen ringförmigen Schutzschild, um sie so besser vor Raubtieren bzw. der Kälte schützen zu können. Das Motiv dieses lebenden Schutzschilds in Ringform ist ein beliebtes Symbol des Nordens. Die Inuit bezeichnen die Tiere als *Oomingmak,* die „Bärtigen". Moschusochsen tragen eine Schutzschicht aus kurzer, feiner Wolle, über der sich dann die bis zu 60 cm langen Haare ihres zotteligen Fells befinden. Das verleiht ihnen ihr charakteristisches, prähistorisches Aussehen und schützt sie vor Blizzards ebenso wie vor den Wintertemperaturen, die in manchen Gegenden bei durchschnittlich –30 °C liegen.

Wilde Hunde und Katzen

Wölfe

Nachdem sie einst das Ziel einer gnadenlosen Ausrottungskampagne waren, kommen Wölfe heute nur noch in den Bergwäldern und den borealen Nadelwäldern vor. Die Tiere bringen bis zu 60 kg auf die Waage, erreichen eine Schulterhöhe von 1 m und ähneln großen Huskys und dem Deutschen Schäferhund. Die Farbe des Fells kann von Schneeweiß über Braun bis ins Schwarze variieren. Im Gegensatz zu anderen Raubtieren sind Wölfe sehr facettenreiche und faszinierende Tiere, die im Rudel einer strengen hierarchischen Ordnung unterliegen und sogar Gefühle wie Glück, Humor und Einsamkeit ausdrücken können. Heute leben geschätzte 8000

Wölfe in der Wildnis von British Columbia. Kurioserweise geht ihr Bestand ausgerechnet in den Nationalparks der kanadischen Rockies immer weiter zurück.

Kojoten

Kojoten werden sehr oft mit Wölfen verwechselt, obwohl sie wesentlich kleiner sind und maximal 15 kg auf die Waage bringen. Die Tiere haben eine spitze Schnauze und einen buschigen Schwanz. Ihr Fell ist braun und grau gescheckt, Läufe und Bauch sind heller. Kojoten sind sehr geschickte Jäger und ernähren sich hauptsächlich von Nagetieren. Ihren bisweilen fast unheimlichen Konzerten – eine Mischung aus Jaulen und Heulen – kann man abends fast überall in Westkanada lauschen. Oft sieht man Kojoten entlang von Highways patrouillieren oder in tieferen Tallagen über die weiten Wiesen streifen.

Begegnungen mit Tieren

Einer der größten Reize von Westkanada besteht darin, dass man hier eine unglaubliche Artenvielfalt der Tierwelt vorfindet. Um dieses einmalige Naturerbe auch in Zukunft zu erhalten, sollte man als Besucher vor Ort seinen gesunden Menschenverstand walten lassen.

Füttern Sie niemals Tiere. Viele Tiere wirken auf den ersten Blick recht zahm. Wer sie allerdings füttert, der gefährdet sich, andere Menschen und letztlich auch das Tier selbst. Denn Tiere neigen zu aggressivem Verhalten, wenn sie auf der Suche nach Nahrung sind – auch und v. a., wenn diese aus Menschenhand angeboten wird.

Verpacken Sie alle Lebensmittel. Wer auf einem Campingplatz übernachtet, sollte alle Lebensmittel so gut (und geruchsdicht) wie nur möglich verpacken. Anschließend sollte man sie im Auto oder außerhalb der Reichweite von Tieren sicher verstauen. Sie nur in die Kühlbox zu legen reicht nicht aus.

Halten Sie Abstand. Auch wenn es oft reizvoll scheint, noch einige Schritte näher zu gehen, um einen besseren Blick auf ein Tier erhaschen oder ein besseres Erinnerungsfoto schießen zu können – man stört dadurch nicht nur das Tier, sondern begibt sich häufig aus reinem Leichtsinn in höchste Gefahr.

Fahren Sie vorsichtig. Häufigste Todesursache bei Jungtieren größerer Säugetierarten sind Kollisionen mit Autos.

Füchse

Kleinster nordamerikanischer Vertreter der zoologischen Familie der Hundeartigen *(Canidae)* ist der **Kitfuchs** *(Swift Fox)*. Bereits 1928 war er in Kanada vollständig ausgerottet, wurde aber 1983 im Südosten von Alberta erfolgreich wieder angesiedelt. Obwohl es dort mittlerweile eine kleine, stabile Population gibt, welche die trockenen und unwirtlichen Prärien durchstreift, gelten Kitfüchse nach wie vor als vom Aussterben bedroht. Etwas größer als der Kitfuchs ist der **Rotfuchs** *(Red Fox)*, den man in ganz Alberta sowie im Süden der Northwest Territories und des Yukon Territory antrifft.

Pumas

Pumas, oft auch als Berglöwen bezeichnet, werden in Kanada *Cougars*, in anderen Teilen Nordamerikas *Mountain Lions, Pumas* oder *Catamounts* genannt. Als normaler Tageswanderer begegnet man ihnen zum Glück nur selten. Falls doch, ist größte Vorsicht geboten, denn ein Puma kann auch einem Menschen gefährlich werden. Die Tiere erreichen eine Größe bis zu 1,5 m, und die Männchen wiegen durchschnittlich um die 75 kg, Weibchen 55 kg. Die Farbschattierungen des Fells reichen üblicherweise von Hellbraun bis zu einem rötlichen Grau, allerdings werden auch immer wieder schwarze Tiere beobachtet. Pumas sind äußerst vielseitige Jäger, ihr Blickfeld umfasst sagenhafte 200 Grad und sie schlagen etwa alle 12–14 Tage Beute. Pumas sind Einzelgänger mit klar abgesteckten Reviergrenzen. Obwohl das eigentlich ihre Vermehrung hemmen müsste, gibt es heute mehr Berglöwen als jemals zuvor, und ihr Verbreitungsgebiet dehnt sich ständig aus. Die Population von Vancouver Island ist die größte in ganz Nordamerika, und man trifft den Puma bis hin zu den östlichen Hängen der kanadischen Rockies an.

Luchse

Luchse *(Lynx)* sind sehr scheu, und man bekommt sie daher nur selten zu Gesicht. Sie sind leicht an ihren schwarzen Pinselohren zu erkennen und sehen ansonsten ein wenig wie übergroße, längs gestreifte Katzen aus. Luchse haben sehr breite, gepolsterte Tatzen, die zur besseren Gewichtsverteilung dienen und es ihnen sogar erlauben, auf einer Schneeoberfläche zu laufen, ohne dabei einzusinken. Die Tiere werden bis zu 10 kg schwer, sehen aber wegen ihres langen und dicken Fells optisch wesentlich größer aus. Luchse kommen zwar in vielen Gebieten Westkanadas vor, gelten aber als selten. Die Schleichkatzen sind Einzelgänger und bevorzugen die Deckung subalpiner Wälder. Auf die Jagd gehen sie meist nachts, ihre bevorzugte Beute sind Schneehasen und andere Kleinsäuger.

Kleine Säugetiere

Biber

Biber *(Beaver)* gehören zu den geschäftigsten Vertretern der Tierwelt und werden 50 cm lang und bis zu 20 kg schwer. Ihr flacher Schwanz dient ihnen als Ruder, und ihre Hinterbeine sind mit Schwimmhäuten ausgestattet, die ihnen im Wasser Geschwindigkeiten von bis zu 10 km/h ermöglichen. Die Erkundung Westkanadas steht übrigens in direktem Zusammenhang mit dem Biber, dessen Pelz sich in den frühen Jahren des 19. Jh. v. a. in Europa größter Beliebtheit in der Modebranche erfreute. Trotzdem waren die Tiere nie vom Aussterben bedroht und sind heute in praktisch jedem bewaldeten Tal anzutreffen, in dem es fließendes Wasser gibt. Biber bauen ihren Damm und ihren darunter liegenden Bau aus einer Mischung von Zweigen, Ästen, Stöcken, gefällten Bäumen und Schlamm.

Hörnchen

Im Westen Kanadas sind mehrere Arten von Hörnchen *(Squirrels)* beheimatet. Der **Goldmantelziesel** *(Golden-mantled Ground Squirrel)* bewohnt die steinigen Vorsprünge der subalpinen Bergregionen. Er hat an der Seite schwarze Streifen und sieht wie ein etwas zu groß geratenes Streifenhörnchen aus. Weit verbreitet ist das **Amerikanische Erdhörnchen** *(Columbian Ground Squirrel)*, dessen Bau sich oft im offenen Grasland findet. Die Tiere sind an Beinen, am Bauch und im Gesicht rötlich gefärbt und haben einen gefleckten grauen Rücken. Das kecke **Rothörnchen** *(Red Squirrel)* mit seinem buschigen Schwanz hat den zweifelhaften Ruf, das Plappermaul des Waldes zu sein. Die von ihm abgenagten Zapfen lassen sich oft im Wurzelbereich der Nadelbäume finden. Der helle **Richardson-Ziesel** *(Richardson's Ground Squirrel)* stößt bei Gefahr Piepslaute aus und wedelt dabei mit dem dünnen Schwanz. Er ist im Westen weit verbreitet und wird in der Prärie oft irrtümlich für eine Taschenratte gehalten. Bleibt noch das nachtaktive **Fuchshörnchen** *(Northern Flying Fox)* zu erwähnen, das durch die Bergwälder der Höhenlagen gleitet, das man aber nur sehr selten zu Gesicht bekommt.

Murmeltiere

Oberhalb der Baumgrenze kann man häufig eisgraue Murmeltiere *(Hoary Marmots)* beim Sonnenbaden auf den Geröllfeldern beobachten. Sie sind wohl genährte Gesellen, die etwa 4 kg auf die Waage bringen. Ist Gefahr im Verzug, stoßen die großen Nagetiere einen gellenden Pfeifton aus, um die anderen Tiere der Kolonie zu warnen. Murmeltiere sind nur während der warmen Sommermonate aktiv und halten den Rest des Jahres über einen Winterschlaf, der mitunter bis zu neun Monate dauern kann.

Stachelschweine

Die kleinen, untersetzten Stachelschweine *(Porcupines)* kann man anhand ihres Stachelkleides leicht identifizieren. Sie ernähren sich zwar eigentlich von Wurzeln und Blättern, verspüren aber manchmal auch Appetit auf etwas ausgefallenere Nahrung und machen dann auch vor Holzbauwerken aller Art und Autoreifen nicht halt. Obwohl Stachelschweine fast alle Wälder Kanadas bewohnen, bekommt man sie nur selten zu Gesicht, da die Tiere nachtaktiv sind.

Sonstige Nagetiere

Bisamratten *(Muskrats)* sind in Westkanada praktisch überall zu finden. Sie bevölkern die Flüsse und Feuchtgebiete der tiefer gelegenen Täler. Die Tiere sind ausdauernde Schwimmer, können bis zu 12 Min. unter Wasser bleiben, ohne Luft zu holen, und werden etwa 35 cm lang. Wichtigstes Erkennungsmerkmal ist der schwarze, flache und mit Schuppen besetzte Schwanz. Eng mit ihnen verwandt ist die **Wühlmaus** *(Vole)*, die oft fälschlicherweise für eine Maus gehalten wird und auf den Wiesen der meisten Täler vorkommt.

Hasen und Pikas

Die **Echten Hasen** nennt man umgangssprachlich *Schneehasen (Snowshoe Hare),* weil sie dick bepelzte, breite Hinterbeine haben, die Schneeschuhen ähnlich sehen. Anders als **Kaninchen** *(Rabbits),* die ganzjährig ein braunes Fell tragen, bekommen Schneehasen ein weißes Winterfell, das ihnen als perfekte Tarnung in ihrem verschneiten Lebensraum dient. Die kleinen grauen **Pikas,** die auch Pfeifhasen genannt werden und den Betrachter im ersten Moment an Meerschweinchen erinnern, leben auf den Geröllhängen über der Baumgrenze und sind mit den Murmeltieren verwandt.

Wiesel

Viele der weltweit 70 Arten von Wieseln sind in Kanada anzutreffen. Dazu zählt auch der **Vielfraß** *(Wolverine),* der als größte Wieselart stattliche 20 kg auf die Waage bringt. Nicht umsonst wird er von den Einheimischen auch *Carcajou* genannt, was so viel heißt wie „der Böse". Denn Vielfraße sind extrem stark, listig und vorsichtig. Die Einzelgänger bewohnen subalpine Wälder und niedriger gelegene Bergregionen. Sie fressen alles, was sie an Fleisch erwischen können – von kleinen Nagetieren bis zum Kadaver großer Säugetiere.

Der **Fischmarder** *(Fisher)* teilt sich seinen Lebensraum mit dem Vielfraß, ist aber mit bis zu 60 cm Körperlänge viel kleiner und wird gerade einmal 5 kg schwer. Noch kleiner ist der **Baummarder** *(Marten),* der den überwiegenden Teil seines Lebens auf den Bäumen der subalpinen Wälder verbringt. Im Westen Kanadas gibt es auch drei Unterarten des **Silberdachses** *(American Badger).* Die ungewöhnlichen und im Verborgenen lebenden Tiere sind nachtaktiv, sodass man ihnen nur äußerst selten begegnet.

Fischotter *(River Otters)* sind an ihrem runden Kopf, dem dicken kurzen Nacken und ihren langen Barthaaren gut zu erkennen. Sie werden etwas über 1 m lang. Obwohl sie ein weites Verbreitungsgebiet haben, sind sie in der Nordhälfte Albertas nicht gerade häufig anzutreffen. Der **Nerz** *(Mink)* fühlt sich sowohl im Wasser als auch an Land heimisch. Er ernährt sich von Bisamratten, Mäusen, Wühlmäusen und Fischen.

Kanada ist nicht nur Heimat für den größten Vertreter der Wieselfamilie, sondern auch für den kleinsten – das **Mauswiesel** *(Least Weasel).* Es ist der kleinste Fleischfresser der Welt, wird gerade einmal 20 cm groß und bringt es auf maximal 60 g Körpergewicht.

Meeressäuger

Wale

Obwohl der **Grauwal** *(Gray Whale)* einst fast ausgerottet wurde, gibt es mittlerweile wieder etwa 20.000 Exemplare, die zweimal jährlich auf ihren Wanderungen zwischen der Baja California und der Beringsee die Küste von British Columbia passieren. Besonders auf der Frühjahrswanderung (März/April) kommen die Tiere sehr nahe an die Uferlinie. Zu ihren bevorzugten Rastplätzen und Weidegründen gehören beispielsweise der *Clayoquot Sound* und die *Queen Charlotte Islands.* Von einem Grauwal sieht man auf den ersten Blick oft nur die Atemfontäne, die er ausstößt. Mit ein wenig Glück und Geduld taucht dann irgendwann die riesige

Schwanzflosse auf, die sog. Fluke. An manchen Tagen springen die tonnenschweren Tiere aber sogar mit unglaublicher Leichtigkeit aus dem Wasser. Ein weiteres typisches Anzeichen, das die Anwesenheit eines Grauwals signalisiert, ist ein Schwarm Möwen, der laut kreischend über einer Stelle mit aufgewirbeltem Wasser kreist.

Die gerne auch als Schwertwale bezeichneten **Killerwale** *(Orcas)* sind genau genommen die größte existierende Art von Delfinen. Männliche Tiere werden bis zu 10 m lang und bis zu 10 t schwer. Sie sind am besten an der aufgerichteten Rückenflosse zu erkennen, die über 1,5 m hoch sein kann.

Belugawale *(Belugas)* werden angesichts ihrer Färbung auch als „weiße Wale" bezeichnet und kommen überall an der arktischen Küste vor. Den Winter verbringen sie in der Beringsee und entlang der Westküste von Grönland. Im Sommer wandern sie zu den großen Flussmündungen, wie etwa in das in der westlichen Arktis gelegene Mackenzie Delta, um dort ihre Kälber zur Welt zu bringen.

Robben

In den Gewässern des kanadischen Westens sind fünf verschiedene Robbenarten beheimatet. Die kleinste davon, die **Ringelrobbe** *(Ringed Seal),* ist nicht nur am weitesten verbreitet, sondern auch für die Inuit besonders wichtig. Ihren Namen verdanken die Ringelrobben ihren cremefarbenen ringförmigen Flecken auf dem Rücken. Die größte vorkommende Spezies ist die **Bartrobbe** *(Bearded Seal),* die bis zu 250 kg schwer werden kann (mit Fettschicht im Winter sogar bis zu 350 kg) und leicht an ihrem Bart zu erkennen ist.

Fische

Lachse

In den stark von den Gezeiten beeinflussten Gewässern von British Columbia leben fünf Arten von Lachsen *(Salmon).* Der größte davon ist der **Königslachs** *(Chinook),* der bis zu 30 kg schwer wird und in den Vereinigten Staaten schlicht *King Salmon* genannt wird. Der **Pazifische oder Rote Lachs** (*Sockeye* bzw. *Red Salmon*) ist von allen im Pazifik vorkommenden Lachsen der stromlinienförmigste und bringt 2–3 kg auf die Waage. Vor dem Laichen ändern die Fische ihre Farbe, der Körper schimmert dann in einem kräftigen Rot, während der Kopf dunkelgrün wird. Der **Ketalachs** *(Chum Salmon* oder *Dog Salmon)* sieht dem roten Lachs sehr ähnlich und ändert vor dem Laichen ebenfalls seine Farbe. Die silbern schimmernden **Silberlachse** *(Coho Salmon* oder *Silver Salmon)* werden durchschnittlich 1,5–3 kg schwer. Kleinster Vertreter ist der **Buckellachs** *(Pink Salmon),* der selten mehr als 4 kg schwer wird und dessen auffälligstes Merkmal die ovalen Flecken auf der Schwanzflosse sind.

Der **Kokanee,** ein Süßwasserlachs, ist in vielen größeren Seen und Flüssen im Süden zu finden. Er ist eng mit dem Roten Lachs verwandt, laicht in denselben Gewässern wie dieser und sieht praktisch genauso aus, wenn man einmal von der Größe absieht: Ein Kokanee wird selten länger als 30 cm.

Forellen

Forellen *(Trout)* gehören zur selben Familie von Fischen wie die Lachse, verbringen aber, von zwei Ausnahmen abgesehen, ihr ganzes Leben im Süßwasser. Kurioserweise sind die im Westen Kanadas beheimateten Forellenarten wesentlich enger mit dem Atlantischen als mit dem Pazifischen Lachs verwandt, dessen Arten oben beschrieben wurden. Auffälligster Vertreter ist die **Regenbogenforelle** *(Rainbow Trout)*, die fast in jedem See und Fluss vorkommt. Von ihr existieren mehrere Unterarten wie etwa der **Steelhead,** der die in den Pazifik mündenden Flüsse bewohnt.

Der Lebenszyklus der Lachse

Die fünf im Pazifik vorkommenden Arten von Lachsen sind anadrom, d. h. sie verbringen ihr erwachsenes Leben im Salzwasser und kehren zum Laichen ins Süßwasser zurück. Der Lebenszyklus dieser Fische ist wahrlich beeindruckend. Sie schlüpfen am Oberlauf der Flüsse aus winzigen Eiern, Hunderte Kilometer vom Meer entfernt. Dann machen sie sich auf ihren Weg zum Ozean und durchlaufen dabei eine drastische innere Verwandlung, die es ihnen erlaubt, künftig auch im Salzwasser zu überleben. Je nach Art verbringen sie anschließend zwischen zwei und sechs Jahre in den Weiten des Meeres. Nach Eintritt der Geschlechtsreife beginnt dann ihr heldenhafter Weg zurück zu ihrem Geburtsort, zu jenem winzigen Fleckchen Flusskies in exakt jenem Gewässer, wo sie einst geschlüpft sind. Ihr Navigationssystem hat sich über mehrere Millionen Jahre bis zur Perfektion entwickelt. Heute glaubt man, dass Lachse mit ihren Sinnesorganen gleich mehrere Methoden zur Orientierung nutzen. Zum Aufspüren ihres Geburtsorts orientieren sie sich gleichzeitig an der Einstrahlung des Sonnenlichts, am Erdmagnetfeld und am atmosphärischen Druck. Ist der Lachs einmal in der Nähe seines Heimatflusses angekommen, übernimmt sein Geruchssystem die weitere Orientierung und führt ihn zu genau jenem Platz, an dem er einst das Licht der Welt erblickte. Sobald die Lachse wieder ins Süßwasser zurückkehren, stellen sie die Nahrungsaufnahme ein. Anders als andere Lachsarten (wie etwa der Atlantische Lachs) sterben die im Pazifik heimischen Arten unmittelbar nach dem Ablaichen. Deshalb ist die Rückkehr an ihren Geburtsort so wichtig – an den Ort, von dem die Lachse instinktiv wissen, dass er ihnen die beste Möglichkeit bietet, sich ein einziges Mal erfolgreich fortzupflanzen.

Von den übrigen Forellenarten ist an erster Stelle der **Saibling** *(Bull Trout)* zu nennen. Diese Spezies kämpft momentan um ihren Fortbestand, der ihr einerseits durch Überfischung und andererseits durch die niedrige Vermehrungsrate der Tiere erschwert wird. In der Mitte des 19. Jh. stand der als typisch kanadischer Ureinwohner geltende Saibling im Ruf, ein Raubfisch zu sein und sich über die vom Menschen ausgesetzten anderen Nutzfische herzumachen. Folglich wurde der Saibling in seinem Bestand immer weiter zurückgedrängt. In hoch gelegenen Seen trifft man auf die **Cutthroat-Forelle.** Sie verdankt ihren Namen dem hellen roten Strich, der von unterhalb des Mauls fast bis zu den Kiemen verläuft. Der farbenprächtige **Bachsaibling** *(Brook Trout)* war ursprünglich in den östlichen Regionen Kanadas beheimatet, ist heute aber auch in den Seen und Flüssen auf der Alberta zugewandten Seite der kontinentalen Wasserscheide weit verbreitet. **Bachforellen** *(Brown Trout)* wurden 1924 aus Europa eingeführt, und man findet sie heute in Alberta im *Bow* und *Red Deer River*. Die in den großen und tiefen Seen der westlichen Provinzen anzutreffende **Seeforelle** *(Lake Trout)* wird bis zu 20 kg schwer.

Andere Süßwasserarten

Der grau glänzende **Weißfisch** *(Whitefish)* bewohnt die tiefer gelegenen Seen und Flüsse von British Columbia und Alberta. Die **Arktische Äsche** *(Arctic Grayling)* und den **Dolly Varden,** der nach einer schillernden Figur aus einer Erzählung von Charles Dickens benannt ist, findet man hingegen nur in den nördlichen Gewässern. Der nordamerikanische **Zander,** vor Ort *Walleye* oder *Pickerel* genannt, wird bis zu 4,5 kg schwer und bevorzugt als Lebensraum den sandigen Untergrund von Seen im Nordosten British Columbias und im Norden von Alberta. Größter im Süßwasser vorkommender Fisch in Westkanada ist der **Stör** *(Sturgeon),* der es auf mehr als 100 kg Lebendgewicht bringen kann und bis zu 100 Jahre alt wird. Die größten Exemplare leben im Fraser River.

Vögel

Vögel zu beobachten ist im Westen Kanadas ein dankbares Vergnügen. Was bei den etwa 500 hier heimischen Arten und den Millionen von Zugvögeln, die jedes Jahr die als *Central* und *Pacific Flyways* bezeichneten Luftkorridore nutzen, auch kein Wunder ist. Alles, was man zur Vogelbeobachtung braucht, sind ein Fernglas, ein gutes Buch mit detaillierter Artenbeschreibung und eine gehörige Portion Geduld.

Greifvögel

In Westkanada kann man eine Vielzahl von Greifvögeln beobachten. Einige davon bleiben das ganze Jahr über, andere machen lediglich auf ihrem Zug im Frühling und Herbst hier halt. Ein Viertel aller weltweit vorkommenden **Weißkopfseeadler** *(Bald Eagle)* lebt in British Columbia. Die **Steinadler** *(Golden Eagle)* ziehen innerhalb Kanadas je nach Jahreszeit von Region zu Region. Im Frühling wandern die Tiere hinauf bis nach Alaska, um im Herbst auf der gleichen Route zurück in den mittleren Westen zu fliegen, wo sie ihr Winterquartier haben. Der **Fischadler** *(Osprey)* ist im Sommer überall im Westen Kanadas anzutreffen. Er nistet an hoch gelegenen Plätzen wie abgestorbenen Baumkronen, Telegrafenmasten oder Felsvorsprüngen. Voraussetzung ist aber, dass er von dort freie Sicht aufs Wasser hat. Denn die Tiere ernähren sich von Fischen, nach denen sie aus einer Höhe von bis zu 50 m Ausschau halten. Machen sie eine Bewegung im Wasser aus, stürzen sie sich mit den Beinen voran ins kühle Nass und ergreifen die Beute mit ihren Krallen.

Falken *(Falcon)* haben sich perfekt an die Prärien und baumlosen Landstriche im Norden angepasst. Am zahlreichsten ist der **Präriefalke** *(Prairie Falcon),* der entgegen seinem Namen bis ins Gebirgsvorland verbreitet ist. Zu den weiteren vorkommenden Arten zählt der **Amerikanische Turmfalke** *(American Kestrel),* den man im Flachland oft auf Zaunpfählen oder Strommasten sitzen sieht. Der **Merlin** nistet gerne in der Nähe von Siedlungen, und beim seltenen **Wanderfalken** *(Peregrine Falcon)* hat man im Sturzflug schon Geschwindigkeiten von bis zu 290 km/h gemessen.

Der **Habicht** *(Hawk)* hat sich an das Jagen in bewaldeten Gebieten angepasst und ist mit entsprechend kurzen, runden Flügeln und langen Schwanzfedern ausgestattet. Der rostfarbene **Königsbussard** *(Ferruginous Hawk)* ist der größte Vertreter der Spezies in Nordamerika und in den mit Bäumen bewachsenen Randgebieten der Prärien beheimatet. Wie ihr Name vermuten lässt, findet man die weit verbreitete **Sumpfweihe** *(Marsh Hawk)* in der Nähe von Feuchtgebieten. Weiter im Norden

Die Kanadagans

Jeden Frühling und Herbst tönt vom Himmel Westkanadas das Schreien der Kanadagänse *(Canada Goose).* Auf ihren Wanderungen überfliegen die bemerkenswerten Vögel jedes Jahr den nordamerikanischen Kontinent. Im Frühjahr zieht es die Familienverbände zu ihren Brutplätzen im Norden. Diese sind über ganz Kanada verteilt und reichen von den entlegenen Feuchtgebieten im Norden Albertas bis zu den kargen Inseln im Nordpolarmeer.

Mehrere Familienverbände ziehen zusammen in einem Schwarm, dessen Größe je nach Region, Unterart und Jahreszeit sehr unterschiedlich sein kann. Auf ihre Langstreckenflüge bereiten sich die Tiere durch stundenlanges Putzen des Gefieders und ausführliche Flügelgymnastik vor. Haben sie sich erst einmal in die Lüfte erhoben, orientieren sie sich auf ihrem Weg an Sonne, Mond und Sternen – und verfliegen sich bei dichtem Nebel oder wolkenverhangenem Himmel auch bisweilen. Außerdem können die Vögel sowohl Luftdruck als auch Luftfeuchtigkeit hervorragend wahrnehmen. Im Frühjahr lassen sich die Kanadagänse quasi per Anhalter auf den starken Luftströmungen nach Norden tragen, die von den aus dem Südwesten aufziehenden Tiefdruckgebieten erzeugt werden. Im Herbst nutzen sie dann die Fronten der arktischen Luftströmungen, die sich nach Süden ausbreiten. Sind die Flugbedingungen beispielsweise wegen schlechten Wetters nicht ideal, legen die Gänse ein Päuschen ein. Dazu wählen sie gern die frisch eingesäten Felder der Farmen, wo sie sich hervorragend verköstigen können. Die berühmte V-Formation, in der die Vögel über den Himmel ziehen, hat ihren ganz speziellen Sinn: Jede Gans positioniert sich leicht versetzt zum vorausfliegenden Artgenossen. Auf diese Weise hat jedes einzelne Exemplar nicht nur freie Sicht nach vorne, sondern profitiert (bis auf den Anführer des Flugverbandes) auch noch vom Windschatten.

bewohnt der **Rotschwanzbussard** *(Red-Tailed-Hawk)* die Pappelwälder und südlichen Ausläufer der borealen Nadelwälder Von den bisher genannten Arten zu unterscheiden sind die nachtaktiven Raubvögel, besser als **Eulen** bekannt. Man bekommt sie fast nie zu Gesicht, obwohl sie in großer Zahl in den Bergwäldern leben. Am weitesten verbreitet ist der **Uhu** *(Great Horned Owl)*, der sehr leicht an den beiden Federbüscheln auf seinem Kopf zu erkennen ist, die wie Hörner aussehen.

Küstenvögel, Seevögel und Wasservögel

Schon ihr Name weist darauf hin, dass die **Kanadagans** *(Canada Goose)* zu den am weitesten verbreiteten und am besten zu erkennenden Tieren in Westkanada zählt. Zur gleichen Vogelfamilie gehören auch die **Trompeterschwäne** *(Trumpeter Swan)*, die **Singschwäne** *(Whistling Swans)* und der vom Aussterben bedrohte **Schreikranich** *(Whooping Crane)*. Als Vertreter der Enten ist an erster Stelle die **Stockente** *(Mallard)* zu nennen, die man überall antrifft. Auch die **Spießente** *(Pintail)* sieht man häufig, wenn sie sich auf den Feldern am Getreide der Farmer gütlich tut. Weniger verbreitet ist die **Mandarinente** *(Wood Duck)*, die in Feuchtgebieten lebt und gut an ihrem prachtvollen Gefieder zu erkennen ist. Andere weit verbreitete Wasservogelarten sind **Eistaucher** *(Loon)*, **Haubentaucher** *(Grebe)* und drei Unterarten der **Krickente** *(Teal)*. An Küstenvögeln zu nennen sind v. a. **Regenpfeifer** *(Plover)*, **Strandläufer** *(Sandpiper)*, **Schlammläufer** *(Dowitcher)*, **Steinwälzer** *(Turnstone)*, **Möwe** *(Gull)*, **Seeschwalbe** *(Tern)* und **Reiher** *(Heron)*. Viele Arten legen auf ihren Zügen durch Westkanada große Distanzen zurück, um ihre in den Northwest Territories und Alaska gelegenen Brutgebiete zu erreichen. Besondere Erwähnung verdient in diesem Zusammenhang die **Küstenseeschwalbe** *(Arctic Tern)*, die jedes Jahr zum Brüten aus der Antarktis hierherkommt.

Geschichte

Die frühen Ureinwohner

Vor etwa 15.000 Jahren, am Ende der letzten Eiszeit, wanderten die ersten Menschen über die damalige Landbrücke der Beringstraße von Nordostasien ein. Da zu dieser Zeit die nördlichen Breiten des amerikanischen Kontinents von einer Eiskappe bedeckt waren, mussten die Einwanderer an der Westküste entlang nach Süden ziehen, bevor sie sich dort in den schneefreien südlichen Regionen ansiedelten. Mit dem späteren Abschmelzen der Eisdecke zog es auch die Menschen langsam nach Norden. Man nimmt heute an, dass deren Verbreitungsgeschwindigkeit damals nur wenige Kilometer pro Generation betrug. Als dann vor ca. 12.000 Jahren nur noch der äußerste Norden und die hoch gelegenen Bergregionen von Eis bedeckt waren, überschritten die frühen Ureinwohner den 49. Breitengrad. Zu dieser Zeit hatte sich jedoch längst eine Reihe von unterschiedlichen Kulturen herausgebildet.

An der Nordwestküste

Als vor etwa 12.000 Jahren die Westküste Kanadas eisfrei wurde, gab es entlang ihrer gesamten Länge menschliche Siedlungen. Die frühen Ureinwohner hatten sich im Laufe der Zeit in mehrere Sprachgruppen aufgespaltet. Zu ihnen zählten die Coast Salish, Kwagiulth, Tsimshian, Gitksan, Nisga'a, Haida und Tlingit. Alle diese Gruppen waren von zwei Dingen abhängig: Zedern und Lachs. Auch ihre Lebensweise war völlig anders als die der „Klischee-Indianer", denn sie waren nicht auf den Bison als Nahrungsquelle angewiesen, sie ritten nicht auf Pferden, und sie lebten nicht in Tipis. Aber sie entwickelten eine einzigartige und faszinierende Kultur, die man auch heute noch in einigen kleinen Enklaven an der Westküste vorfindet. Die Angehörigen dieser Stämme lebten komfortabel von dem, was Land und Meer zu bieten hatten. Sie jagten Hirsche, Biber, Bären und Seeotter, fischten nach Lachs, Kabeljau sowie Heilbutt und ernteten essbaren Seetang, den sog. *Kelp*.

Totempfähle im Stanley Park (Vancouver)

Bei den an der Westküste ansässigen Völkern spielte auch der materielle Wohlstand jedes Häuptlings und seines Stammes eine große Rolle. Beides wurde bei besonderen Gelegenheiten, den sog. *Potlachess* („Fest des Schenkens"), gegenüber anderen zur Schau gestellt. Die Potlach-Zeremonien kennzeichneten wichtige Augenblicke im Stammesleben, wie etwa Hochzeiten, Initiationsriten, Todesfälle oder das Aufstellen von Totempfählen *(Totem Poles)*. Der Reichtum eines Stammes wurde dadurch dokumentiert, dass der Häuptling große Mengen wertvoller Geschenke an seine Gäste verteilte – je ranghöher der Gast, umso wertvoller das Geschenk. Der Potlach-Austausch wurde begleitet von einem Festessen, von Reden, Tanz und Unterhaltung, was sich über mehrere Tage hinziehen konnte. Die Gastgeber, die in aufwendig gearbeiteten Kostümen und Masken gekleidet waren, boten Geschichten dar, die auf gleichsam lehrreiche wie unterhaltsame Weise die geschichtliche Bedeutung jedes Stammes unterstrichen.

Die Interior Salish

Als vor etwa 10.000 Jahren das langsame Abschmelzen der Polkappen begann, nahmen die Salish den auf diese Weise Richtung Norden entstehenden Lebensraum in Besitz und breiteten sich im Südwesten und im südlichen Binnenland von British Columbia aus. Den Sommer verbrachten sie als Jäger und Sammler in den Bergen, im Herbst zogen sie sich in tiefer gelegene Gebiete zurück, wo sie ihre wertvollste Nahrungsquelle vorfanden – den Lachs. In den engen Canyons entlang dem Fraser River und seiner Nebenflüsse zelebrierten die Salish die hohe Kunst des Fischfangs. Sie stellten den Lachsen mit Netzen, Fallen und Speeren nach, wenn diese flussaufwärts zu ihren Laichplätzen zogen. Der Großteil des Fangs wurde getrocknet oder gebraten und anschließend für den späteren Gebrauch oder den Handel in ein Pulver namens *Pemmican* eingelegt. Die Salish überwinterten in mit Erde bedeckten Holzbauten, die *Pit Houses* genannt wurden. Durch den Bau solcher vorzeitlichen Häuser entstandene Vertiefungen im Boden kann man noch an mehreren Orten in Augenschein nehmen, etwa am Keatley Creek am Fraser River.

Ein Teil der Salish siedelte am Oberlauf des Columbia River und war dort unter dem Namen *Shuswap* bekannt. Die Shuswap verbrachten den Sommer in den Bergen und jagten nach Karibus und Schafen. Im Herbst gingen sie auf Lachsfang und verbrachten anschließend den Winter in Pit Houses entlang dem Columbia River. Die Shuswap waren die einzigen Angehörigen der Salish, die die Rocky Mountains überquerten, um in den Ebenen nach Bisons zu jagen. Zu den Salish gehörten noch drei weitere unterschiedliche Stämme: die Lillooet, die Thompson *(Nlaka'pamux)* und die Okanagan.

Die Kootenay

Die Kootenay (auch *Kootenai, Kootenae* oder *Kutenai*) waren einst Bisonjäger in den weiten amerikanischen Ebenen, wurden dann aber von ihren Feinden immer mehr nach Westen gedrängt. Genau wie die Salish (weiter im Westen) folgten auch die Kootenay dem zurückweichenden Eis nach Norden. Sie überschritten den 49. Breitengrad vor etwa 10.000 Jahren und siedelten im Tal des Columbia River, entlang der Westhänge der kanadischen Rockies. Ebenso wie die Salish waren auch die Kootenay Jäger und Sammler – und vom Lachs als Nahrungsquelle abhängig. Sie galten als überwiegend freundlich, lebten friedlich mit den Salish zusammen und behandelten auch die ersten weißen Entdeckungsreisenden mit Respekt (David Thompson eingeschlossen). Die Kootenay überquerten regelmäßig die Rocky Mountains, um im Osten in den wildreichen Kootenay Plains zu jagen oder weiter südlich in den Great Plains nach Bisons Ausschau zu halten.

Die Blackfoot

Die Blackfoot waren klassische Präriebewohner, sprachlich mit den Algonkin verwandt und der kriegerischste und am meisten gefürchtete Stamm in ganz Kanada. Sie verkörpern den „typischen, klassischen Indianer" in zahllosen Erzählungen und Filmen. Dabei werden sie immer in entsprechende Gewänder gehüllt, mit Kopfschmuck und hoch zu Ross gezeigt. Eine Darstellung, die allerdings nicht ganz den Tatsachen entspricht, denn Pferde wurden erst Mitte des 17. Jh. von den Spaniern nach Amerika eingeführt und tauchten erstmals Mitte des 18. Jh. nördlich des 49. Breitengrades auf. Bevor die ersten Europäer auf der Bildfläche erschienen, herrschten die Blackfoot über die gesamte Südhälfte von Alberta. Sie hatten ein Bündnis geschlossen, die sog. *Blackfoot Confederacy*. Diese umfasste drei Stämme, deren Angehörige zusammen jagten, lagerten und auch untereinander heirateten. Zudem pflegte man gemeinsame Bräuche und sprach die Dialekte einer gemeinsamen Sprache, des Algonkin. Zur Blackfoot Confederacy zählten die **Blackfoot** selbst, die am North Saskatchewan River lebten und heute besser als **Siksika** bekannt sind, die **Blood,** die am Red Deer River siedelten, und die **Peigan,** die am Bow River lebten.

Die **Sarcee** werden zwar ebenfalls zu den Blackfoot gezählt, gehören jedoch der Sprachfamilie der Athabascan an. Der kleine Stamm spaltete sich Mitte des

19. Jh. von den subarktischen Beaver ab und vermischte sich, was seine Traditionen und Lebensart anging, zusehends mit den Blackfoot. Die Stammesangehörigen heirateten auch untereinander. Allerdings behielten die Sarcee ihre ursprüngliche Sprache bei.

Die Assiniboine

Um 1650 begann der Zerfall der mächtigen Sioux Nation. Viele Tausend von ihnen zogen nach Norden ins heutige Kanada. Die Neuankömmlinge nannten sich selbst Nakoda, was so viel heißt wie „Menschen". Die anderen Stämme bezeichneten sie jedoch als Assiniboine, die „Menschen, die mit Steinen kochen". Die Europäer übersetzten diese Bezeichnung schlicht in „Stone People" und kürzten sie häufig mit „Stoney" ab. Generation für Generation wurden kleine Gruppen von ihnen immer mehr nach Westen verdrängt, wo sie sich mit den Cree verbündeten, dabei jedoch ihre eigene Identität bewahrten. Vor etwa 200 Jahren mussten die Assiniboine dann in den Plains das Territorium der Blackfoot durchqueren, um die Ausläufer der Berge zu erreichen. Dort spalteten sie sich in verschiedene Gruppen auf. Diese zogen sowohl südlich als auch nördlich entlang der Vorgebirge weiter und durchstreiften die weitläufigen Täler, wo die Jagd ergiebig war. Die Assiniboine entwickelten eine Lebensweise, die sich sehr von der Kultur der anderen in den Plains lebenden Ureinwohner unterschied. Sie wechselten ihren jeweiligen Standort im Einklang mit den Jahreszeiten, lebten in kleinen familienähnlichen Verbänden und passten sich ständig ihrer neuen Umgebung an. So wurden sie v. a. in den Bergen zu exzellenten Jägern, sammelten im Herbst Beeren und waren aufgrund dieser Lebensweise weniger von der Bisonjagd abhängig. Die Assiniboine waren stolze, aber freundliche Menschen.

Die Cree

Vor der Ankunft der Europäer bewohnten die Cree seit mehreren Tausend Jahren den Osten von Kanada. Als die europäischen Pelzhändler von der Hudson Bay aus in den Westen vorstießen, folgten ihnen die Cree, verdrängten dabei feindliche Stämme und passten sich an neue Umweltbedingungen an. Um 1800 waren sie bis zum Peace River und zu den Nordhängen der Rocky Mountains vorgestoßen. Die Cree lebten meist in den die Prärien umgebenden Wäldern. Als Vermittler zwischen Europäern und Ureinwohnern überprüften sie die Qualität von Pelzen und handelten mit Bisonhäuten, die sie von den in den Plains lebenden Stämmen bezogen und die sie gegen europäische Waren eintauschten. Obwohl sie nicht miteinander verwandt waren, lebten die Cree und Assiniboine friedlich miteinander. Sie lagerten, jagten und kämpften gemeinsam.

Die Athabascan

Athabascan (oft auch *Athapaskan* geschrieben) ist die am weitesten verbreitete nordamerikanische Sprachfamilie. Sie ist vom Rio Grande bis nach Alaska anzutreffen. Man nimmt heute an, dass die Athabascan sprechenden Stämme einst dem sich zurückweichenden Packeis folgten und vor etwa 7000 Jahren die Wälder der Subarktis besiedelten. Die Athabascan führten ein einfaches Leben als Nomaden und waren sowohl untereinander als auch gegenüber benachbarten Stämmen freundlich gesinnt. Obwohl sie eine eigenständige Kultur hatten, haben nur wenige archäologische Zeugnisse ihres Stammeslebens die Zeit überdauert. Daher sind die

Athabascan diejenigen Ureinwohner Westkanadas, über die man bis heute am wenigsten weiß. Größte Untergruppe der Athabascan waren die Carrier. Deren Angehörige siedelten entlang der nördlichen Ausläufer des Fraser River und an der Wasserscheide des Skeena River. Die Carrier nahmen ebenso wie die anderen weiter nördlich lebenden Stämme der Athabascan (wie etwa die Chilcotin, Tahltan und Inland Tlingit) viele Sitten und Gebräuche ihrer an der Küste lebenden Nachbarn an. Dazu gehörte beispielsweise das Abhalten von Potlach-Zeremonien und das Errichten von Totempfählen. Eine im Norden Albertas lebende Gruppe der Athabascan waren die Beaver, die von den kriegerischen Cree nach Westen bis zur Wasserscheide des Peace River zurückgedrängt wurden. (Der Name Peace River entstammt der Tatsache, dass die beiden Stämme dort letztlich Frieden schlossen.) Der weiter im Norden gelegene Mackenzie River war die angestammte Heimat einer anderen zu den Athabascan gehörigen Gruppe, die heute als Dene (gesprochen DEN-ay) bekannt ist. Wie die Beaver waren auch die Dene Nomaden, die aber nicht nur als klassische Jäger und Sammler lebten, sondern v. a. vom Fischfang.

Die Inuit

Vor etwa 10.000 Jahren wanderte eine zweite Volksgruppe über die damalige Landbrücke der Beringstraße nach Alaska ein und ließ sich dort nieder. Von ihr gingen später zwei große Einwanderungswellen entlang der arktischen Küste aus. Die erste Migration fand vor etwa 4000 Jahren statt, als die Angehörigen der sog. Dorset-Kultur nach Osten strebten. Sie lebten im Sommer in Zelten aus Tierfellen und im Winter in den bis dahin in Alaska gänzlich unbekannten Schneehütten (Iglus). Die zweite Migrationswelle wurde vor etwa 1000 Jahren von den Angehörigen der sog. Thule-Kultur unternommen. Diese integrierten auf ihrer Völkerwanderung Teile der Dorset-Kultur wie etwa den Bau von Iglus oder das Anfertigen aufwendiger Holzschnitzereien in ihre eigene Kultur. Die Thule gelten als Vorfahren der Inuit.

Die Métis

Der Begriff *Métis* wird in Kanada unterschiedlich verwendet. Ursprünglich bezeichnete das aus dem 18. Jh. stammende Wort die Nachfahren französischer Pelzhändler und Frauen der Cree. Die Métis spielten für den Pelzhandel eine unschätzbare Rolle, denn sie verfügten über viele traditionelle Fertigkeiten und waren zudem zweisprachig. Im frühen 19 Jh. entwickelten sie v. a. entlang der wichtigen Handelsrouten eine eigenständige Kultur. Mit dem Ende des Pelzhandels und dem Verschwinden der großen Bisonherden zog es viele Métis zurück zu den Wurzeln ihres eigenen Volkes, und sie siedelten sich am Red River in Zentralkanada an. Die Drohung der Regierung, ihnen das dortige Land zu enteignen, führte 1869 zur *Riel Rebellion* sowie 1885 zur *North West Rebellion* und endete schließlich mit der Zwangsumsiedlung der Métis. Diese zogen sich anschließend immer weiter in die borealen Wälder im Westen zurück, wo sie sich überwiegend von der Jagd, vom Fallenstellen und Fischfang ernährten. Die Métis waren ein Volk, das buchstäblich zwischen den Stühlen zweier völlig unterschiedlicher Kulturen saß und drohte, von beiden erdrückt zu werden. Einerseits wurden die Métis nämlich von den Verträgen ausgenommen, welche mit den echten Ureinwohnern geschlossen wurden, andererseits erkannte man sie aber auch nicht als Teil der kanadischen Gesellschaft an.

Die Ankunft der Europäer und die Kolonisierung

Auf dem Seeweg

Es ist gerade einmal gut 200 Jahre her, dass die ersten europäischen Forschungsreisenden damit begannen, die nordwestliche Ecke Nordamerikas zu kartieren. Das Schiff des Mexikaners Juan Perez war 1774 das erste Gefährt, von dem aus die Küstenlinie erforscht und Handel mit den Ureinwohnern getrieben wurde. Kurz darauf folgte der Spanier Don Juan Francisco de la Bodega y Quadra, der die Küste Alaskas für die spanische Krone in Besitz nahm. Der englische Kapitän James Cook ver brachte 1778 einige Zeit in Nootka und war somit der erste *Nonnative,* der kanadischen Boden betrat. Cook war es auch, der in den Besitz einiger sehr luxuriöser und äußerst weicher Seeotterfelle gelangte, die er später mit großem Gewinn in China weiterverkaufte. Diese Nachricht löste einen goldrauschartigen Pelzhandel aus, der 1785 begann und 25 Jahre lang andauerte. Im Jahr 1789 gründete Bodega y Quadra eine Siedlung in Nootka, die er aber aufgrund andauernder Auseinandersetzungen mit den Briten, die die Gegend ebenfalls für sich beanspruchten, wieder aufgeben musste. 1792 kehrte Kapitän George Vancouver, der auf der 1778 von Cook durch geführten Expedition als Navigator fungiert hatte, in die Gegend zurück und segelte zum Burrard Inlet, wo er das Land für Großbritannien in Besitz nahm.

Auf dem Landweg

Einige Hundert Jahre bevor die Europäer mit der Erforschung der Westküste begannen, hatte die britische Regierung der Hudson's Bay Company (HBC) gestattet, *Rupert's Land* zu kontrollieren. Mit dem Begriff Rupert's Land bezeichnete man damals ein fast unvorstellbar großes Gebiet im Westen Kanadas, welches nach heutigen Maßstäben Manitoba, Saskatchewan, Alberta und die Northwest Territories mit einschloss. In dieser Gegend lebten besonders viele Pelztiere – ein Naturreichtum, den sowohl die Briten als auch die Franzosen nur zu gerne in bare Münze verwandeln wollten. Die Hudson's Bay Company errichtete um die Hudson Bay herum Forts und ermutigte die Ureinwohner, Pelze zu diesen Handelsposten zu bringen. Aber schon bald drangen französische Pelzhändler, die für die in Montreal ansässige North West Company arbeiteten, auf ihrer Jagd nach Pelzen weiter in Richtung Westen vor. Dadurch sahen sich natürlich ihre britischen Konkurrenten gezwungen, Gleiches zu tun.

Beide Firmen begannen mit der Errichtung von Handelsposten, die oft unmittelbar nebeneinander lagen. Dadurch kam eine erhebliche Rivalität zwischen den Konkurrenten auf, die unvermindert bis zur Fusion beider Unternehmen im Jahre 1821 andauerte. Die meisten Handelsposten wurden aus massiven Baumstämmen errichtet und lagen direkt an den Flüssen, die damals die natürlichen Haupttransportwege darstellten. Der erste Europäer, der die Küste auf dem Landweg erreichte, war Alexander Mackenzie, dessen Route ihn über den Peace und Fraser River führte. Dort kann man bis heute im Dean Channel (nahe Bella Coola) den Stein bewundern, in den er damals die Botschaft ritzte: „Alex Mackenzie from Canada by land 22nd July 1793". Kurz nach ihm kamen andere Forschungsreisende wie Simon Fraser, der 1808 dem Lauf des Fraser River bis zum Meer folgte, und David Thompson, der 1811 bis zur Mündung des Columbia River vordrang.

HISTORISCHE GRENZEN WESTKANADAS

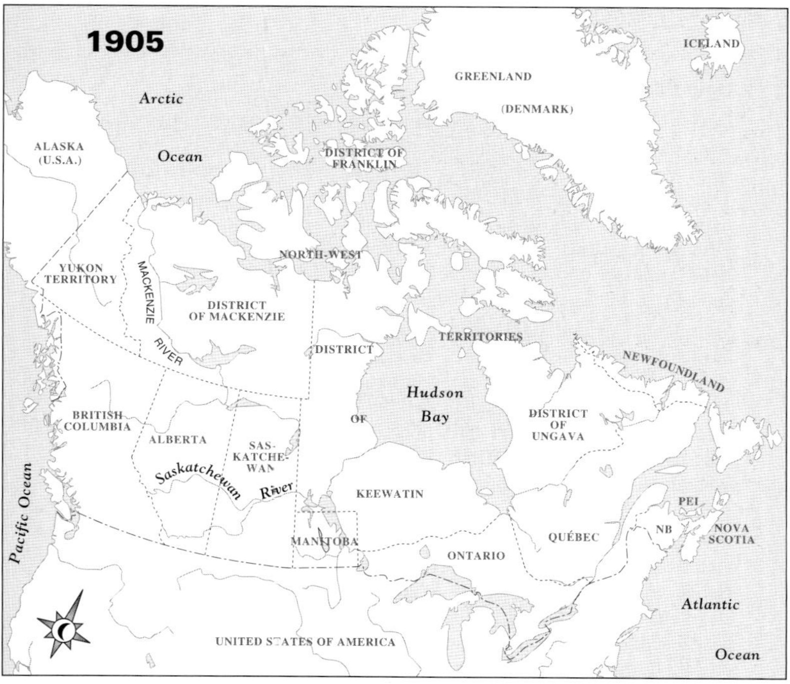

Die Reaktion der Ureinwohner

Der Pelzhandel brachte denjenigen Stämmen Reichtum, deren Kultur auf Wohlstand, Besitztum und Potlach-Zeremonien aufgebaut war. Die Pelzhändler selbst hatten keinerlei Interesse daran, sich in die Angelegenheiten der Ureinwohner einzumischen und behandelten diese größtenteils fair. Diese ersten Kontakte mit den Europäern führten zu ausgedehnten Handelsbeziehungen und kurbelten auch den Handel zwischen den einzelnen Stämmen an. Aber mit den Europäern kamen auch Schusswaffen, Alkohol und Krankheiten ins Land. Die ursprüngliche Lebensweise der Ureinwohner und die einzelnen Stammesgrenzen veränderten sich in der Folge drastisch. Denn der Handel zwischen Europäern und Einheimischen zwang Letztere dazu, ihre traditionellen Stammesgebiete zu verlassen und sich stattdessen um die Forts herum anzusiedeln, wo sie leichter Handel treiben und zudem auch besser beschützt werden konnten. Hinzu kam eine weitere fatale Entwicklung: Obwohl die Ureinwohner der Plains traditionell viele Bisons geschlachtet hatten, war deren Zahl immer relativ konstant geblieben. Als nun jedoch durch den Pelzhandel die Zahl der Biber drastisch zurückging, verlegten sich die Händler auf Bisonhäute. Innerhalb von gerade einmal zehn Jahren wurden die einst riesengroßen Bisonherden ausgerottet. Auf diese Weise ihrer angestammten Nahrungsquelle beraubt, waren die Bewohner der Plains nun erheblich geschwächt und damit anfälliger für Krankheiten wie Pocken oder Scharlach.

David Thompson

David Thompson, einer der berühmtesten Forschungsreisenden Kanadas, war ein ruhiger, mutiger und tatkräftiger Bursche. Er war es auch, der die erste exakte Karte vom Westen Kanadas anfertigte. Mit 14 Jahren kam Thompson als Auszubildender der Hudson's Bay Company aus England nach Kanada. Aufgrund seiner Wissbegier und seines hervorragenden Orientierungssinns eignete er sich schnell alle Kenntnisse an, die man als Landvermesser und Kartograf benötigt. Die Ureinwohner nannten ihn *Koo-koo-sint*, was etwa „Der Mann, der in die Sterne schaut" bedeutet.

Zwischen 1786 und 1808 führte Thompson vier große Expeditionen in das Gebiet des heutigen Alberta an – die erste davon für die Hudson's Bay Company und die folgenden für deren Konkurrentin, die North West Company. Als wichtigste Expedition stellte sich die vierte (1806–1808) heraus, auf der Thompson den Athabasca Pass über die nordamerikanische kontinentale Wasserscheide entdeckte. Diese Route blieb für viele Jahre der wichtigste Weg über die kanadischen Rockies zum Pazifik.

Im Jahre 1813 begann Thompson seine Arbeit an einer Übersichtskarte, auf der das gesamte von der North West Company kontrollierte Gebiet dargestellt werden sollte. Die Landkarte war 4 m lang, 2 m hoch und deckte ein Gebiet von unglaublichen 930.000 km^2 ab. Nach ihrer Fertigstellung wurde sie in einem der östlich gelegenen Forts der North West Company öffentlich ausgehängt. Erst Jahre nach Thompsons Tod (1857) wurde die Karte wiederentdeckt, und ihr Schöpfer gilt heute als einer der bedeutendsten Kartografen der Geschichte.

Um ihren Hoheitsanspruch zu untermauern, begann die britische Regierung mit der Besiedlung von Vancouver Island. Sie überließ die Insel der Hudson's Bay Company. Deren Repräsentant James Douglas begann sofort damit, Land von den Ureinwohnern zu „kaufen". Er schloss mit den Stämmen Verträge, nach denen das Land „für immer vollständiges Eigentum des weißen Mannes" wurde. Mittlerweile hatte die berühmte North West Mounted Police (NWMP) in der Prärie Posten errichtet, um den Handel mit Whiskey zu unterbinden und die aus den Fugen geratene Ruhe und Ordnung wiederherzustellen. Angesichts dieser Entwicklungen sah der oberste Häuptling aller Ureinwohner der Plains, Crowfoot, der der einflussreichen Blackfoot Confederacy vorstand, keinen anderen Ausweg mehr, als im Jahre 1877 einen ersten großen Vertrag mit der europäischen Übermacht zu schließen. Diesem Pakt sollte noch eine Reihe weiterer folgen. Schließlich änderten sich mit der Umsiedlung der Stämme in eigens von der Regierung zur Verfügung gestellte Gebiete die Lebensgewohnheiten der Ureinwohner drastisch – und für immer. Ihrer Unabhängigkeit beraubt, waren die Stämme nun dazu gezwungen, mit dem Wenigen auszukommen, was man ihnen noch zugestanden hatte.

Boomzeiten

Goldfunde entlang dem Fraser River führten 1858 zu einer ersten Zuwanderungswelle im Westen. Damals gehörte nur Vancouver Island zum British Empire. Angesichts der Erkenntnis, dass auf dem Festland enorme Reichtümer schlummern könnten, und der Tatsache, dass ganze Schiffsladungen von US-amerikanischen Bergarbeitern in Victoria landeten, gründete die britische Regierung flugs eine Kolonie auf dem Festland. Zunächst wurde sie New Caledonia genannt. Da es aber bereits ein französisches Territorium gleichen Namens gab, wurde Königin Victoria gebeten, die Namensgebung zu ändern. Sie kam diesem Wunsch nach und benannte die Kolonie nach der auf den einheimischen Karten vorhandenen Bezeichnung „Columbia". Außerdem fügte sie das Wort „British" hinzu, um auch ganz sicherzugehen, dass die USA wussten, wem dieses Fleckchen Land von nun an gehörte.

Das Dominion of Canada

Im Jahr 1867 waren einige der östlichen Provinzen der britischen Vorherrschaft müde, und schnell entstand eine Bewegung, die sich für die Unabhängigkeit Kanadas einsetzte. Die britische Regierung, die Angst davor hatte, Kanada auf die gleiche Weise zu verlieren wie die Vereinigten Staaten, verabschiedete daraufhin ein Gesetz zur Errichtung des Dominion of Canada. Dieser Föderation trat British Columbia erst 1871 unter der Bedingung bei, mit dem Rest des Landes durch eine Eisenbahn verbunden zu werden. Zu dieser Zeit stellten die sog. North-West Territories, die den gesamten kanadischen Westen außer British Columbia umfassten, für die im Osten lebende Bevölkerung etwas völlig Unbekanntes dar. Das Leben im Westen galt als primitiv und gesetzlos. Außerdem hegte man die Vorstellung, dass es dort keine Siedlung gab, die mehr als ein paar Dutzend Bewohner zählte. Um jedoch ein sichtbares Zeichen zur Stärkung des Dominion zu setzen, kaufte die Regierung im Jahr 1869 die North-West Territories von der Hudson's Bay Company zurück.

Die Gegend wurde anschließend in einzelne Distrikte aufgeteilt. Einer davon, der Yukon, wurde 1898 unabhängig. Es war exakt in diesem Jahr, in dem sich in der Nähe von Dawson City der größte Goldrausch zutrug, den die Welt je gesehen hat. Daher erschien es zwangsläufig nur vernünftig, diese Boomtown zur Hauptstadt des Yukon zu erklären. In dieser Funktion wurde Dawson City erst 1953 von Whitehorse abgelöst. Zwei andere Distrikte, Alberta und Saskatchewan, wurden 1905 als Provinzen der kanadischen Konföderation anerkannt.

Die Eisenbahn

Während der Bau der Eisenbahn nach Westen im Osten als völlig unnütz und unwirtschaftlich verachtet wurde, erreichten die Gleise 1879 Winnipeg, dann Calgary und 1883 auch Banff. Der letzte Gleisnagel wurde am 7. November 1885 eingeschlagen. Mit der Fertigstellung der transkontinentalen Eisenbahn erfüllte die Regierung nicht nur ihr einst an British Columbia gegebenes Versprechen, mit ihr veränderte sich auch das Gesicht des Westens völlig. Im Jahr 1914 stellte die Grand Trunk Railway die nördliche Trasse über Edmonton nach Prince Rupert fertig. In ihrem Gefolge wurden Straßen gebaut, und neue Industrien wie Holzwirtschaft, Bergbau, Landwirtschaft, Fischerei und Tourismus begannen sich zu entwickeln. Außerdem ergossen sich wahre Ströme von Siedlern in das neu vermessene Gebiet, in dem man eine Fläche von 64 ha Land für den Spottpreis von lediglich $ 10 erstehen konnte. Endstation der Eisenbahn war Vancouver, das über Nacht zum Verkehrsknotenpunkt für den gesamten pazifischen Raum avancierte.

Albertas schwarzes Gold

50 Jahre nach dem Goldrausch von Klondike fand auch in Alberta ein Goldrausch statt. Allerdings waren hier nicht glänzende Nuggets das Objekt der Begierde, sondern schwarzes Gold – Öl. Als die Leduc-Ölförderpumpe Nr. 1 im Februar 1947 südlich von Edmonton damit begann, schwarze Rauchwolken auszustoßen, hatte Alberta den Jackpot geknackt, und für ganz Kanada brach eine neue wirtschaftliche Zeitrechnung an. Investoren überschütteten die Provinz mit Milliarden von Dollar, und jedes Tal, jeder Hügel und jede Ebene wurden auf Ölvorkommen hin untersucht. Schon bald sah man in ganz Alberta auf den Feldern der Farmer nur noch sich auf und ab bewegende Ölpumpen. Bis 1954 hatte man auf acht großen Ölfeldern eine geschätzte Menge von 8 Mrd. Barrel Rohöl entdeckt. Calgary wurde zum Finanz- und Verwaltungssitz der Ölindustrie. Das inmitten vieler Ölfelder gelegene Edmonton stieg zum Zentrum für die technische Ausstattung, den Service und die Versorgung auf. In weniger als einem Jahrzehnt verdoppelte sich die Bevölkerung der Provinz Alberta auf über 1 Mio. Einw.

Das neue Jahrtausend

Vancouver, Calgary und Edmonton haben den wirtschaftlichen Boom, der durch die Informationstechnologie hervorgerufen wurde, mit Begeisterung aufgenommen. Damit einher geht auch die Veränderung der wirtschaftlichen Struktur der Provinzen, die nun nicht mehr ausschließlich auf die natürlichen Ressourcen ausgerichtet ist. Dennoch bilden die nicht erneuerbaren Rohstoffe nach wie vor das Rückgrat der Wirtschaft im Westen von Kanada.

Seit dem Tag im Jahre 1576, an dem Martin Frobisher mit 1000 t wertlosem Katzengold aus der kanadischen Arktis nach England zurückkehrte, haben die natürlichen Rohstoffe eine grundlegende Rolle bei der Erforschung des Landes und für die kanadische Wirtschaft gespielt. Und es sieht ganz danach aus, als sollte das auch in Zukunft so bleiben. So beinhaltet der Ölsand im Norden Albertas die größten Ölreserven der Welt, die Northwest Territories sind in den letzten zehn Jahren zu einem der weltweit größten Diamantenproduzenten aufgestiegen, und die Bedeutung der riesigen Erdgasvorkommen vor der Küste von British Columbia lässt sich derzeit noch gar nicht abschätzen.

Mit ihrer wachsenden, relativ jungen und gut ausgebildeten Bevölkerung, der gesunden Wirtschaft und dem Reichtum an vorhandenen Bodenschätzen sieht die Zukunft für die westlichen kanadischen Provinzen wahrlich rosig aus.

„Unser Land" – Nunavut

Am 1. April 1999 wurde die Landkarte Kanadas neu gezeichnet. Anlass war die Spaltung der Northwest Territories in einen westlichen Teil, der heute noch immer unter diesem Namen bekannt ist, und einen östlichen Teil – Nunavut, das dritte Territorium neben den Northwest Territories und dem Yukon Territory, war geboren. Nunavut bedeutet so viel wie „unser Land" und umfasst die Region Keewatin, die arktische Küste und das Gebiet um Baffin. Auf den mehr als 2 Mio. km^2 leben etwa 30.000 Menschen, von denen 25.000 Inuit sind. Während rund um den Globus andere Gruppen von Ureinwohnern versuchen, ihr früheres Land mithilfe von Gerichtsverfahren, Demonstrationen und (wie teilweise auch in anderen Gegenden Kanadas geschehen) mit einem Griff zu den Waffen zurückzuerhalten, führten die Inuit einen eher unauffälligen Kampf um ihr Anliegen. Dieser endete nach 15 Jahren, als am 9. Juli 1993 im kanadischen Parlament die historischen Gesetze zur Errichtung von Nunavut verabschiedet wurden.

Nunavut steht aber nicht nur für den Vollzug der weltweit größten Landrückgabe, sondern für viel mehr. Für die Inuit bedeutete seine Errichtung einen gewaltigen Schritt nach vorne, denn plötzlich waren sie für ein Land verantwortlich, das mehr als fünfmal so groß ist wie die Bundesrepublik Deutschland. Auch wenn die Errichtung von Nunavut für die Inuit einen großen Erfolg darstellte, lösten sich dadurch nicht automatisch die vielen sozialen Probleme in der Region. So beträgt die Arbeitslosenquote das Dreifache des normalen Landesdurchschnitts, und die Lebenshaltungskosten sind doppelt so hoch wie im übrigen Kanada. Es gibt im Gebiet von Nunavut nur 21 km von der Regierung unterhaltene Straßen, und nur 5 % der Bevölkerung haben einen High-School-Abschluss. Trotz all dieser Schwierigkeiten sind die Inuit stolz darauf, nach 100 Jahren wieder die Kontrolle über ihr Land erhalten zu haben.

Hauptstadt des Territoriums ist **Iqaluit,** offizielle Amtssprache der Regierung (www.gov.nu.ca) **Inuktitut.** Blühendster Wirtschaftszweig ist der Tourismus. Wer einen Abstecher nach Nunavut in Erwägung zieht, sollte bei **Nunavut Tourism** (✆ 867/979-6551 oder ✆ 866/686-2888, www.nunavuttourism.com) aktuelle Informationen einholen.

Wirtschaft und Politik

Wirtschaft

Die Wirtschaft im Westen Kanadas ist von jeher eng mit den natürlichen Gegebenheiten des Landes verknüpft. In British Columbia begann alles mit dem Pelzhandel, gefolgt vom Fischfang und der Forstwirtschaft, in Alberta spielen Landwirtschaft und Öl die Hauptrolle. Die beiden westlichen Provinzen zeichnen für ein Drittel der gesamten Wirtschaftsproduktion von ganz Kanada verantwortlich. Aufgrund seiner schier unerschöpflichen natürlichen Ressourcen liegt Alberta mit einem Bruttoinlandsprodukt von $ 260 Mrd. an der Spitze.

Energiewirtschaft

Alberta liegt auf einem riesigen geologischen Becken, das aus porösem Gestein besteht und ergiebige Öl-, Gas- und Kohlevorkommen beherbergt. **Öl** kommt in Alberta in drei Varianten vor: als Rohöl, als Schweröl und als Ölsand. Der Großteil davon wird zu Benzin, Diesel und Heizöl raffiniert. Angesichts der verbesserten technischen Möglichkeiten und der Tatsache, dass ein Blick auf die Ölpreise zeigt, dass sich mittlerweile auch die Methode des Extrahierens wirtschaftlich lohnt, spielt der im Norden Albertas vorkommende Ölsand eine immer größere Rolle bei der Deckung des steigenden Energiebedarfs. Die nahe Fort McMurray gelegenen Athabasca Oil Sands sind die größten Vorkommen ihrer Art und enthalten schätzungsweise 175 Mrd. Barrel wiederverwendbares Öl.

Erdgas wurde erstmals 1883 im Südosten von Alberta entdeckt, aber bis zum Jahr 1900 nicht als ergiebige Energiequelle angesehen. Da Kanada stets über mehr Gas verfügte, als es selbst verbrauchen konnte (derzeit betragen die Reserven etwa 6,6 Billionen m^3), werden 70 % der Vorkommen mittels Pipelines in andere Provinzen und die USA exportiert. Erdgas wird überwiegend zum Heizen verwendet, ist aber auch ein Grundstoff für die petrochemische Industrie.

Die erste **Kohlemine** nahm nach 1850 ihre Arbeit auf Vancouver Island auf. Ihr folgten zahllose andere Minen in British Columbia und Alberta. Früher verwendete man die Kohle zum Heizen der Häuser und der Dampflokomotiven. In dieser Funktion wurde die Kohle aber um 1950 durch Erdöl abgelöst. Allerdings erlebte die Kohleindustrie mit dem Aufkommen von Kohlekraftwerken in den 1960er Jahren ein Comeback. Seither hat sich der Markt für Kohle stetig verbessert, und heute stellt Kohle den wichtigsten mineralischen Exportfaktor von British Columbia dar, der jährlich $ 1 Mrd. einbringt. Zwar wird in Alberta noch mehr Kohle gefördert, diese ist aber qualitativ nicht so hochwertig.

Bergbau

British Columbia ist reich an Bodenschätzen, und der Bergbau hat hier schon immer eine gewichtige Rolle in der Wirtschaft gespielt. Heute sind in der Provinz 26 große Minen und drei mineralverarbeitende Fabriken ansässig. Der Gesamtwert der von ihnen geförderten Exporte liegt bei $ 3,6 Mrd. In den Northwest Territories war der Bergbau immer die Hauptsäule der Wirtschaft. Derzeit fördern die dortigen acht Minen Bodenschätze im Wert von jährlich $ 1 Mrd. Überwiegend werden Zink, Gold und Diamanten abgebaut, wobei v. a. Letztere besonders begehrt sind.

Die vier Diamantminen werfen 10 % der jährlich weltweit geförderten Rohstoffmenge ab. Die Website www.certifiedarcticdiamond.com hält zu diesem Thema eine Fülle interessanter Informationen bereit.

Forstwirtschaft

Nahezu zwei Drittel von British Columbia – etwa 60 Mio. ha – sind bewaldetes Gebiet. Der Großteil davon ist mit weichen Nadelgehölzen wie Tannen *(Fir)*, Hemlocks (auch Hemlock- oder Schierlingstanne genannt, sie gehört aber tatsächlich zur Gattung der Kieferngewächse), Fichten *(Spruce)* und Kiefern *(Pine)* bewachsen. Diese Nadelwälder liefern etwa die Hälfte des in Kanada und 25 % des in ganz Nordamerika gehandelten Holzes. Entlang der Küste dominieren die Hemlock-Arten, im Landesinneren Fichten- und Drehkiefernwälder. Douglasien, Balsamtannen und Rotzedern *(Western Red Cedar)* sind ebenfalls wirtschaftlich wertvolle Gehölze. 94 % der Forste befinden sich im Besitz der Provinzregierung, 5 % gehören privaten Firmen und das übrige Prozent der Landesregierung. In den der Provinz gehörenden Forsten schlagen unter Lizenz der Regierung v. a. Privatfirmen viel Holz. Insgesamt werden jährlich etwa 75 Mio. m^3 Holz geschlagen, die Exporteinnahmen von $ 10 Mrd. bescheren – mehr als alle anderen Industriezweige zusammen. Obwohl auch mehr als die Hälfte der Fläche von Alberta von Wäldern bedeckt ist, beträgt der Beitrag der Forstwirtschaft am ökonomischen Aufkommen hier nur einen kleinen Bruchteil. Das liegt v. a. daran, dass die nördlich gelegenen Wälder nur sehr langsam nachwachsen.

Landwirtschaft

Obwohl Öl und Gas das wahre Rückgrat von Albertas Wirtschaft bilden, wird das Landschaftsbild der Provinz nach wie vor von Farmen und Ranches dominiert. Auf einer Fläche von mehr als 20 Mio. ha wird Landwirtschaft betrieben, auf der Hälfte davon im Anbau, was echte Knochenarbeit bedeutet. Der Siegeszug der Landwirtschaft begann, als sich einst die ersten Bauernhöfe in Richtung Westen ausbreiteten. In Alberta werden etwa 20 % aller landwirtschaftlichen Erträge Kanadas produziert, 50.000 Arbeitsplätze hängen direkt an der Landwirtschaft. Der größte Teil der jährlich in der Provinz in diesem Sektor erzielten Einnahmen von $ 4,5 Mrd. stammt aus der Viehzucht ($ 1,42 Mrd.). In Alberta gibt es 4 Mio. Stück Schlachtvieh, etwas weniger als die Hälfte aller Rinder in Kanada, und dazu noch einmal 140.000 Milchkühe. Das am häufigsten angebaute Getreide ist Weizen, der überwiegend für die Herstellung von Brot und Pasta genutzt wird. Mit Gerste, die zum Füttern der Tiere und zum Brauen von Bier verwendet wird, werden im Jahresdurchschnitt Einnahmen von mehr als $ 500 Mio. erzielt.

Die Zahlen für British Columbia unterscheiden sich hiervon schon aus einem einzigen Grund ganz augenfällig – nur 4 % der von Berglandschaft geprägten Provinz ist Ackerfläche, und davon gilt wiederum nur ein Viertel als für die Landwirtschaft brauchbare Nutzfläche. Dennoch stellt die Landwirtschaft auch hier einen wichtigen Wirtschaftszweig dar: Es gibt 19.000 Farmen, auf denen 200 unterschiedliche Getreidesorten angebaut werden, was jährlich $ 1,5 Mrd. zum wirtschaftlichen Gesamtertrag beisteuert. Wertvollster Zweig der Landwirtschaft ist mit $ 350 Mio. die Milchproduktion. Das beste Weideland für die insgesamt 72.000 Milchkühe liegt im Fraser Valley. Fast der gesamte Obstanbau von British Columbia findet im Okanagan Valley statt. Am weitesten verbreitet sind zwar Äpfel, aber auch der Weinanbau ist stark im Kommen. Mittlerweile werden in über 150 Weinbergen Reben kultiviert. In der Provinz gibt es etwa 600.000 Stück Schlachtvieh. Allein 20.000 davon bevölkern die größte Ranch Kanadas, die 200.000 ha umfassende Douglas Lake Ranch.

Fischerei

Der kommerzielle Fischfang ist einer der Hauptindustriezweige British Columbias. Der jährliche Ertrag liegt bei $ 500 Mio. und gründet sich fast ausnahmslos auf Fischarten, die im Meer vorkommen. In der Provinz gibt es 6000 registrierte Fischerboote und 600 Fischfarmen. Die Fischindustrie konzentriert sich dabei auf Lachs, und etwa 60 % der Einnahmen aus dem Fischfang sind den sechs vorkommenden Lachsarten zuzuschreiben: Die Fischereiflotte geht nach den fünf im Pazifik heimischen Arten auf Fang, während sich in den Fischfarmen alles um den Atlantischen Lachs dreht, der sich wesentlich besser für die Aufzucht in Gefangenschaft eignet. Darüber hinaus wird auch nach Heringen, Heilbutt, Dorsch, Seezunge und vielen Arten von Schalentieren wie etwa Krabben gefischt. Der Fisch wird entweder frisch oder gleich in Dosen verpackt in die ganze Welt exportiert, was British Columbia den Ruf als ertragreichste Fischereiregion Kanadas eingebracht hat. Der größte Markt für den Export ist Japan, dann folgen Europa und die USA.

Tourismus

Obwohl der Tourismus im Westen Kanadas nur den zweitwichtigsten Wirtschaftszweig darstellt, ist er doch mit insgesamt über 200.000 Arbeitsplätzen in British Columbia und Alberta der größte Arbeitgeber. Die Branche wächst stetig weiter, denn immer mehr Menschen entdecken für sich die herausragende Schönheit der Landschaft, die zahllosen National-, Provinz- und Regionalparks, die historischen Stätten und die im Überfluss vorhandenen Erholungsmöglichkeiten, die man das ganze Jahr über in der freien Natur genießen kann. British Columbia meldet jährlich etwa 48 Mio. Übernachtungen (Anzahl der Gäste mal Anzahl der Nächte, die sie in British Columbia verbringen), während Alberta 20 Mio. Übernachtungen zählt (hier zählt man jeden Besucher nur einmal, dafür wird aber der Wechsel von einer Provinz in die andere mitgezählt). Der größte Teil der Touristen stammt aus den anderen Provinzen Kanadas. Dazu gesellen sich in British Columbia und Alberta über 1 Mio. Besucher aus den USA sowie v. a. Touristen aus Großbritannien, Japan, Australien und Deutschland. Die westlichste Provinz Kanadas wird von *Tourism British Columbia* beworben, Alberta von *Travel Alberta,* einer Abteilung des Wirtschaftsministeriums. Nördlich des 60. Breitengrades sind die Government Departments von *NWT Arctic Tourism* und *Tour Yukon* für das Marketing der beiden Territorien verantwortlich.

Staatsform

Kanada gehört zwar dem britischen Commonwealth an, doch haben weder die Monarchie noch das britische Parlament irgendwelche Mitspracherechte hinsichtlich der politischen Angelegenheiten. Das britische Königshaus wird in Kanada von einem Generalgouverneur vertreten. Die Verfassung basiert letztlich auf fünf zentralen Gesetzen des britischen Parlaments, wovon der sog. *Canada Act* aus dem Jahre 1982 das aktuellste ist. Darin wurde Kanada die Kompetenz eingeräumt, seine Verfassung künftig unabhängig von Großbritannien selbstständig zu ändern, um die Anerkennung des multikulturellen Erbes verwirklichen zu können. Außerdem wurde das Eigentumsrecht der Provinzen im Hinblick auf die Bodenschätze gestärkt, was insbesondere für Alberta von enormer Bedeutung war.

Die kanadische Staatsform setzt sich aus drei Gewalten zusammen: Das Parlament, das aus dem Senat und dem Unterhaus *(House of Commons)* besteht, fungiert als Legislative, welche die Gesetze erlässt. Die Exekutive, das Kabinett, führt diese Gesetze aus, und die Judikative hat sie anschließend auszulegen. Der Vorsitzende der Partei, die von den wahlberechtigten Kanadiern die meisten Stimmen erhält, wird Premierminister. Er stellt sich dann sein Ministerkabinett aus den Mitgliedern seiner Partei zusammen. Jeder Minister ist für ein bestimmtes Ressort zuständig. Obwohl die Wahlperiode fünf Jahre beträgt, darf der Premierminister jederzeit Neuwahlen ausrufen.

Auf Provinzebene wird das britische Königshaus von einem *Lieutnant Governor* repräsentiert. Wie auch beim Generalgouverneur handelt es sich dabei überwiegend um einen rein repräsentativen Posten.

British Columbia

Die Mitglieder des Provinzparlaments werden auf fünf Jahre gewählt, allerdings kann sowohl der Lieutenant Governor als auch der jeweilige Premier der Provinz jederzeit eine Neuwahl vorschlagen. Dem Provinzparlament gehören der Provinzpremier, sein Ministerkabinett und die anderen Abgeordneten seiner Partei an sowie der Oppositionsführer, andere Parteien und unabhängige Abgeordnete. Die Gesetze von British Columbia werden vom Premier, dem Lieutenant Governor und dem Kabinett erlassen. Die richterliche Gewalt setzt sich aus dem Supreme Court of British Columbia, dem Court of Appeal sowie den einzelnen County bzw. Provincial Courts zusammen.

Derzeitige Regierungspartei ist die von *Gordon Campbell* geführte Liberal Party, die im April 2001 ins Amt gewählt wurde. Traditionell findet die politische Auseinandersetzung auf Provinzebene in British Columbia nur zwischen zwei Parteien statt. Informationen über die Provinzregierung, die einzelnen Ministerien und aktuelle politische Themen hält die Website www.gov.bc.ca bereit.

Alberta

Die Mitglieder des Provinzparlaments von Alberta werden praktisch auf dieselbe Weise wie in British Columbia gewählt. Der Vorsitzende der Regierungspartei, der Premier, hat über das Funktionieren von 18 Departments zu wachen. Da damit auch die Kontrolle über die reichen Bodenschätze und letztlich die gesamte Zukunft von Alberta verbunden ist, sind viele Premiers der Provinz außerordentlich prominent geworden. Einer davon, *Peter Lugheed,* gründete den Heritage Savings Trust Fund, der den Einwohnern von Alberta über Förderabgaben für Öl Erträge von mehreren Milliarden Dollar einbringt. Einst gegründet im Jahr 1976, hat der Fonds seine Grundausrichtung in der Mitte der 1990er Jahre weg von einzelnen Projekten und hin auf eine langfristige Geldanlage geändert. Heute stellt der Alberta Heritage Fund Gelder für Stipendien und Dienstleistungen zur Verfügung, der Großteil der insgesamt $ 14,5 Mrd. ist aber fest angelegt.

An der Macht ist derzeit die *Progressive Conservative Party.* Andere wichtige Parteien sind die New Democratic Party, die Liberal Party und die Alberta Alliance. Die Homepage der Regierung von Alberta findet sich unter www.alberta.ca.

Northwest Territories und Yukon Territory

Nördlich des 60. Breitengrades liegen drei Territorien (Northwest Territories, Yukon Territory und Nunavut), die schlicht deshalb keine Provinzen sind, weil sie zu wenige Einwohner haben und darum der direkten Kontrolle der Bundesregierung unterliegen. Eigene Parlamente verleihen den Territorien zwar einen gewissen Grad an Unabhängigkeit, aber es gibt keine politischen Parteien im herkömmlichen Sinn. Stattdessen wird aus jedem Wahlbezirk jeweils ein Abgeordneter für das Parlament gewählt. Die Angehörigen des Parlaments wählen dann ihrerseits einen Premier und die einzelnen Minister. An der Spitze des jeweiligen Territoriums steht der *Commissioner,* dem im Prinzip die gleiche Funktion wie dem Lieutenant Governor in den Provinzen zukommt. Informationen über die Regierung der Northwest Territories findet man unter www.gov.nt.ca; die Adresse der Website der Regierung des Yukon lautet www.gov.yk.ca.

Bevölkerung

Viele Tausend Jahre vor der Ankunft der ersten Europäer lebten in Westkanada mehrere sesshafte und strikt voneinander getrennte Volksstämme von der schier unerschöpflichen Fülle der natürlichen Ressourcen. Diese Ureinwohner wurden von der Ankunft des weißen Mannes buchstäblich überrollt und in der Folge stark dezimiert.

Natives (Ureinwohner)

Mit dem Abschluss von Verträgen, in denen sie sich bereit erklärten, ihre angestammte Heimat aufzugeben und in Reservate umzusiedeln, veränderte sich der

Das Indian Village bei der Calgary Stampede bietet die Möglichkeit, in die Kultur der Ureinwohner einzutauchen

Lebensstil der Ureinwohner für immer. Sie waren nun nicht länger frei, sie jagten und kämpften nicht mehr, ihre Medizinmänner konnten nichts gegen die von den Europäern eingeschleppten und sich schnell ausbreitenden Krankheiten tun – und sie verloren nach und nach ihren Stolz. Mit dem ersten *Indian Act* von 1876 wollte man die Ureinwohner auf die kommende Europäisierung vorbereiten. Ein Versuch, der jedoch nur zu ihrer völligen Isolation vom Rest der Gesellschaft führte.

Solche Ureinwohner, die Angehörige bestimmter registrierter Stämme sind, werden als sog. *Status Indians* bezeichnet. Diese haben Anspruch auf die Nutzung ausgewiesener Ländereien und staatliche Förderungen. Ursprünglich war es erklärtes Ziel des Indian Act, die Eingliederung der Ureinwohner in die Gesellschaft zu fördern. So konnte beispielsweise der Status eines Ureinwohners aufgehoben werden, wenn er als in die Gesellschaft aufnahmefähig angesehen wurde. Dies geschah beispielsweise, wenn der Betreffende einen Universitätsabschluss erlangt hatte oder eine weibliche Ureinwohnerin einen Nicht-Ureinwohner heiratete. Mittlerweile ist der Indian Act vielfach überarbeitet worden, und im Jahre 1985 wurden viele seiner veralteten Bestimmungen modernisiert. Die wichtigste der zuletzt erfolgten Neuerungen ist, dass ein Ureinwohner seinen Status nun nicht mehr aufgeben muss, wenn er kanadischer Staatsbürger werden will. Das bedeutet, dass nun auch Status Indians das Wahlrecht haben und Eigentum erwerben dürfen. Als direkte Folge der Reform haben in den letzten 30 Jahren viele Ureinwohner ihren Status eingefordert, obwohl sie ihn zunächst verloren oder mangels Registrierung ursprünglich nie erhalten hatten. Dadurch ist die Anzahl der Status Indians in den letzten Jahren erheblich gestiegen. Heute leben etwa 130.000 von ihnen in British Columbia und 85.000 in Alberta.

In den Northwest Territories stammt schätzungsweise die Hälfte der Bevölkerung von Ureinwohnern ab. Die Dene und Métis leben entlang dem Mackenzie River und die Inuit oberhalb der Baumgrenze und entlang der arktischen Küste. Obwohl die körperliche Anpassungsfähigkeit der Inuit phänomenal ist, kann man ihren asiatischen Ursprung noch immer an der sog. epikanthischen Augenfalte erkennen.

Man sollte wissen, dass die Begriffe „Indianer" und „Stamm" als nicht mehr *politically correct* gelten. Daher stößt man vor Ort auf eine Vielzahl von Versuchen, die Bezeichnungen *Indians* und *Tribe* durch andere, etwa *Natives* und *First Nations*, zu ersetzen – bislang allerdings ohne durchschlagenden Erfolg.

Nonnatives (Nicht-Ureinwohner)

Nachdem British Columbia 1871 durch seinen Eintritt in die Konföderation zur kanadischen Provinz geworden war, zählte es gerade einmal 36.000 Einw., von denen 27.000 Ureinwohner waren. Im Jahre 1881 ergab eine Volkszählung auf dem Gebiet der späteren Provinz Alberta 18.072 Ureinwohner. Davon wohnten ganze 75 in Calgary. Mit der Fertigstellung der Canadian Pacific Railway 1885 kamen die Europäer in Scharen, zunächst angelockt vom reichen Wildbestand und dem fruchtbaren Land, dann vom Bergbau und noch später vom Öl- und Gas-Boom in Alberta. Menschen unterschiedlichster Kulturzugehörigkeit zog es in den Westen, der dadurch zu einem Schmelztiegel der Nationen und Traditionen geworden ist. So wurden allein in Alberta im Jahre 1921 30 verschiedene Sprachen gesprochen – von den vielen unterschiedlichen Sprachen der Ureinwohner einmal ganz abgesehen.

Heute leben 4,2 Mio. Menschen in British Columbia und 3,2 Mio. in Alberta. Daneben sind die Einwohnerzahlen der beiden Territorien praktisch kaum der Rede wert: Die Northwest Territories haben 38.000 Einw., im Yukon sind es 31.000. In British Columbia leben 12 % der kanadischen Gesamtbevölkerung, in Alberta etwas mehr als 10 %. Mit einer jährlichen Bevölkerungszunahme von 3 %, was etwa das Doppelte des nationalen Durchschnitts ist, ist Alberta die am schnellsten wachsende Provinz Kanadas. Gleich dahinter folgt an zweiter Stelle British Columbia. Gute 60 % dieses gesamten Bevölkerungswachstums resultieren aus dem Zuzug von Personen aus anderen kanadischen Provinzen. Den größten Anteil der Neuankömmlinge stellen Rentner dar, gefolgt von jungen Unternehmern.

In British Columbia konzentriert sich die Bevölkerung im Südwesten, v. a. auf die Bereiche Vancouver, den Süden von Vancouver Island und das Okanagan Valley. Obwohl diese drei Gebiete flächenmäßig gerade einmal 1 % der Provinz ausmachen, leben hier 80 % ihrer Einwohner. In Alberta konzentriert sich die Mehrheit der Bevölkerung ebenfalls in den Städten. So leben allein in Calgary und Edmonton über die Hälfte aller Einwohner der gesamten Provinz.

Ungefähr 40 % der im Westen lebenden Kanadier haben britische Wurzeln, und 30 % sind anderer europäischer Abstammung, überwiegend französischer und deutscher. Um in das echte britische Flair einzutauchen, muss man nur einige Zeit in Victoria verbringen. Die Stadt hat sich englische Traditionen aus längst vergangen geglaubten Tagen bewahrt. Obwohl die im Westen beheimateten Ureinwohner sich der Technologie und der Lebensweise der Europäer angepasst haben, stellen sie nach wie vor eine unverwechselbare eigenständige Volksgruppe dar, die zur kulturellen Bereicherung der Provinz beiträgt. Seit der Mitte des 19. Jh., als sie zunächst als Eisenbahnarbeiter und später als Goldsucher ins Land kamen, machen auch Menschen asiatischer Abstammung einen erheblichen Prozentsatz der Bevölkerung aus.

Kultur

Religion

Obwohl der große Einfluss der Religion auf die Geschichte Westkanadas nicht zu leugnen ist, sind die Kanadier heute generell weniger religiös als noch vor 50 oder sogar 30 Jahren. Die statistischen Zahlen werden aber dadurch verzerrt, dass viele Kanadier sich zwar einer bestimmten Religion zugehörig fühlen, jedoch nicht aktiv am Gemeindeleben teilnehmen. Ein Trend, der überall in den westlichen Zivilisationen zu beobachten ist.

Vorherrschender Glaube ist das Christentum, dem etwa 70 % der Bevölkerung angehören. Etwa 25 % fühlen sich keiner bestimmten Religion verbunden, und die restlichen 5 % gehören überwiegend östlichen Glaubensrichtungen wie dem Islam an. Etwa jeder fünfte Bewohner von British Columbia und jeder vierte von Alberta ist römisch-katholischer Konfession. Andere große Konfessionen sind die Anglikanische Kirche und die leicht im Rückgang befindliche United Church of Canada, der auch Presbyterianer, Lutheraner und Baptisten angehören. Auch die Kirche Jesu Christi der Heiligen der Letzten Tage ist im Südwesten Albertas eine feste Größe, besonders in Cardston, das im Jahre 1887 von Mormonen aus Utah gegründet wurde. Heute sind etwa 75 % der Einwohner dieser Stadt Mormonen. Wie auch im übrigen Kanada nimmt die Zahl der evangelischen Glaubensangehörigen zu, was sowohl für die bereits lange bestehenden Konfessionen als auch für die neueren wie etwa die Pentecostal Assemblies gilt.

Die überwiegende Zahl der Muslime, Buddhisten, Hindus und Sikhs lebt in den Großstädten, v. a. in Vancouver. Dort wohnen etwa die Hälfte der 260.000 in Kanada lebenden Sikhs, 85.000 Buddhisten und 56.000 Moslems. Die Zahl der Anhänger östlicher Religionen in Westkanada hat sich im letzten Jahrzehnt verdoppelt, hauptsächlich durch Einwanderung.

Sprache

Amtssprache in beiden Provinzen und Territorien ist Englisch, was auch von der großen Mehrheit der Bewohner gesprochen wird. Auf nationaler Ebene gibt es in Kanada allerdings zwei offizielle Amtssprachen – Englisch und Französisch. Alle amtlichen Regierungsmitteilungen werden in diesen beiden Sprachen abgefasst. Besonders augenfällig ist dieses Prinzip in den Nationalparks, wo es gesetzlich vorgeschrieben ist, dass sowohl die Beschilderung als auch sämtliche Druckschriften in beiden Sprachen vorliegen müssen. Begrüßt wird man dort daher mit einem „Hello, Bonjour". Die gesetzliche Regelung des *Official Language Act* begegnet einem auf Schritt und Tritt. So ist bei Flügen von Air Canada ein zweisprachiger Service vorgeschrieben, und die meisten in Kanada verkauften Verbrauchsgüter werden in Englisch und Französisch ausgezeichnet. Ausnahmen wie Bücher oder an Straßenständen zum Verkauf angebotene Gläser mit Marmelade bestätigen hier nur die Regel. Etwa 25 % der Kanadier sprechen Französisch. Davon lebt die Mehrheit in Quebec. Allerdings trifft man auch in anderen Regionen auf Enklaven, in denen nach wie vor Französisch gesprochen wird. Meist handelt es sich um Städte, die einst von französischen Pelzhändlern gegründet wurden, wie etwa St. Paul und La Crete im Norden von Alberta.

Da hat sich die weite Anreise doch gelohnt

Anreise

Einreiseformalitäten

Einreise aus Europa: Deutsche, österreichische und Schweizer Staatsbürger, die nicht länger als sechs Monate im Land bleiben wollen, benötigen derzeit zur Einreise nach Kanada nur einen **Reisepass,** der mindestens für die Dauer des geplanten Aufenthalts gültig sein muss. Allerdings verlangen manche Fluggesellschaften die Vorlage eines Reisepasses mit einer Gültigkeit von sechs weiteren Monaten über den Aufenthalt hinaus. Hier bleibt es einem nicht erspart, sich selbst im Reisebüro bzw. bei der Fluglinie nach den jeweils geltenden Bedingungen zu erkundigen. Der *Immigration Officer* sieht es jedoch ohnehin lieber, wenn der Reisepass im Einklang mit den Vorgaben mancher Fluglinien steht und noch sechs Monate über den Rückflug hinaus gilt, da es ihm weitere Nachfragen erspart.

Ein deutscher **Kinderausweis** wird noch bis zu seinem Ablaufdatum als Reisedokument akzeptiert (siehe aber *Zusätzliche Bestimmungen bei der Einreise über die USA*). Generell genügt zur Einreise auch eine bereits vorhandene Eintragung des Kindes in den Reisepass eines begleitenden Elternteils, falls der Reisepass vor dem 01.11.2007 ausgestellt wurde. Bei österreichischen Kindern ist die Eintragung nur bis zur Vollendung des 12. Lebensjahres möglich, und in der Schweiz benötigen sowieso alle Kinder einen eigenen Reisepass mit Foto. Zwar ist die Vorlage eines **Kinderreisepasses** bei der Einreise keine Pflicht, es lassen sich damit aber langwierige Kontrollen vermeiden.

In den letzten Jahren ist es immer wieder zu spektakulären Fällen von Kindesentziehungen (z. B. im Rahmen von Sorgerechtsstreitigkeiten) gekommen, die für viel Aufsehen in der Öffentlichkeit gesorgt haben. Die Einreisebehörden in Nordamerika sind daher für dieses Thema besonders sensibilisiert. Reist man als Elternteil allein mit einem minderjährigen Kind nach Kanada ein, muss man eine beglaubigte **Einverständniserklärung** des anderen Erziehungsberechtigten in englischer Sprache und die Geburtsurkunde des Kindes mitführen. Auch wer als Minderjähriger allein oder nicht mit seinen Eltern reist, muss eine solche Einverständniserklärung der Erziehungsberechtigten und die Geburtsurkunde dabeihaben. Vordrucke der Einverständniserklärung gibt es im Internet unter www.canadainternational.gc.ca/germany-allemagne/assets/pdfs/visa_authorization_minor-en.pdf oder unter www.voyage.gc.ca/preparation_information/consent-letter_lettre-consentement-eng.asp. Darüber hinaus sollten allein reisende Kinder bzw. Jugendliche bei am Einreiseschalter unbedingt die Kontaktdaten (Name, Adresse und Telefonnummer) der Person vorlegen können, bei der sie sich in Kanada aufhalten werden. Reist man mit einem Mietwagen aus den USA ein und ist dabei zusammen mit Freunden oder Verwandten mit mehreren Fahrzeugen unterwegs, sollte man unbedingt *vor* der Ankunft an der kanadischen Grenze sicherstellen, dass der Nachwuchs bei den Eltern im Auto sitzt. Ansonsten sind langwierige Komplikationen garantiert.

Voraussetzung für die Einreise nach Kanada ist ferner, dass der Reisende über ausreichende **Geldmittel** für seinen Aufenthalt verfügt und seine Rückkehr ins Heimatland gesichert ist (sprich: man muss ein **Rückflugticket** vorlegen können). **Impfungen** sind für die Einreise nach Kanada nicht vorgeschrieben. Eine Schutzimpfung gegen Hepatitis B wird empfohlen, falls man die nördlichen Landesteile ansteuern möchte.

Wer länger als sechs Monate im Land bleiben will, braucht außerdem ein **Visum.** Die entsprechenden Formulare bekommt man am einfachsten über die Website der jeweiligen kanadischen Botschaft. Es wird empfohlen, sämtliche notwendigen Unterlagen spätestens vier Wochen vor dem geplanten Reisetermin bei der Visa- und Einwanderungsabteilung einzureichen.

Aktuelle Informationen über die Einreisebestimmungen findet man unter www.cic.gc.ca/english/visit/index.asp, www.auswaertiges-amt.de, www.canadainternational.gc.ca, www.kanada.de bzw. www.kanada.at bzw. http://geo.international.gc.ca/canada-europa/switzerland/.

Wie überall in Nordamerika wurden die Sicherheitsmaßnahmen zum Schutz vor terroristischen Anschlägen auch in Kanada drastisch verschärft. Bei der Einreise können daher am Flughafen lange Wartezeiten entstehen. Dieses Problem sollte man unbedingt einkalkulieren, wenn man einen Anschlussflug bucht. Nach wie vor ist es in den meisten Reisebüros und v. a. bei Onlinebuchungen gängige Praxis, dass der Mitarbeiter bzw. die Suchmaschine automatisch den nächsten freien Anschlussflug vorschlägt. Liegen jedoch zwischen Landung und Weiterflug gerade einmal 30 Min., dann sind angesichts der Sicherheitskontrollen Probleme vorprogrammiert. Und wer im Laufschritt zu seinem Gate wetzt, ruft mitunter erneut eifrige Sicherheitsbeamte auf den Plan, die ihn noch einmal anhalten und auf ein Neues kontrollieren.

Zusätzliche Bestimmungen bei der Einreise über die USA: Wer zunächst einen Stopp in den USA einlegt, muss dort einen **maschinenlesbaren Reisepass** (Deutsche und Österreicher den bordeauxroten Europapass, Schweizer den Pass 03, 06 oder 10) vorlegen können, der mindestens für die Dauer des Aufenthalts, besser aber drei Monate über das Datum der Einreise hinaus gültig ist. Jeder Reisende muss einen solchen Pass vorlegen, auch Kinder und Babys. Deutsche maschinenlesbare **Kinderreisepässe** werden nur anerkannt, sofern sie ein Foto enthalten, vor dem 26.10.2006 ausgestellt und seither nicht verlängert wurden. Generell müssen alle ab dem 26.10.2006 ausgestellten Reisepässe biometrische Daten enthalten (sog. e-Reisepässe). Ältere maschinenlesbare Reisepässe sind bis zu ihrem Ablauf weiterhin gültig. Eine Sonderregelung gilt für österreichische Staatsbürger, deren Reisepass zwischen dem 26.10.2005 und 16.06.2006 ausgestellt wurde. Da diese Pässe kein digitales Foto enthalten, werden sie von den amerikanischen Behörden nicht anerkannt. Man muss sich deshalb entweder ein Visum ausstellen lassen oder rechtzeitig einen neuen biometrischen Pass beantragen. Da die Ausstellung eines Visums mit erheblich mehr Aufwand verbunden ist (jede Menge Papierkram bei der Antragstellung, Vorladung zu einem ausführlichen Einzelgespräch), sollte man sich besser einen neuen Pass besorgen. Wer allerdings länger als 90 Tage in den USA bleiben will, braucht sowieso ein **Visum** und kommt somit nicht um das lästige Verfahren herum.

Wer visumfrei in die USA einreisen möchte, muss außerdem mindestens 72°Std. vor der geplanten Einreise eine gebührenfreie **elektronische Einreiseerlaubnis** (*Electronic System for Travel Authorization, ESTA*) einholen. Diese kann *ausschließlich* online über die Internetseite des *Department of Homeland Security* unter https.://esta.cbp.dhs.gov beantragt werden. (**Achtung:** Seit der Einführung der elektronischen Einreiseerlaubnis tummeln sich im Internet immer mehr Anbieter, die für ihre Dienste und Informationen Geld verlangen. Die Ausstellung der ESTA durch das Department of Homeland Security ist aber kostenfrei!) Wird die elektronische Einreiseerlaubnis erteilt, ist sie zwei Jahre lang für alle Reisen in die USA gültig. Allerdings muss man eine neue ESTA beantragen, sobald man einen neuen Reisepass erhält oder sich z. B. der Name oder die Staatsangehörigkeit ändert. **Achtung:** Auch bei erteilter elektronischer Reiseerlaubnis entscheidet weiterhin der *Immigration Officer* vor Ort darüber, ob er den Einreisestempel erteilt oder nicht. Bei der Ankunft in die USA werden außerdem von jedem Einreisenden aus Sicherheitsgründen Fingerabdrücke genommen und ein Digitalfoto angefertigt.

Aktuelle Informationen zu den Einreisebestimmungen für die USA findet man unter www.us-botschaft.de, www.usembassy.at bzw. www.usembassy.ch.

Zollbestimmungen

Die kanadischen Zollbeamten machen bei Reisenden aus Westeuropa meist nur Stichproben. Erlaubt ist die steuer- und zollfreie Einfuhr von Kleidung und **Gegenständen des persönlichen Bedarfs.** Dazu zählen etwa Foto- und Videokameras, Laptops, Angelruten, Golfschläger, Campinghocker usw. Außerdem darf man Geschenkartikel bis zu einem Wert von $ 60 nach Kanada einführen. Was **Alkohol** angeht, darf man 1,14 l Spirituosen, 1,5 l Wein oder etwa 8 l Bier zollfrei einführen (Mindestalter 19 Jahre, in Alberta 18 Jahre). Darüber hinaus darf man (mit Ausnahme der Northwest Territories) weitere 9 l alkoholische Getränke einführen, für die man aber Zoll, Getränkesteuern und eine Gebühr an die jeweilige Provinzregierung bezahlen muss. Zu beachten ist, dass sämtliche alkoholischen Getränke beim Zoll angemeldet werden müssen. Raucher dürfen entweder bis zu 200 **Zigaretten** oder 200 g Tabak oder 50 Zigarren oder 50 Zigarillos einführen (Mindestalter: 17 Jahre). Außerdem müssen **Zahlungsmittel** ab einem Gegenwert von $ 10.000 bei der Einreise angemeldet werden. Wer unnötigen Ärger mit dem Zoll vermeiden will, sollte auf die Einfuhr von Lebensmitteln verzichten, da es eine ganze Reihe von (teilweise regionalen) Einfuhrbeschränkungen gibt.

Über die aktuellen Zollbestimmungen für Kanada kann man sich bei der Canada Border Services Agency (✆ 204/983-3500 oder ✆ 506/636-5064 oder ✆ 800/622-6232, www.cbsa-asfc.gc.ca) informieren.

Flugpreise und Fluggesellschaften

Dreh- und Angelpunkt für alle Flugreisen nach Westkanada ist der Vancouver International Airport. Weitere internationale Flughäfen liegen in Calgary und Edmonton. Darüber hinaus lassen sich über Umwege auch Kamloops/Kelowna, Terrace, Yellowknife, Victoria und Whitehorse ansteuern. Generell hat man heute die Wahl zwischen Linienflügen und Charterflügen. Bei Letzteren muss man jedoch beachten, dass sie nur an bestimmten Tagen durchgeführt werden und meist niedrige Gepäcklimits gelten. Wer (v. a. übers Internet) bei einem Billiganbieter landet, der sollte sich genau vergewissern, welche Bedingungen an den Flug geknüpft sind (ungünstige Abflug- und Ankunftszeiten, notwendige Zubringerflüge, ggf. mehrmaliges Umsteigen etc.).

Die nationale Fluggesellschaft **Air Canada** (in Deutschland ✆ 0800/87127786, vor Ort ✆ 514/393-3333 oder ✆ 888/247-2262, www.aircanada.com bzw. www.aircanada.ca) ist eine der größten Fluggesellschaften der Welt und auf fünf Kontinenten vertreten. Die Struktur der Flugpreise ist im Gegensatz zu vielen anderen Gesellschaften sehr transparent und die Onlinesuche nach Flügen sehr übersichtlich. Derzeit fliegt Air Canada (zum Teil in Kooperation mit Lufthansa) von Frankfurt aus nonstop nach Vancouver und Calgary.

• *Fluggesellschaften* **Vancouver** wird derzeit von folgenden Fluggesellschaften angeflogen: Air Berlin (✆ 01805/737-800, www.airberlin.com), Air Canada (✆ 0800/87127786, www.aircanada.com), Air France (✆ 01805/830830, www.airfrance.de), Air Transat (✆ 069/6976570, www.airtransat.de), American Airlines (✆ 069/50985070, www.americanairlines.de), Austrian Airlines (✆ 01803/000520, www.aua.com), British Airways (✆ 01805/266522, www.britishairways.com), Condor (✆ 01805/767757, www11.condor.com), Continental Airlines (✆ 01803/212610, www.continental.com), KLM i. V. m. Northwest (✆ 01805/214201, www.klm.de), Lufthansa (✆ 01805/838426, www.lufthansa.com), Swiss (✆ 01803/000337, www.swiss.com), United Airlines (✆ 069/50070387, www.ual.de) und US Airways (✆ 01803/000609, www.usairways.com).

Wer nach **Edmonton** möchte, sollte sich nach der Möglichkeit eines kostenlosen Stopovers in Vancouver oder Calgary erkundigen.

Das Ansteuern **entlegener Ziele** im Nordwesten gelingt am besten mit **Air Canada** (in Deutschland ✆ 0800/87127786, ansonsten vor Ort ✆ 514/393-3333 oder ✆ 888/247-2262, www.aircanada.ca). Die Fluglinie, die Direktflüge von Frankfurt nach Calgary und Vancouver anbietet, hat Abkommen mit vielen kleineren regionalen Airlines, sodass man nach entsprechendem Umsteigen praktisch im letzten Nest in der Wildnis landen kann.

Wer vor oder nach seinem Aufenthalt in Westkanada auch noch die USA ansteuern will, kann folgende **US-Fluglinien** ins Auge fassen, die Verbindungen von und nach Vancouver, Calgary und Edmonton bieten: **Alaska Airlines/Horizon Air** (✆ 06031/737620, www.alaskaair.com oder www.horizonair.com) nach Anchorage und Los Angeles, **American Airlines** (✆ 069/50985070, www.americanairlines.de) nach Chicago und Dallas, **Continental Airlines** (✆ 01803/212610, www.continental.com) nach Houston und New York (Newark), **Delta** (✆ 01803/337880, www.delta.com) nach Atlanta und Salt Lake City (nur im Sommer) sowie New York, **Frontier Airlines** (www.frontierairlines.com) nach Denver, **Horizon Air** (www.horizonair.com) nach Seattle, **Northwest Airlines** (www.nwa.com) nach Detroit, Memphis und Minneapolis, **United Airlines**

(✆ 069/50070387, www.ual.de) nach Chicago, Denver, San Francisco und Washington und **US Airways** (✆ 01803/000609, www.usairways.com) nach Philadelphia und Charlotte.

• *Flugpreise* Generell empfiehlt es sich, eine erste Preisübersicht mittels **Onlinerecherche** einzuholen, um im Reisebüro abschätzen zu können, wie die dortigen Angebote kostenmäßig liegen. Geeignete Seiten sind u. a. www.expedia.de, www.flugticket.de, www.travel-overland.de und www.mcflight.de.

Bei Drucklegung dieses Buches kosteten die günstigsten Flüge von München nach Vancouver und zurück etwa 800 € (Onlinebuchung). Für dieses Geld konnte man noch kurzfristig Flüge in der Nebensaison ergattern, sofern man zeitlich etwas flexibel war. Wer in der Hauptsaison unterwegs sein wollte und nicht mindestens sechs Monate im Voraus gebucht hatte, musste für einen freien Platz mit etwa 1100 € rechnen. Die Angebote im Reisebüro begannen bei rund 800 €.

Unterwegs in Kanada

... mit dem Flugzeug

Wer bereits in Kanada ist und weiter nach Victoria, Vancouver, Calgary oder Edmonton möchte, sollte einen Blick auf den Flugplan von Kanadas zweitgrößter Fluglinie **WestJet** (✆ 403/250-5839 oder ✆ 888/937-8538, www.westjet.com) werfen.

Air Canada Jazz (✆ 514/369-1386 oder ✆ 888/247-2262, www.flyjazz.com), eine Partnerairline von Air Canada, bietet planmäßige Flüge in alle Städte und viele größere Orte von British Columbia und Alberta an. **Pacific Coastal Airlines** (✆ 604/273-8666 oder ✆ 800/663-2872, www.pacific-coastal.com) fliegt mehrere Ziele auf Vancouver Island sowie entlang der Sunshine Coast und (von Vancouver aus) auch die Queen Charlotte Islands im Norden an. **Harbour Air** (✆ 604/274-1277 oder ✆ 800/665-0212, www.harbourair.com) unterhält eine planmäßige Verbindung zwischen Vancouver, Victoria und Nanaimo (Wasserflugzeuge). **Hawk Air** (✆ 250/635-4295 oder ✆ 800/487-1216, www.hawkair.net) fliegt von Vancouver aus Ziele im Norden von British Columbia, wie etwa Prince Rupert, an. **Central Mountain Air** (✆ 250/877-5000 oder ✆ 888/865-8585, www.flycma.com) hat mehrere Orte in British Columbia und Alberta auf dem Flugplan, die einzige Direktverbindung ist allerdings der Flug von Edmonton nach Fort St. John.

Die größte Fluggesellschaft im Norden ist **First Air** (✆ 613/245-6200oder ✆ 800/267-1247, www.firstair.ca), auf deren Flugplan auch Edmonton, Inuvik und Whitehorse stehen. Außerdem kann man von Yellowknife aus Ziele in ganz Nunavut anfliegen. Flüge von Calgary und Edmonton aus zu größeren Städten im Norden bietet **Canadian North** (✆ 867/873-4484 oder ✆ 800/661-1505, www.canadiannorth.com). **Northwestern Air** (✆ 867/872-2216 oder ✆ 877/872-2216, www.nwal.ca) fliegt von Edmonton aus über Fort Smith nach Yellowknife.

Schließlich steuert **Air North** (✆ 867/668-2228 oder ✆ 800/661-0407, www.flyairnorth.com) von Vancouver, Calgary und Edmonton aus Whitehorse und verschiedene Ziele im Yukon Territory an.

... mit der Bahn

VIA Rail Canada (✆ 416/366-8411 oder ✆ 888/842-7245, www.viarail.ca) betreibt die beiden einzigen öffentlichen Bahnlinien in Westkanada. Der *Canadian* fährt auf der Transkontinental-Trasse von Toronto über Edmonton, Jasper und Kamloops nach Vancouver. Der *Skeena* ist auf der Strecke von Jasper über Prince George nach Prince Rupert unterwegs. Wer in Kanada ausgiebig Bahn fahren möchte, sollte sich einen *Canrailpass* zulegen, mit dem man innerhalb eines Zeitraumes von 30 Tagen zwölf Tage lang unbegrenzt reisen kann. In der Hochsaison (1. Juni bis 15. Okt.) zahlen Erwachsene für den Pass $ 923, Senioren (ab 60 Jahren) und Kinder $ 831. Wer möchte, kann die Fahrzeit um 3 Tage verlängern, also von 12 auf 15 Tage aufstocken. Jeder Zusatztag kostet $ 79, für Senioren, Studenten und Kinder $ 71.

Mit dem Canrailpass erhält man von Oktober bis Juni auf alle Fahrkarten einen Nachlass von 25 bis 40 % gegenüber dem regulären Fahrpreis. Senioren, Studenten und Kinder bekommen einen Nachlass von 10 %, der mit anderen Sonderangeboten kombiniert werden kann. **Achtung:** Wer mit einem Canrailpass vorab ein ermäßigtes Bahnticket kaufen möchte, muss das Kleingedruckte ganz genau studieren, da für ermäßigte Fahrkarten zahlreiche Beschränkungen gelten.

Auf der Homepage von VIA Rail (s. o.) gibt es alle notwendigen Informationen zu den einzelnen Bahnverbindungen, Fahrplänen und Fahrkartenpreisen. Man kann dort online reservieren und sich die Städte bzw. Sehenswürdigkeiten entlang der Strecke anzeigen lassen. Vor Ort bekommt man die notwendigen Informationen an jeder VIA-Rail-Bahnstation.

Alternativ können Eisenbahnfans Fahrten im privat betriebenen **Rocky Mountaineer** in Form eines Pauschalurlaubs unternehmen.

Bahnurlaub mit dem Rocky Mountaineer: Das Privatunternehmen Rocky Mountaineer Vacations (✆ 604/606-7245 oder ✆ 877/460-3200, www.rockymountaineer.com) bietet im Sommer luxuriöse Bahnfahrten auf folgenden Strecken an: von Vancouver über Kamloops und Banff nach Calgary; von Vancouver über Kamloops nach Jasper; von Vancouver nach Whistler (und weiter über Prince George nach Jasper). Da alle Fahrten tagsüber durchgeführt werden, verpasst man garantiert keinerlei Sehenswürdigkeiten entlang der Strecke. Die Züge fahren jeweils morgens ab (alle zwei bzw. drei Tage) und halten abends in Kamloops oder Quesnel, wo man übernachtet. Eine einfache Fahrt (4 Tage/3 Nächte) in der Klasse *RedLeaf Service* auf der Strecke von Vancouver nach Banff, bei der 3 Übernachtungen, Frühstück und Mittagessen sowie der Nationalparkpass eingeschlossen sind, kostet ab $ 829/Person (April bis Okt.). Die absolute Luxusklasse im Zug nennt sich *GoldLeaf Service*. Hier sitzen die Passagiere in den berühmten zweistöckigen Waggons mit kuppelförmigem Glasdach, essen in einem separaten Speiseabteil und übernachten in Kamloops in einer Luxusherberge. Auf der Strecke von Vancouver nach Banff kostet die Kategorie GoldLeaf je nach Jahreszeit $ 1529–1999/Pers., wer Wert auf eine Übernachtung in einem Luxushotel der Fairmont-Kette legt, zahlt $ 1579–2099.

Der Rocky Mountaineer fährt auch auf der sehr beliebten Bahnlinie zwischen Vancouver und Whistler (daher wird er manchmal umgangssprachlich als Whistler Mountaineer bezeichnet). Die dreistündige Fahrt durch die Cariboo-Region im Herzen von British Columbia kostet für Erwachsene je nach gewünschter Klasse $ 129 bzw. $ 219 (April bis Okt.).

... mit dem Bus

Die Busse von **Greyhound** (✆ 800/661-8747 oder ✆ 800/231-2222, www.greyhound.ca) fahren von allen größeren Städte aus ab (insbesondere Vancouver, Victoria, Calgary und Edmonton). Die nördlichsten Haltestellen sind Hay River (Northwest Territories) und Whitehorse (Yukon Territory). Für Busreisende kann sich der Kauf eines **Greyhound Discovery Pass** lohnen, den es in unterschiedlichen Ausführungen gibt. Für Kanada kostet der Pass $ 199/7 Tage, $ 299/15 Tage, $ 399/30 Tage und $ 499/60 Tage. **Wichtig:** Den Pass kann man als Ausländer in Kanada nicht vor Ort am Greyhound-Terminal kaufen, sondern muss ihn mindestens 21 Tage vor der Abreise online bestellen. Nähere Infos unter www.discoverypass.com.

Nach Vancouver Island gelangt man am einfachsten mit dem Unternehmen **Pacific Coach Lines** (✆ 604/662-8074 oder ✆ 800/661-1725, www.pacificcoach.com), das eine Linie von Victoria ins Stadtzentrum von Vancouver sowie zum Vancouver International Airport und weiter nach Whistler betreibt. In Alberta bietet die Gesellschaft **Brewster** (✆ 403/760-6934 oder ✆ 800/760-6934, www.brewster.ca) Ausflugsfahrten zu den Nationalparks Banff und Jasper, nach Calgary und Canmore sowie zum Lake Louise an. Die Busse von **Red Arrow** (✆ 780/424-3339 oder ✆ 800/232-1958, www.redarrow.ca) verbinden Calgary, Edmonton, Banff, Lake Louise, Red Deer und Fort McMurray.

... mit der Fähre

An vielen Flüssen und Seen im Binnenland gibt es staatlich betriebene Fähren. Der Fährverkehr ruht in der Zeit, in der die Flüsse und Seen zugefroren sind. Im Yukon Territory und in den Northwest Territories fahren dann beispielsweise tonnenschwere Trucks einfach über die zugefrorenen Flüsse, manchmal nutzen sie sogar ein Stück davon als „natürlichen Highway". Es gibt im Norden auch Orte wie etwa Aklavik, die mit dem Auto nur im Winter über solche Eisstraßen erreichbar sind und im Sommer nur per Boot angesteuert werden können. Auf solche eisigen Abenteuer sollte man sich als Tourist aber nicht einlassen. Den Rest des Jahres über darf man erwarten, dass die Fähren täglich von 6 bis 22 Uhr verkehren. Einige von ihnen sind sehr klein und können maximal nur zwei Fahrzeuge transportieren, auf anderen wiederum kommen problemlos 50 Autos unter. Das Beste: Die Überfahrten sind überall kostenlos. Das gilt auch für die Fahrt über den Kootenay Lake zwischen Balfour und der Kootenay Bay (siehe Kapitel „Südliches Binnenland"), die mit einer Dauer von 45 Min. die längste kostenlose Fährüberfahrt der Welt ist.

BC Ferries

Die 40 Fähren des Unternehmens BC Ferries (✆ 250/386-3431 oder ✆ 888/223-3779, www.bcferries.com) laufen insgesamt 47 Häfen an. Die in diesem Buch genannten Preise für Fahrzeuge beziehen sich auf solche Vehikel, die nicht länger als 6,08 m und nicht höher als 2,13 m sind (in einigen Fällen auch nur 2,03 m hoch). Wer mit größeren Fahrzeugen wie etwa großen Wohnmobilen unterwegs ist, muss höhere Gebühren bezahlen. Außerdem muss zum genannten Preis für das Fahrzeug noch der Fahrpreis für die Passagiere hinzugerechnet werden, da selbst der Fahrer grundsätzlich extra bezahlen muss.

In Vancouver gibt es zwei Hauptterminals für die Fähren. Vom südlich der Downtown gelegenen Tsawwassen legen sie regelmäßig zu ihrer Fahrt über die Strait of Georgia in die Swartz Bay auf Vancouver Island (nördlich von Victoria) und nach Nanaimo ab. Von der westlich der Downtown gelegenen Horseshoe Bay aus geht die Überfahrt direkt nach Nanaimo. Ebenfalls von der Horseshoe Bay aus gibt es eine Fährverbindung über den Howe Sound nach Langdale, dem Tor zur Sunshine Coast. Von Powell River, das am nördlichen Ende der Sunshine Coast liegt, legen Fähren nach Comox (Vancouver Island) ab. Auf diese Weise ist es möglich, sowohl Vancouver Island als auch die Sunshine Coast zu besuchen, ohne zwischenzeitlich nach Vancouver zurückkehren zu müssen. Zusätzlich gibt es mehrere planmäßige Fährverbindungen zwischen Vancouver Island und den bewohnten Inseln in der Strait of Georgia.

Von dem am nördlichen Zipfel von Vancouver Island gelegenen Port Hardy besteht eine Fährverbindung nach Prince Rupert. Die aktuellen Fahrzeiten findet man unter www.bcferries.com/schedules. Die Überfahrt dauert 15 Std. und bringt einen zum Alaska Marine Highway (siehe *Prince Rupert* im Kapitel „Zentrales und nördliches British Columbia"). Von Prince Rupert aus kann man mit der Fähre weiter auf die Queen Charlotte Islands übersetzen. Für diese lange Passage sollte man so früh wie möglich reservieren.

... mit dem Mietfahrzeug

Generell gilt, dass man einen Mietwagen **in Europa** vorbuchen sollte. Vor Ort zahlt man für dasselbe Fahrzeug oft ein Vielfaches dessen, was die einschlägigen Reiseveranstalter verlangen. Außerdem sind in den Angeboten regelmäßig bereits verschiedene Versicherungen und Gebühren enthalten. Wenn man sich schon in der Heimat Gedanken darüber gemacht hat, welche angebotenen Leistungen sinnvoll sind und auf was man verzichten kann, hat man nach der Ankunft auch kein Problem mehr, das gebuchte Fahrzeug trotz Jetlag am Mietwagenschalter abzuholen und die in der Regel an einen herangetragenen Zusatzofferten der Mitarbeiter abzulehnen. Ein weiterer Vorteil ist, dass man den gewünschten Mietwagen von Europa aus auch noch relativ kurzfristig buchen kann. Ist an der Anmietstation kein Fahrzeug der entsprechenden Kategorie vorhanden, bekommt man automatisch ein Fahrzeug der nächsthöheren Kategorie. Bucht man jedoch vor Ort und es gibt keinen Wagen der gewünschten Kategorie, ist man mitunter gezwungen, einen teuren Luxusschlitten anzumieten.

Im Allgemeinen unterscheiden sich die einzelnen Tarife der Veranstalter auf den ersten Blick relativ wenig. Allerdings gibt es für bestimmte Termine häufig Sondertarife, oder es sind umgekehrt in der Hochsaison Aufschläge zu zahlen. Zum Teil bekommt man in bestimmten Zeiträumen auch einen Wagen der nächsthöheren Kategorie ohne Aufpreis. Für ADAC-Mitglieder gibt es preislich vernünftige Angebote zu speziellen Tarifen, in denen alle notwendigen Versicherungen (mit hohen Deckungssummen) bereits enthalten sind.

Fast noch wichtiger als die Kosten des Mietwagens sind die jeweiligen Mietbedingungen. Bei den ungeheuren Distanzen in Nordamerika sollte man sich vergewissern, welche Rückführungsgebühren bei einer Einwegmiete fällig werden, falls man das Fahrzeug an einer anderen als der Anmietstation zurückgeben möchte. Zu bedenken ist ferner, dass Einwegmieten zwischen Kanada und den USA bei den meisten Mietwagenfirmen grundsätzlich nicht möglich sind. Ein Grenzübertritt von Kanada in die USA bzw. umgekehrt (mit entsprechender Rückkehr) ist hingegen meist erlaubt. Außerdem ist präzise darauf zu achten, ob Fahrten auf bestimmten Strecken und Highways ausdrücklich ausgeschlossen sind. So verbieten beispielsweise viele Vermieter von Pkw generell das Befahren des Dempster Hwy., was aber kurioserweise von einigen Vermietern von Wohnmobilen ausdrücklich erlaubt wird. Praktisch alle Vermieter untersagen das Befahren von unbefestigten Straßen und Schotterpisten (siehe dazu auch *Wohnmobile*).

Wer sich erst **vor Ort** zur Anmietung eines Fahrzeugs entschließt, kann das v. a. bei den Niederlassungen der großen Vermietgesellschaften tun, deren Schalter man an den internationalen Flughäfen von Vancouver, Victoria, Calgary und Edmonton findet. Die Vermieter sind aber auch an kleineren Flughäfen wie Kelowna, Yellowknife und Whitehorse präsent. Hier gilt ebenfalls: Wer bereits weiß, dass er in einigen Tagen einen Wagen benötigt, sollte telefonisch oder per Internet vorbuchen, um den gewünschten Fahrzeugtyp auch zu erhalten (s. o.). Das gilt besonders für die Monate Juni bis September.

Im Sommer kostet ein Mietwagen der Kategorie Economy oder Compact vor Ort um die $ 60/Tag. Für einen Intermediate zahlt man $ 75, ein Full Size kommt auf $ 85–100, und ein Geländewagen (*Sports Utility Vehicle*, kurz: *SUV*) liegt meist deutlich über $ 100. Zwischen Ende September und Mitte Juni gibt es auf alle Fahrzeuge große Rabatte, sodass ein Economy teilweise schon ab $ 40/Tag bzw. $ 210/Woche zu haben ist. Bei den meisten Vermietern sind im Preis unbeschränkte Freikilometer enthalten. Das gilt aber nicht für Fahrzeuge, die man im Banff oder Jasper National Park oder an noch weiter nördlich gelegenen Stationen wie in Yellowknife oder Whitehorse anmietet. Angesichts der riesigen Distanzen sollte man sich daher genau über die jeweilige Meilenpolitik des Vermieters erkundigen. Auf keinen Fall darf man bei einer Anmietung vor Ort vergessen, dass man zusätzlich zumindest noch eine Vollkaskoversicherung (oder ggf. auch noch andere Versicherungen) benötigt. Die Vollkaskoversicherung ist grundsätzlich obligatorisch und kostet ab $ 20/Tag. Die Terminologie für die Vollkaskoversicherung ist bei den Vermietern leider nicht einheitlich. Am gebräuchlichsten sind die Bezeichnungen *CDW (Collision Damage Waiver), LDW (Loss & Damage Waiver)* und *PDW (Physical Damage Waiver).*

Alle Mietwagenfirmen bieten in den Städten generell den Service, den Wagen kostenlos zum Hotel zu bringen und später wieder abzuholen, sodass man sich die Fahrt zur Mietstation sparen kann.

Mietwagen kann man problemlos **online** über die Homepage des jeweiligen Mutterkonzerns oder die entsprechenden gebührenfreien Telefonnummern buchen. **Discount** (✆ 403/299-1202 oder ✆ 800/263-2355, www.discountcar.com) ist ein kanadischer Anbieter mit über 200 Mietstationen im gesamten Land. Zwar werden die Fahrzeuge in etwas längeren Intervallen als bei der Konkurrenz erneuert, dafür stimmt aber bei Vorausbuchung der Preis (sogar in der Hochsaison). Zu den weiteren großen Autovermietern gehören **Avis** (✆ 800/974-0808, www.avis.ca), **Budget** (✆ 800/268-8900, www.budget.com), **Dollar** (✆ 800/800-4000, www.dollar.com), **Enterprise** (✆ 800/325-8007, www.enterprise.com), **Hertz** (✆ 800/263-0600, www.hertz.ca), **National** (✆ 800/227-7368, www.nationalcar.com), **Rent-a-wreck** (✆ 800/327-0116, www.rentawreck.ca) und **Thrifty** (✆ 800/847-4389, www.thrifty.com).

Wohnmobile

Ein Wohnmobil befreit einen nicht nur von dem ständigen Problem, ohne entsprechende Vorausbuchung jeden Abend ein neues Quartier suchen zu müssen, sondern ist im Prinzip für eine Reise durch den kanadischen Westen wie geschaffen. Meist gibt es auch an entlegenen Plätzen, an denen weit und breit kein Hotel mehr zu finden ist, noch einen Campingplatz. Einziger gravierender Nachteil sind dabei die hohen Kosten. Denn selbst wenn man ein Wohnmobil der günstigsten Kategorie auswählt, zahlt man für die Fahrzeugmiete im Schnitt etwa das Dreifache dessen, was man für einen guten Mietwagen hinblättern müsste. Dazu kommt, dass die Benzinkosten etwa doppelt so hoch wie bei einem Pkw sind. Beachten muss man schließlich auch, dass bei Wohnmobilen im Regelfall nur eine bestimmte Anzahl an Freikilometern pro Tag gewährt wird, was die Kosten bei ausgedehnten Fahrten in die Northwest Territories, in das Yukon Territory oder nach Alaska in die Höhe treiben kann. Zwar spart man durch die meist recht günstigen Übernachtungskosten auf den Campingplätzen wieder einiges ein, insgesamt gesehen kommt man jedoch mit der Anmietung eines Pkw und der Übernachtung in Hotels deutlich günstiger weg.

Wohnmobile werden in Kanada **RV** *(Recreational Vehicle)* genannt. Es gibt sie in allen nur erdenklichen Ausführungen – als *Fifth-wheeler* (ein doppelachsiger Wohnwagen als Aufleger, der von der Zugmaschine getrennt werden kann), *Motorcoach, Campervan, Camping Trailer* oder *Tent Trailer.* Wer von Europa aus bucht und die einzelnen Tarife genau vergleicht (was bei Wohnmobilen durchaus schon einmal in Arbeit ausarten kann), fährt grundsätzlich besser, als wenn er vor Ort mietet. In Kanada bekommt man das kleinste Wohnmobil (mit Schlafgelegenheit für zwei Personen) ab $ 150/Tag inkl. 100 Freikilometern/Tag. Hinzu kommen Versicherung(en), eine Gebühr für die Bereitstellung des Fahrzeugs *(Preparation Fee)* von etwa $ 60, eine Gebühr für Bettzeug und Besteck *(Linen/Cutlery Charge)* von ungefähr $ 60/Pers. und natürlich die Steuer. Zu den großen Anbietern, die Niederlassungen in Vancouver und Calgary haben, zählen insbesondere **Cruise Canada** (✆ 403/291-4963 oder ✆ 800/671-8042, www.cruisecanada.com), **CanaDream** (✆ 403/291-1000 oder ✆ 800/461-7368, www.canadream.com), **Fraserway** (✆ 604/527-1102 oder ✆ 877/747-7947, www.fraserway.com) und **Go West** (✆ 403/240-1814 oder ✆ 800/661-8813, www.go-west.com). Einwegmieten zwischen Vancouver und Calgary sind bei fast allen Anbietern möglich, schlagen aber nahezu ausnahmslos mit einer Einweggebühr von $ 400 zu Buche. In Whitehorse findet man CanaDream, Fraserway und den lokalen Anbieter **Klondike RV Rentals** (✆ 867/456-2729, www.yukonrecreation.com). Erstere haben häufig günstige Pauschalangebote im Programm und verlangen nur geringe Einwegmieten für Fahrten nach Vancouver. Ab Anfang September findet man im Internet bei allen Anbietern günstige Sondertarife.

Wichtig: Bei der Buchung eines Wohnmobils muss man bereits im Vorfeld exakt darauf achten, ob mit dem Fahrzeug irgendwelche Strecken nicht befahren werden dürfen. So verbieten etwa viele Vermieter von Wohnmobilen (aber längst nicht alle) generell Fahrten in die Northwest Territories und in das Yukon Territory. Wer sich nicht an Verbote hält und erwischt wird, kann in Teufels Küche kommen. Das gilt nicht nur für den Fall, dass man mitten in der Einöde des Yukon Territory eine Panne hat oder auf einer Schotterpiste von einem Truck überholt wird, der im Vorbeifahren Steine aufwirbelt, die neben einigen tiefen Dellen auch eine kaputte Windschutzscheibe hinterlassen. Auch wer sich streng an diese generellen Ausschlüsse hält (die regelmäßig auf der Rückseite des Mietvertrages noch einmal ausdrücklich aufgelistet sind), sieht sich vor Ort bisweilen mit einem zweiten Problem konfrontiert: Praktisch alle Vermieter untersagen Fahrten über Schotterstraßen (*Unpaved Roads, Dirt Roads* etc.). Leider lassen sich jedoch manche Nationalparks und manch schön gelegener Campingplatz nur über eine solche erreichen. Bei der Entscheidung solcher Gewissensfragen muss einem zumindest die Rechtslage klar sein: Befährt man die unbefestigte Straße trotz des Verbots, erlischt der Versicherungsschutz und man haftet persönlich für entstehende Schäden.

Führerschein und Verkehrsregeln

Der **nationale Führerschein** ist in Kanada gültig und reicht grundsätzlich aus. Es empfiehlt sich aber, zur Sicherheit einen **internationalen Führerschein** dabeizuhaben. Um Letzteren sollte man sich rechtzeitig kümmern, da die deutschen Führerscheinbehörden einen internationalen Führerschein nur noch ausstellen, wenn der Antragsteller im Besitz eines EU-Führerscheins im Scheckkartenformat ist. Wer also noch einen alten deutschen Führerschein besitzt, muss diesen zuerst in einen EU-Führerschein tauschen.

Auf den Verkehrsschildern, die an den Highways stehen, sind die Entfernungen in Kilometern angegeben, die vorgeschriebene **Höchstgeschwindigkeit** in km/h (*Kilometers per hour, kph*). Obwohl in den Provinzen und auch regional unterschiedliche

Tempolimits gelten können, liegt die erlaubte Höchstgeschwindigkeit auf Highways grundsätzlich bei 100 km/h, innerorts bei 50 km/h. Im Bereich von Schulen ist die Geschwindigkeit regelmäßig auf 30 km/h begrenzt, was auch gnadenlos kontrolliert wird. Haltende Schulbusse mit eingeschaltetem Warnblinklicht dürfen nicht überholt werden. Da mancherorts auch der Gegenverkehr nicht an haltenden Schulbussen vorbeifahren darf und man die vor Ort geltende Regel meist nicht genau kennt, sollte man im Zweifel lieber einmal zu viel als zu wenig anhalten. In Kanada muss außerdem mit **Tagfahrlicht** (*Daytime Running Lights*) gefahren werden, das sich bei vielen Mietwagen (aber längst nicht bei allen) nach dem Anlassen automatisch einschaltet. Da die **Ampeln** wie in Amerika über den Kreuzungen hängen, kann man sie viel besser sehen, als das bei den vor den Kreuzungen stehenden Ampeln in Europa der Fall ist. Besonderheit: Die Ampeln schalten von Rot sofort auf Grün. Wer bei roter Ampel nach rechts abbiegen will, darf dies vorsichtig tun, wenn er dabei niemanden gefährdet und es nicht ausdrücklich per Verkehrsschild verboten ist (*„no right turn on red"* bzw. *„pas de virage à droite au feu rouge"*). Kreuzungen mit **Stoppzeichen** in alle vier Richtungen (*4 way*) sind weit verbreitet. Nach einem kurzen Anhalten fahren alle Fahrzeuge in der Reihenfolge weiter, in der sie nacheinander an der Kreuzung angekommen sind. So unglaublich sich diese Regelung für einen Europäer beim ersten Mal anhören mag, so problemlos funktioniert sie vor Ort. Vorsicht ist aber selbst dann geboten, wenn die Kreuzung offensichtlich leer ist, denn bei einem Stoppschild muss man trotzdem *immer* kurz anhalten. Vorsicht: Beim Anhalten an einem Stoppschild müssen die Räder des Fahrzeugs wirklich stillstehen. Die Polizei kontrolliert das gerne aus einem gut getarnten Versteck. Auch wenn es in Kanada bei einer **Polizeikontrolle** viel entspannter zugeht als in den USA, gilt dennoch, grundsätzlich im Auto sitzen zu bleiben, das Fenster zu öffnen und die Hände gut sichtbar am Lenkrad zu lassen. In ganz Kanada besteht **Gurtpflicht** und (für Motorradfahrer) **Helmpflicht**. Das Fahren im angetrunkenen Zustand wird ebenso drastisch wie unnachgiebig geahndet (siehe Kapitel „Wissenswertes von A bis Z", Alkohol). Für Kinder bis 36 kg Körpergewicht ist die Benutzung eines den kanadischen Vorschriften entsprechenden (!) **Baby- bzw. Kindersitzes** Pflicht, wobei die Art des Sitzes von Alter und Gewicht des Kindes abhängt (Details unter www.tc.gc.ca/roadsafety/safedrivers/childsafety/car/index.htm). Bei den meisten Mietwagenfirmen kann man Kindersitze mieten, jedoch nicht bei allen Anbietern von Wohnmobilen. Wer vor Ort einen Kindersitz kaufen möchte, sollte wissen, dass es selbst in größeren Kaufhäusern meist nur die gängigsten Billigmodelle gibt und man sich daher für ein Qualitätsprodukt erst einmal auf die Suche nach einem entsprechenden Spezialgeschäft machen muss, was sehr zeitaufwändig werden kann. Wer auf Nummer Sicher gehen will, nimmt den eigenen Sitz mit, was bei vielen Fluggesellschaften problemlos möglich ist (trotzdem rechtzeitig erkundigen).

Getankt wird Diesel (*Gasoil*), Normal (*Regular*) oder Super (*Premium*), alles jeweils bleifrei (*unleaded, no lead* oder *sans plomb*). Die Zapfsäulen zeigen mittlerweile überall nur noch Liter statt der früher üblichen Gallonen (ca. 3,8 l) an.

Wer einen **Strafzettel** kassiert und vorhat, irgendwann in seinem Leben noch einmal nach Kanada einzureisen, sollte ihn lieber bezahlen (oder fristgerecht dagegen vorgehen), denn in Kanada wird ein Strafzettel für unbegrenzte Zeit auf den Namen des Fahrers gespeichert, es gibt keine Verjährung. Man muss also bei erneuter Einreise ohnehin bezahlen, könnte dann theoretisch aber sogar wegen des unbezahlten Strafmandats in Gewahrsam genommen oder wieder zurückgeschickt werden. Dazu kommt, dass die Mietwagenfirmen in Nordamerika wie selbstverständlich Listen über die nicht bezahlten Knöllchen führen. Wird ein notorischer Falschparker darin erst einmal als „nicht zuverlässig" aufgeführt, kann es für ihn bei den großen Vermietern schwierig werden, bei nächster Gelegenheit wieder einen Mietwagen zu bekommen.

Mitglieder des ADAC erhalten gegen Vorlage ihrer Mitgliedskarte bei den Geschäftsstellen der **Canadian Automobile Association** (CAA, ✆ 613/247-0117, www.caa.ca) kostenlose Straßenkarten und Informationen über die Straßen- und Wetterverhältnisse. Außerdem bekommt man dort oft vergünstigte Eintrittskarten für Veranstaltungen und kann Unterkünfte oder Ausflüge buchen. Im Notfall wird in geringem Umfang auch Pannenhilfe geleistet, allerdings sollte man sich zunächst immer erst mit der Notrufnummer des eigenen Autovermieters in Verbindung setzen und mit diesem das weitere Vorgehen absprechen. Mehr Informationen gibt es bei der Canadian Automobile Association (s. o.). Die gebührenfreie Notrufnummer des ADAC (in deutscher Sprache) lautet ✆ 888/222-1373.

Sport und Freizeit

Natur, wohin das Auge reicht: Davon kann der Westen Kanadas wahrlich jede Menge bieten. Mit spektakulären Landschaften hinter jeder Kurve, Millionen Hektar an naturbelassenen Wäldern und Grünflächen sowie einer unglaublich artenreichen Tierwelt ist die Region der real gewordene Traum für jeden Naturfreund. Hier kann man wandern, angeln, golfen, Kanu und Kajak fahren, tauchen, Ski fahren und vieles mehr.

Angeln

Süßwasser

Ein wahrlich einträgliches Freizeitvergnügen ist das Angeln in den unzähligen Flüssen und Seen. Dabei werden in Hunderten von Seen jedes Jahr mindestens einmal Fische ausgesetzt. Den größten Kampfgeist zeigen Regenbogenforellen *(Rainbow Trout)*, die man in Westkanada in praktisch allen Gewässern findet. Sie werden sehr gerne als Besatz ausgewählt, da sie recht einfach zu züchten sind und sich an unterschiedlichste Umweltbedingungen anpassen können. Nach Regenbogenforellen angelt man mit künstlichen Fliegen, kleinen Spinnern oder Blinkern.

Eine zu den anadromen Fischen (Wanderfischen) zählende Unterart der Regenbogenforelle ist der Steelhead. Er ist unter Anglern für seinen enormen Mut berühmt. Der Steelhead kommt in den nördlichen Flüssen entlang der Pazifikküste wie etwa dem *Skeena* vor. Die größte Spezies ist die Seeforelle *(Lake Trout)*. Allgemein kann man sagen, dass die stattlichsten Fische in den Seen im Norden anzutreffen sind, beispielsweise im *Cold Lake* (Nord-Alberta). Zentraler liegt der *Lake Minnewanka* (Banff National Park). An beiden Seen kann man Boote mieten und geführte Angeltouren unternehmen. Wer auf die in den hoch gelegenen Bergseen vorkommenden Cutthroat-Forellen gehen möchte, darf nur eine feine Angelschnur verwenden, da das Wasser dort sehr klar ist. Bachsaiblinge *(Brook Trout)* findet man in den Flüssen und Seen der kanadischen Rockies. Auch Bachforellen *(Brown Trout)* sind weit verbreitet. Sie werden mit Trockenfliegen geangelt, allerdings sind sie nur schwer zu fangen.

Der Kokanee bringt selten mehr als 1 kg auf die Waage, dennoch ist dieser Süßwasserlachs eine exzellenter Sportfisch, der in den Binnengewässern von British Columbia vorkommt. Er geht nahe der Wasseroberfläche auf Jagd und kann sowohl mit nasser als auch trockener künstlicher Fliege gefangen werden. Der Fisch schmeckt hervorragend, besonders geräuchert. Zander (*Walleye* oder *Pickerel*) werden bis zu 4,5 kg schwer und sind v. a. in den Seen mit sandigem Untergrund in den Prärien und im Norden von British Columbia anzutreffen. Sie sind bei Anglern v. a. aufgrund ihres hervorragenden Geschmacks heiß begehrt. Die größten Hechte (*Jackfish, Northern Pickerel* oder schlicht *Pike*) bringen es auf bis zu 17 kg und bewohnen die Flüsse und Seen im Norden. Die besten Chancen, eines dieser sprichwörtlichen Monster zu erwischen, hat man entlang der bewachsenen Uferzonen, sofern man einen entsprechend großen Köder verwendet. Am anderen Ende der Größenskala stehen die Barsche *(Perch)*, die in denselben flachen Gewässern wie Hechte anzutreffen sind. Barsche sind sehr einfach zu fangen (sieht man irgendwo Kinder mit einer Rute an einem Pier stehen, haben diese normalerweise gerade mächtig Spaß daran, Barsche zu angeln). Arktische Äschen *(Arctic Grayling)* kann man leicht an ihrer großen Rückenflosse erkennen. Sie sind in kalten Seen und Flüssen im hohen Norden von Alberta heimisch. Die Fische sind vom Geschmack her eine Delikatesse. Um sie zu erwischen, braucht man eine Trockenfliege, aber aufgrund ihres weichen Mauls ist es alles andere als leicht, sie an der Angel zu behalten.

Für ambitionierte Angler sind die Northwest Territories ein legendäres Ziel. In den dortigen Flüssen und Seen findet man rekordverdächtige Seeforellen, Arktische Äschen, Zander und Hechte. Seeforellen und Arktische Äschen im Weltrekordformat werden im Great Bear Lake gefangen (so etwa eine 34,5 kg schwere Seeforelle). Der Seesaibling *(Arctic Char)* kommt in Flüssen, Seen und auch im offenen Nordpolarmeer vor. Er genießt einen hervorragenden Ruf als Sport- und Speisefisch.

Salzwasser

Die den Gezeiten unterliegenden Küstengewässer von British Columbia beherbergen einige der besten Fischgründe für Sportangler. Beliebte Ausgangspunkte sind etwa Port Alberni, Tofino, Campbell River und Port Hardy (alle auf Vancouver Island). Am begehrtesten sind die fünf im Pazifik heimischen Lachsarten. An erster Stelle steht dabei der Königslachs *(Chinook)*, der üblicherweise über 10 kg auf die Waage bringt und von dem gelegentlich auch Exemplare von über 20 kg an Land gezogen werden. Die anderen Vertreter sind der Silberlachs *(Coho Salmon* oder *Silver Salmon)*, der Buckellachs (*Pink Salmon* oder kurz *Humpback*) der Rote Lachs (*Sockeye* oder *Red Salmon*) und der Ketalachs *(Chum Salmon* oder *Dog Salmon)*. Daneben gibt es noch Heilbutt, Grünling, Kabeljau, Barsch und Snapper.

Angellizenzen

Bei den Angellizenzen wird grundsätzlich zwischen solchen für Süßwasser und solchen für Salzwasser getrennt. Generell kann man Angellizenzen in allen Angelläden, an Tankstellen, im jeweiligen Hafen und direkt bei den Veranstaltern von Angelausflügen erwerben. Nähere Informationen gibt es bei **Fisheries and Oceans Canada** (✆ 604/666-0566, www.pac.dfo-mpo.gc.ca). Das **Sport Fishing Institute of British Columbia** (✆ 604/270-3439, www.sportfishing.bc.ca) gibt jährlich das kostenlose Magazin *Sport Fishing* heraus, in dem alle Veranstalter von Angeltouren, passende Unterkünfte und sämtliche Details zum Erwerb der notwendigen Angellizenzen aufgelistet sind.

• *Süßwasser* **In British Columbia:** Der Preis für eine Angellizenz hängt vom Alter und Wohnsitz des Antragstellers ab. So zahlen erwachsene Einwohner von British Columbia nur $ 36 für eine Lizenz, die ein Jahr lang gültig ist. Alle anderen Kanadier müssen schon für eine Tageslizenz $ 20 berappen ($ 36/8 Tage, $ 55/Jahr). Touristen kostet der Spaß $ 20/Tag, $ 50/8 Tage bzw. $ 80/Jahr. Genauere Auskünfte erhält man unter www.fishing.gov.bc.ca.

In Alberta: Alberta hat ein automatisches Lizenzsystem eingeführt. Hier werden Angellizenzen überall verkauft, beispielsweise in Angelgeschäften oder an der nächsten Tankstelle. Um das System nutzen zu können, braucht man eine Karte mit einer sog. *Wildlife Identification Number* (WIN). Man bekommt sie für $ 8 überall, wo es Angellizenzen gibt, und sie ist fünf Jahre gültig. Eine Jahreslizenz kostet für Kanadier über 16 Jahre nur $ 26. Urlauber zahlen $ 27/Tag, $ 48/5 Tage bzw. $ 71/Jahr. Sämtliche nötigen Informationen erhält man entweder vor Ort durch einen Blick in den *Alberta Guide to Sportfishing Regulations*, der in allen Geschäften ausliegt, die Angellizenzen verkaufen, oder unter www.mywildalberta.com.

In den Northwest Territories: Eine Lizenz kostet für Kanadier $ 15/3 Tage, für Touristen $ 30/3 Tage. Eine Jahreslizenz liegt bei $ 20 (Einheimische) bzw. $ 40 (Touristen). Von der Homepage der Regierung der Northwest Territories, Abteilung Environment and Natural Resources (www.enr.gov.nt.ca), kann man sich die Broschüre *Northwest Territories Sport Fishing Guide* herunterladen.

Im Yukon Territory: Die beste Informationsquelle ist die Website des Department of Environment (www.environmentyukon.gov.yk.ca). Einheimische zahlen $ 15/Tag und ebenso $ 15/6 Tage bzw. $ 25/Jahr. Für alle anderen kostet die Lizenz erschwingliche $ 10/Tag, $ 20/6 Tage oder $ 35/Jahr.

In Nationalparks: Wer in einem Nationalpark angeln will, braucht eine Sondergenehmigung, die man entweder im Park selbst oder manchmal auch in Sportgeschäften bekommt. Sie kostet $ 10/Tag bzw. $ 35/Jahr.

• *Salzwasser* Eine Lizenz zum Angeln in Salzwasser (gültig ab 31. März für ein Jahr) kostet für Kanadier $ 22,05 (für Senioren ab 65 Jahren $ 11,55). Alle anderen Sportangler zahlen $ 106,05/Jahr bzw. $ 7,35/Tag. Es gibt auch Angellizenzen für drei Tage ($ 19,95) und für fünf Tage ($ 32,55). Will man einen Lachs angeln und seinen Fang nicht wieder ins Meer entlassen, muss man auf die Angellizenz eine entsprechende Marke aufkleben *(Salmon Conservation Stamp)*, die zusätzlich $ 6,30 kostet.

Andere Wassersportmöglichkeiten

Bootfahren

Die 25.000 km Küstenlinie von British Columbia sind das Paradies für jeden, der mit einem Boot auf dem Wasser unterwegs ist. Das gilt ganz besonders für die von Inseln durchzogene Strait of Georgia zwischen Vancouver Island und dem Festland. Hier liegen viele geschützte Buchten, Sandstrände, wundervolle Marine Parks und speziell für Boote gebaute Einrichtungen, die teilweise nur vom Wasser aus zugänglich sind. Zu den schönsten Marine Parks gehört der Desolation Sound nördlich von Powell River (siehe Kapitel „Vancouver und Umgebung").

Kanu- und Kajakfahren

Kanus kann man an fast allen beliebten Seen mieten. Auch wer ein eigenes Kanu dabeihat (was wohl nur bei ambitionierten Wildwasserfahrern der Fall ist) oder sich zusammen mit einem Wohnmobil ein Kanu oder Kajak gemietet hat (was bei fast allen Veranstaltern vor Ort möglich ist; dasselbe gilt übrigens auch für Fahrräder), kann damit nach Lust und Laune jedes Gewässer befahren und hat auf diese Weise eine einzigartige Gelegenheit, Landschaft und Tierwelt vom Wasser aus einem völlig neuen Blickwinkel kennenzulernen. Eine der beliebtesten Kanurouten durchs Binnenland liegt im *Bowron Lake Provincial Park* (zentrales British Columbia), wo man auf einem 117 km langen Rundkurs eine Seenkette in den Cariboo Mountains durchquert. Informationen über gute geführte Touren und andere empfehlenswerte Routenvorschläge bekommt man bei **Paddle Canada** (✆ 613/547-3196 oder ✆ 888/252-6292, www.paddlingcanada.com).

Überall, wo man ein Kanu zu Wasser lassen kann, ist man mit einem Kajak erst recht an der richtigen Adresse. Allerdings sind viele wagemutige Kajakfans eher auf der Suche nach nicht ganz so ruhigem Wasser. Die besten Kajakrouten gibt es im Binnenland von British Columbia und in den kanadischen Rockies.

Für eine Tour im Seekajak ist die Küste von British Columbia wie geschaffen. Vermieter gibt es in fast jedem Küstenort. Ideal für Kajakfahrer mit und ohne Erfahrung sind die Southern Gulf Islands (Vancouver Island). Die Gewässer am Desolation Sound (in der Nähe von Vancouver), die Broken Group Islands (Vancouver Island) und die Queen Charlotte Islands (nördliches British Columbia) sind hingegen eher für erfahrene Paddler geeignet.

Die meisten Vermieter von Kajaks bieten auch Touren und Kurse für Anfänger an. Letztere dauern oft nur 1 Std., genügen aber vollends, um sich mit dem Boot vertraut zu machen. Ein Anbieter in Vancouver ist beispielsweise das **Ecomarine Ocean Kayak Centre** (✆ 604/689-7575, www.ecomarine.com). Das an der Westküste von Vancouver Island gelegene Tofino ist ein beliebter Startpunkt für alle, die zu einer Tour mit dem Seekajak aufbrechen wollen. Die **Tofino Sea Kayaking Company** (✆ 250/725-4222 oder ✆ 800/863-4664, www.tofino-kayaking.com) vermietet Kajaks und bietet geführte Touren durch die örtlichen Gewässer an.

Rafting

Das Erlebnis einer Wildwasserfahrt genießt man am besten auf einer Tages- oder Halbtagestour, die von einem erfahrenen Veranstalter durchgeführt wird. In der Umgebung von Vancouver gibt es am Green, Fraser, Nahatlatch und Thompson River mehrere kommerzielle Anbieter. In den kanadischen Rockies kann man den Nervenkitzel auf den Flüssen Kicking Horse, Sunwapta und Kananaskis erfahren. Für eine Tagestour samt Hoteltransfer und Mittagessen muss man mit $ 90–140 rechnen.

Wer bereits Erfahrung mit Flussfahrten *und* mit dem Leben in der abgeschiedenen Wildnis hat, für den gibt es exzellente Möglichkeiten, diese Kenntnisse auf ausgedehnten Touren zu kombinieren. Ganz in der Nähe von Vancouver kann man zu einer geradezu klassischen Tour aufbrechen, bei der man den Chilko, den Chilcotin und dann den Fraser River befährt. Dafür ist man bis zu zwei Wochen unterwegs. Im hohen Norden von British Columbia und im Yukon Territory sind der Tatshenshini und der Alsek River zwei beliebte Ziele. In den Northwest Territories liegt der legendäre South Nahanni River, der bei vielen Flusswanderern als absolutes Highlight gilt.

Tauchen

Vor der Küste von British Columbia liegen einige der abwechslungsreichsten und spektakulärsten Tauchreviere der Erde. Die besten Bedingungen herrschen im Winter, wenn man bis zu 40 m Sicht hat. Zur vielfältigen Unterwasserwelt gehören Schwämme, Anemonen, Korallen, Muscheln und Seegurken. Dazu kommen noch zahlreiche Schiffswracks. In der Zeitschrift **Diver** findet man jede Menge Informationen über die örtlichen Gegebenheiten und ein Verzeichnis mit Tauchläden, Übernachtungsmöglichkeiten, Anbietern von Tauchausflügen u. Ä. Die beliebtesten Tauchplätze liegen vor den Gulf Islands, Nanaimo, Campbell River und Powell

Der Banff Springs Golf Course

River (der selbst ernannten *Scuba Diving Capital* Kanadas). In vielen der an der Küste gelegenen Ortschaften von Vancouver Island und der Sunshine Coast gibt es Tauchläden, wo man sich komplette Ausrüstungen leihen kann. Wer fragt, bekommt in der Regel auch gleich den nächsten Veranstalter für Tauchausflüge genannt. Da Alberta nicht an der Küste liegt, denkt hier im ersten Moment niemand ans Tauchen. Aber auch dort gibt es einige interessante Möglichkeiten, zu denen insbesondere die überflutete Stadt Minnewanka Landing im Banff National Park gehört.

Golfen

Angesichts der wunderschönen Landschaft, der langen sonnigen Tage und der stattlichen Zahl von mehr als 500 Golfplätzen ist Westkanada ein wahres Paradies für Golfer. Hier liegen nicht nur einige der weltbesten Golfplätze, sondern auch Hunderte, die außerhalb der Staatsgrenzen niemand kennt. In den Northwest Territories und im Yukon Territory gibt es einige Plätze mit Kunstrasen auf den Greens. Hinsichtlich der Platzgebühren kommt man bei den von den Gemeinden betriebenen Plätzen am besten weg, die etwa $ 10–25 verlangen. Allerdings glänzen die privat betriebenen Golfplätze normalerweise mit der weitaus besseren Lage, was einem aber im Einzelfall auch die Platzgebühren von bis zu über $ 200 wert sein muss. Selbst auf dem winzigsten Dorfgolfplatz kann man noch Golfunterricht nehmen sowie Schläger und Golfwagen mieten. Nichtmitglieder werden – abgesehen von einigen elitären Clubs in den Großstädten – überall mit offenen Armen empfangen.

Radfahren und Mountainbiken

Radfahren ist eine erstklassige Möglichkeit, um Westkanada hautnah zu erleben. Das behagliche Tempo erlaubt es einem, immer wieder anzuhalten und v. a. den

Anblick von solchen Landschaften, Tieren und Pflanzen auf sich wirken zu lassen, die man bei hohen Geschwindigkeiten aus dem Auto heraus ganz leicht übersehen hätte. Einige der beliebtesten Gebiete für Radtouren sind die Southern Gulf Islands (ruhig, müßiggängerisch, mit viel Sonne, ländlicher Szenerie und vielen Künstlern), Vancouver Island (der Strait of Georgia folgend, geht es vorbei an geruhsamen Stränden und geschäftigen Erholungsorten) und die kanadischen Rockies (mit unendlichen Gebirgslandschaften). Eine der herausforderndsten und landschaftlich reizvollsten Straßentouren bietet der Icefields Parkway zwischen Lake Louise und Jasper, an dem es mehrere Hostels gibt.

Mieträder gibt es in allen Städten und Urlaubsorten. Preislich muss man für ein normales Fahrrad $ 5–10/Std. bzw. $ 25–30/Tag veranschlagen. Ein voll gefedertes Mountainbike kostet etwa $ 15/Std. bzw. $ 45/Tag.

Zum Verhalten beim Zusammentreffen mit wilden Tieren siehe Kasten „Begegnungen mit Tieren" auf S. 49.

Fahrradtouren

Die Firma **Backroads** (✆ 510/527-1555 oder ✆ 800/462-2848, www.backroads.com) bietet Radtouren auf den Southern Gulf Islands, auf Vancouver Island und durch die kanadischen Rockies an. Das Angebot richtet sich an Interessierte aller Fitnessstufen und jeden Geldbeutels. Täglich verbringt man durchschnittlich etwa 6 Std. im Sattel, weniger ambitionierte Teilnehmer haben jederzeit die Möglichkeit, in das Begleitfahrzeug umzusteigen. Eine sechstägige Tour mit Übernachtungen in luxuriösen Unterkünften kostet US$ 3500. **Backroads Whistler** (✆ 604/923-3111, www.backroadswhistler.com), ein örtlicher Anbieter mit langjähriger Erfahrung, hat Touren durch das Whistler Valley und die weitere Umgebung im Programm.

Reiten

Pferde waren einst das herkömmliche Fortbewegungsmittel im Westen Kanadas, und viele Straßen haben ihren Ursprung in Reitwegen. In den Vorbergen von Alberta dominieren nach wie vor Ranches die Szenerie, und an manchen Orten, wie etwa der **Griffin Valley Ranch** (bei Calgary), ist es erlaubt, einfach auf eigene Faust loszureiten. In den Nationalparks der kanadischen Rockies ist das Reiten hingegen nur in den entsprechend gekennzeichneten Gebieten erlaubt. Dennoch erfreut sich das Reiten auf dafür ausgewiesenen Wegen größter Beliebtheit, da es eine wundervolle Alternative ist, um die Schönheit der Landschaft zu genießen. Wer Lust hat, kann auch einen Ausritt mit Übernachtung unternehmen. Dabei sitzt man täglich bis zu 6 Std. im Sattel. Die Nächte verbringt man in abgelegenen Lodges oder Zelten in den Bergen, gewöhnlich an wunderschönen Plätzen, an denen man auch wandern, angeln oder einfach noch ein Stückchen weiterreiten kann. Der Spaß kostet pro Tag $ 150–240/Pers. Darin sind neben dem vierbeinigen Untersatz auch die Übernachtung und Mahlzeiten eingeschlossen.

Zu den **Guest Ranches,** bei denen Übernachtung und Essen im Pauschalpreis enthalten sind, zählen die äußerst luxuriöse **Echo Valley Ranch & Spa** (✆ 250/459-2386 oder ✆ 800/251-8831, www.evranch.com) im zentralen British Columbia, **Boundary Ranch** in Kananaskis Country (✆ 403/591-7171 oder ✆ 877/591-7177,

Eintritt in die Nationalparks

In praktisch allen Nationalparks in Westkanada (Ausnahme: Wood Buffalo) wird Eintritt erhoben. Die Eintrittskarte nennt man vor Ort *Pass*. Je nach Park kostet ein Tagespass *(Day Pass)* für Erwachsene $ 7,90–9,80, für Senioren $ 6,90–7,75 und für Kinder $ 3,90–4,90. Pro Fahrzeug gibt es allerdings eine Höchstgrenze. So muss man maximal für zwei Erwachsene oder zwei Senioren (sofern nur Senioren im Wagen sitzen) pro Fahrzeug bezahlen. Der Tagespass ist jeweils bis zum darauffolgenden Tag um 16 Uhr gültig, und man kann mit ihm bis dahin auch noch andere Nationalparks besuchen.

Ein Jahrespass *(National Parks of Canada Pass)* kostet für Erwachsene $ 53, für Senioren $ 45 und für Kinder $ 27 und gilt ein Jahr lang ab dem Kaufdatum. Sind mehrere Personen in einem Fahrzeug unterwegs, zahlt man maximal $ 107 pro Fahrzeug. Mit dem ebenfalls ein Jahr lang gültigen *Discovery Package* kann man neben den Nationalparks auch alle von Parks Canada unterhaltenen *National Historic Sites* besuchen (Erwachsene $ 85, Senioren $ 73, Kinder $ 42, maximal $ 166 pro Fahrzeug).

Die Pässe sind an jeder Einfahrt zu einem Nationalpark, in den Informationszentren der Parks und an den *Fee Stations* der Campingplätze erhältlich.

Ab wann sich der Kauf eines Jahrespasses lohnt, hängt ganz konkret von der Anzahl der Mitreisenden, der Reisedauer und der Zahl der auf dem Reiseplan stehenden Nationalparks ab. Leider bleibt einem dabei das Rechnen nicht erspart. Weitere Informationen erhält man über die Homepage von Parks Canada (www.pc.gc.ca).

www.boundaryranch.com) sowie die **Black Cat Guest Ranch** bei Hinton im Norden von Alberta (✆ 780/856-3084 oder ✆ 800/859-6840, www.blackcatguestranch.ca). Für Reiten, Übernachtung und Essen muss man pro Person mindestens $ 120/Tag veranschlagen.

Skifahren und Snowboarden

Die meisten der erschlossenen Wintersportgebiete liegen in der Südhälfte von British Columbia und in den kanadischen Rockies. Hier findet jeder die passenden Pisten, egal ob blutiger Anfänger oder erfahrener Draufgänger. Die Preise für Liftkarten sind in der Regel erschwinglich, und in kleineren Städten, die als Skigebiete nicht weltweit bekannt (aber dennoch praktisch genauso gut) sind, muss man am Skilift auch nicht stundenlang Schlange stehen. Die Wintersportorte haben allgemein von Dezember bis April geöffnet. Am berühmtesten ist zwar das in British Columbia gelegene **Whistler/Blackcomb** (siehe Kapitel „Vancouver und Umgebung"), aber auch in anderen Orten gibt es herausfordernde Pisten der Weltklasse für Skifahrer und Snowboarder, die denen von Whistler kaum nachstehen, darunter: **Big White Ski Resort, Silver Star Mountain Resort, Red Mountain, Whitewater, Fernie Alpine Resort, Panorama Resort** (siehe Kapitel „Südliches Binnenland") und **Sun Peaks Resort** (siehe Kapitel „Zentrales und nördliches British Columbia"). Im Banff National Park liegt nicht nur das zweitgrößte Wintersportgebiet Kanadas, **Lake Louise,** sondern auch das **Sunshine Village** und **Ski Norquay. Nakiska** (siehe Kapitel „Calgary und Umgebung") wurde für die Olympischen Winterspiele 1988 errichtet. In Whistler fanden die Abfahrtsläufe der Winterolympiade 2010 statt.

Heliskiing und -boarding, Sno-Cat Skiing

Zu den Skiresorts gibt es reizvolle Alternativen, sofern man ein guter oder zumindest mittelprächtiger Skifahrer oder Snowboarder ist. In diesem Fall kann man sich Gedanken übers Helikopterskifahren machen, das einen in eine absolut unbeschreibliche Winterlandschaft und auf vollkommen naturbelassene Hänge mit tiefem Pulverschnee führt. Das Vergnügen gibt es in den Coast und Chilcotin Ranges, den zentralen Cariboo Mountains und den Bugaboos. Weltgrößter Anbieter ist **CMH Heli-Skiing** (✆ 403/762-7100 oder ✆ 800/661-0252, www.cmhski.com), der Wintersportbegeisterten von seinen elf Unterkünften aus praktisch grenzenlosen Zugang zu fünf Gebirgszügen bietet. **Mike Wiegele Helicopter Skiing** (✆ 250/673-8381 oder ✆ 800/661-9170, www.wiegele.com) bietet Heliskiing und Heliboarding im Bereich der Monashee und Cariboo Mountains an. Basis ist eine luxuriös ausgestattete Lodge am Blue River.

Eine kostengünstigere Möglichkeit ist die Fahrt mit einem der vielen Anbieter von Sno-Cat-Touren. Eine Sno-Cat ist ein geländegängiges Kettenfahrzeug (ähnlich einer Pistenraupe), mit dem Skifahrer und Snowboarder in hoch gelegene Gebiete mit unberührten Schneehängen transportiert werden. Bei dieser Art von Skivergnügen ist British Columbia weltweit führend, und überall in der Provinz stößt man auf die entsprechenden Anbieter. Das **Revelstoke Mountain Resort** (✆ 250/837-2188, www.discoverrevelstoke.com) vereint sämtliche Möglichkeiten unter einem Dach, denn hier kann man je nach Laune ganz normal in den Lift steigen oder sich vom Sno-Cat oder einem Helikopter auf die Piste bringen lassen. Dank ihrer besonderen Lage in einem der pulverschneesichersten Gebiete des ge-

Alpine Club of Canada

Der Alpine Club of Canada (ACC) ist ein gemeinnütziger Verein, der es sich ähnlich wie die europäischen Alpenvereine auf die Fahnen geschrieben hat, das Bergsteigen zu fördern. Dazu werden spezielle Schulungsprogramme durchgeführt, man erkundet und studiert hochalpine Regionen und Gletscher und bemüht sich um den Erhalt der Tier- und Pflanzenwelt im Gebirge.

Der Verein wurde 1906 gegründet und hat sein Entstehen hauptsächlich dem unermüdlichen Einsatz seines ersten Vorsitzenden, Arthur Wheeler, zu verdanken. Die Liste der ersten Mitglieder liest sich wie das Who's who der kanadischen Bergsteigergeschichte – Bill Peyto, Tom Wilson, Byron Harmon, Mary Schäffer. Heute sind 3000 Alpinisten aus ganz Kanada Mitglieder des Vereins.

Zu den laufenden Projekten zählen der Betrieb des Canadian Alpine Centre (Lake Louise Hostel), der Erhalt und die Pflege von 20 Hütten im Hinterland der kanadischen Rockies und die Herausgabe des jährlich erscheinenden *Canadian Alpine Journal*. Bei Letzterem handelt es sich um die einzige landesweite Publikation, die über die Bemühungen zum Erhalt des Bergsteigens in Kanada informiert. Eine Bibliothek mit allen wichtigen Daten der Vereinsgeschichte befindet sich im Whyte Museum of the Canadian Rockies in Banff.

Weitere Informationen und Einzelheiten zur Mitgliedschaft erhält man bei der in Canmore (Alberta) ansässigen Hauptverwaltung des Vereins (✆ 403/678-3200, www.alpineclubofcanada.ca).

samten Kontinents genießt die **Island Lake Lodge** (in der Nähe von Fernie, ✆ 250/423-3700 oder ✆ 888/422-8754, www.islandlakelodge.com) einen hervorragenden Ruf sowohl für Sno-Cat Skiing als auch für ihre luxuriösen Unterkünfte selbst.

Wandern

Wo auch immer man sich in Westkanada befinden mag – die Wandermöglichkeiten sind hervorragend. Dabei ist es gleichgültig, ob man nur einen kurzen Spaziergang durch den örtlichen Park oder eine Tour durch die ungezähmte Wildnis des Hinterlandes unternehmen will. Und das Beste von allem: Es kostet keinen Cent.

In den an Vancouver grenzenden Regionalparks von British Columbia gibt es eine Fülle von Wanderwegen. Auf Vancouver Island erwartet einen der herausfordernde West Coast Trail, der für seine Küstenszenerie berühmt ist. Auch in den über die Provinz verstreuten Parks wie Garibaldi, Manning, Kokanee, Glacier und vielen anderen verlaufen Wanderwege, auf denen man zusätzlich immer eine tolle Bergkulisse geboten bekommt. Die meisten Wanderwege liegen in den Nationalparks der Rockies. Hier kann man vom kurzen und fast ebenen Lehrpfad bis hin zum anstrengenden Aufstieg zu hoch gelegenen Bergpässen praktisch alles finden. Während man sich etwa von Downtown Banff aus direkt auf viele Trails begeben kann, erfordern andere Wege ein wenig Vorausplanung. Das gilt beispielsweise für die Wanderwege um den Lake O'Hara (Yoho National Park), für den es zum Schutz des empfindlichen ökologischen Gleichgewichts ein strenges Quotensystem gibt. Das bedeutet, dass jeden Tag nur einige wenige Besucher in den Genuss kommen, mit dem von der Parkverwaltung eingesetzten Shuttlebus zum See gefahren zu werden.

Ein besonders außergewöhnliches Erlebnis zum Erwandern hoch gelegener Regionen bietet das **Helihiking,** bei dem man sich den Aufstieg spart. Der Tag beginnt mit einem Hubschrauberflug in die Berge, wo kurze geführte Wanderungen angeboten werden und mittags obendrein ein Picknick-Lunch serviert wird. Die Flüge starten von Whistler, Valemount und Canmore aus.

Einkaufen

Geschäfte sind generell montags bis freitags von 9 bis 17 Uhr sowie samstags von 9 bis 12 Uhr geöffnet und sonntags geschlossen. Große Einkaufszentren und Geschäfte in Urlaubsregionen wie etwa Whistler oder Banff sind meist bis 21 Uhr und auch das ganze Wochenende über geöffnet. Die Öffnungszeiten der Banken sind Montag bis Donnerstag von 9.30 bis 15.30 Uhr, an Freitagen bis 16.30 oder 17 Uhr (siehe auch Kapitel „Wissenswertes von A bis Z", Öffnungszeiten).

Kunst und Kunsthandwerk

Kunstwerke der kanadischen Ureinwohner kann man überall in Westkanada kaufen. Sie werden vor Ort im Regelfall in zwei Kategorien eingeteilt: Zu den **Arts** gehören Holzschnitzereien, Zeichnungen und Gemälde, Töpferwaren, Jade- und Silberschmuck und die Herstellung bzw. Instandsetzung von Totempfählen (alles Arbeiten, die in der Regel von Männern erledigt werden). Als **Handicrafts** (die allgemein von Frauen gefertigt werden) gelten Korbwaren, Webereien, Perlarbeiten, Lederwaren, sonstige Nähereien und Strickwaren. Der Verkauf solcher Produkte trägt heute erheblich zum Einkommen der Ureinwohner bei.

Die wohl auffälligsten Kunstwerke der Ureinwohner des Pazifischen Nordwestens sind ihre Malereien und Holzschnitzereien. Überall in der Gegend, egal ob im Museum, in Privathäusern, mitten in der Landschaft oder natürlich in allen Geschäften, findet man bunt bemalte Totempfähle, Kanus, Paddel, Masken, Zeremonienrasseln, Festtagsteller, Schüsseln und Löffel. Viele Designs, die oft Tiere und Motive aus Legenden abbilden, wurden in akribischer Kleinarbeit in den Tönen der Grundfarben auch auf Papier verewigt.

Korbwaren gibt es in einer Vielzahl von Varianten und Materialien. Besonders dekorativ (und sehr selten) sind die aus Zedernwurzeln und Zedernrinde geflochtenen Körbe, die auch heute noch an der Westküste von Vancouver Island gefertigt werden. Fichtenkörbe findet man auf den Queen Charlotte Islands, und die wunderschönen Körbe aus Birkenrinde stammen aus Fort Liard (Northwest Territories). Beliebte Souvenirs aus Alberta sind Schmuck, perlenbesetzte Mokassins, Körbe und Lederwaren (insbesondere auch Kopfschmuck). Naturliebhaber sollten sich die Anschaffung eines schweren, wasserdichten und aus rauer Schafwolle gefertigten Sweaters überlegen. Diese gibt es normalerweise in Weiß oder Grau mit schwarzem Muster. Die Nachfrage ist enorm, denn sie sind warm, strapazierfähig, selbst bei Regen zu tragen und halten ein Leben lang. Besonders gut kann man sie im Cowichan Valley auf Vancouver Island ergattern (weshalb sie häufig einfach *Cowichan Sweater* genannt werden).

Verzierte Töpferwaren, Miniatur-Totempfähle, Broschen, Aschenbecher und andere kleine Gegenstände, die mit geometrischen Mustern oder Tieren verziert sind, werden auf den Queen Charlotte Islands (nördliches British Columbia) exklusiv von den Haida gefertigt.

Das Fairmont Château Lake Louise im Banff National Park ist eines der exklusivsten Bergresorts der Welt

Übernachten

Im Westen Kanadas gibt es Unterkünfte für jeden Geldbeutel. Die besten Angebote sind im Einzelnen in den folgenden Kapiteln aufgeführt. An dieser Stelle wird auf die unterschiedlichen Arten von Unterkünften eingegangen. Dazu gibt es Tipps, wie man einige Dollar für seine Reisekasse sparen kann.

Informationen: Die Tourismusbüros von Alberta (**Travel Alberta,** ✆ 780/427-4321 oder ✆ 800/252-3782, www.travelalberta.com) und British Columbia (**Tourism British Columbia,** ✆ 250/387-1642 oder ✆ 800/435-5622, www.hellobc.com) geben jährliche Broschüren heraus, in denen Hotels, Motels, Lodges und B&Bs samt zugehörigen Preisen aufgelistet sind. Vergleichbares gibt es auch für die Northwest Territories (**NWT Tourism,** ✆ 867/873-7200 oder ✆ 800/661-0788, www.spectacularnwt.com) und das Yukon Territory (**Tourism Yukon,** ✆ 867/667-3084 oder ✆ 800/661-0494, www.travelyukon.com), wo diese Aufstellungen in den allgemeinen Reisebroschüren *(Travel Guides)* enthalten sind. Man kann die Broschüren kostenlos bei den genannten Institutionen anfordern (auch online) oder sie sich von der Website herunterladen.

Preise: Die günstigste Übernachtungsvariante für einen Kanada-Aufenthalt ist das Zelten auf Campingplätzen. Sehr preisbewusst schlafen kann man auch in den Backpacker Lodges, wo ein Bett im Gemeinschaftsschlafsaal oft schon für wenige Dollar zu haben ist. Auch Motelzimmer werden mitunter günstig angeboten, können sich aber im Standard enorm unterscheiden. Gleiches gilt für privat geführte Hotels. Im mittleren Preissegment liegen die Kettenhotels. Das Übernachten in B&Bs ist nicht etwa günstiger, sondern im Regelfall sogar etwas teurer als in Hotels oder Motels. Ebenfalls teuer ist das Übernachten im Wohnmobil. Hier schlagen weniger die Standgebühren auf den Campingplätzen zu Buche als vielmehr die teuren

Mietgebühren für das Fahrzeug und die erhöhten Spritkosten. Nicht vergessen darf man, dass man in der schier unendlichen Weite Westkanadas außerdem schnell einmal die vom Vermieter gewährten Freikilometer überschreiten kann und dann jeden weiteren Kilometer teuer bezahlen muss (siehe auch Kapitel „Unterwegs in Kanada mit dem Mietfahrzeug“, Wohnmobile). Am kostspieligsten sind Übernachtungen in den Hotels der gehobenen Kategorie bzw. Luxusklasse. Hier sind nach oben fast keine Grenzen gesetzt.

Die in diesem Buch genannten Übernachtungspreise beziehen sich auf die jeweils günstigste Zimmerkategorie in der Hochsaison (Sommer). In der Nebensaison fallen die Übernachtungspreise in Whistler und in den Nationalparks der kanadischen Rockies um bis zu 70 %, in den größeren Städten gibt es am Wochenende Preisnachlässe von bis zu 50 %. Zu allen genannten Zimmerpreisen müssen 5 % *Goods and Services Tax* (GST) und entweder 8 % *Provincial Room Tax* (British Columbia) oder 4 % *Tourism Marketing Levy* (Alberta) hinzugerechnet werden.

Zimmerbelegung: Im Gegensatz zu europäischen Gepflogenheiten gibt es in kanadischen Hotels und Motels normalerweise keine Einzelzimmer. In jedem Zimmer steht zumindest ein kleines Doppelbett, und der Übernachtungspreis richtet sich danach, ob das Zimmer von einer Person *(Single)* oder zwei Personen *(Double)* genutzt wird. Der für die zweite Person zu zahlende Aufpreis ist meist nur gering. Manchmal macht es preislich auch gar keinen Unterschied, wie viele Personen nun tatsächlich im Zimmer schlafen. Entsprechend beziehen sich die Angaben zu den Übernachtungspreisen in diesem Buch auf die Belegung des Zimmers mit einer Person (1 Pers.), zwei Personen (2 Pers.) oder – falls es preislich keinen Unterschied macht – auf die Belegung mit einer oder zwei Personen (1/2 Pers.). So bedeutet beispielsweise *$ 139 für 1 Pers., $ 149 für 2 Pers.,* dass ein Zimmer $ 139 kostet, wenn eine Person darin schläft, bei zwei Personen zahlt man $ 149. Die Angabe *$ 139 für 1/2 Pers.* besagt dagegen, dass das Zimmer $ 139 kostet, egal, ob es von einer oder zwei Personen genutzt wird. Kinder können häufig kostenlos im Zimmer der Eltern übernachten. Hat das Zimmer zwei Doppelbetten *(Twin Bedroom),* ist es meist gestattet, dass bis zu vier Personen im Zimmer übernachten (wobei teilweise ein kleiner Aufschlag verlangt wird). Schon bei der Buchung des Zimmers kann es sich lohnen, einen Blick auf die angegebene Bettengröße zu werfen. Denn es gibt vor Ort drei Arten von Betten: *Double* (1,35 x 1,9 m), *Queen Size* (1,5 x 2 m) und *King Size* (1,95 x 2 m).

Laundry: Egal, ob man nun in einer Backpacker Lodge, in einem Luxushotel oder auf dem Campingplatz übernachtet – fast alle haben eine Laundry. Das bedeutet: Man kann dort seine Wäsche waschen (oder waschen lassen). Auf vielen Campingplätzen und in manchen Motels besteht sie schlicht aus einer Waschmaschine und einem Trockner, die irgendwo in einem Durchgang aufgestellt sind. In etwas besseren Hotels und Lodges gibt es einen speziellen Waschraum, in dem teilweise auch mehrere Maschinen stehen (kurioserweise gibt es aber meist nur einen Trockner, sodass hier immer Wartezeiten entstehen). In Kettenhotels und Häusern der gehobenen Kategorien kann man entweder selbst waschen oder verschmutzte Kleidungsstücke reinigen lassen (entsprechende Kleiderbeutel liegen auf jedem Zimmer, die Kosten variieren). Wer in einer teuren Herberge absteigt und trotzdem selbst waschen möchte, muss sich auf den Weg zum nächsten Waschsalon *(Laundromat)* machen. Generell gilt: Für Waschmaschine, Waschmittel (das häufig aus einem Automaten gezogen werden kann) und Trockner braucht man eine Handvoll *Quarters* (siehe Kapitel „Wissenswertes von A bis Z“, Geld).

Game Room: Ebenso wie bei der Laundry können sich auch hinter dem gerne beworbenen Game Room äußerst unterschiedliche Dinge verbergen. In vielen Backpacker Lodges findet man im Game Room beispielsweise Brettspiele, oder man kann sein Können am Kickertisch beweisen. Wer dazu keine Lust hat, darf mittlerweile meist auch auf PC- oder Videospiele hoffen. In guten Hotels gibt es im Game Room oft einen Billardtisch, eine Tischtennisplatte und ein Dartboard. In so manchem Motel besteht er hingegen aus einem schmucklosen Zimmer, in dem einige Spielautomaten untergebracht sind.

Hotels und Motels

In praktisch jedem Ort gibt es wenigstens ein Hotel oder Motel, wobei der Standard jedoch sehr unterschiedlich sein kann. Wer eine bestimmte überregionale **Hotelkette** bevorzugt, wird meist fündig. Daneben gibt es aber auch regionale Hotelketten von gehobenem Standard wie etwa **Delta Hotels and Resorts** (www.deltahotels.com) und **Fairmont Hotels and Resorts** (www.fairmont.com) sowie die eher im mittleren Preissegment angesiedelten **Sandman Hotels, Inns & Suites** (www.sandmanhotels.com).

Die allgegenwärtigen einstöckigen **Motels,** bei denen man sein Auto direkt vor der Tür zu seinem Zimmer abstellen kann, findet man noch in jedem Nest. In größeren Städten liegen sie überwiegend in den Außenbezirken bzw. an den Ausfallstraßen. Im Regelfall sind die Zimmer dort zwar in Ordnung, um jedoch keine böse Überraschung zu erleben, sollte man sich das Zimmer sicherheitshalber erst einmal zeigen lassen, bevor man sich einmietet. In den meisten Motels gibt es auch ein paar Zimmer mit Kochgelegenheit, die allerdings äußerst begehrt sind. In kleineren Orten muss man für eine Übernachtung im Motel mit $ 50–80 (1 Pers.) bzw. $ 60–90 (2 Pers.) rechnen.

In allen bedeutenderen Ortschaften und Städten gibt es **größere Hotels,** die grundsätzlich auch über ein Restaurant, ein Café, eine Lounge und einen Pool verfügen. Für ein Standardzimmer muss man etwa $ 70 (1 Pers.) bzw. $ 80 (2 Pers.) hinblättern. Die Hotels in den Downtowns von Vancouver, Victoria, Calgary und Edmonton kosten ab $ 120 (1/2 Pers.). Ein Schnäppchen kann man manchmal mit einer Suite oder einer sog. Executive Suite machen, die in der Regel eine Kochgelegenheit und ein (oder sogar zwei) Schlafzimmer haben und nur wenig teurer als die Standardzimmer sind.

In den Sommermonaten ist es oft alles andere als einfach, eine günstige Übernachtungsmöglichkeit in einem der populären Ferienorte zu finden. Wer erst nachmittags ankommt, bekommt häufig nur noch freie Zimmer in den teuersten Kategorien. Trifft man erst am Abend ein, gibt es mitunter nicht einmal mehr diese. Hotelzimmer in Whistler und Banff kosten etwa $ 160.

Wer mit dem Mietwagen bzw. Wohnmobil unterwegs ist, sollte in Großstädten auch die Parkgebühren nicht vergessen. Hier kann es sein, dass pro Tag schon einmal $ 35 zu zahlen sind, was dann beispielsweise bei einem einwöchigen Vancouver-Aufenthalt durchaus ein Sümmchen ausmacht, das man besser für andere Urlaubsvergnügen ausgeben könnte. Angemerkt sei schließlich auch, dass immer mehr Hotels und Motels mit einem Gratisfrühstück werben.

Buchung: Ganz allgemein ist es so, dass Hotelzimmer vor Ort meist teuerer sind, als wenn man sie über einen europäischen Reiseveranstalter bucht. Das gilt zumindest für die Zimmerkategorien, welche die heimischen Veranstalter im Programm haben. Wer allerdings auch mit einem einfacheren Zimmer zufrieden ist oder ohnehin günstige Motels bevorzugt, kann auch problemlos vor Ort buchen. Allerdings sollte man sich darüber im Klaren sein, dass dies gerade in Urlaubsregionen oder in Großstädten mitunter viel wertvolle Zeit kosten kann. Wer in Kettenhotels oder Kettenmotels übernachtet, kann sich normalerweise morgens an der Rezeption kostenlos ein Zimmer im Haus derselben Kette in seinem Zielort reservieren lassen. Das spart abends die lästige Suche und lässt einen viel entspannter unterwegs sein. Zu beachten ist allerdings, dass eine verbindliche Reservierung meist nur mit Angabe der Kreditkartennummer möglich ist. Ansonsten wird das Zimmer im Regelfall nur bis 18 Uhr (manchmal auch nur bis 16 Uhr) gehalten und dann an den nächsten Interessenten weitergegeben.

Wie überall in Nordamerika heißt das Erdgeschoss in Kanada **1st Floor.** Wer also ein Hotelzimmer im **2nd Floor** hat, befindet sich nach unseren Maßstäben im 1. Stock.

Bed & Breakfast

B&Bs sind in Westkanada weit verbreitet und bieten die Möglichkeit, schnell mit Einheimischen in Kontakt zu kommen. Bei den Unterkünften handelt es sich normalerweise um Privathäuser mit bis zu vier Gästezimmern. Wie der Name schon sagt, ist das Frühstück in den Übernachtungspreisen enthalten, die allerdings eine enorme Spannweite haben. In Vancouver und Banff kostet eine Übernachtung im B&B beispielsweise von $ 80 (1 Pers.) bzw. $ 90 (2 Pers.) bis zu $ 200 und mehr. Als Gast darf man dafür auf herzhafte Kost, eine ruhige und entspannte Atmosphäre, persönliche Betreuung, fundierte Auskünfte der Vermieter und jede Menge Smalltalk mit anderen Reisenden hoffen. Allerdings ist anzumerken, dass sich sowohl Ausstattung als auch der gebotene Grad der Privatsphäre je nach B&B drastisch unterscheiden können. Für wen z. B. ein eigenes Bad unverzichtbar ist, der sollte gleich bei der Reservierung definitiv klären, ob tatsächlich eines zur Verfügung steht. Kennen sollte man dabei die folgenden Begriffe:

En suite: Der Ausdruck ist wörtlich zu nehmen und bedeutet etwa so viel wie „im Zimmer". In diesem Fall hat man also ein eigenes Badezimmer.

Private: Auch hier hat man ein eigenes Badezimmer, das allein von den Gästen eines Zimmers genutzt wird. Allerdings kann sich in diesem Fall das Bad auch außerhalb des Zimmers befinden und nur über den Flur zugänglich sein.

Shared oder *semiprivate:* Das Bad wird hier von den Gästen mehrerer Zimmer genutzt. Es sollen aber nicht mehr als die Gäste zweier Zimmer ein Badezimmer benutzen müssen.

Die vorgenannten Begriffe sind von der **British Columbia Bed and Breakfast Innkeepers Guild** (www.bcsbestbnbs.com) festgelegt worden, in der mehr als 140 B&Bs zusammengeschlossen sind. Der Verband unterhält auch eine nützliche Website, auf der einfache Beschreibungen der einzelnen B&Bs sowie jeweils ein Farbfoto zu sehen sind. Für manche B&Bs kann man sich auch anzeigen lassen, ob für den gewünschten Termin noch Zimmer frei sind. In der schnelllebigen Welt des Internets gilt **Bed and Breakfast Online** (www.bbcanada.com), das sein Onlineportal bereits 1995 eröffnet hat, schon als eine Art Dinosaurier. Auch hier kann man zwar nicht direkt reservieren, aber es gibt entsprechende Links, und eine ausgeklügelte Suchmaschine hilft beim Aufstöbern der passenden Unterkunft.

Backpacker Lodges

Wer extrem preisbewusst reisen möchte, findet im Westen von Kanada eine gute Auswahl entsprechender Unterkünfte, die vom Baumhaus auf Salt Spring Island (Vancouver Island) bis zum luxuriösen Blockhaus am Lake Louise (Banff National Park) reichen. **Hostelling International** (früher: Youth Hostel Association) hat eine vollständige Wandlung durchgemacht und richtet sich nun nicht mehr nur an die Zielgruppe der Jugendlichen, sondern spricht Reisende aller Altersgruppen an. In einer der allgemein als *Backpacker Lodges* bekannten Herbergen zu übernachten ist eine ebenso angenehme wie kostengünstige Alternative. Mitbringen muss man nur seinen Schlafsack oder ein Bettlaken. Allerdings stellen mittlerweile immer mehr Hostels das Bettzeug umsonst zur Verfügung. Untergebracht wird man in einem Doppelzimmer (Gemeinschaftsbad) oder in einem Schlafsaal mit zwei bis zehn Stockbetten *(Bunk Beds*; ein Bett in einem Schlafsaal wird allgemein *Dormitory Bed* oder hier auch *Dorm-Bett* genannt*)*. Jedes Hostel hat eine Gemeinschaftsküche, einen Aufenthaltsbereich *(Lounge Area)* und die oben bereits erwähnte Laundry. Meist gibt es auch Internetzugang sowie Mieträder, und es werden organisierte Ausflüge angeboten.

Hostelling International-Canada (✆ 613/237-7884, www.hihostels.ca) betreibt 30 Hostels in British Columbia und Alberta (aber keine in den Northwest Territories und im Yukon Territory). Mitglieder zahlen in der Hochsaison $ 17–38/Nacht, Nichtmitglieder $ 21–42/Nacht; Einzel- und Doppelzimmer kosten mehr. Wenn möglich, sollte man frühzeitig reservieren, besonders im Sommer. Außerhalb Kanadas geht das am einfachsten über die Website von Hostelling International (www.hihostels.com).

Wer vorhat, auf seiner Kanada-Reise ausgiebig von der Möglichkeit zur Übernachtung in Hostels Gebrauch zu machen, der sollte sich bereits vor seiner Anreise überlegen, Mitglied bei Hostelling International zu werden. Dadurch spart man pro Nacht $ 4, die Nichtmitglieder als Aufschlag bezahlen müssen. Der Mitgliedsbeitrag für ein Jahr kostet bei **HI-Canada** $ 35.

Die privat betriebenen **SameSun Backpacker Lodges** (✆ 877/972-6378, www.samesun.com) sind acht über die beiden Provinzen verteilte Backpacker Lodges. Eine davon steht in Edmonton, eine weitere in Dawson City.

Campingplätze

Nahezu jeder Ort in Westkanada hat zumindest einen Campingplatz *(Campground)*. Picknicktische, Koch- bzw. Grillstellen, Duschen und Stromanschlüsse sind Standard. Prinzipiell ist zwischen öffentlichen *(public)* und privaten *(private)* Campingplätzen zu unterscheiden. Die öffentlichen Plätze werden von der Nationalparkverwaltung sowie von den Provinzen bzw. Territorien, Städten und Gemeinden betrieben. Private Campingplätze wurden von wohltätigen Organisationen oder großen Holzfirmen angelegt. Generell gilt, dass privat betriebene Campingplätze etwas teurer sind als öffentliche Plätze. Dafür bieten sie im Regelfall die bessere Infrastruktur (Duschen, Laundry, Swimmingpool etc.). Allerdings sind die einzelnen Stellplätze meistens kleiner als auf öffentlichen Plätzen. Außerdem sollte man beachten, dass private Campingplätze häufig in direkter Nachbarschaft zu den Highways liegen und einem der Straßenlärm schnell auf die Nerven gehen kann. Zu öffentlichen Plätzen muss man zwar längere Anfahrtswege in Kauf nehmen, dafür sind einige von ihnen derart paradiesisch gelegen, dass man gar nicht wieder weg möchte.

Viele Campingplätze liegen am Wasser, so auch das Spruce Grove Resort im Columbia River Valley

Oft lässt sich auf den Plätzen in kleineren Ortschaften ein echtes Schnäppchen machen, denn hier zahlt man mitunter weniger als $ 20 für einen Stellplatz mit Stromanschluss – und heiße Duschen gibt es auch noch. Ein etwas kostspieligeres Vergnügen ist das Campen in Ferienorten, wo ein Stellplatz $ 30–40 kostet. In den (wenigen) besonders populären Urlaubsregionen muss man sogar mehr als $ 40/Nacht hinblättern, wobei der Campingplatz in Whistler die absolute Spitze bildet (etwa $ 57/Nacht). Wer im Sommer eine Reise nach Vancouver, Vancouver Island, an die Sunshine Coast, nach Whistler, ins Okanagan Valley, nach Edmonton oder Calgary (dort v. a. während der legendären Calgary Stampede) plant, sollte möglichst im Voraus buchen.

Bezeichnungen

Die Betreiber von Campingplätzen nutzen eine nahezu unüberschaubare Fülle von Bezeichnungen, um die von ihnen angebotenen Leistungen zu bewerben. Im Rahmen dieses Buches wurde versucht, alle Angaben so transparent und konsequent wie nur möglich zu machen, um das babylonische Sprachgewirr zu entschlüsseln.

Unter einem **Serviced Site** versteht man einen Stellplatz mit Strom-, Wasser-, Abwasser-, Internet- und Kabelfernsehanschluss – oder auch jede Kombination aus diesen fünf Möglichkeiten. Hat der Stellplatz zumindest einen solchen Anschluss, wird er auch als **Hookup** bezeichnet. Der berühmte Dreifachanschluss (Strom, Wasser, Abwasser) wird **Full Hookup** genannt. Der Unterschied zwischen einem **Tent Site** (Zeltstellplatz) und einem **Unserviced Site** (also einem Stellplatz ohne jegliche Anschlüsse) ist der, dass auf Letzterem auch RVs abgestellt werden dürfen. Dabei bedeutet *unserviced* allerdings nicht, dass man auf dem Campingplatz keinerlei Einrichtungen wie etwa Toiletten oder Duschen vorfindet. Dass es auf einem Campingplatz keine Anschlüsse gibt, wird manchmal auch mit dem Ausdruck **Dry Camping** verdeutlicht. Gleiches kann auch mit dem Begriff **Boondocking** gemeint sein, der allerdings weit häufiger für die Tatsache gebraucht wird, dass man umsonst in einem nicht speziell ausgewiesenen Bereich campen kann. Schließlich weist die Bezeichnung **Pullthrough** darauf hin, dass man diesen Stellplatz einfach durchfahren kann, also weder beim Ein- noch beim Ausparken rückwärts rangieren oder wenden muss.

Stellplatzreservierung

Besonders in den **Nationalparks** sind die Campingplätze exzellent und die Stellplätze begehrt. Ein gewisser Prozentsatz der vorhandenen Plätze kann über den **Parks Canada Campground Reservation Service** (✆ 450/505-8302 oder ✆ 877/737-3783, www.pccamping.ca) reserviert werden. Pro Reservierung wird eine Gebühr von $ 11 erhoben, die nicht rückerstattet wird. Wer im Hochsommer unterwegs ist und auf keinen Fall auf einen Stromanschluss verzichten will, sollte diesen Service unbedingt in Anspruch nehmen. Vor allem im Juli und August sind die Campingplätze oft schon gegen Mittag ausgebucht. Auch wenn man sich vorab einen Stellplatz in einem der vielen anderen Parks (insbesondere in den zahlreichen Provinzparks) sichern möchte, muss man dafür oft eine Reservierungsgebühr *(Reservation Fee)* von bis zu $ 8 bezahlen.

In **British Columbia** kann man sich einen Stellplatz in einem der 60 beliebtesten Provinzparks über die Hotline von **Discover Camping** (✆ 604/689-9025 oder ✆ 800/689-9025, www.discovercamping.ca) reservieren lassen. Die Telefonzentrale ist zwischen dem 15. März und 15. September besetzt und nimmt Reservierungen für die nächsten drei Monate entgegen. Die Reservierungsgebühr beträgt $ 6,42/Nacht, maximal aber nur $ 19,26, und wird zusätzlich zu den Stellplatzgebühren fällig. In **Alberta** kann man Plätze in den Provinzparks jeweils direkt beim jeweiligen Campingplatz reservieren. Die entsprechenden Telefonnummern sind im Reiseteil angegeben. In den **Northwest Territories** gibt es 21 Territorialparks, die einen Campingplatz haben. Für drei dieser Plätze, die alle in der Umgebung von Yellowknife liegen, kann man über die Website www.campingnwt.ca Stellplätze reservieren. Die Gebühr beträgt $ 10 pro Buchung.

Stellplatzvergabe

Generell gilt auf **öffentlichen Campingplätzen** das Windhundprinzip, wonach man einen freien Platz einfach in Beschlag nehmen darf. Sind in der Hauptsaison sämtliche Stellplätze eines Campingplatzes in einem Nationalpark belegt, kann sich eine Nachfrage bei der Parkverwaltung lohnen. Denn oft wird dann ein nahe gelegener Reserveplatz geöffnet, auf dem man unterkommen kann.

Auf **privaten Campingplätzen** steuert man hingegen zunächst immer die Anmeldung an. Dort bekommt man seinen Stellplatz zugeteilt. Ist nicht viel los, hat man mitunter auch die freie Wahl.

Da statistisch jede zehnte Familie in Nordamerika über ein Wohnmobil verfügt, geht man vor Ort beim Begriff *Camping* nahezu immer von dieser Möglichkeit der Übernachtung aus. Wer das in Europa so beliebte **Zelten** (zur besseren Unterscheidung meist *Tenting* genannt) im Sinn hat, sollte dies ausreichend deutlich zum Ausdruck bringen. Denn während auf einem voll belegten Campingplatz nun einmal schlicht und einfach kein Platz mehr für ein weiteres Wohnmobil ist, findet sich für ein Zelt fast immer noch irgendwo ein Fleckchen. Da die Stellplätze für Wohnmobile zudem meist sehr großzügig bemessen sind, haben Wohnmobilinhaber auf ausgebuchten Plätzen oft auch nichts dagegen, wenn ein höflicher Zeitgenosse nach entsprechender Rückfrage sein Zelt irgendwo am Rand dieses Stellplatzes aufbaut.

Fish 'n' Chips gibt es zum Beispiel in Nanaimo bei Trollers's an der Marina

Essen und Trinken

Die kanadische Küche genießt zwar nicht gerade Weltruf, im Westen gibt es aber zwei besondere Spezialitäten: die West Coast Cuisine und Rindfleisch aus Alberta. Wildbret wird ebenfalls vielfach angeboten. Ansonsten ist das kanadische Essen zwar im Allgemeinen in Ordnung, aber relativ langweilig.

Wer mit Rucksack oder Wohnmobil unterwegs ist, hat es recht einfach, sich preiswert selbst zu versorgen. Die billigsten Lebensmittel findet man in den Filialen der größten Einkaufsketten – **Safeway, Sobeys, Superstore** und **Overwaitea.** An die Supermärkte von **I.G.A.** ist meist auch eine sehr gute Bäckerei angeschlossen. Wer Lust zum Grillen hat, der sollte wissen, dass auf den meisten Campingplätzen in Stadtnähe kein offenes Feuer erlaubt ist und in den Provinz- und Nationalparks für ein kleines Bündel Feuerholz bis zu $ 8 fällig werden.

Ein dreigängiges Menü in einem familienfreundlichen Restaurant (mit einem Steak als Hauptgericht) kostet etwa $ 35–45/Pers. In besseren Lokalen zahlt man das Doppelte. In Vancouver, Victoria, Edmonton, Calgary und Banff gibt es erstaunlich viele ethnische Restaurants (allein in Banff mit seinen 8000 Einwohnern gibt es mehr als 100 Restaurants). Zu den günstigen Verpflegungsmöglichkeiten gehören die **Husky-Restaurants,** die man an den gleichnamigen Tankstellen entlang aller großen Straßen findet, **Boston Pizza,** ein kinderfreundliches Kettenrestaurant, und **Tim Hortons,** am besten bekannt für seinen Kaffee und seine Donuts.

Wo isst man?

Die typische Klassifizierung von Lokalen erfolgt anhand der zur Verfügung stehenden Sitzplätze, der Art der Bedienung, der mehr oder weniger herrschenden förmlichen Atmosphäre und selbstverständlich des Preises. In Kanada spielen v. a. die letzten beiden Aspekte eine ganz entscheidende Rolle.

Fastfood-Ketten bedürfen mittlerweile auch in Europa keinerlei Beschreibung mehr. Einziger Unterschied zu den nordamerikanischen Verhältnissen ist, dass es dort wesentlich mehr solcher Ketten gibt. Dazu zählen etwa (ohne den geringsten Anspruch auf Vollständigkeit) McDonald's, Burger King, Hardee's, Wendy's, Taco Bell, Tim Hortons, Dunkin' Donuts und Kentucky Fried Chicken. Wer gerne Eis mag, sollte sich zudem den Namen Dairy Queen merken, wo es hervorragende kühle Köstlichkeiten (und mehr) gibt. Der Vorteil von Fastfood-Lokalen besteht schlicht darin, dass man genau weiß, was man für sein Geld bekommt. Darüber hinaus stehen sie nicht zuletzt wegen der vielfach vorhandenen Spielplätze v. a. bei Kindern hoch im Kurs.

Auf der nächsten Stufe liegen Lokale, die zwar nicht mehr in die Kategorie Fastfood fallen, aber auch noch keine richtigen Restaurants sind. Dazu gehören etwa Sizzler, Pizza Hut, Bonanza und Ponderosa. Auffälligstes Unterscheidungsmerkmal ist, dass man hier kein Wegwerfgeschirr vorgesetzt bekommt. Hat das jeweilige Lokal dann auch noch eine der beliebten Salatbars, kann man hier durchaus vernünftig essen.

Family Restaurants sind Lokale, in denen es etwas rustikaler zugeht. Sie sind teilweise mit Sitzbänken und größeren Gemeinschaftstischen ausgestattet. Hierzu zählen viele der auf Seafood spezialisierten Crabhouses sowie BBQ-Restaurants. Im Normalfall erhält man in diesen Restaurants keinerlei alkoholische Getränke.

Eine Stufe höher liegen Restaurants, die **Casual Dining** anbieten. Für sie sind eine relativ entspannte Atmosphäre (nicht zu förmlich), das vernünftige Preis-Leistungs-Verhältnis (ein Abendessen kostet zwischen $ 10 und $ 30) und die Tatsache, dass man im Regelfall bedient wird, kennzeichnend.

Fine Dining oder **Classical Dining** bieten gehobene Restaurants. Hier wird das Ausgehen mit Genuss zelebriert, und es geht meist sehr förmlich zu. Die teure Variante der Erlebnisgastronomie bietet häufig eine tolle Lage des Restaurants (etwa mit ausgefallenem Blick übers Meer auf die Skyline von Vancouver), eine entsprechend elegante Einrichtung und exzellenten Service. Die Skala ist nach oben offen – und das sind auch die Preise. Meist wird dezent darauf hingewiesen, welch erstklassige Ausbildung der Küchenchef genossen hat oder mit welchen sonstigen Auszeichnungen man aufwarten kann. Schließlich mutet es für manche Kontinentaleuropäer auch etwas sonderbar an, dass viele Nordamerikaner schon allein deshalb in völlige Verzückung geraten können, weil sie in einem Restaurant weiße Tischtücher, richtiges Besteck und Kristallgläser vorfinden. Um aber Missverständnissen vorzubeugen: Das Essen in erstklassigen Restaurants ist auch erstklassig.

Ansonsten spielen im kulinarischen Leben eines Reisenden v. a. noch **Pubs** und **Cafés** eine wichtige Rolle. In beiden bekommt man meist auch kleine Gerichte für den Hunger zwischendurch.

Wann und was isst man?

In Kanada startet man üblicherweise mit einem ausgiebigen **Frühstück** *(Breakfast)* in den Tag. Es besteht aus Kaffee, Fruchtsaft, Eiern, Speck und/oder Würstchen, Bratkartoffeln *(Hash Browns)*, Brot und Marmelade. Die Eier gibt es als Rührei *(scrambled)*, normales Spiegelei (*fried* oder *sunny side up*), gewendetes Spiegelei *(over easy)*, einfach nur gekocht *(boiled)* oder als *Eggs Benedict* (pochierte Eier auf einem halbierten Brötchen, darauf eine Scheibe gekochten Schinken oder Speck und etwas Sauce hollandaise). Wer gerne süß frühstückt, sollte sich an Marmelade *(Jam)* und Gelee *(Jelly)* sowie an die Spezialität des Landes halten, den Ahornsirup *(Maple Syrup)*, der v. a. auf frischen Pfannkuchen *(Pancakes)* sein volles Aroma entfaltet. Kaffee gibt es mit Koffein *(regular)* oder entkoffeiniert *(decaffinated)*. Normalerweise ist er relativ dünn, wird dafür aber oft kostenlos nachgeschenkt. Allerdings bestätigen hier Ausnahmen die Regel. So gilt beispielsweise Vancouver als Hochburg für Kaffeegenießer aus aller Herren Länder. Vorsicht sollte man walten lassen, wenn man sich für ein *Continental Breakfast* entscheidet. Dabei handelt es sich um eine stark abgespeckte Frühstücksvariante, die je nach Region und Anbieter äußerst unterschiedlich ausfallen kann. Normalerweise bekommt man ein gutes Frühstück nach europäischem Vorbild mit Kaffee, Brötchen, Butter und Marmelade, mitunter auch Müsli *(Cereals)*. In manch billigem Motel besteht das kostenlos angebotene Continental Breakfast allerdings nur aus lauwarmem Kaffee aus einer im Empfangsbereich aufgestellten Maschine und einigen Tabletts mit Keksen und Muffins.

Süße Törtchen warten auf die Tea Time

Nach dem ausgiebigen Frühstück fällt das **Mittagessen** *(Lunch)* eher spärlich aus. Ein Sandwich oder Fish 'n' Chips genügen den Einheimischen meist völlig.

Zur **Tea Time,** die v. a. in Victoria zelebriert wird, gibt es dann Süßigkeiten wie Obstkuchen *(Pie)*, Gebäck *(Pastry)* oder *Scones* (mehr oder weniger warm servierte Brötchen) und jede Menge Sahne *(Cream)*.

Beim abendlichen **Dinner** stehen einem dann sämtliche kulinarischen Optionen offen. Fleisch sowie Fisch und Meeresfrüchte *(Seafood)* gibt es in allen Variationen: gebraten *(fried)*, gedünstet *(steamed)*, gegrillt *(grilled)*, geräuchert *(smoked)*, geschmort *(stewed)* oder glasiert *(glazed)*. An der Westküste kombinieren v. a. im Großraum Vancouver viele Restaurants frisches Seafood oder Wild mit landwirtschaftlichen Erzeugnissen aus der Region und asiatischen Zutaten. Diese Küche ist gesund, beinhaltet nur wenig Fett und gilt als absoluter Renner. Man nennt sie *West Coast, Fusion* oder *Pacific Northwest*. Zum Ausgleich haben die meisten Restaurants sehr leckeres Rindfleisch aus Alberta (Alberta Beef) auf der Speisekarte, das dort als Grundnahrungsmittel gilt wie das Bier in Bayern. Auch Wildbret (Wapiti, Bison und weiter nördlich Karibu und Moschusochse) wird angeboten.

Was trinkt man?

In Vancouver, Victoria, Calgary und Edmonton gibt es kleine Brauereien *(Boutique Brewery)*, die Bier zum örtlichen Verkauf brauen. Die größte Brauerei Albertas ist **Big Rock** in Calgary, die zu den modernsten in ganz Nordamerika zählt. Sie ist gegenüber der Konkurrenz insoweit einzigartig, als sie nur natürliche Zutaten verwendet und auf das (ansonsten in Nordamerika übliche) Pasteurisieren des Biers verzichtet. Wie der europäische Bierkenner weiß, beschränkt das zwar die Haltbarkeit, erhöht aber den Geschmack enorm. Ein geschmacklich gutes und fast überall in Westkanada erhältliches Bier ist **Kokanee,** das in Creston gebraut wird und sich optimal fürs Campen eignet. Ansonsten bekommt man in allen Bars und in den *Liquor Stores* (siehe Kapitel „Wissenswertes von A bis Z", Alkohol) die üblichen kanadischen und amerikanischen Biersorten.

Wein aus British Columbia

Wein aus British Columbia genießt einen guten Ruf und wird mittlerweile weltweit prämiert. Vor allem die Weine aus dem Okanagan Valley, wo die meisten Weinberge liegen und es mehr als 40 Weinkellereien gibt, erfreuen sich großer Beliebtheit. Doch dieser Erfolg ist noch jungen Ursprungs. Tatsächlich zweifelte man bis Ende der 1980er Jahre daran, dass es überhaupt möglich sei, Trauben von hoher Qualität nördlich des 49. Breitengrades erfolgreich zu kultivieren. Damals hatte man gerade damit begonnen, die alten eingewachsenen Rebstöcke aus der Erde zu reißen und durch klassische europäische Arten zu ersetzen. Das Klima im Okanagan Valley – lange Sommertage und kühle Nächte – ließ zwar nur kleine Trauben mit höherem Zuckergehalt als üblich reifen, was aber wiederum der Garant für geschmacklich intensive und aromatische Weine war. Heute wird eine Vielzahl roter und weißer Trauben angebaut. Rote Sorten gedeihen besonders im wärmeren Süden des Okanagan Valley, wo die besten Weine aus den Trauben der Sorten Merlot, Cabernet Franc und Pinot Noir gewonnen werden. Eine Spezialität der Provinz ist auch der Eiswein, der nur in wenigen Gebieten der Erde produziert wird. Dabei bleiben die Trauben bis nach dem ersten Nachtfrost am Stock. Durch das Gefrieren kann der Fermentationsprozess einsetzen, während die Reben noch am Stock hängen. Daraus entstehen zuckersüße Sorten wie Riesling und Gewürztraminer. Eiswein wird unter dem Namen *Dessert Wine* in charakteristischen 375-ml-Flaschen verkauft. Zeitweise ähnelte die Winzerei im Okanagan Valley einem einzigen großen Experiment, brachte dabei aber auch ungewöhnliche Erfolge hervor, für die beispielsweise Namen wie *Ehrenfelser* und *Auxerrois* stehen. Ein Grund mehr, warum die Verkostung lokaler Weine ein wahres Vergnügen ist. Eine Flasche kostet zwischen $ 15 und $ 35.

Wissenswertes von A bis Z

Adressangaben

Kanadische Adressangaben sind zwar auf den ersten Blick etwas gewöhnungsbedürftig, erleichtern aber aufgrund ihres klaren Systems das Auffinden der gesuchten Örtlichkeit zumindest in Städten und größeren Ortschaften ungemein. Grundsätzlich gilt, dass die Hausnummer vor dem jeweiligen Straßennamen steht. Vor oder hinter dem Straßennamen ist außerdem meist eine Himmelsrichtung angegeben. Dann folgen der Name der Stadt und derjenige der Provinz bzw. des Territoriums. Letzterer wird grundsätzlich abgekürzt (also etwa BC für British Columbia). Am Ende steht dann noch eine verwirrend anmutende Zahlen- und Buchstabenkombination, der sog. *Postal Code* (umgangssprachlich *ZIP Code*), der in etwa unserer Postleitzahl entspricht. Nach diesem System lautet beispielsweise die vollständige Adresse des 40-stöckigen Harbour Centre Tower in Vancouver: 555 West Hastings Street, Vancouver, BC V6B 4N6.

Mit der Angabe der Himmelsrichtung hat es Folgendes auf sich: Viele Städte sind in einem rechtwinkligen Schachbrettmuster angelegt. Alle *Streets* verlaufen dabei parallel zueinander und kreuzen die ebenfalls parallel angeordneten *Avenues*. Den meist einfach durchnummerierten Straßen wird dann v. a. in größeren Städten eine Angabe der Himmelsrichtung hinzugefügt. Besonders ausgeklügelt ist z. B. das Sys-

Abkürzungen der Straßenbezeichnungen

Avenue	Ave.	Lane	Ln.
Boulevard	Blvd.	Place	Pl.
Crescent	Cres.	Road	Rd.
Drive	Dr.	Square	Sq.
Highway	Hwy.	Street	St.

tem in Calgary, wo die Stadt durch zwei sich kreuzende Hauptstraßen in vier Quadranten aufgeteilt und den Adressen jeweils eine von vier Himmelsrichtungen hinzugefügt wird (NE = Northeast, NW = Northwest, SE = Southeast oder SW = Southwest). So hat beispielsweise der Zoo im nordöstlichen Viertel der Stadt die Adresse 1300 Zoo Road NE.

Auch die Hausnummern folgen einem Schema, wobei zuerst der Block und dann die eigentliche Hausnummer genannt wird. Demnach hat beispielsweise das Galaxy Diner (1413 11th St. SW) die Hausnummer 13 in der 11. Street, und zwar im 14. Block (zwischen der 14. und 15. Avenue). Der erste Schritt sollte allerdings sein, die angegebene Himmelsrichtung zu beachten, da die beispielhaft genannte Adresse 1413 11th St. aufgrund der Teilung Calgarys in vier Quadranten viermal innerhalb der Stadt vorkommen könnte (die Nummerierung der Straßen beginnt bei den Achsen jeweils in beide Richtungen).

So kompliziert sich das System beim ersten Lesen anhören mag, so verblüffend einfach ist es in der Praxis. Hat man den Bogen einmal heraus, kann man eine gesuchte Adresse überall schnell finden.

Alkohol

Die Alkoholgesetze in Kanada werden von der jeweiligen Provinzregierung erlassen und sind daher von Provinz zu Provinz unterschiedlich. Die liberalsten Regelungen hat Alberta. Generell muss man hier 18 Jahre alt sein, um Alkohol kaufen und konsumieren zu dürfen (in British Columbia, den Northwest Territories und im Yukon Territory mindestens 19 Jahre). Hinzu kommt, dass die Alkoholindustrie in Alberta privatisiert ist. Das bedeutet, dass es hier viel mehr Geschäfte gibt, die Alkohol verkaufen dürfen *(Liquor Stores)* und zudem mit wesentlich weniger gesetzlichen Beschränkungen zu kämpfen haben. So darf ein Liquor Store in Alberta beispielsweise sieben Tage die Woche geöffnet haben und gekühltes Bier verkaufen. Interessanterweise werden in den Northwest Territories die Liquor Stores von der Regierung betrieben, heimisches Bier kann man aber in Mini-Märkten *(Convenience Stores)* kaufen.

Liquor Stores findet man zwar selbst noch im kleinsten Ort, aber entgegen der sonstigen Gepflogenheiten nicht an der Hauptstraße, sondern irgendwo abseits. Wer sich erfolgreich durchgefragt hat, stellt schnell fest, dass Alkoholika in Kanada sehr teuer sind. Es ist durchaus üblich, dass man seinen Ausweis vorlegen muss (selbst dann, wenn man die geltende Altersgrenze ganz offensichtlich schon weit überschritten hat).

Das Trinken von Alkohol in der Öffentlichkeit ist in Kanada verboten, ebenso das Mitführen von angebrochenen Alkoholika. Erlaubt ist der Alkoholkonsum nur in geschlossenen Räumen und auf Privatgrundstücken. Da der Zelt- oder Stellplatz auf dem Campingplatz als Privatbereich angesehen wird, darf man dort zum Abendessen auch ein Bierchen trinken (nicht aber am Picknicktisch im Nationalpark).

Wer betrunken oder unter Drogeneinfluss Auto fährt, begeht eine Straftat. Wird man mit einer Blutalkoholkonzentration von 0,8 Promille erwischt, erwarten einen drakonische Geldstrafen. Kanadier sind zudem automatisch für ein Jahr ihren Führerschein los. Werden sie zum zweiten Mal erwischt, verlieren sie den Führerschein erneut – diesmal für volle drei Jahre. Wie in Deutschland kann man aber auch in Alberta und British Columbia selbst dann bestraft werden, wenn die Blutalkoholkonzentration zwar unter dem offiziellen Grenzwert liegt, man aber jemanden gefährdet hat. Es ist darüber hinaus verboten, im Fahrzeug angebrochene Flaschen mit alkoholischen Getränken mitzuführen (auch im Wohnmobil). Wer als Ausländer in Kanada beim Fahren unter Alkoholeinfluss erwischt und verurteilt wird, kann mit einer lebenslangen Einreisesperre belegt werden.

Ärztliche Versorgung und Apotheken

Die medizinische Versorgung in Kanada ist zwar hervorragend, aber horrend teuer. Ein normaler Klinikaufenthalt ohne jegliche Komplikationen oder Besonderheiten kostet mindestens $ 1000/Tag. Daher ist der Abschluss einer **Reisekrankenversicherung** Pflicht (siehe *Versicherungen*).

Eine **Kreditkarte** ist Grundvoraussetzung, um im medizinischen Notfall schnell behandelt zu werden. Auch wenn es in Kanada nicht überall so hart wie in den USA zugeht, wo viele Ärzte und Kliniken selbst in Notfällen die Behandlung strikt verweigern, wenn man keine Kreditkarte vorweisen oder die entsprechende Summe bar auf den Tisch legen kann, ist es doch besser, auf der sicheren Seite zu sein.

Rezeptpflichtige **Medikamente** bekommt man in der Apotheke *(Pharmacy)*, die es für Eilige auch als *Drive-thru* gibt. Reine Apotheken findet man allerdings selten, da die meisten Medikamente ganz selbstverständlich in Supermärkten und Drugstores vertrieben werden. Dort gibt es häufig spezielle Verkaufstheken, an denen man verschreibungspflichtige Medikamente erwerben kann. Nicht verschreibungspflichtige Arzneimittel kann man ohnehin überall kaufen. Wer aufgrund seines Gesundheitszustandes vor Ort ein rezeptpflichtiges Medikament benötigen wird, sollte sich das entsprechende Rezept unbedingt noch vor seiner Abreise in der Heimat ausstellen lassen.

Brillenträger sollten sicherheitshalber eine Ersatzbrille und eine Kopie ihres Brillenpasses mitnehmen.

Behinderte

Für Reisende mit Behinderungen hat Kanada zwei Seiten: Die Städte sind vorbildlich auf sie eingestellt, in der Wildnis kann es hingegen schwierig werden. Schon von Gesetzes wegen müssen sämtliche öffentlichen Gebäude für Rollstuhlfahrer geeignet sein und über behindertengerechte Toiletten verfügen. Auch in den Nationalparks sind die Besucherzentren behindertengerecht ausgestattet. Vielfach hat man für Rollstuhlfahrer sogar eigene Trails eingerichtet. Bei größeren Hotel- und Motelketten gibt es praktisch immer behindertengerechte Zimmer. Da allerdings nur wenige davon zur Verfügung stehen, sollte man möglichst frühzeitig reservieren.

Eine Menge Informationen findet man auf der Website von **Access-Able Travel Source** (www.accessable.com), wo man auch Auskünfte zu Übernachtungsmöglichkeiten einholen kann, die auf Reisende mit Behinderungen eingestellt sind. Die **Society for Accessible Travel and Hospitality** (✆ 212/447-7284, www.sath.org) informiert über Tourveranstalter, Mietwagen, spezielle Reiseziele und Begleitmöglichkeiten. Über **Access to Travel** (✆ 800/465-7735, www.accesstotravel.gc.ca), eine Initiative der kanadischen Regierung, erfährt man Details über Städteverbindungen und Einzelheiten zu den Transportmöglichkeiten innerhalb einzelner Städte (inkl. Calgary und Edmonton). Dazu gibt es auf der Website eine Menge allgemeine Informationen für Behinderte auf Reisen. Das **Canadian National Institute for the Blind** (✆ 800/563-2642, www.cnib.ca) hat Büros in Vancouver (✆ 604/431-2121) und Edmonton (✆ 780/488-4871) und bietet dort zahlreiche Hilfen an. Eine weitere gute Informationsquelle ist die **Canadian Paraplegic Association** (✆ 613/723-1033 oder ✆ 877/324-3611, www.canparaplegic.org), die Büros in Vancouver und Calgary unterhält.

Datumsangaben

In Nordamerika wird das Datum normalerweise mit Schrägstrichen in der Reihenfolge Monat/Tag/Jahr geschrieben. Das bedeutet, dass der 06/12/2010 nicht etwa der 06.12.2010, sondern der 12.06.2010 ist. Selbst wenn als Trennzeichen Punkte verwendet werden, heißt das nicht, dass es sich um eine Datumsangabe in europäischer Form handelt. Auf offiziellen Formularen und im Internet wird mittlerweile allerdings häufig die europäische Schreibweise Tag/Monat/Jahr angewandt und verlangt. Wer ein Formular ausfüllen muss, wird normalerweise ausdrücklich auf die gewünschte Schreibweise mittels der Abkürzungen MM-DD-YY(YY) oder DD-MM-YY(YY) hingewiesen. Um Verwechslungen vorzubeugen, sollte man nach Möglichkeit den Monat ausschreiben oder zumindest mit den ersten drei Buchstaben des Monatsnamens abkürzen (z. B. June 12 2010, Jun 12 2010 oder auch 12 June 2010).

Diplomatische Vertretungen

Botschaften und Konsulate in Kanada

• *Deutschland* **Deutsche Botschaft in Kanada, Ottawa**, 1 Waverley St., Ottawa, Ontario, K2P OT8, ✆ 613/232-1101, 📠 613/594-9330, www.ottawa.diplo.de.

Generalkonsulat der Bundesrepublik Deutschland, Generalkonsul Klaus Achenbach, Vancouver, Suite 704, World Trade Centre, 999 Canada Pl., Vancouver, British Columbia, ✆ 604/684-8377, 📠 604/684-8334 (Amtsbezirke: Alberta, British Columbia, Saskatchewan, Northwest Territories und Yukon Territory), www.vancouver.diplo.de.

Honorarkonsul der Bundesrepublik Deutschland, Bernd Reuscher, Edmonton, 202, 8005 102 St., Edmonton, Alberta, T6E 4A2, ✆ 780/434-0430, ✆ 780/438-6138, 📠 780/439-9950 (Amtsbezirke: nördlich des 52. Breitengrades und Northwest Territories), hkedm@telus.net.

• *Österreich* **Österreichische Botschaft** (Austrian Embassy), 445 Wilbrod St., Ottawa, Ontario, K1N 6M7, ✆ 613/789-1444, 📠 613/789-3431, www.austria.org.

• *Schweiz* **Schweizer Botschaft** (Embassy of Switzerland), 5 Marlborough Ave., Ottawa, Ontario, K1N 8E6, ✆ 613/235-1837, 📠 613/563-1394, www.eda.admin.ch/canada.

Kanadische Botschaften in Europa

• *In Deutschland* Leipziger Platz 17, 10117 Berlin, ✆ 030/20312-0, 📠 030/20312-590, www.kanada.de.

• *In Österreich* Laurenzerberg 2, 1010 Wien, ✆ 01/531383-000, 📠 01/531383-321, www.kanada.at.

• *In der Schweiz* Kirchenfeldstr. 88, 3005 Bern, ✆ 031/3573-200, 📠 031/3573-210, www.canadainternational.gc.ca/switzerland-suisse/.

Feiertage

In Kanada gibt es nationale und regionale Feiertage. An diesen bleiben öffentliche Einrichtungen, Schulen, Banken und die Post geschlossen. Die meisten Museen, Sehenswürdigkeiten und Geschäfte haben jedoch geöffnet, manchmal allerdings mit verkürzten (oder aber sogar verlängerten) Öffnungszeiten.

Nationale Feiertage:
New Year's Day (1. Januar)
Good Friday (Karfreitag)
Easter Sunday (Ostersonntag)
Easter Monday (Ostermontag)
Victoria Day (vorletzter Montag im Mai)
Canada Day (1. Juli, Nationalfeiertag)
Labour Day (1. Montag im September)
Thanksgiving (2. Montag im Oktober)
Remembrance Day (11. November)
Christmas (25. Dezember)
Boxing Day (26. Dezember)

Regionale Feiertage:
Alberta: *Heritage Day* (1. Montag im August)
British Columbia: *British Columbia Day* (1. Montag im August)
Northwest Territories: *Civic Holiday* (1. Montag im August)
Yukon Territory: *Discovery Day* (3. Montag im August)

Geld

Banken haben in Kanada montags bis freitags von 9.30 bis 16.30 Uhr geöffnet, manchmal auch samstags. An nationalen und regionalen Feiertagen bleiben sie geschlossen.

Landeswährung ist der Kanadische Dollar (kurz: C$; in Banken: CAD). **Münzen** gibt es in folgenden Stückelungen: 1 Cent *(Penny)*, 5 Cent *(Nickel)*, 10 Cent *(Dime)*, 25 Cent *(Quarter)*, 1 Dollar *(Loonie)* und 2 Dollar *(Toonie)*. Die 1-Dollar-Münzen sind golden, tragen auf der Vorderseite das Abbild von Königin Elisabeth II. und zeigen auf der Rückseite einen Eistaucher *(Common Loon)*. Diesem Vogel verdankt die Münze auch ihren umgangssprachlichen Namen *Loonie*. Die erst 1996 eingeführten 2-Dollar-Münzen sehen aus wie 2-Euro-Stücke (goldener Kern mit Silberrand). Sie zeigen auf der Vorderseite ebenfalls die Königin von England und auf der Rückseite einen Eisbären. Die für sie häufig gebrauchten Begriffe *Toonie* oder *Twonie* sind eine Verballhornung von *Loonie*. Die wichtigste Münze im Alltag ist der *Quarter*, den man schlicht für alles Mögliche braucht, sei es zum Telefonieren, für den Getränkeautomaten, den Gepäckwagen am Flughafen oder den Briefmarkenautomaten im Hotel.

Banknoten gibt in den Stückelungen $ 5, $ 10, $ 20, $ 50 und $ 100. Auf ihnen ist ebenfalls die Königin von England abgebildet. Kanadische Banknoten sind in unterschiedlichen Farbtönen gehalten, um die Verwechslungsgefahr möglichst gering zu halten.

Bei allen in diesem Buch genannten Preisen handelt es sich um Angaben in Kanadischen Dollar, sofern es nicht ausdrücklich anders vermerkt ist.

Wer vorher in den USA war und noch US-Dollar im Gepäck hat, kann diese entweder in den Touristengegenden ausgeben, wo sie meist (zu einem schlechten Kurs) akzeptiert werden, oder bei einer Bank tauschen. Europäische Währungen können ebenfalls bei vielen (aber längst nicht allen) Banken und den Wechselstuben an den Flughäfen getauscht werden. In Vancouver, Victoria, Whistler, Calgary, Banff, Jasper und Edmonton gibt es eigene Wechselstuben *(Foreign Exchange Broker)*, die ebenfalls europäische Währungen umtauschen.

Als sicherstes Zahlungsmittel gelten gemeinhin **Reiseschecks** *(Traveler's Checks)*, die im Verlustfall ersetzt werden. Dazu muss man allerdings belegen können, welche Schecks man bereits ausgegeben hat und welche abhandengekommen sind. Das geht naturgemäß nur, wenn man sich nach ihrem Erwerb die Mühe macht, die (meist fortlaufenden) Nummern der Reiseschecks zu notieren. Diesen Zettel muss man im Ernstfall vor Ort zur Hand haben. Die gebührenfreie Notrufnummer von *American Express* ist in Kanada die ✆ 866/296-5198.

Reiseschecks werden vor Ort überall wie Bargeld akzeptiert. Man muss sie also nicht erst umtauschen, sondern kann mit ihnen an (fast) jeder Kasse bezahlen. Das Wechselgeld bekommt man in Dollar zurück. Zum Einlösen muss man sie in Anwesenheit des Kassenpersonals unterschreiben und meist auch den Pass oder ein sonstiges Legitimationspapier vorlegen. Zu beachten ist dabei, dass nur derjenige, der auf den Schecks angegeben ist, mit ihnen bezahlen kann. Es gibt auch Reiseschecks, die von zwei Personen eingelöst werden können. Für diese ist aber eine höhere Ausgabegebühr fällig, und sie müssen bei der Abholung in der Bank von beiden Personen persönlich unterschrieben werden. Generell sollte man einige Tage vorher bei seiner Bank nachfragen, ob auf Kanadische Dollar lautende Reiseschecks in der gewünschten Stückelung vorrätig sind. Als Stückelung haben sich Schecks zu $ 50 bewährt (auf höher lautende Beträge ausgestellte Schecks werden in manchen Geschäften und Tankstellen nicht akzeptiert, sodass man sie dann wieder extra in der Bank oder einem größeren Hotel umtauschen muss). Wer über die USA einreist oder weiter nach Alaska will, sollte beachten, dass auf US-Dollar lautende Reiseschecks in Kanada zwar vielfach akzeptiert werden, allerdings meist zu einem sehr schlechten Kurs. Gleiches gilt leider auch umgekehrt.

Eine **Kreditkarte** ist auf einer Nordamerikareise unabdingbar. Am weitesten verbreitet sind MasterCard und VISA, gut über die Runden kommt man auch mit American Express. Die im Schwinden begriffene Karte von Diners Club hat sich mit MasterCard zusammengeschlossen und kann seither wieder an allen MasterCard-Akzeptanzstellen eingesetzt werden. Eine Kreditkarte ist in Kanada nicht nur Zahlungsmittel, sondern auch eine wichtige Visitenkarte. Denn wer keine Kreditkarte hat – und somit keinen Kredit genießt –, wird häufig als obskurer Zeitgenosse angesehen. Tatsache ist, dass man ohne Kreditkarte nur unter großen Schwierigkeiten einen Mietwagen bekommt und die telefonische Reservierung von Hotel- und Motelzimmern ohne Angabe der Kreditkartennummer häufig unmöglich ist. Mit vielen Kreditkartenverträgen sind Zusatzleistungen wie etwa Versicherungen verbunden, deren separater Abschluss für sich genommen schon ein Mehrfaches des Jahresbeitrages kosten würde. Es lohnt sich daher, die Bedingungen der einzelnen Gesellschaften genauer zu studieren. Anders als in den USA, wo man bei einem vierwöchigen Urlaub schlicht alles per Kreditkarte begleichen kann und nicht ein einziges Mal Bargeld in die Hand zu nehmen braucht, gibt es in Kanada durchaus einige Situationen, in denen man die Rechnung in bar begleichen muss (z. B. an Tankstellen und in Geschäften in entlegeneren Gegenden sowie zur Zahlung der Übernachtungsgebühren auf den Campingplätzen in den staatlichen Nationalparks). Die Kreditkarte muss bei Verlust sofort gesperrt werden. Eine Ersatzkarte wird einem dann innerhalb eines Tages ins Hotel gebracht. Die Notrufnummern in Kanada lauten für MasterCard ✆ 800/307-7309, VISA ✆ 800/847-2911, American Express ✆ 800/554-AMEX und Diners Club ✆ 800/363-3333. Auch unter dem **zentralen deutschen Sperrnotruf** ✆ 0049-116116 kann man

Kreditkarten von American Express, MasterCard und Visa sperren lassen, daneben auch verlorene bzw. gestohlene EC- und Handy-Karten.

Mit der **EC-Karte** kann man überall in Kanada an Geldautomaten Geld abheben. Die Gebühren werden dabei unabhängig vom jeweiligen Betrag pro Abhebung fällig und sind ziemlich happig (je nach Bank zwischen 4 und 5 €). Das bei uns alltägliche Bezahlen per EC-Karte ist hingegen bisher nur selten möglich.

Gesundheitsrisiken

Für die Einreise nach Kanada sind keine **Impfungen** vorgeschrieben. Im eigenen Interesse sollte man sich allerdings vergewissern, dass man über ausreichenden Tetanus-Schutz verfügt. Reisenden in die nördlichen Gebiete wird eine Schutzimpfung gegen Hepatitis B empfohlen.

Grundsätzlich sollte man für Notfälle immer eine kleine **Verbandstasche** bei sich haben, die man überall für einige Dollar kaufen kann. Darin sollten Bandagen, ein Antiseptikum, ein Antibiotikum und Tabletten zur Desinfektion von Wasser enthalten sein. Zusätzlich gehören ein gutes Insektenschutzmittel und Sonnencreme in die Tasche. Gute **Erste-Hilfe-Kästen** bekommt man im Campingladen.

HIV/AIDS und andere Krankheiten, die durch Geschlechtsverkehr übertragen werden, sind in Kanada ebenso präsent wie überall sonst auf unserem Globus. Daher sollte man niemals auf die entsprechenden Schutzmaßnahmen verzichten.

Höchste Vorsicht ist geboten, wenn man auf längeren Wanderungen seinen Wasservorrat auffrischen muss oder in heißen Quellen badet. Dort tummeln sich gerne einzellige Parasiten der Gattung **Giardia.** Da sie nur 20 Mikrometer groß werden, können sie auch in scheinbar glasklaren Flüssen und Bächen enthalten sein. Wer Trinkwasser aus der Natur benötigt, sollte dieses daher unbedingt mindestens 10 Minuten abkochen oder mit speziellen jodhaltigen Mitteln desinfizieren (Gebrauchsanleitung präzise studieren!). Wer Trinkwasser filtern will, muss darauf achten, dass er einen Filter verwendet, der so kleinporig ist, dass er für die Giardiazysten undurchlässig ist. An **Giardiasis** erkranken jährlich weltweit etwa 200 Mio. Menschen. In Kanada wird die Krankheit Bieberfieber *(Beaver Fever)* genannt, da man lange davon ausging, dass die Erreger durch Biberkot ins Wasser der Flüsse und Bäche gelangen. Die Symptome der Krankheit sind Erbrechen, Durchfall, Blähungen und mitunter auch Fieber. Das kann für Wanderer, die allein unterwegs sind, mehr als nur unangenehm werden. Heimtückisch an der Giardiasis ist auch, dass die Inkubationszeit bis zu zehn Wochen beträgt und man sich oft längst wieder in heimischen Gefilden befindet, bis sich erste Anzeichen der Krankheit einstellen.

Wer im Hinterland unterwegs ist, sollte ebenfalls auf **Zecken** *(Ticks)* achten, die u. a. *Borreliose* übertragen können. Diese lässt sich zwar medizinisch ganz einfach behandeln, kann aber ernste Folgen haben, wenn die Infektion nicht erkannt wird.

Ein nicht zu unterschätzendes Risiko geht in den Sommermonaten von der starken **Sonneneinstrahlung** aus. Das gilt v. a., wenn man sich am Wasser oder in größeren Höhenlagen befindet. Hier sind Sonnenschutzmittel mit hohem Lichtschutzfaktor (keinesfalls unter 20) dringend notwendig.

Aber auch im Winter sollte man Vorsichtsmaßnahmen ergreifen. Dazu gehört, vor *jedem* Fahrtantritt den Stand des Frostschutzmittels zu überprüfen und niemals ohne Ersatzreifen, warme Decken (mindestens eine pro Person) oder Schlafsäcke aufzubrechen. Es besteht immer die Gefahr, sich **Erfrierungen** *(Frostbite)* zuzuziehen.

Mückenschutz

Stechmücken *(Mosquitos)* und **Kriebelmücken** *(Black Flies)*, die nur 2–6 mm groß werden und wie kleine Fliegen aussehen, können zwar in ganz seltenen Fällen Krankheiten (wie etwa das West-Nil-Virus) übertragen, sind aber im Normalfall einfach nur lästig. Vor allem in den Sommermonaten (Juni/Juli) können die Stechmücken gerade im Nordwesten zu einer wahren Plage werden. Theoretisch sind sie nur in der Nähe von Gewässern zu Hause, was die kanadischen Vertreter der Spezies aber wenig zu kümmern scheint. Nur die Weibchen stechen, da sie bestimmte Stoffe des Blutes zur Entwicklung der Eier benötigen. Zwar stirbt jede Moskitogeneration im Herbst (ab Mitte August lässt ihr Auftreten deutlich nach, und mit den ersten Nachtfrösten ist der Spuk vorbei), doch das tröstet einen an einem schönen Juliabend am Lagerfeuer wenig.

Obwohl ein echter Schutz gegen Stechmücken nicht möglich ist, kann man deren Stichfrequenz doch erheblich einschränken, wenn man einige Hinweise beachtet: Generell sollte man wissen, dass alle nordamerikanischen Stechmücken eine wahre Vorliebe für europäische **Mückenschutzmittel** zu haben scheinen. Gleiches gilt für Parfüm und Rasierwasser, von denen sie manchmal geradezu magisch angezogen zu werden scheinen. Hat man Glück, bleiben sie bestenfalls wirkungslos. Auch elektronische Abwehrgeräte (mit Summton) zeigen nicht die geringste Wirkung. Daher sollte man sich vor Ort umgehend im Supermarkt einer größeren Stadt mit einem Vorrat an Mückenschutzmittel eindecken und nicht erst warten, bis einem später in der Wildnis der Besitzer des einzigen Drugstores im Umkreis von 100 Meilen für das gleiche Präparat den doppelten Preis oder mehr abknöpft. Noch schlimmer ist es allerdings, wenn der Laden ausgerechnet an diesem Tag geschlossen hat oder das Mittelchen gerade aus ist. Außerdem sollte man **weite, helle Kleidung** tragen. Röcke sind ebenso unangebracht wie eng sitzende Jeans, deren Stoff für den Stechrüssel eines kanadischen Moskitos keinerlei Hindernis darstellt. Wer abends in der Nähe eines Gewässers eine Weile sitzen und die Landschaft genießen möchte, sollte sich im Supermarkt ein Paar **Plastikhandschuhe** und ein kleines **Moskitonetz** besorgen, das über die Baseballkappe gestülpt werden kann. So ist man rundum vor Stichen geschützt. Die alte Weisheit, ein Lagerfeuer halte Moskitos vom Stechen ab, stimmt nur sehr bedingt. Denn die Plagegeister lassen sich nur ausräuchern, wenn das Feuer entsprechend stark qualmt, was diese Methode praktisch unbrauchbar macht. Stechmücken mögen generell keinen Wind, keinen völlig trockenen Untergrund und kein offenes Wasser. Auf einer luftigen Anhöhe oder auf einem Boot abseits vom Ufer ist man daher relativ sicher.

Das gilt v. a. dann, wenn neben kalten Außentemperaturen auch noch ein starker Wind herrscht. Die Einheimischen nennen dieses Phänomen **Windchill** und man sollte ihm mit dem nötigen Respekt und entsprechender Vorsicht begegnen. Bei einer Erfrierung behält man im Regelfall eine taube Stelle zurück, die wie eine Druckstelle aussieht und eine blasse Verfärbung der Haut zur Folge hat. Besonders gefährdet sind die der Luft ausgesetzten Hautpartien wie Nase, Ohren und Hände.

Außerdem sollte bei längeren Touren immer wieder bewusst auf erste Anzeichen einer **Unterkühlung** *(Hypothermia)* geachtet werden. Diese äußert sich durch Benommenheit, Zittern, blasse Haut, blaue Lippen, leises Fluchen, verwaschene Aussprache und in Extremfällen auch unkontrollierte Gewaltausbrüche. Kalte Witterung, kombiniert mit Hunger, Müdigkeit und Feuchtigkeit, ist der ideale Nährboden für eine Unterkühlung. Besonders heimtückisch ist, dass der Betroffene die Symptome in vielen Fällen gar nicht bemerkt. Vorbeugend sollte man sich nach dem bekannten Zwiebelprinzip in mehreren Schichten kleiden, wobei die äußerste Schicht unbedingt aus einem wasserdichten Stoff bestehen sollte. Am wichtigsten ist eine Kopfbedeckung. Im Notfall sollte man das Opfer möglichst schnell aus der Kälte bringen, durchnässte Kleidung durch trockene ersetzen, den Betroffenen in einen Schlafsack legen und ihm dann *langsam* warme Getränke (keinen Alkohol oder Kaffee) und zuckerhaltige Nahrungsmittel verabreichen. Auf keinen Fall darf man den Patienten zu schnell aufwärmen, da dies zu einem Herzinfarkt führen kann.

Selbstverständlich sollte man zu jeder Jahreszeit seine Kondition realistisch einschätzen und sich nicht zu unüberlegten Aktionen hinreißen lassen, wenn man nicht in der entsprechenden körperlichen Verfassung ist. Ansonsten überschreitet man schnell die Grenzen zur **Überanstrengung.** Hier stößt man beim Wandern in den Höhenlagen der kanadischen Rockies immer wieder auf grenzenlosen Leichtsinn.

Dass man bei der Begegnung mit **Wildtieren** gehörigen Abstand halten sollte (was nicht nur für Bären, sondern v. a. auch für Bisons, Wapitis, Pumas und Stinktiere gilt), ist selbstverständlich (siehe auch Kasten „Begegnungen mit Tieren" auf S. 49). Vor Schlangen, Skorpionen und Spinnen haben die meisten Menschen ohnehin mehr Respekt. Für den unwahrscheinlichen Fall eines Schlangenbisses kann man sich spezielle Erste-Hilfe-Kästen *(Snake-bite-kits)* zulegen, die auch ein nettes Souvenir sind, mit dem sich später mächtig Eindruck schinden lässt. Weit weniger bekannt ist, dass es in manchen Gegenden **Giftpflanzen** wie den Giftefeu *(Poison Ivy)* gibt, der absolut unscheinbar aussieht. Beim Hautkontakt mit den Blättern merkt man zunächst einmal gar nichts, denn die allergische Reaktion lässt einige Zeit auf sich warten, manchmal sogar Tage. Die Auswirkungen sind sehr unterschiedlich und reichen vom leichten Juckreiz bis zur schweren allergischen Reaktion, die in der Notaufnahme eines Krankenhauses enden kann. Ist man mit Poison Ivy in Berührung gekommen, sollte man die betroffene Stelle (auch wenn es sich um Kleidung handelt) so schnell wie möglich abwaschen.

Giftshops

Mit dieser Bezeichnung können recht unterschiedliche Formen von Souvenirläden gemeint sein. In Großstädten erreichen solche Shops mitunter die Dimension eines kleinen Kaufhauses mit allem erdenklichen Ramsch in den Regalen, der als potenzielles Mitbringsel dienen könnte. Ein wesentlich ausgefalleneres Angebot haben meist die Giftshops von Museen oder anderen Sehenswürdigkeiten, in denen sich durchaus nette Sachen finden lassen. Das reicht von speziellen DVDs (Regionalcode beachten!) über Duftseifen bis zu hochwertigen Kunstwerken der Ureinwohner. Darüber hinaus bekommt man auch hier die obligatorischen Postkarten, T-Shirts und Kühlschrankmagneten. Die Giftshops in Hotels und Motels führen zusätzlich meist ein schmales Grundsortiment an Waren des täglichen Bedarfs (Zahnbürsten, Damenbinden etc.) und bisweilen auch einige nordamerikanische Grundnahrungsmittel wie Chips, Schokoriegel, Hot Dogs und Sodas.

Information

Allgemeines Informationsmaterial über Kanada versendet für den deutschsprachigen Raum die **Canadian Tourism Commission** (Eichenheege 1–5, 63477 Maintal, ✆ 01805-526232). Deren kanadische Zentrale (✆ 604/638-8300, www.canadatourism.com) hält entgegen jeglicher Vermutung nur Publikationen für Unternehmen bereit, die mit der Touristikbranche zu tun haben.

Bessere Informationen für den Reisenden gibt es bei den Tourismusorganisationen der einzelnen Provinzen und Territorien: **Tourism British Columbia** (✆ 250/387-1642 oder ✆ 800/435-5622, www.hellobc.com), **Travel Alberta** (✆ 780/427-4321 oder ✆ 800/252-3782, www.travelalberta.com), **Northwest Territories Tourism** (✆ 867/873-7200 oder ✆ 800/661-0788, www.spectacularnwt.com) und **Tourism Yukon** (✆ 867/667-3084 oder ✆ 800/661-0494, www.travelyukon.com). Die Fremdenverkehrsbüros verschicken Infomaterial, oder man lädt sich die gewünschten Broschüren einfach von der jeweiligen Website herunter. Wer konkrete Fragen zu ganz bestimmten Zielen oder Attraktionen hat, der sollte sich nicht scheuen, online bei diesen nachzufragen. Überraschend oft erhält man tatsächlich eine prompte Antwort.

Vor Ort findet man in praktisch jeder Stadt ein **Tourist Information Centre.** In größeren Städten gibt es davon gleich mehrere, von denen mindestens eines ganzjährig geöffnet ist. Die Öffnungszeiten unter der Woche sind nicht einheitlich geregelt, man kann aber davon ausgehen, dass die meisten Infozentren jedenfalls im Juli und August täglich geöffnet haben. Sollten sie geschlossen sein, kann man bei der örtlichen **Chamber of Commerce** nachfragen, wo man meist ebenfalls gut mit Informationen versorgt wird (geöffnet meist ganzjährig montags bis freitags). In den Touris teninformationen erhält man neben fundierten Auskünften auch Broschüren und Karten. Besonders hilfreich sind dabei die Infobroschüren der einzelnen Nationalparks. Im Park selbst beantworten die **Ranger** gerne Fragen aller Art.

Durchaus brauchbare Informationen bieten teilweise auch die in den einzelnen Städten kostenlos erscheinenden Zeitungen (siehe *Medien*).

Internet und E-Mail

Internetzugriff ist im Westen Kanadas nahezu überall problemlos möglich. Eine gute Anlaufstelle sind die öffentlichen Bibliotheken, die ebenso wie viele Schulen und Gemeindezentren Mitglieder des *Community Access Program* (CAP) sind. Diese Initiative der kanadischen Regierung will jedermann den Zugriff auf das Internet ermöglichen. Man braucht daher in den meisten Bibliotheken nur seinen Pass vorzuzeigen und darf dann kostenlos einen PC nutzen. Wo sich die nächste am CAP teilnehmende Stelle befindet, erfährt man vor Ort gebührenfrei unter ✆°866/569-8428 oder im Internet unter http://cap.ic.gc.ca.

Internetcafés findet man am einfachsten an Flughäfen und in Einkaufszentren. Hier sollte man sich vorweg nach den Konditionen erkundigen, da einige Anbieter verlangen, dass man erst mal einen kostenpflichtigen Account einrichtet. In praktisch allen gehobenen Hotels und vielen B&Bs ist der Internetzugang vom Zimmer aus selbstverständlich, ansonsten gibt es normalerweise zumindest einen Rechner in der Nähe der Rezeption, den man benutzen kann. WLAN-Nutzer sollten wissen, dass dieses in Kanada Wi-Fi heißt. Hotspots lassen sich über entsprechende Suchmaschinen (z. B. www.wi-fihotspotlist.com/browse/ca/) finden.

Kinder

Egal, ob man mit Kleinkindern oder Teens unterwegs ist – Kanada ist ein sehr familienfreundliches Reiseland und bietet eine Menge Attraktionen, die auf Kinder zugeschnitten sind. Die in diesem Buch angegebenen Eintrittspreise beziehen sich generell auf Kinder von 6 bis 16 Jahren. Familien mit zwei (oder mehr) Kindern sollten grundsätzlich nach Familientickets fragen. Kinder unter 6 Jahren haben fast überall freien Eintritt. In nahezu allen Hotels und Motels sind Familien mit Kindern willkommen. Allerdings sollte man sich selbst den Gefallen tun, Zimmer im Voraus zu reservieren und das Alter der Sprösslinge mitzuteilen. In vielen Hotels können Kinder umsonst im Zimmer der Eltern übernachten und in manchen Kettenhotels (wie etwa *Holiday Inn*) sogar umsonst essen, was sich äußerst vorteilhaft auf das Reisebudget auswirkt. B&Bs sind dagegen nicht für Kinder geeignet, einige weisen sogar ausdrücklich darauf hin, dass Kinder nicht beherbergt werden.

Auf den Websites von **Tourism British Columbia** (www.hellobc.com) und **Travel Alberta** (www.travelalberta.com) gibt es spezielle Bereiche, die über Aktivitäten für Kinder informieren. Eine ausführliche Zusammenstellung von kinderfreundlichen Sehenswürdigkeiten, Unterkünften und Restaurants für alle kanadischen Provinzen findet man auf der Homepage der gemeinnützigen Organisation **Kid Friendly** (✆ 604/926-0061, www.kidfriendly.org). Dort können Kinder, die schon ein wenig Englisch sprechen, auch ihre Reiseerlebnisse einstellen. Ebenfalls hilfreich sind die Tipps von **Traveling Internationally with Your Kids** (www.travelwithyourkids.com). Grundsätzlich sollte man seine Kinder möglichst in die Reisevorbereitungen einbeziehen und beispielsweise gemeinsam Informationen aus dem Internet einholen oder in einem Reiseführer schmökern. Wer weite Fahrstrecken plant, tut sich mit der Anmietung eines Minivan einen großen Gefallen. Da Kinder wesentlich schneller ermüden und die Konzentration beim Sightseeing schnell nachlässt, sollte man auf jeden Fall das eine oder andere Lieblingsspielzeug im Gepäck haben.

Landkarten und Straßenkarten

Straßenkarten bekommt man in Buchhandlungen, an Tankstellen und in vielen Giftshops. In Vancouver haben sich folgende Buchläden auf Karten spezialisiert: **International Travel Maps and Books** (530 W Broadway, ✆ 604/879-3621, www.itmb.com), **The Travel Bug** (3065 W Broadway, ✆ 604/737-1122, www.travelbugbooks.ca) und **Wanderlust** (1929 W 4th Ave., Kitsilano, ✆ 604/739-2182, www.wanderlustore.com). In Calgary und Edmonton hält **Map Town** (Calgary: 400 5th Ave. SW, ✆ 403/266-2241, www.maptown.com; Edmonton: 10344 105th St., ✆ 780/429-2600, www.mapamia.com) ein gutes Sortiment bereit. Dort kann man auch spezielle Karten für Wanderer (topografische Karten), Camper, Angler (hydrografische Karten für über 100 Seen) und Paddler erhalten. Die genannten Anbieter haben zudem Wandkarten, thematische und historische Karten sowie Luftaufnahmen im Sortiment. Die umfangreichen Kataloge kann man über die genannten Websites einsehen. Die Firma **Gem Trek** (www.gemtrek.com) stellt wahrscheinlich einige der besten und informativsten Karten her, die man als Reisender finden kann. Gem Trek ist auf die Region der kanadischen Rockies spezialisiert, wo man die Karten überall erwerben kann. Ein großer Hersteller ist **Map Art** (✆ 905/436-2525, www.mapart.com), der u. a. einen jährlich aktualisierten Atlas für British Columbia und Alberta herausgibt. Wer sich eine Karte direkt nach Europa schicken lassen will, was im Regelfall etwa ein bis zwei Wochen dauert, sollte exakt auf die Versandbedingungen achten: Die Versandkosten können schnell bei US$ 40 liegen.

In Deutschland bietet der Buchhandel einige wenige Karten an, Straßenkarten kann man auch über **Amazon** bestellen (dort auch unter *English Books*). ADAC-Mitglieder erhalten in den deutschen Filialen des **ADAC** kostenlose Übersichtskarten. Vor Ort kann man sich dann bei der kanadischen Schwesterorganisation, der **CAA** (Canadian Automobile Association), ebenfalls kostenlos mit Kartenmaterial eindecken. Hier ist v. a. die Karte *Alaska and Northwest Canada* zu empfehlen. Generell ist allerdings zu beachten, dass die Karten der CAA sehr detailliert sind und man bei den Stadtkarten schnell die Orientierung verlieren kann. Es empfiehlt sich daher, neben der Detailkarte eine zweite Karte mit einer groben Übersicht dabeizuhaben. Hier leisten teilweise die in den Touristenbroschüren abgedruckten Karten gute Dienste.

Längere Aufenthalte in Kanada

Arbeiten: Vor allem jüngere Semester träumen oft davon, eine Zeit lang in Kanada zu arbeiten. Manche tun es auch, nachdem sie in der örtlichen Zeitung ein entsprechendes Stellenangebot gelesen haben – und können dadurch in Teufels Küche kommen. Generell gilt: Wer als Europäer in Kanada arbeiten möchte, der muss die entsprechende befristete Arbeitsgenehmigung *(Temporary Work Permit)* bereits in der Tasche haben, *bevor* er nach Kanada einreist. Eine Arbeitsgenehmigung erhält man nur, falls für den Job kein qualifizierter kanadischer Staatsbürger infrage kommt. Antragsformulare für die Erteilung einer Arbeitsgenehmigung gibt es bei der kanadischen Botschaft. Die bei der Antragstellung zu entrichtende Gebühr wird auch dann nicht zurückerstattet, wenn der Antrag abgelehnt wird. Entgegen der landläufigen Vorstellung ist der erste (und schwierigste) Schritt auf dem Weg zu einer Arbeitsgenehmigung der, dass man sich zunächst einen Arbeitgeber in Kanada suchen muss, der einem eine Arbeitsstelle anbietet. Hat man dieses Hindernis tatsächlich überwunden, braucht man im Regelfall von *Service Canada*, einer Unterabteilung des kanadischen Arbeitsministeriums, noch ein sog. Arbeitsmarktgutachten *(Labour Market Opinion)*, das der Arbeitgeber dort einholen muss. Allerdings gibt es für manche Tätigkeiten Ausnahmen. Wer älter als 18 Jahre ist und mehr als sechs Monate in Kanada arbeiten möchte, muss außerdem ein polizeiliches Führungszeugnis vorlegen (auch für den Ehegatten). Erst wenn man diese Unterlagen zusammenhat, kann man die Arbeitserlaubnis bei der kanadischen Botschaft beantragen. Leichter hat man es, wenn man in eines der Programme fällt, mit denen je nach Lage des Arbeitsmarktes bestimmte Arbeitskräfte ins Land gelockt werden sollen (z. B. IT-Experten oder Pflegepersonal). Die Arbeitsmarktprüfung entfällt, wenn man im Rahmen des *Working Holiday Program* lediglich einen Ferienjob ausüben möchte. Allerdings gibt es zeitliche Beschränkungen und nur eine begrenzte Anzahl von Plätzen pro Jahr.

Studieren: Auch wer in Kanada studieren möchte, muss sich bereits vorab in Eigenregie um einen Studienplatz kümmern. Die Anforderungen sind für ausländische Studenten recht hoch und ein Sprachtest ist obligatorisch. Nur mit einem Zulassungsbescheid *(Letter of Acceptance)* der jeweiligen Uni und anderen eventuell nötigen Unterlagen (z. B. Führungszeugnis) kann man dann die Studienerlaubnis *(Study Permit)* beantragen. Dabei muss eine Gebühr entrichtet werden, die auch im

Fall der Ablehnung nicht rückerstattet wird. Antragsformulare und weitere Informationen gibt es bei der kanadischen Botschaft. Auf keinen Fall sollte man sich von seinem Vorhaben durch den auf den ersten Blick recht aufwendigen Papierkram abhalten lassen.

Ausführliche Informationen, auch zum Thema **Auswandern**, sind bei *Citizenship and Immigration Canada* (www.cic.gc.ca) und bei den kanadischen Botschaften erhältlich.

Maße, Gewichte und Temperaturangaben

Wie in fast allen anderen Ländern der Welt (Ausnahmen sind die USA, Liberia und Myanmar) gilt in Kanada das **metrische System.** Doch Theorie und Praxis klaffen teilweise erheblich auseinander. So hat sich zwar die Entfernungsangabe in Kilometern durchgesetzt, statt in Metern und Zentimetern rechnen die Kanadier aber weiterhin in *Feet* und *Inches*. Im Supermarkt können wie selbstverständlich die angloamerikanischen Bezeichnungen *Ounces* und *Pounds* an den Regalen sowie auf den Produkten stehen; auch an der Fleischtheke wird nach wie vor danach abgerechnet. Doch welcher Kontinentaleuropäer weiß schon, dass beispielsweise die Aufschrift *33,8 fl oz* auf einer Flasche nichts anderes als 1 l bedeutet?

Absolut auf verlorenem Posten steht man, wenn man in einem Baumarkt Werkzeug oder Autoersatzteile kaufen möchte, denn hier ist definitiv alles auf das angloamerikanische Maßsystem abgestimmt. Wer etwa für sein Mountainbike eine neue Schraube braucht, sollte die alte unbedingt mitbringen und auf keinen Fall vergessen, auch gleich noch einen passenden Schraubenschlüssel zu kaufen, da sich die Schrauben mit einem Schlüssel aus einem europäischen Fahrradreparaturset nicht vernünftig nachziehen lassen.

Amerikanische Maße und Gewichte

	Umrechnung	Abkürzung
ounce	28,35 g	oz
pound (= 16 ounces)	453,61 g	lb
stone (= 14 pounds)	6,35 kg	st
quarter (= 2 stones)	12,7 kg	qt
hundredweight (= 4 quarters)	50,80 kg	
inch	2,54 cm	in
foot (= 12 inches)	30,38 cm	ft
yard (= 3 feet)	91,44 cm	yd
mile	1,609 km	mi
gill	0,118 l	gl
pint (= 4 gills)	0,473 l	pt
quart (= 2 pints)	0,946 l	qt
gallon (= 4 quarts)	3,785 l	gal

Espen im Herbst (AH)

▲▲ Dickhornschaf (AH)
▲ Kanadagänse (AH)

Wapitihirsch (AH) ▲▲
Grizzlys (AH) ▲

Totempfahl im Stanley Park, Vancouver (TM)

Medien

Das kanadische **Fernsehen** unterscheidet sich relativ wenig vom berüchtigten US-amerikanischen. Das bedeutet, dass die meisten Sender keinen Hehl daraus machen, ihr Publikum in erster Linie unterhalten zu wollen und sachliche Berichterstattung mehr oder weniger als notwendige bzw. lästige Randerscheinung ansehen. An das Programm darf man daher keine großen Ansprüche stellen. So sind viele sog. Unterhaltungssendungen an Niveau kaum zu unterbieten, und selbst der Informationsgehalt von reinen Nachrichtensendern ist für europäische Verhältnisse alles andere als beeindruckend. Positiv anzumerken sind die zahlreichen Sportübertragungen, sofern man sich mit den Werbeunterbrechungen im Minutentakt anfreunden kann. In den großen Städten gibt es zudem eigene Touristensender, die dem interessierten Zuschauer vermitteln, wo die neuesten Attraktionen der Gegend stehen, die von Werbeprofis aufwendig ins rechte Kameralicht gerückt werden. Freunde von Sitcoms werden schnell feststellen, dass die nordamerikanischen Originale die deutsch synchronisierten Fassungen in allen Fällen um Längen übertreffen. Der größte staatliche Fernsehsender ist die CBC (Canadian Broadcasting Company), die ihr Programm in Englisch und Französisch (dann unter dem Namen *Radio-Canada*) ausstrahlt. Der größte Privatsender ist CTV (Canadian Television Corporation), der von 99 % der englischsprachigen Haushalte in Kanada empfangen werden kann.

In vielen kleinen Städten gibt es einen lokalen **Radiosender,** der den neuesten Tratsch aus der Umgebung verbreitet. Wer durch eine einsame Gegend in British Columbia fährt und diese Nachrichten zwei Stunden lang verfolgt hat, kennt anschließend praktisch die gesamte Bevölkerung der nächsten Ortschaft. Für Musikfreunde lohnt es sich, ab und zu nach einem passenden kleinen Sender zu suchen, der den eigenen Geschmack bedient. Das Programm, das manchmal von engagierten Privatleuten vom Dachboden einer Farm aus gesendet wird, hat hinsichtlich der Musikauswahl oft erstaunlich hohe Qualität und liegt abseits des gewohnten Einheitsbreis der von Werbespots durchzogenen internationalen Hitparaden.

Die **Presselandschaft** ist nur auf den ersten Blick vielfältig. Bei genauerem Hinsehen stellt der verwöhnte europäische Leser schnell fest, dass sich das Angebot auf eine Handvoll Printmedien eingrenzen lässt. Ähnlich wie in den USA spielt dabei die Weltpolitik keine wirklich maßgebliche Rolle, wenngleich das zum Commonwealth gehörende Kanada hier einen Schritt weiter ist. Als nationale Tageszeitung kann man eigentlich nur die *National Post* bezeichnen (die jedoch Anfang 2010 kurz vor der Pleite stand), mit Abstrichen die *Globe and Mail*. Kanadier, die sich fundiert informieren wollen, greifen ohnehin lieber zu einer der großen Zeitungen aus den Städten, wie dem *Toronto Star*, dem *Calgary Herald* oder der *Vancouver Sun*. Ansonsten gibt es häufig nur Lokalzeitungen mit Nachrichten aus der Region bzw. Provinz. Fast überall gibt es aber ein lokales Blättchen, das sich meist über Werbung finanziert und kostenlos verteilt wird. Darin kann man durchaus brauchbare Hinweise auf lokale Attraktionen und Veranstaltungen finden, etwa auf die jährliche Prämierung des größten Kürbisses, einen Wettbewerb im Kuchenbacken oder ein Wettangeln. Wer gerade in der Gegend ist und ein wenig Zeit erübrigen kann, lernt sein Gastland auf diese Weise von einer völlig neuen Seite kennen.

Wer eine deutsche Zeitung lesen möchte, für den gestaltet sich die Suche schwierig. Am größten sind die Chancen noch an den Flughäfen der großen Metropolen. Hat man Glück und findet eine deutsche Zeitung, ist diese normalerweise nicht nur alt, sondern auch noch teuer. Wer trotzdem nicht auf Nachrichten aus der Heimat verzichten will, sollte ein Internetcafé besuchen und sich online informieren.

Notruf

Im Notfall *(Emergency)* gilt für Polizei, Krankenwagen und Feuerwehr einheitlich ✆ 911. In ländlichen Gebieten muss bisweilen eine Null vorgewählt werden, um eine Verbindung zur Vermittlung *(Operator)* zu erhalten.

Öffnungszeiten

Die Öffnungszeiten variieren erheblich. Allerdings darf man generell davon ausgehen, dass Geschäfte montags bis freitags von 9 bis 17 Uhr und samstags von 9 bis 12 Uhr geöffnet haben, in größeren Städten und Urlaubsregionen auch länger (oft bis 21 Uhr). In Gegenden mit sehr vielen Touristen (z. B. Whistler oder Banff) stehen die Läden außerdem auch meist sonntags von 10 bis 17 Uhr offen. Generell gilt, dass Sehenswürdigkeiten und Museen im Sommer wesentlich längere Öffnungszeiten haben als im Winter, wenn einige von ihnen sogar ganz geschlossen werden. Banken sind Montag bis Donnerstag von 9.30 bis 15.30 Uhr geöffnet, an Freitagen bis 16.30 oder 17 Uhr.

An Feiertagen (siehe dort) sind öffentliche Einrichtungen, Schulen, Banken und die Post geschlossen. Die meisten Museen, Sehenswürdigkeiten und Geschäfte haben jedoch geöffnet, manchmal allerdings zu verkürzten oder aber sogar verlängerten Öffnungszeiten.

Post

Ein staatliches Postamt findet man in praktisch jedem Ort, meist sind die Ämter aber nur von Montag bis Freitag geöffnet. Briefe und Postkarten nach Europa kosten $ 1,70 (in die USA $ 1 und innerhalb Kanadas $ 0,57). Briefmarken bekommt man entweder am Schalter oder am Automaten, wo allerdings ein Aufschlag verlangt wird. Die kanadische Post gilt als zuverlässig, und eine mittels *Airmail* versandte Postkarte erreicht ihren Empfänger in Europa in sieben bis zwölf Tagen (aus Urlaubsregionen und Großstädten mitunter auch schon nach fünf Tagen). Etwas länger brauchen Pakete, die per Luftpost verschickt bis zu zwei, auf dem Land- und Seeweg im Regelfall sechs Wochen unterwegs sind. Wer ein Paket verschicken möchte, sollte sich exakt an die Vorgaben (Gewicht, Größe) halten. Weitere Informationen gibt es bei der **Canada Post** unter www.canadapost.ca.

Rauchen

Rauchen in der Öffentlichkeit ist in Kanada mittlerweile in sämtlichen Provinzen und Territorien strikt verboten. Auch Alberta und British Columbia haben in den letzten Jahren drastische Rauchverbote erlassen. Das Rauchverbot gilt nicht nur in öffentlichen Gebäuden, Transportmitteln und Einkaufszentren, sondern auch in Restaurants, Bars, Diskotheken und überall dort, wo Arbeitnehmer (z. B. Kellner) betroffen sind. Außerdem gilt (und das ist kein Witz): In Alberta müssen Raucher zu den Türen, Fenstern und Lufteinlässen aller oben genannten Gebäude, in denen Rauchverbot herrscht, einen Mindestabstand von fünf Metern einhalten. In British Columbia beträgt dieser Mindestabstand drei Meter.

In Kanada können Rauchverbote außerdem durch sog. *By-laws* ausgesprochen werden, was in etwa einer Kommunalverordnung entspricht. Viele Städte machen von dieser Möglichkeit Gebrauch, so dass in jedem Ort andere Verbote gelten können. So ist es beispielsweise in Victoria verboten, in einem Auto zu rauchen, wenn einer der Insassen unter 18 Jahre ist, und Canmore war die erste Stadt in Alberta, die das Rauchen im Hotelzimmer offiziell untersagt hat.

Da im Gegensatz zu europäischen Gepflogenheiten in Nordamerika solche Rauchverbote generell wirklich ernst genommen werden und bei Verstößen teilweise empfindliche Geldstrafen drohen, sollte man im eigenen Interesse die Hinweisschilder beachten und bestehende Verbote einhalten.

Sicherheit

Kanada gilt als eines der sichersten Reiseländer der Welt. Gewaltkriminalität gibt es eigentlich nur in einigen wenigen Bezirken der Großstädte. Im Westen ist davon praktisch nur Vancouver betroffen. Überfälle sind aber selten, was sicherlich auch mit der Tatsache zusammenhängt, dass Privatpersonen in Kanada (anders als in den USA) selten Waffen besitzen.

An Vermögensdelikten sind in erster Linie Taschendiebstähle zu nennen. Daher sollte man an touristischen Brennpunkten die üblichen Sicherheitsvorkehrungen ergreifen (Wertsachen am Körper tragen, keinen teuren Schmuck anlegen, nicht die gut gefüllte Urlaubskasse in der Öffentlichkeit zücken) und sich keinesfalls leichtsinnig verhalten. Außerdem sollte man sich vergewissern, dass man sein Reisegepäck im Auto so verstaut hat, dass es von außen möglichst nicht sichtbar ist. Als Vorsorgemaßnahme empfiehlt es sich, schon vor der Abreise eine Liste mit allen mitgeführten Wertgegenständen anzulegen, was einem im Ernstfall später viel Ärger erspart. Außerdem sollte man Kopien von Reisepass und Führerschein dabeihaben und getrennt von den Originalen aufbewahren. Im Falle eines Diebstahls kommt man mit den Kopien schneller an Ersatzdokumente. Denn die Behörden müssen dann nicht erst umständlich bei der zuständigen Behörde in der Heimat nach der jeweiligen Pass- und Führerscheinnummer nachfragen, und es bleiben einem auch Wartezeiten aufgrund von Feiertagen bzw. der Zeitverschiebung erspart. Auch die Sperrnummern für Kreditkarte und ggf. Travellerschecks sollte man stets griffbereit haben.

Wenn trotzdem einmal etwas passiert, sollte man sofort den Notruf wählen (✆ 911) oder die nächste Polizeistation aufsuchen. Letzteres ist ohnehin nötig, weil die Versicherungen auf eine förmliche Anzeige bestehen. Man sollte sich daher unbedingt das Aktenzeichen aufschreiben, das während der Protokollaufnahme angelegt wird. Ohne dieses Aktenzeichen kann es später sehr lange dauern, bis Ihre Versicherung den Schaden reguliert. Gleiches gilt übrigens auch bei Verkehrsunfällen.

Steuern

In Kanada sind alle angegebenen Preise immer Nettopreise, auf die beim Bezahlen noch die Steuer aufgeschlagen wird. Der Staat erhebt eine **Goods and Services Tax** (GST) i. H. v. 5 %. Sie entspricht ungefähr unserer Mehrwertsteuer und wird auf fast alle Waren und Dienstleistungen erhoben. Neben der GST zahlt man in den einzelnen Provinzen zusätzlich jeweils eine **Provincial Sales Tax** (PST) von unterschiedlicher Höhe. Alberta ist die einzige Provinz in Kanada, in der keine PST erhoben wird. Hier zahlt man lediglich (ähnlich einer Kurtaxe) eine Touristensteuer i. H. v. 4 % auf Übernachtungen in Unterkünften, die mehr als drei Zimmer haben. British Columbia hat zum 01.01.2010 eine Harmonized Sales Tax (HST) eingeführt. Sie ersetzt die PST und GST und wurde auf 12 % festgesetzt. In British Columbia muss man also auf die Nettopreise immer 12 % Steuern aufschlagen, um den Endpreis zu erhalten (was verglichen mit der deutschen MwSt. recht moderat ist).

Die früher für Touristen mögliche Steuerrückerstattung (*Rebate Program*) wurde von der kanadischen Regierung 2007 ersatzlos gestrichen.

Stromanschlüsse und Steckdosen

In ganz Nordamerika gibt es ein einheitliches Spannungssystem mit 110/120 Volt-(60 Hertz-)Wechselstrom. Moderne Geräte (Notebooks, Rasierer, Föhn etc.) sind heute vielfach auf eine Spannung von 110–220 Volt ausgelegt und passen sich automatisch an. Gleiches gilt für die Ladegeräte von (Video-)Kameras und Handys. Allerdings sollte man sicherheitshalber einen Blick in die Gebrauchsanleitung oder auf das Netzteil werfen (dort unter *AC Input*). Viele andere Geräte lassen sich per Hand auf 110 Volt umschalten. In diesem Fall ist es besonders wichtig, dass man am letzten Tag vor dem Heimflug das Gerät wieder auf die höhere Spannung zurückstellt, um einen Defekt zu vermeiden.

Ein guter Spannungswandler aus dem Fachgeschäft (Billiggeräte sind nicht zu empfehlen) kostet einiges, ist relativ schwer und in Nordamerika nur mit enormem Zeitaufwand aufzutreiben. Man sollte ihn also bei Bedarf hierzulande kaufen. Wichtig ist, dass man ihn griffbereit im Handgepäck verstaut, um ihn bei der Sicherheitskontrolle am Flughafen sofort vorzeigen zu können. Fast alle Kontrollgeräte (und Kontrollbeamten) schlagen nämlich gnadenlos Alarm, wenn man den Spannungswandler im Koffer verstaut.

Für die Steckdosen braucht man einen Adapter, den es günstig im Elektrofachhandel, in den einschlägigen Elektromärkten und in Kaufhäusern gibt. Auch Adapter sollte man vor der Abreise beschaffen, da sie in Nordamerika schwer zu bekommen sind (dort führt man meist nur Adapter, die umgekehrt für europäische Steckdosen ausgelegt sind). Wer mehrere Geräte betreiben will, sollte auch mehrere Adapter mitnehmen.

Telefonieren

Telefonieren im Festnetz: Wer aus Europa nach Kanada telefonieren möchte, der muss nach der internationalen Vorwahl (die für Kanada wie für die USA 001 lautet) zunächst den dreistelligen *Area Code* (eine Art Gebiets- bzw. Ortsvorwahl) und dann die stets siebenstellige Rufnummer eingeben. Will man innerhalb Kanadas telefonieren, muss der Area Code in den Northwest Territories und im Yukon nur bei Ferngesprächen, in Alberta und British Columbia aber sowohl bei Orts- als auch bei Ferngesprächen mitgewählt werden. Bei Ferngesprächen kommt vor Area Code und Rufnummer auch noch die 1, also z. B.:

Die *gebührenfreien Telefonnummern* beginnen mit 800, 866, 877 oder 888, wobei die 1 ebenfalls mitgewählt werden muss, also z. B. 1-877/288-4342.

Das Gegenstück zu den gebührenfreien 800er-Nummern sind die teuren 900er-Nummern, bei denen der Anbieter praktisch frei festlegen kann, welchen Minutenpreis der Anrufer bezahlt.

bei den Nummern im Buch nicht angegeben	Area Code	Rufnummer
1-	604 (Vancouver) 250 (British Columbia ohne Vancouver) 403 (Südliches Alberta mit Calgary) 780 (Nördliches Alberta mit Edmonton) 867 (Northwest Territories) 867 (Yukon)	123-4567

Da die Telefontasten 2 bis 9 auch jeweils den darauf abgedruckten drei Buchstaben entsprechen, werden in Nordamerika viele Telefonnummern prägnant in Worten angegeben, die man sich recht leicht merken kann, wie etwa 800/CAA-HELP (die Servicenummer der CAA, der kanadischen Version des ADAC).

Braucht man eine Auskunft oder möchte man ein R-Gespräch führen, wählt man die 0 und wird automatisch mit der Vermittlung (*Operator*) verbunden.

Wer aus Kanada nach Europa telefonieren will, muss zunächst die 011 (internationaler Anruf) vorwählen, dann die jeweilige Landesvorwahl (ohne Nullen, also für Deutschland 49, für die Schweiz 41 und für Österreich 43), die Ortsvorwahl (ohne die Null) und dann die Rufnummer. Wer beispielsweise die Nummer 011-49-30-203120 wählt, landet bei der kanadischen Botschaft in Berlin.

Die Suche nach einem *Münzfernsprecher* ist zwar einfach, da diese fast an jeder Ecke montiert sind, allerdings handelt es sich meist um einen Telefonapparat mit einem winzigen Plastikrahmen ohne jeden Lärmschutz. Entsprechend erweist es sich an Tankstellen oder am Straßenrand mitunter als unmöglich, ein vernünftiges Gespräch zu führen, weil man schlicht nichts versteht oder nicht verstanden wird. Wesentlich angenehmer ist das Telefonieren in Hotels, Motels oder Infozentren. Hier sind die öffentlichen Fernsprecher aber häufig gut versteckt. Um ein Gespräch zu führen, braucht man jede Menge *Quarters* (siehe *Geld*). Ortsgespräche kosten von öffentlichen Telefonen aus $ 0,35–0,50, für Ferngespräche muss man mindestens $ 2,50 für die erste Minute berappen. Ein Ferngespräch nach Europa liegt bei mindestens $ 5 (= 20 Quarters!) für 3 Min., und man braucht zudem die Hilfe des Operators, was die ganze Angelegenheit zusätzlich verkompliziert. Immer

Die **Telefonauskunft** für den jeweiligen Vorwahlbereich erreicht man kostenlos unter der ✆ 411. Dieser Service ist in Städten sehr praktisch, da einem die Auskunft neben der Nummer auch die komplette Anschrift des gesuchten Teilnehmers nennt und dann häufig ein Blick auf den Stadtplan genügt, um ans Ziel zu gelangen. So lassen sich lokale Sehenswürdigkeiten, Motels oder Restaurants, deren Adresse man nicht kennt, ganz leicht ansteuern. Die Telefonauskunft für andere Vorwahlbereiche ist kostenpflichtig und unter ✆ 1-Area Code/555-1212 zu erreichen. Wer ein paar Dollar sparen will und die notwendige Zeit übrig hat, kann von jedem Telefon aus über ✆ 1-800/555-1212 sämtliche kostenfreien Telefonnummern erfragen.

häufiger gibt es auch Apparate, von denen aus man per *Kreditkarte* Gespräche führen kann, was allerdings teuer ist. Am einfachsten besorgt man sich daher gleich nach der Ankunft eine *Telefonkarte (Phone Card* oder *Prepaid Calling Card),* die es im Wert von $ 5–50 am Flughafenkiosk, in jeder Tankstelle, in vielen Giftshops und an der Supermarktkasse gibt. Auf der Karte befindet sich ein Zahlencode, der freigerubbelt werden muss. Man kann dann von praktisch jedem Telefon aus die auf der Karte zunächst angegebene gebührenfreie Nummer anrufen. Eine Stimme vom Band fordert einen dann auf, die gewünschte Sprache für die weiteren Instruktionen einzugeben (manchmal gibt es auch *German*). Anschließend tippt man den freigerubbelten Code ein und erhält per Ansage das vorhandene Guthaben mitgeteilt. Danach muss man sich meist per Tastendruck entscheiden, ob man ein Ortsgespräch (*Local Call*), Ferngespräch (*Long Distance Call*) oder ein internationales Telefonat (*International Call*) führen möchte, und schließlich die gewünschte Rufnummer eingeben. Vertippt man sich, beginnt die gesamte Prozedur wieder von vorne, was sehr lästig werden kann, da einige Anbieter zwischendurch noch Werbesprüche präsentieren. Fast alle Telefonkarten lassen sich nach dem Abtelefonieren per Kreditkarte wieder telefonisch aufladen. Auch in Deutschland sind mittlerweile Guthabenkarten erhältlich, die man mithilfe der entsprechenden Geheimnummer weltweit abtelefonieren kann.

Viele Hotels und Motels werben mit kostenfreien Ortsgesprächen. Auch für den Anruf einer 800er-Nummer verlangen sie meist nichts, sodass man als Inhaber einer Telefonkarte normalerweise bequem vom Hotelzimmer aus in der Heimat anrufen kann. Wie oben beschrieben, erfolgt die Einwahl zum eigenen Telefonkartenguthaben über eine gebührenfreie Nummer der Telefongesellschaft und ist somit kostenlos. Für das Ferngespräch selbst werden dann vom Kartenguthaben die im Vergleich zum Hoteltarif wesentlich günstigeren Gebühren abgezogen. Allerdings sollte man sich vorweg unbedingt an der Rezeption über die genauen Konditionen erkundigen, da man sonst bei der Abreise eine böse Überraschung erleben kann. Manche Hotels erkennen nämlich über Telefonkarten geführte Ferngespräche nicht als kostenloses Gespräch an und rechnen sie zum teuren hauseigenen Tarif ab. In diesem Fall können für einen zehnminütigen Anruf nach Deutschland leicht einmal $ 65 fällig werden.

Telefonieren mit dem Handy: Dualband-Handys (900/1800 MHz) funktionieren in Kanada nicht. Wer jedoch ein Triband-oder Quadband-Handy sein Eigen nennt, kann damit problemlos telefonieren, sofern das Gerät ein Netz findet, was in den nördlichen Gefilden des Yukon und der Northwest Territories nicht immer der Fall ist. Daher sollte man die automatische Netzsuche unbedingt deaktivieren, da das Handy ansonsten ständig nach einem Netz sucht und der Akku sofort leer ist. Gleiches gilt für die Mobilbox, bei der angesichts der saftigen Roaming-Gebühren stattliche Beträge auflaufen können. Wer ein Handy mit Prepaid-Karte von zu Hause nutzen möchte, sollte sich unbedingt vergewissern, ob er damit auch tatsächlich im außereuropäischen Ausland telefonieren kann. Die Anschaffung einer Prepaid-Karte vor Ort lohnt sich nur bei längeren Aufenthalten und auch nur dann sehr bedingt, da die Tarifstruktur für Telefongespräche in Kanada völlig anders geregelt ist als in Europa und man beispielsweise auch als Angerufener für jedes Gespräch zahlen muss. Außerdem verkaufen die meisten Geschäfte solche Prepaid-Karten nur an Kunden, die eine nordamerikanische Sozialversicherungsnummer nachweisen können.

Bei vielen Mietwagenfirmen kann man vor Ort auch günstig ein Handy leihen. Dadurch spart man sich zumindest die Roaming-Gebühren. Generell gilt, dass man das Handy schon aus Kostengründen nur im Notfall einsetzen sollte und für sonstige Gespräche eine Telefonkarte (s. o.) vorzuziehen ist.

Toiletten

Öffentliche Toiletten sind in Kanada Mangelware. Es gibt sie auch in größeren Städten nur sehr selten und in kleineren Orten schlicht überhaupt nicht. Wer daher ein stilles Örtchen sucht, findet dies in öffentlichen Gebäuden, Museen, den meisten Informationszentren der Nationalparks und natürlich bei den Fastfood-Ketten. Fragen sollte man nach den *Restrooms,* die häufig auch als *Mens'* bzw. *Ladies' Room, Washroom, Bathroom* oder *Lavatory* bezeichnet werden. Das Wort *Toilet* gilt eher als ordinär, wenngleich es doch überall verstanden wird.

Trinkgeld

Das Trinkgeld (offiziell: *Gratuity;* umgangssprachlich: *Tip*) steht im Regelfall auf keiner Rechnung (Ausnahme: in einigen Urlaubsorten und wenn man mit acht oder mehr Personen zum Essen geht). In Restaurants und Bars werden etwa 15 % Trinkgeld auf die gesamte Rechnungssumme erwartet. Als leicht zu merkende Faustregel kann man daher sagen, dass man beim Ausgehen in British Columbia zum Preis auf der Speisekarte etwa 30 % Steuern und Trinkgeld aufschlagen muss, um den tatsächlichen Endpreis zu erhalten. Generell sollte man sich ruhig erlauben, das Trinkgeld nach dem entgegengebrachten Service zu bemessen: War er schlecht, kann man auf etwa 10 % abrunden, war er gut, gibt der Nordamerikaner schon einmal 20 % oder mehr. Wer der Meinung ist, die Bedienung sei derart schlecht gewesen, dass sie überhaupt kein Trinkgeld verdient hat, muss sich darauf einstellen und damit leben können, dass unter den Angestellten des Lokals helle Panik ausbricht.

Da im Restaurant häufig an der Kasse bezahlt wird, kann man das Trinkgeld dort auf die Rechnung setzen lassen oder bei Kreditkartenbezahlung in das dafür extra vorgesehene Feld eintragen. Ansonsten lässt man das Trinkgeld einfach auf dem Tisch liegen.

An Flughäfen und in Hotels erwarten Gepäckträger, Pagen und Türsteher pro Gepäckstück $ 1. Auch Barkeeper, Taxifahrer und der Friseur rechnen mit einem Trinkgeld. Bucht man vor Ort eine Bustour, ist das Trinkgeld meist schon enthalten (Rechnung prüfen), allerdings wird einen der Fahrer trotzdem dezent erwartungsvoll verabschieden (und auf ein paar Dollar extra hoffen).

Versicherungen

Welche Versicherungen man abschließt, bleibt zwar jedem selbst überlassen, obligatorisch ist jedoch in jedem Fall eine private **Reisekrankenversicherung.** Denn die medizinische Versorgung in Kanada ist zwar hervorragend, aber extrem teuer. Grundsätzlich gilt, dass die gesetzlichen Krankenversicherungen regelmäßig nur einen Bruchteil der anfallenden Leistungen im Ausland ersetzen. Darüber hinaus wissen viele Reisende nicht, dass die erstattungsfähigen Leistungen nur zu den in Deutschland vorgesehenen Regelsätzen ersetzt werden, die teilweise verschwindend gering sind. Auch hat so mancher Abenteurer keine Vorstellung davon, welche Kosten auf ihn zukommen können, wenn tatsächlich etwas passieren sollte. So können sich beispielsweise die Kosten bei einem Krankenhausaufenthalt in Kanada auf einen Tagessatz von $ 3000 belaufen, und manche Kliniken berechnen für die Behandlung von Ausländern zusätzlich auch noch einen Aufschlag. Wer privat krankenversichert ist, sollte sich genau danach erkundigen, ob seine Krankenversicherung nicht ohnehin die Krankheitskosten bei kürzeren Urlaubsaufenthalten übernimmt und welche Voraussetzungen an die Erstattung geknüpft sind (Einreichen der Originalbelege, Vorlegen von Formularen, die vom behandelnden Arzt abgezeichnet sein müssen, sonstige Bestätigungen etc.). Allerdings bestehen auch hier im Regelfall Deckungslücken zwischen den Kosten, die später (zu den vorgesehenen Regelsätzen) tatsächlich ersetzt werden, und den vor Ort anfallenden Behandlungskosten. Auslandskrankenversicherungen kann man heute für wenig Geld und in vielfältigsten Kombinationen in jedem Reisebüro abschließen. Für Mitglieder des ADAC gibt es entsprechende Policen gleich für ein ganzes Jahr und die gesamte Familie zu günstigen Konditionen. Beim Abschluss der Versicherung sollte man auf zwei Dinge besonders achten: zum einen darauf, ob und wenn ja bis zu welcher Höhe eine Eigenbeteiligung erfolgt, und zum anderen darauf, für welchen Zeitraum der Versicherungsschutz besteht – häufig sind es nämlich nur sechs Wochen, und man wird leider nicht immer auf diese kurze Laufzeit hingewiesen. Über einen längeren Zeitraum geltende Verträge gibt es zwar auch, sie sind aber entsprechend teurer.

Wanderer im Yoho National Park

Bei langfristiger Planung und bei Reisen mit kleineren Kindern empfiehlt sich darüber hinaus der Abschluss einer **Reiserücktrittskostenversicherung,** die insbesondere im Krankheitsfall die Stornokosten ersetzt. Allerdings lohnt sich auch hier ein Blick ins Kleingedruckte, da die Versicherungsbedingungen erheblich voneinander abweichen können. Im Fall einer Pauschalreise ist diese Versicherung meist bereits im Reisepreis enthalten.

Über Sinn und Unsinn von **Reisegepäckversicherungen** wird viel diskutiert. Tatsache ist, dass die meisten von ihnen den Schönheitsfehler haben, dass exakt diejenigen Wertsachen, die man eigentlich gerne versichern möchte, vom Versicherungsschutz von vornherein ausgenommen sind. Das gilt etwa für Geld, Schecks und die Flugtickets. Bei anderen Gegenständen ist der Ersatz meist auf 50 % der Versicherungssumme beschränkt, so etwa bei Fotoapparaten und Videogeräten. Wer eine teure Fotoausrüstung dabeihat und sich gegen den Verslust absichern möchte, sollte eine spezielle (und entsprechend teure) Zusatzversicherung abschließen. Viele Kreditkartenverträge schließen eine Gepäckversicherung im Ausland automatisch ein, ohne dass man als Kunde etwas davon weiß. Grundsätzlich gehören alle wertvollen Gegenstände, die nicht voll versichert sind, ohnehin ins Handgepäck. Das ist allerdings angesichts der verschärften Sicherheitsbestimmungen heute nicht mehr immer möglich.

Nicht nur wer mit kleinen Kindern unterwegs ist, sollte zudem prüfen, ob seine Haftpflichtversicherung auch Schäden im Ausland übernimmt, was zwar regelmäßig, aber leider nicht immer (z. B. bei längeren Auslandsaufenthalten) der Fall ist. Ansonsten kann der Abschluss einer **Reisehaftpflichtversicherung** durchaus nützlich sein, falls beispielsweise der Nachwuchs auf die Idee kommt, in einem Museum einige Kunstgegenstände der Ureinwohner noch weiter verschönern zu wollen.

Zeitzonen und Sommerzeit

Die anglophonen Kanadier teilen den Tag nicht in 24 Stunden ein, sondern in zweimal 12 Stunden. Zur Unterscheidung werden die Abkürzungen *a.m. (ante meridiem)* für vormittags und *p.m. (post meridiem)* für nachmittags hinzugefügt. 8 a.m. bedeutet also 8 Uhr, 8 p.m. hingegen 20 Uhr. Auf Fahrplänen sind diese Zusätze allerdings häufig nicht zu finden. Hier sind die Uhrzeiten nach 12 Uhr mittags fett gedruckt. In manchen Gegenden und Städten ist man mittlerweile auch dazu übergegangen, die Zeiten nach dem kontinentaleuropäischen System anzugeben.

Die Sommerzeit (*Daylight Saving Time,* kurz: *DST*) dauert in Kanada drei Wochen länger als in Europa und ist in der Mehrzahl der Provinzen üblich, aber nicht in allen. Während etwa in Alberta vom zweiten Sonntag im März bis zum ersten Sonntag im November die Uhren um eine Stunde vorgestellt werden, stellen die Bürger im Nordosten von British Columbia und in Saskatchewan ihre Uhren nicht um. Um das Ganze für den Reisenden noch ein wenig zu verkomplizieren, wird die Sommerzeit vor Ort nicht etwa einheitlich mit DST abgekürzt, sondern je nach Zeitzone auf unterschiedliche Art, im Westen Kanadas also mit PDT (*Pacific Daylight Time*) und MDT (*Mountain Daylight Time*). In Alaska gilt die AKDT (*Alaska Daylight Time*). Wer am Tag der Zeitumstellung unterwegs ist, sollte sich dies in seinem Reiseplan anmerken. Das gilt vor allem dann, wenn man von einer Provinz bzw. Zeitzone in die nächste fährt. Denn eine wegen der Zeitumstellung verpasste Fähre oder ein verpasster Anschlussflug können mehr als ärgerlich werden.

Das Yukon Territory und British Columbia liegen in der Zeitzone der Pacific Standard Time, Alberta und die Northwest Territories haben Mountain Standard Time. In Alaska gilt die Alaska Standard Time (AKST; MEZ – 10 Std.).

Zeitzonen in Kanada

NST = Newfoundland Standard Time	MEZ – 4:30 Std.
AST = Atlantic Standard Time	MEZ – 5 Std.
EST = Eastern Standard Time	MEZ – 6 Std.
CST = Central Standard Time	MEZ – 7 Std.
MST = Mountain Standard Time	MEZ – 8 Std.
PST = Pacific Standard Time	MEZ – 9 Std.

Sea Kayaking in der Strait of Georgia

British Columbia

British Columbia ist die westlichste Provinz Kanadas und erstreckt sich vom Pazifik bis zu den Höhenzügen der kanadischen Rockies. Dazwischen liegt einer der schönsten Landstriche unserer Erde. Das 948.596 km^2 große Gebiet weist eine einzigartige landschaftliche Vielfalt auf, darunter spektakuläre Gebirgszüge, Gletscher, Flüsse, Seen, zerklüftete Küsten und Hunderte von Inseln.

British Columbia hat 4,2 Mio. Einw. Die größte Stadt ist **Vancouver,** in dessen Zentrum ein lebendiger und wirtschaftlich bedeutender Hafen liegt. Die Stadt weist eine beeindruckende Mischung aus historischer und moderner Architektur auf, besitzt schöne Parkanlagen, blühende Gärten und geschützte Strände. Auf der anderen Seite der Strait of Georgia, direkt gegenüber von Vancouver, liegt am südöstlichen Ende von Vancouver Island das elegante **Victoria,** die noch von der britischen Kolonialzeit geprägte Provinzhauptstadt von British Columbia. Victoria besticht mit einer faszinierenden Mischung aus altenglischer Architektur, anderswo längst vergessenen Sitten und Traditionen, gepaart mit modernen Sehenswürdigkeiten, internationalen Restaurants und einer geradezu ansteckenden Lebenslust.

Der größte Teil British Columbias liegt jedoch fernab der Städte in der sie umgebenden unendlichen Weite. Die geschützten Gewässer an der Küste, die schroffe Westküste von **Vancouver Island,** die unberührte Schönheit des **Okanagan Valley,** die berühmten kanadischen Rocky Mountains und viele andere Gebirgszüge sowie die faszinierenden **Queen Charlotte Islands** vermitteln dem Besucher Eindrücke, die er niemals wieder vergessen wird. Die einmalige Szenerie der Landschaft lässt selbst den weit gereisten Weltenbummler in Ehrfurcht erstarren. Inmitten dieser Wildnis bieten sich unendlich viele Möglichkeiten zum Wandern und Kanufahren, zur Beobachtung von Tieren, zum Angeln in den zahllosen Seen oder Flüssen sowie zum Skifahren oder Snowboarden in einem der Skiresorts. Und just hier lässt sich auch die ursprüngliche Kultur am besten kennen lernen.

Die größte Metropole British Columbias: Vancouver

Vancouver und Umgebung

Hat man das Glück, das von Bergen und Meer umgebene Vancouver an einem sonnigen Tag zum ersten Mal zu erleben, so verfällt man dem Zauber dieser Stadt garantiert sofort. Als einer der Austragungsorte der Olympischen Winterspiele 2010 beeindruckte Vancouver die Menschen weltweit mit seiner lebendigen Atmosphäre. Die Stadt profitiert dabei immens von ihrer einmaligen Lage. So kann man beispielsweise tagsüber mitten in der Downtown zu einer Bootsfahrt aufbrechen oder einen der nahe gelegenen Provinzparks besuchen. Dort bieten sich im Sommer ideale Wandermöglichkeiten, im Winter kann man auf Skiern oder mit dem Snowboard die Hänge unsicher machen. Echte Stadtmenschen werden sich am Duft von frischem Kaffee und ofenfrischem Brot erfreuen, der überall aus den einladenden Cafés bis auf die Gehsteige wabert. Der Besucher kann sich ins geschäftige Treiben der Märkte stürzen, sich am Strand in der Sonne aalen oder einfach nur entspannen. In den Stadtparks lassen sich außerdem unter dem Schatten der Bäume vorzüglich die vorübergehenden Passanten beobachten. Ein Vergnügen, das unter der Bezeichnung *People Watching* gepflegt wird. Abends sorgen die unzähligen guten Restaurants, angesagte Nachtclubs und ein spektakuläres Kunstprogramm dafür, dass man in Vancouver sprichwörtlich bis in die Puppen feiern kann.

Ringt man sich dann entgegen aller inneren Widerstände irgendwann doch einmal dazu durch, die Stadt zu verlassen, braucht man nicht einmal eine ganze Tagesfahrt zu unternehmen, um eine Vielzahl an Sehenswürdigkeiten zu besuchen bzw. sich diversen Freizeitaktivitäten hinzugeben. Zwar ist British Columbia v. a. für seine fantastische Bergkulisse berühmt. Doch tatsächlich ist die nordwestlich von Vancouver gelegene Sunshine Coast der perfekte Tummelplatz für alle Wassersportbegeisterten. Hier kann man schwimmen, auf den Sandstränden ein Sonnenbad genießen, Kanu oder Kajak fahren, einfach nur abhängen, tauchen oder mit einem Boot aufs Meer hinausfahren und angeln. Der spektakuläre Hwy. 99 wird vor Ort nicht umsonst

Highlights

Canada Place (S. 140): Das architektonische Meisterwerk ist der Stolz von Vancouver. Seine gewaltige, an weiße Segel erinnernde Erscheinung ist ein Wahrzeichen der Stadt.

Granville Island (S. 142): Interesse an Kunst? Lust darauf, einmal zu sehen, wie ein Holzboot gebaut wird? Spaß daran, durch das interessante Angebot unzähliger Marktbuden zu stöbern? Alles das und noch viel mehr kann man tun, wenn man mit der Fähre auf diese Insel übersetzt, die inmitten der Stadt liegt.

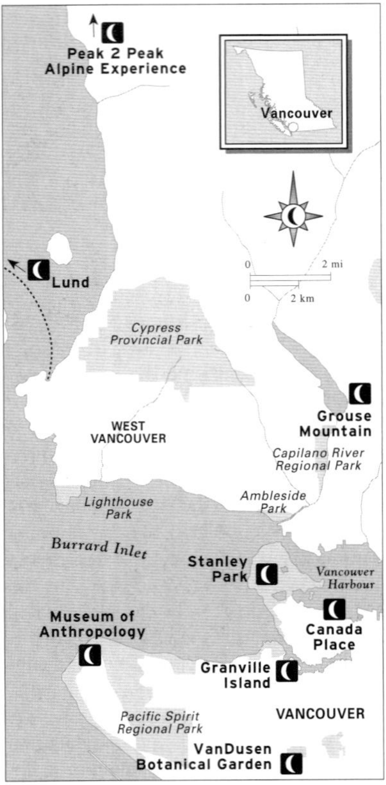

Stanley Park (S. 145): Dieser Park begeistert jeden. Das große bewaldete Areal nordwestlich der Downtown wurde in seinem ursprünglichen Zustand für immer unter Naturschutz gestellt.

VanDusen Botanical Garden (S. 150): Der im Zentrum eines der nobelsten Viertel von Vancouver gelegene botanische Garten lässt die Herzen aller Pflanzenfreunde höherschlagen.

Museum of Anthropology (S. 151): Das einem Plankenhaus der Ureinwohner nachempfundene Gebäude beherbergt eine beeindruckende Sammlung von Totempfählen und Kunstgegenständen der indigenen Völker der Nordwestküste.

Grouse Mountain Gondola (S. 154): Die auf der Nordseite von Vancouver befindliche Seilbahn bietet dem Fahrgast einen Panoramablick über die Stadt und bis zum Mount Baker in Washington (USA). Oben auf dem Berg angekommen, kann man angesichts der Fülle von Unternehmungsmöglichkeiten leicht einen halben Tag verbringen.

Lund (S. 189): Das am Ende der Sunshine Coast gelegene Lund ist ein zauberhaftes Fischerdorf, in dem es viel zu tun und zu sehen gibt.

Peak 2 Peak Alpine Experience (S. 197): Der Ferienort Whistler ist zu jeder Jahreszeit einen Besuch wert – und zwar unabhängig davon, ob man wintersportbegeistert ist oder nicht. Ein absolutes Muss ist eine Fahrt mit der 4,4 km langen Seilbahn Peak 2 Peak Gondola, die einem fantastische Ausblicke beschert.

Sea to Sky Highway genannt. Er bringt einen zunächst in Richtung Nordwesten aus Vancouver heraus und führt dann entlang dem Howe Sound, in dem mehrere Inseln liegen, zum berühmten Skiparadies **Whistler,** einem der Gastgeberorte der Olympischen Winterspiele 2010. Von Vancouver führen zwei Straßenrouten nach Osten: Wer es eilig hat, nimmt den Trans-Canada Hwy., der südlich des breiten Fraser River verläuft. Wer mehr Zeit mitbringt, fährt über den sich nördlich des Flusses windenden Hwy. 7. Beide Highways führen durch das üppige, fruchtbare und daher landwirtschaftlich genutzte Fraser Valley, bevor sie bei Hope wieder zusammenlaufen.

Vancouver
Karte S. 134/135

Reise- und Zeitplanung

Wie viel Zeit man für einen Besuch von Vancouver und seiner Umgebung einplant, hängt natürlich ganz von den persönlichen Vorlieben ab. Wer die Zeit überwiegend in der Natur verbringen möchte, der braucht ein anderes Zeit- und Finanzbudget als etwa ein frisch verheiratetes Paar, das in den Flitterwochen ein paar Tage ausspannen möchte. Aber genau das ist der wahre Reiz an Vancouver – die Stadt hat für jeden Geschmack etwas zu bieten.

Ganz gleichgültig, ob im persönlichen Zeitplan nur ein Wochenende oder gleich eine ganze Woche für den Besuch von Vancouver vorgesehen ist: Auf jeden Fall sollte man zumindest einmal früh aufstehen, um einen Spaziergang (oder eine Fahrt) durch den **Stanley Park** zu machen. Auch die beiden großen Museen der Stadt, das **Museum of Vancouver** und das **Museum of Anthropology,** sollte man nach Möglichkeit morgens besuchen. Die Nachmittage hält man sich besser für Unternehmungen an der frischen Luft frei. Hier hat man die Qual der Wahl: aktiv (Kajakfahren auf dem False Creek), lehrreich (Capilano Salmon Hatchery) oder schlichtweg atemberaubend (Grouse Mountain Skyride). Ist man mit der Erkundung von Vancouver fertig, stellt sich die Frage, wohin jetzt. Eine Reihe von Möglichkeiten ist im zweiten Teil dieses Kapitels beschrieben. Einer weiteren Alternative, Vancouver Island, ist dann das komplette nächste Kapitel gewidmet. Die Entscheidung für eine der möglichen Routen hängt von zwei zentralen Gesichtspunkten ab: der jeweiligen Jahreszeit und den persönlichen Interessen. Eine Möglichkeit besteht darin, mit einer Fähre zur **Sunshine Coast** zu fahren, von wo aus man mit anderen Fähren weiter nach Vancouver Island übersetzen kann (auf dieser Strecke empfiehlt sich ein Abstecher ins reizvolle **Lund**). Unabhängig von der Jahreszeit wollen die meisten Touristen auf ihrer Reise durch British Columbia auch **Whistler** ansteuern. Der Ferienort lässt sich zwar auch in einem Tagesauflug von Vancouver aus besichtigen, man kann dort aber alleine schon einen ganzen Tag damit verbringen, mit der Seilbahn auf den Hausberg zu fahren und diesen zu erkunden. Wer gerne wandert, radelt oder Golf spielt, sollte daher mindestens zwei Tage einplanen. Da in Whistler im Winter Hauptsaison ist, wird man dort zu dieser Zeit für den Genuss, auf einigen der weltweit besten Ski- und Snowboardpisten unterwegs sein zu dürfen, bei den Übernachtungspreisen entsprechend zur Kasse gebeten. Schließlich hat man noch die Alternative, Richtung Westen zu fahren (siehe Kapitel „Südliches Binnenland").

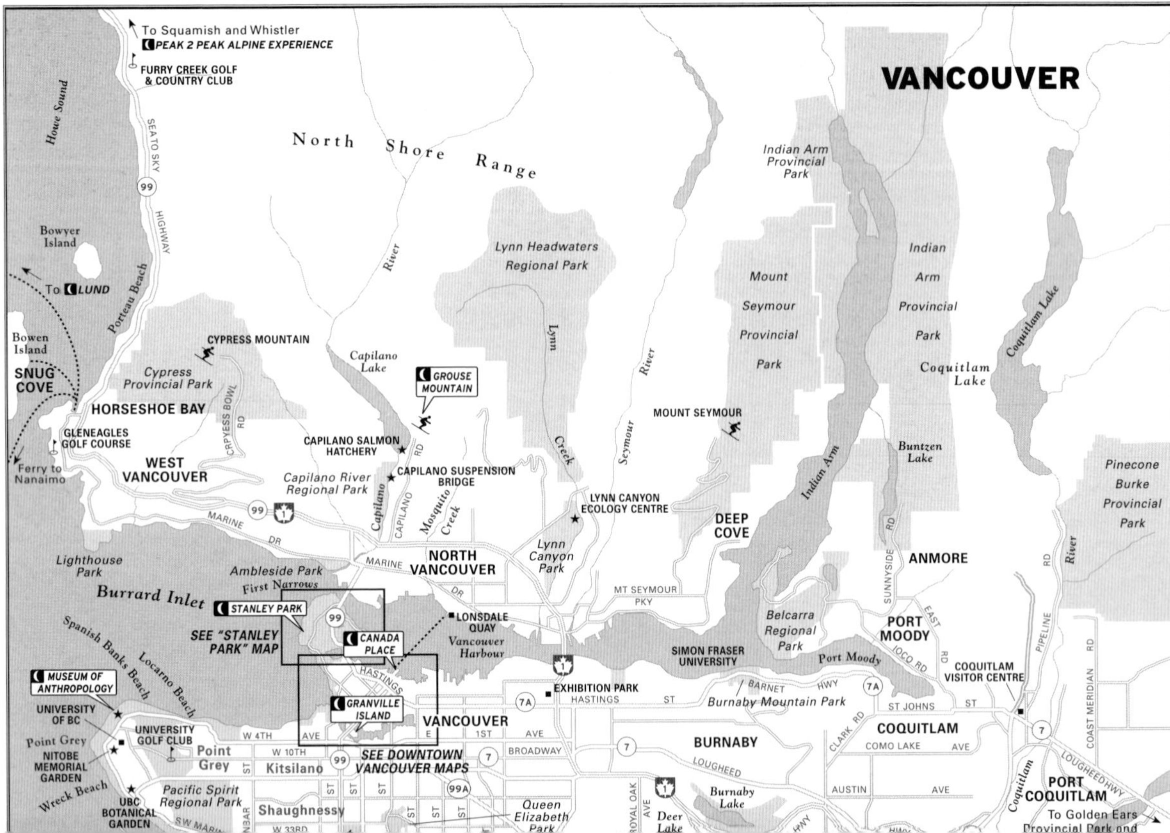
VANCOUVER
To Squamish and Whistler
PEAK 2 PEAK ALPINE EXPERIENCE
FURRY CREEK GOLF & COUNTRY CLUB
Howe Sound
North Shore Range
Bowyer Island
To LUND
Porteau Beach
Bowen Island
SNUG COVE
HORSESHOE BAY
GLENEAGLES GOLF COURSE
Ferry to Nanaimo
WEST VANCOUVER
CYPRESS MOUNTAIN
Cypress Provincial Park
Capilano Lake
GROUSE MOUNTAIN
CAPILANO SALMON HATCHERY
CAPILANO SUSPENSION BRIDGE
Capilano River Regional Park
Lynn Headwaters Regional Park
Lynn Creek
Seymour River
MOUNT SEYMOUR
Mount Seymour Provincial Park
Indian Arm Provincial Park
Indian Arm
Indian Arm Provincial Park
Coquitlam Lake
Buntzen Lake
Pinecone Burke Provincial Park
LYNN CANYON ECOLOGY CENTRE
Lynn Canyon Park
DEEP COVE
ANMORE
NORTH VANCOUVER
Lighthouse Park
Ambleside Park
First Narrows
Burrard Inlet
STANLEY PARK
SEE "STANLEY PARK" MAP
LONSDALE QUAY
Vancouver Harbour
CANADA PLACE
SIMON FRASER UNIVERSITY
Belcarra Regional Park
PORT MOODY
Port Moody
COQUITLAM VISITOR CENTRE
Spanish Banks Beach
Locarno Beach
MUSEUM OF ANTHROPOLOGY
UNIVERSITY OF BC
UNIVERSITY GOLF CLUB
Point Grey
NITOBE MEMORIAL GARDEN
Wreck Beach
UBC BOTANICAL GARDEN
Pacific Spirit Regional Park
Kitsilano
Shaughnessy
GRANVILLE ISLAND
SEE DOWNTOWN VANCOUVER MAPS
VANCOUVER
EXHIBITION PARK
Queen Elizabeth Park
BURNABY
Burnaby Mountain Park
Burnaby Lake
Deer Lake
COQUITLAM
PORT COQUITLAM
To Golden Ears Provincial Park and
MARINE DR
CAPILANO RD
MT SEYMOUR PKY
HASTINGS ST
BARNET HWY
LOUGHEED HWY
ST JOHNS ST
COAST MERIDIAN RD
PIPELINE RD
IOCO RD
EAST RD
SUNNYSIDE RD
CLARK RD
COMO LAKE AVE
AUSTIN AVE
BROADWAY
W 4TH AVE
W 10TH
1ST AVE
ROYAL OAK AVE
SEA TO SKY HIGHWAY
CYPRESS BOWL RD

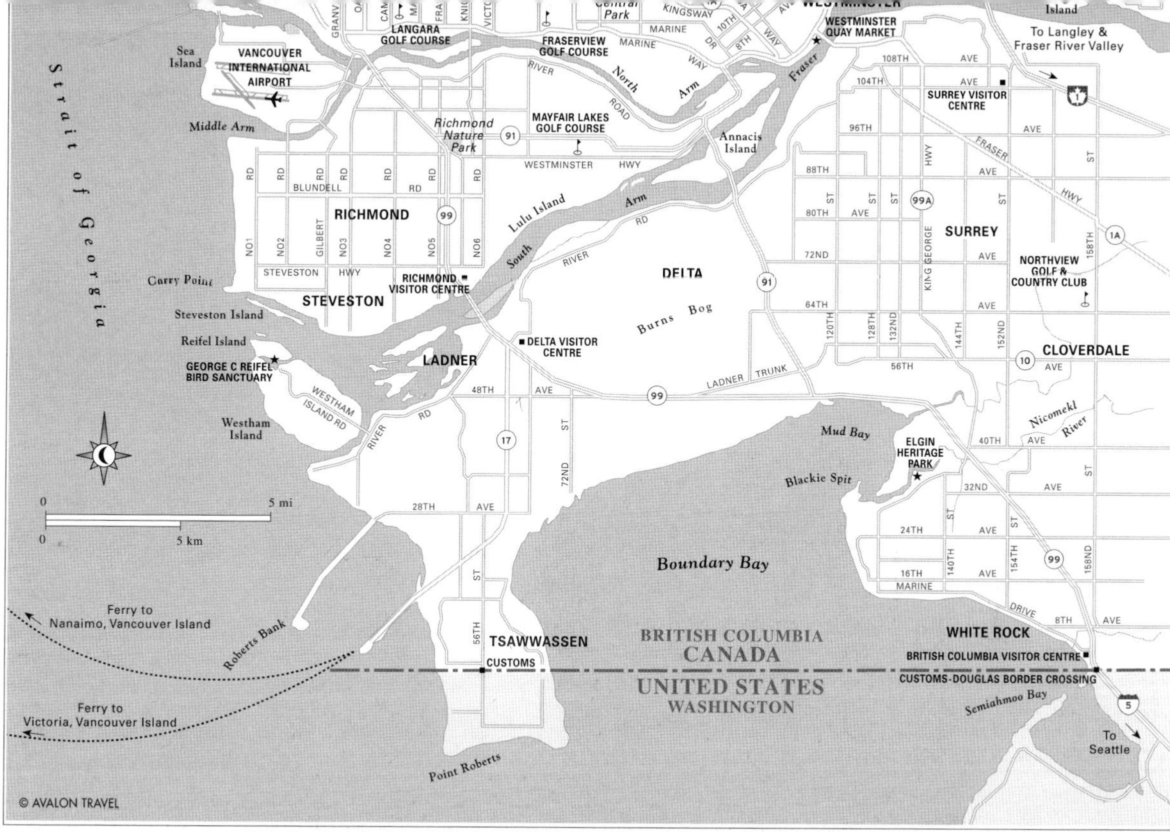
Strait of Georgia
Sea Island
VANCOUVER INTERNATIONAL AIRPORT
Middle Arm
LANGARA GOLF COURSE
FRASERVIEW GOLF COURSE
MAYFAIR LAKES GOLF COURSE
Richmond Nature Park
North Arm
Fraser
WESTMINSTER QUAY MARKET
Annacis Island
To Langley & Fraser River Valley
SURREY VISITOR CENTRE
RICHMOND
STEVESTON
RICHMOND VISITOR CENTRE
Lulu Island
South Arm
Carry Point
Steveston Island
Reifel Island
GEORGE C REIFEL BIRD SANCTUARY
Westham Island
LADNER
DELTA VISITOR CENTRE
DELTA
Burns Bog
SURREY
NORTHVIEW GOLF & COUNTRY CLUB
CLOVERDALE
Nicomekl River
Mud Bay
ELGIN HERITAGE PARK
Blackie Spit
Boundary Bay
Roberts Bank
TSAWWASSEN
CUSTOMS
BRITISH COLUMBIA
CANADA
UNITED STATES
WASHINGTON
WHITE ROCK
BRITISH COLUMBIA VISITOR CENTRE
CUSTOMS-DOUGLAS BORDER CROSSING
Semiahmoo Bay
To Seattle
Point Roberts
Ferry to Nanaimo, Vancouver Island
Ferry to Victoria, Vancouver Island
0 5 mi
0 5 km
© AVALON TRAVEL

Geschichte

Im Jahr 1792 befuhr Kapitän George Vancouver die Strait of Georgia auf der Suche nach der Nordwestpassage. Dabei kartierte er das Burrard Inlet und nahm das Land für Großbritannien in Besitz. 1808 gründete der Pelzhändler und Forscher Simon Fraser einen Handelsposten östlich des heutigen Vancouver am Ufer des Flusses, der seither seinen Namen trägt.

Die Besiedlung von Vancouver begann mit der Gründung einer Ziegelbrennerei auf der Südseite des Burrard Inlet. Ihr folgten Sägewerke sowie die zugehörige Holzindustrie, und schon bald entstanden mitten in der Wildnis einige Boomtowns. Die erste davon war Granville (die heutige Downtown von Vancouver), das im Volksmund nur *Gastown* genannt wurde. Der Name rührt von einem ihrer ersten Siedler her, dem berüchtigten Saloonbesitzer *„Gassy Jack" Deighton.*

Entwicklung der Stadt

Nachdem man Vancouver im Jahr 1887 zur westlichen Endstation der Canadian Pacific Railway bestimmt hatte, wurde die Stadt über Nacht zum kanadischen Verkehrsknotenpunkt auf dem Weg nach Osten und stieg plötzlich auch zum wichtigen Akteur für die Entwicklung der Handelsbeziehungen im Pazifik auf. In den nächsten 30 Jahren breitete sich auf Granville Island und den etwas entfernteren Abschnitten am Burrard Inlet zunehmend Industrie aus, das *West End* entwickelte sich zu einer Wohngegend, die *University of British Columbia* nahm Gestalt an, und mit der Eröffnung der *Lions Gate Bridge* wurde auch die Besiedlung auf der Nordseite des Burrard Inlet eingeleitet.

Lions Gate Bridge

Jüngere Vergangenheit

Was vor 120 Jahren mit einem Haufen baufälliger Gebäude begann, die um einen Saloon herum standen, ist mittlerweile zu einer der bedeutendsten Städte der Welt geworden. Vancouver besitzt den größten Hafen an der nordamerikanischen Westküste, in dessen 20 Spezialterminals mehr Bruttoregistertonnen umgeschlagen werden als in jedem anderen Hafen Kanadas. Der Wert dieser Waren beträgt jährlich geschätzte $ 50 Mrd. Dennoch ist die weitere Entwicklung der Stadt heute weniger als je zuvor von ihrer traditionellen wirtschaftlichen Ausrichtung abhängig. Den am stärksten wachsenden Wirtschaftszweig stellt in Vancouver die Hightechindustrie dar. Mit einem Umsatz von $ 6 Mrd. im Jahr 2009 sorgte sie für die Wiederbelebung der regionalen Wirtschaft und für einen bedeutenden Wandel in den strategischen Überlegungen der Regierung. Der Tourismus spült jährlich weitere $ 5 Mrd. in die Kassen. Auch Finanzwirtschaft, Immobilienhandel, Versicherungen und Produktionsbetriebe sind wichtige Wirtschaftsfaktoren. Zudem ist Vancouver nach Los Angeles und New York der drittgrößte Produktionsstandort der Filmindustrie in ganz Nordamerika. Die Filmindustrie beschäftigt für die hier bis zu 30 zeitgleich laufenden Produktionen bis zu 50.000 Angestellte.

Orientierung

Obwohl einem das exzellente Nahverkehrssystem immens weiterhilft, ist es in Vancouver nicht immer leicht, auf Anhieb die Orientierung zu behalten. Die Downtown liegt auf einer Landzunge, die nördlich und östlich vom **Burrard Inlet,** im Westen von der **English Bay** und im Süden vom **False Creek** begrenzt wird. Dadurch ist das Stadtzentrum vom Rest Vancouvers fast abgeschnitten. Dank der weisen Voraussicht der Stadtgründer wurde fast die Hälfte der Halbinsel, auf der die Downtown liegt, als Parkgelände belassen.

Die **City of Vancouver** erstreckt sich von der Downtown aus nach Süden und Westen zwischen dem Burrard Inlet und dem Fraser River. Hier liegen der schicke Vorort **Kitsilano** (von den Einheimischen schlicht *Kits* genannt) und **Point Grey,** Sitz der University of British Columbia. Nach Osten hin stößt man auf die Wohngebiete von **Burnaby, New Westminster** und **Coquitlam,** die es zusammen auf mehr als 250.000 Einw. bringen.

Weiter südlich erstreckt sich das tiefer gelegene Fraser River Delta bis hinunter zur Grenze mit dem US-Bundesstaat Washington. Zwischen dem nördlichen und dem südlichen Arm des Fraser River befindet sich **Richmond** mit dem Vancouver International Airport. Südlich des südlichen Flussarms trifft man auf das überwiegend industriell genutzte Gebiet von **Delta** und auf **Tsawwassen,** von wo aus die Fähren nach Vancouver Island ablegen. Südöstlich des Fraser River liegt **Surrey,** und in seinem Flussdelta sind die Städte **Langley, Abbotsford** und **Chilliwack,** die alle zum sich stetig ausdehnenden Vancouver gehören.

Auf der nördlich der Downtown gelegenen Seite des Burrard Inlet befindet sich auf dem schmalen Landstreifen zwischen dem Meer und den Bergen **North Vancouver,** das über die Lions Gate Bridge mit der Stadt verbunden ist. Von der weiter westlich gelegenen **Horseshoe Bay** aus legen die Fähren zur Sunshine Coast und nach Vancouver Island ab. Das benachbarte **West Vancouver** ist ein eher nobler Vorort.

DOWNTOWN VANCOUVER
Lost Lagoon
STANLEY PARK
Coal Harbour
Second Beach
99
LAGOON
DRIVE
PARK LANE
BEACH
ROBSON
ST
CAFÉ DE PARIS
BUCHAN HOTEL
HARO
WEST GEORGIA
ALBERNI
BARCLAY
THE CHEF & THE CARPENTER
CHILCO
NELSON
PENDER
GILFORD
COMOX
ROBSON PUBLIC MARKET
AVE
SYLVIA HOTEL
BREAD GARDEN
GREENBRIER HOTEL
MARBELLA
English Bay Beach
RAINCITY GRILL
DENMAN
BIDWELL
WEST END
Barclay Heritage Square
BARCLAY HOTEL
PACIFIC PALISADE HOTEL
ROEDDE HOUSE MUSEUM
WEST END GUEST HOUSE
BLUE HORIZ HOTEL
DAVIE
PENDRELL
CINCIN
Alexandra Park
English Bay
BURNABY
CARDERO
NICOLA
BROUGHTON
SEE "ROBSON SQUARE" DETAIL BELOW
HARWOOD
Nelson Park
JERVIS
THURLOW
BEACH
BUTE
0
200 yds
200 m
Sunset Beach Park
STEPHO'S
ST. PAUL'S HOSPITAL
PACIFIC
HELMCKEN
Sunset Beach
HI-VANCOUVER DOWNTOWN
HERITAGE HARBOUR
BURRARD
DRAKE
Kitsilano Point
Vanier Park
HOW JOHN
VANCOUVER MARITIME MUSEUM
VANCOUVER AQUATIC CENTRE
A KETTLE OF FISH
HORNBY
LUV-A-FA
MCNICHOL
MUSEUM OF VANCOUVER
HOWE
IL GIARDINO
YALE HOTEL
WHYTE
GORDON MACMILLAN SOUTHAM OBSERVATORY
BURRARD ST BRIDGE
GRANVILLE
SEYMOUR
Kitsilano Beach
RICHARDS
Kitsilano Beach Park
GRANVILLE ISLAND PUBLIC MARKET
GRANVILLE ISLAND BOAT RENTALS
CORNWALL
GRANVILLE ST BRIDGE
MALONES
ECOMARINE OCEAN KAYAK CENTRE
ARBUTUS
MAPLE
CYPRESS
BURRARD ST
W 1ST
GRANVILLE ISLAND
ANDERSON
EMILY CARR INSTITUTE OF ART & DESIGN
W 2ND
KITSILANO
KIDS MARKET
GRANVILLE ISLAND INFORMATION CENTRE
YEW
W 3RD
GRANVILLE ISLAND HOTEL
SOPHIE'S COSMIC CAFÉ
BISHOP'S
JOE'S GRILL
W 4TH
FAIRVIEW
© AVALON TRAVEL

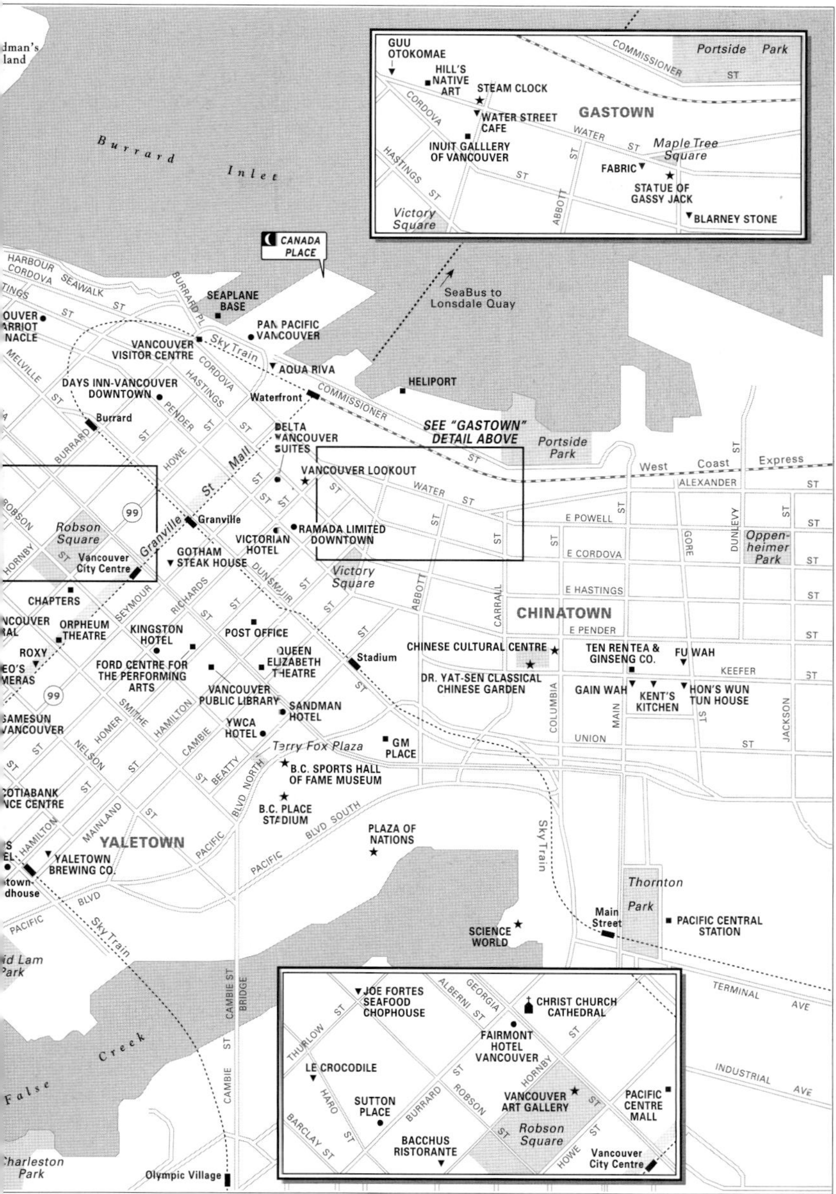

Burrard Inlet
CANADA PLACE
SEAPLANE BASE
PAN PACIFIC VANCOUVER
VANCOUVER VISITOR CENTRE
AQUA RIVA
HELIPORT
SeaBus to Lonsdale Quay
DAYS INN-VANCOUVER DOWNTOWN
Burrard
Waterfront
DELTA VANCOUVER SUITES
SEE "GASTOWN" DETAIL ABOVE
VANCOUVER LOOKOUT
Portside Park
Granville
Granville St. Mall
Robson Square
Vancouver City Centre
GOTHAM STEAK HOUSE
VICTORIAN HOTEL
RAMADA LIMITED DOWNTOWN
Victory Square
CHINATOWN
CHAPTERS
ORPHEUM THEATRE
KINGSTON HOTEL
POST OFFICE
QUEEN ELIZABETH THEATRE
Stadium
CHINESE CULTURAL CENTRE
TEN REN TEA & GINSENG CO.
FU WAH
ROXY
FORD CENTRE FOR THE PERFORMING ARTS
VANCOUVER PUBLIC LIBRARY
DR. YAT-SEN CLASSICAL CHINESE GARDEN
GAIN WAH
KENT'S KITCHEN
HON'S WUN TUN HOUSE
SANDMAN HOTEL
YWCA HOTEL
Terry Fox Plaza
GM PLACE
B.C. SPORTS HALL OF FAME MUSEUM
B.C. PLACE STADIUM
PLAZA OF NATIONS
YALETOWN
YALETOWN BREWING CO.
Sky Train
Thornton Park
Main Street
PACIFIC CENTRAL STATION
SCIENCE WORLD
False Creek
Olympic Village
Oppenheimer Park
West Coast Express
GASTOWN
GUU OTOKOMAE
HILL'S NATIVE ART
STEAM CLOCK
WATER STREET CAFE
INUIT GALLLERY OF VANCOUVER
Maple Tree Square
FABRIC
STATUE OF GASSY JACK
BLARNEY STONE
JOE FORTES SEAFOOD CHOPHOUSE
CHRIST CHURCH CATHEDRAL
FAIRMONT HOTEL VANCOUVER
LE CROCODILE
SUTTON PLACE
VANCOUVER ART GALLERY
PACIFIC CENTRE MALL
BACCHUS RISTORANTE

Sehenswertes

Als größte Stadt in British Columbia hält Vancouver eine Fülle von weltweit bedeutenden Sehenswürdigkeiten bereit. Ob man nun lieber ein Museum besucht oder einen Berggipfel erstürmt – in Vancouver kommt jeder auf seinen Geschmack. Das größte Problem ist dabei schlicht, dass man die vorhandene Vielfalt in die eigene Reiseplanung einarbeiten muss. Glücklicherweise drängen sich viele Sehenswürdigkeiten um die Downtown. Andere, wie etwa Granville Island und die drei großen Museen der Stadt, liegen etwas außerhalb, sind aber mit öffentlichen Verkehrsmitteln problemlos zu erreichen. Generell empfiehlt es sich, seinen Zeitplan für die Besichtigungen an die jeweils herrschende Wetterlage anzupassen. Sagen die Wetterfrösche Regen voraus, sollte man sich auf die Museen konzentrieren und sich die North Shore und den Stanley Park für einen sonnigeren Tag aufheben.

Downtown

Die erste Handelsroute durch Vancouver verlief über die Granville St. Steht man heute an der Stelle, wo sie von der W Georgia St. gekreuzt wird, ist man so nahe am wahren Stadtzentrum von Vancouver, wie man es nur sein kann. Von dieser geschäftigen Kreuzung aus verläuft die Granville St. weiter als Fußgängerzone nach Norden in Richtung Burrard Inlet. Dabei führt sie durch den Central Business District (CBD) zum Canada Place und zum Hauptbüro des TouristInfo Centre.

Vancouver Lookout

Wer sich sofort eine Orientierung über die Downtown verschaffen möchte und ein gewisses Kribbeln in der Magengegend nicht scheut, sollte den Glasaufzug an der Außenseite des 40-stöckigen **Harbour Centre Tower** (555 W Hastings St., ✆ 604/689-0421; tägl. 9–21 Uhr, im Sommer bis 22.30 Uhr; Erwachsene $ 13, Senioren $ 11, Kinder $ 9) nehmen. Dieser Hochgeschwindigkeitsaufzug bringt einen zum Vancouver Lookout, einem 167 m über den Straßen von Vancouver gelegenen, geschlossenen Aussichtsraum. Der Rundumpanoramablick reicht nach Süden bis zum 140 km entfernten Mount Baker. In dem kreisförmigen Raum kann man auf Schautafeln interessante Einzelheiten zum Panorama erfahren, das man von hier genießt. Die Eintrittskarte ist den ganzen Tag lang gültig, man kann daher jederzeit wiederkommen, sofern man sie nicht leichtsinnigerweise weggeworfen hat. Das Aussichtsdeck ist nämlich ein perfektes Plätzchen, um den Sonnenuntergang über der Strait of Georgia zu genießen.

Canada Place

Es ist eine beeindruckende architektonische Kuriosität und zugleich das Wahrzeichen und Symbol von Vancouver: der Canada Place mit 27 m hohen, wogenden, teflonbeschichteten Segeln aus Fiberglas am Burrard Inlet. Bei seinem Anblick wird man als Betrachter den Eindruck nicht los, das schiffsähnliche Gebäude könnte jede Sekunde den Anker lichten und in den Sonnenuntergang segeln. Canada Place wurde als kanadischer Pavillon für die Weltausstellung 1986 erbaut. Der direkt am Wasser gelegene Komplex dient heute vorwiegend als Kongresszentrum und Anlegestelle für die Ausflugsschiffe. Das Vancouver Trade and Convention Centre, das den größten Teil des Geländes einnimmt, wird derzeit unter Einbeziehung des benachbarten Burrard Landing auf das Dreifache seiner bisherigen Größe aufgestockt. Die Erweiterung kostet eine halbe Milliarde Dollar und wird das Gesicht der Downtown an dieser Stelle für immer verändern. Canada Place beherbergt am Startpunkt der Burrard St. zudem das luxuriöse, 405 Zimmer fassende Pan Pacific Hotel (das gläserne Wunderwerk mit dem Kuppeldach), Restaurants, Geschäfte und ein IMAX-Kino. Wer auf eigene Faust eine Erkundungstour durch den Komplex machen möchte, startet am besten am Informationsschalter neben dem Haupteingang und bringt mindestens 1 Std. Zeit mit. Dabei sollte man auf jeden Fall auch einen Spaziergang auf der dreieinhalb Blocks langen Außenpromenade machen, die eine herrliche Aussicht auf den Hafen, die North Shore, die Coast Mountains und die am Pier liegenden Kreuzfahrtschiffe nach Alaska bietet.

Vancouver Art Gallery

Francis Rattenbury, der Architekt des Hotels Fairmont Empress in Victoria und zudem Schöpfer vieler anderer architektonischer Meisterwerke, gestaltete auch Vancouvers imposantes neoklassizistisches Gerichtsgebäude, in dem heute die Vancouver Art Gallery (750 Hornby St., ✆ 604/662-4700; tägl. 10–17 Uhr, Do bis 21 Uhr; Erwachsene $ 19,50, Senioren $ 14, Kinder unter 12 Jahre $ 7) untergebracht ist. Ursprünglich war das Gebäude zur Georgia St. hin ausgerichtet, und obwohl die komplette Fassade aus dem Jahr 1911 im Originalzustand erhalten wurde, befindet sich der Haupteingang heute in der Robson St. Die große Sammlung mit Kunstwerken von Kanadas herausragender Künstlerin Emily Carr befindet sich, zusammen mit Werken anderer heimischer Künstler, im 3. Stock. Außerdem beherbergt die Galerie Werke von zeitgenössischen Künstlern aus Nordamerika und Europa sowie eine beeindruckende Sammlung historischer Kunst.

Es werden auch geführte Touren angeboten. Kinder kommen v. a. in der Children's Gallery auf ihre Kosten, Erwachsene bevorzugen hingegen eher die Sonderveranstaltungen. Dazu gehören insbesondere Lesungen, Filme und Konzerte. Im Giftshop gibt es eine große Auswahl an Kunstbüchern, Schmuck und Geschenken. Das im Haus befindliche Café ist stets überfüllt.

Christ Church Cathedral und Umgebung

Einen Block nordwestlich der Vancouver Art Gallery liegt an der Ecke W Georgia und Burrard St. die Christ Church Cathedral. Zu ihrer Bauzeit im Jahr 1895 lag sie mitten im Herzen des einstigen Wohnviertels. In den folgenden 100 Jahren verschwand sie dann zunehmend zwischen moderneren Gebäuden und ist heute die älteste Kirche in Vancouver.

Auf der anderen Seite der W Georgia St. steht das 1887 erbaute Hotel Vancouver. Das Original hatte einst 200 Zimmer, von denen die Hälfte über ein eigenes Bad verfügte, was damals mehr als ungewöhnlich war. 1932 brannte das Gebäude vollständig nieder, und an seiner Stelle wurde das jetzige Hotel errichtet. Im Hotel Vancouver spiegelt sich das Erbe derjenigen Hotels wider, die zur Zeit der Canadian Pacific Railroad in ganz Kanada erbaut wurden. Mit seinem Kupferdach wirkt es von außen ein wenig wie ein Schloss.

Gastown

„Gassy Jack“ Deighton, ein englischer Seemann, bat die Einheimischen im Jahr 1867 darum, ihm bei der Errichtung eines Saloons am Burrard Inlet zu helfen. Als Gegenleistung durften die Helfer so viel Whiskey trinken, wie sie nur konnten. Obwohl man dem sich in der Folge um den Saloon entwickelnden Städtchen 1869 offiziell den Namen *Granville* verlieh, war es seit jeher überall unter der Bezeichnung *Gastown* bekannt. In diesem Ortsteil von Vancouver bilden von Bäumen gesäumte Kopfsteinpflasterstraßen und alte Gaslaternen die Kulisse für in strahlenden Farben renovierte Gebäude, in denen Galerien, Restaurants und eine Unmenge an Andenkenläden untergebracht sind.

Am meisten los ist entlang der **Water Street,** die östlich von der Cordova St. abzweigt und in fünf Gehminuten vom Canada Place aus zu erreichen ist. Kaum in der Water St. angekommen, grüßt einen das Bauwerk **The Landing,** dessen Fassade nach entsprechender Renovierung wieder in früherem Glanz erstrahlt und dessen Innenleben man in eine exklusive Einkaufsarkade verwandelt hat. Ein Stückchen weiter den Hügel hinunter steht an der Cambie St. eine dampfbetriebene Uhr. Sie ist eines von nur zwei weltweit noch existierenden Exemplaren und wurde von einem Uhrmacher aus der Gegend angefertigt. Sie wird von einem Wasserdampf-System angetrieben, das einst installiert wurde, um mittels einer sich durch die Downtown schlängelnden Rohrleitung die Gebäude aus dem Untergrund beheizen zu können. Wer schon einmal hier ist, sollte sich die alle 15 Min. erfolgende Dampfexplosion nicht entgehen lassen, mit deren Hilfe den Dampfpfeifen der berühmte Westminster-Glockenschlag entlockt wird.

Geht man die Water St. weiter nach Westen, gelangt man zum 1899 erbauten **Dominion Hotel** und einer Reihe weiterer Gebäude, die nach dem Großbrand aus dem Jahr 1886 errichtet wurden. Der **Byrnes Block** (2 Water St.) steht an der Stelle des **Deighton House,** wo Gassy Jack einst seinen zweiten und wesentlich langlebigeren Saloon betrieb.

Chinatown

Zu jeder Jahreszeit einen Besuch wert ist Vancouvers aufregende Chinatown, die zweitgrößte in Nordamerika und eine der größten außerhalb Asiens. Besonders lebhaft geht es zu, wenn ein chinesisches Fest gefeiert oder ein Feiertag begangen wird. Dann drängen Menschenmassen hinter dem wild tanzenden Drachen her, versuchen den durch die Luft zischenden Feuerwerkskörpern auszuweichen, kosten die an den Verkaufsständen feilgebotenen Leckerbissen und stampfen zum Rhythmus der Trommeln mit den Füßen.

Chinatown liegt einige Blocks südöstlich von Gastown an der E Pender St. zwischen Carrall St. und Gore St. Das Geschäftszentrum bildet der Block zwischen Main, E Pender, Gore und Keefer St. Es lohnt sich, durch das Viertel zu schlendern und die Architektur zu bewundern – bis hin zu den mit Pagodendächern geschmückten Telefonzellen – oder eines der unzähligen Restaurants anzusteuern.

Im **Chinese Cultural Centre,** das hauptsächlich als Veranstaltungsort zur Unterhaltung der chinesischen Einwohner dient, befindet sich auch ein Museum (555 Columbia St., ✆ 604/687-0282; tägl. außer Mo 11–17 Uhr; Erwachsene $ 5, Senioren $ 3), das die Geschichte der chinesischen Zuwanderer in Vancouver erläutert.

Hobbygärtner dürfen auf keinen Fall **Dr. Sun Yat-Sen Classical Chinese Garden** (hinter dem Cultural Centre, 578 Carrall St., ✆ 604/662-3207; im Sommer tägl. 9.30–19 Uhr, im Frühling und Herbst tägl. 10–18 Uhr, im Winter tägl. 10–16.30 Uhr; Erwachsene $ 10, Senioren $ 9, Kinder $ 8) verpassen. Versteckt hinter hohen Mauern, gibt es Kalksteingärten, einen Wasserfall, ruhige Teiche sowie wunderschöne Pflanzen und Bäume zu bewundern.

Vancouver
Karte S. 134/135

Um von der Downtown aus nach Chinatown zu gelangen, nimmt man den Bus Nr. 19 oder 22 in Richtung Osten entlang der Pender St. Die E Hastings St. sollte man dabei aber zu jeder Tages- und Nachtzeit meiden, da sie der soziale Brennpunkt von Vancouver ist und sich hier bisweilen etwas zwielichtige Gestalten herumtreiben.

False Creek

Der schmale Meeresarm False Creek, der die Downtown beinahe vom Rest der Stadt abschneidet, hat sich dank seiner am Wasser gelegenen Parks von einer Industriebrache zu einer attraktiven Touristenmeile entwickelt. Wer aus Richtung der Downtown kommt, kann einen Stopp am **B.C. Place** (777 Pacific Blvd., ✆ 604/669-2300) einlegen. Das Stadion hat die größte freitragende Dachkonstruktion der Welt.

Science World

Die eindrucksvolle, 17 Stockwerke hohe geodätische Silberkuppel (von den Einheimischen schlicht „Golfball" tituliert) thront am südöstlichen Ende des Stadtzentrums über dem False Creek (1455 Quebec St., ✆ 604/443-7440; tägl. 10–17 Uhr; Erwachsene $ 18,75, Senioren und Kinder $ 13,75, im Preis enthalten ist die Vorführung eines Omnimax-Films). Ursprünglich für die Expo '86 erbaut, beherbergt dieses weitere Wahrzeichen von Vancouver nun ein Museum, das es sich zur Aufgabe gemacht hat, allen Kindern und Junggebliebenen die Welt der Naturwissenschaften näherzubringen. Die drei Hauptabteilungen des Museums beschäftigen sich mit den Grundlagen der Physik, der Naturgeschichte und der Musik. Die Ausstellungen sind interaktiv gestaltet. Einer der Höhepunkte ist die audiovisuelle Präsentation *Over Canada*. Im **Omnimax-Kino** (entspricht etwa dem bei uns bekannten IMAX-Kino) laufen wissenschaftlich ausgerichtete Dokumentarfilme.

Science World

Die schönste Anfahrt nach Science World genießt man an Bord einer Fähre. Die False Creek Ferry legt von Granville Island oder am Vancouver Aquatic Centre ab. Man kann aber auch den Sky Train zur Main Street Station nehmen.

Granville Island

Granville Island erreicht man, indem man der Granville St. in Richtung Südwesten durch die Downtown folgt und dann den False Creek entweder über die Brücke oder per Fähre überquert. Die quirlige Insel gilt als eines der erfolgreichsten innerstädtischen Industrie-Sanierungsprojekte Nordamerikas. Sie ist schlicht *der*

Ort, an dem man einen schönen Sonnentag verbringen sollte. Angesichts des vielfältigen Angebots sollte man mehrere Stunden Zeit mitbringen, am besten sogar einen ganzen Nachmittag.

Man kann allein schon Stunden damit zubringen, einfach nur über die Insel zu schlendern und sich in Ruhe umzusehen. Schön ist auch ein Bummel an der Marina entlang oder an den Schaufenstern der zahlreichen Fachgeschäfte vorbei, die auf ihre Weise alle etwas mit der Seefahrt zu tun haben. Dazu gibt es Märkte, auf denen frische Lebensmittel angeboten werden, Andenkenläden, Restaurants und mehrere Theater. Höhepunkt ist der bunte **Granville Island Public Market** (tägl. 9–19 Uhr), der von Sonnenauf- bis Sonnenuntergang Zentrum des geschäftigen Treibens und viel mehr als eine bloße Touristenattraktion ist. Hier kann man alle erdenklichen Nahrungsmittel erstehen – frische Früchte und Gemüse, Seafood aus den umliegenden Gewässern, eine große Auswahl an Fleisch, besondere Zutaten und Fertiggerichte zum Mitnehmen. Darüber hinaus werden handgefertigter Schmuck, kunsthandwerkliche Gegenstände, Topfpflanzen und Schnittblumen angeboten.

Auf dem Granville Island Public Market

Am anderen Ende von Granville Island liegt das **Emily Carr Institute of Art and Design** (1399 Johnston St., ✆ 604/844-3800; Eintritt frei). Benannt nach einer der bekanntesten Künstlerinnen Kanadas, zieht das Institut Studenten aus dem ganzen Land an, die hier bildende Kunst, angewandte Kunst und Medienkunst studieren. Zwei Galerien sind auch der Öffentlichkeit zugänglich.

Granville Island ist gut mit der Fähre zu erreichen. Die kleinen **False Creek Ferries** verkehren regelmäßig zwischen Granville Island, dem Vancouver Aquatic Centre am Sunset Beach ($ 3) und der Science World ($ 5,50). Auf der Insel einen Parkplatz zu finden ist nahezu ein Ding der Unmöglichkeit, v. a. am Wochenende. Wer dennoch Glück hat, muss die maximale Parkdauer von nur 3 Std. einhalten. Allgemeine Informationen über Granville Island erhält man unter www.granvilleisland.com.

West End

Das West End (nicht zu verwechseln mit der südlich der Downtown gelegenen West Side oder dem auf der Nordseite des Hafens gelegenen West Vancouver) liegt westlich des Central Business District zwischen der Burrard St. und dem **English Bay Beach** und ist das Tor zum Stanley Park. Wandert man die Robson oder Denman St. entlang, bekommt man schnell einen Eindruck vom Reiz des urbanen Lebensstils im West End – es gibt unzählige Cafés im Freien, vielfältige Ausgehmöglichkeiten, elegante Boutiquen, die Sandstrände der English Bay und natürlich die Nähe zum Stanley Park.

Robson Street

Wer gerne in trendigen Boutiquen stöbert, europäische Delikatessen bevorzugt und seinen Cappuccino am liebsten im Straßencafé trinkt, sollte die farbenfrohe und interessante Robson St. entlangbummeln. Die Straße verbindet die Downtown mit dem West End und war einst das Zentrum eines überwiegend von Deutschen bewohnten Viertels. Daher ist sie bis heute als *Robsonstraße* bekannt. Haus Nr. 1610 beherbergt in einem imposanten Glasbauwerk den **Robson Public Market.** Im Inneren werden Fleisch, Seafood, Milchprodukte, Früchte, Gemüse, Nüsse, Blumen und frisch gepresste Säfte angeboten. Dazu gibt es eine Salatbar und Stände, an denen man sich mit internationaler Küche verköstigen kann.

Barclay Heritage Square

Im West End sind die meisten Gebäude aus der Zeit um die Jahrhundertwende längst verschwunden. Ein Areal mit neun Bauwerken, die zwischen 1890 und 1908 entstanden sind, wurde jedoch vor dem Abriss bewahrt und wird seither unter dem Namen Barclay Heritage Square erhalten. Die Gebäude sehen bis hin zu den umliegenden Gärten so neu aus, als hätte man sie erst zur Jahrtausendwende erbaut. Als einziges der neun Häuser ist das 1893 im Queen-Anne-Stil erbaute **Roedde House** (1415 Barclay St., ✆ 604/684-7040) für Besucher zugänglich. Es ist ein typisches Beispiel für die frühe Wohnhausarchitektur in Vancouver. Die geführten Touren (Di–Sa 12 und 16 Uhr) kosten für Erwachsene $ 5, für Senioren und Kinder $ 4.

Stanley Park

Der 405 ha große Stanley Park ist eine wunderschöne grüne Halbinsel mit zahlreichen Bäumen und herrlichen Gartenanlagen, die in das Burrard Inlet hineinragt. Ein Besuch des Parks ist bei jeder Witterung eine Wohltat für die Seele. Wie eine riesige friedliche Oase liegt er zwischen den Wolkenkratzern des Stadtzentrums und der North Shore am anderen Ende der Lions Gate Bridge. Im Unterschied zu anderen berühmten Stadtparks, wie etwa dem Central Park in New York oder dem Royal Park in London, ist der Stanley Park ein Stück unberührte Wildnis im Herzen der Großstadt geblieben. Dazu gehört dichter Küstenregenwald ebenso wie eine reiche Tierwelt.

Ob man die 10 km lange **Seawall Promenade** zu Fuß bzw. mit dem Fahrrad in Angriff nimmt oder lieber mit dem Auto die Rundstrecke des **Stanley Park Drive** abfährt, ist im Prinzip egal. Denn so oder so bekommt man ausreichend Postkartenansichten von der Stadt und vom Meer geboten. Beide Strecken sind Einbahnstraßen und dürfen nur gegen den Uhrzeigersinn befahren werden. Wer auf Schusters Rappen unterwegs ist, kann sich die Richtung zwar aussuchen, muss aber mit reichlich „Gegenverkehr" rechnen, wenn er sich für die Wanderung im Uhrzeigersinn entscheidet. Die Hauptzufahrt für Kraftfahrzeuge liegt am Anfang des Stanley Park Dr., der gleich am Ende der Georgia St. abzweigt. Wer zu Fuß unterwegs ist kann sich zum Nordende der Denman St. begeben, wo ein Wanderweg um den Coal Harbour herum in den Park führt. In jedem Fall kommt man an einem kleinen Informationsstand vorbei, wo man eine Karte des Parkgeländes erhält. Wer kurz vor dem Infostand die Pipeline Rd. nimmt, gelangt zur **Malkin Bowl** (dem Sitz der Freilicht-Theaterbühne), zu einem Rosengarten und dem von Bäumen gesäumten **Beaver Lake.** In der Nähe der Lions Gate Bridge trifft die Pipeline Rd. wieder auf

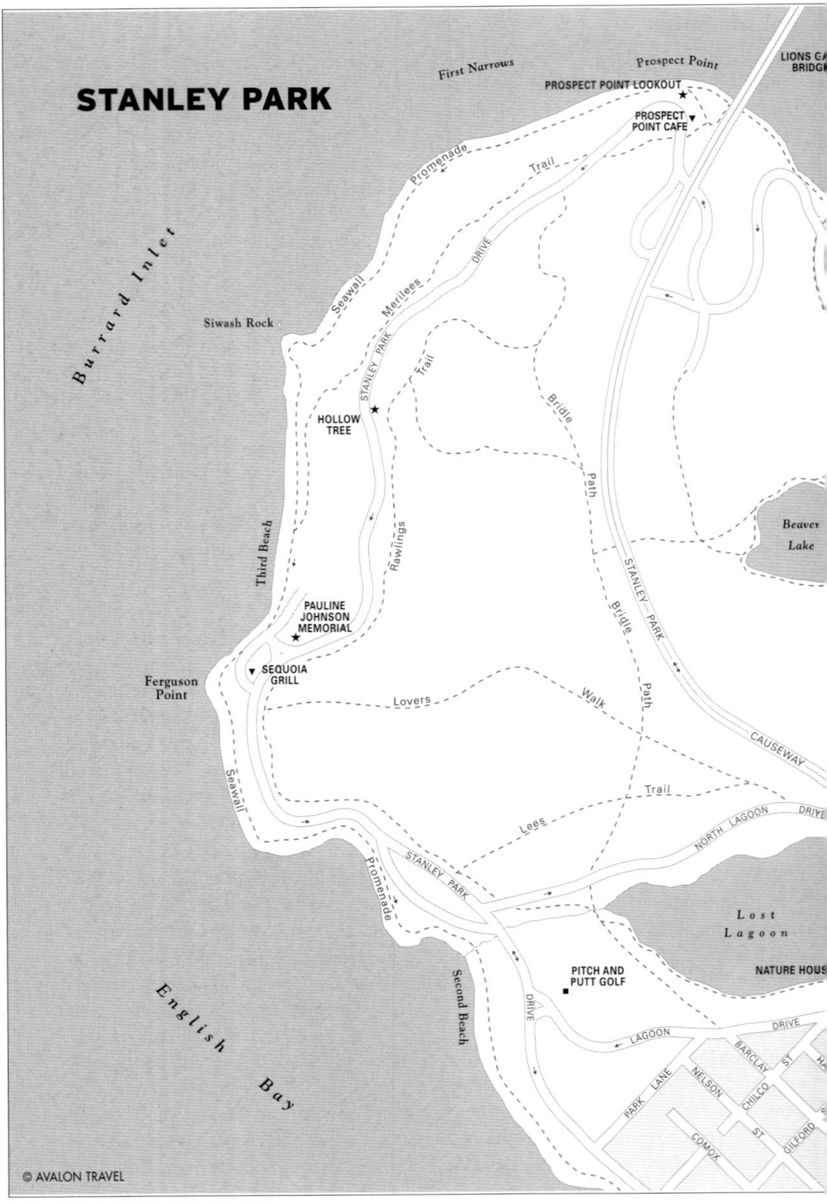
STANLEY PARK
First Narrows
Prospect Point
PROSPECT POINT LOOKOUT
PROSPECT POINT CAFE
Promenade
Trail
Burrard Inlet
Seawall
Merilees
DRIVE
STANLEY PARK
Siwash Rock
Trail
HOLLOW TREE
Bridle
Path
Rawlings
Third Beach
Beaver Lake
STANLEY PARK CAUSEWAY
Bridle
Path
PAULINE JOHNSON MEMORIAL
SEQUOIA GRILL
Ferguson Point
Lovers
Walk
Seawall
Trail
Lees
NORTH LAGOON DRIVE
STANLEY PARK
Promenade
Lost Lagoon
NATURE HOUS
PITCH AND PUTT GOLF
Second Beach
DRIVE
LAGOON
DRIVE
English Bay
BARCLAY ST
PARK LANE
NELSON
CHILCO ST
COMOX
GILFORD
© AVALON TRAVEL

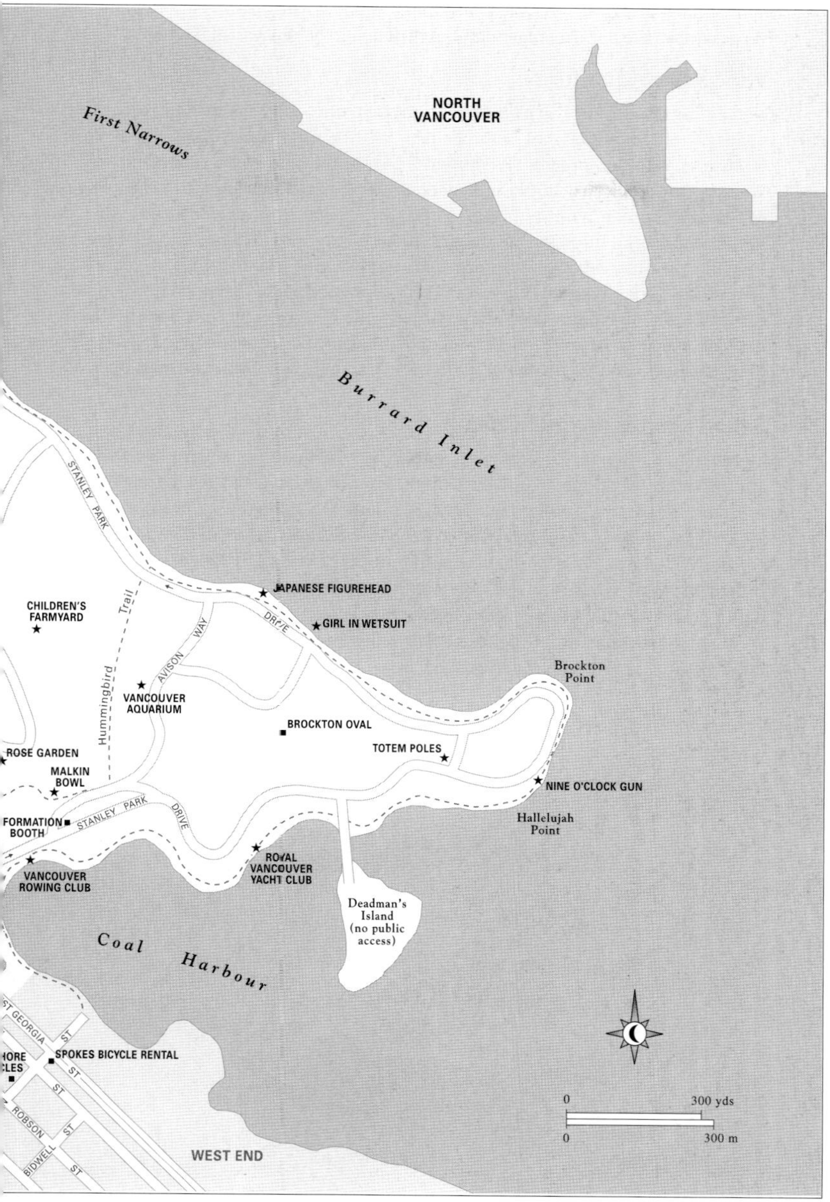

NORTH VANCOUVER
First Narrows
Burrard Inlet
STANLEY PARK DRIVE
JAPANESE FIGUREHEAD
GIRL IN WETSUIT
CHILDREN'S FARMYARD
Hummingbird Trail
AVISON WAY
VANCOUVER AQUARIUM
Brockton Point
BROCKTON OVAL
TOTEM POLES
ROSE GARDEN
MALKIN BOWL
NINE O'CLOCK GUN
Hallelujah Point
FORMATION BOOTH
STANLEY PARK DRIVE
ROYAL VANCOUVER YACHT CLUB
VANCOUVER ROWING CLUB
Deadman's Island (no public access)
Coal Harbour
ST GEORGIA ST
SPOKES BICYCLE RENTAL
HORE
CLES
ROBSON ST
BIDWELL ST
WEST END
0
300 yds
0
300 m

den Stanley Park Dr. Wer sich allerdings nicht zurück zum Parkeingang begibt, verpasst fast alle der im Folgenden beschriebenen Sehenswürdigkeiten.

Vancouver Aquarium

Mitten im Wald hinter dem Informationszentrum steht das größte Aquarium Kanadas (✆ 604/631-2524; im Sommer tägl. 9.30–19 Uhr, sonst tägl. 9.30–17 Uhr; Erwachsene $ 22 Senioren $ 17, Kinder $ 14). Bestaunen kann man mehr als 8000 Wasserlebewesen, die 600 verschiedenen Arten angehören und aus allen Regionen der Erde stammen, vom Nordpolarmeer bis zu den Regenwäldern des Amazonas. Von besonderem Interesse ist dabei die Abteilung *Pacific Canada,* die eine große Vielfalt von Meeresbewohnern aus dem Gulf of Georgia zeigt. Dazu gehören Riesenfische aus der Tiefsee, Heilbutt und verspielte kleine Seeotter, die im Kelp herumtollen. In einem großen Pool am anderen Ende des Aquariums leben die Vertreter der kanadischen Arktis – Seelöwen und Belugawale. Die auffällig weiß gefärbten Meeressäuger kann man von oberhalb oder unterhalb des Wasserspiegels bewundern.

Sehenswertes an der Seawall

Die folgenden Sehenswürdigkeiten sind in der Reihenfolge aufgeführt, in der man auf sie trifft, wenn man vom Informationszentrum gegen den Uhrzeigersinn loswandert. Als Erstes passiert man sowohl auf dem Stanley Park Dr. als auch auf der Seawall Promenade den **Royal Vancouver Yacht Club** und dann **Deadman's Island,** auf der die letzten Angehörigen vom Stamm der Coast Salish begraben liegen. Am **Brockton Point** stößt man auf eine Sammlung echter Totempfähle der Kwagiulth, deren Stamm früher entlang dem nördlichen Küstenstreifen des heutigen Vancouver lebte. Bevor man den Brockton Point selbst umrundet, kommt man an der **Nine O'Clock Gun** vorbei, die jeden Abend um – richtig geraten! – 21 Uhr abgefeuert

Die Black Duck diente in den 1950ern als Such- und Rettungsboot

wird. An der **Lions Gate Bridge** hat man die Hälfte der Seawall Promenade hinter sich gebracht. Zugleich wechselt die Szenerie, denn von hier bis zum Second Beach genießt man nun die Aussicht nach Westen über die Strait of Georgia. Dieser ansprechende Abschnitt des Weges ist 2 km lang und führt zwischen dem Meer und steilen Klippen entlang. Einziger augenfälliger Punkt auf der Strecke ist der **Siwash Rock.** Weiter Richtung Süden laufen am Ende des **Third Beach** die Promenade und der Stanley Park Dr. wieder zusammen. Diese Stelle ist ein beliebtes Fleckchen, um ein Sonnenbad zu nehmen oder schwimmen zu gehen (und der perfekte Ort, um sich den Sonnenuntergang anzusehen). Vom Second Beach aus ist es nur noch ein kurzes Stück bis zur geschäftigen Denman St. und zum English Bay Beach. Man kann aber auch gleich durch den Park abkürzen, vorbei an der Lost Lagoon und von dort zurück zum Coal Harbour.

Südlich der Downtown

Offiziell ist Vancouver in 18 Verwaltungsbezirke unterteilt. Zum Stadtgebiet gehört die gesamte Halbinsel mit dem Bereich südlich der Downtown, die überwiegend als Wohngegend genutzte Region in Richtung Westen bis zum Point Grey und die University of British Columbia. Im Folgenden wird näher auf die südlich der Downtown gelegene Gegend eingegangen, in der die drei größten Museen von Vancouver und eine Reihe öffentlicher Parks liegen.

Museum of Vancouver

Das im Vanier Park liegende Museum of Vancouver (1100 Chestnut St., ✆ 604/736-4431; tägl. 10–17 Uhr, Do bis 21 Uhr, Sept. bis Juni Mo geschl.; Erwachsene $ 11, Senioren $ 9, Kinder $ 7) informiert über die geschichtliche Entwicklung der Region vom Präkambrium bis zur Gegenwart. In den Ausstellungen der *West Coast Archaeology and Culture* findet man interessante Masken, bunt gemusterte handgewebte Decken und schön geflochtene Körbe. Die Abteilung *Discovery and Settlement* geht auf die Erkundung von British Columbia durch die Europäer auf dem Land- und Seeweg ein. In der Abteilung *Vancouver Stories* werden mehrere Jahrzehnte Stadtgeschichte geschildert. Dazu zählen auch die 1950er Jahre, zu denen der glänzende Ford Fairlane aus dem Jahr 1955 ebenso gehört wie die damals beliebten Fernsehshows, die in Schwarz-Weiß ausgestrahlt wurden.

Im selben Gebäude befindet sich auch das **H.R. MacMillan Space Centre** (✆ 604/738-7827; im Sommer tägl. 10–17 Uhr, sonst Mo geschl.; Erwachsene $ 15, Senioren und Kinder $ 10,75), in dem sich alles um den Planeten Erde, das Sonnensystem und die Eroberung des Weltraums dreht.

In der Nähe des Museums steht das **Gordon MacMillan Southam Observatory** (✆ 604/738-7827; Spende). Hier darf der Besucher von Sonnenuntergang bis Mitternacht (Mo–Fr) einen Blick in die Sterne werfen, sofern der Himmel klar ist.

Vancouver Maritime Museum

Vom Vancouver Museum aus ist es nur ein gemütlicher fünfminütiger Bummel bis ans Ende der Cypress Ave., wo sich das Vancouver Maritime Museum befindet (1905 Ogden Ave., ✆ 604/257-8300; im Sommer tägl. 10–17 Uhr, sonst Di–Sa 10–17 Uhr, So 12–17 Uhr; Erwachsene $ 10, Senioren und Kinder $ 7,50). In diesem Museum dreht sich alles um die Historie der Seefahrt in British Columbia. Die Ausstellungen lassen kein Detail aus. Der Besucher erfährt alles über die Schiffe der ersten europäischen Eroberer und die heutigen Abenteuer der Seefahrt. Gezeigt werden auch moderne Fischerboote und schicke Jachten. Gleich hinter dem Eingangsbereich stößt man auf die *RCMP St. Roch,* die den gesamten ersten Raum des Museums ausfüllt. Die *St. Roch* (heute National Historic Site) war das erste Schiff, das erfolgreich die berühmte Nordwestpassage meisterte.

VanDusen Botanical Garden

Auf dem 22 ha großen Gelände, einem ehemaligen Golfplatz (5251 Oak St. an der Einmündung 37th Ave., ✆ 604/878-9274), wachsen mehr als 7500 Pflanzenarten aus allen Kontinenten (außer der Antarktis). Hier kann man sich nicht nur an mehr als 1000 Sorten von Rhododendren erfreuen, sondern auch an Rosen, allen erdenklichen Arten von botanischen Raritäten, Winterblühern und einem aus einer Hecke geschnittenen Labyrinth. Kinder sind v. a. von den in Form von Tieren geschnittenen Büschen im *Children's Topiary* begeistert. Beim Betreten des Gartens sollte man einen kurzen Blick auf die in der Nähe des Eingangs stehende Tafel werfen, die den Besucher darüber aufklärt, was zurzeit am interessantesten grünt und blüht. Auf dem Gelände befindet sich auch ein Shop, der Postkarten, Parfüm, Seifen, Duftmischungen und alle möglichen Mitbringsel (mit pflanzlichen Themen) verkauft. Der Garten ist im Sommer tägl. von 10 bis 20 Uhr geöffnet, im April und Oktober tägl. 10–18 Uhr, sonst tägl. 10–16 Uhr. Der Eintritt kostet von Juli bis September für Erwachsene $ 9,75, für Senioren $ 7,25 und für Kinder $ 5,25. In den anderen Monaten gelten ermäßigte Eintrittspreise.

Queen Elizabeth Park

Der 53 ha große Park liegt weniger als 2 km vom VanDusen Botanical Garden entfernt auf dem 152 m hohen **Little Mountain,** dem höchsten Punkt von Vancouver. Von dort hat man einen atemberaubenden Blick auf die Stadt und die Coast Moun-

Park mit Aussicht

tains. Besonders hervorzuheben sind die Massen von Rhododendren, deren Blüte im Mai und Juni ein grandioses Schauspiel bietet, die gepflegten Blumengärten (einschließlich des Rosengartens in der Südwestecke des Parks) und die wunderschönen „versunkenen Gärten", die sich in den Gruben eines alten Steinbruchs befinden. Im Gewächshaus **Bloedel Floral Conservatory** (✆ 604/257-8570; im Sommer Mo–Fr 9–20 Uhr, Sa/So 10–21 Uhr, sonst tägl. 10–17 Uhr; Erwachsene $ 5, Senioren $ 3,60, Kinder $ 2,50) gedeiht ein feuchtwarmer tropischer Dschungel. Der Haupteingang des Parks liegt an der Kreuzung von 33rd Ave. W und Cambie St.

Vancouver
Karte S. 134/135

University of British Columbia

Der Campus der UBC befindet sich am **Point Grey,** dort, wo die Küste eine spektakuläre Kulisse bildet. Auf dem insgesamt mehr als 400 ha Land umfassenden Campus leben bis zu 35.000 Studenten. Viele Wanderwege führen durch die angrenzenden Anlagen.

Museum of Anthropology

Das Museum (6393 NW Marine Dr., ✆ 604/822-5087; im Sommer tägl. 10–17 Uhr, sonst tägl. außer Mo 11–17 Uhr; Erwachsene $ 11, Senioren und Kinder $ 9) ist eine im Stil der von den Coast Salish bevorzugten Bauweise errichtete Konstruktion aus Pfählen und Balken. Es beherbergt die weltweit größte Sammlung an Kunst- und Gebrauchsgegenständen der indigenen Völker des pazifischen Nordwestens. Über eine Rampe, die von Skulpturen renommierter moderner Künstler flankiert wird, gelangt man in die Great Hall. Der 18 m hohe Raum wird von Totempfählen dominiert, die entlang der Küste gesammelt wurden und zwischen denen auch andere antike Arbeiten ausgestellt sind. Ein Glanzlicht des Museums ist die Sammlung von Werken des Haida-Künstlers Bill Reid, unter denen sich auch *The Raven and the First Men* befindet. Die Skulptur wurde aus einem über 4 t schweren Block aus gelbem Zedernholz geschnitzt. Meist ist es nicht ganz einfach, ein freies Plätzchen auf den umstehenden Sitzgelegenheiten zu ergattern, um das Gebotene in aller Ruhe auf sich wirken zu lassen. In anderen Abteilungen gibt es komplizierte Schnitzereien, Körbe, Zeremonienmasken, fabelhaften Schmuck und europäische Keramik zu sehen. Das Museum besitzt über 200.000 Ausstellungsstücke, die fast ausnahmslos (und somit weltweit einzigartig) für die Öffentlichkeit zugänglich sind. Statt wie üblich in muffigen Kisten in irgendeinem Keller zu verstauben und nur für fachkundige Anthropologen zur Verfügung zu stehen, werden die Exponate direkt im Museum aufbewahrt. Entsprechend stehen hier die Schaukästen Reihe an Reihe, und die Besucher sind eingeladen, die unzähligen Schubläden zu öffnen. Details zu den einzelnen Stücken lassen sich in separaten Ordnern nachlesen.

University Gardens

Gleich südlich des Museum of Anthropology befindet sich der **Nitobe Memorial Garden** (✆ 604/822-9666; im Sommer tägl. 9–17 Uhr; Erwachsene $ 6, Senioren $ 5, Kinder $ 2). Der traditionelle japanische Garten, der eine Fläche von 1 ha einnimmt, strahlt mit seinen unzähligen Stauden und Miniaturen eine heitere Gelassenheit aus. Er ist in zwei Bereiche unterteilt: Der *Stroll Garden* symbolisiert den Weg durchs Leben, der *Tea Garden* lässt einen das Leben von einem Teehaus aus betrachten. Außerhalb des Sommers hat der Garten kürzere Öffnungszeiten (Mo–Fr 11–14.30 Uhr), dafür ist der Eintritt dann frei.

Ebenfalls auf dem Campus liegt der reizvolle **UBC Botanical Garden** (6804 Marine Dr., ✆ 604/822-4208; tägl. 9–17 Uhr; Erwachsene $ 8, Senioren und Kinder $ 6). Inmitten des Küstenwaldes gelegen, umfasst das 44 ha große Gelände acht unterschiedliche Themengärten. Dazu zählen insbesondere die größte Sammlung an Rhododendren in ganz Kanada, der *B.C. Native Garden,* eine Ausstellung mit Gebirgspflanzen aus aller Welt und eine mit mittelalterlichen Heilpflanzen im *Physick Garden*. Um den Garten zu erreichen, folgt man dem Marine Dr. vom Museum of Anthropology aus 2,4 km in südliche Richtung zur 16th Ave.

Richmond

Die eingemeindete Stadt Richmond (185.000 Einw.) liegt auf **Lulu Island** an der Mündung des Fraser River. Die meisten Touristen fahren zumindest einmal über diese Insel – entweder auf ihrem Weg aus den USA auf dem Hwy. 99 nach Norden oder auf der Fahrt vom oder zum Flughafen bzw. Tsawwassen Ferry Terminal.

Steveston

Auf dem südwestlichen Ausläufer von Lulu Island liegt das lebendige Fischerstädtchen Steveston, das durchaus einen Abstecher wert ist. In den 1880er Jahren gab es hier über 50 Konservenfabriken, Steveston besaß damals den größten Fischereihafen der Welt. Auch heute ist es der Heimathafen von Kanadas größter kommerzieller Fischereiflotte.

Direkt am Hafen stößt man auf die Konservenfabrik **Gulf of Georgia Cannery** (heute National Historic Site; 12138 4th Ave., ✆ 604/664-9009; Mai bis Aug. tägl. 10–17 Uhr, Sept. bis Mitte Okt. Do–Mo 10–17 Uhr; Erwachsene $ 7,80, Senioren $ 6,60, Kinder $ 4). Weite Teile der Fabrik, die von 1894 bis 1979 in Betrieb war, sind renoviert worden. Man kann die Fließbänder besichtigen, an denen der Fisch in Dosen verpackt wurde, und Vorführungen der unterschiedlichsten Maschinen miterleben. Zusätzlich gibt es im *Boiler House Theatre* eine audiovisuelle Präsentation und für die Kinder eine *Discovery Area*. Nur einen kurzen Fußmarsch von der alten Fabrik entfernt befindet sich ein sanierter Hafenabschnitt, in dem man sich als Besucher unter die einheimischen Fischer mischen kann. Hier gibt es Geschäfte, die Angelausrüstungen und Seafood anbieten, Boutiquen und Restaurants. Unterhalb des Hauptkais kann man den Tagesfang direkt vom Fischerboot kaufen – Heilbutt, Lachs, Krabben, Shrimps und Austern. Seafood ist selbstverständlich auch die Spezialität der Restaurants am Hafen, die alle Sitzgelegenheiten im Freien anbieten. Die liebste Verpflegungsmöglichkeit ist mir der **Sockeye City Grill** (3800 Bayview St., ✆ 604/275-4347; tgl. 11–21 Uhr; Hauptgerichte 13–27 $) mit seinen direkt am Wasser gelegenen Tischen.

Steveston erreicht man über den Hwy. 99 (Ausfahrt Steveston, dann nach Westen). Unterwegs kommt man an einem prächtigen buddhistischen Tempel vorbei. Das Stadtzentrum befindet sich südlich des Steveston Hwy. an der No. 1 Rd.

North Shore

Nördlich der Downtown liegen die eingemeindeten Städte von **North Vancouver** und **West Vancouver,** die beide zwischen der North Shore Range der Coast Mountains und dem Burrard Inlet eingebettet sind. Die North Shore ist von der Downtown aus über die **Lions Gate Bridge** zu erreichen. Eine wesentlich entspanntere Alternative, als auf der Brücke im Stau zu stehen, bietet die Fahrt mit dem SeaBus, der zwischen der Waterfront Station und dem **Lonsdale Quay** verkehrt (Erwachsene $ 3,25 pro Fahrt). Am quirligen Lonsdale Quay hält ein kleines Informationszentrum (gleich rechts, wenn man den SeaBus-Terminal verlässt) nützliche Informationen bereit. Von hier aus steuern regelmäßig Busse die nachfolgend beschriebenen Sehenswürdigkeiten an.

Capilano Suspension Bridge

Obwohl der Eintrittspreis für diese Attraktion (✆ 604/985-7474; im Sommer tägl. 8 Uhr bis Sonnenuntergang, sonst tägl. 9–17 Uhr) wahrlich happig ist (Erwachsene $ 30, Senioren $ 28, Kinder $ 19), zählt sie zu den beliebtesten Anlaufpunkten von Vancouver. Die erste Brücke über den Capilano River wurde im Jahr 1899 eröffnet. Heute (und viele Brücken später) spannt sich eine aus Holz und Drahtseilen gefertigte Hängebrücke in der ehrgebietenden Höhe von 70 m über den Canyon des Capilano River. Vor Ort kann man die Brücke überqueren, sich auf die zahllosen freitragenden Aussichtsplattformen wagen, auf dem zwischen den Baumwipfeln hindurchführenden Plankenweg des *Treetops Adventure* eine Wanderung in luftiger Höhe unternehmen oder ein Stück auf einem der Trails durch den Wald wandern. Dafür benötigt man etwa 2 Std. Zeit. In der Nähe des Haupteingangs demonstrieren indigene Schnitzer ihre Kunstfertigkeiten im Big House. Natürlich gibt es auch den unvermeidlichen Giftshop und Verpflegungsmöglichkeiten. Die Anfahrt mit dem Auto führt über die Lions Gate Bridge, dann biegt man nach Osten auf den Marine Dr. und sofort wieder nach Norden auf die Capilano Rd., auf der man bis zur Hausnr. 3735 weiterfährt, die sich linker Hand befindet. Mit dem Bus nimmt man an der Georgia St. die Linie 246 gen Norden. Man kann auch mit dem SeaBus zum Lonsdale Quay übersetzen und von dort die Linie 236 nehmen.

Hier sollte man schwindelfrei sein

Capilano Salmon Hatchery

Hierbei handelt es sich meiner Meinung nach um die beste Sehenswürdigkeit an der North Shore – und das nicht nur deshalb, weil sie keinen Eintritt kostet. Wer schon immer ein wenig mehr über den Lebenszyklus der Lachse wissen wollte oder einfach nur nach ein paar harten Fakten sucht, um sein Anglerlatein wasserdicht zu machen, sollte der Zuchtstation unbedingt einen Besuch abstatten (✆ 604/666-1790; im Sommer tägl. 8–20 Uhr, sonst bis Sonnenuntergang). Sie liegt am rauschenden Capilano River, ein Stück stromaufwärts der Hängebrücke und gut versteckt im kühlen Regenwald. Die Lachse werden über einen abzweigenden Kanal in künstliche Laichbecken umgeleitet. Ein Stück des Kanals ist dabei nur mit einem Metallrost abgedeckt, und auf einem anderen Abschnitt gibt es Glasfenster. Diese erlauben es dem Betrachter, die Tiere aus nächster Nähe bei ihrem Kampf gegen die Strömung zu beobachten, den sie während ihres Laichzugs von Juli bis Oktober führen. Zusätzlich zu den Schautafeln zum Lebenszyklus der Lachse gibt es eine Ausstellung über das Fliegenfischen, in der Interessierte auch einige alte Angelgerätschaften bestaunen können.

Grouse Mountain

Weiter nördlich geht die Capilano Rd. in den Nancy Greene Way über und endet am Fuß des Grouse Mountain, auf den Nordamerikas größte Drahtseilbahn führt (✆ 604/980-9311; Erwachsene $ 38, Senioren $ 36, Kinder $ 23). Eine Fahrt auf den 1250 m hohen Gipfel beschert einem eine beeindruckende Aussicht auf die Downtown von Vancouver, den Stanley Park, den Pazifik und in Richtung Süden sogar bis zum in Washington (USA) gelegenen Mount Baker. Die nahezu senkrechte Fahrt auf den Gipfel dauert 8 Min. und ist ganzjährig möglich. Die Gondeln gehen alle 15 Min. (im Sommer 10–22 Uhr).

Für sein Geld bekommt man allerdings noch wesentlich mehr geboten als nur die Gondelfahrt. Man kann auf dem Berg problemlos fast einen ganzen Tag damit verbringen, die nähere Umgebung zu erkunden und sich die anderen Attraktionen anzusehen, die im Fahrpreis ebenfalls enthalten sind. Von den vielen möglichen Wanderungen sei der ebenso einfache wie attraktive **Blue Grouse Interpretive Trail** empfohlen (1 km). Ein anderer Trail führt zu einem eingezäunten Areal, in dem verwaiste Bären und Wölfe auf ihr späteres Leben in freier Wildbahn vorbereitet werden. Ansonsten gibt es in luftiger Höhe noch eine Holzfäller-Show (durchaus lustig, aber auch sehr touristisch), Sessellifte und ein Langhaus der Ureinwohner, in dem Tanzvorführungen stattfinden und Geschichten erzählt werden. Außerdem werden auf einer Großleinwand Filme über die Naturwunder von British Columbia und die heimische Tierwelt vorgeführt. Essen kann man in einer prächtigen Lodge, die mit Stilelementen der West Coast verziert ist.

Um zur Talstation zu gelangen, fährt man von der Downtown zunächst über die Lions Gate Bridge, nimmt dann die Ausfahrt *North Vancouver* und bleibt für 5 km auf der durchs Tal verlaufenden Capilano Rd. Wer öffentliche Verkehrsmittel nutzen möchte, nimmt den SeaBus zum Lonsdale Quay und dann die Buslinie 236, die einen zur Talstation bringt.

Lynn Canyon Park

Auf seinem Weg zum Burrard Inlet fließt der Lynn Creek durch einen tiefen Canyon, der inmitten des 240 ha großen Parks liegt. Über den Canyon führt ebenfalls eine Hängebrücke. Sie ist zwar nur halb so lang wie ihr berühmtes Pendant über den Capilano River, dafür aber einige Meter höher, und sie kann v. a. kostenlos überquert werden. Rund um den eindrucksvollen Canyon erstreckt sich ein Urwald aus Douglasien, durch den mehrere Wanderwege führen. Einen Besuch wert ist das **Lynn Canyon Ecology Centre** (3663 Park Rd., ✆ 604/990-3755; tägl. 10–17 Uhr; Eintritt frei), wo Schautafeln, Modelle sowie kostenlose Dia- und Filmvorführungen Einblicke in die Ökologie der Pflanzen- und Tierwelt geben. Der Lynn Canyon Park liegt 7 km östlich des Capilano River. Mit dem Auto erreicht man ihn über die

Ausfahrt *Lynn Valley Rd.*, die östlich der Lions Gate Bridge vom Hwy. 1 abzweigt. Eine Anfahrt mit öffentlichen Verkehrsmitteln ist per SeaBus zum Lonsdale Quay möglich. Von dort nimmt man die Buslinie 228 oder 229.

Mount Seymour Provincial Park und Umgebung

Wanderer zieht es scharenweise in den 3508 ha großen Park, der 20 km nordöstlich der Downtown liegt. Er befindet sich am Mount Seymour Parkway, der in östliche Richtung vom Trans-Canada Hwy. abzweigt, sobald man das Burrard Inlet nach Norden überquert hat. Die lange, kurvenreiche Zufahrtsstraße steigt auf ihrem Weg durch alte Baumbestände voller Hemlocktannen, Zedern und Douglasien stetig an, bis man in einer Höhe von 1000 m den Parkplatz erreicht. Von hier führen Trails auf den Gipfel des 1453 m hohen Mount Seymour. Für den 2 km langen Aufstieg sollte man 1 Std. einplanen (nur Hinweg).

Cypress Provincial Park

Der 3012 ha große Park nordwestlich der Downtown erstreckt sich in einem hochalpinen Gelände der North Shore Mountains. Nach der Überquerung der Lions Gate Bridge fährt man auf dem Trans-Canada Hwy. 12 km nach Westen und verlässt ihn über die Ausfahrt 8, um auf die nach Norden führende Cypress Bowl Rd. zu gelangen. Allein die großartige Aussicht auf der Zufahrtsstraße zum Park ist den Abstecher wert. An der zweiten Spitzkehre hat man vom *Highview Lookout* einen klasse Panoramablick über die Stadt. Auf Schautafeln erfährt man zudem Wissenswertes zur Naturgeschichte der Gegend. In der näheren Umgebung gibt es vielfältige Wandermöglichkeiten. Von der Lodge aus führen gut markierte Trails in alle Himmelsrichtungen. Eine leicht zu bewältigende Wanderung führt unterhalb des Black Chair (linker Hand, wenn man vor der Lodge steht) entlang. Man kommt dabei an einem kleinen Bergsee vorbei, bevor man nach 1,3 km den Aussichtspunkt erreicht. Für Hin- und Rückweg braucht man etwa 1 Std.

Blick vom Cypress Provincial Park auf Vancouver

Bowen Island

Eine kurze Fährfahrt bringt einen vom Festland nach Bowen Island (3200 Einw.). Hier hat man den Eindruck, unendlich weit weg von der Stadt zu sein. Fähren des Unternehmens **BC Ferries** (✆ 604/669-1211) fahren täglich von 6 bis 21.45 Uhr etwa einmal stündlich von der Horseshoe Bay zur Insel. Die Überfahrt dauert etwa 20 Min., Erwachsene zahlen $ 7,25, Kinder $ 3,75. Die Fähre legt in der größten Siedlung an, die den treffenden Namen **Snug Cove** trägt. Hier findet man alles, was man in einer kleinen Stadt an Infrastruktur erwarten kann. Dazu gehören auch Übernachtungsmöglichkeiten im B&B und Cafés. In der nahe Snug Cove gelegenen Mannion Bay kann man gut schwimmen und bei **Bowen Island Sea Kayaking** (✆ 604/947-9266) Kajaks mieten ($ 45–65/3 Std.). Der Veranstalter bietet ebenfalls Touren an ($ 65/3 Std. und Pers.). Auch der Rest der Insel lässt sich gut erkunden. Ein 2 km langer Trail führt von Snug Cove zum Killarney Lake, wo man viele Vögel beobachten kann, und weitere Straßen führen quer über die Insel zur Westküste. Informationen erhält man bei Tourism Bowen (432 Cardena Rd., ✆ 604/974-9024, www.bowenisland.org; im Sommer tägl. 9–17 Uhr).

Östlich der Downtown

Verlässt man Vancouver in östliche Richtung, führt einen der Weg durch die am dichtesten bebaute und besiedelte Gegend von ganz British Columbia. Man passiert moderne Gewerbegebiete, Wohngegenden und Areale, auf denen sich Schwerindustrie angesiedelt hat. Der Großraum Vancouver erstreckt sich fast 100 km weit durch das Fraser Valley, wo überwiegend Wohnviertel liegen. Hauptverkehrsader nach Osten ist der Trans-Canada Hwy., der parallel zum Fraser River auf der Südseite verläuft und durch Burnaby, Langley und Abbotsford führt. Ursprünglich überquerte der Highway den Fraser River bei New Westminster, das in den 1860er Jahren für einige Zeit Hauptstadt von British Columbia war.

Burnaby

Gleich östlich der Downtown liegt Burnaby. Mit 240.000 Einw. wäre es eigentlich die drittgrößte Stadt in British Columbia, es ist aber seit seiner Eingemeindung im Jahre 1992 nur noch ein „Vorort" des sich unablässig weiter ausdehnenden Vancouver. Das Gebiet von Burnaby erstreckt sich östlich der Boundary Rd. bis Coquitlam und nördlich vom Burrard Inlet bis nach New Westminster im Südosten. Der Trans-Canada Hwy. teilt die Stadt praktisch in zwei Hälften. Burnaby ist am einfachsten mit dem SkyTrain zu erreichen, der vier Haltestellen in der Stadt hat. Eine davon ist **Metrotown** bei der gleichnamigen größten Shopping Mall von ganz Vancouver.

Das **Burnaby Village Museum** ist ein 4 ha großes Freilichtmuseum (✆ 604/293-6500; Mai bis Anfang Sept. 11–16.30 Uhr, Mo geschl.; Erwachsene $ 12, Senioren und Kinder $ 9). Es liegt im Deer Lake Park, südlich des Trans-Canada Hwy. Man erreicht das Museum über die Ausfahrt 33 in südlicher Richtung, fährt dann links auf den Canada Way und rechts auf die Deer Lake Ave. Man kann aber auch den SkyTrain nach Metrotown und von dort die Buslinie 144 nehmen. Zu sehen gibt es die Rekonstruktion eines kompletten Dorfes, wie es für die ersten 20 Jahre des 20. Jh. in British Columbia typisch war. Dazu gehören über 30 Häuser und Geschäfte,

Gärten, eine Miniatur-Eisenbahn und mit passenden Kostümen ausstaffierte Angestellte. Das Glanzstück des Museums ist ein historisches Karussell mit über 30 restaurierten Holzpferden.

Umgebung von Coquitlam

Coquitlam ist eine am Ende des Burrard Inlet gelegene Wohngegend. Nördlich schließt sich der 38.000 ha umfassende **Pinecone Burke Provincial Park** an, der sich vom Westufer des Pitt Lake bis zum Boise Valley im Westen erstreckt. Er war im späten 19. Jh. Schauplatz eines kurzen Goldrauschs. Obwohl der Großteil des Parks vor 100 Jahren der Axt zum Opfer gefallen ist, haben einige wenige Areale mit altem Baumbestand überdauert. Dazu zählt auch die Schonung mit den über 1000 Jahre alten Zedern am Cedar Spirit Grove. Den Park erreicht man über den Hwy. 7, von dem aus man die Coast Meridian Rd. nach Norden zur Harper Rd. nimmt, die zu den Munro und Bennett Lakes führt.

Einen größeren Teil Wildnis schützt der **Golden Ears Provincial Park,** der 55.590 ha der North Shore Mountains östlich von Coquitlam umfasst. Auch hierher gelangt man über den Hwy. 7, dem man östlich von Coquitlam bis zur Maple Ridge folgt. Von hier ist der Weg nach Norden an der 232nd St. und der 132nd Ave. ausgeschildert. Die Zugangsstraße endet am **Alouette Lake,** der beste Bedingungen zum Angeln und Wandern bietet. Eine ebenso leichte wie genussvolle Wanderung kann man auf dem **Lower Falls Trail** unternehmen. Er beginnt am Ende der Straße und führt zu einem malerischen Wasserfall (2,7 km). Für Hin- und Rückweg muss man jeweils 1 Std. veranschlagen.

New Westminster

15 km südöstlich der Downtown liegt diese dicht besiedelte Wohngegend, die allgemein unter dem Namen *New West* bekannt ist. Ihre strategisch gute Lage an der Stelle, wo sich der Fraser River teilt, verhalf ihr dazu, ein wichtiger Knotenpunkt der Flussschifffahrt und ein blühendes Wirtschaftszentrum zu werden. Im Jahr 1859 wurde New Westminster zur Hauptstadt der Festlandskolonie ausgerufen, von 1866 bis 1868 war es dann Provinzhauptstadt. Nur wenige historische Gebäude haben die Zeit überdauert, und das frühere Hafengelände wird heute von modernen Bauten geprägt. Die Lebensader ist der **Westminster Quay Market** (810 Quayside Dr., ✆ 604/520-3881), der sich am Flussufer und entlang der alten Hauptstraße erstreckt. Seine Öffnungszeiten sind für einen Markt untypisch (tägl. nicht vor 9.30 Uhr), doch bietet er eine interessante Auswahl an frischen Produkten. Außerdem gibt es Take-away-Stände und Fachgeschäfte. Davor liegt der 1937 erbaute **Samson V,** der als letzter verbliebener Schaufelraddampfer auf dem Fluss 1980 seinen Dienst quittiert hat. Der Dampfer kann besichtigt werden (Juni bis Aug. tägl. 12–17 Uhr); Einzelheiten erfährt man beim örtlichen Museum unter ✆ 604/527-4640. Neben dem Markt befindet sich das **Fraser River Discovery Centre** (788 Quayside Dr., ✆ 604/521-8401; Juni bis Aug. tägl. 10–16 Uhr, sonst Mi–Sa 10–16 Uhr; Erwachsene $ 6, Senioren und Kinder $ 5), das über den Fluss und seine Bedeutung für die Entwicklung von New Westminster informiert. Auf der Promenade vor dem Markt sind ebenfalls Schautafeln verteilt. Hier stößt man auch auf eine etwas ungewöhnliche Mischung von Sehenswürdigkeiten, zu denen ein schwimmendes Kasino ebenso wie ein als Schleppdampfer gestalteter Kinderspielplatz und der größte Zinnsoldat der Welt gehören.

Sport und Freizeit

Do it yourself

• *Radfahren* Erste Adresse für alle Fahrradbegeisterten ist der Stanley Park. Aus dem Radwegenetz besonders hervorzuheben ist die beliebte **Seawall Promenade,** die sich auf 10 km Länge an der Küste entlangzieht. Die Promenade ist laut Vorschrift gegen den Uhrzeigersinn zu befahren. Auf der Südseite der English Bay führt ein Radweg vom Vanier Park zum Point Grey und zur Universität. Dabei kommt man an einigen der besten Strände von Vancouver vorbei. Auf der Nordseite des Burrard Inlet nehmen hingegen echte Mountainbike-Enthusiasten die rauen Trails im Cypress Provincial Park und am Grouse Mountain in Angriff. Nahe dem Eingang zum Stanley Park, wo Robson und Denman St. zusammenlaufen, stößt man auf eine Vielzahl von Fahrradverleihern. Dazu gehören etwa **Bayshore Bicycles** (745 Denman St., ✆ 604/688-2453) und **Spokes Bicycle Rental** (1798 W Georgia St., ✆ 604/688-5141).

• *Golfen* Einer der besten für die Öffentlichkeit zugänglichen Golfplätze ist der **University Golf Club** (5185 University Blvd., Point Grey, ✆ 604/224-1818; $ 70). Die engen, insgesamt 6025 m langen Fairways werden von großen Bäumen gesäumt. Drei 18-Loch-Plätze betreibt *Vancouver Parks and Recreation* auf der Südseite der Stadt: Das Gelände des **McCleery Golf Course** (7188 McDonald St., Southlands, ✆ 604/257-8191) ist flach und mit den breiten Fairways relativ einfach. Der in den späten 1990er Jahren umgestaltete **Fraserview Golf Course** (7800 Vivian Dr., Fraserview, ✆ 604/257-6923) schlängelt sich durch einen Wald, und der **Langara Golf Course** (6706 Alberta St., South Cambie, ✆ 604/713-1816; Anfahrt über die Cambie St.) ist der anspruchsvollste der drei Plätze. Die Greenfee beträgt auf allen drei Plätzen wochentags $ 55–60 und am Wochenende $ 60–75.

Auf dem 13-Loch-Platz des **Mayfair Lakes & Country Club** (5460 No. 7 Rd., Richmond, ✆ 604/276-0505; $ 85) kommt im wahrsten Sinne des Wortes Wasser ins Spiel. Seine herausragendste Besonderheit sind jedoch die Lachse, die in den durch das Gelände fließenden Bächen laichen. Aus den vielen Golfplätzen entlang dem Fraser River Valley ragt der **Meadow Gardens Golf Course** (19675 Meadow Gardens Way, Pitt Meadows, ✆ 604/465-5474 oder ✆ 800/667-6758; Anfahrt über den Hwy. 7; $ 75) am Nordufer heraus. Bei 13 Löchern sind Wasserhindernisse zu überwinden. Besonders knifflig ist das 18. Loch, ein Par 5. Sowohl der Abschlag als auch der zweite Schlag müssen punktgenau auf einer Insel landen, und auch das Green liegt auf einer solchen.

• *Schwimmen und Sonnenbaden* Die besten Strände von Vancouver liegen alle an der English Bay. An zehn dieser Strände sind in den Sommermonaten von 11.30 bis 20.45 Uhr Rettungsschwimmer im Einsatz. Am nächsten zur Downtown liegt der **English Bay Beach** am Ende der Denman St. Mit dem angrenzenden schmalen Grünstreifen sowie den zahlreichen Cafés und Restaurants ist es *der* Strand, um zu sehen und gesehen zu werden. Vom English Bay Beach gelangt man auf der Seawall Promenade in nördlicher Richtung zum **Second Beach** und zum **Third Beach.** Bei beiden handelt es sich um nicht gerade große Sandstrände. Im Süden liegt der **Sunset Beach,** der sich besonders bei Familien großer Beliebtheit erfreut.

Schwimmer aufgepasst: Selbst im Hochsommer wird das Wasser maximal nur etwa 17 °C warm. Alle, denen das nicht besonders verlockend vorkommt, sollten zur Südspitze des Sunset Beach gehen, wo sich das **Vancouver Aquatic Centre** (1050 Beach Ave., ✆ 604/665-3424; Erwachsene $ 5,50, Senioren $ 4,20, Kinder $ 3,30) befindet. Dort gibt es ein geheiztes 50-Meter-Becken, Sauna, Whirlpools und einen kleinen Kraftraum.

Auf der Südseite der English Bay bietet der **Kitsilano Beach** eine spektakuläre Aussicht über die Bucht auf die Downtown und die Bergkulisse im Hintergrund. Wer Lust hat, kann seine Bahnen im benachbarten Schwimmbecken ziehen. Dieses ist 137 m lang und wurde im Jahr 1931 erbaut. Strand und Schwimmbad sind vom Vanier Park und von der Anlegestelle der False Creek Ferries aus leicht zu Fuß zu erreichen.

Der am weitesten westlich gelegene Strand von Vancouver ist auch der berühmteste: **Wreck Beach,** ein Nacktbadestrand. Hier laufen unverfrorene Gaffer zwischen den Nudisten herum, und nackte Verkäufer bieten Hotdogs und Limonade von ihren aus Treibholz zusammengeschusterten Verkaufsständen an. Obwohl der

Die schönsten Wanderwege

Vancouver ist nicht unbedingt eine Stadt, die man besonders gut zu Fuß erkunden kann. Zum Ausgleich dafür gibt es aber einige wunderschöne Parks, die zu einem Spaziergang einladen und einen die Hektik der Großstadt sofort vergessen lassen. Besonders empfehlenswert sind:

Stanley Park: Eine Oase der Ruhe mitten in der Innenstadt, durchzogen von unzähligen Wanderwegen und auf einer 10 km langen Promenade, die sich an die Küstenlinie schmiegt, bequem zu umrunden. Auf der Promenade herrscht immer Betrieb, v. a. am späten Nachmittag und am Wochenende. Dafür sind die übrigen Wege durch den Park weitaus weniger frequentiert. Für ein größeres Teilstück der Promenade gibt es übrigens eine attraktive Alternative: Man steigt unmittelbar hinter der Lions Gate Bridge die Stufen zum Prospect Point hinauf (wo man auch gleich einen Imbiss im Café einnehmen kann) und folgt dann weiter Richtung Westen dem Merilees Trail, der oben entlang der Klippen bis zum Third Beach führt. Unterwegs kommt man an einem alten Aussichtspunkt vorbei, von dem aus man einen tollen Blick auf Siwash Rock und die Strait of Georgia hat.

Pacific Spirit Regional Park und Umgebung: Durch den nahe der Universität gelegenen, 762 ha großen Park verlaufen insgesamt 35 km Wanderwege. Das bewaldete Areal gleicht ziemlich exakt jenen Verhältnissen, welche die ersten europäischen Siedler bei ihrer Ankunft vor über 200 Jahren vorgefunden haben. Ein guter Startpunkt ist das Park Centre (✆ 604/224-5739), wo man sich eine Wanderkarte besorgen sollte. Obwohl man in dem von vielen Wanderwegen durchzogenen Park nicht wirklich verloren gehen kann, kann man doch recht leicht den falschen Trail erwischen und sich plötzlich an einer ganz anderen Stelle als beabsichtigt wiederfinden. Der an der Ecke King Edward und 29th Ave. beginnende Imperial Trail ist sehr zu empfehlen. Er führt durch einen Wald mit roten Zedern und Tannen, überquert den Salish Creek und endet am SW Marine Dr., wo ein Monument an die Expedition von Simon Fraser erinnert. Von diesem hoch gelegenen Aussichtspunkt hat man einen guten Blick über die Strait of Georgia. Der Trail ist 2,8 km lang (einfach 1 Std.).

North Shore: Die Provinzparks an der North Shore zeichnen sich durch eine einzigartige Landschaft und Tierwelt aus. Die Flüsse und Seen sind glasklar, die Wanderwege gut in Schuss und einfach zu begehen. Die einzelnen Trails sind im Abschnitt *North Shore* beschrieben.

Strand zum Schwimmen nicht besonders geeignet ist, wird es hier extrem voll. Der Zugang führt über einen steilen Pfad und liegt am NW Marine Dr., nahe dem Ende des University Blvd. (Trail Nr. 4, 5 oder 6 nehmen).

• *Kanu- und Kajakfahren* Wer gerne paddelt, ist auf Granville Island genau richtig aufgehoben. Das ruhige Wasser des angrenzenden False Creek ist perfekt, um seine Fähigkeiten zu trainieren. Das größte Angebot an der erforderlichen Ausrüstung halten **Adventure Fitness** (1510 Duranleau St., ✆ 604/687-1528) und **Ecomarine Ocean Kayak Centre** (1668 Duranleau St., ✆ 604/689-7575) bereit. Beide Firmen bieten Einerseekajaks für $ 36/2 Std. oder $ 58/Tag an. Zweierkajaks und Kanus kosten $ 48/2 Std. bzw. $ 72/Tag. Es werden auch Kurse angeboten, um Anfängern den richtigen Umgang mit dem Kajak zu vermitteln.

Auf dem **Indian Arm** des Burrard Inlet bekommt man quasi im Hinterzimmer von Vancouver ein echtes Paddelerlebnis in der Wildnis geboten. Der 22 km lange Fjord schneidet sich tief in die North Shore Range, und die einzige Siedlung liegt am Südende, wo der Vorort Deep Cove den Ausgangspunkt für die Paddelstrecke bildet. Das **Deep Cove Canoe and Kayak Centre** (2156 Banbury Rd., Deep Cove, ✆ 604/929-2268) vermietet Kanus und Kajaks. Ein Einerkajak für 2 Std. kostet $ 38. Wer nicht gerne

Wem das Meer zu kalt ist, der kann sich im Schwimmbad am Kitsilano Beach vergnügen

allein unterwegs ist, kann sich an **Lotus Land Tours** (✆ 604/684-4922 oder ✆ 800/528-3531) wenden. Eine geführte Paddeltour kostet $ 180/Tag und Pers. Enthalten sind die Abholung vom Hotel aus der Downtown, ein Lachs-Barbecue und die entsprechende Einweisung in den Umgang mit dem Boot.

• *Skifahren und Snowboarden* Obwohl Vancouver hauptsächlich als Tor zum weltberühmten Wintersportgebiet Whistler/Blackcomb (S. 198) bekannt ist, kann die Stadt auch mit drei Skigebieten direkt vor ihrer Haustür aufwarten.

Von vielen Punkten der Stadt aus hat man die Hänge des **Grouse Mountain** (Nancy Greene Way, ✆ 604/980-9311, www.grousemountain.com) hoch über North Vancouver im Blick. Und wie man richtig vermutet, ist die Aussicht von dort oben an einem klaren Wintertag herunter auf Vancouver noch wesentlich eindrucksvoller. Auf den 24 Pisten verrichten vier Sessellifte und eine Reihe von Schleppliften ihren Dienst und bringen den Besucher 365 m nach oben.

Die meisten Pisten sind täglich bis 22 Uhr beleuchtet und gewähren einen herrlichen Blick über Vancouver, das einem in all seiner Pracht zu Füßen liegt. Zur Infrastruktur zählen auch ein Snowboard Park, eine Vermietstation für Wintersportausrüstungen sowie eine Ski- und Snowboardschule, dazu gibt es etliche Verpflegungsmöglichkeiten. Die Liftkarte kostet für Erwachsene $ 58, für Senioren und Jugendliche $ 42 und für Kinder $ 31.

Auf dem **Cypress Mountain** (✆ 604/926-5612, www.cypressmountain.com), wurden 2010 die olympischen Wettbewerbe im Freestyle-Skifahren und Snowboarden ausgetragen. Dort gibt es 25 Pisten mit einem Höhenunterschied von 534 m. Für die Liftkarte zahlen Erwachsene $ 52, Senioren und Kinder $ 29. Die fantastische Aussicht über den Howe Sound und Vancouver Island gibt es gratis dazu. Cypress Mountain verwöhnt auch Skilangläufer und Schneeschuhgänger mit 16 km gepflegter und gespurter Loipen, von denen einige auch abends beleuchtet sind.

Das höchstgelegene der drei Skiresorts von Vancouver befindet sich auf dem **Mount Seymour** (✆ 604/986-2261, www.mountseymour.com). Zwar sind die Schneeverhältnisse hier recht gut, dafür ist das relativ sanft abfallende Terrain aber nur für Anfänger und etwas fortgeschrittenere Ski- und Snowboardfahrer interessant. Die

20 Pisten werden von vier Sesselliften bedient, der Höhenunterschied beläuft sich auf 365 m. Der Tagespass kostet für Erwachsene $ 44, für Senioren $ 32 und für Kinder $ 24. Man kann auch Schneeschuhe mieten ($ 16) und damit das entsprechende Wegenetz begehen (Tagespass $ 10). Die geführte Nachtwanderung, die jeden Freitag stattfindet ($ 45), ist nicht nur wegen des abschließenden Schokoladenfondues ein echter Genuss. Das Skigebiet liegt im Mount Seymour Provincial Park. Die Anfahrt erfolgt über die Lions Gate Bridge in Richtung Norden. Nach der Brücke geht es auf dem Mount Seymour Parkway nach Osten bis zur Mount Seymour Rd.

Zuschauersport

Die Bewohner von Vancouver lieben nicht nur jegliche aktive sportliche Betätigung, sondern unterstützen mit Vorliebe auch die heimischen Sportteams. Größter Zuschauermagnet ist Eishockey, das in Kanada schlicht *Hockey* genannt wird. Darüber hinaus hat Vancouver aber auch Profi-Mannschaften im Football, Baseball und Fußball am Start.

• *Eishockey* Im Jahr 1911 wurde am Nordende der Denman St. die zweite (und größte) Kunsteisfläche der Welt eingeweiht, die 10.000 Eishockeyfans Platz zum Zuschauen bietet. Die damalige (nur 15 Jahre bestehende) Heimmannschaft, die Vancouver Millionaires, spielte anfangs in einer kleinen Profi-Liga und gewann dann 1915 den **Stanley Cup,** den heiligen Gral des Profi-Eishockeys. Dies war das einzige Mal, dass Vancouver sich die Trophäe sicherte. Die seit 1946 existierenden **Vancouver Canucks** (✆ 604/899-7400, www.canucks.com) spielen seit 1970 in der National Hockey League (NHL). Ihre Heimat ist der General Motors Place (gegenüber dem B.C. Place Stadium am Griffith Way), der ursprünglich für das Basketballteam der Vancouver Grizzlies errichtet worden war, die aber mittlerweile nach Memphis (Tennessee) übergesiedelt sind. Die Saison dauert von Oktober bis April, Tickets kosten $ 45–200.

• *Football* Die **B.C. Lions** (✆ 604/589-7627, www.bclions.com) vertreten Vancouver in der Canadian Football League. Die Heimspiele finden im B.C. Place Stadium statt, das sich im Süden der Downtown an der Kreuzung von Robson und Beatty St. befindet. Die Saison dauert von Juni bis November, und die meisten Spiele finden abends statt. Tickets kosten $ 32–84.

Touren

Gleichgültig, ob man zu wenig Zeit hat, um Vancouver auf eigene Faust zu entdecken, oder sich einfach nur einen ersten Überblick über die Stadt verschaffen möchte – mit einer der zahlreich angebotenen Besichtigungstouren spart man nicht nur viel Zeit, sondern gelangt auch relativ stressfrei zu den wichtigsten Sehenswürdigkeiten.

• *Trolley- und Bustouren* Der Hauptzustiegspunkt der **Vancouver Trolley Company** (✆ 604/801-5515 oder ✆ 888/451-5581) liegt am oberen Ende der Water St. und ist angesichts des Kassenhäuschens in Form eines Trolley-Busses nicht zu übersehen. Das Unternehmen befördert die Fahrgäste mit seinen auf altmodisch getrimmten Bussen durch die Straßen der Downtown. Die zweistündige Rundfahrt führt an 23 Sehenswürdigkeiten vorbei, vom im Norden gelegenen Stanley Park bis zur Science World im Süden. Die Trolleys fahren von April bis Oktober täglich von 9 bis 16 Uhr und kommen jede halbe Stunde an den Haltestellen vorbei. Für die Fahrt zahlen Erwachsene $ 36, Senioren $ 33, Kinder $ 20.

Eine große Auswahl an Fahrten bietet **Gray Line** (✆ 604/879-3363 oder ✆ 800/667-0882, www.grayline.ca) an. Die dreieinhalbstündige *Deluxe Grand City Tour* führt einen zum Stanley Park, nach Chinatown, Gastown, in die Robson St. und an die English Bay (Erwachsene $ 65, Senioren $ 58, Kinder $ 42).

• *Bootsfahrten* Von Juni bis September kann man mit **Harbour Cruises** (✆ 604/688-7246 oder ✆ 800/663-1500) an Bord des Schaufelraddampfers *MV Constitution* eine 75 Min. dauernde Fahrt über das Burrard Inlet machen und das geschäftige Treiben auf dem Wasser beobachten. Das Schiff legt von April bis Anfang Oktober bis zu viermal täglich vom nördlichen Ende der Denman St. ab. Erwachsene zahlen $ 25, Senioren und Schüler $ 20, Kinder $ 10. Abends (Juni bis Sept. 19 Uhr) kreuzt der Dampfer auf seinem Weg zur dreistündigen *Sunset Dinner Cruise* durch den Hafen. Die Fahrt kostet für Erwachsene $ 75 inkl. Abendessen, Kinder zahlen $ 65.

Vancouver
Karte S. 134/135

Nachtleben, Kunst und Veranstaltungen

Wenn es um das Nachtleben geht, kommt in Vancouver garantiert keine Langeweile auf. Die inoffizielle Unterhaltungsmeile der Stadt führt von der Granville Street Mall aus die Granville St. in Richtung Südwesten entlang und erstreckt sich auf das südlich davon gelegene Gebiet bis zum False Creek. Kinos findet man an der Granville Street Mall, dahinter liegen verstreut die Nachtclubs, von denen die meisten in Yaletown ansässig sind. Die Theaterbühnen und Konzertsäle sind über die ganze Stadt verteilt. Die drei größten – Centre in Vancouver for Performing Arts, Queen Elizabeth Centre und BC Place Stadium – liegen südlich der Granville St. an der Georgia St.

Einen Überblick über das gesamte Unterhaltungsangebot in der Stadt vermittelt die kostenlose Broschüre *Georgia Straight* (www.straight.com). Auch die Freitags- und Wochenendausgaben der beiden Tageszeitungen, *Province* und *Vancouver Sun*, informieren umfassend über das lokale Geschehen. **Tickets Tonight** (im Visitor Center 200 Burrard St., ✆ 604/684-2787, www.ticketstonight.ca; tägl. 10–18 Uhr) bietet für größere Veranstaltungen, die noch am selben Tag stattfinden, Tickets zum halben Preis an.

Nachtleben

• *Bars* Seit dem Tag, an dem „Gassy Jack" Deighton den ersten Alkoholausschank der Stadt (ein Fass Whiskey, das auf einem ungehobelten Holzbrett stand) in der Gegend von Gastown eröffnete, ist dieser Teil von Vancouver das bevorzugte Viertel, um einen Drink zu nehmen. Die **Steamworks Brewing Co.** (375 Water St., Gastown, ✆ 604/689-2739; tägl. 11.30–22 Uhr) ist der optimale Ort, um entspannt ein Bier aus hauseigener Brauerei zu verkosten. Die Atmosphäre ist ungezwungen und trotzdem stilvoll. Außerdem gewähren die großen Fenster einen tollen Blick über das Burrard Inlet. Am anderen Ende von Gastown schallt aus dem quirligen **Blarney Stone** (216 Carrall St., ✆ 604/687-4322) regelmäßig der Radau von irischen Partybands. Die Abendgäste sind oft älteren Jahrgangs und häufig Singles.

Die **Yaletown Brewing Co.** (1111 Mainland St., ✆ 604/681-2739) ist der erste Anlaufpunkt der besonders hippen Bewohner von Yaletown. Ebenfalls in Yaletown serviert man in der **Opus Bar** (350 Davie St., ✆ 604/642-0557) starke Cocktails und Importbier in der todschicken Lobby des Opus Hotel. Das **Royal Pub** (1025 Granville St., ✆ 604/685-5335) wird gerne von jüngeren Wanderern besucht, die sich noch einen letzten Drink genehmigen, bevor sie sich in den umliegenden Hostels zur Nachtruhe betten.

• *Nachtclubs* Bei den Nachtclubs ändern sich in schöner Regelmäßigkeit nicht nur die Namen, auch ihr Ruf wechselt. Daher sollte man bei Interesse die kostenlosen Infobroschüren oder die Website www.clubvibes.com zu Rate ziehen, um sich über den aktuellen Stand der Dinge zu informieren. Das **Luv-A-Fair** (1275 Seymour St., ✆ 604/685-3288), das von Eingeweihten nur „the Fair" genannt wird, ist heute noch genauso beliebt wie in den späten 1980er Jahren, als es eröffnete. Das gilt v. a. für Donnerstagnacht, wenn Techno angesagt ist.

Besonders bei den über 30-Jährigen beliebt ist die **Skybar** (670 Smithe St., ✆ 604/697-9199), ein absolut trendiger Laden mit Getränkepreisen, die ihresgleichen suchen. Im Erdgeschoss gibt es eine Martini-Bar, und das Stockwerk darüber besteht fast gänzlich aus einer Tanzfläche. Da sich das Dach öffnen lässt, sieht sich der Besucher samt dem mit Palmen dekorierten Innenleben der Skybar bisweilen der Nacht ausgesetzt.

Etwas abseits des Gebiets, in dem die meisten Ausgehmöglichkeiten liegen, gibt es auch in Gastown einige Nachtclubs. Dazu zählt das **Fabric** (66 Water St., ✆ 604/683-6695), das sich zu einem der angesagtesten Clubs von Vancouver entwickelt hat. Viele DJs kommen aus London, und obwohl es daher meistens Techno, Hip-Hop und House aus Europa zu hören gibt, wird unter der Woche gelegentlich auch Soul und Jazz gespielt. Der Ort des Geschehens gehört ganz den ambitionierten Tänzern und all jenen, die gerne beim Tanzen gesehen werden wollen.

• *Livemusik* Jeden Abend zieht es eine Menschentraube ins **Roxy** (932 Granville St., ✆ 604/331-7999), wo die beiden

Bands des Hauses für das Publikum Rock 'n' Roll aus allen Epochen zum Besten geben und am Wochenende engagierte Bands spielen. Das junge, angesagte Publikum, die gute Musik und die ausgezeichneten Barkeeper machen das Roxy zum bevorzugten Ort in Vancouver, um Livemusik zu genießen. Entsprechend muss man sich auf eine Warteschlange einstellen, v. a. am Wochenende nach 21 Uhr. Der Eintritt kostet $ 5–10. Der **Railway Club** (579 Dunsmuir St., ✆ 604/681-1625) ist ein Privatclub, in dem auch Nichtmitglieder willkommen sind (gegen einen erhöhten Eintrittspreis, versteht sich). Geboten wird alles von Rock bis Country.

In der **Hot Jazz Society** (2120 Main St., ✆ 604/873-4131) gibt es regelmäßig Livejazz. Eintritt $ 7–12. Bei der **Coastal Jazz & Blues Society** (✆ 604/872-5200, www.coastaljazz.com) bekommt man eine Liste mit allen Jazz- und Blueskonzerten, die in Vancouver stattfinden.

Ernsthafte Biesliebhaber sollten sich auf den Weg ins historische **Yale Hotel** (1300 Granville St., ✆ 604/681-9253) machen, in dem schon wahre Szenegrößen wie etwa Junior Wells und Stevie Ray Vaughan aufgetreten sind. Die weitläufigen Räumlichkeiten haben für jeden Geschmack etwas zu bieten, egal ob man nun tanzen oder lieber im Hinterzimmer Billard spielen will. Sonntag ist der einzige Abend ohne Liveauftritte. Allerdings findet samstags und sonntags um 15 Uhr eine Jamsession statt.

Kunst und Kultur

• *Theater* An den über ganz Vancouver verstreuten Bühnen werden Stücke aller Art aufgeführt – Profi- und Laientheater, Comedy und Improvisationstheater. Insgesamt gibt es in der Stadt 30 professionelle Ensembles und über 20 Veranstaltungsorte. Im **Centre in Vancouver for Performing Arts** (777 Homer St., ✆ 604/602-0616, www.centreinvancouver.com) werden die größten Musicalhits aufgeführt. Für eine Matinee zahlt man ab $ 50, für Abendaufführungen $ 60–110. Im **Chan Centre for the Performing Arts** (6265 Crescent Rd., Point Grey, ✆ 604/822-2697) gibt es gleich drei Bühnen und die 1400 Sitzplätze fassende Chan Shun Concert Hall.

Das **Arts Club Theatre** (1585 Johnston St., ✆ 604/687-1644, www.artsclub.com) bietet an seinen beiden Veranstaltungsorten auf Granville Island – **Granville Island Stage** und die benachbarte **Stanley Industrial Alliance Stage** – immer exzellente Produktionen vom Drama über Comedy bis zum Improvisationstheater. Karten kosten $ 24–40. Man sollte im Voraus buchen und die Karten spätestens 30 Min. vor der Aufführung am Eingang abholen.

Zu den schönsten Erlebnissen gehört es, im Sommer in der im Stanley Park gelegenen Malkin Bowl dem **Theatre under the Stars** (✆ 604/734-1917, www.tuts.ca) beizuwohnen. Seit 1934 zieht jede Aufführung Nacht für Nacht etwa 1000 Theaterfreunde an. Den Spielplan dominieren Musicals. Dabei ist die Kulisse des offenen Amphitheaters, das von mächtigen Douglasien umgeben ist, ebenso sehenswert wie die jeweilige Aufführung selbst. Gespielt wird von Juni bis August Mo–Sa 19 Uhr. Karten (Erwachsene $ 34, Kinder $ 32) gibt es ab Mittag an der Kasse neben dem Amphitheater.

• *Musik und Tanz* Das **Queen Elizabeth Theatre** (630 Hamilton St., ✆ 604/665-3050) ist Heimat der **Vancouver Opera** (✆ 604/683-0222); Karten gibt es ab $ 40, die besten Plätze kosten $ 100. Im Theater finden auch musikalische Vortragsreihen und Bühnenaufführungen statt.

Das historische **Orpheum Theatre** an der Ecke Smithe und Seymour St. stammt aus dem Jahr 1927 und verfügt noch über eine original Wurlitzer-Orgel. Mittlerweile vollständig restauriert, hat das Theater eine exzellente Akustik, die v. a. der hier residierenden **Vancouver Symphony** (✆ 604/684-9100) zugutekommt. Auch die Profis des **Vancouver Chamber Choir** (✆ 604/738-6822), die Laien vom **Vancouver Bach Choir** (✆ 604/921-8012) und eine Auswahl anderer Musikgruppen geben hier Konzerte.

Die Aufführungen des **Ballet British Columbia** (✆ 604/732-5003, www.balletbc.com) finden während der gesamten Winterspielzeit im Queen Elizabeth Theatre (630 Hamilton St.) statt. Tickets kosten $ 25–58.

• *Kinos* Kinos findet man nicht nur in allen großen Einkaufszentren, sondern auch ansonsten über das ganze Stadtgebiet verteilt. **Cineplex Odeon** (✆ 604/434-2463) betreibt 20 Kinos in Vancouver. Adressen und das jeweilige Programm erfährt man entweder per Anruf oder durch einen Blick in die beiden Tageszeitungen. Wer einen aktuellen Streifen sehen möchte, muss mit etwa $ 10/Eintrittskarte rechnen.

Hat man seine Unterkunft in der Robson St. oder im West End, kann man im **Denman**

Vancouver
Karte S. 134/135

Place Cinema (Ecke Denman und Comox St., ✆ 604/683-2201) Erst- und Zweitaufführungen für $ 4–6 bewundern. Freunde von ausländischen Filmen oder kanadischen Independent-Produktionen sind in der **Pacific Cinematheque** (1131 Howe St., ✆ 604/688-8202) gut aufgehoben.

Feste und Veranstaltungen

In Vancouver finden jeden Monat die unterschiedlichsten Veranstaltungen statt. Zum Feiern findet man hier immer einen Grund – gleichgültig, ob es sich um regionale oder internationale Kulturfeste, Kunstausstellungen, Sportveranstaltungen oder irgendwelche verrückten Traditionen aus längst vergangenen Tagen handelt. Die meisten der besonders beliebten Festivitäten werden zwar während der touristischen Hochsaison im Sommer abgehalten. Das bedeutet aber nur, dass den Rest des Jahres über Hochsaison für alle anderen Veranstaltungen herrscht, zu denen Tanz, Theater und Musik ebenso gehören wie die auf keinen Fall zu verpassende Christmas Carol Ship Parade. Einzelheiten zu den unten genannten Veranstaltungen sowie die exakten Termine erfährt man über die jeweilige Website oder vor Ort in jeder Touristeninformation.

Karten für die meisten Großveranstaltungen kann man über **Ticketmaster** (www.ticketmaster.ca) buchen.

• *Frühjahr* Die Festivalsaison startet in der dritten Märzwoche gleich mit einem Riesenspektakel, dem **Vancouver Playhouse International Wine Festival** (✆ 604/872-6622, www.playhousewinefest.com). Das Weinfest verteilt sich auf verschiedene Veranstaltungsorte in der Downtown und ist eines der größten in ganz Nordamerika: mehr als 150 Weinkellereien aus 14 Ländern nehmen daran teil. Dazu gehören auch mehrere öffentliche Abendveranstaltungen, wie etwa das Bacchanalia, ein Galadiner, das im Fairmont Vancouver stattfindet.

Der **Vancouver Sun Run** (✆ 604/689-9441, www.sunrun.com) ist ein 10 km langer Lauf (oder Spaziergang) durch die Straßen der Downtown. Er findet am dritten Sonntag im April statt und ist mit mehr als 45.000 Teilnehmern der größte Volkslauf in Kanada und der drittgrößte der Welt. Ambitionierte Jogger halten sich hingegen an den **Vancouver International Marathon** (✆ 604/872-2928, www.bmovanmarathon.ca), der zwei Wochen später ausgetragen wird.

• *Sommer* Zwei der beliebtesten Kulturveranstaltungen finden von Mitte Juni bis in den Spätsommer hinein statt, sodass man Gelegenheit hat, sie in den warmen Sommermonaten zu beliebiger Zeit zu besuchen. Im Rahmen von **Bard on the Beach** (✆ 604/737-0625, www.bardonthebeach.org; Juni bis Sept.) kommen drei beliebte Stücke von Shakespeare zur Aufführung. Gespielt wird in offenen Zelten im Vanier Park, sodass man im Hintergrund die fantastische Kulisse der English Bay, die Silhouette der Stadt und die Berge bestaunen kann. Die Karten sind nicht überteuert und kosten $ 24–32 für eine Matinee um 13 oder 16 Uhr. Für die Abendaufführungen um 19.30 Uhr muss man mindestens $ 34 berappen. Das zweite beliebte Ereignis ist das **Kitsilano Showboat** (✆ 604/734-7332, www.kitsilanoshowboat.com), das am nahe gelegenen Kitsilano Beach abgehalten wird. Seit 1935 zieht es Amateurkünstler aller Richtungen auf diese Freilichtbühne. Aufführungen finden Montag-, Mittwoch- und Freitagabend statt. Die Spielzeit dauert zehn Wochen.

Das **Dragon Boat Festival** (✆ 604/688-2382, www.dragonboatbc.com) findet am mittleren Wochenende im Juni am False Creek statt. Es gibt Rennen, eine Weihezeremonie und vielfältige kulturelle Veranstaltungen, die auf der Plaza of Nations und in ihrer unmittelbaren Umgebung abgehalten werden.

Von Ende Juni bin in den Juli hinein tanzt ganz Vancouver zum Rhythmus des jährlichen **Vancouver International Jazz Festivals** (✆ 604/872-5200, www.coastaljazz.ca). Mehr als 1500 Musiker aus aller Welt finden sich ein, um klassischen und zeitgenössischen Jazz zum Besten zu geben. Die etwa 40 Veranstaltungsorte sind über die ganze Stadt verteilt.

Viele Besucher zieht auch das **Vancouver Folk Music Festival** (✆ 604/602-9798, www.thefestival.bc.ca) an, das am mittleren Juliwochenende im Jericho Beach Park stattfindet. Hier gibt es nicht nur wunderbare Musik zu hören, sondern es werden auch Märchen erzählt sowie Tanz- und Theateraufführungen geboten. Und ganz nebenbei gibt es eine große Auswahl an kulinarischen Köstlichkeiten.

Jedes Jahr fiebern die Bewohner von Vancouver mit Vorfreude der im frühen August stattfindenden **Celebration of Light** (✆ 604/642-6835, www.celebration-of-light.com) entgegen, dem weltgrößten Wettbewerb um das schönste, mit Musik unterlegte Feuerwerk. Jedes Jahr treten drei Länder gegeneinander an. Jedes Land hat zunächst einen eigenen Abend für sich alleine (am letzten Samstag im Juli, dann am folgenden Mittwoch und wieder am Samstag), um ab 22.15 Uhr mit einem einstündigen Spektakel den größtmöglichen Eindruck zu hinterlassen. Am letzten Abend (zweiter Mittwoch im Aug.) kommt es dann zum großen Finale mit allen drei Teilnehmern. Das Feuerwerk wird jeweils von einer in der English Bay verankerten Barke abgebrannt. Sehen kann man es vom Stanley Park aus, von Kitsilano, Jericho Beach und sogar von West Vancouver. Die Begleitmusik ist am Ufer gut zu hören. Wer ein wenig weiter entfernt ist, braucht auf die musikalische Untermalung aber ebenfalls nicht zu verzichten, sondern muss nur sein Radio einschalten und auf die Frequenz 101.1 FM einstellen.

Das Ende der vielen Sommerveranstaltungen markiert **The Fair** (Pacific National Exhibition, ✆ 604/253-2311, www.pne.bc.ca), die im späten August auf den Pacific National Exhibition Grounds abgehalten wird. Einer der Höhepunkte der landwirtschaftlichen Ausstellung ist der zweimal täglich stattfindende RCMP Musical Ride. Hier zeigen die berühmten kanadischen Mounties, wie perfekt sie mit ihren Pferden umgehen können.

• *Herbst* In der zweiten Septemberwoche beginnt das **Vancouver International Fringe Festival** (✆ 604/257-0350, www.vancouverfringe.com). Dabei zeigen etwa 100 Artisten aus aller Welt in über 500 Aufführungen ihr Können. Die Veranstaltungen finden teilweise in geschlossenen Räumen, teilweise aber auch im Freien statt und sind über ganz Granville Island verteilt.

Anfang Oktober laufen im Rahmen des **Vancouver International Film Festivals** (✆ 604/685-0260, www.viff.org) in den Kinos der Downtown mehr als 300 der besten Filme aus über 60 Ländern. Mitte Oktober versammeln sich die Literaturfreunde auf Granville Island, um dem **Vancouver International Writers & Readers Festival** (✆ 604/681-6330, www.writersfest.bc.ca) beizuwohnen.

• *Winter* Im Dezember tauchen jeden Abend mehr als 80.000 Lampen den VanDusen Botanical Garden in ein neues Licht. Im Rahmen des **Festival of Lights** (✆ 604/878-9274) sind darüber hinaus auch noch Ausstellungen im Garten zu sehen, wie etwa eine Weihnachtskrippe. Eine anderes beliebtes vorweihnachtliches Ereignis ist die **Carol Ships Parade of Lights** (✆ 604/878-8999, www.carolships.org). In den drei Wochen vor Heiligabend hört man überall vom Wasser her festliche Gesänge. Sie haben ihren Ursprung auf den bis zu 80 Booten der Flotte, die jeden Abend mit bunten Lichtern dekoriert über das Burrard Inlet segelt. Die Strecke führt von Port Moody über Deep Cove und um die English Bay herum zum False Creek. Die an Bord gesungenen Weihnachtslieder lassen sich dank des Soundsystems entlang der gesamten Küste klar und deutlich vernehmen.

Während Otto Normalverbraucher den Neujahrsmorgen damit verbringt, sich von den Strapazen der Silvesterfeier zu erholen, zieht es etwa 2000 Unentwegte zum English Bay Beach, um dort schwimmen zu gehen. Für den **Polar Bear Swim** gibt es sogar eine eigene Hotline (✆ 604/732-2304). Dabei ist das, was man über den Unfug (Beginn 14.30 Uhr) wirklich wissen muss, mit einem Satz gesagt: Die Wassertemperaturen sind einfach eisig!

Einkaufen

In Vancouver trifft man praktisch an jeder Ecke auf ein Einkaufszentrum, eine Shopping Mall oder ein Spezialgeschäft. Für Kunst und Kunstgegenstände der Ureinwohner sollte man sich auf den Weg nach Gastown machen, Kleidung findet man in den Boutiquen entlang der Robson St., Kaufhäuser in der Granville Street Mall, und auf Granville Island gibt es einfach allen möglichen Kram von der Schiffsausrüstung bis zur Kinderkleidung zu kaufen. Wer auf der Suche nach schicker Mode von hiesigen Designern ist, für den ist Yaletown die richtige Adresse. Überschüsse aus alten Armeebeständen werden in der Eastside verkauft, wo es auch viele Pfandleiher gibt. Fernöstliche Lebensmittel erwirbt man in Chinatown, und an der Kreuzung Main St. und E 49th Ave. gibt es indianische Waren aller Art.

• *Gastown* Eingebettet zwischen vielen Cafés, Restaurants und überteuerten Souvenirgeschäften liegen entlang der Water St. auch die Läden, in denen man die beste Auswahl an Kunst und Kunsthandwerk der Ureinwohner findet. Einer der größten Anbieter ist **Hill's Native Arts** (165 Water St., ✆ 604/685-4249), wo es T-Shirts für $ 10, gewaltige Totempfähle für $ 12.000 und auch ansonsten alles gibt, was sich in dieser Preisspanne bewegt. Dazu zählen natürlich auch Cowichan-Pullover und geschnitzte Zeremonienmasken. Ebenfalls traditionelle Ureinwohnerkunst findet man bei **Images for a Canadian Heritage** (164 Water St., ✆ 604/685-7046). Die **Inuit Gallery of Vancouver** (206 Cambie St., ✆ 604/688-7323) stellt Werke der Inuit und indigener Künstler der Nordwestküste aus. Zu den Glanzpunkten zählen die Specksteine, die von Schnitzern aus Cape Dorset, einer entlegenen Inuit-Siedlung in der Arktis, gestaltet worden sind.

Shoppingerlebnis in Chinatown

Die Entwicklung der Chinatown geht auf die Tatsache zurück, dass die aus China stammenden Siedler, die vor über 100 Jahren in der Gegend um False Creek wohnten, auch weiterhin in vertrauter Umgebung einkaufen und essen wollten. Selbst heute sieht man noch viele Chinesen durch die Straßen von Chinatown hasten. Daneben durchstöbern aber ebenso viele britischstämmige Einheimische und Touristen die interessanten Auslagen der zahllosen Geschäfte und versuchen sich an der echten chinesischen Küche.

In den Läden findet man ein Angebot an chinesischen Waren, das jede Vorstellungskraft übersteigt: Windspiele, Sojasoßen, Teekannen, getrocknete Pilze, fein gearbeitete Fächer aus Papier und noch unendlich viel mehr. An der Main St. wird in einigen Geschäften Ginseng verkauft, der in chinesischen Unzen (38 g) gewogen wird. Ginseng aus kultiviertem Anbau kostet ab $ 12/Unze, wilder Ginseng bis zu $ 500/Unze. Bei der **Ten Ren Tea and Ginseng Co.** (550 Main St., ✆ 604/684-1566) erhält der Kunde vom Personal zusätzlich zur Ware Erläuterungen, wie man Ginseng am besten anwendet, und man kann auch noch verschiedene Tees verkosten. Hunger? Echte kantonesische Küche gibt es am östlichen Ende der Chinatown, weniger scharfe chinesisch-kanadische Gerichte findet man am Westende.

• *Granville Island* Kunst und Kunstgegenstände verkauft auf Granville Island u. a. die **Wickaninnish Gallery** (1666 Johnston St., ✆ 604/681-1057). Ihr Angebot umfasst beeindruckende Ureinwohnerkunst, Schmuck, Webereien und Originalgemälde. In der **Gallery of B.C. Ceramics** (1359 Cartwright St., ✆ 604/669-3606) werden Werke führender Töpfer und Bildhauer aus der gesamten Provinz ausgestellt. Bei **Forge & Form** (1334 Cartwright St., ✆ 604/684-6298) wird eine große Auswahl an Gold- und Silberschmuck gefertigt und gleich weiterverkauft.

Viele Geschäfte, die mit der Seefahrt zu tun haben, Veranstalter von Abenteuertouren und Vermieter von Booten findet man an der Duranleau St. Das **Quarterdeck** (1660 Duranleau St., ✆ 604/683-8232) hat von der Seekarte bis zur Schiffsglocke aus Messing alles auf Lager.

• *Kaufhäuser, Plazas und Shopping Malls* Obwohl sie mittlerweile ein wenig schäbig aussieht, ist die **Granville Street Mall** auch weiterhin die erste Adresse für alle Shoppingfreunde in der Downtown. Der sich über zwei Blocks erstreckende Abschnitt der Granville St. ist für den Privatverkehr gesperrt, Bussen und Taxis ist die Durchfahrt jedoch erlaubt. Hier steht auch das größte Kaufhaus von Vancouver, **The Bay** (674 Granville St., ✆ 604/681-6211). Es gehört zu einer kanadischen Kaufhauskette, die sich aus der historischen Hudson's Bay Company entwickelt hat. Heute führt das Geschäft überwiegend kanadische Waren, vom Souvenir bis zum Küchengerät. Das ebenfalls an der Granville Street Mall gelegene **Pacific Centre** beherbergt 165 Einzelgeschäfte, einen großen Gastronomiebereich (mit entsprechend vielfältigem Essensangebot) und einen drei Stockwerke hohen Wasserfall.

Im größten Einkaufszentrum von British Columbia, **Metrotown,** gibt es mehr als 200 Geschäfte. Es liegt am Kingsway in Burnaby und lässt sich von der Downtown aus bequem mit dem SkyTrain erreichen.

• *Outdoor- und Trekkingläder* Die meisten Trekkingläden liegen an dem kurzen Abschnitt des W Broadway zwischen der Main und Cambie St. Der größte davon ist **Mountain Equipment Co-op** (130 W Broadway, ✆ 604/872-7858; Mo–Mi 10–19 Uhr, Do/Fr 10–21 Uhr, Sa 9–18 Uhr). Wie die amerikanische Kette R.E.I. wird er genossenschaftlich betrieben und gehört den Mitgliedern. Um etwas kaufen zu können, muss man also erst einmal Mitglied werden (einmalige Gebühr $ 5). Dafür hat man dann die Qual der Wahl aus dem riesigen Angebot an Kleidung, Kletter- und Bergsteigerausrüstungen, Zelten, Rucksäcken, Schlafsäcken, Büchern und anderem Zubehör.

• *Buchhandlungen* Bereits in den 1950er Jahren wurde **Duthie Books** (2339 W 4th Ave., Kitsilano, ✆ 604/732-5344; Mo–Fr 9–21 Uhr, Sa 9–18 Uhr, So 10–18 Uhr) gegründet, eine der letzten unabhängigen Buchhandlungen, die keiner Kette angehören. Auf Granville Island lohnt sich ein Besuch bei **Blackberry Books** (1666 Johnston St., ✆ 604/685-6188). Die große kanadische Buchladenkette **Chapters** hat mehrere Filialen in Vancouver, darunter auch eine in der Downtown (788 Robson St., ✆ 604/682-4066).

In Vancouver gibt es drei exzellente Buchhandlungen, die sich auf *Reiseliteratur* spezialisiert haben. Sie liegen in unmittelbarer Nachbarschaft zueinander zwischen Granville Island und Point Grey. Es sind **Wanderlust** (westlich der Cypress St. an der 1929 W 4th Ave., Kitsilano, ✆ 604/739-2182; Mo–Fr 10–19 Uhr, Sa 10–17 Uhr, So 12–17 Uhr), **The Travel Bug** (3065 W Broadway, ✆ 604/737-1122, Mo–Sa 10–18 Uhr, So 12–17 Uhr) und **International Travel Maps and Books** (530 W Broadway, ✆ 604/879-3621; Mo–Fr 9–18 Uhr, Sa 10–17 Uhr, So 12–17 Uhr).

Übernachten

Ob man nun auf der Suche nach einem Luxuszimmer in einem der Wolkenkratzerhotels ist oder sich schon mit einem Bett in einem leicht heruntergekommenen Schlafsaal in der Downtown zufriedengeben würde – Vancouver hat für jeden Geldbeutel die passende Unterkunft. Die Preise für Hotelzimmer in der Downtown passen sich dem jeweiligen Angebot und der Nachfrage an, was dazu führt, dass sie übers Jahr beträchtlich schwanken. Verlässlicher sind da schon die Preise der in den Vororten gelegenen B&Bs und Motels. Die größte Nachfrage nach Unterkünften herrscht in Vancouver im Sommer und unter der Woche. Entsprechend lässt sich einiges sparen, wenn man in den kühleren Monaten vorbeischaut (Mai und September sind ohnehin die beste Zeit, um sich Vancouver anzusehen) oder in einem der auf Geschäftsreisende ausgerichteten Hotels eine Wochenendübernachtung plant. Vorweg noch eine Warnung an alle, die mit dem Auto oder Wohnmobil unterwegs sind: Im Bereich der Downtown muss man sich auf zusätzliche Parkgebühren von bis zu $ 30/Tag einstellen. Wer eine Übernachtung für das Wochenende bucht, sollte nachfragen, ob das Parken gratis ist – dies ist häufig der Fall.

Die folgenden Empfehlungen in jeder Preiskategorie sind eine von mir nach meinem persönlichen Geschmack getroffene Auswahl. Dabei sind aber beileibe nicht alle Hotels in der Downtown aufgelistet. In den äußeren Stadtbezirken liegende Unterkünfte sind nur erwähnt, soweit sie in Ordnung sind und ein gutes Preis-Leistungs-Verhältnis haben.

Downtown

• *Unter $ 50* Die einzigen Unterkünfte, die sich in diesem Preissegment in der Downtown finden lassen, sind die für Rucksacktouristen ausgelegten Backpacker Lodges. Ein typisches Beispiel für die neu gestalteten Unterkünfte von Hostelling International, dem größten und ältesten Zusammenschluss von Übernachtungsmöglichkeiten dieser Art, ist das **HI-Vancouver Downtown** (1114 Burnaby St., ✆ 604/684-4565 oder ✆ 888/203-4302, www.hihostels.ca). Im Gebäude gibt es eine große Küche, eine Bibliothek, einen Game Room, kostenlosen drahtlosen Internetzugang, ein Reisebüro, eine Fahrradvermietung, Unterstellmöglichkeiten fürs Gepäck und eine Laundry. In den Zimmern stehen immer nur maximal vier Betten, sie sind allerdings recht klein. Mitglieder von Hostelling International zahlen $ 31,50, Nichtmitglieder $ 34,50; Privatzimmer kosten zwischen $ 68 und $ 82 für 1/2 Pers.

In den Räumlichkeiten des früheren Royal Hotel ist das **HI-Vancouver Central** (1025 Granville St., ✆ 604/685-5335 oder ✆ 888/203-8333, www.hihostels.ca) untergebracht. Es liegt näher an dem Bereich der Downtown, wo allabendlich die Post abgeht. An der hauseigenen Bar gibt es tägl. günstige Getränke- und Essensangebote. Die Zimmerpreise entsprechen denen im oben genannten **HI-Vancouver Downtown**

Für Rucksacktouristen stehen auch Privatunterkünfte zur Verfügung, die allerdings in schöner Regelmäßigkeit kommen und wieder gehen. Beliebt ist das **Samesun Vancouver** (1018 Granville St., ✆ 604/682-8226 oder ✆ 877/972-6378, www.samesun.com), das in jeder Hinsicht hervorragend ist. Betten im Schlafsaal (maximal vier Betten) kosten $ 30–35, Privatzimmer $ 70–85 für 1/2 Pers. Die Zimmer in dem vier Stockwerke hohen Gebäude sind zwar klein, aber geschmackvoll eingerichtet, und der Gemeinschaftsraum sowie die Küchen genügen allen Ansprüchen. Weiter gibt es ein Restaurant, ein separates Fernsehzimmer, Internetzugang und eine Dachterrasse.

• *$ 50–100* Aus der Mitte der 1990er Jahre stammt das **YWCA** (733 Beatty St., ✆ 604/895-5830 oder ✆ 800/663-1424, www.ywcahotel.com; ab $ 68 für 1 Pers., $ 82–125 für 2 Pers.), das v. a. bei weiblichen Reisenden, Paaren und Familien mit kleinerem Budget großen Anklang findet, denen der Trubel der normalen „Rucksacktouristen-Szene" nicht gefällt. Die über 150 Zimmer mit Telefonen und zum Teil Fernsehern sind über elf Stockwerke verteilt. Es gibt zwei Küchen, drei Gemeinschaftsräume und zwei Laundrys. Das nahe gelegene YWCA Health and Wellness Centre, in dem sich ein Pool und eine Turnhalle befinden, darf von den Gästen kostenlos genutzt werden.

In dieser Preisklasse stößt man auch auf viele Angebote von älteren Hotels. Einige davon sind gut, andere hingegen schlecht. Eine gute Wahl ist das **Victorian Hotel** (514 Homer St., ✆ 604/681-6369 oder ✆ 877/681-6369, www.victorianhotel.ca). Zwar sind die Zimmer nur mit dem Nötigsten ausgestattet, dafür aber behaglich und eine Wohltat für die Reisekasse. Erwähnenswert sind auch die zentrale Lage und das kostenlose Frühstück. Die Zimmer des im Jahre 1898 als Gasthof errichteten Gebäudes sind in den königlichen Farben gehalten, die sich in den glänzenden Holzfußböden widerspiegeln. Für eine Übernachtung muss man $ 99–145 (1/2 Pers.) anlegen, allerdings haben viele Zimmer kein eigenes Bad.

Auch das dreistöckige **Kingston Hotel** (757 Richards St., ✆ 604/684-9024 oder ✆ 888/713-3304, www.kingstonhotelvancouver.com) hat schon seine 100 Jährchen auf dem Buckel und ist mittlerweile umfassend renoviert worden. Die meisten der 55 Zimmer teilen sich Etagenbäder ($ 75 für 1 Pers., $ 85 für 2 Pers.), in jedem ist aber ein Waschbecken mit fließendem Wasser vorhanden. Zimmer mit Bad kosten $ 125–155 (1/2 Pers.). Zu den Annehmlichkeiten des Hauses zählen eine Sauna, eine Laundry, Fernseher zum Mieten sowie ein Fernsehzimmer, in dem man auch eine Sammlung alter Filme ansehen kann. Im Preis ist ein Continental Breakfast enthalten.

• *$ 100–150* Für $ 100–150 bekommt man ein Zimmer in einem der älteren Motels in der Downtown, die überwiegend südwestlich in Richtung Granville Island liegen. Von hier sind es 10 Min. Fußmarsch zum Central Business District. Wer nicht mehr ausgeben will, aber am Wochenende oder in der Nebensaison in Vancouver ist, sollte auch die Websites der Unterkünfte in der Rubrik ab $ 200 nach entsprechenden Angeboten durchforsten. Rabatte sind hier an der Tagesordnung.

Mit ein wenig bunter Farbe und heiter wirkenden Stoffen lässt sich eine Menge machen, um ein altes Hotel wieder auf Vordermann zu bringen. Für diese Tatsache gibt es kein besseres Beispiel als das zentral gelegene **Howard Johnson Hotel Downtown** (1176 Granville St., ✆ 604/688-8701 oder ✆ 888/654-6336, www.hojovancouver.com; $ 149–229 für 1/2 Pers.). Ein Blick auf das zugehörige Restaurant und die Lounge machen dem Besucher klar, dass er hier ein wirklich gutes Geschäft macht.

• *$ 150–200* Das günstigste der im Central Business District gelegenen Hotels ist das **Days Inn Vancouver Downtown** (921 W Pender St., ✆ 604/681-4335 oder ✆ 877/681-4335, www.daysinnvancouver.com; $ 179 für 1/2 Pers.). Die 85 Zimmer sind zwar klein, und die umliegenden Hochhäuser nehmen einem jede Aussicht. Dafür sind alle Zimmer in hellen, luftigen Pastelltönen eingerichtet und verfügen über kostenlosen drahtlosen Internetzugang sowie eine Kaffeemaschine bzw. die Möglichkeit, sich einen Tee zu machen.

Die Ausstattung des **Ramada Limited Downtown** (435 W Pender St., ✆ 604/488-1088 oder ✆ 888/389-5888, www.ramadalimited.org; $ 189 für 1/2 Pers.) ist verglichen mit der anderer Hotels in dieser Preiskategorie (wie etwa dem vorgenannten Days Inn) zwar weniger gut, dafür liegt die Unterkunft aber äußerst zentral. Die 80 Zimmer des alten Hotels sind klein, aber gut ausgestattet und bieten alles vom Föhn bis zum kostenlosen drahtlosen Internetzugang. Das Haus ist leicht an der noch aus alten Zeiten stammenden Neon-Leuchtreklame zu erkennen, die seine Front ziert.

Sandman Hotels, Inns & Suites ist eine westkanadische Hotelkette mit mehr als 30 Häusern. Ihr Aushängeschild ist das **Sandman Hotel Downtown Vancouver** (180 W Georgia St., ✆ 604/681-2211 oder ✆ 800/726-3626, www.sandman.ca). Das Hotel hat über 300 Zimmer inkl. 87 in sich abgeschlossener Suiten im Corporate Tower. Ferner gibt es einen Innenpool, einen Fitnessraum, eine Lounge und ein Familienrestaurant, das rund um die Uhr geöffnet hat. Die Zimmerpreise liegen bei $ 159–259 für 1/2 Pers.

• *$ 200–250* Einer tollen Lage kann sich das **Granville Island Hotel** (1253 Johnston St., ✆ 604/683-7373 oder ✆ 800/663-1840, www.granvilleislandhotel.com) rühmen, das auf der gleichnamigen Insel südlich der Downtown liegt. Das elegante Hotel will ein jüngeres Szenepublikum ansprechen. Die großzügigen Zimmer sind mit Perserteppichen, Badezimmern samt Marmorfußböden und modernen Annehmlichkeiten wie Hochgeschwindigkeits-Internetzugang ausgestattet. Von den meisten Räumen aus hat man einen Blick aufs Wasser. Weiter gibt es einen Fitnessraum, einen Whirlpool auf dem Dach, eine Sauna und die Möglichkeit, am Bootshafen beim Hotel Kajaks zu mieten. Hinzu kommen noch eine hauseigene Brauerei und das exzellente Restaurant, das sich auf die Küche der West Coast spezialisiert hat. Standardzimmer kosten im Sommer ab $ 220 für 1 Pers. bzw. $ 230 für 2 Pers., den Rest des Jahres über gibt gibt es teilweise erhebliche Preisnachlässe.

• *$ 250–300* Zwar hat keine der 226 „Suiten" im **Delta Vancouver Suites**, das im Herzen der Downtown liegt (550 W Hastings St., ✆ 604/689-8188 oder ✆ 888/890-3222, www.deltahotels.com) eine Küche, wie es der Name vermuten lassen würde. Dafür sind sie aber geräumig, alle mit eigenem Badezimmer ausgestattet, haben einen komfortablen Aufenthaltsbereich und ein Businesscenter. Im Haus gibt es einen Fitnessclub, Innenpool, Sauna, Whirlpool und im Erdgeschoss ein Restaurant, das zum Frühstück, Mittag- und Abendessen geöffnet hat. Der offizielle Übernachtungspreis liegt bei $ 289 für 1/2 Pers. Die drei obersten Stockwerke sind für Gäste des Signature Club reserviert. Für einen Aufpreis von $ 60–80 bekommt man hier eine hervorragende Aussicht und gehobene Zimmerausstattung geboten. Außerdem darf man eine Privatlounge nutzen, in der ein kostenloses Frühstück und am Nachmittag ein Imbiss serviert werden.

• *$ 300–400* Nur einen Block vom Richtung Stadt gelegenen Ende der Robson St. entfernt liegt der in europäischem Stil gehaltene Luxustempel **Sutton Place Hotel** (845 Burrard St., ✆ 604/682-5511 oder ✆ 800/961-7555, www.suttonplace.com; ab $ 330 für 1/2 Pers.). Er gehört zu der Handvoll Hotels in ganz Nordamerika, denen die Ehre zuteil wurde, von der AAA (American Automobil Association, das Pendant zum deutschen ADAC) mit fünf Sternen ausgezeichnet zu werden. Die eleganteste Herberge von Vancouver hat 397 Zimmer, in denen man jeweils einen Plüschbademantel, eine Eismaschine und zwei Telefonanschlüsse vorfindet. Im Haus befindet sich auch Le Spa, ein luxuriöser und im europäischen Stil gehaltener Wellnessbereich, der keinerlei Wünsche offenlässt.

Eine hervorragende Wahl im Zentrum der Downtown ist das **Vancouver Marriott Pinnacle** (1128 W Hastings St., ✆ 604/684-1128 oder ✆ 800/207-4150, www.marriott.com; $ 330 für 1/2 Pers.), dessen Gäste ein Mix aus bessergestellten Geschäftsreisenden und internationalen Touristen sind. Die 434 Zimmer sind stilvoll möbliert, haben elegante Badezimmer, einen Schreibtisch samt zugehöriger Schreibutensilien, zwei Telefone (eines davon schnurlos), Anrufbeantworter und Internetzugang, Kaffeemaschine, Bügeleisen und einen Schirm (falls es draußen wirklich einmal regnen sollte). Die Nutzung des hoteleigenen Fitnessclubs ist kostenlos. Dort findet man einen 17 m langen Innenpool, einen Whirlpool, eine Sauna und eine große Freiterrasse.

Das **Opus Hotel** (322 Davie St., Yaletown, ✆ 604/642-6787 oder ✆ 866/642-6787, www.opushotel.com) gilt als eines der angesag-

Vancouver
Karte S. 134/135

testen Hotels in ganz Kanada und füllt eine ganz besondere Nische in der Szenelandschaft von Vancouver – es gilt einfach als wahnsinnig cool, hier zu übernachten. Diesen Ruf verdankt das Hotel kraftvollen Farben, auffälligem Dekor und schnörkelloser Möblierung. In den Zimmern gibt es feinste Bettwäsche, Fernseher mit 70-cm-Bilddiagonale, CD-Player und Luxusbadezimmer mit tollen Pflegeprodukten, dazu Parkservice fürs Auto und erstklassiges Essen (gleich neben der in hellem Licht erstrahlenden Lobby). Die Zimmer sind in fünf unterschiedlichen Farbschattierungen gehalten (wer online bucht, kann sich seine Lieblingsfarbe aussuchen) und unterschiedlich ausgestattet. Eines davon hat ein Badezimmer an der Außenwand – mit einem Riesenfenster über die gesamte Raumhöhe! Die Zimmerpreise beginnen bei $ 389 für 1/2 Pers., allerdings sollte man sich bei Interesse auf der Website nach Sonder- und Pauschalangeboten umsehen.

Das **Fairmont Hotel Vancouver** (900 W Georgia St., ✆ 604/684-3131 oder ✆ 800/257-7544, www.fairmont.com; $ 369 für 1/2 Pers.) ist eines der Wahrzeichen der Downtown. Man kann das grüne Kupferdach, die Wasserspeier und die klassische Architektur im Stil eines gotischen Schlosses einfach nicht übersehen. Das ehrwürdige Haus nennt Restaurants, ein komfortables Foyer, einen Innenpool, Sauna, Fitnessraum, Wellnessbereich und ausreichend Parkplätze sein Eigen. Dazu gehören ein 24-Std.-Zimmerservice und jede Menge Personal, das gerne bereit ist, einem jeden noch so sonderbar anmutenden Wunsch zu erfüllen.

• *Über $ 400* Wer neben sämtlichen Annehmlichkeiten des modernen Lebens auch noch eine unschlagbare Aussicht auf Vancouver und seinen Hafen genießen will, der sollte sich ins strahlende **Pan Pacific Hotel Vancouver** (Canada Pl., ✆ 604/662-8111 oder ✆ 800/663-1515, www.panpacific.com; $ 440 für 1/2 Pers.) begeben, das im Ruf steht, zu den 100 besten Hotels der Welt zu gehören.

Robson Street und West End

• *Unter $ 100* Das dreistöckige **Buchan Hotel** (1906 Haro St., ✆ 604/685-5354 oder ✆ 800/668-6654, www.buchanhotel.com; $ 77–139 für 1/2 Pers.), das 1926 ursprünglich als Apartmenthotel erbaut wurde, ist ein Hostel für Erwachsene und liegt in einer ruhigen Wohngegend, nur einen Steinwurf vom Stanley Park entfernt. Besonders abends, wenn sich die Gäste im Aufenthaltsraum versammeln, herrscht eine recht freundliche Atmosphäre. Kritikwürdig ist allerdings, dass die Zimmer klein und spartanisch ausgestattet sind. Manche haben zudem kein eigenes Badezimmer.

• *$ 100–150* Das 1912 im alten Stil erbaute **Sylvia Hotel** (1154 Gilford St., ✆ 604/681-9321, www.sylviahotel.com; $ 129–329 für 1/2 Pers.) thront über der English Bay. Die aus Ziegeln und Terrakotta bestehende Fassade des Gebäudes ist von Wildem Wein überwachsen. Die Unterkunft ist bei Reisenden mit schmalem Geldbeutel sehr beliebt, die ein wenig mehr als nur ein Bett im Schlafsaal eines Hostels wollen. Die günstigsten Zimmer sind aber auch entsprechend klein.

Aus dem Jahr 1920 stammt das recht europäisch anmutende **Barclay Hotel** (1348 Robson St., ✆ 604/688-8850, www.barclayhotel.com; $ 89 für 1 Pers., $ 109 für 2 Pers.). Es hat 80 mittelgroße Zimmer, eine kleine Lounge und ein Restaurant. Die Zimmer sind durchaus elegant, wenn auch nicht mehr ganz modern, und verfügen über komfortable Betten, Schreibtisch, Couch und TV. Außerhalb der Sommersaison liegen die Preise bei äußerst vernünftigen $ 65–95.

Das **Greenbrier Hotel** (1393 Robson St., ✆ 604/683-4558 oder ✆ 888/355-5888, www.greenbrierhotel.com) vermittelt von außen einen etwas schäbigen Eindruck, doch alle 32 Wohneinheiten sind für die Olympischen Winterspiele 2010 saniert worden. Jede verfügt über ein großes Wohnzimmer, Küche und separates Schlafzimmer. Die Preise liegen bei $ 149–229 für 1/2 Pers.

• *$ 150–200* Das **Blue Horizon Hotel** (1225 Robson St., ✆ 604/688-1411 oder ✆ 800/663-1333, www.bluehorizonhotel.com; $ 159–329 für 1/2 Pers.) hat 214 Zimmer, einen Innenpool, Fitnessraum sowie Sauna und bietet unterschiedliche Serviceangebote für Geschäftsreisende. Eine Besonderheit ist, dass praktisch jedes Zimmer ein Eckzimmer ist und einen eigenen Balkon hat. Damit man auch in diesen Genuss kommt, sollte man beim Einchecken nach einem Zimmer in einem der oberen Stockwerke fragen.

• *$ 200–250* Mit viel Liebe zum Detail und in den Farben der viktorianischen Epoche wurde das aus der Zeit um die Wende zum 20. Jh. stammende **West End Guest House** (1362 Haro St., ✆ 604/681-2889 oder ✆ 888/546-

3327, www.westendguesthouse.com; $ 140–225 für 1 Pers., $ 208–225 für 2 Pers. inkl. Frühstück) renoviert. Um den ursprünglichen Charme am Leben zu erhalten, hat man es zudem noch mit Antiquitäten versehen. Jedes der acht Gästezimmer hat ein Messingbett mit Baumwolllaken und Daunendecken, ein eigenes Badezimmer, TV und Telefon. Als Gast kann man sich entweder in der komfortablen Lounge oder auf der Außenterrasse entspannen oder die Gelegenheit nutzen, auf einem der hauseigenen Fahrräder eine kleine Radtour zu unternehmen.

Mit dem Slogan, eine Mischung aus „South Beach (Miami) and Stanley Park" zu sein, wirbt das **Pacific Palisades Hotel** (1277 Robson St., ✆ 604/688-0461 oder ✆ 800/663-1815, www.pacificpalisadeshotel.com; $ 235–285 für 1/2 Pers.). Diese Beschreibung ist ziemlich treffend. Innenarchitekten haben dem schicken, an der Robson St. gelegenen Hotel einen kompletten „Strandlook" verpasst. Jedes der 233 Zimmer ist mit kühl wirkenden Möbeln ausgestattet und in modernen Farben gehalten. Zudem gibt es eine Lounge, ein elegantes Restaurant, ein Fitnesscenter und einen Innenpool mit einem 18-Meter-Becken.

North Shore

Wer sich an der North Shore einmietet, sollte in erster Linie die Gastfreundschaft in einem der vielen hier ansässigen B&Bs genießen. Darüber hinaus liegen in diesem Stadtteil auch verstreut einige Hotels und Motels.

• *$ 150–200* Die perfekte Lage für alle, die eine Überfahrt mit der Fähre zur Sunshine Coast oder nach Vancouver Island planen, hat das **Horseshoe Bay Motel** (6588 Royal Ave., ✆ 604/921-7454, www.horseshoebaymotel.ca). Es liegt 12 km westlich der Lions Gate Bridge und versteckt sich unterhalb des Highways in der Horseshoe Bay, gleich neben dem BC-Ferries-Terminal. Die zahlreichen umliegenden Cafés und Restaurants sind leicht zu Fuß erreichbar. Außerdem ist die angrenzende Horseshoe Bay Marina ein nettes Fleckchen für einen schönen Abendspaziergang. Die Zimmer sind zwar sauber und gemütlich, den Großteil des Übernachtungspreises von $ 158–218 (1/2 Pers.) blättert man aber für die Lage hin

Das freundlich wirkende **Thistledown House** (3910 Capilano Rd., North Vancouver, ✆ 604/986-7173 oder ✆ 888/633-7173, www.thistle-down.com; $ 165–295) wurde im Stil eines ländlichen Gasthofs renoviert. Jedes der fünf Gästezimmer wurde geschmackvoll und individuell eingerichtet, hat ein eigenes Badezimmer und Balkon. Zu den vielen netten Kleinigkeiten nebenher zählt etwa die selbst gemachte Seife. Im Preis enthalten ist ein Gourmet-Frühstück, das im Speisezimmer serviert wird. Den Nachmittagstee nimmt man je nach Wetterlage in der gemütlichen Lounge oder im gepflegten Garten zu sich.

Ein Picknick am Third Beach (Stanley Park)

Auch wenn es ein Kettenhotel ist: Im **Holiday Inn Express Vancouver North Shore** (1800 Capilano Rd., ✆ 604/987-4461 oder ✆ 800/663-4055, www.holiday-inn.com) weiß man genau, wofür man bezahlt. Für $ 199 (1/2 Pers.) bekommt man ein pfiffig eingerichtetes Zimmer und ein leichtes Frühstück. Ein weiterer Pluspunkt ist der Außenpool.

• *Über $ 200* Wer ohne eigenes Fahrzeug unterwegs ist und trotzdem nicht in der Downtown übernachten will, trifft mit dem **Lonsdale Quay Hotel** (123 Carrie Cates Court, North Vancouver, ✆ 604/986-6111 oder ✆ 800/836-6111, www.lonsdalequayhotel.com) die richtige Wahl. Es liegt am Wasser, gleich oberhalb des quirligen Lonsdale Quay Market und des SeaBus-Terminals. Von hier aus sind es mit dem SeaBus gerade mal 12 Min. bis in die Downtown. Jedes der 70 Zimmer ist modern ausgestattet und verfügt über kostenlosen drahtlosen Internetzugang. Außerdem gibt es ein Fitnesscenter, Sauna und Whirlpool, eine Parkgarage und ein Restaurant. Die Übernachtung kostet $ 225–295.

Kitsilano, Shaughnessy und Umgebung

Das trendige Kitsilano und Shaughnessy, wo der alteingesessene Geldadel residiert, sind zwei der vornehmsten Wohngegenden von Vancouver. Hier gibt es fast nur B&Bs, von denen v. a. die Folgenden zu empfehlen sind.

• *Unter $ 50* Wer auf die Reisekasse achten muss und wessen Glück nicht unbedingt von einem Bett in der Downtown abhängt, dem bietet das **HI-Vancouver Jericho Beach** (1515 Discovery St., Point Grey, ✆ 604/224-3208 oder ✆ 888/203-4303, www.hihostels.ca; Mai bis Sept.; Bett im Schlafsaal $ 25, Privatzimmer $ 65 für 1/2 Pers.) eine gute Alternative. Die Lage in der landschaftlich reizvollen und sicheren Gegend gleich hinter dem Jericho Beach ist fantastisch – die Downtown liegt auf der anderen Seite der English Bay, und man ist sofort auf einem der zahlreichen Wander- und Fahrradwege. Das große weiße Gebäude hat getrennte Schlafsäle für Männer und Frauen, Zimmer für Paare und Familien, einen Aufenthaltsbereich mit Fernseher und eine Küche. Ferner gibt es noch eine Cafeteria, Internetzugang, Schließfächer, die Möglichkeit, sein Gepäck unterzustellen, und einen Shuttleservice, der die Hostels in der Downtown ebenso anfährt wie den Bahnhof und den Busbahnhof. Wie überall üblich zahlen Nichtmitglieder von Hostelling International einen Aufschlag von $ 4/ Pers. und Nacht. Man erreicht das Hostel über den NW Marine Dr., der von der W 4th Ave. abzweigt. Am Kunstcenter muss man dann in die Discovery St. einbiegen.

• *$ 100–150* Gut versteckt liegt am Südende des Pacific Spirit Regional Park das **Pacific Spirit Guest House** (4080 W 35th Ave., ✆ 604/261-6837 oder ✆ 866/768-6837, www.vanbb.com; $ 115–125 für 1 Pers., $ 125–135 für 2 Pers.), ein B&B mit gutem Preis-Leistungs-Verhältnis. Man hat die Wahl zwischen dem Zimmer mit großem Bett oder dem mit Gartenblick. Die Gäste können sich in der Lounge entspannen, wo es gratis Tee und Kaffee gibt. In der Bibliothek findet man eine große Auswahl an Büchern und Musik. Morgens hilft einem ein reichhaltiges Frühstück mit mehreren Gängen dabei, eine gute Grundlage für den anstehenden Besichtigungsmarathon zu schaffen.

In der südlichen Ecke von Shaughnessy steht auf einer Anhöhe das **Beautiful B&B** (428 W 40th Ave., ✆ 604/327-1102, www.beautifulbandb.bc.ca; $ 145–255 für 1/2 Pers.). Von dem zweistöckigen, im Kolonialstil gehaltenen Gebäude hat man eine gute Sicht über die Stadt und auf die North Shore Range. Sowohl der Queen Elizabeth Park als auch der VanDusen Botanical Garden lassen sich zu Fuß erreichen. Im Haus gibt es Antiquitäten und es ist mit frischen Schnittblumen aus dem umliegenden Garten geschmückt. Zwei Zimmer teilen sich ein Bad. Die Honeymoon Suite hingegen bietet nicht nur eine großes eigenes Badezimmer samt Wanne zum Entspannen, sondern auch einen offenen Kamin und Panoramablick.

Kingsway

Am Kingsway, der Hauptverbindungsstraße zwischen der Downtown und Burnaby, liegen viele günstige Motels. Hier lassen sich schnell ein paar Dollar sparen, und bis in die Downtown ist es nur eine kurze Busfahrt. So muss man sich keine Sorgen darüber machen, einen Parkplatz zu ergattern oder teuer für einen bezahlen zu müssen. In unmittelbarer Nachbarschaft liegen zahlreiche günstige Restaurants, in denen man den Tag mit einer leckeren Mahlzeit beschließen kann.

• *$ 50–100* Am günstigsten sind die alten Motels entlang dem Kingsway. Am unteren Ende der Preisskala rangiert das **2400 Motel** (2400 Kingsway, ✆ 604/434-2464; $ 95 für 1/2 Pers.). Die Zimmer des traditionellen Motels sind einfach und haben Kabelfernsehen. Im Büro gibt es morgens Kaffee und die Tageszeitung. Das Motel liegt in der Nähe der Nanaimo St., und man kann zu Fuß zur Haltestelle des SkyTrain an der 29th Ave. gehen.

• *$ 100–150* **Pillow Suites** (2859 Manitoba St., Mount Pleasant, ✆ 604/879-8977, www.pillow.net) bietet eine einmalige Übernachtungsmöglichkeit an. Drei Blocks westlich des Kingsway und einige Hundert Meter östlich des Rathauses gelegen, verteilen sich die sechs Suiten auf drei benachbarte Häuser aus der Kolonialzeit. Jede Unterkunft hat eine eigene Küche, Badezimmer, Telefon, Kabelfernsehen, Kamin und separaten Eingang. Die Übernachtung im Country Store, der einst ein kleiner Laden war und heute in hellen Farben getüncht ist, kostet $ 125. Für das Haus mit drei Schlafzimmern, in dem man auch mit sechs Personen problemlos unterkommt, muss man $ 265 zahlen.

• *$ 150–200* Das **Holiday Inn Vancouver Centre** (711 W Broadway, ✆ 604/879-0511 oder ✆ 870/660-8550, www.hivancouver.com; $ 189–249 für 1/2 Pers.) erreicht man, wenn man zunächst 2 Min. in Richtung Charleston Park geht und dann weiter einen knappen Kilometer am False Creek entlang Richtung Granville Island. Das Hotel hat 16 Stockwerke mit 193 Zimmern. Außerdem gibt es einen Innenpool, eine Außenterrasse mit toller Sicht, eine Lounge und ein Restaurant.

Richmond

Die folgenden Unterkünfte in Richmond sind eine gute Wahl, wenn man erst spät auf dem International Airport ankommt oder sehr früh von dort abfliegen muss. Jedes der genannten Hotels bietet einen kostenlosen Shuttleservice zum Flughafen an.

• *$ 100–150* Von den genannten Hotels liegt das **Coast Vancouver Airport Hotel** (1041 SW Marine Dr., ✆ 604/263-1555 oder ✆ 800/716-6199, www.coasthotels.com; $ 149 für 1/2 Pers.) zwar am weitesten vom Flughafen entfernt, dafür aber am nächsten zur Downtown. Der Shuttleservice zum Flughafen und die Langzeitparkplätze sind kostenlos, ein Restaurant befindet sich im Gebäude. Die Zimmer sind erwartungsgemäß modern eingerichtet, mit Schreibtisch, Bügeleisen und Kaffeemaschine. Telefongespräche im Ortsnetz sind gratis. Ferner verfügt das Hotel über ein Fitnesscenter, eine Sportsbar und ein familienfreundliches Restaurant.

Vom **Holiday Inn Express Vancouver Airport** (9351 Bridgeport Rd., ✆ 604/273-8080 oder ✆ 877/273-8080, www.holiday-innexpressvancouverairport.com; $ 149 für 1/2 Pers. inkl. Frühstück) sind es 3 km bis zum Flughafen. Es handelt sich um ein typisches modernes Flughafenhotel mit mehreren Stockwerken sowie großen und komfortabel eingerichteten Zimmern.

• *$ 150–200* Ebenfalls 3 km vom Hauptterminal des Flughafens entfernt und somit sehr zentral liegt das **Radisson President Hotel and Suites** (8181 Cambie Rd., ✆ 604/276-8181 oder ✆ 800/333-3333, www.radissonvancouver.com; $ 179 für 1/2 Pers.). Zum Komplex gehören 184 modern ausgestattete Zimmer, ein Fitnesscenter, Innenpool und mehrere Restaurants. Reisende über 55 Jahre bezahlen nur $ 129 (1/2 Pers.).

Direkt am Flughafen liegt das **Fairmont Vancouver Airport** (3111 Grant McConachie Way, ✆ 604/207-5200 oder ✆ 888/540-4441, www.fairmont.com; $ 199 für 1/2 Pers.). Das Hotel hat 398 Gästezimmer, in denen sich bis hin zu den Vorhängen so gut wie alles per Fernbedienung steuern lässt. Zusätzliche moderne Annehmlichkeiten sind nicht beschlagende Badezimmerspiegel und schalldichte Fenster, die über die gesamte Raumhöhe reichen. Da gehören der große Arbeitsbereich für Geschäftsreisende, das Fitnesscenter (samt Pool mit Gegenstromanlage) und der Wellnessbereich schon eher zur konventionellen Ausstattung. Sonderpreise lassen sich oft auf der Website entdecken.

Vancouver
Karte S. 134/135

Camping

Im Stadtzentrum von Vancouver gibt es keine Campingplätze. Die wenigen Plätze liegen entlang den Hauptstraßen in den Vorstädten. Bevor man sich jedoch die Mühe macht, einen davon anzusteuern, sollte man vorher unbedingt telefonisch abklären, ob überhaupt ein Stellplatz frei ist. Sofern nicht ausdrücklich anders erwähnt, sind die nachfolgend erwähnten Campingplätze das ganze Jahr über geöffnet.

• *Im Norden* Am nächsten zur Downtown liegt der **Capilano RV Park** (295 Tomahawk Ave., North Vancouver, ✆ 604/987-4722, www.capilanorvpark.com; $ 44–56). Wer ihn von der Downtown aus ansteuern will, fährt über die Lions Gate Bridge, biegt rechts in den Marine Dr., wieder rechts auf die Capilano Rd. und ein letztes Mal rechts in die Welch St. Vom Hwy. 1/99 in West Vancouver nimmt man die Abfahrt *Taylor Way* nach Süden in Richtung Einkaufszentrum und biegt dann hinter dem Capilano River links ab.

Zur Ausstattung gehören ein 13 m langer Pool, ein großer Whirlpool, ein Fernsehzimmer, ein Game Room sowie eine Laundry.

• *Im Süden* **Parkcanada** (52nd St., Delta, ✆ 604/943-5811, www.parkcanada.com; Zeltstellplatz $ 27,50, Stellplatz mit Anschlüssen $ 31,50–37,50) liegt günstig in der Nähe des BC-Ferries-Terminals in Tsawwassen, 30 Autominuten südlich des Stadtzentrums. Es gibt zwar nur einen kleinen Außenpool, aber gleich nebenan liegt ein Wasserpark, den v. a. Kinder lieben. Auf dem Gelände befindet sich auch ein Laden, in dem man sich mit Lebensmitteln und dem nötigsten Zubehör fürs Wohnmobil eindecken kann. Zudem gibt es einen Münzwaschautomaten, einen Aufenthaltsraum und kostenlose Duschgelegenheiten. Man erreicht den Platz, indem man vom Hwy. 99 aus den Schildern zur Fähre folgt und dann an der 52nd St. den Hwy. 17 verlässt. Dann die erste Straße links, und schon ist man da.

Noch weiter südlich am Hwy. 99 liegt auf einem 4 ha großen Gelände zwischen White Rock und Delta der **Peace Arch RV Park** (14601 40th Ave., Surrey, ✆ 604/594-7009, www.peacearchrvpark.ca; Zeltstellplatz $ 32,50, Stellplatz mit Anschlüssen $ 39,50–45,50), etwa 10 km vom Grenzübergang Douglas entfernt. Man erreicht ihn über den Hwy. 99 in Richtung Norden über die Ausfahrt 10 (King George Hwy.), dann die erste Straße rechts (40th Ave.). Zur guten Ausstattung des Platzes gehören insbesondere ein beheizter Pool, ein Spielplatz, ein Minigolfplatz, ein Game Room, Münzduschen und eine Laundry.

• *Im Osten* In unmittelbarer Nachbarschaft des Burnaby Lake Regional Park bietet der **Burnaby Cariboo RV Park** (8765 Cariboo Pl., Burnaby, ✆ 604/420-1722 oder 800/667-9901, www.bcrvpark.com; Zeltstellplatz $ 39, Stellplatz mit Anschlüssen $ 52–59,50) eine luxuriöse Infrastruktur mit großem beheiztem Innenpool, Fitnessraum, heißem Whirlpool, Sonnendeck, Spielplatz, Lounge, Grillplatz, Lebensmittelgeschäft und Laundry. Alle 217 Stellplätze für Wohnmobile sind geteert, haben Dreifachanschluss (samt 30-Ampere-Stromanschluss), Kabelfernsehen, Telefon und Internetzugang. Der Platz befindet sich 17 km östlich der Downtown. Man erreicht ihn über die Ausfahrt 37 (Gaglardi) vom Trans-Canada Hwy. An der ersten Ampel nach rechts abbiegen, dann die erste Straße links, danach die nächste wieder nach rechts zum Cariboo Place. Die Haltestelle des SkyTrain ist vom Campingplatz aus in 8 Min. zu Fuß zu erreichen.

35 km östlich der Downtown liegt direkt am Trans-Canada Hwy. der **Dogwood Campground & RV Park** (15151 112th Ave., Surrey, ✆ 604/583-5585, www.dogwoodcampgrounds.com; Stellplätze ohne Anschlüsse $ 28, mit Anschlüssen $ 38). Die Anfahrt aus der Downtown erfolgt über den Trans-Canada Hwy., Ausfahrt 48. Dann den Highway überqueren und links in die 154th St. einbiegen. Wer Vancouver in östlicher Richtung ansteuert, sollte die Ausfahrt 50 nehmen, dann den Highway Richtung Norden überqueren und der 160th St. bis zur 112th Ave. folgen, in diese links einbiegen und ihr bis zum Ende folgen. Die Ausstattung des Platzes ist ausreichend und zeitgemäß, aber einfach. Pool und Laundry sind vorhanden.

Essen und Trinken

Mit geschätzten 2000 Restaurants und Hunderten von Cafés hat Vancouver eine Gastronomieszene par excellence. Da Angehörige von über 60 verschiedenen Kulturen in der Stadt leben, braucht man sich über das Sammelsurium an internationalen Restaurants nicht zu wundern. Die hiesige Küche nennt sich *West Coast* oder *Fusion*. Sie kombiniert kanadische Erzeugnisse wie etwa frisches Seafood oder, je nach Jahreszeit, Wild mit asiatischen Gewürzen und Zutaten. Diese Küche ist gesund und beinhaltet nur wenig Fett. Anders als etwa in San Francisco gibt es zwar in Vancouver keine für Touristen ausgelegte Fisherman's Wharf, aber wo auch immer Seafood zubereitet wird, steht es auf der Speisekarte an erster Stelle. Pazifiklachs, Heilbutt, Snapper, Shrimps, Austern, Muscheln, Krabben und Tintenfisch werden alle direkt vor Ort gefangen.

Downtown

In Downtown Vancouver gibt es so viele gute Ausgehmöglichkeiten, dass es im Grunde genommen fast eine Schande ist, sich an einem Schnellimbiss zu verpflegen. Andererseits bieten aber gerade diese nicht nur die Möglichkeit, sich schnell und preiswert zu verköstigen, sondern man weiß auch ganz genau, was man für sein Geld bekommt. In der Südwestecke des Pacific Centre (Howe und Georgia St., diagonal gegenüber der Kunstgalerie) gibt es einen mit Glas überdachten Gastronomiebereich mit zahlreichen Imbissständen sowie Sitzgelegenheiten drinnen wie draußen.

Die tägliche Dosis Koffein

Wer zum ersten Mal in Vancouver ist, dem wird schnell der ungeheure Kaffeekonsum der Einheimischen auffallen. Spezielle Kaffeehäuser gibt es praktisch überall, die größte Ansammlung findet man jedoch in der Robson St.

Die Kette **Starbucks** hat mehr als 85 Filialen in Vancouver. Vier befinden sich allein in der Robson St., zwei von diesen liegen sich sogar schräg gegenüber. **Blenz** ist gleichermaßen präsent und unterhält drei Filialen in der Robson St.

Statt schnurstracks zu Starbucks zu marschieren, empfiehlt sich ein Besuch in einem der unzähligen lokalen Cafés. Erste Anlaufstelle für eine Tasse Kaffee und einen kleinen Imbiss ist das **Bread Garden**, das im Stadtgebiet 20 Cafés unterhält. Eines davon liegt nur einen halben Block von der überfüllten Robson St. entfernt an der 812 Bute St. (✆ 604/688-3213) und hat 24 Std. geöffnet. Allerdings wird es auch hier meist voll (manchmal sogar so voll, dass man eine Nummer ziehen und auf den Kellner warten muss). Dafür ist der Kaffee hervorragend, genauso die frisch gebackenen Muffins und das übrige Gebäck. Außerdem gibt es noch Salate und gesunde Sandwiches.

Der beste Kaffee in Gastown wird im **Smart Mouth Café** (131 Water St., ✆ 604/569-1480) geröstet. Die auffällige gelb-schwarze Innenausstattung, die aktuellen Tageszeitungen, der hervorragende Kaffee und die günstigen kleinen Snacks machen es zum idealen Ort, um dem touristischen Treiben auf der Water St. für eine Weile zu entkommen.

• *West Coast und Seafood* Direkt am Wasser gelegen und zwischen Canada Place und Gastown eingebettet, hat das **Aqua Riva** (200 Granville St., ✆ 604/683-5599; Mo–Fr 11.30–14.30 Uhr, tägl. 17–22 Uhr; $ 15–39) mit seinen über die gesamte Raumhöhe reichenden Fenstern eine tolle Aussicht über das Burrard Inlet auf die North Shore Range zu bieten. Hier geht es weniger touristisch zu, als man meinen möchte, und die Preise sind angesichts des gebotenen Standards der Küche durchaus vernünftig. Am günstigsten lässt sich der Fernblick bei einer Pizza vom Holzofen genießen ($ 15–16), aber auch die anderen Hauptgerichte wie etwa der gegrillte Lachs sind sehr zu empfehlen.

An der geschäftigsten Kreuzung in Gastown, gegenüber der wahre Touristenströme anlockenden Dampfuhr, befindet sich das **Water Street Café** (300 Water St., ✆ 604/689-2832; tägl. 11.30–21.30 Uhr; $ 16–33). Im Unterschied zu vielen anderen Lokalen in Gastown hat man hier keineswegs den Eindruck, sich mitten im Touristenviertel von Vancouver zu befinden. Weiße Tischtücher, dunkelblaue Teppiche und jede Menge poliertes Holz verbreiten ebenso Stil wie die professionelle Bedienung. Nicht zu vergessen das leckere Essen und die nicht überteuerten Preise. Der Wildlachs mit Haselnüssen und Ahornbuttersoße ist eine gute Wahl. Wer etwas Leichteres bevorzugt, liegt mit dem Garnelen- und Papayasalat richtig. Zur Abwechslung vom Seafood kann man sich an einer guten Pasta-Auswahl erfreuen.

Eines der besten Seafood-Restaurants von ganz Vancouver ist **A Kettle of Fish** (900 Pacific St., ✆ 604/682-6661; tägl. ab 17.30 Uhr; $ 18–45) nahe der Burrard Street Bridge. Angesichts der zwanglosen Einrichtung und der üppigen Grünpflanzen könnte man den Eindruck haben, in einem Café zu sitzen, doch die Karte verspricht v. a. Fischgerichte vom Feinsten. New England Clam Chowder ($ 7) ist eine von mehr als 20 Vorspeisen. Die Auswahl bei den Hauptgerichten reicht von einfachen Fish & Chips bis zur himmlischen Lobster Casserole. Auf der umfassenden Weinkarte finden sich besonders viele Weißweine – perfekt auf das Essensangebot abgestimmt.

• *Steaks* Wer Steaks liebt und gerne mal eines in einer Umgebung mit viel Pomp ge-

Hotelrestaurants – eine gute Wahl

Im Allgemeinen stehen Hotelrestaurants im Ruf, nur alltägliche und völlig überteuerte Gerichte auf den Tisch zu bringen und ihre Existenz allein der Tatsache zu verdanken, dass sich der vermeintlich bequeme Hotelgast nicht extra auf den Weg in ein Restaurant machen möchte. Mag dieses Vorurteil andernorts auch häufig stimmen, so ist Vancouver doch die absolute Ausnahme von dieser Regel. Denn seit einst die ersten Passagiere der Canadian Pacific Railway am Ende ihrer anstrengenden Reise von den europäischen Küchenchefs des Hotel Vancouver mit deren Kochkünsten verwöhnt wurden, zieht es Einheimische wie Touristen gleichermaßen in die besten Hotels der Stadt, um sich dort kulinarischen Gaumenfreuden hinzugeben.

Das Restaurant des Wedgewood Hotel, das **Bacchus Ristorante** (845 Hornby St., ✆ 604/608-5319; tägl. Frühstück, Mittag- und Abendessen; $ 25–45), verbreitet das Flair eines europäischen Bistros – dunkles Kirschholz, ein gemauerter Kamin und elegante Tischdekorationen. Obwohl der Schwerpunkt natürlich auf der italienischen Küche liegt, findet man auf der Karte auch viele regionale Gerichte. Das konkrete Angebot hängt von der jeweiligen Jahreszeit ab und und kann beispielsweise scharf angebratenen Heilbutt mit Jakobsmuscheln und Fenchelsauce beinhalten. Den Nachmittagstee ($ 29) kann man Sa/So von 14 bis 16 Uhr einnehmen.

Das **Fleuri** (Sutton Place Hotel, 845 Burrard St., ✆ 604/642-2900) ist in einem der besten Hotels der Welt untergebracht. Beim Dinner ($ 26–39 für ein Hauptgericht) geht es sehr förmlich zu, auf der Karte stehen klassische europäische Gerichte, die mit frischen Zutaten aus der Umgebung zubereitet werden.

Im Speisesaal des **900 West** (Fairmont Hotel Vancouver, 900 W Georgia St., ✆ 604/669-9378; tägl. 18–22 Uhr; Hauptgerichte $ 26–39) fühlt man sich an die Atmosphäre auf einem Luxus-Kreuzfahrtschiff erinnert. Die zeitgenössische nordamerikanische Speisekarte wechselt häufig. Klassiker sind etwa Seafood aus British Columbia oder Rindfleisch aus Alberta.

Ein typischer Vertreter der Neuen Küche in der Hotelszene von Vancouver ist das **Show Case** (1128 W Hastings St., ✆ 604/639-4040; tägl. Frühstück, Mittag- und Abendessen; Hauptgerichte $ 30–35), das im Vancouver Marriott Pinnacle zu finden ist. Mit Fenstern über die gesamte Front und modernem Styling fühlt man sich hier völlig anders aufgehoben als in den übrigen Hotelrestaurants, die zwar nicht minder elegant, dafür aber aus einer anderen Zeit zu stammen scheinen. Serviert werden exotische Gerichte aus frischen Zutaten, darunter viel Seafood und Wildbret, die dem Gast auf ebenso einfache wie stilsichere Art aufgetischt werden. Die Karte ist sehr umfangreich, und den passenden Wein findet man ebenfalls.

nießen möchte, sollte sich auf den Weg ins **Gotham Steakhouse** (615 Seymour St., ✆ 604/605-8282; tägl. ab 17 Uhr; $ 29–53) machen. Mit dicken Ledersitzen, dunklen Holztischen und Plüschteppichen verströmt das Restaurant das Ambiente eines Privatclubs. Auch wenn das Steak vielleicht nicht das allerbeste in Vancouver sein sollte, so gibt es zumindest an den Portionen definitiv nichts auszusetzen. Das gilt insbesondere für den Signature Dish für $ 52,95, andere Hauptgerichte kosten ab $ 29, wobei man für Gemüsebeilagen noch einmal einige Dollar extra drauflegen muss. Mehrere Magazine der Stadt haben das Gotham wiederholt als „bestes Restaurant, wenn man nicht selbst bezahlen muss" ausgezeichnet.

• *Europäisch* Zu den Restaurants mit dem besten Preis-Leistungs-Verhältnis in Vancouver gehört **Stepho's** (1124 Davie St., ✆ 604/683-2555; tägl. 12–23.30 Uhr; $ 8–14). Das heimische Publikum steht hier oft Schlange, um die Atmosphäre einer typischen griechischen Taverne genießen zu dürfen. Dazu gehören Terrakottaböden, weiße Stuckwände, Rundbögen, blauweiße Tischdecken, Bilder mit Reisemotiven und jede Menge blühender Pflanzen. Für ein dreigängiges Menü muss man knapp $ 30 veranschlagen.

Von den vielen italienischen Restaurants ist das **Il Giardino** (1382 Hornby St., ✆ 604/669-2422; Mo–Fr 12–14.30 Uhr, Mo–Fr 17.30–22 Uhr; $ 29–53) eines der populärsten. Es befindet sich in einer auffälligen gelben Villa, die im italienischen Stil gehalten ist. Die Beleuchtung, die hellen Möbel und die Terrasse verbreiten das perfekte Flair, um die gebotene toskanische Küche genießen zu können.

Wer Lust auf die beste französische Küche von Vancouver hat, sollte sich ins kleine, intime **Le Crocodile** (909 Burrard St., ✆ 604/669-4298; Mo–Fr 11.30–14 Uhr, Mo–Sa 17.30–22 Uhr; $ 28–42) begeben. Die nicht besonders umfangreiche Karte beinhaltet überwiegend traditionelle französische Gerichte, was man schon beim Überfliegen der Vorspeisen bemerkt, die im Le Crocodile passenderweise „Entrees" genannt werden. Dazu zählen Pilzsuppe mit Trüffelöl ($ 7) und sautierte Froschschenkel mit einer Soße aus Schnittlauchbutter ($ 12,50) und Hauptgerichte wie Kalbfleisch mit einer Soße aus schwarzen Trüffeln und Gänseleber.

• *Asiatisch* In **Chinatown** hat man prinzipiell zwei Möglichkeiten: Entweder man isst in den traditionellen Lokalen, die auch von den Einheimischen besucht werden, oder in den großen, westlich ausgerichteten Restaurants, wo man allerdings nur auf junge Chinesen und ansonsten nichtasiatisches Publikum trifft. Die perfekte Verbindung aus beiden Alternativen ist **Kent's Kitchen** (232 Keefer St., ✆ 604/669-2237; tägl. Mittag- und Abendessen; $ 6–13). Die Bedienung in diesem Restaurant, das eher wie ein Café wirkt, ist schnell und gut, das Essen wird frisch zubereitet, und die Preise sind unglaublich niedrig. Ein Essen besteht aus zwei unterschiedlichen Gerichten, zu denen es Reis und ein alkoholfreies Getränk gibt. Das Ganze kostet gerade einmal $ 8.

Gleich nebenan befindet sich **Hon's Wun Tun House** (230 Keefer St., ✆ 604/688-0871; tägl. Mittag- und Abendessen; $ 7,50–13), das quirligste von mittlerweile fünf Lokalen, die von einem chinesischen Immigranten in den 1970er Jahren eröffnet wurden. Es handelt sich um ein großes, freundlich und modern wirkendes Restaurant, das überwiegend jüngere chinesische Gäste anzieht. Das dort servierte Essen hat man allerdings an den westlichen Gaumen angepasst.

Das winzige **Gain Wah Restaurant** (218 Keefer St., ✆ 604/684-1740; tägl. Mittag- und Abendessen; $ 6–11) steht stellvertretend für die Hunderte von „Noodle Houses", wie man sie in Hongkong findet, und ist extrem billig.

Viele günstige japanische Restaurants liegen im Bereich zwischen der Granville St. und der Gastown. Im **Guu Otokamae** (375 Water St., ✆ 604/685-8682; tägl. 11.30–22.30 Uhr) sorgt der tatkräftige Küchenchef für das Wohl seiner überwiegend jungen (und immer lauten) Stammkundschaft. Die Atmosphäre ist zwanglos, und die Karte ermuntert dazu, sein Essen zu teilen, was man in Japan als „izakaya-style" bezeichnet. Eigentlich geht es hier wie in einer nordamerikanischen Eckkneipe zu, aber statt Hühnerflügeln und Nachos stehen Harumaki (Frühlingsrolle), Shiso-age (Hühnchen mit Zwetschgensoße im Brotteig) und Maguro (Thunfisch mit einer Soße aus Avocado und Mango) auf der Karte. Für ein Abendessen muss man pro Person mit etwa $ 30 rechnen.

Robson Street und West End

Auf dem Abschnitt der Robson St., der die Downtown mit dem West End verbindet, findet sich die größte Konzentration von Lokalen in ganz Vancouver. Die Auswahl reicht von Joe Fortes, einem der feinsten Restaurants für Seafood in der Stadt, bis zu Kettenlokalen wie etwa Hooters. Neben einer Reihe gehobener Restaurants gibt es auch Dutzende von Cafés, bei denen man im Freien sitzen kann – ein ideales Plätzchen, um die vorbeiflanierenden Leute zu beobachten.

• *Seafood* Einen halben Block von der Robson St. entfernt befindet sich das **Joe Fortes Seafood & Chophouse** (777 Thurlow St., ✆ 604/669-1940; tägl. 11–23 Uhr). Es ist nach einem der beliebtesten Helden von Vancouver benannt, einem aus der Karibik stammenden Schwimmtrainer, der auch als Lebensretter an der English Bay tätig war. Das komfortable Restaurant wartet mit einer eleganten Einrichtung, blütenweißen Tischdecken und einer Dachterrasse auf. Die Wartezeit, bis der nächste Tisch frei wird, kann man an der Oyster Bar entspannt überbrücken. Die mittägliche Spezialität des Hauses ist gegrillter Fisch und kostet $ 15–20. Die Abendkarte ist ein wenig teurer, dafür kann man normalerweise auch aus mehr als einem Dutzend unterschiedlicher Fischarten auswählen, wobei die meisten Gerichte unter $ 30 liegen. Wer

Vancouver
Karte S. 134/135

nichts dagegen hat, schon zwischen 16 und 18 Uhr zu essen, zahlt für ein Menü mit drei Gängen nur $ 28.

• *West Coast* Sowohl die innovative Karte als auch der Blick über die English Bay machen den **Raincity Grill** (1193 Denman St., ✆ 604/685-7337; Mo–Fr 11.30–14.30 Uhr, tägl. 17–22 Uhr; $ 17–33) zu einer hervorragenden Wahl. Zwar wechselt die Speisekarte je nach Jahreszeit, man findet auf ihr aber immer Seafood und eine sorgfältig getroffene Auswahl an heimischem Wildbret. Zu Letzterem zählt man hier auch die Hühner aus Freilandhaltung, die von Farmen im Fraser River Valley bezogen werden. Mittags kosten die Hauptgerichte $ 13–19 (der Salat mit Muscheln und Frühlingsgemüse ist ein empfehlenswerter Genuss), abends muss man entsprechend mehr anlegen, dafür stehen auch ausgefallenere Speisen auf der Karte (etwa das Filet vom Bison mit biologisch angebauten roten Beeten). Zu den süßen Verlockungen zählt auch das schmackhafte Holzapfel-Sorbet ($ 8,50).

• *Europäisch* Im **The Chef and the Carpenter** (1745 Robson St., ✆ 604/687-2700) serviert man gute französische Landküche in einer gehobenen und dennoch entspannten Atmosphäre. Trotz der großen Portionen sollte man darauf achten, noch ein wenig Platz für den köstlichen Nachtisch zu lassen. Hauptgerichte kosten $ 19–28. Geöffnet ist tägl. ab 17 Uhr zum Abendessen, mittags nur an Wochentagen (Reservierung notwendig).

Das mediterrane **CinCin** (1154 Robson St., ✆ 604/688-7338; Mo–Fr Mittagessen, tägl. ab 17 Uhr; $ 21,50–35,50) verdankt seinen Namen einem traditionellen italienischen Trinkspruch und hat viele treue Stammkunden. Als Gast hat man freie Sicht auf die große offene Küche, die sich in der Mitte des Restaurants befindet und zu der auch ein Holzofen mit Grill gehört. Auf der beheizten Terrasse wird es schnell voll, da man von hier aus einen optimalen Blick über das Geschehen auf der Robson St. hat. Spezialität des Hauses ist traditionelle Pizza (ab $ 16). Auf dem Ofen werden aber auch Köstlichkeiten wie feinstes Rindfleisch zubereitet. Für die wahrlich sündhaften Antipasti muss man $ 19,50/Pers. berappen. Das CinCin hat bereits Dutzende von Auszeichnungen erhalten, u. a. für die Weinkarte, auf der über 300 Tropfen zu vernünftigen Preisen zu finden sind.

Das **Tapastree Restaurant** (1829 Robson St., ✆ 604/606-4680; tägl. 17–22 Uhr) wirkt einladend und gemütlich. Die Bedienung ist tadellos und das Essen erstklassig. Auf der Karte stehen nur Tapas wie etwa vegetarische Antipasti und getrockneter Thunfisch mit chinesischem Senf, die meisten davon kosten $ 7–15. Das Restaurant liegt an der Robson St., etwa einen Block von der Denman St. entfernt.

Gleich um die Ecke ist das **Café de Paris** (751 Denman St., ✆ 604/687-1418; Mo–Fr 11.30–14 Uhr, tägl. 17.30–22 Uhr; $ 18,50–30), welches zwar das Flair eines gehobenen französischen Bistros hat, in dem es aber dennoch relativ zwanglos zugeht (jedenfalls solange man nicht den Kardinalfehler begeht und die Hauptgerichte nach nordamerikanischer Landessitte respektlos als „Entrees" bezeichnet). Die klassischen französischen Hauptgerichte liegen unter $ 30, preislich fährt man am besten mit dem tägl. angebotenen dreigängigen Menü für etwa $ 40. Dazu werden fast ausschließlich französische Weine angeboten.

Kitsilano

Die meisten Restaurants auf der Südseite des False Creek findet man in Kitsilano entlang der W 4th Ave., zwischen Burrard und Vine St. Dieser Stadtteil war vor über 30 Jahren die Hochburg der Hippies. Zwar sind die meisten Restaurants aus dieser Zeit natürlich längst verschwunden, einige jedoch haben überlebt, und mittlerweile haben sogar wieder ein paar neue eröffnet, um diese Epoche der Stadtgeschichte weiter würdig zu repräsentieren.

• *Casual Dining* Der kosmische Retro-Look in **Sophie's Cosmic Café** (2095 W 4th Ave., ✆ 604/732-6810; tägl. 8–21.30 Uhr; $ 9–16) verkörpert die einstige Szene. Das Essensangebot ist gut, die Bedienung schnell und zuverlässig. Zum Frühstück gibt es Eier mit Speck für $ 8, Omeletts kosten um die $ 10. Ansonsten sollte man einen Blick auf die Tafel über der Essensausgabe werfen, wo man Gerichte wie etwa einen Nuss- und Kräuterburger ($ 9) findet. Am Sonntag muss man sich morgens auf Wartezeiten einrichten.

Einen Block östlich von Sophie's liegt **Joe's Grill** (2061 W 4th Ave., ✆ 604/736-6588; tägl. 7–22 Uhr; $ 7–12,50). Er ist ein Überbleibsel aus den 1960er Jahren und bietet deftige Hausmannskost zu vernünftigen Preisen. Ein Frühstück mit Eiern, Speck und Hash Browns kostet $ 5, das tägl. Angebot mit

Suppe und Sandwich gerade einmal $ 6, die Milchshakes sind eine Sünde wert, und der Kaffee wird kostenlos nachgeschenkt. Wie in einem klassischen nordamerikanischen Diner sitzt man entweder an normalen Tischen oder in abgeteilten Sitzbereichen. Geöffnet ist tägl. 8–21 Uhr.

• *Vegetarisch* Im **Naam** (2724 W 4th Ave., ✆ 604/738-7151; $ 7–12,50), das in der Stephens St. liegt, fühlt man sich in die Hippiezeit der 1960er Jahre zurückversetzt. Das in einem zweistöckigen Privathaus untergebrachte Restaurant legt besonderen Wert auf gesunde Küche. Das Naam glänzt mit Riesenportionen, exzellenter Bedienung und einer unbekümmerten Atmosphäre, die mittlerweile fast schon legendär ist. Das Restaurant ist tägl. 24 Std. geöffnet. Besonders empfehlenswert sind die Tuscan Nachos, das Chili Deluxe und der Naam Salad.

• *Europäisch* Sowohl bei den Einheimischen als auch bei Reisenden, die Wert auf gute Küche legen, steht das viel gelobte **Bishop's** (2183 W 4th Ave., ✆ 604/738-2025; tägl. 17.30–22 Uhr; $ 36–39) hoch im Kurs. Es ist in jeder Hinsicht ein sehr französisches Restaurant. Eigentümer John Bishop, der seit Jahren einen guten Ruf in der gastronomischen Szene von Vancouver genießt, sorgt dafür, dass jede Mahlzeit zu einem besonderen Erlebnis wird. Er begrüßt die Gäste persönlich am Eingang des Lokals, geleitet sie zum Tisch und erläutert auf Wunsch gerne die Speise- und Weinkarte. Das Gesamtbild wird durch die elegante Einrichtung, die blütenweißen Tischtücher und die leise Jazzmusik im Hintergrund vervollständigt. Auf der Karte findet man französische Klassiker und – sobald es die jahreszeitliche Ernte zulässt – frische Nahrungsmittel wie Jakobsmuscheln, Heilbutt, Gemüse aus dem Fraser River Valley und Obst aus dem Okanagan Valley. Reservierung erforderlich.

North Shore

Wer im vorstädtischen Ambleside, westlich des Lonsdale Quay und der Lions Gate Bridge, frühstücken oder zu Mittag essen möchte, ist bei der **Savary Island Pie Company** (1533 Marina Dr., ✆ 604/926-4021; tägl. 6–19 Uhr; Mittagessen $ 6,50–11,50) an der richtigen Adresse. Um einen Platz in dem wahnsinnig beliebten Café zu ergattern, muss man sich regelmäßig erst einmal anstellen. Dann kann man sich an einem Ceasar Salad oder einem großen Stück Chicken Pie erfreuen und zum Nachtisch einen Cranberry Square probieren.

• *Seafood* Auf der Nordseite des Burrard Inlet liegt das **Salmon House on the Hill** (2229 Folkstone Way, West Vancouver, ✆ 604/926-3212; Sa/So 10.30–14.30 Uhr, tägl. 17–22 Uhr; $ 30–27). Von hier kann man in zwangloser Atmosphäre den Panoramablick über das Burrard Inlet auf den Stanley Park und das Stadtzentrum genießen. Das geräumige Innere des Restaurants beherbergt jede Menge Kunst und Kunstgegenstände der an der Nordwestküste heimischen Ureinwohner. Dazu gehört auch ein aus einem ausgehöhlten Baumstamm hergestelltes Kanu, das über dem Essbereich angebracht ist. An der Spezialität des Hauses kommt man nur schwer vorbei: Lachs, der über der offenen Flamme eines mit Erlenholz befeuerten Grills zubereitet wird. Hier stimmt mit $ 30 auch der Preis für diese einmalige Köstlichkeit. Eine vernünftige Alternative sind die für $ 49 angebotenen dreigängigen Menüs, die den typischen Geschmack von British Columbia auf den Teller bringen. Man erreicht das Restaurant über den Hwy. 1, indem man die Ausfahrt 10 (21st St. und Folkstone Way) nimmt, Richtung Westen fährt und nach rechts in die Folkstone St. einbiegt. Das Lokal befindet sich auf der linken Seite.

Information/Adressen

Bevor man sich auf den Weg nach Vancouver macht, sollte man bei **Tourism Vancouver** (✆ 604/682-2222, www.tourismvancouver.com) Informationen einholen. Die Website hält alles Wissenswerte parat. Man kann aber auch ein Infopaket per Post anfordern. Vancouver gehört marketingtechnisch gesehen zur Region „Vancouver, Coast & Mountains" (✆ 604/739-9011 oder ✆ 800/667-3306, www.vcmbc.com), einer von sechs solchen Regionen in British Columbia, die in ihrem Bereich den Tourismus fördern wollen („Coast" steht für die Sunshine Coast und „Mountains" für Whistler und Umgebung).

Information

• *Downtown* Das Hauptinformationszentrum der Stadt ist das **Vancouver Visitor Centre** einen Block vom Canada Place entfernt (200 Burrard St., ✆ 604/683-2000; tägl. 8.30–18 Uhr). Auf der unteren Ebene findet man jede Menge Broschüren, während man oben vom geschulten Personal kostenlose Karten, Publikationen und Fahrpläne für die öffentlichen Verkehrsmittel erhält. Außerdem kann man Sightseeing-Touren buchen und Unterkünfte reservieren. Infos zu den öffentlichen Verkehrsmitteln und Fahrpläne findet man auf der rechten Seite, wenn man das Gebäude betritt.

• *Im Süden* Wer aus südlicher Richtung über den Hwy. 5 (Hwy. 99 in Kanada) nach Vancouver fährt, kommt gleich hinter der Grenze am **British Columbia Visitor Centre Peace Arch** (298 Hwy. 99, ✆ 800/435-5622; im Sommer 8–20 Uhr, sonst 9–17 Uhr) vorbei, das direkt an der Straße liegt.

Ebenfalls direkt am Hwy. 99 steht weiter nördlich das **Richmond Visitor Centre.** Es befindet sich auf der rechten Seite, sobald man aus dem unter dem Fraser River hindurchführenden George-Massey-Tunnel wieder ans Tageslicht kommt. Der Betreiber ist Tourism Richmond (✆ 604/271-8280 oder ✆ 877/247-0777, www.tourismrichmond.com). Das Infozentrum hat folgende Öffnungszeiten: März bis Juni tägl. 9.30–17 Uhr, Juli/Aug. tägl. 9.30–17 Uhr, Sept. tägl. 8.30–19 Uhr, sonst Mo–Fr 10–16 Uhr.

• *Bibliotheken* Die **Vancouver Public Library** (350 W Georgia St., ✆ 604/331-3600) ist in einem prächtigen, neun Stockwerke hohen Gebäude nur wenige Blocks vom Hafen entfernt untergebracht. In die elliptische Fassade ist eine Promenade mit Glaswänden integriert, die über sechs Stockwerke verläuft und wo elegante Geschäfte und Cafés untergebracht sind. Kaum hat man die Bibliothek betreten, stellt man schnell fest, dass die Stadt trotz der immensen Baukosten doch tatsächlich auch noch das Geld dafür aufgetrieben hat, die Regale mit über 1 Mio. Bücher zu füllen. Bevor man sich auf die Suche nach genau dem Titel macht, den man schon immer einmal lesen wollte, sollte man die am Infoschalter ausliegende Broschüre zurate ziehen, in der genau erklärt wird, wie man sich in der Bibliothek zurechtfindet. Die Vancouver Public Library ist ganzjährig geöffnet (Mo–Do 10–21 Uhr, Fr/Sa 10–18 Uhr, So 13–17 Uhr).

Die über 20 zugehörigen Zweigbibliotheken sind über die gesamte Stadt verteilt. Adressen und Öffnungszeiten erfährt man unter ✆ 604/331-3600 oder www.vpl.vancouver.bc.ca. Von besonderem Interesse ist der **Carnegie Reading Room** (Ecke E Hastings und Main St., ✆ 604/665-3010; tägl. 10–22 Uhr), der nach dem bekannten Wohltäter und US-Philanthropen Andrew Carnegie benannt ist. Dessen Spende in Höhe von $ 50.000 half den entscheidenden Schritt weiter, um im Jahr 1902 die erste dauerhafte Bibliothek Vancouvers einzurichten.

• *Waschsalon* In der **Cold Coin Laundry** (3496 W Broadway, ✆ 604/737-9642; tägl. 7–22 Uhr) kann man seine Wäsche waschen, für $ 4/Std. im Internet surfen und dazu eine Tasse Kaffee trinken (die wesentlich besser schmeckt, als man es erwartet).

• *Notfälle* In Notfällen wählt man ✆ 911. Bei medizinischen Notfällen hilft das in der Downtown gelegene **St. Paul's Hospital** (1081 Burrard St., ✆ 604/682-2344) weiter, dessen Notaufnahme tägl. 24 Std. geöffnet ist. Andere große Kliniken sind das **Vancouver General Hospital** (899 W 12th Ave., ✆ 604/875-4111) und das **Lions Gate Hospital** (231 E 15th St., ✆ 604/988-3131). Die **Seymour Medical Clinic** (1530 W 7th Ave., ✆ 604/738-2151) ist 24 Std. geöffnet. Bei Zahnproblemen hilft in Notfällen die **AARM Dental Group** (1128 Hornby St., ✆ 604/681-8530). Die **RCMP** erreicht man unter ✆ 911 oder ✆ 604/264-3111.

Verbindungen

Anreise

• *Flugzeug* Der **Vancouver International Airport** (www.yvr.ca) liegt auf Sea Island, 15 km südlich vom Stadtzentrum. Jährl. werden hier über 16 Mio. Passagiere abgefertigt. Im dreistöckigen Terminal für die internationalen Flüge findet man ebenso wie in dem benachbarten Terminal für die Inlandsflüge Cafés, Restaurants, die Schalter der Mietwagenfirmen, ein Postamt, eine Wechselstube, einen Zeitungskiosk, Andenkenläden und Duty-free-Shops. Zahlreiche Informationstafeln helfen bei der schnellen Orientierung im Flughafengebäude. Auf dem Level 3 im International Terminal gibt es einen Informationsschalter, an dem man touristisches Infomaterial, Busfahrpläne und Auskünfte zu den Taxis bekommt.

Die **Canada Line** (www.translink) ist eine 16 km lange Schnellbahnlinie, die den Flughafen mit der Downtown von Vancouver verbindet. Insgesamt gibt es 19 Haltestellen. Die gesamt Fahrt dauert etwas 20 Minuten und kostet $ 6,25. Die Züge fahren alle 4–10 Minuten von 5 Uhr bis kurz nach Mitternacht. Eine Taxifahrt vom Flughafen in die Downtown dauert mindestens 25 Min. und kostet etwa $ 45.

• *Zug und Bus* Endstation der Züge von **VIA Rail** (✆ 888/842-7245, www.viarail.ca) ist die **Pacific Central Station** (1150 Station St.), 2 km südöstlich der Downtown. Hier befindet sich auch der Busbahnhof von **Greyhound** (✆ 604/482-8747 oder ✆ 800/661-8747, www.greyhound.ca), von wo aus man tägl. zu Zielen in ganz Westkanada und in den Rest des Kontinents aufbrechen kann. Hier starten auch die **Pacific Coach Lines** (✆ 604/662-8074 oder ✆ 800/661-1725, www.pacificcoach.com), die Buslinien nach Victoria und Whistler betreiben. Das Zusteigen ist für beide Ziele auch am Vancouver International Airport möglich.

Von der Downtown aus dauert die Fahrt zur Pacific Central Station nur wenige Minuten. Entweder nimmt man ein Taxi ($ 10) oder den SkyTrain. Im Bahnhof gibt es eine Wechselstube, Geldautomaten, Schließfächer, einen Zeitungskiosk, Informationstafeln und ein McDonald's.

Unterwegs in Vancouver

• *Translink* Translink (✆ 604/953-3333, www.translink.ca) betreibt ein ausgedehntes Netzwerk von Bussen, Zügen und Fähren, mit denen man in Vancouver an nahezu jedes gewünschte Ziel gelangen kann. Die **Busse** verkehren tägl. zwischen 5 und 2 Uhr. Fahrkarten sind jeweils 90 Min. für die Fahrt in eine Richtung gültig. Der **Sky Train** ist eine computergesteuerte Bahn (ohne Fahrer), die auf ihrem 65 km langen Schienennetz die Downtown mit dem Flughafen und New Westminster verbindet. Darüber hinaus fährt sie sogar über den Fraser River bis in den Vorort Surrey. Anders als es sein Name vermuten lässt, liegen die innerstädtischen Haltestellen des SkyTrain in U-Bahnhöfen unter der Erde. Die Zugänge sind jeweils gut markiert. Der 400 Passagiere fassende **SeaBus** kreuzt alle 15–

Idylle in Vancouver

30 Min. über das Burrard Inlet. Die Fahrt von der Downtown nach North Vancouver dauert gerade einmal 12 Min. Endstation in der Downtown ist die Waterfront Station neben dem Canada Place, die fünf Gehminuten vom Vancouver TouristInfo Centre entfernt liegt.

Wochentags ist die City von 5.30–18.30 Uhr in drei Tarifzonen eingeteilt, nach denen sich der Fahrpreis richtet. Erwachsene zahlen $ 2,50–4,75 (plus $ 2,50 Zuschlag vom oder zum Flughafen) und Senioren $ 1,75–3,25 pro Zone (Zone 1 umfasst die Downtown und Greater Vancouver; zur Zone 2 gehören die North Shore, Burnaby, New Westminster und Richmond; Zone 3 erstreckt sich bis zu den Endhaltestellen des Translink-Netzes). Wer beim Busfahrer bezahlen möchte, muss beachten, dass – wie in Nordamerika üblich – das Kleingeld passend bereitgehalten werden muss *(exact change only)*, da kein Wechselgeld herausgegeben wird. Fahrkarten kann man auch am Automaten kaufen, die an jeder Haltestelle des SkyTrain und des SeaBus zu finden sind. Wer umsteigen möchte, muss beim Fahrer nach einem *Transferticket* fragen. Es sind auch Tageskarten erhältlich, mit denen man das gesamte Translink-

System uneingeschränkt nutzen kann. Ein **DayPass** kostet für Erwachsene $ 9, Senioren zahlen $ 7.

• *Fähre* Außer dem SeaBus (s. o. *Translink*) verkehren auch die Fähren über den schmalen False Creek nach Fahrplan. Betreiber sind zwei Privatfirmen, **Granville Island Ferries** (✆ 604/684-7781) und **Aquabus** (✆ 604/689-5858). Von der Hauptanlegestelle auf Granville Island aus setzen die 12–20 Passagiere fassenden Boote tägl. von 7 bis 22 Uhr alle 15 Min. zum Fuß der Hornby St. sowie unter der Burrard Street Bridge hindurch zum Aquatic Centre (am Südende der Thurlow St.) und zum Vanier Park (Museum of Vancouver) über. Zusätzliche Fähren beider Unternehmen laufen alle 30–60 Min. das am Ende des False Creek gelegene Stamps Landing, die Plaza of Nations und Science World an. Die Fahrpreise entsprechen denen der Busse und Züge von Translink (s. o.).

• *Mietwagen* Alle großen Autovermieter haben Vertretungen in Vancouver, die meisten verfügen auch über Schalter am Flughafen. Buchen sollte man über das Internet oder die gebührenfreien Telefonnummern der Anbieter (siehe auch Kapitel „Unterwegs in Kanada"). Wer vor Ort mit seiner Mietwagenfirma Kontakt aufnehmen muss, der wählt: **Alamo** (✆ 604/684-1401), **Avis** (✆ 604/606-2869), **Budget** (✆ 604/668-7000), **Discount** (✆ 604/310-2277), **Dollar** (✆ 604/637-1680), **Enterprise** (✆ 604/688-5500), **Hertz** (✆ 604/606-4711), **National** (✆ 604/609-7150), **Rent-a-wreck** (✆ 604/688-0001) und **Thrifty** (✆ 604/606-1666).

• *Taxi* Taxis stehen meist vor den großen Hotels oder an den Verkehrsknotenpunkten. Eine Fahrt innerhalb der Downtown kostet im Regelfall um die $ 10, die Strecke vom Flughafen in die Downtown schlägt mit etwa $ 45 zu Buche. Zu den größeren Anbietern gehören: **Black Top** (✆ 604/683-4567 oder ✆ 800/494-1111), **Vancouver Taxi** (✆ 877/871-1111) und **Yellow Cab** (✆ 604/681-1111 oder ✆ 800/898-8294). Die Firma Vancouver Taxi hat auch einige Taxis in Betrieb, die Rollstuhlfahrer befördern können (zum regulären Preis).

Stadtflucht per Fähre

In Vancouver gibt es zwei Fährterminals, von denen aus man die in der Stadt herrschende Hektik in Richtung **Vancouver Island** oder **Sunshine Coast** hinter sich lassen kann. Alle Fähren werden von **BC Ferries** (✆ 250/386-3431 oder ✆ 888/223-3779, www.bcferries.com) betrieben, Plätze kann man online oder per Telefon reservieren (allerdings nur für bestimmte Routen). In der Hochsaison (Juni bis Sept.) verkehren die Fähren stündl. von 7 bis 22 Uhr, aber auch den Rest des Jahres über sind nur unwesentlich weniger Boote im Einsatz. Im Sommer muss man sich häufig auf Wartezeiten einstellen. Das gilt v. a. dann, wenn man mit einem großen Fahrzeug *(Oversized Vehicle)* unterwegs ist, da auf jeder Fähre nur wenige davon Platz finden (im Gegensatz zu Autos und Trucks mit normalen Abmessungen).

Tsawwassen Ferry Terminal: Tsawwassen liegt 30 km südlich der Downtown von Vancouver. Von hier legen Fähren zu den **Southern Gulf Islands**, zur **Swartz Bay** (32 km nördlich von Victoria auf Vancouver Island) und nach **Nanaimo** (ebenfalls auf Vancouver Island) ab. Um von der Downtown aus zum Terminal zu gelangen, nimmt man den Hwy. 17 nach Süden, auf dem im Sommer allerdings häufig dichter Verkehr herrscht. Wer lieber mit dem Bus fahren will, steigt in der Downtown in die Linie 601.

Horseshoe Bay Terminal: Die zweite Fährverbindung vom Festland nach Vancouver Island verläuft zwischen der Horseshoe Bay und **Nanaimo.** Die Horseshoe Bay liegt auf der Nordseite des Burrard Inlet, etwa 20 Fahrminuten nordwestlich der Downtown. Sparen lässt sich auf dieser Passage allerdings nichts – die Überfahrt kostet genauso viel, und die Warteschlangen sind meist länger als in Tsawwassen. Vom Horseshoe Bay Terminal legen auch die Fähren zur Sunshine Coast ab.

Sunshine Coast

Die 150 km lange Sunshine Coast liegt an der Nordostküste der Strait of Georgia und erstreckt sich vom Howe Sound im Süden bis zum Desolation Sound im Norden. An dem für kanadische Verhältnisse von der Sonne geradezu verwöhnten Küstenabschnitt findet man zahllose Buchten, Meeresarme, breite Sandstrände, stille Lagunen, schroff abfallende Landzungen, Provinzparks und dichte Tannenwälder, hinter denen die schneebedeckten Gipfel der Coast Mountains aufragen. Die Sunshine Coast hat das mildeste Klima in ganz Kanada, die Sommer sind warm und die Winter mild. Wer mit Boot oder Kajak unterwegs ist, kann einige der wunderschönen Parks ansteuern, die direkt am Meer liegen. Hier findet man neben geschützten Anlegestellen auch fantastisch gelegene Zeltstellplätze, auf denen man die herrliche Landschaft der Westküste genießen kann. Wer Lust hat, kann auch in einem der Fischerdörfer vor Anker gehen, wo es Häfen und alle modernen Annehmlichkeiten gibt, die der moderne Seefahrer braucht.

Gibsons Landing

In wunderschöner Lage an einem bewaldeten Hügel befindet sich Gibsons Landing (4000 Einw.), gerade einmal zwei Fahrminuten vom Fähranleger in Langdale entfernt. Der Ort besteht aus zwei Teilen: Das ursprüngliche, 100 Jahre alte Fischerdorf liegt am Hafen, der kommerzialisierte Abschnitt des Städtchens hingegen entlang dem Highway. Ein besonders nettes Fleckchen ist die Gower Point Rd. am Hafen. Einige der hier angesiedelten Betriebe leben von der Seefahrt, dazu gibt es fast schon altertümlich anmutende Geschäfte, Cafés und Läden, in denen Kunst (oder was man teilweise dafür hält) zum Verkauf angeboten wird. Am Wasser liegt nicht nur die Marina, sondern auch der malerische (und nachts beleuchtete) Gibsons Seawalk, den man allerdings in gut 10 Min. abgehen kann. Im **Sunshine Coast Museum** (716 Winn Rd., ✆ 604/886-8232; Di–Sa 10.30–16.30 Uhr; Spende erbeten) gibt es interessante Ausstellungen über die Pioniere und die Coast Salish zu bestaunen. Daneben beherbergt das Museum eine Sammlung von Muscheln, die wohl zu den größten der Welt zählen dürfte (etwa 25.000 Exponate).

In Gibsons gibt es eine überraschend gute Auswahl an Lokalen, die überwiegend im ursprünglichen Teil der Stadt (auf dem Hügel über dem Hafen) liegen.

• *Übernachten* Das an der Hauptstraße gelegene **Cedars Inn Hotel** (895 Gibsons Way, ✆ 604/886-3008 oder ✆ 888/774-7044, www.thecedarsinn.com; $ 98 für 1 Pers., $ 104 für 2 Pers.) hat einen beheizten Außenpool, eine Sauna und einen kleinen Fitnessraum.

• *Essen und Trinken* Hausmannskost zu vernünftigen Preisen gibt es bei **Molly's Reach** (647 School Rd., ✆ 604/886-9710; Frühstück, Mittag- und Abendessen; $ 11–17), das ursprünglich für das Set des Films „The Beachcombers" gebaut wurde.

• *Information* Nahe der Waterfront bietet das **Gibsons Visitor Centre** (417 Marina Dr., ✆ 604/886-2374 oder ✆ 866/222-3806, www.gibsonslandingbc.com; im Sommer tägl. 9–17 Uhr) eine gute Gelegenheit, sich über die Sunshine Coast zu informieren.

Roberts Creek

Etwa 9 km nordwestlich von Gibsons stößt man auf die kleine Künstlergemeinde Roberts Creek, wo Kunstliebhaber oft das eine oder andere Schnäppchen machen können. Der **Roberts Creek Provincial Park** liegt in einem Wald mit altem Baumbestand, 14 km nordwestlich von Gibsons. Hier gibt es Wanderwege, Wasserfälle, einen Picknickplatz und einen Kiesstrand. Zeltstellplätze kosten $ 15/Nacht.

• *Übernachten* Die entspannte Atmosphäre im **Up the Creek Backpacker's B&B** (1261 Roberts Creek Rd., ✆ 604/885-0384 oder ✆ 877/885-8100, www.upthecreek.ca) ist alleine schon Grund genug, sein müdes Haupt hier zur Ruhe zu betten. Zieht man zusätzlich noch die günstigen Preise, die moderne Ausstattung wie etwa Küche und Internetzugang sowie die freundlichen Eigentümer in Betracht, möchte man sogar gerne noch ein Weilchen länger bleiben. Es gibt Schlafsäle ($ 25/Pers.) und Privatzimmer ($ 75 für 1/2 Pers.). Das Frühstück (Selbstbedienung) kostet $ 5/Pers. extra.

Mit der Fähre an die Sunshine Coast

Obwohl die Sunshine Coast zum Festland gehört, gibt es keine Zufahrtsstraßen. Wer nach Powell River möchte, muss daher zwangläufig mit BC Ferries (✆ 250/386-3431 oder ✆ 888/223-3779) übersetzen. Dazu nimmt man zuerst eine der Fähren, die von der nordwestlich von Vancouver gelegenen Horseshoe Bay aus regelmäßig über den Howe Sound nach Langdale ablegen. Von dort führt der Hwy. 101 81 km die Küste entlang nach Earls Cove, wo einen eine zweite Fähre über das Jervis Inlet nach Saltery Bay bringt. Die Überfahrten dauern 40 bzw. 50 Min., und die Fähren verkehren von 6.30 bis 23.30 Uhr etwa alle 2 Std. Die Überfahrt kostet für Erwachsene $ 11,85, für Kinder $ 5,95, und für das Fahrzeug zahlt man $ 39,90 (hin und zurück). Von Saltery Bay sind es 35 km nach Powell River. Von dort kann man entweder auf demselben Weg zurückkehren oder mit der Fähre nach Vancouver Island übersetzen (Fährverbindung Powell River – Comox; Erwachsene $ 11,80, Kinder $ 5,90, Fahrzeuge $ 37,50).

Sechelt und Umgebung

Das 8400 Einw. zählende Sechelt ist dank seiner Infrastruktur nicht nur Versorgungsstützpunkt für die umliegende Region, sondern auch das kulturelle Zentrum der Ureinwohner. Es liegt auf der Landenge der Sechelt Peninsula zwischen dem Sechelt Inlet und der Strait of Georgia. Haupteinnahmequelle sind die Holzwirtschaft, die Fischerei und der Tourismus. Einer der schönsten Plätze auf Sechelt ist der **Porpoise Bay Provincial Park,** der 4 km nördlich von Sechelt liegt und über die East Porpoise Bay Rd. zu erreichen ist. Im Park gibt es Wiesen, Tannen- und Zedernwälder sowie einen breiten, geschützten Sandstrand entlang der Ostküste des Sechelt Inlet. Vom Strand aus führen Wanderwege zum Campingplatz, und ein Waldweg windet sich am Ufer des Angus Creek entlang, wo im Herbst die Lachse laichen. Der Park ist ein guter Ausgangspunkt für alle, die mit Kanu oder Kajak die *Sechelt Inlets Provincial Marine Recreation Area* erkunden wollen. Porpoise Bay und die umliegenden Flüsse stehen auch bei Sportanglern hoch im Kurs. Im Nordwesten des Parks lassen sich entlang dem Inlet auch Austern und Muscheln finden. Eine Übernachtung auf dem Campingplatz (84 Plätze und heiße Duschen) kostet $ 19.

• *Übernachten/Essen und Trinken* Westlich der Stadt liegt direkt am Wasser mit Blick über die Halfmoon Bay das gehobene **Rockwater Secret Cove Resort** (5356 Ole's Cove Rd., ✆ 604/885-7038 oder ✆ 877/296-4593, www.rockwatersecretcoveresort.com; $ 169–279 für 1/2 Pers.). Das Restaurant ist klasse (das Essen ebenso wie der Blick), die Zimmer sind luxuriös, und für Wasserratten gibt es jede Menge Unternehmungsmöglichkeiten.

• *Information* Das **Sechelt Visitor Centre** (5790 Teredo St., ✆ 604/885-1036; im Sommer tägl. 9–17 Uhr, sonst kürzere Öffnungszeiten) befindet sich am Hwy. 101.

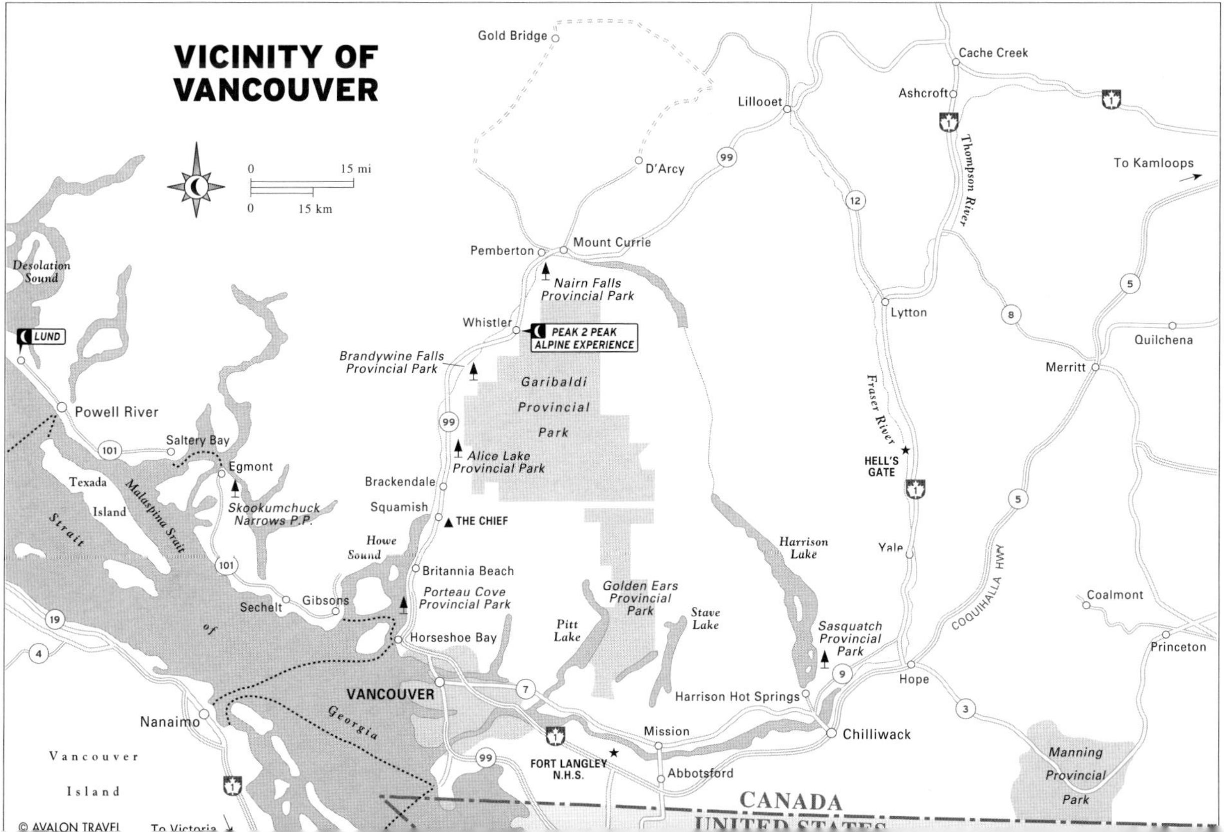
VICINITY OF VANCOUVER
0 15 mi
0 15 km
Gold Bridge
Cache Creek
Ashcroft
Lillooet
D'Arcy
To Kamloops
Thompson River
Pemberton
Mount Currie
Nairn Falls Provincial Park
Desolation Sound
LUND
Whistler
PEAK 2 PEAK ALPINE EXPERIENCE
Lytton
Quilchena
Merritt
Brandywine Falls Provincial Park
Garibaldi Provincial Park
Powell River
Fraser River
Saltery Bay
Egmont
Alice Lake Provincial Park
HELL'S GATE
Texada Island
Malaspina Strait
Brackendale
Skookumchuck Narrows P.P.
Squamish
THE CHIEF
Strait of Georgia
Howe Sound
Harrison Lake
Yale
Britannia Beach
COQUIHALLA HWY
Coalmont
Sechelt
Gibsons
Porteau Cove Provincial Park
Golden Ears Provincial Park
Stave Lake
Pitt Lake
Sasquatch Provincial Park
Horseshoe Bay
Princeton
Hope
VANCOUVER
Harrison Hot Springs
Nanaimo
Mission
Chilliwack
Manning Provincial Park
FORT LANGLEY N.H.S.
Abbotsford
Vancouver Island
CANADA
UNITED STATES
© AVALON TRAVEL
To Victoria

Von Pender Harbour nach Earls Cove

Die Gegend um Pender Harbour ist die angestammte Heimat von Orcas, die häufig auch als Killerwale bezeichnet werden. Diese hochintelligenten, sanften Giganten ziehen in Schulen von bis zu 100 Tieren durch die hiesigen Gewässer und ernähren sich das ganze Jahr über von Lachsen. Orcas werden bis zu 9 m lang und bis zu 8 t schwer. Es lohnt sich, die Kamera immer schussbereit zu halten, während man mit den Augen die Wasseroberfläche nach den dreieckigen Rückenflossen absucht, mit denen sich die Tiere regelrecht einen Weg durch die Wellen zu schneiden scheinen.

Kurz vor Earls Cove sollte man auf die nach Norden führende Straße Richtung Egmont abbiegen und dann auf dem 3,5 km langen Wanderweg entlang dem Sechelt Inlet einen Abstecher zum **Skookumchuck Narrows Provincial Park** machen. *Skookumchuck* bedeutet in der Sprache der Chinook so viel wie „tosendes Wasser". Es handelt sich um eine von Felsen gesäumte Meerenge, in der viermal täglich Ebbe und Flut ist. Die dabei entstehenden Stromschnellen und Wasserstrudel erinnern ein wenig an riesige, heftig blubbernde Whirlpools – ein faszinierendes Schauspiel, wenn man sicheren Boden unter den Füßen hat. In den Tidepools kann man zudem jede Menge Meeresbewohner beobachten. Ein wirklich einmaliger Ort. Machen Sie Brotzeit, klettern Sie auf einen Felsen und genießen Sie einfach die Aussicht!

Am Ende dieses Abschnitts des Hwy. 101 liegt Earls Cove. Von hier aus setzen die Fähren von BC Ferries regelmäßig über das Jervis Inlet zur Saltery Bay über. Die 16 km lange Überfahrt dauert 50 Min.

Saltery Bay und Umgebung

Weniger als 2 km vom Saltery-Bay-Fährterminal entfernt liegt der 140 ha große **Saltery Bay Provincial Park,** eines der beliebtesten Tauchreviere der Sunshine Coast. Man kann direkt vom Ufer aus abtauchen und trifft auf seinen Tauchgängen nicht nur auf jede Menge Meeresbewohner, sondern auch auf eine Meerjungfrau aus Bronze. Das Campen kostet $ 14/Nacht.

Von Saltery Bay sind es 31 kurvenreiche Kilometer bis Powell River. Auf der Strecke überquert man den **Lois River,** den Abfluss des großen Lois Lake, und kommt an einigen kleinen Gemeinden vorbei, die sich an die Felsküste der Malaspina Strait schmiegen.

Powell River

Powell River (15.500 Einw.) liegt zwischen dem Jervis Inlet und dem Desolation Sound am Rand der Malaspina Strait und ist fast vollständig von Wasser umgeben. Es ist das regionale Zentrum für alle Arten von Outdoor-Unternehmungen wie etwa Lachsfischen (ganzjährig), Forellenangeln, Tauchen, Segeln, Kanu- bzw. Kajakfahren und Wandern. In der von den Einheimischen *Westview* genannten Downtown befindet sich der ursprüngliche Stadtkern, in dem heute eine hässliche Zellstofffabrik sowie einige Gebäude mit vernagelten Fenstern die Aufmerksamkeit auf sich ziehen.

Sehenswertes

Die Erkundung der Stadt sollte man mit dem Besuch des exzellenten **Powell River Historical Museum** starten, das sich gegenüber der Straße zum Willingdon Beach befindet (4798 Marine Ave., ✆ 604/485-2222; im Sommer tägl. 9–16.30 Uhr, sonst

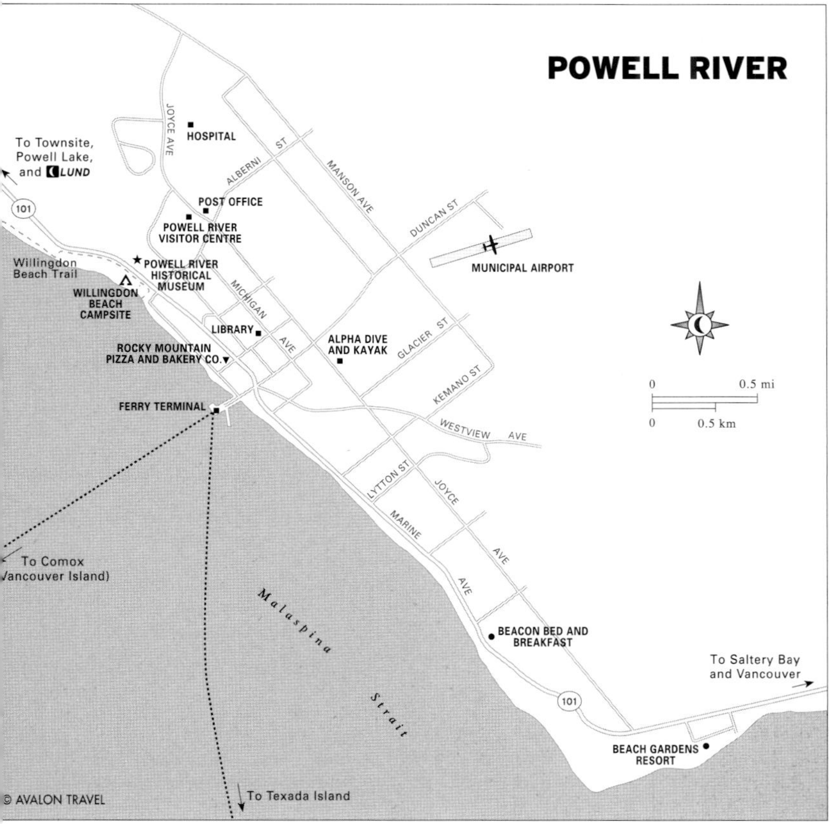

Mo–Fr 9–16.30 Uhr; Erwachsene $ 2, Kinder $ 1). Das Museum beherbergt eine große Sammlung von Fotografien, und in den Ausstellungen erfährt man alles über die Geschichte dieser Gemeinde, über Werkzeuge der Ureinwohner und den Schuppen eines Einsiedlers, der einst am Powell Lake lebte. Auf der dem Museum gegenüberliegenden Seite beginnt der 1,2 km lange **Willingdon Beach Trail.** Schautafeln beschreiben die Naturschönheiten und die Funktion der alten Holzfällergerätschaften, die am Wegesrand aufgestellt sind.

Der ursprüngliche Ortskern von Powell River liegt an einer Bucht im Norden der Stadt, wo noch immer eine Zellstoff- und Papierfabrik steht. Mithilfe der Broschüre *Heritage Walk,* die man im Infozentrum bekommt, kann man die interessanten Gebäude aus der Zeit zwischen 1910 und 1930 ausfindig machen. Viele von ihnen, wie etwa das stattliche Hotel Rodmay und das beeindruckende Federal Building, stehen schon seit Jahrzehnten leer.

Sport und Freizeit

Aufgrund der geschützten Lage der Sunshine Coast gibt es hier jede Menge Möglichkeiten, mit Kanu oder Kajak über die Seen bzw. das Meer zu paddeln. Eine der besten Paddelstrecken ist die **Powell Forest Canoe Route.** Auf der Tour durchs

Hinterland, die vier bis acht Tage in Anspruch nimmt, muss das Boot an einigen Stellen über Land transportiert werden. Man kann auch einzelne Teilabschnitte befahren. **Mitchell Canoe & Kayak** (8690 Hwy. 101, ✆ 604/487-1609, www.canoeingbc.com) vermietet Kanus für $ 26–33/Tag (ab fünf Tagen $ 23–26), das notwendige Zubehör und Angelausrüstungen. Man kann kostenlos seinen Wagen parken, und es gibt einen Shuttleservice zum Ausgangspunkt ($ 60).

Obwohl **Powell River Sea Kayak** (Malaspina Rd., ✆ 604/483-2160 oder ✆ 866/617-4444, www.bcseakayak.com) auch Ausrüstungen für das Befahren der Powell Forest Canoe Route vermietet, sind seine eigentliche Spezialität Kajaks. Einer- und Zweierkajaks, mit denen man die umliegenden Gewässer befahren kann, kosten $ 50–70/Tag bzw. $ 70–110/2 Tage, zusätzliche Tage schlagen mit $ 20–40 zu Buche. Zweistündige geführte Paddeltouren kosten $ 55, Touren mit dem Seekajak inkl. Übernachtung werden ab $ 240 angeboten. Eine dreistündige Einführung in die Geheimnisse des Kajakfahrens kostet ab $ 55.

Die Strait of Georgia verdankt ihren Ruf als „Diving Capital of Canada" dem außerordentlich klaren und relativ warmen Wasser sowie den über 100 hervorragenden Tauchplätzen, die von den heimischen Experten bisher kartiert wurden. Die Tauchbedingungen sind besonders im Winter exzellent, wenn man eine Sicht von bis zu 30 m hat. Freuen darf man sich auf den Anblick von Unterwasserklippen und jede Menge Begegnungen mit Meeresbewohnern wie etwa Schwämmen, Zackenbarschen, Riesenkraken, Seewölfen, Lengdorschen, Röhrenwürmern, Seeanemonen, Meeresschnecken (darunter auch die faszinierenden *Hooded Nudibranchs*), Seesternen, Krabben und Seescheiden. Tauchausrüstungen sowie eine Liste der Anbieter von Tauchfahrten gibt es bei **Alpha Dive and Kayak** (7050 Field St., ✆ 604/485-6939, www.divepowellriver.com).

Übernachten/Camping/Essen und Trinken

• *Übernachten* Eine der schönsten und entspannendsten Unterkünfte in Powell River ist das 2 km südlich des Fährhafens gelegene **Beacon Bed and Breakfast** (3750 Marine Ave., ✆ 604/485-5563 oder ✆ 800/485-5563, www.beaconbb.com; $ 109–119 für 1 Pers., $ 119–129 für 2 Pers.) mit Blick über die Malaspina Strait und auf die Gipfel von Vancouver Island. In dem zweistöckigen Haus befinden sich zwei Gästezimmer mit Meerblick. Es gibt einen Aufenthaltsbereich (ebenfalls mit Meerblick), einen Whirlpool im Außenbereich, Internetzugang, ein Wellnessangebot und auf den Zimmern Annehmlichkeiten wie etwa flauschige Bademäntel. Im Übernachtungspreis ist ein reichhaltiges Frühstück enthalten, eine gute Grundlage für die geplanten Anstrengungen des Tages.

Die günstigsten Zimmer im 5 km südlich des Fährhafens gelegenen **Beach Gardens Resort** (7074 Westminster Ave., ✆ 604/485-6267 oder ✆ 800/663-7070, www.beachgardens.com; $ 89–198 für 1/2 Pers.) erinnern an Motelzimmer, was allerdings durch Annehmlichkeiten wie Innenpool, Sauna, Tennisplätze und Fitnessraum mehr als wettgemacht wird. In der ebenfalls zugehörigen Marina kann man Boote mieten und als Taucher seine Pressluftflaschen auffüllen lassen. Außerdem trifft man hier häufig auch andere Tauchenthusiasten. Das Restaurant bietet ein Mittagsbüfett an, und darüber hinaus gibt es auch ein Pub.

• *Camping* Wer auf dem sich 1 km nördlich des Fährterminals befindenden **Willingdon Beach Campsite** (4845 Marine Ave., ✆ 604/485-2242, www.willingdonbeach.ca; Zeltstellplatz $ 18, Stellplatz mit Anschlüssen $ 20–25) einen Platz ergattert, bekommt die tolle Lage am Wasser gratis dazu. Die geschützten und äußerst begehrten Plätze liegen entlang dem Strand. Dazu gibt es eine Laundry und Waschräume, in denen man kostenlos eine heiße Dusche nehmen kann.

• *Essen und Trinken* Wer Heißhunger auf hervorragende Backwaren verspürt, sollte sich auf den Weg zur **Rocky Mountain Pizza and Bakery Co.** (4471 Marine Ave., ✆ 604/485-9111; Mo–Sa ab 6.30 Uhr, So ab 8 Uhr; Pizza $ 12–19) machen. Den Kaffee kann man so stark (oder schwach) bekommen, wie man es gerne möchte, und dabei in der aktuellen Tageszeitung schmökern.

Nördlich der Stadt liegt am Hafen mit Blick über den Powell Lake die **Shinglemill** (✆ 604/483-2001; tägl. 11–23 Uhr; $ 13,50–27,50). Sie ist zum Teil Pub, zum Teil Restaurant. Die Karte ist recht umfangreich, und der im ausgehöhlten Sauerteigbrot servierte Seafood Chowder ($ 7,25) ist immer eine gute Wahl. Im Restaurant zaubern Hauptgerichte wie der in einer Soja-Ingwer-Glasur gebackene Lachs ein wenig Raffinesse auf die Speisekarte.

Information/Verbindungen

• *Information* Das **Powell River Visitor Centre** (4871 Joyce Ave., ✆ 604/485-4701, www.discoverpowellriver.com; im Sommer tägl. 9–17 Uhr, sonst nur werktags geöffnet) befindet sich im Crossroads Village Shopping Centre.

Einen regnerischen Tag verbringt man am besten in der **Powell River Public Library** (4411 Michigan Ave., ✆ 604/485-4796; tägl. außer So. 10–18 Uhr), wo man auch seine E-Mails abrufen kann.

• *Verbindungen* Der Fährhafen in Powell River liegt mitten in der Stadt am Ende der Duncan St. Fähren von **BC Ferries** (✆ 604/485-2943) setzen regelmäßig von Powell River nach Comox auf Vancouver Island über. Eine Fahrkarte für die 75 Min. dauernde Überfahrt kostet für Erwachsene $ 11,80 und für Kinder $ 5,90, für ein Fahrzeug zahlt man $ 37,50.

Umgebung von Powell River

Lund

28 km nordwestlich von Powell River endet der Hwy. 101 an dem alten hölzernen Kai von Lund, einem winzigen Fischerdorf, das im Jahr 1889 gegründet wurde und nach der Heimatstadt der ersten schwedischen Siedler benannt ist. Das um den einsamen Hafen und vor der großartigen Gipfelkulisse der Coast Mountains gelegene Dorf gilt als „Tor zum Desolation Sound". Aber auch ansonsten ist Lund angesichts der hier herrschenden entspannten Atmosphäre und der wunderschönen Landschaft einen Abstecher wert. Man kann um den Hafen wandern, in dem geschäftiges Treiben herrscht, zu den weißen Sandstränden auf Savary Island übersetzen (✆ 604/483-9749; Rückfahrkarte $ 10) oder bei einem erfrischenden Drink auf der Veranda des Historic Lund Hotel entspannen. Gleich hinter dem Hotel vermietet **Rockfish Kayak** (✆ 604/414-9355) für $ 35–65/Tag Kajaks. Die dreistündigen geführten Kajaktouren zum Okeover Arm schlagen mit $ 65 zu Buche. In Lund findet man auch einige der besten Restaurants an der Sunshine Coast.

• *Übernachten* Einzige Übernachtungsmöglichkeit ist das am Hafen gelegene **Historic Lund Hotel** (✆ 604/414-0474 oder ✆ 877/569-3999, www.lundhotel.com; $ 130–225 für 1/2 Pers.). Die charmant wirkenden Standardzimmer sind in erdfarbenen Tönen gehalten und mit Holzfußböden und handgemalten Bildern ausgestattet. Die Oceanfront-Rooms entsprechen mit ihrer eleganten Einrichtung, den luxuriösen Badezimmern und den in Handarbeit hergestellten Betten in jeder Hinsicht dem gehobenen Standard.

Wer auf der Suche nach etwas Ausgefallenerem ist, sollte im fünf Fahrminuten von Lund entfernten **The Dome** (Anfahrt über die Baggi Rd., ✆ 604/483-9160, www.magicaldome.com; $ 150 für 1/2 Pers.) übernachten. Hier hat man die sehr seltene Möglichkeit, unter einer geodätischen Kuppel zu übernachten. Es handelt sich dabei um einen raffinierten architektonischen Baustil, bei dem man mithilfe Dutzender dreieckiger Platten eine starre Kugelform konstruiert und somit maximalen Raum mit minimalem Materialaufwand erreicht. Innen befinden sich ein Schlafraum, ein zusätzlicher Schlafbereich auf der Galerie, eine Küche, ein Aufenthaltsbereich und ein mit Holz zu befeuernder Ofen. In unmittelbarer Nachbarschaft steht ein modernes Badehaus mit Sauna.

• *Essen und Trinken* Das Essen im **Historic Lund Hotel** (✆ 604/414-0474; tägl. Mittag- und Abendessen; $ 11–19) wird nur noch von der gebotenen Aussicht übertroffen, v. a. wenn es einem gelingt, einen der Außentische zu ergattern. Als Vorspeise zu empfehlen sind Seafood Chowder und Austern, auf die dann beispielsweise der Heilbutt mit Chips als Hauptspeise und zum Abschluss ein Mud Cake folgen können.

Das Historic Lund Hotel

Die **Laughing Oyster** (Vandermaeden Rd., ✆ 604/483-9775; tägl. 12–21.30 Uhr) ist ein gut verstecktes Juwel. Gäste können den Blick übers Wasser entweder von den Tischen auf der Veranda oder von den im Inneren des Lokals befindlichen Sitzplätzen genießen, die so angeordnet sind, dass jeder in den Genuss der tollen Aussicht kommt. Als Vorspeisen gibt es u. a. auf unterschiedlichste Art zubereitete Austern (man kann die Austernfarm des Restaurants von der Veranda aus sehen) und einen gesunden Pecan and Blue Cheese Salad. Hauptgerichte wie etwa der perfekt garnierte gebackene Heilbutt kosten $ 19–33. Der Weg zur Laughing Oyster ist gut ausgeschildert. Von Lund aus sind es fünf Fahrminuten.

Desolation Sound

Ihren Namen erhielt die abgelegene Wasserstraße, die heute zum Großteil ein geschützter Park ist, im Jahre 1792 von Kapitän Vancouver persönlich, der von ihrem Anblick ganz offensichtlich wenig beeindruckt war. Der vollkommen unerschlossene Park, zu dem es nicht einmal eine Zufahrtsstraße gibt, ist ein wahres Paradies für alle, die sich auf das wahre Abenteuer Wildnis einlassen wollen.

Weitaus besser zugänglich sind die ruhigen Gewässer des **Okeover Arm,** des südlichen Arms des Desolation Sound. Man kann ihn über die südlich von Lund vom Hwy. 101 abzweigende Malaspina Rd. erreichen. Am Wasser liegt der 4 ha große, bewaldete **Okeover Arm Provincial Park.** Es handelt sich dabei um einen kleinen urigen Park, in dem es nur einige unerschlossene Zeltstellplätze gibt ($ 12), ein Plumpsklo und eine Bootsrampe, von der aus man sein Kajak zu Wasser lassen kann. Wer gerne mit Kanu oder Kajak unterwegs ist, wird dieses Fleckchen trotzdem zu schätzen wissen.

Im nördlich des Parks gelegenen **Desolation Resort** (2694 Dawson Rd., ✆ 604/483-3592, www.desolationresort.com; Mitte Feb. bis Sept.; $ 159–339 für 1/2 Pers.) kann man zu vernünftigen Preisen wunderbar abschalten. Untergebracht ist man in frei stehenden Holzhütten, die am Ufer des Sees auf Stelzen gebaut sind. Jede ist mit farbenfrohen Holzmöbeln ausgestattet und hat ein großes Bett, eine große Veranda, eine Küche, einen separaten Aufenthalts- und Essbereich sowie einen Grill.

Texada Island

Vom Fähranleger in Powell River aus dauert die Überfahrt nach Texada 35 Min. Obwohl die Insel mit einer Nord-Süd-Ausdehnung von 50 km und einer Breite von bis zu 10 km eine der größten der Gulf Islands ist, leben auf ihr nur 1200 Einw., und die vorhandene Infrastruktur ist sehr spärlich. Vom Fährterminal an der Blubber Bay aus windet sich die Hauptstraße 8 km nach Süden bis **Van Anda,** einem historischen Städtchen, in dem einmal Saloons, eine Oper und ein Krankenhaus in Betrieb waren. Die Schönheit der Insel kann man am besten auf einem Spaziergang am Van Anda's Erickson Beach kennen lernen. Die Straße führt weiter Richtung Süden über Gilles Bay zum **Shelter Point Regional Park,** in dem es einige kurze, aber schöne Wanderwege und eine sandige Landzunge gibt, deren Spitze sich bei Flut in eine stille Privatinsel verwandelt. Bei Ebbe kann man Ausschau nach prächtig gefärbten Seesternen halten oder seine Hände als natürliche Schaufeln nutzen und nach Muscheln buddeln. Stellplätze mit Blick übers Wasser kosten $ 19.

Von Powell River aus kostet die Rückfahrkarte für die Überfahrt mit **BC Ferries** (✆ 604/485-2943) für Erwachsene $ 7,25 und für Kinder $ 3,75. Für ein Kraftfahrzeug zahlt man $ 17,50. Die Fähren legen von 8 bis 23 Uhr alle 2 Std. ab; Reservierungen sind nicht möglich.

Sea to Sky Highway

Unter der treffenden Bezeichnung *Sea to Sky Highway* führt der Hwy. 99 auf 105 landschaftlich spektakulären Kilometern von der Horseshoe Bay nach Whistler. Mit den nahezu senkrecht abfallenden, waldbedeckten **Coast Mountains** im Osten und dem von Inseln durchzogenen **Howe Sound** im Westen windet sich der Highway mitunter bedenklich nahe an den Klippen entlang durch die dramatische, von Gletschern geschaffene Landschaft.

Von der Horseshoe Bay nach Squamish

Porteau Cove Provincial Park

Am Ostufer des Howe Sound liegt **Porteau Cove,** das in Taucherkreisen für sein künstliches, aus vier an dieser Stelle versenkten Schiffswracks bestehendes Riff bekannt ist. Aber auch zum Schwimmen und Fischen ist es ein gutes Plätzchen. Der starke Wind und das Fehlen jeglicher Wellen machen es zudem zu einem perfekten Revier für Windsurfer. Im Park gibt es Bootsrampen, und man ist auf Taucher eingerichtet. Ein ökologisches Infozentrum, Picknicktische und ein Campingplatz, auf dem man mit seinem Zelt oder Wohnmobil unterkommen kann, runden das Angebot ab. Der Tagespass kostet $ 5/Fahrzeug, das Campen von März bis Oktober $ 24/Nacht (den Rest des Jahres kostenlos).

Britannia Beach

Einen Abstecher wert ist das in dem kleinen Ort Britannia Beach befindliche **B.C. Museum of Mining** (✆ 604/688-8735; Mitte Mai bis Anfang Okt. tägl. 9–17.30 Uhr; Erwachsene $ 15, Senioren und Schüler $ 12). In den frühen 1930er Jahren war die *Britannia Beach Mine* mit einer Fördermenge von über 600 Mio. kg die größte Kupfermine des gesamten British Empire. Obwohl hier heute kein Erz mehr gefördert wird, handelt es sich um eine Art lebendiges Museum. Wer schon immer einmal wissen wollte, wie es sich anfühlt, unter Tage schuften zu müssen, kann mit Regenmantel und Helm ausgerüstet die elektrische Bahn besteigen und in den Berg einfahren, ohne sich dabei seine Hände wirklich schmutzig machen zu müssen. Präsentiert bekommt man voll funktionsfähige Arbeitsgeräte sowie verschiedene Vorführungen und Ausstellungen über die Abbaumethoden. Anschließend kann man im Museum einen Schritt in die Vergangenheit machen und anhand Hunderter von Fotos und Werkzeugen die Geschichte der Mine wieder aufleben lassen. Außerhalb der Hauptsaison von Mitte Mai bis Anfang Oktober ist das Museum Mo–Fr 9–16.30 Uhr geöffnet, es werden dann aber keine Touren angeboten. Dafür kostet der Eintritt nur noch $ 5/Pers.

Squamish

Am Ende des Howe Sound kann das von schneebedeckten Berggipfeln umrahmte Squamish (15.000 Einw.), 67 km nördlich von Vancouver und 53 km südlich von Whistler, mit einer atemberaubenden Lage aufwarten.

Sehenswertes/Sport und Freizeit

Ein Muss für Eisenbahnfans ist der **West Coast Railway Heritage Park** (Industrial Way, 1 km vom Hwy. 99 entfernt, ✆ 604/898-9336, www.wcra.org/heritage; Mai bis Okt. tägl. 10–17 Uhr; Erwachsene $ 12, Kinder $ 9,50). Hier kann man auf einem nachgebauten, voll funktionsfähigen Bahngelände über 65 altehrwürdige Waggons und Lokomotiven, die rekonstruierte Unterkunft der Bahnarbeiter und einen restaurierten Bahnhof bestaunen. Es werden auch zahlreiche Bahnfahrten angeboten.

Auf den ersten Blick ist es nicht ganz einfach, über die Industriesünden hinwegzusehen, die entlang der Gewässer in Squamish begangen wurden. Aber zumindest westlich der Downtown ist ein großes Areal an der Flussmündung des Squamish River in den Howe Sound dieser Entwicklung entkommen. Dort gibt es noch Wattflächen, Wälder, Marschen sowie offene Wiesen, und über 200 Vogelarten sind hier zu Hause. Wanderwege durchziehen das Gebiet, dessen drei Hauptzugänge an der Industrial Rd., dem Ende der Winnipeg St. und dem Ende der Vancouver St. liegen, die alle drei von der Cleveland Ave. abzweigen.

Der „Häuptling"

Über Squamish erhebt sich der gewaltige und vom Highway aus gut sichtbare **Stawamus Chief,** einer der größten Granitmonolithe der Welt. Der „Häuptling" *(Chief)* ist 762 m hoch und entstand vor 100 Mio. Jahren, als unvorstellbare Kräfte aus dem Erdinneren geschmolzenes Gestein durch die Erdkruste nach oben drückten, das dann an der Oberfläche erkaltete und sich verfestigte. Die von Rissen durchzogenen, teilweise senkrechten Felswände sind ein Paradies für Kletterer, die von den fast 1000 Kletterrouten magisch angezogen werden. Man kann sie häufig beim klassischen Klettern (mit Seil und Haken) oder auch ohne jegliche Hilfsmittel beim Freeclimbing im Fels beobachten.

Wer bei diesem Anblick selbst Lust aufs Klettern bekommt, es aber noch nie versucht hat bzw. noch blutiger Anfänger ist, sollte erst einmal die Dienste der **Squamish Rock Guides** (✆ 604/892-7816, www.squamishrockguides.com) in Anspruch nehmen. Sie bieten eine Reihe unterschiedlicher Kurse, bei denen die erforderliche Ausrüstung gestellt wird (Tageskurse für Anfänger ab etwa $ 120). Wer als Fortgeschrittener oder Profi lediglich seine Ausrüstung komplettieren muss oder einen gedruckten Kletterführer für die Gegend sucht, ist bei **Vertical Reality** (37835 2nd Ave., ✆ 604/892-8248) richtig. Das Campen am Fuß des Berges kostet $ 9/Nacht.

Reisepraktisches

• *Übernachten/Camping* Die beste Übernachtungsmöglichkeit in der Gegend von Squamish sind die 6 km nördlich der Stadt an der Depot Rd. gelegenen **Dryden Creek Resorts** (✆ 604/898-9726 oder ✆ 877/237-9336, www.drydencreek.com; $ 89–109 für 1/2 Pers.). Sie liegen auf einer 6 ha großen, gepflegten Grünfläche vor der Kulisse des Garibaldi Provincial Park. Jedes der sechs Studios hat eine Zedernholzdecke, große Oberlichter und eine gut ausgestattete Küche mit handgearbeiteten Schränken. Der zugehörige Campingplatz (Stellplatz ohne Anschlüsse $ 24, mit Anschlüssen $ 30) bietet Stellplätze im Wald und an einem Bach.

Das in der Downtown gelegene **Howe Sound Inn** (37801 Cleveland Ave., ✆ 604/892-2603 oder ✆ 800/919-2537, www.howesound.com; $ 119 für 1/2 Pers.) ist eleganter, hat 20 moderne Zimmer mit Internetzugang, eine Tiefgarage, ein Restaurant und eine hauseigene Brauerei.

• *Information* Das **Squamish Visitor Centre** (38551 Loggers Lane, ✆ 604/815-4994 oder ✆ 866/333-2010, www.tourismsquamish.ca; im Sommer tägl. 8–18 Uhr, sonst 9–17 Uhr) ist ein sehenswerter Bau aus Holz und Glas, dessen geschwungene Dachlinie die ausgebreiteten Schwingen eines Adlers symbolisiert.

Nach Norden in Richtung Whistler

Brackendale

Wer im Winter auf dem Sea to Sky Hwy. unterwegs ist, will wahrscheinlich nur auf dem schnellsten Weg nach Whistler. Allerdings ist ein kurzer Stopp im gleich nördlich von Squamish gelegenen Brackendale durchaus lohnend. Denn während der kälteren Jahreszeit sind die hinter dem verschlafenen kleinen Ort gelegenen flachen Flussufer Heimat für die weltweit größte Ansammlung von **Weißkopfseeadlern.** Über 3000 der prächtigen Tiere lassen sich vorübergehend an diesem Abschnitt des Squamish River nieder und ernähren sich von den vom Ablaichen geschwächten Lachsen, die es hier im Überfluss gibt. Die ersten Greifvögel erscheinen gegen Ende Oktober auf der Bildfläche, um Weihnachten herum sind dann die meisten vor Ort zu sehen, und Anfang Februar ist der Spuk wieder vorbei. Bester Beobachtungspunkt ist der Deich, der sich hinter Brackendale entlangzieht. Wer mehr über die Adler erfahren möchte, kann das in der **Brackendale Art Gallery** (✆ 604/898-3333, www.brackendaleartgallery.com; im Jan. tägl. 12–17 Uhr, sonst nur werktags), dem „Eagle Count Headquarter", tun. Hier finden Diashows, Vorträge und andere mit den Tieren in Verbindung stehende Veranstaltungen statt. Man erreicht die Gallery über die Hauptzufahrtsstraße nach Brackendale, wenn man hinter dem Bahngleis die erste Straße rechts nimmt und dann Ausschau nach dem auf der rechten Seite zwischen den Bäumen stehenden Gebäude hält.

Alice Lake Provincial Park

Der von einem 400 ha großen Naturschutzgebiet mit Wiesen, dichten Wäldern und beeindruckenden, schneebedeckten Berggipfeln umgebene Alice Lake ist besonders für Kanuausflüge und zum Schwimmen geeignet. Angler finden hier kleine Regenbogen- und Cutthroat-Forellen. Ein 1,4 km langer Wanderweg führt um den See, andere Trails bringen einen zu drei kleineren Tümpeln. Für den Rundweg muss man etwa 20 Min. veranschlagen. Auf dem ganzjährig geöffneten Campingplatz ($ 19–24) gibt es Duschen und Picknicktische. Der Eintritt in den Park kostet $ 5/Fahrzeug (sofern man nicht länger als einen Tag bleiben will).

Brandywine Falls Provincial Park

An dem 45 km nördlich von Squamish direkt an der Straße gelegenen Park sollte man auf jeden Fall einen kurzen Halt einlegen und sich auf den kurzen Marsch zum Fuß der 66 m hohen Wasserfälle machen. Der Weg spricht alle Sinne des Wanderers an – über einem thronen erhabene, schneebedeckte Berggipfel, und beiderseits des Weges leuchtet das üppige Grün der dichten Wälder. Dazu hört man das Brausen des tiefer gelegenen Flusses, während man den intensiven Duft der Kiefern einatmet, über deren weiches Kissen man gerade schreitet. Die schönste Stimmung herrscht hier im Frühsommer. Ihren Namen haben die Wasserfälle übrigens von zwei Landvermessern der Eisenbahn, die einst wetteten, wie hoch die Fälle wohl sein mögen. Wetteinsatz waren – richtig geraten! – ein paar Flaschen Branntwein. Der Eintritt kostet $ 3.

Whistler

Die ganze Welt schaute im Februar 2010 auf Whistler, das einer der Austragungsorte der Olympischen Winterspiele war. Dabei bräuchte das 120 km nördlich von Vancouver am Hwy. 99 gelegene und 10.000 Einw. zählende Whistler eigentlich gar keine zusätzliche Werbung. Grandiose schneebedeckte Gipfel, dichte grüne Wälder, glasklare Seen, glitzernde Flussläufe und mittendrin ein ebenso exklusives wie weltoffenes Städtchen sorgen dafür, dass Whistler das ganze Jahr über einer der beliebtesten Ferienorte in ganz Kanada ist.

Die bei Skifahrern und Snowboardern rund um den Globus bekannte Stadt liegt am Fuß eines der besten Skigebiete von ganz Nordamerika, **Whistler/ Blackcomb.** Dieses fast 3000 ha

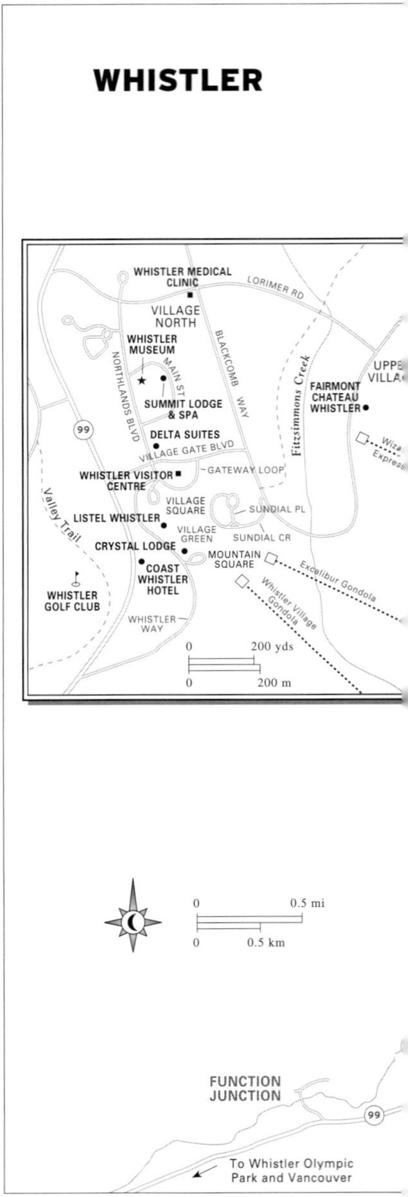

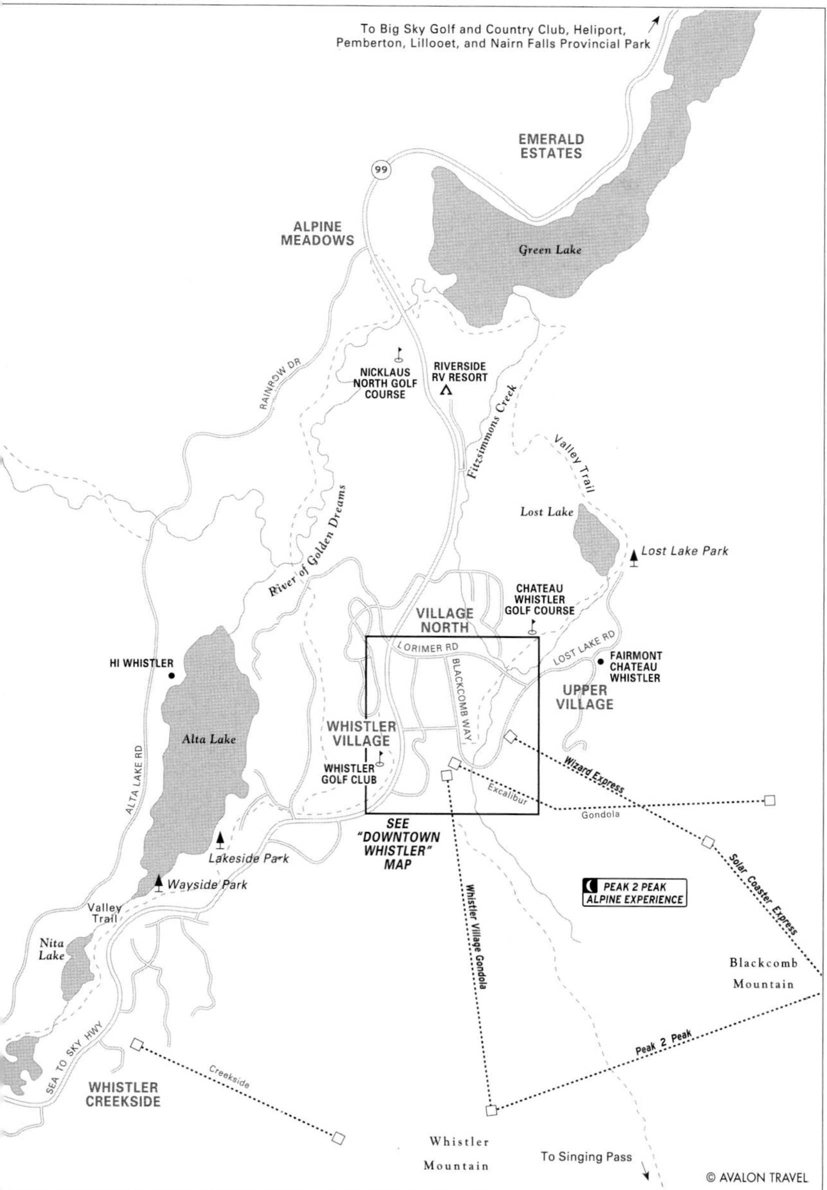

To Big Sky Golf and Country Club, Heliport, Pemberton, Lillooet, and Nairn Falls Provincial Park
EMERALD ESTATES
99
ALPINE MEADOWS
Green Lake
RAINBOW DR
NICKLAUS NORTH GOLF COURSE
RIVERSIDE RV RESORT
Fitzsimmons Creek
Valley Trail
Lost Lake
Lost Lake Park
River of Golden Dreams
CHATEAU WHISTLER GOLF COURSE
VILLAGE NORTH
LORIMER RD
BLACKCOMB WAY
LOST LAKE RD
FAIRMONT CHATEAU WHISTLER
UPPER VILLAGE
HI WHISTLER
Alta Lake
ALTA LAKE RD
WHISTLER VILLAGE
WHISTLER GOLF CLUB
Wizard Express
Excalibur
Gondola
SEE "DOWNTOWN WHISTLER" MAP
Lakeside Park
Wayside Park
PEAK 2 PEAK ALPINE EXPERIENCE
Solar Coaster Express
Valley Trail
Nita Lake
Whistler Village Gondola
Blackcomb Mountain
Peak 2 Peak
SEA TO SKY HWY
Creekside
WHISTLER CREEKSIDE
Whistler Mountain
To Singing Pass
© AVALON TRAVEL

umfassende Areal verteilt sich auf zwei Berge und wird von einem ultramodernen Liftsystem erschlossen. Da die Saison von November bis in den Mai dauert, bleibt zwar nur wenig Zeit für sommerliche Erholung. Dennoch geht es in den übrigen Monaten nicht weniger betriebsam zu. So kann man sich in der „Nebensaison" mit den zahlreichen Liften zum Wandern fahren lassen, auf dem Gletscher Ski oder Snowboard fahren, das Tal und die Berge per Fahrrad bezwingen, auf den fünf vorhandenen Seen Wassersport treiben, reiten, auf einigen der weltbesten Plätze Golf spielen und auf den Flüssen Wildwasserfahrten sowie Touren mit einem Jetboot unternehmen – oder einfach nur angeln. Sommerurlauber, die keinerlei Lust auf derartige Aktivitäten verspüren, bleiben im geschäftigen Whistler Village und genießen das Angebot der zahlreichen Cafés und Restaurants.

Eine moderne Boomtown

Obwohl die Ureinwohner schon seit Jahrtausenden die reichen Naturressourcen des Whistler Valley zu schätzen und zu nutzen wussten, begann die Erfolgsgeschichte des Urlaubsortes Whistler erst in den 1960er Jahren. Sie ist praktisch untrennbar mit der Entwicklung des Skigebietes verbunden. Damals gab es in der Gegend nur einige baufällige Hütten am Alta Lake, wo eine Handvoll Erholungssuchende im Sommer ihren Urlaub verbrachte. Entsprechend hieß der Ort damals auch schlicht *Alta Lake* (300 Einw.). Als man im Jahr 1964 die Straße, die von Vancouver heraufführt, teerte, begann man auch mit dem Bau der ersten Skilifte. Die Skiabenteurer, die damals hier hinaufkamen, waren tief beeindruckt – genauso wie die Investoren, die sofort mit der Planung für die notwendige Infrastruktur eines größeren Skiortes begannen. Zwar wurde die Idee, einen klassischen Skiort nach europäischem Vorbild zu schaffen, schon die ganzen 1970er Jahre hindurch propagiert, doch das Whistler Village öffnete seine Tore offiziell erst 1980. Schon im folgenden Jahr wurden die Liftkapazitäten mit der Eröffnung des benachbarten Skigebiets am Blackcomb Mountain verdoppelt. Von da an wurden auf beiden Bergen unablässig weiter Lifte errichtet, bis schließlich 1997 das Unausweichliche geschah: Beide Skigebiete gerieten unter die Kontrolle einer Gesellschaft, **Intrawest,** die aus ihnen sofort den gigantischen Ferienort **Whistler/Blackcomb** formte.

Die Bautätigkeit auf den Hängen wurde von der im Tal sogar noch übertrumpft. Es entstanden neue Basiseinrichtungen, Golfplätze und Nobelherbergen. Innerhalb von nur 20 Jahren stieg die Bevölkerungszahl auf das Zehnfache an. Dadurch explodierten natürlich auch die Lebenshaltungskosten. Ein unbebautes Grundstück ist heute nicht unter $ 3,5 Mio. zu haben, ein Einfamilienhaus kostet etwa $ 10 Mio., und die einzelnen Wohnungen in einer gerade fertig gestellten Wohnanlage mit 240 Einheiten waren innerhalb von nur fünf Stunden ausverkauft (für durchschnittlich $ 600.000 pro Wohnung). Das alles geschah übrigens noch, *bevor* Whistler zum Austragungsort der Olympischen Winterspiele 2010 ausgerufen wurde.

Wer sich für die ganze Entwicklungsgeschichte des Whistler Valley interessiert, erfährt alles darüber im neuen **Whistler Museum** (4329 Main St., ✆ 604/932-2019; Juli/Aug. tägl. 10–16 Uhr, Sept. bis Juni Fr–So 10–16 Uhr; Erwachsene $ 5, Senioren $ 4, Kinder $ 3).

Sport und Freizeit

Im Sommer

- *Peak 2 Peak Alpine Experience* In den wenigen Monaten, in denen die Hänge des Whistler und des Blackcomb Mountain schneefrei sind, gehen dort Einheimische wie Touristen gleichermaßen einer ganzen Reihe von sommerlichen Aktivitäten nach. Man kann wandern, an Führungen durch die Natur teilnehmen, mountainbiken, reiten oder schlicht ganz bequem aus dem Lift die Gebirgskulisse bestaunen. Die Hauptlifte auf beiden Bergen sind von Ende Juni bis Mitte Oktober in Betrieb (tägl. 10–17 Uhr, während der ersten Wochenenden im Juni und Oktober 11–16 Uhr). Nicht entgehen lassen sollte man sich eine Fahrt mit der Peak 2 Peak Gondola, die auf ihrem 4,4 km langen Weg über den Abgrund den Whistler Mountain mit dem Blackcomb Mountain verbindet. Ein Tagespass kostet für Erwachsene $ 42, für Senioren $ 35 und für Kinder $ 17. Für Zweitagespässe zahlen Erwachsene $ 52, Senioren $ 45 und Kinder $ 29.

Durch die Berge ziehen sich 50 km Wanderwege, darunter auch einige zu hochalpinen Zielen wie dem wunderschönen Harmony Lake, der am Fuße eines kleinen Gletschers liegt. Wer auf einen echten Adrenalinschub aus ist, kann in der Gondel sein Mountainbike mit nach oben nehmen und damit nach einer entsprechenden Sicherheitsabnahme (auch Helme sind Pflicht) wieder zu Tal rauschen. Hartgesottene Wintersportfans zieht es auch mitten im Sommer noch auf den *Horstman Glacier* zum Skifahren und Snowboarden (Mitte Juni bis Ende Juli; Erwachsene $ 54, Kinder $ 28).

- *Wandern* Die spektakulärsten Wandergebiete der Gegend erreicht man am einfachsten, indem man einen Lift auf den Whistler oder Blackcomb Mountain nimmt. Allerdings hat man auch noch jede Menge anderer Alternativen. Im gesamten Whistler Valley stößt man an jeder Ecke auf ausgeschilderte Wanderwege. Der geteerte **Valley Trail** lädt im Sommer zum Wandern und Radfahren ein, im Winter zum Skilanglauf. Auf ihm kann man fast das gesamte Tal abgehen, vom Whistler Village zum Lost und Green Lake, am River of Golden Dreams entlang und an den drei Golfplätzen vorbei zu den Alta, Nita und Alpha Lakes, bis man schließlich im Bereich von Whistler Creekside auf den Hwy. 99 stößt. Wer nur einen kurzen Spaziergang unternehmen möchte, der kann vom hinter dem Whistler Village gelegenen Parking Lot East aus die 2 km bis zum **Lost Lake** in Angriff nehmen oder sich mit dem kostenlosen Bus des Whistler Transit System direkt aus der Stadtmitte hierher fahren lassen. An dem wunderschönen See kann man am Ufer entlangbummeln, picknicken oder schwimmen.

- *Mountainbiken* Das Whistler Valley ist der perfekte Ort für Mountainbike-Touren. Um alle vorhandenen Trails abzufahren, würde man Monate brauchen. Kein Wunder also, dass viele Einheimische ihre Autos gegen Fahrräder eingetauscht haben, die nicht selten sogar wesentlich mehr wert sind als der frühere motorisierte Untersatz. Man kann sie auf dem **Valley Trail** dahinbrausen sehen, einem geteerten Fußgänger- und Fahrradweg, der das gesamte Tal verbindet und von den heimischen Radfahrern als so etwas wie ihre eigene „Fahrrad-Autobahn" angesehen wird. Ein anderes beliebtes Ziel für Mountainbiker ist der wunderschöne **Lost Lake,** 2 km nordöstlich des Whistler Village. Auf dem Berg selbst befindet sich der **Whistler Mountain Bike Park** (Erwachsene $ 40, Kinder $ 21), auf dessen Pisten abenteuerlustige Mountainbiker ihr Sportgerät ausfahren können. Erst geht es mit dem Lift 1200 Höhenmeter nach oben, wo man dann je nach vorhandenen Fertigkeiten die Wahl zwischen drei entsprechenden Hindernisparcours hat. Außerdem gibt es einen *Bikercross Course* und unterschiedliche Wege, auf denen man ins Tal abfahren kann. Wer nicht alleine unterwegs sein will, kann sich für $ 90 (inkl. Mietrad) einer geführten Gruppe anschließen.

Auch wer kein Fahrrad mitgebracht hat, braucht sich das Vergnügen nicht entgehen zu lassen. Mieträder gibt es ab $ 18/Std. bzw. $ 40–105/Tag. **Backroads Whistler** (✆ 604/932-3111, www.backroadswhistler.com) bietet verschiedene Touren an, von der einfachen Fahrt durch das Tal bis zur Bergabfahrt für Hartgesottene ($ 95/Pers.). Auch bei den folgenden Vermietern kann man Räder mieten: **Sportstop** (4112 Golfers Approach, ✆ 604/932-5495), **Whistler Bike Co.** (4205 Whistler Square, ✆ 604/938-9511) und **Wild Willies** (4240 Gateway Loop, ✆ 604/938-8036).

• *Wassersport* Sonnenanbeter zieht es an die öffentlichen Strände des **Alta Lake.** Der Wayside Park am Südende des Sees hat einen Strand, man kann dort sein Kanu zu Wasser lassen, es gibt eine schwimmende Plattform im See, eine Liegewiese mit Picknicktischen sowie Wander- und Radwege. Beim ebenfalls am Alta Lake gelegenen Lakeside Park vermietet **Whistler Outdoor Experience** (✆ 604/932-3389, www.whistler outdoor.com) Kanus ($ 24/Std., $ 72/halber Tag) und Kajaks ($ 20/Std.).

Wer den Nervenkitzel einer Flussfahrt sucht, ist bei **Whistler River Adventures** (✆ 604/932-3532 oder ✆ 888/932-3532, www.whistlerriver.com) an der richtigen Adresse. Zwischen Ende Mai und Anfang September stehen sowohl landschaftlich schöne Fahrten als auch Wildwassertouren auf dem Programm. Das Angebot reicht von einer Fahrt, auf der man sich den Green River hinuntertreiben lässt ($ 69/Pers.), bis zur aufregenden Wildwasserfahrt auf dem Elaho und dem Squamish River, die einen ganzen Tag in Anspruch nimmt ($ 159).

• *Golfen* In Whistler gibt es drei Golfplätze der Weltklasse, von denen jeder seinen ganz eigenen Charakter und Charme hat. Die Golfsaison geht von Mitte Mai bis Oktober. Wer Lust hat, kann also im späten Frühjahr vormittags die Skipisten unsicher machen und nachmittags eine gepflegte Runde Golf spielen. Auf allen drei Plätzen kann man die nötige Ausrüstung mieten, es gibt Restaurants und spezielle Angebote für alle, die in der Nebensaison oder am Abend spielen wollen. Der herausfordernde, von Arnold Palmer entworfene **Whistler Golf Club** (zwischen Whistler Village und Alta Lake, ✆ 604/932-3280 oder ✆ 800/376-1777; $ 159) hat eine Länge von 6100 m, breite Greens und enge, bewachsene Fairways (Par 72). Auf der anderen Seite der Stadt liegt der **Château Whistler Golf Club** (Blackcomb Way, ✆ 604/938-2092 oder ✆ 888/938-2092; $ 195), der geschickt das schroffe Terrain der unteren Hänge des Blackcomb Mountain nutzt. Der von Jack Nicklaus entworfene **Nicklaus North Golf Course** (gleich nördlich des Whistler Village, ✆ 604/938-9898; $ 175) liegt in offenem Gelände und hat zahlreiche Wasserhindernisse. Er kann mit einem Rundumpanoramablick auf die umliegenden Berge sowie einer Länge von über 6300 m aufwarten.

Im Winter

• *Skifahren und Snowboarden* Ganz gleichgültig, wie sicher man nun auf Skiern steht – **Whistler/Blackcomb,** das stets aufs Neue als bestes Skigebiet in ganz Nordamerika ausgezeichnet wird, garantiert ein wahrlich unvergessliches Wintererlebnis. Die beiden mit Liften erschlossenen Berge Whistler und Blackcomb sind durch ein tiefes Tal getrennt, durch das der Fitzsimmons Creek fließt. Die Lifte laufen beim Whistler Village zusammen. Das Skigebiet umfasst nahezu 3000 ha und mehr als 200 gepflegte Pisten, Hunderte unmarkierter Abfahrten durch bewaldetes Gebiet, drei Gletscher und zwölf Talkessel. Der Blackcomb Mountain ist 2284 m hoch, Whistler Mountain 2182 m. Unter den insgesamt 33 Skiliften sind drei Gondeln, zwölf Hochgeschwindigkeits-Sessellifte für vier Personen, fünf für drei Personen sowie einer für zwei Personen und zwölf Schlepplifte.

Auch Snowboarder werden bestens versorgt, denn sie finden vier Terrain Parks und zahlreiche Halfpipes vor. Nicht wenige Besucher fühlen sich von diesem Angebot erst einmal erschlagen. Zwar sind auf den Pistenkarten alle Abfahrten eingezeichnet, aber sie vermitteln einem in keiner Weise die unglaubliche Dimension des gesamten Areals. Eine gute Möglichkeit, um sich mit der Gegend vertraut zu machen, ist die Teilnahme an einer kostenlosen *Orientation Tour,* die den gesamten Tag über von mehreren Treffpunkten aus angeboten wird (am besten gleich danach fragen, wenn man seine Liftkarte kauft). Eine Tageskarte kostet für Erwachsene $ 91, für Senioren und Jugendliche $ 75 und für Kinder $ 45; Kinder unter 7 Jahren zahlen gar nichts. Auf der Website der Urlaubsregion (www.whistler blackcomb.com) findet man alles, was man über die Gegend wissen sollte, hier kann man auch Übernachtungsangebote buchen. Wer es lieber persönlicher mag, ruft die zentrale Auskunft an (✆ 604/932-3434 oder ✆ 800/766-0449). Näheres zu den bestehenden Übernachtungsmöglichkeiten erfährt man über Whistler Central Reservations (✆ 604/904-7060 oder ✆ 888/403-4727).

• *Langlauf* Die für die Olympischen Winterspiele 2010 angelegten, gepflegten Loipen des **Whistler Olympic Park** können gegen eine Tagesgebühr von $ 20 von allen Sportbegeisterten genutzt werden. Direkt vor Ort kann man die notwendige Langlaufausrüstung mieten ($ 25–40/Tag) und bei Bedarf auch Unterricht nehmen. Auf dem Gelände steht auch eine Lodge mit einem Restaurant. Der Whistler Olympic Park liegt 16 km südlich von Whistler. Der wesentlich näher beim Whistler Village beginnende **Valley Trail** führt in einer großen Schleife am Lost Lake und am Green Lake vorbei. Im Sommer ist der geteerte Weg die bevorzugte Strecke von Wanderern und Radfahrern, im Winter ist er bei den Skilangläufern beliebt. Die Mehrzahl der Loipen ist gepflegt, einige sind sogar gespurt, und nachts wird ein 5 km langer Abschnitt extra zum Nachtskilaufen beleuchtet.

Nachtleben/Veranstaltungen

• *Nachtleben* Das ganze Jahr über wird im Whistler Village abends Liveunterhaltung geboten. Fast jeden Abend treten im **Garibaldi Lift Co. Bar & Grill** (2320 London Ln., ✆ 604/905-2220) Künstler auf (häufig Blues- und Jazzmusik), wo es zudem gutes Essen zu vernünftigen Preisen gibt. Bei **Buffalo Bill's** (Timberline Lodge, 4122 Village Green, ✆ 604/932-6613) darf man von Reggae bis Rock alles erwarten. **Tommy Africa's** (4216 Gateway Dr., ✆ 604/932-6090) gehört schon seit über zehn Jahren zu den angesagtesten Adressen.

• *Veranstaltungen* Obwohl es die gesamte Wintersaison über ständig Ski- und Snowboardrennen gibt, ist das größte Spektakel in Whistler das **World Ski & Snowboard Festival** Mitte April (✆ 604/938-3399, www.wssf.com). Zu dieser innovativen Veranstaltung finden sich die besten Wintersportler ein, um an der World Skiing Invitational und der World Snowboarding Championship teilzunehmen.

An jedem Wochenende im Mai und Juni (im Sommer sogar tägl.) sorgen auf den Straßen von Whistler Musikanten, Gaukler und Komödianten für Unterhaltung. Das letzte Maiwochenende markiert das offizielle Ende der Skisaison am Blackcomb Mountain, das mit dem **Slush Cup** (einem feuchten Spektakel mit viel Schneematsch) und Livemusik gefeiert wird.

Am 1. Juli wird anlässlich des **Canada Day** eine Parade durchs Whistler Village abgehalten. Das Mitte August stattfindende **Mountain West Music Fest** (www.mountainwestmusicfest.com) wartet mit einem reichhaltigen, kostenlosen Unterhaltungsprogramm auf, in dessen Rahmen u. a. Filme gezeigt werden und Straßenmusik geboten wird.

Übernachten/Camping

Die Unterkünfte in Whistler reichen von der Backpacker Lodge bis zum Luxushotel. Entscheidend für die Wahl sind daher allein der eigene Geldbeutel und die gewünschte Lage. Skifahrer werden beispielsweise eine Unterkunft direkt im Whistler Village oder an der Talstation der Seilbahn in Whistler Creekside bevorzugen, wo sie morgens nur aus der Tür zu treten brauchen, die Ski anschnallen müssen und sofort mit dem Lift nach oben fahren können.

Hochsaison ist im Winter, wobei die Woche nach Weihnachten sowie die Monate Februar und März noch einmal eine Art Hochsaison in der Hochsaison sind, was natürlich entsprechende Auswirkungen auf das Übernachtungsangebot und die Preise hat. Die unten genannten Übernachtungspreise beziehen sich auf den Sommer.

Übernachten

• *Unter $ 50* Das **HI-Whistler** (5678 Alta Lake Rd., ✆ 604/932-5492, www.hihostels.ca) liegt am Westufer des Alta Lake und kann mit einer tollen Aussicht über den See auf den Ort aufwarten. Es ist recht klein (nur 32 Betten), hat eine Gemeinschaftsküche, ein Esszimmer und einen gemütlichen Aufenthaltsbereich. Zudem kann man Kanus und Fahrräder mieten. Entsprechend ist das Haus ganzjährig sehr beliebt. Mitglieder zahlen $ 32/Nacht, Nichtmitglieder $ 36/Nacht; ein Doppelzimmer kostet $ 75 bzw. $ 83. Einchecken kann man von 8 bis 11 Uhr und von 16 bis 22 Uhr. Das HI-Whistler erreicht man, von Süden kommend, über die links vom Hwy. 99 wegführende Alta

Lake Rd. Auf der Seeseite der Straße stehen kleine Hinweisschilder. Mit den im Whistler Village abfahrenden Bussen der Firma **WAVE** wird man fast bis direkt vor die Eingangstür des Hostels gebracht.

• *$ 100–150* Ein gutes Preis-Leistungs-Verhältnis bietet die **Crystal Lodge** (4154 Village Green, ✆ 604/932-2221 oder ✆ 800/667-3363, www.crystal-lodge.com; $ 128–315 für 1/2 Pers.), die mitten im Herzen des Geschehens des Whistler Village steht. Die normalen Zimmer (Traditional Rooms) sind geräumig und verbreiten ein heimeliges Gefühl. Im Seitenflügel gibt es größere Suiten mit Balkon. Alle Gäste können den beheizten Pool und den Whirlpool benutzen.

• *$ 150–200* Die modernen Holzhäuschen des **Riverside RV Resort** (8018 Mons Rd., ✆ 604/905-5533 oder ✆ 877/905-5533, www.whistlercamping.com; $ 180 für 1/2 Pers.) sind alles andere als geräumig. Andererseits verbringt man seine Zeit in Whistler ohnehin nicht in seiner Unterkunft, sondern auf Wanderwegen, im Fahrradsattel oder anderweitig an der frischen Luft. Die Hütten versprühen einen gewissen Hochgebirgscharme und haben eine kleine Küche sowie Fernseher mit Videorekorder. Sie kosten im Herbst nur $ 128, im Winter hingegen über $ 200. Da es auch einen Lebensmittelladen und ein Café gibt, muss man sich nicht ständig auf den Weg in den Ort machen.

Die Delta Whistler Village Suites

Am Ortsrand liegt in unmittelbarer Nachbarschaft zu einem der besten Golfplätze im ganzen Tal das **Coast Whistler Hotel** (4005 Whistler Way, ✆ 604/932-2522 oder ✆ 800/663-5644, www.coastwhistlerhotel.com; $ 179 für 1/2 Pers.). Die 194 Zimmer sind schlicht, aber in eleganten Pastellfarben gehalten. Es gibt einen beheizten Außenpool, Fitnessraum, Whirlpool, Restaurant und Bar. Im Sommer kostet das Übernachten vernünftige $ 179, die Winterpreise von $ 295 (1/2 Pers.) sind jedoch mehr als gesalzen, wenn man bedenkt, dass man ein ganzes Stück weit weg von den Skiliften ist.

Die zentral gelegenen **Delta Whistler Village Suites** (4308 Main St., ✆ 604/905-3987 oder ✆ 888/299-3987, www.deltahotels.com; $ 195 für 1/2 Pers.) bieten einerseits die Vorzüge eines Hotels (samt Service), andererseits gibt es in jedem der 200 Zimmer eine Küche, was die Unterkunft in Whistler einzigartig macht.

• *$ 200–250* Mitten im Zentrum des Geschehens befindet sich das **Listel Whistler** (4121 Village Green, ✆ 604/932-1133 oder ✆ 800/663-5472, www.listelhotel.com; $ 249 für 1/2 Pers.), das dem Gast alles bietet, was er benötigt. Dazu gehören auch ein ganzjährig zugänglicher Außenpool, ein Whirlpool, eine Laundry und das ausgezeichnete Bearfoot Bistro.

• *Über $ 250* Luxus im Stil eines europäischen Alpenhotels bietet die **Summit Lodge & Spa** (4359 Main St., ✆ 604/932-2778 oder ✆ 888/913-8811, www.summitlodge.com; $ 280 für 1/2 Pers.). Die 81 Zimmer sind komfortabel möbliert, haben einen Schieferfußboden, einen Kamin, einen Balkon und eine kleine Küche. In jedem Fall sollte man auf der Homepage nach günstigen Sonderangeboten suchen, die es fast das ganze Jahr über gibt.

Am Fuß des Blackcomb Mountain liegt im Upper Village die luxuriöseste Bleibe von Whistler, das **Fairmont Château Whistler** (✆ 604/938-8000 oder ✆ 866/275-7544, www.fairmont.com; $ 320 für 1/2 Pers.). Das Hotel hat einen eigenen Golfplatz und Tennisplätze, es verfügt über mehrere Restaurants und Lounges, beherbergt das Vida Wellness Spa sowie einen Fitnessclub mit Trainingsgeräten vom Feinsten und bietet auch sonst alles, was man von einem der besten Hotels der Welt erwarten darf. Die wuchtige Lobby ist im Stile einer rustikalen Lodge gehalten und steht damit im krassen Gegensatz zu den Zimmern. Diese sind elegant möbliert und bieten eine tolle Aussicht auf die Berge.

Camping

Nur etwa 2 km nördlich des Whistler Village befindet sich das schön gelegene **Riverside RV Resort** (8018 Mons Rd., ✆ 604/905-5533, www.whistlercamping.com; Zeltstellplatz $ 35, Wohnmobilstellplatz $ 57), der einzige Campingplatz innerhalb der Stadtgrenzen. Hier gibt es moderne Waschräume (mit Fußbodenheizung), einen Putting Course für Golfer, einen Kinderspielplatz, einen Whirlpool, eine Laundry, einen kleinen Laden und ein Café (tägl. ab 7 Uhr).

Die am nächsten gelegenen Campingplätze außerhalb der Stadt sind der im 11 km südlich gelegenen **Brandywine Falls Provincial Park** und der im 28 km nördlich gelegenen **Nairn Falls Provincial Park.** Beide Campingplätze sind von April bis November geöffnet, der Preis beträgt $ 15/Nacht.

Umgebung von Vancouver
Karte S. 185

Essen und Trinken

Auch was die Küche anbetrifft, will man im Ort stets auf der Höhe der Zeit sein. Folglich unterliegen die kulinarischen Angebote einem ständigen Wandel. Dass es nicht gerade preiswert ist, in Whistler essen zu gehen, muss wohl nicht extra betont werden. Im Gegensatz zu den unzähligen kleinen Cafés, die sich auf den gepflasterten Gehwegen im Whistler Village aneinanderreihen, bekommt man in den meisten Bars allerdings durchaus zu vernünftigen Preisen eine Mahlzeit.

Ihre tägliche Dosis Koffein bekommen Kaffeetrinker praktisch überall, so beispielsweise im **Moguls Coffee House** (4204 Village Sq., ✆ 604/932-4845; tägl. ab 6.30 Uhr), das bei Einheimischen wie Touristen gleichermaßen beliebt ist und wo man auf den Stühlen im Freien die ersten Sonnenstrahlen des Tages genießen kann.

• *Casual Dining* Die urige Ausstattung und das leckere kanadische Essen im **Garibaldi Lift Co. Bar & Grill** (✆ 604/905-2220; tägl. Mittag- und Abendessen; $ 12–26), das an der Talstation der Whistler-Village-Seilbahn liegt, machen es zu einem beliebten Treffpunkt fürs Après-Ski. Gegen 20 Uhr wird es dann erneut voll, wenn nach den zwischenzeitlichen Pistenfreuden das Abendessen ansteht. Wer lieber Wildwest-Flair mit Bergblick bevorzugt, ist im **Longhorn Saloon and Grill** (4290 Mountain Sq., ✆ 604/932-5999; tägl. 11–23 Uhr; $ 11–31) gut aufgehoben, wo man sich an einer Platte mit Fingerfood gütlich tun oder sich ein Stück bestes Rindfleisch aus Alberta bestellen kann, das mit Beilagen $ 21–31 kostet.

Das **Citta Bistro** (4217 Village Stroll, Whistler Village, ✆ 604/932-4177; tägl. 11–1 Uhr; $ 15–26) gibt es schon, seit Whistler einst zu einem angesagten Urlaubsziel aufgestiegen ist – und es ist heute noch genauso beliebt wie damals. An einem milden Abend kann man sich an einen der Tische auf der Veranda wagen und eine Gourmet-Pizza bestellen, zu der hervorragend ein Bier aus der Gegend passt.

• *Steaks* Bei **Hy's** (Delta Whistler Village Suites, 4308 Main St., ✆ 604/905-5555; tägl. 17–22 Uhr; $ 25–49) braucht man nicht danach zu fragen, ob die Steaks auch wirklich gut sind – hier kommt nur erstklassiges Rindfleisch aus Alberta auf den Tisch. Dazu gehört auch ein einmaliges Porterhousesteak, das aber nur etwas für gute Esser ist. Beim Hy's handelt es sich um ein gehobenes Restaurant mit eleganten Tischen und farbenprächtigen Holzwänden.

• *Europäisch* Wer auf der Suche nach gutem griechischen Essen zu zivilen Preisen ist, sollte sich auf den Weg zu **Zeuski's Taverna** (4314 Main St., Town Plaza, Village North, ✆ 604/932-6009; tägl. Mittag- und Abendessen; $ 15–24) machen. Vor allem das auf dem Grill zubereitete Souvlaki bietet eine willkommene Abwechslung vom sonst üblichen Essensangebot.

Der Unternehmer Umberto Menghi betreibt eine ganze Reihe von Lokalen in Vancouver und auch zwei Restaurants im Whistler Village. Das Preis-Leistungs-Verhältnis ist gut, und die Speisekarte spiegelt den Einfluss der toskanischen Küche wider. Es handelt sich um das **Il Caminetto** (4242 Village

Stroll, ✆ 604/932-4442; tägl. ab 17 Uhr; $ 18–35) und die **Trattoria** (4417 Sundial Pl., ✆ 604/932-5858; tägl. ab 17 Uhr; $ 15–31). Ersteres verdankt seinen Namen einem offenen Kamin, der mittlerweile allerdings zusätzlichen Tischen weichen musste, und verbreitet eine warme, einladende Atmosphäre. Auf der umfangreichen Karte findet man Pasta. In der Trattoria isst man günstiger, fühlt sich ein wenig an die Toskana erinnert und es geht auch weniger förmlich zu.

Mit Preisen für seine traditionelle italienische Küche wird regelmäßig das **Araxi** (4222 Village Sq., Whistler Village, ✆ 604/932-4540; tägl. 17–23 Uhr; $ 27,50–36,50) ausgezeichnet, das 2009 auch als Kulisse für eine beliebte Kochsendung viel Aufmerksamkeit auf sich zog. Die in der Küche verwendeten Zutaten stammen überwiegend aus dem umliegenden Lower Mainland. Das Lokal kann zudem mit einer umfangreichen Weinkarte aufwarten.

Information/Adressen

• *Information* Das **Whistler Visitor Info Centre** liegt zentral am 4230 Gateway Dr. (✆ 604/935-3357; tägl. 8–22 Uhr).

• *Adressen* Im Whistler Village findet man ein Postamt, Banken, eine Wechselstube, einen Waschsalon, einen Supermarkt, ein Spirituosengeschäft und die **Whistler Medical Clinic** (4380 Lorimer Rd., ✆ 604/932-3977). Die moderne **Whistler Public Library** (4329 Main St., ✆ 604/935-8433; Mo–Sa 11–19 Uhr, So 11–16 Uhr) wurde erst 2008 eröffnet und bietet eine Auswahl an internationalen Zeitungen und Magazinen sowie kostenlosen Internetzugang.

Verbindungen

• *Anreise* Am angenehmsten erreicht man Whistler an Bord des **Whistler Mountaineer** (✆ 604/606-8460 oder ✆ 888/687-7245, www.whistlermountaineer.com). Der Zug fährt tägl. von Mai bis Mitte Oktober in North Vancouver ab. Im Preis der Rückfahrkarte (Erwachsene $ 199, Kinder $ 109) ist neben der jeweils dreistündigen Fahrt entlang dem Howe Sound auch die Abholung vom Hotel in Vancouver enthalten. Bis zur Rückfahrt hat man in Whistler 3 Std. Aufenthalt.

Man kann von Vancouver aus auch ein Wasserflugzeug der **Whistler Air** (✆ 604/932-6615 oder ✆ 888/806-2299, www.whistlerair.ca; Mitte Mai bis Mitte Okt., einfacher Flug $ 169) oder am Vancouver International Airport den Bus der **Pacific Coach Lines** (✆ 800/661-1725, www.pacificcoach.com; einfache Fahrt $ 52) nehmen.

• *Unterwegs in Whistler* Einmal in Whistler angekommen, ist das weitere Vorankommen äußerst einfach. Im Whistler Village sind alle Ziele leicht zu Fuß zu erreichen.

WAVE (Whistler and Valley Express; ✆ 604/932-4020) betreibt im gesamten Tal zahlreiche Buslinien (tägl. 6–24 Uhr; Erwachsene $ 2, Senioren und Kinder $ 1,50).

Wer ein Taxi benötigt, ruft ein **Sea to Sky Taxi** (✆ 604/932-3333) oder ein **Whistler Taxi** (✆ 604/938-3333).

Zu den in Whistler ansässigen Autovermietern zählen u. a. **Budget** (✆ 604/932-1236) und **Thrifty** (✆ 604/938-0302).

Östlich von Vancouver

Fraser Valley

Verlässt man Vancouver in Richtung Osten, kann man zwischen zwei Fahrtrouten wählen. Der auf der Südseite des Fraser River verlaufende Trans-Canada Hwy. führt einen südöstlich aus Vancouver heraus und durch Abbotsford und das landschaftlich reizvolle Chilliwack nach Hope. Nicht ganz so flott ist man auf dem Hwy. 7 unterwegs, der dafür die malerischere Landschaft zu bieten hat. Er windet sich in zahlreichen Kurven auf der Nordseite des Fraser River bis zu den Harrison Hot Springs und überquert den Fraser River schließlich kurz vor Hope.

Fort Langley National Historic Site

An dem geschichtsträchtigen Ort (23433 Mavis St., Fort Langley, ✆ 604/513-4777; März bis Nov. tägl. 10–17 Uhr, Juli/Aug. tägl. 9–20 Uhr; Erwachsene $ 8, Senioren $ 6,50, Kinder $ 4) stößt man auf einen rekonstruierten Posten der Hudson's Bay Company, der einst Teil eines sich durch ganz Westkanada ziehenden Netzes von Handelsposten war. Das ursprüngliche Fort spielte während seiner ersten Jahre eine zentrale Rolle bei der Erschließung von British Columbia. Durch seine Tore traten einst indigene Pelz- und Lachshändler, abenteuerlustige Forscher machten sich von hier aus auf ins Hinterland, Handelsvertreter gaben sich ein Stelldichein, und Glücksritter starteten zu den am Oberlauf des Fraser River gelegenen Goldfeldern. Als man British Columbia am 10. November 1858 offiziell zur Kronkolonie erklärte, wurde die entsprechende Proklamation im *Big House* des Forts verlesen. Heute informieren Parkangestellte in historischen Kostümen über die Vergangenheit des rekonstruierten Handelspostens und erwecken ihn damit wieder ein Stück zum Leben. Um ihn zu erreichen, verlässt man den Hwy. 1 über die Ausfahrt 66 und fährt dann 5 km auf der 232nd St. nach Norden.

Kilby Historic Site

Auch dieser geschichtsträchtige Schauplatz liegt etwas abseits der Touristenrouten und wird daher häufig übersehen (✆ 604/796-9576; April bis Mitte Mai Do–Mo 11–17 Uhr, Ende Mai bis Anfang Sept. tägl. 11–17 Uhr; Erwachsene $ 9, Senioren $ 8, Kinder $ 7). Er liegt in der Nähe der Abfahrt zu den Harrison Hot Springs, 40 km östlich von Mission. In dem interessanten Krämerladen wurden bis in die frühen 1970er Jahre Waren verkauft, und man findet in ihm noch eine komplette Auswahl an Markenartikeln und Waren, die in den Jahren 1920–1939 ganz alltäglich waren.

Harrison Hot Springs

Von den 60 natürlichen heißen Quellen, die es in British Columbia gibt, liegen die **Harrison Hot Springs** Vancouver am nächsten. Sie befinden sich im nördlichen Fraser Valley, 125 km östlich der Downtown von Vancouver. Der **Harrison Public Pool** (Ecke Harrison Hot Springs Rd. und Esplanade Ave., ✆ 604/796-2244; im Sommer tägl. 8–21 Uhr, sonst tägl. 9–21 Uhr; Erwachsene $ 9, Senioren und Kinder $ 6,25) lädt den Besucher dazu ein, seine Alltagssorgen bei einem entspannenden Bad im 38 °C warmen Wasser für ein Weilchen zu vergessen. Der benachbarte **Harrison Lake** hat hübsche Strände, und das Wasser ist zum Schwimmen ebenfalls warm genug. Fährt man in nördlicher Richtung durch die Stadt, kommt man zum 1220 ha großen **Sasquatch Provincial Park,** der seinen Namen dem großen, behaarten und völlig verwilderten Biest verdankt, das angeblich innerhalb seiner Grenzen haust. Der Park erstreckt sich von den Picknicktischen (Aufenthalt nur tagsüber erlaubt) am Ufer des Harrison Lake bis zu mehreren malerischen Seen mit bewaldeten Ufern, zu denen jeweils eine Zufahrtsstraße führt und wo es kurze Wanderwege und ebenfalls Picknicktische gibt.

• *Übernachten/Camping* Das am Seeufer gelegene **Harrison Hot Springs Resort & Spa** (100 Esplanade Ave., ✆ 604/796-2244 oder ✆ 800/663-2266, www.harrisonresort.com; $ 165–320 für 1/2 Pers.) ist mit seinen 337 Zimmern die größte Unterkunft in der Stadt. Gäste können sowohl den großen Innenpool wie auch die im Freien gelegenen Mineralquellen nutzen, wo es auch Liegewiesen, Liegestühle und ein Café gibt.

In fußläufiger Entfernung zum Harrison Public Pool und zum See liegt das **Glencoe Motel** (259 Hot Springs Rd., ✆ 604/796-2574, www.glencoemotel.com; $ 80 für 1 Pers., $ 90 für 2 Pers., Wohnmobilstellplatz $ 28).

Hope und Umgebung

In Hope (6500 Einw.) treffen der Trans-Canada Hwy., der aus Vancouver kommende Hwy. 7, der nach Kamloops führende Coquihalla Hwy. und der Hwy. 3 aus dem Okanagan Valley aufeinander. In dem Städtchen lässt sich leicht ein wenig Zeit verbringen. Denn es wird nicht nur von erhabenen Bergen und schönen Flüssen eingerahmt, sondern es gibt in der näheren Umgebung vielfältige Erholungsmöglichkeiten und einige außergewöhnliche Landstriche, die die Bezeichnung „Wildnis" wirklich noch verdienen.

Sehenswertes

Wer sich für die Geschichte von Hope interessiert, der sollte das **Hope Museum** (919 Water Ave., ✆ 604/869-7322; Mai/Juni tägl. 9–17 Uhr, Juli/Aug. tägl. 8–20 Uhr; Spende) besuchen, das im selben Gebäude wie das Informationszentrum untergebracht ist. Die umfassende Sammlung an Gegenständen aus der Pionierzeit wird in entsprechend nachgebauten Dioramen gezeigt. Dazu gehören beispielsweise eine Küche, ein Schlafzimmer, ein Wohnzimmer, ein Schulraum und eine Schmiede. Ebenfalls nicht verpassen sollte man die Kunstwerke aus Baumstümpfen, die über die ganze Stadt verteilt zu finden sind. Im Memorial Park steht z. B. vor dem District Office ein Adler, der einen Lachs in seinen Fängen hält. Es handelt sich dabei um eines der originalen Kunstwerke, das aus einem von der Wurzelfäule befallenen Baum geschnitten wurde.

Die fünf durch die steile Schlucht des Coquihalla Canyon verlaufenden **Othello-Quintette-Tunnels** sind einst für die Kettle Valley Railway aus dem massiven Granit gehauen worden, wurden aber Mitte des letzten Jahrhunderts aufgegeben. Heute kann man die wuchtigen, dunklen Tunnel zu Fuß durchschreiten. Eine beliebte Touristenattraktion, die nur einen kurzen Fußmarsch vom Parkplatz des **Coquihalla Canyon Provincial Park** aus erfordert. Von der Downtown aus erreicht man den Park, indem man über die Wallace St. bis zur 6th Ave. fährt und dann rechts abbiegt. Von dort geht es nach links in die Kawkawa Lake Rd., über die Coquihalla River Bridge und die Bahnschienen. Danach muss man an der ersten Kreuzung die rechte Abzweigung (Othello Rd.) nehmen und dann bis zum auf der rechten Straßenseite stehenden Hinweisschild des Erholungsgebiets fahren (das Schild steht hinter einer Kuppe und ist leicht zu übersehen). Die Tunnel sind von November bis April geschlossen.

Reisepraktisches

• *Übernachten* Wer in Hope auf gehobene Übernachtungsmöglichkeiten hofft, kann diese Hoffnung gleich wieder begraben. Vor Ort gibt es nur einen bunt zusammengewürfelten Haufen von Motels entlang der Straße. Das beste Angebot in der Downtown ist das **Best Continental Motel** (860 Fraser Ave., ✆ 604/869-9726; $ 69–95 für 1/2 Pers.), zu dem auch ein Restaurant gehört.

Etwas außerhalb am Old Hope-Princeton Way bietet das wesentlich neuere **Alpine Motel** (✆ 604/869-9931 oder ✆ 877/869-9931; $ 75 für 1 Pers., $ 85 für 2 Pers.) große, komfortabel möblierte Zimmer, einen Pool und ein angenehmes Umfeld.

• *Camping* An der Straße zu den Tunneln liegt direkt am Fluss der **Othello Tunnels**

Campground (67851 Thello Rd., ✆ 604/869-9448, www.othellotunnels.com; Stellplatz ohne Anschlüsse $ 25, mit Anschlüssen $ 27). Einige Stellplätze sind von Bäumen umgeben, und es gibt heiße Duschen, einen überdachten Grillplatz, einen Laden, drahtlosen Internetzugang, eine Laundry und einen Spielplatz.

• *Information* Direkt in der Downtown helfen einem die freundlichen Angestellten des **Hope Visitor Info Centre** (919 Water Ave., ✆ 604/869-2021, www.hopebc.ca; tägl. 9–17 Uhr, im Sommer 8–20 Uhr) dabei, sich zu entscheiden, auf welcher Route man Hope am besten wieder verlässt. Es kann aber auch sein, dass sie den Besucher entgegen seiner Absicht davon überzeugen, doch noch ein Weilchen länger in der Gegend zu bleiben.

Karte S. 185

Fraser River Canyon

Von Hope aus fährt man am Westufer des schnell fließenden Fraser River entlang auf dem alten Trans-Canada Hwy. nach Norden. Auch wenn der östlich gelegene und neue Coquihalla Hwy. die schnellere Alternative für alle ist, die nach Kamloops und noch weiter wollen, so hat der alte Highway doch eine Reihe interessanter Stopps zu bieten und ist deshalb mit Abstand die bessere Wahl für alle diejenigen, die nicht so sehr in Eile sind.

Der erste lohnende Halt ist der am Fluss gelegene, winzige **Emory Creek Provincial Park,** 15 km nördlich von Hope. Wer hier Rast macht und die ihn umgebende Stille genießt, kann kaum glauben, dass exakt an dieser Stelle vor gut 100 Jahren Emory City stand, mit Saloons, einer Brauerei, einer großen Sägemühle und all den anderen Geschäften, die in einer blühenden Goldgräberstadt zu finden waren. Bis Ende der 1890er Jahre war Emory City dann wieder von der Landkarte verschwunden, und heute gibt es hier keinerlei Hinweis mehr auf seine kurzlebige Existenz. Man kann wunderbar auf den Wanderwegen am Fluss entlangschlendern, angeln oder auf einem der von Bäumen umgebenen Stellplätze übernachten ($ 15).

Yale

Im Jahr 1858 war Yale eine blühende Goldgräberstadt mit 20.000 Einw., voller Zelte, Hütten, Bars, Spielhöllen und Geschäfte. Doch als dann das Gold verschwand, taten dies auch die meisten Bewohner von Yale, und so wurde aus der einstigen Stadt jener kleine Versorgungsposten für die Forstwirtschaft, der Yale nun seit mittlerweile über 100 Jahren ist. Wer mehr über die Geschichte von Yale, den Goldrausch, die Cariboo Wagon Road und den Bau der Eisenbahn wissen möchte, sollte dem **Yale Historic Site** (Douglas St., ✆ 604/863-2324; Mai bis Mitte Okt. tägl. 10–17 Uhr) und der **St. John's Church** aus dem Jahr 1863 einen Besuch abstatten. Außerdem bietet sich hier eine gute Chance zum Goldwaschen.

Hell's Gate

Bei Hell's Gate bahnt sich der Fraser River mit aller Gewalt seinen Weg durch eine enge, von einem Gletscher geschaffene, 34 m tiefe Schlucht. Als Simon Fraser diesen Abschnitt im Jahr 1808 zum ersten Mal sah, schrieb er: „Wir mussten dahin gehen, wohin sich kein Mensch wagen sollte – wir haben zweifellos das Tor zur Hölle gefunden." Der Name ist bis heute geblieben, allerdings kann man den Canyon heute an Bord der 25 Passagiere fassenden **Hell's Gate Airtram** (✆ 604/867-9277; Erwachsene $ 17, Senioren $ 15, Kinder $ 11) überqueren. Die Seilbahn fährt von Mitte April bis Mitte Oktober täglich von 10 bis 16 Uhr. Auf der anderen Seite des Flusses kann man durch angelegte Gärten schlendern, mehr über die Fischleiter und Lachse an sich lernen oder sich einmal eigenhändig im Goldwaschen versuchen.

Nach Norden in Richtung Cache Creek

Boston Bar ist ein weiterer Ort, der über eine bewegte Vergangenheit als Goldgräberstadt verfügt. Heute ist er ein beliebtes Ziel für alle Mutigen, die sich auf einer Wildwasserfahrt mit den donnernden Stromschnellen des Fraser River messen wollen. Im 16 km westlich von Boston Bar gelegenen **REO Rafting Adventure Resort** (✆ 604/461-7238 oder ✆ 800/736-7238, www.reorafting.com) gibt es Tent Cabins (große Zelte mit Holzböden) für $ 30–170 (1/2 Pers.). Man kann auch übernachten und eine Wildwasserfahrt unternehmen, was inkl. Mahlzeiten für eine Nacht $ 209/Pers. kostet. Wie der Name bereits vermuten lässt, liegt hier die Basis von REO Rafting, das allerdings nicht nur Wildwasserfahrten ($ 145 für eine Ganztagesfahrt) anbietet, sondern auch Ausritte, Klettertouren und geführte Wanderungen.

Coquihalla Highway

Der Coquihalla Hwy. ist die kürzeste Verbindung zwischen Vancouver und dem Binnenland von British Columbia. Auf der Strecke zwischen Hope und Kamloops spart man etwa 90 Min. und kürzt 72 km ab.

Merritt

Merrit (8000 Einw.) liegt im Nicola Valley, 115 km nordöstlich von Hope. Hier gibt es die einzigen Versorgungseinrichtungen am Coquihalla Hwy. Außerdem verlassen hier alle Reisenden, die weiter zum Okanagan Valley wollen, den Highway und fahren auf den Okanagan Connector. Wer in die Stadt fährt, sollte zunächst am **Merritt Visitor Centre** halten, das auf einer Anhöhe östlich des Highways liegt (✆ 250/378-5634; tägl. 9–16 Uhr, im Sommer tägl. 8–18 Uhr). Im Obergeschoss des großen Gebäudes ist eine höchst interessante Ausstellung zur Forstwirtschaft untergebracht, und gleich hinter dem Informationszentrum beginnt der 1,4 km lange **Godey Creek Hiking Trail,** der einen zu einem Aussichtspunkt bringt. Für Hin- und Rückweg benötigt man etwa 1 Std.

Seit der Eröffnung des Coquihalla Hwy. wurden im Bereich von Merritt viele Motels gebaut. Die mit Abstand beste Wahl trifft man aber mit einer Übernachtung im alteingesessenen **Quilchena Hotel** (✆ 250/378-2611, www.quilchena.com; $ 79–149 für 1/2 Pers.), das am Nicola Lake liegt, 20 km östlich der Stadt am Hwy. 5A (Ausfahrt 290). Das Hotel stammt aus dem Jahr 1908, gehört zu einer Ranch, die nach wie vor in Betrieb ist, und ist eigentlich sogar schon für sich genommen einen Abstecher wert. Hier kann man Golf spielen ($ 20 für 9 Löcher), reiten ($ 45 für einen 90-minütigen Ausritt), Wellness betreiben, schwimmen, Rad fahren (Mieträder vor Ort), sich ein Kanu mieten oder angeln. Außerdem gibt es im Hauptgebäude des Hotels einen Saloon (samt Einschusslöchern in der Bar) und ein Restaurant.

Victoria, die Provinzhauptstadt British Columbias

Vancouver Island

Vancouver Island ist die größte Insel im Nordpazifik und liegt direkt vor der Westküste British Columbias. Über die 450 km lange, wunderschöne Insel verläuft von Küste zu Küste ein imposantes Gebirgsmassiv mit schroffen Hängen, schneebedeckten Gipfeln und zahlreichen Flüssen und Seen, das Vancouver Island praktisch in zwei unterschiedliche Hälften teilt: Im Westen findet man dicht bewachsene Regenwälder und entlegene, von Wind und Wellen gezeichnete Küstenabschnitte. In den geschützten Ebenen im Osten hingegen liegen die besiedelten Landstriche, die von Stränden gesäumt sind. Der Großteil der üppig bewachsenen Insel wird von teilweise undurchdringlichen Wäldern voller Douglasien, Rotzedern und Hemlocktannen bedeckt. Da das Klima vom Pazifik stabilisiert und zusätzlich von der sog. japanischen Strömung erwärmt wird, ist es auf Vancouver Island nie wirklich zu warm oder zu kalt. Allerdings sollte man als Besucher gegen Wolkenbrüche gewappnet sein, v. a. in den Wintermonaten.

Die Provinzhauptstadt **Victoria** liegt am südlichen Ende von Vancouver Island und ist durch regelmäßigen Fährverkehr mit dem viel größeren Vancouver verbunden. Ihre tief verwurzelte britische Tradition macht Victoria in Nordamerika einzigartig. Der Rest der Insel lockt v. a. Fans grandioser Landschaften an, Abenteurer, Naturliebhaber, die Tiere beobachten wollen, und alle, die sich für die Kunst und Kultur der Ureinwohner im Nordwesten Amerikas interessieren.

Wanderer zieht es von Victoria aus ins westlich gelegene Port Renfrew, dem Ausgangspunkt des abenteuerlichen **West Coast Trail.** Inselfreunde folgen dem Hwy. 17 entlang der Halbinsel Saanich nach Norden zur Swartz Bay, nehmen dort die Fähre und machen eine Rundfahrt zu den landschaftlich sehenswerten **Southern Gulf Islands.**

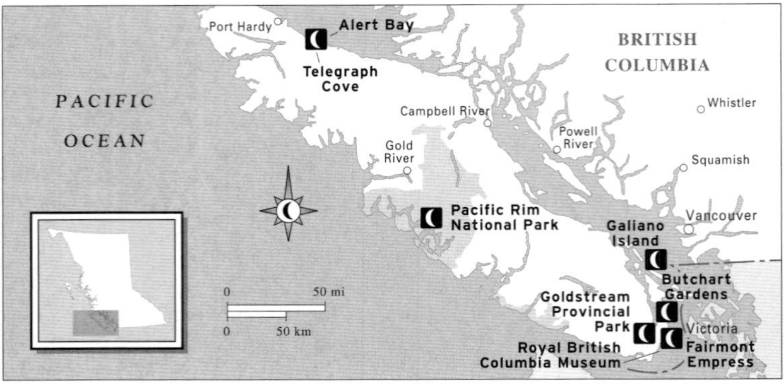

Highlights

Fairmont Empress (S. 218): Man muss nicht unbedingt als Gast in diesem berühmten Hotel absteigen, um sich von seinem Glanz bezaubern zu lassen. Schon während eines Essens in einem der hauseigenen Restaurants erliegt man dem besonderen Charme dieser einzigartigen Umgebung.

Royal British Columbia Museum (S. 218): Wer auf Vancouver Island nur ein einziges Museum besuchen möchte, der sollte dieses wählen. Hier erfährt man alles über die Naturgeschichte der Provinz sowie über die Kultur und Geschichte ihrer Bewohner.

Goldstream Provincial Park (S. 223): In dieser von Wanderwegen durchzogenen Wildnis kann man der städtischen Hektik entfliehen. Wer im Herbst vor Ort ist, sollte schon allein wegen der laichenden Lachse einen Abstecher hierher machen.

Butchart Gardens (S. 224): Selbst wenn man nur einen einzigen Tag in Victoria verbringt, sollte man einen Besuch der Butchart Gardens einplanen, die zu den reizvollsten Gärten der Welt gehören.

Galiano Island (S. 224): Jede der Southern Gulf Islands hat ihren ganz speziellen Charme. Wer gerne mit dem Kajak unterwegs ist, sollte beispielsweise Galiano Island ansteuern.

Pacific Rim National Park (S. 255): Kanada ist zwar nicht gerade für seine Strände berühmt, aber im Schutzgebiet dieses Nationalparks liegen einige herrliche Sandstrände.

Telegraph Cove (S. 269): Die Fahrt nach Telegraph Cove lohnt sich selbst dann, wenn man nur das auf Holzpfählen erbaute Dorf besuchen möchte, eine Postkartenidylle. Wer sich darüber hinaus an Bord eines Bootes auf die Suche nach wild lebenden Orcas machen will, ist ohnehin an der richtigen Adresse.

Alert Bay (S. 271): Das winzige Fischerdorf auf Cormorant Island ist Ziel für alle, die sich für die Geschichte der Ureinwohner der Nordwestküste interessieren. Neben dem informativen Kulturzentrum findet man hier einige der größten Totempfähle der Welt.

Man kann auch auf dem nach Norden führenden Island Hwy. (Hwy. 1/19) auf Entdeckungsreise gehen. Dieser folgt der Küstenlinie der Strait of Georgia bis zum nördlichen Ende von Vancouver Island. Zwar wurde der alte Highway mittlerweile weitgehend durch den Inland Island Hwy. ersetzt. Wer aber die schönsten Seiten von Vancouver Island kennen lernen möchte, der sollte sich lieber an die alte Straße halten. Auf ihr passiert man Sandstrände, Ferienorte und alte Holzfäller-, Minen- und Fischerstädtchen, die ihre heutige Existenz weitgehend dem Tourismus verdanken.

Bei Parksville zweigt in westliche Richtung der Hwy. 4 ab. Er führt durch eine Gebirgslandschaft, die jeden Betrachter in schieres Entzücken versetzt, und endet an der nahezu ungezähmt rauen Westküste. Dort liegen Fischerdörfer, die Garant für das perfekte Urlaubsfoto sind. Dazu gibt es jede Menge von Treibholz bedeckte Sandstrände, die bis zum Horizont reichen, und den **Pacific Rim National Park,** den einzigen Nationalpark auf Vancouver Island. Ebenfalls an der Westküste liegt **Tofino,** der ideale Stützpunkt für all jene, die sich mit einem Seekajak auf den Weg machen wollen oder im Clayoquot Sound auf Whale-Watching-Tour gehen möchten. Vom Hwy. 19 zweigt weiter nördlich bei Campbell River der Hwy. 28 nach Westen ab. Er führt nach Gold River und durchquert dabei den gigantischen **Strathcona Provincial Park.**

Erstaunlicherweise trifft man nördlich von Campbell River auf ein großes Gebiet, das von jeglicher Zivilisation weitgehend verschont geblieben ist. Entsprechend gibt es auf Vancouver Island auch heute noch Landkarten, die oberhalb von Campbell River einfach aufhören (also Augen auf beim Kartenkauf). Einzigartig ist **Telegraph Cove,** ein auf Holzstelzen erbautes Dorf, dessen Häuser über Holzstege miteinander verbunden sind. Es genießt bei Anglern und Whale-Watching-Fans einen sehr guten Ruf. Ebenfalls ein Highlight der Insel ist das äußerst interessante **Alert Bay** auf Cormorant Island. Die Straße endet schließlich in **Port Hardy,** der größten Gemeinde nördlich von Campbell River, wo der Fährhafen für die Fähren nach Prince Rupert liegt.

Reise- und Zeitplanung

Viele Besucher wollen im Rahmen einer längeren Reise auf Vancouver Island einige Nächte in **Victoria** verbringen. Als absolutes Minimum sollte man für die Hauptstadt zwei volle Tage einplanen und dabei vorzugsweise eine Übernachtung in einem stilvollen B&B in Betracht ziehen. Unabhängig davon, wie viel Zeit man letztlich tatsächlich in Victoria verbringt, ist man den Großteil davon in der Gegend um den Inner Harbour unterwegs. Denn hier befinden sich die größten Sehenswürdigkeiten und die besten Restaurants der Stadt. Die Liste der Attraktionen, die man nicht versäumen sollte, wird vom **Royal British Columbia Museum** angeführt, das selbst diejenigen beeindruckt, die ansonsten eher allergisch auf Museumsbesuche reagieren. An zweiter Stelle ist das mit Efeu umrankte Hotel **Fairmont Empress** zu nennen. Die meistbesuchte Sehenswürdigkeit von Victoria sind die **Butchart Gardens,** eine absolut überwältigende botanische Sammlung, für deren Besuch man sich durchaus einen halben Tag Zeit nehmen sollte. Zwei etwas außerhalb gelegene Ziele, die man ebenfalls nicht verpassen sollte, sind der **Goldstream Provincial Park** und der landschaftlich reizvolle **Waterfront Drive** zwischen der Downtown und der Oak Bay.

Vancouver Island
Karte S. 210/211

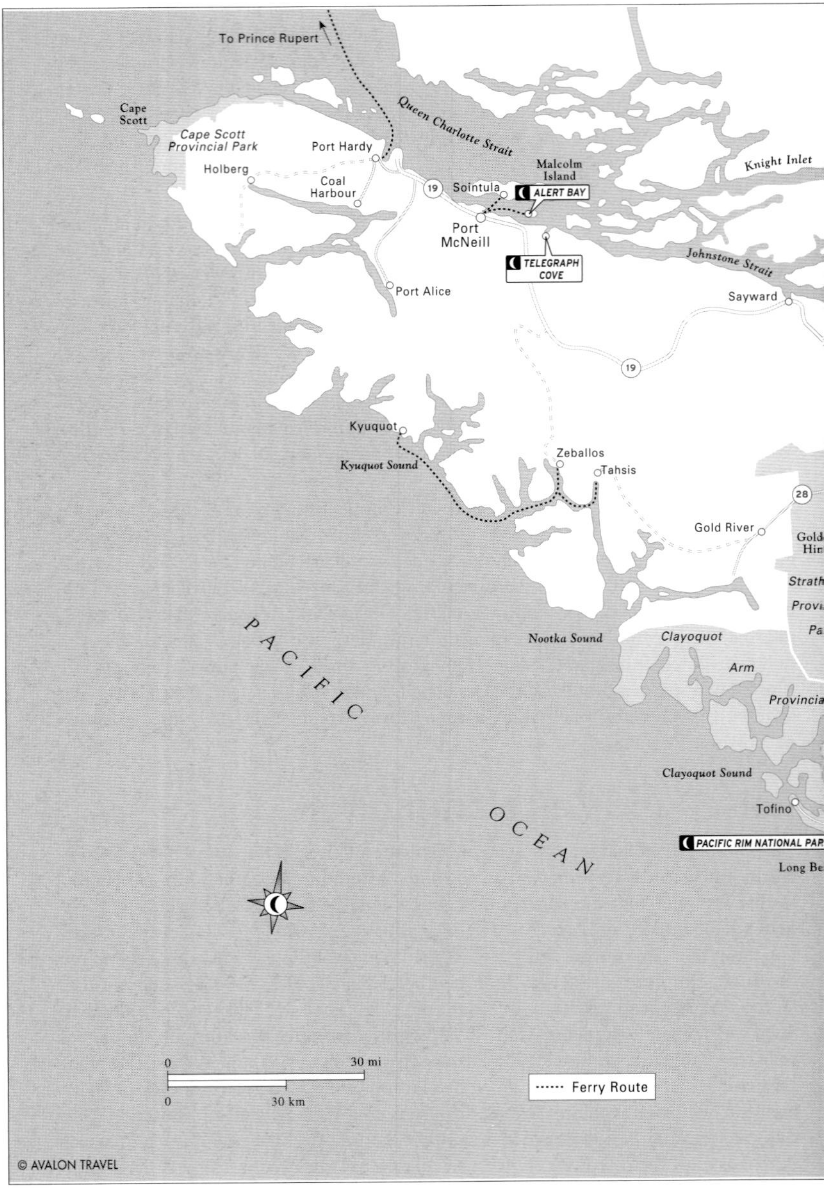

To Prince Rupert
Cape Scott
Cape Scott Provincial Park
Queen Charlotte Strait
Port Hardy
Holberg
Coal Harbour
Malcolm Island
Knight Inlet
19
Sointula
ALERT BAY
Port McNeill
TELEGRAPH COVE
Johnstone Strait
Port Alice
Sayward
19
Kyuquot
Kyuquot Sound
Zeballos
Tahsis
28
Gold River
PACIFIC
Nootka Sound
Clayoquot
Arm
Provincia
Clayoquot Sound
Tofino
PACIFIC RIM NATIONAL PAR
OCEAN
0
30 mi
0
30 km
Ferry Route
© AVALON TRAVEL

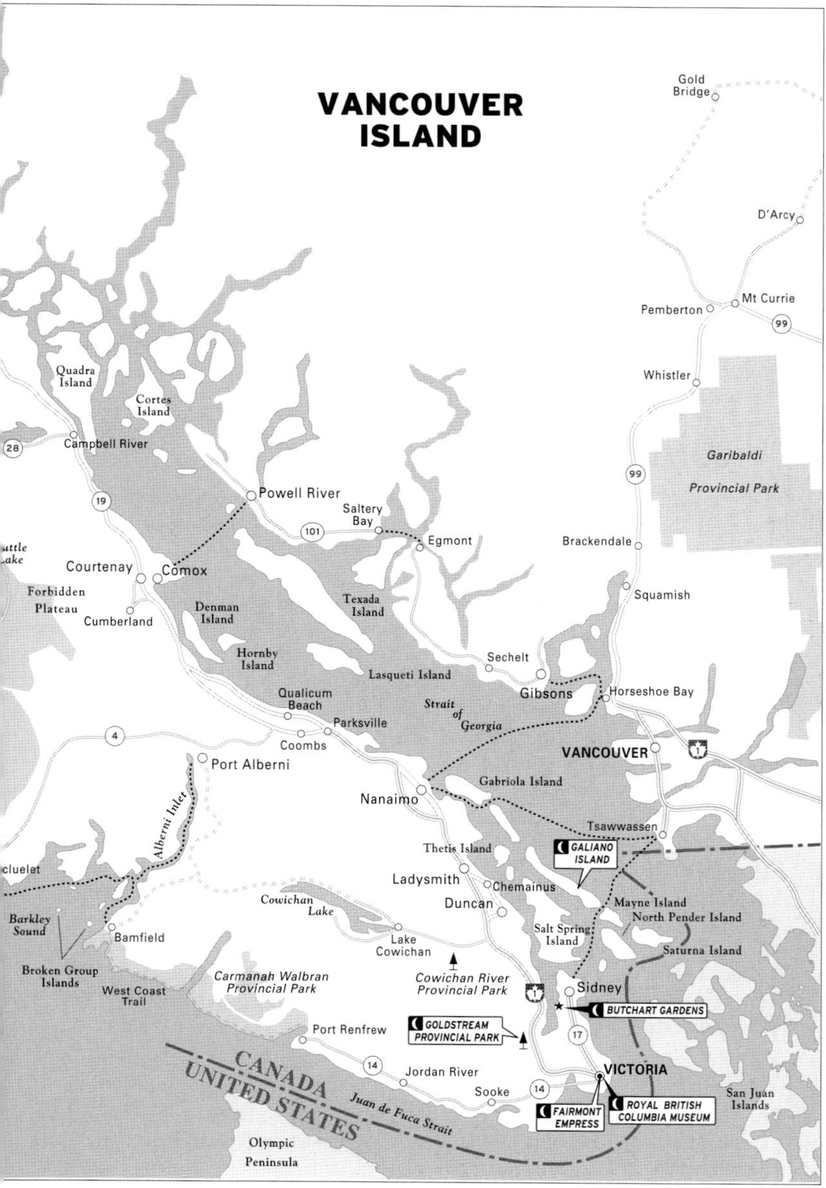
VANCOUVER ISLAND
Gold Bridge
D'Arcy
Pemberton
Mt Currie
99
Whistler
Quadra Island
Cortes Island
28
Campbell River
Garibaldi Provincial Park
Powell River
19
Saltery Bay
101
Egmont
Brackendale
Courtenay
Comox
Forbidden Plateau
Cumberland
Denman Island
Texada Island
Squamish
Hornby Island
Sechelt
Lasqueti Island
Gibsons
Horseshoe Bay
Qualicum Beach
Parksville
Strait of Georgia
4
Coombs
Port Alberni
VANCOUVER
1
Gabriola Island
Nanaimo
Alberni Inlet
Tsawwassen
Thetis Island
GALIANO ISLAND
Ladysmith
Chemainus
Mayne Island
Duncan
North Pender Island
Cowichan Lake
Barkley Sound
Bamfield
Lake Cowichan
Salt Spring Island
Saturna Island
Broken Group Islands
West Coast Trail
Carmanah Walbran Provincial Park
Cowichan River Provincial Park
Sidney
BUTCHART GARDENS
GOLDSTREAM PROVINCIAL PARK
Port Renfrew
17
CANADA
UNITED STATES
14
Jordan River
VICTORIA
Sooke
Juan de Fuca Strait
FAIRMONT EMPRESS
ROYAL BRITISH COLUMBIA MUSEUM
San Juan Islands
Olympic Peninsula

Wer Vancouver Island über die Stadtgrenzen von Victoria hinaus erkunden möchte, der muss ein wenig Zeit in die entsprechende Planung investieren und außerdem eine konkrete Vorstellung davon entwickeln, wo er seine Tour beenden will. Hat man nur einen Tag Zeit, kann man entweder an der Küste entlang nach Westen fahren oder sich in nördlicher Richtung auf den Weg nach **Nanaimo** machen. Für längere Fahrten sollten mindestens zwei Tage eingeplant werden. Die Southern Gulf Islands, die von Victoria aus per Fähre oder Wasserflugzeug zu erreichen sind, stellen ein lohnendes Ziel für einen Ausflug mit Übernachtung dar. Das gilt v. a. für die einsamen Strände und ursprünglichen Wälder auf **Galiano Island.** Um dem an der Westküste gelegenen **Tofino** und dem angrenzenden **Pacific Rim National Park** gerecht zu werden, sollte man mindestens zwei Nächte außerhalb von Victoria einplanen. Die nördlichen Gebiete von Vancouver Island dienen als Sprungbrett für Fährgäste auf dem Weg nach Prince Rupert (siehe Kapitel „Zentrales und nördliches British Columbia"). Sie sind allerdings auch einen Abstecher wert, wenn man von **Telegraph Cove** aus eine Whale-Watching-Tour machen oder in **Alert Bay** in die Kultur der Ureinwohner eintauchen möchte.

Victoria

Den ersten Blick auf Victoria (300.000 Einw.) erheischen die meisten Besucher vom Inner Harbour aus. Denn hier legen die Schiffe bei ihrer Ankunft in Victoria an, und das seit nunmehr fast 150 Jahren. Sobald man den Laurel Point umrundet hat, genießt man freie Sicht auf die Stadt. Fähren, Fischerboote und Wasserflugzeuge schaukeln im Hafen, im Hintergrund erkennt man die eindrucksvolle Architektur der Innenstadt, die gepflegten Rasenflächen, blühenden Gärten und ruhigen Wohnviertel. Die Bewohner Victorias lassen sich von der ansonsten so typischen städtischen Hektik wenig beeindrucken und finden immer Zeit für einen Bummel am Hafen entlang, eine Runde Golf oder ein Abendessen in einem guten Restaurant.

Victoria hat zwar nicht so viele Sehenswürdigkeiten zu bieten wie Vancouver, aber das ist keineswegs ein Nachteil. Nachdem man das zum Pflichtprogramm jedes Besuchers gehörende Royal British Columbia Museum und die Butchart Gardens besucht hat, kann man sich anderen Dingen widmen, etwa dem Whale Watching, einer Radtour entlang der Oak Bay oder einem genussvollen Strandspaziergang. Unangefochtene Lieblingsbeschäftigung aller Touristen ist es, sich auf die Suche nach den historischen Wurzeln von Victoria zu machen. Doch viele Einheimische sind mittlerweile den Ruf leid, in der Stadt gehe es „englischer als in England" zu. Zwar mag es sein, dass einige der alten Traditionen mittlerweile ein wenig antiquiert wirken, doch zählen der Nachmittagstee, die Stadtrundfahrten in Doppeldeckerbussen und das Durchstreifen der englischen Gärten nach wie vor zu den Highlights einer Stippvisite in Victoria.

Geschichte

Als Kapitän *George Vancouver* im Jahre 1792 durch die Strait of Georgia segelte, kartografierte und benannte er bei dieser Gelegenheit auch Vancouver Island. Dies hatte zunächst keinen Einfluss auf die vielen Ureinwohner, die entlang der Küsten siedelten. Es dauerte 50 Jahre, bis die Europäer die enorme Bedeutung der Insel erkannten und damit anfingen, ihre Ressourcen auszubeuten. Es war die Hudson's Bay Company, die sich damals der Insel und des Festlands von „Columbia" bemächtigte.

Victorias Inner Harbour

Fort Victoria

Um die britische Präsenz entlang der Nordwestküste von Kanada zu festigen, gründete die Hudson's Bay Company am Südende von Vancouver Island im Jahre 1843 Fort Victoria, benannt nach Queen Victoria. Als man drei Jahre später im Rahmen des *Oregon Treaty* die Grenze zwischen den Vereinigten Staaten und Kanada entlang dem 49. Breitengrad festlegte, geschah dies unter dem ausdrücklichen Vorbehalt, dass der unterhalb dieser geografischen Linie verlaufende Teil von Vancouver Island bei Kanada verbleiben müsse. Um theoretisch denkbare Gebietsansprüche der Vereinigten Staaten möglichst auszuschließen, begann die britische Regierung mit der Besiedlung der Insel. 1849 rief man sie zur Kronkolonie aus und verpachtete sie erneut an die Hudson's Bay Company. Im Laufe der Zeit wurde die Gegend um Fort Victoria von britischen Siedlern erschlossen, die von einer Tochtergesellschaft der Hudson's Bay Company, der *Puget Sound Agricultural Company,* auf die Insel gebracht wurden. Die Gesellschaft errichtete einige große Farmen, und der *Esquimalt Harbour* entwickelte sich zu einem bedeutenden britischen Hafen.

Der Goldrausch im 19. Jh.

In den späten 1850er Jahren wurden auf dem Festland (am Thompson und Fraser River) größere Goldvorkommen entdeckt. Tausende von Goldsuchern zog es nach Victoria, denn die Stadt diente nicht nur als Versorgungsstützpunkt, sondern hatte auch als einzige einen entsprechenden Hafen vorzuweisen. Über Nacht wurde Victoria zu einer klassischen Boomtown, allerdings mit einer starken britischen Prägung; die meisten Angestellten der ansässigen Gesellschaften, die ersten Siedler und die Soldaten hielten stark an den Sitten und Gebräuchen ihrer Heimat fest. Selbst nach dem Ende des Goldrausches blieb Victoria ein dynamisches Zentrum militärischer, wirtschaftlicher und politischer Aktivitäten, und 1862 wurde es offiziell zur Stadt ernannt. Im Jahr 1868, zwei Jahre nachdem die beiden Kolonien von

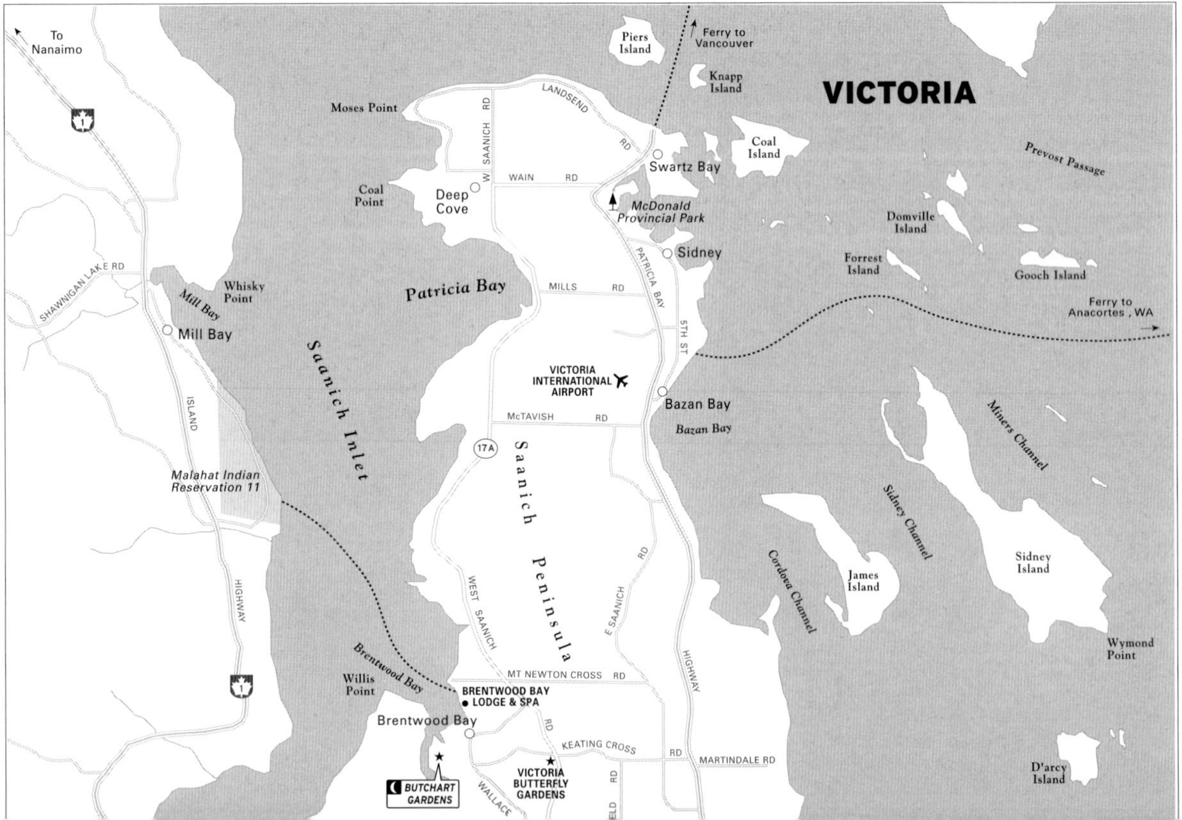
VICTORIA
To Nanaimo
Ferry to Vancouver
Piers Island
Knapp Island
Coal Island
Swartz Bay
McDonald Provincial Park
Sidney
Prevost Passage
Domville Island
Forrest Island
Gooch Island
Ferry to Anacortes , WA
Moses Point
Coal Point
Deep Cove
Patricia Bay
Whisky Point
Mill Bay
Mill Bay
Saanich Inlet
Malahat Indian Reservation 11
LANDSEND RD
W SAANICH RD
WAIN RD
MILLS RD
PATRICIA BAY
5TH ST
VICTORIA INTERNATIONAL AIRPORT
Bazan Bay
Bazan Bay
McTAVISH RD
17A
Saanich Peninsula
Miners Channel
Sidney Channel
Sidney Island
James Island
Cordova Channel
Wymond Point
D'arcy Island
SHAWNIGAN LAKE RD
ISLAND
HIGHWAY
WEST SAANICH
E SAANICH RD
HIGHWAY
MT NEWTON CROSS RD
Brentwood Bay
Willis Point
BRENTWOOD BAY LODGE & SPA
Brentwood Bay
RD
KEATING CROSS RD
MARTINDALE RD
VICTORIA BUTTERFLY GARDENS
BUTCHART GARDENS
WALLACE
RD

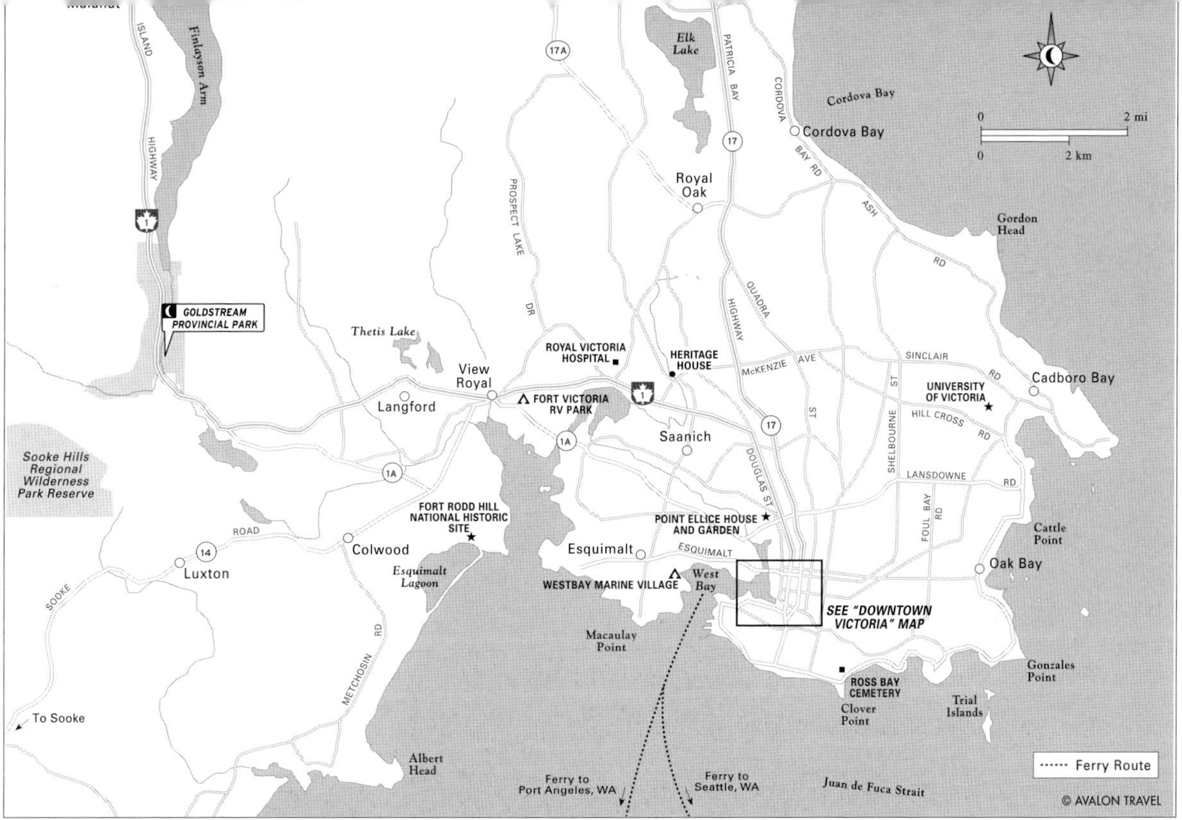
Finlayson Arm
ISLAND
HIGHWAY
GOLDSTREAM PROVINCIAL PARK
Sooke Hills Regional Wilderness Park Reserve
To Sooke
SOOKE
ROAD
Luxton
Colwood
METCHOSIN
RD
Albert Head
Esquimalt Lagoon
FORT RODD HILL NATIONAL HISTORIC SITE
Thetis Lake
Langford
View Royal
PROSPECT LAKE
DR
ROYAL VICTORIA HOSPITAL
FORT VICTORIA RV PARK
Elk Lake
Royal Oak
PATRICIA BAY
HIGHWAY
CORDOVA
BAY RD
Cordova Bay
ASH
RD
Gordon Head
QUADRA
ST
HERITAGE HOUSE
McKENZIE
AVE
SINCLAIR
UNIVERSITY OF VICTORIA
HILL CROSS
Cadboro Bay
Saanich
DOUGLAS ST
SHELBOURNE
LANSDOWNE
FOUL BAY
POINT ELLICE HOUSE AND GARDEN
Esquimalt
ESQUIMALT
WESTBAY MARINE VILLAGE
West Bay
SEE "DOWNTOWN VICTORIA" MAP
Cattle Point
Oak Bay
Macaulay Point
ROSS BAY CEMETERY
Clover Point
Trial Islands
Gonzales Point
Ferry to Port Angeles, WA
Ferry to Seattle, WA
Juan de Fuca Strait
Ferry Route
0
2 mi
2 km
© AVALON TRAVEL

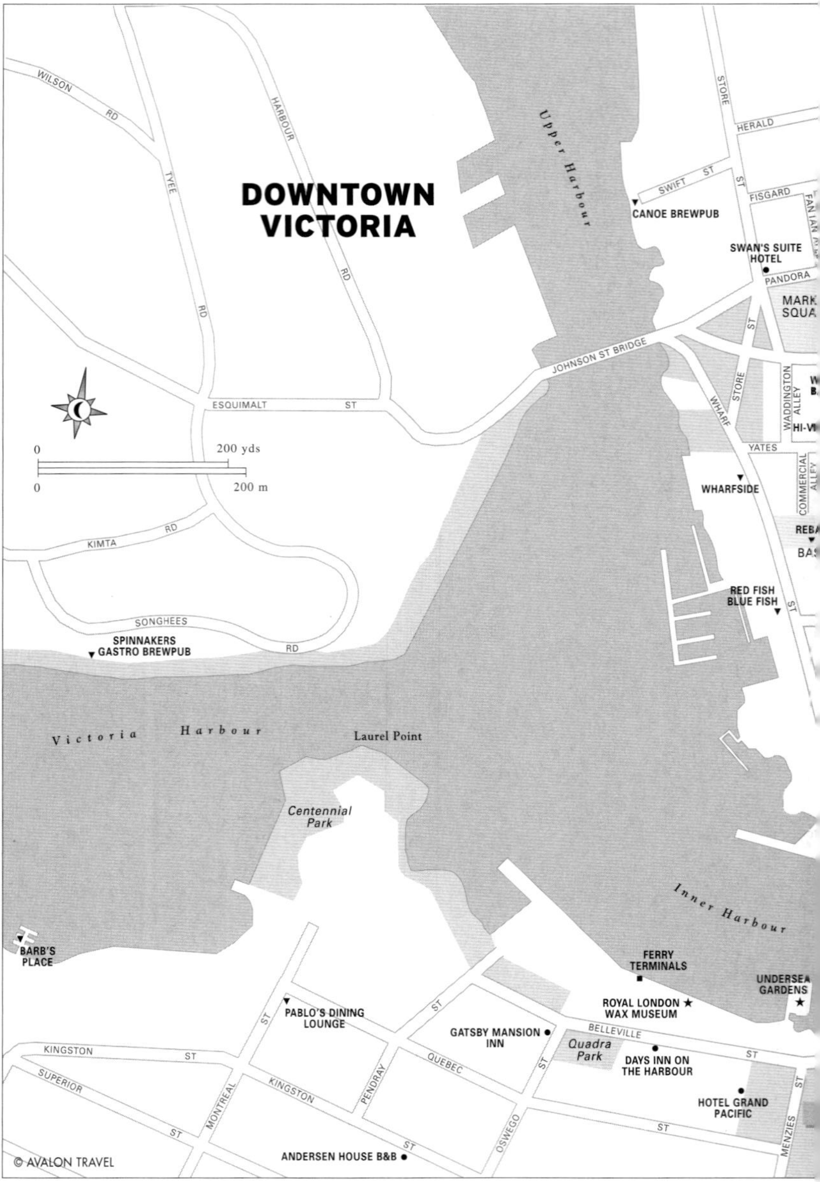
DOWNTOWN
VICTORIA
WILSON RD
HARBOUR RD
TYEE RD
ESQUIMALT ST
KIMTA RD
SONGHEES RD
JOHNSON ST BRIDGE
Upper Harbour
Victoria Harbour
Inner Harbour
Laurel Point
Centennial Park
Quadra Park
STORE ST
HERALD
SWIFT ST
FISGARD
PANDORA
WHARF ST
WADDINGTON ALLEY
YATES
COMMERCIAL ALLEY
BELLEVILLE ST
QUEBEC
KINGSTON ST
SUPERIOR ST
MONTREAL ST
PENDRAY
OSWEGO ST
MENZIES ST
CANOE BREWPUB
SWAN'S SUITE HOTEL
WHARFSIDE
RED FISH BLUE FISH
SPINNAKERS GASTRO BREWPUB
BARB'S PLACE
FERRY TERMINALS
UNDERSEA GARDENS
ROYAL LONDON WAX MUSEUM
GATSBY MANSION INN
DAYS INN ON THE HARBOUR
HOTEL GRAND PACIFIC
PABLO'S DINING LOUNGE
ANDERSEN HOUSE B&B
0
200 yds
0
200 m
© AVALON TRAVEL

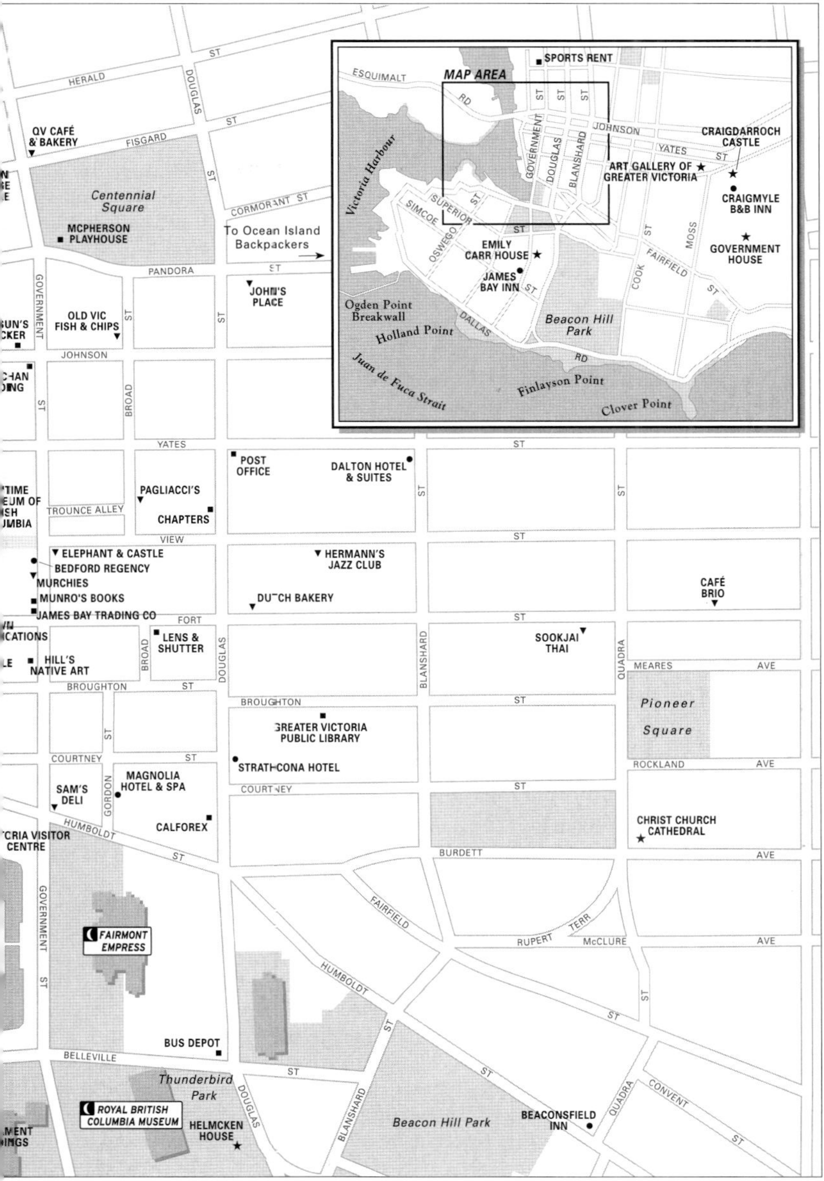

HERALD
ST
DOUGLAS
ST
QV CAFÉ & BAKERY
FISGARD
Centennial Square
MCPHERSON PLAYHOUSE
CORMORANT ST
To Ocean Island Backpackers
PANDORA
ST
GOVERNMENT
OLD VIC FISH & CHIPS
JOHN'S PLACE
JOHNSON
BROAD
YATES
POST OFFICE
DALTON HOTEL & SUITES
PAGLIACCI'S
CHAPTERS
TROUNCE ALLEY
VIEW
ELEPHANT & CASTLE
BEDFORD REGENCY
MURCHIES
MUNRO'S BOOKS
JAMES BAY TRADING CO
HERMANN'S JAZZ CLUB
DUTCH BAKERY
CAFÉ BRIO
FORT
LENS & SHUTTER
HILL'S NATIVE ART
SOOKJAI THAI
BLANSHARD
QUADRA
MEARES AVE
BROUGHTON
GREATER VICTORIA PUBLIC LIBRARY
Pioneer Square
COURTNEY
STRATHCONA HOTEL
ROCKLAND AVE
SAM'S DELI
GORDON
MAGNOLIA HOTEL & SPA
CALFOREX
HUMBOLDT ST
CHRIST CHURCH CATHEDRAL
BURDETT AVE
FAIRFIELD
RUPERT TERR
McCLURE AVE
FAIRMONT EMPRESS
BUS DEPOT
BELLEVILLE
Thunderbird Park
ROYAL BRITISH COLUMBIA MUSEUM
HELMCKEN HOUSE
Beacon Hill Park
BEACONSFIELD INN
CONVENT ST
SPORTS RENT
ESQUIMALT RD
MAP AREA
Victoria Harbour
CRAIGDARROCH CASTLE
ART GALLERY OF GREATER VICTORIA
CRAIGMYLE B&B INN
SUPERIOR
SIMCOE
OSWEGO
EMILY CARR HOUSE
JAMES BAY INN
GOVERNMENT HOUSE
COOK
MOSS
Ogden Point Breakwall
Holland Point
DALLAS RD
Beacon Hill Park
Juan de Fuca Strait
Finlayson Point
Clover Point

Vancouver Island und British Columbia vereint worden waren, erhob man Victoria zur Hauptstadt. Mit der Aufnahme der Fährverbindung zwischen Tsawwassen und Sidney im Jahr 1903 kam es zu einem vorübergehenden Anwachsen der Einwohnerzahl, dennoch lag Victoria immer deutlich hinter Vancouver zurück.

Sehenswertes am Inner Harbour

Das Zentrum der Downtown von Victoria ist das Ufer des Inner Harbour, das vom Parlamentsgebäude, dem größten Museum der Stadt und dem Fairmont Empress eingerahmt wird. An der Government St., die vom Ufer bergan führt, befinden sich zahlreiche auf Touristen ausgerichtete Geschäfte und Restaurants. Die parallel verlaufende Douglas St. westlich davon ist die Hauptstraße des kleinen Central Business District.

Fairmont Empress

Victorias Wahrzeichen ist das über dem Inner Harbour thronende Hotel Fairmont Empress. Der pompöse Bau wurde im Jahr 1908 errichtet und ist mittlerweile von Efeuranken überwuchert. Als Architekt zeichnet der angesehene Francis Rattenbury verantwortlich, der auch das Parlamentsgebäude, den CPR Steamship Terminal (der heute das Wachsmuseum beherbergt) und den Crystal Garden entworfen hat. Es lohnt sich durchaus, einmal quer durch die Lobby zu wandern und sich den Pompim Inneren des Hotels anzuschauen (am besten einfach den Kopf in den Nacken legen und mit offenem Mund staunen). Ganz besonders interessant ist es auch, die Gäste dabei zu beobachten, wie sie ihren Nachmittagstee einnehmen und ihrerseits dabei die vorübergehenden Leute beobachten (siehe *Essen und Trinken*). Man kann durch das Gewächshaus schlendern, in den Geschäften stöbern, einen Blick auf die Speisekarten der einzelnen Restaurants werfen oder sich einer der Führungen anschließen, die einen guten Einblick in die Geschichte des Hotels geben. Mag sein, dass man nun dringend Geld tauschen muss, was hier problemlos möglich ist. Allerdings bekommt man in den Banken einen besseren Kurs.

Royal British Columbia Museum

Das Royal British Columbia Museum (675 Belleville St., ✆ 250/356-7226; im Sommer tägl. 10–17 Uhr; Erwachsene $ 15, Senioren und Jugendliche $ 9,50) ist nicht nur das meistbesuchte Museum Kanadas, sondern auch bei Weitem eines der besten Museen in ganz Nordamerika. Es gehört selbst für all jene zum Pflichtprogramm, die auf ihrer Reise eigentlich schon kein Museum mehr von innen sehen können. Die Ausstellungsstücke in der wunderbaren *Natural History Gallery* wirken außerordentlich lebensecht, passende Geräusche und Gerüche inklusive. Hier kann man einem Mammut aus der Eiszeit Auge in Auge gegenüberstehen, durch einen Küstenwald voller Hirsche und Singvögel schlendern oder an der Küste und einem Watt entlangwandern. Schließlich besteht auch die Möglichkeit, mithilfe eines U-Boots in die Weiten des offenen Meeres einzutauchen – ein äußerst realistischer Unterwasserausflug, der nichts für Menschen mit klaustrophobischer Veranlagung ist. In der *First Peoples Gallery* findet man eine edle Sammlung von Artefakten, die einst den Ureinwohnern der Insel gehörten, den Nuu-chah-nulth (Nootka). Viele dieser Stücke hat Charles Newcombe den Nuu-chah-nulth auf seinen Exkursionen Anfang des 20 Jh. abgekauft. Auch die moderne Menschheitsgeschichte wird auf kreative Art und Weise zur Schau gestellt. In den Abteilungen *Modern History* und

20th Century kann man sich mithilfe einer Zeitkapsel auf eine Zeitreise begeben, einen ganzen Straßenzug aus der Jahrhundertwende abschreiten und in interaktiven Ausstellungen Wissenswertes über die Industrialisierung, den Goldrausch und die Erforschung von British Columbia auf dem Land- und Seeweg erfahren.

In der Umgebung des Museums

Vor dem Museum steht der 27 m hohe **Netherlands Centennial Carillon,** ein Geschenk der niederländischen Gemeinde von British Columbia. Die 62 im Turm befindlichen Glocken wiegen zwischen 8 und 1500 kg und läuten alle 15 Min. (tägl. 7–22 Uhr).

An der Ostecke des Museums (Ecke Belleville und Douglas St.) liegt der **Thunderbird Park.** Der kleine grüne Flecken ist übersät von echten Totempfählen, die von Angehörigen an der Nordwestküste lebender Stämme aufwendig per Hand geschnitzt wurden. Fast noch besser ist die Tatsache, dass der Eintritt in den Park gratis ist.

Gleich neben dem Thunderbird Park befindet sich das **Helmcken House** (10 Elliot St., ✆ 250/361-0021; im Sommer tägl. 10–17 Uhr, sonst tägl. 12–16 Uhr; Erwachsene $ 5, Senioren $ 4, Kinder $ 3). Das älteste Haus der Provinz steht nach wie vor an jener Stelle, an der es einst erbaut wurde.

Parlamentsgebäude

Wer seinen politischen, geschichtlichen und architektonischen Wissensdurst auf einen Schlag stillen möchte, sollte an einer kostenlosen Führung durch die Parlamentsgebäude teilnehmen, die vom Architekten Francis Rattenbury entworfen und im Jahre 1897 fertig gestellt wurden. Der Haupteingang wird von den Statuen von Sir James Douglas, der einst den Standort für Victoria auswählte, und Sir Matthew Baillie Begbie, der während der Zeit des Goldrausches für Recht und Ordnung sorgte, flankiert. Auf der kupfergedeckten Kuppel thront eine vergoldete Statue von Kapitän George Vancouver, dem ersten Seefahrer, der Vancouver Island umschiffte. Geht man durch den Haupteingang, sollte man zunächst vom alten Rundbau aus einen Blick nach oben in die beeindruckende Hauptkuppel werfen. Der Weg führt dann über die Treppe hinauf zur *Legislative Chamber*, dem Amtssitz der Regierung von British Columbia. Alle 20 Min. werden kostenlose Führungen angeboten (im Sommer 9–12 und

Die Parlamentsgebäude

13–17 Uhr; im Winter weniger Führungen und nur Mo–Fr). Deren Dauer variiert je nachdem, was sich gerade im Regierungsgebäude tut. Aktuelle Zeiten erfährt man im Tour Office unter ✆ 250/387-3046.

Weitere Sehenswürdigkeiten

Schräg gegenüber dem Parlamentsgebäude liegt auf der anderen Straßenseite das **Royal London Wax Museum** (470 Belleville St., ✆ 250/388-4461; tägl. 9–17 Uhr, im Sommer 9–19.30 Uhr). Nach dem Betreten des großartig verzierten Gebäudes zahlt man an der Kasse auf der rechten Seite seinen Eintritt (Erwachsene $ 12, Senioren $ 11, Kinder $ 6), für den man anschließend etwa 300 Wachsfiguren bestaunen darf. Darunter befinden sich die britische Königsfamilie, berühmte Persönlichkeiten wie Mutter Teresa und Albert Einstein, kanadische Nationalhelden wie der mutige, einem Krebsleiden erlegene Terry Fox und einige Polarforscher.

Die neben dem Wachsmuseum gelegenen **Pacific Undersea Gardens** (490 Belleville St., ✆ 250/382-5717; im Sommer tägl. 9–20 Uhr, sonst tägl. 10–17 Uhr; Erwachsene $ 10, Senioren $ 9, Kinder $ 8) sind von eher zweifelhaftem Unterhaltungswert. Die dort ausgestellten heimischen Fischarten reichen vom schmackhaften Snapper über gewaltige Störe bis zu den unterschiedlichsten Lachsen und den unheimlichen Seewölfen. Außerdem erscheinen regelmäßig mit Mikrofonen ausgestattete Taucher in der Unterwasserwelt.

Old Town

Der älteste Teil von Victoria liegt direkt nördlich des Inner Harbour zwischen Wharf St. und Government St. Der Inner Harbour ist auch der optimale Startpunkt für einen Spaziergang. Zuerst geht es in nördlicher Richtung die historische Wharf St. entlang. Hier wurden einst die der Hudson's Bay Company gehörenden Pelze auf die Schiffe nach England verladen, Goldsucher betraten an dieser Stelle den Boden von Victoria, um ihrem Traum vom Glück nachzujagen, und hier eröffneten auch die ersten Geschäfte der Stadt. Weiter geht es über die Straße zum gepflasterten **Bastion Square,** der von alten Gaslaternen und dekorativen Bauten aus der Zeit zwischen 1860 und 1890 gesäumt wird.

Maritime Museum of British Columbia

An der Nordostecke des Bastion Square liegt das Maritime Museum of British Columbia (✆ 250/385-4222;, im Sommer tägl. 9.30–18 Uhr, sonst 9.30–16.30 Uhr; Erwachsene $ 9, Senioren $ 6, Kinder $ 4). Es bringt dem Besucher nicht nur das Abenteuer der Seefahrt, sondern auch die Geschichte der Handelsbeziehungen und der Passagierschifffahrt näher. Zu den Exponaten gehören aus ausgehöhlten Baumstämmen gefertigte Kanus, Schiffsmodelle, Karten der Royal Navy, Galionsfiguren, Fotos, Marineuniformen und Schiffsglocken. Ein Ausstellungsraum ist der Geschichte der Weltumsegelung gewidmet, in einem weiteren befindet sich ein Kino. Im Giftshop findet man v. a. Souvenirs, die mit der Seefahrt zu tun haben.

Südlich des Inner Harbour

Emily Carr House

In diesem typischen viktorianischen Haus gehobenen Stils aus dem Jahr 1864 erblickte die Künstlerin Emily Carr 1871 das Licht der Welt. (207 Government St.,

✆ 250/383-5843; Mitte Mai bis Mitte Sept. Di–Sa 11–16 Uhr; Erwachsene $ 5,50, Senioren und Schüler $ 4,50, Kinder $ 3,25). Sie zog schon in jungen Jahren aufs Festland, um den Konventionen der Hauptstadt zu entkommen. Dort zeichnete sie und schrieb über die Ureinwohner von British Columbia und die Wildnis, in der sie lebte. Berühmt wurde sie jedoch für ihre Malerei, mit der sie aber erst später begann.

Beacon Hill Park

Der große, hügelige Stadtpark mit seinen unzähligen Blumen und den mächtigen Bäumen ist eine grüne Oase. Er beginnt gleich hinter der Rückfront des Royal British Columbia Museum und zieht sich entlang der Douglas St. bis hinunter zu jenen Felsklippen, die dem Betrachter einen eindrucksvollen Blick auf die Juan de Fuca Strait gewähren. An klaren Tagen kann man in der Ferne sogar die Olympic Mountains erkennen. Mit diesem Ausblick, den Felsen, auf denen man herumklettern kann, und den vielen geschützten Kiesel- und Sandstränden ein perfektes Plätzchen, um die Seele ein wenig baumeln zu lassen. Der Park ist von der Downtown aus leicht zu Fuß oder mit der Buslinie 5 zu erreichen.

Rockland

Der historische Teil der Downtown liegt hinter dem Inner Harbour, östlich der Douglas St. Man kann ihn leicht zu Fuß erkunden.

Christ Church Cathedral

Die Christ Church Cathedral (930 Burdett Ave., ✆ 250/383-2714) ist Sitz des Bischofs von British Columbia, wurde 1896 im Stile einer gotischen Kirche aus dem 13. Jh. erbaut und ist eine der größten Kirchen in ganz Kanada. Nicht geführte Touren sind Mo–Fr 8.30–17 Uhr sowie So 7.30–20.30 Uhr möglich. Im Sommer singt samstags um 16 Uhr ein Chor (Eintritt frei). Der gegenüber der Kathedrale gelegene Park ist der ideale Zufluchtsort, um im Schatten der Bäume seinen müden Füßen eine Pause zu gönnen und die überaus interessanten Inschriften auf den umliegenden Grabsteinen zu entziffern.

Art Gallery of Greater Victoria

Geht man von der Christ Church Cathedral die Rockland Ave. entlang durch den historischen Rockland District, kommt man auf dem Weg durch die von Bäumen gesäumten Straßen an stattlichen Villen und farbenprächtigen Gärten vorbei. Biegt man nach links in die Moss St. ein, erreicht man die aus dem Jahre 1889 stammende Spencer Mansion und ihren modernen Seitenflügel. Beide zusammen sind Heimat der Art Gallery of Greater Victoria (1040 Moss St., ✆ 250/384-4101; im Sommer tägl. 10–17 Uhr, Do bis 21 Uhr, sonst Di–So 10–17 Uhr, Do bis 21 Uhr; Erwachsene $ 12, Senioren $ 10, Kinder $ 2). In ihren Räumen befindet sich nicht nur Kanadas edelste Sammlung an japanischer Kunst, sondern es gibt hier auch eine reichhaltige Palette zeitgenössischer Kunst, Werke von Emily Carr und Wanderausstellungen. Zusätzlich gibt es noch einen japanischen Garten mit einem Shinto-Schrein zu bewundern. Im angeschlossenen Shop werden Bücher über Kunst, Reproduktionen, handgefertigter Schmuck, Töpferwaren und Glasgegenstände verkauft.

Government House

Folgt man von der Art Gallery aus weiter der Rockland Ave., kommt man zum Government House, dem offiziellen Amtssitz des Lieutenant Governor, der die britische Krone in British Columbia repräsentiert. Die Gärten um das Haus sind ganzjährig für die Öffentlichkeit zugänglich. Man trifft hier auf einen englischen Garten, einen Rosen- und einen Rhododendrongarten, samtgrüne Rasenflächen und Blumenbeete, die ein perfektes Fotomotiv abgeben. Der Garten an der Frontseite des Anwesens wurde hingegen in einem eher natürlichen Zustand belassen. Hier gibt es Kieswege und Bänke, die den Besucher zur Rast und zum Genießen des Stadtpanoramas einladen.

Craigdarroch Castle

Wer von der Art Gallery aus einige Minuten die Rockland Ave. in östliche Richtung geht und dann nach links in die Joan Cres. einbiegt, steht vor einem vierstöckigen Herrschaftssitz, der den Namen Craigdarroch Castle trägt (1050 Joan Cres., ✆ 250/592-5323; im Sommer tägl. 9–19 Uhr, sonst 10–16.30 Uhr; Erwachsene $ 12, Senioren $ 11, Kinder $ 4). Das architektonische Meisterwerk wurde 1890 für Robert Dunsmuir erbaut, einen reichen Industriellen und Politiker, der jedoch kurz vor der Fertigstellung des Gebäudes starb. Um sich das ganze Sammelsurium im Inneren anzusehen, sollte man sich einer der Führungen anschließen. Diese werden von freiwilligen Helfern geleitet, die „ihren" Dunsmuir wirklich wie aus der Westentasche kennen. Wer Lust dazu hat, kann sich das ganze polierte Holz, die bunten Fenster sowie die viktorianischen Möbel ansehen und die herrliche Aussicht auf die Stadt aus dem Obergeschoss genießen.

Craigdarroch Castle

Westlich der Downtown

Point Ellice House and Garden

Das ursprünglich 1861 erbaute, vollständig restaurierte Gebäude (2616 Pleasant St., ✆ 250/380-6506; Mai bis Mitte Sept. tägl. 10–16 Uhr; Erwachsene $ 5, Senioren $ 4, Kinder $ 3) liegt inmitten wunderschöner Gärten entlang der Gorge on Point Ellice, nicht einmal 2 km vom Inner Harbour entfernt. Der beste Grund, um sich auf den Weg hierher zu machen, ist der traditionelle englische Nachmittagstee, der von 11 bis 15 Uhr gereicht wird ($ 19,95 inkl. Eintritt). Um vom Inner Harbour zum Point Ellice House and Garden zu gelangen, nimmt man entweder die Victoria Harbour Ferry (10 Min.; einfache Fahrt $ 4) oder zunächst die Government oder Douglas St. in nördliche Richtung. Dann nach links in die Bay St. einbiegen und an der Pleasant St. erneut nach links.

Fort Rodd Hill National Historic Site

Auf einer Landzunge gegenüber der Hafeneinfahrt von CFB Esquimalt liegt der malerische Flecken (603 Fort Rodd Hill Rd., Colwood, ✆ 250/478-5849; Mitte Feb. bis Okt. tägl. 10–17.30 Uhr, Nov. bis Mitte Feb. tägl. 9–16.30 Uhr; Erwachsene $ 4, Senioren $ 3, Kinder $ 2,50), an dem sich das 1898 zum Schutz der im Hafen liegenden Flottenverbände erbaute **Fort Rodd** und der aus dem Jahr 1873 stammende Leuchtturm **Fisgard Lighthouse** befinden. Ein äußerst interessanter Platz, um auf Entdeckungstour zu gehen. Audiostationen sorgen dafür, dass man akustisch in die Vergangenheit eintauchen kann, die Arbeitszimmer sind im Stile der Jahrhundertwende möbliert, und der Leuchtturm wurde vollständig renoviert und steht Besuchern offen. Von der Downtown aus nimmt man den Old Island Hwy. (Gorge Rd.) und biegt dann zunächst links in die Belmont Rd. ein, dann wieder links auf den Ocean Blvd. Wer lieber mit dem Bus fahren möchte, nimmt in der Downtown zunächst die Linie 50, muss dann aber in die Linie 52 umsteigen.

Goldstream Provincial Park

Der 390 ha große Park liegt 20 km westlich vom Zentrum Victorias entfernt, direkt am Hwy. 1. Hauptattraktion ist der **Goldstream River,** der nach Norden in den Finlayson Arm des Saanich Inlet fließt. Die Flussufer werden von Wäldern aus uralten Douglasien und Rotzedern gesäumt, auf den Waldlichtungen blühen Orchideen, und in den höheren Lagen wachsen Drehkiefern, Hemlocktannen und Ahornbäume. Vom Parkplatz des Picknickgeländes aus, der 2 km nördlich der Abzweigung zum Campingplatz liegt, führt ein 500 m langer Trail zu einem Informationszentrum (✆ 250/478-9414; tägl. 9–17 Uhr), in dem der Lebenszyklus der im Fluss laichenden Lachse (Nov./Dez.) erläutert wird. Wer hinter dem Infozentrum noch 5 Min. weiterwandert, erreicht den Oberlauf des Finlayson Arm, wo man hervorragend Vögel beobachten kann.

Saanich Peninsula

Die Saanich Peninsula ist eine Landzunge, die sich von der Downtown aus nach Norden erstreckt. Auf ihr liegen die Butchart Gardens, die berühmteste Sehenswürdigkeit von Victoria, der Victoria International Airport und der Fähranleger für die Fähren von Tsawwassen.

Butchart Gardens

Die in das Gelände eines aufgegebenen Steinbruchs eingebetteten, fantastischen Gärten sind Victorias bekannteste Attraktion und liegen etwa 20 km nördlich der Downtown (800 Benvenuto Dr., Brentwood Bay, ✆ 250/652-4422, www.butchartgardens.com; Erwachsene $ 30, Jugendliche $ 15, Kinder $ 3). Sie sind das ganze Jahr über täglich ab 9 Uhr geöffnet und schließen im Sommer um 22 Uhr, im Winter um 16 Uhr; im Frühjahr und im Herbst wird das Gelände abends zu unterschiedlichen Zeiten geschlossen.

Die Gärten wurden im frühen 19. Jh. in der Absicht angelegt, den verwaisten Steinbruch zu schmücken. Daraus entwickelte sich, was heute als einer der führenden Privatgärten der Welt gilt. Man findet hier 5000 Arten von Blumen, und in den riesigen Gewächshäusern werden jährlich aufs Neue etwa 35.000 Blumenzwiebeln und 100 Rosenstöcke herangezogen. Im Frühling, Sommer oder Frühherbst kann man Augen und Nase hier einem wunderbaren sinnlichen Erlebnis aussetzen. Im Juli und August gibt es an jedem Samstagabend ein beeindruckendes Feuerwerk.

Victoria Butterfly Gardens

Gleich in der Nachbarschaft der Butchart Gardens hat man in den Victoria Butterfly Gardens (Ecke Benvenuto und W Saanich Rd., ✆ 250/652-3822; im Sommer tägl. 9–17 Uhr, sonst 10–16 Uhr, im Jan. geschl.; Erwachsene $ 12, Senioren $ 11, Kinder $ 6,50) die Möglichkeit, einige der beeindruckendsten Schmetterlingsarten der Welt aus nächster Nähe zu betrachten und zu fotografieren. Tausende Exemplare aus aller Welt fliegen frei herum und ernähren sich vom Nektar der farbenprächtigen tropischen Pflanzen. Auch exotische Vögel wie Papageien oder Kakadus kann man hier hautnah erleben.

Sidney

Das kleine Städtchen Sidney liegt am Ostufer der Saanich Peninsula, direkt an der Strait of Georgia. Hier legen nicht nur die Fähren zu den San Juan Islands (Washington) ab, sondern an einem sonnigen Tag ist die Hafengegend auch hervorragend geeignet, um das geschäftige Treiben in der Port Sidney Marina zu beobachten oder einfach nur in einem der vielen Terrassencafés zu entspannen. Einzige offizielle Sehenswürdigkeit ist das Sidney Museum (9801 Seaport Pl., am Ende der Beacon Ave., ✆ 250/656-2140; tägl. 10–16 Uhr; Spende). Dessen Highlight sind die zwei dort ausgestellten Wale samt zugehöriger Walskelette.

Sport und Freizeit

Obwohl ganz Vancouver Island ein Paradies für Erholungssuchende ist, bevorzugen die Bewohner von Victoria die zahlreichen Möglichkeiten direkt vor ihrer Haustür. Besonders Wandern und Radfahren sind beliebte Freizeitbeschäftigungen. So kann man vom Inner Harbour aus bequem zu Fuß oder per Rad am Ufer entlang bis zur Oak Bay wandern bzw. radeln.

• *Wandern und Radfahren* Egal, ob man nur so vor Energie strotzt oder nicht – auf jeden Fall sollte man zumindest ein kleines Teilstück des **Marine Drive** zu Fuß oder per Fahrrad erkunden. Der Marine Dr. startet am Ogden Point und verläuft entlang der Küstenlinie der Juan de Fuca Strait bis zur Oak Bay. Der Abschnitt gleich südlich der Downtown, zwischen Holland Point Park und Ross Bay Cemetery, ist bei einheimischen Frühaufstehern besonders beliebt. Man darf sich daher nicht wundern, wenn hier bereits kurz vor Sonnenaufgang zahllose Menschen unterwegs sind. Die besten Wandermöglichkeiten außerhalb der Stadt bieten der direkt am Hwy. 1 gelegene **Goldstream Provincial Park** und der **East Sooke Regional Park,** den man über den Hwy. 14 in westlicher Richtung erreicht.

Fahrräder kann man bei **Sports Rent** mieten, das gleich nördlich der Downtown liegt (1950 Government St., ✆ 250/385-7368); ab $ 7–10/Std. bzw. $ 30–40/Tag.

• *Wassersport* Im Sommer bietet **Ocean River Sports** (Market Sq., 1824 Store St., ✆ 250/381-4233 oder ✆ 800/909-4233, www.oceanriver.com) täglich geführte zweieinhalbstündige Paddeltouren im Inner Harbour an ($ 65/Pers.). Es gibt auch Kurse für Anfänger und Touren mit Übernachtung, die bis zu den Queen Charlotte Islands führen. Selbstverständlich kann man auch Kajaks und andere Ausrüstungsgegenstände kaufen oder mieten. **Sports Rent** (1950 Government St., ✆ 250/385-7368) vermietet Kanus, Kajaks und eine große Auswahl an sonstigem Zubehör, das man bei Unternehmungen in der Natur gut gebrauchen kann. Für ein Kanu oder Einerkajak muss man mit $ 40/Tag bzw. $ 160/Woche rechnen.

Die besten Strände von Victoria liegen östlich der Downtown. Am **Willows Beach** in der Oak Bay verbringt der Besucher seine Zeit vorwiegend mit Sonnenbaden. Nur wenige tollkühne Schwimmer wagen sich in das etwa 17 °C warme Wasser. Der in Richtung Saanich Peninsula gelegene **Elk Lake** und der westlich der Downtown am Hwy. 1 befindliche **Thetis Lake** sind ebenfalls von Schwimmern und Sonnenanbetern bevorzugte Plätze.

Nachtleben, Kunst und Veranstaltungen

In Victoria gibt es eine tatkräftige Anhängerschaft der Performing-Arts-Szene, die einige Veranstaltungen extra für die im Sommer einfallenden Touristenströme ins Leben gerufen hat. Zwar existiert in der Stadt bei Weitem kein solches Nachtleben wie in ihrer großen Nachbarin Vancouver. Aber die vielen Saisonarbeiter sorgen im Sommer für volle Bars und halten dann auch einige wenige Nachtclubs am Leben. Es gibt mehr als genug britische Pubs, und zu einem Pint of Lager bekommt man normalerweise immer eine gute Mahlzeit. Umfangreiche Informationen zu Kunst und Unterhaltung finden sich im entsprechenden Teil der Zeitschrift *Monday* (www.mondaymag.com).

Nachtleben

Den größten Unterhaltungskomplex von Victoria beherbergt das **Strathcona Hotel** (919 Douglas St., ✆ 250/383-7137). Eine der insgesamt vier Bars befindet sich auf der Dachveranda und eine zweite, das Sticky Wicket, ist im englischen Stil eingerichtet (mit einer Wandverkleidung aus Mahagoni).

Näher am Inner Harbour liegt in einem alten Getreidespeicher das **Swans Suite Hotel** (506 Pandora Ave., ✆ 250/361-3310), das über eine hauseigene Brauere verfügt.

Einige Blocks weiter stößt man direkt am Wasser auf das **Canoe Brewpub** (450 Swift St., ✆ 250/361-1940). In dem roten Ziegelbau aus dem Jahre 1894 standen einst die Generatoren, die den Strom für die Straßenlaternen von Victoria lieferten. Das Pub ist bei den Bewohnern der Downtown sehr beliebt und hat eine prima Terrasse.

Ebenfalls eine tolle Aussicht aufs Wasser bietet **Spinnakers Gastro Brewpub** auf der der Downtown gegenüberliegenden Seite des Inner Harbour (308 Catherine St., ✆ 250/384-6613). Das Pub wurde 1984 als erstes Brauereipub Kanadas eröffnet. In den vielen Pubs von Victoria, die im englischen Stil gehalten sind, gibt es eine große Auswahl an Bieren, eine sympathische Atmosphäre und preiswerte Mahlzeiten. Das am nächsten zur Downtown gelegene Pub ist das **James Bay Inn** (270 Government St., ✆ 250/384-7151).

Etwas außerhalb liegt das **Six Mile House** (494 Island Hwy., ✆ 250/478-3121), ein im klassischen Tudor-Stil gehaltenes englisches Pub, das seine Pforten erstmals vor über 150 Jahren öffnete. Man erreicht es über den Hwy. 1 stadtauswärts, Abfahrt Colwood.

Die meisten Nachtclubs von Victoria füllen sich schnell, wenn Livemusik jeglicher Art angesagt ist. Die erste Adresse ist seit über 30 Jahren das **Legends** im Strathcona Hotel (919 Douglas St., ✆ 250/383-7137). Hier wird es richtig lebendig, wenn es live Rock 'n' Roll gibt. An manchen Abenden legt ein DJ die neueste Tanzmusik auf.

Für Freunde des Jazz gibt es in Victoria gleich mehrere gute Treffpunkte. Der beste ist **Hermann's Jazz Club** (753 View St., ✆ 250/388-9166). Im **Steamers** (570 Yates St., ✆ 250/381-4340) treten Musiker unterschiedlicher Stilrichtungen auf, am Dienstag- und Mittwochabend gibt es dort aber gewöhnlich Jazz und Blues zu hören. Infos über die aktuellen Auftritte von Jazzmusikern bekommt man über die Victoria Jazz Society (✆ 250/388-4423, www.vicjazz.bc.ca).

Theater und Musik

Im prächtigen **McPherson Playhouse,** das aus dem Jahre 1914 stammt und von einheimischen Theaterfreunden nur liebevoll „Mac" genannt wird, gastieren die unterschiedlichsten Künstler. Das Theater liegt am Centennial Square, an der Ecke Pandora Ave. und Government St. Das **Royal Theatre** (805 Broughton St.) war einst ein Rasthaus und wurde später viele Jahre lang als Kino genutzt. Heute finden hier unterschiedlichste Theater- und Konzertveranstaltungen statt. Informationen über die Spielpläne und Eintrittskarten zu beiden Theatern erhält man bei der Royal & McPherson Theatres Society (✆ 250/386-6121 oder ✆ 888/717-6121, www.rmts.bc.ca). Darstellende Kunst im kleineren Format kann man im **Belfry Theatre** genießen, das in einem historischen Kirchengebäude untergebracht ist (1291 Gladstone St., ✆ 250/385-6815; Vorstellungen von Okt. bis April; Karten $ 26–35/Pers.).

Die **Pacific Opera Victoria** (✆ 250/385-0222, www.pov.bc.ca) führt jedes Jahr drei Produktionen (normalerweise Okt. bis April) im McPherson Playhouse auf. Karten kosten $ 20–65. Die **Victoria Operatic Society** bietet das ganze Jahr über Opernvergnügen. Den aktuellen Spielplan kann man telefonisch erfragen (✆ 250/381-1021).

Feste und Veranstaltungen

• *Frühling* Offiziell herrscht im Februar noch Winter. Aber die Einwohner von Victoria wissen es zu schätzen, dass der Frühling die Westküste sehr früh erreicht. Das ist auch der tiefere Grund für den **Flower Count,** der in der letzten Februarwoche stattfindet. Während im übrigen Kanada der Sommer noch lange auf sich warten lässt, zählen die Bewohner von Victoria die Blüten in ihren Vorgärten, in den Parks und entlang der Straßen. Die Ergebnisse werden fein säuberlich notiert und dann mit überschwänglicher (Schaden-)Freude in ganz Kanada verbreitet.

Der Geburtstag von Queen Victoria (24. Mai) wird in Kanada seit 1834 gefeiert und ist natürlich in der Stadt, die ihren Namen trägt, von ganz besonderer Bedeutung. Die Feierlichkeiten rund um den Inner Harbour dauern das ganze Wochenende und finden schließlich ihren Höhepunkt in der **Victoria Day Parade,** die montags in der Downtown stattfindet. (Obwohl der Geburtstag von Queen Victoria der 24. Mai war, wird er mit einem offiziellen Feiertag an dem auf den 25. Mai folgenden Montag gefeiert.)

Während die meisten Touristen Victoria eher mit dem Nachmittagstee im Fairmont Empress in Verbindung bringen, assoziieren Cowboys die Stadt mit dem **Luxton Pro Rodeo** (✆ 250/478-4250, www.rodeo canada.com), das am dritten Maiwochenende stattfindet. Auf dem Programm steht neben den traditionellen Wettbewerben auch das Mutton-busting für Kinder (eine Art Bullenreiten auf braven Schafen). Die Veranstaltung findet auf den *Luxton Rodeo Grounds* westlich von Sooke statt. Der Zutritt zum Festivalgelände ist frei, der Eintritt für das Rodeo kostet $ 12.

• *Sommer* Am ersten Sonntag im August findet der **Symphony Splash** (✆ 250/385-9771, www.symphonysplash.ca) statt, ein Kunstschmaus für Augen und Ohren. Das örtliche Symphonieorchester spielt auf einer im Inner Harbour vertäuten Barkasse für die Menschenmassen, die sich am Ufer drängeln. Zu diesem einmaligen musikalischen Ereignis finden sich oft mehr als 40.000 Besucher ein, die entweder vom Ufer oder von Kajaks aus den Klängen lauschen.

Ende August findet zehn Tage lang das **Victoria Fringe Festival** (✆ 250/383-2663, www.victoriafringe.com) statt. An den über die gesamte Stadt verteilten sechs Veranstaltungsorten treten über 350 Künstler auf. Man kann sie etwa entlang dem Hafenbecken oder im Conservatory of Music in der Pandora Ave. bewundern. Alle Ticketpreise liegen unter $ 15.

Einkaufen

Das Shoppen ist in Victoria ein reines Vergnügen. Nahezu alle Geschäfte und großen Kaufhäuser haben normalerweise Montag bis Samstag von 9.30 bis 17.30 Uhr geöffnet. Am Donnerstag und Freitag bleiben die Türen für das Late-Night-Shopping bis 21 Uhr offen. Die Touristenläden am Inner Harbour und entlang der Government St. sind sonntags geöffnet. Am Ende der Government St., gleich hinter dem Hotel Fairmont Empress, kann man abgerissene T-Shirts und ähnlichen Plunder erstehen. Weiter die Straße hinauf befinden sich die eleganteren Läden wie etwa **James Bay Trading Co.** (1102 Government St., ✆ 250/388-5477). Dieses Geschäft hat sich auf Kunstgegenstände der an der Küste lebenden Ureinwohner spezialisiert. Auch bei **Hill's Native Art** (1008 Government St., ✆ 250/385-3911) gibt es eine große Auswahl an authentischen Souvenirs der Nordwestküstenvölker zu kaufen. **Cowichan Trading** (1328 Government St., ✆ 250/383-0321) führt die berühmten Cowichan-Pullover.

Der farbenprächtige zweigeschossige Komplex am **Market Square** in der Old Town war einst der bevorzugte Aufenthaltsort von Seeleuten, Robbenjägern und Walfängern, die während ihrer Landgänge auf der Suche nach Schnaps und Bordellen waren. Nach entsprechender Renovierung präsentieren die hier nunmehr ansässigen Fachgeschäfte ein abwechslungsreiches Sortiment, das vom Kajak bis zum Kondom reicht. Geht man vom Market Square auf die Johnson St., stößt man auf Geschäfte mit Campingbedarf und den interessanten **Bosun's Locker** (580 Johnson St., ✆ 250/386-1308), der schon seit über 50 Jahren bis unter die Decke mit seemännischem Schnickschnack angefüllt ist.

• *Buchhandlungen* **Munro's Books** (1108 Government St., ✆ 250/382-2464 oder ✆ 888/243-2464) liegt mitten in der Touristenmeile, was einen aber keinesfalls von einem Besuch abhalten sollte. Es gibt eine reichhaltige Auswahl an Romanen und Sachbüchern, die mit Victoria, Vancouver Island und Kanada zu tun haben. In der Nähe des Strandes von Oak Bay befindet sich **Ivy's Bookshop** (2188 Oak Bay Ave., ✆ 250/598-2713), der mit einem sehr vielfältigen Angebot aufwarten kann. Hier findet man von Büchern, die sich mit der Region beschäftigen, bis hin zu den aktuellen Bestsellern alles.

Übernachten

Im Sommer kann es schwierig werden, ein freies Zimmer in Victoria zu finden. Denn dann buhlen ganze Heerscharen von Touristen um die wenigen vorhandenen Unterkünfte. Ist man auf der Suche nach einem normalen Motelzimmer, braucht man nur einen Blick in die örtliche Broschüre zu werfen, in der die Motels aufgelistet sind. Wer hingegen eine etwas ausgefallenere Bleibe sucht, der wird unter den folgenden Hinweisen sicher das Passende finden.

• *Unter $ 50* Preisbewusste Reisende kommen in Victoria auf ihre Kosten. Das Angebot an Quartieren in diesem Preissektor ist im Vergleich zu Vancouver recht gut, allerdings gibt es keine Unterkunft, die besonders heraussticht.

Gerade mal einen Steinwurf vom Hafen entfernt liegt im Herzen der Downtown das **HI-Victoria** (516 Yates St., ✆ 250/385-4511 oder ✆ 888/883-0099, www.hihostels.ca; Bett im Schlafsaal $ 30–60, Zimmer $ 54–70 für 1/2 Pers.), Mitglieder von Hostelling International erhalten einen Preisnachlass). Es hat getrennte Schlafsäle und Waschgelegenheiten für Männer und Frauen, verfügt über zwei Küchen, eine Lounge, eine Bibliothek, einen Game Room, einen Travelservice, Internetzugang und ein informatives Schwarzes Brett.

Nur einige Blocks von der Downtown entfernt befindet sich in den oberen Stockwerken eines alten Geschäftshauses das **Ocean Island Backpackers Inn** (791 Pandora Ave., ✆ 250/385-1788 oder ✆ 888/888-4180, www.oceanisland.com; Bett im Schlafsaal $ 25, Zimmer $ 47 für 1 Pers., $ 58–89,50 für 2 Pers.). Gäste dürfen selbstverständlich die Küchen nutzen, es gibt eine Laundry und einen Computer mit Internetzugang. Auch zum Ausspannen ist genügend Platz vorhanden, etwa in einem eigenen Lese- oder Musikzimmer (in Letzterem stehen Gitarren zur Verfügung). Zusätzlich gibt es ein Fernsehzimmer und auf

Das im viktorianischen Stil erbaute Beaconsfield Inn

der Eingangsebene eine Bar, die bis Mitternacht geöffnet hat.

• *$ 50–100* Unmittelbar östlich der Downtown befindet sich in einem ruhigen Wohnviertel das **Craigmyle B&B Inn** (1037 Craigdarroch Rd., Rockland, ✆ 250/595-5411 oder ✆ 888/595-5411, www.bandbvictoria.com; $ 65 für 1 Pers., $ 100–115 für 2 Pers.). Es steht direkt vor dem berühmten Craigdarroch Estate, zu dessen Besitz es einst gehörte. Das aus dem Jahr 1913 stammende, weitläufige Gebäude mit seinen vielen bunten Glasfenstern hat Flair und dazu komfortable Möbel. Es gibt Einzel-, Doppel- und Familienzimmer, einige davon jeweils mit Etagenbad, andere mit eigenem Bad. Ein einladendes Wohnzimmer mit TV, ein sonnendurchfluteter Essbereich und die freundlichen Eigentümer sorgen dafür, dass man sich fast wie zu Hause fühlt.

• *$ 100–150* Eine ebenfalls exzellente Wahl am unteren Ende des Preisspektrums ist das **Selkirk Guest House** (934 Selkirk Ave., Esquimalt, ✆ 250/389-1213 oder ✆ 800/974-6638, www.selkirkguesthouse.com; $ 100–135 für 1/2 Pers.). Es liegt am Gorge Waterway, 3 km vom Inner Harbour entfernt. Das Haus wurde ausgiebig renoviert und bietet komfortable Übernachtungsmöglichkeiten. Was es von anderen Angeboten der gleichen Preisklasse abhebt, ist seine Lage. Einzig ein gepflegter Garten (mit einem unter einer alten Linde befindlichen Whirlpool) trennt das Gebäude vom Wasser. Für das Frühstück zahlt man $ 8/Pers. extra, der drahtlose Internetzugang ist kostenlos.

Das **Heritage House** (3808 Heritage Ln., ✆ 250/479-0892 oder ✆ 877/326-9242, www.heritagehousevictoria.com; 155 $ für 1/2 Pers.), eine wunderschöne Villa aus dem Jahr 1910, die von Bäumen und Gärten umgeben ist, liegt in einer ruhigen Wohngegend beim Portage Inlet, 5 km nordwestlich des Stadtzentrums. Die Gäste können zwischen verschiedenen außergewöhnlichen Zimmern wählen. Eines davon bietet von der zugehörigen Veranda einen Blick auf das Portage Inlet. Gäste kommen in den Genuss der Behaglichkeit des großen Wohnzimmers und eines frisch zubereiteten Frühstücks im eleganten Esszimmer.

Das **James Bay Inn** (270 Government St., ✆ 250/384-7151 oder ✆ 800/836-2649, www.jamesbayinn.com; $ 125–175 für 1/2 Pers.) stammt aus dem Jahr 1911 und wurde einst von der Künstlerin Emily Carr bewohnt. Es liegt fünf Blocks vom Hafen entfernt, und man kann von hier aus problemlos zu Fuß alle Sehenswürdigkeiten der Stadt und den Beacon Hill Park erreichen. Von außen macht das Hotel einen eher mittelmäßigen

Eindruck. Doch dank der hellen Innenausstattung und der neuen Betten begibt man sich in den einfach möblierten Zimmern nach einem anstrengenden Tag gerne zur Ruhe. Als Gast erhält man in dem im Erdgeschoss gelegenen Restaurant und im Pub Vergünstigungen auf Essen und Getränke.

Zwar nicht ganz so nahe am Wasser, aber trotzdem nur einen Block von der Douglas St. entfernt liegt das 1876 erbaute **Dalton Hotel & Suites** (759 Yates St., ✆ 250/384-4136 oder ✆ 888/544-1109, www.daltonhotel.ca; $ 135–225 für 1/2 Pers.). Das älteste Hotel von Victoria wurde für mehrere Millionen Dollar renoviert. Entsprechend lassen das elegante Holzgebälk, Messingbesätze, Messinglampen, Deckenventilatoren und Marmorböden den Charme des viktorianischen Zeitalters wieder aufleben.

Das **Bedford Regency** (1140 Government St., ✆ 250/384-6835 oder ✆ 800/665-6500, www.bedfordregency.com; $ 139–199 für 1/2 Pers.) liegt im ältesten Teil der Downtown, umgeben von den besten Restaurants und Einkaufsmöglichkeiten der Stadt. Die 40 Zimmer sind unterschiedlich ausgestattet. Die Standardzimmer erscheinen angesichts ihrer eleganten Möblierung im Art-déco-Stil und der hohen Räume größer, als sie wirklich sind. Noch besser sind allerdings die Deluxe Rooms und Suiten. Hier hat man für unwesentlich mehr Geld viel mehr Platz und eine bessere Ausstattung.

Zweigt man zwischen dem Fährterminal und der Downtown von der Hauptstraße ab, gelangt man zum **Cedarwood Inn & Suites** (9522 Lochside Dr., ✆ 250/656-5551 oder ✆ 877/656-5551, www.thecedarwood.ca; $ 125–145 für 1/2 Pers., Blockhäuser $ 165). Wer sich in dem hübschen, bunt blühenden Garten niederlässt, genießt von dort aus direkte Sicht auf die Strait of Georgia.

• *$ 150–200* Wer es lieber ein wenig moderner mag, für den ist das zentral gelegene **Swans Suite Hotel** (506 Pandora Ave., ✆ 250/361-3310 oder ✆ 800/668-7926, www.swanshotel.com) genau das Richtige. Es befindet sich über einem Restaurant bzw. Pub in einem Gebäudekomplex, der um 1880 als Getreidespeicher errichtet wurde. Die 30 auf zwei Ebenen angelegten Suiten bestehen aus Galerieschlafraum, kompletter Küche und Essbereich, manche haben noch ein weiteres Schlafzimmer. In allen gibt es drahtlosen Internetzugang. Die Möblierung ist sowohl zweckmäßig als auch ländlich-elegant. Die Wände zieren Kunstdrucke von der Westküste, und in jedem Zimmer stehen frische Blumen. Die Zimmerpreise von $ 189 für ein Studio, $ 249 für eine Suite mit einem Schlafzimmer und $ 329 für eine Suite mit zwei Schlafzimmern sind vollkommen gerechtfertigt, wenn man bedenkt, was man hier geboten bekommt. In der Nebensaison gibt es Preisnachlässe bis zu 50 %.

Vier Blocks vom Inner Harbour entfernt liegt das 1905 erbaute **Beaconsfield Inn** (998 Humboldt St., ✆ 250/384-4044 oder ✆ 888/884-4044, www.beaconsfieldinn.com; $ 169–299 für 1/2 Pers.). Das Haus ist genau so, wie man sich ein viktorianisches B&B vorstellt. Echte Mahagoniholzböden, hohe Räume, klassischer Stuck, Antiquitäten und frische Blumen aus dem hauseigenen Garten verleihen ihm einen durch und durch gehobenen Charme. Nach der Ankunft wird man eingeladen, mit den anderen Gästen eine Tasse Tee in der Bibliothek einzunehmen, und daran erinnert, dass man doch später auf ein Glas Sherry wiederkommen soll, bevor man zum Abendessen aus dem Haus geht. Erwartungsgemäß ist auch das Frühstück ein Genuss, das man entweder im förmlicheren Rahmen im Dining Room oder auf die etwas lockerere Art im Wintergarten einnehmen kann. In mehreren Gängen wird das herzhafte Frühstück von dem äußerst aufmerksamen Personal direkt am Tisch serviert.

Das **Days Inn on the Harbour** (427 Belleville St., ✆ 250/386-3451 oder ✆ 800/665-3024, www.daysinnvictoria.com; $ 175 für 1/2 Pers.) gehört zu einer Hotelkette. Allerdings ist seine Lage direkt am Hafen derart ausgezeichnet, dass man irgendwie das Gefühl nicht loswird, man müsste eigentlich wesentlich mehr für sein Zimmer bezahlen, als tatsächlich von einem verlangt wird.

• *$ 200–250* Wenige Blocks vom Inner Harbour entfernt befindet sich das **Andersen House Bed and Breakfast** (301 Kingston St., ✆ 250/388-4565 oder ✆ 877/264-9988, www.andersenhouse.com; $ 235–265 für 1/2 Pers.). Es wurde Ende des letzten Jahrhunderts für einen pensionierten Kapitän gebaut. Bei den Zimmern handelt es sich um hohe Räume, und man hat einen schönen Blick in den Garten, in dem allerlei Beeren und Kräuter wachsen, die in der Küche Verwendung finden. Jedes Zimmer hat ein eigenes Bad, einen separaten Zugang,

Das Fairmont Empress ist die beliebteste Unterkunft in Victoria

drahtlosen Internetzugang und einen CD-Player (samt CDs). Ganz im Sinne seines einstigen Eigentümers ist das Gebäude mit Möbeln aus aller Herren Länder und zeitgenössischen Bildern ausstaffiert.

• *$ 250–300* Das **Gatsby Mansion Inn** (309 Belleville St., ✆ 250/388-9191 oder ✆ 800/563-9656, www.gatsbymansion.com; ab $ 255 für 1 Pers., ab $ 265 für 2 Pers.) liegt zentral auf der anderen Seite des Inner Harbour. Das prächtige Anwesen stammt aus dem Jahr 1897 und verfügt über 20 Zimmer. In dem elegant renovierten Gebäude gibt es bunte Glasfenster, viel Holz, einen schönen offenen Kamin, unter dem Giebel baumeln Kristallleuchter, und in praktisch jeder Ecke stehen Antiquitäten. Der Nachmittagstee wird in einer ebenso eleganten wie gemütlichen Lounge neben der Lobby serviert, und das Restaurant hat eine schöne Terrasse.

Auf einem Hügel nahe dem Hafen steht das **Magnolia Hotel & Spa** (623 Courtney St., ✆ 250/381-0999 oder ✆ 877/624-6654, www.magnoliahotel.com; $ 269 für 1/2 Pers.), das sehr europäisch wirkt. Zur eleganten Innenausstattung gehören mit Mahagoni getäfelte Wände, Perserteppiche, Kronleuchter und mit Blattgold verzierte Decken. In allen für die Gäste zugänglichen Bereichen stehen frische Blumen. Die Zimmer sind elegant eingerichtet und haben riesige Fenster, die vom Boden bis zur Decke reichen. Darin stehen Möbel im Stil der Gründerzeit, es gibt bunte Bettbezüge, Daunendecken, drahtlosen Internetzugang und eine Kaffeemaschine. Im Zimmerpreis sind ein leichtes Frühstück, die Tageszeitung, freier Eintritt zum nahe gelegenen Fitnessraum und (im Unterschied zu den meisten anderen Hotels in der Downtown) freies Parken eingeschlossen.

In exzellenter Lage am Hafen, direkt neben dem Parlamentsgebäude, liegt das **Grand Pacific** (463 Belleville St., ✆ 250/386-0450 oder ✆ 800/228-5151, www.hotelgrandpacific.com; $ 260 für 1/2 Pers.). Das Hotel hat über 300 Zimmer. Auf dem Gelände befinden sich auch das Spa at the Grand, ein Fitnessclub, mehrere Restaurants und Lounges sowie eine Wechselstube. Sämtliche Zimmer sind gut eingerichtet, geräumig und haben einen kleinen Privatbalkon.

• *Über $ 300* Die beliebteste Unterkunft in Victoria ist das große und ehrwürdige **Fairmont Empress** (721 Government St., ✆ 250/384-8111 oder ✆ 800/257-7544, www.fairmont.com; ab $ 309 für 1/2 Pers.). Das Hotel ist von Efeuranken umgeben, wird nur durch einen herrlichen Garten vom Inner Harbour getrennt und verfügt somit über die beste Hotellage in ganz Victoria. Entworfen wurde es 1908 von dem Architekten Francis Rattenbury, und es ist eines der originalen Canadian-Pacific-Railway-Hotels. Zimmer gibt es in 90 verschiedenen Varianten, allerdings sind die meisten davon recht klein (was bei Hotels aus dieser Epoche durchaus üblich ist). Dafür wird man mit viktorianischen Möbeln und Antiquitäten entschädigt.

Im zur Oberklasse gehörenden **Brentwood Bay Lodge & Spa** (849 Verdier Ave., Brentwood Bay, ✆ 250/544-2079 oder ✆ 888/544-2079, www.brentwoodbaylodge.com; $ 329–549 für 1/2 Pers.), von dem aus man das Saanich Inlet überblicken kann, glaubt man, meilenweit von der Stadt entfernt zu sein. Man kann hier Tauchen lernen, ein Wassertaxi zu den Butchart Gardens nehmen, sich der neuesten Wellnesskur unterziehen oder zu einer Kajaktour aufbrechen. Die Eleganz der 33 Zimmer lässt den Begriff Understatement in einem völlig neuen Licht erscheinen. Die vom Tageslicht geradezu überfluteten Zimmer sind im zeitgenössischen Stil der Westküste gehalten (mit viel poliertem Holz und Naturfarben), die großen Doppelbetten sind mit feinstem italienischen Leinen bezogen, und es gibt jeweils einen eigenen Balkon. Weitere Annehmlichkeiten des modernen Lebens sind etwa Unterhaltungselektronik samt DVD-Player, drahtloser Internetzugang und kostenlose Telefonanrufe (innerhalb von Nordamerika). Beim Essen hat man die Wahl zwischen Speisen vom Holzgrill, einem gehobenen Restaurant, einer Kaffee- und einer Snackbar.

Camping

• *Im Westen* Die am nächsten zur Downtown gelegene Campingmöglichkeit bietet das **Westbay Marine Village** (453 Head St., Esquimalt, ✆ 250/385-1831, www.westbay.bc.ca; $ 30–45). Es liegt gegenüber der Downtown, auf der anderen Seite des Victoria Harbour. Allerdings ist der Campingplatz nur für Wohnmobile zugelassen. Es gibt Stellplätze mit Dreifachanschluss und eine Laundry. Der Campingplatz ist Teil der Marina, an der es auch noch Hausboote und Restaurants gibt. Außerdem kann man hier Boote für Angelausflüge mieten. Wassertaxis bringen einen zur Downtown.

Der **Fort Victoria RV Park** (340 Island Hwy., ✆ 250/479-8112, www.fortvictoria.ca; $ 37) liegt 6 km nordwestlich des Stadtzentrums am Hwy. 1A. Es gibt kostenlose Duschen, eine Laundry und die Möglichkeit, einen Trip zum Lachsangeln zu buchen.

Fährt man auf dem Hwy. 1 weiter nach Westen bis zur Ausfahrt 10, bleibt auf der Colwood Ln. und nimmt dann die unter dem Highway hindurchführende Six Mile Rd., kommt man zum **Thetis Lake Campground** (West Park Ln., ✆ 250/478-3845; Stellplatz ohne Anschlüsse $ 26, mit Anschlüssen $ 30–36). Die Stellplätze sind schattig, es gibt Münzduschen und eine Laundry. Der Campingplatz grenzt an den Thetis Lake Park, durch den mehrere Wanderwege führen. Innerhalb der Parkgrenzen liegt auch einer der beliebtesten Plätze von Victoria zum Schwimmen und Sonnenbaden.

• *Am Hwy. 1 Richtung Norden* Ein Stück weiter westlich der oben genannten Campingplätze windet sich der Hwy. 1 zunächst durch den **Goldstream Provincial Park** (19 km von der Downtown entfernt; $ 24), bevor er den Reisenden dann in den Norden von Vancouver Island bringt. Am Südende des Parks gibt es 161 großzügig bemessene Stellplätze, die über ein Waldstück mit altem Baumbestand verstreut liegen. Ein wahrhaft wunderschönes Fleckchen Erde, das man so nahe an der Hauptstadt niemals vermuten würde. Der Campingplatz verfügt zwar über kostenlose warme Duschen, bietet aber keinerlei Anschlussmöglichkeiten.

Vancouver Island
Karte S. 210/211

Essen und Trinken

Obwohl Victoria nicht gerade den Ruf genießt, eine Hochburg für Feinschmecker zu sein, haben sich die Verhältnisse im letzten Jahrzehnt außerordentlich positiv entwickelt. Zahlreiche Restaurants bieten erstklassige Küche mit Einflüssen aus aller Welt. Die hiesigen Küchenchefs legen dabei großen Wert auf Zutaten, die aus biologischem Anbau und von der Insel selbst stammen. Auf vielen Speisekarten stehen Fisch und Meeresfrüchte wie Heilbutt, Shrimps, Muscheln, Krabben und Lachs an erster Stelle.

Angesichts des blühenden Tourismus um den Inner Harbour hat man in dieser Gegend gute Chancen, etwas nach seinem Geschmack und Geldbeutel zu finden – egal, ob man nun italienische, mexikanische, kalifornische oder vegane Gerichte bevorzugt. Die typischen Touristenfallen lassen sich gut daran erkennen, dass für sie praktisch überall exzessiv geworben wird. Sieht man von ihnen einmal ab, gibt es am Hafen viele Restaurants, die von Einheimischen wie Touristen gleichermaßen gerne aufgesucht werden. Im Unterschied zu den meisten anderen Städten und mit Ausnahme der Chinatown konzentrieren sich ausländische Restaurants nicht an bestimmten Straßenzügen. Allerdings findet man die trendigsten Restaurants von Vancouver Island um den östlich der Douglas St. gelegenen Abschnitt der Fort St.

Traditionelles englisches Essen erfreut sich noch immer großer Beliebtheit, was ganz besonders für den Nachmittagstee gilt. Ihn bekommt man überall, egal ob im Café an der Ecke oder im Fairmont Empress. Obwohl der englischen Küche generell ein schlechter Ruf vorauseilt, ist sie es durchaus wert, gekostet zu werden. Wer die ganze Palette probieren möchte, sollte sich zum Frühstück Bückling und pochierte Eier bestellen, mittags einen Ploughman's Lunch (hartes Brot, ein Stück Käse und eingelegte Zwiebeln) versuchen und abends Roastbeef mit Yorkshire Pudding wählen.

• *Cafés und preiswerte Lokale* Während die Touristen in Scharen die Cafés und Restaurants am Inner Harbour und an der Government St. belagern, verweilen die Einheimischen zum Essen lieber in der Douglas St. Eine Reminiszenz an längst vergangene Zeiten ist **John's Place** (723 Pandora Ave., ✆ 250/389-0711; Mo–Fr 7–21 Uhr, Sa/So 8–21 Uhr; $ 8–14), gleich um die Ecke der Douglas St. Das Essen ist gut, die Atmosphäre locker, und man wird den Eindruck nicht los, dass die Kellnerinnen hier wirklich gerne arbeiten. Die ganze Woche über gibt es Frühstück, Burger, Salate und Sandwiches. Richtig voll wird es am Wochenende beim Brunch, wenn sich fast immer eine Warteschlange bis auf die Straße bildet.

In der Old Town befindet sich **Willies Bakery** (537 Johnson St., ✆ 250/381-8414; tägl. ab 7.30 Uhr). Im ruhigen, gepflasterten Hof des im altertümlichen Stil gehaltenen Cafés serviert man Kuchen, Gebäck und alkoholfreie Getränke.

Wer über das veraltete Mobiliar in der **Dutch Bakery** (718 Fort St., ✆ 250/385-1012; Di–Sa 7.30–17.30 Uhr) hinwegsehen kann, darf sich an frisch gebackenen Leckereien und hausgemachter Schokolade laben.

• *Casual Dining* **Sam's Deli** (805 Government St., ✆ 250/382-8424; tägl. 6.30–22 Uhr; Mittagessen $ 6,50–9) liegt gegenüber dem Victoria Visitor Information Centre und zieht die Touristen geradezu magisch an. Obwohl es in der Nähe viele andere Lokale gibt, in denen man besser essen kann, punktet Sam's mit seiner tollen Lage und der fröhlichen Atmosphäre, was es insbesondere für Familien attraktiv macht. Der Ploughman's Lunch, Grundpfeiler der englischen Esskultur im Pub, kostet $ 9,50. Sandwiches (Shrimps und Avocado sind die Spezialitäten des Hauses) gibt es für $ 6,50–9, Salate kosten $ 7–12.

In der geschäftigen, auf Touristen ausgerichteten **Wharfside Eatery** (1208 Wharf St., ✆ 250/360-1808; tägl. Mittag- und Abendessen; $ 16–31) herrscht maritime und familiäre Atmosphäre. Der große Speisesaal liegt gleich hinter dem kleinen Cafébereich und der Bar. Von fast jedem der Tische, an denen man draußen auf zwei Stockwerken sitzen kann, hat man einen tollen Blick aufs Wasser. Von den Vorspeisen aus der Kategorie Seafood sind die leckere Lachsplatte und die gedämpften Muscheln in Tomatensoße zu empfehlen. Die Vorspeisen gibt es auch abends, ansonsten stehen auf der Abendkarte Hauptgerichte wie die im Holzofen gebackene Pizza ($ 20–24 für 2 Pers.), Seafood und köstliche Prawn and Pesto Linguini. Der Käsekuchen ist traumhaft!

• *Seafood* Seafood-Restaurants gibt es in Victoria in allen Variationen. Bei Fish 'n' Chips handelt es sich um eine britische Tradition, die als solche im **Old Vic Fish & Chips** (1316 Broad St., ✆ 250/383-4536; Mo–Do 11–19 Uhr, Fr–Sa 11–20 Uhr; $ 8–11) gepflegt wird.

In einem ausrangierten Schiffscontainer am Inner Harbour befindet sich das **Red Fish Blue Fish** (1006 Wharf St., ✆ 250/298-6877; tägl. 11.30–19 Uhr; $ 9–16,50). Sämtliche angebotenen Speisen stammen von örtlichen Fischern, teilweise angeln die Eigentümer sogar selbst. Wer an dem kleinen Fenster bestellt und sein Essen dann an der Waterfront genießt, unterstützt auf diese Weise auch die hier lebenden Fischer.

Obwohl das **Chandlers** (1250 Wharf St., ✆ 250/385-3474; tägl. 11.30–22 Uhr; $ 18–36) an jenem Abschnitt des Hafens liegt, auf dem man auch die meisten Touristenrestaurants findet, wird es trotzdem allgemein als das beste Seafood-Restaurant von Victoria angesehen. Besonders beliebt sind Heilbutt mit Chips, der angebotene Lachs wird auf vielfältigste Art und Weise zubereitet.

Barb's Place (Fisherman's Wharf, am Beginn der St. Lawrence St., ✆ 250/384-6515;

Preiswertes Essen gibt es in Victorias Chinatown

März bis Okt. tägl. von 11 Uhr bis zum Einbruch der Dunkelheit; $ 10–19) liegt auf einem schwimmenden Dock am Inner Harbour, etwas abseits der von Touristen bevölkerten Straßen. Es ist kein Restaurant im eigentlichen Sinn, sondern eher eine große Imbissbude. Drum herum stehen Tische, von denen einige mittels einer Zeltplane vor Wind und Wetter geschützt sind. Das Essen ist hier ausgesprochen frisch. Zu empfehlen sind Fish 'n' Chips, Clam Chowder, gedünstete Muscheln oder eine gedämpfte Krabbe. Die umliegenden Hausboote und die auf milde Futtergaben wartenden Robben tragen wesentlich zum Charme des Barb's bei.

• *Pacific Northwest* Dass Victoria im Ruf steht, eine Bastion alter englischer Esskultur zu sein, wird im **Temple** (525 Fort St., ✆ 250/383-2313; Mo–Sa ab 16 Uhr; $ 18–32) absolut ignoriert, was man allerdings bei der rein äußeren Betrachtung des renovierten Gebäudes aus der Gründerzeit nicht vermuten würde. Hat man es aber erst einmal betreten, findet man sich in hellen, zeitgemäß eingerichteten Räumlichkeiten wieder. In der Lounge (gleich neben der gläsernen Bar) warten elegant gekleidete Gäste auf ihren Tisch oder plaudern über das süße Nichtstun. Auch beim Studium der Karte kann man diese Grundstimmung erkennen. Das Temple bietet moderne Küche, wobei bei der Zubereitung der Gerichte Wert auf gesunde Zutaten aus heimischer Produktion gelegt wird.

• *Europäisch* Die vitale Atmosphäre des **Café Brio** (944 Fort St., ✆ 250/383-0009; tägl. ab 5.30 Uhr; $ 15–29) ist ansteckend, das Essen gut. Die ein wenig mediterran wirkenden Räumlichkeiten sind hufeisenförmig um eine Bar herum angeordnet und werden von recht lebhaft wirkenden Kunstwerken geziert. Auf der Außenterrasse stehen ein paar Tische. Die kreativ gestaltete Karte kombiniert (je nach Jahreszeit) heimische Erzeugnisse mit italienischer Kochkunst. Zum Einstieg ist die hausgemachte Wurstplatte ($ 5) immer die richtige Wahl, gefolgt von toskanischem Fischeintopf oder dem Brio Family Meal ($ 40).

Eines der beliebtesten Restaurants der Stadt ist das **Pagliacci's** (1011 Broad St., ✆ 250/386-1662; tägl. 11.30–15 und 17–22 Uhr; $ 12,50–29), das für seine herzhafte italienische Küche, das selbst gebackene Brot, großartige Desserts und seine Atmosphäre berühmt ist. Obwohl das Restaurant relativ klein und immer voll ist, wird es besonders gerne von Einheimischen besucht, von denen viele auch ihre Kinder mitbringen.

Hinter dem westlichen Ende der Belleville St. liegt **Pablo's Dining Lounge**

(225 Quebec St., ✆ 250/388-4255; tägl. ab 17 Uhr; $ 18–36), ein echter Dauerbrenner in Victoria. Die Atmosphäre in dem aus der Zeit König Edwards stammenden Haus ist ebenso locker wie persönlich. Geboten wird klassische europäische Küche, die nicht nur gut zubereitet, sondern auch ansprechend serviert wird. Obwohl hier eigentlich alles gut schmeckt, ist v. a. das Rinderfilet mit Krabbenfleisch und Sauce Bernaise einfach unschlagbar.

• *Vegetarisch* Das **Rebar** (50 Bastion Sq., ✆ 250/361-9223; Mo–Sa 8.30–21 Uhr, So 8.30–15.30 Uhr; $ 8–17) ist ein im Stil der 1970er Jahre gehaltenes vegetarisches Restaurant mit treuer einheimischer Stammkundschaft. Die Gerichte, wie etwa mittags der Mandelburger oder abends das Thai Tiger Prawn Curry, sind sehr schmackhaft und werden nur aus frischen Zutaten zubereitet. Immer noch nicht satt? Dann versuchen Sie doch einmal den Karottenkuchen. Für Kinder gibt es spezielle Gerichte, die ihnen wirklich schmecken. Das gilt etwa für das Sonnenblumenbrot mit Erdnussbutter und Banane. Es lohnt auch, einfach nur auf einen Saft hereinzuschauen. Man kann Gemüse- oder Fruchtsaft bestellen, Powerdrinks oder einen Aufguss aus Weizengras (etwa $ 5).

• *Asiatisch* Die kleine Chinatown von Victoria liegt auf dem ebenso kurzen wie bunten Abschnitt der Fisgard St. zwischen Store und Government St. Die Restaurants heißen jedermann willkommen, und auf den Speisekarten findet man die im Westen hinlänglich bekannten chinesischen Gerichte. Nahe dem Ostende der Fisgard St. liegt das **QV Café & Bakery** (1701 Government St., ✆ 250/384-8831; tägl. Frühstück, Mittag- und Abendessen; $ 7,50–16), in dem man morgens ein preiswertes westliches Frühstück und den Rest des Tages über chinesische Delikatessen bekommt.

Die **Hunan Village Cuisine** (546 Fisgard St., ✆ 250/382-0661; Mo–Sa Mittag- und Abendessen; $ 9–17) ist nach der gleichnamigen und für ihre scharf gewürzten Speisen berühmten chinesischen Provinz benannt.

Wer die **Bengal Lounge** im Fairmont Empress (721 Government St., ✆ 250/389-2727) betritt, fühlt sich in die britische Kolonialzeit zurückversetzt. Beim mittäglichen (tägl. 11.30–14 Uhr; $ 27) und beim abendlichen Curry-Büfett (tägl. 18–21 Uhr; $ 29) werden auch jene drei Zutaten geboten, die viele Menschen zum Curry einfach lieben – geraspelte Kokosnüsse, Mango-Chutney und verschiedene Sorten Nüsse.

Wer noch nie thailändische Küche probiert hat, sollte den Versuch im **Sookjai Thai** (893 Fort St., ✆ 250/383-9945; tägl. 11.30–21 Uhr; $ 9–18) wagen. Die stille Kulisse ist der perfekte Ort, um traditionelle thailändische Gerichte zu kosten. Dazu zählen Tom Yum Goong, eine Suppe mit Garnelen, Pilzen und einer würzigen Zitrusnote, sowie gebackener Red Snapper mit thailändischen Gewürzen. Der Snapper ist das teuerste Hauptgericht. Außerdem gibt es auch eine Reihe anregender vegetarischer Gerichte.

Information/Adressen

Information

Tourism Victoria (✆ 250/953-2033 oder ✆ 800/663-3883, www.tourismvictoria.com) betreibt das moderne **Victoria Visitor Info Centre** (812 Wharf St.; tägl. 9–17 Uhr). Dort wird man nicht nur freundlich beraten, sondern hat auch einen guten Blick über den Inner Harbour.

• *Bibliothek* In der **Greater Victoria Public Library** (735 Broughton St., ✆ 250/382-7241; Mo–Sa 9–18 Uhr, So 13–17 Uhr) gibt es Zeitungen aus aller Welt und kostenlosen Internetzugang.

Adressen

• *Post/Internet* Die Hauptpost steht an der Ecke Yates und Douglas St. Bei fast allen Unterkünften in der Downtown von Victoria hat man auf seinem Zimmer Internetzugang. Die wenigen Herbergen, bei denen das nicht der Fall ist (wie etwa die Backpacker Lodge), ermöglichen ihren Gästen von der Lobby aus kostengünstigen Zugriff auf den Datenhighway. Wer es eilig hat, kann das kleine Café im Untergeschoss des Grand Pacific Hotel (463 Belleville St.; tägl. 7–19 Uhr) aufsuchen. Dort ist der Internetzugang gratis, sofern man etwas bestellt.

• *Banken* Einen Schalter zum Geldwechseln findet man gleich gegenüber den Laufbändern der Gepäckausgabe am Victoria International Airport. Wer jedoch Wert auf günstige Wechselkurse legt, sollte besser eine der großen Banken in der Downtown aufsuchen, wie etwa die **Bank of Montreal** (1225 Douglas St., ✆ 250/405-2090). Private

Wechselstuben in der Downtown sind beispielsweise die **Custom House Currency Exchange** (815 Wharf St., ✆ 250/389-6007) und die **FX Connectors Currency Exchange** (1208 Wharf St., ✆ 250/380-7888).

• *Notfälle* Im medizinischen Notfall ruft man ✆ 911 an oder das **Victoria General Hospital** (1 Hospital Way, ✆ 250/727-4212). In weniger dringenden Fällen ist das **James Bay Medical Treatment Centre** (230 Menzies St., ✆ 250/388-9934) eine gute Adresse. Bei Zahnproblemen hilft das **Cresta Dental Centre** (3170 Tillicum Rd., Ecke Burnside St., ✆ 250/384-7711). Der **Shopper's Drug Mart** (1222 Douglas St., ✆ 250/381-4321) ist tägl. von 7 bis 19 Uhr geöffnet.

Verbindungen

Anreise

• *Flugzeug* Der Hauptflughafen von Vancouver Island liegt auf der Saanich Peninsula, 20 km nördlich des Stadtzentrums. Im Terminal gibt es eine Lounge, ein Café und die Schalter der üblichen Autovermieter. Die Firma **AKAL Airporter** (✆ 250/386-2525 oder ✆ 877/386-2525, www.victoriaairporter.com) betreibt Busse, die alle 30 Min. zwischen dem Flughafen und den großen Hotels in der Downtown verkehren. Der Fahrpreis beträgt einfach $ 14 für Erwachsene und $ 11 für Kinder. Wer mit dem Taxi in die Downtown fahren will, muss mit etwa $ 55 rechnen.

Zwar gibt es zwischen den internationalen Flughäfen von Vancouver und Victoria planmäßige Flüge, da diese aber gerade einmal 25 Min. dauern (von Terminal zu Terminal), lohnt sich ein solcher Flug nur für jemanden, der schon bei der Anreise einen entsprechenden Anschlussflug gebucht hat. Entschließt man sich hingegen spontan für einen Flug, gibt es interessantere Alternativen: Mit kleineren Airlines kann man (teilweise per Wasserflugzeug oder Hubschrauber) direkt vom Inner Harbour Victorias in den Hafen von Downtown Vancouver fliegen und umgekehrt. **Harbour Air** (✆ 250/384-2215 oder ✆ 800/665-0212) verlangt dafür beispielsweise pro Strecke $ 125.

• *Bus* Der Busbahnhof von Victoria liegt hinter dem Empress-Hotel (700 Douglas St.). **Pacific Coach** (✆ 604/662-7575 oder ✆ 800/661-1725, www.pacificcoach.com) unterhält Busverbindungen von der Pacific Central Station in Vancouver nach Victoria. Die Fahrt dauert 3,5 Std., und im Sommer fahren die Busse stündl. von 6 bis 21 Uhr. Im Fahrpreis (einfache Fahrt $ 43, $ 84 für eine Rückfahrkarte) ist auch die Fähre enthalten. Planmäßige Linienfahrten auf Vancouver Island werden von **Greyhound** (✆ 604/388-5248) angeboten und starten am selben Terminal.

• *Fähre* **Von Tsawwassen (Vancouver):** Die Fähren von **BC Ferries** (✆ 250/386-3431 oder ✆ 888/7223-3779, www.bcferries.com) überqueren regelmäßig die Strait of Georgia von Tsawwassen aus, das 30 km südlich von Vancouver liegt. Sie setzen zum **Swartz Bay Ferry Terminal** über, 32 km nördlich von Victoria. Im Sommer läuft der Fährverkehr zwischen 7 und 22 Uhr stündl., den Rest des Jahres gibt es nur geringfügig weniger Fahrten. Die Überfahrt dauert 90 Min. und kostet in der Hochsaison für Erwachsene $ 13,50 und für Kinder (5–11 Jahre) $ 6,75. Für ein Fahrzeug zahlt man $ 45.

Von Seattle: Vom Pier 69 in Seattle aus kann man mit **Clipper Vacations** (✆ 800/888-2535, www.clippervacations.com) 5-mal tägl. in den Inner Harbour von Victoria übersetzen. Der Turbojet-Katamaran *Victoria Clipper IV* ist die schnellste Passagierfähre in ganz Nordamerika und mit über 80 km/h unterwegs. Die Überfahrt dauert 2 Std. Der Fahrpreis liegt bei US$ 93 (einfache Fahrt) oder US$ 155 (Rückfahrkarte).

Von Anacortes: Washington State Ferries (✆ 206/464-6400, ✆ 250/381-1551 oder ✆ 888/808-7977, www.wsdot.wa.gov/ferries) pendeln regelmäßig zwischen Anacortes und den San Juan Islands. Die Fähre um 7.50 Uhr fährt weiter nach Sidney, das auf der Saanich Peninsula liegt, 32 km nördlich von Victoria. Ihre Rückfahrt startet die Fähre in Sidney um 11.45 Uhr. Die einfache Fahrt kostet für Erwachsene US$ 16,40 und für Kinder US$ 11,50. Für ein Fahrzeug samt Fahrer sind US$ 66,10 zu bezahlen. Man muss mindestens 24 Std. vorher reservieren.

Von Port Angeles: Black Ball Transport (✆ 250/386-2202 in Victoria bzw. ✆ 360/457-4491 in Port Angeles, www.cohoferry.com) betreibt die *MV Coho*, die zwischen Port Angeles und dem Inner Harbour von Victoria die Juan de Fuca Strait überquert. Die Fährverbindung besteht von Mitte Mai bis Mitte Oktober 4-mal tägl. in beide Richtungen, im übrigen Jahr nur 2-mal tägl. Da man nicht im Voraus reservieren kann, sollte man sich ein oder zwei Tage vorher telefonisch nach den voraussichtlichen Wartezeiten erkundigen. Die einfache Fahrt kostet für Erwachsene US$ 14,50, für Kinder US$ 7,25 und für ein Fahrzeug samt Fahrer US$ 53.

Unterwegs in Victoria

Die überschaubare Innenstadt von Victoria erkundet man am besten zu Fuß. Um von einer Sehenswürdigkeit der Downtown zur nächsten zu gelangen, ist jeweils nur ein kurzer Fußmarsch notwendig. Weiter entfernt liegende Ziele kann man entweder leicht per Auto oder mit dem **Victoria Regional Transit System** (✆ 250/385-2551, www.busonline.ca) erreichen. Am besten besorgt man sich am Information Centre die Broschüre *Explore Victoria*, die alle Einzelheiten über die wichtigsten Sehenswürdigkeiten, Parks, Strände und Einkaufsmöglichkeiten enthält. Darin ist auch verzeichnet, welche Buslinien man nehmen muss, um ans gewünschte Ziel zu gelangen. Der Preis für eine Busfahrt beträgt pro Zone für Erwachsene $ 2,25, Senioren und Kinder zahlen $ 1,40. Die Fahrkarte ist vom Zeitpunkt des Kaufes an 90 Min. lang in eine Richtung gültig. Wer einen Tag lang unbegrenzt mit dem Bus fahren möchte, kauft einen Tagespass (Erwachsene $ 7, Senioren und Kinder $ 5).

• *Fähre* Am meisten Spaß macht die Fortbewegung in der Stadt an Bord der **Victoria Harbour Ferry** (✆ 250/708-0201). Die unverwechselbaren Fähren bieten zwölf Passagieren Platz, kreuzen vom Inner Harbour aus auf zwei Routen und laufen dabei 18 Haltestellen an. Die erste Route fährt an den Docks am Hafen entlang und passiert dabei auch Fisherman's Wharf, das Ocean Pointe Resort und das Westbay Marine Village. Die zweite Linie fährt hinauf zum Gorge Waterway. Preise: $ 4–22,50/Sektor oder $ 20–25/Rückfahrkarte.

• *Taxi und Mietwagen* Zu den örtlichen Taxiunternehmen gehören: **Blue Bird Cabs** (✆ 250/382-4235 oder ✆ 800/665-7055), **Empress Taxi** (✆ 250/381-2222) und **Victoria Taxi** (✆ 250/383-7111).

Victoria ist der einzige Ort in ganz Westkanada, an dem ein Stück vom Kuchen des Mietwagengeschäfts an lokale Vermieter wie etwa **Island Rent-A-Car** (✆ 250/384-4881, www.islandrentacar.net) abfällt. Vertreten sind natürlich auch die großen Mietwagenfirmen: **Avis** (✆ 250/386-8468), **Budget** (✆ 250/953-5300), **Discount** (✆ 250/310-2277), **Enterprise** (✆ 250/475-6900), **Hertz** (✆ 250/952-3765), **National** (✆ 250/386-1213) und **Thrifty** (✆ 250/383-3659).

Erkundungstour durch Victoria

Der klassische Weg, um Victoria kennen zu lernen, ist eine gemütliche Fahrt mit einer Pferdekutsche. Bis in den späten Abend hinein stehen die Kutschen von **Tally-Ho** (✆ 250/514-9257) an der Einmündung der Menzies St. in die Belleville St. Es werden verschiedene Touren angeboten: Eine 15-minütige Fahrt kostet $ 50, die 30-minütige $ 90, die 45-minütige $ 115, die 60-minütige Deluxe Tour $ 170. Die Preise verstehen sich pro Kutsche (mit bis zu vier Fahrgästen), und die Touren werden von 9 Uhr bis Mitternacht durchgeführt. Reservierungen sind nicht notwendig, allerdings bildet sich mitunter eine Warteschlange.

Ebenso zum Stadtbild wie die Pferdekutschen gehören die roten Doppeldeckerbusse von **Gray Line** (✆ 250/388-6539, www.graylinewest.com), die am Inner Harbour abfahren. Das Angebot ist äußerst vielfältig. Wer sich erst einmal in Victoria orientieren und dabei auch noch ein wenig über die Stadtgeschichte erfahren möchte, ist mit der 90 Min. dauernden *Grand City Drive Tour* gut beraten. Die Tour startet alle halbe Stunde am Hafen (9.30–16 Uhr; Erwachsene $ 25, Kinder $ 12,50). Die beliebteste Tour im Angebot von Gray Line ist die Fahrt zu den Butchart Gardens (Erwachsene $ 49, Kinder $ 16, Eintritt in die Butchart Gardens inkl.).

Umgebung von Victoria

Victoria kann man auf zwei verschiedenen Highways wieder verlassen: Der Hwy. 14 führt nach Westen, der Hwy. 1 nach Norden. Der Hwy. 14 ist eine spektakuläre Küstenstraße, die in Port Renfrew endet, dem südlich gelegenen Endpunkt des zerklüfteten und abgeschiedenen West Coast Trail. Auf dem Hwy. 1 gelangt man in nördlicher Richtung zu den Städten Duncan, Chemainus und Ladysmith, die alle ihren ganz eigenen Charme haben. Westlich von Duncan liegen der riesige Cowichan Lake und der Carmanah Walbran Provincial Park. Der Cowichan Lake ist ein Paradies für Angler und alle, die gerne mit dem Boot unterwegs sind. Im Carmanah Walbran Provincial Park trifft man auf ein Feuchtgebiet mit uralten Sitkafichten, die auf wundersame Weise den Äxten der Holzfäller entkommen sind.

Westlich von Victoria

Sooke

Von Victoria sind es etwa 34 km nach Sooke (4800 Einw.). Die Hauptattraktion der Stadt ist eine Lodge, die nicht nur luxuriöse Übernachtungsmöglichkeiten bietet, sondern auch eines der renommiertesten Restaurants in ganz Kanada beherbergt. Zu den weiteren Sehenswürdigkeiten zählt das **Sooke Regional Museum** 2070 Phillips Rd., ✆ 250/642-6351; tägl. 9–17 Uhr; Spende). Im Anschluss an den Museumsbesuch kann man draußen alle 478 Jahresringe auf dem Querschnitt der Riesenfichte nachzählen, der dort zur Schau gestellt ist.

Das **Sooke Harbour House** (1528 Whiffen Spit Rd., ✆ 250/642-3421 oder ✆ 800/889-9688, www.sookeharbourhouse.com; $ 280–625 für 1/2 Pers.) vereint die Eleganz eines gehobenen Landsitzes mit der Atmosphäre eines exklusiven Ferienresorts. Das Restaurant zieht Gourmets aus aller Welt an, aber auch die Unterkünfte sind beeindruckend. Das ausgedehnte Anwesen liegt direkt am Meer und verfügt über 27 Zimmer, die sich über die makellos gepflegten Gärten verteilen. Jedes Zimmer hat einen anderen Aspekt des Lebens an der Westküste zum Thema. Dazu gibt es jeweils eine wunderbare Aussicht, einen Kamin mit Holzfeuerung und eine Terrasse. Frühstück und ein Picknick-Lunch sind im Zimmerpreis enthalten. In der Nebensaison gibt es Ermäßigungen von bis zu 40 %. Das Restaurant der Lodge (tägl. ab 17 Uhr) überrascht mit einer stets wechselnden Speisekarte. Darauf findet man hauptsächlich Seafood, das absolut perfekt zubereitet und mit Gemüse und Kräutern serviert wird. Letztere sind frisch geerntet und stammen aus dem umliegenden Garten.

Von Sooke nach Port Renfrew

Der erste lohnenswerte Stopp westlich von Sooke ist der **French Beach Provincial Park**. Dort führt ein kurzer Trail durch einen üppigen Wald aus Douglasien und Sitkafichten zum steinigen Strand, der ideal für ein Picknick oder einen Spaziergang ist. Dabei sollte man unbedingt nach Grauwalen Ausschau halten! Ein Stück weiter die Küste entlang, etwa 3 km hinter French Beach, liegt direkt am Wasser das **Point No Point Resort** (✆ 250/646-2020, www.pointnopointresort.com; $ 190–280 für 1/2 Pers.). Die mehr als 25 Holzhütten der Lodge haben alle freien Blick aufs Wasser, eine Küche und eine Feuerstelle. Mittagessen (tägl.; $ 7–15) und

Abendessen (Mi–So; $ 26–34) kann man im Restaurant der Lodge, das einen schönen Blick aufs Meer bietet.

Sobald man das kleine Holzfällerstädtchen **Jordan River** erreicht, sollte man sich bewusst einen Moment Zeit nehmen, um den Geruch des Ozeans und die vom Wind gestaltete Landschaft auf sich wirken zu lassen. Der Ort selbst besteht nur aus einigen Häusern, dem lokalen Holzfällerbetrieb und einem kleinen Rastplatz. Letzterer ist nur tagsüber zugänglich und bietet einen guten Blick auf einen der besten Surfplätze von ganz Kanada.

Weitere 3 km westlich von Jordan River führt ein 700 m langer Trail durch einen Sitkafichtenwald zum Kiesstrand **China Beach,** der von Treibholz übersät ist und wo es einige geschützte Picknickplätze gibt. Wieder zurück auf dem Highway, ist es nicht mehr weit zum Campingplatz ($ 15/Nacht). Sowohl der Strand als auch der Campingplatz liegen im 1277 ha großen **Juan de Fuca Provincial Park,** der als Schutzgebiet für den Küstenabschnitt zwischen Jordan River und Port Renfrew errichtet wurde. Am China Beach startet auch der 47 km lange **Juan de Fuca Trail,** ein Küstenwanderweg, der in Port Renfrew endet.

Port Renfrew

Der kleine Ort liegt 104 km von Victoria entfernt und schmiegt sich eng an die zerklüftete Küste des Port San Juan. Eine schöne Häuserzeile führt vom Hügel hinunter zum Wasser. Auf jeden Fall sollte man den Schildern folgen, die den Weg zum **Botanical Beach** weisen. Dabei handelt es sich um einen faszinierenden Tidepool am Fuße der ausgewaschenen Sandsteinklippen, in dem man bei Ebbe Hunderte von Meeresbewohnern aller erdenklichen Arten beobachten kann. Die dorthin führende 3 km lange Straße ist allerdings holprig und im Winter mitunter unpassierbar.

Übernachten kann man im **Trailhead Resort,** das mitten in der Stadt liegt (✆ 250/647-5468, www.trailhead-resort.com; $ 125–250 für 1/2 Pers.). Die dortigen Motelzimmer sind relativ neu und verfügen über einen Balkon, sind aber zweckmäßig und einfach gehalten. Alternativ dazu kann man auch in einer der beiden Blockhütten mit zwei Doppelbetten übernachten. Auf dem Gelände befindet sich ein Laden, der Camping- und Angelzubehör verkauft. Gleich hinter dem Ort liegt an der Mündung des San Juan River der **Port Renfrew Marina and RV Park** (✆ 250/647-0002, www.portrenfrewmarina.com; April bis Okt.; $ 22). Auf den Stellplätzen gibt es Elektroanschlüsse, aber keine Duschen. Hauptanziehungspunkt ist hier der Hafen, in dem Boote vermietet und Angelausrüstungen verkauft werden.

Duncan und Umgebung

Duncan, die selbst ernannte „Stadt der Totempfähle“, liegt an der Kreuzung von Hwy. 1 und Hwy. 18, etwa 60 km nördlich von Victoria. Indigene Holzschnitzer, viele davon vom örtlichen Stamm der Cowichan, haben hier über 80 ebenso diffizil verzierte wie bunte Totempfähle geschaffen. Man kann die Pfähle entlang der Hauptstraße (nahe dem Informationszentrum), neben dem Bahnhof in der Altstadt und einige sogar in Geschäften bewundern. Neben dem Rathaus stößt man auf zwei geschnitzte Kunstwerke, die zwar direkt nebeneinander stehen, aber gar nicht unterschiedlicher sein könnten – eines stammt von den amerikanischen Ureinwohnern und eines von den Maori aus Neuseeland.

West Coast Trail

Der herrliche West Coast Trail schlängelt sich 75 km durch den **Pacific Rim National Park** an der ungezähmten Westküste von Vancouver Island entlang. Er ist einer der fantastischsten Wanderwege der Welt – herausfordernd, wunderschön und für den Wanderer selbst unglaublich befriedigend. Wer gut zu Fuß ist, kann die Strecke in vier Tagen hinter sich bringen. Das ganze Abenteuer lässt sich aber erst mit sechs, sieben oder acht Tagen so richtig genießen. Der Trail führt von der Mündung des Gordon River bei Port Renfrew zur Pachena Bay, die in der Nähe des abgelegenen Fischerdorfes Bamfield am Barkley Sound liegt. Unterwegs passiert man Strände, steile Klippen und rutschige Uferzonen. Man muss sich bei der Überquerung von Flüssen an Seilen festhalten, hölzerne Hängebrücken benutzen oder sich an Bord einer Fähre begeben, über Leitern die Sandsteinklippen hinunterklettern, sich vorsichtig über rutschige Holzstege tasten, über umgestürzte Bäume balancieren und schlammige Abhänge, Sümpfe und tief ausgewaschene Rinnen überwinden. Doch für diese Anstrengungen wird man mit herrlichen Ausblicken über Strand und Meer belohnt, mit Impressionen von üppig dichten Regenwäldern und dem Anblick von Wasserfällen, die sich in tiefe Seen ergießen. Hinzu kommt, dass man den unterschiedlichsten Tieren begegnet – Grauwalen, Adlern, Seelöwen, Robben und Seevögeln. Nicht zu vergessen: das dauernde Brausen und Zischen, mit dem sich die Brandung des Pazifiks an der Küste bricht.

Man kann den Trail in beiden Richtungen begehen. Bevorzugter Ausgangspunkt ist jedoch Port Renfrew. Hier muss man zwar das schwierigere Teilstück des Trails gleich zu Beginn in Angriff nehmen, dafür hat man aber größere Chancen auf eine der begehrten Genehmigungen für eine Übernachtung (die Anzahl der Übernachtungen im Park ist limitiert).

• *Genehmigungen, Transport und Information* Der Trail ist von Mitte Mai bis Mitte Oktober geöffnet. Wer ihn von Mai bis September begehen möchte, muss vorher reservieren (✆ 250/387-1642 oder ✆ 800/435-5622; $ 25). In den an beiden Startpunkten gelegenen Registration Offices werden tägl. um 13 Uhr jeweils zehn Übernachtungsgenehmigungen *(Overnight Use Permits)* ausgegeben. Um eine solche Genehmigung zu erhalten, muss man sich im Regelfall auf ein bis zwei Tage Wartezeit einstellen. Alle Wanderer müssen außerdem für $ 127,50 eine Erlaubnis zum Begehen des Parks *(Park Use Permit)* erwerben und obligatorisch an einer Einführungsveranstaltung *(Orientation Session)* teilnehmen, bevor sie sich auf den Weg machen können. Dazu kommen noch $ 30 für die beiden auf dem Weg liegenden Flussüberquerungen.

Mit dem **West Coast Trail Express** (✆ 250/477-8700 oder ✆ 888/999-2288, www.trailbus.com) kann man tägl. von Victoria aus beide Start- bzw. Endpunkte des Trails ansteuern ($ 50–70). Außerdem besteht auch eine Verbindung zwischen diesen beiden Punkten ($ 70), die perfekt für all jene Wanderer ist, die selbst anreisen und ihr Fahrzeug in Port Renfrew bzw. Bamfield geparkt haben. Schließlich kann man bei Bedarf auch Camping- und Wanderausrüstungen leihen.

Beste Informationsquelle für alle Interessierten ist die Website von **Parks Canada** (www.pc.gc.ca). Hier bekommt man einen ersten Eindruck davon, was einen auf dem Trail wirklich erwartet, Auskünfte zum Gebührensystem, eine Liste mit allen Dingen, die man für die Wanderung auf keinen Fall vergessen sollte, und Hinweise auf die existierende Hintergrundliteratur. Informationszentren gibt es auch in Port Renfrew (✆ 250/647-5434) und Pachena Bay (✆ 250/728-3234), die aber nicht das ganze Jahr über geöffnet sind.

Sehenswertes

Abgesehen von den berühmten Totempfählen ist die Hauptattraktion von Duncan das hervorragende **Quw'utsun' Cultural Centre** (200 Cowichan Way, ✆ 250/746-8119; im Sommer Di–Sa 10–16 Uhr; Erwachsene $ 15, Senioren $ 12, Kinder $ 8). Hier erfährt der Besucher alles über Kunst, Handwerk, Legenden und Traditionen der 3500 Angehörigen der Quw'utsun', die im Cowichan Valley leben. Man kann ein Lang haus, einen Handwerksschuppen der Holzschnitzer und Tanzvorführungen bestau nen. Der Giftshop verkauft Cowichan-Pullover. Im ebenfalls hier befindlichen **River walk Café** (✆ 250/746-4370; Juni bis Sept. Di–Sa 11.30–15 Uhr; Mittagessen $ 11–16) kann man sich an Hauptgerichten wie Lachs mit gedünsteten Farnblättern versuchen.

Eine weitere örtliche Attraktion ist das 40 ha große **BC Forest Discovery Centre,** das 1 km nördlich der Stadt liegt (2892 Drinkwater Rd., ✆ 250/715-1113; Anfang April bis Mitte Okt. tägl. 10–16 Uhr, Juli/Aug. bis 17 Uhr; Erwachsene $ 14, Senioren $ 12, Kinder $ 9). Mit einer alten Dampfeisenbahn kann man dort eine Reise in die Vergangenheit unternehmen. Die Fahrt geht durch den Wald, vorbei an einem Bauernhof, einem Holzfällerlager und am Somenos Lake. Nicht verpassen sollte man das voll funktionsfähige Sägewerk, die restaurierte Mühle, die Schmiede und die Erläuterungen zur Holz- und Forstwirtschaft.

Cowichan River

Der bei Anglern für seine Lachse und Steelheads berühmte Fluss entspringt dem **Lake Cowichan.** Der Großteil seines Laufs wird durch den **Cowichan River Provincial Park** geschützt, der über 750 ha groß und 20 km lang ist. Der Park hat drei Zugänge. Einer davon ist Skutz Falls, wo im Herbst die Lachse ablaichen. Campen kostet hier $ 15. Die geteerte Straße endet nach 32 km am Lake Cowichan. Der See ist ein beliebter Ort zum Schwimmen, Kanufahren und Angeln (im See wimmelt es nur so von Kokanees und verschiedenen Forellenarten). Um den See herum führen Holzfällerstraßen (die Straße einmal rund um den See ist 75 km lang), von denen aus man als Wanderer Zugang in die umliegende Wildnis hat, in der auch der **Carmanah Walbran Provincial Park** liegt.

• *Übernachten* **Sahtlam Lodge and Cabins** (5720 Riverbottom Rd. W, ✆ 250/748-7738 oder ✆ 877/748-7738, www.sahtlamlodge.com; ab $ 550 für drei Nächte) liegt am Ufer des Cowichan River, westlich der Stadt. Auf dem Gelände stehen drei Holzhütten, die jeweils über einen offenen Kamin, Holzofen und Küche verfügen. Im Übernachtungspreis enthalten ist ein Frühstückskorb, der jeden Morgen an die Tür gebracht wird.

• *Camping* Am südlichen Flussufer befindet sich die Abzweigung zum **Duncan RV Park and Campground** (2950 Boys Rd., ✆ 250/748-8511; $ 20–26), der etwa einen Block westlich des Highways direkt am Fluss liegt.

• *Information* Über alles Sehenswerte in der Gegend kann man sich beim **Duncan Visitor Info Centre** (381 Trans-Canada Hwy., ✆ 250/746-4636 oder ✆ 888/303-3337, www.duncancc.bc.ca; im Sommer tägl. 9–18 Uhr, sonst Mo–Sa 10–16 Uhr) informieren, das sich in der Overwaitea Plaza westlich des Highways befindet.

Southern Gulf Islands

In der Strait of Georgia, zwischen dem Festland von British Columbia und Vancouver Island, liegen Hunderte von Inseln. Ihnen allen gemein sind das milde, fast mediterrane Klima, die wunderschöne Landschaft, die kuriosen Felsen und die mit

Treibholz übersäten Strände. Da es auf den Southern Gulf Islands vielfältige Übernachtungsmöglichkeiten gibt, werden die Inseln v. a. im Sommer zum beliebten Reiseziel. Dann übernachten hier ganze Scharen von Touristen in den Privathäusern der Bewohner, die den Trubel aber ganz locker sehen. Als kundiger Besucher hat man auch genügend Möglichkeiten, diesem Gedränge zu entgehen. Das gilt etwa für die einsamen, kilometerlangen Strände und die leicht erreichbaren Gipfel, die geradezu darauf warten, bestiegen zu werden. Nach einem Tag im Kajak, auf dem Fahrrad oder unterwegs auf Schusters Rappen beendet man den Tag am besten in einem der zahlreichen Restaurants und lässt sich fangfrischen Lachs und Krabben schmecken. Fünf der Inseln sind bewohnt – Salt Spring, die Pender Islands, Galiano, Mayne und Saturna. Jede davon ist durch regelmäßigen Fährverkehr mit dem Rest der Welt verbunden.

Salt Spring Island

Die größte der Southern Gulf Islands ist Salt Spring Island. Die Insel ist 180 km^2 groß, hat 11.000 Einw. und liegt relativ nahe bei Vancouver Island, direkt nördlich des Saanich Inlet. Die Fähren nach Vancouver Island legen vom Nord- und Südende der Insel ab. Unzählige Straßen führen nach **Ganges,** dem Versorgungszentrum von Salt Spring Island. Auf der Insel leben neben zahlreichen Künstlern auch Freizeitfarmer, Pensionäre und Reiche aus Vancouver. Letztere verbringen hier auf ihren privaten Anwesen den Sommer.

Sehenswertes/Sport und Freizeit

Unterhält man sich mit Einheimischen über die Hauptstadt der Insel, bekommt man in der Regel sehr freimütig erzählt, dass **Ganges** völlig überkommerzialisiert sei. Aus touristischer Sicht hingegen handelt es sich um ein eher gemütliches Städtchen, das durchaus einen Besuch wert ist. Ganges liegt an einer geschützten Bucht, und die alten, am Wasser erbauten Gebäude haben sich einem bunten Wandel unterzogen. Wo einst Bootsbauer vorzufinden waren, stöbert man heute durch Kunstgalerien und Antiquitätengeschäfte – oder man genießt die moderne Küche. Eines der augenfälligsten Geschäfte ist die Boardwalk Gallery, wo man die etwas wunderlichen Gemälde von Jill Louise Campbell bestaunen kann.

Nicht weit vom Fulford-Harbour-Fährterminal entfernt sollte man die Beaver Point Rd. in Richtung Osten zum 486 ha großen **Ruckle Provincial Park** nehmen. Die Zufahrtsstraße endet an der felsigen Landzunge Beaver Point. Hier beginnen auch die Wanderwege, die nach Norden die Küste entlangführen und einem einen großartigen Blick auf North Pender Island eröffnen.

Fährt man von Ganges nach Norden, kommt man am kleinen **Mount Maxwell Provincial Park** vorbei, in dem die geschützten Hänge jenes Berges liegen, von dem er seinen Namen hat. Von der Musgrave Rd. zweigt eine holprige Schotterpiste ab, die zum 588 m hohen Gipfel führt. Von dort hat man freie Sicht auf das südlich gelegene Vancouver Island und die im Osten befindlichen übrigen Gulf Islands.

Bei einer Paddeltour mit **Sea Otter Kayaking** (✆ 250/537-5678 oder ✆ 877/537-5678) kommt man der Natur vor Ort besonders nahe. Wer die Meeresbewohner und Vögel ausgiebiger erforschen möchte, kann dies auf einer sechsstündigen Tour entlang der Küste tun ($ 115), Picknickpause an einem entlegenen Strand inklusive.

Übernachten/Camping/Essen und Trinken

• *Übernachten* **Maple Ridge Cottages** (301 Tripp Rd., ✆ 250/537-5977, www.mapleridgecottages.com; $ 149–199 für 1/2 Pers.) liegt am Ufer des St. Mary Lake. In dem relativ großen Süßwassersee tummeln sich unzählige Barsche und Forellen, die man direkt vom Ufer aus angeln kann. Während es für mich die besondere Lage ist, die den Reiz der Holzhütten ausmacht, kommen viele Familien wohl jedes Jahr wieder aufs Neue wegen des urigen Ambientes und des Charmes der Cottages hierher. Für manche Besucher besteht der Gipfel des Genusses auch darin, sich auf dem Deck zu entspannen, während daneben auf dem Grill der Fang des Tages brutzelt. Großer Beliebtheit erfreut sich zudem die kostenlose Nutzung von Kanus und Kajaks. Beim St. Mary Lake auf der Nordseite der Insel liegt das **Lakeside Gardens** (✆ 250/537-5773, www.lakesidegardensresort.com; April bis Nov.; $ 90–145 für 1/2 Pers.). Hier gibt es rustikale Holzhütten mit Gemeinschaftsbad.

• *Camping* Zelten kann man im **Ruckle Provincial Park** ($ 15). Allerdings liegt der Campingplatz ein Stück vom Parkplatz entfernt, sodass er für Wohnmobile nicht geeignet ist.

• *Essen und Trinken* Die größte Auswahl an Lokalen hat man im Hafenbereich von Ganges. Im Zentrum des Geschehens steht das **Tree House Café** (106 Purvis Ln., ✆ 250/537-5379; tägl. 8–22 Uhr; $ 12–17). Beim *Tree* handelt es sich um einen Pflaumenbaum, das *House* ist die zugehörige Küche. Der Großteil der Gäste speist unter den schattigen Ästen im Freien. Man hat die Wahl zwischen frisch zubereiteten Gerichten wie dem gebratenen Lachs zum Frühstück und Thunfisch auf Sauerteigbrot oder Thai Chicken Curry zum Abendessen.

Information/Verbindungen

• *Information* Das **Salt Spring Island Visitor Info Centre** (121 Lower Ganges Rd., ✆ 250/537-4223 oder ✆ 866/216-2936, www.saltspringtourism.com; im Sommer tägl. 9–17 Uhr, sonst 11–15 Uhr) liegt direkt an der Hauptstraße beim Hafen in Downtown Ganges.

• *Verbindungen* Salt Spring besitzt zwei Fährterminals von **BC Ferries** (✆ 250/386-3431), von denen aus ganzjährig zwei Ziele auf Vancouver Island angesteuert werden. Der Swartz Bay Terminal ist am besten, wenn man aus Richtung Victoria kommt. Hier legt 10- bis 12-mal tägl. die Fähre nach **Fulford Harbour** ab, das 20 Fahrminuten südlich von Ganges liegt. Noch öfter setzen die Fähren von Crofton aus über, das in der Nähe von Duncan auf Vancouver Island liegt. Sie bringen die Passagiere in 20 Min. an die Nordspitze von Salt Spring, nach **Vesuvius Bay.** Fähren, die zwischen den Inseln verkehren, legen von **Long Harbour** ab, das östlich von Ganges liegt. Fahrpreis für die Rundfahrt: Erwachsene $ 9,45, Kinder $ 4,75, Fahrzeuge $ 28.

Pender Islands

Von Salt Spring Island aus ist es nur eine kurze Überfahrt mit der Fähre zur Otter Bay, die auf North Pender Island liegt. Über eine leicht baufällig wirkende Holzbrücke gelangt man nach South Pender Island. Die Inseln haben zusammen 2400 Einw., wobei der Großteil davon auf North Pender Island lebt. Dort warten Dutzende kleiner Strände auf Besucher, und man hat von den öffentlichen Straßen aus an mehr als 20 Stellen direkten Zugang zum Meer. Einer der schönsten Flecken ist **Hamilton Beach** bei Browning Harbour.

• *Übernachten* Die günstigste Übernachtungsmöglichkeit auf North Pender Island ist das Campen auf dem **Prior Centennial Campground** (Mitte Mai bis Mitte Okt.; $ 14), der zum Gulf Islands National Park gehört. Es handelt sich um Stellplätze einfachster Art ohne Anschlussmöglichkeiten, und es gibt auch keine Duschen. Dafür ist die Lage am Wald exzellent. Der Campingplatz liegt 6 km südlich des Fährterminals. Die beste Unterkunft auf der Insel ist das **Oceanside Inn** (4230 Armadale Rd., 5 km vom Fährterminal entfernt, ✆ 250/629-6691 oder ✆ 800/601-3284, www.penderisland.

com; $ 169–239 für 1/2 Pers.). Jedes Zimmer ist elegant eingerichtet, und auf dem breiten Balkon kann man die herrliche Lage direkt am Wasser besonders genießen. Frühstück ist im Preis enthalten und wird in einem Frühstücksraum mit Meerblick gereicht. Ebenfalls im Preis inbegriffen sind die Nutzung des Fitnessraums und kleine Annehmlichkeiten wie flauschige Bademäntel auf den Zimmern.

• *Einkaufszentrum* Das kommerzielle Zentrum der Penders ist das **Driftwood Centre** (Bedwell Harbour Rd.). Es handelt sich um ein fast schon städtisch wirkendes Einkaufszentrum, von dem aus man das umliegende Weideland südlich des Fährterminals überblicken kann. Hier gibt es eine Tankstelle, einen Lebensmittelladen, ein Geschäft mit Lizenz zum Verkauf alkoholischer Getränke und eine Bank. Daneben findet man auch Verpflegungsmöglichkeiten vor, darunter eine stets überfüllte Bäckerei. Wer auf der Suche nach etwas Nahrhafterem ist, sollte sich zum **Pistou Grill** (✆ 250/629-3131; Di–Sa 11.30–14.30 und 17.30–20.30 Uhr; $ 13.50–21) begeben. Der Grill hat ein überraschend innovatives Angebot wie zum Beispiel getrockneten Heilbutt mit Chardonnaysoße ($ 19). Ebenfalls in der Mall befindet sich **Talisman Books & Gallery** (✆ 250/629-6944). Die Buchhandlung verfügt über ein exzellentes Sortiment an einheimischer Literatur und Bestsellern.

• *Verbindungen* Vom Swartz-Bay-Terminal (✆ 250/386-3431) aus legen 7-mal tägl. Fähren nach North Pender Island ab. Meistens handelt es sich um Direktverbindungen (40 Min.). Da aber einige der früh am Morgen startenden Fähren zuerst Galiano und dann Mayne Island ansteuern (Fahrzeit über 2 Std.), ist es sehr ratsam, den Fahrplan dahingehend aufmerksam zu studieren, bevor man an Bord geht. Rückfahrkartenpreise: Erwachsene $ 9,45, Kinder $ 4,75, Fahrzeuge $ 28.

Vancouver Island
Karte S. 210/211

Mayne Island

Mayne Island wird von Galiano Island nur durch einen schmalen Kanal getrennt. Über die Insel führen einige Straßen, auf denen man bequem alle Ecken von Mayne Island erreichen kann. Auch wenn der Name eigentlich das Gegenteil vermuten lässt, gibt es an der Village Bay selbst keine Ortschaft. Alle wichtigen Versorgungseinrichtungen liegen im benachbarten **Miners Bay,** das seinen Namen in der Zeit des Cariboo-Goldrauschs erhalten hat, als die Goldsucher die Insel als willkommenen Haltepunkt nutzten. Strände gibt es nur in der **Oyster Bay.** Man kann aber interessante Wanderungen an der Küste entlang unternehmen oder den Weg auf den niedrigen Gipfel des **Mount Park** einschlagen, von wo aus man einen schönen Panoramablick genießt.

• *Übernachten* Günstigste Übernachtungsmöglichkeit ist die **Springwater Lodge** (✆ 250/539-5521, www.springwaterlodge.com), ein altes Hotel mit Blick über den Active Pass auf der Westseite der Village Bay. Die Zimmer fallen bestenfalls in die Kategorie „einfach", und es gibt nur Etagenbäder – aber was will man für $ 40 (1/2 Pers.) auch anderes erwarten? Direkt neben dem Hotel liegen vier gut ausgestattete Holzhütten für $ 95/Nacht. Das Restaurant bietet tägl. Frühstück, Mittag- und Abendessen.

Etwas weniger als 2 km südlich des Fährterminals und mit einem guten Blick auf eine Wasserstraße liegt das **Oceanwood Country Inn** (630 Dinner Bay Rd., ✆ 250/539-5074, www.oceanwood.com; $ 179–349 für 1/2 Pers.). Über das 4 ha große Privatgelände führen Pfade zu einem Kräuter- und zu einem Rosengarten sowie hinunter ans Wasser. Im Gebäude selbst gibt es vier Gemeinschaftsbereiche, darunter die gut ausgestattete Bibliothek, eine komfortable Lounge und ein Restaurant.

• *Camping* Der Campingplatz von **Mayne Island Eco Camping** (359 Maple Dr., Miners Bay, ✆ 250/539-2667, www.mayneisle.com; $ 12/Pers.) ist nett, aber ohne jeglichen Komfort. Er liegt hinter einem kleinen Strand, und einige Plätze befinden sich direkt am Wasser, andere im Wald. Man kann eine (heiße) Dusche nehmen und Kajaks mieten.

• *Essen und Trinken* In der alten **Springwater Lodge** (Village Bay, ✆ 250/539-5521; Frühstück, Mittag- und Abendessen; $ 9,50–20) gibt es keinen kulinarischen Schnickschnack, sondern v. a. Kurzgebratenes.

Im **Sunny Mayne Bakery Café** (Miners Bay, ✆ 250/539-2323; Mo–Sa 7–17 Uhr, So 8–16 Uhr) bekommt man frisch gebackenes Brot, Gebäck und üppige Kuchen, gesunde Sandwiches und den besten Kaffee, der auf der Insel gebraut wird.

• *Information* Jede Menge nützliche Informationen hält die Website www.mayneislandchamber.ca bereit, darunter auch Links zu den aktuellen Wetterinformationen, zu Übernachtungsmöglichkeiten und zum allgemeinen Dienstleistungsangebot. Für all jene, die sich tatsächlich nicht mehr von der auf der Insel gepflegten Lebensart losreißen können, gibt es auch Maklerangebote. Mit Lesestoff versorgen kann man sich bei **Miners Bay Books** (478 Village Bay Rd., ✆ 250/539-3112).

• *Verbindungen* Von Swartz Bay aus bietet **BC Ferries** (✆ 250/386-3431) 4-mal tägl. Überfahrten nach Mayne Island an. Rückfahrkartenpreis: Erwachsene $ 9,45, Kinder $ 4,75, Fahrzeuge $ 28.

Galiano Island

Galiano Island ist nach jenem spanischen Eroberer benannt, der vor über 200 Jahren durch die Strait of Georgia segelte. Die Insel misst in ihrer Nord-Süd-Ausdehnung 27 km, ist aber nur wenige Kilometer breit und wartet mit einigen wunderschönen Stränden und guten Kajak-Möglichkeiten auf. Die meisten der 1000 Einw. leben im Süden, keine fünf Fahrminuten vom Fährterminal an der **Sturdies Bay** entfernt.

Sehenswertes/Sport und Freizeit

Nimmt der Besucher die von der Sturdies Bay wegführende Straße, kann er in alle Himmelsrichtungen auf Entdeckungsreise gehen. Auf der Porlier Pass Rd. gelangt man zum **Montague Harbour Provincial Park,** der einen 89 ha großen Teil des Küstenregenwaldes und einen Strand umfasst, an dem man sonnengebleichte, zerbrochene Muschelschalen findet. Man kann zunächst den Strand entlanggehen und dann über einen im Wald gelegenen Trail wieder zurückwandern (Dauer 20 Min.). Am Ende des Strandes stößt man auf Hügel aus leeren Muschelschalen, die *Middens* genannt werden. Sie sind das sichtbare Ergebnis der Tatsache, dass hier die Ureinwohner über Jahrhunderte Schalentiere verzehrt haben. Auf Galiano Island hat man an sehr vielen Stellen Zugang zum Meer, von denen die meisten aber recht versteckt liegen und nicht ausgeschildert sind. Der Strand unterhalb der Active Pass Rd. ist ein typisches Beispiel dafür. Man findet ihn, indem man nach dem Strommasten mit der Nr. 1038 Ausschau hält und dort den steilen Pfad hinunter zu einer verborgenen Höhle geht. Eine Liste mit ähnlich versteckten Plätzen bekommt man auf Nachfrage im Information Centre oder in seiner jeweiligen Unterkunft.

Die beste Art zur Erkundung der örtlichen Gewässer bietet **Galiano Island Kayaking** im Hafen von Montague Harbour (✆ 250/539-2442, www.seakayak.ca). Eine dreistündige geführte Morgen- oder Abendtour kostet $ 55. Auf einer sechsstündigen Paddeltour für $ 85 werden einem die örtlichen Meeresbewohner nähergebracht. Wer schon über Erfahrung verfügt, kann auch einfach ein Kajak mieten. Ein Einerkajak kostet $ 58/Tag, ein Zweierkajak $ 80/Tag.

Reisepraktisches

• *Übernachten* Viele der Reisenden, die man auf der Fährüberfahrt nach Galiano trifft, mieten sich für mindestens eine Woche in einer Holzhütte auf der Insel ein. Für wen das interessant klingt, der sollte sich nach entsprechenden Unterkünften auf www.galianoisland.com umsehen. Da die besten Herbergen allerdings stets schnell belegt sind, sollte man das möglichst frühzeitig vor dem geplanten Besuch tun. Direkt am Wasser in der Sturdies Bay liegt das **Bellhouse Inn** (29 Farmhouse Rd., ✆ 250/539-5667 oder ✆ 800/970-7464, www.bellhouseinn.com; $ 155–215 für 1/2 Pers.). In dem 1890 erbauten Farmhaus übernachten schon seit 1920 Gäste. Jedes der drei Zimmer hat Blick aufs Wasser, das teuerste außerdem ein heißes Sprudelbad, einen eigenen Balkon und einen Kamin. Im Preis inbegriffen sind das Frühstück und kleine Annehmlichkeiten wie Tee oder Kaffee, die einem morgens vor dem Frühstück aufs Zimmer gebracht werden.

• *Camping* Der Campingplatz im **Montague Harbour Provincial Park** (10 km vom Fähranleger entfernt; Mitte April bis Mitte Okt.; $ 15) ist einer der besten auf den Southern Gulf Islands. Die Plätze liegen unterhalb eines alten Zedern- und Fichtenwaldes. Das Gelände öffnet sich hin zu einem weißen Strand, der einfach perfekt ist, um sich den Sonnenuntergang anzusehen. Wie bei allen anderen in den Provincial Parks gelegenen Campingplätzen erschöpfen sich die Versorgungseinrichtungen in Picknicktischen, Plumpsklos und Wasserspendern.

• *Essen und Trinken* Wer richtig ins Inselleben eintauchen möchte, sollte ein Essen im **Galiano Grand Central** (2470 Sturdies Bay Rd., ✆ 250/539-9885; Mo–Do 7–14.30 Uhr, Fr/Sa 7–21 Uhr, So 7–17 Uhr; $ 15–23) einplanen. Die Dekoration besteht aus Holzfällerwerkzeugen und die Bestuhlung aus alten Bussitzen. Morgens gibt es zu fast jedem Frühstück Eier von frei laufenden Hühnern, mittags stehen Sandwiches und Burger auf dem Speiseplan. Die Hauptgerichte am Abend variieren je nachdem, was die Jahreszeit hergibt. Es gibt kostenlosen drahtlosen Internetzugang und am Wochenende im Hintergrund oft Livemusik.

• *Verbindungen* **BC Ferries** (✆ 250/386-3431) bietet 4-mal tägl. planmäßige Überfahrten zwischen Swartz Bay und Galiano Island an (Rückfahrkartenpreis: Erwachsene $ 9,45, Kinder $ 4,75, Fahrzeuge $ 28). Daneben stehen auch noch viele Verbindungen zwischen den einzelnen Inseln auf dem Fahrplan (Erwachsene $ 4,90, Kinder $ 2,45, Fahrzeuge $ 9).

Der Montague Harbour Provincial Park schützt einen der schönsten Strände auf Galiano Island

Saturna Island

Die abgelegenste der bewohnten Southern Gulf Islands ist Saturna. Sie liegt im Herzen der Strait of Georgia und hat eine lange, schroffe Nordküste. Über die Hälfte der Insel gehört zum Gulf Islands National Park. Zwar gibt es einige Unterkünfte, ansonsten aber praktisch keinerlei Serviceeinrichtungen (so z. B. keine Banken oder Bankautomaten). Auch die Fähren legen nur einige Male am Tag an.

Vom Fähranleger im **Lyall Harbour** führt die 14 km lange Hauptstraße zunächst nach Osten und dann nach Süden an der Küste entlang. Sie endet am **East Point Regional Park.** Hier kann man schwimmen oder einfach seinen Blick über die Grenze zu den USA auf die San Juan Islands schweifen lassen. Einen Abstecher wert ist auch die malerisch gelegene **Winter Cove** (kurz vor dem Park).

• *Übernachten/Essen und Trinken* Fast alle Unterkünfte auf Saturna Island sind in Privathäusern untergebrachte B&Bs. Nur wenige Schritte vom Fähranleger entfernt liegt das **Lyall Harbour B&B** (121 E Point Rd., ✆ 250/539-5577 oder ✆ 877/473-9343, www.

lyallharbour.com; $ 110 für 1 Pers., $ 140 für 2 Pers.). Jedes der drei geräumigen Gästezimmer ist modern eingerichtet, hat einen Kamin und eine Terrasse mit Meerblick. Das Frühstück wird in einem sonnendurchfluteten Wintergarten serviert.

Ebenfalls in Gehentfernung zum Fähranleger und mit Blick über Boot Cove liegt die **Saturna Lodge** (130 Payne Rd., ✆ 250/539-2254 oder ✆ 866/539-2254, www.saturna.ca; Mai bis Okt.; $ 119–169 für 1/2 Pers. inkl. Frühstück). Die moderne Unterkunft hat sechs Gästezimmer, einen Whirlpool, eine Lounge mit offenem Kamin und einen großen Garten. Das angeschlossene Restaurant genießt einen guten Ruf für Seafood und Wildgerichte sowie für die Verwendung heimischer Zutaten. Die Eigentümer engagieren sich für die unterschiedlichsten Projekte auf der Insel, eines davon sind die **Saturna Island Vineyards** (8 Quarry Rd., ✆ 250/539-5139; Mai bis Okt. tägl. 11.30–16.30 Uhr).

• *Verbindungen* **BC Ferries** (✆ 250/386-3431) bietet bis zu 3-mal tägl. Nonstop-Überfahrten von Swartz Bay nach Saturna Island an (Erwachsene $ 9,45, Kinder $ 4,75, Fahrzeuge $ 28).

Nanaimo und Umgebung

Nanaimo (gesprochen na-NYE-mo) liegt an der Ostküste von Vancouver Island. Die Stadt erstreckt sich über die hügelige Küstenlandschaft zwischen dem funkelnden Nanaimo Harbour und dem Mount Benson. Mit 82.000 Einw. ist sie die zweitgrößte Stadt auf Vancouver Island. Nanaimo ist recht lebendig, hat eine interessante Geschichte, mildes Klima, eine gute Infrastruktur und einen direkten Fähranschluss zu den beiden Fährterminals von Vancouver.

Der Nanaimo Parkway ist eine Umgehungsstraße, die auf einer 21 km langen Route westlich um die Stadt herumführt. Sie zweigt 5 km südlich der Downtown vom Hwy. 1 ab und führt 18 km nördlich der Stadt wieder auf diesen zurück.

Geschichte

Der Name Nanaimo leitet sich von *Sney-Ny-Mous,* einem Wort der Salish, ab, das so viel wie „Versammlungsort" bedeutete. Einst lebten fünf Stämme in der Gegend, deren Angehörige im Jahr 1851 den Angestellten der Hudson's Bay Company nichts ahnend einige wertlose, schwarze Steine zeigten. Das Resultat der Begegnung war, dass für nahezu 100 Jahre die riesigen Kohlevorkommen von mehreren Zechen ausgebeutet und exportiert wurden. Nachdem schließlich die alten Kohledampfer durch ölgetriebene Schiffe ersetzt worden waren, wurden 1949 fast alle Kohleminen geschlossen. Erstaunlicherweise sind heute in Nanaimo keinerlei sichtbare Zeichen des einstigen Kohlebooms mehr vorhanden, wenn man einmal von dem Museum absieht, das auf dem Standort der einst produktivsten Zeche errichtet wurde. Dort werden die alten Zeiten präzise aufgearbeitet und dokumentiert. Zweiter verbliebener Zeitzeuge ist ein massives Fort, das 1853 vorsorglich gegen Ureinwohnerangriffe gebaut wurde und heute ein Museum ist.

Sehenswertes

Die Downtown von Nanaimo liegt in einem Talbecken, das sich bis zum Wasser erstreckt. Die weit vorausschauenden Stadtplaner haben große Flächen für Parkanlagen frei gehalten. Direkt vor der Civic Arena befindet sich die **Swy-A-Lana Lagoon,** eine künstliche Lagune voller interessanter Meerestiere. Auf der von der Lagune nach Süden führenden Promenade kommt man zum betriebsamen Hafen, wo Fischerboote und Freizeitschiffe vor Anker liegen. Neben der Marina befindet sich eine markante Skulptur, über die man Zutritt zu verschiedenen Aussichtspunkten erhält.

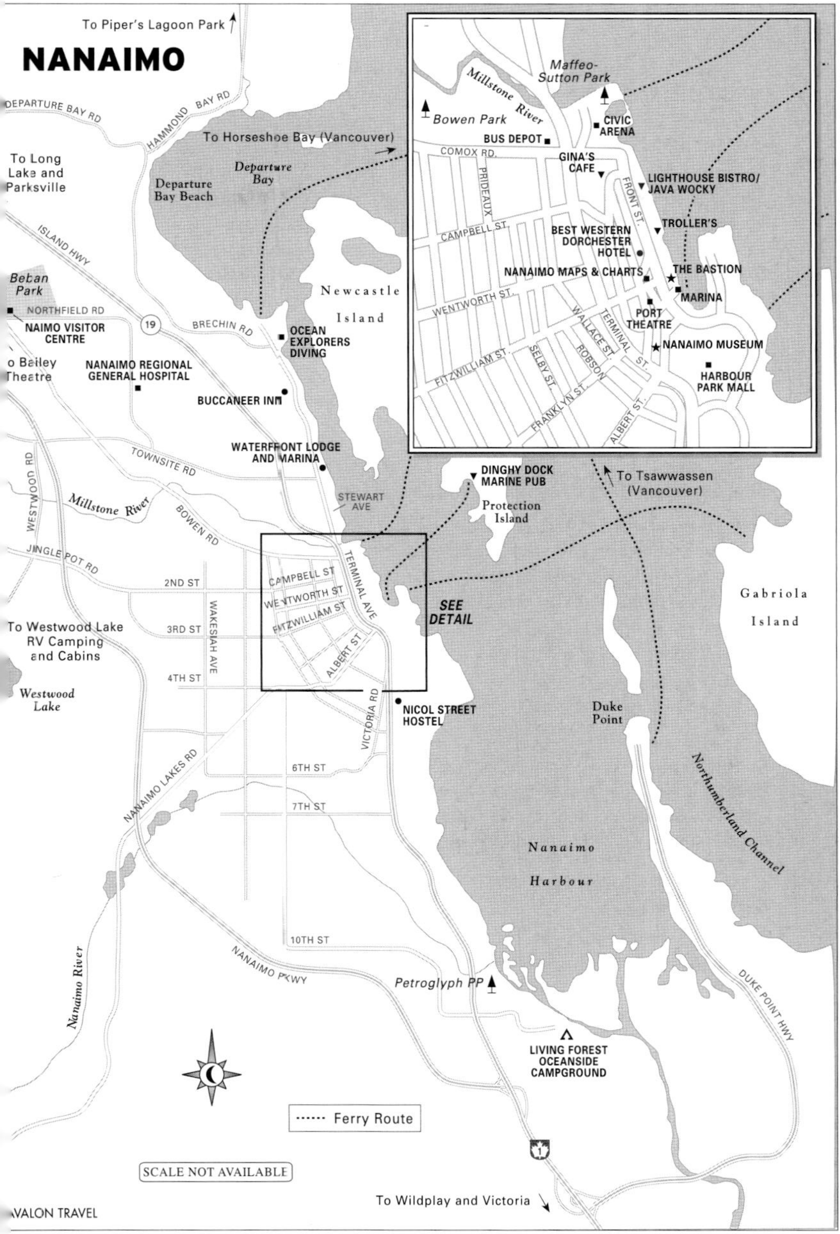

NANAIMO
To Piper's Lagoon Park
DEPARTURE BAY RD
HAMMOND BAY RD
To Horseshoe Bay (Vancouver)
To Long Lake and Parksville
Departure Bay
Departure Bay Beach
ISLAND HWY
Beban Park
NORTHFIELD RD
NAIMO VISITOR CENTRE
19
BRECHIN RD
Newcastle Island
OCEAN EXPLORERS DIVING
o Bailey Theatre
NANAIMO REGIONAL GENERAL HOSPITAL
BUCCANEER INN
TOWNSITE RD
WATERFRONT LODGE AND MARINA
WESTWOOD RD
Millstone River
BOWEN RD
STEWART AVE
DINGHY DOCK MARINE PUB
Protection Island
To Tsawwassen (Vancouver)
JINGLE POT RD
2ND ST
3RD ST
4TH ST
WAKESIAH AVE
CAMPBELL ST
WENTWORTH ST
FITZWILLIAM ST
ALBERT ST
TERMINAL AVE
SEE DETAIL
Gabriola Island
To Westwood Lake RV Camping and Cabins
Westwood Lake
VICTORIA RD
NICOL STREET HOSTEL
Duke Point
NANAIMO LAKES RD
6TH ST
7TH ST
Northumberland Channel
Nanaimo Harbour
10TH ST
NANAIMO PKWY
Petroglyph PP
Nanaimo River
LIVING FOREST OCEANSIDE CAMPGROUND
DUKE POINT HWY
Ferry Route
1
SCALE NOT AVAILABLE
To Wildplay and Victoria
AVALON TRAVEL
Maffeo-Sutton Park
Millstone River
Bowen Park
CIVIC ARENA
BUS DEPOT
COMOX RD.
GINA'S CAFE
PRIDEAUX
FRONT ST.
LIGHTHOUSE BISTRO/ JAVA WOCKY
CAMPBELL ST
BEST WESTERN DORCHESTER HOTEL
TROLLER'S
NANAIMO MAPS & CHARTS
THE BASTION
MARINA
WENTWORTH ST.
PORT THEATRE
WALLACE ST.
TERMINAL ST.
NANAIMO MUSEUM
FITZWILLIAM ST.
SELBY ST.
ROBSON
HARBOUR PARK MALL
FRANKLYN ST.
ALBERT ST.

Museen

Im Tagungszentrum befindet sich das **Nanaimo Museum** (100 Museum St., ✆ 250/ 753-1821; im Sommer tägl. 10–17 Uhr, sonst Di–Sa 10–17 Uhr; Erwachsene $ 2, Senioren $ 1,75, Kinder $ 0,75). Um die auf zwei Etagen untergebrachten Exponate in Augenschein zu nehmen, sollte man mindestens 1 Std. einplanen. Im Zentrum der Ausstellung steht das Leben des frühen Nanaimo. Weitere Themen sind u. a. die örtliche Geologie sowie das Leben der Ureinwohner und Pioniere. Keinesfalls versäumen sollte man die beeindruckenden traditionellen Schnitzereien von James Dick. Über dem Hafen, an der Kreuzung von Bastion und Front St., thront die **Bastion** (Juni bis Aug. tägl. 10–15 Uhr; Spende). Das Fort wurde 1853 von der Hudson's Bay Company gebaut, um ihre Angestellten und Familien gegen Angriffe von Ureinwohnern zu schützen. Ursprünglich wurde der Bau als Büro der Hudson's Bay Company, als Waffenlager und Magazin genutzt. Heute beherbergt er ein kleines Museum. Zur Freude der Touristen feuert im Sommer jeden Mittag eine Gruppe heimischer Studenten in stilechter Kleidung eine Kanone über das Wasser ab.

Newcastle Island Provincial Marine Park

Newcastle Island ist ein grandioses Stück Wildnis, das lediglich durch einen schmalen Kanal von Downtown Nanaimo getrennt ist. Die Insel ist größtenteils bewaldet und von Sandsteinklippen sowie einigen kurzen Kiesstränden umgeben. Auf Newcastle Island sind Hirsche, Waschbären, Biber und mehr als 50 Vogelarten heimisch. Man kann die Insel auf einem 7,5 km langen Rundweg erkunden (Dauer: 2–3 Std.). Dabei passiert man auch die malerische Kanaka Bay, den Mallard Lake und einen Aussichtspunkt, von dem aus man einen schönen Blick auf die schneebedeckten Berge im Osten hat.

Das Campen auf der Insel kostet $ 15, Verpflegung gibt es im **Pavilion Bistro** (im Sommer tägl. 9–19.15 Uhr, Fr/Sa bis 21.15 Uhr; $ 14–23 Uhr). Die Fähren (✆ 250/ 754-7893) nach Newcastle Island legen jeweils zur vollen Stunde am Maffeo Sutton Park ab (im Sommer tägl. 10–19 Uhr), freitags und samstags gibt es zwei zusätzliche Fahrten um 20 und 21 Uhr. Rückfahrkartenpreis: Erwachsene $ 8, Kinder $ 6.

Weitere Parks

Wer von Süden kommt und die Straße in Richtung Downtown fährt, kann 2 km nach der Abzweigung des Nanaimo Parkway den kurzen Trail durch den **Petroglyph Provincial Park** nehmen, um sich die uralten Petroglyphen anzusehen. Die Figuren wurden vor Tausenden von Jahren in den Sandstein geritzt und werden als Abbilder von Menschen, Tieren und Fischen gedeutet. Zu sehen ist auch der sehr selten abgebildete *Sea Wolf*, eine mythische Kreatur, die zur Hälfte Wolf und zur Hälfte Orca ist.

An der Hammond Bay Rd., nördlich der Downtown und hinter der Departure Bay, liegt der **Piper's Lagoon Park.** Er besteht aus einer Landenge und einer steinigen Landzunge, die einer flachen Lagune Schutz bieten. Ein Trail führt vom Parkplatz auf die Landzunge hinaus, von wo aus man einen schönen Blick über die Strait of Georgia aufs Festland genießt.

Sport und Freizeit

Von Nanaimo aus lässt sich eine Vielzahl guter Tauchgründe ansteuern. Dazu gehören mehrere Schiffe, die extra für Tauchfans versenkt wurden, wie etwa die *HMAS Cape Breton* und die *HMAS Saskatchewan*, zwei 120 m lange Begleitschiffe von Marinezerstörern. Die viel kleinere *Rivtow Lion*, ein Seenotschlepper, wurde im flachen Wasser der Departure Bay versenkt, was sie zu einem sehr beliebten Tauchrevier für Anfänger macht. Auf einem Tauchgang kann man eine Vielzahl von Meeresbewohnern bewundern, beispielsweise Robben, Anemonen, Schwämme, Lachse und relativ „zahme" Seewölfe *(Wolf-eels)*. Gleich beim Fährterminal an der Departure Bay hat das angesehene Unternehmen **Ocean Explorers Diving** (1090 Stewart Ave., ✆ 250/753-2055) seinen Sitz. Hier kann man Tauchausrüstungen leihen und Boote chartern. Es werden auch geführte Tauchgänge (ab $ 90 pro Tauchgang inkl. Flaschenfüllung) und Tauchstunden angeboten.

WildPlay (13 km südlich der Stadt, ✆ 250/716-7874) ist Sitz des einzigen kommerziellen Bungee-Jumping-Parks in ganz Nordamerika. Der Sprung von der 42 m hohen Brücke kostet $ 109. Angeboten werden hier aber auch noch andere Adrenalinstöße, so etwa der King Swing (ein Sprung, bei dem man bis zu 140 km/h erreicht) und das Klettern in einem Hochseilgarten.

Nachtleben/Veranstaltungen

• *Theater und Pubs* Das beeindruckende **Port Theatre** (125 Front St., ✆ 250/754-8550) fasst 800 Sitzplätze. Hier finden Theateraufführungen, Musicals und Konzerte statt. Für die Vorstellungen der **Nanaimo Theatre Group** (✆ 250/758-7246) muss man sich ins Port Theatre oder ins Bailey Theatre (2373 Rosstown Rd.) begeben. Wer lieber in aller Ruhe einen Drink nehmen möchte, ist am besten in der entspannten und lockeren Atmosphäre des **Lighthouse Pub** (50 Anchor Way, ✆ 250/754-3212) aufgehoben, das zudem direkt am Wasser einen guten Blick auf die Downtown bietet. Im Sommer wird es hier sehr voll. Jeden Abend hält man für durstige Kehlen einen anderen Drink als Special bereit, dazu gibt es einen Billardtisch und eine gute Auswahl an Kleinigkeiten zu essen. Wer mehr die seemännische Atmosphäre bevorzugt, kann sich ins **Dinghy Dock Marine Pub** auf Protection Island (✆ 250/753-2373) wagen. Die Fähren dorthin legen am Nanaimo Boat Basin ab.

• *Veranstaltungen* Am vierten Sonntag im Juli findet als finaler Höhepunkt des jährlichen **Nanaimo Marine Festivals** (✆ 250/753-7223, www.bathtubbing.com) das **World Championship Bathtub Race** statt. Die Teilnehmer des Badewannenrennens müssen einen 57 km langen Kurs in einer Badewanne zurücklegen, die mit einem 7,5 PS starken Außenbordmotor aufgemotzt ist. Begleitet werden die Sportler von Hunderten von Booten, auf denen die Zuschauer einzig darauf warten, dass möglichst viele der Teilnehmer nicht ins Ziel kommen.

Übernachten/Camping

Übernachten

• *Unter $ 50* Einige der alten Motels in Nanaimo bieten außerhalb des Sommers Zimmer für weniger als $ 50 an. Ganzjährig gibt es das aber nur im **Nicol Street Hostel** (65 Nicol St., ✆ 250/753-1188, www.nanaimohostel.com; Bett im Schlafsaal $ 22). Das günstig gelegene Hostel befindet sich nur drei Blocks vom Bahnhof und sieben Blocks vom Busbahnhof entfernt. Das Hostel ist ganzjährig geöffnet. Man kann campen oder im Schlafsaal übernachten. Das Haus verfügt über eine Küche, eine Laundry sowie ein Fernsehzimmer, und man kann Fahrräder mieten. Gäste erhalten bei vielen örtlichen Restaurants und Sehenswürdigkeiten Preisnachlässe.

• *$ 50–100* Im ansonsten überteuerten Übernachtungsangebot auf der Insel fallen zwei Unterkünfte mit exzellentem Preis-Leistungs-Verhältnis aus dem Rahmen, die auch noch in derselben Straße von Nanaimo zu finden sind. Gegenüber der Waterfront, nicht weit von der Downtown und dem Departure-Bay-Fährterminal entfernt, liegt das zweigeschossige **Buccaneer Inn** (1577 Stewart Ave., ✆ 250/753-1246 oder ✆ 877/

Vancouver Island Karte S. 210/211

282-6337, www.thebuccaneerinn.com; $ 80–200 für 1/2 Pers.). Das Gebäude wird von Wandgemälden mit Motiven aus der Seefahrt und bunten Blumenkörben geschmückt. Es ist von einem gepflegten Garten umgeben und hat eine Sonnenterrasse, Picknicktische und einen Grillplatz. Die Zimmer sind geräumig und hell. Jedes verfügt über einen Tisch, eine Kaffeemaschine, einen kleinen Kühlschrank und Internetzugang. Die freundlichen Eigentümer versorgen ihre Gäste mit reichhaltigen Informationen über die nähere Umgebung. Gleiches tut auch die Website des Motels.

• *$ 100–150* Ein paar Blocks weiter in Richtung Downtown liegt die **Waterfront Lodge & Marina** (1000 Stewart St., ✆ 250/753-7111 oder ✆ 800/663-2116, www.waterfrontnanaimo.com; ab $ 110 für 1 Pers., ab $ 120 für 2 Pers.). Das vierstöckige Motel steht am Hafen, gegenüber von Newcastle Island. Alle Zimmer haben einen guten Blick aufs Wasser, sind sehr geräumig, mit Küche und Balkon ausgestattet und wurden Anfang 2010 renoviert.

Ein wenig freundlicher, als man es auf den ersten Blick von außen vermutet, ist das **Best Western Dorchester Hotel** (70 Church St., ✆ 250/754-6835 oder ✆ 800/661-2449, www.dorchesternanaimo.com; ab $ 130–170 für 1/2 Pers.). Auch hier bekommt man für sein Geld einen Blick aufs Wasser und eine Dachterrasse geboten. Die Zimmer des historischen Gebäudes würden zwar für ihr Design nicht gerade einen Preis gewinnen, sind aber doch relativ modern.

Camping

Der am nächsten zur Downtown gelegene kommerzielle Campingplatz ist **Westwood Lake RV Camping and Cabins** (380 Westwood Rd., ✆ 250/753-3922, www.westwoodlakecampgrounds.com). Er befindet sich am Ufer des schönen Westwood Lake, wo man auch Kanus mieten kann. Vor Ort findet man einen Grillplatz, einen Game Room, eine Laundry und heiße Duschen. Ein Stellplatz ohne Anschlüsse kostet $ 21, einer mit Anschlüssen $ 26. Für eine Übernachtung im Blockhaus muss man $ 80 berappen, wer Bettlaken benötigt, zahlt $ 90.

Der **Living Forest Oceanside Campground** (6 Maki Rd., ✆ 250/755-1755, www.campingbc.com; Zeltstellplatz $ 26, Stellplatz mit Anschlüssen $ 28–39) liegt in einem 20 ha großen Waldgebiet an der Mündung des Nanaimo River, südlich der Downtown. Die Lage ist herrlich, die Versorgungseinrichtungen sind modern, und es gibt u. a. eine Laundry, einen Laden, drahtlosen Internetzugang, einen Game Room und Münzduschen.

Essen und Trinken

Wer im Hafenbereich ein warmes Getränk in entspannter Atmosphäre genießen möchte, dem sei das **Javawocky** (90 Front St., ✆ 250/753-1688; Mo–Fr ab 6.15 Uhr, Sa/So ab 7 Uhr; Mittagessen $ 4,50–8) empfohlen. Hier hat man einen guten Blick über den Hafen, und es gibt die übliche Auswahl an Kaffee, gute Milchshakes, günstige Kuchen, Gebäck und mittags kleine Snacks. Auf der anderen Seite der Promenade befindet sich die Marina, wo man Seafood kaufen kann (Lachs, Heilbutt, Dorsch, Snapper, Shrimps, Krabben, Muscheln und mehr). Ideal für alle, die entweder campen oder ein Zimmer mit Kochgelegenheit haben.

An der Marina liegt auch **Troller's** (104 Front St., ✆ 250/741-7994; im Sommer tägl. Mittag- und Abendessen; $ 8–15). Um eine kleine Theke herum, an der man Gerichte zum Mitnehmen bekommt, gruppieren sich Tische und Stühle auf einem Schwimmdock. So ist es denn auch keine große Überraschung, dass die Spezialität des Hauses Fish 'n' Chips sind.

Eine gute Aussicht über den Hafen genießt man vom **Lighthouse Bistro** (50 Anchor Way, ✆ 250/754-3212; tägl. 11–23 Uhr; $ 8–15,50), das direkt am Wasser liegt und eine große, beheizte Terrasse hat. Exzellent ist hier der Salmon Chowder, der mit leckerem Brot serviert wird.

Beim **Dinghy Dock Pub** (✆ 250/753-2373; tägl. 11–23 Uhr; $ 12–19) handelt es sich ebenfalls um ein schwimmendes Restaurant. Das Pub ist für sein Essen und seine Atmosphäre bekannt. Freitags und samstags abends gibt es Livemusik. Das Restaurant erreicht man mit einer Fähre vom Nanaimo Boat Basin aus. Die Fähren (✆ 250/753-8244) legen von 9.10 bis 23.10 Uhr stündl. ab.

Eines der besten mexikanischen Lokale auf Vancouver Island ist **Gina's Mexican Café** gleich hinter dem Gerichtsgebäude (47 Skinner St., ✆ 250/753-5411; tägl. Mittag- und Abendessen; $ 8–17). Das umgebaute Wohnhaus ist nur schwer zu verfehlen. Es ist lila gestrichen und u. a. mit maritimen Motiven geschmückt.

Information/Adressen/Verbindungen

• *Information* Nanaimo wird der restlichen Welt durch **Tourism Nanaimo** (✆ 250/756-0106 oder ✆ 800/663-7337, www.tourismnanaimo.com) nähergebracht.

Um zum **Nanaimo Visitor Centre** (2290 Bowen Rd.; im Sommer tägl. 9–18 Uhr, sonst Mo–Sa 9–17 Uhr) zu gelangen, das nördlich der Downtown im Beban Park liegt, muss man von der Hauptstraße abzweigen.

• *Adressen* Das **Hauptpostamt** befindet sich in der Harbour Park Mall in der Front St. Für Notfälle gibt es das **Nanaimo Regional General Hospital** (1200 Dufferin Cres., ✆ 250/754-2141). Wer eine Apotheke sucht, sollte zur zentralen **Pharmasave** (530 5th St., ✆ 250/753-8234) gehen.

• *Verbindungen* **B.C. Ferries** (✆ 250/386-3431) unterhält zwei unterschiedliche Fährverbindungen zwischen Vancouver und Nanaimo. Bis zu 8-mal tägl. legen die Fähren vom Tsawwassen-Terminal in Vancouver ab. Die Überfahrt zum 20 Min. südlich der Downtown von Nanaimo gelegenen **Duke-Point-Terminal** dauert 2 Std. Der **Departure-Bay-Terminal** liegt am Nordende der Stewart Ave. Die Fähren vom Horseshoe-Bay-Terminal in Vancouver zur Departure Bay gehen bis zu 11-mal tägl. Auf beiden Fährrouten gelten die gleichen Tarife (Erwachsene $ 13,50, Kinder $ 6,75, Fahrzeuge $ 45). Eine limitierte Anzahl von Plätzen kann online reserviert werden ($ 15 zzgl. Fahrpreis).

Die Firmen **West Coast Air** (✆ 604/606-6888 oder ✆ 800/347-2222) und **Harbour Air** (✆ 250/714-0900 oder ✆ 800/665-0212) fliegen 2-mal tägl. von Vancouver zur Landebasis für Wasserflugzeuge nach Downtown Nanaimo (einfacher Flug $ 105).

Vom **Greyhound-Depot** (Ecke Terminal Ave. und Comox Rd., ✆ 800/753-4371) fahren tägl. Busse zu Zielen nördlich und südlich von Nanaimo sowie in westliche Richtung nach Port Alberni und Tofino.

Mietwagen gibt es bei **Avis** (✆ 250/245-4166), **Budget** (✆ 250/754-7368), **Discount** (✆ 250/758-5171), **National** (✆ 250/758-3509) und **Rent-a-wreck** (✆ 250/753-6461).

Gabriola Island

Wie die Southern Gulf Islands ist auch Gabriola Island teilweise bewohnt (3500 Einw.) und verfügt darüber hinaus über ausgedehnte Wälder, eine reichhaltige Tierwelt und lange naturbelassene Küstenabschnitte. Die Fähre aus Nanaimo legt in der Descanso Bay auf der Westseite der Insel an. Vom Fähranleger aus gelangt man über die Taylor Bay Rd. in nördliche Richtung zu den schönsten Stränden der Insel. Dazu zählen auch die Strände in dem winzigen **Gabriola Sands Provincial Park.** Wandert man auf die Südspitze des Parks hinaus, bekommt man die Sandsteinklippen zu sehen, die von den unzähligen Wellenschlägen der Brandung zu interessanten Formen geschliffen wurden. Auf der North und der South Road kann man die Insel umrunden. Die insgesamt 30 km lange Rundstrecke ist perfekt für einen gemütlichen Fahrradausflug geeignet. Viele schön gelegene Flecken am Rand der Strecke laden zu Aufenthalten an Petroglyphen, entlegenen Buchten und Aussichtspunkten ein. Die Südostecke von Gabriola steht unter dem Schutz des **Drumbeg Provincial Park,** wo ein kurzer Trail durch dichten Wald zu einer einsamen Bucht führt.

• *Übernachten* Wer ein romantisches B&B sucht, für den ist **Marina's Hideaway** (943 Canso Dr., ✆ 250/247-8854 oder ✆ 888/208-9850, www.marinashideaway.com; $ 165 für 1/2 Pers.) eine vorzügliche Wahl. Das Haus steht direkt am Wasser, von wo man einen schönen Blick über den Northumberland Channel hat. Jedes der drei geräumigen Gästezimmer hat große Betten, einen gasbetriebenen Kamin, einen separaten Eingang und Balkon.

• *Versorgung/Information* Die grundlegenden Versorgungseinrichtungen von Gabriola Island liegen 1 km vom Fähranleger entfernt an der North Rd. Dort gibt es ein Café, einen Lebensmittelladen und das **Gabriola Island Visitor Centre** (Berry Point Rd., ✆ 250/247-9332, www.gabriolaisland.org; Juli bis Anfang Sept. tägl. 10–18 Uhr).

• *Verbindungen* **B.C. Ferries** (✆ 250/386-3431) fährt 15-mal tägl. vom Fährterminal in der Front St. (in der Downtown von Nanaimo, gegenüber der Harbour Park Mall) nach Gabriola Island. Die Überfahrt dauert 20 Min. Die Rückfahrkarte kostet maximal $ 8,50 für Erwachsene und $ 4,30 für Kinder, für Fahrzeuge zahlt man $ 20,50.

Westküste

Von Nanaimo aus sind es auf dem Hwy. 19 35 km nach Nordwesten, bis an einer der größten Kreuzungen auf Vancouver Island der Hwy. 4 nach Westen in Richtung Port Alberni und zur Westküste abzweigt. Am Ende des Hwy. 4 trifft man auf den lang gestreckten, aber recht schmalen Pacific Rim National Park. In seinem Schutzbereich liegen ein sehr ursprünglicher Küstenabschnitt, einige herrliche Sandstrände und Tofino, ein malerisches kleines Städtchen, das der perfekte Ausgangspunkt zum Seekajaken und Whale Watching oder für Angelausflüge ist.

Auf dem Highway 4 nach Port Alberni

Nach der Abzweigung vom Hwy. 19 empfiehlt sich ein erster Halt am **Englishman River Falls Provincial Park.** Hier fällt der Englishman River in mehreren Stufen über wunderschöne Wasserfälle nach unten. Im Park gibt es einen Picknickbereich, einfache Wanderwege zu den unteren und oberen Wasserfällen, ausgewaschene Badestellen im glasklaren Wasser und jede Menge Stellplätze (ohne Anschlüsse) zwischen großen Zedern und üppigen Farnen ($ 19).

Von Coombs nach Port Alberni

Was vor über 30 Jahren als kleiner Gemüsestand begann, ist heute der **Old Country Market** (✆ 250/248-6272; tägl. 8–21 Uhr), die Lebensader von Coombs am Hwy. 4A westlich von Nanaimo. Bevor man das Gebäude betritt, sollte man einen Blick nach oben werfen. Dort grasen einige Ziegen auf dem Dach und lassen sich ganz offenbar auch nicht von den amüsierten Fotografen eine Etage tiefer aus der Ruhe bringen. Im Inneren der Markthalle gibt es eine riesige Auswahl an Leckereien – eine Bäckerei, einen Delikatessenladen, einen Eiscremestand und jede Menge gesunde landwirtschaftliche Erzeugnisse aus heimischer Produktion. Hinter dem Hauptgebäude und auf dem angrenzenden Anwesen gibt es jede Menge Kunsthandwerkläden, in denen einfach alles verkauft wird – von Töpferwaren über Schmuck bis zu Drachen.

10 km westlich von Coombs liegt der **Little Qualicum Falls Provincial Park,** der ein 440 ha großes Areal umfasst. Der Hauptwanderweg führt am Little Qualicum River entlang zu einem malerischen Wasserfall. Wer Lust hat, kann eine Angel mitnehmen und nach Forellen fischen, zur Belebung der Sinne in eines der eiskalten, smaragdfarbenen Wasserbecken eintauchen oder die Nacht auf einem der Zeltstellplätze am Fluss verbringen ($ 19).

Am Westende des Cameron Lake führt der Hwy. 4 durch einen der letzten verbliebenen Urwälder von British Columbia. Es ist eine der letzten Stellen, an denen man auch als Tourist noch leicht Zugang zu einem solchen Wald hat. Die höchsten Bäume stehen im Bereich des **MacMillan Provincial Park** (auch unter dem Namen *Cathedral Grove* bekannt). Die Parkstraße ist recht schmal, weshalb auf der Fahrt zum Hauptparkplatz Vorsicht geboten ist. Von dort führt ein 500 m langer Trail durch eine Schonung majestätischer Douglasien, die 200–800 Jahre alt sind und sich bis zu 70 m über den Waldboden erheben.

Port Alberni und Umgebung

In der tiefsten Bucht von Vancouver Island liegt Port Alberni, eine Industriestadt mit 17.500 Einw., die von der Forstwirtschaft lebt. Größter Wirtschaftsfaktor sind die drei ortsansässigen Mills – ein normales Sägewerk, eines zur Verarbeitung von besonderen Holzarten und eine Zellstoff- bzw. Papierfabrik. Doch auch touristisch hat Port Alberni einiges zu bieten: ein interessantes Museum, mehrere Provinzparks in der Nähe und einen modernen Hafen, in dem nicht nur jeder Menge Fischerei-, sondern auch Ausflugsboote vor Anker liegen, so auch die berühmte *MV Lady Rose.*

Sehenswertes

Folgt man den Schildern vom Hwy. 4 bis zum einladend geschmückten **Alberni Harbour Quay** (Argyle St.), kann man dort zunächst den Turm besteigen und den fantastischen Blick über den Kai, den Hafen, die Bucht und auf die umliegenden Berge genießen. Die von der Argyle St. abzweigende Industrial Rd. führt zum **Maritime Discovery Centre** (2750 Harbour Rd., ✆ 250/723-6164; Ende Juni bis Anfang Sept. tägl. 10–17 Uhr; Spende). Vor allem Kinder haben ihren Spaß daran, die in einem rot-weißen Leuchtturm untergebrachten interaktiven Ausstellungen zu erforschen. Dabei lernen sie v. a., welch große Rolle die See für die Stadtgeschichte von Port Alberni gespielt hat.

Im **Alberni Valley Museum** (4255 Wallace St., ✆ 250/723-2181; Di–Sa 10–17 Uhr; Spende) kann man mehr über die Entstehung des West Coast Trail erfahren, eine Sammlung von Kunstgegenständen der Nuu-chah-nulth bewundern oder sich näher mit einer Auswahl motorbetriebener Holzfällermaschinen befassen.

MV Lady Rose

Die altgediente schottische MV Lady Rose (✆ 250/723-8313 oder ✆ 800/663-7192, www.ladyrosemarine.com) dient den entlegenen Gemeinden des Alberni Inlet und des Barkley Sound seit 1949 als Versorgungs- und Passagierschiff. Aufgrund der spektakulären Landschaft entlang ihrer Route ist die Fahrt durch den grandiosen Barkley Sound mittlerweile eine der größten Touristenattraktionen von Vancouver Island. Je nach Jahreszeit kann man Orcas, Grauwale, Robben, Seelöwen, Tümmler, Seeotter, Weißkopfseeadler und jede Menge Seevögel beobachten.

Die MV Lady Rose legt ganzjährig jeweils dienstags, donnerstags und samstags um 8 Uhr vom Hafenkai in Alberni ab und erreicht Bamfield um 12.30 Uhr. Nach einem einstündigen Aufenthalt geht es dann zurück nach Port Alberni, wo das Schiff um 17.30 Uhr wieder anlegt. Im Juli und August werden die Fahrten nach Bamfield auch am Sonntag durchgeführt und es wird ein spezieller Stopp für Kajakfreunde auf den Broken Group Islands eingelegt. Die Rückfahrkarte kostet $ 60/Pers. Wer länger in Bamfield bleiben möchte, kann dort auch übernachten. Von Juni bis Mitte September steht eine zweite Route auf dem Fahrplan. Dann legt das Schiff jeweils montags, mittwochs und freitags um 8 Uhr in Richtung Broken Group Islands ab und erreicht Ucluelet um 12.30 Uhr. Nach einem 90 Min. dauernden Aufenthalt geht es zurück nach Port Alberni, wo gegen 19 Uhr wieder angelegt wird ($ 72). Mit der Lady Rose kann man auch die abgelegene Sechart Lodge erreichen, in der eine Übernachtung (inkl. Mahlzeiten) $ 140 (1 Pers.) bzw. $ 215 (2 Pers.) kostet.

Reisepraktisches

• *Übernachten* In Gehweite vom Kai liegt das **Bluebird Motel** (3755 3rd Ave., ✆ 250/723-1153 oder ✆ 888/591-3888, www.bluebirdalberni.ca; $ 79 für 1 Pers., $ 89 für 2 Pers.). Die Zimmer sind in Ordnung, aber unspektakulär.

In der Downtown befindet sich das **Hospitality Inn** (3835 Redford St., ✆ 250/723-8111 oder ✆ 800/723-8111, www.hospitalityinnportalberni.com; $ 145 für 1/2 Pers.). Jedes der großen Zimmer hat eine Klimaanlage, ein komfortables Bett und einen Schreibtisch.

• *Camping* Der **Stamp River Provincial Park** ($ 19) liegt nordwestlich von Port Alberni in schöner Umgebung am gleichnamigen Fluss. Um ihn zu erreichen, fährt man auf dem Hwy. 4 nach Westen und nimmt gleich nach der Überquerung des Kitsuksus Creek die Beaver Creek Rd. nach Norden (noch einmal 14 km).

• *Essen und Trinken* Die besten Verpflegungsmöglichkeiten gibt es am Alberni Harbour Quay, wo man eine Reihe von kleinen Cafés mit Sitzgelegenheiten im Freien findet.

Am Eingang zum Kai liegt das **Blue Door Cafe** (5415 Argyle St., ✆ 250/723-8811; tägl. ab 5 Uhr). Das rustikale Café ist bevorzugter Treffpunkt der Einheimischen. Das Frühstück ist mehr als reichlich. Für ein Omelett mit Beilagen zahlt man $ 6–7,50. Für $ 1 extra kann man sich mit so viel Kaffee versorgen, wie man möchte.

• *Information* Auf der östlichen Anhöhe über der Stadt steht das **Port Alberni Visitor Centre** (2533 Redford St., ✆ 250/724-6535 oder ✆ 866/576-3662, www.avcoc.com; Mo–Fr 9–17 Uhr, Sa 10–14 Uhr).

Bamfield

Bamfield ist eine der entlegensten Gemeinden von Vancouver Island. Das winzige Fischerdorf erstreckt sich zu beiden Seiten einer schmalen Bucht am Barkley Sound. Die meisten Besucher kommen an Bord der **MV Lady Rose** aus Port Alberni hierher (s. o.). Von Port Alberni aus führt aber auch eine holprige, 100 km lange Holzfällerstraße nach Bamfield. Der Abstecher lohnt sich für jene, die eine Angeltour unternehmen, die Küste erforschen oder schlicht die Atmosphäre des malerischen, auf Holzpfählen erbauten Ortes genießen wollen. Bamfield ist zudem der nördliche Endpunkt des **West Coast Trail** (siehe Kasten S. 239).

• *Übernachten/Essen und Trinken* Auf der (von der Straße aus gesehen) anderen Seite des Kanals liegt auf den Holzstegen die **Bamfield Lodge** (✆ 250/728-3419, www.bamfieldlodge.com; $ 100–230 für 1/2 Pers.). Hier kann man als Selbstversorger eine der Hütten beziehen, die zwischen den Bäumen liegen und von denen aus man einen guten Blick über das Wasser hat. Im Preis enthalten sind auch die Überfahrten zur anderen Kanalseite. Die Lodge verfügt zudem über ein Restaurant mit Sitzgelegenheiten direkt am Wasser. Der Eigentümer bietet auch Bootsausflüge zum Angeln oder in die Wildnis an.

Ucluelet

Das kleine Städtchen Ucluelet (gesprochen yoo-CLOO-let) hat 1800 Einw. und liegt wunderschön zwischen dem Meer und einer geschützten Bucht eingebettet am Nordufer des Barkley Sound. Wie das nahe gelegene Tofino verdankt der abgelegene Ort seine Entstehung der Holzwirtschaft und der Fischerei. Im Gegensatz zu den Nachbargemeinden fasst der Tourismus hier aber nur sehr langsam Fuß. Geboten werden die gleichen Annehmlichkeiten wie in Tofino, aber auf wesentlich ruhigere und ursprünglichere Art. Dazu gehören etwa die Suche nach Treibgut am Strand, das Unternehmen einer Whale-Watching-Tour, ein Paddelausflug per Kajak und Angeln.

Sehenswertes/Sport und Freizeit

Eine Fahrt durch den Ort bringt einen zum **He-tin-kis Park,** wo ein kurzer Trail durch den Küstenregenwald zu einem kleinen, felsigen Strand führt. Sowohl der Park als auch der Strand sind Teile des **Wild Pacific Trail,** der irgendwann einmal die gesamte Küste bis zum Pacific Rim National Park entlangführen soll. Man kann entweder den kurzen Trail nehmen oder bis zum Ende der Straße fahren. Der dortige Leuchtturm ist zwar nicht gerade sehr fotogen, erledigt aber seine Arbeit einwandfrei und bewahrt die Schiffe davor, auf die hier besonders heimtückische Küste aufzulaufen.

Reisepraktisches

• *Übernachten* Wer seine günstige Unterkunft gerne mit einem naturbegeisterten Völkchen teilt, kann ein Bett im **Surfs Inn** (1874 Peninsula Rd., ✆ 250/726-4426, www.surfsinn.ca; Bett im Schlafsaal $ 27, Zimmer $ 65–125 für 1/2 Pers.) reservieren, das in einem renovierten Gebäude an der Hauptstraße Richtung Ucluelet liegt. Zu den Gemeinschaftseinrichtungen zählen eine Lounge mit einem holzbefeuerten Kamin, eine moderne Küche, drahtloser Internetzugang und jede Menge Lagerraum zum Aufbewahren von Fahrrädern oder Surfbrettern.

Das verwitterte Äußere des **Terrace Beach Resort** (1002 Peninsula Rd., ✆ 250/726-2901 oder ✆ 866/726-2901, www.terracebeachresort.ca; $ 99–349 für 1/2 Pers.) ist etwas irreführend, denn die Gästezimmer sind im zeitgenössischen Stil der West Coast gehalten. Vom einfachen Motelzimmer bis zum mehrstöckigen Holzhaus direkt am Wasser ist alles zu haben. Letztere sind über Holzstege miteinander verbunden und liegen in einem Wald mit altem Baumbestand. Man sollte sich übrigens nicht darüber wundern, wenn einem auf einem Spaziergang durch den Wald der Schauspieler Jason Priestly begegnet – ihm und seiner Familie gehört die Lodge.

• *Essen und Trinken* Seinen morgendlichen Koffeinschub kann man sich zusammen mit einem Schokomuffin im **Cynamoka Coffee House** (1536 Peninsula Rd., ✆ 250/726-3407; tägl. 7–18 Uhr; Mittagessen $ 6–8) holen. Dazu muss man durch den Ort und dann rechts die steile Auffahrt hinauf.

Wer campt oder Zugang zu einem Grillplatz hat, sollte bei **Oyster Jim's** (2480 Pacific Rim Hwy., ✆ 250/726-7350) anhalten und sich mit frischen Austern versorgen, die sich über heißer Kohle von selbst öffnen.

Pacific Rim National Park

Der nach seiner Lage am Pazifik benannte Park umfasst einen langen, schmalen Küstenstreifen, der seit Ewigkeiten von der peitschenden See heimgesucht wird. Der Nationalpark besteht aus drei sog. *Units,* die von ihrer Natur her sehr unterschiedlich und über verschiedene Wege zugänglich sind. Im Folgenden wird die Unit des **Long Beach** beschrieben, die nach dem 11 km langen Strandabschnitt benannt ist, den man vom nach Tofino führenden Hwy. 4 aus erreichen kann. (Beim Barkley Sound im Süden liegt mit der Broken Group Islands Unit ein weiterer Teil des Parks, weiter südlich dann die Unit des West Coast Trail, benannt nach dem berühmten Wanderweg zwischen Port Renfrew und Bamfield (siehe Kasten S. 239)

Tier- und Pflanzenwelt

Wie die gesamte Westküste von Vancouver Island wird auch der Pacific Rim National Park vom Küstenregenwald geprägt. In nächster Nähe zum Meer schmiegt sich ein schmaler Streifen windgepeitschter Sitkafichten an die felsige Wasserlinie, die ganzjährig von einer Schicht Salzwasser überzogen ist. Diese Fichten sind gedrungen und wachsen sehr langsam. Sie bieten dem weiter landeinwärts gelegenen alten Baumbestand aus Hemlocktannen und Rotzedern Schutz vor Wind und Wetter. In diesem Regenwald gibt es Unmengen umgestürzter Bäume und einen üppigen Teppich aus Moosen, Büschen und Farnen.

Das größte im Park vorkommende Landsäugetier ist der Schwarzbär. Einige Exemplare wandern gelegentlich zu den Stränden, um dort nach Futter zu suchen. Weitere Bewohner sind Schwarzwedelhirsche, Waschbären, Fischotter und Nerze. Weißkopfseeadler kann man das ganze Jahr über beobachten. Am zahlreichsten vertreten sind jedoch die Zugvögel, die im Frühling und im Herbst in Scharen zwischenlanden. Tausende von Kanadagänsen, Spießenten, Stockenten und schwarzen Ringelgänsen bevölkern dann die riesigen Wattflächen der Grice Bay im Norden des Parks, hinter dem Golfplatz von Tofino.

Long Beach

Insgesamt liegt zwischen den steinigen Landzungen ein über 11 km langer Sandstrand verborgen, der von ineinander verhaktem Treibholz und Muscheln bedeckt wird. Manchmal kann man auch *Japanese Glass Fishing Floats* finden (angespülte Glaskugeln, mit denen die Fischer früher ihre Netze an der Wasseroberfläche hielten, heute beliebte Sammelobjekte). Der dichte Regenwald und die hohen schneebedeckten Gipfel der Mackenzie Range bilden für den Betrachter eine wunderschöne Kulisse. Die vor der Küste liegenden felsigen und von der Brandung umtosten Inseln sind Heimat unzähliger Meereslebewesen. Der Zugang zum Strand ist an vielen Stellen möglich. Einen ersten Stopp sollte man jedoch am **Wickaninnish Interpretive Centre** (✆ 250/726-4212; Mitte März bis Mitte Okt. tägl. 10.30–18 Uhr) einlegen. Von der geschützt gelegenen südlichen Bucht aus kann man den gesamten Strand überblicken. Das Wickaninnish Centre ist auch der optimale Platz, um sich mithilfe einiger Ausstellungen und spektakulärer Wandgemälde über die Natur- und Besiedlungsgeschichte des Pacific Rim National Park und den Ozean zu informieren.

Einer der vielen wilden Westküstenstrände

Long Beach zieht im Sommer ganze Horden von Besuchern an. Die meisten belassen es dabei, am Strand entlangzuwandern und den Geruch und die Geräuschkulisse des Meeres in sich aufzusaugen. Zum Schwimmen und Surfen wagen sich nur wenige Mutige ins Wasser. Die hiesige Brandung macht Long Beach zum besten Surfrevier Kanadas, in Ucluelet und Tofino kann man Surfboards und Neoprenanzüge leihen. Im Winter verbringen die mit warmer Kleidung gegen die Naturgewalten geschützten Wanderer ihre Zeit vorwiegend damit, den wellengepeitschten Strand nach angeschwemmten Schätzen abzusuchen und während der vielen heftigen Stürme die ungezügelte Wucht des Meeres zu bewundern.

Wandern

Auch wenn sich natürlich ein Spaziergang am Long Beach aufdrängt, gibt es durchaus noch andere Wandermöglichkeiten, die man in Erwägung ziehen sollte. Vom Wickaninnish Centre führt ein 800 m langer Trail (einfach 15 Min.) nach Süden um eine windgepeitschte Landzunge herum. Der Pfad führt an einigen kleinen Buchten und dem Lismer Beach vorbei, bevor man über einen Holzsteg hinunter zum steinigen **South Beach** gelangt. Wieder zurück auf dem Hügel, kann man auf dem **Wickaninnish Trail** weiter zur Florencia Bay wandern (2,5 km; einfach 50 Min.). Der dortige Strand lässt sich auch über die Abzweigung an der Zufahrtsstraße zum Wickaninnish Centre erreichen. Weiter nordwestlich in Richtung Tofino führt der **Rainforest Trail** auf zwei jeweils 1 km langen Schleifen durch den Altbestand des Küstenregenwaldes (20 Min. je Schleife). Noch weiter nördlich, an der Rückseite des Parkplatzes zum Combers Beach, stößt man auf den Startpunkt des 1,6 km langen **Spruce Fringe Loop.** Der Trail führt am Strand entlang, vorbei an großen Ansammlungen von Treibholz und durch einen Wald mit Sitkafichten.

Vancouver Island
Karte S. 210/211

Reisepraktisches

• *Eintritt* Wer nur durch den Park fährt, um nach Tofino zu gelangen, braucht nichts zu bezahlen. Möchte man aber irgendwo im Park anhalten, muss man am Informationszentrum oder an der Fee Station einen **National Parks Day Pass** erwerben (Erwachsene $ 9, Senioren $ 8, Kinder $ 4, maximal $ 20 pro Fahrzeug).

• *Camping* Der einzige ausgewiesene Campingplatz im Park (Mitte März bis Mitte Okt.; Zeltstellplatz $ 21, Stellplatz ohne Anschlüsse $ 28) ist im Sommer jeden Tag *sehr* schnell belegt. Er befindet sich in herrlicher Lage hinter **Green Point**, einem schönen Felsvorsprung oberhalb des Strandes. Es gibt Stellplätze für Wohnmobile, Waschgelegenheiten, Picknicktische, eine abendliche Informationsveranstaltung für alle Lernwilligen und jede Menge Feuerholz ($ 8). Allerdings sind weder Duschen noch Anschlüsse für Wohnmobile vorhanden. Einige der Stellplätze kann man über den Parks Canada Campground Reservation Service (✆ 877/737-3783, www.pccamping.ca) gegen eine Gebühr von $ 12 pro Buchung reservieren.

• *Versorgung/Information* Im Park selbst gibt es keine Geschäfte und keine Tankstelle. Allerdings kann man seine Vorräte und den Tank in Ucluelet und Tofino auffüllen. Vom **Wickaninnish Restaurant** im Wickaninnish Interpretive Centre (✆ 250/726-7706; Mitte März bis Mitte Okt. tägl. 10.30–18 Uhr; Mittagessen $ 16–27) hat man einen schönen Blick über die tosende Bucht, nach der es benannt ist. Das Restaurant ist zwar nicht gerade preiswert , aber der großartige Ausblick macht das wieder wett. Selbst wer keinen Hunger haben sollte, kann hier in Ruhe eine Tasse Kaffee genießen, während er aufs Meer hinausschaut. Besonders beliebt ist der Sonntagsbrunch. An der Kreuzung, an der sich der Hwy. 4 und die nach Norden führende Straße nach Tofino bzw. die nach Süden gehende Straße nach Ucluelet kreuzen, befindet sich das **Pacific Rim Visitor Centre** (✆ 250/726-4600; im Sommer tägl. 9–19 Uhr, sonst Di–Sa 10–16 Uhr).

Tofino

Das geschäftige Fischerdorf Tofino liegt am Ende einer schmalen Halbinsel. Einzige Verbindungsmöglichkeit zur Außenwelt ist der kurvenreiche Hwy. 4. Die nächstgelegenen Städte, die diesen Namen wirklich verdienen, sind das 130 km östlich gelegene Port Alberni (Anfahrt 2,5 Std.) und das 340 km entfernte Victoria. Seit jeher lebt man hier von der Fischerei. Allerdings hat sich Tofino im letzten Jahrzehnt zu einem beliebten Ausflugsziel entwickelt. Während hier im Winter nicht einmal 2000 Menschen leben, schwillt die Zahl im Sommer auf ein Vielfaches an und der Ort erwacht zu quirligem Leben. Dann vervollständigen die Fischerboote ihre Ausrüstungen und liefern Lachse, Dorsche, Garnelen, Krabben, Heilbutt und andere Meeresdelikatessen an. Auch die Ausflugs-, Angel- und Whale-Watching-Boote haben dann, ebenso wie die Wasserflugzeuge, Hochkonjunktur, um den Touristen die Naturwunder der West Coast näherzubringen.

Tofino liegt an der Südecke des geschützten **Clayoquot Sound,** dessen Name durch den lang andauernden Kampf von Naturschützern zum Erhalt des größten noch existierenden gemäßigten Küstenregenwaldes der Erde weltweit Bekanntheit erlangt hat. Derzeit bedeckt dieser alte Baumbestand noch etwa 200.000 ha Fläche. Infolge der *Clayoquot Sound Land Use Decision* (mit der 1993 33 % der umgebenden Landfläche unter Schutz gestellt wurden) entstanden zahlreiche Parks, wie etwa der **Clayoquot Arm Provincial Park,** der **Clayoquot Plateau Provincial Park,** der **Hesquiat Peninsula Provincial Park,** der **Flores Island Provincial Park** und der **Maquinna Marine Provincial Park.** Auch der Zustrom von umweltbewussten Einwohnern hat in den letzten 20 Jahren zur Belebung des Städtchens beigetragen, das von seiner Atmosphäre her einer der malerischsten und entspanntesten Orte an der gesamten Westküste ist. Angesichts der Tatsache, dass seine Bewohner Tofino nun einmal genau so mögen, wie es (schon immer gewesen) ist, ist es wohl sehr unwahrscheinlich, dass dieses friedvolle Paradies künftig einmal von hoch aufragenden Hotels oder Fast-Food-Lokalen verschandelt sein wird.

Sehenswertes

Auch wenn Tofino natürlich für seine unzähligen Erholungsmöglichkeiten unter freiem Himmel berühmt ist, bieten die direkt vor dem Ort gelegenen **Tofino Botanical Gardens** (1084 Pacific Rim Hwy., ✆ 250/725-1220; tägl. 8 Uhr bis Sonnenuntergang; Erwachsene $ 10, Kinder frei) eine interessante Abwechslung. Der botanische Garten wurde von sachkundigen Einheimischen angelegt und stellt die örtliche Pflanzenwelt zur Schau, ohne dass dabei der Spaß und das Erlebnis für den Besucher zu kurz kommen. Ein Teil des Gartens ist den einheimischen Pflanzenarten gewidmet, wie sie in den umliegenden Nationalparks vorzufinden sind. Ein anderer Bereich bringt dem Betrachter essbare Pflanzen näher (die man aber selbstverständlich nicht probieren darf). Dabei handelt es sich wohl um den einzigen botanischen Garten, in dem ein bunt bemaltes Wohnmobil aus den 1970er Jahren in die Gestaltung einbezogen wurde.

In der **Eagle Aerie Gallery** (350 Campbell St., ✆ 250/725-3235; im Sommer tägl. 9–20 Uhr, sonst 9.30–17.30 Uhr) gibt es die augenfälligen Gemälde, Drucke und Skulpturen von Roy Henry Vickers zu bewundern, einem renommierten und hoch angesehenen Tsimshian-Künstler. Man kann sich zunächst einen Dokumentarfilm über ihn ansehen und dann seine Kunstwerke in Augenschein nehmen, überwiegend

Designs der kanadischen Ureinwohner und Naturszenen mit klaren Linien und strahlenden Farben.

Strände

Wer Lust auf einen langen Spaziergang am berühmten und mit Muscheln übersäten weißen Sandstrand hat, wer gerne von einem felsigen Sitzplatz aus zusehen möchte, wie sich die Wellen in weiße Gischt auflösen, oder wer einfach nur ein wenig Sonne ganz für sich alleine genießen möchte, um an seiner Urlaubsbräune zu arbeiten, der sollte sich auf den Weg zum südlich von Tofino gelegenen **Chesterman Beach** machen. Bei Ebbe kann man dort bis **Frank Island** wandern und zusehen, wie die Brandung auf die ungeschützte Seite der Insel rollt, während einen die langsam einsetzende Flut für einige Stunden vom Rest der Welt abschneidet. Die nicht ausgeschilderte Zufahrt zum Chesterman Beach führt über die Lynn Rd. (auf der rechten Seite gelegen, wenn man Tofino verlässt).

Sport und Freizeit

• *Surfen* Wer surfen möchte, sollte sich im südlich des Ortes befindlichen **Live To Surf** (1180 Pacific Rim Hwy., ✆ 250/725-4464) umsehen. Dort kann man Surfboards für $ 25/Tag und Surfanzüge für $ 20/Tag mieten. Surfunterricht für zwei Personen kostet $ 75. Die Angestellten sagen einem gerne, wo man die besten Wellen finden kann und – falls gerade keine Wellen anzutreffen sind – wie großartig doch die Brandung in der letzten Woche war. **Surf Sister** (625 Campbell St., ✆ 250/725-4456 oder ✆ 877/724-7873) ist Kanadas einzige Surfschule nur für Frauen.

• *Whale Watching* Whale Watching ist eine der beliebtesten Beschäftigungsmöglichkeiten in Tofino. An Bord der Tourboote kann man Wale die Küste entlangziehen, abtauchen, auftauchen und Wasser spritzen sehen. Jedes Frühjahr ziehen etwa 20.000 pazifische Grauwale von der Baja nach Alaska. Sie passieren die Gewässer vor Tofino zwischen März und Mai. Die meisten von ihnen ziehen weiter nach Norden, aber einige bleiben den ganzen Sommer über hier. Ihre Weidegründe liegen nördlich von Tofino im **Maquinna Marine**

Park. Auf einer Whale-Watching-Tour bekommt man auch noch andere Meeresbewohner zu Gesicht. Wer die Augen aufhält, kann Seelöwen und Papageientaucher beim Sonnenbad auf den vorgelagerten Felsen entdecken. Delfine und Robben tollen in den Buchten und Meeresarmen herum, und die majestätischen Weißkopfseeadler ziehen am Himmel ihre Kreise oder sitzen in den Baumwipfeln. Die Touren dauern gewöhnlich 2–3 Std. und finden von Mitte Februar bis Oktober statt. Zahlen muss man dafür etwa $ 80–90/Pers. Die meisten Veranstalter bieten auch kombinierte Fahrten an, die einen erholsamen Badestopp an der **Hotsprings Cove** beinhalten. Ausführliche Informationen erhält man bei **Jamie's** (606 Campbell St., ✆ 250/725-3919 oder ✆ 800/667-9913, www.jamies.com), **Remote Passages** (71 Wharf St., ✆ 250/725-3330 oder ✆ 800/666-9833, www.remotepassages.com), oder **Whale Centre** (411 Campbell St., ✆ 250/725-2132 oder ✆ 888/474-2288, www.tofinowhalecentre.com).

• *Sea Kayaking* In den letzten Jahren ist es zunehmend beliebter geworden, die Gewässer um Tofino mit einem Seekajak zu erkunden. Die **Tofino Sea Kayaking Company** (320 Main St., ✆ 250/725-4222, www.tofino-kayaking.com) hat zahlreiche Touren im Programm, um die gestiegene Nachfrage decken zu können. Dabei ist für alle Arten von Paddlern etwas dabei, vom Anfänger bis zum Profi. Die Exkursionen gehen von der zweieinhalbstündigen Paddeltour durch den Hafen ($ 59/Pers.) bis zum dreitägigen Trip zu einer einsamen Lodge auf Vargas Island ($ 780/Pers.). Die sachkundigen Angestellten helfen auch abenteuerlustigen Paddlern, die lieber auf eigene Faust losziehen wollen, bei der Routenplanung. Denn viele Campingmöglichkeiten um Tofino lassen sich auf einer eintägigen Paddeltour erreichen. Einerkajaks kosten $ 52 für einen Tag oder $ 44/Tag für zwei oder mehr Tage. Für Zweierkajaks zahlt man $ 88 bzw. $ 78.

Übernachten/Camping/Essen und Trinken

In Tofino gibt es sowohl in der Stadt als auch entlang dem strandgesäumten südlichen Küstenabschnitt jede Menge guter Unterkünfte. Allerdings ist es im Sommer meist schwierig, vor Ort noch ein Zimmer oder einen Platz auf dem Campingplatz zu ergattern. Daher sollte man so früh wie möglich im Voraus buchen.

• *Übernachten* Die preisgünstigste Herberge in Tofino ist das **Whalers on the Point Guesthouse** (81 West St., ✆ 250/725-3443, www.tofinohostel.com; Bett im Schlafsaal $ 32, Zimmer $ 90–100 für 1/2 Pers.). Das Haus gehört zu Hostelling International und ist ein Holzbau, der in wunderschöner Lage nahe am Wasser errichtet wurde. Von der für alle zugänglichen Lounge aus hat man einen herrlichen Blick. Zur Verfügung stehen den Gästen eine moderne Küche, drahtloser Internetzugang, eine Laundry, eine große Terrasse mit Grillplatz, ein Game Room und Mietfahrräder.

Südlich der Stadt gibt es eine Reihe von direkt am Meer gelegenen Ferienunterkünften. Ein guter Tipp ist die **Middle Beach Lodge** (✆ 250/725-2900 oder ✆ 866/725-2900, www.middlebeach.com; $ 140–400 für 1/2 Pers.). Denn geboten wird ein einzigartiges Westküstenerlebnis, und das zu einem durchaus vernünftigen Preis. Die Lodge besteht aus zwei verschiedenen Komplexen: Einer liegt direkt am Wasser, bietet eine etwas intimere Atmosphäre und verfügt über einen Privatstrand. Der andere liegt auf einer zerklüfteten Landzunge und hält für Selbstversorger Übernachtungsmöglichkeiten in kleinen Hütten bereit. Verbunden sind beide Abschnitte über einen kurzen Trail, und die Gäste können sich jederzeit frei zwischen beiden Arealen bewegen. Verstreut über das gesamte Gelände finden sich weitere Versorgungseinrichtungen.

Wer auf der Veranda vor seinem Zimmer sitzt und aufs Meer hinausschaut, der käme niemals auf die Idee, dass das **Cable Cove Inn** (201 Main St., ✆ 250/725-4236 oder ✆ 800/663-6449, www.cablecoveinn.com; $ 225–340 für 1/2 Pers.) an der Hauptstraße liegt. Obwohl es etwas zurückversetzt über einer kleinen Bucht thront, sind es gerade einmal zwei Gehminuten von hier bis ins Stadtzentrum. Die Möblierung ist ebenso zweckmäßig wie elegant. Jedes der sechs Zimmer hat eine eigene Veranda und einen Kamin.

Sicherlich gibt es in Tofino günstigere Übernachtungsmöglichkeiten, aber keine zweite davon ist wie das **Pacific Sands Beach Resort** (Cox Bay, ✆ 250/725-3322 oder ✆ 800/565-2322, www.pacificsands.com; $ 295–650 für 1/2 Pers.). Die Lodge ist ideal für Familien oder Naturliebhaber geeignet, die gerne einmal einige Tage dem üblichen Trubel entkommen wollen. Das Resort liegt an einem bei Surfern beliebten Strand, 8 km südlich von Tofino. Die Zimmer gibt es in allen erdenklichen Ausstattungsvarianten. Niedrigste Kategorie sind die Einbettzimmer mit Kochgelegenheit. Da einige der Zimmer eine erstklassige Strandlage haben, sollte man sich beim Buchen danach erkundigen. Die besten Unterkünfte sind die neuen, aus Holzbalken gezimmerten Villen mit zwei Wohnebenen. Sie sind mit allem erdenklichen Komfort ausgestattet, vom Surfbordhalter bis zu rostfreien Küchengeräten.

Das **Wickaninnish Inn** (Osprey Ln., Chesterman Beach, ✆ 250/725-3100, www.wickinn.com; ab $ 480 für 1/2 Pers.) wird zu Recht als eines der besten Resorts weltweit angesehen. Nur der Vollständigkeit halber sei erwähnt, dass das hauseigene *Pointe Restaurant* denselben Ruf genießt. Rundherum in den Regenwald eingepasst, wirkt die äußere Balkenkonstruktion groß und wuchtig, während im Inneren die Eleganz der Westküste herrscht. Für die Gäste gibt es neben dem Restaurant auch eine Lounge, eine Bibliothek zur Entspannung und im Untergeschoss einen Fernsehraum (natürlich mit Plasmabildschirm). Auch wenn diese Annehmlichkeiten schon den Anschein einer eigenen kleinen Welt vermitteln, sind es doch die auf zwei Flügel verteilten Gästezimmer selbst, die den größten Eindruck auf den Besucher machen. Die 76 Zimmer bieten allen erdenklichen Komfort, darunter eine große Badewanne, superbequeme Betten, einen Kamin und Blick aufs Meer durch die wandhohen Fenster. Zwar liegt das Wickaninnish fünf Fahrminuten südlich von Tofino, aber wen interessiert das schon? Hier möchte niemand freiwillig wieder weg.

• *Camping* Alle Campingplätze liegen an den Stränden südlich von Tofino. Das großartige Naturerlebnis hat hier draußen allerdings seinen Preis – und der liegt mitunter bei mehr als $ 50/Nacht. Am besten ist der **Bella Pacifica Campground** (✆ 250/725-3400, www.bellapacifica.com; $ 38–48), der direkt am MacKenzie Beach liegt und geschützte Zeltstellplätze sowie Anschlüsse für Wohnmobile, Münzduschen und eine Laundry bietet.

Ein kleines Stück weiter den Strand entlang stößt man auf das **Crystal Cove Beach Resort** (✆ 250/725-4213, www.crystalcovebeachresort.com; $ 55), das einer der schönsten Campingplätze in der ganzen Provinz ist. Die Versorgungseinrichtungen sind modern, morgens gibt es kostenlosen Kaffee, und man kann sich Bücher ausleihen.

• *Essen und Trinken* Der **Common Loaf Bake Shop** (180 1st St., ✆ 250/725-3915; tägl. 8–18 Uhr) gehört zu den Favoriten der Einheimischen (leckere Zimtschnecken für $ 1,80). Von den Tischen draußen oder im Obergeschoss hat man einen tollen Blick auf die Hauptstraße von Tofino und über die Meerenge.

Das **Schooner Restaurant** (331 Campbell St., ✆ 250/725-3444; tägl. 9–15 und 17–21.30 Uhr; $ 23–31) serviert seit 50 Jahren Seafood zu vernünftigen Preisen. Im Laufe der Jahre ist die Speisekarte immer abwechslungsreicher geworden (z. B. auf einem Zedernbrett gebackener, in Soja marinierter Lachs), aber es gibt auch immer noch die zeitlosen Klassiker (wie gegrillter Heilbutt). Für Vorspeisen muss man mit $ 7–12 rechnen, Hauptgerichte kosten $ 20–28.

In einem wenig ansprechenden Gebäude am Ortseingang bringt das **Shelter Restaurant** (601 Campbell St., ✆ 250/725-3353; tägl. ab 17.30 Uhr; $ 19–32) die Pizza aus der großen weiten Welt ins kleine Tofino. Im großzügigen Inneren stößt man aber zum Glück auch auf fantasievollere Gerichte wie Chowder mit Räucherlachs und mit einer Kruste aus Macadamianüssen überzogenen Heilbutt.

Das südlich von Tofino gelegene **Pointe Restaurant** (Wickaninnish Inn, Osprey Ln., Chesterman Beach, ✆ 250/725-3100; tägl. Frühstück, Mittag- und Abendessen; $ 25–42) ist einfach in jeder Hinsicht hervorragend. Es liegt auf einer Felsklippe, und die Sicht aus dem runden Saal aufs Meer hinaus ist in ganz Kanada unvergleichlich. (Fragen Sie beim Reservieren nach einem Fensterplatz.) Schon zum Frühstück kann man mit prickelndem Wein und Orangensaft Urlaubsstimmung pur aufkommen lassen oder sich Eggs Benedict mit Räucherlachs gönnen. Mittags und abends stehen v. a. Seafood und Erzeugnisse von der Insel auf dem Speiseplan. Ein guter Einstieg sind die Krabbencremesuppe oder gebratene Austern, bevor man zum gedämpften Heilbutt oder gebratenen Kabeljau übergeht. Das erstklassige kulinarische Erlebnis wird von einem tadellosen Service und einer Weinkarte abgerundet, auf der Weine aus dem pazifischen Nordwesten an erster Stelle stehen.

Vancouver Island
Karte S. 210/211

Information/Adressen

• *Information* Mit einem Besuch im **Tofino Visitor Centre** (455 Campbell St., ✆ 250/725-3414, www.tourismtofino.com; im Sommer tägl. 9–19 Uhr, sonst 9–17 Uhr) kann man sicherstellen, dass einen in diesem Städtchen auf keinen Fall die Langeweile überkommt.

Wildside Booksellers (320 Main St., ✆ 250/725-4222) führt eine sehr gute Auswahl an Büchern in den Bereichen Naturgeschichte und Freizeit.

• *Adressen* Das **Postamt**, ein **Waschsalon** und das **Tofino General Hospital** (✆ 250/725-3212) befinden sich in der Campbell St.

Der Norden

Nördlich der Kreuzung mit dem Hwy. 4 führt der Inland Island Hwy. auf der Ostseite von Vancouver Island an der Küste entlang, vorbei an einer beliebten Ferienregion. Hier gibt es viele Strände, Ferienresorts und direkt am Meer gelegene Campingplätze. Noch mehr tolle Strände und Angelmöglichkeiten bietet das Comox Valley, das etwa in der Mitte der Küstenlinie von Vancouver Island liegt. Das Tal ist ganzjährig ein beliebtes Reiseziel.

Der nördlich des Comox Valley gelegene Teil von Vancouver Island ist gebirgig, dicht bewaldet, mit Seen, Flüssen und Wasserfällen durchsetzt und fast vollständig unbesiedelt. Die Region wird nur von einem einzigen Highway erschlossen. Dessen langes Asphaltband führt den Reisenden auf dem weiten Weg nach Port Hardy auch am „Tor zum Norden“ vorbei, wie Campbell River gerne genannt wird. In Port Hardy schließlich liegt der Terminal für die Fähren, die von dort aus in den Norden nach Prince Rupert ablegen.

Von Parksville nach Courtenay

Parksville

Goldfarbener Sand säumt die Küste zwischen Parksville (11.000 Einw.) und Qualicum Beach. **Parksville Beach** kann für sich in Anspruch nehmen, die wärmsten Wassertemperaturen in ganz Kanada zu haben. Das Phänomen beruht darauf, dass der bis zu 1000 m breite Sandstrand bei Ebbe von der Sonne aufgewärmt wird. Kommt dann die Flut zurück, heizt der warme Sand das Wasser auf – voilà! Im **Rathtrevor Beach Provincial Park,** einem 347 ha großen Küstenabschnitt südlich von Parksville, findet man einen langen Sandstrand, eine bewaldete Hochebene und naturbelassene Wanderwege. Die Möglichkeiten zur Vogelbeobachtung sind besonders zu Frühjahrsbeginn gut, wenn sich die Seevögel alljährlich scharenweise auf die Heringsschwärme stürzen. Obwohl es viele Campingmöglichkeiten gibt, sollte man im Sommer seine Ansprüche schon am frühen Morgen anmelden (Zeltstellplatz $ 15, Wohnmobilstellplatz $ 24).

In direkter Nachbarschaft zur am Wasser gelegenen Downtown von Parksville liegt das **Surfside RV Resort** (200 Corfield St., ✆ 250/248-9713, www.surfside.bc.ca; $ 38–48), das den ganzen Sommer über von campenden Familien bevölkert wird. Es verfügt neben der guten Meerlage auch über die üblichen Versorgungseinrichtungen. Allein die Brandung, die der Name vermuten lassen könnte, fehlt.

Qualicum Beach

In diesem am Strand gelegenen Ort (7500 Einw.) geht es generell ruhiger zu als in Parksville, obwohl man auch hier die goldenen Sandstrände der Georgia Strait vorfindet. Vom Hwy. 19 gelangt man über die Ausfahrt *Memorial Ave.* ins Stadtzentrum. Landschaftlich wesentlich reizvoller ist die Anfahrt über die alte Küstenstraße via Parksville. An der Strecke reihen sich Motels, Ferienanlagen und RV-Parks aneinander. Die ansprechende Downtown, die von Eingeweihten nur „The Village" genannt wird, erreicht man vom Strand aus über die Memorial Ave. Wer sich für hochwertige Kunstgegenstände interessiert, sollte den Umweg zum **Old Schoolhouse Arts Centre** (122 Fern Rd. W, ✆ 250/752-6133; Mo 12–16.30 Uhr, Di–Sa 10–16.30 Uhr; Eintritt frei) nicht scheuen. Die Galerie ist in einem hübsch renovierten Gebäude aus dem Jahr 1912 untergebracht. Die unterhalb gelegenen Werkstätten der Künstler erlauben einen Einblick in die Herstellung von Kunstgegenständen, seien es Holzschnitzereien, Drucke, Töpferwaren, Webereien, Malereien oder Arbeiten mit anderen Materialien.

Das **Old Dutch Inn** (2690 West Island Hwy., ✆ 250/752-6914 oder ✆ 800/661-0199, www.olddutchinn.com; $ 90–110 für 1/2 Pers.) wird nur durch eine Straße vom Meer getrennt und liegt in bequemer Gehdistanz zum Qualicum Beach Golf Club. Es hat ein Hallenbad, Sauna, Whirlpool und ein Restaurant mit vielen Tischen im Freien. Zwar könnten die Zimmer etwas netter eingerichtet sein, aber dafür ist die Lage unschlagbar. Die zentral gelegenen Campingplätze sollte man links liegen lassen und stattdessen Richtung Nordwesten zum 16 km entfernten **Qualicum Bay Resort** fahren (5970 West Island Hwy., ✆ 250/757-2003 oder ✆ 800/663-6899, www.resortbc.com; Zeltstellplätze $ 18, Stellplätze mit Anschlüssen $ 28–32, Hütten mit Gemeinschaftsbad $ 40–55 für 1/2 Pers., Motelzimmer $ 85–145 für 1/2 Pers.). Das auf Familien ausgerichtete Resort ist nur durch eine Straße vom Meer getrennt. Auf dem Gelände gibt es einen künstlich angelegten See samt Wasserrutsche, einen Spielplatz, Ponyreiten, einen Game Room, eine Eisbude und ein Restaurant.

Horne Lake Caves

Wer sich vom Strandleben losreißen kann, der sollte einen Halbtagesausflug zu den Horne Lake Caves ins Auge fassen, die eines der spektakulärsten Naturwunder von Vancouver Island sind. Man erreicht sie, indem man von Qualicum Beach aus zunächst 11 km weiter auf dem alten Küstenhighway fährt und dann am Horne Lake Store die Abzweigung zum Horne Lake nimmt. Von hier aus sind es noch einmal 16 km in westliche Richtung. Zwei der Höhlen sind auch ohne Führer für die Allgemeinheit zugänglich. Der Eintritt ist zwar frei, allerdings braucht man unbedingt einen Helm und eine Lampe. Beides kann man für $ 5 vor Ort leihen. Durch die etwas interessanteren Höhlen werden mehrmals täglich unterschiedliche geführte Touren angeboten. Bei der Tour durch die Riverbend Cave (90 Min.) darf man nach einem kurzen Fußmarsch eine Besichtigungstour unter Tage starten und bekommt dazu entsprechend informative Erläuterungen (Erwachsene $ 28, Kinder $ 22). Alle Höhlen sind von Mitte Juni bis September täglich von 10 bis 16 Uhr geöffnet. Die Touren werden von einer privaten Firma angeboten (✆ 250/757-8687, www.hornelake.com), die entsprechend sachkundige Führer beschäftigt. Sie betreibt auch den Campingplatz ($ 20–24/Nacht), vermietet Kanus und organisiert vielfältige andere Aktivitäten wie etwa Klettertouren und geführte Wanderungen.

Comox Valley

Courtenay, Cumberland und Comox liegen alle drei im wunderschönen Comox Valley, das zwischen der Georgia Strait und den hohen, schneebedeckten Berggipfeln im

Westen eingebettet ist. Das Tal ist 220 km von Victoria entfernt. Hinüber zur Sunshine Coast (siehe Kapitel „Vancouver und Umgebung“) besteht eine Fährverbindung.

Sehenswertes

Die größte Stadt im Tal ist **Courtenay** (22.000 Einw.), das sich um den vorgelagerten Comox Harbour erstreckt. Courtenay fungiert als Versorgungszentrum für die örtliche Landwirtschaft, Forstwirtschaft, Fischerei und die *Retirement Communities*, die von Pensionären bewohnt werden. Die Stadt ist optisch zwar nicht besonders reizvoll, beherbergt aber einige interessante Sehenswürdigkeiten, und entlang dem Highway gibt es jede Menge Unterkünfte. Hauptattraktion ist in der Downtown das **Courtenay and District Museum** (207 4th St., ✆ 250/334-0686; Mai bis Aug. Mo–Sa 10–17 Uhr, So 12–16 Uhr, sonst Mo geschl.; Spende), dessen Glanzstück eine lebensgroße Nachbildung eines *Elasmosauriers* ist. Das Original ist 12 m lang, 80 Mio. Jahre alt und wurde im nahen Puntledge River gefunden. Das Museum führt im Juli und August täglich (April bis Juni nur samstags) Touren hinaus zum Fundort durch, wo man dann selbst nach Fossilien graben kann (Erwachsene $ 25, Kinder $ 15).

Comox hat zweifellos genügend Platz für jeden seiner angeblich 12.000 Einw. – eine Zahl, die man definitiv nicht vermuten würde, wenn man die bewaldeten Straßen entlangfährt, die zu Golfplätzen, Retirement Communities und wunderschönen Strandabschnitten führen. Zur kleinen Downtown gelangt man über die Comox Rd. in Richtung Osten, nachdem man am Hwy. 19A den Courtenay River überquert hat. In der Downtown liegt mit **Filberg Heritage Lodge and Park** (Comox Ave., ✆ 250/339-2715; tägl. ab 8 Uhr) eine der Perlen des gesamten Tals. Eine hohe Hecke verbirgt das Anwesen vor den Augen der Welt, aber die Außenanlagen sind der Öffentlichkeit kostenlos zugänglich. Man kann über das wunderschöne und sehr gepflegte Anwesen wandern, das sich bis hinunter zum Comox Harbour erstreckt.

Reisepraktisches

• *Übernachten* Die günstigsten Motels liegen entlang dem Highway (Cliffe Ave.), gleich wenn man von Süden her nach Courtenay kommt. Das **Anco Motel** (1885 Cliffe Ave., ✆ 250/334-2451, www.ancomotelbc.com; $ 65–75 für 1 Pers., $ 70–80 für 2 Pers.) z. B. hält als Bonus einen kleinen Pool bereit.

Südlich von Courtenay liegt mit Blick über die Gartley Bay das **Kingfisher Oceanside Resort** (4330 South Island Hwy., ✆ 250/338-1323 oder ✆ 800/663-7929, www.kingfisherspa.com; $ 185–475 für 1/2 Pers.), das von gepflegten Gartenanlagen umgeben ist und dessen großer, beheizter Pool sich direkt am Wasser befindet. Zum Resort gehören zudem eine Badelandschaft, eine Yoga-Lounge, eine Bar mit Sitzgelegenheiten im Freien und ein Restaurant. Letzteres ist für seine gute Küche der Marke West Coast bekannt (und für das tolle sonntägliche Brunchbüfett, 9.30–14 Uhr, $ 25).

• *Camping* Ein angenehmer Ort, um sein Zelt aufzuschlagen, ist der **Miracle Beach Provincial Park** ($ 24). Er liegt 3 km abseits des Highways, 23 km nördlich von Courtenay. Zu den Annehmlichkeiten vor Ort zählen ein Sandstrand, gute Bedingungen für Schwimmer und Angler sowie einige naturbelassene Trails. An der Mündung des Black Creek sollte man die Augen nach Tümmlern und Robben offen halten. In der Strait of Georgia kann man zudem Killerwale beobachten. Im Park leben Schwarzwedelhirsche, Schwarzbären und Waschbären, entlang der Küste stößt man auf Seevögel und Krabben.

• *Essen und Trinken* In Downtown Courtenay gibt es den **Union Street Grill** (477 5th St., ✆ 250/897-0081; Mo–Fr 11–21 Uhr, Sa/So 11.30–21 Uhr; $ 15–26). Hier bekommt man internationale Küche zu vernünftigen Preisen, wie etwa das leckere Jambalaya und fachkundig zubereiteten fangfrischen Fisch aus den umliegenden Gewässern. Schließlich sollte man noch genügend Platz für ein Stück Chocolate Mocha Fudge Cake lassen.

Vancouver
Mit dem SkyTrain über den Fraser River (TM) ▲▲
Canada Place (TM) ▲

Vancouver
Dampfuhr in Gastown (TM)

Vancouver
Strandleben (MM) ▲▲
Ruderboot im Coal Harbour (TM) ▲

Vancouver
▲▲ Radeln im Stanley Park (AH)
▲ Totempfähle an der Capilano Suspension Bridge (TM)

Ebenfalls in der Downtown liegt der **Rose Tea Room** (180 5th St., ✆ 250/897-1007; Mo–Sa 10–19 Uhr; Nachmittagstee $ 8–12,50), ein freundliches kleines Lokal, in dem sich Einheimische in der Atmosphäre eines typisch englischen Tea Room mit einfachen Sandwiches, Scones, Tee und absolut dekadenten Brownies versorgen.

Auf dem am Wasser befindlichen Bereich der **Filberg Heritage Lodge** lädt ein kleines Café (Comox Ave., ✆ 250/339-2715; Mai bis Sept. Mi–Mo 11–15 Uhr; Mittagessen $ 7–12), vor dem große Bäume einigen Picknicktischen Schatten spenden, zur Rast ein. Die entzückende Kulisse wiegt den wenig anregenden Preis für den Kaffee wieder auf.

• *Information* Das **Comox Valley Visitor Centre** (2040 Cliffe Ave., ✆ 250/334-3234, www.comoxvalleychamber.com; im Sommer tägl. 9–17 Uhr, sonst Mo–Fr 9–17 Uhr, Sa 10–16 Uhr) liegt an der durch Courtenay führenden Hauptstraße und ist leicht an dem davor stehenden Totempfahl zu erkennen.

• *Verbindungen* Fähren von **B.C. Ferries** (✆ 250/386-3431) verkehren 4-mal tägl. zwischen Comox und Powell River und bewahren damit die Besucher von Vancouver Islands Norden davor, erst wieder nach Nanaimo oder Victoria zurückfahren zu müssen, bevor sie aufs Festland übersetzen können. Zum Terminal gelangt man, indem man über den Hwy. 19 durch Courtenay fährt und dann die Ryan Rd. nach Osten zur Anderton Rd. nimmt. Auf diese biegt man nach links ab und folgt dann der Beschilderung zum Hafen, der am Ende der abzweigenden Ellenor Rd. liegt. Die Überfahrt dauert 75 Min. (Erwachsene $ 11,80, Kinder $ 5,90, Fahrzeuge $ 37,50).

Campbell River

Der in landschaftlich reizvoller Umgebung gelegene Urlaubsort (32.000 Einw.) an der sog. Discovery Coast Passage ist 260 km von Victoria und 235 km von Port Hardy entfernt. Von der Stadt aus hat man einen herrlichen Blick auf die bewaldete Quadra Island und die grandiosen schneebedeckten Berggipfel auf dem Festland von British Columbia. Die meisten Besucher kommen allerdings zum Lachsfischen hierher.

Sehenswertes

Der beste Platz, um die besondere Atmosphäre in sich aufzunehmen, ist der **Discovery Pier.** Es macht in jedem Fall Spaß, den 180 m langen Pier abzulaufen, egal ob man nun etwas fürs Angeln übrig hat oder nicht. Die Bänke und Unterstände erlauben es, zu verweilen, die Marina, die Strait of Georgia und die Berge zu bewundern bzw. dem Treiben der Fischer beizuwohnen. Das gilt selbst für den Fall, dass es regnen oder sehr windig sein sollte. Auf dem Pier gibt es fest eingebaute Halter für Angelruten, Vorrichtungen zum Saubermachen der Fische, verglaste Unterstände für alle Schaulustigen und bunte Schilder, auf denen die Fischarten vorgestellt werden, die man als Angler wahrscheinlich fangen wird. Man wirft die Ruten für Lachse (Mai bis Okt.) und den bisweilen anzutreffenden Steelhead (Jan. bis April) aus, um die Fische dann an der langen Leine ins Netz zu holen. Während des Lachszuges wird es auf dem Pier extrem voll, und es ist durchaus nicht ungewöhnlich, wenn Chinooks von mehr als 14 kg Gewicht aus dem Wasser geholt werden. Angeln kann man auf dem Pier leihen ($ 4/Std., $ 10/halber Tag, $ 20/Tag). Bei aller Begeisterung sollte man aber nicht vergessen, dass man außerdem noch eine Angellizenz braucht.

Das **Museum at Campbell River** (470 Oceanside Island Hwy., ✆ 250/287-3103; Mai bis Sept. tägl. 10–18 Uhr, sonst tägl. außer Mo 12–17 Uhr; Erwachsene $ 6, Schüler $ 4) befindet sich in einem 4 ha großen Areal mit Blick über die Discovery Passage. Hier kann man sich zunächst anhand von Fotos und interessanter Ausschnitte aus Schriftstücken einen Eindruck über die Anfänge von Campbell River verschaffen. Beeindruckend sind aber auch die geheimnisvollen Werkzeuge, eine große Sammlung von Masken, interessante künstlerische Darstellungen, Körbe, handgewebte

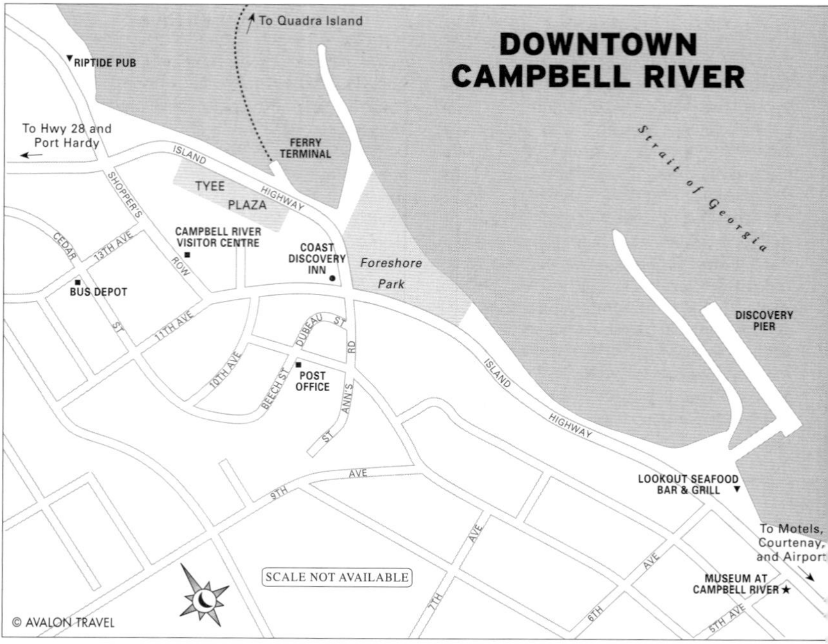

Ausstellungsstücke, geschnitzte Holzkistchen, mit bunten Knöpfen verzierte Bettdecken, Petroglyphen und Totempfähle. Zuletzt sollte man dem Giftshop einen Besuch abstatten, in dem man Drucke und Masken der Ureinwohner, Postkarten und sonstige Artikel erstehen kann.

Reisepraktisches

• *Übernachten* Südlich der Stadt liegt entlang dem Highway eine ganze Reihe von Motels, die vom Discovery Channel nur durch die Straße getrennt werden. Wer sein Geld gerne für einen Angelausflug sparen möchte, braucht sich keine großen Sorgen zu machen, sondern sollte sich im **Big Rock Motel** (1020 Island Hwy., ✆ 250/923-4211 oder ✆ 877/923-4211, www.bigrockmotel.com; $ 60 für 1 Pers., $ 70 für 2 Pers.) einmieten, einem aus Holz erbauten, zweistöckigen Durchschnittsmotel.

Ein Stück weiter nördlich kommt man zum **Best Western Austrian Chalet** (462 Island Hwy., ✆ 250/923-4231 oder ✆ 800/667-7207, www.bwcampbellriver.com; $ 99 für 1 Pers., $ 109 für 2 Pers. inkl. Frühstück), das über ein Hallenbad, eine Sauna, einen Grillplatz und sogar eine Minigolf-Anlage verfügt.

Gleich in der Downtown liegt das **Coast Discovery Inn** (975 Shopper's Row, ✆ 250/287-7155 oder ✆ 800/716-6199, www.coasthotels.com; $ 145 für 1 Pers., $ 155 für 2 Pers.), ein Hotel mit gutem Service, drahtlosem Internetzugang, Fitnessraum, Restaurant, Pub und einem Privathafen.

Die **Painters Lodge** (1625 MacDonald Rd., ✆ 250/286-1102 oder ✆ 800/663-7090, www.painterslodge.com; März bis Okt.; $ 219–375 für 1/2 Pers.) hat 94 Zimmer und ist die richtige Wahl für Angler. Das großartig angelegte Anwesen würde auch mitten in Englands Countryside eine gute Figur machen, liegt aber am anderen Ende der Welt, direkt an der Discovery Passage. Die Lodge hat einen privaten Bootshafen und alles, was sich der ambitionierte Angler wünschen kann. Zudem gibt es einen Pool so-wie ein Restaurant, und man kann kostenlos den

Pendelverkehr zum Schwesterresort auf Quadra Island nutzen. Die meisten Gäste buchen ein Gesamtpaket (z. B. 3 Tage für $ 680 inkl. Flug von Vancouver, Übernachtung und Angeltouren). Es gibt auch Angebote, die eine geführte Angeltour mit einem Bootsausflug in die unberührte Natur kombinieren.

• *Camping* Viele Campingplätze liegen südlich der Stadt entlang dem Highway. Obwohl sie alle relativ nahe am Wasser sind, ist die Umgebung nicht überwältigend. Einer der besseren Plätze ist der **Campbell River Fishing Village and RV Park** (260 South Island Hwy., ✆ 250/287-3630, www.fishingvillage.bc.ca; $ 21–25) 2 km südlich der Downtown. Wie der Name vermuten lässt, ist er auf Angler zugeschnitten. Man kann Boote mieten, sich von kundigen Führern hinausfahren lassen, alle notwendigen Angelutensilien leihen (von der Rute bis zum Echolot) oder im Shop kaufen und seinen Fang schließlich auch einfrieren. Auch ein Spielplatz für die Kleinen, eine Laundry und ein Platz fürs Lagerfeuer sind vorhanden.

• *Essen und Trinken* Wer abends ausgehen möchte, sollte den zweistöckigen **Lookout Seafood Bar & Grill** (921 Island Hwy., ✆ 250/286-6812; tägl. 11–22 Uhr; $ 9–27) wählen. Hier genießt man direkt am Wasser einen freien Blick über den Discovery Pier und die Marina. Spezialität des Hauses ist (natürlich) Seafood, wie Clam Chowder ($ 9), Fish 'n' Chips ($ 11–14) und Fischsuppe ($ 27).

Ein Stück weiter nördlich am Hafen liegt das **Riptide Pub** (1340 Island Hwy., ✆ 250/830-0044; tägl. Mittag- und Abendessen; $ 12,50–22), wo man gut essen kann, auch wenn seine Lage am Wasser leider nicht voll zur Geltung kommt (außer man hat Glück und erwischt einen Tisch auf der glasgeschützten Terrasse). Die Inneneinrichtung sieht netter aus, als man es vermuten würde, und auf der Speisekarte steht genau das, was einem an diesem Ort vorschwebt – frische Muscheln, Austern, Heilbutt und Lachs.

• *Versorgung/Information* Stellt man sein Fahrzeug auf dem Parkplatz an der **Tyee Plaza** ab, liegen das Informationszentrum und alle sonstigen Versorgungseinrichtungen in bequemer, fußläufiger Reichweite. Auf der Stirnseite des Parkplatzes befindet sich das **Campbell River Visitor Centre** (1235 Shopper's Row, ✆ 250/830-0411; Mitte April bis Sept. Mo–Sa 9–19 Uhr, So 10–18 Uhr, sonst Mo–Fr 9–17 Uhr, Sa 10–16 Uhr).

Vancouver Island
Karte S. 210/211

Tyee Club

Wer in der Zeit vom 15. Juli bis 15. September angeln geht, kann einen Versuch unternehmen, sich für die exklusive Mitgliedschaft im Tyee Club zu qualifizieren. Der Verein ist unter Anglern auf der ganzen Welt berühmt und hat sich seit 1924 der Aufrechterhaltung der traditionellen Methoden des **Sportfischens** verschrieben. Um Mitglied werden zu können, muss man eine Reihe von Voraussetzungen erfüllen: Zunächst einmal muss man vorweg erklären, dass man beim Angeln die strengen Regeln des Vereins einhalten wird; dann geht es in einem Ruderboot an die Mündung des Campbell River und mit einer traditionellen (und genau vorgeschriebenen) Ausrüstung auf Lachsfang; die Angelrute darf nur 1,82–2,74 m lang sein, man muss einen künstlichen Köder und eine auf maximal 20 Pfund ausgelegte Angelleine verwenden. Am wichtigsten allerdings ist, dass man mit dieser Ausrüstung einen rekordverdächtigen 30 Pfund schweren Chinook aus dem Wasser holt. Eine Liste von Touranbietern, bei denen man unter den genannten Vorgaben Angelausflüge buchen kann, erhält man im Informationszentrum vor Ort oder direkt vom Tyee Club unter ✆ 250/287-2724, www.tyeeclub.org.

Quadra Island und Umgebung

Mit der Fähre sind es von der Downtown von Campell River gerade einmal 10 Min. über die Discovery Passage nach Quadra Island (2500 Einw.). Der Mix aus schöner Landschaft, Ureinwohnerkultur und Lodges für Angler mit gehobenen Ansprüchen ist es, der auf Quadra Island für einzigartige Abwechslung sorgt. Die Fähre legt im Süden der Insel an, wo auch die meisten Bewohner leben. Die schmale Halbinsel wird nach Norden hin breiter. Das dortige Gebiet ist unbesiedelt und beherbergt mehrere Parks, die zum Schutz der reichen Tierwelt eingerichtet wurden. Entlang der gesamten Küste hat man Gelegenheit, viele Arten von Meeresbewohnern zu beobachten. So queren Killerwale die Discovery Passage, und auch Robben und Seelöwen sind in den umliegenden Gewässern häufig anzutreffen.

Sehenswertes/Sport und Freizeit

Über die weit zurückreichende und vielfältige Kulturgeschichte der Insel kann man sich im **Nuyumbalees Cultural Centre Museum** (Cape Mudge Village, ✆ 250/285-3733; Mai bis Sept. Di–Sa 9–17 Uhr; Erwachsene $ 15, Senioren $ 4, Kinder $ 5) informieren. Die Ausstellung ist exzellent, und man bekommt neben einer großen Auswahl an zeremoniellen Kleidungsstücken auch Masken und andere Kunstgegenstände der Ureinwohner zu sehen. An der Südspitze der Insel befindet sich das 1898 erbaute **Cape Mudge Lighthouse,** das einst das Auflaufen der Schiffe in den brandenden Wogen um die Landspitze herum verhindern sollte. An der Ostküste liegt **Heriot Bay.** Diesen Namen tragen sowohl die Bucht als auch die größte Gemeinde der Insel. Der schmale Rebecca Spit schützt die von einem Strand gesäumte Bucht vor der Gewalt der Elemente. Von Heriot Bay aus führen mehrere Straßen in den wilden Norden der Insel. Dort kann man über einen Trail den niedrigen Gipfel des **Chinese Mountain** (3 km; einfach 1 Std.) erwandern oder den **Morte Lake** umrunden (5 km; 90 Min. für den Rundweg).

Reisepraktisches

• *Übernachten/Camping* Herzstück der **Tsa-Kwa-Luten Lodge** (✆ 250/285-2042 oder ✆ 800/665-7745, www.capemudgeresort.com) ist das von Kwagiulth aus der Gegend im Stil eines *Big House* erbaute Foyer. Ein Big House diente den Kwagiulth traditionell als Versammlungsplatz. Für den Bau des Foyers wurde hauptsächlich Holz der Westküste verwendet, das direkt vor Ort bearbeitet wurde. Jedes der 35 geräumigen Zimmer der Lodge ist mit Kunst der Ureinwohner der Nordwestküste dekoriert und verfügt über einen Balkon samt Blick aufs Wasser ($ 145–280 für 1/2 Pers.). Auch Campen ist möglich ($ 25–30). Die Lodge organisiert Angeltouren und kulturelle Veranstaltungen. Das Restaurant hat sich auf die Küche der Ureinwohner spezialisiert.

Eine Alternative für Camper ist der **We Wai Kai Campsite** (✆ 250/285-3111), der sich in reizvoller Lage an einem schönen Strand an der Landspitze von Heriot Bay befindet. Normale Plätze kosten $ 23, Plätze mit Blick aufs Wasser $ 3 extra.

• *Verbindungen* **B.C. Ferries** (✆ 250/386-3431) unterhält jeweils zur vollen Stunde eine Verbindung von Campbell River nach Quadra Island, 6–23 Uhr; Rückfahrkartenpreis: Erwachsene $ 7,90, Kinder $ 3,95, Fahrzeuge $ 18,50.

Cortes Island

Cortes Island ist nach dem gleichnamigen spanischen Eroberer benannt (gesprochen cor-TEZ). Die verhältnismäßig einsame Insel ist mit einer Fähre von Quadra

Island aus erreichbar und liegt näher am Festland als an Vancouver Island. Nach Cortes Island verschlägt es zwar nur weniger Besucher, diese sind aber stets angenehm überrascht. Sieht man einmal von drei kleinen Dörfern ab, hat sich die Insel ihre Ursprünglichkeit bewahrt. Der **Manson's Landing Provincial Park** ist ein Kleinod, das zwischen einer großen Lagune und dem bewaldeten Ufer des **Hague Lake** eingebettet ist. Im Süden der Insel liegt der **Smelt Bay Provincial Park,** der sich ideal zum Schwimmen, Entspannen und für einen Spaziergang durch die einzigartige Inselwelt eignet. Campen an der Smelt Bay kostet $ 14, man kann sein Fahrzeug aber auch am **Gorge Harbour Marina Resort** (Hunt Rd., Gorge Harbour, ✆ 250/935-6433, www.gorgeharbour.com; Zeltstellplatz $ 22, Stellplatz mit Anschlüssen $ 28) abstellen. Auf der Anlage gibt es auch vier Gästezimmer ($ 80 für 1/2 Pers. inkl. Frühstück), einen kleinen Pool, drahtlosen Internetzugang und Grillplätze. Außerdem kann man Räder und Boote mieten, Angeltouren machen oder im Restaurant Platz nehmen.

Die Überfahrt von Heriot Bay nach Quadra Island und weiter nach Cortes Island nimmt 40 Min. in Anspruch. Fähren von **B.C. Ferries** (✆ 250/386-3431) verkehren sechsmal täglich planmäßig zwischen den Inseln. Die erste Fähre legt um 9 Uhr von Quadra Island ab, die letzte um 17.50 Uhr von Cortes Island. Die teuerste Rückfahrkarte kostet für Erwachsene $ 9,20 und für Kinder $ 4,60, für das Fahrzeug zahlt man $ 21.50.

Highway 28

Von Campbell River aus führt der Hwy. 28 nach Westen zum Strathcona Provincial Park und weiter zur Küste. Erster lohnender Stopp ist der 1087 ha große **Elk Falls Provincial Park,** 6 km westlich von Campbell River. Auf schönen Waldwegen gelangt man zu Wasserfällen, kann schwimmen oder angeln gehen und zwischen den Bäumen campen (April bis Okt.; $ 15).

Strathcona Provincial Park

Strathcona ist der älteste Park in British Columbia und der größte auf Vancouver Island. Er schützt im Inneren der Insel 250.000 ha Wildnis, darunter auch den mit 2200 m höchsten Gipfel von Vancouver Island, den **Golden Hinde.** Die Schönheit des Strathcona Provincial Park lässt sich schon auf dem Hwy. 28 vom Auto aus erahnen. Wer jedoch richtig in die Welt des Parks eintauchen möchte, biegt auf halber Strecke zwischen Campbell River und Gold River auf die vom Highway nach Süden abzweigende Zufahrtsstraße ab. Diese führt am Ostufer des **Buttle Lake** vorbei, und man passiert viele gut gekennzeichnete Wanderwege und Naturpfade. Einer der ersten bringt einen nach 10 Min. zu den **Lupin Falls,** die wesentlich beeindruckender sind, als es das kleine Flüsschen gegenüber dem Parkplatz vermuten lässt. Abgesehen von den unzähligen Picknickmöglichkeiten am Buttle Lake, gibt es im Park nur zwei Campingplätze ($ 15), allerdings ohne jeden Service.

Telegraph Cove

Der Hwy. 19 führt auf seinen 235 km von Campbell River nach Port Hardy durch weitgehend unberührte Wildnis. Auf der gesamten Strecke gibt es nur zwei lohnende Abstecher. Der erste führt ins bezaubernde Örtchen Telegraph Cove, das 8 km von Port McNeill entfernt liegt. Die Mehrzahl der Touristen kommt zum Whale Watching auf der Johnstone Strait hierher. Allerdings ist auch das Dorf

Im Strathcona Provincial Park

selbst sehenswert, da es sich um eine der malerischsten Siedlungen auf der ganzen Insel handelt. Um den geschützten Hafen herum liegt eine der letzten *Boardwalk Communities* von Vancouver Island. Viele Gebäude stehen auf Holzpfählen direkt über dem Wasser und sind untereinander mit einem Steg verbunden. Offiziell leben hier das Jahr über weniger als 20 Menschen, doch im späten Frühjahr und im Sommer steigt die Einwohnerzahl explosionsartig an. Viele Besucher kommen dann zum Whale Watching und zum Tauchen hierher. Auch das Veranstalten von Angeltouren ist in dieser Zeit ein lohnendes Geschäft. Schließlich brechen auch viele Kajakfahrer von Telegraph Cove aus zu Paddeltouren entlang der Johnstone Strait auf. Schlendert man über den Steg, kommt man an Holzhütten, einem Vermieter von Kajaks, einer Kunstgalerie, einem kleinen Informationszentrum, dem **Killer Whale Café** (Ende Mai bis Mitte Okt.) und einem Laden vorbei, der Lebensmittel und Angelutensilien verkauft.

• *Whale Watching* Die vor Telegraph Cove liegende Johnstone Strait ist *das* Ziel für alle, die Orcas aus nächster Nähe beobachten wollen. Diese großartigen, intelligenten Säugetiere verbringen den Sommer über in den Gewässern um Telegraph Cove. Am häufigsten sind sie in Robson Bight anzutreffen, wo sie sich gerne bei den Kiesstränden an der Mündung des Tsitka River aufhalten.

Stubbs Island Whale Watching (✆ 604/928-3185 oder ✆ 800/665-3066, www.stubbs-island.com; $ 89/Pers.) gilt seit den frühen 1980er Jahren als Pionier von Whale-Watching-Touren und hat sich für die Ausweisung des Robson Bight als ökologisches Schutzgebiet engagiert. Auf den beiden Booten der Firma, *Lukwa* und *Gikumi*, kann man von Ende Mai bis Anfang Oktober täglich zu dreieinhalbstündigen Whale-Watching-Touren aufbrechen. Mithilfe der erfahrenen Crew ist es möglich, die Wale in ihrem natürlichen Lebensraum zu beobachten und über ein Unterwassermikrofon ihren ebenso geheimnisvollen wie schönen Gesängen zu lauschen. Beide Boote sind gut ausgestattet und haben auch einen überdachten Bereich sowie Toiletten. Man sollte so früh wie möglich im Voraus reservieren, sich warm anziehen und auf keinen Fall die

Kamera vergessen, um dieses im Leben einmalige Ereignis fotografisch festzuhalten.

• *Übernachten/Camping* Viele der am Holzsteg gelegenen Gebäude sind zu Unterkünften umfunktioniert worden und können gemietet werden. Auch hier sollte man möglichst lange im Voraus buchen. Die vorhandenen Quartiere reichen von der allereinfachsten Hütte ($ 110 für 1/2 Pers.) bis zu Häusern mit drei Doppelbetten, in denen bis zu 8 Personen übernachten können ($ 295). Das Einzige, was sämtlichen Unterkünften gemeinsam ist, ist ihre unglaubliche Lage. Schließlich gibt es in fußläufiger Entfernung zum Dorf auch noch einen Campingplatz mit Stellplätzen im Wald, dazu Duschen, eine Laundry, eine Bootsrampe und einen Laden. Die Plätze kosten $ 25–30. Reservierungen für alle vorgenannten Unterkünfte nimmt **Telegraph Cove Resorts** (✆ 250/928-3131 oder ✆ 800/200-4665, www.telegraphcoveresort.com) entgegen.

Alert Bay (Cormorant Island)

Dieses faszinierende Dorf ist die einzige Siedlung auf der mondsichelförmigen Insel Cormorant Island. Die Insel liegt in der Broughton Strait und ist mit der Fähre von Port McNeill aus in 45 Min. zu erreichen. Die 600 Inselbewohner sind zur Hälfte Kwagiulth. Die ausdrucksvollen Kunstwerke der Ureinwohner locken viele Besucher nach Alert Bay.

Alert Bay ist ein geschichtsträchtiger Ort. Kapitän Vancouver landete hier gegen Ende des 18. Jh., und der Ort war einst ein Versorgungsposten für Pelzhändler und Goldsucher auf ihrem Weg nach Alaska. Dazu frischten die Schiffe hier ihre Wasservorräte auf. Alert Bay war außerdem Heimat einer ganzen Fischereiflotte, und auch heute noch befinden sich hier einer der größten Fischereihäfen der Region und ein wichtiges Servicezentrum für die Schifffahrt. Es gibt zwei fischverarbeitende Fabriken, in denen die frische Ware auch gleich verpackt wird.

Sehenswertes

Sämtliche Attraktionen lassen sich bequem zu Fuß oder mit dem Fahrrad erreichen. Am besten startet man mit einem Rundgang durch das Dorf, bei dem man die am Wasser liegenden Gebäude aus der Zeit um die Jahrhundertwende und die farbenfrohen Totempfähle auf dem **Nimpkish Burial Ground** bewundern kann. Eine hervorragende Einführung in die faszinierende Kultur der Kwagiulth bietet das **U'Mista Cultural Centre** (Front St., ✆ 250/974-5403; Mo–Fr 9–17 Uhr, Sa 12–17 Uhr; Erwachsene $ 7, Senioren $ 6, Kinder $ 3). Das Gebäude wurde extra gebaut, um darin eine Sammlung von zeremoniellen Gegenständen auszustellen, die einst von der Regierung konfisziert worden waren. Denn im Jahr 1921 hatte die Regierung die Durchführung von Potlach-Zeremonien verboten und alle damit in Zusammenhang stehenden rituellen Gegenstände beschlagnahmt, die sie aber später unter der Auflage wieder zurückgab, dass sie in Museen ausgestellt werden mussten. Zu sehen gibt es u. a. Masken sowie andere Kunstgegenstände und Werkzeuge der Kwagiulth. Man kann vorweg an einer geführten Tour teilnehmen und anschließend noch einmal in aller Ruhe die Fotos und Schaukästen in Augenschein nehmen. Zu sehen gibt es auch zwei preisgekrönte Filme, die vom Kulturzentrum produziert wurden und von denen einer den Ursprung und die Bedeutung des Potlach erläutert. Das Zentrum hat es sich auch zur Aufgabe gemacht, den einheimischen Kindern die Sprache, Kultur, Gesänge und Tänze der Kwagiulth zu lehren. Ebenfalls am Nordende von Cormorant Island stößt man auf ein traditionelles **Big House** der Ureinwohner, den mit 53 m zweitgrößten Totempfahl der Welt (der höchste steht in Victoria) und die 100 Jahre alte **Anglican Church.**

Reisepraktisches

• *Übernachten/Camping* Die günstigste Übernachtungsmöglichkeit ist **Alert Bay Camping** (✆ 250/974-5213; $ 14–22/Nacht), das mit einer Küche, einem Grillplatz und einem netten Blick über die Broughton Strait aufwarten kann.

Das **Nimpkish Hotel** (318 Fir St., ✆ 250/974-2324 oder ✆ 800/888/646-7547, www.nimpkish hotel.com; $ 115–185 für 1/2 Pers.) wurde erst kürzlich vollständig renoviert und verfügt jetzt über neun hübsch eingerichtete Zimmer, die teilweise Meerblick und Annehmlichkeiten wie Sprudelbad oder Feuerstelle bieten. Das Hotel hat zudem im Untergeschoss ein Restaurant (mit Tischen im Freien, die auf einer Terrasse direkt am Wasser stehen).

• *Verbindungen* Fähren von **BC Ferries** (✆ 250/386-3431) setzen mehrmals tägl. von Port McNeill aus auf die Insel über. Meist wird auf Malcolm Island, das auf dem Weg liegt, ein Zwischenstopp eingelegt. Die Rückfahrkarte kostet für Erwachsene maximal $ 9,20, für Kinder $ 4,60. Ein Fahrzeug kann man für $ 21,50 mit auf die Insel nehmen, was aber wenig Sinn macht, da man dort überall problemlos zu Fuß hinkommt.

Port Hardy

Port Hardy (4600 Einw.) liegt an der geschützten Hardy Bay, 235 km nördlich von Campbell River und 495 km von Victoria entfernt. Es ist die größte Stadt nördlich von Campbell River und Start-/Endhafen für die Fähren, die durch die Inside Passage nach bzw. von Prince Rupert fahren. Die Fährverbindung ist auch der Hauptgrund für die meisten Besucher, sich so weit in den Norden zu wagen. Allerdings ist Port Hardy auch ein guter Ausgangspunkt, um von hier aus die Wildnis oder die raue Nordspitze von Vancouver Island zu erkunden. Alternativ dazu kann man in den ruhigen Gewässern des „King Coho Country" nach Lachsen angeln.

Sehenswertes

Sobald man die Gegend von Port Hardy erreicht hat, empfiehlt es sich, über die landschaftlich reizvollere Strecke der Hardy Bay Rd. in die Stadt zu fahren. Hier kommt man an mehreren per Kettensäge gefertigten Holzschnitzereien vorbei und umrundet die friedliche Hardy Bay, bevor man über die Market St. in die Downtown gelangt.

Am empfehlenswertesten ist ein Spaziergang entlang der *Seawall* zum **Tsulquate Park,** wo man Schnitzereien der Ureinwohner bewundern und bei Ebbe den Strand genießen kann. Um die Bay herum nisten viele Weißkopfseeadler, und mit ein wenig Glück kann man den einen oder anderen von ihnen entdecken. Das **Quatse Salmon Stewardship Centre** (Byng Rd., ✆ 250/949-9022; Mai bis Sept. tägl. 8–16.30 Uhr; Erwachsene $ 5, Kinder $ 2) ist eine Brut- und Aufzuchtstation für Lachse und Steelheads. Interessierte können sich dort über die unterschiedlichen Lebensräume sowie die Vermehrung und Aufzucht der einzelnen Lachsarten informieren.

Übernachten/Camping/Essen und Trinken

• *Übernachten* In einer Stadt, in der man überwiegend langweilige und überteuerte Motelzimmer findet, heben sich die **Bear Cove Cottages** (6715 Bear Cove Hwy., ✆ 250/949-7939 oder ✆ 877/949-7939, www.bearcovecottages.ca; Mitte April bis Mitte Okt.; $ 160 für 1/2 Pers.) wohltuend ab. Da es aber nur acht dieser Hütten gibt, muss man lange im Voraus reservieren. Man findet sie gleich neben dem Fährterminal, 10 km vor der Stadt. Die Cottages liegen ordentlich nebeneinander aufgereiht hoch über dem Meer, was eine gute Sicht aufs Wasser garantiert. Sie sind modern eingerichtet und verfügen über eine kleine (aber gut durchdachte) Küche, einen Kamin, ein Badezimmer mit Whirlpool und eine eigene Terrasse.

Südlich der Downtown hat man gleich von zwei am Bootshafen gelegenen Motels aus einen guten Überblick über das geschäftige Treiben im Hafen von Port Hardy. Im **Quarterdeck Inn** (6555 Hardy Bay Rd., ✆ 250/902-0455 oder ✆ 877/902-0459, www.quarterdeckresort.net; $ 125–150 für 1/2 Pers.) genießt man von jedem der 40 kleinen Zimmer einen Blick über den Hafen. Es gibt einen Fitnessraum, Sauna und Laundry. Im angrenzenden **Glen Lyon Inn** (6435 Hardy Bay Rd., ✆ 250/949-7115 oder ✆ 877/949-7115, www.glenlyoninn.com; $ 135–195 für 1/2 Pers.) gibt es sowohl Zimmer im Altbau als auch neuere Zimmer im Anbau, die größer und schöner sind.

• *Camping* Beide Campingplätze von Port Hardy liegen südlich der Stadt, in der Gegend des Fährterminals. Wer die Wahl hat, sollte sich für den **Quatse River Campground** (8400 Byng Rd., ✆ 250/949-2395 oder ✆ 866/949-2395; Stellplatz ohne Anschlüsse $ 20, mit Anschlüssen $ 25) entscheiden, der in Zusammenarbeit mit der daneben liegenden Lachszucht betrieben wird. Die üppige Vegetation mit altem Baumbestand sorgt für Schatten, man kann im direkt neben dem Platz liegenden Fluss angeln und dann hinüber zur Feuerstelle gehen, wo man mit Gleichgesinnten endloses Anglerlatein austauschen kann. Ebenfalls in der Nähe, direkt am Quatse River, befindet sich der **Sunny Sanctuary Campground** (8080 Goodspeed Rd., ✆ 250/949-8111 oder ✆ 866/251-4556; $ 20–24). Hier gibt es einen Wanderpfad, einen überdachten Grillplatz, moderne Waschgelegenheiten, Feuerholz, aus Steinen angelegte Feuerringe fürs Lagerfeuer und einen kleinen Laden.

• *Essen und Trinken* Die kulinarischen Möglichkeiten in Port Hardy sind sehr begrenzt. Wer durch die Straßen schlendert, gewinnt sehr schnell einen guten Überblick über das Angebot. Die von **Captain Hardy's** (7145 Market St., ✆ 250/949-7133; $ 7,50–11) beworbenen Frühstücks-Specials sind nicht gerade reichlich und werden auf Plastiktellern serviert, kosten dafür aber auch nur um die $ 5. Den Rest des Tages kann man sich hier mit Fish 'n' Chips oder einfachen Seafood-Gerichten verpflegen.

Wer im **Oceanside Restaurant** isst, das südlich der Downtown im Glen Lyon Inn (Hardy Bay Rd., ✆ 250/949-3050; tägl. 8.30–21 Uhr; $ 9–18) untergebracht ist, hat die Gelegenheit, direkt vom Fenster aus den Weißkopfseeadlern bei der Jagd zuzusehen. Die Speisekarte ist ordentlicher Standard mit allerlei Seafood, allerdings nicht gerade billig.

Information/Verbindungen

• *Information* Das **Port Hardy Visitor Centre** (7250 Market St., ✆ 250/949-7622; Mitte Mai bis Aug. Mo–Fr 8.30–18 Uhr, Sa/So 9–17 Uhr, sonst Mo–Fr 9–17 Uhr) befindet sich mitten im Ortszentrum.

• *Verbindungen* Der **Port Hardy Airport** liegt 12 km südlich der Stadt und wird von der Gesellschaft **Pacific Coastal** (✆ 800/663-2872) von Vancouver aus angesteuert. Wer im Flugzeug auf der rechten Seite sitzt, darf sich auf einen spektakulären Flug mit toller Aussicht auf die Coast Mountains freuen.

Greyhound (✆ 250/949-6300) unterhält 1-mal tägl. eine Buslinie, welche die gesamte Insel abfährt und dabei auf die Abfahrtszeiten der Fähren abgestimmt ist. Der nach Süden fahrende Bus ist entsprechend mit den Ankunftszeiten der Fähren koordiniert. Die einfache Fahrt zwischen Victoria und Port Hardy dauert mühsame 9 Std. und kostet etwa $ 120. Abfahrtsstelle ist das North Island Transportation Ltd. Ticket Office (7210 Market St.).

Weiterfahrt mit der Fähre nach Norden: Die meisten Besucher kommen mit der Absicht nach Port Hardy, von hier aus mit **BC Ferries** (✆ 250/386-3431 oder ✆ 888/223-3779, www.bcferries.com) in Richtung Norden nach Prince Rupert oder einem noch weiter nördlich gelegenen Ort überzusetzen. Der Fährterminal liegt in der Bear Cove, 10 km von der Downtown von Port Hardy entfernt. Die *Northern Expedition* legt an jedem zweiten Tag um 7.30 Uhr in Port Hardy ab und erreicht Prince Rupert am selben Abend um 22.30 Uhr. Die Verbindung besteht ganzjährig, allerdings werden außerhalb der Sommersaison weniger Fahrten durchgeführt. Das teuerste Ticket (einfach) kostet für Erwachsene $ 170 und für Kinder (5–11 Jahre) $ 85, für ein Fahrzeug zahlt man $ 390. Außerhalb des Sommers gibt es auf diese Fahrpreise Nachlässe von bis zu 40 %. Kabinen kosten $ 85–115/Tag.

Südliches Binnenland

Das südliche Binnenland reicht vom Fraser River Valley im Westen bis zu den kanadischen Rockies im Osten. Die Südgrenze der Region bildet die Landesgrenze zu den Vereinigten Staaten, die Nordgrenze der Trans-Canada Hwy. In geografischer Hinsicht wird die Region von einer Reihe Gebirgszügen beherrscht, die sich von Norden nach Süden erstrecken. Die Täler sind überwiegend bewohnt, die Berge hingegen von Wald bedeckt, unberührt und bieten Lebensraum für Bären, Wapitis, Hirsche und Elche etc.

Das bekannteste Reiseziel der Region ist das Okanagan Valley, das auch am nächsten bei Vancouver liegt (rund 4 Std. Autofahrt). Das warme, sonnige Tal erstreckt sich auf einer Länge von 180 km zwischen der US-amerikanisch-kanadischen Grenze im Süden und dem Trans-Canada Hwy. im Norden. Ertragreiche Obst- und Weingärten, fruchtbare, künstlich bewässerte Felder, sanfte Hügel und eine Reihe wunderschöner Seen bedecken die Talsohle, auf der sich auch 40 Golfplätze, Dutzende kommerzieller Besucherattraktionen und unzählige Menschen drängen – insbesondere im Sommer. Östlich des Okanagan Valley befindet sich die geschichtsträchtige Stadt Nelson, die nicht nur von spektakulären Bergen umgeben ist, sondern auch in leicht erreichbarer Nähe von Seen, Parks, Thermalquellen und sogar einer Geisterstadt liegt. Die höchsten Erhebungen der kanadischen Rockies bilden die Ostgrenze von British Columbia und trennen diese Provinz vom benachbarten Alberta. Auf der in British Columbia befindlichen Seite der kanadischen Rockies (oft **BC Rockies** genannt) liegen der Kootenay und der Yoho National Park, die vielleicht nicht über so renommierte Urlaubsorte wie die in Alberta angesiedelten Nationalparks Banff und Jasper verfügen, jedoch ebenfalls traumhafte Bergblicke, von Gletschern gespeiste Bäche und Flüsse sowie unbegrenzte Wandermöglichkeiten und eine reichhaltige Fauna zu bieten haben.

Highlights

Desert Centre (S. 282): Beim Besuch des Desert Centre kommen leise Zweifel an den Geschichten auf, die über Kanada, die dortige Kälte und die Iglus verbreitet werden.

Okanagan Wineries (S. 292): Die beste Zeit für eine Besichtigung der Weingüter im Tal, z. B. des beeindruckenden Mission Hill Family Estate, ist der Herbst oder Frühling.

Kalamalka Lake (S. 298): Es ist schwierig, den schönsten See des Okanagan Valley zu küren, aber seiner wunderbaren Farbe, Sandstrände und seines warmen, kristallklaren Wassers wegen würde ich mich für diesen entscheiden.

Silver Star Mountain Resort (S. 301): Das Resort bietet mehr als nur tolle Bedingungen zum Skilaufen und Snowboarden, denn dank seiner Bauten aus der Zeit des Goldrausches und eines umfangreichen Veranstaltungsangebots im Sommer ist es das ganze Jahr über ein lohnenswertes Reiseziel.

Sandon (S. 310): Ende des 19. Jh. lebten in Sandon mehr als 5000 Minenarbeiter. Heutzutage hätte die gesamte Einwohnerschaft auf der Ladefläche eines Lieferwagens Platz — allerdings sind die Bewohner wohl kaum bereit, die authentischste Geisterstadt Westkanadas zu verlassen.

Fort Steele Heritage Town (S. 314): In diesem Freilichtmuseum lassen zeitgenössisch kostümierte Angestellte und ein Musical die Goldrauschzeit wieder aufleben, außerdem dürfen die Besucher ihr Glück beim Goldwaschen versuchen.

Burgess Shale (S. 332): Ein Ausflug zu dieser Stätte ist nichts für jedermann – die Wanderung ist anstrengend, und man muss sich vorher anmelden –, aber der Besuch einer der wichtigsten paläontologischen Fundstätten der Welt ist ein Erlebnis fürs Leben.

Emerald Lake (S. 331): Er ist einer der berühmten schönen Seen in den kanadischen Rockies und bietet Möglichkeiten zum Wandern, Kanufahren, Angeln oder einfach nur zum Entspannen, während man die dramatische Atmosphäre der Gebirgslandschaft in sich aufsaugt.

Lake O'Hara (S. 330): Der Lake O'Hara lässt sich mit einem Wort beschreiben – zauberhaft. Da die Zahl der Besucher beschränkt ist, sollte man sich rechtzeitig anmelden. Man darf sich auf einen unvergesslichen Wandertag gefasst machen.

Kicking Horse Mountain Resort (S. 333): Ich bin mit sämtlichen Seilbahnen Westkanadas gefahren, aber keine kann mit dermaßen überwältigenden Ausblicken aufwarten wie jene auf dem ganzjährig besuchenswerten Feriengelände unweit von Golden.

Das südliche Binnenland ist zu jeder Jahreszeit ein wunderbares Urlaubsgebiet. Im Sommer strömen Erholung suchende Besucher wegen der zahlreichen Wassersportmöglichkeiten auf Dutzenden von Seen hierher. Manche der Seen dehnen sich weiter aus, als das Auge reicht, andere sind für ihr warmes Wasser bekannt. Angler fangen Forellen und Barsche; die übrigen Urlauber vergnügen sich beim Kanufahren, Schwimmen oder Sonnenbaden an den Stränden. Zahlreiche Höhenzüge der Region befinden sich in Naturschutzparks wie dem Kootenay und dem Yoho National Park entlang der kontinentalen Wasserscheide. Diese Naturreservate bieten Tagesausflüglern jede Menge Betätigungsmöglichkeiten, doch um ihre Schönheit wirklich auskosten zu können, sind länger dauernde Expeditionen ins Hinterland erforderlich. Aber es bestehen auch mehr als genug Wandermöglichkeiten in leichter zugänglichen Gebieten, z. B. entlang der historischen Kettle Valley Railway. Im Winter empfängt ein Dutzend Wintersportgebiete Skifahrer und Snowboarder aus aller Welt; im Unterschied zu den Resorts von Whistler und Banff liegt hier jedoch der Schwerpunkt mehr auf sportlicher Betätigung am Tage und Winterspaß für die ganze Familie als auf mondänem Après-Ski.

Reise- und Zeitplanung

Aus welcher Richtung man sich dem südlichen Binnenland auch nähert, man muss zuerst ein gutes Stück auf dem Hwy. 3 zurücklegen, der bei Hope nach Osten abzweigt und anschließend bis nach Alberta parallel zur Grenze mit den Vereinigten Staaten verläuft. Wer von Vancouver aus in Richtung Osten nach Calgary (Alberta) fährt, sollte mindestens zwei Tage für die Durchquerung des südlichen Binnenlandes veranschlagen, um aber sämtliche Highlights mitzunehmen, sind wenigstens drei, vier Tage notwendig. Unterwegs zweigen Dutzende kleinerer und größerer Straßen ab, die durch Täler nach Norden führen. Die direkteste Strecke bildet der Hwy. 97, der durch das **Okanagan Valley** verläuft und die Städte **Osoyoos, Penticton, Kelowna** und **Vernon** passiert. Die landschaftlich ungemein reizvolle Fahrt geht an zahlreichen Seen, Obstplantagen und Weinbergen vorbei. In jeder größeren Ortschaft sowie deren Umgebung lässt sich gut mindestens ein Tag verbringen, indem man z. B. traditionelle Sehenswürdigkeiten wie das **Desert Centre** in Osoyoos mit dem Besuch der **Okanagan Wineries** und einem Bad im **Kalamalka Lake** verbindet.

Wie im Fall des Okanagan Valley geht es bei der Zeitplanung für die Kootenay-Region mehr darum, den eigenen Neigungen zu folgen, als sämtliche Sehenswürdigkeiten abzuklappern. Die einwohnerstarke Stadt **Nelson** und die Geisterstadt **Sandon** besitzen historische Bedeutung, doch es sollte auch noch genügend Zeit für Abstecher in die Parks und ein bisschen Wassersport übrig bleiben. Von Nelson verfolgt der Hwy. 3 seinen Ostkurs bis in das nächste und am weitesten östlich gelegene Tal des südlichen Binnenlandes. Die Hauptattraktionen in der Gegend sind historische Parks wie die **Fort Steele Heritage Town** und Möglichkeiten zum Relaxen wie die Fairmont Hot Springs. Die Ostgrenze des südlichen Binnenlandes wird von zwei Nationalparks gebildet, dem **Kootenay** und dem **Yoho,** die in geografischer Hinsicht auf einer Linie mit den berühmten Parks in Alberta liegen, sich jedoch innerhalb der Grenzen von British Columbia befinden. Wer sich schon drei, vier Tage Zeit für diesen langen Abstecher von Vancouver nehmen möchte, sollte noch einen weiteren einplanen, um einen Spaziergang rund um den **Emerald Lake**

Am Okanagan Lake

zu machen und eine Gondelfahrt im **Kicking Horse Mountain Resort** zu unternehmen. Für zwei der spektakulärsten Örtlichkeiten des südlichen Binnenlandes, beide im Yoho National Park befindlich, ist eine vorherige Planung unumgänglich: Der **Lake O'Hara** lässt sich nur per Shuttlebus erreichen, und **Burgess Shale** kann nur in Begleitung eines Guides besucht werden.

Die warmen Seen und die Gebirgsparks im südlichen Binnenland sind auch ein begehrtes Ferienziel der Kanadier, daher herrscht im Juli und August Hochbetrieb. In dieser Zeit sind die Temperaturen am höchsten und die Wasserwege am belebtesten. Wer campen möchte, sollte sich so früh wie möglich einen Platz sichern. Als Faustregel gilt, dass im Sommer warmes Wetter herrscht, besonders im Okanagan Valley und entlang der Grenze; in den Bergen der Umgebung wird es mit zunehmender Höhe immer kühler.

Die Wintersportgebiete des südlichen Binnenlandes sind nicht ganz so berühmt wie die der kanadischen Rockies, doch sie halten für jeden Geschmack etwas bereit – von der familienfreundlichen Atmosphäre des **Silver Star Mountain Resort** über die Einrichtungen von Big White bis zu den jungfräulichen Pulverschneepisten des Red Mountain. Besucher, die während der kühleren Monate herkommen, werden feststellen, dass die wichtigsten Sehenswürdigkeiten geöffnet haben, allerdings bei kürzeren Öffnungszeiten. Viele Okanagan-Weingüter bleiben jedoch den ganzen Winter hindurch geschlossen.

Ein weiterer Hinweis bezüglich der Reiseplanung für das südliche Binnenland: Die Straßen sind zumeist schmal und kurvenreich, und aufgrund von Gebirgspässen (zwischen Hope im Westen und Cranbrook im Osten liegen nicht weniger als sechs Pässe) und Fährübergängen geht es nur langsam voran.

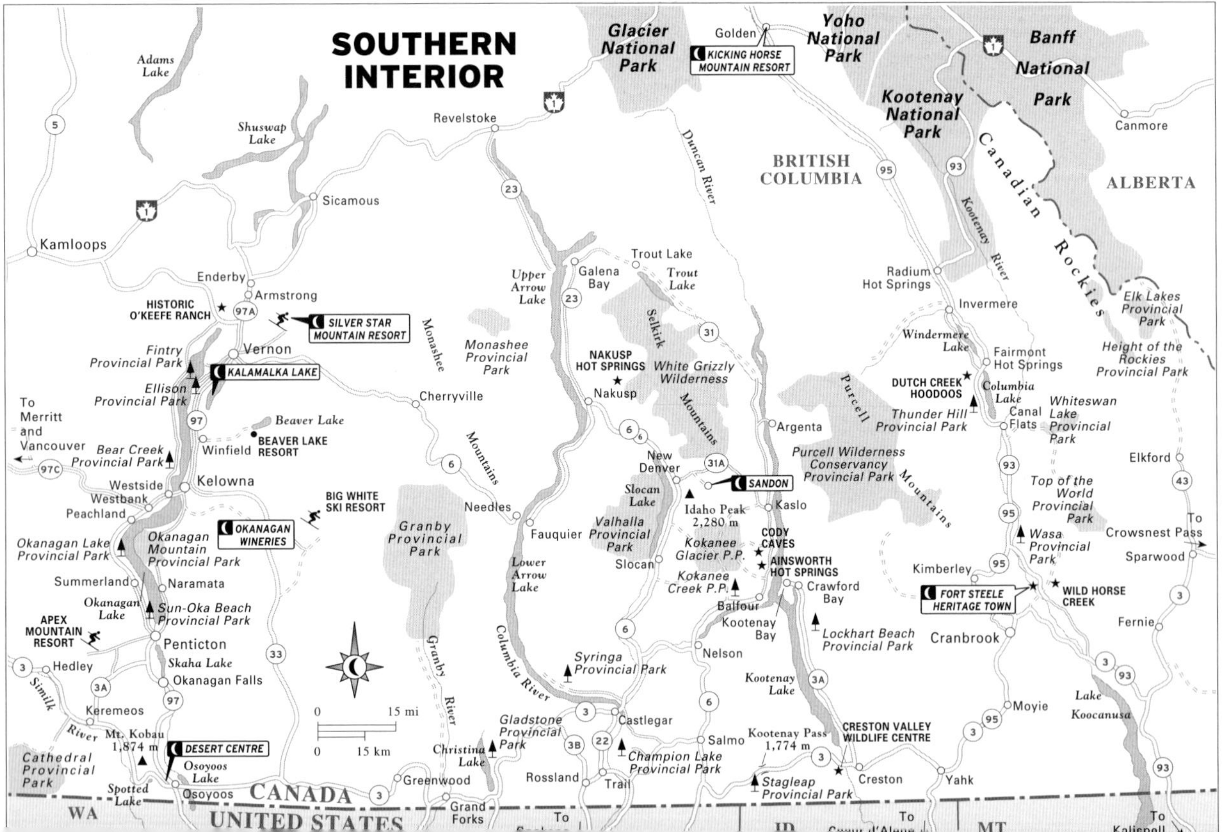
SOUTHERN INTERIOR
BRITISH COLUMBIA
ALBERTA
Glacier National Park
Yoho National Park
Banff National Park
Kootenay National Park
Canadian Rockies
Golden
KICKING HORSE MOUNTAIN RESORT
Canmore
Revelstoke
Adams Lake
Shuswap Lake
Sicamous
Kamloops
Duncan River
Kootenay River
Radium Hot Springs
Invermere
Elk Lakes Provincial Park
Height of the Rockies Provincial Park
Windermere Lake
Fairmont Hot Springs
DUTCH CREEK HOODOOS
Columbia Lake
Canal Flats
Whiteswan Lake Provincial Park
Thunder Hill Provincial Park
Elkford
Top of the World Provincial Park
Wasa Provincial Park
To Crowsnest Pass
Sparwood
Kimberley
FORT STEELE HERITAGE TOWN
WILD HORSE CREEK
Fernie
Cranbrook
Moyie
Lake Koocanusa
Yahk
Creston
CRESTON VALLEY WILDLIFE CENTRE
Enderby
Armstrong
HISTORIC O'KEEFE RANCH
SILVER STAR MOUNTAIN RESORT
Vernon
KALAMALKA LAKE
Fintry Provincial Park
Ellison Provincial Park
To Merritt and Vancouver
Beaver Lake
BEAVER LAKE RESORT
Winfield
Bear Creek Provincial Park
Kelowna
Westside
Westbank
Peachland
BIG WHITE SKI RESORT
OKANAGAN WINERIES
Okanagan Lake Provincial Park
Okanagan Mountain Provincial Park
Summerland
Naramata
Okanagan Lake
Sun-Oka Beach Provincial Park
APEX MOUNTAIN RESORT
Penticton
Skaha Lake
Okanagan Falls
Hedley
Similk River
Keremeos
Mt. Kobau 1,874 m
DESERT CENTRE
Osoyoos Lake
Osoyoos
Spotted Lake
Cathedral Provincial Park
Monashee
Monashee Provincial Park
Cherryville
Mountains
Needles
Granby Provincial Park
Granby River
Upper Arrow Lake
Galena Bay
Trout Lake
Trout Lake
Selkirk
NAKUSP HOT SPRINGS
White Grizzly Wilderness
Nakusp
Mountains
New Denver
SANDON
Slocan Lake
Idaho Peak 2,280 m
Valhalla Provincial Park
Fauquier
Slocan
Kokanee Glacier P.P.
CODY CAVES
AINSWORTH HOT SPRINGS
Kokanee Creek P.P.
Balfour
Kaslo
Argenta
Purcell
Purcell Wilderness Conservancy Provincial Park
Mountains
Crawford Bay
Kootenay Bay
Lockhart Beach Provincial Park
Lower Arrow Lake
Columbia River
Syringa Provincial Park
Nelson
Kootenay Lake
Gladstone Provincial Park
Christina Lake
Greenwood
Grand Forks
Castlegar
Rossland
Trail
Salmo
Champion Lake Provincial Park
Kootenay Pass 1,774 m
Stagleap Provincial Park
0 15 mi
0 15 km
CANADA
UNITED STATES
WA
ID
MT
To
To
To Kalispell
5
1
23
95
93
97A
97
97C
6
31
31A
3
3A
3B
22
33
43

Von Vancouver nach Penticton

Von Vancouver gelangt man innerhalb einer kurzen Autofahrt durchs Fraser River Valley nach Hope, wo der Hwy. 3 in Richtung Osten zum Manning Provincial Park und anschließend weiter zum Okanagan Valley abzweigt. Von Hope sind es noch 220 km bis nach Penticton, aber es lohnt sich, etwas Zeit für einen Abstecher von Osoyoos aus in die südlichen Ausläufer des Okanagan Valley einzuplanen.

Manning Provincial Park

Der 70.844 ha große Park in den Cascade Mountains, 64 km östlich von Hope am Hwy. 3, reicht bis zur US-amerikanisch-kanadischen Grenze hinunter. Wer den Park und dessen Schönheit wirklich erleben möchte, muss jedoch die Hauptstraße verlassen. Man sollte sich die herrlichen Seen anschauen, eine Fahrt zu malerischen Gebirgswiesen unternehmen oder durch dichten subalpinen Wald wandern.

Sehenswertes/Sport und Freizeit

Ein Sommer-Highlight des Parks ist die Autofahrt hoch zum **Cascade Lookout,** der einen traumhaften 180-Grad-Blick erlaubt. Hinter dem Aussichtspunkt verwandelt sich die Straße in eine Holperpiste und führt noch 9 km weiter, ehe sie an einem Parkplatz endet. Dieser ist, so weit das Auge reicht, von einem Blütenteppich aus leuchtend gelben, orangefarbenen und weißen Wildblumen umgeben. Am Rande des Hwy. 3 zweigen einige Naturlehrpfade ab, darunter ein 700 m langer Spazierweg (20 Min.) durch ein Waldstück mit uralten Lebensbäumen. Ausgangspunkt ist das Besuchergelände Sumallo Grove 10 km östlich der Stelle, wo der Hwy. 3 von Westen her in den Park hineinführt.

Im **Manning Park Resort** (✆ 250/840-8822, www.manningpark.com), 11 km westlich des Hwy. 3 an der Gibson Pass Rd., erwartet Skiläufer und Snowboarder ein 437 m hoher Skihang mit einem Schlepp- und einem Sessellift. Die meisten Abfahrten sind eher für halbwegs fortgeschrittene Skihasen geeignet, doch es ist auch etwas für Anfänger und absolute Cracks dabei. Liftkarten kosten für Erwachsene $ 42, für Senioren und Kinder $ 27. Skilangläufer können sich für $ 15/Tag nicht nur auf insgesamt 190 km Wildnispfaden, sondern auch auf 30 km gepflegten Loipen austoben. Die Ausleihgebühr für Langlaufskier beträgt $ 18/Tag.

Morgendämmerung am Cascade Lookout

Reisepraktisches

• *Übernachten* Mitten im Park am Hwy. 3 liegt das **Manning Park Resort** (✆ 250/840-8822 oder ✆ 800/330-3321, www.manningpark.com; $ 154–349 für 1/2 Pers.), eine Ferienanlage mit komfortablen Hotelzimmern und Hütten, Speisesaal, Selbstbedienungscafeteria, kleinem Lebensmittelladen und Lounge mit offenem Kamin, Saunen, Schwimmbad, TV-Zimmer, Fitnesscenter, Tennisplätzen, Laundry und Giftshop.

• *Camping* Die vier Campingplätze im Park verfügen über insgesamt 355 Stellplätze; im Sommer ist es ratsam, früh herzukommen, um einen davon zu ergattern. Jeder der Campingplätze verfügt über Trinkwasser und Toiletten. Der begehrteste ist **Lightning Lake** (Gibson Pass Rd.; $ 22), der mit Duschen ausgestattet ist. Die anderen Campingplätze entlang dem Highway sind bescheidener ausgestattet und verlangen $ 15/Stellplatz.

• *Information* Das **Visitor Information Centre** (✆ 250/840-8836; im Sommer tägl. 8.30–16.30 Uhr, sonst nur an Werktagen) des Parks liegt 1 km östlich des Manning Park Resort.

Weiter in Richtung Okanagan Valley

Von der Ostgrenze des Manning Provincial Park aus folgt der Hwy. 3 dem Verlauf des Similkameen River nach Norden bis Princeton, biegt dann scharf in Richtung Südosten ab und führt nach Osoyoos, das am Südende des Okanagan Valley liegt; die gesamte Entfernung beträgt 158 km.

Princeton

Am Zusammenfluss von Similkameen und Tulameen River liegt das kleine Agrarstädtchen Princeton (3000 Einw.). Im **Princeton and District Museum** (167 Vermilion Ave., ✆ 250/295-7588; Mo–Fr 13–17 Uhr; Spende) sind aus Granite City (s. u.) stammende Pionierzeit-Gegenstände sowie chinesische und Interior-Salish-Artefakte ausgestellt. Außerdem verfügt das Museum über eine interessante Fossilienabteilung.

Das Princeton Castle Resort

Im Nordostteil von Princeton wurden die Stein- und Zementruinen einer 1910 erbauten Zementfabrik in eine sehr ungewöhnliche Hotelanlage integriert: das **Princeton Castle Resort** (375 Rainbow Lake Rd., ✆ 250/295-7988 oder ✆ 888/228-8881, www.castleresort.com; Campen $ 30, Holzhütten $ 165–500 für 1/2 Pers.). Rund um die Ruinen stehen Hütten und Chalets unterschiedlicher Bauart; die größeren Chalets liegen hübsch am Rand einer Anhöhe mit Blick auf einen glitzernden Bach. Hinter den Ruinen führt die Straße hoch zum Campingplatz der Anlage. Um von Princeton aus hierherzukommen, muss man die Brücke am Nordende der Bridge St. überqueren, an der Old Hedley Rd. nach rechts abbiegen, den Hwy. 5 überqueren, auf der Five Mile Rd. nach links abbiegen und bis zum Wegweiser zur Anlage, der nach rechts zeigt, weiterfahren.

Coalmont und Umgebung

Wer eine faszinierende Canyonlandschaft abseits der Touristenpfade sehen möchte, überquert in Princeton den Fluss am Nordende der Bridge St., biegt nach links ab und fährt 18 km weiter in Richtung Westen bis Coalmont. Das einladende, 1911 erbaute **Coalmont Hotel** (✆ 250/295-6066) versorgt durstige Reisende immer noch mit Bier, und zahlreiche Wohnhäuser säumen die Straßen – manche mit Hinterhöfen voller interessanter, langsam vor sich hin rostender Minengerätschaften. Hinter Coalmont liegt **Granite City,** wo 1885 eine Goldmine entdeckt wurde. Schon bald darauf war eine Goldgräberstadt mit 13 Saloons aus dem Boden gestampft, die sich schnell zur drittgrößten Stadt der Provinz entwickelte. Von Granite City ist nicht viel übrig geblieben – ein paar zusammengefallene Hütten zwischen wilden Fliedersträuchern und Bäumen –, sodass es der Fantasie des Betrachters überlassen bleibt, die guten alten Zeiten wieder aufleben zu lassen.

Cathedral Provincial Park

Dieser abgelegene Park schützt 33.272 ha gebirgigen Terrains westlich von Keremeos. Der Zugang zum Park über die 21 km lange Zufahrtsstraße ist Gästen der **Cathedral Lakes Lodge** (✆ 250/226-7560 oder ✆ 888/255-4453, www.cathedrallakeslodge.com) oder Leuten, die bereit sind, die Strecke zu Fuß zurückzulegen, vorbehalten. Daher ziehen es die meisten Parkbesucher vor, in der Hotelanlage abzusteigen, wo Unterkunft, Verpflegung, Kanubenutzung, ein Gemeinschaftsraum und Jacuzzi sowie ein Shuttleservice von und zum Basiscamp angeboten werden, das über eine öffentliche Straße erreichbar ist. Der Mindestaufenthalt beträgt zwei Tage, nur buchbar als Pauschalpaket: Zimmer in rustikalen Hütten oder Bungalows kosten ab $ 430/Pers., Zimmer im Haupthaus $ 490, jeweils inkl. Vollpension und Shuttleservice. Die Lodge veranstaltet auch Tagesausflüge (nur Fr–So) für $ 150/Pers., die den Transport in den Park und zurück sowie ein Mittagessen beinhalten.

Keremeos

Wenn man sich dem von Bergen umgebenen Keremeos von Westen her nähert, passiert man eine üppige Obstplantage nach der anderen. Wahrscheinlich hat dies die Stadt dazu inspiriert, sich den Ehrentitel „Fruit Stand Capital of Canada" zu verleihen. Die Erntezeiten sind: Mitte Juni bis Mitte Juli Kirschen; Mitte Juli bis Anfang August Aprikosen; Mitte Juli bis Anfang September Pfirsiche; Mitte August bis Mitte September Birnen; Anfang August bis Mitte Oktober Äpfel; Anfang bis Mitte September Pflaumen; Anfang September bis Anfang Oktober Trauben.

Grist Mill

Die wichtigste historische Sehenswürdigkeit des Ortes ist die aus dem Jahr 1877 stammende Grist Mill (✆ 250/499-2888; Erwachsene $ 5, Kinder $ 2,50), in der die frühen Siedler ihren Weizen mahlen ließen. Im Stil der damaligen Zeit gekleidete Guides begleiten von Ende Mai bis Anfang Oktober täglich Besucher beim Rundgang durch die Mühle und ermuntern sie anschließend dazu, die zahlreichen informativen und unterhaltsamen Ausstellungsstücke zum Anfassen im Museum und Besucherzentrum auszuprobieren. Der hübsche Tearoom (das Pfannkuchenfrühstück an Sommerwochenenden ist eine echte Gaumenfreude) bietet Ausblick auf sorgsam angelegte Gartenparzellen, die verschiedene Epochen reflektieren. Die Anfahrt erfolgt auf der Hauptstraße durch die Ortschaft bis zum Hwy. 3A, wo man nach Norden in Richtung Penticton und dann beim Wegweiser *Historic Site* nach rechts auf die Upper Bench Rd. abbiegt.

Osoyoos

Diese Stadt mit 5000 Einw. liegt am Südrand des Okanagan Valley und am Westufer des **Osoyoos Lake,** dem wärmsten Süßwassersee Kanadas (bis zu 24 °C im Sommer). Das Städtchen erfreut sich auch der höchsten Jahresdurchschnittstemperatur des ganzen Landes.

Desert Centre

Die Landschaft abseits des Talbodens und der zahlreichen dort befindlichen Obstplantagen ist überraschend unfruchtbar. An einer bestimmten Stelle befindet sich sogar eine 100 ha große „Wüste im Taschenformat" – das trockenste Fleckchen Kanadas, auf dem jährlich weniger als 300 mm Niederschlag fallen. Es ist eine Wüste, wie sie im Buche steht, mit Sand, Feigen- und anderen Kakteen, Beifußsträuchern, Eidechsen, Skorpionen, Klapperschlangen und anderen Wüstentieren, darunter 23 Wirbellose, die nirgendwo sonst auf der Welt anzutreffen sind. Näheres über diese einzigartige Landschaft ist im Desert Centre (✆ 250/495-2470 oder ✆ 877/899-0897; im Sommer tägl. 9.30–16.30 Uhr, im Frühling und Herbst tägl. 10–14 Uhr; Erwachsene $ 8, Senioren $ 7, Kinder $ 5) zu erfahren, einem Forschungs- und Informationszentrum, wo ein Holzsteg durch diese für Kanada völlig

Osoyoos liegt am wunderschönen Osoyoos Lake

untypische Umgebung führt. Die Anfahrt erfolgt von Osoyoos auf dem Hwy. 97 nach Norden und dann auf der 146th Ave. nach Westen.

Reisepraktisches

• *Übernachten* Im Sommer pilgern Horden von Urlaubern zum Osoyoos Lake, daher kann es Engpässe bei der Unterbringung geben – insbesondere an dem östlich der Innenstadt gelegenen Seeufer am Hwy. 3. Wer in den Sommermonaten ein Zimmer im **Sandy Beach Motel** (6706 Ponderosa Dr., ✆ 250/495-6931 oder ✆ 866/495-6931, www.sandybeachmotel.com; $ 169–299 für 1/2 Pers.) haben möchte, muss lange in Voraus reservieren, aber es lohnt sich. Das Motel liegt an einem privaten Sandstrand, und die 25 mit Küche ausgestatteten Wohneinheiten gehen auf eine Rasenfläche mit Kieselsteinwegen und Kakteen hinaus. Einige haben ein separates Schlafzimmer, manche sogar zwei.

Am gleichen Strandabschnitt, aber größer und unpersönlicher ist das **Holiday Inn Hotel & Suites** (7906 Main St., ✆ 250/495-7223 oder ✆ 877/660-8550, www.holidayinnosoyoos.com; $ 179 für 1/2 Pers.).

• *Camping* Der **Haynes Point Provincial Park** schützt eine extrem schmale, tief gelegene Landzunge, die südlich der Downtown in den Osoyoos Lake hineinreicht. An der äußersten Spitze befindet sich ein schöner Campingplatz, von dessen Stellplätzen viele direkt am See liegen ($ 24/Nacht).

• *Information* Auf einem Parkplatz an der Kreuzung der Highways 3 und 97 befindet sich das **Osoyoos Visitor Centre** (9912 Hwy. 3, ✆ 250/495-5070, www.destinationosoyoos.com; im Sommer tägl. 8–18 Uhr, sonst tägl. 9–16 Uhr).

Das Sandy Beach Motel

Südliches Binnenland
Karte S. 278

Penticton

Penticton (38.000 Einw.), eine der drei größten Städe des Okanagan Valley, liegt zwischen dem Nordende des Skaha Lake und dem Südende des Okanagan Lake. Die Stadt erhielt ihren Namen vom Nomadenvolk der Salish, in deren Sprache *Penticton* „Ort, an dem man für alle Zeiten bleibt“ bedeutet. Wer von Süden kommt, sieht am Straßenrand eine Gedenktafel zu Ehren des Pioniers Thomas Ellis, der 1886 in das Tal kam, ein Viehzuchtimperium aufbaute und Obstgärten anlegte. Heutzutage gibt es diese Obstplantagen überall. Penticton schmückt sich mit dem Beinamen „Peach City“; Mitte August wird im Rahmen des jährlichen **Peach Festival,** einem einwöchigen Fest mit Segelbootrennen, Umzügen, Spielen und anderen Unterhaltungsveranstaltungen, die Ernte gebührend gefeiert. Penticton nimmt auch am **Okanagan Wine Festival** teil, ebenfalls ein „saftiges“ Fest, das am ersten Oktoberwochenende stattfindet.

Sehenswertes/Sport und Freizeit

Downtown

Wer unter den schattigen Bäumen am Ufer des Okanagan Lake in Richtung Westen spaziert, gelangt zur **SS Sicamous** (1099 Lakeshore Dr. W, ✆ 250/492-0403; Mitte Jan. bis Mitte Dez. tägl. 10–16 Uhr, im Sommer 9–21 Uhr; Erwachsene $ 5,50, Senioren $ 4,50, Kinder $ 2), einem Schaufelraddampfer der Canadian Pacific Railway, der von 1914 bis 1936 auf dem Okanagan Lake seinen Dienst tat und jetzt am Ufer liegt. Mit der Schiffsbesichtigung lässt sich leicht eine ganze Stunde zubringen; u. a. kann man einen Blick in die Bürokajüte des Zahlmeisters werfen, die Einrichtung des noblen Speisesaals bewundern und aufs Aussichtsdeck hochklettern. Ein Spaziergang durch den angrenzenden **Rosengarten** (Eintritt frei) lohnt der makellosen Blüten und gepflegten Rasenflächen wegen, und außerdem können Interessierte hier alle Statistiken über den **Okanagan Lake Dam** und sein Kontrollsystem nachlesen.

Am gegenüberliegenden Ende des Lakeshore Dr. (Richtung Osten) befindet sich die **Penticton Art Gallery** (199 Marina Way, ✆ 250/493-2928; Di–Fr 10–17 Uhr, Sa 12–17 Uhr; Erwachsene $ 2, am Wochenende freier Eintritt), in der Kunstwerke ausgestellt sind, die verschiedene Aspekte der Region zum Inhalt haben.

Das **Penticton Museum** (785 Main St., ✆ 250/490-2454; Di–Sa 10–17 Uhr; Erwachsene $ 2,50, Kinder $ 1) beherbergt eine ausgezeichnete Sammlung von allem, was irgendwie mit Westkanada zu tun hat. Das Themenspektrum umfasst Naturkunde, die Ureinwohner, die Pelzhandels- und Goldrauschzeit, die ersten chinesischen Einwanderer und die Dampfschifffahrt. Daneben gibt es eine große Abteilung mit präparierten Tieren, außerdem sind Gebrauchsgegenstände und Raritäten aus Minen, von Farmen und aus Geisterstädten sowie Waffen und anderes Militärgerät zu sehen.

Nach Naramata

Eine 14 km lange Landstraße führt von Penticton nach Nordosten, am Ostufer des Okanagan Lake vorbei und durch die kleine Ortschaft **Naramata.** Die erste von zahlreichen namhaften Winzereien entlang dieser Straße ist die **Red Rooster Winery** (891 Naramata Rd., ✆ 250/492-2424; April bis Okt. tägl. 10–18 Uhr, sonst tägl. 11–17 Uhr), unschwer zu erkennen an dem im Missionsstil erbauten Verkostungsraum am Straßenrand. Es werden keine Führungen angeboten – stattdessen können Besucher eine Kostprobe der hoch gelobten hauseigenen Weine Pinot Gris und Chardonnay schlürfen und anschließend auf der Veranda bei einer Käseplatte oder einer Portion Quiche die Aussicht auf den See genießen. Ein Stück weiter liegt das treffend benannte **Hillside Estate** (1350 Naramata Rd., ✆ 250/493-6274), dessen Weinkeller in einem beeindruckenden dreistöckigen Gebäude untergebracht ist. Hillside genießt einen ausgezeichneten Ruf für seinen Pinot Noir, produziert aber auch einen ungewöhnlich trockenen und dennoch fruchtigen Riesling. Das zugehörige Weingeschäft und das Restaurant sind im Sommer tägl. geöffnet.

Naramata ist ein reizendes Dörfchen am Seeufer, weit weg vom geschäftigen Treiben Pentictons. Der Zugang zum See ist ziemlich eingeschränkt; der öffentliche Badestrand am Manitou Park eignet sich gut zum Schwimmen.

Wer durch Naramata hindurch und in die Berge hochfährt, gelangt zu einer Stelle in der Nähe der Südgrenze des unerschlossenen **Okanagan Mountain Provincial**

Park, wo sich die Straße verliert. Der Park ist immer noch dabei, sich von Waldbränden zu erholen, die im Jahr 2003 hindurchfegten. Die einzige Möglichkeit, in diese unberührte Wildnis vorzudringen, ist zu Fuß oder per Boot. Es empfiehlt sich ein Tagesausflug zum Picknicken, Angeln oder Wandern auf den insgesamt 24 km umfassenden Wanderwegen.

Feste und Veranstaltungen

In Penticton scheint das ganze Jahr hindurch ständig ein Festival, ein Umzug, ein Wettbewerb oder eine andere Veranstaltung stattzufinden. Das wichtigste Jahresereignis ist das **Penticton Peach Festival** (✆ 250/487-9709, www.peachfest.com) Anfang August. 2012 findet es zum 65. Mal statt. Unverzichtbarer Bestandteil der Festivitäten sind Pfirsichverkostungen, die Krönung der Miss Penticton, der Kiddies Day (am Sonntag), ein Sandburgenbau-Wettbewerb, ein Feuerwerk und Abendspaß im Gyro Park.

Weitere alljährlich wiederkehrende Feste sind das **Spring Wine Festival** (✆ 250/861-6654, www.thewinefestivals.com), das unter reger Beteiligung zahlreicher Winzereien Ende April abgehalten wird; der **Ironman Canada** (✆ 250/490-8787, www.ironman.ca), ein Langdistanz-Triathlon am letzten Augustsonntag; schließlich das **Pentastic Jazz Festival** (✆ 800/663-100, www.pentasticjazz.com) am zweiten Septemberwochenende.

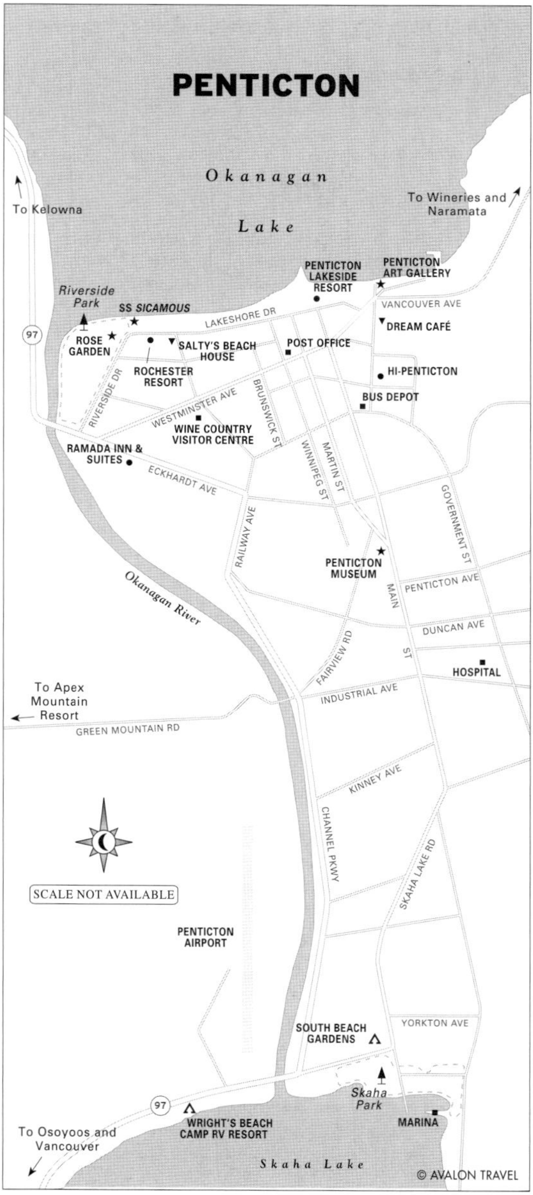

Übernachten/Camping/Essen und Trinken

Übernachten

• *In der Stadt* Wie in einem begehrten Urlaubsort nicht weiter verwunderlich, besteht die einzige Übernachtungsmöglichkeit für weniger als $ 50 in einem Schlafsaalbett. Das **HI-Penticton** (464 Ellis St., ✆ 250/492-3992, www.hihostels.ca; Bett im Schlafsaal $ 25–29, Zimmer $ 96 für 1/2 Pers.) ist in einem weißen Stuckgebäude aus den 1950ern unweit des Stadtkerns untergebracht. Die Einrichtungen umfassen eine Küche, eine Laundry, einen Fahrradverleih und einen Grillplatz im Freien. Check-in ist von 8 bis 12 und 17 bis 22 Uhr.

Die billigste von zahlreichen Unterkünften am Lakeshore Dr., sowohl unweit des Sees als auch der Innenstadt gelegen, ist das 36 Zimmer umfassende **Rochester Resort** (970 Lakeshore Dr., ✆ 250/493-1128; ab $ 129 für 1/2 Pers.). Sämtliche Wohneinheiten verfügen über eine Küchenzeile, außerdem gibt es eine gemeinschaftliche Grillstelle. Im Winter ist hier ein Zimmer schon für $ 60 zu haben.

Das sechsstöckige **Penticton Lakeside Resort** (21 Lakeshore Dr. W, ✆ 250/493-8221 oder ✆ 800/663-9400, www.pentictonlakesideresort.com; $ 195–275 für 1/2 Pers.) ist ein nobles Innenstadthotel direkt am See. Es hat mehr als 200 Zimmer, ein Schwimmbad mit Seeblick, einen Whirlpool, Saunen, zwei Tennisplätze, eine Bar mit Seeterrasse und ein Restaurant.

Nicht am See liegt das **Ramada Inn & Suites** (1050 Eckhardt Ave. W, ✆ 250/492-8926 oder ✆ 800/665-4966, www.pentictonramada.com; $ 179 für 1/2 Pers.), eine familienfreundliche Ferienanlage für Selbstversorger unmittelbar am Rand eines Golfplatzes mit 18 Löchern. Sie verfügt über einen Pool unter freiem Himmel, einen weitläufigen Hof, einen Spielplatz, ein Fitnesscenter, ein Restaurant und eine Bar am Rand des Pools. Die Zimmer besitzen Klimaanlage und kostenlosen drahtlosen Internetzugang.

• *In Naramata* Das im Dorf Naramata (14 km nördlich von Penticton) befindliche **Village Motel** (244 Robinson Dr., Naramata, ✆ 250/496-5535, www.villagemotel.com) weckt Erinnerungen an längst vergangene Zeiten. Die neun Gästezimmer sind hübsch gestaltet und gehen auf eine Grünanlage sowie ein gemeinschaftliches Grillgelände hinaus. Standardzimmer kosten $ 90 (1/2 Pers.), mit Küchenzeile $ 145. Das Motel liegt in Spaziernähe des Sees.

Wer die Atmosphäre eines altmodischen Seebads schnuppern möchte, begibt sich am besten ins **Naramata Heritage Inn & Spa** (3625 1st St., Naramata, ✆ 250/496-6808 oder ✆ 866/617-1188, www.naramatainn.com; $ 212–540 für 1/2 Pers., Frühstück inkl.). Das 1908 erbaute Hotel wurde komplett renoviert, ohne dass dabei der historische Charme verloren ging. Die Gästezimmer sind mit altmodischen Betten samt Daunendecken ausgestattet, die Badezimmer verfügen über beheizte Fußböden und auf Löwenpranken ruhenden Badewannen, und jedes Zimmer hat entweder einen Balkon oder eine Terrasse. Zu den weiteren Annehmlichkeiten zählen ein Spa, eine Weinbar, in der freitagabends Livejazz zu hören ist, und ein Gourmet-Restaurant.

Camping

Alle kommerziellen Campingplätze von Penticton befinden sich südlich des Ortskerns am nördlichen Ende des Skaha Lake. Im Sommer sind sie sehr begehrt und sollten deshalb so lange wie möglich im Voraus reserviert werden. Der am wenigsten überlaufene scheint der **Wright's Beach Camp RV Park** zu sein (4200 Skaha Lake Rd., ✆ 250/492-7120, www.wrightsbeachcamp.com; April bis Mitte Okt.; ohne Anschlüsse $ 40, mit Anschlüssen $ 48–53), was einigermaßen überrascht, denn er liegt direkt am See und besitzt einen großen Kinderspielplatz sowie einen Swimmingpool.

Gegenüber vom Sudbury Beach, unweit des Hwy. 97, liegt das **South Beach Gardens** (3815 Skaha Lake Rd., ✆ 250/492-0628, www.southbeachgardens.net; Mai bis Sept.; $ 32–41).

Wer nicht unbedingt am Seeufer unterkommen möchte, kann sich auch auf dem **Twin Lakes Golf & RV Resort** (Hwy. 3A, ✆ 250/497-8379, www.twinlakesgolfresort.com; April bis Mitte Okt.; $ 32–37) 19 km südwestlich von Penticton niederlassen. Dieser Campingplatz befindet sich mitten auf einem Golfplatz (Greenfee $ 69, Camper zahlen nur $ 55), umgeben von nackten Felswänden. Er verfügt über moderne Waschräume, kostenloses Feuerholz, ein Restaurant und eine Lounge. Um zu den Twin Lakes zu gelangen, fährt man von Penticton nach Süden und zweigt bei Kaleden vom Hwy. 97 nach Westen ab. Wer vom westlich gelegenen Princeton kommt, muss bei Keremeos auf den Hwy. 3 abbiegen.

Essen und Trinken

Penticton erfreut sich einer Vielzahl von Restaurants am Strand und in der Downtown. Mein Lieblingslokal ist das **Dream Café** (74 Front St., ✆ 250/490-9012; Mi–Fr 11–21 Uhr, Sa/So 10–21 Uhr; $ 6–19), das zwar nicht direkt am Wasser liegt, aber ein traumhaftes Ambiente (erlesenes Mobiliar, unter der Decke hängen farbenfrohe Flugdrachen, gedämpfte Hintergrundmusik), freundliches Personal und eine innovative asiatische Küche hat. Auf der Speisekarte stehen z. B. mit Mango gebratenes Hühnchen, Lachs auf Spinatpüree, vegetarisches Thai Curry, Reisnudeltaschen und Crab Cakes mit gebratenem Gemüse.

Auf der dem Strand gegenüberliegenden, betriebsamen und touristischen Straßenseite befindet sich das **Salty's Beach House** (1000 Lakeshore Dr., ✆ 250/493-5001; tägl. ab 11 Uhr; $ 12–26) mit Tischen drinnen und draußen. Das Speisenangebot besteht aus einer gelungenen Verbindung von traditionellem Kneipenessen mit Thai- und karibischer Küche, z. B. Pad Thai ($ 9) oder Mango-Hühnchen-Sandwich ($ 7). Passend zur Strandlage werden erfrischende Obstsäfte angeboten.

Information/Adressen

• *Information* Das **Wine Country Visitor Centre** (553 Railway St., ✆ 250/493-4055 oder ✆ 800/663-5052, www.tourismpenticton.com; im Sommer tägl. 8–19 Uhr, sonst Mo–Fr 9–18 Uhr, Sa/So 10–17 Uhr) ist nicht gut ausgeschildert, lohnt aber einen Besuch. Im Inneren des aus Adobeziegeln erbauten Hauses gibt es kostenlosen Internetzugang, einen Wein-Infoschalter und jede Menge Infobroschüren zur Region. Wer von Süden kommt, braucht nur den Wegweisern Richtung Norden nach Kelowna zu folgen und von der Eckhardt Ave. (Hwy. 97) nach rechts auf die Westminster Ave. abzubiegen; bis zum Informationszentrum sind es dann nur noch ein paar Häuserblocks. Wer von Norden kommt, muss den Kanal überqueren und dann die zweite Straße nach links (Westminster Ave.) nehmen.

Okanagan Books (233 Main St., ✆ 250/493-1941) verfügt über eine große Anzahl von Büchern zur Region und hat auch aktuelle Bestseller in den Regalen.

• *Adressen* Das **Penticton Regional Hospital** befindet sich in der Carmi Ave. (✆ 250/492-4000). Das **Postamt** ist an der Ecke Winnipeg St. und Nanaimo Ave.

Südliches Binnenland
Karte S. 278

Nördlich von Penticon

Der Hwy. 97 verbindet Penticton und Kelowna und folgt auf den gesamten 60 km dem Westrand des Okanagan Lake. Die erste Stelle, die einen Aufenthalt lohnt, ist der winzige **Sun-Oka Beach Provincial Park,** ein sonnenüberfluteter, nach Süden gewandter Park mit einem Sandstrand, Paddelbootverleih und Imbiss.

Summerland

Wer bei der Einfahrt ins malerische Summerland, 16 km nördlich von Penticton zwischen dem Giants Head Mountain und dem See eingebettet, nach Westen (vom See weg) abbiegt, erreicht die Fabrik **Summerland Sweets** (6206 Canyon View Dr., ✆ 250/494-0377). Hier können Besucher zuschauen, wie aus frischen und tiefgefrorenen Früchten Sirup, Marmelade und Süßigkeiten hergestellt werden. Man nimmt die westliche Abfahrt Dunn St. oder Arkell Rd. vom Hwy. 97, biegt nach rechts auf die Gartrell Rd. ein, dann nach links auf die Happy Valley Rd., wieder nach rechts auf die Hillborn St. und schließlich nach links auf die Canyon View Rd.

Sumac Ridge Estate (1 km nördlich von Summerland an der Seeseite der Straße, ✆ 250/494-0451) war die erste Winzerei British Columbias. Heutzutage taucht dieser weithin bekannte Name auf den Etiketten zahlreicher Rot- und Weißweine auf,

Ein Weinberg im Okanagan

darunter auch ein prämierter Cabernet Franc und eine der wenigen im Okanagan Valley produzierten Sektsorten. Touren und Weinproben werden von Mai bis Mitte Oktober zwei- oder dreimal täglich angeboten, ein Bistro hat ganzjährig täglich zum Mittag- und Abendessen geöffnet.

Weiter in Richtung Kelowna

Auf der Straße nach Kelowna passiert man zwei Eingänge zum **Okanagan Lake Provincial Park,** einem grasbewachsenen, von einem Strand gesäumten Park, der wegen seiner Möglichkeiten zum Bootfahren, Schwimmen und Campen (April bis Okt.; $ 24) beliebt ist. Am Ufer stehen Goldkiefern; die zahlreichen Picknicktische dagegen befinden sich im Schatten von Bäumen wie Ahorn und Eiche.

Ein Stück weiter liegt **Peachland.** Die zwischen einem Felsvorsprung und dem Okanagan Lake eingezwängte Gemeinde wurde 1808 von dem aus Manitoba stammenden Entrepreneur und Zeitungsverleger John Robinson gegründet, der auf der Suche nach Minenschätzen ins Okanagan Valley kam, seine Talente dann aber auf die Veredelung der köstlichen, hier angebauten Dessertpfirsiche verwendete. Die Fahrt durch Peachland bildet eine angenehme Abwechslung zu dem auf die Dauer etwas eintönigen Hwy. 97. Auf der einen Seite liegen der See und ein langer, von Grasflecken und bewachten Badestellen unterbrochener Kieselsteinstrand und auf der anderen eine Reihe von Geschäften und Cafés.

Kelowna

Kelowna ist die größte Stadt British Columbias außerhalb des Lower Mainland und Victorias. Sie liegt am Ufer des 170 km langen Okanagan Lake, ungefähr auf halber Strecke zwischen Penticton im Süden und Vernon im Norden. Kelowna erfreut sich

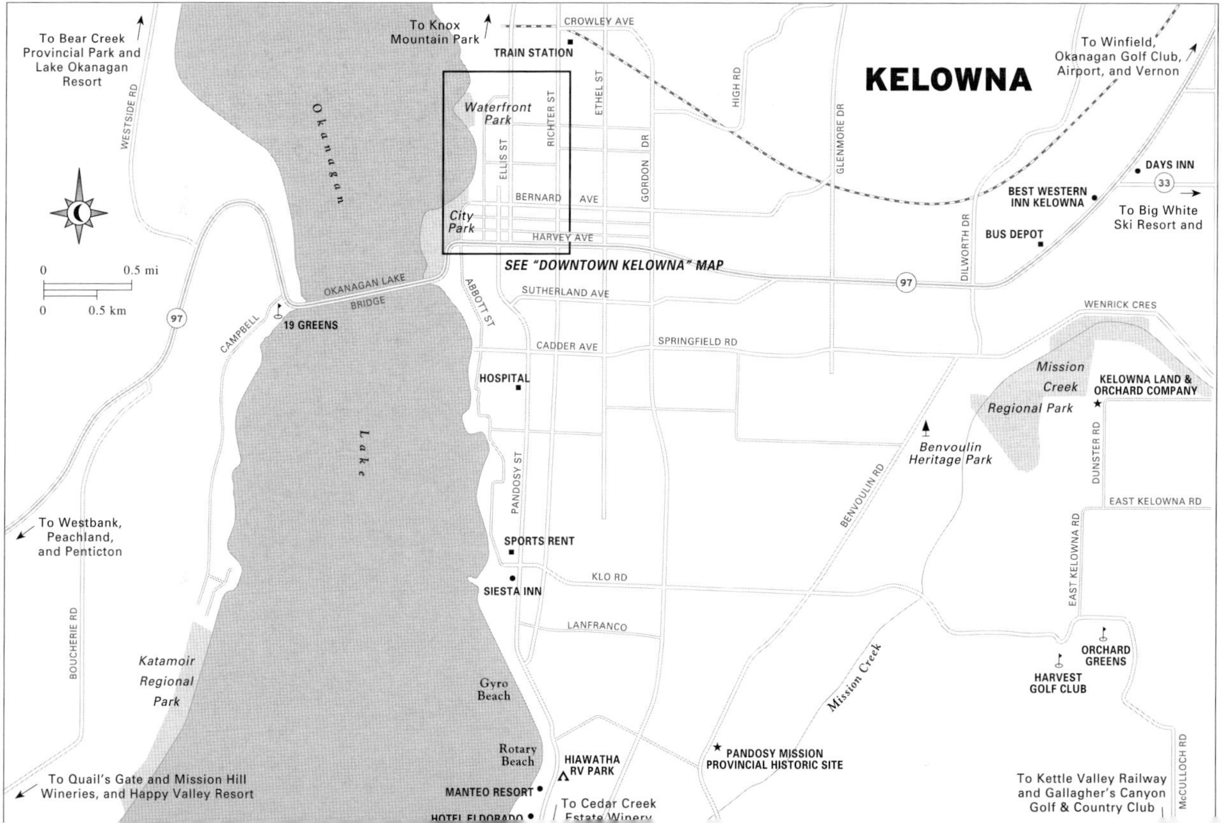

KELOWNA
To Bear Creek Provincial Park and Lake Okanagan Resort
To Knox Mountain Park
TRAIN STATION
CROWLEY AVE
To Winfield, Okanagan Golf Club, Airport, and Vernon
WESTSIDE RD
Okanagan
Lake
Waterfront Park
City Park
ELLIS ST
RICHTER ST
ETHEL ST
HIGH RD
GLENMORE DR
BERNARD AVE
GORDON DR
HARVEY AVE
SEE "DOWNTOWN KELOWNA" MAP
DAYS INN
BEST WESTERN INN KELOWNA
To Big White Ski Resort and
BUS DEPOT
DILWORTH DR
0 0.5 mi
0 0.5 km
97
33
OKANAGAN LAKE BRIDGE
CAMPBELL
19 GREENS
ABBOTT ST
SUTHERLAND AVE
WENRICK CRES
CADDER AVE
SPRINGFIELD RD
HOSPITAL
Mission Creek Regional Park
KELOWNA LAND & ORCHARD COMPANY
Benvoulin Heritage Park
DUNSTER RD
EAST KELOWNA RD
PANDOSY ST
BENVOULIN RD
To Westbank, Peachland, and Penticton
SPORTS RENT
SIESTA INN
KLO RD
EAST KELOWNA RD
LANFRANCO
BOUCHERIE RD
Katamoir Regional Park
Gyro Beach
Mission Creek
ORCHARD GREENS
HARVEST GOLF CLUB
Rotary Beach
HIAWATHA RV PARK
PANDOSY MISSION PROVINCIAL HISTORIC SITE
MCCULLOCH RD
To Quail's Gate and Mission Hill Wineries, and Happy Valley Resort
MANTEO RESORT
To Cedar Creek Estate Winery
To Kettle Valley Railway and Gallagher's Canyon Golf & Country Club

nicht nur einer reizvollen Lage inmitten semiarider Berge, sondern auch eines wunderbaren Klimas: lange, sonnige Sommer und kurze, milde Winter. Auf den sanften Hügeln rings um die Stadt liegen terrassenförmig angelegte Obstplantagen, und die zahlreichen Weinberge bringen ein paar ausgezeichnete Weine hervor. Im Sommer kommen die Besucher in Scharen, um sich an den glitzernden Seen der Gegend, an den Sandstränden, in den zahlreichen Provinzparks und beim Golfspielen zu vergnügen; im Winter zieht es Wintersportler auf die tollen Skihänge des nahe gelegenen White Ski Resort.

Geschichte

Schon Jahrtausende vor der Ankunft der ersten Europäer bevölkerte das Nomadenvolk der Salish das Okanagan Valley. Die Salish lebten von der Jagd (Kelowna ist ein Salish-Wort für „Grizzlybär"), vom Sammeln und Fischen. Seit Father Pandosy im Jahr 1859 in seiner Mission die ersten Apfelbäume pflanzte, blühte und gedieh Kelowna als Zentrum des Obst-, Gemüse- und Weinanbaus des Okanagan Valley (das Tal ist das größte Obstanbaugebiet Kanadas). 1960 hatte Kelowna 24.000 Einw., doch mit dem Ausbau der Infrastruktur wurde die Region auch für ältere Menschen, die sich aus dem Berufsleben zurückgezogen haben, attraktiver. In den wenigen Jahren seit der Jahrtausendwende gab es einen regelrechten Bevölkerungsboom, und die Einwohnerzahl liegt jetzt bei 115.000. Die Zahl der Winzereien hat sich seit Mitte der 1980er verdoppelt, am Seeufer wurden luxuriöse Ferienanlagen gebaut, jedes Jahr kommen neue Golfplätze hinzu, und Flächen, die früher landwirtschaftlich genutzt wurden, müssen schicken Apartmenthäusern weichen.

Sehenswertes

Downtown

Mitten in der Innenstadt liegt der hübsche **City Park,** der größte der zahlreichen Parks von Kelowna. Auf dem 14 ha großen Gelände gibt es Blumenrabatten und hohe, schattige Bäume, weite Rasenflächen und einen langen Sandstrand. Eine Promenade führt von der Ogopogo-Statue an einer großen Marina und einem im Umbau befindlichen Ufergrundstück vorbei nach Norden. Hinter der Baustelle liegt das**Grand Okanagan,** die luxuriöseste Herberge des ganzen Tals. Wer sich keine Suite mit Seeblick leisten kann, genießt die Aussicht von der hoteleigenen Bar oder vom Restaurant aus. Hinter der Anlage überquert die Promenade eine kleine Schleuse, die es Bootsfahrern erlaubt, zwischen dem höheren Wasserstand einer künstlich angelegten Lagune und dem eigentlichen See hin- und herzuwechseln. Hier befindet sich die Bootsverleihstelle **Sparky's** (✆ 250/862-2469).

Das **Okanagan Heritage Museum** (470 Queensway Ave., ✆ 250/763-2417; Mo–Fr 10–17 Uhr, Sa 10–16 Uhr; Spende) liegt gegenüber vom Postamt und ist an dem farbenfrohen Totempfahl, der seinen Eingang ziert, erkennbar. Das Museum beherbergt eine bunte Mischung faszinierender Ausstellungsstücke, darunter Pferdekutschen, Fossilienfunde aus der Gegend von Princeton, indigenes Kunsthandwerk, Kleidung, Schmuckstücke und Pelze, Kinderbücher und -spiele, Artefakte aus der Pionierzeit, Nachbauten eines Kelowna-Handelspostens von 1861 und eines chinesischen Kaufmannsladens sowie die Darstellung vom Inneren eines Salish-Winterquartiers. **Kasugai Gardens,** hinter dem Museum, ist ein friedliches Plätzchen ab seits vom betriebsamen Einkaufsbezirk der Innenstadt. In der modernen **Kelowna**

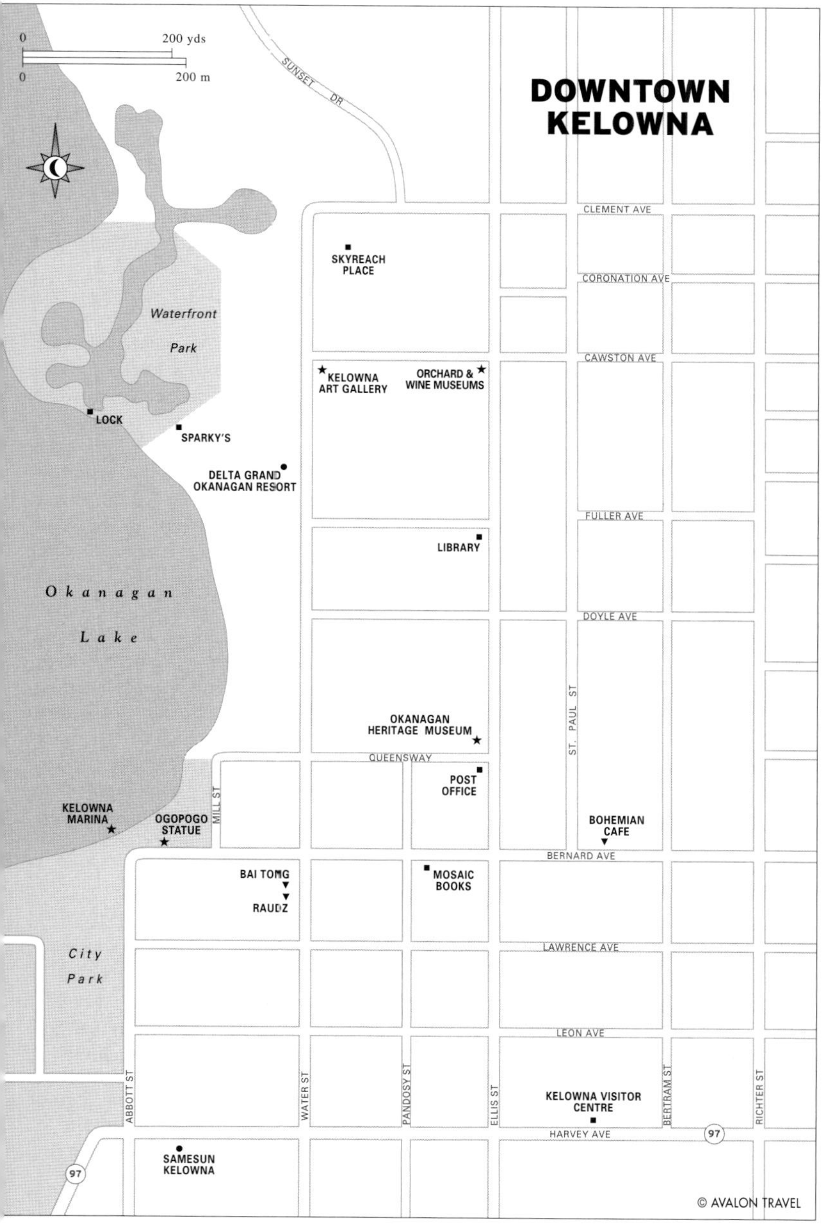

DOWNTOWN KELOWNA
0
200 yds
0
200 m
SUNSET DR
Waterfront Park
SKYREACH PLACE
KELOWNA ART GALLERY
ORCHARD & WINE MUSEUMS
LOCK
SPARKY'S
DELTA GRAND OKANAGAN RESORT
LIBRARY
Okanagan Lake
OKANAGAN HERITAGE MUSEUM
QUEENSWAY
POST OFFICE
KELOWNA MARINA
OGOPOGO STATUE
MILL ST
BOHEMIAN CAFE
BERNARD AVE
BAI TONG
RAUDZ
MOSAIC BOOKS
LAWRENCE AVE
City Park
LEON AVE
ABBOTT ST
WATER ST
PANDOSY ST
ELLIS ST
ST. PAUL ST
BERTRAM ST
RICHTER ST
CLEMENT AVE
CORONATION AVE
CAWSTON AVE
FULLER AVE
DOYLE AVE
KELOWNA VISITOR CENTRE
HARVEY AVE
97
SAMESUN KELOWNA
97
© AVALON TRAVEL

Art Gallery (1315 Water St., ✆ 250/762-2226; Di–Sa 10–17 Uhr, So 13–16 Uhr; Spende) werden zeitgenössische und historische Kunst aus allen Teilen der Provinz sowie Wanderausstellungen gezeigt.

Das **Orchard Museum** in der Innenstadt (1304 Ellis St., ✆ 250/763-0433; Mo–Fr 10–17 Uhr, Sa 10–16 Uhr; Spende), untergebracht in einer alten Lagerhalle mit unverputzten roten Backsteinen und von Hand behauenen Holzbalken, erzählt mittels seltener Fotos, Ausstellungsstücken und einer interaktiven *Discovery Corner* die Geschichte des hiesigen Obstanbaus. Im gleichen Gebäude befindet sich das **Wine Museum** (✆ 250/868-0441; Mo–Fr 10–18 Uhr, Sa 10–17 Uhr, So 11–17 Uhr; Eintritt frei), das über Weinkeller und Weintouren in der Region informiert und auch Erzeugnisse der Winzereien verkauft.

Okanagan Wineries

Schon fast ein Jahrhundert lang ist die Weinherstellung eines der wichtigsten wirtschaftlichen Standbeine des Okanagan Valley, doch innerhalb der letzten Dekade gab es noch einmal einen mächtigen Aufschwung, Die hier produzierten Weine werden inzwischen in alle Welt exportiert und heimsen überall begehrte Preise ein. In den meisten Winzereien können Besucher das ganze Jahr über an Führungen und Weinproben teilnehmen (außerhalb der Sommermonate sollte man jedoch anrufen und die Öffnungszeiten erfragen). Aufgrund der steigenden Gästezahlen verlangen die meisten inzwischen einen geringfügigen Unkostenbeitrag für die Weinproben. **Okanagan Wine Country Tours** (✆ 250/868-9463 oder ✆ 866/689-9463, www.okwinetours.com) veranstaltet zahlreiche unterschiedliche Touren, darunter einen Ganztagesausflug mit Verkostung für $ 145/Pers.

Das **Mission Hill Family Estate** (1730 Mission Hill Rd., Westbank, ✆ 250/768-6448) liegt auf der westlichen Seite des Okanagan Lake, hoch oben auf einem Felsvorsprung und umgeben von Weingärten mit herrlichem Blick auf den See. Die erfolgreichste Winzerei British Columbias lockt Besucher zusätzlich mit einem 45 m hohen Glockenturm, den man besteigen kann. Im Sommer finden drei unterschiedliche Touren statt ($ 7–45/Pers.), die jeweils mit einer zwanglosen Verkostung abgerundet werden. Der Reserve Pinot Noir der nahe gelegenen **Quail's Gate Estate Winery** (3303 Boucherie Rd., ✆ 250/769-4451) ist ein Premiumwein – ein,

Father Pandosy

Der erste Europäer, der in diesem Tal seine Zelte aufschlug, war Pater Pandosy, ein katholischer Priester, der 1859 am Südrand der heutigen Innenstadt von Kelowna eine Missionsstation errichtete. Hier leitete er bis zu seinem Tod im Jahr 1891 eine Kirche, eine Schule und eine Farm für Natives und Weiße. Seine Missionsstation war in vielfacher Hinsicht ein Vorreiter: die erste weiße Siedlung im Okanagan Valley, die erste Schule des Tals, das erste Obst- und Weinanbaugebiet im Tal und die erste römisch-katholische Mission im Binnenland von British Columbia. Das Anwesen steht inzwischen als **Pandosy Mission Provincial Heritage Site** unter Denkmalschutz (Benvoulin Rd.; tägl. 8 Uhr bis Sonnenuntergang; Spende $ 2), und die Gebäude, darunter eine Kapelle und eine Scheune mit alten Landwirtschaftsgeräten, sind praktisch noch so erhalten wie zu Lebzeiten von Pater Pandosy.

Golfen im Okanagan-Stil – im Harvest Golf Club säumen Apfelbäume die Fairways

zwei Gläser davon kann man sich im Bistro der Weinkellerei schmecken lassen (Mai bis Okt. 11–16 Uhr und von 17 Uhr bis Einbruch der Dunkelheit).

Von der Hauptstraße aus gesehen, befindet sich ein Stückchen weiter südlich das **Deep Creek Wine Estate** (5355 Trepanier Bench Rd., Peachland, ✆ 250/767-2525; Mitte April bis Okt. tägl. 11–17 Uhr). Der ursprüngliche Besitzer, Walter Hainle, war einer der Vorreiter bezüglich der Herstellung von Eisweinen, daher ist die Winzerei v. a. für diese Produkte (vermarktet unter dem Hainle-Label) berühmt, doch es werden auch einige rote und weiße Weine gekeltert.

An dem den o. g. Winzereien gegenüberliegenden Seeufer liegt die renommierte **Cedar Creek Estate Winery** (5445 Lakeshore Rd., ✆ 250/764-8866), deren Weinberge und ausgedehnte Gartenanlage Aussicht auf den Okanagan Lake bieten. Von Mai bis Oktober werden täglich um 11, 13 und 15 Uhr Besichtigungstouren angeboten.

Kettle Valley Railway

Die Kettle Valley Railway, die in einer Schleife am Rand von Kelowna verläuft, wurde zwar zur nationalhistorischen Stätte erklärt, doch leider konnten die 18 Holzbrücken durch nichts vor den Waldbränden im Jahr 2003 geschützt werden. Ihr Wiederaufbau ist geplant, aber bis dahin sind die Möglichkeiten für längere Wanderungen entlang der Bahnlinie etwas eingeschränkt. Dennoch handelt es sich um eine interessante Stelle, die einen Abstecher lohnt. Wer hinfahren möchte, nimmt die K.L.O. Rd. bis zur McCulloch Rd., biegt nach Süden (rechts) ab, dann wieder nach Süden (rechts) und folgt schließlich der Myra Forest Service Rd. 8,5 km weit. Vom Parkplatz an dieser Stelle ist es weniger als 1 km bis zur ersten der dem Feuer zum Opfer gefallenen Holzbrücken.

Sport und Freizeit

• *Golfen* In und um Kelowna finden sich einige der besten Golfplätze Kanadas. Diese Plätze machen das Okanagan Valley, zusammen mit dem milden Klima und den relativ günstigen Preisen, zu einem der landesweit schönsten Ziele für Golfsportler. Auf allen der nachstehend aufgeführten Plätze gibt es Golfschlägerverleih, Power Carts (zumeist für weniger als $ 40) und Speiselokale. Besucher werden feststellen, dass die angegebenen Preise im Frühling und Herbst nach unten korrigiert werden dürfen.

Der **Harvest Golf Club** (✆ 250/862-3103 oder ✆ 800/257-8577; Greenfee $ 115) an einem in Terrassen unterteilten Hang südöstlich der Downtown ermöglicht den Golfspielern Ausblicke über die Stadt und den See. Gleich neben dem Harvest liegt **Orchard Greens** (2777 K.L.O. Rd., ✆ 250/763-2447; $ 22), ein netter kleiner 9-Loch-Platz inmitten einer Obstplantage.

Wer vom Harvest Golf Club nach Osten fährt, erreicht schließlich den **Gallagher's Canyon Golf & Country Club** (✆ 250/861-4240; Greenfee $ 135), einen der besten Golfplätze Kanadas. Der nicht besonders lange, aber makellos gepflegte Platz schlängelt sich durch eine Schlucht und öffnet sich zu Fairways hin, die von alten Fichten gesäumt werden. Es handelt sich um eine 72-Par-Bahn mit einer Länge von 6222 m.

Nördlich der Stadt, gegenüber vom Flughafen, liegt der **Okanagan Golf Club** (✆ 250/765-5955), ein Wohn- und Ferienkomplex, auf dem sich 36 der schönsten Golflöcher des ganzen Tals befinden. **The Bear** wurde von Jack Nicklaus' Firma entworfen, **The Quail** weist mehrstufige Fairways und beträchtliche Erhebungen auf. Die Greenfee beträgt jeweils $ 115, die ermäßigte *Twilight Rate* $ 75.

• *Skifahren und Snowboarden* Das **Big White Ski Resort** (✆ 250/765-3101 oder ✆ 800/663-2772, www.bigwhite.com), 57 km östlich von Kelowna am Hwy. 33, ist eines der drei größten Skigebiete des Okanagan Valley und das zweitgrößte von British Columbia. Die verschiedenen Lifte, darunter eine Gondel und vier superschnelle Viererlifte, bedienen eine Fläche von mehr als 850 ha. Lifttickets kosten für Erwachsene $ 72, für Senioren $ 62 und für Kinder $ 38. Unweit der Skihänge befindet sich das Happy Valley Adventure Centre, eine Schlittenbahn mit eigenem Lift. Auf dem Wintersportgelände gibt es eine Hotelanlage mit 9000 Betten, Skiverleihstellen, eine Ski- und Snowboardschule, Restaurants, Cafés und ein großes Einkaufszentrum.

Nachtleben

Für einen Drink mit Ausblick auf den Okanagan Lake empfiehlt sich die stilvolle Lounge des **Hotel Eldorado** (500 Cook Rd., ✆ 250/763-7500; tägl. ab 11 Uhr). Das **Sgt. O'Flaherty's** im Royal Anne Hotel (348 Bernard Ave., ✆ 250/860-6409), mitten in der Downtown, ist ein behagliches Pub, wo allabendlich ab 21 Uhr Livebands der verschiedensten Musikrichtungen auftreten.

Im **Lake City Casino** (Grand Okanagan, 1310 Water St., ✆ 250/860-9467) darf man nicht den Glamour von Las Vegas erwarten – dies hier ist eine Spielhölle im kanadischen Stil, wo sich die Action auf einarmige Banditen, Blackjack, Roulette, Poker und Mini-Baccarat beschränkt und sämtliche Besucher morgens um 2 Uhr durch den Vordereingang hinauskomplimentiert werden.

Das **Sunshine Theatre** (✆ 250/717-5304) hat während der Sommermonate drei bis vier verschiedene Stücke auf dem Spielplan; das aktuelle Veranstaltungsprogramm ist im Fremdenverkehrsamt erhältlich.

Übernachten

• *Unter $ 100* Das **Samesun Kelowna** (245 Harvey St., ✆ 250/763-9814 oder ✆ 877/972-6378, www.samesun.com; Bett im Schlafsaal $ 32, Privatzimmer $ 74 für 1/2 Pers.) ist eine zentral gelegene, durchschnittlichen Ansprüchen genügende Backpacker Lodge. Das auffällige, dreistöckige Gebäude bietet 120 Betten, viele davon in Privatzimmern (mit Gemeinschaftsbad), Gemeinschaftsküchen, Badezimmer sowie einen großen Aufenthaltsraum und Internetzugang. Hinter dem Gebäude befinden sich

Ein Zufluchtsort in den Bergen

Das nordöstlich von Kelowna hoch in den Bergen gelegene **Beaver Lake Mountain Resort** (✆ 250/762-2225, www.beaverlakeresort.com; Mai bis Okt.) unterscheidet sich erheblich von den kommerziellen Ferienresorts im Tal. Es liegt in einem Wald, direkt am Ufer eines Sees, der in Anglerkreisen für seine Regenbogenforellen berühmt ist. Im Resort gibt es ein Restaurant, einen Veranstalter von Reitausflügen (mit nachmittäglichen Ponyausritten für Kinder), einen Wellnessbereich und einen Anglershop. Motorboote kann man günstig für $ 75/24 Std. mieten (Benzin inkl.). Kanus, Kajaks und Belly Boats (Letztere sind Mini-Boote, die einem großen auf dem Wasser schwimmenden Rettungsring ähneln und v. a. bei Fliegenfischern sehr beliebt sind) kosten $ 40/3 Std. Holzhütten gibt es in allen Varianten – von den winzigen Camping Cabins (mit Gemeinschaftsbad, $ 50 für 1/2 Pers.) bis zu den aus geschälten Baumstämmen gebauten Chalets mit kompletter Küchenausstattung ($ 160). Geradezu typisch für das Angebot ist die Hütte Nr. 9 – rustikal, aber mit herrlicher Lage direkt am See, einem eigenen Dock, einer großen Veranda, voll ausgestatteter Küche, holzbefeuertem Kamin, Doppelbett und einem zusätzlichen Schlafbereich auf der Galerie, und das alles zu einem Preis, den man auch für ein Zimmer im Best Western Hotel in der Stadt zahlen müsste. Wer eine Hütte reservieren will, sollte das möglichst frühzeitig tun. Denn die Einheimischen kennen dieses Schnäppchen nur zu gut und buchen daher oft ein Jahr im Voraus. Das Campen kostet $ 25 (keine Anschlüsse). Um das Beaver Lake Mountain Resort zu erreichen, muss man zunächst nach Norden in Richtung Winfield fahren und dann 16 km weiter auf der Beaver Lake Rd. nach Osten.

ein nettes Grill- und ein Beachvolleyballgelände.

• *$ 100–150* Das **Siesta Inn** (3152 Lakeshore Rd., ✆ 250/763-5013 oder ✆ 800/663-4347, www.siestamotorinn.com; $ 118–168 für 1/2 Pers.) südlich der Downtown bietet einen Block vom Wasser entfernt Strandatmosphäre. Die Zimmer, von denen viele über eine Kochgelegenheit verfügen, gehen auf einen breiten Balkon mit Aussicht über einen Hof und den Swimmingpool hinaus.

Am Hwy. 97 (auch Harvey Ave. genannt), nördlich der Innenstadt, liegen zahlreiche Motels versteckt zwischen Einkaufszentren, Tankstellen und Fast-Food-Restaurants. Hier befindet sich auch das **Days Inn Kelowna** (2469 Hwy. 97 N, ✆ 250/868-3297 oder ✆ 800/329-7466, www.daysinn.com; $ 129 für 1/2 Pers.) mit geräumigen, modernen Zimmern, einem Swimmingpool und Jacuzzi. Wie bei den Days Inns üblich, ist ein kleines Frühstück im Übernachtungspreis enthalten.

• *$ 150–200* Das 1926 erbaute und 1989 an seine derzeitige Stelle versetzte **Hotel Eldorado** (500 Cook Rd., südlich der Innenstadt an der Pandosy St., ✆ 250/763-7500, www.eldoradokelowna.com; $ 189–279 für 1/2 Pers.) ist ein angenehmes Hotel am Seeufer mit nur 19 Zimmern. Jedes ist mit antiken Möbeln ausgestattet, und viele bieten Seeblick und einen eigenen Balkon. Das Hotel verfügt über ein Café mit Seeblick, ein Restaurant, eine Lounge und eine Marina mit Bootsverleih.

Das nördlich der Innenstadt gelegene **Best Western Inn Kelowna** (2402 Hwy. 97 N, ✆ 250/860-1212 oder ✆ 888/860-1212, www.bestwesterninnkelowna.com; $ 169 für 1/2 Pers.) ist eine gute Wahl für Reisende, die sämtliche Annehmlichkeiten einer Ferienanlage genießen, aber nicht zusätzliches Geld für die Aussicht auf den See bezahlen möchten. Die Zimmer sind rund um einen Rasen mit Golflöchern und Jacuzzi angeordnet. Dazu gibt es ein Schwimmbad, ein Spa, einen Fitnessraum, ein Restaurant und ein Pub. Die Zimmer sind geräumig, modern und mit Klimaanlage, Bademänteln, Föhn und Internetanschluss ausgestattet, außerdem können kostenlos Ortsgespräche geführt werden. Die Normalpreise beinhalten ein kleines Frühstück, doch wie immer lohnt sich ein Blick auf die Hotel-Website bzgl. Sonder- und Pauschalangeboten.

• *Über $ 200* Ausblick auf denselben Seeabschnitt wie das Hotel Eldorado hat das

Das moderne Manteo Resort

farbenfrohe, moderne **Manteo Resort** (3762 Lakeshore Rd., ✆ 250/860-1031 oder ✆ 800/445-5255, www.manteo.com; ab $ 240 für 1/2 Pers.). Das Ferienhotel für Selbstversorger verfügt über 78 Zimmer sowie (auch für Nichtgäste zugängliche) Einrichtungen wie einen Privatstrand, eine Bootsanlegestelle mit Bootsverleih, einen Swimmingpool mit Wasserrutsche, Tennisplätze, ein kleines Kino, eine Lounge mit Billardtisch und eine Grillstelle. Die Preise für ein modernes Hotelzimmer beginnen bei $ 240 (1/2 Pers.), für eines mit Seeblick sind ab $ 280 zu zahlen, Bungalows mit bis zu sechs Schlafgelegenheiten gibt es für $ 560/Nacht. Außerhalb der Sommermonate kostet eine Übernachtung mit Frühstück für zwei Personen rund $ 160.

Die eleganteste Übernachtungsmöglichkeit in Kelowna bietet **Delta Grand Okanagan Resort** (1310 Water St., ✆ 250/763-4500 oder ✆ 800/465-4651, www.deltahotels.com; ab $ 289 für 1/2 Pers.), eine weitläufige, mitten in der Stadt direkt am See gelegene Anlage, durch die öffentliche Spazierwege führen. An der Seeseite des Resorts liegt eine spiralförmige Lagune mit Schleuse und Bootsverleih; ein Stück weiter befinden sich Imbissstuben und eine Bar mit Tischen im Freien. Im Hotelgebäude, hinter der weitläufigen Lobby, gibt es ein Fitnesscenter, Spa, Restaurants, eine Loungebar und 205 luxuriöse Zimmer.

Das **Lake Okanagan Resort** auf der westlichen Seite des Okanagan Lake, 17 km nördlich an der Westside Rd. (✆ 250/769-3511 oder ✆ 800/663-3273, www.lakeokanagan.com; ab $ 205 für 1/2 Pers.), bietet auf seinem 100 ha großen Gelände am Seeufer Tennisplätze, einen Golfplatz mit drei Parcours, Swimmingpools, eine Marina und Reitpferde. Im Haupthaus befindet sich ein Restaurant, das allabendlich zum Dinner seine Pforten öffnet, außerdem gibt es ein ungezwungeneres Café mit Tischen unter freiem Himmel, eine Bar am Pool und eine Lounge. Die geräumigen Zimmer sind mit Küchenzeile und Balkon ausgestattet, könnten jedoch eine Renovierung vertragen.

Camping

Der der Innenstadt am nächsten gelegene Campingplatz ist der **Hiawatha RV Park** (3787 Lakeshore Rd., ✆ 250/861-4837 oder ✆ 888/784-7275, www.hiawatharvpark.com; Zeltstellplatz $ 42, Stellplatz mit Anschlüssen $ 44–52). Er verfügt über einen separaten Zeltplatz, Duschen, eine Laundry, einen Game Room und einen Spielplatz.

Auch zwei Provinzparks in der Umgebung von Kelowna bieten Campingmöglichkeiten. Am nächsten zur Stadt liegt der **Bear Creek Provincial Park** ($ 24), den man erreicht, indem man von der Downtown über die Brücke und anschließend 9 km auf der Westside Rd. nach Norden fährt. Mit seinen 122 unter Pappeln verborgenen Stellplätzen unterscheidet sich dieser Park ganz erheblich von den wuseligen, kommerziellen Campingplätze in der Nähe, doch wer sich ein Plätzchen sichern möchte, muss früh am Tag herkommen. Den Campern stehen auch ein kleiner Strand und Wanderpfade zur Verfügung, welche die Westside Rd. überqueren und in ein wüstenartiges Gelände oberhalb des Sees führen.

Der **Fintry Provincial Park** ($ 24) liegt 23 km weiter nördlich an der Westside Rd. in der gleichen Strandlage wie der Bear Creek, ist allerdings einfacher ausgestattet. Ein Pfad führt am Shorts Creek entlang vom Campingplatz zu einer tiefen Schlucht.

Essen und Trinken

In der Innenstadt von Kelowna gibt es zahlreiche Lokale, die von einer Tasse Kaffee bis zu einer sättigenden Mahlzeit so ziemlich alles bieten. Viele der eleganteren Restaurants der Stadt hingegen befinden sich abseits des Geschäftszentrums an ruhigen Landstraßen oder in den zahlreichen Golfclubs.

- *Cafés* Zum See hin liegt das **Bohemian Cafe** (524 Bernard Ave., ✆ 250/862-3517; Mi–Fr 7.30–14.30 Uhr, Sa 8.30–14.30 Uhr, So 8.30–13 Uhr; Mittagessen $ 6,50–12 50). Des hervorragenden Kaffees und des leckeren Frühstücks wegen erfreut es sich einer treuen Anhängerschaft unter den Einheimischen.
- *Kanadisch* Das in einem restaurierten Geschäftshaus in der Downtown untergebrachte **RauDZ** (1560 Water St., ✆ 250/868-8805; tägl. ab 17 Uhr; $ 13–29) besticht durch elegante Sitzgelegenheiten, eine Martini-Bar und bequeme Sofas. Die Speisekarte orientiert sich an der typischen West-Coast-Küche, ist aber gewagter, als man es so weit von Vancouver entfernt erwarten würde. Der Schwerpunkt liegt dabei auf Erzeugnissen aus dem Okanagan Valley.
- *Asiatisch* Das **Bai Tong** (1530 Water St., OG, ✆ 250/763-8638; Mo–Fr 11.30–14.30 und 17–22 Uhr; $ 9–16) ist qualitativ einen Tick besser als durchschnittliche asiatische Kleinstadtrestaurants. Ein kulinarisches Highlight ist z. B. das in Salatblätter eingewickelte Hühnchenfleisch, das zuvor in einer Soße aus schwarzen Bohnen gekocht wurde, oder kurz gebratenes Gemüse und Nudeln mit Fleisch nach Wunsch.

Das beste japanische Essen der Stadt bietet **Momo Sushi** (377 Bernard Ave., ✆ 250/763-1030; Di–Sa Mittag- und Abendessen, So nur Abendessen; $ 12–17).

Information/Adressen/Einkaufen/Verbindungen

- *Information* Das **Kelowna Visitor Centre** (544 Harvey Ave., ✆ 250/861-1515 oder ✆ 800/663-4345, www.tourismkelowna.com; im Sommer tägl. 9–19 Uhr, sonst tägl. 9–17 Uhr) liegt im Stadtzentrum am Hwy. 97 – Ausschau nach den Hinweisschildern halten. Wer von Süden her auf dem Hwy. 97 in die Stadt kommt, biegt bei der Ampel an der Richter St. nach links ab und fährt einen Block zurück. Einen guten Stadtplan zur schnellen Orientierung gibt es außerhalb des Infozentrums; darauf sind auch Motels und Sehenswürdigkeiten eingezeichnet.

Das ins Auge fallende, halbrunde Gebäude an der Ellis St. ist die **Kelowna Library** (1380 Ellis St., ✆ 250/762-2800; Mo 10–17.30 Uhr, Di–Do 10–21 Uhr, Fr/Sa 10–17.30 Uhr).

- *Adressen* Das **Postamt** befindet sich mitten in der Stadt an der Queens Way Ave. Das **Kelowna General Hospita** liegt an der Ecke Strathcona Ave. und Pandosy St. (✆ 250/862-4000).
- *Einkaufen* **Mosaic Books** (411 Bernard Ave., ✆ 250/763-4418 oder ✆ 800/663-1225; Mo–Mi 8–18 Uhr, Do/Fr 8–21 Uhr, Sa 9–18 Uhr, So 11–17 Uhr) ist ein unabhängiger Buchladen, der seit mehr als 30 Jahren besteht. Abgesehen von einer ausgezeichneten Auswahl an Titeln zu Westkanada, gibt es auch eine beachtliche Abteilung mit Magazinen und eine Coffee Bar.
- *Verbindungen* Der moderne **Kelowna Airport**, der betriebsamste Flughafen der Provinz, liegt 15 km nördlich der Downtown am Hwy. 97. Er wird von **Air Canada** (✆ 250/542-3302) und **WestJet** (✆ 800/538-5696) angeflogen; beide unterhalten tägl. Flüge nach und von Vancouver, Calgary und Edmonton. Im Flughafen finden sich Mietwagenanbieter, eine Loungebar und ein schlichtes Café.

Greyhound-Busse (2366 Leckie Rd., ✆ 250/860-3835 oder ✆ 800/661-8747) fahren Ziele im gesamten Okanagan Valley und auch außerhalb davon an. Betreiber der Nahverkehrsbusse ($ 2/Zone) ist das **Kelowna Regional Transit System.** Fahrplan- und Streckenhinweise gibt es am innerstädtischen Busbahnhof (Bernard Ave., Ecke Ellis St., ✆ 250/860-8121).

Wer ein Taxi rufen möchte, wählt die Nummer von **Kelowna Cabs** (✆ 250/762-2222) oder **Checkmate Cabs** (✆ 250/861-1111). Ein weiteres Taxiunternehmen ist **Okanagan Shuttle** (✆ 250/766-4280, www.okanaganshuttle.com), das sich auf Haus-zu-Haus-Beförderung von/zu Weingütern, Golfplätzen und dem Flughafen spezialisiert hat.

Mietwagenfirmen sind z. B. **Avis** (✆ 250/491-9500), **Budget** (✆ 250/491-7368), **Hertz** (✆ 250/765-3822), **National** (✆ 250/762-0622), **Rent-a-wreck** (✆ 250/763-6632) und **Thrifty** (✆ 250/

Südliches Binnenland
Karte S. 278

868-2151). Alle genannten Gesellschaften haben am Flughafen bereitstehende Mietwagen, doch sollte man besonders im Hochsommer und während der Skisaison vorsichtshalber rechtzeitig anrufen, um sich zu versichern, dass das gewünschte Fahrzeug auch verfügbar ist.

Sports Rent (3000 Pandosy St., ✆ 250/861-5699) verleiht Mountainbikes für $ 9–12/Std. bzw. $ 25–40/Tag.

Vernon und Umgebung

Vernon (55.000 Einw.) liegt zwischen Okanagan, Kalamalka und Swan Lake am Nordende des Okanagan Valley, 50 km von Kelowna entfernt. Die Stadt an sich hat wenig zu bieten; die hauptsächlichen Attraktionen befinden sich in der Umgebung. Zu den Highlights zählen die zahlreichen öffentlichen Sandstrände, die lokalen Provinzparks, das Silver Star Mountain Resort, ein ganzjährig geöffnetes Urlauberparadies östlich der Stadt, und die Angelmöglichkeiten in den mehr als 100 Seen im Umkreis von Vernon.

Sehenswertes

In der Stadt

Greater Vernon Museum and Archives (3009 32nd Ave., ✆ 250/542-3142; Di–Sa 10–17 Uhr; Spende) beherbergt Fotos aus dem frühen 20. Jh. sowie eine umfangreiche Sammlung von indigenen Artefakten und Stücken aus der Pionierzeit. Weitere Abteilungen sind der Naturkunde, Freizeitbeschäftigung, Kleidung verschiedener Epochen und der Dampfschifffahrt gewidmet. Ganz in der Nähe liegt die **Vernon Public Art Gallery** (3228 31st Ave., ✆ 250/545-3173; Mo–Fr 10–17 Uhr, Sa 11–16 Uhr; Spende), die sowohl Werke lokaler Künstler als auch Wanderausstellungen zeigt.

Der **Polson Park** abseits des Hwy. 97 an der 25th Ave. kann mit einem chinesischen Teehaus, einem kleinen japanischen Garten und Pfaden, die an einem von Weiden gesäumten Bach entlangführen, aufwarten, doch die meisten Leute bleiben vor der spektakulären, 9 m breiten und aus über 3500 Pflanzen hergestellten Blumenuhr stehen – einzigartig in Westkanada.

Historic O'Keefe Ranch

Die 1867 eröffnete O'Keefe Ranch (✆ 250/542-7868; Mai bis Mitte Okt. tägl. 9–17 Uhr, Juli/Aug. bis 20 Uhr; Erwachsene $ 12, Senioren $ 11, Kinder $ 10), 13 km nördlich von Vernon in Richtung Kamloops am Hwy. 9 gelegen, war eine der ersten Viehfarmen des Okanagan Valley. Heute stehen zahlreiche Gebäude für geführte Besichtigungen offen: die opulente, vollständig eingerichtete O'Keefe Mansion, ein altes, möbliertes Blockhaus, in dem die O'Keefes anfänglich wohnten, eine Schmiedewerkstatt, die St. Ann's Church, in der schon seit 1889 die Messe gelesen wird, ein voll ausgestatteter Gemischtwarenladen, wo Besucher Postkarten und altmodische Süßigkeiten erstehen können, und die Schlafhütte des chinesischen Kochs. Auf Gäste, die beim Rundgang hungrig geworden sind, wartet das **Homestead Restaurant** (tägl. Mittagessen, am Wochenende auch Abendessen).

Kalamalka Lake

Wer von Vernon nach Kelowna hochgefahren ist, wird sich noch lange an den wunderbaren See erinnern, der fast die ganze Strecke über vom Hwy. 97 aus zu sehen ist. Es handelt sich um einen sog. Mergelsee, denn wenn sich im Sommer das Wasser

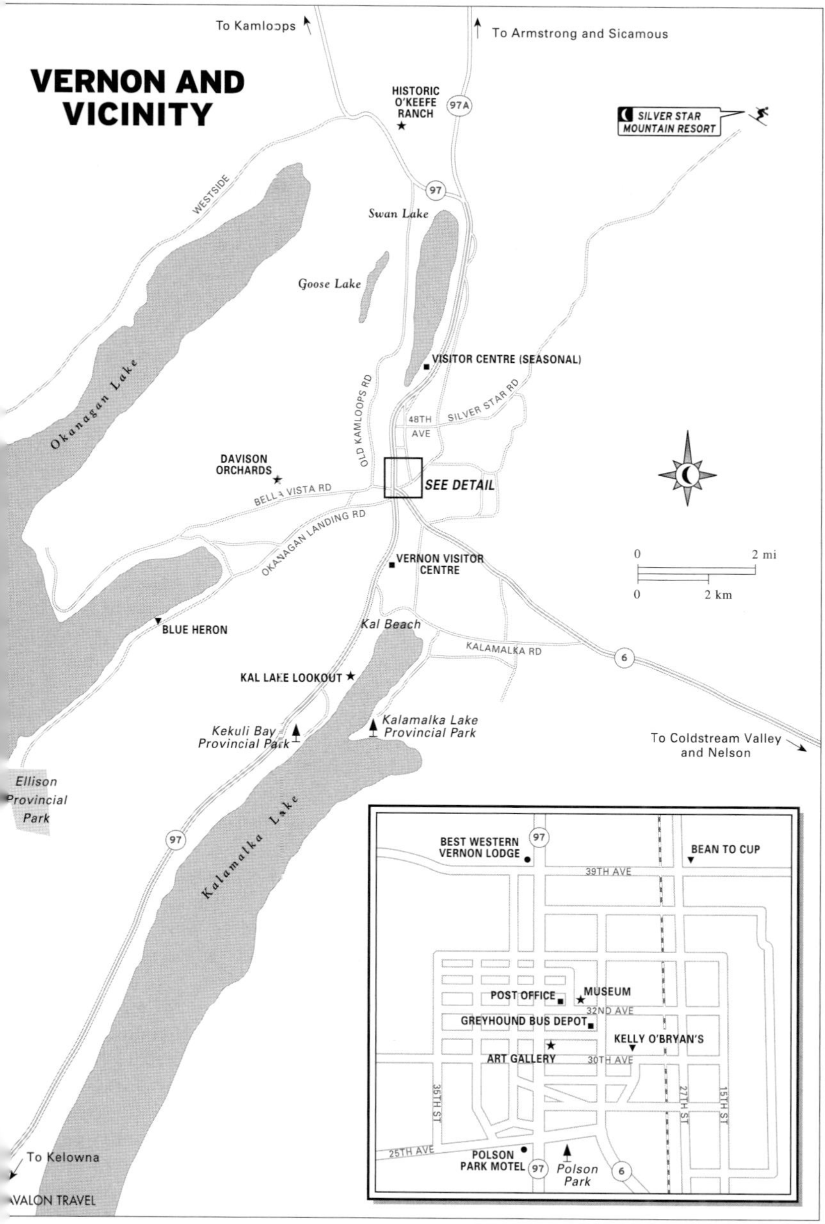

VERNON AND VICINITY
To Kamloops
To Armstrong and Sicamous
HISTORIC O'KEEFE RANCH
97A
SILVER STAR MOUNTAIN RESORT
WESTSIDE
97
Swan Lake
Goose Lake
Okanagan Lake
VISITOR CENTRE (SEASONAL)
OLD KAMLOOPS RD
SILVER STAR RD
48TH AVE
DAVISON ORCHARDS
SEE DETAIL
BELLA VISTA RD
OKANAGAN LANDING RD
VERNON VISITOR CENTRE
0
2 mi
0
2 km
BLUE HERON
Kal Beach
KALAMALKA RD
6
KAL LAKE LOOKOUT
Kekuli Bay Provincial Park
Kalamalka Lake Provincial Park
To Coldstream Valley and Nelson
Ellison Provincial Park
Kalamalka Lake
BEST WESTERN VERNON LODGE
BEAN TO CUP
39TH AVE
POST OFFICE
MUSEUM
32ND AVE
GREYHOUND BUS DEPOT
KELLY O'BRYAN'S
ART GALLERY
30TH AVE
35TH ST
27TH ST
15TH ST
25TH AVE
POLSON PARK MOTEL
Polson Park
To Kelowna
AVALON TRAVEL

Kal Beach, ein beliebter Treffpunkt an heißen Sommertagen

erwärmt, bilden sich auf seinem Kalksteingrund Kristalle, die das Sonnenlicht reflektieren und ein herrliches Aquamarinblau hervorbringen, das vor dem Hintergrund der öden Berge ringsum noch besonders hervorsticht. Das ständig zwischen smaragd- und türkisfarben wechselnde Wasserschauspiel lässt sich zusammen mit dem Gebirgspanorama am besten vom **Kal Lake Lookout** genießen (5 km auf dem Hwy. 97 zurück in Richtung Kelowna). Unmittelbar südlich des Informationszentrums schlängelt sich eine steile Straße zum Seeufer und zum hübschen, von Bäumen gesäumten **Kal Beach** hinab. Der Parkplatz befindet sich vom Strand aus gesehen jenseits der Eisenbahnschienen (der Zugang erfolgt unter der Bahnbrücke hindurch). Am Strand gibt es einen Imbissstand und am östlichen Ende ein Pub mit einer breiten Terrasse.

Wer vom Strand aus 8 km weiterfährt, gelangt zum **Kalamalka Lake Provincial Park.** In diesem 978 ha umfassenden Park windet sich ein 1,5 km langer Pfad durch Grasbüschel und Goldkiefern zum Turtle Head Point; andere Wege führen in ein tiefer gelegenes Feuchtgebiet und zu einer schönen Aussichtsstelle.

Davison Orchards

Dutzende von Farmen umgeben Vernon, aber nur eine lohnt unbedingt einen Besuch: Davison Orchards (westlich der Downtown, Anfahrt über die Bella Vista Rd., ✆ 250/549-3266; Mai bis Okt. tägl. 8–18 Uhr; Eintritt frei). Sie liegt an einem Abhang mit weitem Ausblick bis zum Kalamalka Lake und Coldstream Valley. In den wärmeren Monaten kann sich dieser Familienbetrieb vor Besuchern kaum retten. Ein Lehrpfad führt durch einen Garten, wo alle möglichen Gemüsesorten gedeihen; es werden Bollerwagentouren über das gesamte 20 ha große Anwesen durchgeführt, außerdem gibt es einen Streichelzoo, ein Café mit Tischen im Freien, einen Eiscremestand und natürlich einen Obst- und Gemüsemarkt.

Übernachten/Camping/Essen und Trinken

• *Übernachten* In der Downtown und am Stadtrand von Vernon findet sich die übliche Ansammlung von Hotels und Motels unterschiedlichster Standards. Das **Polson Park Motel** (3201 24th Ave., ✆ 250/549-2231 oder ✆ 800/480-2231, www.polsonparkmotel.com; $ 70 für 1 Pers., $ 80 für 2 Pers.) ist das billigste von allen. Das dreistöckige Motel gegenüber vom Polson Park verfügt über einen kleinen Swimmingpool und schlichte Zimmer.

Anspruchsvoller ist die **Best Western Vernon Lodge** (3914 32nd St., ✆ 250/545-3385 oder ✆ 800/663-4422, www.bestwesternvernonlodge.com; $ 119 für 1 Pers., $ 129 für 2 Pers.), deren stilvoll eingerichtete Zimmer Blick auf ein geschlossenes, dreistöckiges tropisches Atrium bieten.

• *Camping* Die zwei Provinzparks, die eine Viertelstunde Autofahrt von der Innenstadt entfernt liegen, verfügen beide über einen Campingplatz. Wenn man von der Stadt aus 16 km auf der Okanagan Landing Rd. in Richtung Südwesten fährt, erreicht man den **Ellison Provincial Park** ($ 19) am Ostufer des Okanagan Lake. Am Hwy. 97 in Richtung Kelowna (Süden) befindet sich der **Kekuli Bay Provincial Park**, der sich hügelabwärts bis zu einer Bootsanlegestelle und einem Kieselsteinstrand am Kalamalka Lake erstreckt, aber ungeschützt den Naturgewalten ausgesetzt ist ($ 24).

• *Essen und Trinken* Das beste Café ist das **Bean to Cup** (3903 27th St., ✆ 250/503-2222; tägl. 6–24 Uhr; Mittagessen $ 6,50–10), das in einem umgebauten Wohnhaus untergebracht ist. Der Kaffee aus biologischem Anbau wird im Haus geröstet, und das Speisenangebot umfasst zahlreiche gesunde Gerichte. Außerdem verfügt das Café über einen beheizten Patio und öffentlichen Internetzugang.

Kelly O'Bryan's (4215 32nd Ave., ✆ 250/549-2112; tägl. 11–24 Uhr; $ 12–26) serviert Burger, Steaks, Seafood, Salate und irische Gerichte wie die Stew and Shepherd's Pie.

Wer ein etwas tropischeres Ambiente bevorzugt, der sollte **BX Creek Bar & Grill** (Best Western Vernon Lodge, 3914 32nd St., ✆ 250/545-3385; tägl. Mittag- und Abendessen; $ 10–28) einen Besuch abstatten. Der Speisesaal liegt inmitten eines bepflanzten Atriums, durch das ein Bach plätschert.

Das **Blue Heron** (7673 Okanagan Landing Rd., ✆ 250/542-5550; tägl. ab 11 Uhr; $ 8–24) befindet sich zwar fünf Autominuten westlich der Innenstadt, lohnt aber den Abstecher, weil es direkt am Okanagan Lake liegt. Die begehrteste der drei Abteilungen des Lokals, in denen Essen serviert wird, ist die Seeterrasse. Die Gerichte, darunter viele für zwei Personen, sind nicht besonders ausgefallen, doch die Preise sind erschwinglich, da das Lokal abseits der Touristenpfade liegt.

Information/Adressen/Verbindungen

• *Information* Das **Vernon Visitor Centre** (701 Hwy. 97 S, ✆ 250/542-1415 oder ✆ 800/665-0795, www.vernontourism.com; im Sommer tägl. 8.30–18 Uhr, sonst tägl. 8.30–16.30 Uhr) ist in einem restaurierten, denkmalgeschützten Haus am Hwy. 97 am Südende der Stadt untergebracht. Wer von Norden kommt, sollte das nur während der Hauptsaison geöffnete Info Centre (6326 Hwy. 97 N) aufsuchen.

• *Post* Das **Postamt** befindet sich an der Ecke 31st St. und 32nd Ave.

• *Verbindungen* Der **Greyhound-Busbahnhof** liegt an der Ecke 30th St. und 31st Ave. (✆ 250/545-0527). Fahrplan- und andere Auskünfte bezüglich des Busnahverkehrs erteilt das **Vernon Regional Transit System** (✆ 250/545-7221).

Silver Star Mountain Resort

Sowohl im Sommer als auch im Winter sind Urlauber gut beraten, wenn sie das Silver Star Mountain Resort (✆ 250/542-0224 oder ✆ 800/663-4431, www.skisilverstar.com) aufsuchen, ein farbenfrohes, mit allen erforderlichen Einrichtungen ausgestattetes Feriendorf aus der Zeit des Goldrauschs. Es liegt 22 km nordöstlich von Vernon (vom Hwy. 97 die Abfahrt 48th Ave. nehmen). Schon die Ausblicke auf

Vernon lohnen die ziemlich lange und steile Fahrt den Berg hoch, und das Resort oben auf dem Gipfel bietet ausgezeichnete Wintersportmöglichkeiten und im Sommer jede Menge Freizeitaktivitäten für Jung und Alt.

Sport und Freizeit

• *Im Sommer* In keinem anderen alpinen Urlaubsgebiet des Landesinneren sind die Angebote für Sommerfrischler so zahlreich wie im Silver Star. Jedes Jahr nimmt Ende Juni ein Sessellift seinen Betrieb auf, der vom Dorf zum Gipfel des Silver Star Mountain (1915 m) schwebt; während der Fahrt eröffnen sich atemberaubende Blicke auf Vernon und die Seen der Umgebung. Ein Großteil der Berglandschaft rund um den Gipfel wird vom 8714 ha großen **Silver Star Provincial Park** geschützt; eine Wanderbroschüre ist im Dorf erhältlich. Der Sommerlift ist von Juni bis September täglich von 10 bis 16 Uhr in Betrieb; die einfache Fahrt kostet $ 18, eine Tageskarte $ 34 (Letztere umfasst die Benutzungsgebühren von Wander- und Radwegen). Wer Näheres über die Geografie, Flora und Fauna des Bergs erfahren möchte, schließt sich der dreistündigen Wildflower-Tour unter der Führung eines Naturwissenschaftlers an, die donnerstags bis sonntags um 13 Uhr beginnt; im Preis von $ 32/Pers. ist eine Fahrt mit dem Sessellift enthalten. Mountainbikes werden für $ 18/Std., $ 32/2 Std. oder $ 52/Tag verliehen.

• *Skifahren und Snowboarden* Von November bis April wird Silver Star von Skifahrern und Snowboardern bevölkert, die vom Top-Skigelände und den hervorragenden Einrichtungen des am Berg gelegenen Feriendorfs angelockt werden. Die beiden begehrtesten Hänge – Vance Creek, gut für Anfänger geeignet, und Putnam Creek, für Fortgeschrittene und Spitzenläufer – werden von fünf Sessel- und zwei Schleppliften bedient. Die 80 Abfahrten des Resorts liegen auf einer Fläche von 1135 ha mit einem Höhenunterschied von 760 m. Liftpässe kosten für Erwachsene $ 71, für Senioren $ 59 und für Kinder $ 36.

Der nahe gelegene **Sovereign Lake Nordic Club** (✆ 250/558-3036) umfasst 35 km gepflegte und gespurte Loipen, darüber hinaus gibt es insgesamt 50 km Langlaufwege im Hinterland. Eine Tageskarte kostet $ 15/Pers., Leihski weitere $ 20.

Übernachten

Das Feriendorf bietet zahlreiche Unterkunftsmöglichkeiten, die das ganze Jahr hindurch über den zentralen Reservierungsservice (✆ 800/663-4431, www.silverstarmtn.com) gebucht oder direkt kontaktiert werden können. Die nachstehend genannten Preise gelten für die Sommermonate, d. h. die Nebensaison. Im Winter muss (außer im Silver Star Hostel) mit dem Doppelten gerechnet werden.

Am billigsten nächtigt man im **Silver Star Hostel** (✆ 250/545-8933 oder ✆ 877/972-6378, www.samesun.com; Bett im Schlafsaal $ 24, Privatzimmer $ 68 für 1/2 Pers.), einer der wenigen Backpacker-Herbergen Kanadas, die während und außerhalb der Skisaison geöffnet sind. Sie bietet eine moderne Gemeinschaftsküche, viel Platz zum Essen und 140 Betten in Schlafsälen und Privatzimmern.

Das **Pinnacles Suite Hotel** (✆ 250/542-4548 oder ✆ 800/551-7466, www.pinnacles.com; $ 99 für 1/2 Pers.) bietet Zimmer für jeden Geschmack und Geldbeutel, viele davon mit Küche.

Das **Lord Aberdeen Hotel** (✆ 250/542-1992 oder ✆ 800/553-5885, www.lordaberdeen.com; $ 85–131 für 1/2 Pers.) bietet ebenfalls Suiten für Selbstversorger. Im Sommer kostet eine Suite mit einem Schlafzimmer und kompletter Küche $ 115/Nacht.

Die luxuriöseste Unterkunft am Berg ist das **Silver Star Club Resort** (✆ 250/549-5191 oder ✆ 800/610-0805, www.silverstarclubresort.com; ab $ 125 für 1/2 Pers.), das über drei Gebäude verteilte Standardhotelzimmer und Ferienapartments für Selbstversorger bietet. Die Gäste können sämtliche Einrichtungen des nahe gelegenen National Altitude Training Centre benutzen.

West Kootenays

Am Rand der Monashee Range in den West Kootenays liegen mehrere Ortschaften, die einer völlig anderen Welt anzugehören scheinen als das quirlige Okanagan Valley. Um die Wende zum 20. Jh. boomten Grand Forks, Rossland, Trail und Castlegar, denn damals überschwemmten Tausende hoffnungsvoller Goldsucher die Ausläufer des Red Mountain. Heutzutage zieht der Red Mountain mehr Tiefschneeliebhaber als Goldhungrige an, und die Hauptattraktionen der Gegend sind Seen, Flüsse, Parks und Berggipfel.

Grand Forks und Umgebung

Grand Forks (4300 Einw.), ursprünglich eine Minenstadt, ist die Heimat von Nachkommen der Duchoborzen, einer russischen Religionsgemeinschaft, die sich hier im frühen 20. Jh. niederließ. Einige von ihnen sprechen immer noch Russisch, und diese Sprache wird auch an den hiesigen Schulen gelehrt. In Grand Forks ist außerdem eine Mixtur aus interessanten alten Wohnhäusern des frühen 20. Jh. und restaurierten öffentlichen Gebäuden zu sehen.

• *Übernachten* In hübscher Umgebung am Westrand der Stadt liegt das **Pinegrove Motel** (209 Central Ave., ✆ 250/442-8203; Mai bis Okt.) mit Zimmerpreisen ab $ 85 (1 Pers.) bzw. $ 95 (2 Pers.); Gäste über 50 Jahre erhalten einen erheblichen Preisnachlass.

• *Camping* Campingfreunde begeben sich am besten zum am Flussufer gelegenen städtischen **Campground** (Mitte Mai bis Mitte Okt.; $ 14–20) am Ende der 5th St. Er verfügt auch über Stellplätze mit Anschlüssen.

Christina Lake

Dieser 19 km lange See, 25 km östlich von Grand Forks am Hwy. 3 gelegen, ist ein beliebtes Sommerausflugsziel der Bewohner der West Kootenays, die herbeiströmen, um im warmen Wasser des Sees zu baden und Regenbogenforellen und Seebarsche zu angeln. Der beste von zahlreichen kommerziellen Campingplätzen am Christina Lake ist der **Cascade Cove RV Park** (1290 River Rd., ✆ 250/447-6662; April bis Okt.; Zeltstellplatz $ 24, Stellplatz mit Anschlüssen $ 28–34). Ein Stück weiter nördlich befindet sich im **Gladstone Provincial Park** der **Texas Creek Campground** (Mai bis Okt.; $ 15), der zwar weder über Anschlüsse noch Duschen verfügt, dafür aber viel ruhiger ist und im Wald liegt.

Rossland

An den Ausläufern eines erloschenen Vulkans, tief in den Wäldern der Monashee Mountains, liegt Rossland (4000 Einw.), eine ehemalige Goldrausch-Boomtown namens „The Golden City". Das kostbare gelbe Metall wurde 1890 am Red Mountain entdeckt, und sieben Jahre später betrug die Einwohnerzahl schon stolze 7000. Damals erfreute sich die Stadt vier verschiedener Tageszeitungen, 40 Saloons und einer täglichen Eisenbahnverbindung in Richtung Süden nach Spokane. Um 1929 hatte der Berg 6 Mio. t Gold im Wert von $ 165 Mio. hervorgebracht. An die Stelle des Goldes ist in Rossland inzwischen der Tourismus getreten.

Sehenswertes/Sport und Freizeit

Am Westrand der Stadt, am Eingang zur Le Roi Gold Mine, liegt das **Rossland Museum** (Ecke Hwy. 3B und Columbia Ave., ✆ 250/362-7722; im Sommer tägl. 9–

Südliches Binnenland
Karte S. 278

17 Uhr, sonst nur am Wochenende 12–16 Uhr; Erwachsene $ 5, Senioren $ 4, Kinder $ 1,50), das eine Übersicht über die spannende Entwicklungsgeschichte der Region bietet. Das Museum beherbergt auch die Western Canada Ski Hall of Fame, in der Berühmtheiten wie Olaus Jeldness – Urheber der örtlichen Begeisterung für den Wintersport – und Nancy Greene – eine Einheimische, die bei den Olympischen Spielen 1968 eine Goldmedaille gewann – verewigt sind. Einen Eindruck vom Alltag der frühen Minenarbeiter bietet eine Führung durch die **Le Roi Gold Mine** neben dem Museumskomplex. Teilnehmer der 45-minütigen Führung erfahren in allen Einzelheiten, wie Gold gewonnen und gesäubert wird und was die Unterschiede zwischen Eruptiv-, Metamorph- und Sedimentgestein sind. Der Eintritt zum Museum ist im Preis der Tour enthalten: Erwachsene $ 10, Senioren $ 8, Kinder $ 3.

Der Ort, an dem sich einst die reichste Goldmine der Welt befand, ist mittlerweile Teil eines Wintersportgebiets, das über einige der traumhaftesten Abfahrten Nordamerikas verfügt. Das **Red Mountain Resort** (✆ 250/362-7384 oder ✆ 800/663-0105, www.redresort.com) hat Hänge aller Schwierigkeitsgrade zum Skifahren und Snowboarden, am reizvollsten ist das „Red“ jedoch für Experten – und wenn man den Beteuerungen der Einheimischen Glauben schenken darf, ist das 640 ha große, erschlossene Gelände noch gar nichts im Vergleich zu den Abfahrten im Hinterland. Liftkarten kosten für Erwachsene $ 64, für Senioren $ 42 und für Kinder unter 12 Jahren $ 32.

Reisepraktisches

• *Übernachten* **Ram's Head Inn** (✆ 250/362-9577 oder ✆ 877/267-4323, www.ramshead.bc.ca; $ 95–199 für 1/2 Pers), eine der herausragendsten kleinen Lodges in Kanada, liegt in den Wäldern am Fuß des Red Mountain. Das vorwiegend auf Wintergäste ausgerichtete, ungemein anziehende Hotel besitzt 17 supergemütliche Zimmer, ein heimeliges Gemeinschafts-Esszimmer (Frühstück nur im Sommer), einen Game Room, eine Sauna, einen Jacuzzi im Freien und einen geräumigen Aufenthaltsraum mit bequemen Sitzgelegenheiten und einem großen offenen Kamin. Winterpauschalpakete kosten rund $ 120–180/Pers. inkl. Liftkarte.

• *Essen und Trinken* Jeden Morgen versammeln sich viele Einheimische im **Sunshine Café** (2116 Columbia Ave., ✆ 250/362-5099; Mo–Sa 7–16, So 8–14 Uhr; Mittagessen $ 5–8), um sich ein herzhaftes Frühstück (ab $ 6) einzuverleiben. Den Rest des Tages über bietet das Café alle möglichen Gerichte, darunter mexikanische und indische.

Im **Goldrush Books and Espresso** (2063 Washington St., ✆ 250/362-5333; Mo–Sa 7–15.30 Uhr, So 7–13 Uhr) stehen zwischen den Bücherregalen voller lokaler und kanadischer Literatur ein paar Tische, an denen man einen Kaffee trinken kann.

In dem an der Straße hoch zum Red Mountain gelegenen **Rock Cut Neighbourhood Pub** (✆ 250/362-5814; tägl. ab 11 Uhr; $ 9,50–19) ist im Winter am meisten los, aber es hat das ganze Jahr über geöffnet. Hier wird typisches Kneipenessen serviert – liebevoll angerichtet und preiswert. Auf der beheizten Terrasse lässt sich beim Essen gleichzeitig die Aussicht auf die Berge genießen.

• *Information* Das **Rossland Visitor Centre** (✆ 250/362-7722 oder ✆ 888/448-7444, www.rossland.com; im Sommer tägl. 9–17 Uhr) befindet sich auf dem Museumsgelände südlich der Innenstadt.

Castlegar

Die ersten nicht indigenen Bewohner der Region kamen 1908 hierher. Es waren Duchoborzen, aus Russland stammende Angehörige einer streng pazifistischen christlichen Religionsgemeinschaft, die sich in Dörfern entlang der Talsohle ansiedelten, Obstgärten anlegten, Sägemühlen bauten und sogar eine Marmeladenfabrik unterhielten. Viele ihrer Nachkömmlinge leben immer noch in der Gegend. Die

Anwohner, deren Zahl heute rund 7400 beträgt, sind inzwischen in der Minenwirtschaft, in Transportunternehmen und bei einem Wasserkraftwerk beschäftigt.

Sehenswertes

Die größte Sehenswürdigkeit von Castlegar ist das **Doukhobor Heritage Centre** (an der Ostseite des Flusses am Hwy. 3A, ✆ 250/365-5327; tägl. 9–18 Uhr; Erwachsene $ 8, Studenten $ 5). Im Eintrittspreis ist eine Besichtigungstour unter der Leitung eines Duchoborzen-Nachkommen inbegriffen, die durch das Hauptgebäude und schlicht möblierte Backsteinwohnhäuser und Stallungen führt. Unterwegs sind einige von den Mitgliedern der Religionsgemeinschaft hergestellte Dinge zu sehen, z. B. handgewobene Kleidung, spitzengeklöppelte Bettüberwürfe und Schals, eine Scheune voller alter Landwirtschaftsgeräte und aus Holz geschnitzte Löffel und Kellen. **Zuckerberg Island,** am Zusammenfluss von Kootenay und Columbia River, ist durch eine 150 m lange Hängebrücke mit dem Festland verbunden. Auf der baumbestandenen, 2 ha großen Insel führt ein kurzer Spazierweg an einem lebensgroßen Modell eines *Ckukuli* (einem als Winterbehausung dienenden Grubenhaus der Natives), einem Hiroshima-Mahnmal, einer russisch-orthodoxen Kapelle, einem Friedhof und einem Blockhaus vorbei. Um dorthin zu gelangen, zweigt man vom Hwy. 22 auf die 9th St. ab, anschließend nach links auf die 7th Ave. und dann gleich wieder nach rechts.

Um das Bild abzurunden, bietet sich ein Besuch von **Verigin's Tomb** an, der letzten Ruhestätte von Peter Verigin, dem geistigen Führer, der die Duchoborzen in die Kootenays geleitete. Der Weg dorthin führt von der Nordseite des Kootenay River nach Westen in Richtung Robson, wo man nach rechts auf die Terrace Rd. abbiegt. Das Grabmal liegt inmitten gepflegter Grünflächen auf einem hohen Felsvorsprung.

Reisepraktisches

• *Übernachten* Das komfortable und seinen Preis werte **Cozy Pines Motel** (2118 Crestview Cres., ✆ 250/365-5613; $ 70 für 1 Pers., $ 75 für 2 Pers.) bietet makellose Zimmer mit Küchenzeile und Internetzugang.

Unmittelbar südlich der Kreuzung von Hwy. 3 und Hwy. 22 liegt das **Sandman Hotel** (1944 Columbia Ave., ✆ 250/365-8444 oder ✆ 800/726-3626, www.sandman.ca; $ 125 für 1 Pers., $ 135 für 2 Pers.), das über ein Schwimmbad und ein 24 Std. geöffnetes Restaurant verfügt.

• *Camping* Wohnmobilbesitzer, die einen Stromanschluss benötigen, sollten den **Kootenay River Campground** (651 Rosedale Rd., ✆ 250/365-5604 oder ✆ 877/318-0008, www.kootenayriverrv.com; ohne Anschlüsse $ 15, mit Anschlüssen $ 20–25) ansteuern, der nördlich des Flughafens neben dem Fluss liegt.

In erheblich reizvollerer Lage befindet sich der **Syringa Provincial Park** ($ 19) am Ufer des Lower Arrow Lake. Allerdings ist er nur mit dem Notwendigsten versehen. Anfahrt: nach Norden aus der Stadt hinaus in Richtung Nelson und dann auf dem Hwy. 3A nach Westen.

• *Information* Das **Castlegar Visitor Centre** (1995 6th Ave., über die Columbia Ave., ✆ 250/365-6313) hat im Sommer tägl. von 9 bis 18 Uhr und sonst montags bis freitags von 9 bis 17 Uhr geöffnet.

Nelson und Umgebung

Die schmucke Stadt Nelson (9800 Einw.) liegt in malerischer Umgebung am Westarm des Kootenay Lake, 660 km östlich von Vancouver. Ihre Beschaulichkeit, von Bäumen gesäumten, hügeligen Straßen und architektonischen Schätze aus dem späten 19. Jh. haben mit dazu beigetragen, dass sich hier eine bunte Mischung aus

Yuppies, Künstlern und Alternativen einquartiert hat. Der außergewöhnliche Liebreiz Nelsons ist unbestritten, doch die größte Anziehungskraft geht von seiner Umgebung, dem Wildnisgebiet der Selkirk Mountains, aus. Die zahlreichen Seen der Region eignen sich hervorragend zum Angeln, Segeln und Kanufahren und bieten darüber hinaus einige der schönsten Binnenlandstrände British Columbias.

Sehenswertes

In Nelson stehen 350 *Heritage Buildings* – das sind mehr historische Gemäuer pro Kopf als in jeder anderen Stadt Westkanadas außer Victoria. Die meisten lassen sich während eines Spaziergangs durch das Herzstück der Innenstadt, zwischen der Baker und der Vernon St., betrachten. Näheres ist den ausführlichen Broschüren *Heritage Walking Tour* oder *Heritage Motoring Tour* zu entnehmen, die im Informationszentrum erhältlich sind. Die Broschüre für Fußgänger enthält eine Beschreibung des 1909 erbauten Gerichtsgebäudes in der Ward St. und des beeindruckenden Rathauses aus dem Jahre 1902 an der Ecke Ward und Vernon St.

Nelson Artwalk

Der vom städtischen Kunstamt organisierte Artwalk (✆ 250/352-2402) zeigt von Juli bis September an allen möglichen Stellen der Stadt die Werke von bis zu 100 lokalen Künstlern. Ihre Arbeiten sind in Restaurants, Hotels, im Theatergebäude, in Kunstgalerien und sogar in der Billardhalle zu bewundern. Während der Ausstellungszeit findet jeweils am letzten Freitag im Monat an jedem dieser Orte eine Vernissage statt. Bei dieser Gelegenheit werden Liveunterhaltung und Erfrischungen angeboten, und die Künstler sind zugegen und beantworten Fragen bezüglich ihrer Schöpfungen. Eine Broschüre, die sowohl im Informationszentrum als auch in Motels und Galerien der Stadt erhältlich ist, enthält die Biografien der jeweiligen Künstler und verrät, wo ihre Arbeiten zu sehen sind und wie man am schnellsten von einem Ausstellungsort zum anderen gelangt.

Touchstones Museum

In der Downwotn liegt in einem verzierten Steingebäude das **Touchstone Museum** (502 Vernon St., ✆ 250/352-9813; im Sommer tägl. 10–17 Uhr, sonst Di–Sa 12–16 Uhr; Erwachsene $ 10, Senioren und Kinder $ 6). Die Ausstellung konzentriert sich auf die Lokalgeschichte. Sie befasst sich mit den indigenen Völkern, Entdeckungsreisenden, Goldschürfern, Händlern, Verkehrsmitteln sowie Nelsons Rolle im Ersten Weltkrieg und den Duchoborzen.

Sport und Freizeit

• *Wandern und Radfahren* Die besten Wandermöglichkeiten der Umgebung bietet der **Kokanee Glacier Provincial Park** (s. u.), aber auch das Schienenbett der Burlington Northern Railway, angelegt im Jahr 1893, eignet sich für einen interessanten, 9 km langen Marsch direkt vor der Hintertür Nelsons. Zugang zu der Bahnlinie bietet das obere Ende der South Cherry St. Die zahlreichen alten Holzfäller- und Minenstraßen rings um die Stadt sind tolle Mountainbike-Strecken; besonders beliebt ist der **Svoboda Bike Trail,** erreichbar über die Elwyn St. hinter der Schule. Radverleih und eine Wegkarte gibt es bei **Gerick Cycle and Sports** (702 Baker St., ✆ 250/354-4622).

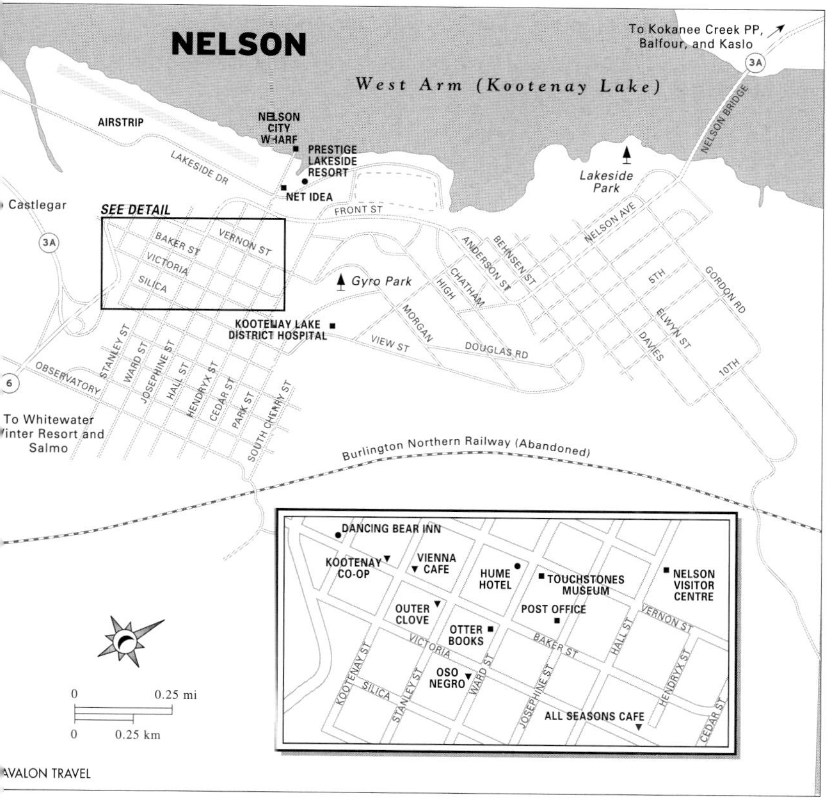

• *Skifahren und Snowboarden* Seine legendären Pulverschnee-Abfahrten und seine Lage abseits der ausgetretenen Pfade machen das **Whitewater Winter Resort** (✆ 250/354-4944 oder ✆ 800/666-9420, www.skiwhitewater.com) zu einem noch kaum entdeckten Schmuckkästchen. Das kleine Wintersportgebiet 20 km südlich von Nelson liegt unterhalb einer Kette 2400 m hoher Gipfel, die ungewöhnlich starke Schneefälle verzeichnen. Drei doppelseitige Sessellifte bedienen 18 markierte Abfahrten (zu den Abfahrten mit den besten Schneebedingungen führt der Summit Chair). Dank der reichlichen Schneefälle ist die Wintersportsaison in dieser Gegend lang; die besten Schneeverhältnisse herrschen jedoch im Februar und März. In Whitewater gibt es keine Unterkünfte am Berg – nur die Lifte und eine tagsüber geöffnete Anlage mit Cafeteria, Ausrüstungsverleih und Ski-/Snowboard-Schule. Liftkarten kosten für Erwachsene $ 57 und für Senioren sowie Jugendliche $ 46.

Übernachten/Camping/Essen und Trinken

• *Übernachten* Das **Dancing Bear Inn** (171 Baker St., ✆ 250/352-7573 oder ✆ 877/352-7573, www.dancingbearinn.com; Bett im Schlafsaal $ 25, Zimmer $ 50–56 für 1/2 Pers.) mitten in der Downtown bietet saubere und angenehme Unterbringung zu sehr günstigen Preisen. In der gemütlichen Aufenthaltsecke gibt es einen Fernseher, Lesefutter, Infos zu örtlichen Sehenswürdigkeiten und Restaurants sowie einen Schrank voller Brettspiele. Außerdem stehen Internetzugang, eine Küche, eine Laundry und Schließfächer zur Verfügung. In den geräumigen, schlafsaalähnlichen

Zimmern gibt es jeweils maximal sechs Betten. Es werden auch ein paar Doppel- und ein Einzelzimmer vermietet.

Das 1898 erbaute **Hume Hotel** (422 Vernon St., ✆ 250/352-5331 oder ✆ 877/568-0888, www.humehotel.com; $ 99–139 für 1 Pers., $ 109–149 für 2 Pers.) gehört zu den Wahrzeichen der Stadt. Das Hotel bietet einladende, kürzlich renovierte Zimmer, manche mit Seeblick. Das im Preis enthaltene Frühstück wird im Restaurant im Erdgeschoss serviert.

Das am Seeufer gelegene **Prestige Lakeside Resort** (701 Lakeside Dr., ✆ 250/352-7222, www.prestigeinn.com; $ 189 für 1/2 Pers.) bietet Wellnessbereich, Fitnesscenter, Swimmingpool, eine eigene Marina, Restaurants und Zimmer mit Seeblick.

• *Camping* Die beste Campingmöglichkeit vor Ort ist der am Seeufer befindliche **Kokanee Creek Provincial Park** (20 km nordöstlich von Nelson am Hwy. 3A, ✆ 250/825-4421; $ 24). Obwohl es hier mehr als 100 Stellplätze gibt, ist der Platz oft ausgebucht, denn aufgrund seiner reizvollen Lage ist dies einer der begehrtesten Campingplätze der Kootenays. Sollte der Park ausgebucht sein, besteht die Möglichkeit, 8 km weiter in Richtung Nordosten nach Balfour zu fahren, wo sich zwei kommerzielle Campingplätze befinden.

• *Essen und Trinken* Die Alternativkultur von Nelson macht sich im **Kootenay Co-op** (295 Baker St., ✆ 250/354-4077) bemerkbar, einem Lebensmittelgeschäft, wo Eiscreme aus Ziegenmilch, Bioapfelsaft, getoastete Hanfwaffeln, Westküstenlachs, der von den indigenen Nisga'a gefangen wird, Ökoschokolade und von Konservierungsstoffen freies Brot verkauft werden. Wer etwas für den kleinen Hunger zwischendurch mitnehmen will, kann an der Frischtheke einen gesunden Snack wie süße Currybrötchen oder ein Stück veganen Karottenkuchen kaufen.

Oberhalb der Hauptstraße kann man vor den als Hippies verkleideten, verwöhnten Stadtgören ins **Oso Negro** (604 Ward St., ✆ 250/352-7661; Mo–Sa 7–18 Uhr, So 8–16 Uhr) flüchten und den köstlichen, selbst gerösteten Kaffee probieren. Auch die Bagels und andere Backwaren sind zu empfehlen.

In den letzten Jahren hat das **Vienna Cafe** (411 Kootenay St., ✆ 250/354-4646; Mo–Fr 9–17.30 Uhr, Sa 9–17 Uhr) im Bücherladen Packrat Annie's seinen alternativen Anstrich verloren, aber das Essen ist dafür besser geworden. Bei Chicken Burger – das Fleisch stammt natürlich von Hühnchen in Freilandhaltung – mit Fetakäse und grünem Paprika kann man nichts falsch machen ($ 8,50). Eine ordentliche Portion vegetarisches Fünf-Bohnen-Chili kostet $ 5, eine Schale Kürbissuppe mit einem Schuss Ahornsirup ist für $ 6 zu haben. Ausgezeichnet!

Das **Outer Clove** (536 Stanley St., ✆ 250/354-1667; Mo–Sa 11.30–21 Uhr; $ 13–25) ist ein typisches Beispiel für die besseren Restaurants von Nelson: an moderne Geschmäcker angepasst, aber mit entspanntem, zwanglosem Ambiente. Der Schwerpunkt liegt auf Knoblauch (der sogar Bestandteil von zwei Desserts ist). Tapas kosten ab $ 6 aufwärts (um satt zu werden, reichen drei) und zum Abendessen empfiehlt sich ein Knoblauchhühnchen.

In einer Gasse hinter der Hauptstraße liegt versteckt das **All Seasons Café** (620 Herridge Ln., ✆ 250/352-0101; tägl. zum Abendessen geöffnet; $ 22–32), ein kleines, aber feines Lokal mit einem hübschen, baumbeschatteten Patio. Gerichte wie in rohen Schinken gehülltes Rinderfilet an gebackenen Süßkartoffeln lassen keine Wünsche offen; bei den Nachtischen wünscht man sich einen größeren Magenumfang.

Information/Einkaufen/Adressen

• *Information* Sämtliche für Reisende relevanten Informationen bezüglich Nelson und der Kootenays sind im **Nelson Visitor Centre** (225 Hall St., ✆ 250/352-3433, www.discovernelson.com; im Sommer tägl. 8.30–18 Uhr, sonst Mo–Fr 8.30–12 Uhr) erhältlich.

• *Einkaufen* **Otter Books** (398 Baker St., ✆ 250/352-3434; Mo–Sa 9.30–17.30 Uhr, So 11–16 Uhr) verfügt über ein ausgezeichnetes Sortiment an Lektüre zu den Kootenays, von Geisterstädteführern bis zur Geschichte der Kettle River Railway.

Packrat Annie's (411 Kootenay St., ✆ 250/354-4722) verkauft Bücher aus zweiter Hand, Musikkassetten sowie CDs und ist außerdem ein nettes Plätzchen zum Leutebeobachten.

• *Adressen* Das **Kootenay Hospital** liegt östlich der Innenstadt (3 View St., ✆ 250/352-3111). Das **Postamt** hat die Adresse 514 Vernon St.

Slocan Valley

Das geschichtsträchtige Slocan Valley, auch „Silvery Slocan" genannt, liegt sanft eingebettet zwischen den Slocan und Valhalla Ranges der Selkirk Mountains. In den 1890ern geriet das Tal ins Rampenlicht, als bei Sandon Silber gefunden wurde. Längst geht es wieder wesentlich ruhiger zu, und die Anziehungskraft des Tals liegt heute in seinen vielen hübschen Ortschaften und zahlreichen Outdoor-Erholungsmöglichkeiten, die über den Hwy. 6 nordwestlich von Nelson erreichbar sind.

New Denver

Das malerische Städtchen mit 600 Einw. am Ufer des Slocan Lake, gegenüber vom Valhalla Provincial Park, hieß ursprünglich *Eldorado* und wurde später nach dem Vorbild von Denver, Colorado, umbenannt. Es erreichte seine Glanzzeit während der Silberminenausbeutung in den 1890ern. Heute wird die Hauptstraße von pittoresken nachgemachten Wildwest-Ladenfronten und Gebäuden im Pionierstil gesäumt, Überbleibsel aus den reichen Tagen der Silbergewinnung. Bei einem Besuch im **Silvery Slocan Museum** (202 6th Ave., ✆ 250/358-2201; Juli bis Aug. tägl. 10–16 Uhr, Mai und Sept. nur am Wochenende; Erwachsene $ 2, Kinder $ 1), das in einem restaurierten Bankgebäude untergebracht ist, erfährt man alles über die glorreichen Tage New Denvers.

• *Übernachten* Unten am See, in Spaziernähe der Hauptstraße, liegt das **Sweet Dreams** (702 Eldorado St., ✆ 250/358-2415, www.newdenverbc.com; $ 65–90 für 1 Pers., $ 80–95 für 2 Pers.), ein gemütliches Guesthouse mit fünf großen Gästezimmern, teilweise mit Gemeinschaftsbad. Im Preis ist ein warmes Frühstück inbegriffen, nach Voranmeldung wird auch Abendessen serviert.

Südlich von New Denver vermietet das **Silverton Resort** (✆ 250/358-7157, www.silvertonresort.com; $ 195–315 für 1/2 Pers.) die am nächsten am Wasser gelegenen Selbstversorger-Holzhütten, die mir in ganz British Columbia untergekommen sind.

• *Camping* Camper haben die Wahl zwischen einem **kommunalen Campingplatz** (Mai bis Sept.; $ 15–18) am Südrand der Stadt, der über Stellplätze mit Anschlüssen verfügt, und dem **Rosebery Provincial Park** am Wilson Creek, 6 km nördlich der Stadt ($ 14).

• *Information* Das im kleinen Museum gelegene **New Denver Visitor Centre** (202 6th Ave., ✆ 250/358-2719, www.slocanlake.com; Juli bis Aug. tägl. 9–17 Uhr) versorgt Besucher mit so vielen Tipps, dass man versucht ist, länger als geplant in der Gegend zu bleiben.

Nakusp

Nakusp (1800 Einw.), 84 km nordwestlich von New Denver gelegen, entstand in der Zeit, als die Silberförderung boomte. Heutzutage ist das Städtchen v. a. für seine heißen Quellen und seine bezaubernde Lage am Upper Arrow Lake, unterhalb der Selkirk Mountains, bekannt. Um zu den **Nakusp Hot Springs** (✆ 250/265-4528; im Sommer tägl. 9.30–22 Uhr, sonst tägl. 13–21 Uhr; Erwachsene $ 9, Senioren und Kinder $ 8) zu gelangen, fährt man auf dem Hwy. 23 1 km nach Norden und folgt dann 12 km weit der ausgeschilderten Straße entlang dem Kuskanax Creek.

• *Übernachten/Camping* Ein nahe gelegenes Resort mit eigenen Thermalquellen ist **Halcyon Hot Springs Village & Spa** (32 km nördlich von Nakusp, ✆ 250/265-3554 oder ✆ 888/689-4699, www.halcyon-hotsprings.com; $ 159–449 für 1/2 Pers.). Die Unterbringung erfolgt in Hütten, Cottages (meine Lieblingsunterkunft), Chalets oder in der luxuriösen, für Familien geeigneten Lodge Suite. Wohnmobilstellplätze mit Anschlüssen kosten $ 34,50 bzw. $ 59,50 inkl. Eintrittskarten zu den heißen Quellen.

Der **Nakusp Village Campground** (8th St., ✆ 250/265-4019; Mai bis Mitte Okt.; Stellplatz

Südliches Binnenland
Karte S. 278

ohne Anschlüsse $ 22, mit Anschlüssen $ 25) hat große, schattige Stellplätze, münzbetriebene Duschen und Brennholz; er liegt in Spaziernähe des Strands und der Hauptstraße.

• *Essen und Trinken* Das angesagteste Lokal in Nakusp ist das **Broadway Deli Bistro** (408 Broadway St. W, ✆ 250/265-3767; tägl. ab 7 Uhr), wo ausgezeichneter Kaffee und ofenfrische Muffins serviert werden.

• *Information* Das **Nakusp Visitor Centre** (92 6th Ave., ✆ 250/265-4234 oder ✆ 800/909-8819, www.nakusparrowlakes.com) ist im Sommer tägl. 9–17 Uhr geöffnet, sonst nur Mi–So 13–17 Uhr.

Von New Denver nach Nelson

Wer den Hwy. 31A von New Denver in Richtung Osten nimmt, kommt zuerst am Abzweig zur Geisterstadt Sandon vorbei, bevor es über einen niedrigen Pass und dann nach Kaslo am Kootenay Lake hinuntergeht. Von Kaslo sind es 70 km in Richtung Süden bis Nelson; unterwegs gibt es zahlreiche besuchenswerte Orte.

Sandon

Sandon, die ehemalige Boomtown des Slocan Valley, war einst eine blühende Stadt mit 5000 Einw. Nachdem an den Ausläufern des Idaho Peak Silber entdeckt worden war, wuchs Sandon rasch und konnte auf seinem Höhepunkt stolze 24 Hotels, 23 Saloons, Banken, Kaufläden und eine Tageszeitung vorweisen. Die Hauptverbindung zum Rest der Welt stellte die Kaslo & Slocan Railway dar, die 1895 gebaut wurde, um Sandon an den Raddampfer-Transport auf dem Kootenay Lake anzubinden. Die Weltwirtschaftskrise von 1929 machte dem Höhenflug ein Ende, und 1955 wurden zahlreiche Gebäude bei einer Springflut dem Erdboden gleichgemacht. Heute lassen sich die Einwohner an zwei Händen abzählen.

Bester Ausgangspunkt für eine Besichtigung Sandons ist das Rathaus, Baujahr 1900, wo man sich den *Sandon Walking Tour Guide* abholen kann. Die Broschüre listet sämtliche ursprünglichen Bauten – von denen nur noch ein Bruchteil erhalten ist –und beinhaltet einen Stadtplan, mit dessen Hilfe sich ein Rundgang viel einfacher gestaltet als ohne Orientierungshilfe. Am Bach oberhalb des Rathauses liegen das **Sandon Museum** (✆ 250/358-7920; nur im Sommer geöffnet), dessen Ausstellung die alte Stadt wieder zum Leben erweckt, und das **Silversmith Mine Powerhouse,** das bis zum heutigen Tag die wenigen verbliebenen Anwohner mit Strom versorgt und das älteste noch in Betrieb befindliche Wasserkraftwerk Westkanadas ist. An dieser Seite des Baches befindet sich auch die zum 2280 m hohen **Idaho Peak** führende Straße. Sie ist extrem unwegsam und nur im Juli und August befahrbar. Vom Ende der 12 km langen Straße führt ein steiler, 1 km langer Pfad auf den Gipfel, wo sich ein umwerfender Rundumblick auf die Kootenays eröffnet.

Kaslo

Von Bäumen und eleganten Bauten aus dem späten 19. Jh. gesäumte Straßen, die fast alle Ausblicke auf den See und die Berge gewähren, machen einen Zwischenstopp in Kaslo lohnenswert. Auch Kaslo ist eine der Boomtowns der Kootenays; nachdem bei Sandon im Jahr 1893 Silber gefunden worden war, stieg die Einwohnerzahl Kaslos praktisch über Nacht auf mehr als 3000 an. Am Seeufer liegt die **SS Moyie** auf dem Trockendock, der letzte Raddampfer, der das Wasser des Kootenay Lake aufwühlte. Das elegante, alte, rot-weiße Schiff, das 1897 vom Stapel lief, tat bis zu seiner Pensionierung im Jahr 1957 unermüdlich Dienst als Passagier-, Fracht- und Postschiff. Heutzutage dient es als Museum (324 Front St., ✆ 250/353-2525; Mitte Mai bis Mitte Okt. tägl. 9.30–17 Uhr; Erwachsene $ 7, Senioren $ 5,

Kinder $ 3) und zeigt eine sehenswerte Sammlung von Fotos, Antiquitäten und Artefakten aus der Region.

Das nördlich der Stadt gelegene **Lakewood Inn** (Kohle Rd., ✆ 250/353-2395, www.lakewoodinn.com; Stellpätze $ 22–28, Holzhütten $ 100–155) beherbergt seit den 1920ern Gäste.

Ainsworth Hot Springs

An einem Hang 40 km nördlich von Nelson liegen die Ainsworth Hot Springs (✆ 250/229-4212; im Sommer 10–21.30 Uhr, sonst kürzere Öffnungszeiten; Erwachsene $ 10, Senioren $ 9, Kinder $ 8) mit Blick auf den Kootenay Lake. Die Quellen wurden zu Beginn des 19. Jh. von Ureinwohnern entdeckt, die feststellten, dass das heiße, geruchslose Wasser (mit einer hohen Konzentration von Magnesium, Kalzium und Natrium) der Wundheilung förderlich ist und schmerzlindernd wirkt. Inzwischen wurden die Thermalquellen in einen Geschäftsbetrieb mit u. a. einem großen Pool im Freien, Jacuzzi, Dampfsauna und einem Kaltwasserpool zum Abkühlen umgewandelt. Der Eintrittspreis beträgt für Erwachsene $ 7,50, für Senioren $ 6,50 und für Kinder $ 5,50. Das angrenzende **Ainsworth Hot Springs Resort** (✆ 250/229-4212 oder ✆ 800/668-1171, www.hotnaturally.com; $ 138–199 für 1/2 Pers.) bietet Fitness- und Massageräume, eine Lounge sowie ein Restaurant mit Alkohollizenz und Aussicht auf den großen Pool und den herrlichen Kootenay Lake.

Cody Caves Provincial Park

Diese Höhlen hoch über den Thermalquellen bestehen aus mehreren geräumigen Gewölben, die sich über eine Länge von 800 m erstrecken. Durch die Höhlen verläuft ein unterirdischer Bach, der sich über die Cody Falls ergießt. Erfahrene Höhlenforscher können sich hier auf eigene Faust umtun, aber alle anderen sollten sich einer Führung mit **Hiad Venture Corp.** (✆ 250/505-2592) anschließen. Diese Gesellschaft mit einem Schalter am Eingang zu den Höhlen veranstaltet im Juli und August täglich ab 9 Uhr Besichtigungstouren. Die einstündige Führung kostet $ 15/Pers., doch die dreistündige Tour ($ 50) ist abenteuerlicher und geht an Formationen vorbei, die während der kürzeren Tour nicht besichtigt werden können. Um zu den Höhlen zu gelangen, biegt man unmittelbar nördlich der Ainsworth Hot Springs vom Hwy. 31 ab, folgt einer schmalen, 15 km langen Schotterpiste bis zum Ausgangspunkt des Wanderweges und geht anschließend 20 Min. zu Fuß.

Kokanee Creek Provincial Park

In dem 257 ha großen Park 20 km nordöstlich von Nelson befinden sich ein herrlicher Strand und einer der beliebtesten Campingplätze der Kootenays. Kurze Wanderpfade durchziehen den Park, und gegen Ende des Sommers tummeln sich Kokanees im Kokanee Creek (vom Besucherzentrum aus zugänglich). Im Unterschied zu ihren wanderfreudigen Verwandten, die zwischen Süß- und Salzwasser pendeln, verbleiben sie zeitlebens in den tiefer gelegenen Seen des Binnenlandes von British Columbia und laichen jeden Sommer in den Bächen und Flüssen, die sich in die Seen ergießen. Die extrem gut besuchte Day-Use Area zieht sich 1 km an einem sandigen Strand entlang. Die großzügig bemessenen Stellplätze des Campingplatzes haben Duschen, aber keine Anschlüsse und sind während der Sommermonate im Handumdrehen besetzt ($ 24/Nacht). Ein Besucherzentrum (✆ 250/825-4421; Mitte Juni bis Mitte Sept. tägl. 9–21 Uhr) bietet Anschauungsmaterial bezüglich des hiesigen Ökosystems, aktuelle Wegezustandsberichte für den Kokanee Glacier Provincial Park und andere nützliche Informationen.

Kokanee Glacier Provincial Park

Der 32.035 ha große Wildnispark, der die höchsten Gipfel der Selkirk Mountains überzieht, ist vom Stadtkern Nelsons aus zu sehen. Die steilen, schmalen Schotterstraßen, die in den Park führen, sind oft bis Ende Juni unpassierbar, und auf den Wanderwegen bleibt der Schnee sogar noch länger liegen. Der Park ist nach einem massiven Gletscher benannt, der zusammen mit zwei anderen Gletschern und 30 Seen Dutzende von Bächen und Flüssen speist, die nach Westen zum Slocan Lake und nach Osten zum Kootenay Lake fließen. Das Herzstück des Parks ist zu steil und unwegsam, als dass dort Straßen gebaut werden könnten, daher lassen sich die schönsten Stellen nur zu Fuß erreichen. Der Hauptzugang erfolgt über eine ungeteerte Straße, die 20 km nördlich von Nelson vom Hwy. 3A abgeht und dem Kokanee Creek 16 km weit bis zum **Gibson Lake** folgt. Ein 2,5 km langer Pfad umrundet den See, aber die schönsten Wanderwege liegen weiter landeinwärts. Der Aufstieg vom Gibson Lake zum herrlichen **Kokanee Lake** ist 4 km lang.

Von Nelson in die Rockies

Von Nelson sind es 101 km plus eine Fährfahrt nach Creston und dann weitere 106 km nach Osten durch die East Kootenays, bis plötzlich die kanadischen Rockies auftauchen, die sich vom Columbia Valley zur kontinentalen Wasserscheide und zur Grenze zwischen British Columbia und Alberta im Westen erstrecken. Verkehrsknotenpunkt der Region ist das Versorgungszentrum Cranbrook, von wo aus der Hwy. 3 in Richtung Westen nach Fernie führt und der Hwy. 93/95 parallel zum Columbia River durch einen Landstrich mit Golfplätzen, Thermalquellen und zahlreichen Provinzparks nach Nordwesten verläuft.

Crawford Bay und Umgebung

Von Balfour, 21 km nordöstlich von Nelson gelegen, gelangen Passagiere im Rahmen der weltweit längsten kostenlosen Fährfahrt über den Kootenay Lake zur Kootenay Bay und zur künstlerisch angehauchten Gemeinde Crawford Bay. Wenn man hügelabwärts fährt, befindet sich linker Hand **North Woven Broom** (✆ 250/227-9245; April bis Mitte Okt. tägl. 9–17 Uhr), die einzige Firma Westkanadas, die Besen nach traditioneller Art herstellt. Ein Stückchen weiter liegt **Kootenay Forge** (✆ 250/227-9467; Mai bis Mitte Okt. tägl. 9–17 Uhr), eine traditionelle Schmiedewerkstatt, wo Besucher den Fachleuten bei der Ausübung ihres althergebrachten Handwerks zusehen können.

Ebenfalls in Crawford Bay befindet sich das **Kokanee Springs Golf Resort** (✆ 250/227-9226 oder ✆ 800/979-7999, www.kokaneesprings.com; Mitte April bis Mitte Okt.), einer der landschaftlich reizvollsten Golfplätze der Provinz. Er bietet Ausblicke aufs Wasser, bewaldete Fairways, weitläufige Greens, beträchtliche Höhenunterschiede und farbenfrohe Blumenbeete rund um die Abschlagsbereiche; es handelt sich aber nicht nur um einen hübschen Golfplatz, sondern auch um einen, der hohe Anforderungen an die Geschicklichkeit der Sportler stellt. Die Benutzungsgebühr beträgt $ 79, und es besteht die Möglichkeit, im Rahmen eines Golfpauschalpakets auf der Anlage zu übernachten (ab $ 149/Pers. und Nacht).

Die beste der Unterkünfte vor Ort ist **Wedgwood Manor** (✆ 250/227-9233 oder ✆ 800/862-0022, www.wedgewoodcountryinn.com; April bis Okt.; $ 110–150 für 1/2 Pers.). Das auf einem wunderschönen, 20 ha großen Gelände direkt neben dem Golfplatz und in Spaziernähe eines Strandes gelegene, 1910 erbaute Herrenhaus bietet sechs stilvolle Zimmer mit eigenem Bad. Die Gäste können sich in der Bibliothek oder im großen Garten erholen.

Von Crawford Bay führt die Straße ständig am See entlang und erreicht nach 80 km Creston.

Creston

Creston, eine blühende Agrargemeinde mit 5200 Einw., schmiegt sich in ein breites, fruchtbares Tal am Südausläufer des Kootenay Lake. Obwohl die Stadt südlich der spektakulärsten Berge der Kootenays liegt, ist die Landschaft immer noch sehr beeindruckend, denn das Tal wird im Westen von den Selkirk Mountains und im Osten von den Purcell Mountains eingerahmt.

Sehenswertes

Die **Creston Valley Wildlife Management Area** 10 km westlich von Creston (✆ 250/428-3259; Mai bis Aug. tägl. 9–17 Uhr, April und Okt. Mi–So 9–16 Uhr; Erwachsene $ 4, Kinder $ 2) schützt wichtige Vogelrastgebiete an der Vogelfluglinie Pacific Flyway. Mehr als 250 Vogelarten finden sich hier, darunter zahlreiche Fischadler, ein paar der seltenen Forsterseeschwalben und eine Schar von nistenden Kanadareihern. Vom Besucherzentrum aus führen Wanderpfade an Deichen entlang, die zwischen den Feuchtgebieten und Teichen angelegt sind. Selbst von dem Holzsteg aus, der ins Zentrum führt, lassen sich manchmal einige Anwohner aus dem Tierreich erspähen – Schildkröten, die auf halb aus dem Wasser ragenden Baumstämmen ein Sonnenbad nehmen.

In Creston ist die **Columbia Brewery** (1220 Erickson St., ✆ 250/428-1238) beheimatet, wo das in ganz British Columbia berühmte Kokanee-Bier gebraut wird. Im Sommer finden vier bis sechs Führungen tägl. statt ($ 2). Am Eingang zur Brauerei befindet sich *Kokanee Beer Gear*, eine Verkaufsstelle, die tägl. von 9 bis 16.30 Uhr geöffnet hat.

Cranbrook und Umgebung

Cranbrook (20.000 Einw.), der Hauptverkehrsknotenpunkt der East Kootenays, schmiegt sich an den Fuß der Purcell Mountains, 106 km östlich von Creston, und bietet faszinierende Ausblicke nach Westen auf die kanadischen Rockies. Die Einheimischen sind stolz auf die denkmalgeschützten Gebäude der Innenstadt, die sich im Rahmen einer in Eigenregie durchgeführten Tour besichtigen lassen, indem man sich die nützliche Broschüre *Cranbrook Heritage Tour* besorgt, erhältlich entweder in jedem Informationszentrum oder im Eisenbahnmuseum (Anlaufstelle Nummer eins des Rundgangs).

Canadian Museum of Rail Travel

Dieses Museum, die herausragendste der zahlreichen Sehenswürdigkeiten von Cranbrook, liegt an einem Seitenarm der C.P.R.-Hauptstrecke, direkt gegenüber der Downtown (Van Horne St., ✆ 250/489-3918; April bis Mitte Okt. tägl. 10–

18 Uhr, Mitte Okt. bis März Di–Sa 10–17 Uhr). Die meisten Ausstellungsstücke befinden sich im Freien am Rande dreier Gleise, darunter ein Luxuszug (auch „The Millionaires' Train" genannt), der 1929 für die Canadian Pacific Railway gebaut wurde. Im Preis der zweistündigen *Deluxe Tour* (Erwachsene $ 12, Senioren $ 10, Kinder $ 6,50) sind die Besichtigung restaurierten Eisenbahnzubehörs und einer Modelleisenbahn, eine Diashow, eine Führung durch die Waggons sowie Tee und Scones im Argyle Dining Car inbegriffen. Besucher können sich auch für kürzere Touren entscheiden (Erwachsene $ 5,25, Senioren $ 4,50, Kinder $ 2,25), verpassen dann allerdings die echten Highlights des Museums.

Das Canadian Museum of Rail Travel ist die herausragende Sehenswürdigkeit Cranbrooks

Fort Steele Heritage Town

In der Fort Steele Heritage Town (9851 Hwy. 93, ✆ 250/417-6000; Juni bis Sept. tägl. 9.30–18.30 Uhr; $ 5/Pers. für einen Tag oder Erwachsene $ 25, Senioren und Kinder $ 15 für zwei Tage inkl. aller Attraktionen), 16 km nördlich von Cranbrook, sind mehr als 60 vollständig restaurierte Gebäude zu sehen, darunter komplett eingerichtete Blockhütten, Gasthöfe, ein Gerichtsgebäude, ein Gefängnis, eine Zahnarztpraxis, ein Fährbüro, eine Druckerei und eine Gemischtwarenhandlung, wo sich interessante alte Sachen bis unter die Decke stapeln. Im Sommer lassen die entsprechend kostümierten Parkangestellten das alte Fort Steele wieder aufleben; dann sind Eisenschmiede, Schreiner, Schneider, Weber, Bäcker, Eiscremehersteller und viele andere Handwerker fleißig bei der Arbeit. Besucher können eine Fahrt mit der Kutsche oder Dampfeisenbahn unternehmen, einem Straßenredner lauschen, ein Verbrechen beobachten und als Zeuge bei einem Gerichtsverfahren auftreten, Gold schürfen, einen Stummfilm sehen und einer Opernvorstellung im Opera House beiwohnen.

Reisepraktisches

• *Übernachten* Die hiesigen durchschnittlichen Motelpreise zählen zu den niedrigsten in der gesamten Provinz, daher eignet sich der Ort gut zum Übernachten.

Das mit Blumenkästen verzierte **Heritage Estate Motel** (362 Van Horne St., ✆ 250/426-3862 oder ✆ 800/670-1001; $ 60 für 1 Pers., $ 75 für 2 Pers.) bietet definitiv die beste Gegenleistung fürs Geld. Die Zimmer sind geräumig, und Tee und Kaffee sind im Preis enthalten. Im Sommer ist eine Reservierung unumgänglich.

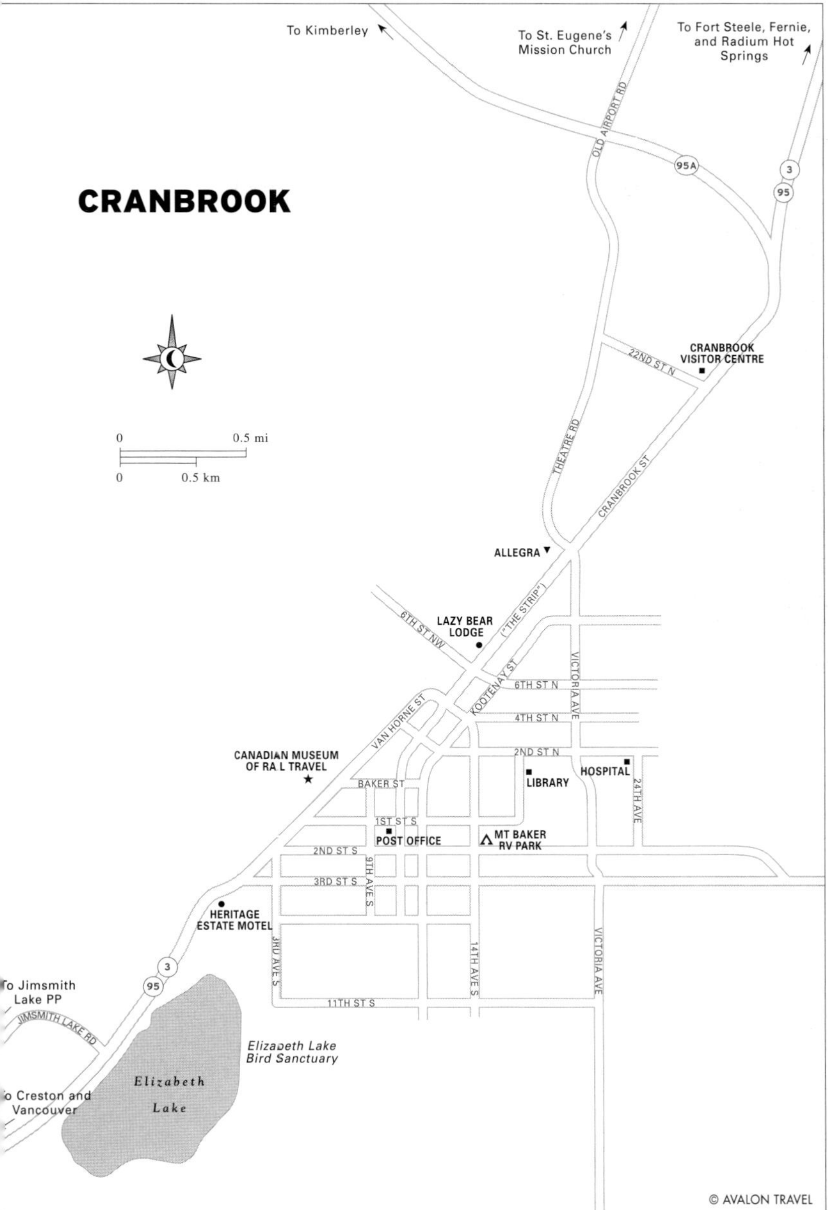
CRANBROOK
To Kimberley
To St. Eugene's Mission Church
To Fort Steele, Fernie, and Radium Hot Springs
OLD AIRPORT RD
95A
3
95
0
0.5 mi
0
0.5 km
22ND ST N
CRANBROOK VISITOR CENTRE
THEATRE RD
CRANBROOK ST
ALLEGRA
LAZY BEAR LODGE
6TH ST NW
("THE STRIP")
KOOTENAY ST
VICTORIA AVE
6TH ST N
4TH ST N
2ND ST N
VAN HORNE ST
CANADIAN MUSEUM OF RAIL TRAVEL
BAKER ST
LIBRARY
HOSPITAL
24TH AVE
1ST ST S
POST OFFICE
MT BAKER RV PARK
2ND ST S
3RD ST S
9TH AVE S
HERITAGE ESTATE MOTEL
3RD AVE S
14TH AVE S
VICTORIA AVE
11TH ST S
To Jimsmith Lake PP
JIMSMITH LAKE RD
Elizabeth Lake Bird Sanctuary
Elizabeth Lake
To Creston and Vancouver
© AVALON TRAVEL

Weiter nördlich liegt mitten im Einkaufsbezirk die **Lazy Bear Lodge** (621 Cranbrook St., ✆ 250/426-6086 oder ✆ 888/808-6086, www.lazybear-lodge.ca; $ 70 für 1 Pers., $ 75–80 für 2 Pers.), ein altes Motel am Straßenrand, das mit viel Holz, Blumenrabatten und frischen Farben aufgemöbelt wurde. Die Zimmer sind immer noch schlicht, aber jedes ist mit einer Kaffeemaschine und drahtlosem Internetzugang ausgestattet, manche auch mit Kühlschrank und Mikrowelle. Den Gästen steht ein kleiner Swimmingpool zur Verfügung.

• *Camping* Einer der einladendsten Campingplätze der Gegend ist der **Jimsmith Lake Provincial Park** 4 km abseits des Haupthighways am Südrand der Stadt (geöffnet Mai bis Sept.). Ein Stellplatz auf dem baumbestandenen Gelände kostet $ 15/Nacht.

Der **Mount Baker RV Park** (Ecke 14th Ave. und 1st St. S, ✆ 250/489-0056, www.mountbakerrvpark.com; April bis Okt.; Zeltstellplatz $ 21, Stellplatz mit Anschlüssen ab $ 25) in der Downtown verfügt über recht annehmbare Plätze innerhalb der Stadt.

Beim Haupteingang zum Fort Steele gibt es ein paar kommerzielle Einrichtungen. Die größte ist der **Fort Steele Resort and RV Park** (✆ 250/489-4268, www.fortsteele.com; Stellplatz ohne Anschlüsse $ 25, mit Anschlüssen $ 32–39, Holzhütten mit Gemeinschaftsbad $ 79 für 1/2 Pers.), der über einen beheizten Pool, Duschen, eine Laundry sowie Grill- und Kochgelegenheiten verfügt.

• *Essen und Trinken* Das beste Restaurant in Cranbrook ist das **Allegra** (1225 Cranbrook St. N, ✆ 250/426-8812; Mi–So 17–21 Uhr; $ 13,50–27). In dem freundlichen kleinen Restaurant kommt klassische europäische Küche auf den Teller wie etwa Seafood Fettuccini und Red Snapper in Tomaten und Weißwein.

• *Information* Das Hauptbüro des **Cranbrook Visitor Centre** (2279 Cranbrook St. N, ✆ 250/426-5914 oder ✆ 800/222-6174, www.cranbrookchamber.com; im Sommer tägl. 9–17 Uhr, sonst Mo–Fr 8.30–16.30 Uhr) befindet sich am Nordeingang der Stadt.

Fernie und Umgebung

Fernie (5200 Einw.) liegt im Elk Valley, 100 km östlich von Cranbrook am Hwy. 3. Die Ortschaft an sich ist ein Zentrum der Kohle- und Holzwirtschaft und hat Besuchern wenig Sehenswertes zu bieten, doch im Winter zieht eines der attraktivsten kleinen Wintersportgebiete British Columbias, das ganz in der Nähe liegt, eine Menge Urlauber an. Das Ortszentrum befindet sich zwei Häuserzeilen südlich des Highways und beherbergt die üblichen historischen Gebäude und Krämerläden. Besondere Aufmerksamkeit verdienen das aus rotem Backstein erbaute Gerichtsgebäude an der 4th Ave. und die gute Bäckerei an der 2nd Ave. Rund 12 km südlich der Stadt liegt der 259 ha große **Mount Fernie Provincial Park,** wo Wanderpfade an einem malerischen Flüsschen entlang und zu einem Wasserfall führen.

Fernie Alpine Resort

Das Fernie Alpine Resort (14 km südlich von Fernie, ✆ 250/423-4655, www.skifernie.com) zählt zu den legendären Wintersportresorts von British Columbia, denn es erfreut sich üppiger Schneefälle, hervorragender Ski- und Rodelbedingungen und relativ wenig überlaufener Abfahrten. Das Liftgelände liegt unterhalb eines massiven Bergrückens, auf den jedes Jahr unglaubliche Mengen von Schnee niedergehen. Einige Abfahrten sind geräumt, aber die eigentliche Attraktion sind die Tiefschneeabfahrten durch offene Mulden und zwischen Bäumen hindurch. Liftkarten kosten für Erwachsene $ 76, für Senioren $ 61 und für Kinder $ 25. Im Juli und August ist ein Sessellift in Betrieb, mit dem man in ein Wander- und Mountainbikegelände gelangt. Wanderer zahlen $ 16 pro Fahrt oder $ 36 für eine Tageskarte. Mountainbikes werden unten im Dorf für $ 40–65 verliehen. Weitere sommerliche Freizeitaktivitäten umfassen Ausritte, geführte Wanderungen, Tennisspielen und Fotokurse. Am Berg gibt es Unterkunftsmöglichkeiten, und Besuchern mit Wohnmobil stehen Stellplätze mit Anschlüssen sowie Duschen zur Verfügung.

Reiseptraktisches

• *Übernachten* Dank seiner zahlreichen preiswerten Unterkünfte ist Fernie ein ausgezeichneter Ort für preisbewusste Reisende. Die beste unter ihnen ist die **Powder Mountain Lodge** (892 Hwy. 3, ✆ 250/423-4492, www.powdermountainlodge.com; Bett im Schlafsaal $ 30, Privatzimmer $ 60–100 für 1/2 Pers.). Das ehemalige Motel verfügt über einen Game Room, eine Gemeinschaftsküche, jede Menge Parkplätze, eine Laundry, Internetzugang und sogar über einen Swimmingpool. Die Unterbringung erfolgt in Schlafsälen und Privatzimmern, von denen einige über eine Küche verfügen und durchaus familientauglich sind.

Das oben im Wintersportgebiet befindliche **Griz Inn** (✆ 250/423-9221 oder ✆ 800/661-0118, www.grizinn.com) bietet 45 mit Küchenzeile ausgestattete Suiten, ein Schwimmbad, Whirlpool und Restaurant. Im Sommer beginnen die Zimmerpreise bei annehmbaren $ 92 (1/2 Pers.), eine Ferienwohnung mit Platz für bis zu vier Personen kostet $ 155.

• *Camping* Die beste Wahl für Camper ist der **Mount Fernie Provincial Park** (Mitte Mai bis Sept.; $ 16), 12 km südlich der Stadt und 4 km nördlich der Zufahrtsstraße zum Akamina/Kishinena Provincial Park. Die Einrichtungen beschränken sich auf das Notwendigste, doch die Lage ist hübsch, und ein kurzer Pfad führt am Lizard Creek entlang zu einem Wasserfall.

• *Essen und Trinken* Im Stadtkern gibt es eine gute Auswahl an Restaurants, aber meine Lieblingslokale befinden sich am Highway. Das gegenüber der Powder Mountain Lodge gelegene **Curry Bowl** (932 7th Ave., ✆ 250/423-2695; Di–So 17–22 Uhr) würde zwar keinen Preis für gelungene Innenarchitektur gewinnen, doch angesichts so leckerer Gerichte wie Mango Shrimp Curry ($ 15) und auf vietnamesische Art kurz gebratenem Hühnchen ($ 13) spielt das keine Rolle.

Das **Yamagoia** (741 7th Ave., ✆ 250/430-0090; tägl. Mittag- und Abendessen; $ 12–18) bietet in schicker Umgebung erstklassige japanische Küche zu vernünftigen Preisen.

• *Information* Am Highway, durch die Stadt in Richtung Norden, liegt das **Fernie Visitor Centre** (102 Commerce Rd., ✆ 250/423-6868, www.ferniechamber.com; im Sommer tägl. 9–18, sonst Mo–Fr 9–17 Uhr).

Südliches Binnenland
Karte S. 278

Kimberley

Kimberley (7000 Einw.), 31 km nördlich von Cranbrook am Hwy. 95A, ist ein charmantes kleines Städtchen ohne Allerwelts-Einkaufszentrum oder Fast-Food-Lokale; hier finden sich nur Straßen mit alten, stuckverzierten kleinen Wohnhäusern und ein Ortskern im Alpenlook. Kimberley wurde nach einer berühmten südafrikanischen Diamantenmine benannt, verdankt seinen Reichtum jedoch den Silber- und Bleivorkommen, die am nahe gelegenen North Star Mountain abgebaut wurden.

Sehenswertes

Beim Spaziergang über das **Bavarian Platzl** fühlt man sich, als hätte man eben ein hoch oben in den Bergen gelegenes bayerisches Alpendorf betreten, wo bloß noch die Kühe mit ihren bimmelnden Glocken und die Milchmädchen im kessen Dirndl fehlen. Dies hier ist der Mittelpunkt der Downtown – ein adretter, Fußgängern vorbehaltener Backsteinplatz mit einem plätschernden Bächlein, Zierbrücken und der „größten Kuckucksuhr der Welt" (zu jeder vollen Stunde kommt „Happy Hans" heraus und gibt einen Jodler von sich). Den Platz säumen Geschäfte, zahlreiche deutsche Restaurants und Delikatessenläden, in denen europäische Spezialitäten angeboten werden. Am entlegenen Ende des Platzl liegt das **Kimberley Heritage Museum** (✆ 250/427-7510; im Sommer Mo–Sa 9–16.30 Uhr, sonst Mo–Sa 13–16 Uhr; Spende), das Ausstellungsstücke zur Minengeschichte und solche mit Bezug auf die in der Umgebung populären Outdoor-Sportarten, einen ausgestopften Grizzlybären sowie allen möglichen Krimskrams zeigt.

Die **Cominco Gardens,** auch als *Kimberley Gardens* bekannt, liegen oben auf einem Hügel (4th Ave., ✆ 250/427-5160; $ 3). Der 1 ha große Blumengarten wurde 1927 ursprünglich als Werbegag für einen von Cominco entwickelten Dünger angelegt, heute wachsen dort annähernd 20.000 Blumen.

Für den Bau der **Underground Mining Railway** (✆ 250/427-0022; Erwachsene $ 15, Senioren $ 12, Kinder $ 7) verwendete man Material, das aus zahlreichen Minenstädten der Provinz zusammengetragen worden war. Der Zug, der auf dem 7 km langen Schienenstrang verkehrt, quält sich ein von steilen Wänden begrenztes Tal hoch, überquert eine Holzbrücke und hält an besonders spektakulären Aussichtspunkten und beim ehemaligen Minenstädtchen, bevor er das **Sullivan Mine Interpretive Centre** erreicht, das auf einem weitläufigen, wieder aufgeschütteten Gelände liegt. Der Zug fährt im Sommer sechsmal täglich.

Sport und Freizeit

Von Anfang Dezember bis Anfang April bietet das **Kimberley Alpine Resort** (✆ 250/427-4881 oder ✆ 800/258-7669, www.skikimberley.com) tolle Bedingungen zum Skifahren und Snowboarden auf vielen verschiedenen Hängen 4 km westlich der Downtown. Derzeit existieren 67 gekennzeichnete Abfahrten auf einem 738 ha großen Gelände mit einem maximalen Gefälle von 750 m. Die meisten Anfänger und halbwegs Fortgeschrittenen werden sich gern auf den säuberlich geräumten Hauptabfahrten tummeln, erfahrenere Skifahrer und Snowboarder zieht es dagegen zum Expertenterrain, das vom Easter Chair bedient wird. Liftkarten kosten für Erwachsene $ 60, für Senioren $ 48 und für Kinder $ 42. Die Freizeitbetätigungsmöglichkeiten im Sommer umfassen Fahrten mit dem Sessellift, Wandern und Mountainbiken;

Übernachten/Camping/Essen und Trinken/Information

• *Übernachten* Wer einen Golf- oder Winterurlaub in Kimberley plant, sollte **Kimberley Vacations** (✆ 250/427-4877 oder ✆ 800/667-0871, www.kimberleyreservations.com) kontaktieren, denn dort sind die günstigsten Pauschalangebote erhältlich. Ansonsten kann man sich auch direkt an die nachstehend genannten Adressen wenden.

Wer nichts dagegen hat, ein paar Kilometer außerhalb der Stadt zu wohnen, findet im **Travellaire Motel** (Richtung Marysville, 2660 Warren Ave., ✆ 250/427-2252 oder ✆ 800/477-4499; $ 58 für 1 Pers., $ 68 für 2 Pers.) ein exzellentes Preis-Leistungs-Verhältnis vor. Es handelt sich nur um ein kleines Motel, aber es wird regelmäßig überholt und mit neuen Betten und Möbeln ausstaffiert. Den Gästen steht eine Grillstelle zur Verfügung.

Die **Trickle Creek Lodge** liegt am Fuß des Kimberley Alpine Resort (✆ 250/427-5175 oder ✆ 800/258-7669, www.skikimberley.com; ab $ 149 für 1/2 Pers.). Das beeindruckende, aus Holz und Stein erbaute Haus hat 80 geräumige Zimmer, jedes mit Küche, Balkon und Kamin. Zu seinen Annehmlichkeiten zählen ein Fitnesscenter und ein ganzjährig geöffneter, beheizter Pool im Freien.

• *Camping* Den **Kimberley Riverside Campground** (✆ 250/427-2929 oder ✆ 877/999-2929, www.kimberleycampground.com; Mai bis Mitte Okt.; Zeltstellplatz $ 21–26, Stellplatz mit Anschlüssen $ 27–33) erreicht man, indem man von der Downtown 7 km auf dem Hwy. 95A in Richtung Süden und dann 3 km auf der St. Mary's River Rd nach Westen fährt. Der zwischen der Straße und dem Fluss eingebettete Campingplatz verfügt über einen Außenpool und einen Lebensmittelladen.

• *Essen und Trinken* Europäische Gaumenfreuden, insbesondere deutsche, sind überall in der Stadt erhältlich. Das **Gasthaus** (auf dem Platzl, ✆ 250/427-4851; tägl. außer Di 11.30–22 Uhr; $ 8–19) serviert „deutsche" Mittagsgerichte wie Gulasch ($ 7) und abends Bratwurst, Rheinischen Sauerbraten, Wiener Schnitzel und Kassler Rippchen.

Das nicht direkt am Platzl gelegene **Old Bauernhaus** (280 Norton Ave., ✆ 250/427-5133; nur Abendessen, Di geschlossen; $ 14–24) besticht durch bayerische Spezialitäten und viel Atmosphäre. Es ist in einem Bauernhaus aus Holz untergebracht, das vor rund 350 Jahren in Südbayern gebaut, später abgetragen, nach Kanada verschifft und hier originalgetreu wiecer aufgebaut wurde.

• *Information* Nähere Auskünfte zu Kimberley und seiner Umgebung sind beim **Kimberley Visitor Info Centre** (270 Kimberley Ave., ✆ 250/427-3666, www.kimberleychamber.com; im Sommer tägl. 10–18 Uhr, sonst Mo–Sa 9–17 Uhr) erhältlich.

Weiter in Richtung Norden nach Invermere

Dieses Stück Highway verläuft durch ein tiefes Tal, in dem es von kommerziellen Anlagen wie renommierten Golfplätzen, Ferienanlagen und Thermalquellen nur so wimmelt. Aufgrund der niedrigen Höhenlage sind die Winter relativ mild, und die Sommersaison beginnt früh. Dank der Purcell Mountains auf der einen und der Rockies auf der anderen Seite mangelt es dem Tal wahrhaftig nicht an landschaftlichen Reizen.

Whiteswan Lake Provincial Park

Weiter nördlich kommen die Rockies immer näher, und die Landschaft wird schlichtweg atemberaubend schön. 28 km nördlich von Skookumchuck zweigt eine ungeteerte Holzfällerstraße Richtung Osten in die Berge ab, die zum 1994 ha großen Whiteswan Lake Provincial Park führt. Diese Straße steigt beständig an und erreicht nach 11 km die Lussier Gorge. Innerhalb der Schlucht geht ein steiler Pfad nach unten zu den **Lussier Hot Springs.** Dort wurden zwei kleine Pools angelegt, um das geruchsfreie, 43 °C heiße Wasser aufzufangen, nachdem es aus der Erde gesprudelt und in den Lussier River geflossen ist. Die durch den Park führende Straße verläuft zuerst dicht am Südufer des **Alces Lake** und dann an dem des größeren **Whiteswan Lake** entlang. Die beiden Seen ziehen eine bunte Vogelwelt an (zu den häufigsten Arten zählen Eistaucher und Reiher), und die in ihnen reichlich vorhandenen fetten Regenbogenforellen locken Hobbyangler. Die Straße durch den Park führt an vier begehrten Campingplätzen vorbei. Die Stellplätze kosten $ 15/Nacht und werden nach dem Motto „Wer zuerst kommt, mahlt zuerst" vergeben. Sie bieten weder Anschlüsse noch Duschen, und es werden keine Reservierungen entgegengenommen.

Top of the World Provincial Park

Wer glaubt, die Landschaft rings um den Whiteswan Lake sei der Inbegriff von Wildnis, sollte warten, bis er dieses 8790 ha große Areal gesehen hat, das rund 52 km abseits des Hwy. 95 liegt (Abzweig an der Zufahrtsstraße zum Whiteswan Lake beim Alces Lake). Man kann nicht in den Park hineinfahren, aber die 6 km vom Ende der Straße bis zum malerischen **Fish Lake,** dem größten Gewässer des Parks, lassen sich ziemlich leicht zu Fuß zurücklegen. Besucher müssen alles Notwendige mitbringen, denn im Park gibt es keinerlei Einrichtungen. Auf vier Plätzen kann man für $ 5/Pers. campen oder aber in der großen, zwischen den Bäumen neben dem Fish Lake verborgenen Ferienhütte ($ 15/Pers.) übernachten.

Fairmont Hot Springs

Nördlich von Canal Flats führt der Highway an den kurios geformten **Dutch Creek Hoodoos** vorbei – einer Reihe fotogener Felsformationen, die ihre Entstehung den Einflüssen von Wind und Wetter verdanken. Kurz danach erreicht man die heißen Quellen und die sie umgebenden Ferienhäuser, Golfplätze und eine Landebahn, auf der sogar eine Boeing 737 landen kann. Doch die Hauptattraktion, trotz aller

Die Dutch Creek Hoodoos

Kommerzialisierung, ist nach wie vor das **Fairmont Hot Springs Resort** (✆ 250/345-6000, www.fairmonthotspringsresort.com). Die Anziehungskraft der Quellen lässt sich leicht erklären: Im Gegensatz zu den meisten anderen Thermalquellen enthält das heiße Wasser, das hier aus der Erde sprudelt, Kalzium und keinen streng riechenden Schwefel. Ein Bad in den im Freien gelegenen Pools (tägl. 8–22 Uhr; Erwachsene $ 10, Senioren $ 9, Kinder $ 8) ist ein magisches Erlebnis, besonders abends. Man kann gemächlich im großen, warmen Becken schwimmen oder sich einfach nur treiben lassen, in den kühlen Pool tauchen oder sich im Whirlpool durchschütteln lassen und zusehen, wie die schroffen Felswände der kanadischen Rockies von der untergehenden Sonne in ein Farbenmeer getaucht werden. Die Ferienanlage bietet auch zwei Golfplätze, eine Lodge ($ 164–365 für 1/2 Pers.), einen RVs vorbehaltenen Campingplatz ($ 23–36), Reitpferde und verschiedene Lokale.

Südlich des Fairmont Resort liegt der Campingplatz **Spruce Grove Resort** (Hwy. 3, ✆ 250/345-6561 oder ✆ 888/629-4004, www.sprucegroveresort.com; Stellplatz ohne Anschlüsse $ 25–29, mit Anschlüssen $ 30–34), dessen Stellplätze verstreut zwischen Bäumen und entlang eines ruhig dahinströmenden Abschnitts des Columbia River liegen.

Invermere und Umgebung

Die nächste Stelle, die Reisende, die auf dem Hwy. 93/95 unterwegs sind, zum Verweilen einlädt, ist der **Windermere Lake.** Invermere (3500 Einw.), eine Ortschaft mit Blick auf den See, ist das Handelszentrum des Columbia Valley. Der See und die Wildnis ringsum sind ausgezeichnete Erholungsgebiete und besonders beliebt bei Ausflüglern aus Alberta. An der Zufahrt zur Stadt befindet sich das **Windermere Valley Museum** (622 3rd St., ✆ 250/342-9769; im Sommer Mo–Fr 11–16 Uhr), wo in sieben separaten Gebäuden die Geschichte des Tals erzählt wird. Die Hauptstraße (7th Ave.) säumen restaurierte, denkmalgeschützte Gebäude und mit Blumenkästen geschmückte Straßenlaternen.

Panorama Mountain Village

Panorama (✆ 250/345-6413 oder ✆ 800/663-2929, www.panoramaresort.com) ist ein das ganze Jahr über besuchter Ferienort in den Purcell Mountains westlich von

Invermere. Hier befinden sich u. a. ein Apartmenthaus, ein ganzjährig geöffnetes Badeparadies und der **Greywolf Golf Course** (Greenfee $ 14995) mit 18 Löchern; bei 14 davon spielt Wasser eine Rolle. In den wärmeren Monaten vergnügen sich die Urlauber auch beim Rafting und Kajakfahren auf dem Toby Creek, bei Ausritten und, im Dorf selbst, auf Tennisplätzen und in einem Swimmingpool. Sein Erscheinen auf der Landkarte verdankt Panorama den ausgezeichneten Bedingungen zum Skifahren, die sich v. a. daraus ergeben, dass es eines der höchsten Gefälle Nordamerikas (1200 m) aufweist. Ungeachtet der überwältigenden Bergwand hat Panorama Abfahrten aller Schwierigkeitsgrade. Ein Tagespass kostet für Erwachsene $ 71, für Kinder $ 48.

Reisepraktisches

• *Übernachten* In Invermere gibt es nur sehr begrenzte Übernachtungsmöglichkeiten, dafür aber jede Menge Verpflegungsmöglichkeiten, Geschäfte und Tankstellen.

• *Essen und Trinken* Jeden Samstagmorgen wird in der Innenstadt von Invermere, direkt auf der Hauptstraße, ein Markt unter freiem Himmel abgehalten, wo alle möglichen Sachen feilgeboten werden.

Weiter unten am Hang macht die **Quality Bakery** (1305 7th Ave., ✆ 888/681-9977; im Sommer tägl. Mo–Sa 7.30–18 Uhr) ihrem Namen alle Ehre. Sie produziert eine Riesenauswahl extrem gesunder Sandwiches sowie der Gesundheit nicht ganz so zuträglicher Kuchen und süßer Teilchen.

Das nobelste Lokal der Stadt ist **Strand's** (von der Hauptstraße den Hügel hoch, 818 12th St., ✆ 250/342-6344; tägl. 17–21 Uhr; $ 22–36). Es befindet sich in einem restaurierten, denkmalgeschützten Haus aus dem Jahr 1912 inmitten einer gepflegten Grünanlage. Die Esstische stehen in kleinen, intimen Nischen, und auf ihnen werden makellos präsentierte Gerichte der Saison serviert, darunter Gaumenfreuden wie Forelle, Lachs und Wildbret, begleitet von zahlreichen verschiedenen Gemüsesorten.

• *Information* Direkt am Highway liegt das **Invermere Visitor Centre** (✆ 250/342-2844, www.adventurevalley.com; Juli/Aug. tägl. 9–17 Uhr).

Radium Hot Springs

Eines der beiden westlichen Zugangstore zu den kanadischen Rockies bildet die Kleinstadt Radium Hot Springs (700 Einw.) an der Kreuzung der Highways 93 und 95, 140 km nördlich von Cranbrook. Vom berühmten Urlaubsort Banff aus dauert die reizvolle Fahrt durch den Kootenay National Park nach Radium Hot Springs 2 Std. Die Lage des Ortes ist spektakulär: Der Großteil liegt auf einem Stufengelände oberhalb des Columbia River, von wo aus sich Panoramablicke nach Osten in die Rockies und nach Westen auf die Purcell Mountains eröffnen. Radium besitzt nicht nur Unterkünfte und andere Versorgungseinrichtungen für Gebirgsurlauber und Durchreisende, sondern stellt auch für viele Besucher ein Reiseziel an sich dar. Die Ortschaft bietet ein Feuchtgebiet mit reichhaltiger Fauna, zwei exzellente Golfplätze und zahlreiche andere Möglichkeiten für einen erholsamen Aktivurlaub.

Columbia River Wetland

Von seiner Quelle südlich von Radium fließt der Columbia River in Richtung Norden durch ein 180 km langes Feuchtgebiet nach Golden und von dort ungefähr genauso lang weiter nach Norden, ehe er seinen Lauf ändert und nach Süden in die Vereinigten Staaten abdreht. Das Feuchtgebiet unweit von Radium ist von internationaler Bedeutung, nicht nur seiner Größe (26.000 ha), sondern auch seiner Fauna wegen. Mehr als 100 Vogelarten leben in den Riedgräsern, Hornsträuchern und Schwarzpappeln am Ufer des Columbia River. Besonders hervorzuheben sind die Kanadareiher und

Flussreiher, die hier in einer der weltweit höchsten Konzentrationen vorkommen. Da sich das Feuchtgebiet am Pacific Flyway befindet, versammeln sich hier im Frühling und Herbst viele Enten, Kanadagänse und andere Zugvögel. Der Vogelzug nach Norden im Frühjahr wird Anfang Mai mit dem **Wings over the Rockies Bird Festival** (✆ 250/342-3210, www.wingsovertherockies.org) feierlich begangen. Die Festival-Website kann man zu jeder Jahreszeit aufrufen, um herauszubekommen, wo sich gerade die besten Vogelbeobachtungsplätze des Tals befinden.

Sport und Freizeit

Kootenay River Runners (4983 Hwy. 93, ✆ 250/347-9210 oder ✆ 800/599-4399) veranstaltet halbtägige Raftingtrips, die für Erwachsene $ 69 und für Kinder $ 53 kosten; für Ganztagesausflüge zahlen Erwachsene $ 97 und Kinder $ 81. Transport und Neoprenanzüge werden gestellt, und im Preis der Ganztagestour ist ein Mittagessen enthalten. Der Veranstalter bietet auch eine entspanntere Abendtour durch das Columbia River Wetland in großen, stabilen Voyageur-Kanus an; Beginn ist täglich um 5.30 Uhr. Die Kosten betragen für Erwachsene $ 49 und für Kinder $ 35.

Übernachten/Camping/Essen und Trinken/Information

Radium verfügt bei gerade mal 700 Einw. über mehr als 30 Motels – ein deutlicher Hinweis auf seine Bedeutung als Übernachtungsort für Highway-Reisende. Die an der Zufahrtsstraße zum Kootenay National Park gelegenen Motels erstrahlen im Sommer in allen Farben, denn dann versuchen sie sich mit Blumenrabatten gegenseitig zu übertreffen. Bei der Reservierung einer dieser Unterkünfte sollte man nicht vergessen, sich nach kostenlosen Eintrittskarten für die Thermalquellen zu erkundigen.

• *Übernachten* Das **Kootenay Motel** (✆ 250/347-9490 oder ✆ 977/908-2020; $ 60 für 1 Pers., $ 68 für 2 Pers., $ 5 extra für eine Küchenzeile) liegt am Hwy. 93, ein Stück den Berg hinauf nach der Kreuzung mit dem Hwy. 95.

Ebenfalls bergan liegt das **Apple Tree Inn** (Hwy. 93, ✆ 250/347-9565 oder ✆ 800/350-1511, www.appletreeinnbc.com; April bis Okt.; $ 80–140 für 1/2 Pers.), das einen schönen Grillplatz im Freien hat.

Weiter in Richtung Einfahrt zum Nationalpark stößt man auf das **Gables Motel** (Hwy. 93, ✆ 250/347-9866 oder ✆ 877/387-7007, www.gablesmotel.ca; ab $ 75 für 1/2 Pers.), in dem jedes der 17 kleinen, aber gut ausgestatteten Zimmer Aussicht auf die Berge bietet.

Drei Kilometer südlich der Stadt liegt das **Radium Resort** (✆ 250/347-9311 oder ✆ 800/667-6444, www.radiumresort.com), das von einem 18-Loch-Goldplatz eingerahmt wird. Zum Resort gehören ein Fitnessclub, ein Hallenbad, ein Restaurant und eine Lounge. Von den Zimmern aus überblickt man den Golfplatz, und zum Hauptgebäude hinüber führt ein überdachter Weg. Reguläre Zimmer kosten $ 160–190 (1/2 Pers.), wer mit bis zu 6 Pers. lieber in einem Apartment mit Küche übernachten möchte, muss mindestens $ 240/Nacht hinlegen. Ein Blick auf die Homepage kann sich lohnen, da es manchmal selbst in der Hauptsaison im Sommer Preisnachlässe gibt und ein Zimmer dann nur noch um die $ 100 kostet.

Das **Prestige Radium Hot Springs** (7493 Main St., ✆ 250/347-2300 oder ✆ 877/737-8443, www.prestigeinn.com; $ 170–210 für 1/2 Pers.) liegt an der größten Kreuzung der Stadt. Es gibt einen Fitnessclub, ein Hallenbad, einen Giftshop, einen Wellnessbereich, ein italienisches Restaurant und eine Bar in der Lounge.

• *Camping* Innerhalb des Kootenay National Park, aber von der Stadt aus über eine Abfahrt von den Highways 93 und 95 erreichbar, liegt der **Redstreak Campground** (siehe *Kootenay National Park/Übernachten*).

Der am nächsten gelegene kommerzielle Campingplatz befindet sich im **Canyon RV Resort**, das ein eigenes kleines Tal unmittelbar nördlich der Kreuzung der Highways 93 und 95 einnimmt (5012 Sinclair Creek Rd., ✆ 250/347-9564, www.canyonrv.com; April bis Okt.; $ 27–37). Die Stellplätze unter Bäumen erstrecken sich zu beiden Seiten eines hübschen Baches; sämtliche notwendigen Einrichtungen sind vorhanden.

• *Essen und Trinken* Zum Frühstücken geht man am besten ins **Springs Course** (Stanley St., ✆ 250/347-9311; April bis Okt. tägl. 7–21 Uhr; $ 11–24), ein Restaurant am Golfplatz, westlich des Highways. Die Aussicht von der Terrasse auf den Columbia River und die Purcell Mountains ist phänomenal und das Essen gut und erstaunlich preiswert: Ein Frühstücksomelett mit drei verschiedenen Füllungen, Bratkartoffeln und Toast kostet z. B. nur $ 10.

Das im Ort gelegene **Back Country Jack's** (Main St. W, ✆ 250/347-0097; tägl. 11–23 Uhr; $ 8–16) ist mit echten Antiquitäten und harten Bänken in lauschigen Essnischen ausgestattet. Es gibt zahlreiche Gerichte für zwei Personen, darunter Cowboy Caviar (Nachos und gebackene Bohnen) und eine überraschend leckere Suppe mit gegrilltem Hühnchen. Als preiswertes Hauptgericht für zwei Personen empfiehlt sich z. B. die Platte mit Hähnchen, Rippchen und verschiedenen Beilagen ($ 28).

• *Information* An der Ostseite des Highways, unmittelbar südlich der Kreuzung der Highways 93 und 95, befindet sich das **Radium Hot Springs Visitor Info Centre** (7556 Main St. E, ✆ 250/347-9331 oder ✆ 888/347-9331, www.radiumhotsprings.com; im Sommer tägl. 9–19 Uhr, sonst bis 17 Uhr). In dem Gebäude ist auch das Informationszentrum des Nationalparks untergebracht.

Südliches Binnenland
Karte S. 278

Kootenay National Park

Dieser schmale, 140.600 ha große Park liegt nordöstlich von Radium Hot Springs und wird im Osten vom Banff National Park (Alberta) begrenzt. Durch den Park verläuft der Hwy. 93 auf einer stattlichen Länge von 94 km. Unterwegs eröffnen sich spektakuläre Bergblicke, und entlang der Strecke liegen zahlreiche kurze, leicht begehbare Naturlehrpfade, Aussichtsstellen, Thermalquellen, Picknickstellen und Schautafeln. Der Park bietet nicht unbedingt besonders gute Möglichkeiten für Tageswanderungen, aber Backpacker-Ziele wie der Kaufmann Lake und der Rockwall können sich mit fast allen anderen Gebieten in den kanadischen Rockies messen.

Die einzigen Einrichtungen am Rande der Straße innerhalb des Parks sind tagsüber geöffnete Raststätten, eine Tankstelle, eine Lodge und drei Campingplätze. Der Park hat das ganze Jahr über geöffnet, aber im Winter ist es ratsam, sich nach den Witterungsverhältnissen zu erkundigen, denn dann kann der Hwy. 93 aufgrund von Schneeräumarbeiten oder Schneestürmen immer mal wieder kurzzeitig gesperrt sein.

Eintritt

Für den Besuch des Kootenay und des Yoho National Park ist ein Pass erforderlich. Er gilt für mehrere Parks, darunter auch die angrenzenden Nationalparks Banff und Jasper, und läuft erst um 16 Uhr am Tag nach dem Erwerb ab.

Der Preis für einen **Day Pass** beträgt für Erwachsene $ 9, Senioren $ 8 und Kinder $ 4,50. Die Höchstgebühr pro Fahrzeug beträgt das Doppelte des Erwachsenen- bzw. Senioren-Preises.

Ins Kootenay Valley

Hinter den Thermalquellen folgt die Straße dem Lauf des Sinclair Creek bis zum winzigen **Olive Lake,** an dessen Ufern im Sommer gelbe Blumen blühen, und zum **Sinclair Pass.** Jetzt führt der Highway nach unten ins Tal, vorbei an zwei Picknickstellen, und überquert bei der **Kootenay Crossing** den malerischen **Kootenay River.** Anschließend überwindet die Straße einen niedrigen Bergsattel und fällt danach zum Vermilion River hin ab. Auf dem Weg nach unten passiert man eine besonders reizvolle Picknickstelle am **Wardle Creek.** Die geschwärzten Berghänge sind das Resultat eines Brandes, der im Sommer 2001 mehr als 4000 ha Wald vernichtete.

Weiter nördlich führt der Highway an der **Kootenay Park Lodge** vorbei (Unterkunft, Verpflegung, Tankstelle und ein offizielles Parkinformationszentrum) und dann bergan durch ein Gelände, das im Jahr 2003 von einer verheerenden Feuersbrunst heimgesucht wurde, die durch das ganze Tal fegte.

Paint Pots und Marble Canyon

Ein landschaftlich reizvoller, 1 km langer Pfad (einfach 20 Min.) führt über den Vermilion River zu den Paint Pots, einer außergewöhnlichen Naturerscheinung: drei runde Teiche, deren rote, orange und senffarbene Flecken durch sauerstoffhaltige Quellen hervorgerufen werden. Die Ureinwohner sammelten rings um die Teiche ockerfarbene Erde, mischten sie mit Tierfett oder Lebertran und benutzten sie bei zeremoniellen Anlässen als Körperfarbe oder fertigten damit Felszeichnungen an.

Oben an der Straße sollte man unbedingt anhalten und einen Spaziergang auf dem 1 km langen Naturlehrpfad entlang dem von Gletschereis ausgehöhlten Marble Canyon unternehmen. Der Abstecher dauert nur ungefähr 30 Min., doch wie mehreren Erklärungstafeln zu entnehmen ist, werden die Besucher in eine Zeit zurückversetzt, die mehr als 500 Mio. Jahre zurückliegt.

Wandern

Die Gesamtlänge der Wanderwege, die den Kootenay National Park durchziehen, beträgt rund 200 km. Die Wandermöglichkeiten reichen von kurzen Naturlehrpfaden bis zu anspruchsvollen Touren durch abgeschiedenes Hinterland. Alle Pfade beginnen am Hwy. 93 in der Talsohle, daher steht Wanderern ein schweißtreibender Anstieg zu alpinen Regionen des Parks bevor, insbesondere zu den südlich gelegenen.

Naturlehrpfade und leichte Wanderwege

Die beliebtesten Spazierpfade im Park führen zu den Paint Pots und durch den Marble Canyon. Das am anderen Ende des Parks (zwischen dem Redstreak Campground und den Thermalquellen) befindliche Gelände wird von einem weitläufigen Netz an Wanderpfaden durchzogen. Ein landschaftlich besonders reizvoller Rundwanderweg ist der **Juniper Trail** (3,2 km; hin und zurück 1 Std.), dessen Ausgangspunkt gleich innerhalb der Parkgrenzen liegt. Das nach den hier reichlich vorkommenden Wacholderbeersträuchen benannte Gelände bietet gute Ausblicke über das Tal bei minimaler Anstrengung.

Von der McLeod Meadows Picnic Area geht der **Dog Lake Trail** (2,6 km; einfach 40 Min.) ab, ein leichter Spazierweg, der an einem kleinen See endet; das Gewässer ist von der Straße aus nicht zu sehen, denn es wird durch einen bewaldeten Hügel verdeckt.

An sonnigen Tagen nehme ich am liebsten den Weg zum **Stanley Glacier** (4,2 km; einfach 90 Min.). Er beginnt im äußersten Norden des Parks, nur 7 km westlich der kontinentalen Wasserscheide, und steigt auf den ersten 2 km stetig an. Dann windet er sich durch ein gewaltiges u-förmiges Gletschertal mit faszinierender Aussicht auf den schroffen Mount Stanley, der 500 m oberhalb des bewaldeten Gebietes im Westen aufragt. Offiziell endet der Pfad nach 4,2 km auf einer Gletschermoräne, aber es lohnt sich, noch 1,3 km weiter bis zu dem baumbestandenen Hochplateau zu marschieren, das vom Tal aus zu sehen ist. Dort erwarten den Wanderer überraschenderweise ein gurgelnder Bach, zahlreiche Murmeltiere und umwerfende Ausblicke nach Westen auf den Stanley Glacier und nach Norden zurück auf das Tal.

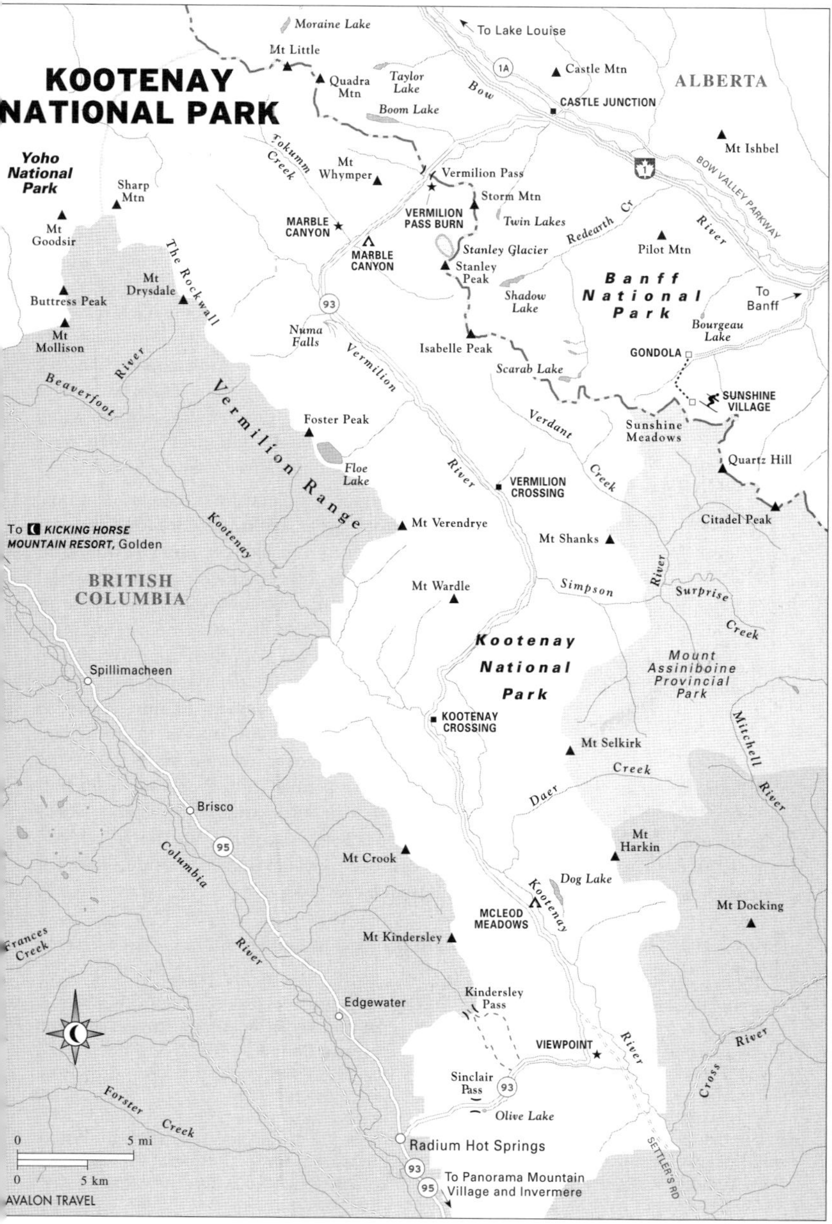
KOOTENAY NATIONAL PARK
Moraine Lake
To Lake Louise
Mt Little
Quadra Mtn
Taylor Lake
Boom Lake
1A
Castle Mtn
Bow
CASTLE JUNCTION
ALBERTA
Mt Ishbel
Yoho National Park
Sharp Mtn
Mt Goodsir
Tokumm Creek
Mt Whymper
Vermilion Pass
1
BOW VALLEY PARKWAY
Storm Mtn
VERMILION PASS BURN
MARBLE CANYON
Twin Lakes
Redearth Cr
River
Pilot Mtn
MARBLE CANYON
Stanley Glacier
Stanley Peak
Banff National Park
The Rockwall
Mt Drysdale
Buttress Peak
93
Shadow Lake
To Banff
Bourgeau Lake
Mt Mollison
Numa Falls
Isabelle Peak
GONDOLA
Vermilion
Scarab Lake
River
Beaverfoot
SUNSHINE VILLAGE
Vermilion Range
Verdant
Sunshine Meadows
Foster Peak
Floe Lake
River
Quartz Hill
VERMILION CROSSING
Creek
Citadel Peak
To KICKING HORSE MOUNTAIN RESORT, Golden
Kootenay
Mt Verendrye
Mt Shanks
River
BRITISH COLUMBIA
Mt Wardle
Simpson
Surprise
Creek
Kootenay National Park
Mount Assiniboine Provincial Park
Spillimacheen
KOOTENAY CROSSING
Mitchell
Mt Selkirk
Creek
Daer
River
Brisco
95
Columbia
Mt Crook
Mt Harkin
Dog Lake
Kootenay
MCLEOD MEADOWS
Mt Docking
Frances Creek
Mt Kindersley
River
Edgewater
Kindersley Pass
VIEWPOINT
River
River
Sinclair Pass
93
Cross
Forster
Olive Lake
Creek
0
5 mi
0
5 km
Radium Hot Springs
SETTLER'S RD
93
95
To Panorama Mountain Village and Invermere
AVALON TRAVEL

Tagesausflüge

Der Höhenunterschied (1050 m), der bei der anstrengenden Wanderung zum **Kindersley Summit** (10 km; einfach 4 Std.) bewältigt werden muss, lässt viele vor dieser Unternehmung zurückschrecken, doch die Sicht vom Gipfel aus entschädigt für die unterwegs erlittenen Strapazen. Vom Hwy. 93, 2 km westlich des Sinclair Pass, führt der Weg durch ein Tal hoch, dann in Spitzkehren über mehrere durch Lawinen erzeugte Erdrillen hinweg weiter nach oben und wieder durch Waldgelände, bis er schließlich beim Kindersley Pass auf eine Gebirgswiese hinausgeht. Dies ist der Punkt, wo das Panorama den mühseligen Anstieg schlagartig vergessen lässt, wenn der Blick nach Osten zur kontinentalen Wasserscheide und nach Norden über das Kootenay River Valley schweift.

Der Sinclair Canyon

Keiner der Seen im Kootenay National Park ist so schön wie der **Floe Lake,** der leider nur im Rahmen einer schweißtreibenden Tageswanderung erreichbar ist (10,4 km; einfach 3,5 Std.; Höhenunterschied 730 m). Von seinem Ausgangspunkt 8 km nördlich der Vermilion Crossing führt der Wanderweg durch einen Wald, dessen Bäume 2003 bei einem Waldbrand schwer in Mitleidenschaft gezogen wurden, nach unten und verläuft dann fast die gesamte restliche Strecke parallel zum Floe Creek. Im tiefblauen Wasser des Gletschersees spiegelt sich der Rockwall, eine schroffe Kalksteinwand, die 1000 m über dem Kopfende des Sees emporragt. Im Herbst schillert das Laub der Krüppellärchen rings um den See in vielen Farben, was den Reiz der atemberaubenden Landschaft noch zusätzlich verstärkt.

Reisepraktisches

• *Übernachten* Das einzige Hotel im Park ist die **Kootenay Park Lodge** (✆ 403/762-9196, www.kootenayparklodge.com; Mitte Mai bis Ende Sept.; $ 120–185 für 1/2 Pers.), eine Ferienhüttenanlage an der Vermilion Crossing, 65 km von den Radium Hot Springs entfernt. Die Anlage umfasst ein Haupthaus mit Restaurant, zehn Hütten und einen Giftshop. Die schlichtesten Hütten verfügen über ein Bad, einen kleinen Kühlschrank und eine Kaffeemaschine, die teureren Verendrye Cabins haben ein abgetrenntes Schlafzimmer und einen offenen Kamin, kosten dafür aber auch $ 185. Kochutensilien kann man für $ 10/Tag ausleihen.

Die gepflegten Hütten im **Cross River Wilderness Centre** (✆ 403/271-3296 oder ✆ 877/659-7665, www.crossriver.ca; $ 175/Pers. inkl. Mahlzeiten) bieten viel Privatsphäre und vermitteln den Gästen das Gefühl, meilenweit von den ausgetretenen Touristenpfaden am Hwy. 93 entfernt zu sein. Und dem ist auch so – die Bungalows liegen versteckt am Flussufer, 15 km die Settler's Rd. hinunter, die 32 km von Radium Hot Springs bzw. 114 km von Banff entfernt

Rafting

Der Kicking Horse River lädt zum Rafting regelrecht ein. Die Saison dauert von Ende Mai bis Mitte September, der höchste Wasserstand ist Ende Juni zu verzeichnen. Den größten Adrenalinkick verspricht der Lower Canyon, unmittelbar flussaufwärts von Golden, nicht zuletzt dank eines 3 km langen Abschnitts aufeinanderfolgender Stromschwellen. Weiter flussaufwärts ist die Strömung zwar nicht mehr ganz so reißend, aber noch längst nichts für Angsthasen. Noch weiter flussaufwärts, nahe der Westgrenze des Yoho National Parks, rast das Floß dann nicht mehr, sondern gleitet eher übers Wasser – ein prima Abenteuer für etwas zurückhaltendere Wassersportler. Verschiedene Veranstalter befahren den Fluss, die meisten bieten Halbtagesausflüge ($ 70–90) oder Ganztagesausflüge ($ 110–160) an. Die Preisspannen ergeben sich aus den Extras, z. B. dem Transport von/nach Banff plus Lunchpaket. Zu den lokalen Anbietern zählen **Alpine Rafting** (✆ 250/344-6778 oder ✆ 888/599-5299, www.alpinerafting.com), **Wet 'n' Wild Adventures** (✆ 250/344-6546 oder ✆ 800/668-9119, www.wetnwild.bc.ca), **Glacier Raft Company** (✆ 250/344-6521, www.glacierraft.com) und **Wild Water Adventures** (✆ 403/522-2211 oder ✆ 888/647-6444, www.wildwater.com).

vom Hwy. 93 abzweigt. Die ebenso eleganten wie geräumigen Hütten sind mit holzbefeuerten Kaminen, stabilen, unter Daunendecken begrabenen Holzbetten, Toilette und Waschbecken ausgestattet. Die Duschen befinden sich im Haupthaus, ebenso der Aufenthaltsraum, Kochgelegenheiten, eine Essecke und eine Veranda. Unter diesen Bedingungen herrscht natürlich eine kameradschaftliche Atmosphäre; hier treffen sich v. a. Leute, die es ins Freie zieht und die darauf erpicht sind, die kanadischen Rockies im Naturzustand zu erleben – ohne Zimmerservice und kulinarische Höhenflüge. Sehr empfehlenswert.

Das **Nipika Mountain Resort** (✆ 250/342-6516 oder ✆ 877/647-4525, www.nipika.com; $ 195 für 1 Pers., $ 275 für 2 Pers.) hat die gleiche Wildniserfahrung zu bieten wie die Cross River Cabins und liegt ebenfalls an der Settler's Rd. Die sieben modernen Hütten mit Platz für bis zu acht Personen sind größer als die am Cross River und verfügen über ein Badezimmer und eine Küche mit Holzofen. Obwohl die Hütten modern anmuten, wurden sie in traditioneller Bauweise erstellt, wozu die benötigten Baumstämme erst einmal vor Ort gefällt werden mussten. Einen genaueren Blick sollte man auf die Außenecken der Hütten werfen, wo die Stämme übereinander im sog. *Dovetail Notching* miteinander verbunden wurden (was für Laien auf den ersten Blick recht unspektakulär wirkt, aber in Wahrheit eine Kunst ist). Verpflegung muss mitgebracht werden. Die Gäste verbringen ihre Zeit mit Wandern, Angeln und dem Beobachten von Tieren in freier Wildbahn. Im Winter können Skilangläufer auf zahlreichen gepflegten Loipen ihrem Hobby frönen.

• *Camping* Der größte Campingplatz im Park ist der **Redstreak Campground** (Mitte Mai bis Mitte Okt.; Stellplatz ohne Anschlüsse $ 27, mit Anschlüssen $ 35–39) auf einem schmalen Plateau im südwestlichsten Zipfel (per Fahrzeug vom Hwy. 93/95, abgehend auf der Südseite der Ortschaft Radium Hot Springs, aus erreichbar). Er hat 242 Stellplätze, Duschen und Kochgelegenheiten. Im Sommer halten die Parkranger an fünf Abenden in der Woche kostenlose Diavorträge über Wölfe, Bären, die Auswirkungen von Waldbränden und andere Themen. Pfade führen vom Campingplatz zu den heißen Quellen, in die Stadt und zu zwei Aussichtspunkten. Eine begrenzte Zahl von Stellplätzen kann über den Parks Canada Campground Reservation Service (✆ 877/737-3783, www.pccamping.ca) reserviert werden.

Die beiden anderen Campingplätze des Parks liegen nördlich von Radium Hot Springs am Hwy. 93. Beide haben weder Anschlüsse noch Duschen. Der größere ist der **McLeod Meadows Campground** neben dem Kootenay River, 27 km von Radium Hot Springs entfernt. Er verfügt über WCs, Kochgelegenheiten und eine Lagerfeuerstelle. Auf jedem der 98 Stellplätze befindet sich ein Picknicktisch. Der **Marble Canyon**, auf der Straßenseite gegenüber der gleichnamigen, sehenswerten Schlucht, bietet 61 Stellplätze und ähnliche Einrichtungen wie der McLeod. Beide haben von Ende Juni bis Anfang September geöffnet und verlangen pro Stellplatz $ 22.

• *Information* Das **Kootenay National Park Visitor Centre** (✆ 250/347-9615; im Sommer tägl. 9–19 Uhr, im Frühjahr und Herbst tägl. 9–17 Uhr) befindet sich außerhalb des Parks in der Ortschaft Radium Hot Springs am Fuße der Zufahrtsstraße zum Redstreak Campground. Hier gibt es eine kostenlose Broschüre, in der die einzelnen Trails beschrieben sind. Wanderer sollten sich vorab über möglicherweise gesperrte Trails, freie Campingplätze und die Wettervorhersage informieren. Auch ein Blick in den Giftshop kann sich lohnen. Man kann hier zudem einen Nationalpark-Pass oder eine Angelllizenz erwerben und sich registrieren lassen, falls man im Park übernachten möchte.

Eine weitere Auskunftsquelle ist die **Kootenay Park Lodge** an der Vermilion Crossing (nur im Sommer geöffnet), das einzige privat betriebene Informationszentrum, das es in den kanadischen Nationalparks gibt. Entsprechend engagiert sind auch die Mitarbeiter.

Yoho National Park und Umgebung

Yoho, ein Cree-Wort für „Erstaunen", ist der passende Name für diesen 131.300 ha großen Nationalpark unmittelbar nördlich des Kootenay National Park und neben dem Banff National Park im Osten. Er ist zwar der kleinste von vier aneinandergrenzenden Parks, doch seine wilde, hügelige Landschaft wartet mit spektakulären Wasserfällen, ausgedehnten Eisfeldern, einem See, der sich mühelos mit denen in Banff messen kann, und einem der aufsehenerregendsten Fossilienbetten der Welt auf. Obendrein lassen sich auf den insgesamt 300 km Wanderwegen des Parks einige der schönsten Wanderungen des ganzen Landes unternehmen.

Innerhalb des Parks befinden sich vier Hotels, vier Campingplätze und das kleine Eisenbahnstädtchen **Field,** das über ein paar Versorgungsmöglichkeiten verfügt. Der Park hat das ganze Jahr über geöffnet, aber im Winter können die Straßenverhältnisse tückisch sein, und manchmal wird der Kicking Horse Pass gesperrt. Die Straße zu den Takakkaw Falls ist im Winter geschlossen und wird oft erst Mitte Juni wieder freigegeben.

Vom Westrand des Parks führt der Hwy. 1 am Kicking Horse River entlang ins Columbia River Valley hinab und zur Stadt Golden.

Sehenswertes

Ebenso wie in allen anderen Parks der kanadischen Rockies braucht man nicht weit ins Hinterland vorzudringen, um die spektakulärsten Sehenswürdigkeiten zu Gesicht zu bekommen – viele lassen sich sogar vom Straßenrand aus erblicken. Die nachstehend genannten Sehenswürdigkeiten sind von Osten nach Westen aufgelistet, angefangen bei der Parkgrenze (der kontinentalen Wasserscheide).

Spiral Tunnel Viewpoint

Die Begeisterung, die C.P.R.-Präsident William Van Horne bei der Fertigstellung der transkontinentalen Eisenbahnlinie im Jahr 1886 empfand, wurde durch die massiven Probleme empfindlich gedämpft, die auf einem Streckenabschnitt westlich des Kicking Horse Pass auftraten. Der „Big Hill" war keine 5 km lang, doch sein Gefälle war so stark, dass es immer wieder zu Zugentgleisungen, Zusammenstößen und anderen Katastrophen kam. Fast ein Vierteljahrhundert musste nach der Eröffnung der Strecke vergehen, bis es Eisenbahningenieuren und -bauern schließlich gelang, das Problem zu lösen. Durch den Bau zweier spiralförmiger Tunnels, die durch einen 2 km dicken Felsen bis zur Talsohle gesprengt wurden, ließ sich die

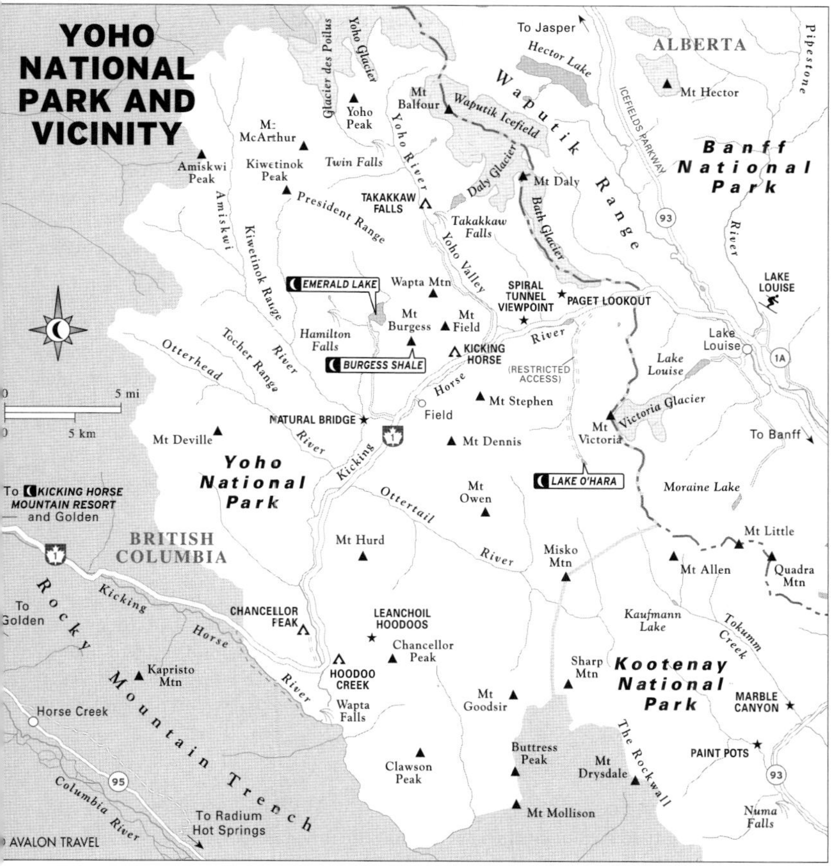

Steigung erheblich abschwächen, und die Schreckensnachrichten hatten ein Ende. An der Schienenstrecke gibt es einen Aussichtspunkt mit Schautafeln, auf denen die spannende Geschichte des Big Hill verzeichnet ist. Auch einen der Tunneleingänge kann man von hier aus in der Ferne sehen.

Yoho Valley

Der vom Wapta Icefield im äußersten Norden des Parks gespeiste **Yoho River** fließt durch dieses faszinierend schmale Tal und fällt auf dem letzten Kilometer um mehr als 200 m ab, bevor er in den Kicking Horse River mündet. Die Straße, die vom Tal nach oben führt, passiert den wichtigsten Campingplatz des Parks und erklimmt anschließend auf einer Reihe *sehr* enger Haarnadelkurven die Anhöhe (Vorsicht vor entgegenkommenden Bussen, die den Mittelstreifen überfahren). Sie endet 14 km von der Hauptstraße entfernt bei den **Takakkaw Falls** (*Takakkaw* ist ein Cree-Wort und bedeutet „wunderbar"). Der berauschendste Wasserfall der kanadischen Rockies stürzt am Rand des Yoho Valley 254 m tief über eine steile Felswand, und die dabei entstehende Gischt schillert in allen Regenbogenfarben. Der Wasserfall ist von der Straße aus zu sehen, aber es lohnt sich, den zehnminütigen Spaziergang über den Yoho River zu unternehmen, um das Schauspiel aus der Nähe zu betrachten.

Natürliche Brücke

3 km westlich von Field liegt der Abzweig zum berühmten Emerald Lake. Auf der Strecke zum See passiert man aber zuerst noch eine andere Sehenswürdigkeit, eine natürliche Brücke. 2 km unterhalb der Straße hat der Kicking Horse River eine kleine Höhlung durch eine Kalksteinwand gegraben und so eine Brücke entstehen lassen. Von hier führt ein Pfad zu mehreren Aussichtspunkten.

Emerald Lake

Der wunderschöne, von einem Wald aus Engelmannfichten sowie zahlreichen mehr als 3000 m hohen Bergen eingerahmte See ist eines der Schmuckstücke der kanadischen Rockies. Die meiste Zeit des Jahres hindurch überzieht ihn eine Eisschicht, aber im Sommer, wenn Wanderer, Kanuten und Reiter die herrliche Landschaft ringsum bevölkern, herrscht ein paar Monate lang buntes Treiben. **Emerald Lake Canoe Rentals** (✆ 250/343-6000) verleiht Kanus und kleine Boote für $ 30/Std., $ 45/2 Std. oder $ 70/Tag.

Lake O'Hara

Der 11 km von der nächsten Straße entfernte Lake O'Hara schmiegt sich in eine hochalpine Talsenke zwischen üppige Hochlandwiesen. Er ist von Dutzenden kleinerer Gebirgsseen umgeben und wird von atemberaubenden, mit ewigem Schnee bedeckten Gipfeln eingerahmt. Außerdem überzieht ein Netz von Wanderwegen das gesamte Gelände. Besonders erfreulich ist, dass nur eine bestimmte Anzahl von Besuchern gleichzeitig zugelassen wird.

Busreservierung

Der Lake O'Hara ist auf Wanderwegen erreichbar, doch die meisten Besucher nehmen den Shuttlebus, der auf einer für die Allgemeinheit gesperrten Straße verkehrt. Abfahrtsstelle ist der Parkplatz 15 km östlich von Field und 3 km westlich der kontinentalen Wasserscheide. Die Busse für Tagesbesucher fahren zwischen Mitte Juni und Anfang Oktober täglich um 8.30 Uhr und 10.30 Uhr los; Rückfahrt um 14.30, 16.30 und 18 Uhr; Hin- und Rückfahrt kosten $ 15/Pers., Reservierung unter ✆ 250/343-6433 (Reservierungsgebühr $ 12/Buchung). Buchungen werden bis zu drei Monate im Voraus entgegengenommen. Da die Sitzplätze begrenzt sind, muss man *exakt* drei Monate vorher anrufen, um einen zu ergattern, und selbst dann möglichst früh am Tag. Alle Zeitangaben – Busabfahrtszeiten und Öffnungszeiten des Reservierungszentrums – beziehen sich auf die Mountain Standard Time (gleiche Zeitzone wie Banff).

Wandern

Der am einfachsten zu begehende Trail ist die **Lake O'Hara Shoreline** (2,8 km; 40 Min.), ein Pfad, der an Wasserfällen vorbei rings um den malerischen See führt und auf Schritt und Tritt einen neuen spektakulären Ausblick auf die Berge der Umgebung bietet. Von diesem Uferweg zweigen viele andere Wanderpfade ab. Der kürzeste ist der **Lake Oesa Trail** (3 km; einfach 1 Std.), auf dem man zu einer steinigen, mit Wasser gefüllten und von Böschungen und 3000 m hohen Gipfeln eingeschlossenen Senke hochgelangt. Das im benachbarten Gebirgstal befindliche **Opabin Plateau** (hin und zurück 5,9 km) ist unschwer innerhalb 1 Std. erreichbar, aber an seinen zahlreichen Seen und mit dem Erkraxeln der Hänge lässt sich gut und gern ein ganzer Tag verbringen. Der **Opabin Prospect** am Rand der Mulde ist einer der märchenhaftesten auf einem Wanderweg zugänglichen Aussichtspunkte Westkanadas. Andere Pfade führen zum **Lake McArthur** (3,5 km; einfach 80 Min.), einem wunderbaren, azurblauen Gewässer zwischen saftigen Hochlandwiesen, und zum **Cathedral Basin** (7,5 km; einfach 2,5 Std.), das etwas weiter weg liegt und daher weniger Besucher sieht.

Wanderungen in anderen Teilen des Parks

Emerald Lake

Eine der leichtesten, aber schönsten Wanderungen im Yoho ist der **Emerald Lake Loop** (5,2 km; hin und zurück 1,5 Std.). Der Pfad führt rund um den See herum und kann sowohl in der einen als auch der anderen Richtung begangen werden. Die besten Ausblicke eröffnen sich vom Westufer, wo eine Riesenlawine einen Tannenwald dem Erdboden gleichgemacht hat. Der Pfad zum **Emerald Basin** (4,5 km; einfach 1,5–2 Std.), der 1,5 km vom Parkplatz entfernt am Seeufer beginnt, überwindet eine Steigung von 280 m. Das Beeindruckendste, was den Wanderer in dem Bassin erwartet, ist der Blick auf die 800 m hoch aufragende Südwand der President Range. Der vom Parkplatz des Emerald Lake abgehende Pfad zu den **Hamilton Falls** (800 m; einfach 40 Min.) bietet sich für einen gemütlichen Spaziergang an.

Yoho Valley

Das Tal, von dem der Park seinen Namen bezieht, liegt nördlich des Trans-Canada Hwy. Abgesehen von den schon beschriebenen Sehenswürdigkeiten finden erprobte Wanderfreunde hier auch viele Gelegenheiten, Wanderungen abseits der ausgetretenen Trampelpfade zu unternehmen. Die nachstehend aufgeführten Tageswanderungen beginnen an unterschiedlichen Stellen beim Ende der ins Yoho Valley hineinführenden Straße. Egal, für welche man sich entscheidet, das Fahrzeug muss auf dem Takakkaw-Falls-Parkplatz abgestellt werden.

Der Pfad zu den **Twin Falls** (8 km; einfach 2,5 Std.) beginnt dort, wo die Straße durchs Yoho Valley endet; er führt entlang dem Yoho River an zahlreichen Wasserfällen vorbei und zu den spektakulären Twin Falls hoch. Bei ihnen teilt sich das aus dem Wapta Icefield abfließende Nass in zwei Wasserarme, bevor es von einer 80 m hohen Felswand herabstürzt.

Eine der schönsten Wanderungen in den gesamten kanadischen Rockies ist die **Iceline** (6,4 km; einfach 2,5 Std.) mit einem atemraubenden Höhenunterschied von 690 m. Das Highlight bildet die 4 km lange Überquerung einer Gletschermoräne unterhalb des Emerald Glacier. Während sich der Pfad dem 2220 m hoch gelegenen Gletscherrand nähert, wird die Aussicht auf das Tal immer schöner. Der Wanderweg bietet verschiedene Optionen, darunter einen Weitermarsch bis zu den Twin Falls oder die Möglichkeit, ein Stück auf dem Weg zurückzugehen und dann nach Westen zum **Yoho Lake** abzubiegen.

Burgess Shale

Hoch oben an den Felsausläufern über Field befindet sich eine unter dem Namen Burgess Shale bekannte Sedimentgesteinschicht. Sie ist weltberühmt, denn ihr ist es zu verdanken, dass die Geheimnisse einer wichtigen Epoche der Evolutionsgeschichte gelüftet werden konnten. Die in der Gesteinskruste eingeschlossenen Fossilien stammen von rund 530 Mio. Jahre alten wirbellosen Meereslebewesen. Normalerweise enthalten Versteinerungen Wirbeltierchen, doch hier wurden bei irgendeiner Naturkatastrophe – vielleicht einem Erdrutsch – plötzlich Tausende von Wirbellosen lebendig begraben. Dass ihre zerbrechlichen Körper nicht verwesten, geht auf die Unterbrechung der Sauerstoffzufuhr zurück.

Die beiden interessantesten Fossilienbetten, die als UNESCO-Welterbe unter Schutz stehen, dürfen nur in Begleitung eines lizensierten Guides besichtigt werden. Die **Burgess Shale Geoscience Foundation** (✆ 250/343-6006 oder ✆ 800/343-3006, www.burgess-shale.bc.ca) bietet zwischen Juli und Mitte September Führungen zu beiden Stätten an. Der Zugang zu **Walcott's Quarry** erfolgt über einen anstrengenden, 10 km langen Wanderpfad, bei dem 760 Höhenmeter überwunden werden müssen. Die Ausflüge beginnen montags bis freitags um 8 Uhr beim Handelsposten an der Straßenkreuzung in Field, Rückkehr ist gegen 18.30 Uhr ($ 100/Pers.). Touren zu den etwas leichter erreichbaren **Mount Stephen Fossil Beds** finden samstags und sonntags um 8.30 Uhr statt, die Rückkehr erfolgt gegen 16.30 Uhr ($ 75/Pers.). Der Pfad zu den Fossilienbetten am Mount Stephen überwindet auf einer Länge von 3 km eine Steigung von 520 m. Auf beiden Pfaden ist der Höhenunterschied gewaltig – die Teilnehmer müssen eine gute Kondition mitbringen. Eine Reservierung ist unbedingt erforderlich.

Reisepraktisches

• *Übernachten* Das überwältigende Schauspiel der Takakkaw Falls lässt sich ganz hervorragend von der Terrasse des **HI-Yoho** (auch *Whiskey Jack Hostel* genannt; ✆ 403/760-7580 oder ✆ 866/762-4122, www.hihostels.ca; Mitte Juni bis Sept.; Mitglieder von Hostelling International $ 23/Nacht, Nichtmitglieder $ 27) aus betrachten. Hier stehen Schlafsaalbetten für bis zu 27 Gäste bereit, außerdem eine Gemeinschaftsküche und Gemeinschaftsduschen.

Das Cilantro on the Lake gehört zur Emerald Lake Lodge

In Field liegt das **Fireweed Hostel** (313 Stephen Ave., ✆ 250/343-6999 oder ✆ 877/343-6999, www.fireweedhostel.com; Bett im Schlafsaal $ 40, Suite mit zwei Schlafzimmern $ 160), eine der wenigen privat geführten Backpacker Lodges und noch dazu eine gute. Es handelt sich um ein modernes, zweckmäßiges Gebäude mit stabilen Stockbetten (samt Matratzen und Kopfkissen), einer schönen Lounge mit offenem Kamin und LCD-Fernseher sowie mit einer gut ausgestatteten Küche.

Ebenfalls in Field befindet sich die schlichte, aber elegante **Kicking Horse Lodge** (100 Centre St., ✆ 250/343-6303, www.truffelpigs.com; $ 165–250 für 1/2 Pers.), die 14 hübsch möblierte Zimmer im Motelstil, eine geräumige, gemütliche Lounge sowie das sehr zu empfehlende Bistro *Truffle Pigs* hat.

Die **Emerald Lake Lodge** (✆ 250/343-6321 oder ✆ 800/663-6336, www.crmr.com; ab $ 330 für 1/2 Pers.) ist eine luxuriöse, hübsche Unterkunft am Südufer eines der faszinierendsten Seen in den kanadischen Rockies. Die Unterbringung erfolgt in stilvoll eingerichteten Doppelbungalows oder frei stehenden Hütten. Alle verfügen über einen holzbefeuerten Kamin, Balkon, elegante Badezimmer und kuschelige Betten mit Daunendecken. Den Gästen stehen u. a. ein Whirlpool, eine Sauna, ein Swimmingpool, ein Restaurant, eine Lounge und ein Café mit Seeblick zur Verfügung, und sie können auch Ausritte, Boots- oder Angelausflüge auf dem Emerald Lake unternehmen.

Eine Übernachtung in der **Lake O'Hara Lodge** (✆ 250/343-6418, www.lakeohara.com; Mitte Juni bis Anfang Okt.) stellt eine ganz besondere Erfahrung dar, und nicht umsonst begegnet man Jahr für Jahr immer wieder altbekannten Gesichtern. Im Übernachtungspreis von $ 420 (1 Pers.) bzw. $ 535 (2 Pers.) für ein Zimmer im Haupthaus (mit Gemeinschaftsbad) und $ 760–775 (2 Pers.) in einer Hütte am See sind Vollpension, Steuern, kleine Aufmerksamkeiten und der Transport enthalten. Näheres zur Anfahrt zum Lake O'Hara siehe oben.

• *Camping* Der meistbesuchte Campingplatz des Parks ist der **Kicking Horse Campground** (Mitte Mai bis Mitte Okt.; $ 28) 5 km nordöstlich von Field an der Straße zu den Takakkaw Falls. Er verfügt über Münzduschen ($ 1), WCs und Kochgelegenheiten.

Ein Stück zurück in Richtung Trans-Canada Hwy. befindet sich der **Monarch Campground** ($ 19). Er ist nicht so gut ausgestattet, und die Stellplätze bieten weniger Privatsphäre.

Der **Hoodoo Creek Campground** am Trans-Canada Hwy., 23 km südwestlich von Field, verfügt über 106 abgetrennte Stellplätze zwischen Bäumen ($ 21). Die Ausstattung umfasst WCs, Warmwasser und Kochgelegenheiten; außerdem werden Informationsveranstaltungen angeboten.

Der am Ende der Straße ins Yoho Valley gelegene **Takakkaw Falls Campground** (Juli bis Mitte Sept.; $ 19) ist Zeltfreunden vorbehalten. Man stellt das Auto auf dem Parkplatz am Ende der Straße ab, schnallt sich die Ausrüstung auf den Rücken und legt die angenehmen 400 m auf der Talsohle bis zum Platz zu Fuß zurück. Es gibt keine Duschen, nur Plumpsklos und Picknicktische.

• *Essen und Trinken* Das **Truffle Pigs Bistro** (Kicking Horse Lodge, ✆ 250/343-6303; tägl. Mittag- und Abendessen, im Sommer auch Frühstück; $ 17–31) im Ortskern von Field gehört zu jenen unerwarteten Glückstreffern, die das Reisen so erfreulich machen. Seine wahre Stärke zeigt das Bistro am Abend, wenn man zwischen abenteuerlichen Gerichten wie dem Lachs-Tiramisu oder einfachen Klassikern wie Alberta-Rindfleisch mit Babykartoffeln und gegrillten Tomaten wählen kann.

Das **Cilantro on the Lake** (✆ 250/343-6321; Mitte Juni bis Sept. tägl. 11–21 Uhr; $ 25–37) an einem Nebenarm des Emerald Lake ist ein ungezwungenes Café mit herrlichen Ausblicken sowohl von den Tischen im Inneren des Blockhauses als auch von der Terrasse am See aus.

• *Information* Die hauptsächliche Informationsquelle für den Park ist das **Field Visitor Centre** am Trans-Canada Hwy. bei Field (✆ 250/343-6783; im Sommer tägl. 9–20 Uhr, sonst tägl. 9–16 Uhr).

Südliches Binnenland
Karte S. 278

Golden

Vom Westrand des Yoho National Park schlängelt sich der Trans-Canada Hwy. durchs herrliche River Valley hinunter zum Städtchen Golden (4800 Einw.) am Zusammenfluss des Kicking Horse und Columbia River. Golden ist nicht nur ein Reiseziel an sich, sondern auch eine gute Ausgangsbasis für die Erkundung der Umgebung. Überdies bietet es sich als Übernachtungsstopp auf einer Reise durch die kanadischen Rockies an, bei der auch die Nationalparks auf der westlichen Seite der kontinentalen Wasserscheide besucht werden.

Kicking Horse Mountain Resort

Ob im Sommer oder Winter – sobald man vom Yoho National Park nach Golden hinunterfährt, sind die auf der gegenüberliegenden Seite des Tals gelegenen Skipisten des Kicking Horse Mountain Resort (☏ 250/439-5400 oder ☏ 866/754-5425, www.kickinghorseresort.com) unschwer auszumachen. Dort befördert eine Kabinenbahn mit einem Fassungsvermögen von acht Personen pro Gondel Passagiere von Mitte Juni bis September innerhalb von nur 18 Min. in schwindelnde Höhen. Der Rundumblick vom Gipfel steht dem von anderen Aussichtsstellen der kanadischen Rockies in nichts nach. An der oberen Bahnstation gehen Wanderwege ab, die durch eine verletzliche, baumlose Landschaft führen, während Mountainbiker sich auf die Herausforderung einer Abfahrt mit mehr als 1000 m Höhenunterschied freuen dürfen. Eine Seilbahnfahrt kostet für Erwachsene $ 31, für Senioren $ 24 und für Kinder $ 13. Mountainbiker zahlen $ 27 für eine Fahrt oder erwerben ein *Rent-and-Ride Package,* das $ 84/Tag kostet und die Leihgebühr für ein voll gefedertes Fahrrad einschließt. Die Seilbahn fährt im Sommer tägl. von 10.30 Uhr bis 17.30 Uhr.

Das Resort ist im Sommer durchaus reizvoll, aber erst im Winter entfaltet es seine ganze Schönheit. Zusätzlich zur Kabinenbahn laufen dann vier Lifte, die Skifahrer und Snowboarder zu versteckten Mulden und einer Piste in 2450 m Höhe bringen, der zweithöchsten Steilabfahrt (1260 m) Nordamerikas. Die Lifte sind von Mitte Dezember bis Anfang April in Betrieb, Karten kosten für Erwachsene $ 69, für Senioren $ 59 und für Kinder $ 36. Im Haupthaus gibt es einen Ausrüstungsverleih, eine Cafeteria und eine Skischule. Das Restaurant auf dem Gipfel hat täglich zum Mittagessen und am Freitag und Samstag auch zum Abendessen geöffnet.

Reisepraktisches

• *Übernachten* Die **Kicking Horse River Lodge** (801 9th St. N, ☏ 250/439-1112 oder ☏ 877/457-5266, www.khrl.com; Bett im Schlafsaal $ 36, Zimmer $ 125–240 für 1/2 Pers.) ist ein modernes, am Flussufer gelegenes Gebäude und bietet beispielsweise Internet, einen Gemeinschaftsraum mit Breitbild-TV sowie ein Café mit Tischen im Freien und Blick auf den Columbia River.

Die **Blaeberry Mountain Lodge** (1680 Moberly School Rd., ☏ 250/344-5296, www.blaeberrymountainlodge.bc.ca; $ 95–145 für 1/2 Pers.) ist auf einem 62 ha großen Gelände inmitten totaler Wildnis gelegen. Sie hat Zimmer im Hauptgebäude sowie Ferienhütten für Selbstversorger und bietet ihren Gästen jede Menge Freizeitspaß. Man erreicht die Lodge, wenn man von Golden 9 km auf dem Hwy. 1 nach Norden fährt und dann weitere 7 km in nördlicher Richtung auf der Moberly School Rd.

Die **Copper Horse Lodge** (☏ 250/344-7644 oder ☏ 877/544-7644, www.copperhorselodge.com; $ 180–230 für 1/2 Pers. inkl. Frühstück), eine der zahlreichen neuen Unterkünfte unterhalb des Kicking Horse Mountain Resort, ist höchst empfehlenswert. Die Gästezimmer sind in Erdfarben gehalten und mit Bademänteln, Internetzugang und TV/DVD ausgestattet. Außerdem gibt es ein Restaurant, eine Lounge und einen Whirlpool im Freien.

• *Camping* Wer durch die Altstadt und dann über den Kicking Horse River fährt, kommt zum **Golden Municipal Campground** (9th St., ☏ 250/344-5412, www.goldenmunicipalcampground.com; Mitte Mai bis Mitte Okt.; $ 20–29). Es ist ein ruhiger Campingplatz am Flussufer, 2 km von der Innenstadt entfernt. Die Einrichtungen umfassen überdachte Picknickstellen, münzbetriebene Duschen und 70 Stellplätze mit Lagerfeuerstellen.

• *Essen und Trinken* Das auf 2347 m Höhe gelegene **Eagle's Eye** ist das Sahnehäubchen des Kicking Horse Mountain Resort (☏ 250/439-5400 oder ☏ 866/754-5425; tägl. ab 10 Uhr) und gleichzeitig das am höchsten gelegene Restaurant Kanadas. Die Anfahrt erfolgt vom Dorf am Fuß des Hanges, 13 km westlich der Innenstadt von Golden, per Kabinenbahn. Wie nicht anders zu erwarten, sind die Ausblicke traumhaft. Das Lokal ist stilvoll in Holz und Stein gehalten und verfügt über einen Kamin, der vom Boden bis zur Decke reicht. Rund um das Haus zieht sich eine breite, mit Glas eingefasste Veranda. Für das im Sommer täglich

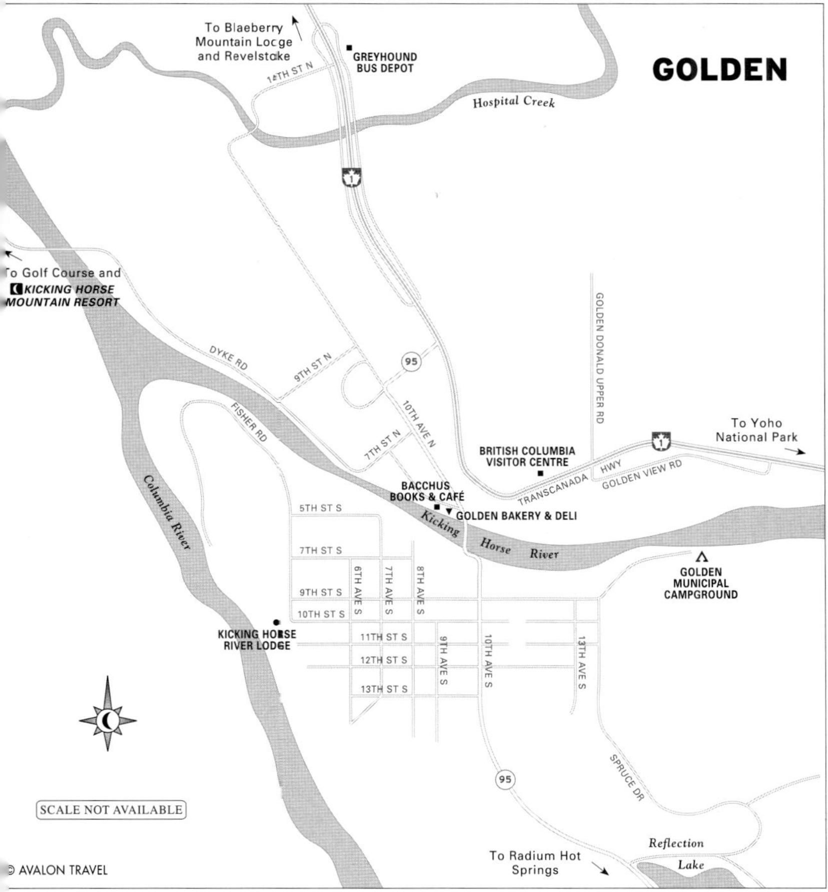

angebotene Mittagessen zahlen Erwachsene $ 49, Senioren $ 42 und Kinder $ 22, eine Fahrt mit der Seilbahn ist inbegriffen. Am Freitagabend wird zwischen 19 und 22 Uhr die Atmosphäre romantischer und die Speisen werden ausgefallener, bleiben aber unverkennbar kanadisch. Abendhauptgerichte kosten $ 25–40 und beinhalten solche Delikatessen wie in Safran-Vanille-Creme gebackenen Lachs, zu dem Erdbeer-Salsa gereicht wird ($ 28).

Am besten beginnt man den Tag zusammen mit den Einheimischen in der **Golden Bakery & Deli** (419 9th Ave., ✆ 250/344-2928; Mo–Sa 6.30–18 Uhr; $ 5–8), wo immer frischer Kaffee und freundliche Gesichter anzutreffen sind. Zu den angebotenen Backwaren zählen Brot, Gebäck, Kuchen und Fleischpasteten; die preiswerten Tages-Spezialgerichte stehen im Essbereich neben der Verkaufstheke auf einer Tafel angeschrieben.

• *Information* Das ganzjährig geöffnete **British Columbia Visitor Centre** ist in einem architektonisch interessanten Gebäude am Rand des Highways untergebracht, kurz bevor dieser, von Osten her kommend, zum Ort abfällt (111 Golden Upper Donald Rd., ✆ 250/344-7125 oder ✆ 800/622-4653, www.tourismgolden.com; tägl. 9–17 Uhr, im Sommer bis 20 Uhr).

• *Einkaufen* **Bacchus Books** (409 9th Ave., ✆ 250/344-5600; Mo–Sa 9–17.30 Uhr) verfügt über ein breites Sortiment an neuen und gebrauchten Büchern und zahlreiche detaillierte Landkarten über das Columbia Valley.

Zentrales und nördliches British Columbia

Die zentralen und nördlichen Regionen British Columbias, die sich von den kanadischen Rockies im Osten bis zum Pazifischen Ozean im Westen und vom Trans-Canada Hwy. im Süden bis zum Yukon Territory im Norden erstrecken, umfassen eine Vielzahl landschaftlicher Sehenswürdigkeiten. Dazu zählen der gewaltige Fraser River, die stolzen Gipfel der Cariboo und Coast Mountains, die tief eingeschnittenen Küstenfjorde rings um Bella Coola und die unendlichen Wälder des Nordens. Die überwiegend von Wald bedeckte Landschaft durchbrechen zwei gewaltige Gebirgszüge – die Rockies und die Coast Mountains – und buchstäblich Tausende von Seen, Flüssen und Bächen. Hier wimmelt es nur so von wilden Tieren; dies ist die Heimat von Rentieren, Rotwild, Schwarz- und Grizzlybären, Elchen, Dickhornschafen und Schneeziegen.

Die meistfrequentierte Reiseroute durch das zentrale British Columbia ist der Trans-Canada Hwy., der im vorliegenden Buch als die Südgrenze der Region betrachtet wird. Im Osten der Provinz durchschneidet der Highway den Glacier National Park, einen kleinen, aber atemberaubenden Park mit Gletschern und himmelstürmenden Gipfeln. Vom Park aus in Richtung Westen passiert der Highway das Heliski-Zentrum Revelstoke sowie den „Wasserspielplatz" Shuswap Lake und erreicht schließlich das Bevölkerungszentrum Kamloops. Von Kamloops führen zwei Straßen nach Norden. Der Hwy. 5 bildet den Zugang zu den Provinzparks Wells Gray und Mount Robson; Ersterer ist eine riesige, waldbestandene Wildnis, Letzterer verdankt seinen Namen einem der spektakulärsten Berge des ganzen Landes. Die andere Straße, der Hwy. 97, durchquert das Cariboo Country, das für seine in den 1860ern entstandene und inzwischen komplett restaurierte Goldgräberstadt Barkerville berühmt ist, eines der Highlights auf dem Weg nach Norden.

Highlights

Meadows in the Sky Parkway (S. 348): Viele Reisende lassen den Mount Revelstoke National Park einfach links liegen. Deswegen kann es gut sein, dass Autofahrer auf dieser zauberhaften Gebirgsstraße keiner Menschenseele begegnen.

Mount Robson Provincial Park (S. 359): Eine Fahrt durch diesen gebirgigen Park hinterlässt unauslöschliche, faszinierende Eindrücke – vorausgesetzt, die höchsten Gipfel der kanadischen Rockies liegen nicht gerade unter einer Wolkendecke verborgen.

Historic Hat Creek Ranch (S. 361): Mehr als 100 Jahre ist es her, dass es auf der Cariboo Wagon Road nur so von nach Norden ziehenden Goldsuchern wimmelte. Aber auch heute noch fühlt sich der Besucher auf dieser bestens erhaltenen Farm wie im Wilden Westen.

Bowron Lake Provincial Park (S. 370): Die Hauptattraktion dieses mit Seen gespickten Parks bildet eine Rundfahrt durch die Wildnis im Kanu, doch er lohnt schon wegen seiner Bilderbuchlandschaft einen Besuch – und hoffentlich bleibt wenigstens noch Zeit für eine kurze Paddeltour.

'Ksan Historical Village (S. 381):
Erleben Sie die Kultur der Ureinwohner im 'Ksan Historical Village, wo Totempfähle, Langhäuser sowie Gitxsan-Kunst und -Kunsthandwerk zu sehen sind.

Gwaii Haanas National Park Reserve (S. 400): Eine Reise auf die Queen Charlotte Islands bedeutet an sich schon ein Abenteuer. Aber wer die ausgetretenen Pfade ernsthaft verlassen möchte, sollte unbedingt einen Abstecher in diesen abgeschiedenen, für seine Haida-Geschichte bekannten Park unternehmen.

Liard River Hot Springs (S. 416): Die heißen Quellen sind nicht unbedingt eine unverzichtbare Sehenswürdigkeit, aber eine herrliche Möglichkeit, um zu entspannen.

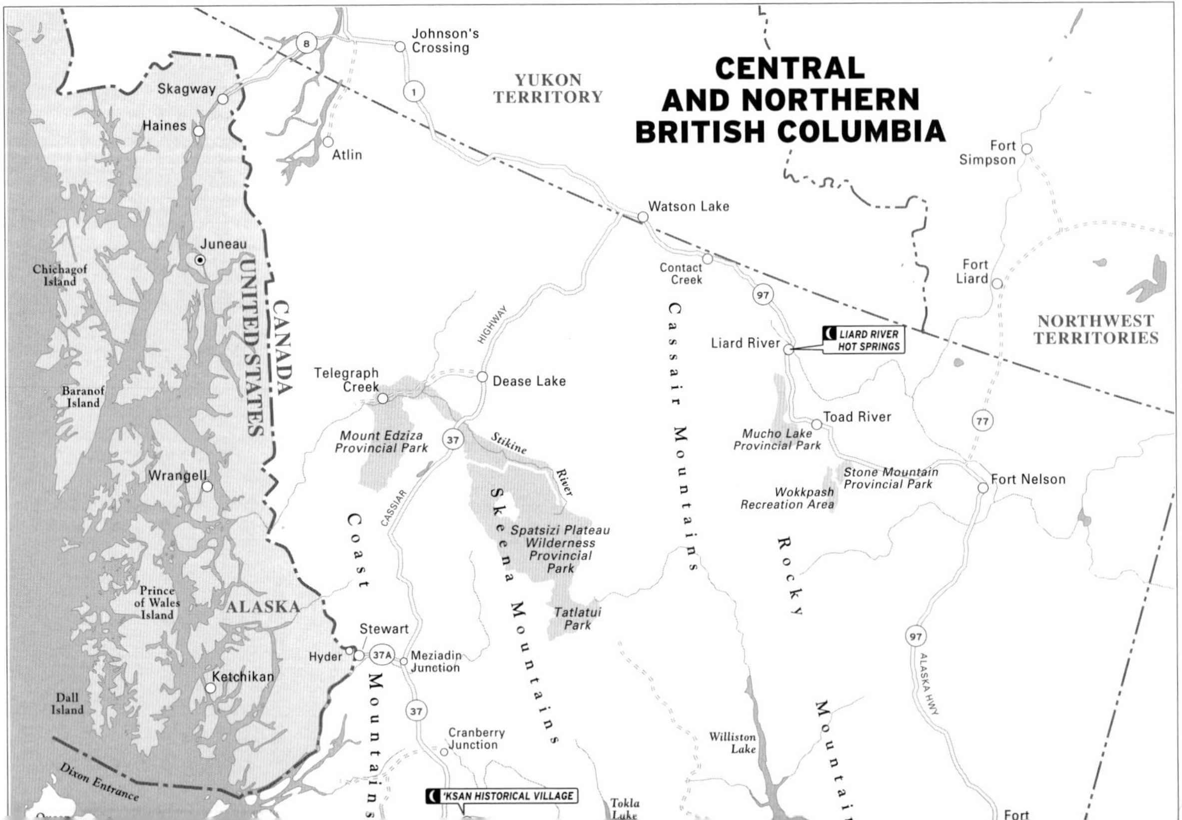

CENTRAL AND NORTHERN BRITISH COLUMBIA
YUKON TERRITORY
NORTHWEST TERRITORIES
CANADA
UNITED STATES
ALASKA
Johnson's Crossing
Skagway
Haines
Atlin
Juneau
Chichagof Island
Baranof Island
Wrangell
Prince of Wales Island
Ketchikan
Dall Island
Dixon Entrance
Watson Lake
Contact Creek
Liard River
LIARD RIVER HOT SPRINGS
Fort Simpson
Fort Liard
Toad River
Mucho Lake Provincial Park
Stone Mountain Provincial Park
Wokkpash Recreation Area
Fort Nelson
ALASKA HWY
Telegraph Creek
Dease Lake
HIGHWAY
CASSIAR
Mount Edziza Provincial Park
Stikine River
Spatsizi Plateau Wilderness Provincial Park
Tatlatui Park
Cassair Mountains
Skeena Mountains
Coast Mountains
Rocky Mountains
Stewart
Hyder
Meziadin Junction
Cranberry Junction
'KSAN HISTORICAL VILLAGE
Williston Lake
Tokla Lake
Fort

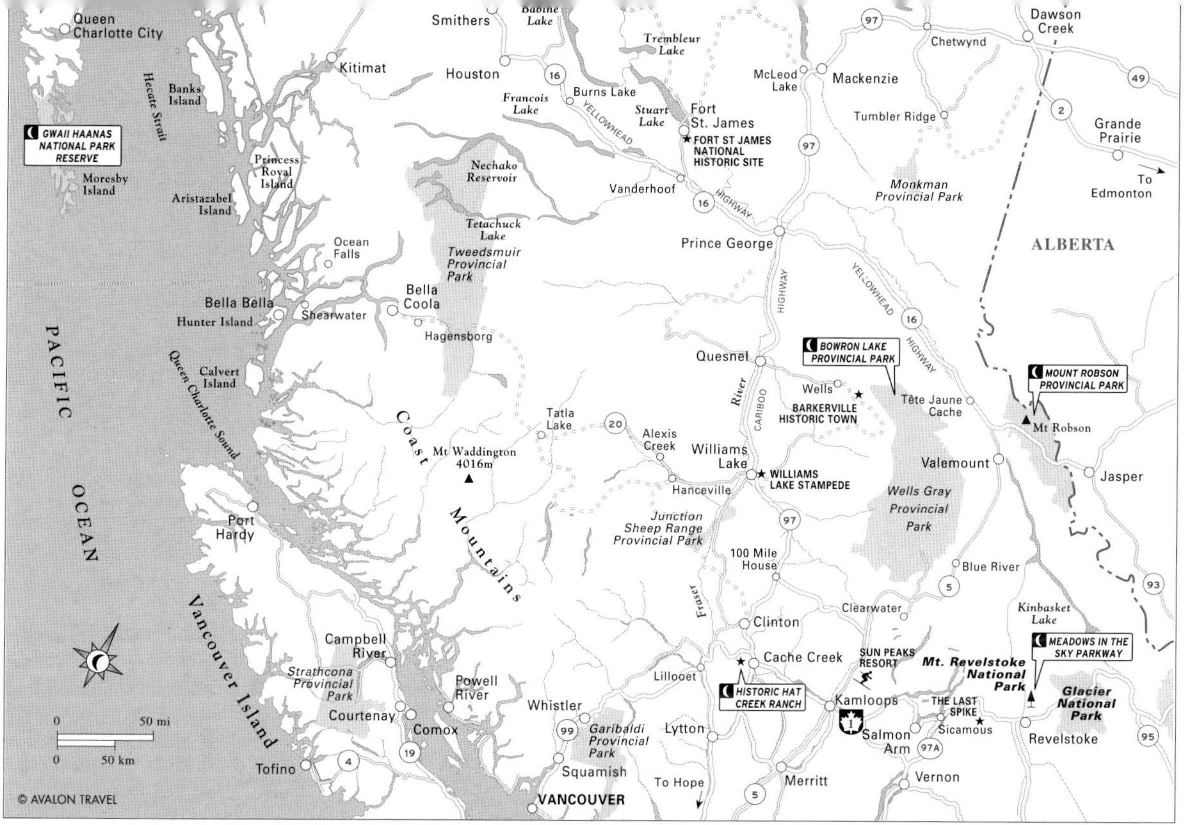

Queen Charlotte City
GWAII HAANAS NATIONAL PARK RESERVE
Moresby Island
Hecate Strait
Banks Island
Aristazabel Island
Princess Royal Island
Kitimat
Smithers
Houston
Babine Lake
Francois Lake
Burns Lake
YELLOWHEAD
Trembleur Lake
Stuart Lake
Fort St. James
FORT ST JAMES NATIONAL HISTORIC SITE
McLeod Lake
Mackenzie
Chetwynd
Dawson Creek
Tumbler Ridge
Grande Prairie
To Edmonton
ALBERTA
Monkman Provincial Park
Nechako Reservoir
Vanderhoof
HIGHWAY
Prince George
Tetachuck Lake
Tweedsmuir Provincial Park
Ocean Falls
Bella Coola
Bella Bella
Shearwater
Hunter Island
Hagensborg
PACIFIC
OCEAN
Queen Charlotte Sound
Calvert Island
Quesnel
River
CARIBOO
BOWRON LAKE PROVINCIAL PARK
Wells
BARKERVILLE HISTORIC TOWN
Tête Jaune Cache
MOUNT ROBSON PROVINCIAL PARK
Mt Robson
Jasper
Valemount
Tatla Lake
Alexis Creek
Williams Lake
WILLIAMS LAKE STAMPEDE
Hanceville
Coast Mountains
Mt Waddington 4016m
Port Hardy
Junction Sheep Range Provincial Park
Wells Gray Provincial Park
100 Mile House
Blue River
Fraser
Clinton
Clearwater
Kinbasket Lake
MEADOWS IN THE SKY PARKWAY
Vancouver Island
Campbell River
Strathcona Provincial Park
Courtenay
Comox
Powell River
Whistler
Lillooet
Cache Creek
HISTORIC HAT CREEK RANCH
SUN PEAKS RESORT
Mt. Revelstoke National Park
Glacier National Park
Kamloops
THE LAST SPIKE
Sicamous
Salmon Arm
Revelstoke
Garibaldi Provincial Park
Lytton
Squamish
To Hope
Merritt
Vernon
Tofino
VANCOUVER
0 50 mi
0 50 km
97
49
2
16
20
5
93
95
97A
1
99
19
4
© AVALON TRAVEL

Für welche der beiden Strecken man sich auch entscheidet, letztendlich landet man auf dem Yellowhead Hwy., dem Zugang zum nördlichen British Columbia. Die größte Stadt an dieser Straße ist Prince George, ein 780 km nördlich von Vancouver gelegenes Forst- und Versorgungszentrum inmitten eines paradiesischen Erholungsgebietes. Von Prince George führt der Yellowhead Hwy. nach Westen zu Ortschaften, in denen Angel- und Bootstouren auf den Seen und Flüssen der Umgebung organisiert werden. Am westlichen Ende des Yellowhead Hwy. liegt Prince Rupert, eine lebhafte Küstenstadt und der nördlichste Hafen der BC Ferries, außerdem ein wichtiger Fährhafen am Alaska Marine Highway und Ausgangspunkt zu den mystischen Queen Charlotte Islands. Vom Yellowhead Hwy. führen zwei Strecken nach Norden. Der Stewart-Cassiar Hwy. beginnt westlich von Prince George und verläuft parallel zu den Coast Mountains, er passiert dabei die Abzweigung zu den Zwillingsstädten Stewart und Hyder sowie zu einigen abgeschiedenen Provinzparks. Der Highway endet an der Kreuzung mit der anderen Nordroute – dem berühmten Alaska Hwy. Der Meilenstein Null des Alaska Hwy. befindet sich bei Dawson Creek, nordöstlich von Prince George. Von dort aus schlängelt sich die Straße endlose Kilometer weit durch borealen Nadelwald, vorbei an Seen und Bergen, ins herrliche Yukon Territory.

Reise- und Zeitplanung

Wenn es darum geht, die Zeit im zentralen und nördlichen British Columbia am besten zu nutzen, sollte man sich nicht nur darauf konzentrieren, möglichst alle Sehenswürdigkeiten anzusteuern, sondern den gesamten Reiseablauf im Auge behalten. Auf keinen Fall darf vergessen werden, dass dieser Teil der Provinz riesig ist – größer als alle anderen Regionen zusammen, daher ist eine weitsichtige Planung unerlässlich.

Die Ost-West-Strecke auf dem Trans-Canada Hwy. zwischen Banff und Vancouver lässt sich mühelos an einem Tag zurücklegen, doch da sie an zwei Nationalparks und einer Reihe interessanter Ortschaften vorbeiführt, empfiehlt sich mindestens eine Übernachtung (Revelstoke ist eine gute Wahl). Selbst wer es eilig hat, sollte einen Umweg über den **Meadows in the Sky Parkway** im Mount Revelstoke National Park machen, um die Welt von hoch oben betrachten zu können. Die größte Stadt der Region ist Kamloops; von ihr zweigen Straßen in vier Richtungen ab. Die landschaftlich reizvollste ist vielleicht der Hwy. 5, der nach Norden zum **Mount Robson Provincial Park** führt. Dort bietet sich die Möglichkeit, entweder in Richtung Nordwesten nach Prince George, dem Sprungbrett ins nördliche British Columbia, oder nach Osten zum Jasper National Park und anschließend nach Süden bis Banff zu reisen. Wer auf dem Hwy. 97 von Kamloops aus weit genug nach Norden fährt, gelangt ebenfalls nach Prince George. Um sich während dieser langen Fahrt einmal die Beine zu vertreten, empfiehlt sich eine Rast bei der **Historic Hat Creek Ranch,** wo noch Gebäude aus der Zeit des Cariboo-Goldrausches erhalten sind. Für die Fahrt von Prince George in Richtung Westen nach Prince Rupert sollten mindestens zwei Tage eingeplant werden. Mindestens vier weitere Tage erfordert die Rundstrecke Alaska/Cassiar Hwy. inklusive eines Aufenthalts bei den **Liard River Hot Springs** und eines Abstechers nach **Hyder.** Zum guten Schluss sollten noch drei Tage auf den Queen Charlotte Islands verbracht werden, wobei ein Tagesausflug in das **Gwaii Haanas National Park Reserve** nicht fehlen darf. Eine ausgezeichnete Möglichkeit, den nördlichen Abschnitt der Provinz zu besuchen, ohne auf der gleichen Strecke zurückfahren zu müssen, bietet eine Fahrt mit der Fähre zwischen Prince Rupert und Vancouver Island in der einen oder anderen Richtung.

Der Sommer im zentralen und nördlichen British Columbia ist kürzer als in den anderen Teilen der Provinz. Die beste Reisezeit ist im Juli und August. Gute Reisemonate sind auch Juni und September – es ist noch warm genug zum Zelten, und die Mückenplage ist nicht so schlimm wie im Hochsommer. Wer Grizzlybären in ihrem natürlichen Habitat sehen möchte, sollte es so einrichten, dass ein Besuch des Khutzeymateen in den Juni oder ein Abstecher nach Hyder in den Zeitraum August/September fällt.

Von Golden nach Kamloops

Glacier National Park

Dieser Park, der ein 135.000 ha großes Gebiet der Selkirk Mountains westlich des Rocky Mountain Trench umfasst, ist ein Märchenland aus schroffen, mit Schnee bedeckten Gipfeln, ausgedehnten Eisfeldern, donnernden Wasserfällen, tiefen Tälern und reißenden Flüssen. Der Trans-Canada Hwy. durchschneidet den Park und überquert ihn auf dem höchsten Punkt, dem 1327 m hohen **Rogers Pass.** Von diesem eindrucksvollen Gipfel sind es noch 80 km bis Golden im Osten und 72 km bis Revelstoke im Westen.

Manche assoziieren den Namen des Parks möglicherweise mit dem US-amerikanischen Nationalpark in Montana. Die beiden Parks haben denselben Namen und die gleiche Gletscherlandschaft, doch damit erschöpft sich die Ähnlichkeit auch schon.

Die schneebedeckten Gipfel des Glacier National Parks sind vom Highway aus zu sehen

Eine Eisenbahnstrecke und eine Straße

Wie im westlichen Kanada nicht unüblich, verdankt auch der Glacier National Park seine offizielle Anerkennung den Bemühungen der Canadian Pacific Railway, der daran gelegen war, möglichst viele Bahnfahrkarten an Touristen zu verkaufen.

Eine Schienenstrecke durch die Columbia Mountains zu legen stellte für die Ingenieure der C.P.R. eine echte Herausforderung dar. Das größte Problem lag dabei nicht in der Höhe, sondern in den Lawinen, die eine ständige Bedrohung für die engen, von Steilhängen umgebenen Täler bedeuteten. Nachdem schließlich eine Route als machbar auserkoren worden war, hoben nur mit Pickel und Schaufel ausgestattete Arbeiter im Laufe von drei Jahren die Grundfesten für das Eisenbahnbett aus; am 7. November 1885 war es dann endlich so weit: Der letzte Befestigungsnagel wurde bei Craigellachie, 100 km weiter westlich, in den Boden getrieben, und die Bahnstrecke konnte für den Verkehr freigegeben werden. Doch trotz aller Ingenieurskunst forderten immer wieder katastrophale Lawinenunglücke ihren Tribut, und während der ersten 30 Betriebsjahre kamen mehr als 200 Eisenbahnarbeiter ums Leben. Schließlich sah sich die C.P.R. dazu gezwungen, dem Sterben ein Ende zu machen, indem sie die Strecke umleitete und im Jahr 1916 einen Tunnel unter dem Pass graben ließ.

In den 1950ern sah sich ein Team von Straßenbauingenieuren vor dasselbe Problem gestellt, mit dem zuvor die Erbauer der Bahnlinie konfrontiert gewesen waren – jetzt ging es darum, eine Straße über den Pass zu bauen. Der für die Bahnschienen herausgesprengte Tunnel erwies sich für die Straßenführung als ungeeignet, daher musste eine neue Lösung gefunden werden. Im Jahr 1962 wurde schließlich eine Straße über den Pass fertig gestellt, die auf bestimmten Abschnitten mit Schneedächern aus Beton versehen wurde. Gleichzeitig wurde das umfangreichste mobile Lawinen-Kontrollprogramm der Welt ins Leben gerufen, um Unglücke zu verhindern. Experten überwachen ununterbrochen die Wetter- und Schneebedingungen, um genau voraussagen zu können, wann und wo eine Lawine abzugehen droht. Dann wird die Straße gesperrt, um die Lawine mit mobilen Haubitzen künstlich auszulösen.

Im US-Nationalpark befördern Busse Ladungen von Touristen von einer Ecke zur anderen, und das Gelände wimmelt von Wanderern. Hier, im kanadischen Namensvetter, ist von Kommerzialisierung kaum etwas zu spüren, und die Landschaft bleibt glücklicherweise weitestgehend der Natur überlassen.

Bester Ausgangspunkt für einen Parkbesuch ist das **Rogers Pass Information Centre.** Schaut man vom Informationszentrum nach Süden, erblickt man den Illecillewaet, den Asulkan und den Swiss Glacier. Während der Fahrt durch den Park eröffnen sich Panoramen, die zu den atemberaubendsten zählen, die sich von einer Straße in Kanada aus bewundern lassen. Jeder Aussichtspunkt am Straßenrand erscheint noch besser als der vorhergehende. Um den Park hautnah zu erleben, kann man auch aus dem Wagen aussteigen und ein Stück zu Fuß gehen, doch die meisten Pfade erfordern eine anstrengende Klettertour.

Mit Ausnahme des Durchgangsverkehrs ist für den Eintritt in den Glacier National Park ein Permit erforderlich, das im Informationszentrum erhältlich ist. Die Tagesgebühr beträgt für Erwachsene $ 8, für Senioren $ 7 und für Kinder $ 4, pro Fahrzeug zahlt man maximal $ 20.

Geografie

Beim Zugang zum Park, sowohl von Osten als auch von Westen her, müssen bis zum höchsten Punkt, dem Rogers Pass, mehr als 700 Höhenmeter überwunden werden. Der Pass ist nicht besonders hoch, aber eindrucksvoll. Rings um den Pass ragen schroffe Berggipfel empor, viele davon über 3000 m hoch, und die heftigen Winterschneefälle nähren mehr als 400 Gletscher, von denen einige von der Straße aus sichtbar sind.

Wer Blumen liebt, wird von den 600 verschiedenen Spezies begeistert sein, die innerhalb des Parks identifiziert wurden. Die beste Zeit, um auf den Hochwiesen und in den Hochwäldern blühende Blumen zu sehen, ist Anfang August, doch schon Anfang Juni erstrahlen die niedriger gelegenen Wälder in allen erdenklichen Farben, und im Juli, wenn die Lilien blühen, breitet sich an den Straßen- und Wegesrändern ein hellgelber Teppich aus. Die niedrigeren Gebirgswälder bestehen aus einem bunten Sammelsurium von Bäumen, darunter Gebirgs- und subalpine Tannen, Engelmannfichten, Rotzedern und westamerikanische Hemlocktannen.

Aufgrund des unwegsamen Geländes und der langen, harten Winter im Glacier National Park können hier nur robuste, an Entbehrungen gewöhnte Säugetiere überleben. Der Park ist ein Refugium von Schwarz- und Grizzlybären. Im späten Frühling begeben sich die Schwarzbären oft auf Nahrungssuche am Rande der Landstraßen. Grizzlys sind weniger verbreitet und halten sich lieber in der undurchdringlichen Wildnis auf, doch im Frühling sehen sie sich wegen anhaltenden Schnees manchmal gezwungen, in tiefer gelegenen Regionen zu verweilen – besonders an von Lawinen bedeckten Hängen sollte man nach ihnen Ausschau halten.

Wandern

Die 21 Wanderwege innerhalb des Parks umfassen insgesamt 140 km und reichen von kurzen Naturlehrpfaden bis zu langen, anstrengenden Kletterpfaden. Mit Ausnahme der Lehrpfade handelt es sich zumeist um sehr steile Wege, die sich allerdings wegen der spektakulären Aussichten lohnen. Aber Vorsicht: Auf vielen der hoch gelegenen Parkwanderwege liegt bis weit in den Juli hinein Schnee.

Einen ersten Eindruck vom Park vermitteln zwei kurze Wege: der **Abandoned Rails Interpretive Trail** (1 km; hin und zurück 20 Min.), der westlich des Informationszentrums beginnt, und der **Meeting of the Waters Trail** (1 km; hin und zurück 25 Min.), der hinter dem Illecillewaet Campground, 4 km südlich des Informationszentrums, anfängt.

Lust auf körperliche Anstrengung? Eine gute Kondition ist Voraussetzung für die folgenden beiden Wanderungen, meine Lieblingsrouten im Park. Der **Illecillewaet Campground** ist der Ausgangspunkt des **Avalanche Crest Trail** (4,2 km; einfach 2,5 Std.; 800 m Höhenunterschied). Er zweigt links vom Informationsbrett ab und führt auf den ersten 3 km durch einen subalpinen Wald steil nach oben, dann wird er langsam ebenerdig und erlaubt traumhafte Ausblicke auf den Rogers Pass hinab und nach Süden auf den Illecillewaet und den Asulkan Glacier. Der **Asulkan Valley Trail** (6,5 km; einfach 4 Std.; 930 m Höhenunterschied) liegt ähnlich hoch wie die anderen Wanderwege im steilwandigen Illecillewaet River Valley, doch da sich der Anstieg über eine längere Strecke hinzieht, ist dieser Ausflug weniger anstrengend. Dennoch ist für den Hin- und Rückweg ein ganzer Tag einzuplanen. Der Pfad beginnt an der Rückseite des Illecillewaet Campground und folgt dem Asulkan Brook durch ein Tal mit dichtem subalpinem Wald. Während andere Pfade zu Aussichtspunkten mit Panoramablick führen, erwartet den Wanderer am Ende dieses Trails ein unvergesslicher Blick auf das hoch oben aufragende Gletscherfeld.

Übernachten/Essen und Trinken

Die Übernachtungsmöglichkeiten innerhalb der Grenzen des Glacier National Park beschränken sich auf ein Motel sowie zwei kleine Campingplätze mit Stellplätzen ohne Anschlüsse. Wer etwas Luxuriöseres bevorzugt, muss entweder 80 km in Richtung Osten nach Golden oder 72 km in Richtung Westen nach Revelstoke fahren.

Die **Glacier Park Lodge**, ein Ableger von Best Western (✆ 250/837-2126 oder ✆ 888/567-4477, www.glacierparklodge.ca; $ 145 für 1 Pers., $ 155 für 2 Pers.), liegt direkt neben der Touristeninformation oben auf dem Rogers Pass und umfasst 50 mittelgroße Zimmer; außerhalb der Saison liegen die Preise unter $ 100. Da das Hotel zumeist von Tourgruppen mit einem rigiden Zeitplan benutzt wird, ist der beheizte Pool unter freiem Himmel normalerweise menschenleer. Das Hotel beherbergt eine Lounge, ein 24 Std. geöffnetes Café und ein Restaurant mit erschwinglichem Frühstücks-, Mittags- und Abendbüfett.

Der **Illecillewaet Campground** (alle Stellplätze $ 21,50) liegt 4 km südlich des Informationszentrums und hat von Ende Juni bis September geöffnet. Er ist mit Kochstellen, WCs, Picknicktischen und Feuerholz ausgestattet, und abends werden Informationsveranstaltungen abgehalten. Die Stellplätze erlauben nicht besonders viel Privatsphäre, und aufgrund der hohen Zedern und Berge ringsum dringt vor 12 Uhr mittags kaum ein Sonnenstrahl herein, doch der Campingplatz bildet eine hervorragende Ausgangsbasis für Ausflüge, denn von hier gehen die meisten Parkwanderwege ab.

Der kleinere **Loop Brook Campground** (Juli/Aug.; $ 21,50) liegt 3 km vom Illecillewaet Campground entfernt in Richtung Revelstoke, hat aber nur 20 Stellplätze.

Da es im gesamten Park nur 80 Stellplätze gibt und keine Reservierungen vorgenommen werden, ist es durchaus möglich, dass bei einer Ankunft am Spätnachmittag beide Campingplätze belegt sind. In dem Fall bleibt noch das 40 km weiter westlich gelegene **Canyon Hot Springs Resort** (✆ 250/837-2420, www.canyonhotsprings.com; Mai bis Sept.; Zeltstellplatz $ 28, Stellplatz mit Anschlüssen $ 38, Hütten $ 68 für 1/2 Pers.), das über heiße Quellen, Duschen, eine Laundry und ein Restaurant verfügt.

Information

Das **Rogers Pass Discovery Centre**, (✆ 250/837-7500, www.pc.gc.ca; Mai bis Mitte Juni tägl. 8.30–16.30 Uhr, Mitte Juni bis Aug. tägl. 7.30–20 Uhr, Sept. bis April tägl. 8.30–16.30 Uhr) liegt am Rande des Highways, 1,2 km nördlich des Passes. Drinnen ist eine faszinierende Ausstellung zur Entwicklungsgeschichte des Parks zu sehen. In der Sitzecke beim Kamin (die auch ein hervorragendes Plätzchen ist, um darauf zu warten, dass sich die Wolken verziehen) kann man sich Filme zu verschiedenen auf den Park bezogenen Themen anschauen, und auf der hauseigenen Kinoleinwand werden Dokumentarfilme über die Gebirgsfauna und die Arbeit der Lawinenrettungsmannschaften gezeigt. Die Angestellten informieren über den Zustand der Wanderwege, betreiben einen kleinen Buchladen und führen Informationsveranstaltungen durch. Außerdem ist das Zentrum die einzige Stelle im Park, wo man die Pässe kaufen kann, die jeder benötigt, der hier wandern oder zelten möchte. Wer schon im Besitz eines *National Parks of Canada Pass* ist, muss ihn im Informationszentrum vorlegen. Aktuelle Informationen zum Straßenzustand im Park sind unter ✆ 250/837-6867 erhältlich.

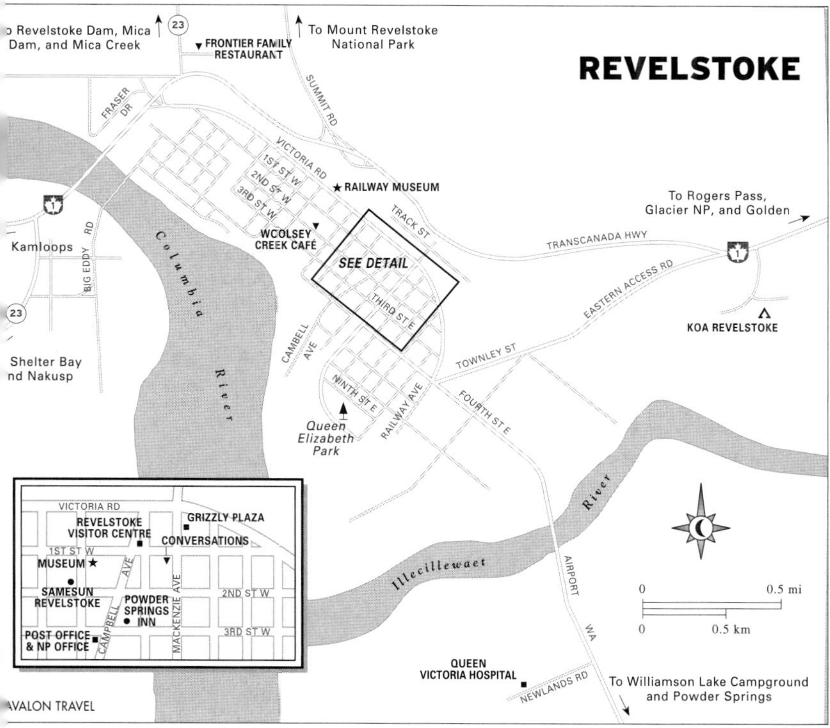

Revelstoke

Revelstoke (8000 Einw.) liegt 72 km westlich vom Rogers Pass am Zusammenfluss des Illecillewaet und des mächtigen Columbia River und ist von Bergen umgeben – den Monashees im Westen und den Selkirks im Osten. Die Landschaft könnte nicht spektakulärer sein. Die Stadt beherbergt zwei Museen, doch die Hauptattraktionen befinden sich weiter außerhalb, darunter zwei mächtige Dämme, ein Nationalpark direkt vor der Tür sowie ein hervorragendes Wintersportgebiet bei Powder Springs.

Sehenswertes in der Downtown

Der Trans-Canada Hwy. beschreibt eine gemächliche Schleife um die Randbezirke von Revelstoke und lässt die Innenstadt völlig links liegen. Aber ein Abstecher in den Stadtkern lohnt sich nicht nur wegen der guten Verpflegungs- und Unterbringungsmöglichkeiten, sondern auch, um die entspannte Atmosphäre einer Kleinstadt zu genießen, der es hervorragend gelungen ist, ihr historisches Erbe zu bewahren. Der Stadtkern wurde aufgemöbelt und konzentriert sich rund um die hübsche, gänzlich aus Backstein erbaute **Grizzly Plaza.** Im hiesigen Fremdenverkehrsamt liegt die Broschüre *Heritage Walking & Driving* aus, in der die Routen mit den sehenswertesten der zahlreichen alten Gebäude beschrieben sind.

Museen

Eisenbahnfans sollten auf keinen Fall das **Revelstoke Railway Museum** (719 Track St., ✆ 250/837-6060; im Sommer tägl. 9–20 Uhr, im Frühling und Herbst tägl. 9–17 Uhr, im Winter Fr–Di 9–17 Uhr; Erwachsene $ 8, Senioren $ 6, Kinder $ 4) auslassen, die Nachbildung eines alten Canadian-Pacific-Railway-Bahnhofs. Das Museum zeigt, was für eine wichtige Rolle dieses Transportmittel in der Geschichte Revelstokes spielte. Im Mittelpunkt der Ausstellung stehen eine gewaltige Dampflokomotive aus dem Jahre 1948 und ein Business Car No. 4, der letzte Schrei hinsichtlich luxuriösen Reisens in der Anfangszeit des Bahnfahrens. Das **Revelstoke Museum** (Ecke Boyle Ave. und 1st St., ✆ 250/837-3067; im Sommer Mo–Sa 9–18 Uhr und So 13–17 Uhr, sonst Mo–Fr 13–16.30 Uhr; Erwachsene $ 4, Senioren $ 3, Kinder $ 2) nimmt zwei Stockwerke eines historischen Postamtes in der Innenstadt ein.

Dämme

Zahlreiche Dämme zähmen den 1900 km langen Columbia River, den drittlängsten Fluss Nordamerikas. Vier davon befinden sich in British Columbia, und zwei liegen in der Nähe von Revelstoke. Die Dämme liefern die notwendige Wassermenge für den Betrieb von zwei massiven Wasserkraftwerken. Jedes der beiden Kraftwerke kann bis zu 1800 Megawatt Strom produzieren – das bedeutet, dass sie zusammen 30 % des Elektrizitätsbedarfs der Provinz abdecken.

Der **Revelstoke Dam,** 8 km nördlich der Stadt am Hwy. 23, wurde 1985 fertig gestellt. Er ist 470 m breit und 175 m hoch. Der gewaltige Stausee hinter dem Damm hat eine Länge von 130 km. Im Tal unterhalb des Dammes befindet sich das Hauptstromwerk. Die Ausstellung im zweistöckigen **Revelstoke Dam Visitor Centre** (✆ 250/814-6697; Juni bis Mitte Okt. tägl. 10–17 Uhr; Erwachsene $ 6, Senioren und Kinder $ 4) oberhalb des Hauptgenerators informiert über die Geschichte des Tals sowie die Funktionsweise und Wirkung der Dämme. Ein superschneller Aufzug befördert Besucher in Nullkommanichts vom Visitor Centre nach oben auf den Damm, von wo sich eine ausgezeichnete Aussicht bietet.

Flussaufwärts vom Revelstoke Dam, 140 km auf dem Hwy. 23 nach Norden, liegt der **Mica Dam.** Dieser Damm ist sehr viel größer – es handelt sich hierbei sogar um den höchsten mit Erde aufgeschütteten Damm Nordamerikas (240 m), und sein Kamm erstreckt sich über eine Länge von 792 m oberhalb des Columbia River Valley.

Sport und Freizeit/Veranstaltungen

• *Skifahren und Snowboarden* Das **Revelstoke Mountain Resort** (✆ 250/814-0087 oder ✆ 866/373-4754, www.revelstokemountainresort.com) liegt an den Ausläufern des Mount Mackenzie. Das Skigebiet wurde in jüngster Zeit erheblich ausgebaut und umfasst mittlerweile 1,214 ha. Es gibt eine 8-Personen-Seilbahn und High-Speed-Skilifte, der Höhenunterschied auf den Pisten beläuft sich auf 1713 m. Die Wintersportsaison dauert normalerweise von Mitte Dezember bis Anfang April; Erwachsene zahlen für einen Liftpass $ 74, Senioren $ 57 und Kinder $ 26.

• *Veranstaltungen* Im Juli und August findet jeden Abend auf der Tribüne der **Grizzly Plaza** am unteren Ende der Mackenzie Ave. eine kostenlose Veranstaltung statt. Egal, ob Theater oder Countrymusik geboten wird, es finden sich immer bis zu 200 Zuschauer ein, die sich auf Plastikstühlen bzw. an Restauranttischen niederlassen oder einfach einen Stehplatz einnehmen. Die jungen Leute gehen zum Musikhören und Tanzen ins formellere **Big Eddy Pub** (2108 Big Eddy Rd., ✆ 250/837-9072).

Übernachten/Camping/Essen und Trinken/Information

• *Übernachten* Die preiswerteste Unterkunft der Stadt ist das **Samesun Revelstoke** (400 2nd St. W, ✆ 250/837-4050 oder ✆ 877/972-6378, www.samesun.com; Bett im Schlafsaal $ 24, Privatzimmer $ 53 für 1/2 Pers.) in Spaziernähe der Innenstadt. Das einladende, unter Denkmalschutz stehende Haus wurde komplett renoviert. Den Gästen stehen Kochmöglichkeiten, eine Laundry, kostenloser Internetzugang, Mietfahrräder, eine Terrasse mit Grillplatz und ein Game Room zur Verfügung. Die Doppelzimmer und 2-Bett-Zimmer haben Gemeinschaftsbäder, aber die Betten sind gut, und Bettwäsche wird gestellt.

Im **Powder Springs Inn** (200 3rd St. W, ✆ 250/837-5151 oder ✆ 800/991-4455, www.powdersprings.ca; $ 95 für 1/2 Pers.) in der Downtown herrscht nur im Winter richtig Betrieb, sodass die Preise im Sommer sehr günstig sind. Auf dem Motelgelände befindet sich ein Pub nach britischem Vorbild und es gibt drahtlosen Internetzugang, ein Spa und ein Jacuzzi.

• *Camping* Der Campingplatz **KOA Revelstoke** (✆ 250/837-2085 oder ✆ 800/562-3905, www.revelstokekoa.com; Stellplatz ohne Anschlüsse $ 31, mit Anschlüssen $ 34–44, Holzhütten $ 65–159 für 1/2 Pers.) liegt abseits des Trans-Canada Hwy. 6 km östlich der Innenstadt. Er wird gut in Schuss gehalten und verfügt über grasbewachsene Stellplätze, zahlreiche Bäume, einen Swimmingpool, Propangasflaschen zum Auffüllen der Campingkocher, einen gut sortierten Gemischtwarenladen, kostenlose warme Duschen, drahtlosen Internetzugang, eine Laundry und ein Haupthaus, das wie ein Alpenschlösschen aussieht. Zu den Freizeitangeboten zählen ein Pool im Freien, ein Kanuverleih, zwei Spielplätze, Unterricht im Felsenklettern, abendliches Lagerfeuer und ein tägliches Pfannkuchenfrühstück.

Der ruhige **Williamson Lake Campground** (7 km südlich der Stadt an der Williamson Lake Rd., ✆ 250/837-5512; Mitte April bis Okt.; Stellplatz $ 18–24,50) liegt am Rand eines warmen, im Sommer hervorragend zum Schwimmen geeigneten Sees. Die grasbewachsenen Stellplätze, warmen Duschen, Feuerstellen und eine Picknickhütte befinden sich direkt oberhalb des Ufers.

• *Essen und Trinken* Das **Conversations Coffee House** (205 Mackenzie Ave., ✆ 250/837-4772; tägl. Frühstück und Mittagessen; Mittagessen $ 6–10), neben der Tribüne in der Innenstadt, serviert ausgezeichneten Kaffee und leichte Mahlzeiten in entspannter Atmosphäre.

Auf der gegenüberliegenden Straßenseite liegt das einladende **Woolsey Creek Café** (600 2nd St., ✆ 250/837-5500; tägl. Abendessen; $ 12–19). Es ist allerdings immer laut und voll mit Einheimischen, die das umfangreiche Angebot an schmackhaften und erstaunlich preiswerten Speisen zu schätzen wissen. Ich entschied mich für die Spanish Seafood Paella, die mindestens genauso lecker war wie in einem Großstadtrestaurant, wo man dafür das Doppelte hingelegt hätte.

Das **Frontier Family Restaurant** (✆ 250/837-5119; 5–22 Uhr; $ 9–16) am Highway außerhalb der Stadt ist nur für eilig Durchreisende von Interesse. Es handelt sich um ein typisches Schnellrestaurant am Straßenrand, dessen einziges Ziel darin besteht, die Kunden rasch abzufüttern.

• *Information* Das **Revelstoke Visitor Centre** (204 Campbell Ave., ✆ 250/837-5345, www.seerevelstoke.com) hat im Sommer tägl. von 8 bis 19 Uhr geöffnet, sonst montags bis freitags von 8.30 bis 16.30 Uhr.

Mount Revelstoke National Park

Den Besuchern dieses 26.000 ha großen Nationalparks am nördlichen Stadtrand von Revelstoke erschließt sich von einer Straße mit dem himmlischen Namen *Meadows in the Sky Parkway* aus eine Hochgebirgslandschaft ganz ohne anstrengende Wandertour. In diesem Park sind die höchsten Gipfel der **Clachnacudiann Range,** eines Nordausläufers der Selkirk Mountains, unter Naturschutz gestellt. Zu den verschiedenen Vegetationszonen des Parks zählen altehrwürdige Zedernwälder am Ufer des Illecillewaet River, subalpine Wälder mit Engelmannfichten und Tannen an den höher gelegenen Hängen, und schließlich, oberhalb der Baumgrenze, Hoch-

Zentrales und nördliches British Columbia
Karte S. 338/339

wiesen mit Zwergbüschen, die sich im Hochsommer ein paar Wochen lang mit leuchtenden Farben überziehen.

Die Besuchereinrichtungen des Parks beschränken sich auf Picknickstellen. Zwar ist auf ausgewiesenen Flächen im Gelände das Zelten erlaubt (Permit erforderlich; $ 10/Pers. und Nacht), doch innerhalb des Parks gibt es keinen Campingplatz, der per Fahrzeug zu erreichen wäre. In Revelstoke befindet sich das Verwaltungsbüro des Parks (300 3rd St., ✆ 250/837-7500; Mo–Fr 8.30–16.30 Uhr). Wie in allen kanadischen Nationalparks ist der Zutritt nur mit einer Genehmigung gestattet; in diesem Fall ist diese allerdings nur für das Befahren des Meadows in the Sky Parkway erforderlich. Die Permits werden am Parkeingang am unteren Ende des Parkway ausgestellt. Eine Tageskarte kostet für Erwachsene $ 8, für Senioren $ 7 und für Kinder $ 4.

Meadows in the Sky Parkway

Diese 26 km lange Straße zweigt 1 km westlich der Abfahrt zur Innenstadt von Revelstoke vom Trans-Canada Hwy. ab und führt zu einer wunderschönen Bergwiese hoch oberhalb der Baumgrenze. Die Straße ist sehr steil und überwindet auf ihren endlosen Haarnadelkurven durch einen subalpinen Wald mit Engelmannfichten, Tannen und der einen oder anderen die übrigen Wipfel überragenden Zeder mehr als 1000 Höhenmeter. Je nachdem wie viel Schnee im Winter gefallen ist, liegt der Gipfel noch bis Mitte oder Ende Juli unter einer Schneedecke. Die öffentliche Straße endet 1 km vor dem eigentlichen Gipfel. Vom Parkplatz aus kann man entweder einen kostenlosen Pendelbus nehmen (im Einsatz, sobald der Schnee auf der Straße geschmolzen ist; tägl. 10–16.20 Uhr) oder zu Fuß zum **Heather Lake** gehen (einfach 20 Min.). Dort eröffnet sich ein Rundblick über das Columbia River Valley und die Monashee Mountains in der Ferne, und zahlreiche Wanderwege laden zu Erkundungstouren ein.

Am Heather Lake beginnt der 1 km (hin und zurück) lange **Meadows in the Sky Trail** mit Informationstafeln zur fragilen Hochgebirgsflora. Von der Ostseite des Heather Lake führt ein 9 km langer Pfad über hochalpine Wiesen zu den **Jade Lakes.** Unterwegs zweigen kurze Trampelpfade zum **Miller** und zum **Eva Lake** ab.

Das Haupttor des Parks bleibt von 22 bis 7 Uhr geschlossen; während dieser Zeit ist der Zutritt verboten.

Von Revelstoke in Richtung Salmon Arm

Fährt man auf dem Trans-Canada Hwy. von Revelstoke nach Westen, erreicht man nach 62 km die nächste Ortschaft, Sicamous, und nach weiteren 42 km die erheblich größere Gemeinde Salmon Arm. Als erster Stopp an der Strecke empfiehlt sich der unheimliche, schwarze **Summit Lake.** Er liegt in einer dicht bewaldeten Schlucht und wird von einem Wasserfall gespeist, der von einer hohen Klippe herabstürzt. An diesem Straßenabschnitt warten mehrere kommerzielle Sehenswürdigkeiten auf zahlungswillige Gäste. Am Ufer des Three Valley Lake liegt die nur schwer zu verfehlende „Geisterstadt" **Three Valley Gap** (✆ 250/837-2109; April bis Mitte Okt. tägl. 8 Uhr bis Einbruch der Dunkelheit; Erwachsene $ 8, Kinder $ 4), eine wiederaufgebaute Pionierstadt mit mehr als 20 historischen Gebäuden, die aus allen Teilen der Provinz hierher verfrachtet wurden. Zum gleichen Komplex gehört auch das **Three Valley Lake Château** (✆ 250/837-2109 oder ✆ 888/667-2109, www.3valley.com; Anfang April bis Anfang Okt.; $ 132 für 1/2 Pers.), ein großes

Motel (200 Zimmer) mit Blick über eine ausgedehnte Grünanlage und den See. Es beherbergt ein Café, ein Restaurant und ein Schwimmbad. Ein Stück weiter befindet sich der **Enchanted Forest** (✆ 250/837-9477; im Sommer tägl. 9 Uhr bis Sonnenuntergang; Erwachsene $ 9, Kinder $ 8). In diesem „verzauberten" Wald windet sich ein Pfad zwischen riesigen Bäumen an mehr als 250 von Hand gefertigten Figuren vorbei zu Märchengebäuden. Das **Beardale Castle Miniatureland** (✆ 250/836-2268; Mai bis Sept. tägl. 9–18 Uhr; Erwachsene $ 8, Kinder $ 6) befördert kleine Besucher durch alle möglichen europäischen Städte und ein Haida-Fischerdorf sowie in die Welt der Kinderreime, Märchen und Eisenbahnen.

The Last Spike

In **Craigellachie** weisen am Straßenrand Schilder den Weg zum Last Spike. Am 7. November 1885 wurden an diesem Ort mit einem schlichten Eisennagel die letzten beiden Abschnitte der Transkontinental-Trasse der Canadian Pacific Railway miteinander verbunden, und damit hatte Kanada endlich eine Verkehrsverbindung von einer Meeresküste zur anderen. An der geschichtsträchtigen Stelle ist ein Gedenkstein mit einer Gedenktafel und einem Stück Eisenbahnschiene angebracht. In der **Craigellachie Station** (Mai bis Okt.) befindet sich ein kleines Informationszentrum mit einem Giftshop, wo Eiscreme verkauft wird.

Sicamous

Sicamous (3100 Einw.) liegt 62 km westlich von Revelstoke am Ufer des **Shuswap Lake** und ist als die „Hausboot-Hauptstadt Kanadas" bekannt. Der See ist ein Gewässer mit vielen Windungen und vier Wasserarmen, eingerahmt von verborgenen Stränden, Felsenhöhlen, 25 Marine Parks und einer mehr als 1000 km langen Uferlinie. In dieser Ecke des Landes dreht sich praktisch alles ums Hausbootfahren, und in Sicamous sind die Zentralen großer Verleihfirmen beheimatet, darunter: **Blue Water Houseboats** (✆ 250/836-2255 oder ✆ 800/663-4024, www.bluewaterhouseboats.ca) und **Twin Anchors Houseboat Vacations** (✆ 250/836-2450 oder ✆ 800/663-4026, www.twinanchors.com). Die Preisunterschiede während der Saison, d. h. Mai bis Anfang Oktober, sind erheblich. Im Juli ist bei einer viertägigen Mietdauer mit einer Gebühr von rund $ 1900 zu rechnen; im September kann dasselbe Boot dagegen schon für etwa $ 1000 zu haben sein.

Salmon Arm

Salmon Arm (17.000 Einw.), das „Schmuckstück des Shuswap", liegt am Salmon Arm des Shuswap Lake, inmitten von üppigen Weiden und bewaldeten Hügeln. Der Überlieferung zufolge geht der Name auf eine Zeit zurück, als sich die Lachse in den hiesigen Flüssen regelrecht stauten. Damals spitzten die Bauern die Fische mit Heugabeln auf und verwendeten sie als Düngemittel.

Sehenswertes

Wer von der Innenstadt aus der Beschilderung zur Salmon Arm Wharf folgt, gelangt zum **Marine Park** am Seeufer, wo auf Rasenflächen Picknicktische stehen und farbenfrohe Blumenkästen die Laternenpfosten zieren. Die attraktive **Salmon Arm Wharf**, die größte Hafenanlage im Binnenland von British Columbia, lädt zu einem Spaziergang auf den See hinaus ein, vorbei an Bootsanlegestellen, einer Snackbar und Motorboot- und Hausbootverleihstellen.

Karte S. 338/339

2 km östlich von Salmon Arm, am Hwy. 97B, liegt das **R. J. Haney Heritage Village & Museum** (✆ 250/832-5243; Juni bis Anfang Sept. tägl. 10–17 Uhr; $ 6), das die wichtigsten historischen Sehenswürdigkeiten der Stadt beherbergt. Hier befinden sich das **Salmon Arm Museum,** das mittels einer Diashow und anhand von Fotoalben die Anfangszeiten der Stadt wiederaufleben lässt, und gleich daneben das **Haney House,** ein Farmhaus aus dem frühen 20. Jh., eingebettet in einen schönen, parkähnlichen Garten.

Reisepraktisches

• *Übernachten* Im **Salmon River Motel and RV Park** (1 km westlich von Salmon Arm, ✆ 250/832-3065) stehen zehn recht ordentliche Zimmer ($ 69–89 für 1/2 Pers.) und ein paar schattige Stellplätze mit Anschlüssen ($ 27) zur Verfügung.

• *Camping* Camper können auch das **Salmon Arm Camping Resort** (Hwy. 97B, ✆ 250/832-6489 oder ✆ 866/979-1659, www.salmonarmcamping.com; Mitte Mai bis Mitte Okt.; Stellplätze $ 31–46, Holzhütten $ 57–99 für 1/2 Pers.) ansteuern. Er verfügt über warme Duschen, eine Laundry, ein hübsches Freigelände, drahtlosen Internetzugang, einen Gemischtwarenladen, Minigolf und einen Spielplatz.

• *Essen und Trinken* Das **Java Cabana** (680 Marine Dr., ✆ 250/832-2329; tägl. ab 7.30 Uhr) erreicht man, wenn man nach unten durch die Innenstadt und über die Bahnschienen in Richtung Hauptwerft geht. Das große Plus dieses Eckcafés sind seine sonnigen Tische im Freien. Zum Kaffee kann man gut einen Thai Salad ($ 6) bestellen und anschließend auf den zur Verfügung gestellten Computern seine E-Mails checken. Ebenfalls hier, direkt am Wasser, liegt das Prestige Inn mit dem Restaurant **Aquatico Bay** (251 Harbourfront Dr., ✆ 250/833-5800); tägl. Frühstück und Abendessen; $ 15–39), dessen Spezialität Steaks und Seafood sind. Es ist das nobelste Lokal von Salmon Arm, aber an einem warmen Abend ziehen viele Gäste die Terrasse vor.

• *Information* Das **Salmon Arm Visitor Centre** (20 Hudson Ave. NE, ✆ 250/832-2230 oder ✆ 877/725-6667, www.shuswap.bc.ca) hat im Sommer tägl. von 9 bis 18 Uhr, sonst montags bis freitags von 9 bis 17 Uhr geöffnet.

Adams River Sockeye

Der Roderick Haig-Brown Provincial Park nördlich von Squilax schützt die Laichgründe des ausgedehntesten Sockeye-Springgebietes von Nordamerika. Das Lachsspringen findet jedes Jahr statt, doch alle vier Jahre (nächstes Mal im Jahr 2010) ereignet sich ein ganz besonders großes, bei dem sich bis zu 2 Mio. Fische im Fluss drängen. Sie bevölkern ihn die ganzen ersten drei Oktoberwochen hindurch, aber das dichteste Gedränge herrscht für gewöhnlich in der zweiten Woche.

Die Lachse stehen kurz vor dem Ende ihres Lebenskreislaufs und sind vier Jahre zuvor im selben Abschnitt des Adams River geschlüpft. Nach dem Schlüpfen verbringen sie bis zu zwei Jahre ihres Daseins im Shuswap Lake und schwimmen anschließend in den Pazifik hinaus. Schätzungen gehen davon aus, dass dann jeweils ungefähr 15 Mio. Adams River Sockeyes zum Pazifischen Ozean ziehen, wovon sich rund 10 Mio. wieder auf den Rückweg zu ihrem Geburtsort machen. Nur einer von fünf dieser Fische bringt die gesamte 500 km lange Reise unbeschadet hinter sich.

Kamloops

Kamloops (86.000 Einw.), 110 km westlich von Salmon Arm und 355 km nordöstlich von Vancouver, ist die sechstgrößte Stadt der Provinz und ein wichtiges Versorgungszentrum am Trans-Canada Hwy. Die ersten Besiedler dieser Region waren die Secwepemc, deren Nachkommen inzwischen unter der Bezeichnung Shuswap bekannt sind; sie lebten von der Jagd und vom Lachsfang. Sie nannten die Gegend *T'kumlups,* was so viel wie „Treffpunkt der Flüsse" bedeutet. Heutzutage lebt die Region von der Holzwirtschaft, Kupfergewinnung, Rinder- und Schafzucht sowie vom Tourismus. Die Stadt hat ein paar Sehenswürdigkeiten zu bieten, aber wahrhaftig keinerlei landschaftliche Reize – ringsum gibt es nichts weiter als kahle Hügel. Die Downtown allerdings liegt am Südufer des Thompson River inmitten von gepflegten Grünanlagen.

Sehenswertes

Downtown

Die hervorragende Ausstellung im dreistöckigen, goldfarben getünchten **Kamloops Museum** (207 Seymour St., ✆ 250/828-3576; Di–Sa 9.30–16.30 Uhr; Erwachsene $ 3, Kinder $ 1) dreht sich um die Kultur der Ureinwohner, den Pelzhandel (man sollte nicht vergessen, einen Blick in die rekonstruierte Pelzhändlerhütte zu werfen) und die Pionierzeit sowie um Naturkunde (zahlreiche präparierte Tiere), Wirtschaft und Verkehr. Den Besucher erwarten ein möbliertes Wohnhaus aus der Zeit der Wende zum 20. Jh., ein Stall, in dem eine Kutsche steht, eine Schmiede, Schaufelräder, alte Standuhren und Fotoapparate sowie eine 15-minütige Diashow zur Geschichte der Stadt.

In der **Kamloops Art Gallery** (465 Victoria St., ✆ 250/377-2400; Mo–Sa 10–17 Uhr, So 12–16 Uhr; Erwachsene $ 3, Senioren $ 2) ist eine beeindruckende Sammlung von mehr als 1000 Arbeiten zeitgenössischer Künstler aller Sparten zu sehen – ein echtes Kontrastprogramm zum Museum. Am Donnerstag bleibt die Galerie bis 21 Uhr geöffnet, der Eintritt nach 17 Uhr erfolgt dann auf Spendenbasis.

Secwepemc Museum & Heritage Park

Das dem Volk der Shuswap gewidmete Freilichtmuseum (✆ 250/828-9801; Mo–Fr 8.30–16.30 Uhr, im Sommer bis 20 Uhr; Erwachsene $ 6, Senioren $ 4, Kinder $ 4) ist eine kulturelle Sehenswürdigkeit und beherbergt zahlreiche Ausstellungsstücke zur reichen Tradition und Mythologie der Shuswap. Zu den Highlights zählen eine 2000 Jahre alte archäologische Stätte, ein nachgebautes Winterquartier der Shuswap, eine Lachsfangstation, ein Garten voller einheimischer essbarer und medizinaler Pflanzen sowie ein rekonstruiertes traditionelles Sommerquartier. Zum Park gelangt man, indem man auf dem Hwy. 5 Richtung Norden fährt, den Thompson River überquert und anschließend die erste Abfahrt nach rechts nimmt.

British Columbia Wildlife Park

Dieser nicht kommerzielle Park (9077 Dallas Dr., 16 km östlich von Kamloops, ✆ 250/573-3242; Juli/Aug. 9.30–20 Uhr, Sept. bis Juni 9.30–16 Uhr; Erwachsene $ 10,

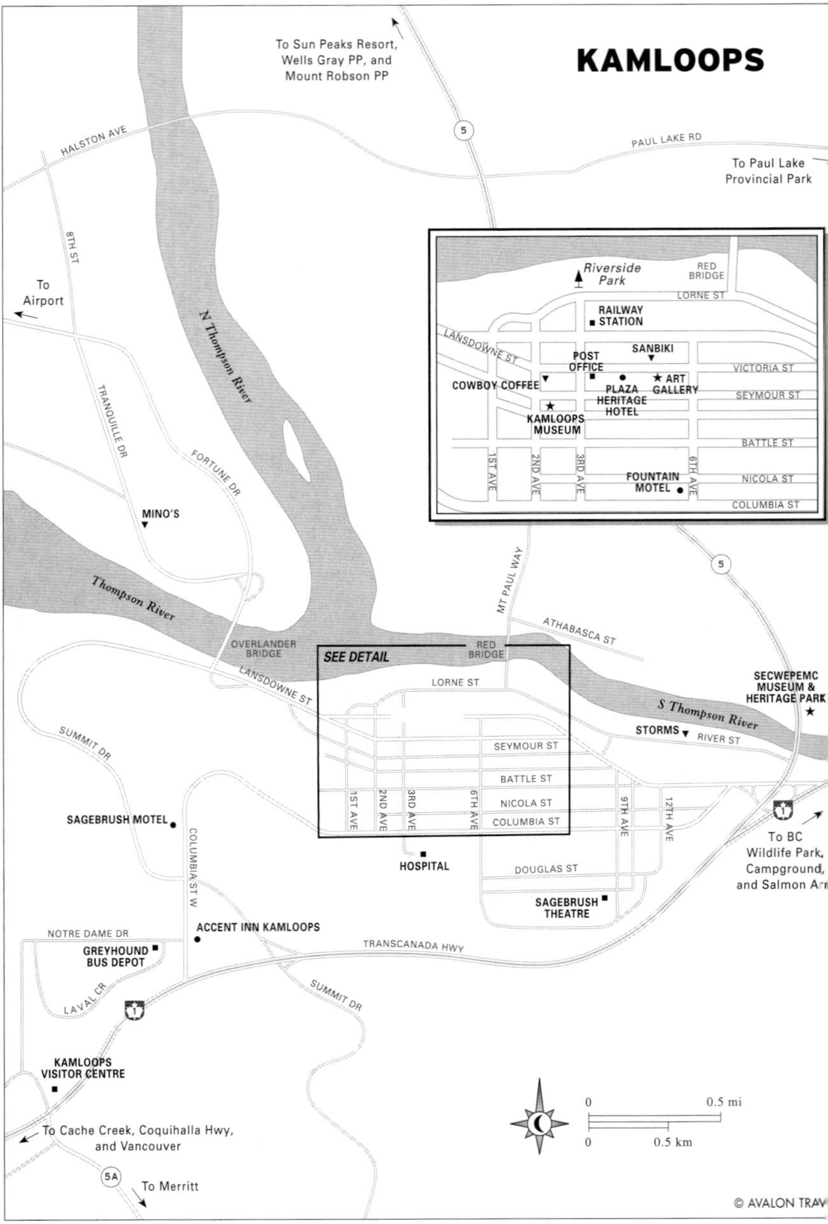
KAMLOOPS
To Sun Peaks Resort, Wells Gray PP, and Mount Robson PP
HALSTON AVE
PAUL LAKE RD
To Paul Lake Provincial Park
8TH ST
To Airport
N Thompson River
TRANQUILLE DR
FORTUNE DR
MINO'S
Thompson River
OVERLANDER BRIDGE
SEE DETAIL
RED BRIDGE
MT PAUL WAY
ATHABASCA ST
LANSDOWNE ST
LORNE ST
S Thompson River
SECWEPEMC MUSEUM & HERITAGE PARK
STORMS
RIVER ST
SUMMIT DR
SEYMOUR ST
BATTLE ST
NICOLA ST
COLUMBIA ST
1ST AVE
2ND AVE
3RD AVE
6TH AVE
9TH AVE
12TH AVE
SAGEBRUSH MOTEL
COLUMBIA ST W
HOSPITAL
DOUGLAS ST
To BC Wildlife Park, Campground, and Salmon Ar
SAGEBRUSH THEATRE
ACCENT INN KAMLOOPS
NOTRE DAME DR
GREYHOUND BUS DEPOT
TRANSCANADA HWY
LAVAL CR
SUMMIT DR
KAMLOOPS VISITOR CENTRE
To Cache Creek, Coquihalla Hwy, and Vancouver
To Merritt
0
0.5 mi
0
0.5 km
Riverside Park
RED BRIDGE
LORNE ST
RAILWAY STATION
LANSDOWNE ST
POST OFFICE
SANBIKI
VICTORIA ST
COWBOY COFFEE
PLAZA HERITAGE HOTEL
ART GALLERY
SEYMOUR ST
KAMLOOPS MUSEUM
BATTLE ST
FOUNTAIN MOTEL
NICOLA ST
COLUMBIA ST
© AVALON TRAV

Senioren $ 9, Kinder $ 7) ist in erster Linie ein Rehabilitationszentrum für verwundete Tiere, doch unter den mehr als 150 Pelz tragenden Bewohnern finden sich zahlreiche Säugetierarten aus dem nördlichen Kanada, darunter ein paar Grizzlybären, Wölfe, Pumas und Luchse. Davon abgesehen gibt es hier ein großes Besucherzentrum, einen Bienenstock hinter Glas und für die Kinder einen Streichelzoo sowie eine Mini-Dampflokomotive.

Sport und Freizeit/Unterhaltung

• *Sport* Im Laufe der letzten zehn Jahre hat sich das **Sun Peaks Resort** (✆ 250/578-5474 oder ✆ 800/807-3257, www.sunpeaksresort.com), ein Gebirgsdorf nördlich der Stadt am Hwy. 5, von einem mittelgroßen Skihügel, den nur die Einheimischen benutzten, zu einem das ganze Jahr über angesteuerten Urlaubsgebiet entwickelt. Nicht nur die Skihänge, sondern auch das Dorf am Fuß des Berges, wo sich ein Golfplatz über die Talsohle erstreckt, werden immer weiter erschlossen. Im Sommer befördert der Sunburst-Expresslift Wanderer und Radfahrer in die alpinen Höhen. Eine Tagesliftkarte kostet $ 16 (mit Mountainbike $ 32). Andere Betätigungsmöglichkeiten im Freien umfassen Golfen auf einem 18-Loch-Platz, Tennisspielen, Reiten und Angeln. Die Hauptsaison ist im Winter; dann sind zwei superschnelle Skilifte in Betrieb, mit denen Skiläufer zu zwei Abfahrten hoch oben am Berg gelangen, darunter eine leichte, 8 km lange, die zurück ins Dorf führt. Die Steigung beträgt insgesamt 882 m auf einem annähernd 1000 ha großen Gelände. Das Resort verfügt über Restaurants, einen Ausrüstungsverleih und die Snow Sports School. Eine Liftkarte kostet für Erwachsene $ 71, für Senioren $ 56 und für Kinder $ 36. Es werden auch preiswerte Übernachtungspauschalpakete angeboten (ab $ 80/Pers. und Nacht, inkl. Liftkarte).

• *Unterhaltung* Das **Two River Junction** (814 Lorne St., ✆ 250/314-1631; Mitte April bis Mitte Okt.; Erwachsene $ 75, Kinder $ 55 inkl. Abendessen) ist ein Abendrestaurant mit Revueprogramm, in erster Linie zur nächtlichen Unterhaltung der Passagiere des Rocky Mountaineer (daher wird nur an drei oder vier Abenden die Woche gespielt), aber jedermann ist willkommen. Die Vorstellung erzählt die Geschichte des US-amerikanischen Eisenbahnräubers Billy Miner, der angeblich die Aufforderung „Hände hoch!" erfand und seine letzten Lebensjahre in der Region Kamloops verbrachte.

Übernachten/Camping/Essen und Trinken

Ausgefallene oder denkwürdige Unterkünfte sucht man hier vergebens, dafür finden sich überall in der Stadt ordentliche Motelzimmer, die den Ansprüchen der Reisenden völlig genügen. An der westlichen Stadtzufahrt liegen zahlreiche neuere Motels mit sauberen, allerdings nicht gerade billigen Zimmern.

Übernachten

• *$ 50–100* Überwältigend ist das **Fountain Motel** (506 Columbia St., ✆ 250/374-4451 oder ✆ 800/555-1123; $ 66–78 für 1/2 Pers.) nicht, doch die Qualität der Zimmer ist besser, als das Äußere vermuten lässt.

Am oberen Ende der Columbia St. W befinden sich einige unspektakuläre, ältere Motels für Reisende mit schmaler Geldbörse. Das beste darunter ist das **Sagebrush Motel** (660 Columbia St. W, ✆ 250/372-3151; $ 55 für 1 Pers., $ 68 für 2 Pers.). Es verfügt über 60 Zimmer mit Klimaanlage, Kaffeemaschine und großem Fernseher und außerdem über ein angrenzendes Restaurant, das tägl. ab 7 Uhr geöffnet ist.

• *$ 100–150* Mitten in der Downtown befindet sich das **Plaza Heritage Hotel** (405 Victoria St., ✆ 250/377-8075 oder ✆ 877/977-5292, www.plazaheritagehotel.com; $ 109–145 für 1/2 Pers.). Bei seiner Ersteröffnung im Jahr 1928 war es eines der nobelsten Hotels des Binnenlandes. Seine Restaurierung und Neueröffnung als Boutique-Hotel erfolgte erst vor Kurzem. Die 68 Zimmer sind mit viel Holz ausgekleidet sowie in gediegenen Farben gehalten und haben komfortable Betten mit Daunendecken. Das Erdgeschoss ist dem Heritage Restaurant und einer stilvollen Lounge-Bar vorbehalten. Kostenloser drahtloser Internetzugang.

Karte S. 338/339

Unweit des Highways, in der Nähe der Westabfahrt in die Downtown, liegt das **Accent Inn Kamloops** (1325 Columbia St. W, ✆ 250/374-8877 oder ✆ 800/663-0298, www.accentinns.com; $ 129–159 für 1/2 Pers.) mit modernen, geräumigen Zimmern, Pool im Freien, Jacuzzi und Fitnessraum. Erfreuliche Extras sind der kostenlose E-Mail-Zugang in der Lobby und die Gratiszustellung einer nationalen Tageszeitung auf jedes Zimmer. Die Website dieser kleinen, auf die Provinz British Columbia beschränkten Motelkette informiert über Sonderangebote.

Camping

Östlich von Kamloops, 16 km von der Innenstadt entfernt, bietet der **Kamloops RV Park** (9225 Dallas Dr., ✆ 250/573-3789; $ 21–36) Stellplätze mit Anschlüssen, Münzduschen, eine Laundry, ein Jacuzzi und einen Lebensmittelladen; gleich neben dem Platz liegt der Tierpark.

Der landschaftlich reizvollste Campingplatz der Stadt befindet sich im **Paul Lake Provincial Park** (Mitte Mai bis Mitte Sept.; $ 15). Anfahrt: von Kamloops aus 5 km auf dem Hwy. 5 nach Norden, anschließend 17 km nach Osten auf der Paul Lake Rd. Die Ausstattung ist schlicht (weder Stromanschluss noch Duschen), aber die Lage gut (nur einen kurzen Spaziergang vom Strand entfernt).

Essen und Trinken

Kamloops erfreut sich der üblichen Familien- und Schnellrestaurants, wie sie überall entlang der Schnellstraße zu finden sind, sowie einiger recht annehmbarer Lokale in der Innenstadt. Unter Letzteren empfiehlt sich das **Cowboy Coffee** (229 Victoria St., ✆ 250/372-3565; tägl. ab 7 Uhr; Mittagessen $ 5–8). Hier gibt es den besten Kaffee in der Stadt, Gebäck und Mittagessen werden täglich frisch vor Ort zubereitet.

Vorzügliches Sushi ist der Renner im **Sanbiki** (476 Victoria St., ✆ 250/377-8857; tägl. 11.30–14.30 und 17.30–21.30 Uhr; $ 12–21), das sich in einem nicht zu übersehenden orangefarbenen Gebäude mit sonnenüberflutetem Vorgarten befindet. Die Köche haben ein gutes Händchen dafür, die frischesten Zutaten ausfindig zu machen, darunter – besonders wichtig – Meeresfrüchte. Ein begehrtes Mittagsmenü besteht aus Teriyaki Chicken, Tempura, California Rolls, Salat und Miso-Suppe für $ 11. Weitere Angebote umfassen Spargel Shira-ae in cremiger Sesamsoße, herzhafte Reisgerichte und panierte Garnelen.

In Kamloops gibt es einige griechische Restaurants, von denen mir das **Mino's** (262 Tranquille Rd., ✆ 250/376-2010; tägl. 11.30–22.30 Uhr; $ 17–30) am besten gefällt. Die Einrichtung ist griechisch, und auch auf der Karte gibt es keine echten Überraschungen (Mousaka, Souvlaki, viel Lammfleisch und zum Nachtisch Baklava), aber das Essen ist gut und an den Wochenenden ist das Lokal immer voll.

Östlich der Innenstadt liegt am Fluss das **Storms** (1502 River St., ✆ 250/372-1522; tägl. Mittag- und Abendessen; $ 17–36), eines der besten Restaurants von Kamloops. Elegante Sitzgelegenheiten gibt es nicht nur drinnen, sondern auch draußen auf einer Veranda mit Flussblick. Auf der Speisekarte stehen klassische europäische und nordamerikanische Gerichte wie saftiger Lammbraten mit einer Kruste aus Dijonsenf und frischem Rosmarin; man kann aber auch einfach nur bei einer Vorspeisenplatte die Flussatmosphäre genießen.

Information/Einkaufen/Verbindungen

• *Information* Das **Kamloops Visitor Centre** (✆ 250/372-8000 oder ✆ 800/662-1994, www.tourismkamloops.com; im Sommer tägl. 9–18 Uhr, sonst Mo–Fr 9–17 Uhr) befindet sich neben dem Trans-Canada Hwy. am Westrand der Stadt (in der Hillside Rd. gegenüber der Aberdeen Mall).

• *Verbindungen* Der **Kamloops Airport** liegt an der Airport Rd., 7 km nordwestlich der Innenstadt. Der Weg dorthin führt auf der Tranquille Rd. durch die North Shore, bis links die Airport Rd. abzweigt. **Air Canada** (✆ 888/247-2262) unterhält Linienflüge zwischen Kamloops und Vancouver.

Der Bahnhof befindet sich mitten in der Stadt am Nordende der 3rd Ave. **VIA Rail** (✆ 800/561-8630) fährt 3-mal wöchentl. in Richtung Westen nach Vancouver und in Richtung Osten nach Jasper.

Greyhound bietet von seinem Busbahnhof in Kamloops (725 Notre Dame Dr., abseits der Columbia St. W am westlichen Stadtrand, ✆ 250/374-1212) tägl. Busverbindungen in die meisten Ecken der Provinz.

Der Betreiber der Nahverkehrsbusse (auch zum Flughafen) ist **Kamloops Transit System** (✆ 250/376-1216); ein Fahrschein für Erwachsene kostet $ 2,50, eine Tageskarte $ 6. Taxiunternehmen sind z. B.: **Kami Cabs** (✆ 250/374-5151) und **Yellow Cabs** (✆ 250/374-3333).

Mietwagen gibt es bei **Budget** (✆ 250/376-5423), **Hertz** (✆ 250/376-3022) oder **National** (✆ 250/374-5737).

Von Kamloops nach Jasper

Von Kamloops folgt der Hwy. 5 dem North Thompson River bis nach Tete Jaune Cache am Hwy. 16. Dieser Straßenabschnitt ist ein Teil der direktesten Strecke zwischen Vancouver und dem Jasper National Park, und außerdem befinden sich hier zwei wunderbare Provinzparks – **Wells Gray,** ein riesiges Wildnisgebiet mit Flüssen und Bergen, und **Mount Robson,** der einen spektakulären Berg und gleichzeitig den höchsten Punkt der kanadischen Rockies schützt.

Clearwater

Die kleine Stadt Clearwater (1800 Einw.), 125 km nördlich von Kamloops, ist der Ausgangspunkt für den Besuch des Wells Gray Provincial Park. Am Highway finden sich ein paar Motels, Restaurants, Tankstellen und Geschäfte sowie ein Informationszentrum; die restliche Ortschaft liegt abseits des Highways im Süden.

Die Freizeitangebote im **Dutch Lake Resort & RV Park** (361 Ridge Rd., ✆ 250/674-3351 oder ✆ 888/884-4424, www.dutchlake.com; Mai bis Okt.; Stellplatz mit Anschlüssen $ 32–35, Hütte $ 114–249 für 1/2 Pers.) sind auf Familien und Wassersport ausgerichtet; das vorhandene Restaurant hat eine geräumige Terrasse mit Blick auf den See.

Zentrales und nördliches British Columbia
Karte S. 338/339

Wapitis gibt es v. a. entlang der Straße zwischen Kamloops und Jasper

Die **Flower Meadow Bakery** (444 Clearwater Valley Rd., ✆ 250/674-3654; Mo–Fr 5–20 Uhr, Sa 5–18 Uhr; Mittagessen $ 6–11) in einem großen Holzhaus an der Parkzufahrtsstraße kann man nicht verfehlen – es wäre auch zu schade. Die Frühstücksburritos ($ 6,50) sind gesund und sättigend; auch die Zitronenmeringe sind überdimensional (vielleicht der Gesundheit nicht ganz so zuträglich), und der Karottenkuchen zergeht einem auf der Zunge. Es ist genügend Platz für alle vorhanden, doch die Tische im Freien sind am schnellsten besetzt. Vor der Weiterfahrt sollte man für ein Picknick im Park unbedingt noch einen Laib Brot oder ein belegtes Sandwich kaufen.

An der Abfahrt zum Wells Gray Provincial Park steht das **Clearwater Visitor Centre** (✆ 250/674-2646; im Sommer tägl. 8–18 Uhr, sonst Mo–Fr 9–17 Uhr).

Wells Gray Provincial Park

Schneebedeckte Gipfel, erloschene Vulkane und uralte Lavafelder. Wunderschöne Wasserfälle – in solcher Anzahl, dass der Park oft auch „Wasserfall-Park" genannt wird. Eiskalte Quellen, subalpine Wälder und blumenübersäte Wiesen. Jede Menge wilde Tiere (bei meinem letzten Besuch zählte ich sechs Bären, fünf Rehe und zwei Elche). Unzählige Seen und Flüsse, aus denen Angler nach Herzenslust Regenbogenforellen und Dolly Vardens herausholen können.

Die Hauptzufahrtsstraße zu dem 540.000 ha großen Park führt von Clearwater 37 km nach Norden bis zur Parkgrenze. Dort geht sie noch 11 km weiter bis zu einem der Highlights des Parks, den Helmcken Falls, wo sie sich in eine Schotterstraße verwandelt und nach weiteren 18 km am Clearwater Lake endet. Zwar streift diese Zufahrtsstraße den Park nur, doch während der Fahrt bekommt man schon einen guten Eindruck von der Landschaft des hohen Nordens. Wem das nicht ausreicht, der kann vom Ende der Straße aus eine Kanu- oder Bootsfahrt unternehmen.

Sehenswertes/Wandern

Nur 10 km hinter Clearwater sollte ein Aufenthalt eingelegt werden. Hier führt ein kurzer Pfad durch einen alten Zedern- und Tannenwald zu einer farbenfrohen Lavaschlucht, wo sich die 61 m hohen **Spahats Creek Falls** über bunt gefärbte Felsen in den Clearwater River ergießen. Auf dem Weg weiter durch den Park gelangt man zu einer ausgeschilderten Schotterstraße, die nach Westen und zum **Green Viewing Tower** auf dem Green Mountain führt. Von dieser Aussichtsstelle bietet sich eine Rundumsicht auf Vulkankegel und zahlreiche faszinierende, zackige Berggipfel, darunter den schneebedeckten Garnet Peak, die höchste Erhebung innerhalb des Parks. Am berühmtesten ist Wells Gray für seine Wasserfälle. Die spektakulärsten sind die **Helmcken Falls,** wo sich der Murtle River in funkelnden Kaskaden aus einer Höhe von 137 m herabstürzt, um sich mit dem Clearwater River zu vereinen.

Weiter nördlich beginnt an der Straße ein 500 m langer Pfad (einfach 10 Min.), der sich durch hohe Zedern zur **Bailey's Chute** schlängelt, einer schmalen Klamm mit Stromschnellen. Im Herbst kämpfen sich große Mengen von Chinooks durch die Strömung und versuchen, die Klamm hochzukommen.

Die Parkzufahrtsstraße endet an einer Bootsrampe/Kanuanlegestelle am Südrand des Clearwater Lake, 66 km von Clearwater entfernt. Um den See wirklich würdigen zu können, muss man sich aufs Wasser begeben. Kurz vor dem Ende der Straße

Im Wells Gray Provincial Park kann man die kanadische Wildnis genießen

(den Abzweig zum Clearwater Campground nehmen) bietet **Clearwater Lake Tours** (✆ 250/674-2121) diesbezüglich zwei Möglichkeiten: Eine vierstündige Motorbootsfahrt zu den Rainbow Falls am Nordrand des Sees beginnt täglich um 11 Uhr und kostet für Erwachsene $ 50, für Senioren $ 38 und für Kinder $ 30. Wer sich lieber aus eigener Kraft fortbewegt, kann ein Kanu mieten ($ 25/2 Std., $ 40/ganzer Tag).

Reisepraktisches

• *Übernachten* Ungefähr auf halbem Weg zwischen Clearwater und den Helmcken Falls liegt die von Blumenwiesen und Pferdeweiden umgebene **Wells Gray Guest Ranch** (✆ 250/674-2792 oder ✆ 866/467-4346, www.wellsgrayranch.com; Mai bis Okt.; Stellplätze $ 20, Holzhütten und Zimmer in der Lodge $ 75–180 für 1/2 Pers.). Die Angebote für Gäste umfassen Reiten ($ 45 für einen eineinhalbstündigen Ausritt), Kanufahren, Rafting, Angeln und Barbecues nach Westernart. Folgende Unterkünfte stehen zur Auswahl: gut möblierte, mit einer Küche ausgestattete Hütten, Zimmer im Hauptgebäude mit Gemeinschaftsbad und ein paar Zeltstellplätze.

Zur Ranch gehören auch ein Restaurant und ein Westernsaloon (tägl. 16–24 Uhr).

• *Camping* Jeder der drei **Parkcampingplätze** entlang der Zufahrtsstraße verfügt über Trinkwasser, Toiletten und Picknickstellen; keiner besitzt allerdings Stellplätze mit Stromanschluss oder Duschen. Ein Stellplatz kostet $ 15/Nacht.

Wer einen Stellplatz mit Anschlüssen braucht, begibt sich auf den ruhigen **Wells Gray Golf Resort & RV Park** (35 km nördlich von Clearwater, ✆ 250/674-0072; Mai bis Okt.; $ 20–27), dessen 50 Stellplätze inmitten eines vollständigen Golfplatzes mit neun Löchern ($ 18 Gebühr) liegen. Im Übernachtungspreis sind der Strom fürs Wohnmobil sowie die Benutzung moderner Duschen inbegriffen.

Weiter in Richtung Mount Robson

Blue River

Diese malerische Stadt bildet das Sprungbrett zu verschiedenen Abenteuerausflügen in die Cariboo Mountains im Norden, zum Wells Gray Provincial Park im Westen und zum Oberlauf des North Thompson River unmittelbar östlich.

Das **Mike Wiegele's Heli Village** (✆ 250/673-8381 oder ✆ 800/661-9170, www.wiegele.com) ist eigentlich für die Heliskiläufer gedacht, die im Winter herbeiströmen, es hat aber das ganze Jahr über geöffnet. Mike Wiegele war maßgeblich an der Entwicklung der „Fat-Boy-Skier" beteiligt, die den Abfahrtsskilauf revolutionierten und erleichterten. Die Wintergäste erwartet am Tage eine der berühmtesten Pulverschnee-Abfahrten und abends Après-Ski im schicken Resort in Blue River. Die Unterbringung erfolgt in geräumigen Blockhütten mit zwei bis vier Zimmern in exklusiver Lage am Lake Eleanor. Zu den gebotenen Annehmlichkeiten zählen ein ultramodernes Fitnesscenter, ein Game Room, ein Restaurant unter der Leitung europäischer Köche sowie ein Sportgeschäft mit Fahrradverleih. Wenn das Resort nicht gerade mit Tourgruppen belegt ist, werden hier außerhalb der Saison (April bis Nov.) Zimmerpreise geboten, die zu den günstigsten in ganz British Columbia gehören: $ 125–225 (1/2 Pers.) für eine luxuriöse Suite mit voll ausgestatteter Küche, Kamin und gemütlichem Wohnzimmer. Die **Glacier Mountain Lodge** (✆ 250/673-2393 oder ✆ 877/452-2686, www.glaciermountainlodge.com; $ 92–229 für 1/2 Pers.) ist eine weitere elegante Unterkunft in Blue River; sie verfügt über 33 komfortable Gästezimmer, in deren Preis ein kaltes Frühstücksbüfett und die Benutzung eines Jacuzzi inbegriffen sind.

Valemount und Umgebung

Die meisten Reisenden durchqueren Valemount auf dem Weg zum Mount Robson Provincial Park, ohne einen Stopp einzulegen, obwohl der Ort Besuchern, die es weniger eilig haben, eine Menge zu bieten hat: zwei reizvolle Golfplätze, Reitausflüge auf der **Borderline Ranch** (✆ 250/566-9161; $ 150/Tag), zahlreiche Angelstellen (im Informationszentrum nach einer entsprechenden Broschüre fragen) und ringsherum Gebirgslandschaft. Wer zwischen Mitte August und Ende September herkommt, sollte unbedingt einen Abstecher zum Swift Creek unterhalb des Informationszentrums machen, wo die Chinooks nach ihrer 1200 km langen Reise vom Pazifik her laichen.

Die **Mica Mountain Lodge** (Old Tete Jaune Rd., ✆ 250/566-9816 oder ✆ 888/440-6422, www.micamountainlodge.bc.ca; $ 155–165 für 1/2 Pers.) am Nordwestrand der Stadt liegt mitten in der Wildnis. Im Sommer können die Gäste Ausflüge hoch zu Ross oder per Mountainbike unternehmen, Kanu fahren und angeln. Die Hauptattraktionen im Winter sind Skilanglauf, Schlitten- und Snowmobilfahren. Die einladenden, benutzerfreundlichen Hütten sind mit Küche, Bad, Sonnendeck, Fernseher und rustikalen Holzbetten ausgestattet.

Von der Kreuzung des Hwy. 5 mit dem Yellowhead Hwy. 20 km nördlich von Valemount sind es 270 km in Richtung Westen bis Prince George und 76 km in Richtung Osten bis zur Grenze von British Columbia mit Alberta. Vor Erreichen des Mount Robson Provincial Park empfiehlt sich ein Stopp bei den **Rearguard Falls,** die sich 1 km von der Straße entfernt befinden (zu Fuß einfach 20 Min.). 8 km flussabwärts vom Wasserfall – rund 1200 km vom Pazifik den Fraser River hinauf – ist eine Laichstelle der Pazifiklachse; viele dieser zähen Fische gelangen sogar bis zu den Wasserfällen.

Mount Robson Provincial Park

Dieser gebirgige Park schützt ein 224.866 ha großes Gelände mit tiefen Schluchten und breiten, bewaldeten Tälern, eiskalten Seen, Bächen und Flüssen sowie schroffen, mit ewigem Schnee und Eis bedeckten Berggipfeln. Über dem Westeingang des Parks thront der majestätische, 3954 m hohe **Mount Robson**, die höchste Erhebung der kanadischen Rockies. Die Höhenunterschiede innerhalb des Parks sind genauso überwältigend wie überall in den kanadischen Rockies und bringen eine vielfältige Flora und Fauna hervor.

Sehenswertes

Wer sich dem Park von Westen her auf dem Hwy. 16 nähert, erblickt den Mount Robson schon lange vor Erreichen der Parkgrenze, vorausgesetzt, das Wetter spielt mit. Dank seines unvergleichlichen Gipfels ist er unmöglich mit den ihn umgebenden Bergen zu verwechseln – er wird nicht umsonst „Herrscher der kanadischen Rockies“ genannt. Hat man die Grenze des Parks überschritten, führt die Straße stetig nach oben bis zum Hauptgelände, wo sich ein Besucherzentrum, ein Campingplatz, eine Tankstelle und ein Restaurant befinden. Dies ist die dem Gipfel am nächsten gelegene Stelle, die sich noch per Fahrzeug erreichen lässt. Von der einzigen Raststätte des Parks steigt die Straße steil an und verläuft dann parallel zum fotogenen **Moose Lake.** Die Wasserfälle jenseits des Sees bilden eine bezaubernde Hintergrundkulisse. Auf dem Weg weiter nach Westen überquert der Highway den Oberlauf des Fraser River und passiert anschließend den langen, schmalen Yellowhead Lake am Fuß des 2458 m hohen **Yellowhead Mountain.** Der Hwy. 16 verlässt

Der beeindruckende Mount Robson im gleichnamigen Provinzpark

den Park schließlich am 1066 m hohen **Yellowhead Pass** an der Grenze zwischen British Columbia und Alberta, 60 km östlich des Besucherzentrums.

Berg Lake Trail

Dieser 19,5 km lange Weg ist eine der beliebtesten Mehrtageswanderungen Westkanadas.

Der wunderschöne, aquarellfarbene **Berg Lake** liegt unterhalb der Nordwand des 2400 m hohen Mount Robson, der direkt hinter dem See aufragt. Vom Bergrücken rutschen immer wieder Eislawinen in den See und bilden dort die Eisberge, die dem See seinen Namen gaben. Entlang der Strecke befinden sich 75 Zeltstellplätze ($ 5/ Pers. und Nacht), verteilt auf sieben schlichte Campingplätze. Entsprechende Reservierungen werden im Besucherzentrum oder über **BC Parks** (✆ 604/689-9025 oder ✆ 800/689-9025) entgegengenommen. Es ist ratsam, so früh wie möglich zu buchen, denn die Stellplätze sind schnell weg. Eine schmale Zufahrtsstraße führt zum Ausgangspunkt des Wanderweges, der 2 km nördlich des Besucherzentrums liegt. Der Pfad folgt dem Robson River auf einer Länge von 4,5 km durch dichten subalpinen Wald bis zum gletschergespeisten **Kinney Lake.** Die ersten Ausblicke auf den Mount Robson eröffnen sich 17,5 km nach Beginn des Weges. Das Panorama des Berg Lake ist zwar traumhaft, doch die meisten Wanderer, die es bis hierher geschafft haben, möchten auch noch die Umgebung erkunden. Wer den Fußmarsch scheut, kann sich von **Robson Helimagic** (✆ 250/566-4700 oder ✆ 877/454-4700) von Valemount aus jeden Montag und Freitag am Robson Pass absetzen lassen; $ 195/Pers. (Mindestteilnehmerzahl: 4).

Reisepraktisches

• *Übernachten* Die **Mountain River Lodge** (4 km westlich des Besucherzentrums, ✆ 250/ 566-9899 oder ✆ 888/566-9899, www.mtrobson.com) befindet sich in hübscher Lage direkt am Fraser River. Das Hauptgebäude beherbergt vier Gästezimmer mit Balkon und Bad, jedes in einem anderen Stil eingerichtet. Das kleinste davon (mit eigenem Bad am Ende des Korridors) ist für $ 110 (1/ 2 Pers.) zu haben, die drei anderen kosten $ 135; ein warmes Frühstück ist jeweils inbegriffen. Ein Ferienhäuschen für Selbstversorger schlägt mit $ 159–179/Nacht zu Buche; Frühstück ist gegen Aufpreis möglich.

1 km westlich der Mountain River Lodge liegt die **Mount Robson Lodge** (✆ 250/566-4821 oder ✆ 888/566-4821, www.mountrobsonlodge.com; Mai bis Okt.) mit 18 frei stehenden Hütten ($ 79–129 für 1/2 Pers.). Die teureren verfügen über eine Kochgelegenheit, aber man kann auch in dem kleinen Coffeeshop essen.

• *Camping* Im Park gibt es vier Campingplätze. Der dem Besucherzentrum am nächsten gelegene (und mein Favorit) ist der **Robson River Campground**, von dem aus zahlreiche Pfade zum Fluss hinabführen, wo sich dem Flusslauf nach oben folgend der klassische Ausblick auf den Mount Robson bietet. Außerdem sind das Besucherzentrum und das Café in Spaziernähe. Auf der gegenüberliegenden Straßenseite erstreckt sich der größere **Robson Meadows Campground** mit 125 Stellplätzen und einer Freilichtbühne, auf der im Sommer abends Informationsveranstaltungen abgehalten werden. Eine bestimmte Anzahl von Stellplätzen auf dem Robson Meadows kann übers Internet unter www.discovercamping.ca reserviert werden. Beide Campingplätze verfügen über WCs und Duschen, jedoch nicht über Stellplätze mit Anschlüssen; Ein Stellplatz kostet $ 19.

Alle Einrichtungen sind von Mai bis Mitte September in Betrieb.

• *Information* Am Westeingang des Parks befindet sich das **Mount Robson Visitor Centre** (✆ 250/566-9174; Mitte Juni bis Mitte Sept. tägl. 8–20 Uhr, Mitte Mai bis Mitte Juni und Mitte Sept. bis Mitte Okt. tägl. 8–17 Uhr). Hier gibt es naturkundliche Diashows, tägl. aktualisierte Berichte über den Zustand der Wanderwege und abendliche Informationsveranstaltungen.

Parlamentsgebäude in Victoria (TM) ▲▲
Shopping in Victorias Government Street (TM) ▲

▲▲ Pfirsichplantage im Okanagan Valley (AH)
▲ Rustikale Gemütlichkeit in British Columbia (AH)

▲▲ Historische Gebäude entlang Nelsons Hauptstraße (AH)
▲ Angler am Beaver Lake (AH)

Cariboo Country

Diese wilde, spärlich bewohnte Region erstreckt sich von Kamloops nach Norden bis Prince George und nach Westen bis zum Pazifik. Sie zeichnet sich v. a. durch ihre Gebirgszüge aus, die sich zu beiden Seiten erheben. Im Westen verlaufen die **Coast Mountains** parallel zur Küste und erreichen mit dem **Mount Waddington,** dem höchsten Berg British Columbias, die stattliche Höhe von 4016 m. Die **Cariboo Mountains** im Osten beherbergen zahlreiche Gebirgsseen, hohe Gipfel und mehrere Provinzparks. Zwischen den beiden Gebirgen fließt der **Fraser River,** im Westen flankiert von weiten Ebenen, auf denen die größten Viehfarmen British Columbias beheimatet sind. Das hier ist Cowboygelände, und die Hauptanziehungspunkte für Besucher sind Reiterferien und die Williams Lake Stampede.

Cache Creek

Die Stadt Cache Creek entstand an einer Stelle, wo Fallensteller Pelze und Lebensmittel lagerten, und war einst die größte Siedlung zwischen Vancouver (337 km südlich) und Kamloops (80 km östlich). Doch seit der Fertigstellung des neuen Coquihalla Hwy. ist die Stadt nur noch ein Schatten ihrer selbst. Ihre wüstenartige Umgebung ist nicht besonders einladend; in der öden Vulkanlandschaft wachsen Beifuß und Kakteen, und der Wind treibt verdorrte Äste durch die Straßen.

Historic Hat Creek Ranch

Zwischen 1885 und 1905 wimmelte es auf der Cariboo Wagon Road von Pferdekutschen und Planwagen. Einer der wenigen noch erhaltenen und der Öffentlichkeit zugänglichen Abschnitte der ursprünglichen Straße befindet sich bei der Hat Creek Ranch (Hwy. 97, 11 km nördlich von Cache Creek, ✆ 250/457-9722; Mai bis Sept. tägl. 10–17 Uhr, Juli/Aug. bis 18 Uhr; Erwachsene $ 9, Senioren $ 8, Kinder $ 6). Viele der Originalgebäude – von denen manche auf das Jahr 1861 zurückgehen – sind noch erhalten, und Besucher können einem Schmied bei der Arbeit zusehen, die Sammlung alter landwirtschaftlicher Geräte betrachten, im Obstgarten ein Picknick abhalten oder sich einer Führung durch das Farmgebäude anschließen. Auf dem Gelände befinden sich auch indigene Schwitzhütten (eine Art Sauna), ein Campingplätze (Stellplatz ohne Anschlüsse $ 10, mit Anschlüssen $ 15), Hütten (Schlafsack mitbringen; $ 65–85 für 1/2 Pers.) und ein schlichtes Restaurant.

Lillooet

Das historische Städtchen mit 2700 Einw. wurde 1858 als Meilenstein Null der Cariboo Wagon Road, auch *Gold Rush Trail* genannt, gegründet, die nach Norden zu den Goldfeldern von Barkerville und Wells führte. Mehrere Städte entlang dem Gold Rush Trail – darunter 70 Mile House, 100 Mile House und 150 Mile House – erhielten ihren Namen nach ihrer Entfernung von Lillooet. Da in der Mitte des 19. Jh. Tausende von Goldsuchern durch Lillooet kamen, erlebte der Ort seinen eigenen Goldrausch und hatte einmal 16.000 Einw.

Eine Reihe rostiger Landwirtschaftsgeräte ziert die Vorderfront des **Lillooet Museum** (790 Main St., ✆ 250/256-4308; Mitte Mai bis Okt. Di–Sa 10–16 Uhr, Juli/Aug. tägl. 9–18 Uhr; Spende). Die Ausstellungsstücke im Inneren drehen sich um die Geschichte der Minen und die Entwicklung der ehemaligen Boomtown. Im Mu-

Karte S. 338/339

seum ist auch das lokale Informationszentrum untergebracht. Im Anschluss an den Museumsbesuch kann man sich beim gemächlichen Spaziergang über die breite Main St. gedanklich in die Goldrauschzeit zurückversetzen – besonders leicht fällt das im Juni während der **Only in Lillooet Days.** Dann lässt die Stadt eine ganze Woche lang mit allen möglichen Veranstaltungen den alten Wilden Westen wieder aufleben.

• *Übernachten* Am Hügel, einen Block oberhalb des Museums, bietet das **4 Pines Motel** (108 8th Ave., ✆ 250/256-4247 oder ✆ 800/753-2576, www.4pinesmotel.com; $ 85 für 1/2 Pers.) 19 einfache, aber gemütliche Zimmer mit Klimaanlage.

• *Camping* Der **Cayoosh Creek Campground** (Stellplatz ohne Anschlüsse $ 16, mit Anschlüssen $ 22) ist ein baumbestandener Platz unweit des südlichen Stadtrandes, dort, wo der Cayoosh Creek in den viel größeren Fraser River mündet. Er verfügt über warme Duschen.

Von Clinton nach 100 Mile House

Clinton

Das ursprüngliche **Rasthaus** in Clinton, 40 km nördlich von Cache Creek, öffnete 1861 seine Pforten an der Kreuzung der Cariboo Wagon Road mit der neuen Straße nördlich von Yale. Eine besuchenswerte landschaftliche Attraktion in der Umgebung der Stadt ist der Painted Chasm im **Chasm Provincial Park** (Anfahrt: von Clinton 16 km nach Norden, dann 4 km nach Osten). Während der letzten Eiszeit höhlte Schmelzwasser den mineralhaltigen Vulkanfelsen aus, und es entstand eine 300 m tiefe Schlucht. Wenn Sonnenstrahlen die glitzernden Rot-, Gelb- und Purpurfarbtöne der Minerale aufleuchten lassen, bietet sich ein faszinierendes Schauspiel.

Wer Ferien auf dem Bauernhof machen möchte, sollte mindestens zwei Tage auf der **Big Bar Guest Ranch** (✆ 250/459-2333, www.bigbarranch.com) verbringen. Zur Unterbringung stehen einladende Zimmer im Haupthaus ($ 155/Pers. und Tag inkl. Verpflegung nach Bauernart) oder Tipis ($ 95/Pers. inkl. Vollpension) bereit; Camper können auch für $ 30 den Zeltplatz benutzen. Es steht den Gästen frei, wie sie ihre Zeit verbringen wollen – sie können ihr Glück beim Goldwaschen versuchen, einen Ausritt oder eine Wanderung unternehmen, mit den Cowboys das Vieh hüten oder in einem See auf dem Gelände die Angel auswerfen. Um zur Ranch zu gelangen, biegt man 9 km nördlich von Clinton vom Highway ab und fährt 45 km nach Westen. Wer einfach nur ein Bett für die Nacht sucht, kann das **Cariboo Lodge Resort** (✆ 250/459-7992 oder ✆ 877/459-7992, www.cariboolodgebc.com; $ 74 für 1/2 Pers.) ansteuern, ein riesiges Holzgebäude an der Hauptstraße von Clinton. Die Zimmer unterscheiden sich zwar kaum von denen eines Motels, aber die Preise sind annehmbar, und da sich im Erdgeschoss ein Restaurant und ein Pub im Westernstil befinden, braucht man nach dem Einchecken nicht mehr aus dem Haus zu gehen.

In Richtung Norden nach 100 Mile House

Zwischen 70 Mile House und 100 Mile House zweigen mehrere Straßen zu Hunderten von großen und kleinen Seen ab. Alle Informationszentren im Cariboo Country haben den unverzichtbaren *Cariboo-Chilcotin Fishing Guide* auf Lager. Diese Broschüre wird jährlich aktualisiert und enthält grundlegende Informationen für Hobbyangler zu vielen dieser Seen (wo, wann und womit), außerdem Landkarten, auf denen auch Campingplätze eingezeichnet sind, und sogar Rezepte zur Zubereitung der Fische, die an der Angel hängen geblieben sind.

Echo Valley Ranch & Spa

Im Cariboo Country bietet sich eine breite Auswahl an Unterkünften, doch keine kann sich auch nur annähernd mit dem messen, was den Besucher im Echo Valley Ranch & Spa (nordwestlich von Clinton, ✆ 250/459-2386 oder 800/253-8831, www.evranch.com) erwartet. Die inmitten von Weideland gelegene Urlaubsanlage erlaubt es dem Besucher, sich wie im Wilden Westen zu fühlen, gleichzeitig aber sämtliche Annehmlichkeiten einer Luxusherberge zu genießen. Der Schwerpunkt liegt auf dem Reiten, und täglich werden Reitstunden und Ausritte in Begleitung eines Reitlehrers angeboten, aber es lässt sich noch vieles andere unternehmen. Beispielsweise kann man eine Geländewagenfahrt in den nahe gelegenen Fraser River Canyon unternehmen, einem Falkner bei der Arbeit zuschauen und sich über die Kultur der Ureinwohner informieren. Das Kernstück der ausgedehnten Anlage bildet ein imposantes, ganz und gar aus glänzendem Kiefernholz erbautes Hauptgebäude. Es beherbergt eine gemütliche Lounge, einen Speisesaal mit Blick auf eine offene Küche und im Untergeschoss ein Billard- und Fernsehzimmer. Neben dem Haupthaus stehen das beeindruckende Baan-Thai-Gebäude mit Spa-Einrichtungen und ein Pavillon, in den man sich zurückziehen kann.

Die Honeymoon Cabin im Echo Valley Ranch & Spa

Die Zimmer in der Hauptlodge sind exquisit möbliert und mit einem Privatbalkon versehen; die Honeymoon Cabin liegt hoch über einer Schlucht und besitzt eine Rundum-Veranda mit Jacuzzi. Das Essen wird im Farmerstil an zwei langen Tischen serviert, wo sich die Gäste zwanglos kennen lernen und unterhalten können. Die Verpflegung besteht allerdings keineswegs aus Chili con Carne; der Küchenchef Kim Madsen bekochte früher eine europäische Königsfamilie.

Wie nicht anders zu erwarten, ist die Unterbringung im Echo Valley nicht gerade billig (ab $ 300/Pers. und Nacht in der Hauptsaison), aber es ist ein ganz besonderes Plätzchen, mit dem meine Frau und ich liebe und teure Erinnerungen an unsere Flitterwochen verbinden.

Der am leichtesten zugängliche Provinzpark zwischen Clinton und 100 Mile House befindet sich am **Green Lake,** 14 km östlich des Hwy. 97 (der Abzweig vom Hwy. 97 liegt 16 km nordöstlich von 70 Mile House). Dieser große smaragdfarbene, seichte See erstreckt sich entlang einem alten Pelzhandelsweg der Hudson's Bay Company; am Flussufer sind noch Spuren des Pfades zu erkennen. Im Park gibt es ein schattiges, am See gelegenes Picknickgelände, einen Spielplatz sowie einen Platz zum Hufeisenwerfen, relativ warmes Wasser zum Schwimmen und einen Campingplatz ($ 15/Nacht; Mitte Mai bis Sept.).

Wer durch 100 Mile House fährt, kann das **South Cariboo Visitor Centre** (✆ 250/395-5353 oder ✆ 877/511-5353, www.southcaribootourism.com; Mo–Fr 8.30–16.30 Uhr, im Sommer tägl.) unmöglich verpassen – es reicht, Ausschau nach den überdimensionalsten Langlaufskiern der Welt zu halten, die vor dem Haus angebracht sind. Am Nordrand der Stadt ist eine echte Cariboo-Postkutsche ausgestellt. Vogelfreunde möchten vielleicht 2 km westlich der Stadt einen kleinen Abstecher zu einem geschützten Feuchtgebiet unternehmen, wo es von Wasservögeln nur so wimmelt.

Bei **150 Mile House** gelangt man auf einer Seitenstraße zu einer 65 km langen Panoramastraße (die letzten 10 km sind ungeteert), die nach Nordosten zum **Horsefly Lake Provincial Park** führt. Er schützt einen Wald mit altehrwürdigen Zedern und Douglasien. Hier kann man schwimmen, ein Kanu mieten oder auf dem Kieselstrand einfach nur alle Viere von sich strecken. Auf dem kleinen Campingplatz gibt es Stellplätze für $ 15.

Williams Lake

Williams Lake (10.500 Einw.), 95 km nördlich von 100 Mile House, ist die größte Stadt der Region Cariboo und ein wichtiges Viehzucht- und Forstwirtschaftszentrum.

Sehenswertes

Das Highlight des großen **Museum of the Cariboo Chilcotin** (113 4th Ave. N, ✆ 250/392-7404; im Sommer Mo–Sa 10–16 Uhr, sonst Di–Sa 11–16 Uhr; Erwachsene $ 2) ist die *BC Cowboy Hall of Fame* mit ihrer Ausstellung zu Rodeo, Viehtreiben und Rinderzucht. Eines der zahlreichen Geschäfte der Stadt, die von hiesigen Künstlern hergestellte Gemälde, Töpferwaren, Webarbeiten, Fotos und Schmuck verkaufen, ist die **Station House Gallery** im alten Bahnhofsgebäude (1 Mackenzie Ave. N, ✆ 250/392-6113). Am Ostrand der Stadt liegt das **Scout Island Nature Centre** (✆ 250/398-8532; Mai bis Mitte Sept. Mo–Fr 9–16 Uhr, So 13–16 Uhr; Eintritt frei), das von Feuchtgebieten umgeben ist, die Wasservögeln auf ihrer jährlichen Wanderung als Rastplätze dienen. Das farbenfrohe Informationsmaterial im Centre listet die Besonderheiten dieses Ökosystems auf, und Besucher können das Gebiet auf den leicht begehbaren Spazierwegen selbst in Augenschein nehmen.

Sport und Freizeit/Veranstaltungen

• *Bootfahren* Die unterschiedlichen Gewässer der Region laden zu allen möglichen Arten von Bootsfahrten ein. Zahlreiche sanft dahinfließende Flüsse und stille Seen eignen sich perfekt für die Erkundung per Kanu und Kajak, der Fraser River dagegen für aufregende Raftingtrips durch schroffe Canyons und ödes, hügeliges Gelände sowie vorbei an verwaisten Goldgräberstädten. **Chilko River Expeditions** (✆ 250/276-5258, www.chilkoriver.com) veranstaltet Tagesfahrten auf dem Chilcotin River für $ 125/Pers.

• *Williams Lake Stampede* Am ersten Wochenende im Juli ist in der Stadt richtig was los, denn dann messen sich die besten Cowboys des Landes bei der Williams Lake Stampede (✆ 250/392-6585, www.williamslakestampede.com), einem der größten Rodeos von Kanada. Aus diesem Anlass putzt sich die ganze Stadt heraus; die Einwohner ziehen ihre Westernklamotten an, und die Schaufenster der Geschäfte sind themengemäß dekoriert. Das Highlight eines jeden Tages ist das Rodeo: Gegen ordentliche Geldsummen treten die Cowboys beim Reiten ohne Sattel, Reiten auf halbwilden Pferden mit Sattel, Kälbereinfangen, Kräftemessen mit einem Stier, Planwagenrennen und (dem Publikumsrenner) Stierreiten gegeneinander an. Abgesehen von diesen traditionellen Rodeo-Veranstaltungen gibt es aber auch Wettbewerbe im Steaksvertilgen, Kühemelken, Fässerrollen, Traktorziehen und Vieh-Brandmarken, Kutschen- und Floßrennen, einen Umzug, Tänze, All-you-can-eat-Frühstücke sowie eine Vielzahl anderer Aktivitäten nach ausgesprochenem Westerngeschmack.

Übernachten/Essen und Trinken/Information

• *Übernachten* Im *British Columbia Accommodation Guide* sind sämtliche Highwaymotels von Williams Lake aufgeführt, aber wer sich etwas Besonderes für eine Nacht – oder länger, wenn es die Reisekasse zulässt – gönnen möchte, sollte sich ins östlich der Stadt gelegene **Eden on Chilko Lake** (✆ 605/513-5008 oder ✆ 877/346-9378, www.adventurewestresorts.com; $ 395/Pers. inkl. Mahlzeiten und Aktivitäten) begeben. Das an einem malerischen kleinen See gelegene Resort verfügt über Suiten und Holzhütten, die alle sehr schön möbliert und mit einem luxuriösen Badezimmer ausgestattet sind. Das zum Hotel gehörige Restaurant ist berühmt für seine regionale Küche. Zu den beliebtesten Freizeitaktivitäten gehören Angeln, Yoga und einfach nur Entspannen.

• *Essen und Trinken* Kulinarische Hochgenüsse hat Williams Lake nicht zu bieten, dafür aber jede Menge typische Familienrestaurants wie **Boston Pizza** (Coast Fraser Inn, 285 Donald Rd., ✆ 250/398-7055; tägl. Mittag- und Abendessen; $ 11–19).

Das am Stadtrand gelegene **The Laughing Loon** (1730 S Broadway, ✆ 250/398-5666; $ 12–38) ist ein Pub mit umfangreicher Speisekarte, in dem Rind-, Hühnchen- und Schweinefleischgerichte in angenehmem Ambiente aufgetischt werden. Das Gebäude an sich ist jüngeren Datums, aber das Dekor ist im Heritagestil gehalten.

• *Information* Neben dem Highway, am Ostrand der Stadt, befindet sich das **Williams Lake Visitor Centre** (1148 Broadway, ✆ 250/392-5025, www.williamslakechamber.com; im Sommer tägl. 8–18 Uhr, sonst Mo–Fr 9–17 Uhr).

Highway 20

Westlich von Williams Lake führt der Hwy. 20 auf einer Länge von 485 km nach Bella Coola, der einzigen über die Straße erreichbaren Stadt entlang der 500 km langen Küstenlinie zwischen Powell River und Prince Rupert. Die Straße ist noch nicht einmal bis zur Hälfte der Strecke asphaltiert; das restliche Stück besteht überwiegend aus einer Schotterpiste, auf der man stellenweise nur sehr langsam vorankommt. Aber es lohnt sich, so viel Zeit wie möglich für die Erkundung der ausgedehnten, abwechslungsreichen Wildnis der **Chilcotin Coast** einzuplanen. Und da am Ende des Highways eine Fähre nach Port Hardy auf Vancouver Island ablegt, braucht man die Strecke nur einmal zurückzulegen.

Von Williams Lake zum Chilko Lake

Westlich von Williams Lake windet sich die Straße erst durch das Fraser River Valley, bevor sie zum **Chilcotin Plateau** hochklettert, dem Viehzuchtzentrum British Columbias. Ein erster lohnender Abstecher ist der zum **Junction Sheep Range Provincial Park** am Ende einer 20 km langen ungeteerten Straße, die bei Riske Creek, 47 km westlich von Williams Lake, vom Hwy. 20 nach Süden abzweigt. Der dreieckige Park schützt 4573 ha überwiegend semiarides Weideland zwischen dem Fraser und dem Chilcotin River, die Heimat von rund 600 Dickhornschafen. Die erste Ortschaft mit Versorgungseinrichtungen, auf die man bei der Weiterfahrt auf dem Hwy. 20 trifft, ist **Alexis Creek,** 114 km westlich von Williams Lake.

Zur Küste hin wird der Hwy. 20 schmaler und verwandelt sich bei der kleinen Gemeinde Tatla Lake in eine Schotterpiste. Hier zweigt auch eine Straße zum abgeschiedenen **Ts'il?os Provincial Park** ab. Ts'il?os (*sai-loss* ausgesprochen) ist der Name, den die indigenen Chilcotin dem höchsten Berg des Parks, dem 3066 m hohen Mount Tatlow, gaben, doch das faszinierendste landschaftliche Merkmal ist der 84 km lange, gletschergespeiste **Chilko Lake,** der von den höchsten Gipfeln der Coast Mountains umringt ist. Der Park ist der Lebensraum einer vielfältigen Fauna, darunter Grizzly- und Schwarzbären, Dickhornschafe und, in den höheren Regionen, Schneeziegen. Unter Anglern genießt der See seiner Regenbogenforellen (bis zu 3 kg schwer) wegen einen legendären Ruf.

Weiter nach Westen

Vom Tatla Lake führt der Hwy. 20 ständig ansteigend weiter nach Westen zum Nimpo Lake, wo sich noch mehr Unterkünfte befinden, die schwerpunktmäßig auf Angler zugeschnitten sind. **Stewart's Lodge** (✆ 250/742-3388 oder ✆ 800/668-4335, www.stewartslodge.com) ist eine der größeren Hotelanlagen. Sie verfügt über Hütten am **Nimpo Lake** sowie über sechs Hütten an abgelegenen Seen in verschiedenen Gegenden der Region Chilcotin. Der Spaß kostet für 3 Tage etwa $ 1000/Pers. (Übernachtung, Mahlzeiten und täglicher Flug zu einem anderen Fluss oder See zum Angeln). Von hier aus sind es 10 km nach Westen zum **Anahim Lake**, wo Hobbyangler in Versuchung kommen, sich im **Anahim Lake Resort** (✆ 250/742-3242 oder ✆ 800/667-7212, www.anahimlakeresort.com; Mai bis Okt.; Hütten $ 85–135 für 1/2 Pers., Camping $ 24–30) einzuquartieren. Mit Ausnahme von einer teilen sich alle Hütten ein Gemeinschaftsbad, doch alle haben einen holzbefeuerten Ofen, einen Kühlschrank, fließendes Wasser und eine abgeschirmte Veranda.

Vom Anahim Lake geht es weitere 30 km ständig bergan zum 1524 m hohen **Heckman Pass,** der über die Coast Mountains führt. Bei der Weiterfahrt nach Westen, jenseits des Passes, steht **The Hill** bevor. Dieser haarsträubende Straßenabschnitt vom Heckman Pass hinab ins Bella Coola Valley fällt auf weniger als 10 km um fast 1524 m ab. Man muss sich auf zahlreiche Haarnadelkurven und ein Gefälle von bis zu 18 % gefasst machen.

Bella Coola

Die blanke Neugier, zu sehen, was am Ende der Straße liegt, treibt viele Reisende über The Hill und hinab in das kleine Städtchen Bella Coola (485 Einw.), 485 km westlich von Williams Lake. Hier fließt der Bella Coola River in den North Bentinck Arm, einen Zugang zur Inside Passage und zum Pazifik.

Geschichte

Wer sich für Geschichte interessiert, wird die Stelle besuchen wollen, an der Alexander Mackenzie die Küste erreichte. Er war der erste Ausländer, der in diese Gegend gelangte, und gleichzeitig der erste Mensch, der den nordamerikanischen Kontinent durchquerte. Letzteres verschaffte ihm einen Platz in der Geschichte als einer der größten Entdecker der Welt. Am **Mackenzie Rock**, so schrieb er später, „mischte ich etwas Zinnoberrot mit geschmolzenem Fett und hinterließ in großen

Buchstaben auf dem Felsen, auf dem wir letzte Nacht schliefen, diese kurze Nachricht: Alex Mackenzie von Kanada über Land 22. Juli 1793" (*Alex Mackenzie from Canada by land 22nd July 1793*). Die einzige Möglichkeit, zu der Stelle zu gelangen, bietet ein Charterboot von **Bella Coola Outfitting** (✆ 604/982-0098, www.bcoutfitting.com).

Zwar hatte die Hudson's Bay Company 1869 einen Handelsposten in Bella Coola errichtet, doch erst 1894 wurde ernsthaft mit der permanenten Besiedlung des Bella Coola Valley begonnen. In jenem Jahr kam eine Gruppe Norweger hierher, und als sie die Fjorde und schneebedeckten Berggipfel sahen, fühlten sie sich an ihre Heimat erinnert. Sie ließen sich 15 km landeinwärts an einer Stelle am Fluss nieder, die sie **Hagensborg** nannten. Die vielen von Hand erbauten Holzhäuser, die dort immer noch stehen, zeugen vom handwerklichen Geschick dieser frühen Siedler. Ausführlich wird die ganze Geschichte im **Bella Coola Valley Museum** (✆ 250/799-5767; Juni bis Sept. Mi–Mo 9–17 Uhr; Erwachsene $ 2,50, Kinder $ 1) erzählt.

Reisepraktisches

- *Übernachten/Camping* Zwischen Bella Coola und Hagensborg liegt die **Eagle Lodge** (✆ 250/799-5587 oder ✆ 866/799-5587, www.eaglelodgebc.com; Juni bis Okt.; $ 86–190 für 1/2 Pers.), deren freundliche Besitzer dem Besucher schon beim ersten Schritt über die Schwelle das Gefühl geben, willkommen zu sein. Jedes der acht Zimmer ist anders geschnitten; das kleinste verfügt über ein Doppelbett, und das größte ist eine Suite mit zwei Schlafzimmern, Küche und Kamin. Im Preis ist ein kleines Frühstück inbegriffen, Abendessen kostet $ 32,50/Pers., und die Gäste können einen Jacuzzi im Freien benutzen.

Direkt am Fluss liegt das **Bella Coola Motel** (Clayton St., ✆ 250/799-5323, www.bellacoolavalley.com; $ 90–110 für 1/2 Pers.); es bietet saubere, gemütliche Zimmer mit voll ausgestatteter Küche und TV. Campen auf dem Motelgelände kostet $ 19/Nacht.

Discovery Coast Passage

Dank der Fährschiffe von **BC Ferries** (✆ 250/386-3431 oder ✆ 888/223-3779, www.bcferries.com), die von Bella Coola ablegen, eröffnet sich ein abgeschiedener Teil der Küste British Columbias, der ansonsten unzugänglich wäre. Die Hauptroute ist jene zwischen Bella Coola and Port Hardy (Vancouver Island). Die direkte Überfahrt dauert 13 Std., diejenige mit sämtlichen Stopps 31 Std. Um herauszufinden, welche Fähre den Reiseplänen am besten entspricht, studiert man am besten den Fahrplan auf der Website von BC Ferries. Wenn das Schiff einen Hafen anläuft, bleibt es dort jeweils nur rund 2 Std. Wer an Land gehen möchte, sollte also eine Übernachtung zur Überbrückung der Zeit einplanen, bis die nächste Fähre vorbeikommt. Der Höchstpreis für die komplette einfache Fahrtstrecke beträgt für Erwachsene $ 170 und für Kinder (5–11 Jahre) $ 85, pro Fahrzeug zahlt man $ 340.

Quesnel

Wer – wieder zurück auf dem Festland – auf dem Hwy. 97 von Williams Lake aus nach Norden fährt, gelangt nach Quesnel. Die Stadt (9500 Einw.) nahm ihren Anfang zur Zeit des Barkerville-Goldrausches in den 1860er Jahren. Goldsucher, die auf dem Fraser River nach Norden reisten, gingen am Zusammenfluss des Fraser und Quesnel River an Land, und an dieser Stelle entwickelte sich eine Ortschaft. Quesnel ist auch heute noch eine blühende Stadt, was sie der östlich der Innenstadt gelegenen Two Mile Flat verdankt, dem größten holzverarbeitenden Industriegebiet Nordamerikas.

Sehenswertes/Sport und Freizeit

An der **Heritage Corner** (Ecke Carson Ave. und Front St.) sind die alte Old Fraser Bridge, die Überreste des Dampfers *Enterprise,* ein Wasserrad, das die Goldsucher benutzten, sowie der alte Hudson's Bay Store zu sehen. Wer alles über Alexander Mackenzie oder die Goldgräberzeit erfahren möchte, begibt sich ins **Quesnel Museum** (Hwy. 97, Ecke Carson Ave., ✆ 250/992-9580; Mai bis Aug. tägl. 9–18 Uhr, Sept. bis April Di–Sa 8.30–16.30 Uhr; Erwachsene $ 3, Kinder $ 1,50), das annähernd 30.000 Ausstellungsstücke beherbergt. Rings um den Stadtkern verläuft der reizvolle, 4 km (ca. 75 Min. Gehzeit) lange **Riverfront Walking Trail** mit Gedenktafeln zu Ehren früherer Stadtbewohner; als Ausgangspunkt der Rundwanderung eignet sich jede beliebige Stelle am Fluss.

8 km westlich von Quesnel, am Baker Dr., erheben sich die aus naturkundlicher Sicht faszinierenden, auf Gletscherbewegungen zurückzuführenden Hoodoos des **Pinnacles Provincial Park.** Der Aussichtspunkt ist 1 km von der Day-Use Area entfernt; der Spaziergang hin und zurück dauert ungefähr 40 Min.

Das wichtigste Ereignis im Festkalender von Quesnel sind die **Billy Barker Days** (✆ 250/992-1234), benannt nach dem Goldsucher, der den ersten Goldfund in der Cariboo-Region machte. Am zweiten Juliwochenende sind die Straßen der Innenstadt für Fahrzeuge gesperrt, denn dann finden eine Kunsthandwerksmesse unter freiem Himmel, ein Umzug und Tänze statt. Die Einwohner schlendern in Kostümen aus der Goldgräberzeit durch die Stadt – die Männer tragen Cowboyhüte und die Frauen lange Kleider mit Schleppen und mit bunten Federn geschmückte Hüte. Das Quesnel Rodeo ist nur eine von rund 150 Veranstaltungen, die während des Festivals geboten werden.

Reisepraktisches

• *Übernachten* Mitten in der Stadt liegt das **Cariboo Hotel** (254 Front St., ✆ 250/992-2333 oder ✆ 800/665-3200; $ 65 für 1 Pers., $ 70 für 2 Pers., kleines Frühstück inkl.). Das 1896 erbaute Hotel verfügt über neun renovierte Gästezimmer mit TV und Telefon.

Drei Querstraßen weiter nördlich befindet sich die **Travelodge Quesnel** (524 Front St., ✆ 250/992-7071 oder ✆ 800/665-6995, www.travelodgequesnel.com; $ 85–125 für 1/2 Pers.). Es handelt sich um ein etwas altmodisches Hotel, doch die Zimmer sind geräumig, und es gibt ein kleines Schwimmbad sowie drahtlosen Internetzugang.

• *Camping* Camper, die keinen Elektroanschluss benötigen, fahren am besten 11 km weiter nach Norden zum **Ten Mile Lake Provincial Park.** Der schönere der beiden Campingplätze im Park ist der **Lakeside** (die Stellplätze 4 bis 9 liegen dem See am nächsten); er verfügt über warme Duschen und WCs ($ 19/Nacht). Unter der Woche lässt sich normalerweise problemlos ein Stellplatz ergattern, doch am Wochenende füllt sich der Campingplatz mit Besuchern aus Quesnel, die zum Schwimmen, Angeln und Kanufahren herkommen.

• *Essen und Trinken* **Granville's** (383 Reid St., ✆ 250/992-3667) ist ein beliebtes Kaffeehaus, das tägl. ab 8 Uhr geöffnet hat.

Savala's Steak House (240 Reid St., ✆ 250/992-9453; tägl. Mittag- und Abendessen; $ 12–19) ist ein solides, kleinstädtisches griechisches Restaurant. Wer eine Hauptspeise wie Steak, Rippchen oder Pizza bestellt, kann sich bis zum Abwinken an der Salatbar bedienen.

Das **Ulysses Restaurant** (122 Barlow Ave., ✆ 250/992-6606; tägl. Mittag- und Abendessen; $ 12–21) ist auf südeuropäische Küche spezialisiert. Eine sättigende Portion Pasta oder Souvlaki kostet um die $ 18.

• *Information* Das **Quesnel Visitor Centre** neben dem Lebourdais Park (703 Carson Ave., ✆ 250/992-8716 oder ✆ 800/992-4922, www.northcariboo.com) hat im Sommer tägl. von 8 bis 20 Uhr, sonst montags bis freitags von 8.30 bis 16.30 Uhr geöffnet.

Östlich von Quesnel

Rund 28 km östlich von Quesnel liegt am Hwy. 26 der **Cottonwood House Provincial Historic Park** (✆ 250/992-2071; Mitte Mai bis Aug. tägl. 10–17 Uhr; Erwachsene $ 4,50, Senioren$ 3,50, Kinder $ 2). Hier steht ein denkmalgeschütztes Rasthaus, das 1864 für die Goldsucher erbaut wurde, die nach Barkerville unterwegs waren. Auf dem Gelände sind auch eine alte Scheune, ein Pferdestall und andere Gebäude zu besichtigen, außerdem gibt es ein Informationszentrum sowie eine Ausstellung von alten landwirtschaftlichen Geräten. Die Hauptattraktion im Sommer sind Fahrten mit der Pferdekutsche, und die von Hand gefertigten Wollsachen, die hier angeboten werden, sind ein hübsches Souvenir. Eine Übernachtung im eigenen Zelt oder Wohnmobil auf dem Campingplatz neben dem Cottonwood River kostet $ 12,50, in der Hütte mit Gemeinschaftsbad $ 35 (1/2 Pers.), Eintrittspreis inbegriffen.

Wells und Umgebung

Ein paar Kilometer vor Barkerville passiert der Hwy. 26 das Städtchen Wells. In den meisten Geschäften von Wells liegt eine Broschüre mit Vorschlägen für einen Stadtrundgang mit Besichtigung interessanter historischer Orte aus, darunter eine ehemals illegale Spielhalle im Untergeschoss eines Friseurladens. Mitten in der Ortschaft steht das 1933 erbaute **Wells Hotel** (2341 Pooley St., ✆ 250/994-3427 oder ✆ 800/860-2299, www.wellshotel.com; $ 90 für 1/2 Pers.), das geschmackvoll restauriert wurde, ohne dabei seinen historischen Charme zu verlieren. Ein Abend am Kamin mit prasselnden Holzscheiten, umgeben von alten Fotografien und mit einem polierten Holzfußboden unter den Füßen, ist der perfekte Abschluss eines Sightseeing-Tages. Oder man gönnt sich ein gemütliches Abendessen an einem der Tische auf dem Bürgersteig und anschließend ein entspannendes Bad im Jacuzzi auf dem Dach.

Barkerville

Im Jahr 1862 stieß Billy Barker im Williams Creek, 88 km östlich von Quesnel, auf Gold. Dies hatte einen der heftigsten Goldräusche Kanadas zur Folge, Tausende von Goldsuchern strömten herbei, und bald wurde der Ort unter dem Namen Barkerville bekannt. Mitte der 1860er Jahre besaß Barkerville über 10.000 Einw. Doch nach der Wende zum 20. Jh. fand die Glückssträhne ihr Ende. 1916 ging Barkerville in Flammen auf. Zwar wurde die Stadt schnell wieder aufgebaut, doch kurz darauf waren die Goldvorkommen erschöpft, und viele Minenarbeiter verloren das Interesse und zogen weiter.

100 Jahre nach dem ersten Goldfund beschloss die Provinzregierung, aus dem Ort eine Kulturerbestätte zu machen und die ursprüngliche Boomtown-Atmosphäre wieder herzustellen. Heute besitzt Barkerville (✆ 250/994-3332 oder ✆ 888/994-3332, www.barkerville.ca; Mitte Mai bis Sept.; Erwachsene $ 13,50, Senioren $ 12,25, Kinder $ 4, plus $ 2 für einen weiteren Tag) mehr als 120 authentisch restaurierte Gebäude. Den ganzen Sommer hindurch werden historische Szenen nachgespielt, und sämtliche Geschäfte, Läden und Restaurants operieren wie vor 100 Jahren. Was man sich auf keinen Fall entgehen lassen sollte, sind die köstlichen Backwaren aus der Herstellung der hiesigen Bäckerei, eine Fahrt in der Postkutsche ($ 9), Goldwaschen ($ 7) und eines der zwei- bis dreimal täglich dargebotenen

Kojoten sind überall im Cariboo Country verbreitet

Musicals im Theatre Royal ($ 15). Das Heritage Package (Erwachsene $ 41, Senioren $ 37,50, Kinder $ 25) umfasst den Eintrittspreis sowie alle genannten Extras.

Besucher können in einem von zwei historischen Gebäuden in der Stadt übernachten. Sowohl von außen als auch von innen entspricht das **King & Kelly Houses Bed and Breakfast** (✆ 866/994-0004, www.kellyhouse.ca; $ 95–125 für 1/2 Pers.) dem Geschichtsmotto von Barkerville. Im Preis ist ein warmes Frühstück enthalten, zu dem vielleicht auch leckere Apfelpfannkuchen mit Schlagsahne gereicht werden. Das 1898 erbaute **St. George Hotel** (✆ 250/994-0008 oder ✆ 888/246-7690, www.stgeorgehotel.bc.ca; $ 110–140 für 1/2 Pers., warmes Frühstück inkl.) wurde von Grund auf renoviert und bietet sieben Zimmer, einige davon mit Gemeinschaftsbad; alle sind geschmackvoll mit komfortablen Betten und echten Antiquitäten möbliert.

Der beste der drei von BC Parks verwalteten Campingplätze (Mitte Juni bis Sept.) an der Zufahrt zur historischen Stätte ist der **Lowhee Campground** ($ 19) mit Duschen und einem Spielplatz. Der **Forest Rose Campground** ($ 19) verfügt ebenfalls über Duschen. Der **Government Hill Campground** ($ 15) liegt der historischen Stätte am nächsten, doch da sich alle drei Campingplätze in Spaziernähe von Barkerville befinden, macht das keinen großen Unterschied. Er ist am einfachsten ausgestattet, ohne Duschen und nur mit Plumpsklos.

Bowron Lake Provincial Park

Der v. a. für seinen **Bowron Lake Canoe Circuit** berühmte Bowron Lake Provincial Park umfasst ein 149.207 ha großes Gebiet der Cariboo Mountains mit herrlichen Wäldern, Seen und Flüssen. Autofahrer nehmen den Hwy. 26 östlich von Quesnel in Richtung Barkerville, biegen aber gleich hinter Wells auf eine ausgeschilderte Schotterstraße nach Norden ab. Der Park schützt eine Seenkette aus sechs großen

Gewässern, die in groben Zügen ein diamantenförmiges Rund bilden. An strategisch günstigen Punkten entlang der Rundstrecke liegen Campingplätze, Hütten und wettergeschützte Kochstellen. Wer die gesamte 116 km lange Strecke bewältigen möchte, muss sechs bis zehn Tage paddeln und das Boot siebenmal umtragen; die schwierigste Stelle kommt gleich zu Beginn: ein 2,5 km langer Fußmarsch bergan. Der Circuit ist nur etwas für erfahrene Kanuten, die überdies gut für den Aufenthalt abseits der Zivilisation ausgerüstet und auf Regenwetter eingestellt sind. Vor Beginn der Tour müssen sich Paddler eine Genehmigung beim BC Parks Registration Centre (15. Mai bis 30. Sept. tägl. 7–20 Uhr) am Ende der Parkzufahrtsstraße besorgen. Ein Permit kostet pro Person $ 60. Da immer nur eine beschränkte Anzahl von Personen auf dem Circuit zugelassen ist, sollte man sich so früh wie möglich unter ✆ 250/387-1642 oder ✆ 800/435-5622 anmelden. Die Reservierungsgebühr beträgt $ 18 je Kanu. Pro Tag werden einige wenige Plätze für *Drop-ins* freigehalten, aber es ist wesentlich vernünftiger, sich im Vorfeld rechtzeitig anzumelden.

Unterkunft und Verpflegung bieten zwei privat geführte Lodges nahe dem Ende der Zufahrtsstraße; sie sind sowohl bei Anwärtern auf den Kanu-Rundtrip als auch bei Besuchern, die einfach nur ein bisschen Wildnis schnuppern möchten, begehrt. Beide liegen direkt am Bowron Lake und bieten unterschiedliche Unterbringungsmöglichkeiten sowie Kanuverleih ($ 15/Std., $ 45/Tag) und komplette Ausrüstungen für Circuit-Kanuten. Die ursprünglich in den 1930ern erbaute **Bowron Lake Lodge** (✆ 250/992-2733 oder ✆ 800/519-3399, www.bowronlakelodge.com; Zimmer im Motelstil $ 70–125 für 1/2 Pers., Stellplatz $ 28) brannte zwar Ende 2008 ab, da aber die Gästezimmer nicht in dem historischen Gebäude untergebracht waren, ist die Lodge nach wie vor geöffnet. Das Resort ist sowohl zum See als auch zum Fluss hin ausgerichtet und besitzt sogar einen privaten Sandstrand. Die **Beckers Lodge** (✆ 250/992-8864 oder ✆ 800/808-4761, www.beckerslodge.ca; Mai bis Anfang Okt.) vermietet verschiedene Hütten ($ 80–220 für 1/2 Pers.). Mein Favorit ist die familienfreundliche, aus geschälten Baumstämmen gebaute Betty Wendle Cabin mit einem Schlafraum auf der Galerie mit Blick aufs Wasser, mit einer voll ausgestatteten Küche, einem zweckmäßigen Bad, separaten Schlafzimmern und soliden Holzmöbeln. Campen kostet $ 20–35.

Prince George

Prince George (71.000 Einw.), das Tor zu British Columbias Norden, liegt ungefähr in der geografischen Mitte der Provinz am Zusammenfluss von Fraser und Nechako River. 1807 errichtete Simon Fraser von der North West Company hier Fort George, einen Versorgungsposten für Trapper und Entdeckungsreisende. Der Anschluss an das Eisenbahnnetz, der 1908 erfolgte, förderte das Wachstum, und es entstand eine ansehnliche Holzfällerstadt mit Säge- und Papiermühlen. Dank ihrer unaufhaltsamen Entwicklung ist die Stadt heute das ökonomische, soziale und kulturelle Zentrum des nördlichen British Columbia.

Sehenswertes

Am anschaulichsten präsentiert sich Prince George vom **Connaught Hill** aus, der einen Rundumblick auf die Stadt erlaubt. Der Weg von der Innenstadt aus führt über die Queensway St. nach Süden, dann biegt man nach rechts auf den Connaught Dr. und anschließend noch einmal nach rechts auf den Caine Dr. ab. Oben auf dem Hügel befinden sich baumbestandene Grasflächen, Picknickstellen und gepflegte Anlagen, deren Blumenrabatten im Sommer in allen Farben erstrahlen. Unten in der Stadt verläuft zwischen der Cameron Street Bridge und dem Carrie Jane Gray Park der deutlich markierte **Heritage River Trail.** Wenn man der Carney St. folgt, kann man den Kreis schließen und eine 11 km lange Rundwanderung unternehmen. Bei den Informationszentren ist die Broschüre *Heritage River Trails* erhältlich.

Fort George Park

Die Stätte, an der Simon Fraser im Jahr 1807 Fort George errichtete, schützt heute der 36 ha große, am Flussufer gelegene Fort George Park. Pfade führen durch den Park am Fraser River entlang und zu den Indian Burial Grounds. Ein Highlight des Parks ist der **Exploration Place** (333 Becott Pl., ✆ 250/562-1612; Ende Mai bis Aug. tägl. 10–17 Uhr, sonst Mi–So 10–17 Uhr; Erwachsene $ 8,95, Senioren $ 6,95, Kinder $ 5,95), eine moderne Einrichtung, die über das hinausgeht, was man üblicherweise unter einem Museum versteht. Hier finden sich eine technisch animierte Dinosaurierausstellung, ein kleines IMAX-Kino ($ 6), superschnelle Internetterminals und zahlreiche Ausstellungsstücke zum Anfassen. Die History Hall beherbergt u. a. viele präparierte Exemplare von in British Columbia beheimateten wilden Tieren und Vögeln – darunter zwei riesige Grizzlybären, die das Foyer zieren –, erlesenes Kunsthandwerk des hiesigen Volkes der Carrier, einen mächtigen Schiffsanker, Schneeschuhe, Gewehre, gruselige Tierfallen und andere Stücke aus der Pelzhandelszeit sowie Nachbauten von Geschäften aus der Pionierzeit und ein interaktives Science Centre.

Two Rivers Gallery

Die Two Rivers Gallery (725 Civic Plaza, ✆ 250/614-7800; Di–Sa 10–17 Uhr, So 12–17 Uhr; Erwachsene $ 5, Senioren und Kinder $ 4) mit ihrer beeindruckenden Architektur ist die größte kulturelle Attraktion von Prince George. Die meisten Besucher kommen der umfangreichen Dauerausstellung wegen her, doch die Besichtigung der alle vier bis fünf Wochen wechselnden Wanderausstellung ist ebenfalls im Eintrittspreis inbegriffen. Hier wird auch hochwertiges lokales Kunsthandwerk zu erschwinglichen Preisen verkauft: Gemälde, Skulpturen, Töpferwaren, Schmuck, Perlenarbeiten sowie gewebte und bemalte Textilien aus Seide.

Prince George Railway and Forestry Museum

Dieses Museum (850 River Rd., ✆ 250/563-7351; Mi–So 10–18 Uhr; Erwachsene $ 6, Senioren $ 5, Kinder $ 3) behandelt die industrielle Geschichte von Prince George. Im Rahmen einer Entdeckungstour auf eigene Faust besichtigt man alte Eisenbahnwaggons und -gebäude, klettert über ausgemustertes Eisenbahnzubehör und kehrt anschließend zum Eingang zurück, vorbei an Schwarzweißfotos und anderen Memorabilien. Um zum Museum zu gelangen, fährt man von der Downtown auf dem Hwy. 16 nach Osten bis zur Ausfahrt *River Rd.* (direkt vor der Yellowhead Bridge, die den Fraser River überspannt) und auf der River Rd. noch 1 km in Richtung Norden.

Cottonwood Island Nature Park

Hinter dem Eisenbahnmuseum befindet sich der Eingang zum reizenden, 33 ha großen Cottonwood Island Nature Park. Das dominierende Merkmal des am Ne-

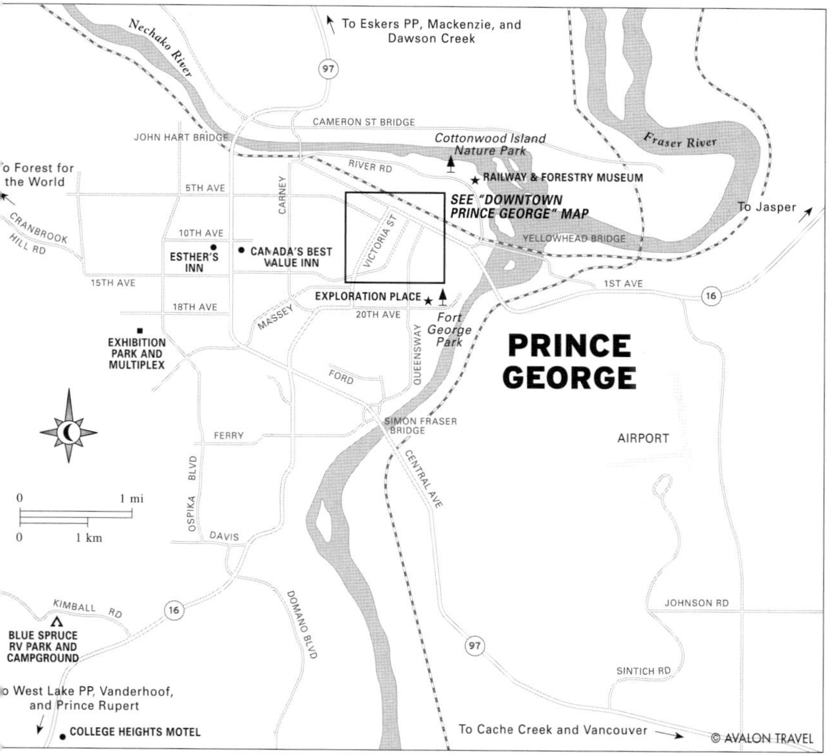

chako River gelegenen Parks ist ein ausgedehntes Waldstück mit Schwarzpappeln. Im Frühling sind sie mit klebrigen Knospen überzogen, und im Sommer sind die Luft und der Erdboden voller weißer, samenhaltiger Flöckchen. Im Park kann man viele verschiedene Vögel sehen, manchmal auch einen Biber. Den Park durchzieht ein umfangreiches Wegenetz; die kurze Strecke zwischen dem Hauptparkplatz und dem Flussufer ist ein beliebter Spazierweg.

Übernachten/Camping/Essen und Trinken

• *Übernachten* Die billigste Unterkunft ist das **College Heights Motel** (5 km westlich der Innenstadt am Hwy. 16, ✆ 250/964-4708). Es verfügt weder über eine kostenfreie Telefonnummer noch über eine Website und nicht einmal über Kabelfernsehen, aber was will man bei Preisen von $ 45 (1 Pers.) bzw. $ 58 (2 Pers.) in der Hochsaison auch erwarten? Es liegt am südlichen Straßenrand an der höchsten Erheburg.

Die meisten Übernachtungsmöglichkeiten von Prince George fallen unter die Preisspanne $ 50–100, und die dichteste Konzentration findet sich an der Umgehungsstraße des Hwy. 97 westlich der Innenstadt. Die günstigste dieser Unterkünfte ist das **Canada's Best Value Inn** (1630 Central St., ✆ 250/563-3671 oder ✆ 800/663-3290; $ 79–89 für 1 Pers., $ 79–109 für 2 Pers.), das komfortable Zimmer und ein Restaurant hat. Das beste Preis-Leistungs-Verhältnis an diesem Straßenabschnitt bietet **Esther's Inn** (1151 Commercial Cres., ✆ 250/562-4131, www.esthersinn.bc.ca; $ 79–109 für 1/2 Pers.). Die einladenden Zimmer sind rings um ein üppig begrüntes Atrium voller Palmen und Philodendren angeordnet, das Wasserfälle, Badepools, eine Wasserrutsche und ein strohgedecktes Restaurant beherbergt. Manche Zimmer verfügen über Internetzugang.

Das **Ramada Hotel** (444 George St., ✆ 250/563-0055 oder ✆ 800/830-8833, www.ramadaprincegeorge.com; $ 140–220 für 1/2 Pers.) ist in einem unansehnlichen, aber nicht zu übersehenden roten Ziegelsteingebäude mitten in der Innenstadt untergebracht. Es verfügt u. a. über ein Restaurant, eine Lounge, ein Pub, Sauna und Whirlpool, Kasino und Giftshop sowie einen überdachten Parkplatz. Durch einen Anruf im Hotel oder eine Buchung über dessen Website müsste sich dort selbst im Sommer ein Zimmer für rund $ 100 auftreiben lassen.

In derselben Preiskategorie bewegt sich das ebenfalls zentral gelegene **Coast Inn of the North** (770 Brunswick St., ✆ 250/563-0121 oder ✆ 800/716-6199, www.coasthotels.com; $ 155–220 für 1/2 Pers.) mit 193 Zimmern. Das mit allen Annehmlichkeiten ausgestattete Hotel verfügt über einen kleinen Fitnessraum, ein Schwimmbad, eine Sauna, High-Speed-Internet und drei Lokale (darunter ein japanisches Restaurant). Wie beim Ramada werden auf der Hotel-Website ständig Zimmer zu Discountpreisen angeboten.

• *Camping* Der private **Blue Spruce RV Park and Campground** (Kimball Rd., ✆ 250/964-7272 oder ✆ 877/964-7272; April bis Mitte Okt.; Stellplatz ohne Anschlüsse $ 20, mit Anschlüssen $ 24–30) liegt 5 km westlich der Kreuzung mit dem Hwy. 97 am Hwy. 16. Er ist sehr begehrt und während der Sommermonate allabendlich ausgebucht. Zu jedem Stellplatz gehören ein Picknicktisch und ein Grill, und es gibt makellos saubere, beheizte Duschräume, eine Laundry, einen Swimmingpool sowie einen Minigolf- und einen Spielplatz.

Der Prince George am nächsten gelegene Provinzpark befindet sich am **Purden Lake** (55 km östlich am Hwy. 16; April bis Okt.; $ 15), einem malerischen Gewässer mit einem schmalen Streifen Sandstrand.

• *Essen und Trinken* Ein hervorragendes Plätzchen zum Mittagessen ist das **Papaya Grove Restaurant** (Esther's Inn, 1151 Commercial Cres., ✆ 250/562-4131). Die Gäste können sich an Tischen unter einem Strohdach, am Pool oder in der Bar niederlassen, alles innerhalb eines riesigen, tropischen Atriums. Man kann zwar auch à la carte speisen, doch die meisten Leute entscheiden sich fürs Büfett. Das Mittagsbüfett (11–14 Uhr), das jeden Tag unter einem anderen Motto steht, kostet rund $ 12. Der Sonntagsbrunch ist besonders gut: Für $ 17,95 ist alles zu haben, was zu einem ordentlichen Frühstück gehört, darüber hinaus aber auch noch Lachs, Garnelen, Roastbeef und unglaublich viele verschiedene Desserts. Das Abendbüfett kostet So–Do $ 19,95, am Fr und Sa $ 24,95, denn dann werden auch noch gegrillte Rippchen aufgetischt.

Mit seiner gepflegten Atmosphäre, den ansprechenden Gerichten und dem guten Service zählt das **North 54** (1493 3rd Ave., ✆ 250/564-5400; Mo–Fr 11.30–14 Uhr und Mo–Sa 17–21 Uhr; $ 14–35) zu den gehobeneren Restaurants in Prince George. Nudeln sind für unter $ 20 zu haben, die Preise für andere Gerichte wie Heilbutt mit fruchtiger Salsa oder gebratenes Lamm entsprechen denen in einer Großstadt.

Ebenfalls in der Downtown liegt das **Spicy Green** (1215 5th Ave., ✆ 250/564-5400; Mo–Sa Mittag- und Abendessen; $ 8–17). Die umfangreiche Karte des kleinen indischen Restaurants besteht fast ausschließlich aus vegetarischen Gerichten, die frisch zubereitet werden. Besonders lecker ist das Shrimp Curry.

Information/Einkaufen/Adressen/Verbindungen

• *Information* **Tourism Prince George** (1300 1st Ave., ✆ 250/562-3700 oder ✆ 800/668-7646, www.tourismpg.com; Mo–Fr 8.30–17 Uhr, im Sommer tägl. 9–20 Uhr) betreibt ein hervorragendes Informationszentrum im Herzen der Stadt.

Die **Prince George Public Library** (887 Dominion St., ✆ 250/563-9251; Mo–Do 10–21 Uhr, Fr/Sa 10–17.30 Uhr, So 13–17 Uhr) bietet Zeitungen und Zeitschriften aus ganz Nordamerika, öffentlichen Internetzugang und eine Ausstellung indigener Kunstgegenstände und Utensilien.

• *Einkaufen* **Books & Company** (1685 3rd Ave., ✆ 250/563-6637) verfügt über ein gutes Sortiment an Literatur zur Region und zum nördlichen British Columbia, doch was den Buchladen besonders einladend macht, sind die freundlichen Angestellten, das Schmökercafé und die freitagabendlichen Jamsessions.

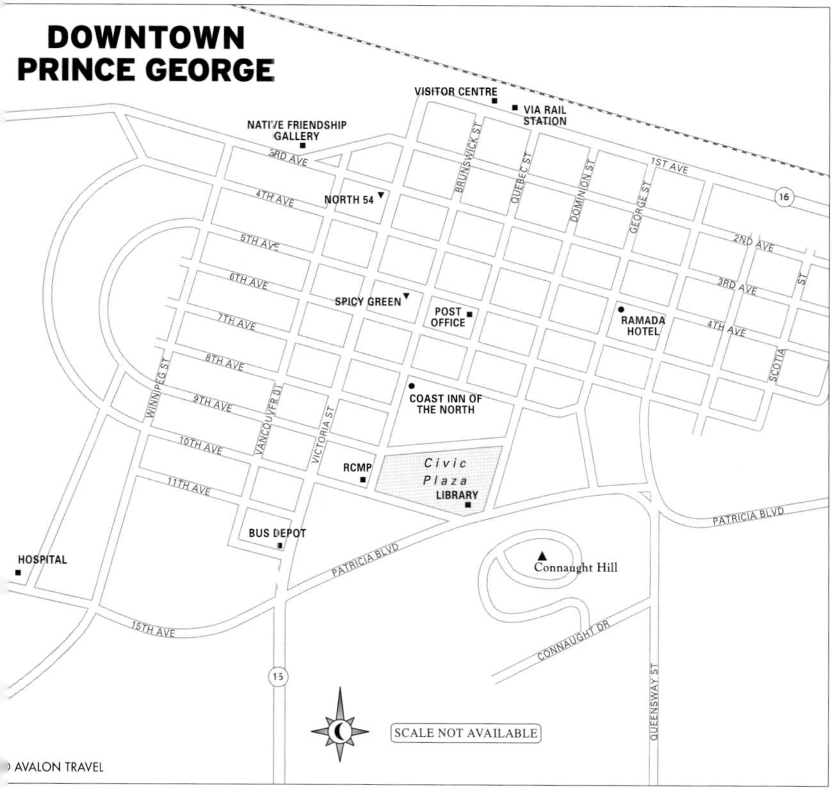

• *Adressen* Das **Postamt** liegt an der Ecke 5th Ave. und Quebec St. Das **Prince George Regional Hospital** (2000 15th Ave.) ist unter ✆ 250/565-2000 zu erreichen und die **Polizei** (Ecke Brunswick St. und 10th Ave., hinter der Bücherei) unter ✆ 250/562-3371.

• *Verbindungen* Der **Flughafen** liegt 18 km östlich der Stadt und wird von Zubringergesellschaften von **Air Canada** (✆ 888/247-2262) und **WestJet** (✆ 800/538-5696) bedient. Beide Fluggesellschaften fliegen tägl. nach Vancouver und zu anderen regionalen Zentren sowie nach Calgary.

VIA Rail bietet eine Transkontinentalverbindung von Prince George in Richtung Westen nach Prince Rupert und in Richtung Osten über Jasper und Edmonton nach Toronto und noch weiter. Die VIA Rail Station befindet sich in der 1st Ave., zwischen Brunswick und Quebec St. (✆ 250/564-5233).

Greyhound (1566 12th Ave., ✆ 250/564-5454) unterhält einen Linienbusdienst von Prince George in Richtung Süden nach Kamloops und Vancouver (via Williams Lake und Quesnel), in Richtung Westen auf dem Yellowhead Hwy. nach Terrace und Prince Rupert, in Richtung Norden nach Dawson Creek via Chetwynd und in Richtung Osten auf dem Yellowhead Hwy. nach Jasper und Edmonton.

Stadtbusse des **Prince George Transit System** (✆ 250/563-0011; Erwachsene $ 2,25, Senioren und Kinder $ 1,75) verkehren tägl. außer sonntags. **Prince George handyDART** (✆ 250/562-1394) ist ein Behindertenfahrdienst von Tür zu Tür.

Mietwagenfirmen mit Schaltern am Flughafen sind **Budget** (✆ 250/963-9669), **Hertz** (✆ 250/963-7454) und **National** (✆ 250/963-7473).

Von Prince George nach Prince Rupert

Von Prince George aus führt der Hwy. 16 (Yellowhead Hwy.) auf einer Länge von 726 km nach Westen zur Küstenstadt Prince Rupert. Mit dem Auto braucht man für diese Strecke einen ganzen Tag, aber es wäre jammerschade, unterwegs keinen Übernachtungsaufenthalt in einer der zahlreichen einladenden Kleinstädte einzulegen.

Vanderhoof und Umgebung

Die erste Stadt westlich von Prince George (65 km) ist Vanderhoof (4400 Einw.), ein Versorgungszentrum für das Nechako Valley und gleichzeitig das geografische Zentrum British Columbias (die exakte Stelle kennzeichnet ein Steinhaufen 5 km östlich der Stadt). Vanderhoof nahm seinen Anfang als Haltestelle der Grand Trunk Pacific Railway. Heute ist es eine wohlhabende Stadt, die von der Landwirtschaft und Holzfällerei lebt, und Heimstatt des besuchenswerten **Vanderhoof Heritage Museum** (Hwy. 16, ✆ 250/567-2991; tägl. 10–17 Uhr; Erwachsene $ 3). Es besteht aus elf restaurierten und unter Denkmalschutz stehenden Gebäuden, darunter ein Gefängnis, ein 1922 erbautes Schulhaus und eine wieder in ihren Originalzustand versetzte Spielhalle.

• *Übernachten/Essen* Das **North Country Inn** (2575 Burrard Ave., ✆ 250/567-3047; $ 72 für 1 Pers., $ 84 für 2 Pers.) mitten in der Stadt hat ordentliche, motelähnliche Zimmer, manche mit Küchenzeile und Internetzugang. Zur Hotelanlage gehört auch das beste Restaurant von Vanderhoof, ein rustikales Holzgebäude, wo Frühstücksgerichte ab $ 7,50 und abends Hauptspeisen für $ 15–30 (Tipp: die köstliche Hühnchen-Lasagne) aufgetischt werden.

• *Camping* Der **Riverside RV Park & Campground** (✆ 250/567-4710; Mai bis Sept.; Zeltstellplatz $ 18, Stellplatz mit Anschlüssen $ 21–28) befindet sich in hübscher Lage beim Nechako River. Wenn man vom Hwy. 16 nach Norden auf die Burrard Ave. abzweigt und auf ihr die Stadt durchquert, erreicht man den Campingplatz; er liegt am Westrand der Burrard Ave. Duschen und Brennholz sind vorhanden.

• *Information* Das **Vanderhoof Visitor Centre** (2325 Burrard Ave., ✆ 250/567-2124) hat im Sommer tägl. von 9 bis 18 Uhr geöffnet, sonst montags bis freitags von 9 bis 17 Uhr.

Fort St. James National Historic Site

In Fort St. James (2000 Einw.), 60 km nördlich von Vanderhoof, befindet sich eine nationalhistorische Stätte (✆ 250/996-7191; Ende Mai bis Sept. tägl. 9–17 Uhr; Erwachsene $ 8, Senioren $ 6,50, Kinder $ 4), die die erste nicht indigene Siedlung im nördlichen British Columbia schützt. Das 1806 entstandene Fort St. James war der wichtigste Pelzhandelsposten und die Hauptsiedlung des großen, wohlhabenden Distrikts New Caledonia – wie Simon Fraser den nördlichen Teil der Provinz ursprünglich taufte. Heute bildet die liebevoll restaurierte Festung das Herzstück eines historischen Parks, in dem sich die größte Ansammlung von Originalgebäuden aus der Pelzhandelszeit in ganz Kanada befindet. Der Eintritt zur Festung erfolgt durch das Visitor Reception Centre, wo eine Ausstellung zu den Entdeckungsreisenden und Pelzhändlern sowie zum indigenen Volk der Carrier gezeigt wird. Auf einer Landkarte lässt sich anhand von Erklärungen auf Tonband die Route verfolgen, die die frühen Entdeckungsreisenden nahmen, und eine Diashow zeigt, wie die alte Festungsanlage restauriert wurde. Im Juli und August bevölkern Personen in Kleidung aus der Pionierzeit den in einer Blockhütte untergebrachten Gemischtwarenladen, das Fischvorratslager, die Schlafbaracke für Junggesellen, das Haupthaus und den Gemüsegarten. Als Besucher wird man dazu aufgefordert, sich in jene Zeit zurückzuversetzen und mitzuspielen. Man könnte z. B. sagen, dass man gerade mit dem Kanu angekommen ist, die Nacht im Männerhaus verbringen möchte und ein gutes Pferd sowie Proviant braucht … und dann mal sehen, was passiert!

• *Übernachten* Die beste Unterkunft in der Gegend ist die **Stuart Lodge** (Stones Bay Rd., ✆ 250/996-7917, www.stuartlodge.ca; $ 66–72 für 1 Pers., $ 78–100 für 2 Pers.) am Ufer des Stuart Lake, 5 km westlich von Fort St. James. Sie besteht aus fünf Cottages, die mit einer Kochgelegenheit, Veranda und TV ausgestattet sind.

• *Camping* Sowohl im **Paarens Beach Provincial Park** als auch im **Sowchea Bay Provincial Park** (Mai bis Sept.; $ 15) westlich von Fort St. James gibt es einen am See gelegenen Campingplatz mit Zelt- und Wohnmobilstellplätzen, Bade- und Angelmöglichkeiten sowie Picknicktischen direkt am See.

Von Vanderhoof nach Smithers

Von Vanderhoof führt der Yellowhead Hwy. weiter nach Westen, überquert den breiten Nechako River und passiert die Abzweigung zum **Beaumont Provincial Park,** wo sich ein Naturlehrpfad am See und ein Campingplatz (Mai bis Okt.; $ 17) befinden.

Anglerparadiese

Mehr als 300 Seen schmücken das Hochland zwischen Burns Lake und Houston, und viele von ihnen sind renommierte Fischgewässer. Weit verbreitete Spezies sind Regenbogen- und Cutthroat-Forelle, Bach- und Seesaibling sowie Kokanee, Chinook und Steelhead. Mit der Aufzählung sämtlicher Seen und der dort anzutreffenden Fischarten ließe sich unschwer ein anderes Buch füllen, daher beschränke ich mich auf einige wenige Orte, an denen ich im Laufe der Jahre erfolgreich die Angel ausgeworfen habe:

Der **Babine Lake** nördlich von Topley ist der größte natürliche See British Columbias. Er ist für seine rekordverdächtig schweren Regenbogenforellen und die Steelhead-Laichwanderungen im Babine River bekannt. Unterkunft bietet das preiswerte **Babine Lake Resort** (✆ 250/692-0363, www.babinelakeresort.com).

Der **Francois Lake** südlich von Burns Lake ist *der* Ort, um bis zu 9 kg schwere Seesaiblinge sowie Kokanees und Regenbogenforellen aus dem Wasser zu ziehen. Übernachten und den Fang des Tages zubereiten kann man direkt am Ufer im **Birch Bay Resort** (✆ 250/699-8484, www.birchbay.ca), wo die Wahl zwischen Campingstellplätzen und Hütten besteht.

Der **Morice River** westlich von Houston (am Wegweiser *Northwood Pulp Mill* nach Süden abbiegen) ist ein leicht zugängliches, zuverlässiges Forellenangelgewässer.

Fraser Lake

Die Ortschaft Fraser Lake (1500 Einw.), 60 km westlich von Vanderhoof, liegt auf einem Gelände, das sanft zum gleichnamigen See hin abfällt. Im Winter lassen sich an beiden Enden des Sees Trompeterschwäne nieder. Im Sommer zieht das Lachsspringen auf dem **Stellako River** – ein kurzer Wasserweg zwischen dem Fraser und dem Francois Lake – ganze Horden von Anglern an. Der **Piper's Glen RV Park** (✆ 250/690-7565, www.pipersglenresort.com; Mai bis Sept.; Stellplatz mit Anschlüssen $ 18–20, schlichte Hütten $ 40 für 1/2 Pers.) mit Blick auf den Fraser Lake ist ein Campingplatz mit Duschen, Kanu- und Motorbootverleih. Das **Fraser**

Lake Visitor Centre an der Durchgangsstraße im Ort (✆ 250/699-8844; Juli/Aug. tägl. 8–18 Uhr) bietet Information für Touristen und besitzt ein kleines Museum, das sich außen an der Rückseite des Gebäudes befindet.

Burns Lake

Das Erste, was man bei der Einfahrt nach Burns Lake sieht, ist eine mächtige aus Holz gesägte Forelle mit der Aufschrift „Three Thousand Miles of Fishing!". Damit ist eigentlich schon erklärt, warum die Stadt und der sie umgebende Lakes District ein beliebtes Ausflugsziel sind. Wer auf dem Highway rund 1 km nach Westen durch die Stadt fährt, gelangt zum grün-weißen **Heritage Centre** (Hwy. 16, ✆ 250/692-3773; tägl. 13–17 Uhr; Erwachsene $ 2), das aus einem Museum und dem örtlichen Informationszentrum besteht. Hier ist eine Karte erhältlich, auf der die historischen Gebäude der Stadt eingezeichnet sind. Wer einen wunderbaren Ausblick über die Umgebung genießen möchte, nimmt die 5th Ave., die aus der Stadt hinaus- und den Hügel hochführt, und dann die Abzweigung zum **Boer Mountain Forestry Lookout.**

Tweedsmuir Provincial Park (Norden)

Die Stadt Burns Lake liegt nicht nur in der Nähe des kleinsten Provinzparks von British Columbia (Deadman's Island im Burns Lake), sondern ist gleichzeitig das nördliche Zugangstor zum größten: dem 981.000 ha großen Tweedsmuir Provincial Park. Dessen Nordgrenze, die von den Seen **Ootsa** und **Whitesail Lake** gebildet wird, lässt sich über eine Reihe von verzweigten Schotterstraßen südlich von Burns Lake erreichen. In dem Park wimmelt es von Tieren. Wer zur rechten Zeit an der rechten Stelle ist, kann Karibus, Schneeziegen, Elche, Schwarz- und Grizzlybären, Maultierhirsche, Wölfe und kleinere Säugetiere wie Murmeltiere und Vielfraße sowie viele Vögel sehen. Die Seen sind voller Fische, darunter Regenbogenforellen, Kokanees, Gebirgsweißfische und Quappen. Wer den Ootsa Lake besuchen möchte, fährt von Burns Lake 16 km auf dem Hwy. 35 nach Süden bis zum Francois Lake, nimmt die kostenlose Autofähre über den Francois Lake und fährt dann weitere 44 km Richtung Süden bis zur Ortschaft Ootsa Lake. Um *in* den eigentlichen Park zu gelangen, braucht man ein Kanu, Kajak oder Motorboot, oder man chartert ein Wasserflugzeug. **Lakes District Air Services** (✆ 250/692-3229, www.lakesdistrictair.com) bietet das ganze Jahr über Charterflüge von einem Flugplatz an der Francois Lake Rd. aus. Die Gesellschaft unterhält auch Hütten am Tesla und am Coles Lake, die nur per Flugzeug erreichbar sind. Sie verfügen über vier Betten, eine Kochgelegenheit, warme Duschen, HF-Radios und zwei kleine Motorboote. Ein 4-Tages-Paket inkl. Charterflug kostet $ 1450/Pers.; die Gäste müssen Lebensmittel, Schlafsäcke und Angelgeräte mitbringen.

Houston

Ebenso wie Burns Lake empfängt Houston seine Gäste mit einem stolzen Schild, das ein holzgeschnitzter Fisch ziert – in diesem Fall ein Steelhead. Houston nennt sich nach der einzigen Forellenart, die bis ins Meer wandert, auch „Steelhead Country". Die von der Holzindustrie lebende Stadt mit 4000 Einw. liegt am Zusammenfluss von Bulkley und Morice River im herrlichen Bulkley Valley vor der faszinierenden Kulisse der schneebedeckten Telkwa und Babine Ranges. Ebenso wie die übrige Region ist dies hier ein Paradies für Angler. Die besten Möglichkeiten zum Steelhead-Angeln finden sich im Morice River – man fährt auf dem Highway nach

Westen in Richtung Smithers, biegt am Wegweiser zur Northwood Pulp Mill nach links ab und fährt rund 1,6 km weiter bis zum Ende der Straße. Dort nimmt man bei der Brücke die unbefestigte Straße nach rechts. Angler erzielen hier sowohl mit Ködern als auch mit Fliegen gute Resultate. Das **Houston Visitor Centre** (Hwy. 16, Ecke Benson Ave., ✆ 250/845-7640; im Sommer tägl. 9–17 Uhr, sonst nur Mo–Fr) ist kaum zu verfehlen – seine Vorderfront ziert die größte Fliegenrute der Welt.

Telkwa

Auf der Weiterreise nach Westen wird die Landschaft immer schöner. Die Straße führt an Feldern und dicht bewaldeten Hügeln vorbei, und ringsherum ragen schneebedeckte Berggipfel verlockend durch die Wolken. Das schmucke Dörfchen Telkwa liegt am Zusammenfluss von Bulkley und Telkwa River, fast genau auf halbem Weg zwischen Prince George und Prince Rupert. Zu unterschiedlichen Jahreszeiten unternehmen mehrere Wanderfischarten auf den hiesigen Flüssen ihre Laichzüge – Chinooks Ende Juni, Silberlachse im August und Regenbogenforellen zwischen Herbst und Einsetzen des Frostes. Die Gegend zieht auch Kanuten an, denn ihre Wasserläufe sind sowohl für Anfänger als auch für Fortgeschrittene geeignet. Zahlreiche Gebäude des Dorfes entstanden zwischen 1908 und 1924. Die Telkwa Museum Society gibt eine Broschüre namens *Walking Tour Through Historic Telkwa* mit einer genauen Beschreibung dieser Bauten heraus.

Die an der Hauptstraße durchs Dorf gelegene **Two Rivers Lodge** (✆ 250/846-6000, www.tworiverslodge.ca; $ 80–230 für 1/2 Pers.) ist eine der besten Unterkünfte zwischen Prince George und der Küste. Sie liegt inmitten von Grünanlagen an einem Fluss. Es gibt Motelzimmer, Suiten mit Küche und Blockhütten. Weitere Pluspunkte sind der drahtlose Internetzugang, Grillplätze und Feuerstellen. Im nahe gelegenen **Tyhee Lake Provincial Park** gibt es einen Strand, Picknickstellen und einen Campingplatz mit warmen Duschen (Mai bis Sept.; Stellplatz $ 22).

Smithers und Umgebung

Direkt über der von den Coast Mountains umgebenen Stadt Smithers (5800 Einw.) thront der majestätische, 2560 m hohe Hudson Bay Mountain. Das lebhafte Städtchen erfreut sich einiger ausgezeichneter Unterkünfte, guter Restaurants und interessanter Kunsthandwerksgeschäfte. In der Nähe der Stadt befinden sich Wanderwege, die zu einem überwältigenden Gletscher, faszinierenden Fossilienbetten und einem abgeschiedenen Erholungsgebiet führen.

Sehenswertes

Angesichts der Gebirgskulisse ist es nicht weiter verwunderlich, dass die Main St. im bayerischen Stil aufgemacht ist. Hier decken sich die Besucher mit indigenem Kunsthandwerk und Souvenirs ein. Das elegante Gerichtsgebäude aus dem Jahr 1925 an der Kreuzung des Yellowhead Hwy. mit der Main St. beherbergt das **Bulkley Valley Museum** (✆ 250/847-5322; im Sommer tägl. 9–17 Uhr; Spende), in dem eine nicht allzu aufregende Sammlung historischer Gegenstände zu sehen ist; interessanter sind die ausgestellten Schwarzweißfotos.

Vor vielen Millionen Jahren war die Region nördlich von Smithers ein Feuchtgebiet. Im Laufe von Äonen bedeckten und konservierten Sedimentablagerungen die Überreste der im Wasser abgestorbenen Pflanzen und verendeten Tiere. Vor rund 1 Mio. Jahren wurde dann die gesamte Gegend unter einer Lavaschicht begraben.

Doch während der letzten Eiszeit höhlte Schmelzwasser eine Schlucht aus, die das uralte Feuchtgebiet durchschnitt und die Fossilienbetten freilegte. Sie steht inzwischen als **Driftwood Canyon Provincial Park** unter Naturschutz. Die meisten der sich hier befindenden Fossilien stammen von Pflanzen, aber es kamen auch Insekten- und Fischfossilien zum Vorschein, darunter einige der ältesten bekannten Forellenfossilien. Nach einem kurzen Spaziergang von der Straße her gelangt man zu einer Aussichtsplattform über dem Ostrand des Driftwood Creek, wo auf Informationstafeln die Einzelheiten und die Bedeutung der Stätte erklärt werden. Der Park befindet sich 17 km nordöstlich der Stadt; man fährt 3 km auf dem Hwy. 16 nach Osten, dann auf der Old Babine Lake Rd. nach Norden, biegt an der Telkwa High Rd. nach links und schließlich an der Driftwood Rd. nach rechts ab.

Reisepraktisches

• *Übernachten* Das 23 Zimmer umfassende, nach dem Vorbild eines bayerischen Alpenhotels erbaute **Stork Nest Inn** (1485 Main St., ✆ 250/847-3831, www.storknestinn.com; $ 85–100 für 1/2 Pers.) bietet angenehme Zimmer, ein warmes Frühstück und Flughafentransfer.

Das nobelste Hotel der Region ist die **Logpile Lodge** (3105 McCabe Rd., ✆ 250/847-5152, www.logpilelodge.com; März bis Ende Dez.; $ 105–155 für 1/2 Pers.) nördlich der Stadt (Wegbeschreibung telefonisch erfragen), inmitten eines traumhaften Gebirgspanoramas. Die Zimmer im Obergeschoss besitzen runde Decken, die darunterliegenden dagegen haben Wände mit freigelegten Holzbalken. Alle sieben Zimmer sind mit stabilen Holzbetten und eigenem Balkon versehen. Das großzügig bemessene Frühstück, das nach den Wünschen der Gäste gekocht wird, bildet eine solide Grundlage für einen Tag voller Aktivitäten (Ausritte, Kanu fahren, angeln usw.), die bei lokalen Anbietern zu buchen sind.

• *Camping* Der **Riverside Park Municipal Campsite** (Mai bis Okt.; $ 15–20) liegt nördlich der Stadt neben dem Bulkley River. Er verfügt über schattige Stellplätze, ein paar davon mit Anschlüssen, sowie über Duschen und eine geschützte Kochstelle.

Auf dem **Riverside Golf Course** (Hwy. 16 östlich der Stadt, ✆ 250/847-3229; Mitte April bis Mitte Okt.; Stellplatz ohne Anschlüsse $ 21, mit Anschlüssen $ 24–29) gibt es einen kleinen Campingplatz mit ansprechenderen Einrichtungen.

• *Essen und Trinken* Das **Mountainside Café** (3763 Fourth Ave., ✆ 250/847-3455; Mo–Sa 11–20 Uhr; $ 10–15) ist ein freundliches Plätzchen mit stilvollem, unaufdringlichem Dekor. Auf der umfangreichen Speisekarte findet sich etwas für jeden Geschmack, von Fish 'n' Chips bis zum Thai-Curry ($ 14). Am Donnerstagabend wird meistens Livemusik geboten.

Die **Schimmel's Bakery** (1172 Main St., ✆ 250/847-9044; Di–Sa 5.30–17 Uhr; Mittagessen $ 5–8) verwöhnt ihre Gäste mit köstlichem Kuchen und Gebäck oder einem Teller hausgemachter Suppe mit einem nach Wunsch belegten Sandwich.

• *Information* **Tourism Smithers** (✆ 250/847-5072 oder ✆ 800/542-6673, www.tourismsmithers.com) betreibt das Smithers Visitor Centre im Obergeschoss des Museumsgebäudes an der Ecke Main St. und Yellowhead Hwy. (im Sommer tägl. 9–18 Uhr, sonst Mo–Fr 8.30–16.30 Uhr).

• *Einkaufen* Eine gute Quelle für nordkanadische Literatur ist **Mountain Eagle Books** (1237 Main St., ✆ 250/847-5245).

Moricetown Canyon

Die erste Stelle auf der Weiterfahrt von Smithers nach Westen, wo Reisende anhalten und sich die Beine vertreten sollten, ist der Aussichtspunkt am Moricetown Canyon, wo sich der 500 m breite Bulkley River schäumend seinen Weg durch eine 15 m schmale Schlucht bahnt. Im Herbst werfen sich Lachse todesmutig den spektakulären Stromschnellen entgegen, um nach oben zu gelangen. Unterhalb des Canyons ergießt sich der Fluss in einen großen Teich, eines der reichsten Fischgewässer der Gegend. Die Schlucht ist Teil des Moricetown Indian Reserve, eines Gebietes, auf dem seit mehr als 5000 Jahren ein Carrier-Dorf angesiedelt ist. Die Dorfbewohner betreiben in der Schlucht nach wie vor Fischfang auf traditionelle Art mit Speeren und Netzen; im Sommer versammeln sich die Einheimischen in der Umgebung des Canyons.

New Hazelton und Umgebung

Das Vorhandensein von drei Hazeltons – Hazelton, New Hazelton und South Hazelton – am nördlichsten Punkt des Yellowhead Hwy. führt leicht zu Verwirrung. Das Durcheinander entstand mit dem Bau der Grand Trunk Pacific Railway. Das ursprüngliche Hazelton (*Old Town* genannt) wurde rund 50 Jahre vor Ankunft der Eisenbahn gegründet. Die anderen beiden Hazeltons verdanken ihre Entstehung dem Umstand, dass zwei verschiedene Stadtgründer davon überzeugt waren, jeweils das am besten für eine neue Eisenbahnstadt geeignete Gelände zu besitzen. Die größte der drei kleinen Ortschaften ist heute New Hazelton (900 Einw.), ein Versorgungszentrum im Schatten des majestätischen Mount Rocher Deboule. Das an der Kreuzung der Highways 16 und 62 gelegene, zweistöckige **Hazelton Visitor Centre** (470 9th Ave., ✆ 250/842-6071; Mitte Juni bis Mitte Sept. tägl. 8–17 Uhr) hat die üblichen Broschüren auf Lager und zeigt eine Ausstellung zur Lokalgeschichte.

'Ksan Historical Village

'Ksan, was so viel wie „Zwischen den Ufern" bedeutet, ist die authentische Replik eines Gitxsan-Dorfes und liegt am Rand von Hazelton (✆ 250/842-5544; April bis Sept. tägl. 9–17 Uhr; $ 2). Im Hauptgebäude ist ein Museum untergebracht, wo Kästchen aus Zedernholz und Matten aus Zedernborke, gewebte Decken, Masken, Kupfermünzen (früher der wertvollste Gegenstand im Besitz eines Häuptlings) und Rasseln, die von Schamanen benutzt wurden, zu sehen sind; außerdem verfügt es über eine Kunstgalerie für wechselnde Ausstellungen. Im angrenzenden Giftshop stehen Arbeiten von im Dorf ansässigen Künstlern zum Verkauf. Hinter dem Museum erstreckt sich das eigentliche Dorf, das nur im Rahmen einer Führung (Erwachsene $ 10, Senioren und Schüler $ 8,50) besucht werden darf. Die unbedingt zu empfehlenden Führungen beginnen jeweils zur vollen Stunde und beinhalten einen Besuch des Begräbnishauses, des Lebensmittelvorratslagers, der Räucherstube, des Gemeindehauses sowie der Schnitzwerkstatt und des Ateliers der 'Ksan-Künstler. Die Teilnehmer bekommen in traditioneller Nordwestküstenart geschnitzte Einrichtungsgegenstände, Gemälde und bemalte Wandschirme, Totempfähle und erlesene Beispiele indigener Gebrauchs- und Kunstgegenstände zu Gesicht. Anhand dieser Gebäude und Gegenstände sowie der Erklärungen der Guides kann man sich ein gutes Bild von der Lebensweise dieses Volkes machen und erfährt alles über seine Religion und Legenden.

Terrace und Umgebung

Terrace (12.500 Einw.) liegt am Yellowhead Hwy., 580 km westlich von Prince George und 146 km östlich von Prince Rupert. Die Stadt ist auf einer Reihe steiler Terrassenhänge am Rand des eindrucksvollen Skeena River erbaut, dem zweitgrößten Flusssystem der Provinz. Ringsum ragen die spektakulären Hazelton und Coast Mountains auf. Die meisten Besucher kommen zum Angeln her. Die Regenbogenforellenfangzeit ist April/Mai und August bis November; im Sommer bleiben überwiegend Chinooks und Silberlachse an der Angel hängen.

Die Hauptattraktion der Stadt ist der **Heritage Park** (4113 Sparks St., ✆ 250/635-4546; Mitte Mai bis Ende Juni Mo–Fr 9.30–17.30 Uhr, Juli/Aug. tägl. 9.30–17.30 Uhr; Erwachsene $ 5, Senioren und Kinder $ 3). Bei einer einstündigen Führung werden ein altes, schön möbliertes und aus Holz erbautes Hotel, ein Tanzsaal, eine Scheune und sechs authentische, zwischen 1910 und 1955 errichtete Blockhütten besichtigt. Die Anfahrt erfolgt von der Innenstadt aus auf der Skeenaview St. in nördlicher Richtung.

Nisga'a Memorial Lava Bed Provincial Park

Die faszinierende Landschaft dieses 17.683 ha großen Parks, der das jüngste Lavafeld Kanadas schützt, ist in der ganzen Provinz einmalig. Das Feld ist ungefähr 18 km lang und 3 km breit; Fachleute nehmen an, dass das geschmolzene Gestein zwischen 1650 und 1750 durch die Erdkruste geschleudert wurde und schätzungsweise 200 Menschen tötete. Hier sind alle verschiedenen Lava-Arten zu sehen, außerdem Gletscherspalten, spitze Pinnacles, Krater und leuchtend blaue Teiche an Stellen, wo unterirdische Flüsse an die Oberfläche drangen. Bei der Erkundung der Lava ist Vorsicht geboten – sie kann stellenweise brüchig sein und hat zerstörerische Auswirkungen aufs Schuhwerk. Die einzigen Besuchereinrichtungen sind eine Raststätte und zwei kurze Wanderwege. Um zum Park zu gelangen, fährt man auf dem Hwy. 16 von der Stadt aus 3 km nach Westen und dann um die Rückseite der Sägemühle am Kalum Lake Dr. herum nach Norden. Auf dieser Straße erreicht man nach 78 km den Park. Unter der Woche sollten Autofahrer besondere Vorsicht walten lassen, denn dann sind zahlreiche Holztransporter unterwegs. Beim Informationszentrum in Terrace ist eine interessante Broschüre mit Erklärungen zu den Lavafeldern erhältlich.

Reisepraktisches

• *Übernachten* Die preiswerteren Motels befinden sich draußen am Hwy. 16, am östlichen und westlichen Stadtrand. An der Ostseite der Stadt liegt das auf Angler zugeschnittene **Copper River Motel** (4113 Hwy. 16, ✆ 250/635-6124 oder ✆ 888/652-7222, www.copperrivermotel.com; $ 75 für 1 Pers., $ 85 für 2 Pers.). Es bietet Angelzubehör und -führer, Geländewagenverleih und kostenloses Eis. Die Zimmer sind sauber und verfügen über die notwendigen Gerätschaften zum Tee- und Kaffeekochen. Weniger erfreulich sind die papierdünnen Wände.

Mitten in der Innenstadt befindet sich das **Coast Inn of the West** (4620 Lakelse Ave., ✆ 250/638-8141 oder ✆ 800/716-6199, www.coasthotels.com; $ 145 für 1 Pers., $ 155 für 2 Pers.), dessen 60 mit einer Klimaanlage versehene Zimmer in stilvollen Pastelltönen gehalten sind. Das Hotel beherbergt auch ein Familienrestaurant und eine schummrige Lounge.

• *Camping* Auf Ferry Island im Skeena River, etwas mehr als 3 km östlich der Innenstadt, bietet der **Ferry Island Campground** (✆ 250/635-7391; Mitte April bis Mitte Okt.; Stellplatz ohne Anschlüsse $ 17, mit Anschlüssen $ 21) 103 geschützte Stellplätze inmitten von Birken und Pappeln, Büschen und wild wachsenden Blumen. Von einigen der Plätze eröffnet sich eine hervorragende Aussicht auf den Fluss und die Berge, und ein Wanderpfad führt durch die Waldgebiete und um die Insel herum. Den Gästen stehen Picknicktische, Feuerstellen, Feuerholz und Plumpsklos, aber keine Duschen zur Verfügung.

Der **Lakelse Lake Provincial Park** (Hwy. 37, 16 km südlich von Terrace; $ 22) bietet einen sandigen Strand, sichere Badestellen, einen Wanderpfad durch einen Urwald, ein Informationszentrum, warme Duschen und WCs.

• *Essen und Trinken* Eines der begehrtesten Frühstückslokale ist das **Northern Motor Inn** (3086 Hwy. 16, ✆ 250/635-6375; tägl. Frühstück, Mittag- und Abendessen; $ 9–16) unweit der Chevron-Tankstelle, gleich östlich von Terrace. Große Omeletts mit Bratkartoffeln, Toast und Kaffee kosten ca. $ 8–9.

Wer seine tägliche Dosis Koffein braucht, begibt sich in die Downtown ins **Cafenara** (4716 Lazelle Ave., ✆ 250/638-1662; Mo–Sa 7–21 Uhr, So 9–16 Uhr; Mittagessen $ 5,50–8), das großstädtische Kaffeehaus-Atmosphäre verbreitet.

Hervorragende mexikanische Gerichte sind die Spezialität von **Don Diego's** (3212 Kalum St., ✆ 250/635-2307; Mo–Sa 11–21 Uhr, So 10–14 und 17–21 Uhr; $ 14–19), wo viele Tische von der Abendsonne beschienen werden. Es ist ein kleines, helles Restaurant mit vielen Pflanzen und mexikanischen Wandbehängen. Ein Mittagessen kostet $ 7–12 (die Shrimps-Tortillas sind ganz ausgezeichnet). Das Lokal ist meistens voll, daher muss mit Wartezeiten gerechnet werden.

• *Information* Das **Terrace Visitor Centre** (4511 Keith Ave., ✆ 250/635-2063 oder ✆ 800/499-1637, www.kermodeitourism.ca; im Sommer Mo–Fr 8.30–20 Uhr und Sa/So 9–20 Uhr, sonst Mo–Fr 9–17 Uhr) befindet sich am Hwy. 16 an der Ostseite der Stadt.

Wer Lesefutter bezüglich der Region und eine große Themenauswahl an kanadischer Literatur im Allgemeinen sucht, müsste bei **Misty River Books** (4710 Lakelse Ave., ✆ 250/635-4428; Mo–Do und Sa 9–18 Uhr, Fr 9–20 Uhr) fündig werden.

Bücherwürmer, die lieber schmökern als kaufen, begeben sich zur **Terrace Public Library** (4610 Park Ave., ✆ 250/638-8177; Di–Sa 12–15 und 19–21 Uhr, So 13–16 Uhr), die auch über kostenlosen Internetzugang verfügt.

Strände und warmes Wasser machen den Lakelse Lake Provincial Park zu einem Anziehungspunkt für Camper

Kitimat

Die am Reißbrett entworfene Industriestadt Kitimat (11.000 Einw.) am Nordende des Douglas Channel, 62 km südlich von Terrace, verdankt ihre Entstehung in den 1950er Jahren dem Aluminiumgiganten Alcan (Aluminum Company of Canada). In einem Artikel der *National Geographic* wurde sie damals als „das kostspieligste jemals von der Privatindustrie in Angriff genommene Projekt" bezeichnet. Unter anderem wurden eine der größten Aluminiumschmelzen der Welt, eine Arbeiterstadt mit kompletter Infrastruktur und ein gewaltiges Wasserkraftwerk errichtet.

Nach Westen in Richtung Prince Rupert

Dieser 147 km lange Abschnitt des Yellowhead Hwy. zwischen Terrace und Prince Rupert kann sich bezüglich seiner landschaftlichen Reize mit jedem anderen innerhalb der Provinz messen. Fast auf der gesamten Länge führt die Straße am Nordufer des herrlichen Skeena River (*Skeena* ist die Gitxsan-Bezeichnung für „Nebelfluss") entlang. Bei gutem Wetter eröffnen sich von der Straße aus atemberaubende Ausblicke – schneebedeckte Berge, dicht bewaldete Hänge, mit gelben Seerosen bedeckte Teiche und Wasserfälle, die sich wie schmale Silberstreifen von den Schneefeldern hoch oben an steilen Felswänden hinabschlängeln. An manchen Stellen verengt sich der Highway zu zwei extrem schmalen Fahrspuren zwischen den Eisenbahnschienen und dem Flussufer – hier sollten Autofahrer wirklich vorsichtig fahren.

Im **Exchamsiks River Provincial Park** am Nordrand des Highways, 50 km westlich von Terrace, wurde dort, wo der dunkelgrüne Exchamsiks River in den sehr viel größeren Skeena River mündet, ein grasbewachsenes Picknickgelände angelegt. Camping kostet $ 15/Nacht. Je weiter die Straße nach Westen führt, desto mehr verbreitert sich der Skeena, bis er sich schließlich in einem Delta verliert. Die bei Ebbe auftauchenden Sandbänke und Marschen sind mit buntem Moos bedeckt, und in den flachen Tümpeln suchen Stelzvögel nach Nahrung. Auf den Sandbänken und in den Bäumen am Straßenrand sind oft Weißkopfseeadler zu sehen.

Prince Rupert

Prince Rupert (15.000 Einw.) liegt auf der hügeligen Kaien Island 726 km westlich von Prince George und ist im Sommer ein begehrtes Besucherziel. In der Stadt lässt sich eine kuriose, aber spannende Mischung von Kulturgegenständen bewundern – Totempfähle, alte englische Wappen und Straßennamen, Hotelhochhäuser und Verwaltungsgebäude – alles dicht gedrängt am Ufer des Pazifischen Ozeans.

Sehenswertes

Besucher sollten mindestens einen Tag lang in der Gegend bleiben und sich Zeit für das hervorragende Museum und die Erkundung eines alten Dorfes, in dem Fischkonserven hergestellt werden, nehmen oder vielleicht eine Hafenrundfahrt machen. Prince Rupert ist auch der Ausgangspunkt zum Khutzeymateen Grizzly Bear Sanctuary, aber selbst von der Stadt aus lassen sich manchmal Weißkopfseeadler, Robben und sogar Schwarzbären erspähen.

Museum of Northern British Columbia

In diesem faszinierenden Museum (100 1st Ave. W, ✆ 250/624-3207, Juni bis Aug. Mo–Fr 9–20 Uhr und Sa/So 9–17 Uhr, sonst Mo–Sa 9–17 Uhr; Erwachsene $ 5, Kinder $ 2), das in einem imposanten, mit Säulen und Balken verzierten Gebäude mit Blick auf den Hafen untergebracht ist, lassen sich mühelos mehrere Stunden verbringen. Die Ausstellungsstücke beleuchten die Entwicklung der Stadt Prince Rupert, ausgehend von einer 5000 Jahre alten Tsimshian-Siedlung über die Pelzhandelszeit bis zur Gründung der Stadt im Jahr 1914 als westlicher Endbahnhof der Grand Trunk Pacific Railway. Viele der spannendsten Stücke drehen sich um das indigene Volk der Coast Tsimshian – seine Geschichte, Kultur, Traditionen und Handelsbeziehungen. Zu den ausgestellten Tsimshian-Artefakten zählen Totempfähle, Töpfereiwaren, Masken, erlesene Holzkästchen, Decken, Körbe, glänzend schwarze Argillit-Schnitzereien, Waffen und Petroglyphen. Ein Besuch der der zeitgenössischer Kunst gewidmeten **Monumental Gallery** lohnt sich schon allein des Hafenblicks wegen.

Weitere Sehenswürdigkeiten in der Stadt

Gleich beim Museum of Northern British Columbia liegt der **Pacific Mariner's Memorial Park,** eine Grünfläche mit Bänken an den Stellen, die den schönsten Meerblick bieten. Die Statue eines auf den Ozean hinausschauenden Seemanns umgeben Tafeln zum Gedenken an diejenigen, die das Meer verschlungen hat. Im Park ist auch das *Kazu Maru* zu sehen, ein kleines Fischerboot, das von Japan her angeschwemmt wurde, nachdem sein Besitzer ums Leben gekommen war. Es strandete 1987 bei den Queen Charlotte Islands, zwei Jahre nachdem es als vermisst gemeldet worden war. An der anderen, dem Memorial Park zugewandten Seite befindet sich neben der Feuerwehrhalle das **Firehall Museum** (200 1st Ave. W, ✆ 250/627-1248; Juli/Aug. Di–So 9–17 Uhr; Spende), wo neben anderem Brandlöschgerät auch ein REO Speedwagon aus dem Jahr 1925 zu sehen ist. Wer von diesem Museum aus der 1st Ave. nach Süden folgt und sich dann zum Ende der 2nd St. am Hafen begibt, gelangt zum **Kwinitsa Railway Station Museum** (✆ 250/624-3207; im Sommer tägl. 9–12 und 13–17 Uhr). Es ist in einem kleinen Bahnhof untergebracht – einer von nur noch vier erhaltenen, die früher einmal zu einer Kette von 400 identischen Bahnstationen entlang der Grand Trunk Railway gehörten.

North Pacific Cannery

In Port Edward südlich von Prince Rupert befindet sich die North Pacific Cannery (✆ 250/628-3538; Mai bis Sept. tägl. 11–17 Uhr; Erwachsene $ 12, Senioren $ 9, Kinder $ 6). Es ist das älteste von mehr als 1000 ähnlichen Dörfern entlang der Westküste Nordamerikas, die früher von der Fischverarbeitung lebten. Dieses Dorf entstand 1889 und wurde inzwischen zur nationalhistorischen Stätte erklärt; das Freilichtmuseum ist eines der Highlights eines Besuchs von Prince Rupert. Hier erfährt man alles, was man schon immer über Fisch, die Fischfangindustrie und Fischkonservierung wissen wollte – sogar, welcher Fisch am besten schmeckt (die Einheimischen sind sich darin einig, dass es der Red Snapper ist). Besucher können auf eigene Faust auf dem Holzsteg durch die Siedlung am Fluss schlendern, vorbei an den zahlreichen Originalbauten, wozu eine Kirche, ein Klassenzimmer, eine Gemischtwarenhandlung und Wohnhäuser gehören. Um zum Dorf zu gelangen, verlässt man Prince Rupert auf dem Yellowhead Hwy. und biegt die erste Straße rechts ab, nachdem man Kaien Island verlassen hat.

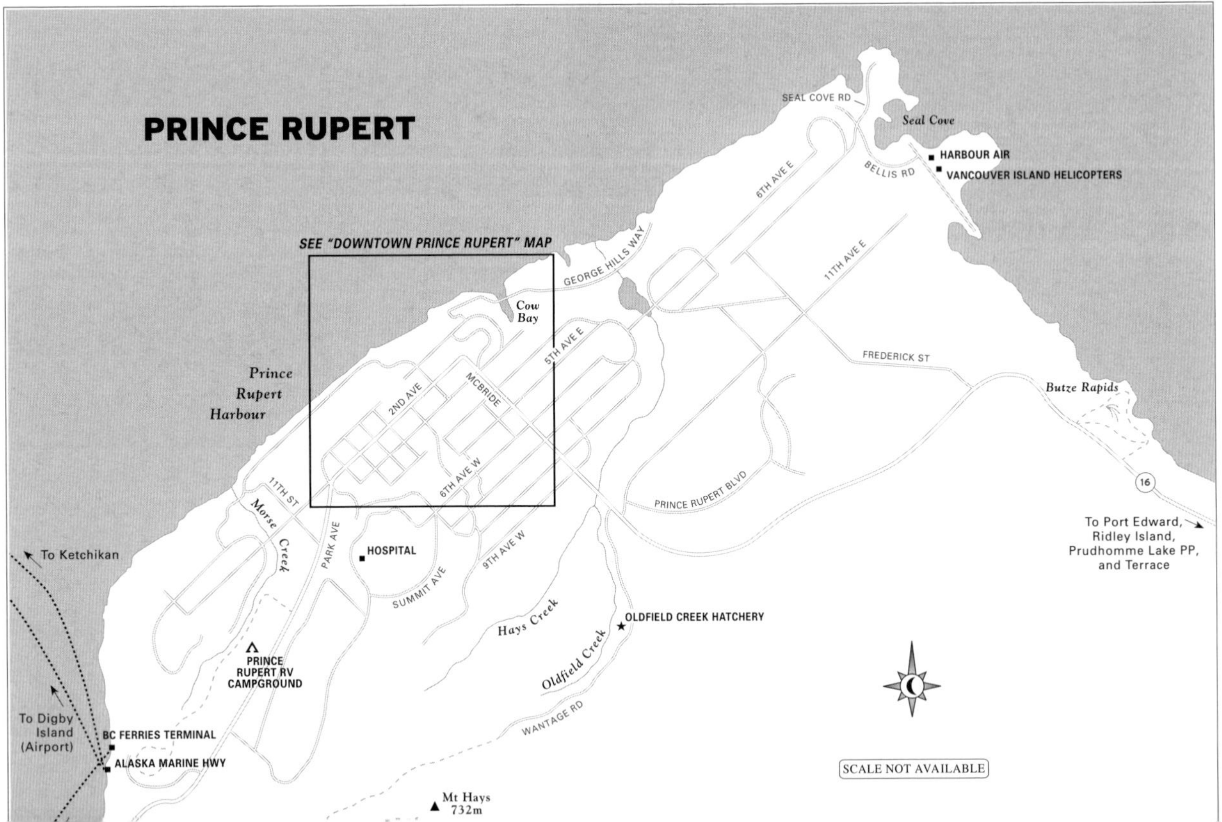
PRINCE RUPERT
SEE "DOWNTOWN PRINCE RUPERT" MAP
SEAL COVE RD
Seal Cove
HARBOUR AIR
VANCOUVER ISLAND HELICOPTERS
BELLIS RD
6TH AVE E
GEORGE HILLS WAY
11TH AVE E
Cow Bay
5TH AVE E
FREDERICK ST
Prince Rupert Harbour
2ND AVE
MCBRIDE
Butze Rapids
PRINCE RUPERT BLVD
6TH AVE W
11TH ST
Morse Creek
PARK AVE
HOSPITAL
9TH AVE W
16
To Port Edward, Ridley Island, Prudhomme Lake PP, and Terrace
To Ketchikan
SUMMIT AVE
Hays Creek
OLDFIELD CREEK HATCHERY
Oldfield Creek
PRINCE RUPERT RV CAMPGROUND
WANTAGE RD
To Digby Island (Airport)
BC FERRIES TERMINAL
ALASKA MARINE HWY
SCALE NOT AVAILABLE
Mt Hays 732m

Ausflüge und Rundfahrten

Sobald die an Land vorhandenen Sehenswürdigkeiten von Prince Rupert besichtigt sind, kann man eine preiswerte Fährfahrt, einen Angeltrip, eine Kajakfahrt oder eine Grizzlybärensafari in den Khutzeymateen (siehe Kasten) unternehmen. **Seashore Charters** (Atlin Terminal, Cow Bay, ✆ 250/624-5645 oder ✆ 800/667-4393, www.seashorecharters.com) ist eine altbewährte Buchungsagentur, die lokale Charterveranstalter repräsentiert. Die interessanteste der angebotenen Touren führt nach **Laxspa'aws** (Pike Island), wo Muschelhaufen, Petroglyphen und von prähistorischen Behausungen stammende Bodenmulden auf eine bis zu 2000 Jahre alte menschliche Siedlung hinweisen. Weitere Ausflugsmöglichkeiten sind z. B. Segeltörns, ganztägige Bootsfahrten, bei denen Ausschau nach Adlern, Wasservögeln, Robben, Ottern, Schildkröten und Killerwalen gehalten wird, oder Angeltouren mit gestellter Ausrüstung und Ködern zum Lachs-, Heilbutt- oder Dorschfangen. Für einen Fischfangtrip ist mit mindestens $ 100/Pers. zu rechnen.

Mit den kleinen Fähren, die zu Siedlungen ohne Straßenanbindung tuckern, lässt sich eine preiswerte Hafenrundfahrt unternehmen. Auskünfte zu Routen und Fahrplänen sind an den kleinen Docks am unteren Ende der McBride St. oder unter ✆ 250/624-3337 erhältlich. Die kürzeste Strecke ist die 15-minütige Überfahrt nach Dodge Cove auf **Digby Island.** Auf der Insel kann man nicht viel unternehmen, aber es ist ein netter Ausflug, der hin und zurück nur $ 12 kostet.

Das ruhige Wasser des Prince Rupert Harbour eignet sich hervorragend zum Kajakfahren. Auch blutige Anfänger können sich bei **Skeena Kayaking** (Cow Bay, ✆ 250/624-8311) für $ 55/Pers. einer leichten, eineinhalbstündigen Paddeltour am Ufer entlang anschließen. Eine sechsstündige geführte Paddeltour zu den Tsimshian-Petroglyphen kostet inkl. Mittagessen $ 135.

Übernachten/Camping

Die 700 Motelzimmer von Prince Rupert füllen sich im Sommer abends schnell mit Reisenden, die auf die Fähren warten, daher ist es ratsam, lange im Voraus ein Zimmer zu buchen (wer von Prince Rupert aus weiterreist, sollte die Fährreservierungen längst in der Tasche haben und weiß daher, welche Nächte er in der Stadt verbringen wird). Die Bandbreite an Unterkünften ist groß, und auch wenn keine durch ein besonders gutes Preis-Leistungs-Verhältnis hervorsticht, weisen doch alle angemessene Preise auf.

Übernachten

• *Unter $ 50* Das auffallend blau und grün gestrichene **Pioneer Hostel** (167 3rd Ave. E, ✆ 250/624-2334 oder ✆ 888/794-9998, www.pioneerhostel.com; Dorm-Betten $ 25–30, Privatzimmer $ 60 für 1/2 Pers.) ist im Winter voll mit Personen, die hier auf längere Sicht wohnen, doch im Sommer wird auch eintägige und wöchentliche Unterbringung angeboten. Das Hostel verfügt über einfache, saubere Schlafsäle mit Gemeinschaftsbad, einen Hof mit Grill, ein Gemeinschaftszimmer mit TV, drahtlosen Internetzugang und eine kleine, aber gut ausgestattete Küche.

• *$ 50–100* Meine Lieblingsherberge in Rupert ist das **Eagle Bluff Bed & Breakfast** (201 Cow Bay Rd., ✆ 250/627-4955 oder ✆ 800/833-1550; $ 45–60 für 1 Pers., $ 65–100 für 2 Pers.). Das Haus ist auf Pfählen über dem Wasser mit Blick auf die Marina und den Hafen erbaut, und von hier aus lassen sich mühelos zu Fuß mehrere Cafés und Restaurants erreichen. Die günstigsten Zimmer haben Gemeinschaftsbad und es gibt eine Suite im obersten Stockwerk mit fünf Schlafgelegenheiten. Ein warmes Frühstück – zu dem auch frisch gebackene Muffins gereicht werden – ist im Preis enthalten.

Eines der zahlreichen erschwinglichen Motels ist das **Moby Dick Inn** (935 2nd Ave. W, ✆ 250/624-6961 oder ✆ 800/663-0822, www.mobydickinn.com; $ 69–89 für 1 Pers., $ 79–139 für 2 Pers.), das auch das preisgünstigste Frühstückslokal der Stadt hat.

• *$ 100–150* In der Nähe befindet sich das mit größeren Zimmern ausgestattete **Pacific Inn** (909 3rd Ave. W, ✆ 250/627-1711 oder ✆ 888/663-1999, www.pacificinn.bc.ca; $ 100–175 für 1/2 Pers.). Der Zimmerpreis beinhaltet ein leichtes Frühstück sowie Internetzugang.

Das massive Gebäude mitten in der Stadt ist das 15-stöckige **Highliner Plaza** (815 1st Ave. W, ✆ 250/624-9060 oder ✆ 800/668-3115, www.highlinerplaza.com; ab $ 129 für 1/2 Pers.). Es hat mittelgroße Zimmer, die meisten davon mit Balkon (gegen ein paar Dollar Aufschlag mit Aussicht auf den Hafen).

Das Eagle Bluff Bed & Breakfast

• *Über $ 150* In bester Hafenlage befindet sich das mit allen Annehmlichkeiten ausgestattete **Crest Hotel** (222 1st Ave. W, ✆ 250/624-6771 oder ✆ 800/663-8150, www.cresthotel.bc.ca; $ 157–359 für 1/2 Pers.), zu dem ein zum Wasser hin gelegenes Café mit Glaswänden, ein Speisesaal und eine Lounge mit Blick aufs Wasser gehören. Die Preise für die stilvollen Zimmer beginnen bei $ 157, wer die Aussicht auf den Hafen genießen möchte, muss mindestens $ 172 berappen.

Camping

Ebenso wie die übrigen Unterbringungsmöglichkeiten von Rupert füllt und leert sich der **Prince Rupert RV Campground** (1750 Park Ave., ✆ 250/627-1000; Zeltstellplatz $ 21, Stellplatz mit Anschlüssen $ 32) jeden Tag entsprechend der Ankunft bzw. Abfahrt der Fähren. Besucher, die wissen, um welche Zeit ihre Fähre im Hafen einläuft, sollten sich telefonisch anmelden, um keine böse Überraschung zu erleben. Der Campingplatz ist 1 km Fußweg sowohl vom Stadtzentrum als auch von den Fährterminals entfernt. Er verfügt über warme Duschen, überdachte Kochstellen, einen grasbewachsenen Zeltstellplatz, Münztelefone, einen Briefkasten und eine Besucherinformation. Die andere Alternative ist der Campingplatz im **Prudhomme Lake Provincial Park** (16 km östlich der Downtown; $ 15).

Essen und Trinken

Die meisten größeren Motels von Rupert verfügen über ein Restaurant, doch der beste Ort für ein großzügiges und preisgünstiges Frühstück ist der **Moby Dick Inn** (935 2nd Ave. W, ✆ 250/624-6961). Hier gibt es alles vom Obstteller mit einem Muffin ($ 4,50) über Eier, Speck und Toast ($ 6) bis zu einem Steak mit Rühr- oder Spiegelei ($ 9,50). Das Lokal ist immer gut besucht, und es kann eine Weile dauern, bis man bedient wird.

Östlich der Innenstadt liegt die **Cow Bay**, ursprünglich ein nach Fisch riechendes, übel beleumundetes Stadtviertel und Sitz einer großen Fischfangflotte. Die Boote sind noch da, sie liegen in einem Bootshafen vor Anker, und auch ein paar alte Gebäude stehen noch. Doch der überwiegende Teil der Bucht hat ein völlig neues Gesicht bekommen. Die finsteren Spelunken sind schicken Kunsthandwerksläden, Restaurants und zwei der besten Cafés der Stadt gewichen. **Cowpuccino's** (25 Cow Bay Rd., ✆ 250/627-1395; tägl. 7.30–22 Uhr; Mittagessen $ 5–8,50) ist ein hübsches kleines Kaffeehaus, das frisch gebrauten Kaffee, ausgezeichnete Muffins und köstliche Desserts serviert; die gemütliche Atmosphäre lädt zum Schmökern in den bereitliegenden Zeitungen und Zeitschriften ein. Gegenüber, direkt am Hafen, liegt das **Cow Bay Cafe** (205 Cow Bay Rd., ✆ 250/627-1212; Di–So 11–20 Uhr; $ 8–21), wo man sich an Tischen im Freien niederlassen und die vom Meer herüberwehenden Gerüche einatmen oder drinnen sitzen und sich an den Grünpflanzen erfreuen kann. Gute hausgemachte (auch vegetarische) Mahlzeiten oder Gerichte von der Tageskarte sind ab $ 8 zu haben.

Wer einen Einheimischen danach fragt, wo das beste Seafood zubereitet wird, wird unweigerlich ins **Smile's Seafood Cafe** (113 Cow Bay Rd., ✆ 250/624-3072; Juli/Aug. tägl. 9–22 Uhr, sonst tägl. 11–20 Uhr; $ 12,50–28) geschickt. Das mit schwarzweißen Fischereifotos und Flößen aus buntem Glas dekorierte Café serviert seit 1934 Seafood und ist zu jeder Tageszeit ein beliebter Treffpunkt von Fischern, Stadtbewohnern und Touristen. Das umfangreiche Speisenangebot umfasst Salate mit Meeresfrüchten und Seafood-Sandwiches, Burger, Fish 'n' Chips, Muscheln und Seafood-Spezialitäten.

Der Khutzeymateen

Der als Provinzpark unter Naturschutz gestellte Khutzeymateen-Park ist ein hügeliges, 44.300 ha großes Wildnisgelände 50 km nordöstlich von Prince Rupert und das einzige Grizzlybären-Reservat Kanadas. In der Sprache des Tsimshian-Volkes hieß die Gegend *K'tzim-a-Deen*, d. h. „Der lange Meeresarm, umgeben von einem tiefen Tal". Für kanadische Naturschützer ist der Name Khutzeymateen gleichbedeutend mit einem ihrer frühesten Erfolge – dem 1984 erfolgten Beschluss, ein Gebiet einzurichten, in dem Grizzlybären vor Jägern sicher sind. Der Park erstreckt sich vom Oberlauf des Khutzeymateen Inlet bis zu den hohen Gipfeln der Kitimat Range und schützt den Bereich des Meeresarms, der den Gezeiten unterliegt und wo sich im Mai und Juni ungefähr 50 gerade aus dem Winterschlaf erwachte Grizzlybären versammeln, um hier unten am Wasser Schilf und Gräser zu vertilgen. Den ganzen Sommer über bleiben die Bären in der Gegend und ernähren sich von den reichlichen Lachsbeständen im Khutzeymateen und Kateen River.

Da die Region nur schwer zugänglich ist, kommen die meisten Leute im Rahmen einer organisierten Tour hierher. *Prince Rupert Adventure Tours* (✆ 250/627-9166 oder ✆ 800/201-8377, www.adventuretours.net) bringt Besucher für $ 175/Pers. per Boot von Prince Rupert aus in diese Ecke, doch die meiste Zeit des sechsstündigen Ausflugs geht für den Transport drauf. Touren mit Übernachtung an Bord eines Motorbootes veranstaltet *SunChaser Eco-Tours* (✆ 250/624-5472, www.sunchaser.ca). Die Abfahrt erfolgt in Prince Rupert, die Ankunft im Reservat einen halben Tag später. Im Mittelpunkt der Tour steht das Beobachten von Bären, aber darüber hinaus erfahren die Teilnehmer auch viel Wissenswertes zur Geschichte, Flora und Fauna des Gebietes. Ein viertägiger Ausflug kostet ab $ 1800 aufwärts.

Information/Einkaufen/Adressen

• *Information* Das **Prince Rupert Visitor Centre** (215 Cow Bay Rd., ✆ 250/624-5637 oder ✆ 800/667-1994, www.tourismprincerupert.com; Anfang Juni bis Anfang Sept. Mo–Sa 9–20 Uhr und So 9–17 Uhr, sonst Mo–Sa 9–17 Uhr) ist in einer umgebauten Fischfabrik an der Cow Bay untergebracht. Es ist eines der besten Informationszentren weit und breit; die Angestellten geben fachkundige Auskunft, und es sind jede Menge Infobroschüren zu Sehenswürdigkeiten, Restaurants und Dienstleistungsbetrieben sowie Fährfahrpläne erhältlich.

Die **Stadtbibliothek** liegt ganz in der Nähe der McBride Ave. (101 6th Ave., ✆ 250/627-1345; Mo–Do 10–21 Uhr, Fr 10–19 Uhr, Sa/So 13–17 Uhr). In der Bücherei gibt es einige Internetrechner und drahtlosen Internetzugang.

• *Einkaufen* Wer Literatur, insbesondere zu indigener Kunst oder zur Geschichte von British Columbia, sucht, sollte sich etwas Zeit zum Stöbern bei **Rainforest Books** (251 3rd Ave. W, ✆ 250/624-4195; Mo–Sa

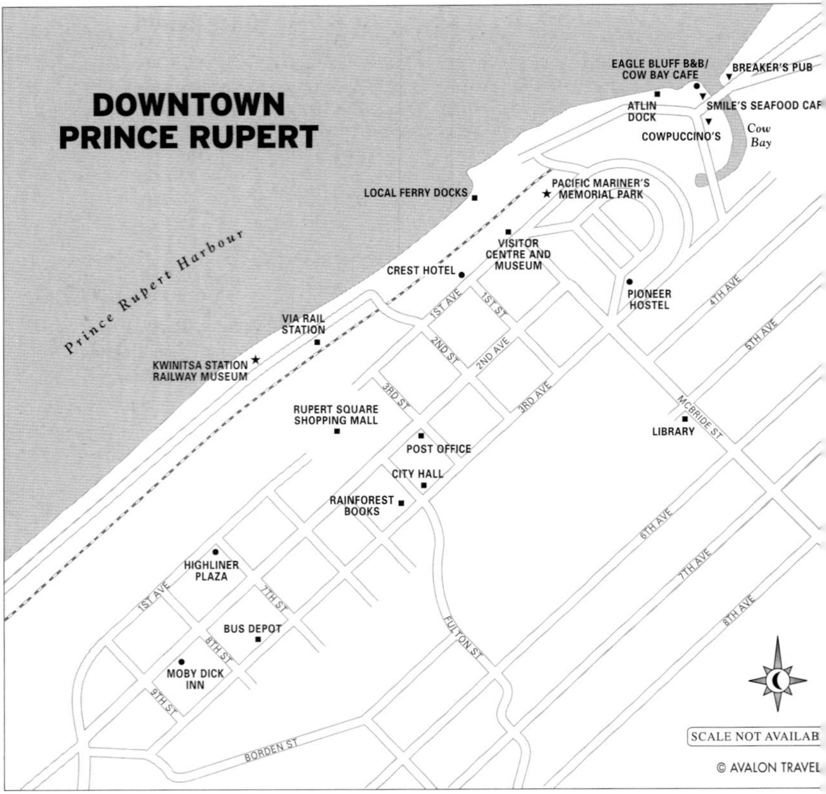

8.30–18 Uhr) nehmen. Dort findet sich auch eine gute Auswahl an Material zu den Queen Charlotte Islands.

• *Adressen* Das **Prince Rupert Regional Hospital** (1305 Summit Ave., südlich der Innenstadt) ist unter ✆ 250/624-2171 zu erreichen. Das **Postamt** befindet sich in der 2nd Ave., Ecke 3rd St. **Waschsalons** gibt es in der 7th St. Nr. 226 und in der 2nd Ave. W Nr. 745.

Verbindungen

• *Anreise* Der **Prince Rupert Airport** (www.ypr.ca) befindet sich westlich der Stadt auf Digby Island. Er ist über eine Fähre mit der Stadt verbunden, die nur Busse und Fußgänger befördert, aber keine Privatfahrzeuge. Die Fluggesellschaften bieten ihren Fluggästen zwischen dem Flughafen und der Innenstadt eine kostenlose Busbeförderung auf der Fähre, aber Fußgänger müssen die Fährgebühr von $ 12/Pers. je Strecke bezahlen. Passagiere von Air Canada werden am Informationszentrum abgeholt, Hawk-Air-Passagiere an der Highliner Plaza. Der Flughafen wird von **Air Canada** (✆ 888/247-2262) und **Hawk Air** (✆ 800/487-1216, www.hawkair.ca) angeflogen, beide haben Linienflüge von und nach Vancouver im Programm. Die **Seal Cove Air Base** liegt am Ostrand der Stadt und dient als Wasserflugzeug-Basis von Prince Rupert. Um dorthin zu gelangen, nimmt man die 5th Ave. von der McBride St. nach Osten und folgt den Wegweisern mit der Aufschrift *Seal Cove*. Der größte Anbieter ist **North Pacific Seaplanes** (✆ 250/627-1341 oder ✆ 800/689-4234). Er veranstaltet einen 20-minütigen Stadtrundflug für $ 130/Pers., einen einstündigen Ausflug zum Grizzlybärenschutzgebiet im Khutzeymateen Valley für $ 310/Pers. und einen nach Ketchikan für $ 550/Pers. (inkl. 2 Std. Aufenthalt in Ketchikan).

Prince Rupert ist der westliche Endbahnhof der kanadischen Transkontinental-Eisenbahnstrecke. Der Weg zur **VIA Rail Station** (✆ 250/627-7589) führt auf der 2nd St. in Richtung Norden; unterwegs passiert man die Bahnschienen.

Vom örtlichen **Greyhound-Busbahnhof** (112 6th St., ✆ 250/624-5090) fahren Busse auf dem Yellowhead Hwy. in Richtung Osten nach Terrace und Prince George. Zwischen Prince George und Prince Rupert verkehrt 2-mal tägl. ein Bus. Reservierungen werden nicht entgegengenommen – man kommt einfach am gewählten Reisetag her und kauft die Fahrkarte.

• *Unterwegs in Prince Rupert* Auf vier verschiedenen Strecken verkehren Stadtbusse des **Prince Rupert Transit System** (2nd Ave. W, ✆ 250/624-3343; $ 1,25–2,50 pro Zone).

Die einzigen Mietwagenfirmen in der Stadt sind **Budget** (✆ 250/627-7400) und **National** (250/624-5318).

Ein Taxi kann bei **Skeena Taxis** (✆ 250/624-2185) angefordert werden.

Mit der Fähre nach/von Prince Rupert

Prince Rupert ist der nördlichste Hafen, der von BC Ferries angelaufen wird, und der einzige in Kanada liegende Anlaufpunkt für die zum Alaska Marine Highway System gehörenden Fähren. Die beiden Terminals liegen dicht nebeneinander 2 km außerhalb der Innenstadt.

Bei allen Fähren handelt es sich um moderne Schiffe mit Aufenthaltsräumen, Schlafkabinen, Duschen, Kantinen und viel Platz, um sich zurückzulehnen und zu entspannen. Im Sommer ist die Nachfrage hoch, d. h. wer ein Fahrzeug mitnehmen oder eine Kajüte mieten möchte, sollte geraume Zeit im Voraus reservieren.

BC Ferries (✆ 250/386-3431 oder ✆ 888/223-3779, www.bcferries.com) verkehrt im Sommer 3-mal wöchentl. (ansonsten 1-mal wöchentl.) zwischen Port Hardy (Vancouver Island) und Prince Rupert. Die 440 km lange Fahrt dauert 15 Std. Preis einer einfachen Fahrkarte: Erwachsene $ 125, Kinder (5–11 Jahre) $ 62,50, Fahrzeug $ 410, Kajüte $ 75–85,

Alaska Marine Highway System (✆ 907/465-3941 oder ✆ 800/642-0066, www.alaska.gov/ferry) betreibt ein umfangreiches Netz von Fährverbindungen im südöstlichen Alaska; Prince Rupert bildet eine der wichtigsten Anlaufstellen. Der erste Hafen nördlich von Prince Rupert ist das 6 Std. entfernte Ketchikan (Erwachsene US$ 61, Kinder von 5 bis 11 Jahren US$ 30,50, Fahrzeuge bis zu einer Länge von 4,5 m US$ 98), von dort fahren Schiffe weiter Richtung Norden nach Juneau und Skagway (Erwachsene US$ 192, Kinder von 5 bis 11 Jahren US$ 94, Fahrzeuge bis zu 4,5 m US$ 374). Eine Kabine mit Bad z. B. kostet auf der Strecke Prince Rupert – Skagway US$ 152. Check-in ist 3 Std. vor Abfahrt – das Erledigen der Zollformalitäten dauert bis zu 2 Std., und das Einladen nimmt eine weitere Stunde in Anspruch. Fußgänger müssen 1 Std. vor Ablegen der Fähre an Ort und Stelle sein.

Queen Charlotte Islands

Wild. Romantisch. Mysteriös. Ungezähmt. Die seit mehr als 10.000 Jahren vom stolzen, einst als kriegerisch bekannten Volk der Haida bewohnten Queen Charlotte Islands liegen wie ein großes, auf den Kopf gestelltes Dreieck ungefähr 100 km vor der Nordwestküste British Columbias. Dank regulärer Fähr- und Flugverbindungen können Reisende die indigene Kultur und die reichhaltige Fauna kennen lernen, die raue Küste erkunden, sich unter die 4600 permanenten Inselbewohner mischen und hautnah erleben, was kameradschaftliches Zusammenleben auf einer abgelegenen Insel bedeutet.

Die wichtigsten der 150 gebirgigen und dicht bewaldeten Inseln und Inselchen sind **Graham Island** im Norden und **Moresby Island** im Süden, die der schmale **Skidegate Channel** voneinander trennt. Die Inseln erstrecken sich über eine Länge von 290 km von Norden nach Süden und auf einer Breite von bis zu 85 km. Entlang der Westseite der Inseln erheben sich die Gebirgszüge Queen Charlotte und San Christoval, die einen Schutzwall gegen die vom Pazifik herkommenden Regenwolken bilden. Dennoch beträgt die durchschnittliche Regenfallmenge an der Ostküste, wo die meisten Insulaner leben, immer noch mehr als 1000 mm im Jahr.

Das Leben auf den Inseln unterscheidet sich erheblich von dem in anderen Teilen der Provinz. Besucher dürfen mit einer besonders herzlichen Begrüßung und zuvorkommenden Behandlung rechnen. In jeder größeren Siedlung gibt es motelähnliche Unterkünfte, aber ein B&B erlaubt einen besseren Einblick in die Lebensweise auf den Inseln. Die übrigen Dienstleistungen unterscheiden sich kaum von denen einer x-beliebigen kanadischen Kleinstadt, allerdings kann das Angebot an frischem Obst und Gemüse etwas limitiert sein. Benzin ist nur ein bisschen teurer als auf dem Festland, und von einem aufregenden Nachtleben kann keine Rede sein.

Tierwelt

Die als „die kanadischen Galapagos" bekannten Queen Charlottes sind der Lebensraum einer unglaublich vielfältigen Fauna – sowohl im Wasser als auch auf dem Land. Das einzige ursprünglich auf den Inseln beheimatete Säugetier ist der Queen-Charlotte-Otter, eine Unterart des auf dem Festland vorkommenden Flussotters. Auf den Inseln haben sich die größten Schwarzbären der Welt angesiedelt; ihre Zahl beträgt schätzungsweise 10.000. Obwohl sie erheblich kräftiger gebaut sind als ihre Verwandten auf dem Festland, gehören sie doch derselben Spezies an. Ihre Größe verdanken sie einem kurzen Winterschlaf und einem Lachsschlemmerfest, das den ganzen Sommer hindurch dauert. Auch Schwarzwedelhirsche sind weit verbreitet. Sie wurden als Fleischlieferanten eingeführt und haben sich seither ungeheuer vermehrt. Weitere Landsäugetiere sind z. B. Elche (ebenfalls eingeführt), Eichhörnchen, Biber und Bisamratten.

Wer die Meeresoberfläche beobachtet, kann Killerwale, Delfine, Schildkröten, Robben, Seelöwen, Otter und Gelbschopflunde erspähen. Zwischen Ende April und Juni bekommt man vielleicht auch Grauwale zu Gesicht, die während ihrer Reise von Mexiko nach Alaska in der Hecate Strait auf Nahrungssuche gehen. Der am leichtesten erreichbare Ort zum Whale Watching ist das Skidegate Inlet neben dem Museum, wo man noch nicht einmal aus dem Auto auszusteigen braucht.

Alle Welt ergötzt sich am Schauspiel der graziösen Gelbschopflunde, aber professionelle Vogelbeobachter begeben sich auf die Suche nach Kormoranen, Kanadareihern, Weißkopfseeadlern, Austernfischern und Lummen.

Die Haida

Seit unvordenklichen Zeiten leben die Haida auf den Queen Charlottes. Diese furchtlosen Krieger, erfahrenen Jäger und Fischer sowie kunstfertigen Holzschnitzer hielten Sklaven und veranstalteten verschwenderische Potlatches. Sie besaßen keine Schriftsprache, doch sie schnitzten ihre Stammesgeschichte, Legenden und

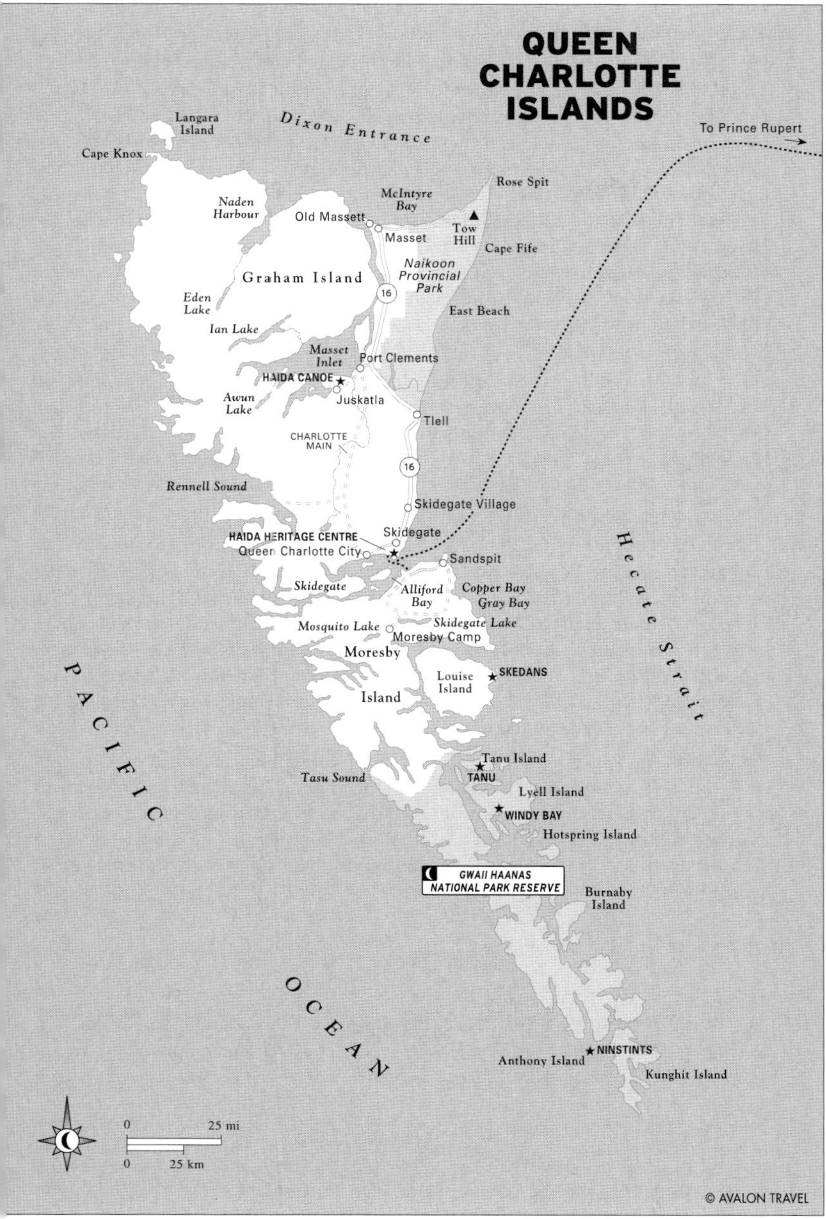
QUEEN CHARLOTTE ISLANDS
To Prince Rupert
Langara Island
Dixon Entrance
Cape Knox
Rose Spit
McIntyre Bay
Naden Harbour
Old Massett
Masset
Tow Hill
Cape Fife
Naikoon Provincial Park
Graham Island
16
Eden Lake
East Beach
Ian Lake
Masset Inlet
Port Clements
HAIDA CANOE
Awun Lake
Juskatla
Tlell
CHARLOTTE MAIN
16
Rennell Sound
Skidegate Village
Skidegate
HAIDA HERITAGE CENTRE
Queen Charlotte City
Sandspit
Hecate Strait
Skidegate
Alliford Bay
Copper Bay
Gray Bay
Mosquito Lake
Skidegate Lake
Moresby Camp
Moresby Island
Louise Island
SKEDANS
PACIFIC OCEAN
Tanu Island
TANU
Tasu Sound
Lyell Island
WINDY BAY
Hotspring Island
GWAII HAANAS NATIONAL PARK RESERVE
Burnaby Island
NINSTINTS
Anthony Island
Kunghit Island
0
25 mi
0
25 km
© AVALON TRAVEL

wichtigen Ereignisse in bis zu 104 m hohe Totempfähle ein. Sie siedelten in über die Inseln verteilten Dörfern, machten der warmen Pelze wegen Jagd auf Seeotter, fischten Heilbutt und Pazifiklachs und sammelten Käferschnecken, Venusmuscheln und Algen in den Tidepools.

Den ersten Kontakt mit Europäern hatten die Haida im Jahr 1774, als der spanische Entdeckungsreisende Juan Perez die Charlottes entdeckte. Einen europäischen Namen erhielten die Inseln erst 1787 mit der Ankunft des britischen Kapitäns George Dixon, der Handelsbeziehungen mit den Haida knüpfte. Er benannte die Inseln nach seiner Königin, der Gattin von George III. Die Weißen gaben den Haida Lebensmittel, Schnaps, Werkzeuge und Feuerwaffen im Austausch gegen Otterpelze; 40 Jahre später war der Seeotter praktisch ausgerottet. Außerdem schleppten die weißen Händler europäische Krankheiten ein, die unzähligen Haida das Leben kosteten.

An der Wende zum 19. Jh. begann der Zustrom weißer Siedler vom Festland her, die sich an der tief liegenden Ostküste der Charlottes und den geschützten Ufern des Masset Inlet niederließen. Gegen Ende der 1830er war es mit der traditionellen Lebensweise der Haida so gut wie vorbei. Die Festlandsregierungen verboten den Haida die Sklavenhaltung und das Abhalten von Potlatches – ein maßgeblicher sozialer und wirtschaftlicher Teil ihrer Kultur –, und alle Haida-Kinder wurden gezwungen, Missionsschulen zu besuchen. Die Haida verließen ihre Dörfer und zogen in Reservate bei Skidegate und Masset auf Graham Island.

Heutzutage erheben sich auf den Queen Charlottes wieder Totempfähle, denn das neu erwachte Interesse für Haida-Kunst und -Kultur ermuntert die Älteren dazu, ihr Wissen an die jüngeren Generationen weiterzugeben. Der erste, nach 90 Jahren errichtete Totempfahl wurde 1969 in Masset aufgestellt, 1978 folgte einer in Skidegate. 1986 wurde ein rund 15 m langes, aus einem einzigen Stück Zedernholz gehauenes Dugout-Kanu für die Expo '86 in Vancouver in Auftrag gegeben, und ein zweites Kanu wurde in Old Massett erbaut.

Viele Jahre lang kämpften die Haida mit Unterstützung der Island Protection Society um den Schutz ihres Erbes. Ihre Anstrengungen wurden schließlich mit zwei Erfolgen belohnt: 1981 wurde das berühmteste der aufgegebenen Haida-Dörfer, **Ninstints,** zum UNESCO-Weltkulturerbe ernannt, und 1988 wurde der Südabschnitt des Archipels als **Gwaii Haanas National Park Reserve** unter Schutz gestellt.

Verbindungen

Anreise

• *Flugzeug* Die meisten Besucher landen in Sandspit, auf dessen kleinem Flughafen Mietwagenfirmen (Reservierungen erforderlich) und ein Informationszentrum vertreten sind. Auf der gegenüberliegenden Straßenseite befindet sich das Sandspit Inn. **Air Canada** (✆ 888/247-2262) verkehrt tägl. zwischen Vancouver und Sandspit. Bei Ankunft der Flugzeuge steht der Airporter-Bus bereit, der die Passagiere für $ 18 nach Queen Charlotte City bringt. Von der Seal Cove Air Base in Prince Rupert aus bietet **North Pacific Seaplanes** (✆ 250/627-1341 oder ✆ 800/689-4234, www.northpacificseaplanes.com) Linienflüge nach Masset ($ 160) und Sandspit ($ 158) an.

• *Fähre* Im Sommer verkehrt die *Northern Adventure* von **BC Ferries** (✆ 250/386-3431 oder kostenfrei in British Columbia ✆ 888/223-3779, www.bcferries.com) 5- oder 6-mal wöchentl. zwischen Prince Rupert und Skidegate, das restliche Jahr über seltener.

Die Abfahrtszeiten sind unterschiedlich, aber meistens legt die Fähre um 11 Uhr in Prince Rupert (Ankunft in Skidegate um 17.30 Uhr) und um 23 Uhr in Skidegate ab (Ankunft in Prince Rupert um 6 oder 7.30 Uhr). Der Preis für eine einfache Fahrt in der Hauptsai-son beträgt für Erwachsene $ 39 und für Kinder $ 19,50, für Fahrzeuge zahlt man $ 140. In British Columbia beheimatete Senioren erhalten eine Ermäßigung, und außerhalb der Saison reisen auch alle anderen Passagiere billiger. Kajüten sind für $ 70–85 erhältlich.

Der **Fährhafen** befindet sich 5 km östlich von Queen Charlotte City in Skidegate. Bei Ankunft der Fähre stehen normalerweise Taxis bereit; die Fahrt in die Stadt kostet ungefähr $ 12,50.

Unterwegs auf den Queen Charlotte Islands

Eine Fähre verbindet Graham Island mit Moresby Island, Abfahrt stündl. 7–22 Uhr in jede Richtung; in der Hochsaison kostet die Rückfahrkarte für Erwachsene $ 7,90 und für Kinder $ 3,75, pro Fahrzeug zahlt man $ 18,50. Davon abgesehen gibt es auf den Inseln keine öffentlichen Transportmittel. Reisende ohne eigenen fahrbaren Untersatz wenden sich am besten an **Rustic Car Rentals** in Queen Charlotte City (✆ 250/559-4641). Sowohl **Budget** (✆ 250/637-5688) als auch **National** (✆ 250/626-3833) haben Büros in Sandspit. Alle Anbieter verlangen ab $ 45/Tag plus $ 0,20–0,35 je Kilometer für die kleinsten Wagen ohne tägl. Freikilometerzahl. Rechtzeitig reservieren.

Queen Charlotte City

Queen Charlotte City, von den Einheimischen schlicht „Charlotte" genannt, erstreckt sich 5 km westlich der Anlegestelle der Festlandfähre am Ufer der Bearskin Bay und ist keine Großstadt, wie es der Name eigentlich vermuten lässt, sondern ein kleines, verträumtes Fischerdorf mit 950 Seelen. Zwischen denkmalgeschützten Gebäuden aus dem frühen 20. Jh. (überwiegend an der Hauptstraße) finden sich die typischen Versorgungseinrichtungen einer Kleinstadt, und am Ost- und Westrand, mit dichtem Wald im Rücken, liegen bunte Wohnhäuser mit Blick aufs Wasser. Dank einer Reihe von Unterkünften bildet der Ort eine gute Ausgangsbasis zur Erkundung der Inseln.

• *Übernachten* Das 1910 erbaute ehemalige Premier Hotel wurde einer Generalüberholung unterzogen und bietet inzwischen als **Premier Creek Lodging** (3rd Ave., ✆ 250/559-8415 oder ✆ 888/322-3388; $ 35–95 für 1 Pers., $ 75–95 für 2 Pers.) Gästebetten für jedes Budget. Im Hauptgebäude befinden sich Einzelzimmer, sog. Sleeping Rooms, mit Gemeinschaftsbad, die $ 35/Pers. kosten, aber es lohnt sich, etwas mehr Geld für die Zimmer mit Bad, Balkon und Hafenblick (manche mit Küche) auszugeben. Hinter dem Haupthaus liegt das schlichte **Premier Creek Hostel** (Kontakt siehe Lodge; Bett im Schlafsaal $ 25). Es verfügt über zwei Dorms mit vier Betten sowie ein Doppelzimmer, eine Küche, ein Wohnzimmer, eine Laundry, einen Gasgrill und einen Fahrradverleih.

Die billigsten Zimmer im **Dorothy and Mike's Guest House** (3127 2nd Ave., ✆ 250/559-8439; $ 70–125 für 1/2 Pers.) und haben Gemeinschaftsbäder, aber mein Lieblingszimmer ist der Kumdis Room mit Bad und einer Schiebetür, die auf eine eigene Veranda mit fantastischer Aussicht hinausgeht. Den Gästen stehen eine Küche, ein Fernsehzimmer, eine große Veranda und eine mit Inselliteratur überquellende Bücherei zur Verfügung. Das herzhafte, warme Frühstück (im Preis inbegriffen) garantiert einen guten Start in den Tag.

Das **Moonglow Guest House** (3611 Hwy. 33, ✆ 250/559-8831; $ 65 für 1 Pers., $ 75 für 2 Pers.) verfügt nur über ein einziges, aber einladendes Gästezimmer mit einer Kochgelegenheit, einem Patio mit Blick auf das Skidegate Inlet und einem eigenem Eingang. Hinter dem Anwesen führt ein Pfad an einem Bach entlang zu einem Wasserfall.

Das **Spruce Point Lodging** (609 6th Ave., ✆ 250/559-8234; $ 70 für 1 Pers., $ 80 für 2 Pers.) befindet sich in herrlicher Lage mitten im Ort: Es bietet ausgezeichneten Ausblick aufs Wasser und Bed & Breakfast in schlichten, aber gemütlichen Zimmern mit TV.

Zentrales und nördliches British Columbia
Karte S. 338/339

• *Camping* Im **Haydn Turner Park** (April bis Okt.; $ 12) am westlichen Ortsrand gibt es Toiletten, Picknicktische und Feuerstellen für Camper, aber keine Duschen oder Wohnmobilstellplätze mit Anschlüssen.

• *Essen und Trinken* Zum Frühstücken geht alle Welt ins **Lam's** (3223 Wharf St., ✆ 250/559-4204; Mo–Sa 6.30–15 Uhr, So 8–15 Uhr; Mittagessen $ 7–11). Das Lokal bietet nicht nur Ausblicke aufs Meer, sondern auch jede Menge Atmosphäre; das Essen ist gut und für den Preis (warme Frühstücksgerichte ab $ 7) reichlich, allerdings stehen die Gäste oft Schlange, um einen freien Tisch zu bekommen.

Ein Mittag- oder Abendessen bekommt man im Speisesaal des **Sea Raven Motel** (3301 3rd Ave., ✆ 250/559-4423; tägl. 7–14 und 17–21 Uhr; tägl. Mittag- und Abendessen; $ 9,50–17).

Howler's Pub and Bistro (3rd Ave., ✆ 250/559-8602; 11–22 Uhr; $ 8–21) besteht aus einem Pub im Erdgeschoss und einem Speiseraum im 1. Stock, wo jeweils Kneipenessen aufgetischt wird, darunter allerdings erstaunlich viele vegetarische Gerichte und zahlreiche Desserts.

• *Information* Das **Queen Charlotte Visitor Centre** (3220 Wharf St., ✆ 250/559-8316, www.qcinfo.ca; Mitte Mai bis Mitte Sept. tägl. 10–19 Uhr) unten am Wasser beherbergt eine Naturkundeausstellung und vergibt zahlreiche Broschüren und Infos zu allem, was auf den Inseln geboten wird; außerdem erfährt man hier den aktuellen Wetterbericht.

• *Einkaufen* Lektüre bezüglich der Inseln und der Nordküste hat **Northwest Coast Books** (3205 Oceanview Dr., ✆ 250/559-4681) auf Lager. Der Buchladen besitzt eine unglaubliche Auswahl an neuen und gebrauchten Büchern, darunter auch Beschreibungen von Kunstgalerien und Museen in Nordamerika, die anderswo kaum aufzutreiben sind.

In Richtung Norden nach Masset

Von Queen Charlotte City führt die Hauptstraße von Graham Island an der Ostküste entlang, vorbei am Fährhafen und dem Haida Gwaii Museum, zur Haida-Gemeinde Skidegate Village, von wo aus man nach einer schönen Fahrt, immer der Küste folgend, zum 65 km entfernten Holzfällerort **Port Clements** und nach weiteren 40 km nach Masset gelangt.

Haida Heritage Centre

Zwar sind Totempfähle und andere althergebrachte Haida-Kunstwerke an verschiedenen Orten auf den Inseln zu sehen, doch dieses Museum (✆ 250/559-4643; im Sommer tägl. 10–18 Uhr, sonst Di–Sa 11–17 Uhr; Erwachsene $ 12, Kinder $ 5) an der Nordseite der Fähranlegestelle von Skidegate erlaubt es dem Besucher, eine Vielzahl solcher Kunstwerke unter einem Dach zu betrachten. Jedes der fünf traditionellen Langhäuser steht unter einem anderen Thema: Im *Greeting House* sind der Empfangsbereich und ein Giftshop untergebracht, das Café im *Eating House* serviert traditionelle Mahlzeiten, im *Performing House* finden spezielle Aufführungen statt. Die beiden übrigen Gebäude beherbergen faszinierende Haida-Schnitzarbeiten aus Holz und Argillit, Pionierartefakte, eine wunderschöne, handgewebte Wolldecke, Schmuck, alte Schwarzweißfotos, auserlesene Drucke des Haida-Künstlers Robert Davidson, alte Totems der Tanu und Skedans, die bis ins Jahr 1878 zurückgehen, das Skelett eines Buckelwals, zahllose Muscheln und eine Sammlung präparierter Vögel.

Im Zentrum des *Bill Reid Teaching Centre* steht das spektakuläre, 15 m lange Kanu *Loo Taas* („Wellenfresser"). Das beeindruckende rot-schwarze Boot wurde anlässlich der Expo '86 in Vancouver gebaut und nach Schließung der Ausstellung zu den Queen Charlottes gepaddelt.

Zwischen Ende April und Anfang Juni legen die **Grauwale** während ihrer jährlichen 15.000 km langen Odyssee zwischen Mexiko und Alaska eine Ruhe- und Fütterungspause in den seichten Kieselbuchten des Skidegate Inlet direkt vor dem Museum ein. Das hölzerne Aussichtsdeck hinter dem Museum ist eine tolle Stelle zum Beobachten dieser phänomenalen Kreaturen; man kann aber auch ein paar Hundert Meter weiter um die Bucht herumgehen und sie dort von der Straße aus betrachten.

Skidegate Village und Umgebung

Unweit nördlich des Museums liegt Skidegate Village, ein Haida-Reservat mit 700 Einw. Hier stehen ein verwitterter, über 100 Jahre alter Totempfahl sowie sechs neuere. Am Strand befindet sich ein traditionelles Langhaus, unter dessen Dach hiesige Künstler Miniatur-Totempfähle, Argillit-Schnitzereien und Schmuck in überliefertem Design anfertigen.

Von Skidegate folgt die Straße dem Ufer der Hecate Strait, vorbei an mit Treibholz übersäten Stränden, einem interessanten Friedhof und dem **Balance Rock,** der sich 1 km nördlich von Skidegate Village befindet. Ein Highway-Schild und eine Weiche markieren den Ausgangspunkt eines kurzen Pfades, der nach unten zum Fels führt. Auf dem Weg weiter nach Norden streift die Straße gerodetes Land, das von den frühen Siedlern als Viehweidegelände angelegt wurde; in dieser Gegend sind oft Schwarzwedelhirsche zu sehen. In der Nähe von **Lawn Hill** stehen holzgeschnitzte Tierfiguren.

Naikoon Provincial Park (Südende)

Unmittelbar nördlich von Tlell befindet sich die Südspitze des Naikoon Provincial Park. Der Haupteingang zum Park liegt zwar weiter nördlich außerhalb von Masset (s. u.), doch Besucher der Tlell-Region kommen auch hier, am Südende des Parks, auf ihre Kosten. Die Hauptattraktion in dieser Ecke bildet das **Wrack der Pesuta,** einer Holzbarkasse, die 1928 auf Grund lief. Wer es sehen möchte, stellt das Fahrzeug beim Picknickgelände am Nordufer des Tlell River ab, folgt dem Fluss bis zu seiner Mündung und marschiert dann am Strand entlang nach Norden. Bis zum Wrack sind es ungefähr 6 km. Erfahrene Wanderer können den **East Beach Hike** in Angriff nehmen, einen 94 km langen Pfad, der vom Tlell River über Rose Spit nach Tow Hill führt.

Im Naikoon Provincial Park

Der **Misty Meadows Campground** direkt nördlich des Parkverwaltung ist selten ausgebucht, und einer der 30 reizvoll gelegenen Stellplätze kostet nur $ 15. Der Platz verfügt über ein Picknickgelände und Plumpsklos.

Masset und Umgebung

Masset (900 Einw.) wurde im Jahr 1909 unter dem Namen Graham City unmittelbar südlich einer Haida-Siedlung namens Massett gegründet. Im Laufe der Zeit wurde Massett Old Massett oder Haida genannt, und Graham City wurde als Masset (mit einem *t*) eingemeindet. Die Bevölkerungszahl ist zurückgegangen, seitdem die örtliche Canadian Armed Forces Station, in der einmal die halbe Einwohnerschaft lebte, ihre Belegschaft allmählich abbaut.

Sehenswertes

Östlich von Masset befindet sich das **Delkatla Wildlife Sanctuary,** wo zahlreiche Zugvögel, darunter Kanadagänse, Kraniche, Trompeterschwäne, Kanadareiher, verschiedene Arten von Enten und andere Wasservögel, eine Ruhepause einlegen. Unweit der Stadt führen mehrere kurze Wanderwege durch das Schutzgebiet; ihren Ausgangspunkt erreicht man, indem man auf der Hodges Ave. nach Westen bis zum Trumpeter Dr. und dann an der Bucht entlanggeht. Wer eine bessere Aussicht haben möchte, fährt auf der Tow Hill Rd. in Richtung Naikoon Provincial Park und biegt am Wegweiser zum Schutzgebiet nach links auf die Masset Cemetery Rd. ab.

An der Haida-Kultur Interessierte suchen das Dorf **Old Massett,** auch *Haida* genannt, auf. Es liegt nur 5 Min. Fahrzeit von Masset entfernt am Ende der Küstenstraße nach Westen. Dort, wo die Straße aufhört, steht das alte blaue Schulhaus, in dem heute das **Ed Jones Haida Museum** (im Sommer Sa/So 9–17 Uhr; Spende) untergebracht ist. Innen befinden sich u. a. eine faszinierende Sammlung alter Fotos, die zeigen, wie das Dorf früher einmal aussah, Haida-Gemälde und -drucke sowie einige echte Totempfähle, die von verschiedenen Standorten auf den Queen Charlottes hierhergebracht wurden. Im Freien lassen sich ein nur teilweise fertig gestelltes Kanu und ein Feld voller Totems bewundern, Letztere sind jüngeren Datums. Gegenüber dem Museum befindet sich eine Holzschnitzerwerkstatt, wo man im Sommer den Künstlern bei der Arbeit zusehen kann.

Reisepraktisches

• *Übernachten* Mehrere B&Bs in Masset bieten Unterkunft und Lokalkolorit. Das direkt an der Anlegestelle befindliche rustikale **Copper Beech House** (1590 Delkatla Rd., ✆ 250/626-5441, www.copperbeechhouse.com; $ 90 für 1 Pers., $ 110–140 für 2 Pers.) ist im New-England-Stil erbaut und besitzt einen herrlichen Blumengarten. Das köstliche, im Preis enthaltene Frühstück wird von David Phillips zubereitet, dessen Begeisterung für die Inseln ansteckend ist. Phillips vollbringt Wunder mit Produkten der Region – er räuchert das Seafood selbst und verarbeitet Beeren zu Marmeladen und Kompott.

Beach Cabins (14 km östlich von Masset an der Tow Hill Rd., ✆ 250/626-5472, www.beachcabins.com; $ 65–90 für 1/2 Pers.) vermietet Hütten aus Zedernholz inmitten eines dichten gemäßigten Regenwaldes aus Sitkafichten. Naturliebhaber, die bereit sind, auf moderne Annehmlichkeiten zu verzichten, werden von dieser Anlage mit Toilettenhäuschen, aber ohne Strom und Telefon begeistert sein.

• *Camping* Der **Village of Masset RV Site and Campground** (Tow Hill Rd., 2 km nördlich von Masset; $ 15–22) liegt gegenüber dem Delkatla Wildlife Sanctuary. Der Campingplatz besitzt große, ziemlich abgeschirmte Stellplätze mit Tischen unter Bäumen und Waschräume mit münzbetriebenen warmen Duschen.

Naikoon Provincial Park

Dieser atemberaubende Park umfasst ein Gelände von rund 72.640 ha an der Nordostspitze von Graham Island. Das beherrschende Merkmal des Parks sind seine Strände mit einer Gesamtlänge von 97 km, die im Osten die Hecate Strait und im Norden den turbulenten Dixon Entrance einrahmen. Der Rest des Parks ist überwiegend Tiefland, umgeben von Gelbkiefern, Lebensbäumen, Nootka-Scheinzypressen, Westamerikanischen Hemlocktannen und Sitkafichten. Es wimmelt von Tieren: Schwarzwedelhirsche, Schwarzbären, Marder, Flussotter, Stachelschweine, Rothörnchen, Biber, Bisamratten, kleine Herden wilder Rinder und zahlreiche Vogelspezies bevölkern den Park. Das ganze Jahr über tummeln sich vor der Küste Delfine, Orcawale, Schildkröten und Robben, und im Mai und Juni ziehen Pelzrobben und Kalifornische Grauwale am Park vorbei nach Norden.

Die von Masset nach Osten führende Straße passiert nach 26 km den Fuß des Tow Hill und endet dann bald am Südende des langen, sandigen **North Beach.** Dieser Sandstreifen ist ein Paradies für „Strandräuber", denn er ist mit Muscheln, Treibholz und in allen Farben leuchtenden, vom Meer geschliffenen Kieselsteinen bedeckt. Der Strand ist berühmt für Achate, Halbedelsteine, deren Färbung von hellgelb bis fast durchsichtig reicht. Sie lassen sich ungefähr 3 km weiter am Strand in Steinhaufen finden, die bei Ebbe frei gelegt werden. Am Ende des North Beach liegt **Rose Spit.** Diese schmale Landzunge, von den Haidu *Naikoon* (= lange Nase) genannt, trennt die Gewässer der Hecate Strait und des Dixon Entrance. Vom Ende der Tow Hill Rd. gelangt man auf einer rund 10 km langen, nicht besonders anstrengenden Strandwanderung bis zur Spitze der Landzunge; wer 6 Std. für den Weg hin und zurück einplant, hat unterwegs noch genügend Zeit für ein Mittagspicknick auf einem der angeschwemmten Holzstämme.

Die Zeltstellplätze des **Agate Beach Campground** ($ 15) nahe dem Tow Hill säumen den Strand und bieten wunderbare Ausblicke. Ein Unterstand und Plumpsklos sind vorhanden, aber keine Duschen. Im Sommer müssen sich Besucher schon früh am Tag einen Platz sichern, denn am Spätnachmittag sind alle belegt.

Sandspit und Umgebung

Sandspit (560 Einw.), gegenüber von Queen Charlotte City am anderen Ufer des Skidegate Channel gelegen, ist die einzige Ortschaft auf **Moresby Island**. Hier ist der wichtigste Flughafen der Inseln angesiedelt, und im Rahmen einer kurzen Fährfahrt lässt sich Graham Island erreichen. Das Städtchen befindet sich auf einem tief gelegenen, dem Wind ausgesetzten Landzipfel mit Blick auf die Shingle Bay. Die Nordhälfte von Moresby Island besteht überwiegend aus Holzfällergebiet, doch die Südhälfte und mehr als 100 vorgelagerte Inseln fallen in den Einzugsbereich des Gwaii Haanas National Park Reserve (s. u.). Besucher, die eine Tour durch die Wälder im eigenen Fahrzeug unternehmen wollen, können südlich von Sandspit eine hübsche Rundfahrt machen. Die den Wald säumenden Straßen, auf denen die gefällten Hölzer transportiert werden, führen zu Stränden voller Treibholz, zu Flüssen, in denen es von Lachsen und Forellen wimmelt, sowie zu den schönen Seen Skidegate und Mosquito Lake (ausgezeichnete Forellenfischgründe). An der Gray Bay und am Mosquito Lake gibt es kostenlose Campingplätze.

• *Übernachten* Sandspit ist nicht ganz so reizvoll wie die Ortschaften auf Graham Island, verfügt aber über Einrichtungen für Besucher.

Das **Seaport B&B** (371 Beach Rd., ✆ 250/637-2215, www.moresbyexplorers.com; $ 45 für 1 Pers., $ 65 für 2 Pers.) offeriert acht schlichte Zimmer in drei Häusern am Wasser. Der Zimmerpreis beinhaltet ein Selbstbedienungsfrühstück sowie Küchenbenutzung.

• *Information* Das **Sandspit Visitor Centre** ist im Flughafenterminal untergebracht (✆ 250/637-5362; Mitte Mai bis Mitte Sept. tägl. 12–16 Uhr, Juli/Aug. tägl. 9–17 Uhr).

Gwaii Haanas National Park Reserve

Der weithin für seine uralten, mit Totempfählen geschmückten Haida-Dörfer bekannte Park nimmt die Südhälfte von Moresby Island sowie 137 kleinere Inseln im Süden des Archipels ein und umfasst alles in allem eine Fläche von 1480 ha und eine 1600 km lange Küstenlinie. Es ist ein außergewöhnliches Fleckchen Erde. Vor einer Kulisse aus üppiger Wildnis – finstere Bäume, dichtes, saftiges Moos, mit Felsbrocken übersäte Strände und glasklares Meerwasser – erheben sich Totems und die Überreste mächtiger Haida-Langhäuser. Verstärkt wird die geheimnisvolle Atmosphäre noch durch die Anwesenheit von Kolonien brütender Seevögel und eine reiche Meeresfauna – Killer- und Minkwale, Seelöwen und Gelbschopflunde.

Der gemeinsam von Parks Canada und dem Volk der Haida verwaltete Park schützt ein Gebiet, das fast 10.000 Jahre lang die Heimat der seefahrenden Haida war. Doch zu Beginn des 19. Jh., keine 100 Jahre nach ihrer ersten Begegnung mit Weißen, waren die Haida-Siedlungen verwaist: Die Bewohner waren Krankheiten zum Opfer gefallen oder nach Old Massett und Skidegate abgewandert. Das jahrtausendelang vor der Ankunft der Europäer bewohnte **Nan Sdins** (Ninstints) auf der winzigen SGaang Gwaii (Anthony Island) nahe dem Südende des Parks war einst Heimat von rund 300 Haida. Heute erstreckt sich eine Kette verwitterter Totempfähle am Ufer entlang, und der Regenwald bemächtigt sich nach und nach der nahe gelegenen Ruinen der aus Zedernholz erbauten Langhäuser. Anthony Island wurde 1981 zum UNESCO-Weltkulturerbe erklärt, genau 97 Jahre nachdem die letzten Haida-Familien ihre abgelegene Heimat verlassen hatten. Eine Besonderheit von **Gandle K'in** (Hotspring Island), wo sich ebenfalls ein aufgegebenes Dorf befindet, sind die heißen Quellen am Meeresufer, denen die Haida besondere Heil- und spirituelle Qualitäten zuschreiben.

Der Park lässt sich nur auf dem Wasser- oder Luftweg erreichen, und die meisten Besucher kommen im Rahmen einer organisierten Tour hierher. Die preiswerteste Möglichkeit ist ein Bootsausflug mit **Moresby Explorers** (✆ 250/637-2215 oder ✆ 800/806-7633, www.moresbyexplorers.com) nach Skedans, der $ 205/Pers. kostet. Ein zweitägiger Ausflug mit Übernachtung in einer schwimmenden Hütte ist für $ 615 und ein viertägiger zu allen Highlights des Parks für $ 1460 zu haben. Der Veranstalter bietet auch Kajakverleih und Transport für Leute, die den Park in Eigenregie besuchen. **Archipelago Ventures** (✆ 250/652-4913 oder ✆ 888/559-8317; www.tourhaidagwaii.com) kombiniert das Sehenswerteste des Parks in einer sechstägigen Tour, die $ 2300/Pers. kostet. Der Transport erfolgt überwiegend auf einem stabilen, rund 13 m langen Hauptschiff; im Mittelpunkt stehen Kajakfahrten, Wanderungen und Begegnungen mit der Haida-Kultur in den aufgegebenen Dörfern. **Ocean Light II Adventures** (✆ 604/328-5339, www.oceanlight2.bc.ca) benutzt die rund 22 m lange *Ocean Light II* für einen achttägigen Segeltörn, in dessen Rahmen alle bekannten verlassenen Haida-Dörfer besucht, die Wasserwege befahren und Säugetiere an Land und auf dem Meer beobachtet werden. Im Preis von $ 3500/Pers. sind alle Mahlzeiten und die Übernachtung auf dem Schiff inbegriffen. Wer nur wenig Zeit hat, kann sich bei **Inland Air** (✆ 250/624-2577, www.inlandair.bc.ca) nach Charterflügen erkundigen, die bei der Werft in Queen Charlotte City starten.

• *Permits* Wer den Park nicht als Teilnehmer einer organisierten Tour besucht, muss sich über Tourism BC (✆ 250/387-1642 oder ✆ 800/435-5622; $ 15 pro Buchung) eine Genehmigung besorgen. Pro Tag wird eine begrenzte Anzahl von Permits ausgestellt, zuzüglich zu sechs Stellen, die nach einer Warteliste vergeben werden. Um Letztere kann man sich beim Queen Charlotte Visitor Info Centre (in Queen Charlotte City) am Tag der Abfahrt morgens um 8 Uhr bewerben. Die Genehmigung an sich ist aber in jedem Fall erforderlich (Erwachsene $ 19,60/Tag, Senioren $ 16,60, Kinder $ 9,80), außerdem die Teilnahme an einer Orientierungsveranstaltung, die im Haida Heritage Centre montags bis samstags um 9 Uhr beginnt.

Stewart-Cassiar Highway

Diese Straße – oft schlicht „the Cassiar" genannt – bildet eine Alternative zum Alaska Hwy. Sie zweigt 45 km westlich von New Hazelton vom Yellowhead Hwy. in Richtung Norden ab und führt ins Yukon Territory; unmittelbar westlich von Watson Lake trifft sie auf den Alaska Hwy. Die Strecke zwischen dem Yellowhead und dem Alaska Hwy. ist insgesamt 733 km lang, die 130 km für den Abstecher nach Stewart und zurück nicht mitgerechnet.

Der Highway erschließt eine wunderbare nördliche Wildnis, die sich in vielfacher Hinsicht mit der entlang dem berühmteren Alaska Hwy. messen kann. Die Straße ist überwiegend geteert, doch Abschnitte mit Rollsplitt finden sich auf dem 80 km langen Stück nördlich der Meziadin Junction, auf dem 40 km langen Stück südlich des Kinaskan Lake und rund 30 km beiderseits des Dease Lake. Auf diesen Straßenabschnitten muss mit Waschbrettkonditionen gerechnet werden, insbesondere nach heftigen Regenfällen. Auch Staub und Schlamm können die Fahrt erschweren, und die vielen schmalen Brücken mit Einbahnverkehr verlangen besondere Aufmerksamkeit. Zwar finden sich Tankstellen und Serviceeinrichtungen entlang der Strecke, doch es ist ratsam, bei jeder möglichen Gelegenheit den Tank aufzufüllen. Und sicherheitshalber sollten zwei Reservereifen, ein Werkzeugkasten, ein (voller!) Benzinkanister und Trinkwasser mitgenommen werden.

Vom Yellowhead Highway zur Meziadin Junction

Bewaldete Hügel, dichte Flecken schneeweißer Gänseblümchen, Wiesenraine voller pinkfarbener und weißer Kleeblüten sowie purpurfarbener Lupinen, felsige Berge und ferne Gipfel, malerische, mit gelben Wasserlilien bedeckte Seen und zahllose Holzlaster, die die Straße entlangrasen – das sind die Eindrücke, die von den 155 Kilometern zwischen dem Yellowhead Hwy. und der Meziadin Junction, der Abzweigung nach Stewart, in der Erinnerung haften bleiben.

Kitwanga und Umgebung

In diesem Dörfchen unmittelbar nördlich des Yellowhead Hwy. befindet sich die **Kitwanga Fort National Historic Site** (ganzjährig geöffnet; Eintritt frei), die erste nationalhistorische Stätte in Westkanada, die in Würdigung der indigenen Kultur eingerichtet wurde. Die Stätte schützt den 13 m hohen Battle Hill, wo vor 200 Jahren ein eingeborener Krieger namens Nekt die Angriffe feindlich gesinnter Nachbarn abwehrte. Vom Parkplatz führt ein Pfad zu dem flachen Gelände am Fuß des Hügels hinab; dort erzählen Informationstafeln die Geschichte des Hügels.

Auf der Weiterfahrt nach Norden verläuft die Straße parallel zum ehemaligen sog. Grease Trail, der Strecke, auf der die indigene Küstenbevölkerung ins Landesinnere wanderte, um bei dort lebenden Stämmen ihren Oolichan (ein kleiner, öliger Fisch) gegen andere Waren einzutauschen. Beim indigenen Dorf **Gitanyow** (auch *Kitwan-*

cool genannt), 23 km von Kitwanga entfernt, befindet sich die weltweit höchste Konzentration von Totempfählen, die noch an der Stelle stehen, an der sie ursprünglich errichtet wurden. Der älteste, „Hole in the Ice", ist ungefähr 140 Jahre alt; manche halten ihn für den ältesten noch stehenden Totempfahl der Welt. Er erzählt, wie ein Mann sein Volk vor dem Hungertod bewahrte, indem er ein Loch ins Eis schlug und so eine Möglichkeit zum Fischefangen schuf.

Ein Abstecher nach Stewart (und Hyder)

Bei der Meziadin Junction liegt der 335 ha große **Meziadin Lake Provincial Park** (Mitte Mai bis Ende Okt.; $ 15), eine der malerischsten Stellen zum Campen entlang dem Cassiar; einige Stellplätze des Campingplatzes befinden sich direkt am Seeufer.

65 km westlich der Meziadin Junction liegt Stewart an einem spektakulären Straßenabschnitt über die eisbedeckten Coast Mountains. Die ersten 40 km geht es nur bergan, durch dichte subalpine Wälder und vorbei an Seen, Wasserfällen und einer Reihe von Gletschern, die wie dicke Eiskleckse auf fast senkrecht abfallenden Bergen sitzen. Plötzlich, völlig unerwartet, ragt direkt vor dem Reisenden hinter einer Straßenkurve der majestätische, tiefblaue **Bear Glacier** empor. Der Gletscher wälzt sich zum kleinen Strohn Lake hinab, auf dessen Oberfläche Miniatur-Eisberge tanzen. Vom Bear Glacier führt die Straße bis nach Stewart nur noch bergab. Unterwegs sollte man Ausschau nach den drei aufeinanderfolgenden gewaltigen Wasserfällen an der Nordseite des Highways halten.

Stewart

Die Zwillingsstädte Stewart, British Columbia, und Hyder, Alaska, liegen diesund jenseits der internationalen Grenze am Ende des **Portland Canal,** des viertlängsten Fjords der Welt. Stewart (500 Einw.) erfreut sich einer herrlichen Lage mit Blick auf die schneebedeckten Gipfel, die schroff hinter dem Fjord aufragen. Aufgrund eines Goldfundes im Jahr 1910 wuchs die Einwohnerschaft von Stewart im Handumdrehen auf 10.000 Menschen an. Doch der Boom war nur von kurzer Dauer, und was von der Lokalwirtschaft übrig geblieben ist, dreht sich um die Holzindustrie. Wer Genaueres über die spannende Vergangenheit der Stadt erfahren möchte, besucht das **Stewart Historical Society Museum,** das im alten Rathaus untergebracht ist (Columbia St., zwischen 6th St. und 7th St., ✆ 250/636-2568; Juli/Aug. tägl. 10–18 Uhr; Spende). Es beherbergt u. a. eine Werkzeugsammlung und Ausstellungsstücke zum Aufstieg und Fall der Stadt, beides untrennbar mit der Goldgewinnung verbunden.

• *Übernachten* Die beste Unterbringung bietet das **Ripley Creek Inn** (✆ 250/636-2344, www.ripleycreekinn.com; $ 85–105 für 1 Pers., $ 105–125 für 2 Pers.), das über 33 ansprechende Zimmer in historischen Gebäuden unweit des Stadtkerns verfügt. Eines davon ist ein ehemaliges Hotel, ein anderes diente früher als Bordell, und ein drittes beherbergt außer Gästezimmern auch das im Erdgeschoss befindliche Bitter Creek Café. Alle Zimmer verfügen über ein modernes Bad, und die meisten sind im Stil vergangener Zeiten eingerichtet. Jene im Hauptgebäude bieten auch Aussicht aufs Wasser und drahtlosen Internetzugang.

• *Camping* Unterhalb der hoch aufragenden Berge der Coast Mountains liegt der **Rainey Creek Campground** (8th Ave., ✆ 250/636-2537; $ 15–20).

• *Essen und Trinken* In einem dreistöckigen alten Gebäude an der Hauptstraße stößt man auf das **Bitter Creek Cafe** (311 5th Ave., ✆ 250/636-2166; tägl. Mittag- und Abendessen; $ 12–30), wo es gutes Essen zu vernünftigen Preisen gibt. Ganz oben auf der Speisekarte steht der in heimi-

Der Bear Glacier ist ein Highlight auf der Fahrt von der Meziadin Junction nach Stewart

schen Gewässern gefangene Heilbutt, der in vielen Variationen serviert wird. Dazu gibt es Rindfleisch aus Alberta und zur Krönung Alaska-Königskrabben.

• *Information* Das **Stewart Visitor Centre** befindet sich am Nordende der 5th Ave. (✆ 250/636-9224 oder ✆ 888/366-5999; Mitte Mai bis Sept. tägl. 8.30–19 Uhr) mit Blick auf die Flussmündung. Die Angestellten versorgen Besucher mit jeder Menge Informationen, darunter Wegbeschreibungen zum Salmon Glacier, Wanderbroschüren und Blätter mit geschichtlichen Erläuterungen.

Hyder

Wer dem Portland Canal durch Stewart folgt, stellt plötzlich fest, dass er eine internationale Landesgrenze überschritten hat und sich im 90-Seelen-Nest Hyder, Alaska, befindet – ohne die Formalitäten und Checkpoints, auf die man sich normalerweise beim Überqueren einer Grenze gefasst macht. Die „Friendliest Little Ghost Town in Alaska" ist das klassische Beispiel einer Stadt am Ende der Welt, mit ungeteerten Straßen und einer kläglichen Reihe von Gebäuden. Die Anwohner schicken ihre Kinder auf Schulen in Kanada und benutzen das kanadische Telefonnetz. Jedermann hat die Uhr auf Pacific Standard Time eingestellt (abgesehen vom Postamtsleiter, der seine Zeit nach Alaska Standard Time misst). Bezahlt wird in Kanadischen Dollar (außer im Postamt, wo nur US-Dollar entgegengenommen werden). Und niemand braucht lange auf einen Drink zu warten – in Hyder kommt eine Bar auf 30 Einw.

Das historische Flair von Hyder lässt sich am besten bei einem Spaziergang über die Hauptstraße und beim Herumstöbern in einem der wenigen verbliebenen Geschäfte erschnuppern. Der Tradition folgend, sollte man einen Geldschein an der Wand des **Glacier Inn** befestigen und auf diese Weise sicherstellen, dass man beim nächsten Besuch in jedem Fall über das nötige Kleingeld verfügt. Wer

Bei den Docks in Hyder

anschließend auf einen Zug ein Glas 95%igen Getreideschnaps leert, erweist sich als würdig, ein Zertifikat mit der Auszeichnung „I've Been Hyderized" überreicht zu bekommen. Wenn man vom Ende der Hauptstraße nach links zur Werft hinausspaziert, kommt man in den Genuss eines Rundum-Gebirgspanoramas. Wer sich nach rechts wendet, befindet sich auf dem Weg zum **Fish Creek,** dem am leichtesten zugänglichen Ort in ganz Nordamerika, um Bären beim Lachsschmaus zu beobachten (Ende Juli bis Sept.).

Reisende, die in Hyder bleiben möchten, haben die Wahl zwischen den einfachen Zimmern des **Sealaska Inn** (✆ 250/636-2486, www.sealaskainn.com; $ 42–79 für 1/2 Pers.), einem Zeltstellplatz auf dem angrenzenden **Campingplatz** ($ 15) und einem Wohnmobilstellplatz auf dem Parkplatz weiter oben an der Straße ($ 20–25). Wer sich für immer hier niederlassen möchte, braucht bloß eine(n) Einheimische(n) zu heiraten.

Die Straße zum Salmon Glacier

Hinter Hyder führt die ungeteerte Straße weiter zum Fish Creek, vorbei an einer aufgegebenen Mine und später an den Ruinen einer überdachten Brücke, über die man früher zu einer abgeschiedenen Mine oben an der Wasserscheide des Texas Creek gelangte. An dieser Stelle verengt sich die Straße ganz erheblich und wird zunehmend steiler (für Wohnmobile nicht zu empfehlen), überquert wieder die Grenze zurück nach Kanada und windet sich durch die ehemaligen Wohnviertel der verwaisten Gold- und Erzmine Premier Mine. Die Straße beschreibt einen Kreis um mehrere Teiche herum und steigt weiter steil an; 25 km von Hyder entfernt kommt zum ersten Mal der **Salmon Glacier** in Sicht. Die Straße verläuft, ständig ansteigend, parallel zum Gletscher und erreicht nach weiteren 10 km einen hohen Punkt, der die beste Aussichtsstelle bildet. Dieser Gletscher, der fünftgrößte Nordamerikas, aber auch einer der am leichtesten erreichbaren, zählt zu den atemberaubendsten Sehenswürdigkeiten von British Columbia; er schlängelt sich viele Kilometer weit über die höchsten Gipfel der Coast Mountains.

Nördlich der Meziadin Junction

Von Meziadin zum Dease Lake

Rund 100 km von der Kreuzung entfernt liegt die **Bell II Lodge** (✆ 604/275-4770 oder ✆ 866/793-2355, www.bell2lodge.com; $ 124–176 für 1/2 Pers., Zeltstellplatz $ 20, Wohnmobilstellplatz $ 22–31). Dies ist das Winterquartier der Last-Frontier-

Heliskifahrer, aber auch das restliche Jahr über ist es weitaus mehr als nur ein Ort, in dem sich vor der Weiterfahrt nach Norden die Nacht verbringen lässt. Die größte Attraktion ist das Angeln, besonders im Sommer zur Chinook-Fangzeit und von Ende September bis Anfang November zur Steelhead-Fangzeit. Das Hotel verfügt auch über ein Restaurant (tägl. 7–20 Uhr) und ein kleines Café. In der Lodge gibt es Angelzubehör zu kaufen, außerdem werden täglich alle möglichen Touren organisiert, darunter auch Helifishing.

Am Kilometerstein 200 liegt der für seine hungrigen Regenbogenforellen berühmte, 1800 ha große **Kinaskan Lake Provincial Park** (Camping $ 15). Im Süden des Parks führt ein 1 km langer Pfad zu einem anderen fischreichen Gewässer, dem **Natadesleen Lake,** und nach einem weiteren Kilometer auf einem überwachsenen Pfad gelangt man zu den bezaubernden **Cascade Falls.**

Die winzige Tahltan-Siedlung **Iskut** besitzt ein Postamt, eine Tankstelle und einen Lebensmittelladen (tägl. 8–21 Uhr). Weiter im Norden verläuft der Highway durch den **Stikine River Provincial Park,** einen langen, schmalen, 217.000 ha großen Park beiderseits des Stikine River. Der Park verbindet den 656.780 ha umfassenden **Spatsizi Plateau Provincial Park** und den **Mount Edziza Provincial Park**. Ersterer repräsentiert die Wildnis von British Columbia in ihrer wildesten Ausprägung – große Hochplateaus, atemberaubende gletscherbedeckte Gipfel, rauschende Flüsse und von Fischen wimmelnde Seen. Wilde Tiere sind mehr als reichlich vorhanden: Grizzlybären, Rentiere, Wölfe, Vielfraße, Schneeziegen, Waldkaribus und mehr als 100 verschiedene Vogelarten, aber der Park lässt sich nur zu Fuß oder per Wasserflugzeug erreichen. Der Mount Edziza Provincial Park schützt eine vulkanische Mondlandschaft oberhalb der Baumgrenze, dominiert vom 2787 m hohen **Mount Edziza,** einem erloschenen Vulkan, dessen eisbedeckter Krater über 2 km breit ist.

Die kleine Gemeinde **Dease Lake** am Ufer des gleichnamigen Sees, 65 km nördlich von Iskut gelegen, bietet einfache Einrichtungen für Touristen und noch ein bisschen mehr. Das beste Essen gibt es im **Boulder Cafe** (✆ 250/771-3021; tägl. 8–21 Uhr), dessen Wände alte Fotos zieren und wo eine schwer beschäftigte Bedienung Frühstück ($ 5–9), Mittag- oder Abendessen (Burger $ 8, Hauptgerichte ab $ 11) serviert.

Telegraph Creek

Von Dease Lake führt eine ungeteerte Straße auf einer Länge von 119 km entlang dem Tanzilla River in Richtung Westen nach Telegraph Creek (300 Einw.), das sich an einem Terrassenhügel oberhalb des Stikine River befindet. Die Ortschaft hat gastfreundliche Einwohner, liegt in einer herrlichen Landschaft und verfügt über denkmalgeschützte Gebäude, deren Bauzeit bis in die 1860er Jahre zurückreicht. Sehr beliebt sind Jetboat-Touren – stunden- oder tageweise – flussaufwärts durch den Stikine Grand Canyon Provincial Park oder nach Wrangell oder Petersburg, Alaska, hinab (zu buchen über die Stikine RiverSong Lodge, ✆ 250/235-3196). Eine 20 km lange Straße führt von Telegraph Creek in Richtung Westen nach **Glenora,** das zu seinen Goldrausch-Hochzeiten 10.000 Einw. hatte. Inzwischen stehen nur noch ein oder zwei Originalgebäude aus jener Zeit. Die **Stikine RiverSong Lodge** (✆ 250/235-3196, www.stikineriversong.com; $ 65 für 1 Pers., $ 70 für 2 Pers.), ursprünglich ein Kaufmannsladen der Hudson's Bay Company, verfügt über acht Gästezimmer mit Gemeinschaftsbad. Gegen eine geringe Gebühr können die Gäste die Küche benutzen und im Internet surfen.

Karte S. 338/339

Weiter zum Alaska Highway

Nördlich der Abzweigung nach Telegraph Creek verläuft die Straße parallel zum Ostufer des Dease Lake. Am See finden sich gute Campingstellen und außerdem hin und wieder ein Stückchen Jade – die Gegend wurde früher als die größte Jade-Fundstätte der Welt bezeichnet. Vom Dease Lake zum Alaska Hwy. geht es jetzt 235 km immer an den Nordausläufern der Cassiar Mountains entlang.

Die nächste lohnenswerte Stelle für eine Fahrtunterbrechung ist der 4597 ha große **Boya Lake Provincial Park** 150 km nördlich des Dease Lake. Den unglaublich klaren See umgeben weißer Tonerde ähnliche Strände. Am Ufer lässt sich ein schöner Spaziergang unternehmen, aber man kann auch auf einem kurzen Wanderpfad zu einem von Bibern bewohnten Teich marschieren. Zum Park gehört ein sehr einfacher Campingplatz (Mitte Mai bis Sept.; $ 15). Hinter dem Boya Lake überquert der Highway die Liard Plain und damit die Grenze zum Yukon Territory. Von der Grenze sind es noch 4 km bis zur Kreuzung mit dem Alaska Hwy. und dann weitere 21 km in Richtung Osten zum Watson Lake oder 423 km in Richtung Westen nach Whitehorse; beide Orte werden im Kapitel „Yukon Territory“ beschrieben.

Von Prince George zum Alaska Highway

Die meisten Reisenden nehmen die Strecke nördlich von Prince George, um zum Meilenstein Null des Alaska Hwy. bei Dawson Creek zu gelangen. Wer sich für diese direkte, 405 km lange Route entscheidet, verpasst allerdings das Highlight der Region, das sich bei **Hudson's Hope,** auf halbem Wege zwischen Chetwynd und Fort St. John, befindet. Aber auf beiden Strecken gibt es viel zu sehen und zu unternehmen, denn überall finden sich interessante Provinzparks und gastfreundliche Städtchen.

Nach Hudson's Hope

Die erste Stätte am Hwy. 97, die zu einem Aufenthalt einlädt, ist der 970 ha umfassende **Crooked River Provincial Park** 80 km nördlich von Prince George. Das Herzstück des Parks bildet der Bear Lake, der einen sandigen Strand, ein Picknickgelände im Wald und gute Möglichkeiten zum Kanufahren bietet. Der recht weitläufige Campingplatz am Ende der Zufahrtsstraße zum Park verfügt über großzügig bemessene Stellplätze (Mitte Mai bis Sept.; $ 15), Zugang zu einem Strand, Plumpsklos, Trinkwasser und einen Spielplatz.

Um zum **Carp Lake Provincial Park** zu gelangen, fährt man von Prince George aus 140 km in nördliche Richtung und dann 32 km nach Westen (am McLeod Lake abbiegen) auf einer manchmal schlecht befahrbaren, unbefestigten Straße. Den Mittelpunkt des Parks bildet der Carp Lake, ein malerisches, seiner Regenbogenforellen wegen renommiertes Gewässer (um zu den besten Fischgründen zu gelangen, ist allerdings ein Kanu oder Motorboot erforderlich). Karpfen kann man hier jedoch nicht fangen – der See erhielt seinen Namen von dem Forschungsreisenden Simon Fraser, der beobachtete, dass Ureinwohner vom Volk der Carrier auf dem See Fische fingen, die seiner Meinung nach Karpfen ähnelten. Im Park befinden sich zwei Campingplätze (Mitte Mai bis Mitte Sept.; $ 15), deren Einrichtungen sich auf Plumpsklos, Picknicktische und Feuerstellen beschränken. Der größere davon, direkt am Carp Lake gelegen, ist 15 Min. zu Fuß von einem Sandstrand entfernt, der sich von der Straße her nicht erreichen lässt.

Zum Powder King Mountain Resort

Die Holzfällerstadt Mackenzie (6200 Einw.) liegt 180 km nördlich von Prince George am Südarm des gewaltigen Williston Lake, des größten von Menschenhand errichteten Wasserspeichers Nordamerikas. Am Eingang zur Stadt steht der größte *Tree Crusher* der Welt; er wurde beim Bau des Reservoirs zum Holzfällen eingesetzt. Am nahe gelegenen **Morfee Lake** kann man schwimmen und sich auf dem sandigen Strand ausruhen. Wer die Holzfällerstraße den Morfee Hill hoch nimmt, hat von oben eine hübsche Aussicht auf den See. Unterkunft bieten die durchschnittlichen Motelzimmer (einige mit Küche) der **Williston Lake Lodge** (Mackenzie Blvd., ✆ 250/997-3131 oder ✆ 888/955-6343, www.willistonlakelodge.com; $ 73–99 für 1/2 Pers.); wer mit dem Wohnmobil unterwegs ist, kann den **Mackenzie Municipal RV Park** ($ 16–20) mit Duschen und Anschlüssen ansteuern.

Auf der Weiterfahrt nach Osten in Richtung Chetwynd wird die Szenerie zunehmend aufregender, denn die Straße erklimmt jetzt die Westhänge der Rocky Mountains. **Powder King** (✆ 866/769-5464, www.powderking.com) in der Nähe des Pine Pass ist ein abgeschiedenes Ski- und Snowboarding-Gebiet, das wegen seiner unglaublichen Schneefälle – über 12 m im Jahr – einen legendären Ruf genießt. Ein Sessellift für drei Personen und zwei Schlepplifte bedienen ein 600 ha großes Gelände mit einer Steigung von 640 m. Die Lifte sind nur Do–So in Betrieb, eine Tageskarte kostet für Erwachsene $ 49, für Senioren $ 37 und für Kinder $ 30.

Chetwynd

Das touristische Highlight von Chetwynd (2800 Einw.), an der Kreuzung der Highways 97 und 29 gelegen, sind die zahlreichen ausgesägten Holzskulpturen. Das **Pinecone Motor Inn** (5224 53rd Ave., ✆ 250/788-3311 oder ✆ 800/663-8082; $ 90 für 1 Pers., $ 98 für 2 Pers.) hat ziemlich geräumige Zimmer mit komfortablen Betten. Am Ostrand der Stadt befindet sich der **Westwind RV Park** (Hwy. 97 N, ✆ 250/788-2190; $ 17–25). Er verfügt über eine Laundry, Duschen und eine RV-Waschanlage. Das **Chetwynd Visitor Centre** (✆ 250/788-1943, www.gochetwynd.com; im Sommer tägl. 8.30–18.30 Uhr, sonst kürzere Öffnungszeiten) befindet sich am Südrand der Ortschaft in einem Eisenbahndienstwagen am Straßenrand.

Hudson's Hope

Dieses Städtchen mit 1000 Einw. ist die einzige Siedlung zwischen Chetwynd und Fort St. John. Das malerische Plätzchen wurde 1805 als Handelsposten gegründet; seine Hauptattraktion sind zwei nahe gelegene Dämme.

Sehenswertes

Gegenüber vom Hudson's Hope Visitor Centre liegt das **Hudson's Hope Museum** (9510 Beattie Dr., ✆ 250/783-5735; tägl. 10–17.30 Uhr; Spende). Es umfasst historische Gebäude, z. B. eine Trapperhütte und die aus Holz erbaute St. Peter's Church, die durch das Peace River Valley hierher verfrachtet wurde.

Der **W.A.C. Bennett Dam** 7 km westlich der Stadt ist eines der mächtigsten mit Erde aufgeschütteten Bauwerke der Welt. Der 183 m hohe Damm staut den **Williston Lake,** den größten See von British Columbia, der sich mehr als 300 km weit über drei geflutete Täler erstreckt. Oben auf dem Kontrollgebäude des Damms befindet sich das **Bennett Dam Visitor Centre** (✆ 888/333-6667; Mai bis

Sept. tägl. 10–18 Uhr; Eintritt frei), wo es Anschauungsmaterial zu den Einzelheiten der Bauarbeiten und zur Verwendung der Elektrizität gibt sowie ein Film gezeigt wird, der bei der feierlichen Eröffnung des Damms gedreht wurde. Im Sommer finden täglich von 9.30 bis 16.30 Uhr kostenlose Besichtigungstouren statt ($ 5). Der erheblich kleinere Peace Canyon Dam liegt flussabwärts vom Bennett Dam, 9 km südlich von Hudson's Hope am Hwy. 29. Die Ausstellung im Besucherzentrum (✆ 250/783-9943; Mai bis Aug. tägl. 8–16 Uhr, Eintritt frei) dreht sich um die faszinierende Naturgeschichte und Erforschung der Region und die Realisierung des Peace Canyon Project. Besucher können auch das zentrale Kontrollsystem, das Kraftwerk und die Schaltstation besichtigen. Was man sich auf keinen Fall entgehen lassen sollte, ist die Aussicht von der Plattform draußen.

Tumbler Ridge

Tumbler Ridge, 94 km südlich von Chetwynd, ist eine moderne Boomtown, die ungefähr auf dieselbe Art entstand wie 100 Jahre zuvor die Goldgräberstädte. Zu Beginn der 1980er Jahre schloss die Provinzregierung mit mehreren Minengesellschaften einen Handel dahingehend ab, dass im Austausch gegen die Lizenz zur Kohleförderung und Errichtung einer Ortschaft an der Stelle der reichen Northeast Coal Deposits die Infrastruktur der Region eine umfangreiche Verbesserung erfahren würde. Tumbler Ridge, das heute 2500 Einw. zählt, entstand praktisch über Nacht. Von Anfang an verfügte das Städtchen über sämtliche Annehmlichkeiten, Dienstleistungs- und Erholungsmöglichkeiten, die man normalerweise nur in einer lange bestehenden Ortschaft vermutet.

Die Minenleistung ist beeindruckend. Die Quintette Mine bewegt pro Jahr 120 Mio. t Erde, aus der 4,3 Mio. t Kohle gefördert werden. Von der Mine befördert ein 13 km langes Förderband die Rohkohle zu einer Verarbeitungsanlage und einem Frachtbahnhof, wo die Kohle in die Hafenstadt Prince Rupert verschifft wird. Wer die Mine besichtigen möchte (nur im Juli und Aug.), wendet sich an das **Visitor Centre** (270 Southgate Rd., ✆ 250/242-3123; im Sommer tägl. 9–17 Uhr).

Reisepraktisches

• *Übernachten* Keine der Unterkünfte vor Ort reißt zu Begeisterungsstürmen hin. Das **Sportsman Inn** (10501 Beattie Dr., ✆ 250/783-5523; $ 75–145 für 1/2 Pers.) hat immerhin die geräumigsten Zimmer sowie ein Pub und ein Restaurant.

• *Camping* Die drei städtischen Campingplätze verlangen jeweils $ 15 Pers./Nacht. Der Zivilisation am nächsten gelegen ist der **King Gething Campground** am Südrand der Ortschaft, der über WCs, münzbetriebene Duschen und jede Menge Feuerholz verfügt. Der **Alwin Holland Park** südöstlich von Hudson's Hope ist primitiver (Plumpsklos), liegt jedoch abseits der Hauptstraße und bietet ein paar hübsche Wanderpfade. Der dritte, der 7 km südöstlich gelegene **Dinosaur Lake Campground**, verfügt über Plumpsklos, Feuerholz und gute Möglichkeiten zum Angeln und Schwimmen.

Alaska Highway

Früher war das Befahren des Alaska Hwy. ein berühmt-berüchtigtes, schwieriges Unterfangen. Reisende kamen mit Schauergeschichten von endlosen Schlammlöchern und Staubwolken, überschwemmten Brücken, Reifenpannen, gesplitterten Windschutzscheiben und zerbrochenen Scheinwerfern, wilden Tieren auf der Straße, Moskitos, so groß wie Kolibris, und mangelnden Versorgungseinrichtungen zurück. Aber gleichzeitig präsentierten sie stolz einen Autoaufkleber mit der Aufschrift „I drove the Alaska Highway", als hätten sie eine Trophäe errungen. Heutzutage erfordert diese Strecke nicht mehr ganz so viel Mut, und die Straße ist von Anfang bis Ende asphaltiert. Aber was sich nicht geändert hat, ist die Landschaft. Vor den Augen der Reisenden tut sich immer noch unverfälschte Wildnis auf, darunter Laub- und Nadelwälder, die majestätischen, schneebestäubten Gipfel der nördlichen kanadischen Rockies und herrliche Flüsse und Ströme (und die Aufkleber gibt es nach wie vor zu kaufen).

Offiziell werden die Entfernungen auf dem Alaska Hwy. in Kilometern gemessen, aber viele Örtlichkeiten sind in Meilen gekennzeichnet – ein Erbe der britischen Krone, die die Maßeinheiten diktierte. Das führt aber nur dann zu Verwirrung, wenn man genau nachrechnet – durch die Einebnung der Straße hat sich nämlich die ursprüngliche Strecke verkürzt. So sind z. B. die Liard River Hot Springs immer noch als Mile 496 angegeben, obwohl sie inzwischen nur noch 754 km (462 mi) von Dawson Creek entfernt sind.

In Richtung Norden nach Alaska

Als während des Zweiten Weltkriegs eine japanische Invasion Nordamerikas drohte, wurde in aller Eile der Alaska Hwy. aus dem Boden gestampft, um Alaska mit den Lower 48 (alle US-Bundesstaaten außer Alaska und Hawaii) zu verbinden. Es handelte sich um die längste Militärstraße, die jemals in Nordamerika gebaut wurde – ein unübertroffenes Meisterwerk der Straßenbaukunst, das sich auf einer Länge von 2288 km zwischen Dawson Creek (British Columbia) und Delta Junction (Alaska) erstreckt.

Der Bau begann am 9. März 1942 und war, so unglaublich es klingt, am 20. November des gleichen Jahres vollendet. In weniger als neun Monaten hatten Militäreinheiten einen rauen Pfad durch schier undurchdringliches Gestrüpp und Waldgelände geschlagen. Wie ein gekrümmter Finger schlängelt sich die Straße, die über 133 Brücken führt, an buchstäblich Hunderten von Hindernissen vorbei. Der Bau dieser Straße trug in den 1940ern maßgeblich zur Erschließung von British Columbias Norden bei. Auf dem Höhepunkt der Bauarbeiten erreichte die Einwohnerzahl der Region eine ungekannte Höhe. Allein die Bevölkerungszahl von Dawson Creek stieg von 600 auf mehr als 10.000, und Whitehorse löste Dawson City als besser geeignete Hauptstadt des Yukon Territory ab.

Karte S. 338/339

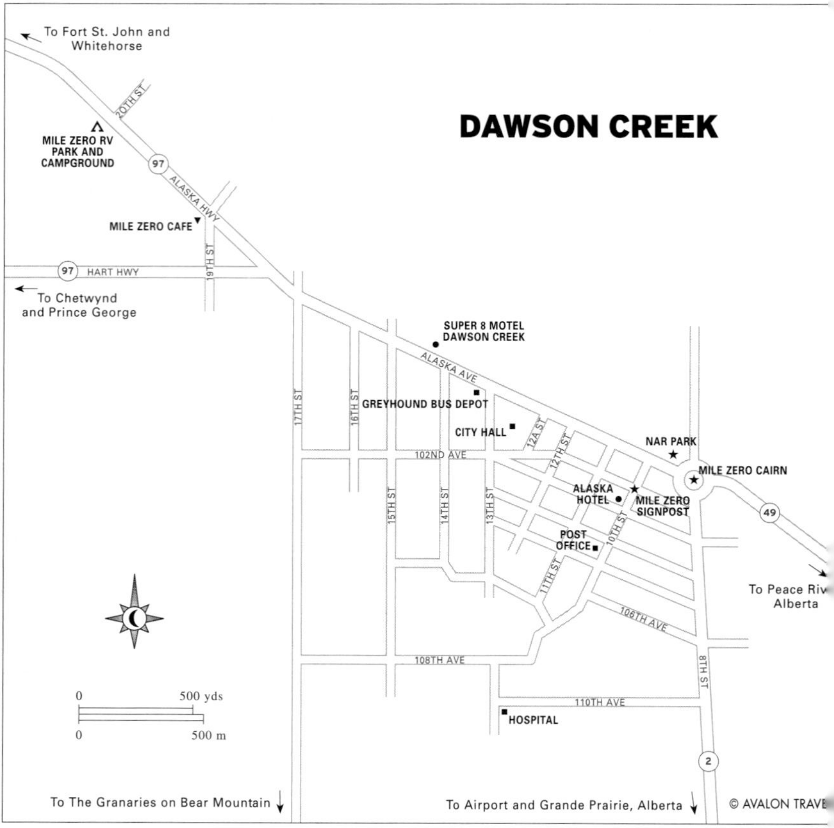

Dawson Creek

Dawson Creek (11.800 Einw.) kennzeichnet zwar das Südende des Alaska Hwy., aber es liegt schon hoch im Norden – mehr als 400 km nordöstlich von Prince George und 1200 km nördlich von Vancouver. Die Stadt profitiert nicht nur von ihrer historisch bedeutsamen Lage am Meilenstein Null, sondern ist auch ein wichtiges Versorgungszentrum, dessen Wirtschaft engere Bande zum benachbarten, ein paar Kilometer weiter östlich gelegenen Alberta aufweist als zu British Columbia.

Sehenswertes

Bei der Einfahrt in die Stadt empfiehlt sich ein erster Halt am **Northern Alberta Railway Park** an der Kreuzung des Hwy. 2 mit dem Alaska Hwy. Hier befinden sich das Dawson Creek Visitor Centre, eine Kunstgalerie und das **Station Museum** (✆ 250/782-9595; Mai bis Anfang Sept. tägl. 9–17 Uhr, sonst Di–Sa 10–12 und 13–17 Uhr; Erwachsene $ 5). Das außergewöhnliche Museum ist in einem 1931 erbauten Bahnhofsgebäude der Northern Alberta Railway untergebracht und zeigt Ausstellungen zu einer Vielzahl von Themen, darunter zum Bau des Alaska Hwy., zur Eisenbahngeschichte der Region, zur Pionierzeit und zur hiesigen Planzen- und Tierwelt. Zu den besonders ausgefallenen Stücken zählen ein Geweih, das wahrscheinlich mehrere Tausend Jahre alt ist, eine Gaspumpe aus den 1920er Jahren und der größte Mammutstoßzahn, der in Westkanada gefunden wurde. Im Anbau des hoch aufragenden Weizenaufzugs neben dem Museum befindet sich die **Dawson Creek Art Gallery** (✆ 250/782-2601; Juni bis Aug. tägl. 9–17 Uhr, sonst Di–Fr 10–16 Uhr). Aber auch der Aufzug an sich ist faszinierend. Er wurde vor dem Abriss gerettet und im Rahmen der Restaurierungsarbeiten im Inneren mit einer Wendeltreppe versehen, um die Höhe des Gebäudes wirkungsvoll zu betonen.

Vor dem Eingang zum N.A.R. Park befindet sich der **Mile Zero Cairn,** der offizielle Beginn des Alaska Hwy. (die ursprüngliche Markierung wurde in den 1940ern von einem Auto über den Haufen gefahren). Aber das offizielle Denkmal wird längst nicht so oft fotografiert wie der Mile-Zero-Wegweiser in der Innenstadt an der Ecke 102nd Ave. und 10th St. „You are now entering the world famous Alaska Highway" ist dort zu lesen und außerdem folgende Entfernungsangaben: Fort St. John, 49 Meilen; Fort Nelson, 300 Meilen; Whitehorse, 918 Meilen; Fairbanks, 1523 Meilen.

1 km westlich des N.A.R. Park, wo sich der Hwy. 97 gabelt, liegt das **Walter Wright Pioneer Village** (✆ 250/782-7144; Juni bis Sept. tägl. 10–18 Uhr; Spende) mit zwei Kirchen aus der Pionierzeit, einem möblierten Holzhaus, einem Gemischtwarenladen, dem Napoleon Loiselle Blacksmith Shop (der noch zahlreiche Gegenstände beherbergt, die der Schmied anfertigte), einer mit handgearbeiteten Möbeln eingerichteten Trapperhütte und zwei alten Schulhäusern.

Reisepraktisches

• *Übernachten* Dawson Creeks älteste Unterkunft ist das in der Downtown angesiedelte **Alaska Hotel** (10209 10th St., ✆ 250/782-7998, www.alaskahotel.com; $ 55 für 1/2 Pers.). Das bei seiner ersten Eröffnung in Jahr 1928 auf den Namen *Dew Drop Inn* getaufte Hotel wurde inzwischen im farbenfrohen Heritage-Stil renoviert. Die Zimmer sind immer noch einfach, mit Gemeinschaftsbad und ohne Fernseher oder Telefon.

Wer etwas Moderneres bevorzugt, hat die Auswahl unter mehreren Standardmotels, die den Alaska Hwy. säumen, darunter das **Super 8 Dawson Creek** (1440 Alaska Ave., ✆ 250/782-8899 oder ✆ 800/800-8000, www.super8.com; $ 129 für 1/2 Pers.).

Das südwestlich der Stadt gelegene **The Granaries on Bear Mountain** (2106 Ski Hill Rd., ✆ 250/782-6302 oder ✆ 888/782-6304, www.thegranaries.com; $ 170–215 für 1/2 Pers.) hingegen stellt eine erfreuliche Überraschung in einem von Straßenrandmotels dominierten Teil der Provinz dar. Die Gästezimmer sind in drei runden Kornspeichern rings um einen künstlichen See untergebracht, dessen Ufer bunte Blumenrabatten zieren. Jeder Speicher wurde einer kompletten Modernisierung unterzogen – ein schickes, neues, konisches Dach aus gewelltem Metall, Schiebetüren, die auf eine Veranda mit Seeblick hinausgehen, und eine elegante Innenausstattung. Weitere Annehmlichkeiten sind gusseiserne Kamine, Kochgelegenheiten, Whirlpools und ein Frühstück, das aufs Zimmer gebracht wird.

• *Camping* Der **Mile Zero RV Park and Campground** (✆ 250/782-2590, Stellplatz ohne Anschlüsse $ 21, mit Anschlüssen $ 34) befindet sich zwar nicht am Meilenstein Null des berühmten Highways, sondern rund 1 km nördlich der Innenstadt, ist aber mit Abstand der beste der zahlreichen Campingplätze von Dawson Creek. Die Stellplätze sind rund um eine ausgedehnte, schattige Grasfläche angeordnet, und jeder verfügt über einen Picknicktisch. Außerdem gibt es drahtlosen Internetzugang, warme Duschen und eine Laundry.

Wer auf dem Hwy. 97S von der Stadt aus nach Westen fährt, gelangt zum **Northern Lights RV Park** (✆ 250/782-9433 oder ✆ 888/414-9433, www.nlrv.com; Mai bis Okt.; $ 20–

38,50), der sowohl Wohnmobil- als auch Zeltstellplätze, eine RV-Waschanlage, kostenlose Duschen, drahtlosen Internetzugang und eine Laundry bietet.

• *Information* Ein praktisch obligatorischer Stopp auf dem berühmten Highway nach Norden ist das **Dawson Creek Visitor Centre** (900 Alaska Ave., ✆ 250/782-9595 oder ✆ 866/645-3022, www.tourismdawsoncreek.com; Mai bis Aug. tägl. 9–17 Uhr, sonst Di–Sa 10–17 Uhr) im Bahnhofsgebäude beim N.A.R. Park.

Fort St. John

Fort St. John (16.000 Einw.), 72 km nordwestlich von Dawson Creek, ist die zweitgrößte Siedlung am Alaska Hwy. (nur Whitehorse im Yukon Territory ist größer) und ein wichtiges Versorgungszentrum für die hier angesiedelten Industrien, darunter Rohöl-, Gas- und Kohleförderung sowie Forst- und Landwirtschaft. Es handelt sich um eine der ältesten nicht indigenen Niederlassungen der Provinz – bei der Ankunft weißer Händler in den 1790ern bewohnten sowohl Angehörige des Beaver- als auch des Sekani-Stammes das Gebiet –, und sie diente bis 1823 als Pelzhandelsposten. Doch erst mit dem Bau des Alaska Hwy. gelangte Fort St. John zu Wohlstand.

Sehenswertes

Das **Fort St. John – North Peace Museum** (9323 100th St., ✆ 250/787-0430; im Sommer tägl. 8–20 Uhr, sonst Mo–Sa 9–17 Uhr; Erwachsene $ 5, Senioren und Kinder $ 3) lässt sich bei der Fahrt durch die Stadt kaum verfehlen – man braucht nur Ausschau nach den außerhalb des Gebäudes befindlichen Ausstellungsstücken zu halten, darunter ein 40 m hoher **Ölförderturm.** Die originalgetreuen Rekonstruktionen im Inneren des Museums lassen die Lokalgeschichte wieder aufleben. Eine Trapperhütte erinnert an die Festungs- und Pelzhandelszeiten der Rocky Mountains, und beim Betrachten komplett eingerichteter Räume, darunter eine Küche, ein Schlafzimmer, ein Klassenzimmer, eine Zahnarztpraxis, ein Postamt, eine Sanitätsstation und eine Schmiede, wird die Pionierzeit wieder lebendig. Sehenswert sind auch die Pelzpresse, das Kanu aus Birkenborke und der Grizzlybär, dessen riesige Klauen dem Betrachter Schauer über den Rücken jagen.

Vom **Peace River Canyon Lookout** eröffnet sich ein traumhafter Panoramablick über den breiten, dunkelgrünen Peace River, die Felswände der den Fluss umgebenden Schlucht und die üppigen Felder, die den oberen Rand des Canyons säumen. Um zum Aussichtspunkt zu gelangen, fährt man vom Museum aus auf der 100th St. nach Süden, überquert den Alaska Hwy. und fährt auf der Schotterstraße weiter; sie endet direkt oberhalb der Schlucht.

Reisepraktisches

• *Übernachten* Da viele Arbeiter aus der Öl- und Gasindustrie vor Ort übernachten, sind die Zimmer nicht gerade günstig. Eines der besseren Motels am Highway ist das **Blue Belle Motel** (9705 Alaska Hwy., ✆ 250/785-2613; $ 75 für 1 Pers., $ 85 für 2 Pers.), dessen Zimmer über Mikrowellenherd und Kaffeemaschine verfügen; die Gäste können außerdem einen Grill und eine Laundry benutzen.

Das sechsstöckige **Quality Inn Northern Grand** (9830 100th Ave., ✆ 250/787-0521 oder ✆ 800/663-8313, www.qualityinnnortherngrand.com; $ 129 für 1 Pers., $ 139 für 2 Pers.) ist ein modernes, mit allen Annehmlichkeiten ausgestattetes Hotel, dessen in regelmäßigen Abständen renovierte Zimmer u. a. über beheizte Fußböden im Badezimmer verfügen. Außerdem gibt es ein Schwimmbad, einen Fitnessraum, eine Lounge und ein Familienrestaurant.

• *Camping* Zwei kleine Provinzparks mit Campingplätzen liegen am Ufer des Charlie Lake, etwas mehr als 6 km nördlich der Stadt. Der **Charlie Lake Provincial Park** an der Kreuzung des Alaska Hwy. mit dem Hwy. 29 besteht in erster Linie aus einem Campingplatz ($ 15/Stellplatz). Der 312 ha große **Beatton Provincial Park** am Ostufer des Sees bietet dagegen hübsche, von Espen gesäumte Wanderwege, einen Strand, Möglichkeiten zum Bootfahren, Fischen, Schwimmen und Campen ($ 15). Wer etwas mehr Luxus sucht, begibt sich zum **Rotary RV Park**, ebenfalls neben dem Charlie Lake (mi 52, Alaska Hwy., ✆ 250/785-1700; Stellplatz ohne Anschlüsse $ 18, mit Anschlüssen $ 21–28). Zu den hier gebotenen Annehmlichkeiten zählen warme Duschen und eine Laundry, außerdem befindet sich der Platz in Spaziernähe eines Minisupermarkts und des Restaurants Jackfish Dundee's.

• *Essen und Trinken* Mein Lieblingsrestaurant in Fort St. John liegt nicht direkt in der Stadt, sondern 6,5 km nördlich davon bei mi 52 des Alaska Hwy.: Das **Jackfish Dundee's** (✆ 250/785-3233; tägl. 11–22 Uhr; $ 12–20) ist in einem großen Holzgebäude mit freundlicher Atmosphäre und Seeblick untergebracht. Das Essen ist köstlich und seinen Preis wirklich wert. Als Vorspeise empfehlen sich z. B. Calamares in einer scharfen Thai-Soße, gefolgt von einer Hauptspeise wie geschwärztem Heilbutt oder einem saftigen Alberta-Rindersteak.

Eine gepflegte Tasse Kaffee und ein gesundes Mittagessen holt man sich im **Cosmic Grounds** (10430 100th St., ✆ 250/261-6648; Mo–Fr 7–22 Uhr, Sa 8–22 Uhr, So 10–17 Uhr; Mittagessen um die $ 8), einem großstädtischen Kaffeehaus.

• *Information* Das **Fort St. John Visitor Centre** (9523 100th St., ✆ 250/785-3033, www.cityfsj.com) hat von Mai bis Mitte Juni tägl. von 8 bis 19 Uhr, von Mitte Juni bis Mitte September tägl. von 8 bis 20 Uhr und sonst montags bis freitags von 9 bis 17 Uhr geöffnet.

Nach Fort Nelson

Der 374 km lange Abschnitt des Alaska Hwy. zwischen Fort St. John und Fort Nelson führt durch borealen Nadelwald und eine zunehmend gebirgiger werdende Landschaft. Hier bieten sich ausgezeichnete Möglichkeiten, um Tiere in freier Wildbahn zu sichten, besonders am frühen Morgen, wenn es noch kühl ist. Man darf sich z. B. auf Rentiere, Bären, Rotwild, Elche und Bisons gefasst machen.

Von Wonowon führt die Straße stetig nach oben bis zum **Pink Mountain** bei mi 147. Auf dieser Anhöhe, wo das ganze Jahr über Schnee fallen kann, sind mehrere Touristeneinrichtungen angesiedelt. An der Westseite des Highways bietet der **Pink Mountain Campsite** (✆ 250/772-5133; $ 21) Zeltstellplätze und Wohnmobilstellplätze mit Anschlüssen. Eine warme Dusche kostet $ 3 extra. Wie im Norden üblich, gibt es hier auch alkoholische Getränke und Benzin zu kaufen, außerdem steht den Campingplatzbenutzern eine Laundry zur Verfügung. Ein paar Kilometer jenseits der Bergspitze befindet sich **Mae's Kitchen** (✆ 250/772-3215; Mo–Sa 7–20 Uhr; $ 8–17), wo riesige Frühstücksportionen serviert werden. Besonders empfehlenswert sind die superleckeren Pfannkuchen und Blaubeermuffins. Die Spezialität des Hauses, der Büffelburger mit Pommes und Salat für $ 12, ergibt ein sättigendes Mittagessen.

Von Sikanni Chief zum Prophet River

Die am nächsten gelegenen Einrichtungen für Reisende finden sich 30 km nördlich des Pink Mountain im **Sikanni River RV Park** (✆ 250/772-5400; Zeltstellplatz $ 16, Stellplatz mit Anschlüssen $ 24, Hütte $ 65 für 1 Pers. bzw. $ 75 für 2 Pers.). 20 km nördlich von Sikanni Chief liegt der kleine **Buckinghorse River Wayside Provincial Park.** Im Fluss wimmelt es von Arktischen Äschen, die eine hervorragende Mahlzeit für Camper ($ 15/Stellplatz) abgeben. Von hier aus nach Norden erstreckt sich ein neu gebauter, landschaftlich reizvoller Straßenabschnitt, der durch das **Minaker River Valley** und dann parallel zum **Prophet River** verläuft, vorbei an einem Campingplatz (Mai bis Sept.; $ 12), von dem ein Wanderweg zum Fluss hinabführt.

Fort Nelson

Bei mi 300 des Alaska Hwy., 454 km nördlich von Dawson Creek, liegt Fort Nelson (4300 Einw.), die größte Ortschaft zwischen Fort St. John und dem Yukon. Im Jahr 1800 wurde hier der erste von zahlreichen nachfolgenden Handelsposten gegründet. Mehr als 200 Jahre später ist der Ort immer noch ein Dienstleistungszentrum – inzwischen für die Holz und Rohöl verarbeitende Industrie der Region.

Sehenswertes

Am Nordrand der Stadt befindet sich westlich des Highways das **Fort Nelson Historical Museum** (✆ 250/774-3536; Mitte Mai bis Mitte Sept. tägl. 8.30–19.30 Uhr; Erwachsene $ 5, Senioren und Kinder $ 3). Es umfasst eine sehenswerte Sammlung von Ausstellungsstücken zum Bau des Alaska Hwy. sowie Artefakte der Ureinwohner und der europäischen Pioniere. Tagsüber wird ein interessantes, 30-minütiges Video mit Filmmaterial gezeigt, das während der Straßenbauarbeiten aufgenommen wurde und einen lebhaften Eindruck davon vermittelt, um was für ein Mammutprojekt es sich handelte. Um das Gebäude herum stehen Maschinen und Fahrzeuge, die damals eingesetzt wurden, und hinter dem Haus befindet sich eine Trapperhütte voller Memorabilien. Am Ende des Mountain View Dr. beginnt der **Native Trail,** ein 4 km langer Lehrpfad, der an zwei im indigenen Stil erbauten Schutzhütten vorbeiführt; am Wegesrand befinden sich Informationstafeln mit Erklärungen zur Ernährungsweise in präkolonialen Zeiten, zu einheimischen Tieren und den Methoden, wie sie gefangen wurden. Der Rundgang dauert mindestens 1 Std.

Reisepraktisches

• *Übernachten* In Fort Nelson säumen zahlreiche Hotels und Motels den Alaska Hwy. Die freundlichste Unterkunft bietet das **Blue Bell Inn** (4103 50th Ave., ✆ 250/774-6961 oder ✆ 800/663-5267, www.bluebellinn.ca; $ 95–100 für 1/2 Pers.) direkt neben der Petro-Canada-Tankstelle. Das moderne zweistöckige Gebäude beherbergt Zimmer mit Klimaanlage und eine Laundry sowie ein angrenzendes, rund um die Uhr geöffnetes Restaurant.

• *Camping* Neben dem Museum liegt der **Westend Campground** (5651 Alaska Hwy., ✆ 250/774-2340; April bis Okt.; $ 18–27), wo Zeltstellplätze auf einem offenen Gelände oder von Bäumen umgebene Wohnmobilstellplätze mit Anschlüssen zur Auswahl stehen. Zu den Einrichtungen zählen münzbetriebene Duschen, eine Laundry, ein Lebensmittelgeschäft und kostenloses Feuerholz.

• *Essen und Trinken* Das moderne **Dan's Neighbourhood Pub** (4204 50th Ave. N, ✆ 250/774-3929; tägl. 11–24 Uhr; $ 11–23) an der südlichen Stadteinfahrt würde keiner Großstadt Schande machen und ist immer gut besucht.

• *Information* Bei mi 300,5 des Alaska Hwy. liegt das **Fort Nelson Visitor Centre** (5430 50th Ave., ✆ 250/774-6400; Mitte Mai bis Anfang Sept. tägl. 8–20 Uhr.

Weiter zum Watson Lake

Auf diesem 525 km langen Abschnitt des Alaska Hwy. erwarten den Reisenden Berggipfel, Gletscherseen, Gebirgsflüsse, Provinzparks mit teilweise atemberaubender Landschaft sowie der gewaltige Liard River.

Kurz hinter Fort Nelson kommt man zu einer Kreuzung, wo der mit Rollsplit überzogene **Liard Highway** abzweigt; er führt auf einer Länge von 175 km Richtung Norden nach Fort Liard in die Northwest Territories. Hinter dieser Straßenkreuzung erklimmt der Alaska Hwy. die Ausläufer des **Steamboat Mountain,** der unter Zuhilfenahme einer ordentlichen Portion Fantasie einem auf den Kopf gestellten Boot ähnelt.

Summit Lake

An diesem dunkelblauen See 140 km westlich von Fort Nelson legen fast alle Reisenden eine Pause ein. Er befindet sich am Nordende des 25.691 ha großen **Stone Mountain Provincial Park,** einem ausgedehnten Wildnisgebiet an den Nordausläufern der Rocky Mountains. Ein Großteil dieses Parks, der seinen Namen der überwiegend steinigen Beschaffenheit der Berge verdankt, die von gigantischen Kräften weit unterhalb der Erdoberfläche gefaltet und aufgeworfen wurden, liegt oberhalb der Baumgrenze. Äußerst konditionsstarke Wanderer können die landschaftlichen Reize am besten auskosten, indem sie den 2,6 km langen **Summit Peak Trail** in Angriff nehmen, der nach einem mühevollen Anstieg 1000 Höhenmeter oberhalb des Ausgangspunktes an einer baumlosen Hochgebirgszone endet; für den Auf- und Abstieg sind jeweils mindestens 2 Std. zu veranschlagen. Der Pfad beginnt nördlich des Highways, gegenüber vom Campingplatz. Sehr viel einfacher zu bewältigen ist der 2,5 km lange Pfad zum **Flower Springs Lake,** der südlich des Highways zwischen Bergriesen liegt. Für die Strecke hin und zurück braucht man ungefähr 2 Std. Der Ausgangspunkt des Wanderpfades befindet sich 3 km entfernt an der Microwave Tower Rd., die südlich vom Café abzweigt.

Am Ostende des Summit Lake befindet sich ein Wind und Wetter ausgesetzter **Campingplatz** ($ 15) mit Plumpsklos und Picknicktischen.

Muncho Lake Provincial Park

Dieser 86.079 ha große Park liegt eingebettet zwischen Bergen und bewaldeten Tälern am Nordende der Rocky Mountains und umgibt den wunderschönen **Muncho Lake,** eines der landschaftlichen Highlights entlang dem Alaska Hwy. Der traumhafte, 12 km lange See ist von dichtem Fichtenwald umgeben, dessen höher gelegene Ausläufer nach und nach in nackte Felswände übergehen. Rund 3 km hinter dem nördlichen Seeufer befinden sich am Straßenrand natürliche Mineralsalzlecke, die Dickhornschafe und Waldkaribus anziehen. Unweit davon beginnt ein Pfad, der zu einem Steilhang oberhalb des Trout River führt; für den insgesamt 1,5 km langen Abstecher sind rund 20 Min. einzuplanen.

Ungefähr bei mi 462 des Alaska Hwy. befindet sich die kleine Gemeinde Muncho Lake, die sich entlang dem östlichen, mit Einrichtungen für Parkbesucher versehenen Seeufer erstreckt. Wer hier übernachten möchte, sollte möglichst lange im Voraus reservieren, denn im Juli und August sind die Motelzimmer und Campingplätze meistens ausgebucht. Das **J & H Wilderness Resort** (✆ 250/776-3453) bietet schlichte Motelzimmer für $ 84 (1/2 Pers.) und außerdem Zelt- und Wohnmobilstellplätze mit sauberen, modernen Einrichtungen, darunter warme Duschen, für $ 22–32. Das zum Resort gehörige Restaurant (tägl. 7–22 Uhr) serviert Portionen, die auf den Appetit von Lastwagenfahrern zugeschnitten sind. Am Seeufer befindet sich die **Northern Rockies Lodge** (✆ 250/776-3481 oder ✆ 800/663-5269, www.

northernrockieslodge.com; $ 125 für 1 Pers., $ 135 für 2 Pers.) mit unterschiedlichen Unterbringungsmöglichkeiten. Zur Auswahl stehen rustikale Hütten oder komfortablere Zimmer im Hauptgebäude. Wohnmobilbesitzer können einen Stellplatz auf dem direkt am See befindlichen Campingplatz ansteuern ($ 38–48). Für alle Gäste steht der große Gemeinschaftsraum mit steinernem Kamin und Kuppeldach zur Verfügung. Viele kommen im Rahmen eines Pauschalangebots für Hobbyangler her und übernachten in luxuriösen Holzbungalows am Seeufer (rund $ 2800/Woche inkl. Flug von Vancouver, Vollpension und einiger Aktivitäten). Camper, die keinen Stellplatz mit Anschlüssen benötigen, können sich auch nördlich der Stadt auf einem der zwei direkt im Provinzpark befindlichen Campingplätze niederlassen. Da sie jeweils nur über 15 Plätze verfügen, sind sie schnell ausgebucht. Ein Stellplatz kostet $ 15/Nacht.

Liard River Hot Springs

Eine der schönsten Stellen für eine Fahrtunterbrechung entlang dem gesamten Highway ist dieser 1082 ha große Park 40 km nördlich des Muncho Lake. Wie nicht weiter verwunderlich, können es die meisten Reisenden kaum erwarten, ihre müden, staubbedeckten Glieder in den heißen Thermalquellen aufweichen zu lassen. Aber auch der Park an sich lohnt einen Besuch. Aus der Erde steigen heiße Dämpfe empor, und unterirdische Gase pressen heißes Grundwasser durch eine Spalte im Sedimentgestein nach oben. Das Wasser speist Felsteiche, die in den 1940ern von Straßenbauarbeitern angelegt wurden, und was über deren Rand tritt, bewässert ausgedehnte Marschen. Das Wasser gefriert selbst im Hochwinter nicht und schafft ein Mikroklima, welches das Wachstum von bestimmten Wasserpflanzen erlaubt, die in nördlichen Breiten normalerweise nicht vorkommen. In dem Sumpfgebiet leben auch viele kleine Fischarten und Säugetiere wie Rentiere, Waldkaribus und Schwarzbären sowie ungefähr 100 verschiedene Vogelarten.

Ein 500 m langer Holzsteg führt vom Parkplatz über Warmwassersümpfe zum **Alpha Pool,** einem langen, seichten Zementpool, gefüllt mit heißem, blubberndem Wasser. Rings um das Badebecken erstreckt sich ein Sonnendeck, und Plumpsklos und Umkleideräume sind vorhanden. Ein rauer Pfad führt weiter zum unerschlossenen **Beta Pool,** der kälter, viel tiefer und längst nicht so überlaufen ist. Der Eintritt zu den Pools kostet für Erwachsene $ 5, Kinder zahlen $ 3.

Am Eingang zu den heißen Quellen liegt ein **Campingplatz** (Mai bis Mitte Okt.; $ 19), der über Toiletten und Duschen verfügt. Im Sommer kann ein bestimmter Prozentsatz von Stellplätzen unter www.discovercamping.ca reserviert werden. Die übrigen 20 Stellplätze werden nach dem Motto „Wer zuerst kommt, mahlt zuerst" vergeben und sind normalerweise jeden Tag gegen 12 Uhr belegt. Die Tore zu den heißen Quellen und zum Campingplatz bleiben zwischen 23 und 6 Uhr verschlossen.

Am Ende des Weges wartet eine Kirche

Alberta

Die wohlhabende Provinz Alberta – das Herz Westkanadas – liegt eingebettet zwischen den Bergen British Columbias im Westen und der Prärie von Saskatchewan im Osten. Sie hat eine Fläche von insgesamt 661.185 km² und rund 3,2 Mio. Einwohner.

Ihre Hauptstadt **Edmonton** ist eine moderne Stadt mit hoher Lebensqualität und besitzt einige der bedeutendsten Kulturstätten Kanadas sowie das weltweit größte Einkaufs- und Freizeitzentrum. **Calgary** ist Heimat der weltberühmten **Calgary Stampede,** eines Westernspektakels von gigantischen Ausmaßen. Für die meisten Besucher steht jedoch die imposante Natur an erster Stelle und nicht ein Besuch der großen Städte. Die atemberaubenden Gebirgslandschaften der Nationalparks **Banff** und **Jasper** zeigen die **kanadischen Rockies** von ihrer schönsten Seite – mit unberührten Gletschern, reißenden Flüssen und schneebedeckten Gipfeln, die sich in unzähligen Bergseen spiegeln. In diesen Parks sowie in weiten Teilen der übrigen Provinz sind zahlreiche Tierarten wie Elche, Dickhornschafe, Wölfe und Bären sowie eine erstaunlich vielfältige Vogelwelt heimisch. Und selbst vor Jahrmillionen hat das Leben hier schon geblüht: Eine weltweit einzigartige Konzentration von Dinosaurierknochen wurde im Red Deer River Valley bei **Drumheller** entdeckt, und die Ausgrabungen dauern bis heute an.

Blick auf die „Kuhstadt" Calgary

Calgary und Umgebung

Calgarys Beiname „Kuhstadt" ist für seine rund 1 Mio. Einw. alles andere als eine Beleidigung. Ihnen ist dieses romantische Bild ihrer geliebten Heimatstadt sympathischer als deren moderne Identität als ein globales Energie- und Finanzzentrum. Das rapide Wachstum Calgarys von einem einsamen Posten der North West Mounted Police zur pulsierenden Metropole in kaum mehr als 100 Jahren ist v. a. der Erschließung seiner Bodenschätze zu verdanken, insbesondere dem Erdöl und Erdgas.

Die einst von erfolgreichen Großranchern geführte Stadt ist auch heute noch ein wichtiger Viehmarkt. Doch sonst hat die Entdeckung einer Reihe ergiebiger Öl- und Gasfelder alles verändert. Die Bodenschätze, die man in ganz Westkanada gefunden hat, brachten der Stadt gewaltigen Reichtum und ein enormes Wachstum. Calgary wurde zum Zentrum der boomenden Energiewirtschaft. Als Folge des plötzlichen Wohlstands in den 1970er Jahren drängen sich im Zentrum moderne Stahl- und Glaswolkenkratzer dicht an dicht. Und auch heute wird wieder gebaut: Für über $ 1 Mrd. entstehen derzeit neue Geschäftsgebäude. Wie eine futuristische Vision inmitten der Prärie erheben sich die Bürotürme der Banken, Versicherungen, Investmentgesellschaften und Hunderter von Ölgesellschaften. Aber die Stadt hat ihre Ursprünge nicht vergessen. Jedes Jahr im Juli pfeift sie auf ihre wirtschaftlichen Erfolge durch den Ölboom und organisiert die größte Freiluftveranstaltung der Welt: die Calgary Stampede, eine fantastische und absolut einzigartige Westernshow.

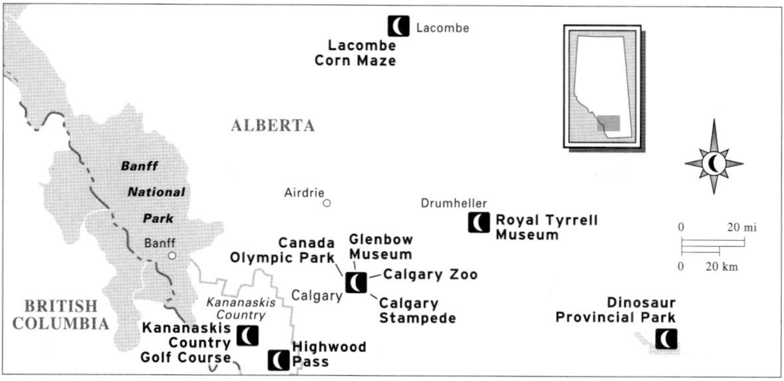

Highlights

Glenbow Museum (S. 424): Als eines der besten Privatmuseen Kanadas ist das Glenbow Museum berühmt für seine Darstellung der Geschichte der Ureinwohner – und seine neue *Mavericks*-Ausstellung wird sogar Museumsmuffel begeistern.

Calgary Zoo (S. 428): Klar sieht man dort alle üblichen Zootiere wie Elefanten, Nilpferde, Kängurus etc., aber auch eine große Vielfalt kanadischer Säugetiere – darunter einige, denen man draußen in der Natur lieber nicht begegnet.

Canada Olympic Park (S. 428): In den Anlagen der Olympischen Winterspiele von 1988 folget man den Spuren von „Eddie the Eagle" und dem jamaikanischen Bobteam.

Calgary Stampede (S. 437): Wenige Städte der Welt sind so sehr zum Synonym für ein Festival geworden wie Calgary für die Stampede. Bei diesem zehntägigen Spektakel Anfang Juli dreht sich alles um die Cowboys.

Royal Tyrrell Museum (S. 450): Im größten Paläontologie-Museum der Welt erfährt der Besucher alles über die Bedeutung der reichen Dinosaurierfunde in den Badlands von Alberta.

Dinosaur Provincial Park (S. 455): Man kann den Park auf eigene Faust erkunden, aber man hat mehr davon, wenn man sich einer geführten Wanderung oder Bustour anschließt.

Kananaskis Country Golf Course (S. 463): Wer nicht Golf spielt, wird dem Platz nichts abgewinnen können, doch wer sich dafür interessiert und auch nur einmal in der Gegend von Calgary spielen möchte, der sollte es hier tun.

Highwood Pass (S. 467): Im Peter Lougheed Provincial Park kann man mit dem Fahrzeug bis in die alpine Mattenregion gelangen.

Lacombe Mais-Labyrinth (S. 490): In dieser einzigartigen, von einer Familie betriebenen Anlage macht es Spaß, sich zu verirren.

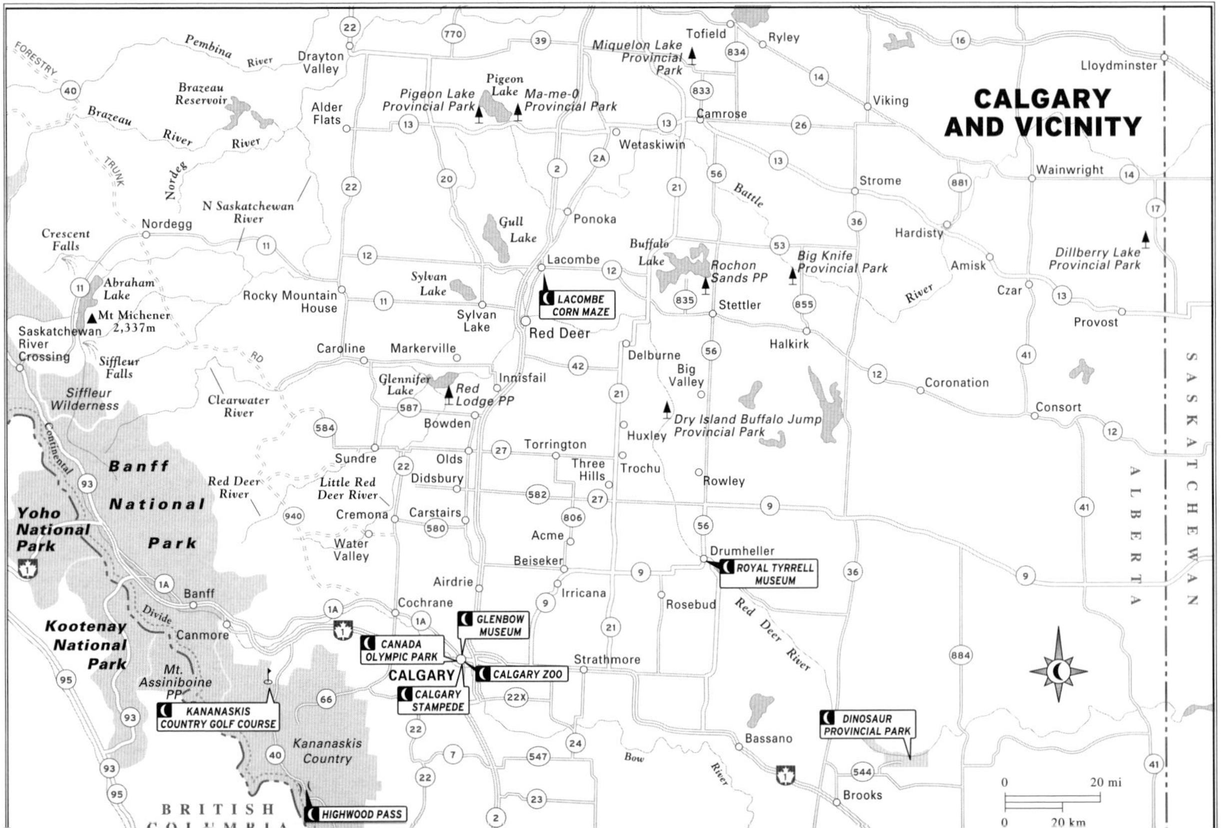
CALGARY AND VICINITY
SASKATCHEWAN
ALBERTA
BRITISH COLUMBIA
Lloydminster
Wainwright
Provost
Consort
Coronation
Dillberry Lake Provincial Park
Czar
Amisk
Hardisty
River
Strome
Viking
Ryley
Tofield
Camrose
Miquelon Lake Provincial Park
Battle
Big Knife Provincial Park
Halkirk
Stettler
Rochon Sands PP
Buffalo Lake
Delburne
Big Valley
Dry Island Buffalo Jump Provincial Park
Huxley
Trochu
Rowley
Drumheller
ROYAL TYRRELL MUSEUM
Red Deer River
Rosebud
Bassano
River
Bow
DINOSAUR PROVINCIAL PARK
Brooks
Strathmore
Irricana
Beiseker
Acme
Three Hills
Torrington
Wetaskiwin
Ponoka
Lacombe
LACOMBE CORN MAZE
Red Deer
Gull Lake
Pigeon Lake
Ma-me-O Provincial Park
Pigeon Lake Provincial Park
Sylvan Lake
Innisfail
Red Lodge PP
Glennifer Lake
Markerville
Bowden
Olds
Didsbury
Carstairs
Airdrie
Cochrane
GLENBOW MUSEUM
CALGARY ZOO
CANADA OLYMPIC PARK
CALGARY
CALGARY STAMPEDE
Cremona
Water Valley
Little Red Deer River
Sundre
Caroline
Rocky Mountain House
Alder Flats
Drayton Valley
Pembina River
Brazeau Reservoir
Brazeau River
River
Nordegg
N Saskatchewan River
Nordegg
Crescent Falls
Abraham Lake
Mt Michener 2,337m
Saskatchewan River Crossing
Siffleur Falls
Siffleur Wilderness
Clearwater River
Red Deer River
Banff National Park
Yoho National Park
Kootenay National Park
Continental Divide
Banff
Canmore
Mt. Assiniboine PP
KANANASKIS COUNTRY GOLF COURSE
Kananaskis Country
HIGHWOOD PASS
FORESTRY TRUNK RD
0 20 mi
0 20 km

Calgary ist ein guter Ausgangspunkt für eine Reihe interessanter und abwechslungsreicher Tagesausflüge. Die meisten Besucher fahren weiter nach Westen. Dabei ist das Red Deer River Valley östlich von Calgary mit seinen Dinosaurierfunden einer der sehenswertesten Orte Albertas. Das Schmelzwasser vorzeitlicher Gletscher hat dort ein tiefes Tal in die Prärie gefräst. Wind und Wasser haben das Land ständig weiter abgetragen, wodurch die sog. *Badlands* mit ihren typischen geologischen Formationen wie Canyons und Hoodoos entstanden und eine der bedeutendsten Fundstätten versteinerter Dinosaurier freigelegt wurde.

Wenn man dann unvermeidlich doch in Richtung Rocky Mountains fährt, locken unterwegs zahlreiche lohnende Abstecher in ihre südlichen Ausläufer, die zu den besten Weidegebieten Nordamerikas zählen. Und hinter diesen Hügeln verbirgt sich ein weiterer Grund, nicht stracks nach Banff zu fahren: das Kananaskis Country, ein weitläufiges Bergland, das die Regierung Albertas für verschiedenste Freizeitaktivitäten reserviert hat. Im Norden des Kananaskis Country liegt die florierende Bergstadt Canmore, ein beliebtes Outdoorzentrum mit breitem touristischem Angebot. Eine der meistbefahrenen Straßen der Provinz ist der Hwy. 2, der zwischen Calgary und Edmonton durch Zentral-Alberta verläuft. Für die 290 km lange Strecke braucht man etwa 3 Std. Doch im letzten Abschnitt dieses Kapitels findet sich eine Fülle von Vorschlägen, wie man erheblich mehr Zeit dafür aufwenden kann: um historische Städte zu entdecken, Freizeitparks zu besuchen oder sogar um sich zu verirren (in einem Mais-Labyrinth).

Reise- und Zeitplanung

Für die meisten Besucher, die mit dem Flugzeug anreisen, ist der Calgary International Airport die erste Station in Alberta – und von dort fahren sie dann schnurstracks in die Rocky Mountains zu den Nationalparks Banff und Jasper. Doch selbst wenn man für Alberta nur eine Woche Zeit hat, sollte man einen Tag für Calgary einplanen – entweder nach der Ankunft, um sich zu akklimatisieren, oder um sich vor dem Rückflug zu entspannen – und mindestens einen weiteren Tag für die Umgebung der Stadt. Ein guter erster Anlaufpunkt, um sich zu orientieren, ist die Spitze des Calgary Tower, aber ganz oben auf der Liste sollten Sehenswürdigkeiten wie das **Glenbow Museum** und der **Canada Olympic Park** stehen. Ein Höhepunkt für jede Altersgruppe ist auch der **Calgary Zoo,** einer der besten des Landes. Die jährliche **Calgary Stampede** allein ist für Zehntausende von Besuchern einen Urlaub wert. Allerdings sollte man dann vorausplanen und Unterkunft sowie Tickets zeitig reservieren.

Bevor man zur Dinosaurierjagd aufbricht, muss man sich darüber im Klaren sein, dass die beiden Hauptattraktionen, Drumhellers **Royal Tyrrell Museum** und der **Dinosaur Provincial Park,** zwei Autostunden auseinanderliegen. Das bedeutet: Wenn man beide nacheinander von Calgary aus besuchen will, sind mindestens 5 Std. reine Fahrzeit zu veranschlagen. Das Kananaskis Country und Canmore kann man auf verschiedene Weise in seine Reiseroute einbauen: etwa als kleinen Abstecher auf der Strecke zwischen Calgary und Banff oder als ein- oder mehrtägigen Ausflug. Auf keinen Fall entgehen lassen sollte man sich allerdings die Fahrt über den **Highwood Pass** mit seiner fantastischen Landschaft. Außerdem kann man das Naturerlebnis der Kananaskis-Region mit einem Nachmittagstee auf dem **Kananaskis Country Golf Course** verbinden. Die Straße von Calgary in Richtung Norden nach

Edmonton verläuft sehr gerade, und die Stopps unterwegs hängen vom Geschmack des Einzelnen ab. Wer ein Naturerlebnis fernab der Massen sucht, sollte den David Thompson Hwy. einplanen, während für Familien mit Kindern ein Stopp beim **Lacombe Corn Maze** (Mais-Labyrinth) interessant sein dürfte.

Geschichte

Calgary ist nicht nur eine der größten Städte Kanadas, sondern mit gerade einmal 140 Jahren zugleich eine der jüngsten. 1875 gründete die NWMP am Zusammenfluss von Bow und Elbow River das **Fort Calgary.** Es wurde nach *Calgary Bay* benannt, einem abgeschiedenen schottischen Dorf, dessen gälischer Name soviel wie „Garten an der Bucht" bedeutet.

Bahn und Viehwirtschaft

Als bekannt wurde, dass die Canadian Pacific Railway ihre transkontinentale Bahnstrecke durch Calgary bauen würde, begann der Ansturm der Siedler. 1883 wurde ein Bahnhof gebaut und darum herum eine Stadt geplant. Nur neun Jahre nachdem der erste Zug angekommen war, erhielt Calgary die Stadtrechte. 1886 vernichtete ein Brand die meisten Gebäude. Danach verfügten die Planer, dass alle neuen Bauwerke aus Sandstein errichtet werden mussten, wodurch die Stadt weniger provisorisch wirkte als zuvor. Die zahlreichen noch heute erhaltenen Sandsteingebäude, wie das Palliser Hotel, der Hudson's Bay Company Store und das Gerichtsgebäude, sind dieser Verordnung zu verdanken.

Als die Regierung des Dominion die Politik des freien Weidelandes einführte, begannen die Rancher der Vereinigten Staaten, ihr Vieh von den überweideten Flächen auf die fruchtbaren Ebenen um Calgary zu treiben. Dadurch entwickelten sich allmählich die Viehwirtschaft und ein Rindermarkt. Die erste große Ranch wurde westlich von Calgary gegründet, und bald darauf investierten pensionierte NWMP-Angehörige, englische Aristokraten und wohlhabende Amerikaner auf dem umliegenden Land.

Öl

Als 1914 im Turner Valley südwestlich von Calgary Erdöl entdeckt wurde, war dies der Startschuss für eine Industrieentwicklung, die das ganze heutige Calgary prägt. Die Eröffnung einer Raffinerie im Jahr 1923 und die Entdeckung weiterer bedeutender

Ölvorkommen verwandelten die mittelgroße Viehzüchterstadt in ein weltweit führendes Zentrum der Erdöl- und Erdgasindustrie. Calgary wuchs schneller als jede andere Stadt in Kanada und verdoppelte seine Einwohnerzahl zwischen 1950 und 1975. Und das Wachstum ging danach rasant weiter: Seit 1996 ist die Bevölkerung um mehr als 25 % gestiegen, und für das nächste Jahrzehnt werden weitere 25 % Zuwachs prognostiziert, womit die Stadt dann 1,25 Mio. Einw. hätte. Ein großer Teil des Zentrums und der Viertel darum herum ist als Baugebiet für Mehrfamilienhäuser neu ausgewiesen worden. Südlich der Innenstadt wird bereits in großem Maßstab neu gebaut, während die Pläne für das East-Village-Projekt östlich des Zentrums noch heiß diskutiert werden. Die Stadtgrenzen dehnen sich besonders im Nordwesten, Norden und Süden mit rasanter Geschwindigkeit aus. Neue Vororte, Wohnviertel und Gewerbegebiete erstrecken sich, so weit das Auge reicht. Seinem Wesen nach ist Calgary jedoch immer noch eine Kleinstadt, die beträchtliche private und öffentliche Unterstützung genießt. Viele, die es zum Millionär gebracht haben, vermachen ihr Geld der Stadt oder stellen Land zur öffentlichen Nutzung zur Verfügung, so wie es z. B. im Falle des Glenbow Ranch Provincial Park war. Tausende von Stadtbewohnern engagieren sich jederzeit gern als Freiwillige für Veranstaltungen wie die Calgary Stampede. Dank dieser Solidarität seiner Bewohner ist Calgary eine Stadt mit hoher Lebensqualität und ein beliebtes Ziel für Millionen von Besuchern jedes Jahr.

Orientierung

Der Trans-Canada Hwy. (Hwy. 1) führt nördlich des Zentrums durch Calgary und heißt innerhalb der Stadt **16th Avenue North.** Der Hwy. 2, die wichtigste Nord-Süd-Achse Albertas, wird innerhalb des Stadtgebiets als **Deerfoot Trail** bezeichnet. Viele der wichtigsten Straßen der Stadt heißen **Trails.** Die Hauptverkehrsader vom Zentrum nach Süden ist der **Macleod Trail,** eine 12 km lange Strecke, gesäumt von Kaufhäusern, Motels, Restaurants und Geschäften. Wenn man von Westen her nach Calgary kommt und weiter nach Süden will, so kann man das Zentrum umfahren, indem man dem **Sarcee Trail** und dann dem **Glenmore Trail** folgt, der südlich der Stadt in den Hwy. 2 mündet. Der **Crowchild Trail** beginnt im Zentrum und führt in Richtung Nordwesten an der Universität vorbei nach Cochrane.

Die Stadt ist in vier Quadranten eingeteilt (Nordwest, Nordost, Südwest und Südost), und die Straßennamen werden durch die entsprechenden Abkürzungen (NW, NE, SW und SE) ergänzt. Die Trennlinie zwischen Nord und Süd ist der Bow River, die Grenze zwischen Ost und West bilden der Macleod Trail und nördlich der Downtown die **Centre Street.** Die „Streets" verlaufen stets in Nord-Süd-Richtung, die „Avenues" von Ost nach West. Sie werden jeweils ab der Grenze des Quadranten fortlaufend nummeriert. So liegt z. B. die 58th Ave. SE südlich des Bow River und östlich des Macleod Trail.

Calgary
Karte S. 426/427 und S. 432/433

Sehenswertes

Downtown

Die Downtown ist ein Meer modernster Hochhäuser aus Stahl und Glas. Doch zwischen diesen Wolkenkratzern stehen auch einige der ältesten Sandsteingebäude der Stadt. Die beste Gelegenheit, die Downtown kennen zu lernen, bietet der **Stephen Avenue Walk** entlang der 8th Ave. zwischen 1st St. SE und 3rd St. SW. Diese geschäftige, begrünte Fußgängerzone ist voller Springbrunnen, Bänke, Cafés, Restaurants und Souvenirläden. Im Sommer wimmelt das Geschäftsviertel von Touristen und Einkaufswütigen, und während der Mittagspause gesellen sich noch Tausende von Angestellten aus den Büroetagen darüber dazu. Am Ostende des Stephen Ave. Walk liegt die **Olympic Plaza,** auf der während der Winterolympiade 1988 jeden Abend die Medaillenverleihungen stattfanden. Im Sommer werden

Calgarys historische City Hall

dort Open-Air-Konzerte veranstaltet, und im Winter dient das zugefrorene Wasserbecken als Eisbahn. Gegenüber, auf der anderen Seite der 2nd St. SE, erhebt sich die 1911 erbaute **City Hall.** Sie beherbergt auch heute noch einige Büros der Stadtverwaltung, doch die meisten sind in den modernen **Civic Complex** nebenan umgezogen.

Kreuz und quer durch das Zentrum erstreckt sich das **Plus 15 Walkway System** – ein Netz von Fußgängerwegen, die überdacht und nach außen abgeschlossen sind und mindestens 4,5 m (15 ft – daher der Name) hoch über der Straße verlaufen. Das insgesamt 12 km lange System mit 47 Überführungen verbindet die Geschäfte der Innenstadt, vier große Einkaufskomplexe, Hotels, Gastronomiebereiche und Bürogebäude, damit man auch bei schlechtem Wetter gemütlich bummeln kann. Alle Wege sind behindertengerecht und gut beschildert.

Folgende Sehenswürdigkeiten kann man entweder einzeln oder bei einem Rundgang nacheinander besichtigen (in der genannten Reihenfolge).

Glenbow Museum

Dieses ausgezeichnete Museum (130 9th Ave. SE, ✆ 403/268-4100; Mo–Sa 9–17 Uhr, So 12–17 Uhr; Erwachsene $ 14, Senioren $ 10, Kinder $ 9) am Stephen Ave. Walk dokumentiert mit informativen Ausstellungen auf drei Etagen die gesamte Geschichte Westkanadas. Die Galerien der 2. Etage zeigen Dauerausstellungen mit Werken zeitgenössischer und Inuit-Künstler sowie wechselnde Ausstellungen nationaler und internationaler Sammlungen. Die Abteilung *Niitsitapiisinni: Our Way of Life* im 3. Stock ist der interessanteste Teil des Museums. Entwickelt in enger Zusammenarbeit mit Stammesältesten der Blackfoot, informiert sie mit Schautafeln und Ausstellungsstücken wie Zeremonialgegenständen, Schmuck und einem Tipi in Originalgröße über die Geschichten und Traditionen der Ureinwohner.

Calgary Tower

Überquert man vom Museum aus die 9th Ave., erreicht man eines der markantesten Wahrzeichen der Stadt, den Calgary Tower (101 9th Ave., an der Ecke Centre St., ✆ 403/266-7171; tägl. 9–21 Uhr, im Sommer bis 22 Uhr; Erwachsene $ 13, Senioren $ 11, Kinder $ 5). Der 1968 erbaute Turm mit 190 m Höhe ist heute nur noch das vierthöchste Gebäude in Calgary, doch die Fahrt zu seiner Spitze ist nach wie vor ein schöner Auftakt für den Besuch der Stadt. Die Aussichtsterrasse eröffnet einen fantastischen Blick aus der Vogelperspektive: Im Westen sieht man die kanadischen Rockies und die Skischanzen des Canada Olympic Park, im Süden den Olympic Saddledome (im Stampede Park) und direkt unter sich die Stadt – und das in einem ganz wörtlichen Sinne, denn man steht auf einem Glasboden über der 9th Ave. Der Turm beherbergt außerdem zwei Restaurants, eine Snackbar und den obligatorischen Giftshop.

Devonian Gardens

Ein gläserner Aufzug bringt die Besucher in die 4. Etage des Toronto Dominion Square (Ecke 8th Ave. und 3rd St. SW, ✆ 403/221-4274; tägl. 9–21 Uhr; Eintritt frei), wo in einem Wintergarten von 1 ha Größe 16.000 subtropische und 4000 heimische Pflanzen gedeihen – insgesamt 138 Arten. In den Gärten finden sich außerdem Wasserfälle, Brunnen, Teiche und Brücken. Und oft kann man in dieser angenehmen Umgebung auch Unterhaltungskünstler und Ausstellungen erleben.

Chinatown

Im Osten der Stadt erstreckt sich an der 3rd Ave. ein kleines chinesisches Viertel mit etwa 2000 Einw. Chinesische Einwanderer kamen in den 1880er Jahren nach Calgary, um beim Schienenbau Arbeit zu finden. Sie blieben und gründeten exotische Lebensmittelmärkte, Restaurants und Läden, die Importware anbieten. Im Herzen dieses farbenfrohen Viertels befindet sich das **Calgary Chinese Cultural Centre** (197 1st St. SW, ✆ 403/262-5071; tägl. 9.30–21 Uhr), das von einer Kuppel überragt wird, die dem Himmelstempel in Peking gleicht. Glanzstück der kunstvollen Ziegelarbeit ist ein goldener Drache 20 m über dem Boden (den besten Blick darauf hat man vom 3. Stock). Im Erdgeschoss befindet sich ein Laden, der traditionelle chinesische Medizin verkauft, und im Untergeschoss ein kleines Museum mit Galerie (tägl. 11–17 Uhr; Erwachsene $ 4, Senioren und Kinder $ 2), das die Kulturgeschichte der chinesischstämmigen Einwohner von Calgary dokumentiert und den ältesten bekannten Seismografen der Welt (132 n. Chr.) zeigt.

Calgary
Karte S. 426/427 und S. 432/433

1st Avenue in Richtung Westen

Der **Eau Claire Market** am nördlichen Ende der 3rd St. SW ist eine farbenfrohe Markthalle, in der frisches Obst aus British Columbia, Fisch und Meerestiere aus dem Pazifik, Rindfleisch aus Alberta sowie Gebäck und exotische Importwaren angeboten werden. Unter demselben Dach gibt es auch Fachgeschäfte, Kinos und verschiedenste Restaurants.

Die nördliche Stadtgrenze verläuft entlang dem Bow River. Dort befindet sich der malerische **Prince's Island Park,** der über eine Brücke mit dem Festland verbunden ist. Zwischen den Bäumen dieser künstlich angelegten Insel findet man zahlreiche Joggingwege, Picknicktische und Rasenflächen. Östlich davon gelangt man zur **Centre Street Bridge,** die zu beiden Seiten von riesigen, restaurierten Steinlöwen

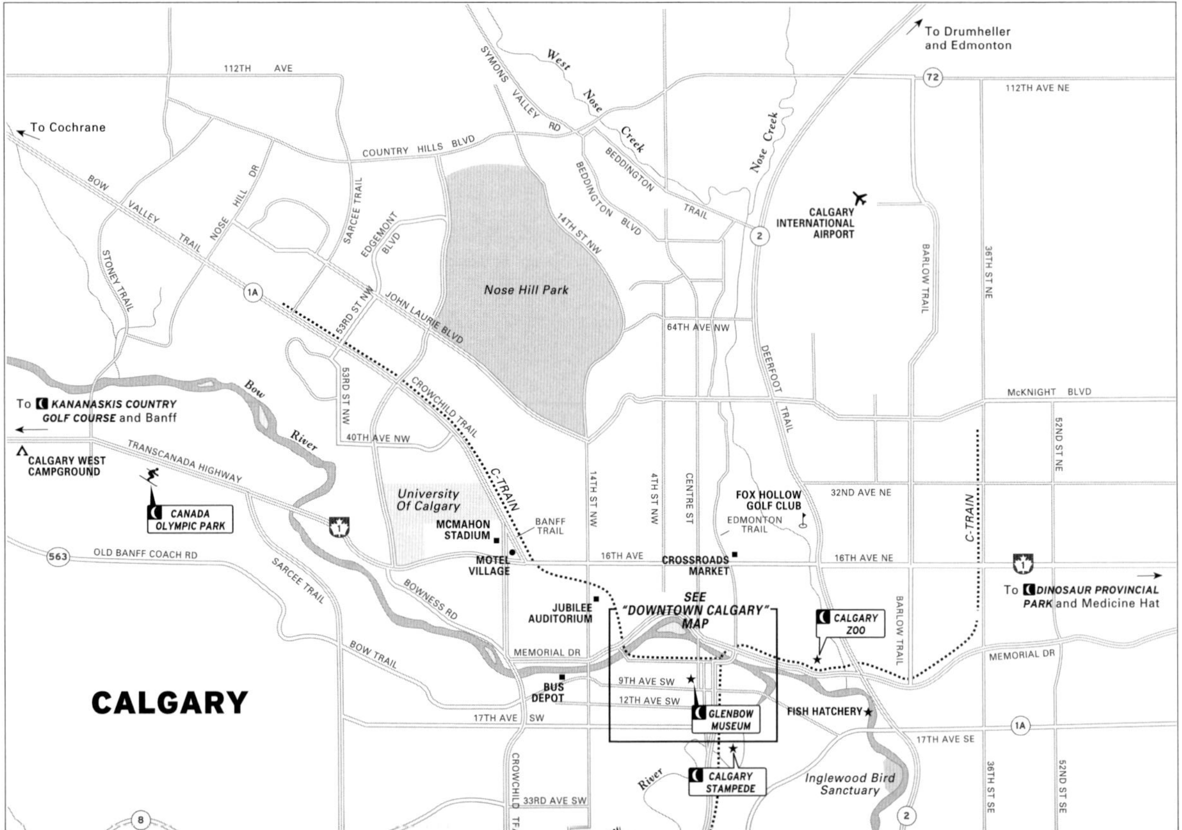

CALGARY
To Cochrane
To Drumheller and Edmonton
112TH AVE
112TH AVE NE
COUNTRY HILLS BLVD
SYMONS VALLEY RD
West Nose Creek
Nose Creek
BEDDINGTON TRAIL
BEDDINGTON BLVD
14TH ST NW
BOW VALLEY TRAIL
NOSE HILL DR
SARCEE TRAIL
EDGEMONT BLVD
STONEY TRAIL
JOHN LAURIE BLVD
53RD ST NW
Nose Hill Park
CALGARY INTERNATIONAL AIRPORT
BARLOW TRAIL
36TH ST NE
64TH AVE NW
DEERFOOT TRAIL
McKNIGHT BLVD
52ND ST NE
CROWCHILD TRAIL
40TH AVE NW
C-TRAIN
Bow River
To KANANASKIS COUNTRY GOLF COURSE and Banff
CALGARY WEST CAMPGROUND
TRANSCANADA HIGHWAY
CANADA OLYMPIC PARK
University Of Calgary
MCMAHON STADIUM
BANFF TRAIL
14TH ST NW
4TH ST NW
CENTRE ST
FOX HOLLOW GOLF CLUB
EDMONTON TRAIL
32ND AVE NE
16TH AVE
16TH AVE NE
CROSSROADS MARKET
MOTEL VILLAGE
563
OLD BANFF COACH RD
SARCEE TRAIL
BOWNESS RD
JUBILEE AUDITORIUM
SEE "DOWNTOWN CALGARY" MAP
CALGARY ZOO
To DINOSAUR PROVINCIAL PARK and Medicine Hat
MEMORIAL DR
BOW TRAIL
BUS DEPOT
9TH AVE SW
12TH AVE SW
GLENBOW MUSEUM
FISH HATCHERY
17TH AVE SW
17TH AVE SE
CALGARY STAMPEDE
Inglewood Bird Sanctuary
River
CROWCHILD TR
33RD AVE SW
36TH ST SE
52ND ST SE

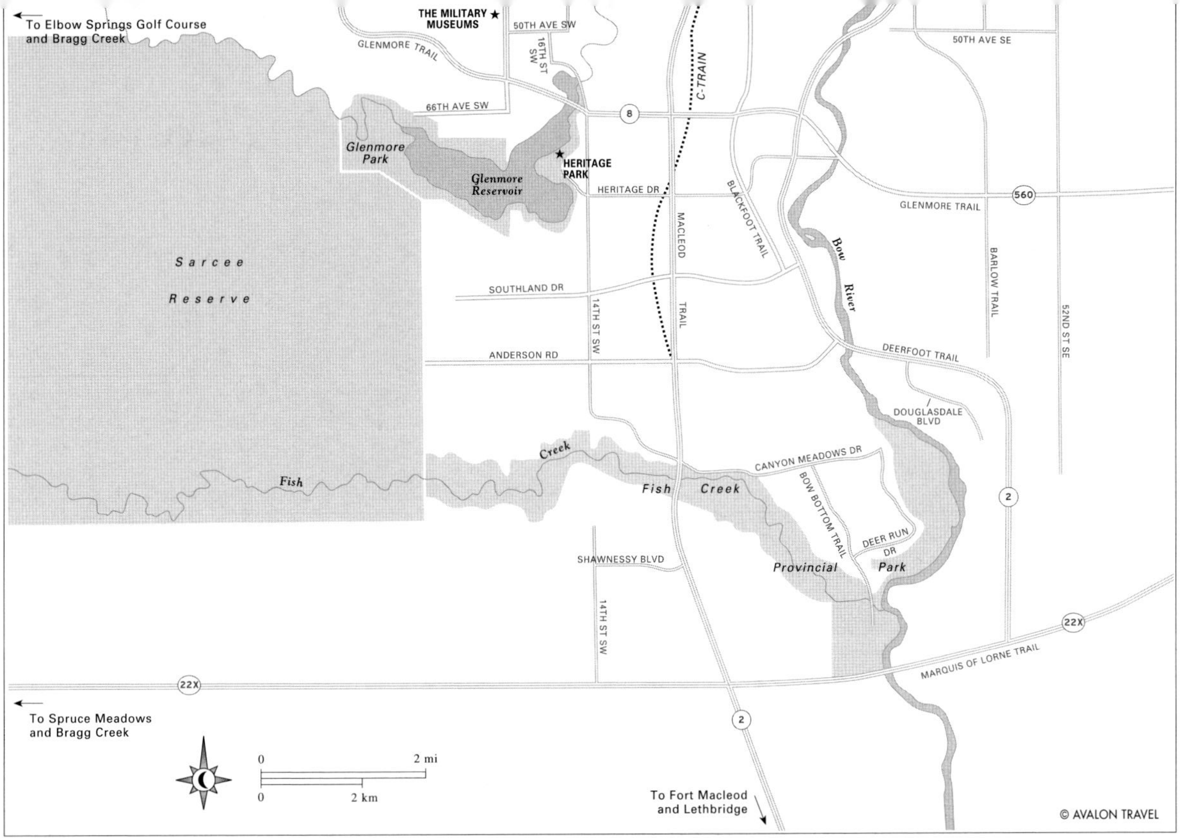

To Elbow Springs Golf Course and Bragg Creek
THE MILITARY MUSEUMS
50TH AVE SW
GLENMORE TRAIL
16TH ST SW
66TH AVE SW
8
C-TRAIN
50TH AVE SE
Glenmore Park
Glenmore Reservoir
HERITAGE PARK
HERITAGE DR
560
GLENMORE TRAIL
MACLEOD TRAIL
BLACKFOOT TRAIL
Bow River
BARLOW TRAIL
52ND ST SE
Sarcee Reserve
SOUTHLAND DR
14TH ST SW
ANDERSON RD
DEERFOOT TRAIL
DOUGLASDALE BLVD
CANYON MEADOWS DR
Fish Creek
Fish Creek Provincial Park
BOW BOTTOM TRAIL
DEER RUN DR
SHAWNESSY BLVD
2
22X
MARQUIS OF LORNE TRAIL
To Spruce Meadows and Bragg Creek
0
2 mi
2 km
To Fort Macleod and Lethbridge
© AVALON TRAVEL

bewacht wird. Einen schönen Blick auf die Stadt kann man genießen, wenn man die Brücke überquert und dem Weg entlang der Felsen nach Westen folgt.

Fort Calgary

Auf einem 16 ha großen Ufergebiet am östlichen Stadtrand wurde ein historischer Park mit zwei Bereichen angelegt (750 9th Ave. SE, ✆ 403/290-1875; Mai bis Anfang Okt. tägl. 9–17 Uhr; Erwachsene $ 11, Senioren $ 10, Kinder $ 5). Der Schwerpunkt liegt auf einer nachgebauten Kaserne aus dem Jahr 1888, in der RCMP-Veteranen Fragen beantworten. Im Inneren lassen überzeugend kostümierte Darsteller die Geschichte Kanadas lebendig werden: seine berühmten „Mounties", die Ureinwohner, die kühnen Pioniere und die Wildnis, die sie zähmten. Neben der Kaserne steht eine exakte Nachbildung des ursprünglichen Forts, die mit über 125 Jahre alten Werkzeugen und Methoden erbaut wurde. Verschiedenste Aktivitäten und Programme machen die Geschichte anschaulich. So kann man z. B. Zimmerleuten bei der Arbeit zusehen, und für Kinder gibt es einen Raum voller Spiele aus vergangenen Zeiten. Auch ein Museumsgeschäft, das einem alten Hudson's Bay Company Store nachgebildet ist, und eine Kantine, die Speisen serviert, von denen die damaligen Offiziere wohl nur träumen konnten, sind vorhanden. Es stehen reichlich Parkplätze zur Verfügung, doch es ist schöner, vom Zentrum aus am Fluss entlang zum Fort zu spazieren.

Calgary Zoo

Der Calgary Zoo (1300 Zoo Rd. NE, ✆ 403/232-9300; tägl. 9–17 Uhr; Erwachsene $ 18, Senioren $ 16, Kinder $ 10) liegt auf einer Insel im Bow River. Der Hauptparkplatz befindet sich am Memorial Dr., aber der Zoo ist vom Fort Calgary aus auch in 15 Min. zu Fuß zu erreichen oder mit dem 202 Whitehorn C-Train, der entlang der 7th Ave. ostwärts fährt. Eigens angelegte Beobachtungspunkte bieten einen optimalen Blick auf die über 1000 Tiere. Im afrikanischen Teil beispielsweise sind zwei Flusspferde in einem Becken untergebracht, das gläserne Wände hat und von abgesenkten Tribünenplätzen umgeben ist. Das zweite Ökosystem des afrikanischen Teils ist ein riesiges Gebäude mit einem nachgebildeten Regenwald, in dem buchstäblich überall Gorillas und sonstige Affen herumhüpfen. Zu den weiteren Höhepunkten gehören eine Abteilung mit Australiens nachtaktiven Tieren (durch künstliches Licht wird dort der Tag-Nacht-Rhythmus vertauscht, sodass die Besucher die Tiere auch tagsüber während ihrer aktiven Periode beobachten können), exotische Großtiere wie Löwen und Tiger sowie Gewächshäuser voller tropischer Pflanzen, Schmetterlinge und Vögel. Eine der größten Anlagen zeigt kanadische Wildtiere, denen man auf der Reise durch Alberta begegnen könnte. Und in der prähistorischen Abteilung lassen 27 lebensgroße Modelle die Welt der Dinosaurier auferstehen.

Canada Olympic Park

Die Olympischen Winterspiele von 1988 sind aus vielen Gründen unvergessen geblieben. Ganz besonders erinnert man sich jedoch an das Bobteam aus Jamaika, an die Eskapaden des englischen Klempners und Skispringers „Eddie the Eagle" und an den großen Erfolg dieser Spiele. Heute profitieren die Einwohner Calgarys das ganze Jahr über von dem 95 ha großen Olympiagelände am Stadtrand (✆ 403/247-5452, www.winsportcanada.ca). Es wurde damals für die Skisprung-, Rennrodel-, Bob- und Freestyle-Wettkämpfe angelegt. Heute bietet der Park ganzjährig verschiedenste Aktivitäten wie Rundgänge, Schlittenfahrten und Sommerskispringen. Im Winter bevölkern viele Einheimische die Pisten für Anfänger und Fortgeschrittene, die dank eines aufwendigen Kunstschneesystems schon ab November genutzt werden können.

Calgary für Kinder

Calgary hat für Kinder viel zu bieten. Der Calgary Zoo und der Heritage Park (s. o.) sind für Kinder und Erwachsene gleichermaßen interessant. Hier einige weitere Angebote für die Kids:

- *Creative Kids Museum/Telus World of Science* Dieser Downtown-Komplex (701 11th St. SW, ✆ 403/268-8300; Mo–Do 9–16 Uhr, Fr 9–17 Uhr, Sa/So und in den Ferien 10–17 Uhr; Erwachsene $ 15, Senioren und Kinder $ 10) ist eine herrliche Einrichtung randvoll mit interaktiven Ausstellungen. Das Creative Kids Museum spricht alle Sinne an: In der Abteilung *Scribble Dee Dee* üben sich die Kinder im Malen, im Saal *Sound & Music* können sie selbst musizieren, *Mindscapes* umfasst Modelle von Landschaften Albertas, in denen man herumklettern kann, und *Perception* präsentiert eine Reihe interaktiver Spiele. In der Abteilung *World of Science* ist *WOWtown* die Attraktion für Kinder bis zu 7 Jahren – mit einem Kranmodell, einem Spielplatz und einem Labyrinth, Mikroskopen, optischen Täuschungen und sogar einem „Ruheraum". Im *Discovery Dome* schließlich werden Audiovisions-Vorführungen auf eine riesige gewölbte Leinwand projiziert.
- *Aktiv & draußen* Kinder brauchen Bewegung. Warum also nicht für einen Tag die üblichen Sehenswürdigkeiten vergessen und einen Ausflug in den **Calaway Park** 10 km westlich der Stadt Trans-Canada Hwy., ✆ 403/240-3822; Mai/Juni Sa/So 10–19 Uhr, Juli/Aug. tägl. 10–19 Uhr, Sept. bis Mitte Okt. Sa/So 11–18 Uhr) mit 27 Fahrbetrieben einschließlich einer Achterbahn machen? Weitere Attraktionen sind ein riesiges Labyrinth, eine Minigolfanlage, ein Teich zum Forellenangeln, Wildwestshows im *Showtime Theatre* und zahlreiche Imbisslokale und Restaurants. Die Eintrittskarte, die auch für die meisten Fahrgeschäfte gilt, kostet $ 32 für 7- bis 49-Jährige, und alle zwischen 3 und 6 Jahren und ab 50 zahlen $ 25.

Die **Stadt Calgary** (✆ 403/268-2489) betreibt acht Freibäder (Juni bis Anfang Sept. geöffnet) und zwölf Hallenbäder (ganzjährig geöffnet). Angebote und Ausstattung sind verschieden. Zu den beliebtesten Freibädern zählen diejenigen im **Fish Creek Provincial Park.** Das nahe gelegene **Family Leisure Centre** (11150 Bonaventure Dr. SE, ✆ 403/278-7542; tägl. 9–21 Uhr) bietet mehr als nur ein Schwimmbad. Der Eintritt (Erwachsene $ 12, Kinder $ 6) gilt nicht nur für die Schwimmbecken, sondern zugleich für eine Riesenrutsche, ein Wellenbad und sogar für eine Eisbahn.

Calgary
Karte S. 426/427 und S. 432/433

Olympic Hall of Fame

Dieses Museum im Hauptgebäude (Mitte Mai bis Sept. tägl. 10–17 Uhr; Erwachsene $ 8, Kinder $ 5,50) ist das größte Museum Nordamerikas, das ganz den Olympischen Spielen gewidmet ist. Auf drei Stockwerken dokumentiert es die gesamte Geschichte der Olympischen Winterspiele – mit über 1500 Ausstellungsstücken, interaktiven Videovorführungen, Trikots und Andenken, einem Bobschlitten- und Skisprungsimulator sowie mit Highlights der letzten fünf Winterolympiaden (vor der in Vancouver im Februar 2010) in Albertville (Frankreich), Lillehammer (Norwegen), Nagano (Japan), Salt Lake City (USA) und Turin (Italien), darunter die Trikots von Jamie Sale und David Pelletier, die sie bei ihrem umstrittenen Eislauffinale 2002 trugen, als sie zunächst die Silber- und dann doch die Goldmedaille gewannen.

Rundgang durch den übrigen Park

Von jedem Punkt der Stadt aus sind die 70 und 90 m hohen Skisprungtürme zu sehen, die zum Symbol für die Olympischen Winterspiele geworden sind. Beide Schanzen werden noch heute für nationale und internationale Wettkämpfe und zum Training genutzt. Ein verglaster Lift fährt bis zur Aussichtsplattform hinauf. Am Westrand des Parks befinden sich die Rodel- und Bobbahnen. Ein komplexes Kühlsystem ermöglicht die Benutzung selbst an sehr warmen Tagen (bis zu 28 °C). Am Fuß des Hügels befindet sich das Ice House mit dem National Sliding Centre, die weltweit einzige Anlage, in der Rodel-, Bob- und Skeletonsportler das ganze Jahr hindurch ihre kraftvollen Starts trainieren können. Selbstgeführte Touren mit Kopfhörer (Mitte Mai bis Sept. tägl. 10–17 Uhr) kosten $ 16 pro Person.

Südlich der Downtown

The Military Museums

Die Military Museums (4520 Crowchild Trail SW, ✆ 403/974-2850; Mo–Fr 9–17 Uhr, Sa/So 9.30–16 Uhr; Erwachsene $ 6, Senioren $ 4, Kinder $ 3), die aus dem Marine- und Regimentsmuseum sowie Ausstellungen der Canadian Air Force hervorgegangen sind, wurden 2007 neu eröffnet. Zu den Attraktionen gehören die Geschichte von vier Regimentern – Lord Strathcona's Horse Regiment, Princess Patricia's Canadian Light Infantry, King's Own Calgary Regiment und Calgary Highlanders – und Ausstellungen zur Bedeutung der kanadischen Marine, die 1945 die drittgrößte Seemacht der Alliierten war. Gezeigt werden u. a. drei Kampfflieger, die damals von Flugzeugträgern aus starteten, sowie Uniformen, Modelle, Flaggen, Fotografien und ein Ehrenmal für die Gefallenen des Koreakriegs.

Heritage Park

Dieser 27 ha große Park (1900 Heritage Dr. SW, ✆ 403/268-8500; Mitte Mai bis Aug. tägl. 10–17 Uhr, Sept. bis Anfang Okt. Sa/So 10–17 Uhr, die Gasoline Gallery ist ganzjährig tägl. 9.30–17 Uhr geöffnet; Erwachsene $ 20, Senioren $ 16, Kinder $ 15, die unbegrenzte Nutzung sämtlicher angebotenen Fahrgeschäfte kostet $ 12/Pers. extra) liegt fünf Autominuten südlich der Military Museums auf einer Halbinsel im Glenbow Reservoir. Am Eingang befindet sich ein bunt zusammengewürfelter Hof mit Geschäften und dem ausgezeichneten Selkirk Grille Restaurant. Im selben Gebäude wie das Restaurant ist auch die *Gasoline Alley* untergebracht, eine ganzjährig geöffnete interaktive Ausstellung über die Geschichte des Automobils. Mit über 100 Gebäuden und Ausstellungsstücken wurde dahinter eine Pioniersiedlung aus dem frühen 20. Jh. nachgebildet. Viele historische Gebäude hat man von ihren Originalstandorten in den Park versetzt. Zu den Highlights gehören ein Fort der Hudson's Bay Company, ein zweistöckiges Klohäuschen, eine funktionierende Schmiede, eine Kirche von 1896, ein Tipi und ein altes Schulhaus mit den ursprünglichen Schülerpulten. Ein Holzbürgersteig führt an Geschäften voller Antiquitäten entlang, und wer will, kann in Pferdekutschen durch die Straßen fahren, eine Rundfahrt in den historischen Waggons einer Dampfeisenbahn machen oder mit einem Raddampfer über den Stausee schippern.

Fish Creek Provincial Park

Bis vor Kurzem bildete dieser Park die südliche Stadtgrenze Calgarys, doch heute dehnen sich die Vororte weit darüber hinaus aus. Trotzdem ist der mit 1170 ha zu den größten Stadtparks Nordamerikas zählende Park bis heute sehr ursprünglich geblieben. Hier berühren sich drei geografische Regionen und schaffen sehr vielfältige Habitate. Espen- und Fichtenwälder prägen das Landschaftsbild, aber in den Schwemmebenen des östlichen Teils findet man auch Mischgrasprärie sowie Wälder mit Balsamtannen, Pappeln und Weiden. Ein farbenprächtiges Meer von Wildblumen (364 registrierte Arten) bedeckt den Boden, und zahlreiche Tiere sind hier heimisch. Maultierhirsche und Erdhörnchen sind häufig, aber man kann auch Weißwedelhirsche, Kojoten, Biber und mit viel Glück sogar einen Elch sehen. Ein Lehrpfad beginnt südlich der Bow Valley Ranch und führt durch ein Wäldchen von Balsamtannen und Pappeln zu einer kleinen Grotte. Am besten gelangt man ins Zentrum des Parks, indem man vom Macleod Trail zunächst östlich auf den Canyon Meadows Dr. biegt und dann südlich auf den Bow River Bottom Trail.

Den perfekten Abschluss des Parkbesuchs bildet ein Mittagessen in **The Ranche** (Bow Bottom Trail SE, ✆ 403/225-3939; Mo–Fr 11.30–21 Uhr, Sa 17–22 Uhr, So 10.30–21 Uhr), einem wunderschön restaurierten viktorianischen Herrenhaus. Die Küche hingegen ist alles andere als antiquiert: Aus Elch-, Bison- und Rindfleisch (von der Ranch des Eigentümers), kombiniert mit biologisch angebautem Gemüse und anderen heimischen Zutaten, werden fantasievolle Gerichte zubereitet, die zu den besten der ganzen Stadt gehören.

Calgary
Karte S. 426/427 und S. 432/433

Sport und Freizeit

• *Wandern und Radfahren* Gute Möglichkeiten, einen Eindruck von Calgary zu bekommen, bieten Fuß- oder Radexkursionen auf dem 210 km langen Netz geteerter Wege innerhalb des Stadtgebiets, die hauptsächlich dem Bow River folgen. Ein Weg zieht sich am Ufer entlang durch zahlreiche Parks und ältere Viertel zu Sehenswürdigkeiten wie

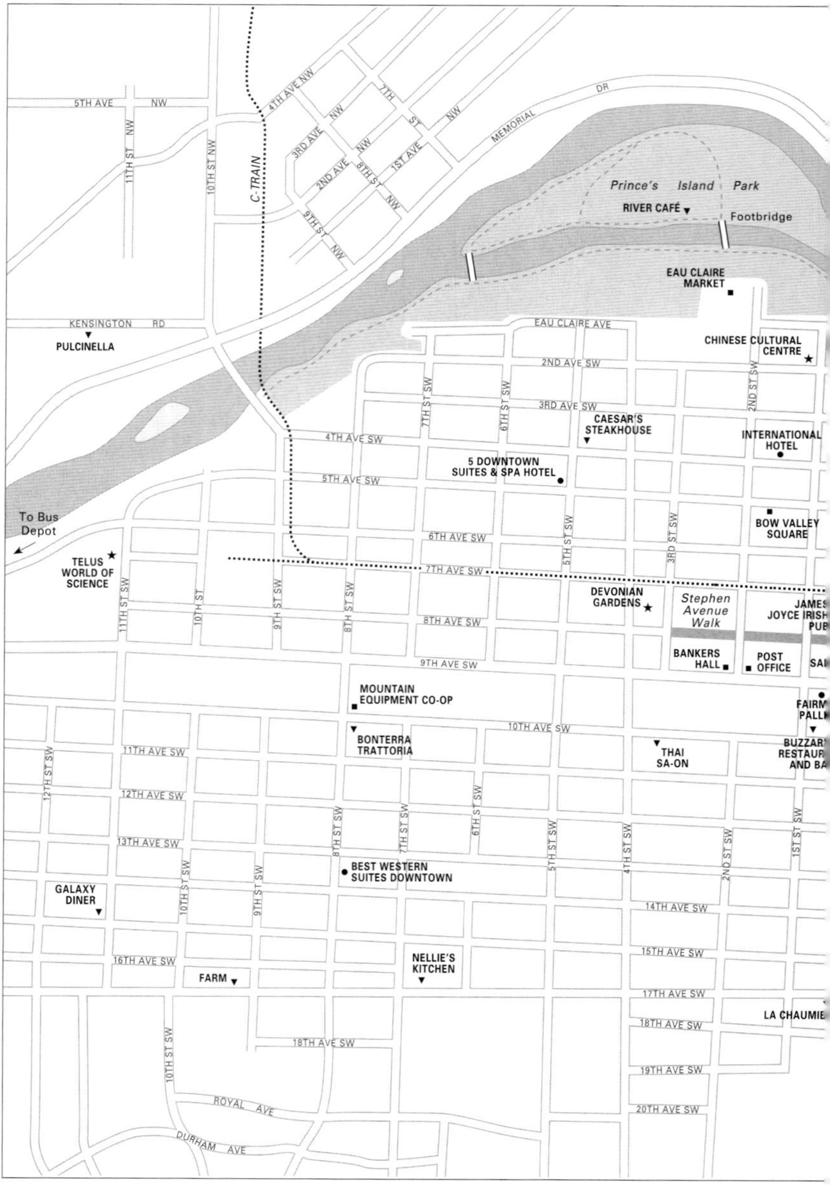
5TH AVE NW
4TH AVE NW
7TH ST NW
3RD AVE NW
2ND AVE
8TH ST NW
1ST AVE NW
9TH ST NW
11TH ST NW
10TH ST NW
C-TRAIN
MEMORIAL DR
Prince's Island Park
RIVER CAFÉ
Footbridge
EAU CLAIRE MARKET
KENSINGTON RD
PULCINELLA
EAU CLAIRE AVE
CHINESE CULTURAL CENTRE
2ND AVE SW
3RD AVE SW
7TH ST SW
6TH ST SW
2ND ST SW
CAESAR'S STEAKHOUSE
INTERNATIONAL HOTEL
4TH AVE SW
5 DOWNTOWN SUITES & SPA HOTEL
5TH AVE SW
To Bus Depot
BOW VALLEY SQUARE
6TH AVE SW
5TH ST SW
3RD ST SW
TELUS WORLD OF SCIENCE
7TH AVE SW
DEVONIAN GARDENS
Stephen Avenue Walk
JAMES JOYCE IRISH PUB
11TH ST SW
10TH ST
9TH ST SW
8TH ST SW
8TH AVE SW
BANKERS HALL
POST OFFICE
9TH AVE SW
MOUNTAIN EQUIPMENT CO-OP
10TH AVE SW
BONTERRA TRATTORIA
THAI SA-ON
11TH AVE SW
12TH ST SW
12TH AVE SW
13TH AVE SW
BEST WESTERN SUITES DOWNTOWN
GALAXY DINER
14TH AVE SW
4TH ST SW
1ST ST SW
15TH AVE SW
16TH AVE SW
NELLIE'S KITCHEN
FARM
17TH AVE SW
18TH AVE SW
19TH AVE SW
20TH AVE SW
ROYAL AVE
DURHAM AVE

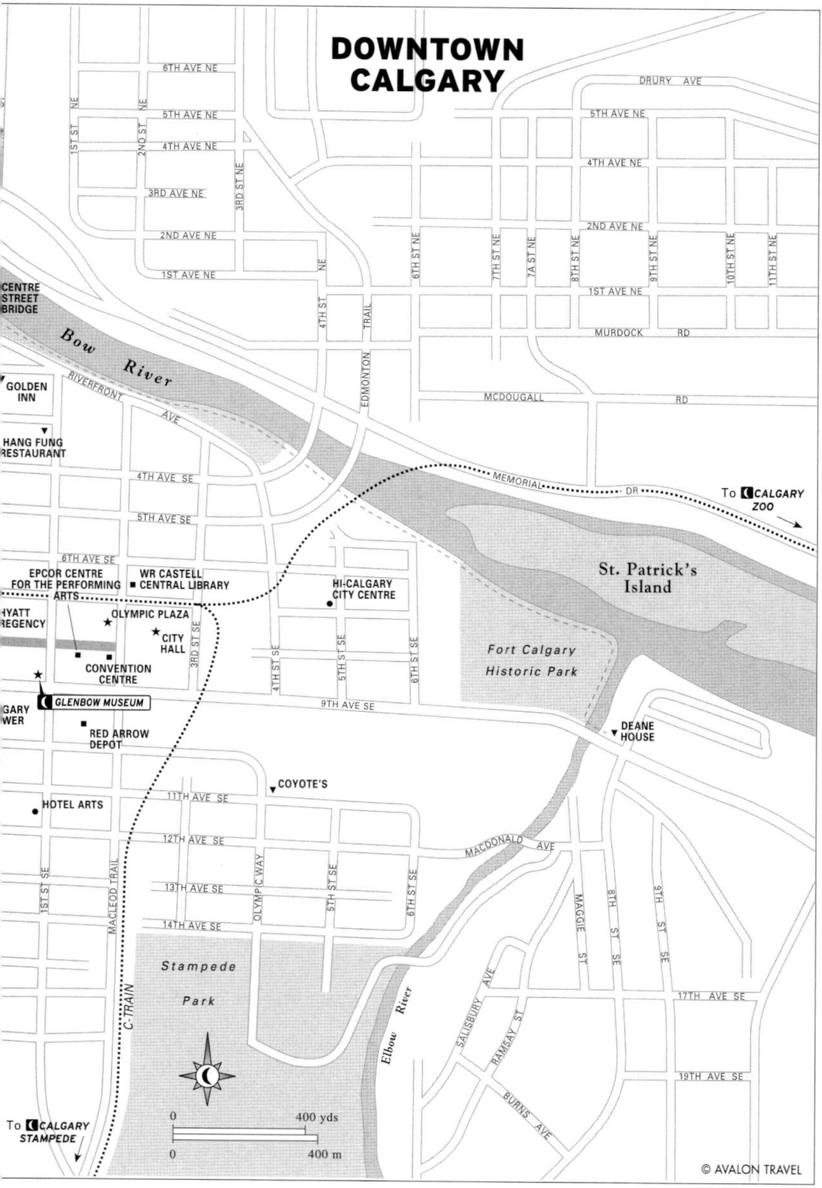

DOWNTOWN CALGARY
6TH AVE NE
5TH AVE NE
4TH AVE NE
3RD AVE NE
2ND AVE NE
1ST AVE NE
1ST ST NE
2ND ST NE
3RD ST NE
4TH ST NE
DRURY AVE
6TH ST NE
7TH ST NE
7A ST NE
8TH ST NE
9TH ST NE
10TH ST NE
11TH ST NE
MURDOCK RD
MCDOUGALL RD
EDMONTON TRAIL
CENTRE STREET BRIDGE
Bow River
RIVERFRONT AVE
GOLDEN INN
HANG FUNG RESTAURANT
4TH AVE SE
5TH AVE SE
6TH AVE SE
MEMORIAL DR
To CALGARY ZOO
St. Patrick's Island
EPCOR CENTRE FOR THE PERFORMING ARTS
WR CASTELL CENTRAL LIBRARY
HI-CALGARY CITY CENTRE
HYATT REGENCY
OLYMPIC PLAZA
CITY HALL
CONVENTION CENTRE
3RD ST SE
4TH ST SE
5TH ST SE
6TH ST SE
Fort Calgary Historic Park
GLENBOW MUSEUM
9TH AVE SE
DEANE HOUSE
RED ARROW DEPOT
COYOTE'S
11TH AVE SE
HOTEL ARTS
12TH AVE SE
MACDONALD AVE
13TH AVE SE
14TH AVE SE
1ST ST SE
MACLEOD TRAIL
OLYMPIC WAY
MAGGIE ST
8TH ST SE
9TH ST SE
Stampede Park
C-TRAIN
Elbow River
SALISBURY AVE
RAMSAY ST
17TH AVE SE
19TH AVE SE
BURNS AVE
0
400 yds
0
400 m
To CALGARY STAMPEDE
© AVALON TRAVEL

dem Fort Calgary und dem Inglewood Bird Sanctuary. Vom Fort Calgary führt ein anderer Weg unter der 9th Ave. SE hindurch und folgt dem Elbow River, den er mehrmals kreuzt, bevor er beim Glenmore Reservoir und Heritage Park endet. Detaillierte Karten sind bei den Touristeninformationen erhältlich.

An den Skihängen im **Canada Olympic Park** (westlich der Innenstadt am Trans-Canada Hwy., ✆ 403/247-5452) kann man sich im Downhill-Mountainbiken trainieren. Die Miete für ein voll gefedertes Rad beträgt $ 40/2 Std. bzw. $ 60/Tag; eine Tageskarte für den Sessellift kostet $ 28.

• *Schwimmen und Fitnesscenter* Die **Stadt Calgary** (✆ 403/268-2489) betreibt acht Freibäder (Juni bis Anfang Sept. geöffnet) und zwölf Hallenbäder (ganzjährig geöffnet) unterschiedlicher Ausstattung. Der Eintrittspreis für die Hallenbäder beinhaltet die Nutzung von Sauna, Whirlpool und Fitnessgeräten. Erwachsene bezahlen für alle Bäder $ 6,50–9,80, Senioren und Kinder etwa die Hälfte. Das **YMCA** (101 3rd St. SW, ✆ 403/269-6701; Mo–Fr 5.30–22 Uhr, Sa/So 7–19 Uhr; $ 11,90) ist ein modernes Fitnesscenter im Norden der Innenstadt beim Eau Claire Market. Zu seinen durchweg erstklassigen Anlagen gehören ein Pool in Olympiagröße, ein Kraftraum, ein Fitnessraum, eine Joggingbahn, Squashplätze, ein Whirlpool und eine Sauna.

• *Touren* **Brewster** (✆ 403/221-8242, www.brewster.ca) bietet eine vierstündige **Rundfahrt zu den Sehenswürdigkeiten von Calgary**, die u. a. durch die Innenstadt führt und verschiedene historische Gebäude, den Canada Olympic Park und Fort Calgary umfasst. Sie wird von Juni bis September angeboten, und der Preis beträgt $ 53 für Erwachsene und $ 27 für Kinder. Die Abholung der Teilnehmer erfolgt an den meisten größeren Hotels. Brewster bietet aber auch Tagesausflüge nach Banff, Lake Louise und zum Columbia Icefield an. Letztere Fahrt ist allerdings eine anstrengende 15-Std.-Tour, die bereits um 6 Uhr früh beginnt. Brewsters Downtown-Büro liegt am Stephen Ave. Walk, Ecke Centre St.

• *Im Winter* Wenn die Bewohner von Calgary für einen Tag zum Skifahren oder Snowboarden gehen, dann fahren sie meist in die ein bis zwei Autostunden westlich gelegenen Skigebiete der Rockies. Die einzigen Abfahrtshänge der Stadt selbst liegen im **Canada Olympic Park** (✆ 403/247-5452). Sie bieten einen Höhenunterschied von 150 m und drei Sessellifte sowie einen Schlepplift. Die Pisten sind zwar nicht besonders großflächig, bieten aber einige Vorteile: eine lange Saison (Mitte Nov. bis Ende März), Flutlicht (Mo–Fr bis 21 Uhr) und ein umfangreiches Serviceangebot wie Skiverleih und exzellente Skilehrer. Die Liftkarten gelten entweder für 4 Std. ($ 28) oder für einen ganzen Tag ($ 28, Senioren $ 16).

• *Zum Zuschauen* Das Beste, was man in Calgary an einem Winterabend machen kann, ist der Besuch im Saddledome zu einem Heimspiel der **Calgary Flames** (Stampede Park, ✆ 403/777-2177, www.calgaryflames.com; Ticket $ 24–180), einem der erfolgreichsten Teams in der National Hockey League (NHL). Die reguläre Saison dauert von Oktober bis April, und die Spiele finden meist am frühen Abend statt (Mo–Fr 19 Uhr, Sa 20 Uhr, So 18 Uhr).

Die **Stampeders** (✆ 403/289-0205, www.stampeders.com; Ticket $ 29–89) sind Calgarys Team in der Canadian Football League (CFL), einer Organisation ähnlich der National Football League in den USA. Die Saison dauert von Juli bis November. Heimspiele werden im **McMahon Stadium** (1817 Crowchild Trail NW) ausgetragen, das 35.500 Zuschauer fasst. Um dorthin zu gelangen, nimmt man von der Innenstadt den C-Train bis zur Banff Trail Station.

Es hat schon etwas Ironisches, dass eine Stadt, die weltweit für ihr Rodeo bekannt ist, zugleich die weltweit führende Anlage zum Springreiten besitzt: **Spruce Meadows** (Spruce Meadows Way, ✆ 403/974-4200, www.sprucemeadows.com). Die immer näher heranrückenden Wohnviertel beeinträchtigen in keiner Weise die herrlich kultivierte Atmosphäre innerhalb des weißen Lattenzauns, der das weitläufige 120-ha-Gelände umgibt. Zu der Anlage gehören sechs Rasenparcours, zwei überdachte Arenen, sieben Ställe mit 700 Boxen, 90 Vollzeitbeschäftigte (und mehrere Tausend Freiwillige) sowie ein eigener Fernsehsender, der in 90 Ländern ausstrahlt.

In Europa kann die Welt des Springreitens ja schon sehr etepetete sein. Die Atmosphäre in Spruce Meadows hingegen ist genau das Gegenteil, sodass die Anlagen ein herrliches Ziel für einen Tagesausflug abgeben, selbst wenn man kein Pferdenarr ist. Der Pomp und die Feierlichkeit, die zu diesem Sport gehören, fehlen auch hier nicht – doch für den normalen Zuschauer fallen sie nicht ins Auge. Dafür sieht man Besucher, die auf dem Rasen ihr Picknick ausbreiten, durch die Stallungen schlendern und die Superstars des Springsports live und aus der Nähe beobachten. Während der großen Turniere, bei denen man von einem Parcours zum nächsten eilt, um die Wettkämpfe zu verfolgen, sorgt ein Bummel für angenehme Abwechslung: Zur Anlage gehören eine Landwirtschaftsausstellung, Stände mit Kunsthandwerk und ein großer Marktplatz, der für die Attraktionen Albertas wirbt.

Spruce Meadows hat ein dicht gepacktes Programm von Turnieren, zu denen die weltbesten Springreiter und bis zu 50.000 Zuschauer pro Tag kommen. Die vier großen Turniere sind das **National** in der ersten Juniwoche, das **Canada One** in der letzten Juniwoche, das **North American** in der ersten Juliwoche und das **Masters** in der ersten Septemberwoche. Das Masters ist das am höchsten dotierte Springturnier der Welt mit einem Preisgeld von $ 1 Mio. für den Sieger, das man sich durch einen Ritt am Sonntagnachmittag verdienen kann.

Der Eintritt ist frei. Außer an den allerbelebtesten Tagen bekommt man dafür überall einen Platz mit erstklassiger Sicht. Eine Ausnahme sind die Wochenendturniere, bei denen man das Geschehen am besten von reservierten Sitzplätzen auf der überdachten Tribüne ($ 25–35) verfolgt. Um an den Turnierwochenenden nach Spruce Meadows zu gelangen, nimmt man den C-Train nach Süden zur Fish Creek-Lacombe Station und von dort aus einen der kostenlosen Pendelbusse zur Anlage. Mit dem Auto folgt man dem Macleod Trail in Richtung Süden zum Hwy. 22X und dann dem Spruce Meadows Way nach rechts in Richtung Berge.

Nachtleben, Kunst und Veranstaltungen

ffwd (www.ffwdweekly.com) ist ein kostenloses Wochenmagazin, das man überall in der Stadt bekommt. Es informiert über Theaterveranstaltungen, Filmvorführungen, Kunstausstellungen und Konzerte. Tickets für größere Konzerte, Shows und Sportveranstaltungen sind im Vorverkauf bei **Ticketmaster** (✆ 403/777-0000, www.ticketmaster.ca) erhältlich.

Nachtleben

• *Bars und Nachtclubs* Angesichts des Spitznamens „Cowtown" ist es nicht verwunderlich, dass einige der angesagtesten Nachtlokale in Calgary Countrymusik spielen. Das **Ranchman's** (9615 Macleod Trail SW, ✆ 403/253-1100) ist v. a. während der Stampede-Woche *der* Treff. In diesem authentischen Honky-Tonk-Lokal haben schon die größten Stars des Landes gespielt. Die Bar im Vorderraum serviert den ganzen Tag Getränke und Mahlzeiten, und um 19 Uhr öffnet eine riesige Tanzhalle, in der fast jeden Abend Livebands einheizen. Diese Halle ist ein regelrechtes Museum voller Rodeo-Souvenirs und -Fotos, und von ihrer Decke hängt ein alter Planwagen.

Südlich der Downtown, auf der anderen Seite der Bahngleise, steht das hippe **Cowboys** (1088 Olympic Way SE, ✆ 403/265-0699). Sein Publikum ist absolut städtisch, doch die Texte der Countrysongs scheinen auch die eleganteren Herrschaften perfekt zu kennen.

Zu einem gemütlichen Drink laden die Loungebars der größeren Downtown-Hotels ein. Besonders empfehlenswert ist die **Sundstone Lounge** (Hyatt Regency, 700 Centre St., ✆ 403/717-1234), die sich durch ihre zentrale Lage am Stephen Ave. Walk, ein stilvolles Ambiente und eine riesige Getränkeauswahl auszeichnet. Die **Raw Bar** (Hotel Arts, 119 12th Ave. SW, ✆ 403/266-4611; tägl. 11–21 Uhr) ist das Tropischste, was Calgary zu bieten hat – Copacabana-Atmosphäre rund um einen Outdoor-Pool.

In einem alten Bankgebäude am Stephen Ave. Walk serviert das **James Joyce Irish Pub** (114 8th Ave. SW, ✆ 403/262-0708) Guinness vom Fass und traditionelle britische Gerichte. Ganz in der Nähe liegt **Ceilis** (803 8th Ave. SW, ✆ 403/265-1200), ein weiteres Irish Pub, das über 60 verschiedene Biersorten zapft.

Wer die Nacht durchtanzen will (und nicht auf Line Dance steht), findet auch eine Reihe von Lokalen ohne Countrymusik. **The Palace** (218 8th Ave. SW, ✆ 403/263-9980) in einem prachtvoll restaurierten Theatergebäude im Zentrum besitzt eine riesige Tanzfläche und eine erstklassige Licht- und Soundanlage. Das Cocktailbar-Ambiente des **Mercury Lounge** (550 17th Ave. SW, ✆ 403/229-0222) zieht v. a. ein junges und hippes Publikum an und ist der perfekte Einstieg für eine lange Nacht. Viele seiner Gäste ziehen anschließend weiter ins **Tequila** (219 17th Ave. SW, ✆ 403/209-2215). Dort legt ein DJ für das junge Publikum House- und Hip-Hop-Musik auf. Ebenfalls zu Fuß zu erreichen ist der **Metropolitan Grill** (880 16th Ave. SW, ✆ 403/802-2393), auf dessen Innenhof sich seit über 25 Jahren die Partygänger in warmen Sommernächten versammeln. Das glamouröse **Tantra** (355 10th Ave. SW, ✆ 403/264-0202) lockt v. a. die Reichen und Schönen, ist aber für jedermann geöffnet.

• *Jazz und Blues* Die Auftritte von Buddy Guy und Junior Wells im ehrwürdigen King Edward Hotel liegen lange zurück, aber einige moderne Lokale locken noch heute das jazz- und bluesbegeisterte Publikum. Zu den beliebtesten Jazzclubs der Stadt zählt das **Beat Niq** (811 1st St., UG, ✆ 403/263-1650), ein Jazzclub im New Yorker Stil, in dem jeder willkommen ist. Er hat donnerstags bis samstags ab 20 Uhr geöffnet, und der Eintritt kostet $ 12–18.

Kunst und Kultur

• *Galerien* Auch wenn es zum Image einer Kuhstadt nicht passen mag, besitzt Calgary doch bemerkenswert viele Galerien, die Werke von Künstlern aus Alberta und ganz Kanada ausstellen und verkaufen. Leider sind sie über die ganze Stadt verteilt und meist nicht leicht zu finden. Eine Ausnahme bildet die **Micah Gallery,** die für ihre authentische Kunst der Ureinwohner bekannt ist. Sie befindet sich direkt im Zentrum am Stephen Ave. Walk (110 8th Ave. SW, ✆ 403/245-1340).

An der 9th Avenue SE liegen zahlreiche Galerien. Die preisgünstigste davon ist die **Galleria Arts & Crafts** (907 9th Ave. SE, ✆ 403/270-3612), die auf zwei Etagen eine große Auswahl an Gemälden, Radierungen, Metallskulpturen, Schmuck und Holzschnitzereien bietet. Gleich in der Nähe ist **The Collectors Gallery** (1332 9th Ave. SE, ✆ 403/245-8300), die Werke prominenter kanadischer Künstler aus dem 19. und 20. Jh. verkauft.

• *Theater* Calgarys Western-Image täuscht über eine kulturelle Vielfalt hinweg, die weit über das ausländische Bier hinausreicht, das in seinen Kneipen ausgeschenkt wird. Die Stadt hat zehn professionelle Theaterensembles, eine Oper, ein Orchester und eine Balletttruppe. Die Spielzeit liegt überwiegend zwischen September und Mai. **Alberta Theatre Projects** (✆ 403/294-7402, www.atplive.com) ist ein bekanntes Theater im Epcor Centre for the Performing Arts (220 9th Ave. SE) in der Downtown. Es inszeniert überwiegend zeitgenössische Stücke. Die Eintrittspreise reichen von unter $ 20 für eine Frühvorstellung bis zu $ 66 für die besten Plätze am Abend. Ebenfalls im Epcor Centre for the Performing Arts befindet sich das **Theatre Calgary** (✆ 403/294-7440, www.theatrecalgary.com). Das **Lunchbox Theatre** (115 9th Ave. SE, ✆ 403/265-4292, www.lunchboxtheatre.com) residiert in einem speziell gefertigten Theater im Calgary Tower und spielt zwischen September und Anfang Mai eigens für Zuschauer, die ihre Mittagspause für einen Theaterbesuch nutzen wollen. Meist werden Komödien geboten. Erwachsene bezahlen $ 18 und Senioren $ 15. Experimentelles Theater für Erwachsene bietet **One Yellow Rabbit** (Epcor Centre for the Performing Arts, ✆ 403/264-3224, www.oyr.org).

• *Musik und Tanz* Die **Calgary Opera** (✆ 403/262-7286, www.calgaryopera.com) spielt von Oktober bis April in einer restaurierten Kirche (Ecke 13th Ave und 7th St. SW). Tickets kosten zwischen $ 22 und $ 88. Die Jack Singer Concert Hall mit 2000 Sitzplätzen im Epcor Centre for the Performing Arts ist der Sitz des **Calgary Philharmonic Orchestra** (✆ 403/571-0270, www.cpolive.com), das zu den besten Orchestern Kanadas zählt. Das **Alberta Ballet** (✆ 403/245-4549, www.albertaballet.com) tritt auf Bühnen in der ganzen Stadt auf.

• *Kinos* Jedes größere Einkaufszentrum verfügt über ein **Cineplex-Kino**. Das gilt auch für den Eau Claire Market, der am nächsten an der Downtown liegt. Informationen gibt es telefonisch rund um die Uhr unter ✆ 403/263-3166 oder unter www.cineplex.com. **Uptown Stage & Screen** (610 8th Ave. SW, ✆ 403/265-0120, www.theuptown.com) ist ein restauriertes Filmtheater, das einen guten Ruf in Sachen alternative, künstlerisch anspruchsvolle und ausländische Filme hat. Von der Downtown aus gesehen auf der anderen Seite des Bow River steht das 1935 erbaute **Plaza Theatre** (1133 Kensington Rd. NW, Kensington; ✆ 403/283-2222, www.theplaza.ca), wo das Spektrum von Mainstream bis Hindi reicht.

Feste und Veranstaltungen

• *Frühling* Das **Calgary International Children's Festival** (✆ 403/294-7414, www.calgarychildfest.org) findet in der dritten Maiwoche im Epcor Centre for the Performing Arts und in der Olympic Plaza statt. Es bietet Theateraufführungen, Puppenspiele und Auftritte internationaler Musiker. Beim **Carifest** (✆ 403/774-1300, www.carifestcalgary.ca) beleben am zweiten Samstag im Juni karibische Attraktionen, Klänge und Aromen die Olympic Plaza.

• *Sommer* Der **Canada Day** wird am 1. Juli im Prince's Island Park, im Fort Calgary, im Zoo und im Heritage Park gefeiert. Das **Calgary Folk Music Festival** (✆ 403/233-0904, www.calgaryfolkfest.com) in der letzten Juliwoche ist eine fantastische Show kanadischer und internationaler Künstler im Prince's Island Park. Sie findet teils in der Halle, teils im Freien statt. In der ersten vollen Augustwoche und ebenfalls im Prince's Island Park ist **Afrikadey!** angesagt (✆ 403/234-9110, www.afrikadey.com), mit Auftritten und Workshops afrikanisch beeinflusster Musiker und Künstler sowie mit Filmen zum Thema Afrika.

• *Herbst* Im Oktober bricht in Calgary das **Eishockey-, Ski-** und **Snowboard-Fieber** aus, wenn der erste Schnee fällt und die Saison der **NHL Calgary Flames** beginnt. Von Ende September bis Anfang Oktober werden im Rahmen des **Calgary International Film Festival** (✆ 403/283-1490, www.calgaryfilm.com) im Plaza-Theater and Cineplex am Eau Claire Market Filme gezeigt. Danach findet das **Wordfest** (✆ 403/237-9068, www.wordfest.com) statt, bei dem überall in der Stadt sowie in Banff Buchbesprechungen, Workshops und viele Autorenlesungen abgehalten werden. Ein toller Ort für Halloween ist der Calgary Zoo (✆ 403/232-9300, www.calgaryzoo.org), in dem man während der letzten Oktoberwoche nach Einbruch der Dunkelheit beim **Boo at the Zoo** schaurig-schön feiern kann.

• *Winter* Calgary feiert Neujahr, wie viele andere kanadische Großstädte, mit einem **First-Night-Festival.** Trotz der Einschränkungen durch die raue Witterung genießen die Einwohner von Calgary den Winter mit der Eröffnung der Theater-, Ballet- und Opernsaison. Nationale und internationale Skisprung-, Rodel- und Bobsportveranstaltungen finden zwischen November und März im **Canada Olympic Park** statt.

• *Calgary Stampede* Seit 1912 wird Calgarys Image einer improvisierten Kuhstadt jeden Juli frisch aufpoliert, wenn in der Stadt das Stampede-Fieber ausbricht. Zehn Tage lang sind alle Einwohner betont lässig – Geschäftsführer setzen ihren Stetson auf, Banker tragen Cowboystiefel, die halbe Stadt läuft in viel zu engen Jeans herum, und die Kriminalität geht zurück. Die Stampede mag sein, was sie will, aber sie ist sicher nichts, über das man sich lustig machen sollte. Mit ihr feiert die Stadt ihre Vergangenheit – eine Zeit endloser Sonnentage, als das Leben aus halbwilden Pferden, Stieren und Rindern bestand, als die Cowboys noch durch die Straßen ritten und an jeder Straßenecke ein Saloon stand. Und doch geht es nicht ausschließlich um die Vergangenheit. Es geht um das ganze Kuhstadt-Image, das die Einwohner so lieben, und um die Wildwest-Atmosphäre, die die Besucher erwarten. In den Straßen der Downtown sind dann alle eine große Familie. Pfannkuchen und gebratener Speck werden überall in der Stadt kostenlos angeboten. Ansonsten ganz normale Einwohner brüllen ohne jeden ersichtlichen Grund plötzlich „Ya-HOO!". Indianer reiten die Straßen auf und ab, und jede Nacht wird bis zum Morgengrauen getrunken und getanzt.

Stampede Parade: Der Stampede Park öffnet zwar bereits am Donnerstagabend zum **Sneek-a-Peek** (ein Event, das allein schon um die 40.000 Besucher anzieht), doch offiziell wird die Stampede-Woche erst am Freitag vor der zweiten Juliwoche mit einer spektakulären Parade durch die Straßen der Downtown eröffnet. Der Zug besteht aus rund 150 Gruppen mit beinahe 4000 Menschen und 700 Pferden und braucht 2 Std., um einen Punkt zu passieren. Jeder der zahlreichen Festwagen wird von 250.000 begeisterten Zuschauern bejubelt, die in bis zu zehn Reihen hintereinander am Straßenrand stehen. Die lautesten „Ya-HOOs" ernten gewöhnlich die ältesten Einwohner Albertas, die Stampede-Honoratioren und die Profisportler aus Calgary. Doch man ist ja bei der Stampede – und daher gibt es enthusiastischen Beifall selbst für Politiker und Straßenkehrer. Die Parade zieht von der 2nd St. SE entlang der 6th Ave. nach Westen, dann auf der 10th St. SW nach Süden und auf der 9th Ave. nach Osten. Abmarsch ist um 9 Uhr, aber die Menschenmassen sammeln sich bereits ab 6 Uhr, und man muss schon

Calgary
Karte S. 426/427 und S. 432/433

Die Calgary Stampede ist Westkanadas bekanntestes Event

Glück haben, um nach 7 Uhr noch einen Platz in der ersten Reihe zu ergattern.

Stampede Park: Brennpunkt des Geschehens ist der Stampede Park gleich südlich des Stadtzentrums, in dem sich tägl. über 100.000 Menschen versammeln. Hier werden das weltweit größte Outdoor-Rodeo und das nicht weniger spektakuläre Wagenrennen veranstaltet. Professionelle Cowboys aus der ganzen Welt treten zehn Tage lang für Preisgelder in Höhe von insgesamt $ 1,6 Mio. gegeneinander an. Doch der Stampede Park bietet mehr als nur eine Demonstration der Cowboykunst. Um die Hauptattraktionen des gigantischen Jahrmarkts im westlichen Teil des Parks gesehen zu haben, braucht man mindestens einen Tag: zahllose Spektakel, Ausstellungen und Unterhaltungsangebote sind im Eintrittspreis enthalten. Und eine glanzvolle Bühnenshow mit Feuerwerk bildet jeden Abend den krönenden Abschluss.

Rodeo: Der höchste Traum eines jeden Cowboys ist es, am letzten Tag der Stampede den Siegerscheck über $ 100.000 mit nach Hause zu nehmen. An den ersten neun Tagen wetteifern die 20 besten Cowboys und Cowgirls der Welt in zwei Gruppen um das Privileg, am Final-Sonntag reiten zu dürfen. An allen zehn Tagen fängt das Rodeo um 13.30 Uhr an. Obwohl es bei der Stampede um wesentlich mehr als nur um Rodeo geht, will jeder bei diesem Ereignis dabei sein. Die Cowboys konkurrieren in den Disziplinen Bronc Riding (Reiten auf halbwilden Pferden), Bareback Riding (Reiten ohne Sattel), Bull Riding (Bullenreiten), Calf Roping (Einfangen von Kälbern mit dem Lasso) und Steer Wrestling (Niederwerfen eines Jungochsen). Die Cowgirls treten im Barrel Racing (Pferderennen um ein Dreieck aus Fässern) gegeneinander an. Bullenkämpfe und das pausenlose Plappern der Rodeo-Clowns halten die Stimmung zwischen den traditionelleren Veranstaltungen in Schwung.

Planwagenrennen: Das **Rangeland-Derby-Planwagenrennen** umfasst neun Durchgänge pro Abend und beginnt jeweils um 20 Uhr. Im Finale am Ende der Woche konkurrieren die vier besten Fahrer der Vorrunden um $ 100.000. Planwagenrennen sind immer ein aufregender Sport, aber bei der Stampede ist die Spannung besonders hoch, da die Fahrer hier alles geben, um im Rennen zu bleiben. Die Tribüne mitten in der Arena sorgt für zusätzliche Action, denn sie erschwert es den Lenkern, die große Acht zu fahren, die sie bewältigen müssen, ehe sie auf die Gerade einbiegen, die als *Half Mile of Hell* bekannt ist.

Weitere Attraktionen des Stampede Park:

Im riesigen **Roundup Centre** finden verschiedene Messen und Vorführungen statt (wobei viele kostenlose Proben verteilt werden). Dort befinden sich auch das Kitchen Theatre, das Calgarys kulinarische Seite präsentiert, und eine Westernausstellung mit Bildern und Fotografien. Vor dem Roundup Centre ist der **Stampede Corral** mit Hundeshows, Auftritten der Calgary Stampede Show Band und einer Talentsuche für Senioren. Im Westteil des Parks findet sich ein Sammelsurium vielfältiger Jahrmarktspektakel, die genauso viele Zuschauer wie zahlende Gäste anlocken. Landwirtschaftsausstellungen finden im zentralen Bereich des Stampede Park statt. Die **Centennial Fair** ist eine Freilichtbühne mit Entenrennen, Zauberern und anderen Attraktionen für Kinder. Im **Agricultural Building** wird Vieh ausgestellt, und nebenan im **John Deere Show Ring** finden die Schmiede-Weltmeisterschaften und eine Pferdeschau statt.

Am Südende des Stampede Park, jenseits des Elbow River, liegt das **Indian Village.** Dort stehen während der Stampede die Zelte der fünf First Nations (Blackfoot, Blood, Piegan, Sarcee und Stoney), die vor über 100 Jahren den *Treaty Seven* abgeschlossen haben. Jedes Tipi besitzt seine eigene farbenprächtige Bemalung, und auf der Bühne hinter dem Dorf finden Tanzwettbewerbe statt.

Im Eintrittspreis zum Parkgelände sind alle Unterhaltungsangebote (außer dem Rodeo und dem Planwagenrennen) enthalten. Prominente kanadische Künstler treten zwischen 11 Uhr und Mitternacht unter freiem Himmel auf der **Coca-Cola Stage** auf. **Nashville North** ist eine Veranstaltungshalle mit Bar, Liveauftritten von Countrymusikern und einer Tanzfläche, die bis 2 Uhr morgens geöffnet ist.

Tickets: Der Vorverkauf für die Rodeos am Nachmittag und die Wagenrennen und Shows am Abend beginnt schon fast ein Jahr vorher. Alle guten Plätze sind früh ausverkauft. Die Tribüne wird in verschiedene Preiskategorien unterteilt. Den besten Blick hat man im Abschnitt A, der am nächsten an der Arena liegt, aber hoch genug ist, um alles überblicken zu können. Links und rechts davon liegen die Abschnitte B und C mit ebenfalls gutem Blick. Oberhalb der Hauptebene folgt die ganz verglaste und klimatisierte Clubhouse-Ebene, die wiederum in vier Bereiche unterteilt ist. Die Tickets für die Rodeos an den ersten acht Tagen kosten $ 35–75 ($ 56 in Abschnitt A). Für die Wagenrennen und Shows am Abend bezahlt man $ 42–84 ($ 72 in Abschnitt A). An den letzten beiden Tagen sind die Tickets etwa $ 3–5 teurer.

Wer sein Ticket nicht bereits im Vorverkauf gelöst hat, bezahlt am Eingang den **allgemeinen Eintritt** ($ 14) und kann dann an den Kassen vor der Tribüne ein *Rush-Seating-Ticket* (ohne Platzreservierung) für das Nachmittagsrodeo (Erwachsene $ 15, Kinder $ 8) und/oder für die Wagenrennen und Shows (Erwachsene $ 20, Kinder $ 12) erwerben. Es gilt nur für einen Bereich mit ungünstigem Blickwinkel oder weit weg von der Arena. Daher ist *dringend* zu empfehlen, dass man sein Ticket bereits im Vorverkauf erwirbt – telefonisch unter ✆ 403/269-9822 oder ✆ 800/661-1767 oder online unter www.calgarystampede.com.

Information: In allen Tageszeitungen von Calgary finden sich Beilagen mit dem Programm im Stampede Park und an anderen Orten in der Stadt. Am Stampede Park stehen die an großen Cowboyhüten erkennbaren Howdy Folk Chuckwagons, an denen freiwillige Helfer Programme und Pläne verteilen.

Termine für die Calgary Stampede: 9.–18. Juli 2010, 8.–17. Juli 2011 und 6.–15. Juli 2012.

Calgary
Karte S. 426/427 und S. 432/433

Einkaufen

Das größte Einkaufszentrum der Innenstadt ist das **Calgary Eaton Centre** an der Ecke Stephen Ave. Walk und 4th St. SW. Auch der **Eau Claire Market** beim Eingang zum Prince's Island Park ist sehr empfehlenswert und bietet v. a. frische Lebensmittel und trendige Boutiquen. **Uptown 17** ist eine Passage mit mehr als 400 Ladengeschäften, Restaurants und Galerien an der 17th Ave. SW. **Kensington,** gegenüber vom Zentrum auf der anderen Seite des Bow River, bietet eine bunte Ansammlung verschiedenster Fachgeschäfte.

• *Märkte* Der **Crossroads Market** (1235 26th Ave. SE, ✆ 403/291-5208; Fr–So 9–17 Uhr) verkauft heimische Erzeugnisse der Saison und fertig zubereitete Gerichte wie die begehrten Simple Simon Pies, ist aber ebenso für Kunsthandwerk bekannt.

• *Campingausrüstung und Westernkleidung* **Mountain Equipment Co-op** (830 10th Ave. SW, ✆ 403/269-2420) ist das größte Campinggeschäft in Calgary. Dieser riesige Laden bietet eine enorme Auswahl an hochwertiger Kleidung, Kletter- und Bergausrüstung (inkl. Kletterwand), Zelten, Schlafsäcken, Kajaks und Kanus, Büchern und Landkarten sowie weiterem Zubehör. Das Geschäft ist eine Genossenschaft, deren Mitglieder zugleich die Eigentümer sind. Es ähnelt den US-amerikanischen R.E.I. Stores, nur dass man hier Mitglied sein muss, um einkaufen zu können (einmaliger Mitgliedsbeitrag $ 5). Den Versandkatalog kann man unter ✆ 800/663-2667 anfordern. Gleich gegenüber bietet **Coast Mountain Sports** (817 10th Ave. SW, ✆ 403/264-2444) ein ganz ähnliches Sortiment. Die Auswahl mag etwas kleiner sein als bei MEC, dafür werden viele Markenartikel dauerhaft verbilligt angeboten.

Alberta Boot Co. (614 10th Ave. SW, ✆ 403/263-4605) ist der einzige Hersteller von Westernstiefeln in Alberta und von der Downtown aus bequem zu Fuß zu erreichen. Der Outlet-Store bietet Tausende von Lederstiefeln jeder nur denkbaren Form und Größe. Die Preise beginnen bei $ 250 und reichen bis zu $ 1700 für Modelle aus Krokodilleder. Filialen von **Lammle's Western Wear** gibt es in allen größeren Einkaufszentren und downtown am Stephen Avenue Walk. Ein weiterer gefragter Westernausrüster ist **Riley & McCormick** am Stephen Ave. Walk (220 8th Ave. SW, ✆ 403/262-1556) und im Flughafen.

• *Buchhandlungen* Wer topografische Karten, Stadtpläne oder Wandkarten, Reiseführer oder Atlanten sucht, wird bei **Map Town** (400 5th Ave. SW, ✆ 403/266-2241 oder ✆ 877/921-6277, www.maptown.com; Mo–Fr 9–18 Uhr, Sa 10–17 Uhr) sicher fündig.

Im Vorort Kensington nordwestlich der Innenstadt befindet sich **Pages** (1135 Kensington Rd. NW, ✆ 403/283-6655; Mo–Sa 10–17.30 Uhr, Do/Fr bis 21 Uhr, So 12–17 Uhr) mit einer guten Auswahl an kanadischer Belletristik und Sachbüchern.

Fair's Fair (1609 14th St. SW, ✆ 403/245-2778; tägl. ab 10 Uhr) ist Calgarys größtes Antiquariat – hervorragend geordnet und mit einer beachtlichen Zahl kanadischer Titel, die mehr als einen ganzen Raum füllen. Fair's Fair hat eine weitere große Niederlassung in Inglewood (907 9th Ave. SE, ✆ 403/237-8156).

Auf der Nordseite der Innenstadt befindet sich **Aquila Books** (826 16th Ave. NW, ✆ 403/282-5832), ein echtes Juwel mit einer der weltweit besten Antiquariate für Bücher über die kanadischen Rockies und das Bergsteigen.

Übernachten

Die Übernachtungsmöglichkeiten in Calgary reichen von Campingplätzen, Herbergen und Billigmotels bis zu sehr guten Oberklassehotels für anspruchsvolle Reisende und Geschäftsleute. Die meisten Downtown-Hotels bieten ihre Zimmer an Wochenenden wesentlich günstiger an – freitags und samstags z. T. um die Hälfte. Während der Stampede-Woche hingegen liegen die Preise höher als während des übrigen Jahres, und Unterkünfte können schon Monate vorher ausgebucht sein. Die unten genannten Preise gelten pro Doppelzimmer im Sommer, aber nicht während der Stampede-Woche.

Das B&B-Angebot in Calgary ist gut und vielfältig. Die meisten Häuser liegen abseits der großen Touristenstrecken. Die **Bed & Breakfast Association of Calgary** (www.bbcalgary.com) vertritt etwa 40 von ihnen. Sie nimmt keine Reservierungen entgegen, sondern ist lediglich ein Zusammenschluss von Eigentümern, die einen bestimmten Standard bieten.

Downtown

• *Unter $ 50* Das **HI-Calgary City Centre** (520 7th Ave. SE, ✆ 403/670-7580 oder ✆ 888/762-4122, www.hihostels.ca) ist eine ausgezeichnete Wahl für Budget-Reisende – sowohl wegen der günstigen Lage als auch wegen der Vielfalt seiner Angebote. Es hat 94 Betten, die meisten davon in 8-Bett-Schlafsälen, aber auch ein paar Privatzimmer. Zu den weiteren Vorteilen gehören eine gut ausgestattete Küche, eine Laundry, ein großer Gemeinschaftsraum, internetfähige Computer, kostenloser drahtloser Internetzugang, eine Fahrradvermietung, ein Grillplatz, ein Game Room, eine Snackbar,

Schließfächer und kostenlose Parkplätze. Mitglieder von Hostelling International bezahlen für ein Schlafsaalbett $ 29,50 (Nichtmitglieder $ 33) und für 1/2 Pers. im Privatzimmer $ 73–79,50 (Nichtmitglieder $ 81–87,50). Die Herberge liegt einen Block östlich der C-Train-Haltestelle an der City Hall.

• *$ 100–150* Das am zentralsten gelegene B&B ist das **Inglewood B&B** (1006 8th Ave. SE, ✆ 403/262-6570, www.inglewoodbedandbreakfast.com; $ 100–165 für 1/2 Pers.), benannt nach dem historischen Wohnviertel, in dem es sich befindet. Seine Lage ist ideal – nahe dem Fluss und dem Stampede Park und zu Fuß nur 10 Min. vom Zentrum entfernt. Das moderne Haus im viktorianischen Stil verfügt über drei Zimmer, jedes mit eigenem Bad, und im Preis ist ein warmes Frühstück nach eigener Wahl enthalten.

• *$ 150–200* Ein paar Blocks westlich des Shoppingviertels in der Downtown, aber mit dem C-Train gut zu erreichen ist das **Sandman Hotel** (888 7th Ave. SW, ✆ 403/237-8626 oder ✆ 800/726-3626, www.sandmanhotels.com; $ 169–235 für 1/2 Pers.) mit 301 Zimmern. Dieses Hotel bietet ein Hallenbad, ein Familienrestaurant und schöne, große Zimmer. Wer per Internet bucht, bezahlt unter $ 130.

Das günstigste direkt im Zentrum gelegene Hotel ist das **5 Downtown Suites & Spa** (618 5th Ave. SW, ✆ 403/451-5551 oder ✆ 888/561-7666, www.5calgary.com; $ 159–199 für 1/2 Pers.). Die 300 Zimmer sind recht durchschnittlich, bieten aber einige Extras wie Küchenzeile, kostenfreies Parken am Wochenende, ein kostenloses Businesscenter, Wellnessangebote, Restaurant und Lounge sowie ein kleines Freibad.

• *$ 200–250* Das **Hotel Arts** (119 12th Ave. SW, ✆ 403/266-4611 oder ✆ 800/661-9378, www.hotelarts.com; $ 249–436 für 1/2 Pers.) ist ein ziemlich neues, zwölfstöckiges Haus mit 188 Zimmern und liegt südlich der Bahngleise. Der Stampede Park ist in Gehweite. Die Zimmer sind modern, mit Flachbild-TV, Schnurlostelefon, Internet, luxuriösem Badezimmer und weichen Betten mit Daunendecken. Es gibt einen Fitnessraum im Untergeschoss, ein beheiztes Freibad mit wunderschöner Terrasse, ein Restaurant und eine Lounge.

Das **International Hotel of Calgary** (220 4th Ave. SW, ✆ 403/265-9600 oder ✆ 800/661-8627, www.internationalhotel.ca; $ 239–289 für 1/2 Pers.) verfügt über 250 Suiten mit einem oder zwei Schlafzimmern, ein Hallenbad, einen Fitnessraum und ein Restaurant.

• *$ 250–300* Wer das Besondere sucht, ist im Boutique-Hotel **Kensington Riverside Inn** (1126 Memorial Dr. NW, Kensington, ✆ 403/228-4442 oder ✆ 877/313-3733, www.kensingtonriversideinn.com; $ 299–369 für 1/2 Pers.) gut aufgehoben. Mit Annehmlichkeiten, die vom selbst gebackenen Cookie an der Rezeption bis hin zu den ägyptischen Baumwolldecken auf ultrabequemen Matratzen reichen, verströmt dieses Hotel eine unvergleichliche Atmosphäre, wie sie keine andere Unterkunft in Calgary bietet. Jedes der 19 Zimmer hat sein eigenes Flair (von modern und gewagt bis zu einladend gemütlich), aber was das Hotel zu etwas so Besonderem macht, sind Vorzüge wie beheizte Handtuchhalter oder gemütliche Abende mit einer leckeren Vorspeisenplatte im zentralen Wohnzimmer.

• *Über $ 300* Einen Block nördlich des Calgary Tower liegt das **Hyatt Regency Calgary** (700 Centre St., ✆ 403/717-1234 oder ✆ 800/492-8804, www.calgary.hyatt.com; $ 339–429 für 1/2 Pers.). Dieses 21-stöckige Hotel am Stephen Ave. Walk, das ein historisches Gebäude in seine Anlage integriert, verfügt über ein Hallenbad, eine elegante Lounge und ein renommiertes Restaurant mit kanadischer Küche. Wer vollkommen vergessen möchte, dass er sich in einem Stadthotel befindet, sollte die Stillwater Spa aufsuchen, die als als bester Wellnessbereich in ganz Calgary gilt. Die modernen Zimmer sind zwar nicht berauschend, bieten jedoch eine Menge Komfort und luxuriöse Badezimmer.

Das **Westin Hotel** (320 4th Ave. SW, ✆ 403/266-1611 oder ✆ 888/625-5144, www.westincalgary.com; $ 419–489 für 1/2 Pers.) im Herzen des Shoppingviertels bietet zahlreiche Einrichtungen wie ein Hallenbad im oberen Stock, ein Café, das renommierte Owl's Nest Restaurant, eine Lounge und über 500 Zimmer.

Das bei weitem bekannteste Hotel in Calgary ist das reizvolle **Fairmont Palliser** (133 9th Ave. SE, ✆ 403/263-0520 oder ✆ 866/540-4477, www.fairmont.com; ab $ 529 für 1/2 Pers.), das 1914 von der Canadian Pacific Railway für die gleiche Gästeschaft erbaut wurde wie ihre berühmten Hotels in Banff und Jasper. Nach heutigen Standards mögen die Zimmer etwas klein erscheinen, und dem Hotel fehlen einige Freizeiteinrichtungen, aber die Eleganz und Kultiviertheit

Calgary
Karte S. 426/427 und S. 432/433

der Grande Dame unter Calgarys Hotels ist unbezahlbar. Säulen und Treppen aus echtem Marmor zieren die riesige Lobby mit prunkvollem Kronleuchter und massiven Messingtüren, durch die man auf die geschäftige 9th Ave. gelangt. Wie zu erwarten, ist ein Aufenthalt im Palliser nicht gerade billig, dafür aber eine luxuriöse Art, die Stadt zu genießen.

Macleod Trail

Eine ganze Reihe von Hotels am Macleod Trail südlich der Downtown fängt die vom Highway kommenden Gäste ab, sobald sie in die Stadt gelangen. Die meisten Mittelklasse-Ketten sind dort vertreten, sodass die folgende Liste nur eine Auswahl bieten kann.

• *$ 100–150* Die meisten der Motels am Macleod Trail fallen in diese Preiskategorie. Wer im Voraus bzw. online bucht, kann sich auf eine Übernachtung um die $ 100 freuen.

Das südlichste Motel am Macleod Trail ist das zwischen Einkaufszentren gelegene, eher altmodische **Stetson Village Inn** (10002 Macleod Trail SW, ✆ 403/271-3210 oder ✆ 888/322-3210, www.stetsoninn.ca; $ 111 für 1/2 Pers.).

Das **Best Western Calgary Centre Inn** (3630 Macleod Trail SW, ✆ 403/287-3900 oder ✆ 877/287-3900, www.bwcalgarycentre.com; $ 149–159 für 1/2 Pers.) liegt zwar nahe dem geografischen Stadtzentrum, aber nicht in der Downtown, wie der Name vermuten lässt. Jedes der Zimmer ist in frischen, hellen Farben gehalten und mit Föhn und Kaffeemaschine ausgestattet. Im Haus gibt es einen Pool und ein Fitnesscenter.

Ein paar Blocks weiter südlich liegt das **Holiday Inn Macleod Trail** (4206 Macleod Trail SW, ✆ 403/287-2700 oder ✆ 800/661-1889, www.holidayinn.com; $ 149 für 1/2 Pers.) mit einem großen Hallenbad, einem Restaurant und einer Lounge. Eine C-Train-Station befindet sich direkt hinter dem Hotel, das 2009 zuletzt renoviert wurde.

Westlich der Downtown

• *$ 100–150* Das **Motel Village** zwischen der 16th Ave. NW, dem Crowchild Trail und Banff Trail ist Calgarys größte Ansammlung von günstigen Motels. Von der nahen Banff-Trail-Station aus gelangt man mit dem C-Train rasch und sicher in die Downtown. Mein Favorit dort ist das **Comfort Inn** (2369 Banff Trail NW, ✆ 403/289-2581 oder ✆ 800/228-5150, www.comfortinncalgary.com; $ 139–179 für 1/2 Pers.), das gute Ausstattung mit angemessenen Preisen kombiniert. Alle Zimmer sind einfach, aber schick und modern, bieten schnellen Internetzugang, Kaffeemaschine, Föhn sowie eine Bügelstation. Jeden Morgen liegt eine überregionale Zeitung vor der Zimmertür. Außerdem gibt es ein Hallenbad mit Rutschbahnen.

Auf den bewaldeten Paskapoo Slopes beim Canada Olympic Park bietet das **Ridge Side Retreat** (430 85th St. SW, ✆ 403/288-3415 oder ✆ 877/344-3400, www.ripleyridge.com; $ 145–375 für 1/2 Pers.) zwei rustikale Hütten (eine mit voll ausgestatteter Küche, die andere mit Holzofen und Dachgeschoss) sowie große, komfortable Zimmer wie z. B. die City Light Suite, von deren Wohnzimmer man einen tollen Blick auf die Stadt genießt.

• *$ 150–200* Direkt gegenüber vom Canada Olympic Park liegt das **Four Points by Sheraton Calgary West** (8220 Bow Ridge Cres. NW, ✆ 403/288-4441 ✆ 877/288-4441, www.fourpointscalgarywest.com; $ 169–195 für 1/2 Pers.), eine Besonderheit unter den Motels auf dieser Seite der Stadt. Jedes der 150 Zimmer ist groß, hell und verfügt über einen eigenen Balkon (nach einem Zimmer mit Blick auf den Canada Olympic Park fragen). Neben der üblichen Ausstattung eines Stadthotels (kostenloser drahtloser Internetzugang, Zimmerservice usw.) bietet es ein Hallenbad mit Wasserrutsche, ein Fitnesscenter, einen Wellnessbereich und ein Restaurant.

Gegenüber vom Sheraton liegt das **Sandman Hotel & Suites** (125 Bow Ridge Cres. NW, ✆ 403/288-6033 oder ✆ 800/726-3626, www.sandmanhotels.com; $ 185 für 1/2 Pers.). Es hat geräumige, moderne Zimmer, ein Hallenbad, einen Fitnessraum und das rund um die Uhr geöffnete Denny's Restaurant.

Nordosten (Flughafen)

Viele Hotels liegen im Nordosten der Stadt in unterschiedlicher Entfernung zum Flughafen. Alle der nachfolgend genannten Hotels bieten einen Shuttle-Express zum Flughafen, und die meisten kann man von speziellen Telefonen im Flughafen kostenlos anrufen.

• *$ 100–150* Auf den Websites der unten genannten Hotels findet man meist Zimmer um die $ 100. Oder man bucht einfach ein Zimmer im schlichten **Pointe Inn** (1808 19th St. NE, ✆ 403/291-4681 oder ✆ 800/661-8164, www.pointeinn.com; $ 100–115 für 1/2 Pers.) mit Nichtraucherzimmern, Laundry, Restaurant und Lounge.

• *$ 150–200* Das **Holiday Inn Calgary Airport** (1250 McKinnon Dr. NE, ✆ 403/230-1999 oder ✆ 800/465-4329, www.holidayinn.com; $ 160–190 für 1/2 Pers.) liegt zwar weiter vom Flughafen entfernt als die anderen Hotels, aber wegen des vorhandenen kostenlosen Shuttlebuses spielt das keine Rolle. Der kleine Indoorpool ist ideal, um sich von einem langen Flug zu erholen.

Auf ähnlichem Preisniveau liegt das **Radisson Hotel Calgary Airport** (2120 16th Ave. NE, ✆ 403/291-4666 oder ✆ 800/395-7046, www.radisson.com; $ 160–260 für 1/2 Pers.) mit 185 komfortablen Zimmern, Hallenbad, Fitnesscenter, Wellnessangeboten und einem Saloon im Westernstil. Für $ 180 bekommt man ein Zimmer der Business Class, das eine schönere Aussicht, abendlichen Zimmerservice und Frühstück bietet.

Einen ähnlich hohen Standard hat das **Sheraton Cavalier** (2620 32nd Ave. NE, ✆ 403/291-0107 oder ✆ 866/716-8101, www.sheratoncavalier.com; $ 180–265 für 1/2 Pers.), das ein Stück abseits vom Flughafen liegt. Für das Abendessen bieten sich hier gleich mehrere Möglichkeiten an, außerdem gibt es eine Lounge, einen Fitnessraum, ein Hallenbad (das fast schon ein kleiner Wasserpark ist) und ein Businesscenter. Die 306 Zimmer sind modern, geräumig und mit drahtlosem Internetzugang ausgestattet.

• *Über $ 200* Das **Delta Calgary Airport** (✆ 403/291-2600 oder ✆ 888/492-8804, www.deltahotels.com; $ 219 für 1/2 Pers.) ist die einzige Unterkunft direkt am Flughafen. Die mittelgroßen Zimmer bieten Annehmlichkeiten wie Daunendecken und plüschige Bademäntel. Jedes hat einen Schreibtisch, und v. a. sind sie gut schallisoliert. Die Premier Rooms haben zwar die gleiche Größe wie alle anderen Zimmer, sind aber für ein paar Dollar mehr etwas besser ausgestattet. Zu den Einrichtungen des Hotels zählen zwei Restaurants, eine Lounge, ein Hallenbad und ein Businesscenter.

Camping

Direkt in Calgary gibt es keinen Campingplatz, dafür aber an allen Ausfallstraßen. Während der Calgary Stampede verkehren Zubringerbusse zwischen den Camps und dem Stampede Park. Für diese Woche sollte unbedingt im Voraus reserviert werden.

• *Im Westen* Der einzige Campingplatz Calgarys, der ein Freibad hat, ist der **Calgary West Campground** (221 101st St. SW, ✆ 403/288-0411 od. ✆ 888/562-0842, www.calgarycampground.com; Mitte April bis Mitte Okt.; Stellplatz ohne Anschlüsse $ 32, mit Anschlüssen $ 39–43) an einem Nordhang etwas westlich des Canada Olympic Park. Zu den modernen Einrichtungen gehören Duschen, eine Laundry, ein Game Room und ein Lebensmittelladen. Dank der Anlage in Terrassen genießt man von jedem der 320 Plätze einen schönen Ausblick.

Der **Calaway Park** (10 km westlich der Stadtgrenze, ✆ 403/249-7372, www.calawaypark.com; Mitte Mai bis Aug.; Zeltstellplatz $ 24, Stellplatz mit Anschlüssen $ 29–35) liegt ziemlich weit draußen am Trans-Canada Hwy. Der weitläufige Platz hat nicht viele Bäume, aber an klaren Tagen bietet er einen spektakulären Blick auf die Rockies.

• *Im Norden* Der **Whispering Spruce Campground** (✆ 403/226-0097, www.whisperingspruce.com; April bis Okt.; Zeltstellplatz $ 24, Stellplatz mit Anschlüssen $ 26–28) liegt an der Westseite des Hwy. 2, 10 km nördlich des Flughafens. Zur Anlage gehören Duschen, ein kleiner Lebensmittelladen, eine Laundry, ein Game Room und Plätze zum Hufeisenwerfen.

• *Im Osten* Der **Mountainview Farm Campground** 3 km östlich der Stadtgrenze am Trans-Canada Hwy. (✆ 403/293-6640, www.calgarycamping.com; Zeltstellplatz $ 31, Stellplatz mit Anschlüssen $ 35–40) bietet keinen Blick auf die Berge, dafür aber eine Minigolfanlage und Heuwagenfahrten. Die Stellplätze liegen sehr dicht beieinander. Zur Ausstattung gehören Duschen, ein Lebensmittelladen und eine Laundry.

Essen und Trinken

Calgary hat zwar nicht das kulturelle Niveau wie Albertas Hauptstadt Edmonton, aber was Restaurants anbetrifft, schenken sich die beiden Städte nichts. Südwest-

Calgary Karte S. 426/427 und S. 432/433

lich der Innenstadt, an der 17th Ave. und 4th St., wurde ein früher ruhiger Teil der Stadt zum Brennpunkt der Restaurantszene, die für jeden Geschmack etwas bietet.

„Good Ol' Alberta Beef"

Obwohl Alberta nicht eben für seine Küche berühmt ist, so bietet es doch ein kulinarisches Highlight: sein zartes und aromatisches Rindfleisch *(Beef)*. Es wird in den meisten Restaurants der Stadt serviert, aber nur wenige haben sich darauf spezialisiert. Hier meine Lieblingsrestaurants:

Das **Caesar's Steak House** (512 4th Ave. SW, ✆ 403/264-1222; Mo–Fr 11–24 Uhr, Sa 16.30–24 Uhr) existiert schon seit 30 Jahren. Das elegante Lokal hat eine römisch anmutende Ausstattung mit typischer Steakhaus-Atmosphäre: dunkles Holz, Ledersitze und gedämpftes Licht. Auf der Speisekarte entdeckt man zwar auch Spare Ribs und Fischgerichte, doch bekannt ist das Restaurant v. a. für seine erstklassigen saftigen Rindersteaks aus heimischer Zucht ($ 25–40).

Das **Saltlik** (101 8th Ave. SW, ✆ 403/537-1160, tägl. 11–23 Uhr) ist im Gegensatz zum Caesar's alles andere als ein traditionell eingerichtetes Steakhaus. Um die Mittagszeit füllt sich das Restaurant mit seinem modern designten Ambiente mit Geschäftsleuten. Aber auch Touristen sollten sich die Steaks aus bestem Alberta Beef nicht entgehen lassen, die bei sehr hoher Temperatur angebraten werden, um die Fleischsäfte im Steak zu halten (ab $ 30 für einen Hauptgang).

Die Gerichte in **Buzzard's Restaurant & Bar** (140 10th Ave. SE, ✆ 403/264-6959; Mo–Fr 11–23 Uhr, Sa 17–23 Uhr; $ 21–26) können bei Weitem nicht mit denen in den beiden Steakhäusern konkurrieren – doch dafür hat das Lokal eine andere Stärke: Es macht einfach Spaß, dort zu essen. Das Buzzard's ist genau so, wie man sich das traditionelle Calgary gerne vorstellt. Dabei ist es etwa so authentisch wie die Banker in der Downtown, die während der Stampede Bluejeans tragen. Die Speisekarte reicht von Bisonburger bis zum Striploin Steak vom Elch; zu den Vorspeisen zählt der fast schon obligatorische Teller Prärie-Austern (*Prairie Oysters* = Stierhoden).

Downtown

• *Casual Dining* Die meisten Hochhäuser im Zentrum haben eine Plaza mit preiswerten Gastronomiebereichen, doch zwei tun sich besonders hervor. Beide gehören der Firma Sunterra, die als Familienbetrieb angefangen hat. Der **Sunterra Village Marche** (Plus 15 Level, TransCanada Tower, 450 1st St. SW, ✆ 403/262-8240; Mo–Fr 6–20 Uhr) wurde im Stil einer französischen Einkaufsstraße angelegt – mit Konditorei, Grilltheke, Salatbüfett, Feinkostladen, Weinstube und Saftbar. Man bekommt die Speisen zwar auch zum Mitnehmen, aber eine der vielen schönen Möglichkeiten, dort gemütlich zu sitzen – u. a. im Freien –, sollte man sich nicht entgehen lassen. **Sunterra Marche** (Plus 15 Level, Bankers Hall, 855 2nd St. SW, ✆ 403/269-3610; Mo–Fr 6.30–18.30 Uhr, Sa 9.30–17.30 Uhr) bereitet die gleichen qualitativ hochwertigen Speisen zum Mitnehmen, nur in kleinerer Auswahl.

Der am Eingang zum Prince's Island Park gelegene **Eau Claire Market** besitzt einen Gastronomiebereich mit umfangreichem Seafoodangebot, einer Bäckerei, Asia-Restaurants wie das thailändische **Touch of Ginger** (✆ 403/234-8550) und den Ableger der örtlichen Kaffeehauskette **Good Earth Café** (✆ 403/237-8684).

• *Kanadisch* Gegenüber dem Eau Claire Market liegt das **1886 Buffalo Café** (187 Barclay Pde., ✆ 403/269-9255; Mo–Fr 6–15 Uhr, Sa/So 7–15 Uhr; Frühstück $ 9–14). Es ist nach dem Jahr seiner Errichtung benannt und hat viel vom echten Charme des alten Calgary bewahrt. Zum Frühstück kommen die interessantesten Gäste, doch den ganzen Tag über herrscht viel Betrieb.

Das **Thomsons** (112 Stephen Ave. Walk, ✆ 403/537-4449; tägl. 6.30–13.30 und 17–21.30 Uhr; $ 20–36) befindet sich in einem alten Sandsteingebäude, das geschickt in ein modernes Hyatt-Hotel integriert wurde, aber nicht in erster Linie auf Hotelgäste ausgerichtet ist. Vor allem bereitet es das beste Frühstücksbüfett ($ 18), das man sich vorstellen kann, mit frisch auf Bestellung zubereiteten Omeletts und echtem Ahornsirup zu den Pfannkuchen. Den Tag über werden vorwiegend einheimische Wildgerichte und Meeresfrüchte serviert. Man kann mit Prince-Edward-Island-Miesmuscheln mit Speck in Bier beginnen und dann etwas Kanadisches wie den gegrillten Seesaibling bestellen oder sich ein köstliches Filet vom Alberta-Rind gönnen.

Geht man vom Eau Claire Market aus nordwärts, kommt man zum **River Café** (Prince's Island Park, ✆ 403/261-7670; Mo–Fr 11–23 Uhr, Sa/So 11–22 Uhr; $ 24–49), einem gemütlichen, rustikalen Lokal, das mit einer Küche überrascht, die zu den besten der Stadt gehört. Es ist mehr ein Restaurant als ein Café und verwendet überwiegend einheimische Erzeugnisse und Zutaten. Zu seinen Highlights gehören Bison, heimisches Rindfleisch und Lachsgerichte, die häufig mit Ahornsirup serviert werden. Mittags kostet ein Hauptgericht $ 17–24 (einschließlich eines köstlichen Brötchens mit geräucherter Forelle), der Brunch am Wochenende kommt auf $ 11–19.

Wer hat nicht schon alles schlechte Erfahrungen mit der Küche von rotierenden Panoramarestaurants gemacht? Haben wir wahrscheinlich alle. Doch von einem Essen im **Sky 360** (101 9th Ave. SW, ✆ 403/508-5822; tägl. 11–14 und 17–22 Uhr, Sonntagsbrunch bereits ab 10 Uhr; $ 22–42) auf dem Calgary Tower wird hoffentlich mehr als nur die Aussicht in Erinnerung bleiben. Die Umdrehung dauert hier 1 Std. Es gibt gesunde, moderne Küche, die auf heimischen Produkten basiert, darunter mittags auch Sandwiches – wie etwa mit Ahornholz geräuchertes Hühnchen mit Apfel-Chutney – für weniger als $ 20. Zum Start ist der Mushroom Chowder zu empfehlen, von den Hauptgerichten das gegrillte Schweinekotelett in körniger Senfsoße.

• *Seafood* Calgary liegt zwar weit vom Ozean entfernt, hat aber dennoch einige sehr gute Seafood-Restaurants. Gegenüber der Downtown, auf der anderen Seite der Bahngleise, findet man zwei Dauerbrenner: **Cannery Row** (317 10th Ave. SW, ✆ 403/269-8889) und **McQueens Upstairs** (✆ 403/269-4722) im oberen Stock desselben Gebäudes. Cannery Row ist ein familiäres Restaurant mit offener Küche und Austernbar. Gerichte wie gegrillter Schwertfisch, Jambalaya und Blackened Snapper kosten um die $ 20. Die Speisekarte im McQueens Upstairs ist anspruchsvoller und abwechslungsreicher. Dinner gibt es ab $ 21, doch für frischen Hummer kann man auch über $ 40 bezahlen. Beide Restaurants servieren von Montag bis Freitag Mittagessen und tägl. Abendessen.

Das gehobene Ambiente des **Catch** (100 Stephen Ave. Walk, ✆ 403/206-0000; Mo–Fr 11.30–1.30 Uhr, Mo–Sa 17.30–21.30 Uhr; $ 34–50) ist ebenso attraktiv wie sein Angebot an Meeresfrüchten der Saison, die tägl. frisch von den beiden kanadischen Küsten eingeflogen werden. Die Hauptetage ist eine Austernbar, die verschiedene Arten Austern ohne Schale sowie eine große Getränkeauswahl offeriert, während das förmlichere Dinner in der Etage darüber serviert wird.

• *Räucherspezialitäten* Es ist wenig verwunderlich, dass in einer Stadt, die in das in der Gegend produzierte Rindfleisch förmlich vernarrt ist, Restaurants mit geräucherten Spezialitäten hoch im Kurs stehen. Ein solches Smokehouse nach Vorbild der Südstaaten ist das einen Block vom Stephen Avenue Walk entfernte **Palomino** (109 7th Ave. SW, ✆ 403/532-1911; Mo–Sa Mittag- und Abendessen; $ 17–24), das in einem ehemaligen Möbelhaus untergebracht ist. Augenfällig ist der große Räucherofen, in dem 300 kg Fleisch Platz finden. Da heißt es jede Art von Diät einfach vergessen und sich an Schweinerippchen ($ 17–24) oder riesigen Rippchen vom Alberta-Rind ($ 23) gütlich tun oder eine Fat Ass Platter für vier Personen bestellen ($ 65). Ungewöhnlicher Vorschlag auf der Speisekarte: Spendieren Sie doch dem Küchenpersonal eine Runde ($ 20). Beim Wein findet man von billigen Angeboten bis hin zum guten Tropfen alles, und es gibt fast jeden Abend Sonderangebote hinsichtlich der Getränke.

• *Asiatisch* Chinatown (östlich der Centre St. an der 2nd und 3rd Ave.) hat natürlich die beste Auswahl an chinesischen Restaurants. Das hinter dem gleichnamigen chinesischen Lebensmittelladen gelegene **Hang Fung Restaurant** (119 3rd Ave. SE, ✆ 403/269-4646; $ 7–13) ist schlicht und unprätentiös. Die Bewohner des Viertels kommen hierher, um preiswert und einfach zu essen (meist unter $ 10).

Genauso preiswert ist das **Golden Inn Restaurant** (107 2nd Ave. SE, ✆ 403/269-2211; tägl. 16–4 Uhr; $ 9–16), das bei Anwohnern und Geschäftsleuten gleichermaßen be-

Calgary
Karte S. 426/427 und S. 432/433

liebt ist. Spätschichtarbeiter schätzen die langen Öffnungszeiten. Hauptsächlich gibt es hier kantonesische Küche mit frittierten Gerichten.

Das **Yuzuki Japanese Restaurant** (510 9thAve. SW, ✆ 403/261-7701; $ 13–19) ist ein gutes Downtown-Lokal, in dem das teuerste Gericht, gemischtes Sushi mit Miso-Suppe, $ 16 kostet.

Gehobener ist das **Sushi Hiro** (727 5th Ave. SW, ✆ 403/233-0605; Mo–Fr 11.30–14 Uhr, Mo–Sa 17–23 Uhr; $ 12–21). Wenn man an der Sushi-Theke aus Eiche und grünem Marmor sitzen, kann man den Küchenchef persönlich fragen, was er empfiehlt.

Von der Downtown aus gesehen auf der anderen Seite der Eisenbahngleise liegt etwas versteckt das **Thai Sa-On** (351 10th Ave. SW; ✆ 403/264-3526, tägl. Abendessen; $ 11–17), ein kleines Restaurant, das hervorragende thailändische Küche bietet. Auf der Karte steht eine Vielzahl verschiedener roter und grüner Currys. Ich habe den Red Snapper probiert (gebacken, mäßig scharf gewürzt und ganz serviert) und hätte nicht zufriedener sein können. Und die Preise? Dafür dass das Restaurant im Zentrum liegt, ist das Essen dort erstaunlich günstig; gedünsteter Fisch mit Knoblauch-Limetten-Soße beispielsweise kostet $ 16.

Kensington

Gegenüber vom Zentrum, auf der anderen Seite des Bow River, liegt der schicke Vorort Kensington mit dem Spezialitätencafé **Higher Ground** (1126 Kensington Rd. NW, ✆ 403/270-3780; Mo–Fr 7–22 Uhr, Sa 8–24 Uhr, So 8–23 Uhr), das über einige Tische hinter den großen Fenstern und drahtlosen Internetzugang verfügt.

• *Italienisch/Marokkanisch* Im zwanglosen zweistöckigen **Pulcinella** (1147 Kensington Cres. NW, ✆ 403/283-1166; Mo–Sa 11.30–14.30 und 17–23 Uhr, So 16–22 Uhr; $ 12–24) bekommt man die Pizza so italienisch, wie das in Kanada nur möglich ist. Sie wird in einem Ofen gebacken, dessen Steine direkt vom Vesuv importiert wurden. Die Pizzen haben einen perfekten Rand und einen grob geschnittenen Belag aus Zutaten, die zum Teil aus dem Mutterland der Pizza eingeflogen werden.

Das **Sultan's Tent** (4 4th St., ✆ 403/244-2333; Mo–Sa 17–23 Uhr; $ 18–28,50) mit seinen schwingenden Laternen, den bunten Wandteppichen und der arabischen Musik bietet leckere marokkanische Spezialitäten. Wer wirklich Hunger hat, sollte sich an dem fünfgängigen Sultan's Feast ($ 51) versuchen.

Einige Blocks weiter in Richtung Stadt stehen an der verkehrsreichsten Kreuzung in Kensington eine ganze Reihe von Restaurants, darunter ein weiteres italienisches, die **Osteria Medici** (201 10th St. NW, ✆ 403/283-5553; Mo–Sa 11–23, So 16–22 Uhr; $ 17–31). Obwohl es sich auch hier um ein traditionelles Lokal handelt, ist die Atmosphäre doch etwas gehobener und die Karte etwas abenteuerlicher als im oben genannten **Pulcinella.** Trotzdem ist der Service freundlich, und die Preise sind nicht abgehoben.

Uptown 17th Avenue

Das Viertel unmittelbar südlich der Innenstadt versammelt sehr verschiedenartige Restaurants. Die meisten liegen an der 17th Ave. SW und zwei Blocks weiter südlich entlang der 4th Ave. Erstklassigen Kaffee, heiße Schokolade (aus heimischer Bernard Callebaut Chocolate) und exotische Teesorten bekommt man im **Café Beano** (1613 9th St. SW, ✆ 403/229-1232; tägl. 7–23 Uhr).

• *Frühstück* Das **Nellie's Kitchen** (738 17th Ave. SW, ✆ 403/244-4616; Mo–Fr 7.30–15.30, Sa/So 8.30–15.30 Uhr; Frühstück $ 8–11) im Zentrum von Calgarys angesagtestem Restaurantviertel ist eine angenehme Überraschung. Das von außen unauffällige, kleine Lokal genießt einen guten Ruf (so gut, dass es mittlerweile fünf Restaurants mit diesem Namen in der Stadt gibt!). Der Service ist schnell und perfekt, und das Essen ist fantastisch. Das Frühstück verdient dabei die meisten Lorbeeren. Wer sehr hungrig ist, studiert am besten gar nicht lang die Speisekarte, sondern bestellt einfach den Belly Buster.

Der **Galaxy Diner** (1413 11th St. SW, ✆ 403/228-0001; Mo–Fr 7–15 Uhr, Sa/So 7–16 Uhr) ist ein Original-Diner aus den 1950er Jahren, in dem es warmes Frühstück zu Preisen ab $ 7,50 gibt – einschließlich Kaffee bis zum Abwinken und einer zweiten Portion Bratkartoffeln.

• *Kanadisch* Ein typischer Vertreter des neuen Trends Slow Food ist die **Fram** (1006 17th Ave. SW, ✆ 403/245-2276; tägl. 11.30–14 und ab 17 Uhr; $ 9–21). Der Schwerpunkt liegt auf entsprechend der jeweiligen

Jahreszeit erhältlichen, heimischen Zutaten, die auf einfache und schmackhafte Weise zubereitet werden. Viele Gäste konzentrieren sich erst einmal auf das aktuelle Angebot an Fleisch und Käse, das auf einer Tafel an der rückwärtigen Wand angeschrieben ist. Zu den Spezialitäten des Hauses zählt der vorzügliche BLT Salat. Das Restaurant ist ansprechend eingerichtet, und die an der einsehbaren Küche entlang stehenden Barhocker erlauben es einem, die Zubereitung des Essens durch das freundliche Küchenpersonal zu verfolgen.

Der **Wildwood Grill** (2417 4th St. SW, ✆ 403/228-0100; tägl. Mittag- und Abendessen; $ 18–36) hat sich von einer Brauereikneipe zum renommierten Restaurant emporgearbeitet und serviert eine große Auswahl kanadischer Gerichte in modernem Bergambiente – beispielsweise Lauch- und Maissuppe oder Bisoncarpaccio als Vorspeise und gegrillte Elchmedaillons mit würziger Schokoladensoße als Hauptgericht. Beim Hackbraten ($ 15) im Pub nebenan werden Kindheitserinnerungen wach, denn er wird aus Kalb- und nicht aus Rindfleisch zubereitet.

• *Europäisch* Nur wenige Restaurants in der Stadt sind so beliebt wie das **Chianti** (1438 17th Ave. SW, ✆ 403/229-1600; Mo–Fr Mittagessen, tägl. Abendessen; $ 10–20). Auf der Karte stehen mehr als 20 lecker zubereitete Pastagerichte. Die Pasta wird täglich vom Restaurant frisch hergestellt. Zu den Spezialitäten zählen die Antipasti-Platte und Salmone Cappesante (gebackener Lachs mit Muscheln und Mango in einer cremigen Kokosnuss-Curry-Soße). Die meisten Pastagerichte kosten unter $ 12. Das Lokal ist typisch italienisch eingerichtet, aber etwas dunkel und laut. Am Wochenende bringt der Eigentümer zusammen mit einem Akkordeonspieler seinen Gästen regelmäßig ein Ständchen.

La Chaumiere (139 17th Ave. SW, ✆ 403/228-5690; Mo–Fr 11.45–14.30 Uhr, Mo–Sa ab 17.45 Uhr, abends ist Reservierung erforderlich; $ 26–36,50) liegt etwas östlich des eigentlichen Restaurantviertels. Es gilt als eines der besten französischen Restaurants in Nordamerika und serviert Spezialitäten wie Hummercreme-Suppe und gebratene Vorderrippe vom Alberta-Lamm. Der Service ist tadellos.

Information/Adressen

Information

Tourism Calgary (✆ 403/263-8510 oder ✆ 800/661-1678, www.tourismcalgary.com) wirbt weltweit für Calgary und hat zwei Infozentren: eines für Fluggäste gegenüber vom Carousel 4 im **Calgary International Airport** (✆ 403/735-1234; ganzjährig tägl. 6–23 Uhr) und eines mitten in der Downtown am Fuß des **Calgary Tower** (101 9th Ave. SW, ✆ 403/750-2362; im Sommer tägl. 8–20 Uhr, sonst Mo–Fr 8.30–16.30 Uhr).

• *Bibliotheken* Das Calgary Public Library Board hat 18 Bibliotheken, die über die ganze Stadt verteilt sind. Die größte davon ist die **W.R. Castell Central Library** (616 Macleod Trail SE, ✆ 403/260-2600, www.calgarypubliclibrary.com; Mo–Do 9–20 Uhr, Fr 9–17 Uhr, Sa 10–17 Uhr, So 12–17 Uhr). Auf vier Etagen bietet sie mehr als genug Bücher, Zeitschriften und Zeitungen aus aller Welt für einen verregneten Nachmittag.

Adressen

• *Post* Das **Downtown-Postamt** befindet sich in der 9th Ave. SW Nr. 207.

• *Internet* Die Stadtbibliotheken bieten kostenlosen Internetzugang, und alle Hotels in der Innenstadt haben entweder Internetzugang per Modem oder WLAN. Alternativ kann man im **Hard Disk Cafe** (638 11th Ave. SW, ✆ 403/261-5686; tägl. 7–19 Uhr) online gehen.

• *Geldwechsel* **Calforex** im Lancaster Building (304 8th Ave. SW, ✆ 403/290-0330) tauscht Geld und erledigt internationale Überweisungen. Die meisten großen Banken haben US-Währung vorrätig und können auch einige andere Währungen umtauschen.

• *Fotogeschäft* Für Fotomaterial und -arbeiten gehe ich seit vielen Jahren zu **The Camera Store** (802 11th Ave. SW, ✆ 403/234-9935; Mo–Fr 8–17.30 Uhr, Sa 9–17 Uhr). Die Beratung ist sehr sachkundig und die Verkaufsabteilung auf dem neuesten Stand der Digital- und Videotechnik.

• *Waschsalons* Günstig gelegene Waschsalons sind die **14th Street Coin Laundry** (1211 14th St. SW, ✆ 403/541-1636; tägl. 7–23 Uhr), wo man auch Schlafsäcke und Decken waschen kann, sowie die **Heritage Hill Coin Laundry** (8228 Macleod Trail SE, ✆ 403/258-3946).

• *Notfälle* In medizinischen Notfällen ruft man 911 an oder wendet sich an das **Foothills Hospital** (1403 29th Ave. NW, ✆ 403/670-1110) oder das **Rockyview General Hospital** (7007 14th St. SW, ✆ 403/943-3000). Gegenüber dem Foothills Hospital liegt jenseits der 16th Ave. das 2006 eröffnete **Alberta Children's Hospital** (2888 Shaganappi Trail NW, ✆ 403/955-7211), das mit seinem bunten, modernen Äußeren kaum zu übersehen ist. Die **Calgary Police** erreicht man bei Notfällen unter ✆ 911, in weniger dringenden Fällen unter ✆ 403/266-1234.

Verbindungen

Anreise

• *Flugzeug* Der **Calgary International Airport** (Airport Code YYC; www.calgaryairport.com) befindet sich innerhalb des Stadtgebiets, nordöstlich des Zentrums. Er wird von mehr als einem Dutzend Fluggesellschaften angeflogen und ist mit über 7 Mio. Passagieren jährlich der viertgrößte Flughafen Kanadas. Die **Ankunftshalle** ist im Untergeschoss. Dort werden die Passagiere von White-Hat-Freiwilligen begrüßt, die in traditioneller Westernkleidung Fragen über den Flughafen, die Verkehrsmittel und die Stadt beantworten. Gegenüber der Gepäckkarussells gibt es einen Infoschalter und eine Reihe von Computern, die mit Hotels und anderen touristischen Einrichtungen verbunden sind. Die Schalter aller größeren Autovermietungen befinden sich auf der anderen Straßenseite.

Ein Taxi in die Innenstadt kostet etwa $ 40. Der **Allied Airport Shuttle** (✆ 403/299-9555, www.airportshuttlecalgary.com; einfache Fahrt für Erwachsene $ 15, Kinder $ 10) bringt Reisende zu den wichtigsten Downtown-Hotels. Er verkehrt tägl. zwischen 8 und 24 Uhr alle 30 Minuten.

• *Bus* Der **Greyhound-Busbahnhof** (850 16th St. SW, ✆ 403/265-9111 oder ✆ 800/661-8747) ist zwei Blocks von der Haltestelle des C-Train entfernt (Fahrt in die Stadt $ 2). Man kann aber auch die Fußgängerbrücke am südlichen Eingang des Terminals überqueren und einen Stadtbus nehmen. Ein Taxi in die Innenstadt kostet $ 12, zum HI-Calgary City Centre $ 15. Greyhound-Busse verkehren tägl. zwischen Calgary und Edmonton (3,5 Std.), Banff (2 Std.), Vancouver (15 Std.) und allen anderen wichtigen Orten der Provinz. Von den Büros nahe dem Calgary Tower pendeln **Red-Arrow-Busse** (205 9th Ave. SE, ✆ 403/531-0350, www.redarrow.ca) zwischen Calgary und dem Stadtzentrum von Edmonton. Einige fahren weiter bis Fort McMurray im Norden Albertas.

Unterwegs in Calgary

Wie überall auf der Welt lamentieren auch in Calgary die Einheimischen über die angeblich so schrecklichen Straßenverhältnisse. Tatsächlich ist das Autofahren in Calgary aber relativ einfach und die Orientierung leicht, vor allem seit die neuen Abschnitte der Umgehungsstraße fertig gestellt wurden.

• *Calgary Transit* **Calgary Transit** (✆ 403/262-1000, www.calgarytransit.com) kombiniert ein weit verzweigtes Busnetz mit dem **C-Train** (Stadtbahn) und erreicht so nahezu alle Punkte innerhalb der Stadt. Es gibt zwei C-Train-Linien, die zusammen 40 km lang sind und 36 Haltestellen haben. Beide treffen sich an der 7th Ave. und verlaufen durch die Innenstadt parallel. Eine einfache Fahrt mit Bus oder Bahn kostet für Erwachsene $ 2,50 und für Kinder $ 1,75. Der Fahrpreis muss exakt (Busfahrer haben kein Wechselgeld!) in die Box neben dem Fahrer eingeworfen werden. Wer umsteigen möchte, muss den Fahrer nach einer Umsteigekarte (*Transfer*) fragen, die 90 Minuten lang gültig ist und beim Einsteigen in den nächsten Bus vorgezeigt werden muss. Eine Tageskarte, mit der Bus und Bahn uneingeschränkt genutzt werden können, kostet für Erwachsene $ 7,50 und für Kinder $ 5,25. Für Informationen oder Fahrpläne wendet man sich am besten an das **Calgary Transit Customer Service Centre** (244 7th Ave. SW; Mo–Fr 10–17 Uhr).

Alle C-Trains und Haltestellen sind rollstuhlgerecht, und auf vielen **Busstrecken** werden Niederflurbusse eingesetzt; Fahrplanauskünfte erhält man telefonisch. **Calgary HandiBus** (✆ 403/537-7770, www.calgaryhandibus.com) bietet rollstuhlgerechte Transporte zu jedem Ort im Stadtgebiet.

• *Taxi* Die Grundgebühr für eine Taxifahrt beträgt in Calgary $ 3,40, und jeder Kilometer kostet $ 1,40. Zu den Taxiunternehmen der Stadt gehören **Advance** (✆ 403/777-1111), **Associated Cabs** (✆ 403/299-1111), **Checker/Yellow Cabs** (✆ 403/299-9999) und **Mayfair** (✆ 403/255-6555).

• *Mietwagen* Wer vorhat, Westkanada von Calgary aus mit dem Mietwagen zu bereisen, reserviert am besten so früh wie möglich, um die günstigsten Preise zu bekommen. Für Mietwagen ab dem Flughafen zahlt man zusätzliche Gebühren. Es ist daher besser, ab dem Stadtzentrum zu mieten oder in einem der vielen Hotels, die entsprechende Vertretungen in ihrer Lobby haben. Folgende Vermietungen gibt es vor Ort: **Avis** (✆ 403/269-6166), **Budget** (✆ 403/226-1550), **Discount** (✆ 403/299-1224), **Economy** (✆ 403/291-1640), **Enterprise** (✆ 403/263-1273), **Hertz** (✆ 403/221-1676), **National** (✆ 403/221-1690), **Rent-a-Wreck** (✆ 403/287-9703) und **Thrifty** (✆ 403/262-4400).

Dinosaur Valley

Der lohnendste Tagesausflug von Calgary, der nicht ins Gebirge führt, ist der ins Dinosaur Valley, eine Autostunde außerhalb der Stadt. Dort birgt ein 120 km langer Abschnitt des Flusstals mit Zentrum am Red Deer River einen der weltweit größten Schätze an fossilen Dinosauriern.

An einem einzigen Ort dieser Gegend, dem Dinosaur Provincial Park, wurden bereits Hunderte von Saurierexemplaren aus der Kreidezeit ausgegraben. Kein Wunder, dass er ein Eldorado für alle Paläontologen ist. Die als UNESCO-Weltnaturerbe geschützte Stätte umfasst einen „Dinosaurierfriedhof" mit mehr als 300 Exemplaren und 35 verschiedenen Arten, von denen viele nirgendwo sonst auf der Welt gefunden wurden. Zum Vergleich: Im Dinosaur Natural Monument von Utah wurden lediglich zwölf Arten entdeckt. Doch das Tal bietet mehr als nur Dinosaurierknochen. Paläontologen haben dort auch Hautabdrücke, Eierschalen, Kot und Fußspuren sowie Fossilien von Insekten, Fischen, Amphibien, Krokodilen, Flugsauriern und Reptilien ausgegraben. Und die Landschaft des Tals selbst ist nicht weniger packend als ihre prähistorischen Artefakte – die fantastischen Badland-Formationen bieten einen unvergesslichen Anblick.

Der große Dinosaurier-Rausch

Die Ureinwohner hatten die alten Knochen, die man in diesem Tal immer wieder fand, für die Knochen riesiger Bisons gehalten. Erste dokumentierte Funde stammen aus der Zeit, als George Mercer Dawson damit begann, Süd-Alberta zu vermessen. 1884 sandte Joseph Burr Tyrrell, einer von Dawsons Assistenten, einige Exemplare zur wissenschaftlichen Auswertung nach Ottawa. Sie wurden als Saurierknochen identifiziert und lösten den ersten wirklichen Dinosaurier-Rausch aus. Während des ersten Jahrhunderts der Grabungen wurden alle gefundenen Saurierknochen zur weiteren Erforschung in Museen rings um den Globus geschickt. Doch gut 100 Jahre nach Tyrrells Entdeckung hat man im Tal ein großartiges Museum eingerichtet, das seinen Namen trägt. Initiator war der Saurierforscher Dr. Phil Currie, und seit seiner Eröffnung bleiben die Knochen im Tal, und die Besucher kommen hierher, um sie zu sehen.

Drumheller

Die kleine Stadt Drumheller (6600 Einw.) liegt mitten in der spektakulären Mondlandschaft des Red Deer River Valley, 138 km nordöstlich von Calgary. Paläontologen aus aller Welt kommen nach Drumheller, um in dieser Landschaft mehr über die prähistorischen Lebewesen zu erfahren, die vor Millionen von Jahren auf unserem Planeten gelebt haben. Für Touristen ist das Royal Tyrrell Museum der Höhepunkt eines Besuches in der Stadt, aber es gibt im Tal noch mehr zu erleben. Drumheller selbst hat so seine Ecken und Kanten, ist aber in den letzten Jahren durch Saurier-Skulpturen und -wandmalereien etwas lebendiger geworden.

Royal Tyrrell Museum

Viele große Museen der Welt sind nichts weiter als naturgeschichtliche Ausstellungen. Ganz anders das Royal Tyrrell Museum (North Dinosaur Trail, ✆ 403/823-7707 oder ✆ 888/440-4240; Mitte Mai bis Aug. tägl. 9–21 Uhr, sonst Di–So 10–17 Uhr; Erwachsene $ 10, Senioren $ 8, Kinder ab 7 Jahre $ 6). Es liegt inmitten der Badlands 6 km nordwestlich von Drumheller und ist das weltweit größte Museum, das sich ausschließlich mit Paläontologie befasst. Hier werden Ausstellungen und praktische Arbeit im Gelände unmittelbar miteinander verbunden. Die Ausgrabungen finden buchstäblich vor der Haustür statt, und die Funde werden direkt im Museum untersucht und katalogisiert. Selbst Besucher, die sich nicht sonderlich für Dinosaurier interessieren, können problemlos einen halben Tag in diesem riesigen Komplex zubringen. Das Museum besitzt mit über 80.000 Fundstücken und 50 kompletten Skeletten die weltweit größte Dinosauriersammlung.

Das Abenteuer beginnt sofort in der Lobby, wo man von einer Herde von Albertosauriern in einer kreidezeitlichen Landschaft begrüßt wird. Im nächsten Raum erblickt man ein gigantisches Modell der Erde, die sich vor dem nächtlichen Sternenhimmel dreht – und eine hervorragende Vorstellung davon vermittelt, welchen Platz unser Planet im Universum einnimmt. Dahinter illustriert eine Reihe chronologisch angeordneter Funde die 3,8 Mrd. Jahre des Lebens auf unserem Planeten, angefangen mit den ersten Lebensformen und der Entwicklung von Charles Darwins Evolutionstheorie. Vor dem Zeitalter der Dinosaurier hatte sich das Leben im Präkambrium und Paläozoikum rasend schnell entwickelt. Diese Perioden werden anhand zahlreicher Darstellungen präsentiert, wie z. B. der über den Burgess Shale in British Columbia, wo besondere Umstände vor 530 Mio. Jahren sogar die Versteinerung mariner Weichtiere ermöglicht haben. Das Glanzstück des Museums ist jedoch die Dinosaurierhalle, ein riesiger Raum mit rekonstruierten Skeletten und lebensgroßen Nachbildungen von Dinos in einem realistischen Diorama ihres einstigen Lebensraums. Eine weitere Besonderheit ist die zweistöckige paläobotanische Ausstellung mit über 100 Pflanzenarten, von denen viele zur Zeit der Dinosaurier auf der Erde wuchsen. Gegen Ende des Rundgangs werden die verschiedenen Theorien für das Aussterben der Dinosaurier vor etwa 64 Mio. Jahren dargelegt. Der Beginn der Eiszeit wird detailliert beschrieben, und das Erscheinen des Menschen wird in einen naturgeschichtlichen Zusammenhang gestellt. Das Museum ist zugleich ein bedeutendes Forschungszentrum. Durch ein großes Fenster kann man den Fachleuten im Präparationslabor bei ihrer heiklen Arbeit über die Schultern blicken und zusehen, wie sie von neu ausgegrabenen Knochen das umgebende Gestein ablösen.

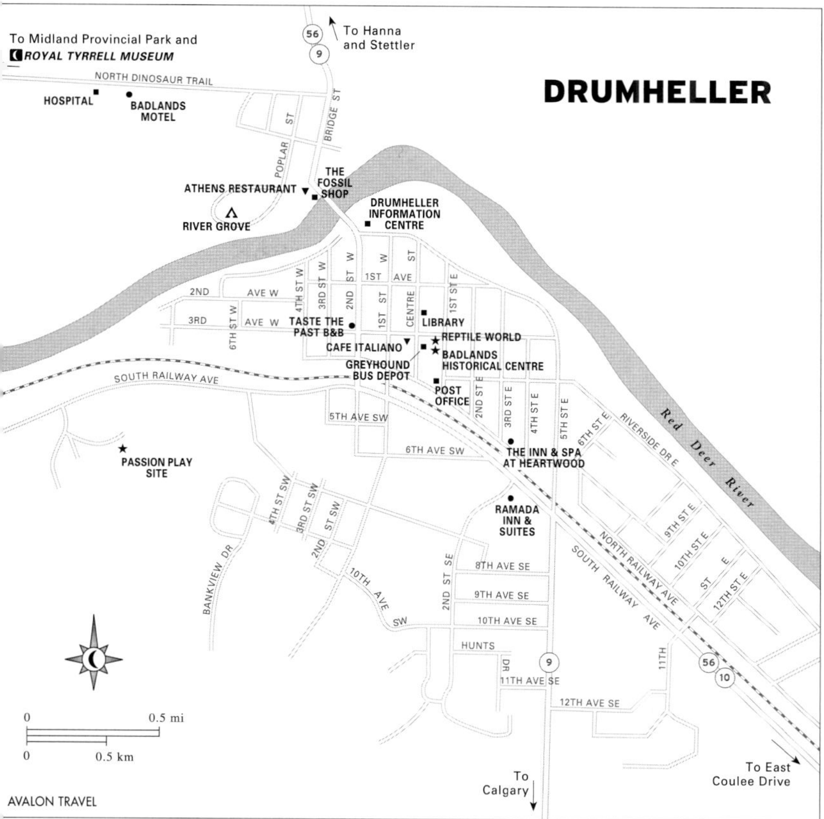

Die Badlands rings um das Museum kann man auf zwei kurzen Pfaden erkunden. Doch um wirklich davon zu profitieren, sollte man sich der **Dinosite!-Führung** anschließen, die bis zu fünfmal täglich angeboten wird und etwa 90 Min. dauert. Sie kostet für Erwachsene $ 12 und für Kinder $ 8.

Weitere Dinosaurierattraktionen

Als Startpunkt für einen Stadtbummel durch Drumheller bietet sich das Besucherzentrum am nördlichen Ende der 2nd St. W an, das von allen Zufahrten her gut ausgeschildert ist. Man kann es unmöglich verpassen – direkt davor steht der **weltgrößte Dinosaurier** (✆ 403/823-8100; Juli/Aug. tägl. 9–21 Uhr, Sept. bis Juni tägl. 10–17.30 Uhr; Erwachsene $ 2, Kinder bis 5 Jahre kostenlos). Der *Tyrannosaurus rex,* der vor Millionen von Jahren viele seiner Mitgeschöpfe überragte, war schon in natura Furcht einflößend genug. Doch dieses Exemplar ist mit 26 m Höhe viermal so groß wie das Original! Eine Treppe führt hinauf zu einem Aussichtspunkt in seinem offenen Rachen.

Das **Badlands Historical Centre** (335 1st St. E, ✆ 403/823-2593; Mai bis Sept. tägl. 10–18 Uhr; Erwachsene $ 5) ist ein interessantes kleines Museum mit Privatstücken und gestifteten Funden, die überwiegend aus dem Red Deer River Valley stammen.

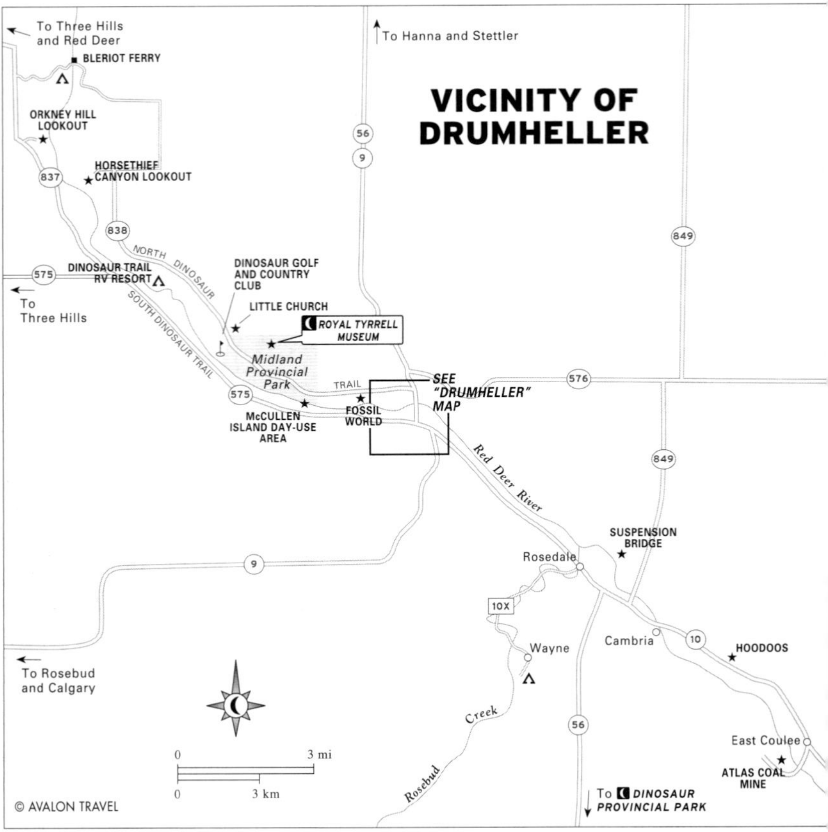

Am North Dinosaur Trail liegt die **Fossil World** (1381 North Dinosaur Trail, ✆ 403/823-4333; im Sommer tägl. 9.30–19 Uhr, sonst tägl. 10–17 Uhr; Eintritt $ 4 oder $ 22 für Eintritt plus sämtliche Attraktionen, Kinder unter 4 Jahren frei). Diese moderne Attraktion beherbergt einen lebensgroßen, sieben Meter langen Tyrannosaurus rex, der mittels modernster Animatronics-Technik nicht nur mit den Augen blinzeln kann, sondern dessen Brustkorb sich beim Atmen hebt und senkt und der auch noch mit dem Schwanz wedelt. Die Ausstellung zeigt einige interessante Fossilien, und für Kinder gibt es eine Kletterwand, einen Spielbereich rund um das Thema Dinosaurier und die Möglichkeit, nach Fossilien zu graben und den Fund dann zu behalten.

Landschaftlich reizvolle Routen

Der **Dinosaur Trail** ist eine 56 km lange Rundstrecke westlich von Drumheller. Vom Stadtzentrum fährt man in Richtung Museum und am **Midland Provincial Park** entlang, in dem noch Gebäude aus der Bergbau-Ära stehen und wo man auf einer Insel im Red Deer River einen angenehmen Nachmittag unter schattigen Weiden und Pappeln verbringen kann. Hinter dem **Royal Tyrrell Museum** (s. o.) windet sich die Straße steil aus dem Tal empor auf das Prärie-Plateau. Die erste Zufahrtsstraße links führt zum **Horsethief Canyon Lookout,** von dem man eine spektakuläre Aussicht auf die Badlands und die farbenprächtigen Wände der Canyons hat. Wer hier die Böschung hinunterrutscht oder -klettert, um die geheimnisvolle Mondlandschaft zu erkunden, wird verstehen, warum die ersten Forschungsreisenden von diesem Tal so fasziniert waren und warum es für Pferdediebe Anfang des 20. Jh. so einfach war, in den Trockentälern ihre Beute zu verstecken. Auf halber Strecke der Rundfahrt überquert man den Red Deer River auf der acht Fahrzeuge fassenden **Bleriot Ferry** (April bis Nov. 8–22.40 Uhr), einer der wenigen noch erhaltenen Seilfähren Albertas. Danach verläuft die Straße weiter oberhalb des Tals zum **Orkney Hill Lookout,** der ebenfalls fantastische Ausblicke über die Badlands und die grüne Talniederung bietet.

Hoodoos am East Coulee Drive

Der 25 km lange **East Coulee Drive** südöstlich von Drumheller passiert drei historische Orte, die einst vom Kohlebergbau lebten, und führt durch ein Gebiet, das von Minenschächten und verlassenen Bauwerken übersät ist. Die erste Siedlung ist **Rosedale,** von wo eine Hängebrücke über den Fluss zu einer aufgegebenen Mine führt. Ein lohnender Abstecher von Rosedale bringt einen nach **Wayne,** einer Beinahe-Geisterstadt in einem Tal am Rosebud Creek (Anfahrt: 9 km in südlicher Richtung auf dem Hwy. 10X, der den Fluss elfmal kreuzt). In seiner Blütezeit Anfang des 20. Jh. hatte Wayne 1500 Einw., von denen die meisten in der Rosedeer Mine arbeiteten. Nachdem die Mine 1962 geschlossen worden war, sank die Einwohnerzahl auf 250 und in den frühen 1990er Jahren sogar auf 15. Jetzt leben dort etwa 30 Menschen. Viele alte Gebäude sind noch erhalten, was den Ort zu einer beliebten Filmkulisse macht. Das älteste Unternehmen in dem verschlafenen Nest ist das 1913 erbaute **Rosedeer Hotel** (✆ 403/823-9189) mit seinem **Last Chance Saloon,** dessen Wände zahlreiche Erinnerungsstücke aus den glorreichen Zeiten der Stadt zieren. Er öffnet täglich um 12 Uhr, gerade rechtzeitig für ein Büffelburger-Mittagessen. Die hintere Veranda des Hotels ist ein fantastischer Ort, um mit Blick über den Fluss ein kühles Bier zu genießen und in Erinnerungen zu schwelgen. Von Rosedale führt der Hwy. 10 weiter nach Südosten. Zur Linken erblickt man **Hoodoos,** bizarr geformte Felsformationen, die durch Wind- und Wassererosion entstanden sind: Da die obere Felsschicht härter ist und der Erosion besser widersteht als die darunterliegenden, haben sich skurrile pilzförmige Säulen ausgebildet. In East Coulee bewahrt die **Atlas Coal Mine** (✆ 403/823-2220; Mai/Juni tägl. 9.30–17.30 Uhr, Juli/Aug. tägl. 9.30–20.30 Uhr, Sept. bis Mitte Okt. tägl. 10–17 Uhr; Touren $ 12 inkl. Eintritt) Kanadas letzte aus Holz gefertigte Erztrennanlage.

Theater

Im Dörfchen **Rosebud** 35 km südwestlich von Drumheller zeigen einheimische Studenten ihre Künste im **Rosebud Theatre** (✆ 403/677-2001 oder ✆ 800/267-7553, www.rosebudtheatre.com). Der Spaß beginnt bereits auf der gegenüberliegenden Straßenseite, wo die Darsteller im restaurierten Mercantile Building ein leckeres Büfett auftischen. Dann geht man geschlossen hinüber in das Theater mit 220 Sitzplätzen und genießt ein lebhaftes und stets lustiges Stück – meist zu ländlichen Themen. Der Spielplan findet sich auf der Website.

Das **Canadian Badlands Passion Play** (17th St., ✆ 403/823-2001; Erwachsene $ 25, Kinder $ 12,50) ist ein Theaterstück über das Leben Christi. Die anspruchsvolle, dreistündige Aufführung mit Hunderten von Darstellern findet inmitten der Badlands in einem natürlichen Amphitheater mit Sitzplätzen für 2500 Personen statt. Sie wird im Juli sechsmal gezeigt.

Übernachten/Camping/Essen und Trinken/Information/Adressen

• *Übernachten* Obwohl Drumheller ein beliebtes Touristenziel ist, hat es nur wenige Unterkünfte. Wenn man es nicht auf einem Tagesausflug von Calgary aus besuchen will, sollte man daher zeitig reservieren.

Direkt an der Hauptstraße, im 100 Jahre alten Haus eines Kohlebarons, liegt das **Taste the Past B&B** (281 2nd St. W, ✆ 403/823-5889; $ 95 für 1 Pers., $ 115 für 2 Pers.) mit einem gepflegten Garten voller Fossilien. Man kann zwischen drei einfachen Zimmern wählen, sollte aber keinesfalls das warme Frühstück im sonnigen Speisesaal verpassen.

Vom Zentrum zu Fuß zu erreichen ist das **The Inn & Spa at Heartwood** (320 Railway Ave. East, ✆ 403/823-6495 oder ✆ 888/823-6495, www.innsatheartwood.com; $ 149–309 für 1/2 Pers. inkl. Frühstück), ein klassisches Landgasthaus, das inmitten der alten Häuser ein wenig deplatziert wirkt. Wer sich etwas Besonderes gönnen will, nimmt das Main-Turret-Zimmer mit Himmelbett, offenem Kamin, Whirlpool und separatem Wohnzimmer. Die anderen acht Zimmer bieten alle ein gemütlich viktorianisches Ambiente mit Antiquitäten und weichen Federbetten. Sämtliche Zimmer haben ein eigenes Bad, aber nicht in allen gibt es Fernsehen und Telefon.

Wenn man ein normales Motel sucht, ist das **Ramada Inn & Suites** (680 2nd St., ✆ 403/823-2028 oder ✆ 800/272-6232; $ 149–249 für 1/2 Pers.) an Drumhellers belebtester Kreuzung eine gute Wahl. Alle 74 Zimmer haben einen Minikühlschrank und eine Mikrowelle. Im Übernachtungspreis sind ein leichtes Frühstück sowie die Benutzung des Hallenbads mit Wasserrutsche, des Fitnessraums und Whirlpools enthalten.

• *Camping* Die Auswahl ist zwar groß, trotzdem sollte man möglichst früh reservieren.

Eines meiner persönlichen Favoriten ist das **Dinosaur Trail RV Resort** (11 km über den N Dinosaur Trail, ✆ 403/823-9333, www.holidaytrailsresorts.com; Mai bis Sept.; $ 31–48), eine grüne Oase am Flussufer, 5 km hinter dem Tyrrell Museum. Nachdem man den Tag über die Umgebung erkundet hat, kann man hier am Abend gemütlich angeln, sich im Kanu den Fluss hinuntertreiben lassen (Anfahrt zur Einsetzstelle wird organisiert), sich im Freibad abkühlen oder zu Fuß durch die angrenzenden Badlands streifen. Zusätzlich gibt es eine Ecke zum beliebten Hufeisenwerfen (Horseshoe Pitching), einen Spielplatz, ein Geschäft und eine Laundry.

In Drumheller bietet sich der **River Grove Campground** (25 Poplar St., ✆ 403/823-6655; Mai bis Sept.; Zeltstellplatz $ 25, Stellplatz mit Anschlüssen $ 29–36) an, der ein von Bäumen bestandenes Gelände am Red Deer River umfasst und nach der Hitze der Badlands ebenfalls willkommene Abkühlung bietet. Die Stellplätze liegen relativ nah beieinander; wer sein Zelt aufschlagen will, hat mehr Möglichkeiten, sich ein abgelegenes Plätzchen unter Bäumen zu suchen. Zum Campingplatz gehören auch ein netter Sandstrand (aber nicht zu viel erwarten!), Mini-Golf und eine kleine Spielarkade, und in die Stadt ist es nur ein kurzer Spaziergang.

Am Ende des Dinosaur Trail liegt die **Bleriot Ferry Provincial Recreation Area** ($ 28) mit 35 Stellplätzen, kostenlosem Feuerholz, einer überdachten Kochstelle und einem kleinen Strand am Fluss.

• *Essen und Trinken* Ebenso wie bei den Unterkünften ist es nicht schwer, in Drumheller ein Restaurant zu finden. Ob man dieses anschließend jedoch mit einem zufriedenen Lächeln auf den Lippen wieder verlässt, ist eine andere Angelegenheit. Die Cafeteria im **Royal Tyrrell Museum** (801 N Dinosaur Trail, ✆ 403/823-7707; Mitte Mai bis Aug. tägl. 9–18 Uhr, sonst Di–So 10–15.30 Uhr) ist einer der besseren Plätze, um sein Mittagessen einzunehmen, vor allem, wenn man an einem sonnigen Tag draußen auf der Terrasse sitzen kann.

Beim Badlands Motel, etwas außerhalb in Richtung Museum, befindet sich **Whif's Flapjack House** (801 N Dinosaur Trail, ✆ 403/823-7595; 6–14 Uhr), das nonstop Pfannkuchen ($ 5–8) serviert.

Das **Café Italiano** (35 3rd Ave. W, ✆ 403/823-4443; Mo–Fr 7–14 Uhr, Sa 9–17 Uhr) in der Downtown serviert den besten Kaffee der Stadt. Dazu kann man Paninis, Salate und hausgemachte Deserts probieren.

Das **Athens Restaurant** (71 Bridge St. N, ✆ 403/823-9400; Mo–Sa 16–21 Uhr; $ 16–25) gibt es schon seit Jahrzehnten. Der Service ist zwar nicht sonderlich freundlich, das Essen aber recht ordentlich. Die Spezialität des Hauses ist Kleftiko (saftiges Frühlingslamm, mit Kräutern und Gewürzen gebacken). Damit der Geschmack voll zur Geltung kommt, sollte man dazu einen griechischen Salat bestellen.

• *Information* Das **Drumheller Information Centre** (✆ 403/823-8100 oder ✆ 866/823-3100, www.traveldrumheller.com; tägl. 9–18 Uhr, im Sommer Fr/Sa 9–21 Uhr) ist im Gebäude der örtlichen Handelskammer untergebracht, das sich am Red Deer River an der Ecke Riverside Dr. und 2nd St. W befindet. Es ist nicht zu verfehlen: Ausschau nach dem sieben Stockwerke hohen Tyrannosaurus rex vor seinem Eingang halten!

Feldarbeit im Dinosaur Provincial Park

Die **Drumheller Public Library** (224 Centre St., ✆ 403/823-5382; Di–Do 11–20 Uhr, Fr/Sa 11–17 Uhr, So 13–17 Uhr) bietet öffentlichen Internetzugang.

• *Adressen* Das **Postamt** befindet sich in der Railway Ave. E Nr. 96.

Staubige Kleidung lässt sich im **Waschsalon** der Esso-Tankstelle waschen, die am Hwy. 9 im Süden der Stadt liegt und bis 20 Uhr geöffnet hat.

Das **Drumheller Hospital** (351 9th St. NW, ✆ 403/823-6500) liegt gegenüber dem Stadtzentrum auf der anderen Flussseite.

Dinosaur Provincial Park

Wenn man das Royal Tyrrell Museum gesehen hat, wird man auch das Gebiet erkunden wollen, in dem viele der Dinosaurier ausgegraben wurden. Die Region wird durch den 7330 ha großen Dinosaur Provincial Park geschützt, der 120 km flussabwärts von Drumheller liegt. Man erreicht ihn mit dem Auto, indem man zuerst dem Hwy. 570 in Richtung Osten folgt und dann dem Hwy. 36 in Richtung Süden. Von Calgary führt der direkte Weg 200 km den Hwy. 1 entlang.

Hier sind die Überreste von 35 Dinosaurierarten aller bekannten Familien der Kreidezeit ausgegraben worden sowie Knochen von Krokodilen, Schildkröten, Fischen, Eidechsen, Fröschen und Flugechsen. Aber nicht nur die Vielfalt, sondern auch die Vielzahl der Funde ist beeindruckend: Über 300 Exponate in Museumsqualität wurden hier ausgegraben und in Museen der ganzen Welt ausgestellt. Der Park ist 1955 gegründet worden, um die Fossilienlager zu schützen. Seine Landschaft ist überaus komplex und einzigartig im umliegenden Prärie-Ökosystem. Dank seiner Pappelbestände, einer vielfältigen Tierwelt und v. a. wegen der umfangreichen Knochenfunde wurde der Park 1979 zum UNESCO-Weltnaturerbe erklärt. Das Royal Tyrrell Museum betreibt dort eine Außenstelle, in der viele der gefundenen Knochen katalogisiert und gelagert werden.

Feldarbeit im Park

Jeden Sommer kommen Paläontologen aus aller Welt zu intensiven Ausgrabungen im Dinosaur Provincial Park zusammen. Sie beginnen Ende Juni und dauern etwa zehn Wochen. Die ersten Dinosaurierjäger gruben einfach ganze Skelette oder Teile davon aus, um sie im Museum auszustellen. Die grundlegenden Methoden haben sich zwar nicht geändert, die Art der Ausgrabung aber schon. „Knochenfelder“ von bis zu 1 ha Größe werden heute in mühevoller Kleinarbeit über mehrere Sommer hinweg frei gelegt. Der Zutritt zu vielen Teilen des Parks ist verboten, um die Fossilienvorkommen zu schützen. Die Grabungen finden in diesen gesperrten Zonen statt. Egal, ob die Arbeit der vergangenen Saison weitergeführt oder eine neue Grabung begonnen wird, stets kommen zahlreiche Knochen zum Vorschein. Viele liegen an oder dicht unter der Oberfläche, da Wind und Regen sie bereits frei gelegt haben.

Die Knochen auszugraben ist eine überaus langwierige Prozedur, weshalb immer nur an wenigen Orten zur gleichen Zeit gearbeitet wird. Priorität haben bedeutende Funde, wie z. B. neu entdeckte Arten. Die Knochen aus dem Boden zu holen ist nur der Anfang eines langen Prozesses, der in der wissenschaftlichen Auswertung durch Fachleute und in der Ausstellung in Museen auf der ganzen Welt gipfelt.

Dinosaur Provincial Park Visitor Centre

Erste Anlaufstelle sollte das **Dinosaur Provincial Park Visitor Centre** (✆ 403/378-4342; April bis Mitte Mai tägl. 9–16 Uhr, Mitte Mai bis Aug. tägl. 8.30–19 Uhr, Sept. tägl. 9–16 Uhr, sonst Mo–Fr 9–16 Uhr, Erwachsene $ 3, Senioren $ 2,50, Kinder $ 2) sein, das eine Außenstation des Royal Tyrrell Museum ist. Es bietet viele interessante Ausstellungen, die einen Überblick über den Park, seine Naturgeschichte und seine Dinosaurier vermitteln. Zu den Höhepunkten zählen ein komplettes Saurierskelett, ein rekonstruiertes Paläontologen-Camp aus dem Jahr 1914 und ein Dokumentarfilm über Dinosaurier.

Führungen

Um seine Zeit im Park bestmöglich zu nutzen, sollte man an einer Führung (✆ 403/378-4344; Mai bis Aug. Mo–Fr 9–16 Uhr) teilnehmen. Diese Führungen vermitteln nicht nur ein besseres Verständnis, sondern einige konzentrieren sich auch auf Teile des Naturparks, die sonst nicht zugänglich sind. Diese Touren sind

Im Glacier National Park (TM)

Takakkaw Falls, Yoho National Park (AH)

Kleine Farm im Yoho National Park (TM) ▲▲
Am Emerald Lake, Yoho National Park (AH) ▲

Lake O'Hara, Yoho National Park (AH)

sehr beliebt, was schon die Prozedur des Ticketkaufs deutlich macht. Tickets werden ab 1. Mai im Vorverkauf (Erwachsene $ 8, Kinder $ 4) angeboten. Sie können telefonisch unter ✆ 403/378-4344 oder über die Website www.tpr.alberta.ca/parks/dinosaur reserviert werden und müssen spätestens 30 Min. vor Beginn der Tour abgeholt werden. Nur ein kleiner Teil der Plätze für jede Tour wird am Tag selbst als Rush-Tickets (Erwachsene $ 6,50, Kinder $ 4,50) verkauft. Um sicher zu gehen, dass man eines davon erwischt, sollte man bereits am Besucherzentrum sein, wenn es um 8.30 Uhr öffnet. Wenn Plätze wegen nicht abgeholter Karten frei werden, ist es bisweilen möglich, noch in letzter Minute ein Ticket zu ergattern. Ein Überblick über die Touren findet sich im folgenden Abschnitt sowie auf www.tpr.alberta.ca/parks/dinosaur.

Die **Badlands Bus Tour** ist eine zweistündige Fahrt auf der öffentlichen Rundstraße mit Informationen über die Landschaft und ihre prähistorischen Bewohner. Der **Centrosaurus Bone Bed Hike** ist eine zweieinhalbstündige Wanderung in ein gesperrtes Gebiet, in dem über 300 Centrosaurus-Skelette identifiziert wurden. Der **Camel's End Coulee Hike** ist ein leichter, 2,5 km langer Rundgang, um die einzigartige Flora und Fauna der Badlands zu entdecken. Für Familien mit kleineren Kindern ist der **Fossil Safari Hike** zu einer Ausgrabungsstätte am besten geeignet. Der **Lab Talk** schließlich ist ein 40-minütiger Blick hinter die Kulissen im Besucherzentrum und die einzige Tour, die keiner Reservierung bedarf (Erwachsene $ 4, Kinder $ 2).

Im Besucherzentrum werden abends Dokumentarfilme gezeigt, und an verschiedenen Orten des Parks finden besondere Veranstaltungen statt. Das gesamte Programm läuft von Juni bis August, wobei bestimmte Touren auch Ende Mai und im September angeboten werden.

Erkundung des Parks auf eigene Faust

Ein Großteil des Parks ist als Naturschutzgebiet für Besucher ohne Führung nicht zugänglich, um die Fossilvorkommen und die empfindliche Natur des Tals zu schützen. Zugleich schützt dies Besucher davor, sich in der gleichförmigen Landschaft zu verlaufen und womöglich eine Nacht zwischen Luchsen und Klapperschlangen verbringen zu müssen. Die Grenzen des Schutzgebiets sind deutlich markiert und sollten respektiert werden. Eine weitere wichtige Vorschrift: *Das Einsammeln oder Ausgraben von Knochen ist überall im Park verboten.*

Auf eigene Faust erkunden kann man das Gebiet innerhalb der öffentlichen Ringstraße sowie auf drei kurzen Lehrpfaden. Die **Ringstraße** führt durch einen Teil des Parks, aus dem die Knochen bereits während des großen kanadischen Dinosaurier-Rausches geborgen wurden. Der für Wanderer frei gegebene Bereich umfasst eine typische Badlands-Landschaft, die noch immer von Knochenfragmenten übersät ist. Er ist klein genug, um sich nicht zu verlaufen, und doch groß genug, um sich „in der Zeit verloren" zu fühlen. Ein fantastischer Ort für eine Erkundungstour. Besonders interessant sind zwei frühere Ausgrabungsstätten, von denen eine noch immer das intakte Skelett eines Hadrosauriers enthält.

Der **Badlands Trail** ist ein 1,3 km langer Rundweg, der unmittelbar östlich des Campingplatzes beginnt und sich bis ins Sperrgebiet erstreckt. Der **Coulee Viewpoint Trail,** der hinter der Feldstation anfängt, steigt 500 m lang stetig an bis zu einem hohen Felsgrat über dem Little Sandhill Creek. Der Pfad ist 1 km lang und nimmt etwa 20 Min. in Anspruch. Die nahe Schwemmebene ist leicht zu übersehen, doch ihre ausgedehnten Pappelbestände haben mit dazu beigetragen, dass der

Park als UNESCO-Weltnaturerbe unter Schutz gestellt wurde. Der **Cottonwood Flats Trail** beginnt nach 1,4 km auf der Rundstraße und führt zwischen den Bäumen hindurch und durch trockene Flussbetten, in denen man viele Vögel beobachten kann. Der Weg hin und zurück dauert etwa 30 Min.

Die Dinosaurier von Alberta

Dinosaurierknochen aus dem Red Deer River Valley haben für das Verständnis der vorgeschichtlichen Zeit eine entscheidende Rolle gespielt. Die Funde stammen aus der Kreidezeit vor rund 70 Mio. Jahren, als sich hier an der Mündung eines Flusses eine subtropische Küstenebene erstreckte und die Dinosaurier ihre Hochzeit erlebten.

Damals entstand aus Schlamm- und Sandmassen ein gewaltiges Mündungsdelta, das sich im Laufe der Jahrmillionen verhärtete und in zahllosen Schichten von Sedimentgestein die Überreste der Saurier einschloss. Auf seinem Weg durch Süd-Alberta schneidet sich der Red Deer River tief in das einstige Flussdelta ein und legt die damals verschütteten Fossilienschätze wieder frei.

Bisher sind in Alberta die Knochen von 35 Saurierarten gefunden worden – das entspricht etwa 10 % aller derzeit bekannten Arten. Wie die heutige Tierwelt werden auch die Saurier in Ordnungen, Familien und Arten unterteilt. Exemplare beider heute bekannten Ordnungen sind im Red Deer River Valley gefunden worden. Die Vogelbeckensaurier der Ordnung Ornithischia waren Pflanzenfresser, während die Echsenbeckensaurier der Ordnung Saurischia Allesfresser waren.

Viele der Pflanzenfresser waren allein durch ihre riesigen Körper vor den meisten Raubsauriern sicher. Andere entwickelten spezielle Schutzpanzer. Der Chasmosaurus etwa hatte eine Knochenkrause um den Hals, der Pachycephalosaurus besaß eine 25 cm dicke, gewölbte Schädeldecke voller Stacheln, und der Ankylosaurus trug einen vollständigen Panzer mit Stachelplatten auf dem Rücken.

Zu den häufigsten Pflanzenfressern, die man im Tal gefunden hat, zählen die Mitglieder der Familie der Hadrosaurier (Entenschnabelsaurier). Es wurden sogar versteinerte Eier des zu dieser Familie gehörenden Hypacrosauriers ausgegraben, die noch intakte Embryonen enthalten. Eine weitere verbreitete Art von Pflanzenfressern, die man hier fand, ist die Hörner tragende Ceratops-Familie. Und auf einem „Saurierfriedhof" wurden über 300 Exemplare des Centrosaurus entdeckt.

Zu den von allen Pflanzenfressern am meisten gefürchteten Echsenbeckensauriern gehörten die Tyrannosaurier. Der 15 m große Tyrannosaurus rex ist unter der Spezies Homo sapiens am bekanntesten, doch im Tal am häufigsten war der kleinere Albertosaurus, ein erstaunlich flinker Fleischfresser, der immer noch viele Tonnen wog.

Reisepraktisches

- *Camping* Der **Campground** des Parks (✆ 403/378-3700, www.reserve.albertaparks.ca; Stellplatz ohne Anschlüsse $ 20, mit Strom $ 26, Feuerholz $ 7/Bündel) liegt unterhalb der Badlands am Little Sandhill Creek. Er hat 128 Stellplätze an zwei Wegschleifen, Plumpsklos, eine überdachte Kochstelle und einige wenige Plätze mit Stromanschluss. Im Sommer füllt sich der Platz bereits ab dem frühen Nachmittag – man sollte also zeitig reservieren.
- *Essen und Trinken/Versorgung* Die einzige Verkaufsstelle im Park ist das **Dinosaur Service Centre** (✆ 403/378-3777; Ende Mai bis Aug. tägl. 10–18 Uhr), wo man warme Snacks und kalte Getränke bekommt. Hier findet man auch eine Laundry und Münzduschen (jeweils 24 Std. geöffnet). Ein Lebensmittelgeschäft gibt es im Park nicht.
- *Information* Für allgemeine Informationen zum Park wendet man sich an das **Dinosaur Provincial Park Visitor Centre** (✆ 403/378-4342, www.tpr.alberta.ca/parks/dinosaur).

Westlich von Calgary

Zwischen den schneebedeckten Gipfeln des Kananaskis Country und dem trockenen Steppengebiet im Süden Albertas liegt Nordamerikas bestes Weideland. Wer je davon geträumt hat, für einen Tag oder eine Woche Cowboy zu spielen, findet hier den Ort, um seinen Traum zu verwirklichen. Die Region bietet aber auch genügend Museen, Teehäuser, Antiquitätengeschäfte und Veranstaltungen, um sattelmüde Großstädter einen ganzen Sommer lang auf Trab zu halten.

Das wellige Hügelland, das sich von Cochrane im Norden über die Ranch- und Farmgebiete von Okotoks und High River bis zu den Porcupine Hills nordwestlich von Fort Macleod erstreckt, war die Heimat vieler kanadischer Cowboyhelden und diente als Kulisse für Filme wie den Jackie-Chan-Klassiker *Shang-High Noon* aus dem Jahr 2000, den Oscar-Gewinner *Erbarmungslos* mit Clint Eastwood, *Legenden der Leidenschaft* mit Brad Pitt, *Open Range – Weites Land* von Kevin Costner und ganz aktuell Brad Pitts *The Assassination of Jesse James by the Coward Robert Ford.* Der Hwy. 2 folgt dem östlichen Rand dieser Berge von Calgary aus nach Süden. Zahlreiche weitere Straßen durchziehen die Region und führen zu Orten mit einer (für Westkanada) langen und interessanten Geschichte. Viele davon wurden in jüngerer Zeit von Künstlern und Handwerkern neu entdeckt, die sich dort angesiedelt haben.

Karte S. 420

Cochrane

Nach Cochrane, 38 km nordwestlich von Calgary gelegen, gelangt man über den Hwy. 1A. Hier begann im 20. Jh. die Viehzucht in Alberta, als Senator Matthew Cochrane die erste der großen Pacht-Ranches der Provinz gründete. Seit Mitte der 1990er Jahre ist die Bevölkerung der Stadt jährlich um 10 % gewachsen und liegt heute bei 15.000 Einw. Obwohl die Viehzucht noch immer ein wichtiger Wirtschaftsfaktor ist, wird Cochrane doch zunehmend zum Schlafvorort von Calgary. Das Geschäftsviertel im älteren Stadtteil zwischen dem Hwy. 1A und der Bahnlinie besteht aus einer Reihe pittoresker Bauwerke mit Cafés, Restaurants und Fachgeschäften, deren Fassaden an Wildwestfilme erinnern.

Sehenswertes/Sport und Freizeit

Um den gesetzlosen Zustand zu verhindern, der damals im gesamten Westen der USA und bis nach Kanada hinein herrschte, begann die Regierung damit, riesige Weideflächen in der Prärie zu verpachten. Einer der Ersten, die diese Chance nutzten, war Matthew Cochrane, der 1818 die erste richtige Ranch westlich von Calgary aufbaute und Rinderherden aus Montana auf sein 76.500 ha großes Landgut brachte. Nach zwei harten Wintern trieb er die Herden wieder nach Süden zurück. Ein kleiner Teil von Cochranes Ranch steht heute als **Cochrane Ranche Provincial Historic Site** unter Schutz. Das fast ringsum von Baugebieten eingeschlossene, 61 ha große Stück Land, das 1 km westlich des Stadtkerns liegt und über den Hwy. 1A zu erreichen ist, erstreckt sich entlang des Big Hill Creek. Ein kurzer Pfad führt zu einem Steilufer hinauf, auf dem Malcolm MacKenzies Reiterstatue **Men of Vision** Ausschau hält. Eine alte Blockhütte am Parkplatz dient als Informationszentrum (✆ 403/932-1193; Mitte Mai bis Sept. 9–17 Uhr), und überall findet man Picknicktische.

Wildwest-Atmosphäre lässt sich auf der **Griffin Valley Ranch** (✆ 403/932-7433) schnuppern, einer der wenigen Ranches in Alberta, die Pferde für ungeführte Touren verleihen. Pfade führen über das 1800 ha große Gelände der historischen Ranch, an Bächen entlang, durch Waldgebiete, über offene Weiden und zu Aussichtspunkten mit Panoramablick auf die kanadischen Rockies. Für das Leihen der Pferde bezahlt man ähnliche Preise wie für die Trailritte ($ 35/1 Std., $ 55/2 Std., $ 75/3 Std.). Der Haken an der Sache ist, dass zumindest einer in der Gruppe „Mitglied" der Ranch sein muss (doch dazu reicht es, eine Verzichtserklärung zu unterschreiben und den Jahresbeitrag von $ 50 zu entrichten). Um zur Ranch zu gelangen, folgt man dem Hwy. 1A von Cochrane aus westwärts. Nach 18 km nimmt man den Hwy. 40 nach Norden und folgt dann der Beschilderung.

Reisepraktisches

• *Übernachten* Eine preiswerte Übernachtung im Stil des Wilden Westens ist im **Rocky View Hotel** (1st St and 2nd Ave. W, ✆ 403/932-2442, www.rockyviewhotel.com; $ 55–80 für 1/2 Pers.) möglich. Die Zimmer sind sehr einfach, mit Gemeinschaftsbad und ohne Telefon.

Preiswert übernachten kann man auch im freundlichen **Bow River Inn** (Hwy. 22, südlich des Hwy. 1A, ✆ 403/932-7900 oder ✆ 866/663-3209, www.bowriverinn.com; $ 89 für 1/2 Pers.). Großes Plus: Familienfreundliche Restaurants befinden sich in Gehweite.

• *Camping* 2 km südlich der Stadt liegt der **Bow Rivers Edge Campground** (900 Griffin Rd., ✆ 403/932-4675, www.bowriversedge.com; Mitte April bis Mitte Okt.; $ 35–40), der über drahtlosen Internetzugang, einen Spielplatz und eine Laundry verfügt.

• *Essen und Trinken* Für ein gutes Frühstück empfiehlt sich das **Cochrane Coffee Traders** (114 2nd Ave., ✆ 403/932-4395; tägl. ab 7.30 Uhr). Serviert werden verschiedenste Kaffeespezialitäten und süße Leckereien sowie eine Auswahl an Sandwiches.

In dem aus Holz gebauten zweistöckigen Rocky View Hotel (✆ 403/932-2442) an der 1st St. sind das **Canyon Rose Restaurant** (Essen rund um die Uhr) und der **Stageline Saloon** untergebracht.

Das beliebteste unter den vielen Lokalen an der 1st St. in Downtown Cochrane ist im Sommer das **Mackay's** (✆ 403/932-2455), eine Eisdiele aus dem Jahr 1948. Eine Tafel listet 50 Geschmacksrichtungen auf, aber man hat mir gesagt, dass Vanille, Schoko und Erdbeere noch immer die Favoriten sind.

Bragg Creek

Bragg Creek ist ein ruhiges Örtchen 34 km südlich von Cochrane am Fuß der Rocky Mountains. Die traumhafte Lage und das beschauliche Leben haben viele

Künstler und Kunsthandwerker hierher gelockt, sodass der Ort sich rühmen kann, mehr Maler, Töpfer, Bildhauer und Weber zu beherbergen als irgendein ähnlich großer Ort in Alberta.

Sehenswertes

Kommt man von Norden oder Süden über den Hwy. 22 nach Bragg Creek, gelangt man an eine etwas verwirrende Kreuzung mit vier Stoppstellen, deren Mitte ein begrüntes Dreieck mit Bäumen ziert. Um auf die Hauptgeschäftsstraße zu gelangen, nimmt man die Straße entlang der rechten (nördlichen) Seite des auffälligen, aus Baumstämmen gefertigten Bragg Creek Trading Post II. Die Straße im Stil des alten Westens beherbergt eine Reihe der üblichen Stadteinrichtungen sowie einige Cafés und Geschäfte mit Kunsthandwerk. Ganz ähnlich ist die auch als **Heritage Mile** bekannte White Ave., ursprünglich die Haupteinkaufsstraße, die durch ein reizvolles Wohngebiet führt. Sie läuft weiter nach Südwesten bis zum 122 ha großen **Bragg Creek Provincial Park,** einer Day-Use Area am Elbow River. Bringt man aus Bragg Creek einen Korb voller Leckereien mit, kann man an einem der Tische am Ufer ein herrliches Picknick genießen.

Reisepraktisches

• *Übernachten* Trotz seines Mangels an Motels und Campingplätzen (der nächste Campingplatz liegt am Elbow River im Kananaskis Country) ist Bragg Creek ein beliebtes Wochenendziel für die Bewohner von Calgary. Das beste B&B ist das **High Country House** (Wegbeschreibung telefonisch erfragen, ✆ 403/949-0093, www.highcountryhouse.com; $ 148–185 für 1/2 Pers.), ein großes Gebäude im Landhausstil zwischen einigen Bäumen, das nur einen Spaziergang vom Fluss und von der Stadt entfernt ist. Es verfügt über drei komfortable Gästezimmer – zwei davon mit eigenem Whirlpool –, eine große Lounge und drahtlosen Internetzugang. Die Zimmerpreise beinhalten ein gesundes warmes oder kontinentales Frühstück.

• *Einkaufszentrum/Essen und Trinken* Das **Bragg Creek Shopping Centre** umfasst verschiedene Restaurants und viele Dienstleister, darunter eine Tankstelle, eine Bäckerei, ein Lebensmittelgeschäft und ein Postamt.

Gleich um die Ecke liegt das **Cinnamon Spoon** (Bragg Creek Trading Post II, ✆ 403/949-4110; tägl. 6–17 Uhr) mit dem besten Kaffee der Stadt.

Das altkanadische Ambiente im **Steak Pit** (43 White Ave., ✆ 403/949-3633; tägl. ab 11.30 Uhr; $ 24–36) ist authentisch und elegant. Neben dem Speisesaal mit handgefertigten Möbeln aus Zedernholz umfasst das Restaurant ein Café, eine Lounge, eine Sportsbar und einen Giftshop. Das Essen ist nicht gerade billig, aber dafür mit dem der Restaurants in Calgary durchaus vergleichbar. Die Speisekarte beweist mit erstklassigem Alberta-Rindfleisch und köstlichen Kartoffeln, dass exzellente Steaks keine ausgefallenen Beilagen brauchen.

Karte S. 420

Kananaskis Country

Während Albertas Öl- und Gasboom der 1970er Jahre hat die Provinzregierung einen Teil ihrer Öleinnahmen in verschiedene Projekte zur Verbesserung der Lebensqualität investiert. Eines der dauerhaften Resultate des Booms ist das Kananaskis Country, ein 4250 km^2 umfassendes Wildnisgebiet westlich von Calgary, das primär dazu erschlossen wurde, möglichst vielen Menschen Erholungsmöglichkeiten zu bieten.

Obwohl dem Kananaskis Country die berühmten Seen und Gletschergipfel der Nationalparks Banff und Jasper fehlen, kann es mit Letzteren in vieler Hinsicht konkurrieren. Vor allem bietet es sehr gute Möglichkeiten, Großwild zu beobachten. Elche, Maultier- und Weißwedelhirsche, Schwarzbären, Dickhornschafe und Schneeziegen sind hier zahlreich. Wölfe, Grizzlybären und Pumas kommen ebenfalls vor, sind aber selten zu sehen.

Anfahrt und Information

Die Hauptzufahrt zum Kananaskis Country zweigt 80 km westlich von Calgary vom Trans-Canada Hwy. ab. Weitere Möglichkeiten bieten die Straßen von Canmore nach Süden, via Bragg Creek an der östlichen Grenze der Region oder von der weiter südöstlich gelegenen Ortschaft Longview nach Westen (siehe Kapitel „Südliches Alberta").

Weitere Auskünfte erteilt die regionale Abteilung *Parks and Protected Areas* der Provinzregierung (✆ 403/678-5508, www.cd.gov.ab.ca). Eine gute Infoquelle ist auch die gemeinnützige Organisation **Friends of Kananaskis Country** (www.kananaskis.org), die zahlreiche Schulungen und interaktive Programme anbietet und gemeinsam mit der Regierung für das Kananaskis Country wirbt.

Bow Valley Provincial Park

Dieser Park im Norden des Kananaskis Country liegt am Zusammenfluss von Kananaskis und Bow River und erstreckt sich nach Süden bis zum Barrier Lake. Sein Eingang befindet sich 4 km westlich des Hwy. 40 (zugleich Hauptzugang zum Kananaskis Country). Wer mit dem Auto auf dem Trans-Canada Hwy. daran vorbeirauscht, wird den Park vielleicht als recht klein empfinden, aber er beherbergt über 300 Pflanzenarten, und innerhalb seiner Grenzen nisten 60 Vogelarten. Vier kurze Lehrpfade bieten Einblick in die Vielfalt seiner Wildblumen, Vögel und Kleinsäuger. Außerdem kann man im Bow River Forellen und Weißfische angeln, Radtouren unternehmen und an den Informationsveranstaltungen der Parkverwaltung teilnehmen.

• *Camping* Beide Campingplätze des Parks, **Willow Rock** und **Bow Valley**, sind hervorragend ausgestattet. Sie haben Duschen, WCs und Kochstellen. Willow Rock bietet außerdem Stellplätze mit Strom sowie eine Laundry und ist auch im Winter geöffnet. Stellplätze ohne Anschlüsse kosten $ 20, solche mit Strom $ 30. Onlinereservierungen für beide Campingplätze sind unter www.bowvalleycampgrounds.com möglich.

• *Information* Die **Touristeninformation** (✆ 403/673-2163; im Sommer Mo–Fr 8–20 Uhr, sonst Mo–Fr 8.15–16.30 Uhr) befindet sich am Eingang des Parks am Hwy. 1X.

Kananaskis Valley

Das Kananaskis Valley ist das am stärksten erschlossene Gebiet im Kananaskis Country, und doch ist es im Sommer bei Weitem nicht so überlaufen wie Banff.

Sehenswertes/Abstecher

Folgende Sehenswürdigkeiten liegen am Hwy. 40 und werden hier vom Trans-Canada Hwy. ausgehend in Richtung Süden bis zum Peter Lougheed Provincial Park beschrieben. Ein erster Halt lohnt sich bei **Canoe Meadows,** einer großen Day-Use Area am Kananaskis River. Unterhalb der Picknickplätze nutzen Wildwasserfans einen kurzen Abschnitt des Flusses als Slalomparcours. Künstlich angelegte Hindernisse und Tore begeistern sowohl Freizeit- als auch Rennkajakfahrer. Und eine Biegung weiter flussaufwärts befindet sich die ebenfalls künstlich angelegte *Green Tongue,* eine stehende Welle, in der sich geübte Paddler surfend an einer Stelle halten, um sich darin zu drehen und zu spielen, während das Wasser unter ihnen vorbeirauscht. Südlich von Canoe Meadows befindet sich das **Barrier Lake Visitor Information Centre** (✆ 403/673-3985; Juni bis Mitte Sept. tägl. 9–18 Uhr, sonst tägl. 9–16 Uhr). Zwischen dem Hwy. 40 und dem Kananaskis River ziehen sich Pfade in beide Richtungen am Fluss entlang, einer davon verläuft 2 km flussabwärts nach Canoe Meadows. Etwas weiter führt der Hwy. 40 zum Barrier Lake, den im Süden der imposante Gipfel des Mount Baldy (2212 m) überragt. Der See ist zwar künstlich angelegt, aber trotzdem eine Postkartenschönheit. Jenseits des Barrier Lake verläuft der Hwy. 40 weiter südwärts zu den bei Anglern beliebten **Mount Lorette Ponds,** in die jedes Jahr Regenbogenforellen eingesetzt werden.

4 km südlich der Teiche liegt das **Kananaskis Village.** Es war der Brennpunkt der Olympischen Winterspiele von 1988 und liegt auf einem hohen Ufer unterhalb von Nakiska – wo die alpinen Wettkämpfe stattfanden – mit Blick über einen Golfplatz. Das Dorf bietet zwei Hotels, Restaurants und weitere Einrichtungen rings um einen geteerten Platz mit Wasserfällen und Forellenteichen.

Vom Dorf sind es 15 km nach Süden bis zur Grenze des Peter Lougheed Provincial Park. Gleich hinter dem Dorf passiert man den **Wedge Pond,** ursprünglich eine Kiesgrube für den Bau des Golfplatzes, die mit Wasser gefüllt wurde. Darum herum führt ein 1 km langer Rundweg, der einen fantastischen Blick auf den 2958 m hoch aufragenden Mount Kidd eröffnet.

Kananaskis Country Golf Course

Dieser 36-Loch-Platz (✆ 403/591-7272 oder ✆ 877/591-2525, www.kananaskisgolf.com), zu beiden Seiten des Kananaskis River und inmitten majestätischer Berggipfel gelegen, wird regelmäßig vom *Golf Digest* als bester und preiswertester Platz Nordamerikas ausgezeichnet. Er umfasst zwei Anlagen mit je 18 Löchern: **Mount Kidd** mit welligem Gelände und einem Inselgrün am vierten Loch sowie die kleinere (ein relativer Begriff, da beide über 7000 m lang sind) **Mount-Lorette-Anlage,** bei der man es an 13 Löchern auf die eine oder andere Art mit Wasser zu tun hat. Die Greenfee liegt bei $ 80 (Einwohner Albertas zahlen $ 60), und ein Golfwagen kostet zusätzlich $ 15/Pers. Inbegriffen sind ein kostenloser Parkservice und die Benutzung der Driving Range. Außerdem gibt es ein Restaurant mit Bar und herrlicher Aussicht auf die Berge sowie einen Golfshop mit umfangreichem Angebot.

Wintersport

Nakiska (✆ 403/591-7777 oder ✆ 800/258-7669, www.skinakiska.com) ist ein modernes Alpinskigebiet, das extra für die Winterspiele 1988 angelegt wurde. Fantastische Slalom- und Schussstrecken auf speziellen Rennpisten bieten alles, was sich fortgeschrittene bis sehr gute Fahrer wünschen können. Das Gebiet verfügt über insgesamt 28 Pisten mit einer Höhendifferenz von 735 m. Liftkarten kosten für Erwachsene $ 54, für Senioren und Jugendliche $ 44 und für Kinder $ 22. Informationen über Unterkünfte, Pauschalangebote und Fahrpläne ab Canmore findet man auf der Website.

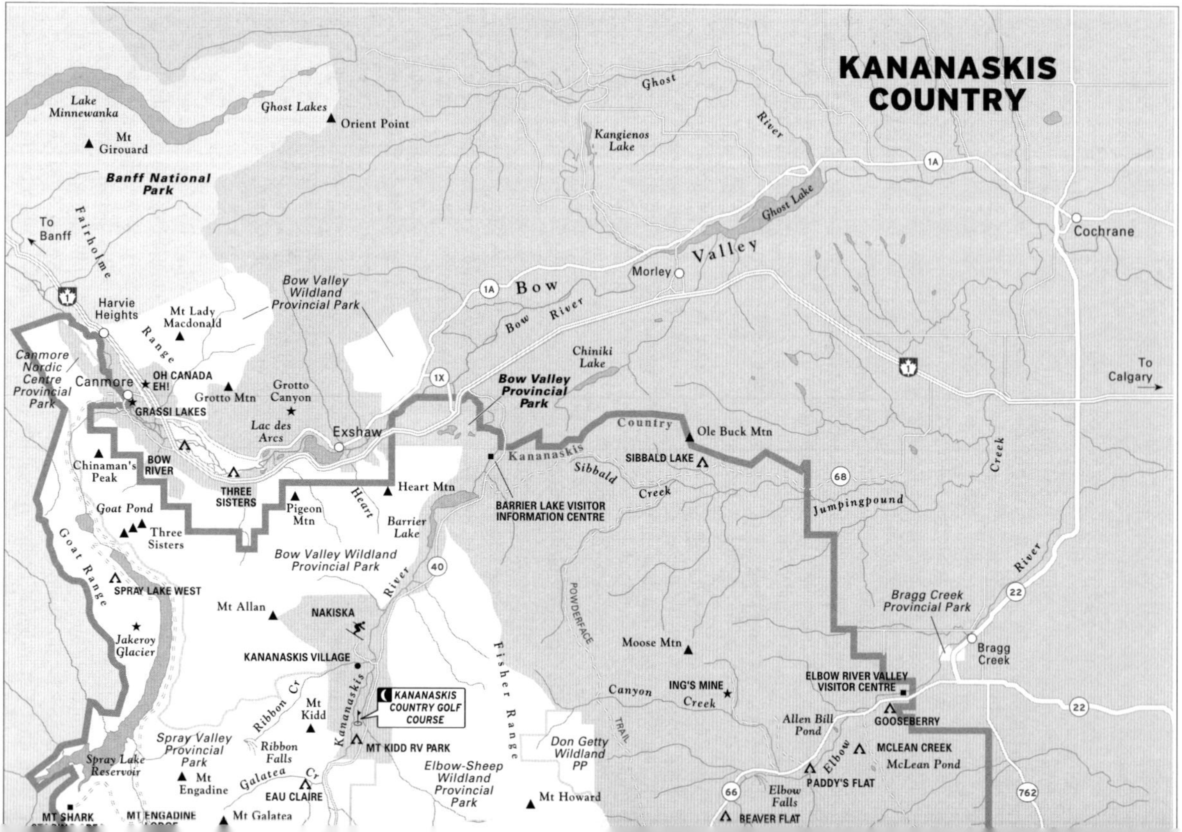
KANANASKIS COUNTRY
Lake Minnewanka
Mt Girouard
Ghost Lakes
Orient Point
Ghost
River
Kangienos Lake
Banff National Park
To Banff
Fairholme
Harvie Heights
Range
Mt Lady Macdonald
Bow Valley Wildland Provincial Park
Canmore Nordic Centre Provincial Park
Canmore
OH CANADA EH!
GRASSI LAKES
Grotto Mtn
Grotto Canyon
Lac des Arcs
Exshaw
1A
Bow
Valley
Ghost Lake
Morley
Bow River
Chiniki Lake
1X
Bow Valley Provincial Park
Cochrane
To Calgary
Country
Kananaskis
Ole Buck Mtn
SIBBALD LAKE
Sibbald
Creek
68
Jumpingpound
Creek
BARRIER LAKE VISITOR INFORMATION CENTRE
Chinaman's Peak
BOW RIVER
THREE SISTERS
Heart Mtn
Heart
Barrier Lake
Pigeon Mtn
Goat Pond
Three Sisters
Goat Range
Bow Valley Wildland Provincial Park
SPRAY LAKE WEST
40
River
Mt Allan
NAKISKA
Jakeroy Glacier
KANANASKIS VILLAGE
POWDERFACE
TRAIL
Moose Mtn
Fisher Range
Canyon
ING'S MINE
Creek
Bragg Creek Provincial Park
Bragg Creek
22
ELBOW RIVER VALLEY VISITOR CENTRE
GOOSEBERRY
Allen Bill Pond
Elbow
MCLEAN CREEK
McLean Pond
PADDY'S FLAT
KANANASKIS COUNTRY GOLF COURSE
Mt Kidd
Ribbon Cr
Kananaskis
MT KIDD RV PARK
Spray Valley Provincial Park
Ribbon Falls
Spray Lake Reservoir
Mt Engadine
Galatea
Cr
EAU CLAIRE
Elbow-Sheep Wildland Provincial Park
Don Getty Wildland PP
Mt Howard
66
Elbow Falls
BEAVER FLAT
762
MT SHARK
MT ENGADINE
Mt Galatea

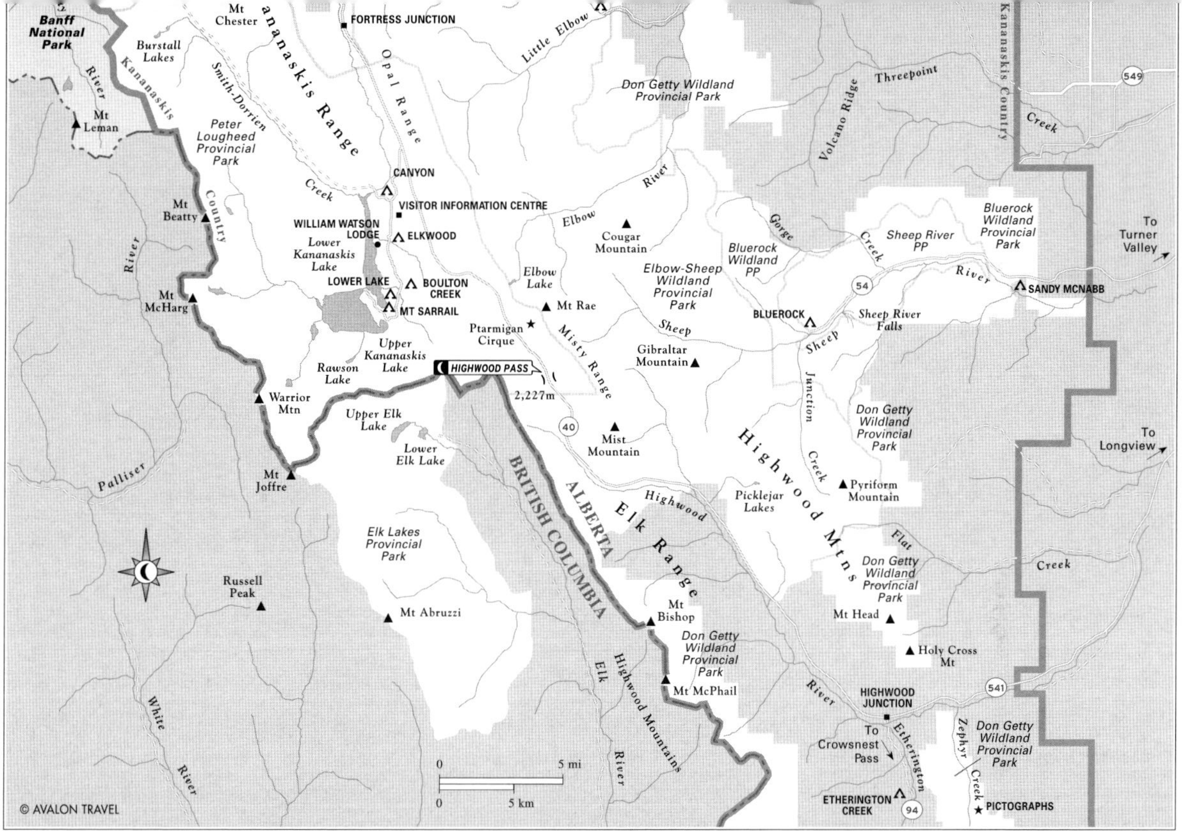

Banff National Park
Mt Leman
Kananaskis Country
Burstall Lakes
Mt Chester
Kananaskis Range
Smith-Dorrien Creek
Peter Lougheed Provincial Park
FORTRESS JUNCTION
Opal Range
Little Elbow
CANYON
VISITOR INFORMATION CENTRE
WILLIAM WATSON LODGE
ELKWOOD
Lower Kananaskis Lake
LOWER LAKE
BOULTON CREEK
MT SARRAIL
Upper Kananaskis Lake
Rawson Lake
HIGHWOOD PASS
2,227m
Mt Beatty
Mt McHarg
Warrior Mtn
Mt Joffre
Upper Elk Lake
Lower Elk Lake
Elk Lakes Provincial Park
Mt Abruzzi
Russell Peak
Palliser
River
White River
Ptarmigan Cirque
Elbow Lake
Mt Rae
Misty Range
Elbow River
Cougar Mountain
Mist Mountain
40
BRITISH COLUMBIA
ALBERTA
Elk Range
Highwood
Elk River
Highwood Mountains
Mt Bishop
Mt McPhail
Don Getty Wildland Provincial Park
Elbow-Sheep Wildland Provincial Park
Gibraltar Mountain
Sheep
Bluerock Wildland PP
Gorge Creek
Volcano Ridge
Threepoint Creek
549
Sheep River PP
Bluerock Wildland Provincial Park
SANDY MCNABB
To Turner Valley
54
BLUEROCK
Sheep River Falls
Junction Creek
Highwood Mtns
Picklejar Lakes
Pyriform Mountain
To Longview
Flat Creek
Mt Head
Holy Cross Mt
541
HIGHWOOD JUNCTION
River
To Crowsnest Pass
Etherington
ETHERINGTON CREEK
94
Zephyr Creek
PICTOGRAPHS
0 5 mi
0 5 km
© AVALON TRAVEL

Die am bequemsten erreichbaren Strecken des insgesamt 200 km umfassenden Loipennetzes im Kananaskis Country liegen im Gebiet des Ribbon Creek. Am stärksten benutzt werden jene um das Kananaskis Village und unterhalb von Nakiska. Die meisten Loipen sind einfach bis mittelschwer, so auch die 5 km lange Strecke den Ribbon Creek aufwärts. Ausrüstung vermietet der Village Trading Post im Kananaskis Village.

Kananaskis Village

Im für die Winterolympiade 1988 erbauten Kananaskis Village steht die über 412 Zimmer verfügende **Delta Lodge at Kananaskis** (✆ 403/591-7711 oder ✆ 866/432-4322, www.deltahotels.com; ab $ 240 für 1/2 Pers.), die zu einer kanadischen Kette luxuriöser Hotels gehört. In den drei über einen Innenhof miteinander verbundenen Gebäuden gibt es drei unterschiedliche Zimmerkategorien. Im Haupthaus befinden sich 251 mittelgroße Delta Rooms, viele davon mit Kamin, Balkon und Blick auf die Berge. Ein überdachter Fußweg führt zu 70 Signature-Club-Zimmern (eine eigene Kategorie der Delta-Hotels), von denen jedes im elegant viktorianischen Stil ausgestattet ist und Blick auf die Berge, ein luxuriöses Badezimmer mit Bademänteln, ein besonders großes Bett sowie zahlreiche Extras wie z. B. einen CD-Spieler bietet. Die Gäste können die Einrichtungen des Summit Spa nutzen, zu denen ein komplett ausgestattetes Fitnesscenter, ein Hallenbad, ein Whirlpool, ein Dampfbad, eine Sauna und ein Schönheitssalon mit Solarium gehören. Die Zimmer im Mount Kidd Manor sind in natürlichen Farben gehalten und im zeitgenössischen Stil eingerichtet. Einige haben einen Galerieschlafraum, gasbetriebene Kamine, eine Küche, große Badezimmer und eine Sitzecke. Im Innenhof stehen die Tische der verschiedenen Restaurants, und vom Hotel aus führen in alle Richtungen Wander- und Fahrradwege. Eine gute Wahl zum Übernachten.

Die Delta Lodge hat drei Restaurants, eine Deli und zwei Bars. Eine besonders gemütliche und entspannte Atmosphäre genießt man in der **Bighorn Lounge** (tägl. ab 11 Uhr) am Haupteingang der Arkade. Die Speisekarte umfasst Bistrogerichte mit einer großen Auswahl an Vorspeisen (z. B. eine Käseplatte), die man sehr gut für mehrere Personen gemeinsam bestellen kann. Das **Obsessions Deli** serviert leichte Snacks wie gesunde Sandwiches und leckere Trüffelgerichte. Ebenfalls in der Arkade befindet sich der **Fireweed Grill** (tägl. 6–22 Uhr; $ 17–31) mit lockerer Westernatmosphäre, deckenhohen Fenstern und einer Sommerveranda. Ein Frühstücksbüfett gibt es hier täglich bis 10 Uhr. Der **Seasons Dining Room** (Juni bis Okt. Di–Sa 18–21.30 Uhr; $ 26–39) im Signature-Club-Flügel ist das eleganteste Restaurant.

Weitere Übernachtungs- und Campingmöglichkeiten

• *Übernachten/Camping* Die besonders für Familien reizvollen **Sundance Lodges** (✆ 403/591-7122, www.sundancelodges.com; Mitte Mai bis Sept.) sind ideal für alle, die campen möchten oder etwas anderes als ein gewöhnliches Motelzimmer suchen. Stellplätze kosten $ 28/Nacht, und gegen einen geringen Aufpreis können auch Zelte, Campingkocher, Schlafsäcke und sonstige Ausrüstung gemietet werden. Als nächste Kategorie gibt es zwölf bunt bemalte Tipis ($ 57–77) mit Holzfußboden, Matratzen, Heizgerät und Laterne. Und schließlich stehen noch 18 Trapperzelte ($ 79 für 1/2 Pers.) zur Auswahl, die ähnlich ausgestattet sind, aber mehr Platz bieten und ein Vordach mit Picknicktisch haben. Wer vom Wandern und Radfahren genug hat, kann auch in einem künstlich angelegten Teich angeln, Hufeisen werfen und Badminton oder Volleyball spielen. Außerdem gibt es eine Gemischtwarenhandlung, warme Duschen, eine Laundry und Internetzugang. Sundance liegt 22 km südlich des Trans-Canada

Hwy. am Kananaskis River, genau bei der Abfahrt vom Hwy. 40.

• *Camping* Der **Mount Kidd RV Park** (✆ 403/591-7700, www.mountkiddrv.com; Stellplatz ohne Anschlüsse $ 32,50, mit Anschlüssen $ 41–48; Reservierungsgebühr $ 8) ist ein privater Campingplatz unterhalb der steilen Ostflanke des Mount Kidd. Er liegt am Hwy. 40 südlich des Kananaskis Village und des Golfplatzes. Sein Paradestück ist das Campers Center mit der Rezeption und allen üblichen Sanitäreinrichtungen sowie Whirlpools, Sauna, Planschbecken, Game Room, Lounge, Lebensmittelgeschäften, Imbisskiosk und Laundry. Außerhalb befinden sich zwei Tennisplätze, Picknicktische am Fluss und viele befestigte Rad- und Fußwege. Wer solchen Luxus nicht braucht, geht 6,5 km weiter südlich, jenseits des Mount Kidd RV Park, auf den **Eau Claire Campground** (Mitte Mai bis Anfang Sept.; $ 20), der von Kananaskis Camping (✆ 403/591-7226, www.kananaskiscamping.com) betrieben wird.

Peter Lougheed Provincial Park

Dieser Park ist die südliche Fortsetzung des Kananaskis Valley und schützt den Einzugsbereich des Kananaskis River. Er umfasst ein Hochtal und zwei malerische Seen, den **Upper** und den **Lower Kananaskis Lake.** Das 500 km^2 große Wildnisgebiet ist der zweitgrößte Provinzpark Albertas.

Als wichtigste Straße durchzieht ihn der Hwy. 40. Etwa 5 km von der nördlichen Parkgrenze entfernt zweigt davon die Kananaskis Lakes Rd. ab, die nach Westen zum Upper und Lower Kananaskis Lake führt. Beide Seen eignen sich bestens zum Bootfahren und Angeln, und in ihrer Umgebung findet man eine Fülle von Wanderwegen und Campingplätzen.

Highwood Pass

Im Südosten des Parks klettert der Hwy. 40 zum Highwood Pass (2227 m) empor, dem höchsten Straßenpass Kanadas. Auf dem Weg hinauf lockt ein Abstecher auf den Valley View Trail, eine 5 km lange Teerstraße, die sich an den Hängen der Opal Range emporzieht und eine grandiose Aussicht über den gesamten Park bis zur kontinentalen Wasserscheide eröffnet. Der Pass selbst liegt etwa auf Höhe der Baumgrenze und ist eines der am bequemsten erreichbaren Alpingebiete der kanadischen Rockies. Es lohnt sich, auszusteigen und einem der Lehrpfade über die **Highwood Meadows** zu folgen. 2 km nördlich des Highwood Pass führt der **Rock Glacier Trail** 150 m weit zu einer einzigartigen Formation von Gletscherablagerungen.

Hinter dem Pass zieht sich der Hwy. 40 hinab in das Gebiet des Highwood/Cataract Creek des Kananaskis Country (die Highwood Junction liegt 35 km jenseits des Passes). **Bitte beachten:** Die Straße über den Highwood Pass führt durch den Lebensraum bedrohter Tierarten und ist vom 1. Dezember bis 15. Juni gesperrt.

Sport und Freizeit

• *Wandern* Der Park bietet zahlreiche interessante Lehrpfade und anspruchsvollere Wanderungen. Die meisten beginnen an der Kananaskis Lakes Rd., einer Teerstraße vom Hwy. 40 zum Upper und Lower Kananaskis Lake. Der **Rockwall Trail** ab dem Besucherzentrum sowie der **Marl Lake Trail** ab dem Elkwood Campground sind rollstuhlgeeignet und frei von Hindernissen. Der **Boulton Creek Trail** (4,9 km; Rundstrecke 90 Min.) ist ein bequemer Rundweg, der an der Boulton Bridge beginnt, 10 km nach der Abzweigung vom Hwy. 40. Am Ausgangspunkt bekommt man eine Broschüre mit Infos zu den nummerierten Stationen entlang dem Pfad.

An der Upper Lake Day-Use Area, ganz am Ende der Kananaskis Lakes Rd., beginnt der Pfad zum **Rawson Lake** (3,5 km; einfach 1,5 Std.), der zunächst etwas mehr als 1 km dem Seeufer folgt. Gleich hinter einem kleinen Wasserfall steigt er 305 m empor und endet schließlich an einem malerischen Bergsee, der von einer gewaltigen und erstaunlich symmetrischen Wand gesäumt wird. Fast ebenso spektakulär ist die Lage des **Elbow Lake** (1,3 km; einfach 30 Min.), aber der Weg dorthin ist kürzer und daher stärker frequentiert. Ausgangspunkt ist die Elbow Pass Day-Use Area am Hwy. 40, 13 km südlich der Kananaskis Lakes Rd. Folgt man dem Hwy. 40 4 km weiter nach Süden zum Highwood Pass, so gelangt man zum **Ptarmigan Cirque Trail** (5,6 km; hin und zurück 2 Std.), einem steilen (230 m Höhenunterschied) Lehrpfad, der in die alpine Region oberhalb der Baumgrenze emporsteigt. Unterwegs hat man gute Chancen, verschiedene der hier zahlreich vorkommenden Kleinsäuger zu sehen, z. B. Columbia-Ziesel, Pikas, Streifenhörnchen und Eisgraue Murmeltiere.

• *Weitere Aktivitäten* Der **Bike Trail** ist ein 20 km langer, extra für Radfahrer angelegter Teerweg, der hinter dem Informationszentrum beginnt und dem Lower Kananaskis Lake bis zum Mount Sarrail Campground folgt. Zahlreiche andere Wege sind für Mountainbiketouren geeignet; Auskunft erteilt das Informationszentrum (✆ 403/591-6344). Mountainbikes ($ 10/Std., $ 40/Tag) vermietet im Sommer der **Boulton Creek Trading Post** (✆ 403/591-7058). Im Upper und Lower Kananaskis Lake kann man recht gut verschiedene Forellenarten und Weißfische angeln. Die Campingplätze im gesamten Park bieten abends Informationsveranstaltungen. Das Programm dazu ist am Schwarzen Brett ausgehängt oder im Informationszentrum zu erfahren.

Camping/Information/Diverses

• *Camping* Im Park gibt es sechs mit dem Auto erreichbare Campingplätze mit insgesamt 507 Stellplätzen. Alle liegen an der Kananaskis Lakes Rd. und sind durch Rad- und Fußwege miteinander verbunden.

Der **Boulton Creek Campground** ($ 22–34) hat Münzduschen gleich hinter der Anmeldung (mit Fahrradständern), WCs, Stromanschluss an einigen der 118 Plätze und ein Amphitheater für Vorträge. Ein Restaurant und ein Lebensmittelladen sind zu Fuß erreichbar.

Der **Elkwood Campground** ($ 20) ist mit 130 Plätzen der größte Campingplatz im Park. Er hat an jeder seiner vier Wegschleifen Duschen ($ 1 für 5 Min.) und WCs plus einen Spielplatz und ein Amphitheater.

Die Plätze **Canyon**, **Lower Lakes** und **Interlakes** ($ 20) sind einfacher ausgestattet und haben nur Plumpsklos, Wasserpumpen und Picknicktische (Interlakes bietet einige Stellplätze mit schönem Seeblick).

Der **Mount Sarrail Campground** ($ 20) wird als „Walk-in-Campground" für Zelter bezeichnet, doch einige der Parzellen liegen direkt am Parkplatz.

Alle Campingplätze werden von Kananaskis Camping (✆ 403/591-7226, www.kananaskis camping.com) betrieben.

• *Information* Das ausgezeichnete **Informationszentrum** (Abfahrt vom Hwy. 40, dann 4 km auf der Kananaskis Lakes Rd., ✆ 403/591-6322; im Sommer tägl. 9–19 Uhr, sonst tägl. 9–17 Uhr) dokumentiert die Natur- und Kulturgeschichte des Parks anhand von Fotos, Videos und interaktiven Ausstellungen. Man kann das Personal bitten, einen der Filme oder Diavorträge zu starten, die sich überwiegend mit dem Park befassen. Der Film *Bears and Man* ist eine klassische Dokumentation aus den 1970er Jahren, die sich mit der öffentlichen Einstellung gegenüber Bären beschäftigt – einer der ersten Filme zu diesem Thema. Das große Foyer, von dem aus man das Tal bis zur Opal Range überblickt, wird hauptsächlich von Langläufern zum Aufwärmen genutzt. Man kann aber auch sonst darin sitzen, um seine Route zu planen oder um sich auszuruhen.

• *Diverses* An der Kananaskis Lakes Rd., 10 km südlich des Hwy. 40, liegt der **Boulton Creek Trading Post**, der einzige Laden im Park. Er bietet Lebensmittel, Campingzubehör, Angelscheine und -ausrüstung, Propangas und Brennholz. Außerdem vermietet er Fahrräder. Daneben befindet sich ein kleines, unauffälliges Familienrestaurant, das Pastagerichte, Burger und dergleichen serviert. Ein warmes Frühstück kostet dort $ 10 (allerdings ist erst ab 9 Uhr geöffnet). Außerdem werden Eiscreme und Kaffee verkauft.

Spray Valley Provincial Park

Die Einrichtung des 35.800 ha großen Spray Valley Provincial Park im Jahr 2001 hat die Gebiete vom Peter Lougheed Provincial Park im Süden bis zum Willmore Wilderness Park nördlich des Jasper National Park zu einem riesigen zusammenhängenden Schutzgebiet verbunden. Geprägt wird er vom **Spray Lake Reservoir,** einem 16 km langen Stausee mit vielfältigen Freizeiteinrichtungen.

Der **Smith-Dorrien/Spray Trail** ist die einzige Straße durch den Park. Der 60 km lange, ungeteerte (und oft staubige) Fahrweg verbindet den Peter Lougheed Provincial Park im Süden mit Canmore im Norden. Von Süden her steigt die Straße zur Wasserscheide des Smith-Dorrien Creek hinauf, passiert den Mud Lake und gelangt schließlich unmittelbar südlich der Mount Engadine Lodge in den Spray Valley Provincial Park. Etwa 3 km weiter nördlich liegt der **Buller Pond** (westlich der Straße), von dem aus an klaren Tagen der unverwechselbare „Matterhorn-Gipfel" des Mount Assiniboine zu sehen ist. Anschließend verläuft die Straße über 20 km parallel zum Ostufer des Spray Lake und passiert dabei drei Picknickplätze am Ufer. Nach dem nördlichen Ende des Spray Lake kommt man am **Goat Pond** und am Beginn des Goat Creek Trail vorbei, ehe es wieder steil abwärts ins Bow Valley und nach Canmore geht.

• *Übernachten* Die **Mount Engadine Lodge** (✆ 403/678-4080, www.mountengadine.com; Mitte Juni bis Mitte Okt., im Jan. nur an den Wochenenden, Feb. und März; ab $ 190 für 1 Pers., $ 390–440 für 2 Pers.) liegt an der Abzweigung zum Mount-Shark-Sammelpunkt auf einem Kamm mit Blick über offene Bergwiesen und einen kleinen Bach. Die Lodge verfügt über luxuriöse Zimmer im Haupthaus und zwei auf einer Anhöhe stehende Holzhütten, von denen aus man freie Sicht über die Wiesen und den kleinen Bach hat. Das Haupthaus bietet einen Speisesaal, ein komfortables Foyer mit zwei Kaminen und ein herrliches Sonnendeck mit Whirlpool. Am Morgen gibt es ein Frühstücksbüfett; das Mittagessen kann man entweder im Haus genießen, oder man lässt es sich als Picknick einpacken, und abends werden mehrere Gänge europäischer Spezialitäten serviert. Die Mount Engadine Lodge liegt 40 km südwestlich von Canmore an der Abzweigung zum Sammelpunkt am Mount Shark.

• *Camping* Der einzige Campingplatz im Park ist **Spray Lake West** (Juni bis Sept.; $ 20), ein einfacher Platz am Westufer des Spray Lake. Auf vielen der rund 50 Stellplätze hat man fast das Gefühl, allein hier zu sein, dafür beschränkt sich die Ausstattung auf Picknicktische, Feuerstellen und Plumpsklos.

Sibbald

Der Sibbald Creek Trail (Hwy. 68) führt über das wellige Land des Sibbald und des Jumpingpound Valley und ist vom Trans-Canada Hwy. aus zugänglich, der den Hwy. 40 südlich des Barrier Lake Visitor Information Centre kreuzt. Der **Sibbald Lake** und der **Sibbald Meadows Pond** sind bei Anglern beliebt. Am Picknickplatz beim Sibbald Lake beginnen einige kurze Pfade, darunter die 4,4 km lange **Ole Buck Loop,** die auf einen kleinen Bergrücken hinaufführt.

Der **Sibbald Lake Campground** hat 134 Stellplätze an fünf Wegschleifen (Schleife D liegt dem See am nächsten). Er bietet Plumpsklos, Trinkwasser und abendliche Informationsveranstaltungen. Für einen Stellplatz bezahlt man $ 20. Weitere Informationen erteilt Elbow Valley Campgrounds (✆ 403/949-3132, www.evcamp.com).

Elbow River Valley

Die wichtigste Zugangsstraße zum Elbow River Valley ist der Hwy. 66 westlich von Bragg Creek. Er steigt entlang dem Elbow River stetig an, passiert den **McLean Pond** und den **Allen Bill Pond** (beide mit Regenbogenforellen) sowie die 6 m hohen **Elbow Falls,** führt weiter aufwärts durch ein Gebiet, das 1981 von einem Waldbrand zerstört wurde, und senkt sich dann hinunter zu einem Campingplatz 42 km hinter Bragg Creek.

• *Camping* Im Elbow River Valley liegen fünf Campingplätze mit insgesamt 551 Stellplätzen. Am besten ausgebaut ist der **McLean Creek Campground** 12 km westlich von Bragg Creek. Das Camper Center am Eingang bietet Lebensmittel, Münzduschen und Feuerholz ($ 6 pro Bündel). Plätze ohne Anschlüsse kosten $ 23/Nacht, mit Anschlüssen $ 30. Für Reservierungen wendet man sich an Elbow Valley Campgrounds (✆ 403/949-3132, www.evcamp.com). Die weiteren Plätze sind **Gooseberry** (10 km von Bragg Creek entfernt), **Paddy's Flat** (20 km), **Beaver Flat** (30 km) und ganz am Ende der Straße **Little Elbow** (50 km). Sie sind alle nur einfach mit Plumpsklos und Handpumpen für Trinkwasser ausgestattet. Trotzdem bezahlt man für einen Stellplatz $ 20/Nacht.

Das Dickhornschaf

Dickhornschafe sind die auffälligsten Paarhufer in Westkanada. Man sieht sie oft an grasbewachsenen Hängen oder an Salzlecken nahe der Straße und erkennt sie leicht an ihren imposanten Hörnern. Die Farbe ihres Fells ändert sich je nach Jahreszeit. Im Sommer sind sie graubraun mit einem cremefarbenen Bauch, im Winter sind sie heller gefärbt. Die Böcke können bis zu 120 kg schwer werden, die weiblichen Tiere wiegen meist um 80 kg. Beide Geschlechter tragen Hörner, die im Gegensatz zu den Geweihen der Elche und Hirsche nicht abgeworfen werden und daher zu erstaunlicher Größe heranwachsen können. Die Hörner der Böcke sind größer als die der Auen und spiralförmig gebogen. Bei einem alten Bock erreichen sie eine Länge von mehr als 1 m und ein Gewicht von bis zu 15 kg. Während der Paarungszeit im Herbst wird in Rangkämpfen die Hierarchie festgelegt, um zu entscheiden, welcher Bock seine Gene weitergibt. Dabei rennen die Böcke mit den Schädeln gegeneinander an, wobei ihre Hörner als Rammbock und Prellbock zugleich dienen. Die Schädel der Dickhornschafe, insbesondere jene der Böcke, sind so gebaut, dass sie die schweren Stöße ohne Schäden ertragen.

Innerhalb des Parks haben diese Tiere ihre Scheu vor dem Menschen weitgehend verloren und nähern sich oft haltenden Fahrzeugen. Obwohl sie nicht gefährlich sind, sollte man sie – wie alle Tiere des Parks – respektieren und nicht füttern.

Sheep River Valley

Das Sheep River Valley liegt unmittelbar südlich des Elbow River Valley in der hügeligen Landschaft zwischen den offenen Weidegebieten im Osten und den hohen Gipfeln, die den **Elbow-Sheep Wildland Provincial Park** im Westen begrenzen.

Man erreicht es über Turner Valley, indem man vom Ortszentrum den Sunset Blvd. nach Westen fährt und weiter dem Hwy. 546 folgt. Die Straße zieht sich durch den **Sheep River Provincial Park** (Winterweide der Dickhornschafe), an den **Sheep River Falls** entlang und endet 46 km westlich von Turner Valley an einem Campingplatz.

Westlich von Turner Valley gibt es am Hwy. 546 zwei Campingplätze. Der größere, **Sundy McNabb Campground** (✆ 403/558-2373 oder ✆ 866/366-2267, www.campingalberta.com; $ 20), liegt direkt am Eingang des Kananaskis Country, einen schönen Spaziergang vom Fluss entfernt. Reservierungen sind nicht möglich.

Highwood/Cataract Creek

Das Gebiet des Highwood/Cataract Creek erstreckt sich vom Peter Lougheed Provincial Park bis zur Südgrenze des Kananaskis Country. Es ist der am wenigsten erschlossene Teil des Kananaskis Country, geprägt von den schroffen Gipfeln der Highwood Mountains, die größtenteils zum abgelegenen **Don Getty Wildland Provincial Park** gehören. Die Alpenwiesen zwischen den Gipfeln sind die Heimat von Dickhornschafen, Elchen und Grizzlys. In den tieferen Lagen ist das Tal hauptsächlich von Fichten- und Kiefernwäldern bedeckt, die an den Ostflanken in Weideland übergehen. Hauptzugang von Norden her ist der Hwy. 40, der auf der 35 km langen Strecke zwischen dem **Highwood Pass** und der **Highwood Junction** 600 m an Höhe verliert. Von Osten her trifft der von Longview nach Westen führende Hwy. 541 bei der Highwood Junction auf den Hwy. 40.

• *Camping* Alle drei Campingplätze im Gebiet des Highwood/Cataract Creek liegen südlich der Highwood Junction. Der von Mai bis November geöffnete Campground **Etherington Creek** befindet sich 7 km südlich der Kreuzung, während **Cataract Creek** noch einmal 5 km weiter südlich liegt und von Mitte Mai bis Anfang September geöffnet hat. Beide bieten für $ 18/Nacht eine einfache Ausstattung mit Wasserstelle, Plumpsklos, Brennholz, Feuerstelle und Picknicktischen. Folgt man dem Hwy. 532 noch weiter in Richtung Süden durch das Plateau Mountain Ecological Reserve, gelangt man zum **Indian Graves Campground** mit 16 Stellplätzen. Er ist von Mitte Mai bis Mitte September geöffnet und kostet $ 16/Nacht. Reservierungen sind nur für den Etherington Creek möglich; hierfür wendet man sich an High Country Camping (✆ 403/558-2373 oder ✆ 866/366-2267, www.campingalberta.com).

Canmore

Die Stadt Canmore (11.500 Einw.) liegt im Bow Valley, 103 km westlich von Calgary, 28 km südöstlich von Banff und am nördlichen Rand des Kananaskis Country. Die Stadt, die lange nur als Pforte zu den Nationalparks der Rockies bekannt war, ist heute selbst ein beliebtes Ausflugsziel.

Da Canmore nicht den strengen Baubeschränkungen der nahen Parks unterliegt und eine traumhafte Gebirgslage hat, ist es zur am schnellsten wachsenden Stadt Kanadas geworden. Seine Einwohnerzahl hat sich in den letzten 20 Jahren verdreifacht. Die umgebenden Berge bescheren Canmore hervorragende Freizeitmöglichkeiten. Das Netz der Wanderpfade im Tal und an den Berghängen ist exzellent und macht zahlreiche Aussichtspunkte leicht erreichbar. Der durch die Stadt fließende Bow River bietet beste Möglichkeiten zum Angeln, Kajakfahren und Rafting. Golfer finden drei Plätze in malerischer Landschaft, und der nahe gelegene Mount Yamnuska ist zum am besten erschlossenen Klettergebiet der kanadischen Rockies geworden. Außerdem war Canmore Austragungsort der nordischen Wettkämpfe bei den Olympischen Winterspielen von 1988 und ist Sitz des Alpine Club of Canada.

Sehenswertes/Sport und Freizeit

Canmore erstreckt sich zu beiden Seiten des Trans-Canada Hwy., und sein Zentrum liegt auf einer Insel im Bow River. Obwohl in alle Richtungen gebaut wird, gibt es noch große intakte Waldgebiete, u. a. am Fluss entlang, durch die Pfade aus den bebauten Gebieten in die Wildnis führen. Das ausgedehnteste davon ist der 32.600 ha große **Bow Valley Wildland Provincial Park,** der einzelne Bereiche des Talbodens sowie den Großteil der Berghänge zu beiden Seiten des Tals umfasst.

Downtown

Downtown Canmore, auf der Südwestseite des Trans-Canada Hwy., hat sich viel von seinem ursprünglichen Charme bewahrt. Zahlreiche historische Gebäude säumen die Straßen der Innenstadt, und weitere Bauwerke aus den Tagen des Kohlebaus werden an ihren Originalstandorten erhalten. Das erste interessante Gebäude am Ostende der Hauptstraße ist der ursprüngliche **NWMP-Posten** von Canmore aus dem Jahr 1892 (609 8th St., ✆ 403/678-1955; im Sommer tägl. 9–18 Uhr, sonst Mo–Fr 12–16 Uhr; Eintritt frei). Er ist einer der wenigen NWMP-Posten, die an ihrem ursprünglichen Standort erhalten geblieben sind, und das obwohl er damals nur als provisorischer Bau für die neu entstandene Kohlestadt gedacht war. Die Räume sind mit Möbeln der damaligen Zeit ausgestattet, und im Garten wachsen die gleichen Gemüsesorten, die schon von den ersten Bewohnern des Postens angebaut wurden.

Direkt an der Hauptstraße, im eindrucksvollen Civic-Centre-Komplex, befindet sich das **Canmore Museum & Geoscience Centre** (907 7th Ave., ✆ 403/678-2462; Mo/Di 12–17 Uhr, Mi–So 10–18 Uhr; Erwachsene $ 3, Senioren und Kinder $ 2). Es informiert über die wechselvolle geologische Geschichte der Region und deren Bedeutung für das Wachstum der Stadt und ihrer Industrie.

Canmore Nordic Centre

Dieser ausgedehnte Komplex am Stadtrand von Canmore ist für die Winterolympiade 1988 erbaut worden. Hier wurden die Wettkämpfe im Skilanglauf und Biathlon ausgetragen, und heute dient das Zentrum als Trainingsgelände für kanadische Athleten verschiedener Disziplinen. Auch im Sommer, wenn der Schnee längst geschmolzen ist, lohnt es einen Besuch. Ein Lehrpfad führt hinab zum Bow River und an seinem Westufer entlang zu den kaum noch erkennbaren Ruinen von Georgetown, der einst geschäftigen Kohlestadt. Auch zahlreiche andere Wege durchziehen das Gelände, und entlang dem Fluss gelangt man zu Fuß oder mit dem Fahrrad bis nach Banff. **Mountainbiken** ist äußerst beliebt und kann auf einem 70 km umfassenden Wegenetz betrieben werden. Fahrräder vermietet **Trail Sports** (unterhalb der Day Lodge, ✆ 403/678-6764; tägl. 9–18 Uhr). Die Preise liegen bei $ 15/Std. bzw. $ 45/Tag für ein Rad mit Federgabel sowie bei $ 20 bzw. $ 60 für ein vollgefedertes Rad. Schneekanonen garantieren eine Skisaison von Dezember bis Ende März. Trail Sports vermietet Ausrüstung und gibt Kurse. Die **Day Lodge** (✆ 403/678-2400; tägl. 8–16.30 Uhr) bietet Schließfächer, ein Foyer, ein Café (tägl. 10–16 Uhr) und einen Informationsschalter.

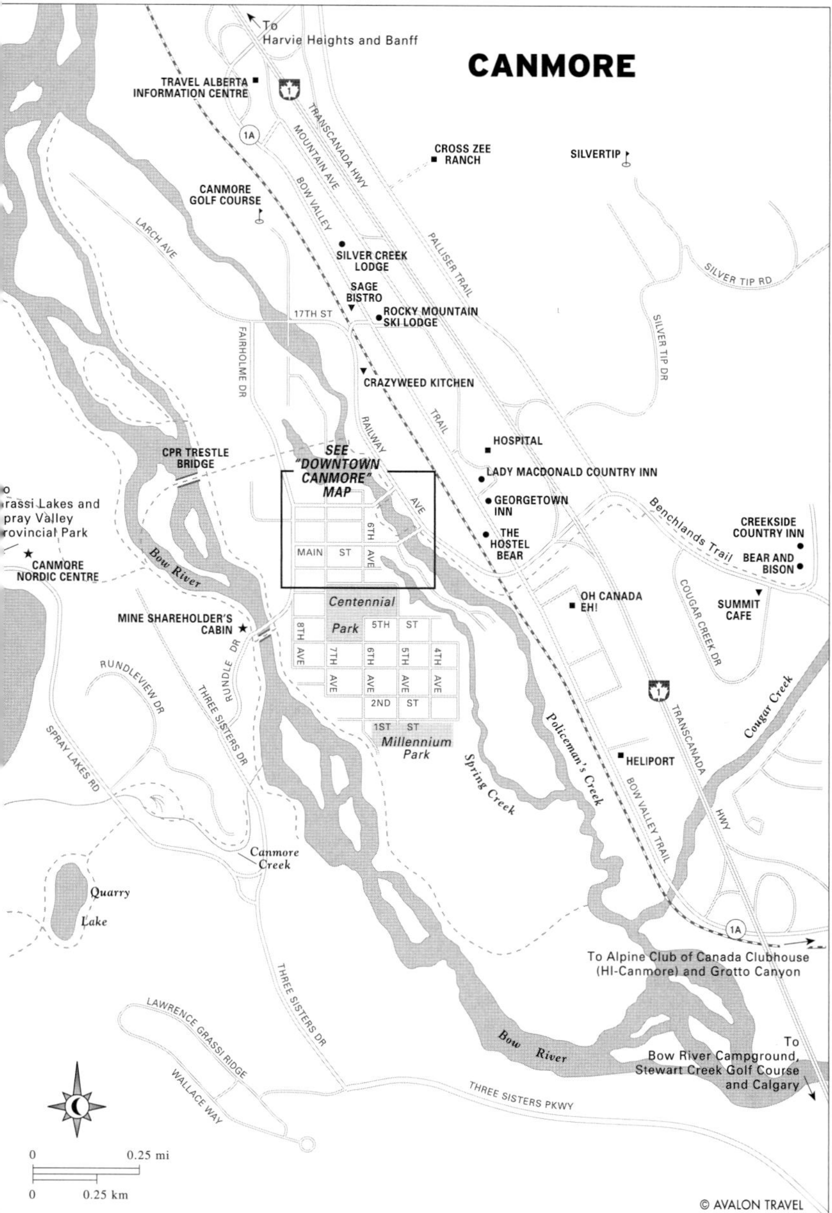
CANMORE
To Harvie Heights and Banff
TRAVEL ALBERTA INFORMATION CENTRE
1
1A
TRANSCANADA HWY
MOUNTAIN AVE
BOW VALLEY
CROSS ZEE RANCH
SILVERTIP
CANMORE GOLF COURSE
LARCH AVE
PALLISER TRAIL
SILVER CREEK LODGE
SILVER TIP RD
SAGE BISTRO
17TH ST
ROCKY MOUNTAIN SKI LODGE
SILVER TIP DR
FAIRHOLME DR
CRAZYWEED KITCHEN
RAILWAY
TRAIL
HOSPITAL
CPR TRESTLE BRIDGE
SEE "DOWNTOWN CANMORE" MAP
LADY MACDONALD COUNTRY INN
AVE
GEORGETOWN INN
Benchlands Trail
CREEKSIDE COUNTRY INN
o
rassi Lakes and
pray Valley
rovincial Park
6TH AVE
THE HOSTEL BEAR
MAIN ST
BEAR AND BISON
CANMORE NORDIC CENTRE
Bow River
Centennial Park
OH CANADA EH!
SUMMIT CAFE
COUGAR CREEK DR
MINE SHAREHOLDER'S CABIN
5TH ST
8TH AVE
7TH AVE
6TH AVE
5TH AVE
4TH AVE
RUNDLE DR
RUNDLEVIEW DR
THREE SISTERS DR
2ND ST
1ST ST
Millennium Park
Policeman's Creek
TRANSCANADA HWY
Cougar Creek
SPRAY LAKES RD
Spring Creek
HELIPORT
BOW VALLEY TRAIL
Canmore Creek
Quarry Lake
To Alpine Club of Canada Clubhouse (HI-Canmore) and Grotto Canyon
THREE SISTERS DR
LAWRENCE GRASSI RIDGE
Bow River
To Bow River Campground, Stewart Creek Golf Course and Calgary
WALLACE WAY
THREE SISTERS PKWY
0 0.25 mi
0 0.25 km
© AVALON TRAVEL

Weiterer Sport

• *Wandern* Durch die Stadt ziehen sich geteerte Rad- und Fußwege. Sie verbinden den Policeman's Creek mit dem Golfplatz, dem Nordic Centre und dem Riverview Park am Bow River. Die umliegende Wildnis kann man auf einem der folgenden längeren Pfade erkunden.

Der historische **Grassi Lakes Trail** (2 km; einfach 40 Min.) beginnt an der Spray Lakes Rd., 1 km jenseits des Nordic Centre. Etwa 150 m nach dem Parkplatz links abbiegen. Von dort führt der Weg stetig bergauf zu einer Treppe, die in die Felswand gehauen wurde, und dann auf einer Brücke über den Canmore Creek zu zwei kleinen Seen. Vor der Kulisse des Chinaman's Peak sind diese glasklaren Seen ein malerisches Ziel. Steigt man hinter dem oberen See eine kleine Geröllhalde empor, gelangt man zu vier Felsbildern der Ureinwohner, die menschliche Gestalten darstellen. Sie befinden sich am ersten großen Felsblock in der Schlucht.

Jenseits des Tals beginnen am Parkplatz beim Benchlands Trail und Elk Run Blvd. zwei weitere Pfade, von denen einer am **Cougar Creek** entlang in ein enges Tal führt. Sein erster Abschnitt folgt einem künstlichen Kanal, der in schneereichen Jahren als Ablauf für das Schmelzwasser dient (der „Bach" ist den ganzen Sommer über ausgetrocknet). Dann führt der raue Pfad in eine Schlucht und kreuzt das Bachbett auf den ersten 3 km zehnmal, ehe er (nach etwa 1 Std.) eine größere Gabelung erreicht, an der man gut umdrehen kann. Wo der Cougar Creek die Schlucht wieder verlässt, steigt ein wenig ausgetretener Pfad nach links den Grashang hinauf und führt bis zum **Mount Lady Macdonald** (3,5 km; einfach 90 Min.), wobei beachtliche 850 Höhenmeter zu überwinden sind. Die angegebene Entfernung bezieht sich auf einen stillgelegten Hubschrauberlandeplatz unterhalb des eigentlichen Gipfels. Der Weg ist zwar steil und anstrengend, aber dafür genießt man eine fantastische Aussicht über das Bow Valley. Bis zum wirklichen Gipfel sind dann noch einmal 275 Höhenmeter auf einem extrem schmalen Grat zu überwinden, der nach Osten steil abfällt.

• *Golfen* Wie überall beim Golfen in den kanadischen Rockies sollte man auch hier zeitig reservieren, zugleich aber flexibel sein, da zwei der drei Greens von Canmore Wochenend- und Abendrabatte gewähren. **SilverTip** (✆ 403/678-1600 oder ✆ 877/877-5444; Greenfee $ 175) erstreckt sich über eine Reihe breiter Terrassen zwischen dem Talboden und den unteren Hängen des Mount Lady Macdonald. Die Anlage ist recht anspruchsvoll und durch einen Höhenunterschied von 200 m zwischen dem höchsten und dem tiefsten Punkt geprägt. Eine weitere neue Anlage ist der **Stewart Creek Golf Club** (✆ 403/609-6099 oder ✆ 877/993-4653; $ 175–195) , bei dem geneigte Flächen, Felsen am Rande des Greens und historische Minenschächte für zusätzlichen Reiz sorgen. Die 18 Löcher des **Canmore Golf & Curling Club** (✆ 403/678-4785; $ 100) sind interessant zu spielen, bieten einen tollen Fernblick, und an einigen Löchern sind Wasserhindernisse zu überwinden.

• *Reiten* Auf einer weiten Ebene nordöstlich der Stadt liegt die **Cross Zee Ranch** (✆ 403/678-4171), die schon seit den 1950er Jahren geführte Ausritte anbietet. Von den ausgedehnten Stallungen geht es durch dicht bewaldete Gebiete, an blühenden Wiesen entlang und zu reizvollen Aussichtspunkten. Zur Auswahl stehen die Strecken *Ranger Ridge* und *Bone Gully* (1 Std.; $ 38/Pers.), *Sunny Bench* (90 Min.; $ 52) und *Great Aspens* (2 Std.; $ 68).

Nachtleben und Veranstaltungen

• *Nachtleben* **Oh Canada Eh!** (125 Kananaskis Way, über den Bow Valley Trail, ✆ 403/609-0004 oder ✆ 800/773-0004) ist eine musikalische Dinnershow in einem modernen Gebäude, das wie eine riesige Blockhütte gestaltet wurde. Ein ausgelassener Abend einschließlich Essen und bester Unterhaltung ist garantiert. Die Show ist zwar absolut kitschig, aber die Parade typisch kanadischer Figuren – z. B. Holzfäller, Indianer, Mounties und sogar Anne of Green Gables – bringt mit ihrem Tanz und Gesang jeden Gast zum Lachen. Das Essen ist überraschend gut; kanadische Spezialitäten wie Alberta-Rind, Lachs und Ahornschokoladenkuchen werden am Büfett serviert.

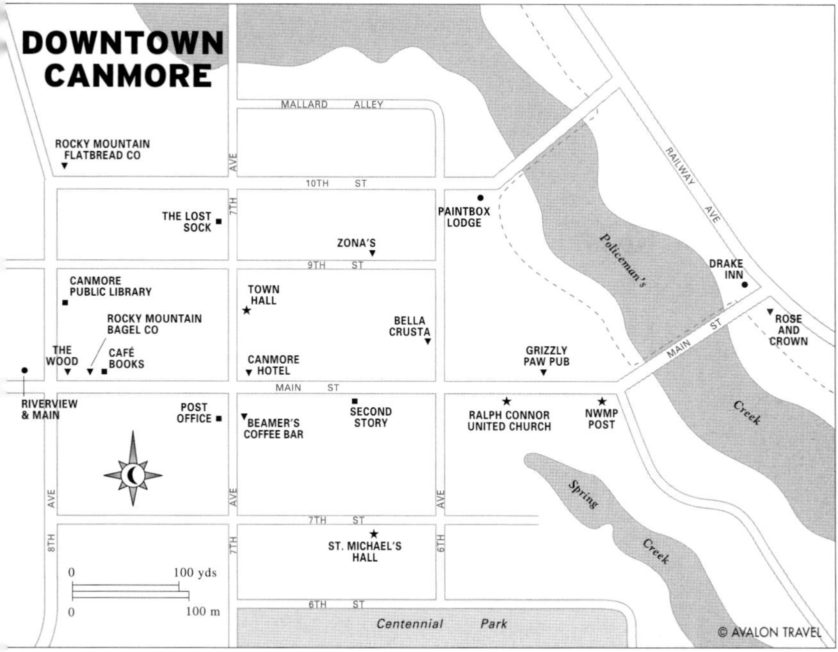

Den Sommer über finden die Vorführungen jeden Abend um 18.30 Uhr statt; der All-inclusive-Preis beträgt für Erwachsene $ 64 und für Kinder (6–16 Jahre) $ 33.

The Wood (838 8th St., ✆ 403/678-3404) hat einen Biergarten, in dem man die Nachmittagssonne genießen kann, und ist an Wochenenden besonders gut besucht. Am anderen Ende der Hauptstraße liegt das **Drake Inn** (909 Railway Ave., ✆ 403/678-5131) mit einer kleinen Terrasse und einem Nichtraucherbereich mit komfortablen Plätzen. Auf der anderen Straßenseite lockt das **Rose and Crown** (749 Railway Ave., ✆ 403/678-5168) mit einem Biergarten. Alle diese Bars haben in der Wochenmitte besondere Angebote mit günstigen Drinks, und die beiden Letzteren verfügen außerdem über einige Billardtische.

• *Feste und Veranstaltungen* Canmores Kleinstadtstolz lebt durch die zahlreichen Feste und Veranstaltungen, zu denen fast immer flaggenschwingende Kinder, kostenloses Pfannkuchenfrühstück und abendliches Remmidemmi gehören, weiter.

Mitte Mai dreht sich an einem Wochenende beim **Canmore Children's Festival** (www.canmorechildrensfestival.com) alles um die Kinder – mit viel Musik, Theater, Geschichtenerzählern und Vorführungen. Spaß und Ausgelassenheit konzentrieren sich auf dem Gelände der örtlichen Highschool an der 17th St. Das **ArtsPeak Arts Festival** (✆ 403/678-6436, www.artspeakcanmore.com) ist ein Fest, das Mitte Juni an verschiedenen Schauplätzen in der Stadt gefeiert wird. Wie der Name vermuten lässt, geht es v. a. um Kunst – mit Workshops, Ausstellungen und Führungen.

Der **Canada Day** wird mit einem Pfannkuchenfrühstück, einer Parade, verschiedenen Aktionen im Centennial Park und einem Feuerwerk um 22.30 Uhr begangen. Am ersten Augustwochenende findet in Canmore ein **Folk Music Festival** (www.canmorefolkfestival.com) statt, das am Samstag beginnt und bis Montagabend dauert. Bei diesem Event, das jährlich über 14.000 Besucher anzieht, treten im Centennial Park nationale und internationale Künstler auf, und es werden Musikworkshops abgehalten. Das Canmore Nordic Centre veranstaltet jeden Sommer verschiedene Mountainbike-Events, deren Highlight die Tour **24 Hours of Adrenalin** (www.24hoursofadrenalin.com) Ende August ist. Dabei fahren die 1500 Teilnehmer innerhalb von 24 Std. so viele Runden wie möglich, entweder in Teams oder als Einzelfahrer.

Am ersten Sonntag im September finden die **Canmore Highland Games** (www.canmorehighlandgames.ca) statt – mit Tanz, Essen und Baumstammwerfen. Den Höhepunkt bildet die spektakuläre und ohrenbetäubende Parade der Dudelsackgruppen auf dem Gelände des Centennial Park, die über 10.000 Besucher anlockt. Das große Finale bildet schließlich das *Ceilidh*, eine traditionelle schottische Veranstaltung, bei der viel Bier getrunken, laut gesungen und wilde Tanzmusik gespielt wird. Es findet in einem riesigen, eigens dafür errichteten Zelt im Park statt.

Übernachten/Camping

So rasch wie Canmores Bevölkerung ist auch die Zahl neuer Hotels und Motels gewachsen. Die meisten der neueren Unterkünfte liegen am Bow Valley Trail (Hwy. 1A). Wie in allen Ferienorten der kanadischen Rockies sollte man im Sommer so lange wie möglich im Voraus reservieren.

Übernachten

• *Unter $ 50* Das **HI-Canmore** (✆ 403/678-3200, www.hihostels.ca; Bett im Schlafsaal $ 30–36, Privatzimmer $ 60–81 für 1/2 Pers.) ist eine tolle Herberge am Fuße des Grotto Mountain und zugleich Hauptsitz des Alpine Club of Canada. Neben 46 Betten in sieben Zimmern gibt es eine Küche, eine ausgezeichnete Bücherei, eine Laundry, eine Bar, eine Sauna und eine Lounge mit offenem Kamin. Um aus dem Stadtzentrum dorthin zu gelangen, nimmt man den Bow Valley Trail nach Südosten und folgt dann 500 m hinter der Unterführung des Trans-Canada Hwy. dem Schild nach links.

Eine hübsche Übernachtungsmöglichkeit für preisbewusste Reisende ist **The Hostel Bear** (1002 Bow Valley Trail, ✆ 403/678-1000 oder ✆ 888/678-1008, www.thehostelbear.com; Bett im Schlafsaal $ 32, Privatzimmer ab $ 84 für 1/2 Pers.), das in einem ehemaligen Motel untergebracht ist. Schon von außen besticht das Gebäude durch seine Holz- und Steinkonstruktion, Gleiches gilt innen für die Lobby. Im Aufenthaltsbereich gibt es einen LCD-Fernseher und einen offenen Kamin, die modern eingerichtete Küche ist groß. Außerdem sind vorhanden: eine Laundry, drahtloser Internetzugang und komfortable Betten für 170 Gäste. Schlafgelegenheiten gibt es in allen erdenklichen Variationen, vom Bett im Schlafsaal (mit 10 Betten) bis zu Privatzimmern mit eigenem Bad.

• *$ 100–150* Wenn man ein Zimmer um $ 100 sucht, gibt es kaum etwas anderes als das **Riverview and Main** (918 8th St., ✆ 403/678-9777, www.riverviewandmain.com; $ 115 für 1 Pers., $ 135 für 2 Pers.). Es liegt nur einen halben Block außerhalb des Zentrums und bietet große, schön dekorierte Zimmer mit Zugang zu einer Dachterrasse. Mittelpunkt der Lounge ist der aus großen Kieseln gemauerte offene Kamin. Eine Auswahl warmer und kalter Gerichte zum Frühstück ist im Zimmerpreis inbegriffen.

Die **Rocky Mountain Ski Lodge** (1711 Bow Valley Trail, ✆ 403/678-5445 oder ✆ 800/665-6111, www.rockymtnskilodge.com; ab $ 129 für 1/2 Pers.) bietet nicht nur Apartments mit ein oder zwei Schlafzimmern und kompletter Küche, sondern zudem jede Menge Platz im Freien und einen Spielplatz, auf dem die Kinder nach Herzenslust toben können. Außerdem verfügt es über drahtlosen Internetzugang, einen Barbecue- und Picknickplatz sowie eine Laundry. Die Suiten für Selbstversorger sind für $ 169 zu haben.

Am Rande der Downtown steht das **Drake Inn** (909 Railway Ave., ✆ 403/678-5131 oder ✆ 800/461-8730, www.drakeinn.com; ab $ 129 für 1 Pers., ab $ 139 für 2 Pers.), mit hellen und heiter eingerichteten Motelzimmern. Für gut angelegte $ 10 mehr bekommt man einen Creekside Room mit privatem Balkon und Blick über den Policeman's Creek. Die angrenzende Bar öffnet tägl. um 7 Uhr ihre Pforten und bietet von allen Angeboten in der Stadt das beste Preis-Leistungs-Verhältnis.

• *$ 150–200* Die **Silver Creek Lodge** (1818 Mountain Ave., ✆ 403/678-4242 oder ✆ 877/598-4242, www.silvercreekcanmore.ca; $ 159–289 für 1/2 Pers.) bietet sowohl Hotelzimmer als auch Ferienwohnungen an. Die modernen Zimmer haben eine komplette Küchenausstattung, und viele bieten einen Blick auf die Berge. Ein Highlight ist das sehr zu empfehlende Wild Orchid Asian Bistro. Zusätzlich gibt es einen Wellnessbe-

Das Lady Macdonald Country Inn

reich, einen Whirlpool im Freien und eine Tiefgarage.

Das **Lady Macdonald Country Inn** (1201 Bow Valley Trail, ✆ 403/678-3665 oder ✆ 800/567-3919, www.ladymacdonald.com; $ 160–250 für 1/2 Pers.) strahlt eine einladende Atmosphäre aus und bietet einen persönlichen Service, wie man ihn in den größeren Häusern nicht findet. Seine zwölf Zimmer sind individuell möbliert, und das kleinste, der Palliser Room, bietet ein elegantes Ambiente mit einem luxuriösen, schmiedeeisernen Bett. Im Preis ist ein deftiges warmes Frühstück im rustikalen Frühstücksraum enthalten.

Das **Creekside Country Inn** (709 Bench lands Trail, ✆ 403/609-5522 oder ✆ 866/609-5522, www.creeksidecountryinn.com; $ 159–239 für 1/2 Pers. mit Frühstück) ist ein modernes Berghotel mit viel Holz. Die zwölf Zimmer sind von schlichter Eleganz; acht davon haben eine Oberetage. Zur Ausstattung gehören eine Lounge mit prasselndem Holzfeuer, ein kleiner Fitnessraum, ein Whirlpool und ein Dampfbad.

Das nach einer der ursprünglichen Kohlesiedlungen des Tals benannte **Georgetown Inn** (1101 Bow Valley Trail, ✆ 403/678-3439 oder ✆ 800/657-5955, www.georgetowninn.ab.ca; $ 169–230) ist ganz im Stil eines traditionellen Landgasthofs eingerichtet – mit einem gemütlichen Speisesaal, der tägl. zum Frühstück, Mittag- und Abendessen geöffnet hat. Jedes der 20 Gästezimmer hat seinen eigenen Charme und ist mit vielen englischen Antiquitäten, aber doch modern ausgestattet. Das meiste für sein Geld bekommt man in den Victoria Rooms, die über separate Sitzbereiche und einen elektrischen Kamin verfügen ($ 159).

• *Über $ 200* Das **Bear and Bison** (705 Benchlands Trail, ✆ 403/678-2058, www.bearandbisoninn.com; $ 279–329) ist eine vornehme Unterkunft mit neun Gästezimmern in drei verschiedenen Stilen. Sichtbare Balken, unverputztes Mauerwerk und Antiquitäten prägen die Atmosphäre. Jedes der Zimmer verfügt über ein Kingsize-Himmelbett, einen Whirlpool, einen Kamin und einen eigenen Balkon oder eine eigene Terrasse. Das Foyer bietet eine hohe Gewölbedecke, ein gemütliches Kaminfeuer und große Panoramafenster. Außerdem können die Gäste eine Bücherei und den privaten Garten mit riesigem Whirlpool nutzen. Der Übernachtungspreis beinhaltet Gebäck zur Begrüßung, Aperitifs und ein unvergessliches Frühstück.

Die **Paintbox Lodge** (629 10th St., ✆ 403/609-0482 oder ✆ 888/678-6100, www.paintbox

lodge.com; $ 209–289 für 1/2 Pers.) hat denselben gehobenen Charme wie das Bear und Bison, liegt aber zentraler, nur einen Block von der Hauptstraße entfernt. Schon die Lobby ist ein wahres Schmuckstück mit handbehauenen Holzbalken, Schieferplatten und einzigartigen Kunstwerken zu alpinen Themen. Und diese hochwertige Ausstattung im Stil eines Berghotels setzt sich in den acht großen Gästezimmern fort, die in gedeckten Naturfarben gestrichen und mit einer geschmackvollen Auswahl antiker Stücke eingerichtet sind. Außerdem glänzen sie durch Bettbezüge aus feinsten Stoffen, Badezimmer mit großer, eingelassener Badewanne und Internet für Gäste, die ihre Arbeit nicht ruhen lassen können. Die teureren Zimmer haben auch einen Kamin und einen Balkon.

Unterhalb des SilverTip Resort, gegenüber der Downtown auf der anderen Seite des Trans-Canada Hwy., liegt das **Four Points by Sheraton Canmore** (1 Silvertip Trail, ✆ 403/609-4422 oder ✆ 888/609-4422, www.fourpointscanmore.com; ab $ 215 für 1/2 Pers.), Canmores luxuriösestes Kettenhotel. Es bietet allen Komfort, 99 moderne Gästezimmer, 13 Suiten, Internet in den Zimmern, ein Fitnesscenter, einen Whirlpool unter freiem Himmel sowie ein zwangloses italienisches Restaurant mit Bar und Giftshop.

Camping

Östlich von Canmore gibt es drei staatliche Campingplätze, die von Bow Valley Campgrounds (✆ 403/673-2163, www.bowvalleycampgrounds.com) betrieben werden. Jeder bietet Plumpsklos, überdachte Kochstellen und Feuerholz zum Preis von $ 8 pro Bund. Anschlüsse gibt es auf keinem. Der **Bow River Campground** (Ende April bis Anfang Sept.) liegt 3 km östlich von Canmore an der Three-Sisters-Parkway-Überführung. Auf den schön gelegenen und baumbestandenen **Three Sisters Campground** (Mitte April bis Okt.) gelangt man über Deadman's Flats, nochmals 4 km weiter östlich. Und 7 km weiter in Richtung Calgary liegt der **Lac des Arcs Campground** (Ende April bis Mitte Sept.) auf einem abfallenden Gelände an dem See gleichen Namens. Alle Stellplätze kosten $ 20–22 und können ab 1. April reserviert werden.

Essen und Trinken

Die Restaurantszene in Canmore hat in den letzten zehn Jahren beträchtliche Fortschritte gemacht. In den zahlreichen Pubs bekommt man noch immer preisgünstige und einfache Gerichte, doch eine breite Auswahl neuer Angebote ist hinzugekommen: vom belebten Gartenrestaurant vor einem umgebauten Wohnhaus bis zu spanischen Tapas-Lokalen.

• *Cafés* Die **Rocky Mountain Bagel Company** (830 8th St., ✆ 403/678-9978; tägl. 6.30–22 Uhr) ist als morgendlicher Treffpunkt sehr beliebt. Dank ihrer zentralen Lage ist sie stets gut besucht, schafft es aber trotzdem, eine gemütliche und einladende Atmosphäre zu bewahren. Es ist das perfekte Lokal, um mit einem guten, starken Kaffee und leckeren Früchtemuffins in den Tag zu starten.

Einen Block die Straße hinunter steht die etwas kleinere **Beamer's Coffee Bar** (737 7th Ave., ✆ 403/609-0111; tägl. 6.30–22 Uhr), die einen genauso guten Kaffee kocht.

Ein Stück abseits der Downtown, wo der Cougar Creek aus Richtung Fairholme Range nach Canmore fließt, liegt das **Summit Café** (1001 Cougar Creek Dr., ✆ 403/609-2120; tägl. 6.30–18 Uhr, Küche schließt um 16 Uhr). Auf der gesundheitsbewussten Speisekarte findet man viele Salate, die meisten Gäste kommen jedoch, um sich auf der Veranda von der Sonne verwöhnen zu lassen oder bei einer Tasse Kaffee die neueste Zeitung zu lesen.

• *Pizza* Im **Bella Crusta** (702 6th Ave., ✆ 403/609-3366; Mo–Sa 10–18 Uhr) gibt's die beste Pizza des Bow Valley. Aufgewärmte Stücke zum Mitnehmen kosten $ 6; für $ 14–16 kann man eine Familienpizza mitnehmen und zu Hause selbst warm machen – am besten auf dem Grill, wie das freundliche Personal empfiehlt.

• *International* Am oberen Ende der Hauptstraße liegt die **Rocky Mountain Flatbread Co.** (838 10th St., ✆ 403/609-5508; tägl. 11.30–21 Uhr; $ 10–16), ein wunderbares Lokal in Naturfarben und mit einem großen, holzbeheizten Lehmofen. Dieser Ofen spielt auch für die kulinarischen Highlights eine entscheidende Rolle, denn aus ihm kommen die leckeren Fladenbrotpizzen für $ 14–20. Mein Tipp: mit einer Schale hausgemachter Hühnernudelsuppe ($ 6) beginnen und dann eine Pizza mit Hühnchen, Apfel und Kirschtomaten bestellen (die zu $ 16,50 reicht für zwei Personen).

• *Kanadisch* In den letzten Jahren haben in Canmore viele erstklassige Restaurants eröffnet, aber das alte **Zona's** (710 9th St., ✆ 403/609-2000; tägl. 11–2 Uhr, Mittagstisch nur im Sommer) ist nach wie vor beliebt. Das Essen ist fantastisch, das Restaurant bezaubernd – warme Erdtöne, Hartholzfußböden, rustikale Möbel, Bambusjalousien und Tongeschirr schaffen ein einladendes Ambiente, wie man es in Canmore sonst nirgends findet. Die Speisekarte ist wahrhaft kosmopolitisch mit Schwerpunkt auf gesunden, frisch zubereiteten Gerichten aus kanadischen Zutaten. So lässt sich z. B. zwischen Shapard's Pie und vegetarischem Korma wählen. Eine große Terrasse bietet die im Sommer dringend benötigten zusätzlichen Sitzplätze.

Das **Crazyweed Kitchen** (1600 Railway Ave., ✆ 403/609-2530; tägl. 11.30–15 Uhr und ab 17 Uhr; $ 18–38) serviert eine kreative Küche, die selbst verwöhnte Gäste aus Calgary begeistert loben. Hinter der gläsernen Theke lockt eine große Auswahl frisch zubereiteter Speisen, z. B. Rinderrippchen in Curry, gedämpfter Dorsch aus Alaska oder Gourmet-Pizza. Die großzügigen Portionen werden an Tischen im Lokal oder im Freien serviert. Erwähnenswert ist außerdem die umfangreiche Weinkarte (Glas Wein ab $ 8, Flasche ab $ 38).

• *Asiatisch* Das **Wild Orchid Asian Bistro** (Silver Creek Lodge, 1818 Mountain Ave., ✆ 403/679-2019; tägl. außer dienstags Abendessen, Zeiten für das Mittagessen bitte telefonisch erfragen; $ 15–28) ist mein bevorzugtes japanisches Restaurant in den kanadischen Rockies. Neben sämtlichen traditionellen Gerichten, die in der offenen Küche perfekt zubereitet werden, gibt es auch Speisen mit westlichem Pfiff. Weitere Pluspunkte: perfekte Präsentation, Bergpanorama und die große Veranda.

Information/Einkaufen/Adressen

• *Information* Die beste Quelle für Informationen vor Reiseantritt ist **Tourism Canmore** (✆ 403/678-1295 oder ✆ 866/226-6673, www.tourismcanmore.com).

Ein **Travel Alberta Information Centre** direkt am Trans-Canada Hwy. im Westen der Stadt (✆ 403/678-5277; Mai bis Sept. 8–20 Uhr, Okt. 9–18 Uhr) bietet jede Menge Informationen über Canmore und Banff.

Die **Canmore Public Library** (950 8th Ave., ✆ 403/678-2468) ist montags bis donnerstags von 11 bis 20 Uhr und freitags bis sonntags von 11 bis 17 Uhr geöffnet.

• *Einkaufen* Das **Café Books** (826 Main St., ✆ 403/678-0908; Mo–Sa 10–18 Uhr, So 10.30–17.30 Uhr, im Sommer länger) am oberen Ende der Hauptstraße bietet eine großartige Auswahl kanadischer Bücher, einschließlich Wanderführern, Bildbänden, Rocky-Mountains-Kochbüchern und Kalendern, sowie Sachbücher lokaler Autoren.

Second Story (713 8th St., ✆ 403/609-2368) mit einem riesigen modernen Antiquariat befindet sich nicht mehr im 2. Stock, da das Gewicht der Bücher einen Umzug ins Erdgeschoss des Hauses erforderte.

• *Adressen* Das **Postamt** ist in der 7th Ave. neben dem Rusticana-Lebensmittelgeschäft.

Der Waschsalon **The Lost Sock** (in einem kleinen Einkaufszentrum in der 7th Ave., Ecke 10th St.) hat rund um die Uhr geöffnet und bietet Internetzugang.

Das **Canmore Hospital** liegt am Bow Valley Trail (✆ 403/678-5536).

Die **RCMP** wird unter ✆ 403/678-5516 erreicht.

Zentrales Alberta

Diese Region wird im Süden durch Calgary, im Norden durch Edmonton, im Westen durch die kanadischen Rockies und im Osten durch Saskatchewan begrenzt. Sie umfasst einen großen Teil der Provinz. Um sie für Besucher überschaubarer zu machen, konzentriere ich mich daher in diesem Kapitel auf einige Routen zwischen den beiden größten Städten Albertas.

Von Calgary bis Rocky Mountain House

Der Hwy. 22 folgt von Cochrane (nordwestlich von Calgary) den östlichen Ausläufern der Berge durch eine Reihe kleiner Orte bis nach Rocky Mountain House.

Sundre

Diese Stadt mit 2300 Einw. am Ufer des Red Deer River ist typisch für die Städte Albertas. Sie liegt in einer hügeligen Landschaft am Fuß der Rockies, die traditionell mit der Rinderzucht verbunden ist, lebt aber heute v. a. vom Öl und Gas. Das **Pioneer Village Museum** (130 Centre St., ✆ 403/638-3233; Mai bis Okt. Mo und Mi–Sa 10–17 Uhr, So 13–17 Uhr, Nov. bis April Mi–Sa 10–17 Uhr, So 13–16 Uhr; Erwachsene $ 10, Senioren und Kinder $ 8) in der Stadt zeigt eine umfassende Sammlung von Stücken aus den frühen Pioniertagen, z. B. landwirtschaftliche Maschinen und Geräte, eine Schmiede und ein altes Schulhaus.

• *Übernachten* Das attraktivste der vier Motels von Sundre ist das **Chinook Country Inn** (120 2nd St. SW, ✆ 403/638-3300, www.chinookcountryinn.ca; $ 75 für 1/2 Pers.), dessen Zimmerpreise ein leichtes Frühstück einschließen.

• *Camping* Der städtische **Greenwood Campground** (✆ 403/638-2130; Mitte Mai bis Ende Sept.; Stellplatz ohne Anschlüsse $ 20, mit Anschlüssen $ 25–30) liegt am Westufer des Red Deer River und ist vom Zentrum aus zu Fuß zu erreichen. Er hat saubere Anlagen, zu denen neben Duschen eine überdachte Kochstelle mit Holzofen gehört.

• *Information* Das **Sundre Visitor Information Centre** (✆ 403/638-3245; im Sommer tägl. 10–18 Uhr, sonst Mo–Fr 10–16 Uhr) befindet sich am Ostufer des Red Deer River.

Caroline

Der nach der Tochter eines der ersten Siedler benannte Ort ist die Heimatstadt von **Kurt Browning,** dem viermaligen Weltmeister im Eiskunstlauf der Männer. Sein Porträt ziert die örtlichen Touristenprospekte, und die Kurt Browning Arena (48th Ave.; Mo–Fr 8–16 Uhr) der Stadt beherbergt *Kurt's Korner,* eine Ausstellung persönlicher Erinnerungsstücke.

Rocky Mountain House

Die meist einfach „Rocky“ genannte Stadt mit 6600 Einw. erstreckt sich zu beiden Seiten des North Saskatchewan River und liegt umgeben von sanften Hügeln in der Übergangszone zwischen Espenwald und Gebirge. Der Hwy. 11 (auch als „David Thompson Highway“ bekannt) durchquert die Stadt auf seinem Weg nach Red Deer (82 km) im Osten und zum Nordende des Banff National Park (170 km) im Westen.

Rocky Mountain House National Historic Site

Diese nationalhistorische Stätte (Hwy. 11A, 7 km westlich von Rocky Mountain House am Hwy. 11A, ✆ 403/845-2412; Mitte Mai bis Aug. tägl. 10–17 Uhr, Sept. Mo–Fr 10–17 Uhr; Erwachsene $ 4, Senioren $ 3,50, Kinder $ 2) erinnert an die bedeutende Rolle, die der Pelzhandel in der Geschichte Kanadas gespielt hat. Der erste Handelsposten (bzw. das erste Fort) wurde hier 1799 errichtet. Gegen 1830 kam Biberfilz in Europa aus der Mode, und die Händler verlegten sich auf Bisonfelle. Um 1870 endete der Pelzhandel, woraufhin der letzte Handelsposten von Rocky Mountain House geschlossen wurde. Heute umfasst das geschützte Gebiet die Res-

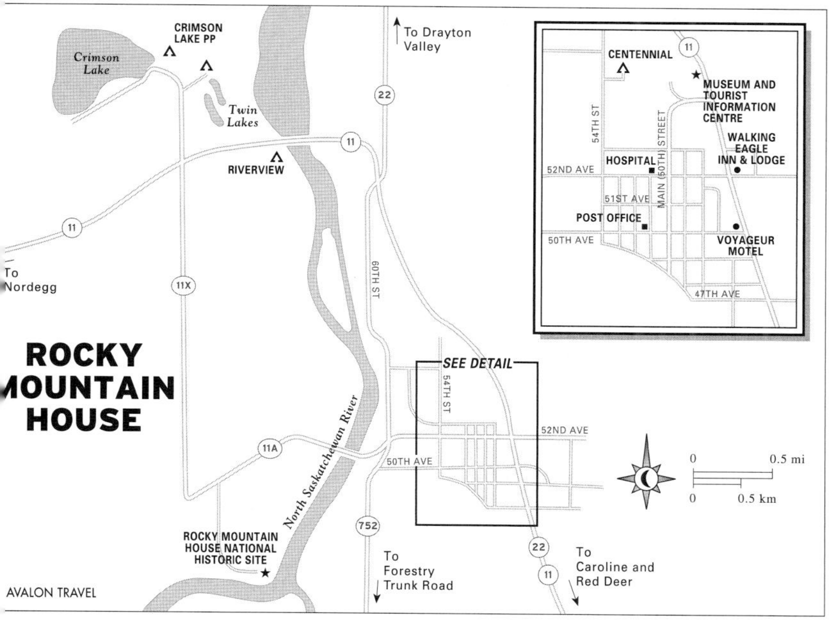

te von fünf Forts, eine Bisonweide und einen Bereich des Flussufers, an dem einst die großen Voyageur-Kanus anlegten, um mit Pelzen für den europäischen Markt beladen zu werden. Das Besucherzentrum bildet die beste Einführung, da seine Ausstellungen die Geschichte der Forts, des Pelzhandels und der Entdeckung des Westens ausführlich erklären. Zwei Pfade ziehen sich am nördlichen Flussufer entlang. Der längere davon, ein Rundweg von 3,2 km, führt zu den Stellen, an denen die beiden ersten Forts standen. Mehrere „Horchposten" entlang dem Weg informieren mit Tonaufzeichnungen über das Leben im frühen 19. Jh. Alles, was von den Forts übrig geblieben ist, sind Vertiefungen im Boden, aber die Erklärungen und Ausstellungen vermitteln eine gute Vorstellung davon, wie sie einst aussahen.

Rocky Mountain House Museum

Dieses Museum (5406 48th St., ✆ 403/845-2332; Juli/Aug. tägl. 9–20 Uhr, Juni und Sept. tägl. 9–17 Uhr, sonst nur werktags; Erwachsene $ 4, Kinder $ 1,50) befindet sich im selben Gebäudekomplex wie das Informationszentrum. Zu den Exponaten gehört eine Sammlung von Artefakten aus der Pionierzeit, darunter eine alte Blockhütte des Forest Service, ein Schulhaus mit einem Klassenzimmer und eine interessante Maschine zur Herstellung von Seilen.

Übernachten/Camping/Information

• *Übernachten* Zahlreiche Motels findet man am Hwy. 11 östlich der Stadt. Am billigsten ist das **Voyageur Motel** (✆ 403/845-3381 oder ✆ 888/845-5569, www.voyageurmotel.ca; $ 60–75 für 1 Pers., $ 75–90 für 2 Pers.) mit großen, sauberen Zimmern, die mit Kühlschrank und Mikrowelle ausgestattet sind. Zimmer mit Küche kosten $ 5 extra.

Das **Walking Eagle Inn & Lodge** (4819 45th St., ✆ 403/845-2804 oder ✆ 866/845-2131, www.walkingeagle.net; $ 99–129 für

1/2 Pers.) ist an seiner auffälligen Blockhausfassade zu erkennen und bietet komfortable Zimmer, ein Steakhouse und ein Dampfbad.

• *Camping* Der **Riverview Campground** (Hwy. 11, ✆ 403/845-4422; Stellplatz ohne Anschlüsse $ 16, mit Anschlüssen $ 19–26) ist der einzige kommerzielle Platz in der Stadt. Die Stellplätze ohne Anschlüsse liegen in einem Wäldchen am North Saskatchewan River. Zur Ausstattung gehören ein kleiner Lebensmittelladen, eine Laundry, Duschen und kostenloses Feuerholz.

Ebenfalls empfehlenswert ist der **Crimson Lake Provincial Park** (✆ 403/845-2330; $ 22–28) nordwestlich der Stadt an einer vom Hwy. 11 abzweigenden Zufahrtsstraße. Dort gibt es zwei Campingplätze; die Stellplätze am Crimson Lake verfügen überwiegend über Anschlüsse, die an den Twin Lakes nicht.

• *Information* Das **Tourist Information Centre** (54th Ave., ✆ 403/845-5450 oder ✆ 800/565-3793, www.rockychamber.org; Ende Mai bis Aug. Mo–Sa 9–19 Uhr, So 10–18 Uhr, sonst Mo–Fr 9–17 Uhr) liegt am Hwy. 11 nördlich der Downtown.

David Thompson Highway

Der David Thompson Hwy. (Hwy. 11) steigt allmählich aus dem Aspen Parkland um Rocky Mountain House empor und führt nach Westen in die dichten Wälder an den Osthängen der kanadischen Rockies.

Nordegg

Die einzige Siedlung zwischen Rocky und dem Banff National Park ist Nordegg (100 Einw.), 85 km westlich von Rocky. Der Ort wurde 1914 planmäßig als Wohnsiedlung einer Kohlengrube angelegt. Die Straßen verlaufen halbkreisförmig um das Zentrum mit dem Bahnhof und den Geschäften. Damals wurden 50 Bergarbeiterhäuschen in Pastelltönen errichtet, zwei Kirchen und ein Krankenhaus erbaut, Gärten und ein Golfplatz angelegt. Nie zuvor haben es die Bergarbeiter besser gehabt. Doch die Mine schloss Anfang 1955 und wurde noch im gleichen Jahr aufgegeben.

Die Stadt ist weitgehend verschwunden, aber die noch erhaltenen Bergbauanlagen wurden als National Historic Site unter Denkmalschutz gestellt. Die Nordegg Historical Society, der viele ehemalige Bewohner des Ortes angehören, betreibt das **Nordegg Heritage Centre** (✆ 403/721-2625; Mitte Mai bis Sept. 9–17 Uhr) im zweistöckigen Gebäude der ehemaligen Schule an der Hauptstraße. Im gleichen Gebäude befindet sich auch das **Miner's Café,** das ein Suppe-und-Sandwich-Special für $ 8 und dick belegte, leckere Sandwiches serviert. Zum Nachtisch ist der frisch gebackene Obstkuchen zu empfehlen. Die Reste der Stadt, von der heute nur noch wenige Gebäude erhalten sind, liegen etwas hangauf und sind vom Museum aus gut zu Fuß zu erreichen. Man können nach Belieben dazwischen herumspazieren, sollte sich aber vorher beim Besucherzentrum einen Plan holen. Noch weiter den Hang hinauf gelangt man zu den Bergbauanlagen, die zu einem großen Teil erhalten sind. Dieser Teil von Nordegg ist nur im Rahmen von Führungen zugänglich, die den Sommer hindurch zweimal täglich angeboten werden und über das Museum reserviert werden können. Die Grube selbst wird dabei nicht besichtigt, doch die längere Führung ($ 8) umfasst die Anlage zur Brikettherstellung und den Grubeneingang. Die Zeiten sind telefonisch zu erfahren.

• *Übernachten* Eine gute Unterkunft für Budget-Reisende ist das **HI-Nordegg** (✆ 403/721-2140, www.hihostels.ca; $ 20–25/Pers.), das auch *Shunda Creek Hostel* genannt wird. Es befindet sich in einem riesigen Blockhausbau in malerischer Wildniskulisse und bietet eine voll ausgestattete Küche, einen Speisesaal, einen offenen Kamin, heiße Duschen und einen Whirlpool im Freien. Mitglieder von Hostelling International bezahlen $ 20/Nacht, Nichtmitglieder $ 25. Die Herberge liegt an der Shunda Creek Recreation Area Rd. gleich westlich von Nordegg und hat ganzjährig geöffnet. Die Rezeption ist ab 16 Uhr besetzt.

Westlich von Nordegg

23 km westlich von Nordegg führt eine ungeteerte Nebenstraße 8 km nordwärts zu den **Crescent Falls** mit einem einfachen Campingplatz ohne Ausstattung. Weiter auf dem Highway kommt bald das leuchtend türkisgrüne Wasser des **Abraham Lake** in Sicht, einem der größten Stauseen von Alberta. Aber nicht sofort anhalten, um zu fotografieren, denn etwas weiter wird der Blick noch schöner. Die **Aurum Lodge** (45 km westlich von Nordegg, ✆ 403/721-2117, www.aurumlodge.com; $ 149–199 für 1 Pers., $ 179–229 für 2 Pers., abgeschlossene Wohnungen $ 189–249) profitiert von ihrer traumhaften Lage mit Seeblick und von der umweltfreundlichen Einstellung ihrer Besitzer. Alan und Madeleine Ernst haben den Bau so weit wie möglich aus Recyclingmaterial errichtet: Natürliches Licht durchflutet das ganze Haus, in der Küche steht ein Holzherd, und der Abfall wird zum größten Teil wiederverwertet. Das heißt aber nicht, dass man sich auf eine Wildnishütte ohne fließendes Wasser einstellen muss. Die Lodge ist modern und komfortabel. Man kann sich auf der Terrasse sonnen oder es sich mit einem Buch am Kamin gemütlich machen – und tagelang gar nicht merken, dass es im ganzen Haus kein Fernsehgerät gibt. Das **David Thompson Resort** (3 km westlich der Aurum Lodge, ✆ 403/721-2103 oder ✆ 888/810-2103, www.davidthompsonresort.com; Mai bis Mitte Okt.; Stellplatz ohne Anschlüsse $ 21, mit Anschlüssen $ 31–38) bietet recht unterschiedliche Optionen. Die Sanitäranlagen waren bei unserem Besuch für diese Auflage renovierungsbedürftig, doch zum Ausgleich gibt es eine einzigartige, nach einer Seite offene Bar, in der jeden Abend Karaoke geboten und am Morgen ein Pfannkuchenfrühstück serviert wird. Außerdem findet man einen Spielplatz mit soliden Rutschbahnen, eine Frisbeegolf-Anlage, ein Restaurant und eine Tankstelle.

Am Südende des Abraham Lake schützt das **Kootenay Plains Ecological Reserve** ein einzigartiges Gebiet trockener Bergsteppe. Da das Klima in diesem Bereich des Tals außergewöhnlich mild ist, überwintern hier viele Wapiti- und Maultierhirsche, Dickhornschafe und Elche. Jahrtausendelang sind die Kootenay-Indianer aus dem Columbia River Valley regelmäßig hierhergekommen, um diese Wildtiere sowie die damals zahlreichen Bisons zu jagen. Im Sommer hingegen ist Großwild hier wegen des trockenen Mikroklimas und der entsprechend kargen Vegetation eher selten.

Zwei geschützte Wildnisgebiete nahe dem Westende des Hwy. 11 – **White Goat** und **Siffleur** – bieten erfahrenen Wanderern Gelegenheit, die Schönheit der Natur und das reiche Tierleben der kanadischen Rockies fernab der Menschenmassen der Nationalparks zu erleben. In beiden sind sämtliche Eingriffe untersagt, die das empfindliche Ökosystem gefährden könnten, und dazu gehört auch der Bau von Straßen und Pfaden. Über die zahlreichen rasch strömenden Bergbäche wurden keine Brücken gebaut, und die wenigen alten Pfade, die es gibt, werden nicht unterhalten. Da diese Parks nur zu Fuß erreichbar sind, werden sie auch nur wenig besucht. Der wichtigste Pfad in die Siffleur Wilderness Area beginnt an einem Parkplatz 2 km südlich des Two O'Clock Creek Campground in den Kootenay Plains. Besonders sehenswert und fotogen sind die 4 km von der Straße entfernten **Siffleur Falls.** Auskünfte über beide Parks erteilt das **Department of Tourism, Parks and Recreation** (✆ 403/845-8349, www.albertaparks.ca).

Von Calgary nach Red Deer

Die alte Verbindungsstraße zwischen Calgary und Edmonton (Hwy. 2A) ist inzwischen ganz durch den vierspurigen, autobahnartig ausgebauten Hwy. 2 ersetzt worden, auf dem man die Strecke bequem in 3 Std. bewältigen kann. Red Deer liegt etwa auf der Hälfte der Strecke.

Carstairs

Carstairs ist eine kleine Gemeinde 67 km nördlich von Calgary, die von Ackerbau, Milchwirtschaft und Viehzucht lebt. Ihre Alleen sind gesäumt von prachtvollen alten Häusern, und die für alle Präriestädte typischen Getreidesilos heben sich als Silhouetten vom Himmel ab. Die eigentlichen Sehenswürdigkeiten liegen außerhalb des Orts, so z. B. die **PaSu Farm** (10 km westlich der Stadt, ✆ 403/337-2800; Di–Sa 10–16 Uhr, So 12–16 Uhr), eine bewirtschaftete Farm mit einem Dutzend verschiedener Schafrassen, die u. a. Schaffell- und Wollprodukte sowie Webarbeiten aus Afrika ausstellt. Das dazugehörende Restaurant serviert dienstags bis samstags von 12 bis 16 Uhr Imbissgerichte, Scones, hausgemachten Apfelkuchen und verschiedene Tees und sonntags von 12 bis 14.30 Uhr auch Mittagessen. Ein Großteil der Wolle von dieser Farm wird an die **Custom Woolen Mills** (✆ 403/337-2221; Mo–Fr 9–15 Uhr) verkauft, die auf der anderen Seite von Carstairs liegen (20 km über den Hwy. 581 nach Osten und dann auf dem Hwy. 791 weitere 4,5 km nach Norden). In diesem Museumsbetrieb wird die Wolle mit klobigen Maschinen verarbeitet, von denen einige aus der Zeit um 1880 stammen, und zu Garnen versponnen, die zum Stricken verwendet und auch direkt verkauft werden. Ein ungeführter Rundgang ist möglich.

Olds und Umgebung

Olds liegt auf etwas mehr als halber Strecke zwischen Calgary und Red Deer. Der von fruchtbarem Farmland umgebene Ort ist Sitz des **Olds College** (✆ 403/556-8281), das die Entwicklung der kanadischen Landwirtschaft in den letzten 100 Jahren entscheidend geprägt hat. Besucher können über den Campus spazieren und die gepflegten, farbenprächtigen Beete mit Pflanzen, die im Prärieklima gewachsen sind, bewundern. Der 600 ha große Campus liegt südlich der Hauptstraße am Hwy. 2.

28 km nordwestlich von Olds schützt der **Red Lodge Provincial Park** einen bewaldeten Abschnitt am **Little Red Deer River** mit idealen Lebensbedingungen für Hirsche und Elche. Der Campingplatz (✆ 403/224-2547; Mitte April bis Mitte Okt.; $ 22–28) bietet eine überdachte Kochstelle, Münzduschen sowie Brennholz, und der Fluss eignet sich zum Angeln, Kanufahren und Baden.

Torrington

In Torrington, 28 km östlich von Olds am Hwy. 27 gelegen, gibt es mehr Ziesel als Menschen. Das ist eigentlich für eine Präriestadt noch nichts Besonderes – doch die Ziesel von Torrington sind allesamt ausgestopft. Das **Gopher Hole Museum** (208 1st St., ✆ 403/631-3931; Juni bis Sept. tägl. 10–17 Uhr; $ 2) wird als „eine absonderliche Darstellung des Alltagslebens in unserem ruhigen Dorf" beschrieben. Und das trifft den Nagel auf den Kopf. Etwa 40 Dioramen zeigen ausgestopfte Ziesel in allen Lebenslagen: verliebte Ziesel, Ziesel beim Sport, Ziesel beim Campen und sogar Ziesel in T-Shirts mit einem Aufdruck, der Tierschützern, die sich über dieses Museum aufregen, rät, sie sollten sich doch „ausstopfen lassen". Im Eintrittspreis enthalten ist eine Kopie des Textes des *Torrington Gopher Call Song*, der durch die sonst ruhigen Straßen des Städtchens hallt, sobald das Museum geöffnet hat.

Dry Island Buffalo Jump

Dieser 1180 ha große Park wurde nach einer abgelegenen Hochebene im Red Deer River Valley und der dortigen Stelle, an der die Ureinwohner schon vor 2000 Jahren Bisons über eine Klippe trieben, benannt. Mit 50 m ist diese Klippe weit höher als alle übrigen Büffelsprünge in Alberta und liegt zudem ideal: Der Zugang führt bergauf, sodass der Abgrund erst auf den letzten Metern erkennbar wird. Unterhalb des von Präriegras bedeckten Plateaus haben Wind- und Wassererosion steile Talwände und Sandsteinbänke geschaffen und so bizarre Badlands entstehen lassen. Die Vegetation des Tals ist sehr vielfältig; allein über 400 Arten von Blütenpflanzen wurden bereits nachgewiesen. Der Park ist nur für Tagesbesuche gedacht und hat außer einer Picknickstelle und einigen Pfaden keinerlei Einrichtungen. Zufahrt bietet ein Schotterweg östlich des Hwy. 21. Vom Parkeingang oberhalb des Büffelsprungs führt die Straße steil abwärts in das 200 m tiefer gelegene Tal (Achtung: nach Regen kann sie extrem rutschig sein) und zum Ufer des Red Deer River.

Innisfail

Das **Innisfail Historical Village** (auf dem Festplatz an der 42nd St. und 52nd Ave., ✆ 403/227-2906; im Sommer Mo–Sa 10–17 Uhr, So 12–17 Uhr; Spende) zeigt auf dem 1 ha großen Gelände Nachbildungen historischer Bauwerke wie z. B. einer Kutschstation, eines Schulhauses, eines Kramladens, eines Bahnhofs der Canadian Pacific Railway und einer Schmiede.

Im **Police Dog Service Training Centre** (4 km südlich der Stadt, ✆ 403/227-3346; kostenlos) der Royal Canadian Mounted Police (RCMP) treffen sich Hundetrainer und ihre vierbeinigen Freunde aus ganz Kanada, um Gehorsam, Geschicklichkeit und die Festnahme von Kriminellen zu trainieren. Den Sommer über finden jeden Mittwoch um 14 Uhr öffentliche Vorführungen statt. Reservierungen sind nicht erforderlich, da die kleine Tribüne jedoch meist sehr voll ist, sollte man zeitig kommen, um einen guten Platz zu erwischen.

Markerville

Dieser Ort 16 km westlich und 3 km nördlich von Innisfail wurde um 1880 von Siedlern aus Island gegründet, die sich zuerst im Osten Kanadas niedergelassen hatten, aber dann weiter nach Westen zogen, da sich ihr Land als unfruchtbar erwies. Heute hat Markerville etwa 100 Einw., die überwiegend von den ursprünglichen Siedlern abstammen. Es ist ein schmuckes Städtchen mit hübsch gestrichenen Häusern und gepflegten Gärten. Einzige Sehenswürdigkeit ist die **Markerville Creamery** (✆ 403/728-3006; Mitte Mai bis Anfang Sept. Mo–Sa 10–17.30 Uhr, So 12–17.30 Uhr). Von 1902 bis zu ihrer Schließung im Jahr 1972 gewann diese Molkerei zahlreiche Preise für ihre hochwertige Butter, wie man bei dem ungeführten Rundgang ($ 2) durch die Anlagen zur Butterherstellung erfährt. Ein Teil der Molkerei wurde zu einem *Kaffistofa* (Café) umgebaut, das isländische Spezialitäten serviert.

Der berühmteste unter den isländischen Einwanderern war Stephan A. Stephansson, der zu den produktivsten Poeten der westlichen Welt gehörte. Seine jungen

Jahre verbrachte er in Island, doch den Großteil seiner Gedichte hat er in Kanada geschrieben. Sein restauriertes Wohnhaus von 1927, das auffällig rosa und grün gestrichene **Stephansson House** (✆ 403/ 728-3929; Mitte Mai bis Aug. tägl. 10–18 Uhr; Erwachsene $ 3, Senioren und Kinder $ 2), liegt gleich nördlich von Markerville. Am Parkplatz informieren Tafeln über die Geschichte von Stephansson und seinen Miteinwanderern, und ein kurzer Pfad führt zwischen den Bäumen hindurch zum Haus.

Markerville ist einer von Albertas reizvollsten Orten

Red Deer

Diese mit 86.000 Einw. drittgrößte Stadt Albertas liegt an einer Schleife des Red Deer River auf halber Strecke zwischen Calgary (145 km südlich) und Edmonton (148 km nördlich). Vom Highway aus meint man, Red Deer bestehe nur aus Industriegebieten und Wohnsiedlungen, doch die Stadt besitzt auch einige Parks, und zahlreiche historische Bauwerke wurden restauriert.

Der Name Red Deer ist schon auf Karten des Forschers David Thompson aus dem frühen 19. Jh. vermerkt. Die Cree nennen den Fluss *Waskasoo* (Wapitihirsch), und Fachleute vermuten, Thompson habe das Wort falsch übersetzt und die Tierart mit dem europäischen Rothirsch verwechselt.

Sehenswertes

Wer von Norden oder Süden her nach Red Deer kommt, folgt dem Hwy. 2, bis das große rotweiße Gebäude des **Red Deer Visitor and Convention Bureau** in Sicht kommt (von Norden nimmt man die Ausfahrt 32nd St. und fährt in einer Schleife zurück auf den Hwy. 2 in Richtung Norden). Es ist nicht nur eine gute Infoquelle, sondern zugleich der Sitz der **Alberta Sports Hall of Fame and Museum** (✆ 403/ 341-8614; im Sommer 9–18 Uhr, sonst 10–17 Uhr; Erwachsene $ 3, Kinder $ 2). Die Ausstellungen informieren über die Sportidole Albertas, beispielsweise über die Eishockey-Legende Wayne Gretzky, über den viermaligen Weltmeister im Eiskunstlauf Kurt Browning und über Jamie Sale aus Red Deer, die zusammen mit ihrem Partner David Pelletier bei den Olympischen Winterspielen 2002 nachträglich die Goldmedaille im Paarlauf erhielt, nachdem ihnen durch eine skandalöse Entscheidung der Punkterichter zunächst nur der zweite Platz zugestanden worden war. Aber es geht nicht nur um Wintersport. Man kann auch die Leistungen anderer Einwohner Albertas bestaunen, wie etwa die von Sharon Wood (erste nordamerikanische Frau auf dem Mount Everest) und Jason Zuback (mehrfacher Weltmeister im Long Drive Golf).

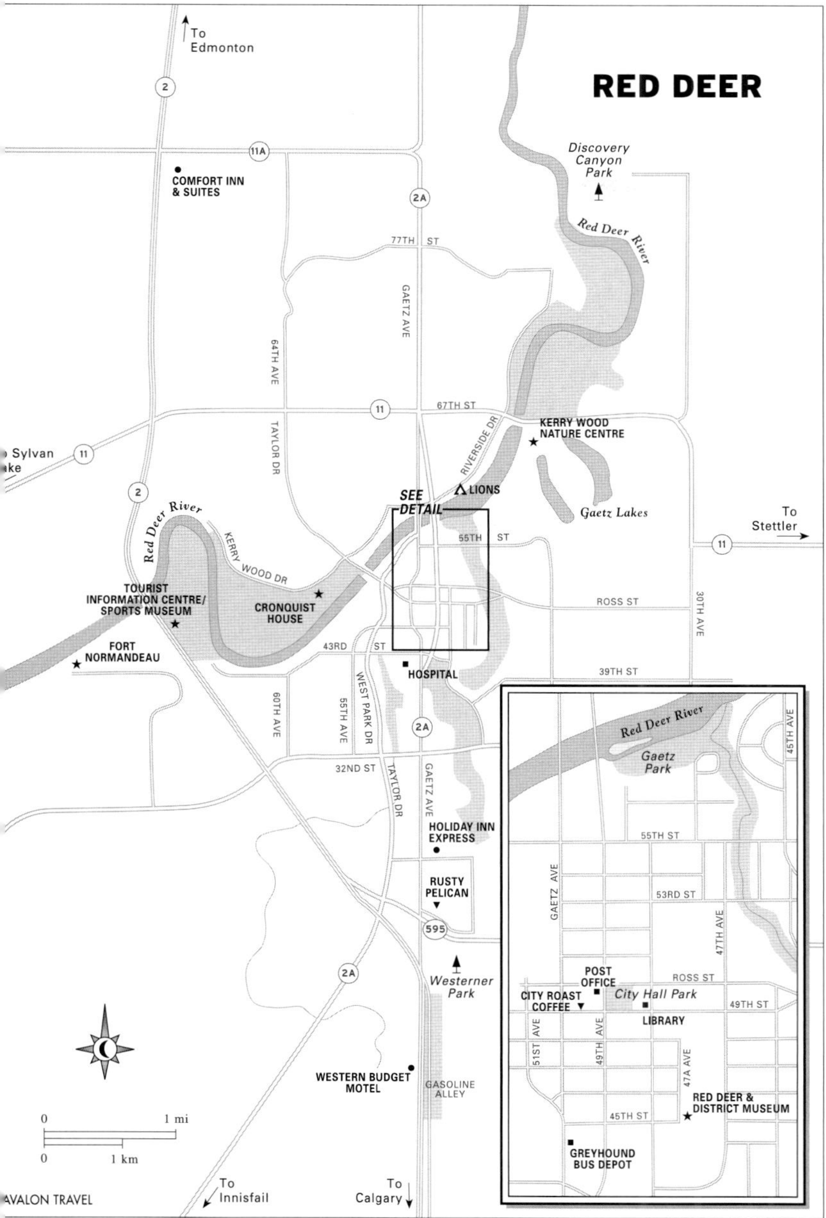
RED DEER
To Edmonton
2
11A
COMFORT INN & SUITES
2A
Discovery Canyon Park
Red Deer River
77TH ST
GAETZ AVE
64TH AVE
11
67TH ST
RIVERSIDE DR
KERRY WOOD NATURE CENTRE
TAYLOR DR
Sylvan Lake
LIONS
SEE DETAIL
Gaetz Lakes
To Stettler
Red Deer River
KERRY WOOD DR
55TH ST
TOURIST INFORMATION CENTRE/ SPORTS MUSEUM
CRONQUIST HOUSE
ROSS ST
30TH AVE
FORT NORMANDEAU
43RD ST
HOSPITAL
39TH ST
60TH AVE
55TH AVE
WEST PARK DR
32ND ST
TAYLOR DR
GAETZ AVE
HOLIDAY INN EXPRESS
RUSTY PELICAN
595
Westerner Park
WESTERN BUDGET MOTEL
GASOLINE ALLEY
0 1 mi
0 1 km
AVALON TRAVEL
To Innisfail
To Calgary
Red Deer River
Gaetz Park
45TH AVE
55TH ST
GAETZ AVE
53RD ST
47TH AVE
POST OFFICE
ROSS ST
CITY ROAST COFFEE
City Hall Park
49TH ST
LIBRARY
51ST AVE
49TH AVE
47A AVE
RED DEER & DISTRICT MUSEUM
45TH ST
GREYHOUND BUS DEPOT

Von hier aus gelangt man zu Fuß (oder mit dem Auto über die 32nd St.) zum **Fort Normandeau** (✆ 403/346-2010; Mitte Mai bis Juni tägl. 12–17 Uhr, Juli/Aug. 12–20 Uhr; Eintritt frei). Das rekonstruierte Bauwerk steht an der Stelle eines Forts, das im Frühjahr 1885 als Bollwerk gegen die Riel Rebellion (ein Métis-Aufstand unter Führung von Louis Riel) errichtet worden war.

In der Downtown dokumentiert das nach umfangreichen Renovierungsarbeiten 2010 wiedereröffnete **Red Deer and District Museum** (4525 47A Ave., ✆ 403/309-8405; Juli/Aug. Mo–Fr 10–17 Uhr und Sa/So 13–17 Uhr, sonst tägl. 12–17 Uhr; Spende) die Geschichte der Region von prähistorischen Zeiten bis zur Gegenwart, wobei der Schwerpunkt auf den letzten 100 Jahren liegt. Wer mit Kindern reist, sollte sich die speziell für junge Besucher eingerichtete interaktive Abteilung nicht entgehen lassen. Wer eine Schwäche für Ausgefallenes und Skurriles hat, kann sich die Ausstellung *The World's Most Boring Postcard* anschauen, ein Titel, den eine Karte gewonnen hat, welche das Museumsgebäude zeigt. Außerdem ist das Museum Ausgangspunkt von zwei historischen Rundgängen, für die man hier die Pläne bekommt.

Ein Tag am Strand

Da Alberta keinen Küstenzugang hat, bietet es nicht viele Möglichkeiten für einen Badeurlaub – sofern man nicht über die Berge nach Invermere in British Columbia fahren oder das Flugzeug nehmen will. Die einzige Ausnahme ist der Ort **Sylvan Lake** am gleichnamigen See 22 km westlich von Red Deer, der schon seit Anfang des 20. Jh. ein beliebter Badeort ist. Er bietet mehr als 5 km Sandstrand, sauberes, warmes Wasser, eine große Marina und vielfältige Freizeiteinrichtungen. Kinder werden vom **Wild Rapids** (Lakeshore Dr., ✆ 403/887-3636) begeistert sein, das elf Wasserrutschen, einen beheizten Pool sowie eine Bootsvermietung hat. Der Strand des Sees ist gesäumt von Boutiquen mit Strand- und Badekleidung, Vermietern von Wassersportausrüstung und kinderfreundlichen Unterkünften. Sogar einen Leuchtturm gibt es dort.

Sport und Freizeit

Zu beiden Seiten des Red Deer River erstreckt sich der 11 km lange **Waskasoo Park** mit einem 75 km umfassenden Netz von Pfaden, die im Sommer als Fuß- und Radwege dienen und im Winter als Langlaufloipen. Vom Infozentrum am Highway kann man durch das Tor auf einer Einbahnstraße zur benachbarten **Heritage Ranch** (✆ 403/347-4977) fahren, die Ausritte für $ 20/Std. anbietet.

Weiter flussabwärts zeigt das **Kerry Wood Nature Centre** (6300 45th Ave., ✆ 403/346-2010; tägl. 10–17 Uhr) verschiedene Ausstellungen und Videos über die Naturgeschichte des Tals und bietet Zugang zu einem geteerten Rundweg durch das angrenzende 118 ha große **Gaetz Lakes Sanctuary.** In dieser seit 1924 geschützten Landschaft mit Fichten- und Pappelwäldern, durchsetzt von Sümpfen, leben 128 Vogel- und 25 Säugetierarten.

Kinder werden vom **Discovery Canyon Park** (✆ 403/343-8311; im Sommer tägl. 9–20 Uhr) begeistert sein, der die Freude am Entdecken über das trockene Lernen stellt. Höhepunkt ist ein natürlicher Wasserlauf, der in eine Wasserrutsche, Stromschnellen und einen großen Pool an einem Ende umgestaltet wurde. Der Eintritt ist kostenlos; einen Luftschlauch kann man für $ 3 ausleihen. Um dorthin zu gelangen, folgt man der 30th Ave. von der 67th St. 4 km nach Norden.

Übernachten/Camping/Essen und Trinken

• *Übernachten* Seine Lage zwischen den beiden größten Städten Albertas hat Red Deer zu einem beliebten Ort für Tagungen und Konferenzen gemacht und ihm zahlreiche Hotels beschert. Die billigeren davon liegen im Süden der Stadt an der „Gasoline Alley". Einen Versuch wert ist das **Western Budget Motel** (37468 Hwy. 2 S, ✆ 403/358-5755, www.westernbudgetmotel.com; $ 59–99 für 1 Pers., $ 79–99 für 2 Pers.) auf der Westseite der Gasoline Alley, wo man für sein Geld die besten Zimmer zwischen Calgary und Edmonton bekommt; alle sind sauber, geräumig und relativ modern.

Das **Holiday Inn Express** liegt südlich des Zentrums auf der nach Norden führenden Seite der Straße (2803 Gaetz Ave., ✆ 403/343-2112 oder ✆ 877/660-8550, www.hiexpress.com; $ 119–169 für 1/2 Pers.). Die Zimmer sind geräumig, modern und gut ausgestattet. Frühstück und Nutzung des Meerwasserpools im Haus sind im Preis enthalten.

Mein Favorit in Red Deer ist das **Comfort Inn & Suites** (6846 66th St., ✆ 403/348-0025 oder ✆ 866/348-0025, www.comfortinnreddeer.com; $ 139 für 1/2 Pers.) gleich beim Hwy. 2 am Nordrand der Stadt. Die großen und modernen Zimmer sind sehr gut ausgestattet, ein leichtes Frühstück ist inbegriffen, und ein Hallenbad mit Wasserrutsche ist ebenfalls vorhanden. Ein weiteres Plus ist die ökologische Gestaltung des Motels, u. a. mit Sonnenkollektoren auf dem ganzen Dach.

• *Camping* Mit dem baumbestandenen **Lions Campground** westlich des Flusses (4759 Riverside Dr., ✆ 403/342-8183; Mai bis Sept.; Stellplatz ohne Anschlüsse $ 19, mit Anschlüssen $ 29) bietet Red Deer einen guten Stadtcampingplatz. Man folgt zunächst der Gaetz Ave. nach Norden durch die Stadt und biegt nach dem Überqueren des Red Deer River rechts ab. Der Platz bietet Duschen, alle Anschlüsse und eine Laundry.

• *Essen und Trinken* Guten Kaffee im Ambiente eines städtischen Kaffeehauses bietet das **City Roast Coffee** (4940 Ross St., ✆ 403/347-0893; Mo–Sa 7.30–18 Uhr).

Ein Lokal ganz anderer Art ist das gleich um die Ecke gelegene **Jerry Can** (500 50th Ave., ✆ 403/347-9417), das von einem etwas absonderlichen Sammelsurium einheimischer Stammgäste besucht wird, die hier billig essen und den neuesten Klatsch erfahren wollen.

Fastfood- und Familienrestaurants säumen die 50th Ave. (Gaetz Ave.) nördlich und südlich des Zentrums, doch das nobelste Restaurant von Red Deer ist das **Rusty Pelican** (2079 50th Ave., ✆ 403/347-1414; tägl. 11–22 Uhr; $ 14–29). Seine Hauptgerichte reichen von traditionell (Prime Rib mit Yorkshire Pudding) bis zu ziemlich exotisch (Red Snapper nach Cajun-Art). Abgerundet wird das Angebot dieses Spitzenlokals durch eine breite Palette von Meeresfrüchte-Vorspeisen, eine Weinkarte mit akzeptablen Preisen und eine Erdbeersahnetorte, die auf der Zunge zergeht.

Information/Einkaufen/Adressen/Verbindungen

• *Information* Das **Red Deer Visitor & Convention Bureau** betreibt ein ausgezeichnetes Informationszentrum (✆ 403/346-0180 oder ✆ 800/215-8946, www.tourismreddeer.net; ganzjährig Mo–Fr 9–17 Uhr, Sa/So 10–17 Uhr, im Sommer bis 18 Uhr) am Hwy. 2 zwischen der nördlichen und südlichen Hauptzufahrt in die Stadt. Es liegt auf der Stadtseite des Highways. Von Norden kommend, nimmt man die Ausfahrt 32nd St. und fährt in einer Schleife zurück auf den Hwy. 2 N. Dort findet man nicht nur eine Fülle von Infos, sondern außerdem einen Giftshop, einen Imbisskiosk, Toiletten und gleich daneben ein Picknickgelände.

Die hervorragende **Red Deer Public Library** befindet sich in einem einstöckigen, roten Ziegelbau hinter der City Hall (4818 49th St., ✆ 403/346-4576; Mo–Do 9.30–20.30 Uhr, Fr/Sa 9.30–17.30 Uhr, So 13.30–17 Uhr).

• *Einkaufen* **Chapters** (5250 22nd St., ✆ 403/309-2427) gehört zu einer Kette kanadischer Riesenbuchhandlungen.

Der **Red Deer Book Exchange** (6791 50th Ave., ✆ 403/342-4883; So geschlossen) bietet eine große Auswahl an Secondhand-Büchern und -Zeitschriften.

• *Adressen* Weiterhin nützlich sein könnten das **Postamt** (4909 50th St.), der **Lost Sock Laundromat** (6350 67th St., ✆ 403/347-9274; tägl. 8.30–22 Uhr), das **Red Deer Regional Hospital** (3942 50th Ave., ✆ 403/343-4422) und die Station der **RCMP** (✆ 403/341-2000).

Umgebung von Calgary
Karte S. 420

• *Verbindungen* Zwei Linienbusse verbinden Red Deer mit Calgary und Edmonton. **Greyhound-Busse** fahren den ganzen Tag über von der Station an der Gaetz Ave. (4303 Gaetz Ave., ✆ 403/343-8866) zu beiden Städten. **Red Arrow** (✆ 403/531-0350 oder ✆ 800/232-1958, www.redarrow.ca) bietet einen etwas luxuriöseren Service mit kostenlosen Getränken und Snacks. Die Red-Arrow-Busse nach Calgary und Edmonton fahren 4-mal tägl. nördlich der Downtown in der 54th St. Nr. 5315 ab. Nähere Infos unter ✆ 403/343-2356.

Wer ein Taxi braucht, ruft **Associated Cabs** (✆ 403/346-2222) oder **Chinook Cabs** (✆ 403/341-7300).

Lacombe

Von Red Deer führt der Hwy. 2 etwa 30 km nordwärts nach Lacombe (9000 Einw.), dessen Hauptstraße von Bauwerken aus der Zeit Eduards VII. gesäumt ist.

Golfspieler mit einem weiten Schlag sollten 4 km nördlich der Stadt vom Hwy. 2 abbiegen und zum nahen **Nursery Golf & Country Club** (Range Rd. 27-0, ✆ 403/782-5400; Greenfee $ 38) fahren, der die längste Anlage Kanadas besitzt. Das elfte Loch, ein Par 6, ist von den Backmarkern aus über 715 m lang.

Lacombe Corn Maze

Sobald der Mais etwa 1,80 m hoch steht, öffnet das Mais-Labyrinth (Hwy. 12, ✆ 403/782-4653; Ende Juli bis Aug. Mo–Sa 11–21 Uhr, Sept. bis Mitte Okt. Mi–Fr 16–20 Uhr, Sa 11–20 Uhr; Erwachsene $ 9, Kinder $ 7), eine der großen ländlichen Attraktionen Zentral-Albertas, die auch Erwachsene begeistert. Das Labyrinth wird jedes Jahr anders angelegt und ist eines von nur zwei derartigen Einrichtungen in Alberta (beide werden von der gleichen Familie betrieben). Um wieder herauszufinden, braucht man mindestens 1 Std. Für den Fall, dass man sich ernsthaft verirren sollte, erhält man einen Spickzettel. Daneben gibt es einen Streichelzoo, ein Karussell, eine Maiskolbenkanone, eine Hüpfburg und Miniaturzüge, damit es den Kleinen nicht zu schnell langweilig wird.

Reisepraktisches

• *Diverses* Zwischen dem Hwy. 2 und der Downtown findet man einen Campingplatz und ein Infozentrum (www.lacombetourism.com). Wer hingegen ein Motel sucht, folgt weiter dem Highway bis zum **Wolf Creek Inn** (Hwy. 2, ✆ 403/782-4716; $ 59 für 1 Pers., $ 69 für 2 Pers.) an einem kleinen See. Es bietet 20 einfache Zimmer und ein Restaurant, das bei Reisenden beliebt ist, die nichts für Fastfood übrighaben. Es ist nur vom Hwy. 2 S aus zu erreichen. Wer in Richtung Edmonton fährt, muss daher die zweite Ausfahrt nehmen, um über die Überführung auf die Gegenfahrbahn zu gelangen.

Auf dem Highway 12 nach Osten

Fährt man von Lacombe 70 km über den Hwy. 12 nach Osten, erreicht man Stettler. Außer Sichtweite befindet sich im Norden der **Buffalo Lake,** ein großer, flacher See inmitten einer hügeligen Moränenlandschaft, die von den zurückweichenden Gletschern der letzten Eiszeit geschaffen wurde. An seinem Südufer liegt **Ol' MacDonalds Resort** (über den Hwy. 835 zu erreichen, ✆ 403/742-6603, www.olmacdonalds.com; Mai bis Sept.; Stellplatz ohne Anschlüsse $ 25–28, Stellplatz mit Anschlüssen $ 32–40, Holzhütten $ 62–150 für 1/2 Pers.), ein weitläufiger Campingplatz mit über 300 baumbestandenen Stellplätzen und vielfältigen Attraktionen. Neben dem Badestrand mit flachem, warmem Wasser bietet er einen Bootsverleih, abendliche Wagenfahrten, einen Streichelzoo, Minigolf innerhalb eines Museums, ein altertümliches Karussell, ein Café sowie einen Fahrrad- und einen Buggyverleih.

Stettler

Die Farmersiedlung Stettler (5200 Einw.) ist Sitz der **Alberta Prairie Railway Excursions** (✆ 403/742-2811, www.absteamtrain.com), einer Touristenbahn, die in Richtung Süden zu der noch kleineren Ortschaft Big Valley fährt. Livemusik, gelegentliche Bahnüberfälle und eine deftige Mahlzeit am Umkehrpunkt sorgen dafür, dass alle ihre Gaudi haben. Die Bahn verkehrt von Mai bis Oktober jedes Wochenende sowie im Juli und August auch donnerstags und freitags. Genaue Fahrzeiten finden sich auf der Website. Die Fahrt kostet für Erwachsene $ 85, für Jugendliche $ 65 und für Kinder $ 35. Neben dem Bahnhof steht eines der 50 aus Holz errichteten Getreidesilos, die in Alberta noch erhalten sind. Außerdem bietet Stettler das **Town & Country Museum** (6302 44th Ave., ✆ 403/742-4534; Mai bis Anfang Sept. tägl. 10–17.30 Uhr; Erwachsene $ 3, Senioren und Kinder $ 2), eine überraschend umfangreiche Anlage mit mehr als zwei Dutzend Bauwerken auf einem über 3 ha großen Gelände. Zu den Glanzpunkten gehören das imposante Gerichtsgebäude, ein Bahnhof und ein kleines Farmhaus, in dem drei Generationen lang die gleiche Familie gewohnt hat.

• *Übernachten* Die schönste von den fünf Unterkünften der Stadt ist das **Ramada Inn & Suites** (6711 49th Ave, am Westeingang der Stadt, ✆ 403/742-6555 oder ✆ 888/442-6555, www.ramada.com; $ 145 für 1/2 Pers.), ein zu einer Kette gehörendes Hotel mit vier Stockwerken, das Anfang 2007 eröffnet wurde.

• *Camping* Der **Town of Stettler Campground** (6202 44th Ave., ✆ 403/742-4411; Mai bis Okt.; $ 14–20) liegt auf der Westseite der Stadt.

• *Information* Das **Stettler Tourist Information Centre** (Hwy. 12, ✆ 403/742-3181, www.stettler.net; Mo–Fr 9–19 Uhr, Sa 9–18 Uhr, So 10–17 Uhr) befindet sich neben dem Tim Hortons am westlichen Eingang der Stadt.

Big Knife Provincial Park

Der Legende zufolge verdankt der Big Knife Creek seinen Namen einem Kampf zwischen zwei Erzfeinden – einem Cree und einem Blackfoot –, bei dem beide ihr Leben verloren. Der kleine Campingplatz des Parks (Mitte Mai bis Mitte Sept.; $ 18) ist nur einfach ausgestattet, doch der durch den Park fließende Battle River bietet gute Gelegenheiten zum Schwimmen und Kanufahren. Um den Park von Stettler aus zu erreichen, fährt man zunächst etwa 40 km auf dem Hwy. 12 nach Osten bis Halkirk und dann auf dem Hwy. 855 weitere 20 km nach Norden.

Gooseberry Lake Provincial Park

Dieser kleine Park 14 km nördlich von Consort liegt am Ufer eines von Bäumen umgebenen Sees und umfasst hügeliges Grasland sowie einige Teiche mit alkalischem Wasser. Viele Vögel, darunter das Odinshühnchen, nutzen den See als Rastplatz auf ihren jahreszeitlichen Wanderungen. Der Campingplatz (✆ 403/742-7512; Mitte Mai bis Mitte Sept.; $ 20–25) liegt zwischen dem See und einem 9-Loch-Golfplatz. Er bietet eine überdachte Kochstelle und Brennholz.

Wetaskiwin

Die Stadt auf halber Strecke zwischen Red Deer und Edmonton am Hwy. 2A ist ein bedeutendes Weizenanbau- und Viehzuchtzentrum mit 11.000 Einw. In der Sprache der Cree bedeutet *Wetaskiwin* „Wo Frieden geschlossen wurde", was sich auf einen Ort in den nahen Bergen bezieht, an dem 1867 ein Vertrag zwischen den Cree und den Blackfoot unterzeichnet wurde.

Reynolds-Alberta Museum

Dieses Museum von Weltrang 2 km westlich der Innenstadt (Hwy. 13, ✆ 780/361-1351; tägl. 10–17 Uhr, Sept. bis Mai Mo geschl.; Erwachsene $ 9, Senioren $ 7, Kinder $ 5) dokumentiert auf bewundernswerte Weise die Geschichte der Transportmittel in Alberta, von den Pferdekutschen bis zu Luxusautos aus den 1950er Jahren. Über 100 Fahrzeuge wurden hier sorgsam restauriert, aber einige befinden sich auch im Originalzustand, wie z. B. ein selbst gebasteltes Schneemobil. Am jenseitigen Ende der Hauptausstellung genießt man einen Blick in die Halle, in der die Fahrzeuge restauriert werden. Die Fahrzeugausstellung zieht sich rings um eine große Fläche, auf der traditionelle landwirtschaftliche Maschinen zu sehen sind, vom primitivsten Pflug bis zum riesigen Vollernter.

Hinter dem Museum erstreckt sich eine Startbahn mit einem großen Hangar, in dem die **Canada's Aviation Hall of Fame** untergebracht ist. Diese Ehrenhalle würdigt Personen, die die Geschichte der Luftfahrt entscheidend geprägt haben, und zeigt mehrere alte Flugzeuge. Sie kann mit der gleichen Eintrittskarte wie das Reynolds-Alberta Museum besucht werden und hat auch die gleichen Öffnungszeiten. In der Hall of Fame findet sich ein Schalter von **Central Aviation** (✆ 780/352-9689), wo man an Wochenenden zehnminütige Flüge in einem alten Doppeldecker für $ 109 buchen kann.

Reisepraktisches

• *Übernachten* Wer ein normales Motelzimmer sucht, kann das **Super 8 Motel** (3820 56th St., ✆ 780/361-3808 oder ✆ 800/800-8000, www.super8.com; $ 109–119 für 1/2 Pers.) probieren, eine neuere Anlage nur einen Spaziergang vom Museum entfernt.

• *Camping* Gegenüber vom örtlichen Golfplatz bietet der **Wetaskiwin Lions RV Campground** (2,5 km östlich der Stadt am Hwy. 13, ✆ 780/352-7258; Mai bis Sept.; Stellplatz ohne Anschlüsse $ 18, mit Anschlüssen $ 24–26) kostenlose Duschen, Internetzugang, eine Laundry, eine überdachte Kochstelle, einen Forellenteich und eine Minigolfanlage.

• *Essen und Trinken* Die **Grandma Lee's Bakery** (5103 5th Ave., ✆ 780/352-7711; Mo–Sa 7.30–17 Uhr) ist bei den Einheimischen nicht nur wegen ihrer kleinstädtischen Atmosphäre, sondern auch wegen des Essens beliebt. Empfehlenswert sind die Fleischpasteten und das schmackhafte Gebäck.

Nur ein paar Türen weiter trifft man auf das **Stanley Café** (5015 50th Ave., ✆ 780/352-3633; tägl. 12–20 Uhr; $ 7–11,50), ein einfaches Diner mit günstigem chinesischen Essen, das an den westlichen Gaumen angepasst wurde.

Gegenüber der Touristeninformation befindet sich das **Runway Lunch** (5505 50th Ave., ✆ 780/352-3777; Mo–Fr 7.30–16 Uhr; Mittagessen $ 5,50–20), dessen traditionelle Landküche eine willkommene Abwechslung zu den stereotypen Fastfood-Lokalen an der nahen 56th St. bietet.

• *Information* Die örtliche **Touristeninformation** (4910 55th St., ✆ 780/352-8003; Mo–Fr 9–17 Uhr, im Sommer außerdem Sa/So 9–15 Uhr) an der Kreuzung von Hwy. 2A und 50th Ave. kann man nicht verfehlen, da sie gegenüber einem bunt bemalten Wasserturm liegt.

Camrose und Umgebung

Die Einwohnerzahl von Camrose, 40 km östlich von Wetaskiwin gelegen, explodiert jedes Jahr am ersten Augustwochenende, wenn Scharen von Country-Fans zum **Big Valley Jamboree** (✆ 780/672-0224 oder ✆ 888/404-1234, www.bigvalley

jamboree.com), einer der größten Country-Veranstaltungen in ganz Nordamerika, auf den örtlichen Festplatz strömen. Tageskarten kosten um $ 80 und ein drei Tage gültiger Wochenendpass $ 195. Campen kann man für $ 120 – wenn einem Hitze, Lärm und Alkohol nichts ausmachen (aber so schlimm ist es gar nicht, alle haben ihren Spaß).

Zur Erinnerung an frühe norwegische Siedler ist im **Bill Fowler Centre** (5402 48th Ave., ✆ 780/672-4217; im Sommer Mo–Fr 8.30–20 Uhr, Sa/So 9.30–17.30 Uhr, sonst Mo–Fr 8.30–16.30 Uhr) eine 9 m lange, verkleinerte Nachbildung eines Wikingerschiffs ausgestellt. Das am Mirror Lake gelegene Gebäude beherbergt außerdem das örtliche **Informationszentrum** und ist Ausgangspunkt eines 10 km langen Wegenetzes rings um den See (2,2 km) und entlang dem Camrose Creek nach Süden bis zum Campingplatz.

• *Übernachten* Das zentral gelegene **Camrose Motel** (6116 48th Ave., ✆ 780/672-3364; ab $ 70 für 1/2 Pers.), nur zwei Blocks vom Mirror Lake entfernt, bietet 20 einfache Zimmer mit kleinem Kühlschrank und Mikrowelle.

• *Camping* Auf dem städtischen **Valleyview Campground** (5204 50th Ave.; Mai bis Sept.; $ 15–20) gibt es Stellplätze mit Anschlüssen, eine überdachte Kochstelle und Brennholz. Um dorthin zu gelangen, folgt man vom Hwy. 13 zunächst 2 km der 53rd St. nach Süden und biegen dann links auf die 39th Ave. ab.

• *Essen und Trinken* Eine ländlich heitere Atmosphäre verbreitet die **Camrose Railway Station** (44th St., ✆ 780/672-3099; Mitte Mai bis Aug. Do/Fr 13–17 Uhr, Sa 10–17 Uhr), wo in einem restaurierten Bahnhof ein Tearoom untergebracht ist. Man kann sich telefonisch über den Veranstaltungsplan informieren, der häufig historische Ereignisse aus der Geschichte von Camrose aufgreift (z. B. mit Bezug zu Deutschland, der Ukraine oder den Ureinwohnern).

Auf der anderen Seite der Stadt liegt am Highway das **Monte Carlo Restaurant** (4907 48th St., So/Mo 11–20 Uhr, Di–Do 11–21 Uhr, Fr/Sa 11–22 Uhr; $ 14–26). Trotz der nur bedingt kreativen Karte (Fettuccini Alfredo, Brathähnchen, Fish & Chips und Souvlaki) ist es das beliebteste Restaurant bei den Einheimischen, wenn es darum geht, mal einen besonderen Abend zu verbringen.

Miquelon Lake Provincial Park

Dieser 906 ha große Park, ursprünglich ein Vogelschutzgebiet, liegt 30 km nördlich von Camrose am Hwy. 833. Er gehört zum 650 km² umfassenden Gebiet der **Cooking Lake Moraine**, einer hügeligen, bewaldeten Region mit zahlreichen Seen, die sich nach Norden bis zum Elk Island National Park erstreckt. Als sich am Ende der letzten Eiszeit die Gletscher zurückzogen, die einen Großteil des Kontinents bedeckt hatten, kam dieser Rückzug hie und da zum Stillstand – so z. B. auch in dieser Gegend. Große Eisblöcke brachen von den Gletschern ab und hinterließen beim Schmelzen Berge von Geröllablagerungen. Zwischen diesen Hügeln bildeten sich Löcher (sog. *Kettles*), die sich mit Wasser füllten.

Das **Knob and Kettle Trail System** beginnt hinter dem Baseballfeld und umfasst eine Reihe kurzer, miteinander verbundener Pfade durch diese faszinierende Landschaft. Die dichten Wälder sind reich an Vögeln und Wildtieren, fast jeder Teich beherbergt eine Biberfamilie, und in der Dämmerung kann man oft Elche und Hirsche beim Äsen beobachten. Hauptattraktion für viele Besucher ist jedoch der breite Strand an einer Bucht mit flachem, warmem Wasser. Zu den weiteren Angeboten zählen ein modernes Besucherzentrum, ein großer Spielplatz und ein angrenzendes Golfgelände (✆ 780/672-7308). Der **Parkcampground** (✆ 780/672-7274; Stellplatz ohne Anschlüsse $ 22, mit Anschlüssen $ 28) bietet moderne Sanitäranlagen, überdachte Kochstellen und Brennholz.

Umgebung von Calgary Karte S. 420

Auf dem Highway 14 nach Osten

Vom Miquelon Lake Provincial Park fährt man ein kurzes Stück nach Norden bis **Tofield,** von wo der Hwy. 14 180 km in Richtung Südosten nach Wainwright führt und dann weiter ostwärts nach Saskatchewan. Östlich von Tofield erstreckt sich die **Beaverhill Natural Area,** Westkanadas einziges Wasservogelschutzgebiet. Seinen Kernbereich bildet ein großer, flacher See, an dem über 250 Vogelarten beobachtet wurden. Das **Beaverhill Lake Nature Centre** (✆ 403/662-3191; im Sommer Di–Sa 10–18 Uhr, So 14–16 Uhr; kostenlos) ist ein Informationszentrum mit Landkarten der Region und Vogel-Checklisten. Den **Lindbrook Star Gazer Campground** (51123 Range Rd. 200, ✆ 780/662-4439, www.lindbrookstargazer.ca; Ende Mai bis Sept.; $ 32–37) mit Freibad erreicht man, indem man von Tofield auf dem Hwy. 14 zunächst 10 km nach Westen fährt und dann auf der SH 630 weitere 3 km nach Norden.

Südöstlich von **Viking** befinden sich zwei etwa 1000 Jahre alte „Rib Stones" (Rippensteine), in die ein an Bisonrippen erinnerndes Muster eingeritzt ist. Für Generationen von Prärie-Ureinwohnern, deren Leben eng mit den Wanderungen der Bisonherden verknüpft war, galten diese Steine als heilig. Sie waren davon überzeugt, dass es ihnen Glück bei der Jagd bringen würde, wenn sie bei diesen Steinen bestimmte Zeremonien vollzogen und Opfer wie Perlen oder Tabak hinterließen. Nach einer erfolgreichen Jagd bedankten sie sich dafür durch weitere Geschenke. Die Stelle ist nicht gut ausgeschildert. Ein historisches Markierungszeichen findet man 14 km östlich von Viking am Hwy. 14. Etwas weiter östlich führt ein Kiesweg nach Süden, dem man 2 km weit bis zum Hwy. 615 folgt. Dort biegt man nach Osten (links) ab und nimmt anschließend den ersten Kiesweg nach Süden (rechts), dem man 2,5 km weit folgt, bis man einen von Feldern umgebenen Hügel erreicht. Die Stelle ist durch eine historische Steinmarkierung der Provinz gekennzeichnet.

Wainwright, die letzte Stadt am Hwy. 14 vor der Grenze zu Saskatchewan, ist v. a. für den 400 km^2 großen **CFB/ASU-Wainwright-Truppenübungsplatz** bekannt, der überwiegend von Reservisten genutzt wird. Eine kleine Gruppe von Bisons ist alles, was noch an den Nationalpark erinnert, der hier 1908 zum Schutz der Präriebisons gegründet wurde. Die beste Chance, diese Tiere zu sehen, hat man, wenn man vor dem bewachten Eingang nach links abbiegt und dann dem Zaun folgt. Erwähnenswert ist das Restaurant **Honey Pot Eatery & Pub** (823 2nd Ave., ✆ 780/842-4094; Mo–Sa 11–21.30 Uhr, So 11–14 Uhr), das schon viel länger eine ernährungsbewusste Küche anbietet, als dies allgemein in Mode ist. Es besteht bereits seit 1979 und serviert Einheimischen und Reisenden so verschiedene Gerichte wie gegrillten Seesaibling und Wapiti mit Saskatoonbeeren – beides für akzeptable $ 18.

Der **Dillberry Lake Provincial Park** liegt 50 km südöstlich von Wainwright an der Grenze zwischen Alberta und Saskatchewan. Rings um den See ziehen sich Sandstrände und flache Dünen (die höchsten findet man am südöstlichen Ufer), und sein klares Wasser lädt zum Baden ein. Hinter dem schönsten Strand liegt ein Campingplatz (✆ 780/858-3824; Mitte Mai bis Mitte Sept.; Stellplatz ohne Anschlüsse $ 20, mit Anschlüssen $ 26) mit 200 Stellplätzen, Duschen, überdachten Kochstellen und Brennholz.

Südliches Alberta

Süd-Alberta grenzt im Osten an Saskatchewan, im Süden an den US-Bundesstaat Montana und im Westen an British Columbia. Die Grenze zu British Columbia verläuft entlang der Kontinentalen Wasserscheide, wo sich die kanadischen Rocky Mountains spektakulär aus der Prärie erheben und schon aus 200 km Entfernung zu sehen sind. Hoch oben im Gebirge entspringen die Flüsse Oldman, Crowsnest, Waterton, St. Mary und Belly. Sie fließen allesamt Richtung Osten durch das Gebirgsvorland der Rockies und die Kurzgrasprärie in den South Saskatchewan River, der schließlich in die Hudson Bay mündet. Der Milk River ist der einzige Fluss Süd-Albertas, der nicht zu diesem Gewässersystem gehört: Er entspringt im Norden Montanas und verläuft in Richtung Nordosten durch den Süden Albertas, bevor er westlich von Wild Horse wieder auf US-Staatsgebiet verschwindet und im Flusssystem Missouri/Mississippi aufgeht, das sich bis hinunter in den Golf von Mexiko erstreckt. All diese Flüsse haben tiefe Schluchten in die Prärie gegraben, in denen viele wilde Tiere einen geschützten Lebensraum vorfinden, darunter Gabelböcke, Rotwild, Füchse, Kojoten und Luchse.

Im Süden Albertas zeugen noch zahlreiche historische Stätten von der Geschichte der Provinz. Tausende von Jahren andauernder Erosion durch Wind und Wasser legten in der Nähe des Milk River die am besten erhaltenen Dinosauriereier der Welt frei. Weiter flussabwärts schufen die gleichen Kräfte geheimnisvolle Säulen aus Sandstein, die sog. *Hoodoos*. Sie sind im Writing-on-Stone Provincial Park zu bewundern, dessen Name auf unzählige Felsmalereien zurückgeht, die unbekannte indigene Künstler hier vor Urzeiten anfertigten. Am Head-Smashed-In Buffalo Jump, dem „Büffelsprung" westlich von Fort Macleod, trieben Ureinwohner über einen Zeitraum von mindestens 5700 Jahren gewaltige Bisonherden in den Tod.

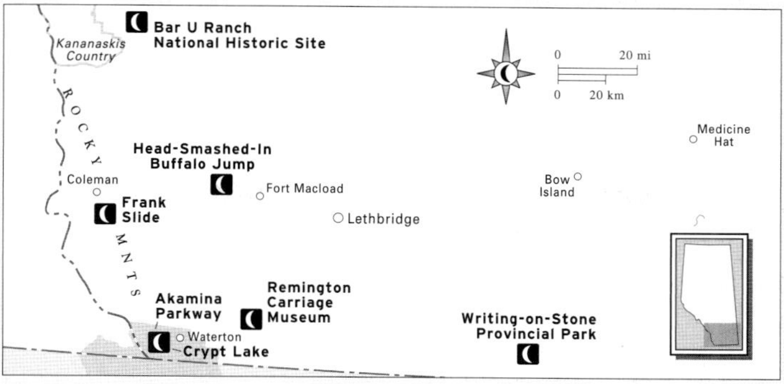

Highlights

Bar U Ranch National Historic Site (S. 502): Zeitreise in die Vergangenheit auf einer denkmalgeschützten Ranch in den Ausläufern der Berge.

Head-Smashed-In Buffalo Jump (S. 504): Der kuriose Name fällt sofort auf, doch das wirklich Erstaunliche ist die Genialität, mit der Generationen von Ureinwohnern diese uralte Stätte nutzten.

Remington Carriage Museum (S. 512): Über 200 wundervoll restaurierte Kutschen lassen die Reiseromantik vor der Erfindung des Automobils wieder aufleben.

Writing-on-Stone Provincial Park (S. 528): Fast nirgendwo in Nordamerika findet sich eine derartige Vielzahl an indigenen Felsmalereien wie in diesem abgelegenen Provinzpark in der Prärie.

Akamina Parkway (S. 516): Zwei herrliche Panoramastraßen erschließen die bezaubernde Landschaft des Waterton Lakes National Park. Der Akamina Parkway ist deswegen die erste Wahl, weil man am Ende der Straße mit einem geliehenen Kanu über den fantastischen Cameron Lake paddeln kann.

Crypt Lake (S. 518): Der Weg zum Crypt Lake ist zweifelsohne die spektakulärste Wanderung im Nationalpark Waterton Lakes.

Frank Slide (S. 525): Niemand kann sich der schrecklichen Faszination des Erdrutsches entziehen, der 1913 den Ort Frank unter sich begrub.

Südliches Alberta
Karte S. 498/499

Viele Urlauber beginnen ihre Reise durch den Süden Albertas in Calgary und fahren auf dem Hwy. 2 über Fort Macleod nach Lethbridge, der drittgrößten Stadt Albertas. Dort steht das Fort Whoop-Up, der Nachbau eines berüchtigten Außenpostens, an dem weiße Händler einst Whiskey und Schusswaffen gegen die Bisonhäute der Ureinwohner tauschten.

Östlich von Lethbridge beginnt ein Landstrich, den der Entdeckungsreisende John Palliser einst als „ungeeignet für die Landwirtschaft“ abstempelte. Auf diesem Boden, unter dem gewaltige Erdgasvorkommen schlummern, wuchs mit der Zeit die Stadt Medicine Hat. Bei der Fahrt von Medicine Hat in Richtung Süden rücken schon bald die Cypress Hills ins Blickfeld, die 500 m aus der Prärie in die Höhe ragen. Diese bewaldete Hochebene ist ein Rückzugsgebiet für viele Säugetierarten, und zahlreiche Bergpflanzen blühen hier in sicherer Entfernung zu den Rocky Mountains.

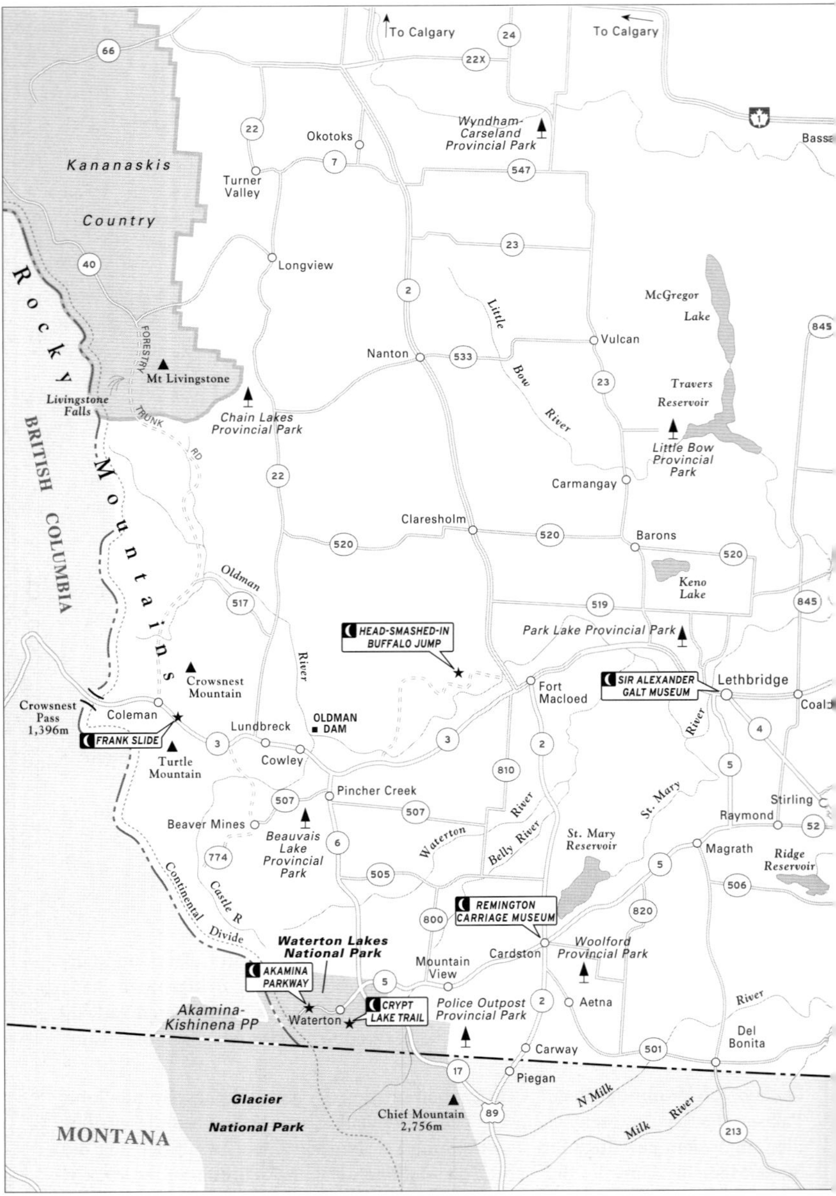

To Calgary
To Calgary
Kananaskis
Country
Rocky
Mountains
BRITISH
COLUMBIA
Okotoks
Turner
Valley
Wyndham-
Carseland
Provincial Park
Bassa
Longview
McGregor
Lake
Little
Bow
River
Vulcan
Nanton
Mt Livingstone
FORESTRY
TRUNK
RD
Livingstone
Falls
Chain Lakes
Provincial Park
Travers
Reservoir
Little Bow
Provincial
Park
Carmangay
Claresholm
Barons
Keno
Lake
Oldman
River
HEAD-SMASHED-IN
BUFFALO JUMP
Park Lake Provincial Park
Crowsnest
Mountain
Fort
Macleod
SIR ALEXANDER
GALT MUSEUM
Lethbridge
Coald
Crowsnest
Pass
1,396m
Coleman
FRANK SLIDE
Lundbreck
OLDMAN
DAM
Cowley
Turtle
Mountain
River
Pincher Creek
Stirling
Raymond
St. Mary
Beaver Mines
Beauvais
Lake
Provincial
Park
Waterton
River
Belly River
St. Mary
Reservoir
Magrath
Ridge
Reservoir
Continental
Divide
Castle R
REMINGTON
CARRIAGE MUSEUM
Waterton Lakes
National Park
Mountain
View
Cardston
Woolford
Provincial Park
AKAMINA
PARKWAY
Akamina-
Kishinena PP
Waterton
CRYPT
LAKE TRAIL
Police Outpost
Provincial Park
Aetna
River
Del
Bonita
Carway
Piegan
Glacier
National Park
Chief Mountain
2,756m
N Milk
Milk
River
MONTANA
66
22X
24
22
7
547
23
40
2
533
845
22
520
517
519
3
810
507
6
774
505
800
820
5
4
52
506
17
89
501
213
1

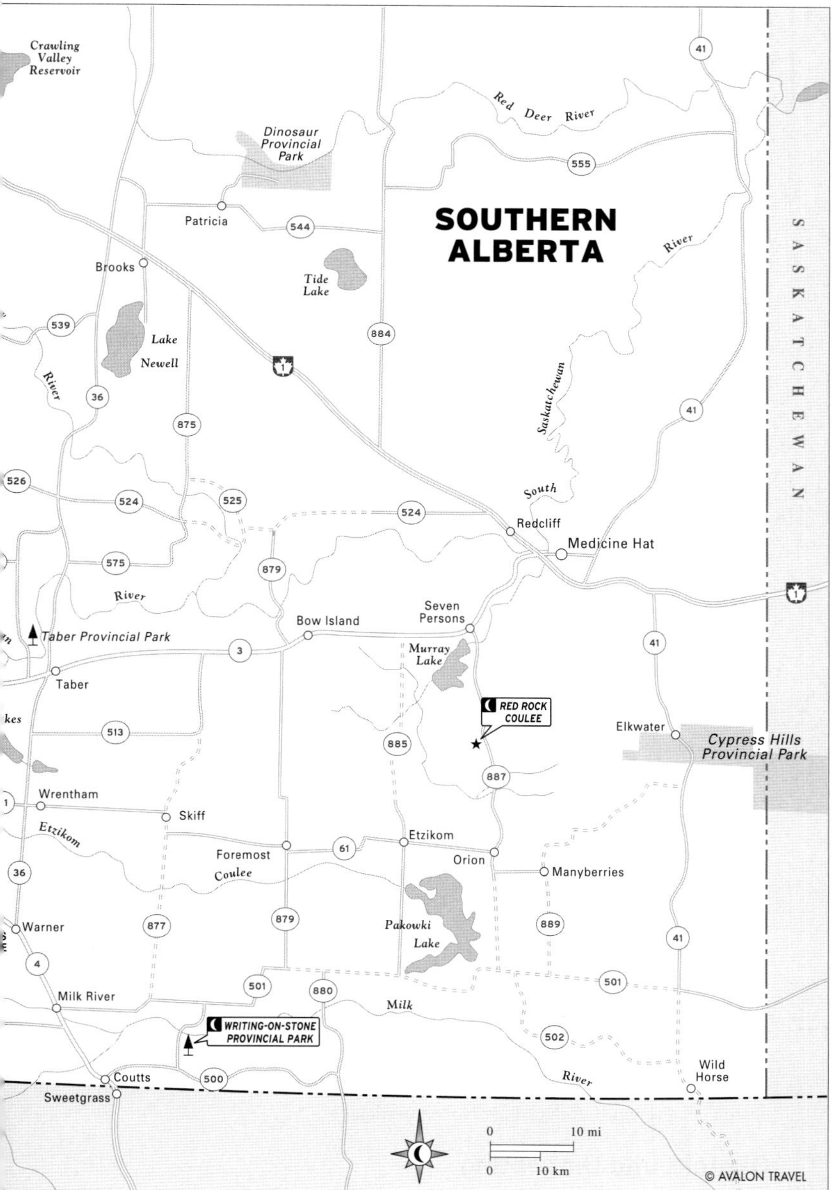

SOUTHERN ALBERTA
Crawling Valley Reservoir
Dinosaur Provincial Park
Red Deer River
Patricia
Brooks
Tide Lake
Lake Newell
River
Saskatchewan
South
River
Redcliff
Medicine Hat
Seven Persons
Bow Island
Taber Provincial Park
Taber
Murray Lake
RED ROCK COULEE
Elkwater
Cypress Hills Provincial Park
Wrentham
Skiff
Etzikom
Foremost
Etzikom
Orion
Manyberries
Coulee
Pakowki Lake
Warner
Milk River
Milk
WRITING-ON-STONE PROVINCIAL PARK
Coutts
Sweetgrass
River
Wild Horse
SASKATCHEWAN
0
10 mi
0
10 km
© AVALON TRAVEL

Die atemberaubende Gebirgslandschaft des Nationalparks Waterton Lakes ähnelt der seiner nördlichen Nachbarn Banff und Jasper. Das Verwaltungsgebiet Crowsnest Pass umfasst mehrere kleine Gemeinden, die sich vom Viehzuchtzentrum Pincher Creek in westlicher Richtung bis zur Grenze zu British Columbia erstrecken. Besucher können die Überreste ehemals blühender Orte besichtigen, eine Bergwerksführung unter Tage erleben oder auf den berüchtigten Turtle Mountain klettern.

Reise- und Zeitplanung

Die Zeitplanung für einen Aufenthalt in Süd-Alberta richtet sich auch danach, in welche Richtung es gehen soll. Wer sich auf die Gegend südlich von Calgary beschränkt, nimmt eine 600 km lange Rundreise über drei Highways (Hwy. 2, 3 und 1) in Angriff, die auch die größeren Städte Lethbridge und Medicine Hat einschließt. Da die meisten Attraktionen abseits der Hauptstraßen liegen, beläuft sich die Gesamtstrecke wohl eher auf 1000 km.

Wer über die US-Grenze aus Montana kommt, kann ohne Weiteres zwei Tage damit zubringen, sich nach Norden bis Calgary und Banff vorzuarbeiten. Highlights in dieser Gegend sind die **Bar U Ranch National Historic Site** mit ihrer aufregenden Westerngeschichte, der kulturgeschichtlich bedeutsame **Head-Smashed-In Buffalo Jump** und die fabelhafte Kutschensammlung im **Remington Carriage Museum.**

Wer den **Waterton Lakes National Park** zum Ziel hat, wird schon wegen der langen Anfahrt mindestens einen ganzen Tag dort verbringen wollen; neben der Erkundung der beiden Hauptstraßen, darunter des **Akamina Parkway** zum Cameron Lake, bleibt auch noch Zeit für ein paar kurze Wanderungen. Passionierte Wanderer sollten einen Abstecher zum herrlichen **Crypt Lake** in ihre Planung einbeziehen.

Der Highway durch **Crowsnest Pass** bietet zwei Alternativen: einen schleifenförmigen Abstecher durch die kanadischen Rocky Mountains oder die Weiterfahrt in die Kootenays, eine ganz andere Ferienregion in British Columbia (siehe Kapitel „Südliches Binnenland"). Crowsnest Pass selbst, eine unspektakuläre, aber landschaftlich schöne Gegend mit reicher Kohlebergbaugeschichte, hatte einige schlimme Tragödien zu erleiden. Besonders verheerend war der Erdrutsch **Frank Slide** am Turtle Mountain, der 1913 einen ganzen Ort unter sich begrub.

Der **Writing-on-Stone Provincial Park** ist im Vergleich zu den anderen Sehenswürdigkeiten recht abgelegen und im Park gibt es weit und breit keine Unterkünfte, aber die Fahrt lohnt sich allein schon wegen der großen Anzahl an indigenen Felszeichnungen.

Von Calgary nach Lethbridge

Die Fahrt von Calgary nach Lethbridge dauert ohne Unterbrechung ungefähr 2 Std. Unterwegs locken aber viele verführerische Abstecher, darunter das Viehzuchtgebiet südwestlich von Calgary, die Porcupine Hills westlich von Claresholm, das historische Fort Macleod und der Head-Smashed-In Buffalo Jump, einer der am besten erhaltenen Büffelsprünge Nordamerikas.

Okotoks und Umgebung

Die schnell wachsende Kleinstadt Okotoks ist der größte Ort zwischen Calgary und Lethbridge. Sie liegt 34 km südlich von Calgary im Sheep River Valley, nur wenige Autominuten östlich vom Hwy. 2. Viele der 18.000 Einw. (vor 20 Jahren waren es gerade einmal 7000) arbeiten in Calgary. Viele alte Gebäude sind noch erhalten und können bei einem Stadtrundgang besichtigt werden, für den die Touristeninformation einen Plan bereithält. Ähnlich aufgebaut ist der **Okotoks Art Walk,** bei dem Kunstfreunde in den Galerien der Stadt die Werke einheimischer Künstler bewundern können. Ausgangspunkt ist die **Okotoks Art Gallery** (53 N Railway St., ✆ 403/938-3204, Mo–Fr 10–17 Uhr, Sa/So 12–17 Uhr; Spende) im restaurierten Bahnhof am Rande der Innenstadt.

• *Übernachten* Die beste Unterkunft der Stadt ist das **Okotoks Country Inn** (✆ 403/938-1999 oder ✆ 877/938-3336; $ 100 für 1 Pers., $ 110–130 für 2 Pers., jeweils mit kleinem Frühstück), ein Komplex mit 40 klimatisierten Motelzimmern am Hwy. 2A.

• *Camping* Der städtische **Sheep River Campground** (99 Woodhaven Dr., ✆ 403/938-4282, www.okotokslionscampground.com; Mai bis Okt.; Zeltstellplatz $ 18, Stellplatz mit Anschlüssen $ 28–35) liegt etwas abseits des Highways in zauberhafter Lage am Fluss und ist von der Stadt aus bequem zu Fuß zu erreichen.

Dicke Brocken

Der Name Okotoks stammt von dem Blackfoot-Wort *Okatak* (= Fels) und bezieht sich wahrscheinlich auf die riesigen Felsbrocken, die 7 km westlich der Stadt verstreut am Hwy. 7 liegen. Die als *Erratics* (= Findlinge) bezeichneten Brocken sind die größte geologische Formation ihrer Art auf der Erde. Sie entstanden während der letzten Eiszeit, als sich eine bis zu 1 km dicke Eisplatte langsam von Norden nach Süden vorschob. Nach einem Erdrutsch im heutigen Jasper National Park blieben gewaltige Felsblöcke auf der Eisschicht liegen. Als die Eisplatte anschließend weiter nach Süden wanderte, nahm sie die Felsblöcke mit. Mehrere Tausend Jahre später, nachdem sich die Erde erwärmt hatte und das Eis geschmolzen war, kamen einzelne Felsblöcke fernab von ihrem einstigen Ursprungsort zum Liegen (daher die Bezeichnung *erratic* = verstreut).

Black Diamond

Dieser Ort mit 1800 Einw. am Ufer des Sheep River (westlich von Okotoks am Hwy. 7) ist nach der Kohle benannt, die früher in der Gegend abgebaut wurde. Das Ortszentrum ist ein belebter kleiner Abschnitt an der Centre Ave. An der Hauptkreuzung steht das **Black Diamond Hotel** (105 Centre St., ✆ 403/933-4656). Die Fassade wurde modernisiert, aber drinnen herrscht weiterhin eine klassisch kleinstädtische Pub-Atmosphäre, die jedes Wochenende durch fetzige Countrymusik angeheizt wird. Der **Lions Campground** (Anfahrt über Centre St. und dann 5th St.; ✆ 403/933-5785; Mai bis Okt.; Stellplatz ohne Anschlüsse $ 17, mit Anschlüssen $ 20–25) am Sheep River ist ein toller kleiner Campingplatz mit überdachtem Kochbereich, Duschen und Feuerholz. Man kann leicht zu Fuß in die Downtown gehen.

Turner Valley

Turner Valley (2000 Einw.) ist von Black Diamond aus über einen 4 km langen Weg zu erreichen, der am Fluss entlangführt. Der Name ist ein Synonym für Albertas Öl- und Gasindustrie, denn hier wurden 1914 erstmals in Kanada größere Rohölvorkommen entdeckt. Seitdem wird hier ununterbrochen Erdgas abgefackelt, heute auf einem Areal am östlichen Ortsrand mit dem wenig schmeichelhaften Namen „Hell's Half Acre". Die Gasverarbeitungsanlage **Turner Valley Gas Plant** steht als nationalhistorische Stätte unter Denkmalschutz, ist aber derzeit wegen Sanierung geschlossen. Von der **Hell's Half Acre Bridge** über den Sheep River (südöstlich der Downtown) sind die rund um die Uhr lodernden Gasfackeln gut zu sehen.

Das **Coyote Moon Café** (202 Main St., ✆ 403/933-3363; Mo–Fr 7.30–17 Uhr, Sa/So 9–19 Uhr; Mittagessen $ 6–10) ist ein fantastisches kleines Café, wo immer etwas los ist und verlockende Düfte aus der Küche wabern. Dies ist zwar echtes Cowboyland, aber die Kaffeeauswahl in Turner Valley ist alles andere als provinziell.

Einen Block südlich von hier kommt eine tolle Entdeckung: **Route 40 Soup Co.** (146 Main St., ✆ 403/933-7676; Mo/Di 11–19 Uhr, Mi/Do 11–21 Uhr, Fr/Sa 11–21 Uhr; $ 9) kredenzt üppige, sämige Suppen mit frischen Zutaten aus lokalem Anbau.

Bar U Ranch National Historic Site

Gut 30 km südlich von Black Diamond liegt die Bar U Ranch (✆ 403/395-2212 oder ✆ 800/568-4996; Juni bis Anfang Okt. tägl. 9–17 Uhr; Erwachsene $ 7,80, Senioren $ 6,60, Kinder $ 3,90). Sie wurde 1882 gegründet und zählte Ende des 19. Jh. zu den Top-Rinderfarmen in Westkanada. Zu diesem Großprojekt der Northwest Cattle Company gehörten über 3000 Rinder, die von Montana nach Norden getrieben worden waren. Außerdem war das in ganz Nordamerika bekannte Unternehmen führend in der Zucht von Percherons, einer Zugpferderasse, die aus der französischen Region Perche stammt. Wie die meisten großen Viehfarmen Nordamerikas wurde auch die Bar U Ranch mit der Zeit parzelliert. Heute ist nur noch ein 145 ha großes Areal der Originalranch erhalten, auf dem viele der alten Gebäude restauriert wurden. Vom Besucherzentrum aus ist es nur ein kurzer Fußmarsch bzw. eine kurze Kutschfahrt bis zu den Originalgebäuden der Ranch. Dazu gehören auch eine Schmiede und ein Gemischtwarenladen. Dazu werden Demonstrationen der täglichen Arbeit auf einer Ranch gezeigt. Das **Roadhouse Restaurant** serviert Mahlzeiten, nach denen die Cowboys damals nach einem langen Tag im Sattel förmlich gelechzt hätten: Büffelburger, Sauerteigbrot, kräftige Suppen und herzhaften Eintopf.

Von High River nach Fort Macleod

High River

Die Kleinstadt High River liegt 45 km südlich von Calgary im Herzen des Viehzuchtgebiets der Provinz Alberta. Der Ort nahm seinen Anfang als einfache Furt durch den gleichnamigen Fluss und ist seitdem ständig gewachsen. Vom Hwy. 2 führt die 12th Ave. in die Downtown, eine kompakte Ansammlung respektabler alter Gebäude westlich der Bahngleise. In einem restaurierten Bahnhof der Canadian Pacific Railway (C.P.R.) befindet sich das **Museum of the Highwood** (406 1st St. W, ✆ 403/652-7156; im Sommer Mo–Sa 10–16 Uhr, So 13–16 Uhr; $ 3). Es ist randvoll mit Exponaten, die das Leben der ersten Siedler im kanadischen Westen beleuchten. Besonders interessant ist die Ausstellung über Planwagenrennen; diese Sportart hat für die Einheimischen große Bedeutung, da die Gegend viele Champions hervorbrachte. Wer sich zufällig am dritten Juniwochenende in High River aufhält, kann die **North American Chuckwagon Championships** auf dem Festgelände verfolgen.

• *Übernachten* Von den drei örtlichen Motels hat **Super 8** (1601 13th Ave., ✆ 403/652-4448 oder ✆ 866/831-8558, www.super8.com; $ 109 für 1/2 Pers.) die modernsten Einrichtungen inkl. Hallenbad und Wasserrutsche.

• *Camping* Möglichkeiten zum Campen bietet der **George Lane Memorial Park** (auf der 5th Ave. SW nach Westen, ✆ 403/652-2529, www.georgelanecampground.ca; Mai bis Okt.; Stellplatz ohne Anschlüsse $ 16, mit Anschlüssen $ 25).

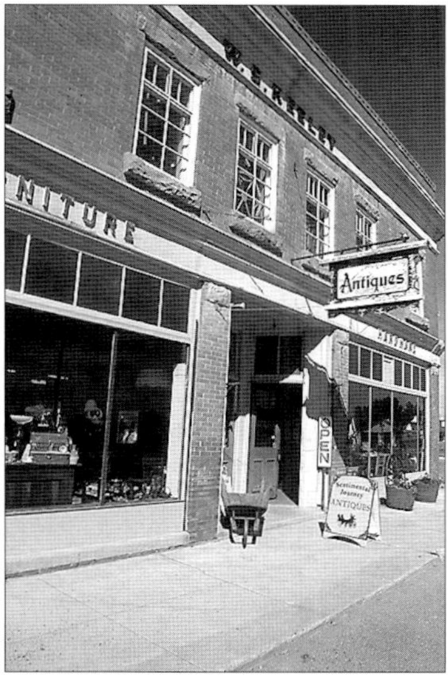

In Nanton gibt es viele Antiquitätengeschäfte

Nanton

Zwei Attraktionen machen dieses Viehzuchtstädtchen 70 km südlich von Calgary zu einem lohnenswerten Ziel: An der nach Süden führenden Fahrspur des Hwy. 2 steht das **Nanton Lancaster Society Air Museum** (✆ 403/646-2270; Mitte April bis Mitte Okt. tägl. 9–17 Uhr, Mitte Okt. bis Mitte April Sa/So 10–16 Uhr) mit einem der wenigen Lancaster-Bomber, die heute noch existieren. Zum anderen gibt es in Nanton viele gute Antiquitätengeschäfte, v. a. an der nach Norden führenden Fahrspur des Highways. Auf derselben Straßenseite steht ein ehemaliges Schulgebäude aus dem frühen 20. Jh., das heute das örtliche **Informationszentrum** (✆ 403/646-5933; Juli/Aug. tägl. 9–17 Uhr) beherbergt.

• *Übernachten* Das **Ranchland Inn** (Hwy. 2 in nördlicher Richtung, Ecke 18th St., ✆ 403/646-2933; $ 70 für 1 Pers., $ 80 für 2 Pers.), die beste Unterkunft in Nanton, hat 27 einfache, aber komfortable Zimmer.

• *Camping* Jenseits der Bahngleise (östlich der Downtown) liegt direkt neben dem 18-Loch-Golfplatz an der 18th St. der **Nanton Campground** (Mitte Mai bis Sept.; $ 12). Stellplätze mit Picknicktischen verteilen sich zwischen den Bäumen, außerdem gibt's Duschen und einen überdachten Kochbereich.

Claresholm

Die meisten Leute legen in Claresholm (3600 Einw.) nur einen kurzen Zwischenstopp ein, um zu tanken, einen Burger zu verdrücken oder sich die Beine zu vertreten. Dabei verdient dieser Ort 100 km südlich von Calgary durchaus mehr Aufmerksamkeit. Besonders interessant ist das **Claresholm Museum** (5126 Railway Ave., ✆ 403/625-3131; Mitte Mai bis Sept. tägl. 9.30–17.30 Uhr; Spende) im Sandsteingebäude des Bahnhofs der Canadian Pacific Railway (C.P.R.). Danach lohnt ein kurzer Bummel durchs Zentrum mit seinen vielen historischen Gebäuden, von denen die ältesten am Hwy. 2 stehen.

• *Übernachten* Die mit Abstand schönsten Zimmer hat das **Bluebird Motel** (✆ 403/625-3395 oder ✆ 800/661-4891, www.bluebirdmotel.ab.ca; $ 78 für 1 Pers., $ 84–94 für 2 Pers.) am nördlichen Ortsrand. Alle Zimmer haben Klimaanlage, Kaffeemaschine und einen großen Fernseher, die meisten auch einen Kühlschrank und die teureren sogar eine Küchenzeile.

Head-Smashed-In Buffalo Jump

Archäologen haben in den nordamerikanischen Ebenen inzwischen mehrere Dutzend „Büffelsprünge" identifiziert. Der größte, älteste und am besten erhaltene ist der Head-Smashed-In Buffalo Jump. Er liegt 14 km westlich vom Hwy. 2 an einer verwitterten Sandsteinklippe in den Porcupine Hills, unmittelbar nördlich der Kreuzung mit dem Hwy. 3. Der Boden unterhalb der Klippe ist ein gigantischer Friedhof aus jahrtausendealten Bisonknochen, die sich bis zu 10 m hoch stapeln. Der Ort ist das Zeugnis einer extrem ausgeklügelten und genialen Jagdtechnik, die von den Ureinwohnern der Prärie vor mindestens 5700 Jahren entwickelt wurde (vielleicht sogar schon vor 10.000 Jahren). Mit ihrer Methode erlegten sie auf einen Schlag mehrere Tausend Bisons, zu jener Zeit die größten Säugetiere der Prärie. Als die ersten weißen Siedler ankamen, streiften noch über 60 Mio. Amerikanische Bisons (umgangssprachlich auch Büffel genannt) durch die Ebenen. Die Präriebewohner waren auf Gedeih und Verderb auf die prähistorisch anmutenden Tiere angewiesen. Sie aßen das Fleisch frisch oder als Dörrfleisch *(Pemmikan)*, verarbeiteten die Häute zu Zelten, Kleidung und Mokassins und fertigten aus den Hörnern Werkzeuge und dekorative Objekte.

Wieso eigentlich „Zertrümmerter Schädel"?

Der Name „Head-Smashed-In" spielt nicht etwa auf den Zustand der Bisonköpfe an, nachdem die bedauernswerten Kreaturen von der Klippe gestürzt waren, sondern entstammt einer Legende der Blackfoot: Vor etwa 150 Jahren wollte ein weißer Jäger unbedingt an dem Spektakel, wie eine Bisonherde über die steile Klippe in den Tod getrieben wurde, teilhaben. Also stellte er sich unter einen Felsvorsprung, um zu beobachten, wie die Bisons vor ihm in die Tiefe stürzten. Ein verhängnisvoller Fehler, denn diesmal waren es besonders viele Tiere, deren massige Kadaver sich immer höher auftürmten und den Schaulustigen schließlich an der Felswand zerquetschten. Später fanden ihn seine Gefährten mit zertrümmertem Schädel – daher der Name.

Die mit Abstand effizienteste Methode der Bisonjagd bestand darin, ganze Herden über den Rand einer Klippe in den Tod zu treiben, und dafür bot die Topografie dieser Region ideale Voraussetzungen: Weiter westlich erstreckt sich ein ca. 40 km^2 großes Tal, in dem sich die Bisons zum Grasen versammelten. Aus diesem Becken wurden die Tiere auf sorgfältig mit Steinhaufen abgesteckten Wegen (den sog. *Drive Lines*) an den Abgrund getrieben, wo sie in ihrer panikartigen Flucht nicht mehr stoppen konnten und in den sicheren Tod stürzten. In einem Lager in der Nähe zerlegten und verarbeiteten die Ureinwohner anschließend das Fleisch.

Die Stätte ist noch sehr gut erhalten. Zwar wurde ein kleiner Teil des Hügels bei Ausgrabungen abgetragen, doch ansonsten präsentiert sich der Ort noch genauso wie vor Jahrtausenden. Allerdings verringerte sich die Klippenhöhe im Laufe der Zeit erheblich durch eine immer größere Anhäufung von Skeletten. Zwischen den Knochen finden sich unzählige Artefakte, darunter Steinspitzen, Messer und Schaber, die zum Häuten der verendeten Tiere benutzt wurden. Speerspitzen aus Metall, die in der obersten Knochenschicht gefunden wurden, deuten darauf hin, dass dieser Büffelsprung bis zur Ankunft weißer Siedler gegen Ende des 18. Jh. in Benutzung war. Aufgrund seiner historischen Bedeutung wurde der Ort 1981 von der UNESCO zum Weltkulturerbe erklärt.

Informationszentrum

Erst nachdem der Parkplatz am Eingang zum Büffelsprung an der Spring Point Rd. erreicht ist, erkennt man das Informationszentrum. Das liegt daran, dass das **Head-Smashed-In Interpretive Centre** (✆ 403/553-2731; im Sommer tägl. 9–18 Uhr, sonst tägl. 10–17 Uhr; Erwachsene $ 9, Senioren $ 8, Kinder $ 5) der natürlichen Topografie gemäß in den Hohlraum unter einer Klippe eingepasst wurde. Am Anfang des Rundgangs führen mehrere Rampen und Fahrstühle die Besucher aufs Dach. Von dort aus folgt ein Weg dem oberen Klippenrand, wo man sich gut vorstellen kann, welch unglaublicher Lärm hier geherrscht haben muss, wenn Tausende von panisch fliehenden Bisons über die nördliche Anhöhe getrieben wurden und vom Rand der Klippe in den Tod stürzten. Wieder zurück im Gebäude arbeiten sich die Besucher Stockwerk für Stockwerk nach unten, vorbei an interessanten und informativen Exponaten und Filmen; diese beleuchten den traditionellen Lebensstil, der die Prärie fast 10.000 Jahre beherrschte, und die abrupten Veränderungen nach der Ankunft des weißen Mannes. Ein anderer Weg führt zum Boden unter der Klippe, der eine völlig andere Perspektive eröffnet. Ein großer Aluminiumschuppen schützt eine aktuelle Ausgrabungsstätte, und überall liegen zersplitterte Knochen herum. Das Besucherzentrum hat auch einen Giftshop und ein Café, das – Sie ahnen es schon – Büffelburger serviert.

Fort Macleod

Gut 170 km südlich von Calgary und 44 km westlich von Lethbridge liegt Fort Macleod (3000 Einw.), die älteste permanente Siedlung in Süd-Alberta. Hier errichtete Colonel James F. Macleod einst einen Außenposten, nachdem er den Auftrag erhalten hatte, mit dem illegalen Whiskeyhandel aufzuräumen. Die ersten Truppen der NWMP rückten an und bereiteten dem ungesetzlichen Treiben schließlich ein Ende. Mit der Hilfe von Métis-Scout Jerry Potts – der ironischerweise selbst gerne einen über den Durst trank – gelang es ihnen, den Frieden unter den verfeindeten Stämmen wiederherzustellen. Potts verbrachte den Rest seines Lebens in Fort Macleod und liegt auf dem örtlichen Friedhof begraben.

Downtown

Der nahe gelegene Head-Smashed-In Buffalo Jump ist natürlich die Topattraktion, aber auch das historische Zentrum von Fort Macleod hat einiges zu bieten, zählt es doch zu den schönsten noch erhaltenen Beispielen westkanadischer Architektur aus dem frühen 20. Jh. Nachdem ein Großfeuer 1906 die meisten Holzhäuser zerstört hatte, wurde eine Verordnung erlassen, nach der alle Neubauten aus Stein oder Ziegeln bestehen mussten. Viele Gebäude an der Hauptstraße, dem Col. Macleod Blvd., haben noch dieselbe Funktion wie zu der Zeit, als es im Ort boomte: Das **Queen's Hotel** vermietet Zimmer, das **Empress Theatre** (235 Col. Macleod Blvd., ✆ 403/553-4404, www.empresstheatre.ab.ca) ist das älteste noch bespielte Theater der Provinz, und die Stadtverwaltung befindet sich in dem einzigen noch erhaltenen Gerichtsgebäude; als es gebaut wurde, gehörte Alberta noch zu den North-West Territories.

Die ursprüngliche Festung am Oldman River mag einst ungefähr so ausgesehen haben wie **The Fort** (219 25th St., ✆ 403/553-4703; Mai Di–Fr 9–17 Uhr, Juni tägl. 9–

17 Uhr, Juli/Aug. tägl. 9–18 Uhr, Sept. Mi–So 10–16 Uhr; Erwachsene $ 8, Senioren $ 7,50, Kinder $ 5). Das Freilichtmuseum erzählt die Geschichte der NWMP und der ersten Weißen, die sich in Süd-Alberta ansiedelten. Kapelle, Schmiede, Polizeistation, Anwaltsbüro und Tipi erinnern an das damalige Leben am äußersten Rande der Zivilisation. Auf dem Hauptplatz des Forts vollführen Reiter in historischen Kostümen eine abgespeckte Version des berühmten **Mounted Police Musical Ride,** eine spektakuläre Demonstration des Präzisionsreitens (Juli/Aug. tägl. 10, 11.30, 14 und 15.30 Uhr).

Reisepraktisches

• *Übernachten* Im Sommer füllen sich die Motelzimmer nachmittags schon früh, also lieber im Voraus reservieren oder zeitig einchecken. Das **D.J. Motel** (416 24th St., ✆ 403/553-4011; $ 60 für 1 Pers., $ 75 für 2 Pers.) hat 14 saubere und komfortable Zimmer mit kleinem Kühlschrank und bietet Möglichkeiten zum Grillen.

Eine Klasse besser ist das mit Hallenbad ausgestattete **Red Coat Inn** (359 24th St., ✆ 403/553-4434 oder ✆ 800/423-4434, www.redcoatinn.com; $ 79 für 1 Pers., $ 85 für 2 Pers., mit Kochnische $ 129).

• *Camping* Der **Daisy May Campground** (249 Lyndon Rd., ✆ 403/553-2455; Mai bis Sept.; $ 25–35) liegt neben dem ältesten Golfplatz westlich von Winnipeg und ist zu Fuß von der Downtown erreichbar. Zu den Einrichtungen zählen Duschen, eine Campingküche, ein beheizter Pool, eine Laundry und ein Game Room.

• *Essen und Trinken* Rote Ziegelwände und ein polierter Holzboden machen **Rahn's Bakery & Café** (228 24th St., ✆ 403/553-3200; Mo–Fr 7–17 Uhr, Sa 8–14 Uhr) zum schicksten Anlaufpunkt für ein Frühstück. Der Kaffee ist ebenso gut wie das Gebäck und die Sandwiches.

• *Information* Am östlichen Stadtrand liegt die **Touristeninformation** (am Hwy. 3, ✆ 403/553-4955, www.fortmacleod.com; Mitte Mai bis Aug. tägl. 9–17 Uhr). Der Giftshop im Fort hat eine große Auswahl an Büchern über lokale Geschichte und kanadische Themen.

Lethbridge und Umgebung

Lethbridge (85.000 Einw.) ist eine Oase der Zivilisation mit reichem kulturellem Erbe inmitten der Prärie. Die Stadt hat seit den 1860er Jahren, als sie noch Fort Whoop-Up hieß und das berüchtigtste Whiskeyschmugglernest im kanadischen Westen war, eine respektable Entwicklung genommen. Heute ist Lethbridge nicht nur ein bedeutendes Versorgungszentrum für die Rancher und Farmer aus der Gegend, sondern auch ein wichtiger Verkehrsknotenpunkt, denn hier treffen die Highways 3, 4 und 5 aufeinander: Calgary liegt 216 km nördlich, Medicine Hat 168 km östlich, der Waterton Lakes National Park 130 km westlich und die US-Grenze 105 km südlich.

Geschichte der Ureinwohner

Diese Region war einst das Territorium verschiedener Stämme der mächtigen Blackfoot Confederacy. Zuflucht vor den strengen Wintern fanden sie an einer Stelle im Oldman River Valley, die sie *Sik-ooh-kotoks* (= schwarze Felsen) nannten. Die ersten weißen Händler tauchten in den 1850er Jahren in dieser Gegend auf. Ihnen folgten bald darauf die Whiskeyschmuggler, die von der U.S. Army nach Norden vertrieben worden waren. In der Folge entwickelte sich Fort Whoop-Up am Ostufer des Oldman River zum berüchtigtsten von insgesamt etwa 50 Whiskeyschmuggelposten in Süd-Alberta. Die Ankunft des Feuerwassers fiel mit einer Pocken-

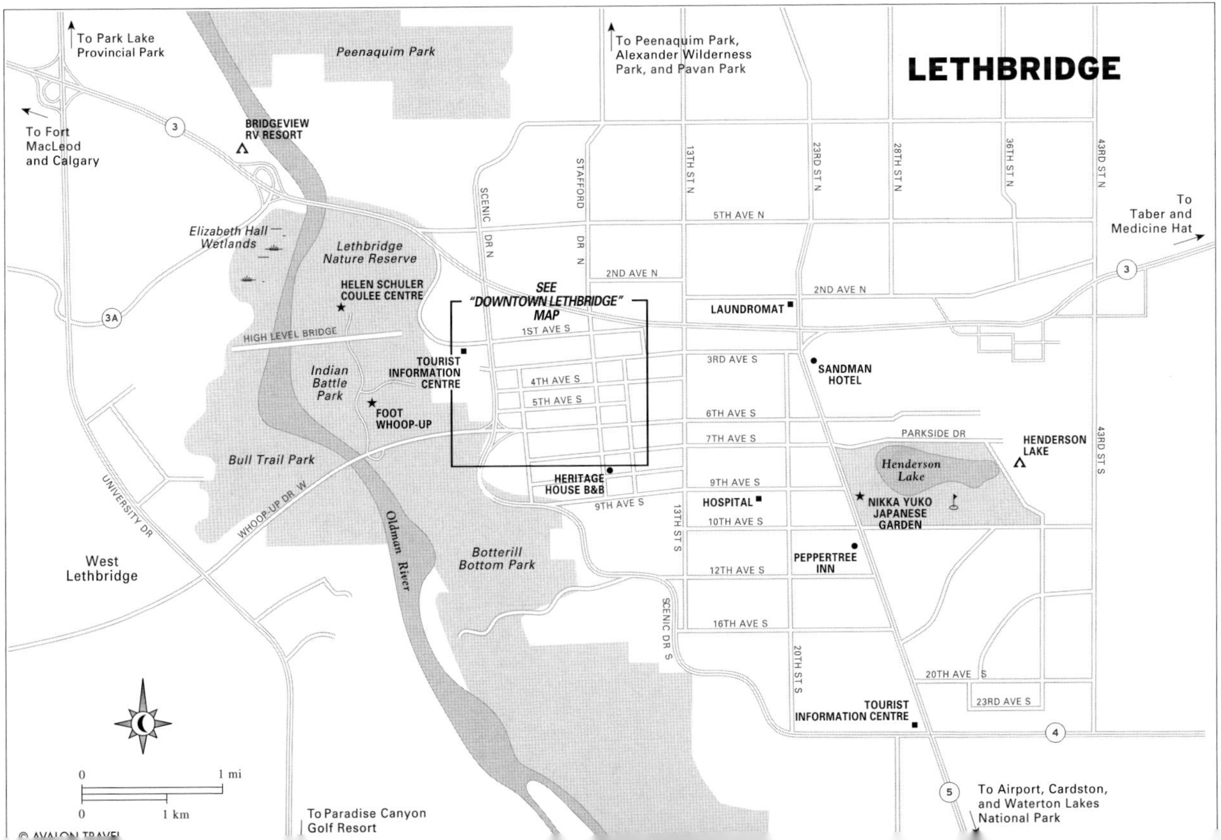

LETHBRIDGE
To Park Lake Provincial Park
Peenaquim Park
To Peenaquim Park, Alexander Wilderness Park, and Pavan Park
To Fort MacLeod and Calgary
3
BRIDGEVIEW RV RESORT
Elizabeth Hall Wetlands
Lethbridge Nature Reserve
HELEN SCHULER COULEE CENTRE
3A
HIGH LEVEL BRIDGE
SEE "DOWNTOWN LETHBRIDGE" MAP
TOURIST INFORMATION CENTRE
Indian Battle Park
FOOT WHOOP-UP
Bull Trail Park
UNIVERSITY DR
WHOOP-UP DR W
Oldman River
Botterill Bottom Park
West Lethbridge
SCENIC DR N
STAFFORD DR N
13TH ST N
23RD ST N
28TH ST N
36TH ST N
43RD ST N
5TH AVE N
2ND AVE N
To Taber and Medicine Hat
LAUNDROMAT
1ST AVE S
3RD AVE S
4TH AVE S
5TH AVE S
SANDMAN HOTEL
6TH AVE S
7TH AVE S
PARKSIDE DR
HENDERSON LAKE
Henderson Lake
HERITAGE HOUSE B&B
9TH AVE S
HOSPITAL
NIKKA YUKO JAPANESE GARDEN
13TH ST S
10TH AVE S
PEPPERTREE INN
12TH AVE S
43RD ST S
SCENIC DR S
16TH AVE S
20TH ST S
20TH AVE S
23RD AVE S
TOURIST INFORMATION CENTRE
4
5
0
1 mi
1 km
To Paradise Canyon Golf Resort
To Airport, Cardston, and Waterton Lakes National Park

epidemie und der Vertreibung der Cree zusammen, die von den europäischen Siedlern auf das Territorium ihrer traditionellen Feinde, der Blackfoot, verdrängt wurden. So entstand der Nährboden für eine der letzten großen Schlachten zwischen verfeindeten Ureinwohnerstämmen in Nordamerika. Im Morgengrauen des 25. Oktober 1870 griffen 800 Cree-Krieger eine Gruppe von Blood Blackfoot an, die am Westufer des Oldman River campierte. Doch was die Cree nicht ahnten: In der Nähe befand sich noch ein großes Camp der Peigan Blackfoot. Die durch Späher alarmierten Peigan überquerten den Fluss, stürzten sich in die Schlacht und drängten die Cree zurück auf ein Gebiet, das heute als Indian Battle Park bekannt ist. Mehr als 300 Cree und etwa 50 Blackfoot wurden getötet.

Sehenswertes

Downtown Lethbridge ist relativ kompakt und bietet gute Parkmöglichkeiten. Von dort sind die Sehenswürdigkeiten und das Tal zu Fuß erreichbar, aber zurück zum Fahrzeug geht's stetig bergauf.

Downtown

Das **Sir Alexander Galt Museum** (5th Ave. S, Anfahrt über den Scenic Dr., ✆ 403/320-3898; Mitte Mai bis Aug. Mo–Sa 10–17 Uhr, So 13–17 Uhr, Sept. bis Mitte Mai Mo–Sa 10–16.30 Uhr, So 13–16.30 Uhr; Erwachsene $ 5, Senioren $ 4, Kinder $ 3) gilt als eines der besten Kleinstadtmuseen des Landes. Im Mittelpunkt des Komplexes steht die Discovery Hall, die mit massenhaft interaktiven Exponaten die Geschichte von Mensch und Natur in Süd-Alberta beleuchtet. Dank der interessanten Gestaltung bekommen viele Besucher gar nicht mit, dass sie gerade etwas lernen. Durch das Panoramafenster schweift der Blick weit über das Tal nach Westen – ein Schaufenster in die Vergangenheit von Lethbridge.

Die **Southern Alberta Art Gallery** (601 3rd Ave. S, ✆ 403/327-8770; Di–Sa 10–17 Uhr, So 13–17 Uhr; Erwachsene $ 5, Senioren $ 3, Kinder frei) zeigt ganzjährig Wechselausstellungen zeitgenössischer und historischer Kunst. Die Galerie liegt in den **Galt Gardens,** einem gepflegten Park mit vielen großen Bäumen, wo auch Einheimische gern ein Lunchpaket im Schatten verdrücken.

Fort Whoop-Up

Fort Whoop-Up war einst das berüchtigtste Whiskeyschmugglernest im kanadischen Westen. Den Namen prägte ein Zeitgenosse, der nach Montana zurückgekehrt war. Auf die Frage, wie es denn im Norden so liefe, antwortete er: „Oh, they're still whoopin' it up" – „Sie machen noch immer einen drauf." Der Handel gestaltete sich einfach: Die Ureinwohner schoben ihre Bisonhäute durch eine kleine Öffnung in der Wand des Forts und erhielten dafür einen Blechbecher Whiskey, der häufig verdünnt war. Der schwunghafte Handel führte schließlich zur Gründung der NWMP, die mit dem Vorhaben, alle Whiskeyhandelsposten zu schließen und dem illegalen Treiben ein Ende zu bereiten, gen Westen ausrückte. Die Kunde von ihrem Anmarsch eilte den Mounties aber bereits voraus, und so trafen sie bei ihrer Ankunft 1874 auf ein verlassenes Fort. Der Nachbau von Fort Whoop-Up im Indian Battle Park (✆ 403/329-0444; Juli/Aug. tägl. 10–17 Uhr, im Frühling und Herbst Mi–So 13–16 Uhr, im Winter Sa/So 13–16 Uhr; Erwachsene $ 7, Senioren $ 6, Kinder $ 5) sieht im Großen und Ganzen noch genauso aus wie 1869 (den Getränkeautomaten denken wir uns mal weg). Im Trade Room lässt das kostümierte

Im Fort Whoop-Up, dem ehemals berüchtigtsten Whiskeyschmugglernest Westkanadas

Südliches Alberta
Karte S. 498/499

Personal die Tage wieder aufleben, als Feuerwasser gegen Häute und Felle getauscht wurde. Der Gemüsegarten trägt im Frühjahr frische Früchte, und Besucher können auf einen Eckturm der Festung klettern, der früher als Aussichtspunkt diente. Anfahrt vom Stadtzentrum: die 3rd Ave. S in Richtung Westen und immer hinunter ins Tal.

Lethbridge Nature Reserve

Die Stadt Lethbridge ist insofern einzigartig, als sie mitten in die Prärie gebaut wurde und nicht direkt am Ufer des sich in der Nähe befindenden Flusses. Im größtenteils unberührten Oldman River Valley wurden Schutzgebiete und Parks eingerichtet, darunter auch das Lethbridge Nature Reserve, ein 82 ha großes Gebiet aus Schwemmebenen und Schluchten, das den Lebensraum von Amerikanischen Uhus (der Provinzvogel Albertas), Stachelschweinen, Weißwedelhirschen und Prärieklapperschlangen darstellt. Hier befindet sich auch das **Helen Schuler Coulee Centre** (✆ 403/320-3064; Juni bis Aug. tägl. 10–18 Uhr, Sept. bis Mai Di–So 13–16 Uhr; Eintritt frei) mit anschaulichen Exponaten und drei kurzen Wanderwegen in der Nähe.

High Level Bridge

Die 1,6 km lange und 100 m hohe High Level Bridge überspannt das Oldman River Valley. Sie war einst die längste und höchste Gerüstbrücke der Welt. Im Jahr 1909 für $ 1,3 Mio. von der Eisenbahngesellschaft erbaut, ersetzte sie 22 Holzbrücken und verkürzte die Fahrtzeit von Lethbridge nach Fort Macleod erheblich. Ihr Bau verschlang über 12.000 t Stahl, 13.000 m³ Beton und knapp 30.000 l Farbe. Die Brücke bietet zwar Ausblicke auf das Tal, aber keine Perspektive ist besser als die, die man hat, wenn man direkt unter ihr steht (Zugang von der Touristeninformation auf dem Brewery Hill).

Nikka Yuko Japanese Garden

Dieser japanische Garten im Henderson Lake Park (Mayor Magrath Dr., ✆ 403/ 328-3511; Mitte Mai bis Mitte Okt. tägl. 9–17 Uhr, Juli/Aug. 9–20 Uhr; Erwachsene $ 7, Senioren $ 5, Kinder $ 4) wurde als Ort der Entspannung und Kontemplation eingerichtet: keine bunten Blumen, nur grüne Büsche, Steine und Sand. Die Gebäude und Brücken wurden unter der Leitung eines berühmten japanischen Architekten in Japan hergestellt. Der klassisch gestaltete Hauptpavillon hat auch ein *Tokonoma* (ein Zimmer für die Teezeremonie). Japanische Frauen in traditioneller Kleidung führen Besucher durch die Gärten und erläutern die Philosophie, die sich hinter den einzelnen Gestaltungsaspekten verbirgt.

Übernachten/Camping/Essen und Trinken

• *Übernachten* Eine ausgezeichnete Alternative zu den Motels ist das **Heritage House B&B** (1115 8th Ave. S, ✆ 403/328-3824, www.ourheritage.net; $ 60 für 1 Pers., $ 80 für 2 Pers.). Das Haus von 1937 gilt als eines der schönsten Beispiele für Art-déco-Architektur in Alberta. Die beiden Gästezimmer sind geräumig und geschmackvoll eingerichtet, ein herzhaftes Frühstück gibt's unten im Speisesaal. Es gibt nur ein Gemeinschaftsbad, aber dafür ist der Preis wirklich günstig. Das Zentrum ist zu Fuß erreichbar, der kurze Spaziergang führt durch die Alleen der begehrtesten Wohngegend von Lethbridge.

Am Mayor Magrath Dr. reihen sich einige preiswerte Motels aneinander. Das **Pepper Tree Inn** (1142 Mayor Magrath Dr., ✆ 403/ 328-4436 oder ✆ 800/708-8638, www.peppertreeinn.ca; $ 65 für 1 Pers., $ 80 für 2 Pers., kleines Frühstück inklusive) ist ein Allerweltsmotel mit einem kleinen Pool direkt am Parkplatz vor dem Haus. Es zählt zu den günstigsten Übernachtungsmöglichkeiten in Lethbridge.

Im Zentrum bietet das **Days Inn** (100 3rd Ave. S, ✆ 403/327-6000 oder ✆ 800/661-8085, www.ladaysinn.com; ab $ 114 für 1 Pers., ab $ 129 für 2 Pers.) perfekte Gemütlichkeit und eine gute Ausstattung zu einem vernünftigen Preis: Kaffee und Internet auf dem Zimmer sind inbegriffen, außerdem gibt's ein Continental Breakfast, die Tageszeitung, ein Hallenbad und einen Fitnessraum.

Lethbridge Lodge (320 Scenic Dr. S, ✆ 403/ 328-1123 oder ✆ 800/661-1232, www.lethbridgelodge.com; $ 125–169 für 1/2 Pers.) ist ein modernes Hotel mit komplettem Service in bester Innenstadtlage. Die 191 großen und hellen Zimmer gibt es in fünf Kategorien, darunter die Courtyard Suites mit separatem Schlafzimmer und Sitzecke mit Blick auf das tropische Atrium. Zum Komplex gehören ein Restaurant, eine Lounge und ein Hallenbad.

• *Camping* Der **Henderson Lake Campground** (7th Ave. S, im Henderson Lake Park, ✆ 403/328-5452, www.hendersoncampground.com; Zeltstellplatz $ 25, Stellplatz mit Anschlüssen $ 31–35) hat Duschen, eine Laundry, Lebensmittel, Brennholz und Feuerstellen. Der Abschnitt mit Anschlüssen erinnert eher an einen asphaltierten Parkplatz, Gäste mit Zelt und kleinerem Fahrzeug genießen unter Bäumen im hinteren Bereich des Platzes mehr Privatsphäre.

Bridgeview RV Resort (am Westufer des Oldman River, 910 4th Ave. S, ✆ 403/381-2357, www.holidaytrailsresorts.com; Zeltstellplatz $ 28, Stellplatz mit Anschlüssen $ 43–48) hat ähnliche Einrichtungen sowie ein beheiztes Schwimmbecken unter freiem Himmel und ein Restaurant. Der Platz ist allerdings wegen der Nähe zum Highway recht laut.

Eine weitere Möglichkeit ist der **Park Lake Provincial Park** (✆ 403/382-4097; Mitte Mai bis Ende Okt.; Stellplatz $ 15, mit Anschlüssen $ 21). Anfahrt: von Lethbridge 17 km nach Norden auf dem Hwy. 25, dann abbiegen und 5 km in Richtung Nordwesten.

• *Essen und Trinken* Im **Penny Coffee House** (331 5th St. S, ✆ 403/320-5282; Mo–Fr 7.30–21 Uhr, Sa 7.30–19 Uhr, So 9–17 Uhr) gibt's Kaffee unter $ 2, Nachfüllen kostet $ 0,50, ein großes und gesundes Sandwich mit Suppe kostet $ 7,45

Gleich um die Ecke ist das **Esquire's** (621 4th Ave, ✆ 403/380-6747; Mo–Fr 7–21 Uhr, Sa 9–18 Uhr, So 9–16 Uhr; Mittagessen $ 5–8), das zwar über einen Computer und drahtlosen Internetzugang verfügt, aber trotzdem nicht sehr viel moderner wirkt.

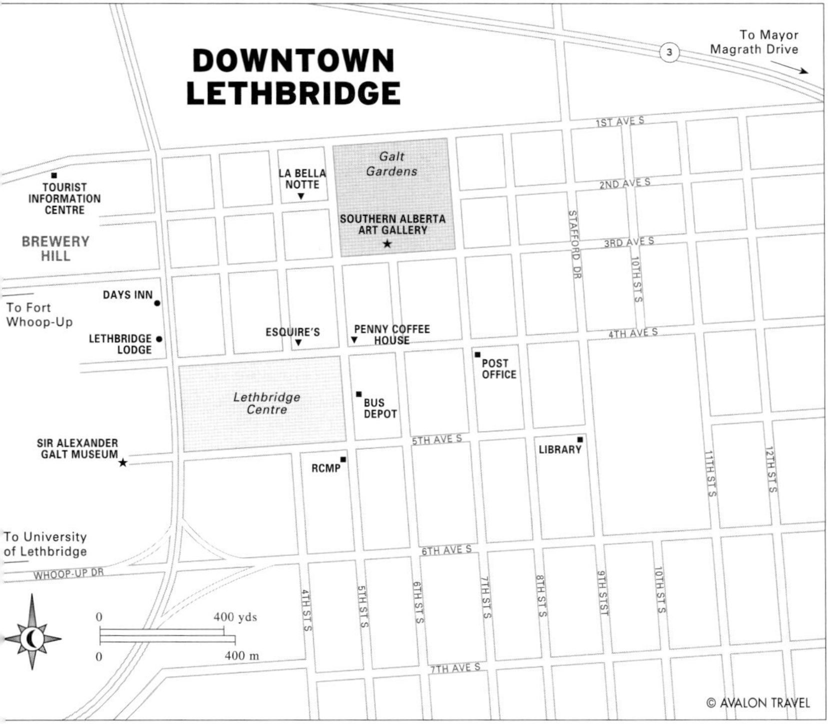

Das **Bontanica** (Lethbridge Lodge, 320 Scenic Dr. S, ✆ 403/328-1123; tägl. 7–22 Uhr; $ 14–23) ist ein sauberes und insgesamt überraschend preiswertes Lokal mit einer guten Auswahl an gesundem Essen (Abendbüfett Fr–So $ 18); das Frühstück ist besonders gut.

Das beste Ambiente fürs Dinner bietet **La Bella Notte** (401 2nd Ave. S, ✆ 403/331-3319; tägl. ab 11.30 Uhr; $ 14–28). Das ehemalige Feuerwehrhaus wurde umfassend renoviert: geflieste Fußböden, eine restaurierte Wendeltreppe zur Lounge im Obergeschoss und erdige Farbtöne. Viele Gerichte sind traditionell italienisch, aber es gibt auch zahlreiche kanadische Spezialitäten.

Information/Adressen/Verbindungen

• *Information* Das **Mayor Magrath Tourist Information Centre** (2805 Scenic Dr., ✆ 403/320-1222; im Sommer tägl. 9–20 Uhr, sonst tägl. 9–17 Uhr) liegt im Süden der Stadt an der Kreuzung von Magrath Dr. und Scenic Dr. Das **Brewery Gardens Tourist Information Centre** (✆ 403/320-1223; Mitte Mai bis Sept. tägl. 9–20 Uhr, Sept./Okt. Di–Sa 9–17 Uhr) ist eine Alternative am westlichen Rand der Innenstadt. Betreiber beider Informationsstellen ist die **Chinook Country Tourist Association** (✆ 800/661-1222, www.chinookcountry.com).

Die ausgezeichnete **Lethbridge Public Library** (810 5th Ave. S, ✆ 403/380-7310; Mo–Sa 9.30–17.30 Uhr, So 13.30–17.30 Uhr, So 13.30–17.30 Uhr) bietet eine große Auswahl an Literatur.

• *Adressen* Die **Post** (704 4th Ave. S) ist in einem alten Gebäude aus Stein untergebracht. Ein verregneter Tag lässt sich sinnvoll in der **Family Coin Laundry** (128 Mayor Magrath Dr. N; tägl. 7.30–20.30 Uhr) verbringen, einem Waschsalon eine Straße nördlich vom Highway mit Aufenthaltsraum, TV und Gratiskaffee.

• *Verbindungen* Vom **Greyhound-Busbahnhof** (411 5th St. S, ✆ 403/327-1551 oder ✆ 800/661-8747) fahren 4-mal tägl. Busse nach Calgary und je 2-mal tägl. nach Medicine Hat und zur US-Grenze bei Coutts, wo Anschluss nach Great Falls und Helena (Montana) besteht.

Die Stadtbusse von **Lethbridge Transit** (✆ 403/320-4978) verkehren tägl., sonntags allerdings weniger häufig. Die Hauptrouten führen von der 4th Ave. S im Zentrum zur Universität, zum Henderson Lake Park und nach Süden über den Mayor Magrath Dr. Ein Einzelfahrschein für Erwachsene kostet $ 2,25.

Cardston

Cardston ist eine Kleinstadt mit 3400 Einw. am Fuß der Gebirgsausläufer, 76 km südwestlich von Lethbridge und 35 km nördlich der US-Grenze. Ein reiches geschichtliches Erbe und ein schönes Kutschenmuseum machen den Ort an sich schon zu einem interessanten Zwischenstopp, doch er eignet sich auch gut als Basis für einen Abstecher in den Waterton Lakes National Park, der eine halbe Autostunde westlich liegt. Cardston wurde 1887 von Charles Ora Card von der Kirche Jesu Christi der Heiligen der Letzten Tage (besser bekannt als Gemeinschaft der Mormonen) gegründet, nachdem er mit elf Familien in Planwagen von Utah aus in Richtung Norden gezogen war. Seine erste Holzhütte (337 Main St.; Juli/Aug. Mo–Sa 13.30–17 Uhr; Spende) steht immer noch.

Remington Carriage Museum

Dieses Weltklassemuseum (623 Main St., ✆ 403/653-5139; Juli/Aug. tägl. 9–18 Uhr, sonst tägl. 10–17 Uhr; Erwachsene $ 9, Senioren $ 8, Kinder $ 5) widmet sich ausschließlich dem Zeitalter des Transports zu Pferde. Es beherbergt die größte Sammlung von Kutschen, Einspännern und Planwagen in Nordamerika (bei der letzten Zählung waren es 225). Die Hauptgalerien beleuchten die Geschichte von Pferd und Wagen anhand einer lebensgroßen Westernstadt aus dem frühen 20. Jh. Auf ihrer Reise in die Vergangenheit verfolgen die Besucher Schmiedearbeiten in der Kutschenfabrik und Verkaufsverhandlungen bei einem Kutschenhändler. Interessant ist auch die Pferderennbahn, wo sich Gutbetuchte gern mit ihren schicken Kutschen zeigten. Im Sommer werden Fahrten in restaurierten und nachgebauten Pferdekutschen angeboten (Erwachsene $ 4, Kinder $ 2,50). Zum Komplex gehören ein Theater, ein Restaurant und ein Giftshop.

Alberta Temple

Als die frühen mormonischen Pioniere noch in einfachen Holzhütten lebten, planten sie bereits den Bau des ersten Mormonentempels außerhalb der Vereinigten Staaten. Das imposante, symmetrische Bauwerk aus Marmor und Granit ist praktisch von jedem Punkt des Dorfes aus zu sehen und heißt mit vollem Namen „The Cardston Alberta Temple of the Church of Jesus Christ of Latter-Day Saints". Der Tempel selbst darf nur von unbescholtenen Mitgliedern des mormonischen Glaubens betreten werden, aber neben dem Haupteingang gibt es ein öffentliches Besucherzentrum (348 3rd St. W, ✆ 403/653-1696; Mai bis Sept. 9–21 Uhr; Eintritt frei). Es veranschaulicht die jahrzehntelange Bauphase anhand von Fotografien. Sie zeigen, wie die schweren Steine aus British Columbia herbeigeschafft wurden und wie ein riesiger Montagekran die Blöcke an die richtigen Stellen hievte. Die freundliche kleine Einrichtung wird von engagierten Gemeindemitgliedern geleitet, die sich gern mit Gästen über ihren Tempel unterhalten.

Reisepraktisches

• *Unterhaltung* Das **Carriage House Theatre** (353 Main St., ✆ 403/653-1000) bringt im Sommer diverse Produktionen auf die Bühne, darunter Musicals, Komödien und spezielle Veranstaltungen zu lokalen Themen. Aufführungen Juli/Aug. Di–Sa 19.30 Uhr; Eintritt ca. $ 15.

• *Übernachten* In Cardston ist die Wahl der Unterkunft einfach: Entweder nimmt man eines der Motels mit gutem Preis-Leistungs-Verhältnis oder man campt am Ortsrand bzw. in einem der nahe gelegenen Provinzparks.

Die billigste Unterkunft ist das **Flamingo Motel** (848 Main St., ✆ 403/653-3952 oder ✆ 888/806-6835, www.cardstonflamingo.com; $ 69 für 1 Pers., $ 79 für 2 Pers.), das vom Remington Carriage Museum aus zwei Blocks hügelan liegt. Die 38 Zimmer haben Kühlschrank und Mikrowelle, außerdem gibt's einen Pool unter freiem Himmel, einen Grillplatz und eine Laundry.

• *Camping* Vom Ort zu Fuß zu erreichen ist der **Lee Creek Campground** am Ende der 7th Ave. W, die von der Main St. abgeht (✆ 403/653-3734; Mai bis Sept.; Stellplatz $ 20, mit Anschlüssen $ 25). Der ausgezeichnete Campingplatz hat Duschen und sämtliche Anschlüsse.

In Spring Coulee, ca. 20 km nordöstlich von Cardston, zweigt der Hwy. 505 nach Westen ab und erreicht nach wenigen Kilometern zwei Campingplätze im Erholungsgebiet **St. Mary's Reservoir Provincial Recreation Area** (Mitte Mai bis Mitte Okt.; $ 10); beide haben nur bescheidene Einrichtungen, aber sie liegen an sandigen Badestränden mit relativ warmem Wasser.

• *Essen und Trinken* Das **Cobblestone Manor** (173 7th Ave. W, ✆ 403/653-2701; im Sommer Mo–Sa Frühstück, Mittag- und Abendessen; $ 16–39) ist ein einzigartiges Lokal mit feiner Küche in einem ehemaligen Wohnhaus aus dem Jahre 1889. 1913 begann ein exzentrischer Herr aus Belgien, den Komplex mit Anbauten aus Pflastersteinen zu erweitern. Die Vertäfelung im Inneren besteht aus mehreren Tausend Latten Hartholz, und Bücherregale aus Buntglas, Tiffany-Lampen und Antikmöbel sorgen für Alte-Welt-Atmosphäre. Die Küche ist weit weniger abenteuerlich, als es die Umgebung vermuten lassen würde (Spaghetti, Frikadellen, Rindfleisch aus Alberta und Hühnchen in Ahornsirup).

• *Information* Die **Touristeninformation** (621 Main St., ✆ 403/653-3787; Mitte Mai bis Aug. tägl. 8–20 Uhr) am Eingang zum Kutschenmuseum erinnert an ein Großraumbüro.

Waterton Lakes National Park

Wer in diesen zerklüfteten, 526 km² großen Nationalpark fährt, tut das mit voller Absicht, denn er versteckt sich abseits der großen Highways in der äußersten südwestlichen Ecke Albertas. Begrenzt wird der Nationalpark von den Prärien Süd-Albertas im Norden und Osten, von der US-Grenze und dem Glacier National Park (Montana) im Süden und von der Kontinentalen Wasserscheide – die auch Alberta und British Columbia voneinander trennt – im Westen. Botaniker haben im Park 1200 Pflanzenarten registriert, die in verschiedenen Vegetationszonen wachsen. Zwei bedeutende Vogelzugkorridore führen über den Park hinweg, und die Möglichkeiten zum Beobachten großer Wildtiere sind durchaus mit denen anderer Regionen Westkanadas vergleichbar, auch wenn dafür mitunter etwas Geduld vonnöten ist. Dickhornschafe und Maultierhirsche kommen sogar bis an die Ortschaften heran. Eine fantastische natürliche Bergwelt, eine Kette tiefer Gletscherseen, eine große und vielfältige Wildtierpopulation und unglaublich abwechslungsreiche Tageswanderungen machen diesen Nationalpark zu einem echten Juwel, das sich niemand entgehen lassen sollte.

WATERTON LAKES NATIONAL PARK

„Kootenai“ Brown

John George „Kootenai“ Brown wurde in den 1840er Jahren in England geboren und war angeblich Oxford-Absolvent. Danach trat er in die Armee ein und kam über Indien nach San Francisco. Von dort machte er sich mit Tausenden anderer Glücksritter zu den Cariboo-Goldfeldern in British Columbia auf, um alles Gold, das er fand, an Ort und Stelle zu verjubeln. Dann zog er mit einigen Gefährten weiter Richtung Osten ins Waterton Valley, wo sie von Blackfoot angegriffen wurden. Brown bekam einen Pfeil in den Rücken, den er sich selbst wieder herauszog. Seinen Spitznamen erhielt der Abenteurer wegen seiner engen Verbundenheit mit den indigenen Kootenai, mit denen er so lange Bisons und Wölfe jagte, bis es praktisch keine mehr gab.

Obwohl sich Brown im Laufe der Zeit eine raue Schale zugelegt hatte, war er im Grunde seines Herzens ein Umweltschützer mit weichem Kern. Nachdem er 1869 geheiratet hatte, baute er eine Hütte an den Waterton Lakes und wurde zum ersten festen Siedler des Tals. Schon bald begann er, die Menschen in Fort Macleod auf die Schönheit der Gegend aufmerksam zu machen. Einer seiner Freunde, der einheimische Rancher F. W. Godsal, machte sich schließlich bei der Bundesregierung für die Einrichtung eines Naturschutzgebiets stark. 1895 wurde schließlich ein Areal als offizielles Waldschutzgebiet *(Forest Reserve)* ausgewiesen, und Brown wurde zum ersten Ranger ernannt. 1911 erklärte die Regierung die Gegend zum Nationalpark und machte den inzwischen 71-jährigen Brown zum Oberaufseher. Bis zu seiner Pensionierung im Alter von 75 Jahren setzte er sich für eine Erweiterung der Parkgrenzen ein, ein paar Jahre später starb er. Sein Grab an der Hauptzufahrtsstraße zum Ort ist eine angemessene Ruhestätte für einen der am meisten verehrten Pioniere Albertas. Seine Waterton-Hütte wurde im Kootenai Brown Pioneer Village im nahe gelegenen Pincher Creek wiederaufgebaut.

Südliches Alberta
Karte S. 498/499

Die Anfahrt ist beinahe genauso reizvoll wie der Nationalpark selbst. Egal aus welcher Richtung man kommt – der Übergang von der Prärie in die Berge ist abrupt, denn hier gibt es so gut wie kein Gebirgsvorland, wie es normalerweise an den östlichen Ausläufern der kanadischen Rockies zu finden ist. Zwei Straßen erschließen die Berge im westlichen Abschnitt des Nationalparks. Die eine endet an einem großen Gletschersee, die andere an einem spektakulären Canyon.

Häufig wird der Nationalpark auch als **Waterton-Glacier International Peace Park** bezeichnet. Der Waterton Lakes National Park und der Glacier National Park in Montana werden zwar separat verwaltet, es existiert aber eine grenzüberschreitende Kooperation mit dem Ziel, diese unberührte und wilde Bergwelt zu erhalten. Das Projekt beinhaltet gemeinsame Tierschutzmaßnahmen, diverse Informationsveranstaltungen und koordinierte Such- und Rettungsaktionen. 1979 erklärte die UNESCO den Park zum **Biosphärenreservat,** erst das zweite seiner Art in Kanada. Weitere offizielle Anerkennung erhielt der Park 1995, als er zusammen mit dem Glacier National Park zum **Weltnaturerbe** der UNESCO erklärt wurde.

Alle Besucher müssen sich am Parkeingang ein **Permit** holen. Der Preis für eine Tageskarte beträgt für Erwachsene $ 8, für Senioren $ 7 und für Kinder $ 4, für ein Fahrzeug sind maximal $ 20 zu zahlen.

Panoramastraßen

Die beiden folgenden Straßen zweigen von der Hauptzufahrtsstraße ab und führen durch eine herrliche Landschaft in den westlichen Teil des Nationalparks.

Akamina Parkway

Der Akamina Parkway beginnt im Ort Waterton und schlängelt sich durch Berg und Tal Richtung Cameron Creek Valley. Die Straße überwindet einen Höhenunterschied von 400 m und endet nach 16 km am Cameron Lake. Der Aussichtspunkt 1 km hinter der Kreuzung der Parkstraße liegt in einer scharfen Kurve (also lieber nicht direkt an der Straße parken); von dort schweift der Blick über das gesamte Tal. An dieser Stelle bestehen auch gute Aussichten, Dickhornschafe zu Gesicht zu bekommen. Auf dem weiteren Weg zum Cameron Lake warten mehrere Picknickplätze und interessante Zwischenstopps. Einer davon ist **Oil City,** wo erstmals in Westkanada nach Erdöl gebohrt wurde; heute sind aber nur noch einige Vertiefungen im Boden und die Fundamente eines ehemaligen Hotels zu sehen.

Der Maskinonge Lake ist das erste Naturwunder, das man bei der Einfahrt in den Waterton Lakes National Park passiert

Am Ende der Straße befindet sich der **Cameron Lake,** ein 2,5 km langer subalpiner See, der stellenweise über 40 m tief ist. Er liegt in einem großen, runden Becken, das ein abtauender Gletscher vor rund 11.000 Jahren zurückgelassen hat. Der Mount Custer am Südufer des Sees liegt schon im US-Bundesstaat Montana. Nordwestlich vom Mount Custer markiert ein Steinhaufen auf dem **Forum Peak** (2225 m) die Grenze zwischen Alberta, Montana und British Columbia. Am Seeufer gibt es überdachte Informationstafeln, kleine Snacks und eine Verleihstation für Kanus, Ruderboote und Paddelboote (erste Stunde $ 30, jede weitere Stunde $ 25). Ein schmaler Wanderweg führt 2 km am Westufer des Sees entlang (einfach 40 Min.).

Red Rock Canyon Parkway

Diese 13 km lange Strecke beginnt am Golfplatz und endet am **Red Rock Canyon.** Sie bietet die besten Gelegenheiten zur Beobachtung von Tieren an der Straße. Bei der Fahrt durch das Blakiston Valley vollzieht sich ein abrupter Übergang zwischen offener Prärie und Gebirge. An den freien Hängen auf der Nordseite stöbern Schwarzbären (ganz selten auch Grizzlybären) nach Saskatoonbeeren. Ein Aussichtspunkt bei km 3

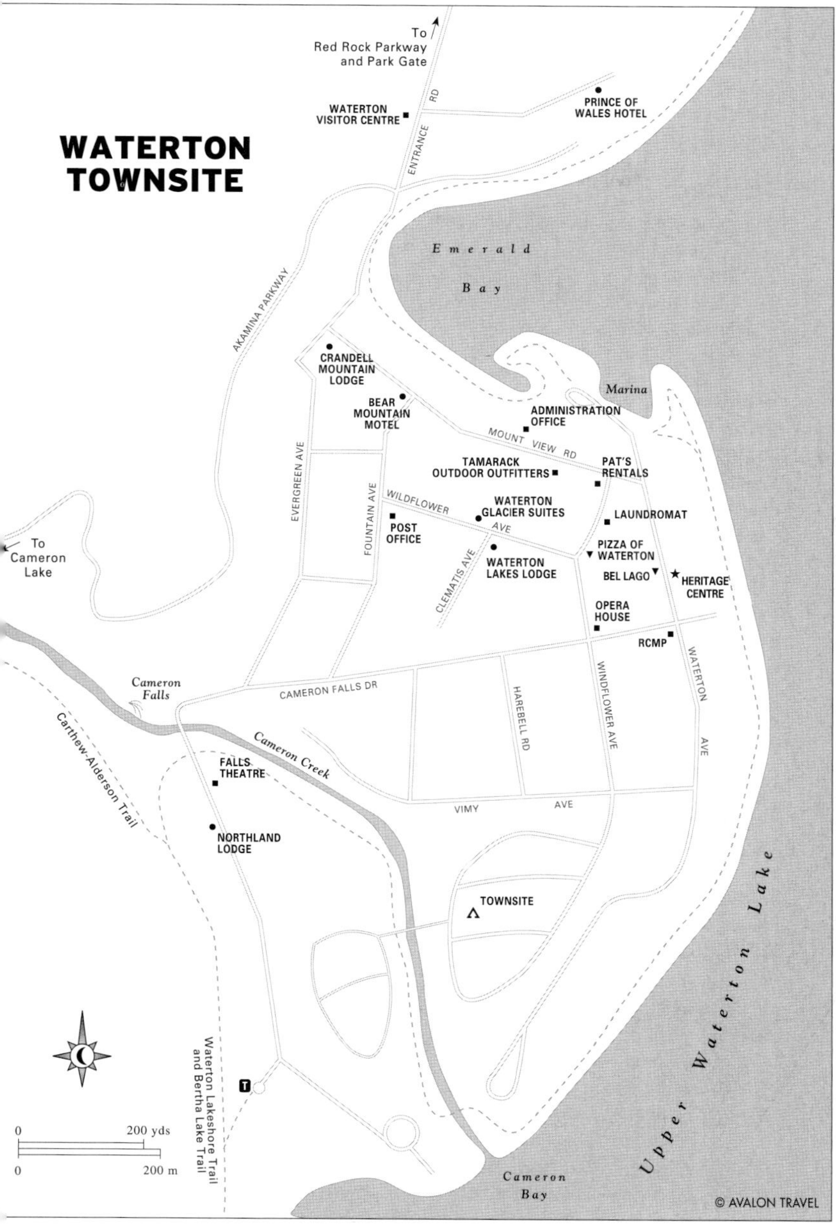

WATERTON TOWNSITE
To Red Rock Parkway and Park Gate
ENTRANCE RD
WATERTON VISITOR CENTRE
PRINCE OF WALES HOTEL
Emerald Bay
AKAMINA PARKWAY
CRANDELL MOUNTAIN LODGE
BEAR MOUNTAIN MOTEL
Marina
ADMINISTRATION OFFICE
MOUNT VIEW RD
TAMARACK OUTDOOR OUTFITTERS
PAT'S RENTALS
EVERGREEN AVE
FOUNTAIN AVE
WILDFLOWER AVE
WATERTON GLACIER SUITES
LAUNDROMAT
POST OFFICE
To Cameron Lake
PIZZA OF WATERTON
WATERTON LAKES LODGE
CLEMATIS AVE
BEL LAGO
HERITAGE CENTRE
OPERA HOUSE
RCMP
Cameron Falls
CAMERON FALLS DR
WATERTON AVE
HAREBELL RD
WINDFLOWER AVE
Carthew-Alderson Trail
Cameron Creek
FALLS THEATRE
VIMY AVE
NORTHLAND LODGE
TOWNSITE
Upper Waterton Lake
Waterton Lakeshore Trail and Bertha Lake Trail
0 200 yds
0 200 m
Cameron Bay
© AVALON TRAVEL

gibt den Blick auf den **Mount Blakiston** frei, mit 2920 m der höchste Gipfel des Parks. Im weiteren Verlauf führt die Straße an Informationstafeln, Picknickplätzen und am Campground Crandell Mountain vorbei. Am Ende liegt der Red Rock Canyon, eine vom Wasser ausgehöhlte Schlucht, deren Grundgestein (Argillit) eine hohe Eisenkonzentration aufweist. Wenn das Eisen an die Luft kommt, oxidiert es und sorgt für die rostrote Färbung. Ein kurzer Lehrpfad führt am Canyon entlang.

Wandern

Obwohl der Park relativ klein ist, wird er von einem insgesamt 224 km langen Netz gepflegter Wanderwege durchzogen. Die Wanderungen führen zu alpinen Seen und auf luftige Gipfel mit spektakulären Ausblicken. Einer der angenehmsten Aspekte des Wanderns in Waterton ist die Tatsache, dass die Baumgrenze (und damit der ungehinderte Ausblick) schneller erreicht ist, weil die Ausgangspunkte der Wege höher liegen als in anderen Parks der kanadischen Rockies.

Crypt Lake

Der **Crypt Lake Trail** (8,7 km; einfach 3–4 Std.) zählt für viele zu den spektakulärsten Tageswanderungen in ganz Kanada. Zum Startpunkt Crypt Landing fährt der Pendelbus Crypt Lake Shuttle (✆ 403/859-2362; Abfahrt tägl. um 9 und 10 Uhr von der Marina Waterton, Rückfahrt um 16 und 17.30 Uhr; hin und zurück $ 18). Von Crypt Landing schlängelt sich der Weg über 2,5 km auf und ab an mehreren Wasserfällen vorbei, dann geht es steil bergauf und an einem grünen See entlang bis zu einem Campingplatz. Die letzte Kletteretappe zum Crypt Lake bereitet die größten Probleme, besonders wenn Platzangst ein Thema ist: Eine Leiter an der Klippenwand führt in einen natürlichen Tunnel, der auf allen Vieren durchkrochen werden muss. Der nächste Streckenabschnitt ist ein schmaler Weg an einem Abhang entlang, wo ein Kabel Halt vorm Abrutschen bietet. Der See am Ende des Wegs liegt in einem Hängetal und entschädigt schließlich für alle Strapazen. Auf seinem dunkelgrünen Wasser treiben fast immer kleine Eisschollen, und die steilen Wände des Kessels ragen auf drei Seiten über 500 m in die Höhe.

Von Waterton aus

Die Kletterpartie auf den Gipfel **Bear's Hump** (1,2 km; einfach 40 Min.) zählt zu den beliebtesten Kurzwanderungen im Park. Der Weg ist recht steil und bietet schöne Panoramablicke auf das Waterton Valley. Vom hinteren Abschnitt des Parkplatzes am Besucherzentrum windet sich der Weg an der Nordflanke des Bear's Hump nach oben und endet an einem Felsvorsprung hoch über dem Ort.

Der Wanderweg zum **Bertha Lake** (5,8 km; einfach 2 Std.) folgt zunächst über 1,5 km leicht ansteigend dem Ufer des Upper Waterton Lake. Dann zweigt er rechts ab und nimmt durch einen Montanwald Kurs auf die Lower Bertha Falls. Dort macht er einen Linksknick über einen Lawinenhang und steigt danach wieder steil an, bis er seinen höchsten Punkt erreicht hat: ein Hängetal mit dem Bertha Lake ganz unten. Da der Höhenunterschied dieser Wanderung 460 m beträgt, ist mindestens durchschnittliche Fitness erforderlich.

Von der Länge des **Waterton Lakeshore Trail** (14 km) sollte sich niemand abschrecken lassen, denn er lässt sich problemlos begehen. Die meisten nutzen für die Anfahrt das Boot **MV International** der Waterton Cruise Company (✆ 403/859-2362; $ 18) und wandern zu Fuß zum Ort zurück, was alles in allem etwa 4 Std. dauert.

Weiterer Sport/Freizeit

• *Bootsrundfahrt* Eine Rundfahrt über den See ist die beliebteste organisierte Freizeitaktivität in Waterton. Von der Marina verkehren fahrplanmäßig Schiffe über die Grenze nach Goat Haunt (Montana) am Südufer des Upper Waterton Lake. Betreiber ist die **Waterton Inter-Nation Shoreline Cruise Company** (✆ 403/859-2362; Abfahrt im Mai/Juni und Sept. bis Anfang Okt. 2-mal tägl., Juli/Aug. 4-mal tägl., erste Abfahrt 9 Uhr; einfach $ 20, hin und zurück $ 34, Kinder zahlen die Hälfte). Während der 45-minütigen Tour ist eine spektakuläre Berglandschaft zu bewundern, und meistens zeigen sich auch ein paar wilde Tiere. Es folgt ein halbstündiger Zwischenstopp in Goat Haunt, einem abgelegenen Nest im Glacier National Park, das im Prinzip nur aus einem Bootsanleger und einigen Informationstafeln besteht. Anschließend gibt es zwei Möglichkeiten: mit demselben Boot zurückfahren oder den Rückweg zu Fuß antreten. Viele nehmen ein frühes Boot und laufen später zu Fuß über den **Waterton Lakeshore Trail** zum Ort zurück (ca. 4 Std.). Da auf dem Hin- und Rückweg die Landesgrenze überquert wird, sind die erforderlichen Dokumente mitzuführen. Im Sommer ist für die Bootsfahrt eine Vorausbuchung erforderlich.

• *Reiten* An der Hauptzufahrtsstraße kurz vor dem Ort bietet **Alpine Stables** (✆ 403/859-2462) Ausritte an. Einstündige Touren (Start zu jeder vollen Stunde zwischen 9 und 17 Uhr) kosten $ 35, es gibt aber auch verschiedene längere Optionen: Zweistündige Ausritte ($ 60) führen durch eine Gegend mit hervorragenden Gelegenheiten zum Beobachten von Tieren in freier Wildbahn. Der dreistündige Ausritt kostet $ 80 und führt an einem Bisongehege vorbei. Für 8 Std. im Sattel inklusive der Möglichkeit zur Besteigung des Gipfels Vimy Peak müssen $ 145 berappt werden.

• *Informationsveranstaltungen* Das jährliche Bildungsprogramm beginnt Ende Juni und dauert bis zum ersten Wochenende im September. Das Thema wechselt jedes Jahr, aber es handelt sich immer um interessante interaktive Inhalte, die Lernen und Spaß miteinander verbinden. Die Präsentationen finden im **Falls Theatre** (in Waterton an der Straße zu den Cameron Falls) und im **Crandell Theatre** (auf dem Crandell Campground) statt und beginnen in der Regel abends um 20 Uhr. Samstagabends treten Gastredner im Falls Theatre auf. Informationen und eine Programmbroschüre gibt's im Waterton Visitor Centre (✆ 403/859-5133).

Südliches Alberta
Karte S. 498/499

Übernachten

In Waterton gibt es nur begrenzte Übernachtungsmöglichkeiten. Die meisten Unterkünfte öffnen im Mai und schließen Mitte Oktober, ganzjährig geöffnet sind nur die Backpacker Lodge, Kilmorey Lodge, Crandell Mountain Lodge und die Waterton Glacier Suites. Alle liegen im Ort, sodass Marina und Geschäfte problemlos zu Fuß zu erreichen sind.

• *Unter $ 50* Das Hostel **HI-Waterton Alpine Centre** (101 Clematis Dr., ✆ 403/859-2150 oder ✆ 888/985-6343, www.watertonlakeslodge.com; Bett im Schlafsaal $ 32–40, Familienzimmer $ 105) befindet sich in einem Flügel der Waterton Lakes Lodge, die zu den besten Unterkünften im Ort zählt. Gerade einmal 21 Betten verteilen sich auf sechs Zimmer (maximal vier in einem Raum). Zu den Einrichtungen gehören ein kleiner Aufenthaltsbereich, eine Gemeinschaftsküche und Waschräume.

• *$ 50–100* Einen Block abseits der Hauptstraße steht das **Bear Mountain Motel** (208 Mount View Rd., ✆ 403/859-2366, www.bearmountainmotel.com; Mitte Mai bis Sept.; $ 80 für 1 Pers., $ 85 für 2 Pers., Zimmer mit Küchenzeile ab $ 95), ein älteres 34-Zimmer-Motel mit einfacher Ausstattung und Parkplatz direkt vor der Tür, aber ohne Telefon auf dem Zimmer.

In die gleiche Preisklasse fällt die **Northland Lodge** (Evergreen Ave., ✆ 403/859-2353, www.northlandlodgecanada.com; Anfang Mai bis Anfang Okt., $ 89–125 für 1/2 Pers.), ein weitläufiges altes Wohnhaus mit Wildniskulisse, aber nur wenige Gehminuten von den Cameron Falls und der Hauptstraße entfernt. Das Haus hat neun Gästezimmer, einen Aufenthaltsraum mit TV und Kamin und eine Terrasse. Im Preis sind jeweils Tee, Kaffee und Muffins zum Frühstück enthalten.

• *$ 100–150* Die **Crandell Mountain Lodge** (Mount View Rd., ✆ 403/859-2288 oder ✆ 866/859-2288, www.crandellmountainlodge.com; $ 140–220 für 1/2 Pers.) ist ein zentral gelegenes Gasthaus im ländlichen Stil. Alle 17 Zimmer haben ein eigenes Bad und sind wunderschön mit rustikalen Möbeln eingerichtet (kein Telefon), zwei davon behindertengerecht. Zwischen Mitte September und Mai fallen die Preise um ca. 30 %.

• *$ 150–200* Die **Waterton Glacier Suites** (Windflower Ave., ✆ 403/859-2004 oder ✆ 866/621-3330, www.watertonsuites.com) sind ganzjährig geöffnet und bieten ein ausgezeichnetes Preis-Leistungs-Verhältnis. Alle 26 Suiten haben eine stilvolle, moderne Einrichtung mit leichtem Western-Touch, Klimaanlage, Kühlschrank und Mikrowelle. Die Suiten mit zwei Schlafzimmern kosten $ 169 (1/2 Pers.), jene mit Whirlpool und Kamin $ 225, und die geräumigen Loft-Suiten liegen bei $ 259. In der Nebensaison pendeln sich die Preise bei $ 135–175 ein.

Watertons Wahrzeichen: das Prince of Wales Hotel

Die moderne **Waterton Lakes Lodge** (Ecke Windflower Ave. und Cameron Falls Rd., ✆ 403/859-2151 oder ✆ 866/985-6343, www.watertonlakeslodge.com; April bis Okt.; $ 185–245 für 1/2 Pers.) steht auf einem 1,5 ha großen Gelände mitten im Ort. Alle 80 Zimmer sind groß und modern eingerichtet (das Bergthema zieht sich durch die Dekoration) und bieten Ausblicke aufs Gebirge. Alle haben Klimaanlage, TV/Video-Kombination, Internetzugang und Kaffeemaschine. Zum Komplex gehören auch der Waterton Health Club (Eintritt für Hotelgäste frei), ein Restaurant und ein Aufenthaltsraum mit Großbild-TV.

• *Über $ 200* Watertons bekanntestes Wahrzeichen ist das **Prince of Wales Hotel** (✆ 403/236-3400 oder ✆ 406/892-2525, www.glacierparkinc.com; Mitte Mai bis Mitte Sept.; $ 265–345 für 1/2 Pers.), ein siebenstöckiges Giebelhaus (Baujahr 1927) auf einem Hügel mit Blick auf den Upper Waterton Lake. Auch wer hier nicht übernachtet, kann den Prunk, die spektakuläre Holzkonstruktion und die grandiose Lage mit Blick auf den See zumindest vom Foyer aus genießen. Im Erdgeschoss gibt's ein Restaurant, eine Lounge und einen Giftshop. In puncto Opulenz und Historie ist dieses Hotel in Waterton konkurrenzlos, aber mit einer preislich ähnlichen Unterkunft in größeren Städten sind die Einrichtungen nicht zu vergleichen: Die Zimmer haben kein TV, und es gibt keinen Fahrstuhl zu den Value Rooms in den oberen Stockwerken.

Camping

• *Im Park* Im Park gibt es drei Campingplätze mit insgesamt 391 Stellplätzen. Der **Townsite Campground** (Mitte April bis Mitte Okt.; Zeltstellplatz $ 23, Stellplatz ohne Anschlüsse $ 28, mit Anschlüssen $ 39) ist der beliebteste, weil er zentral gelegen ist und eine erstklassige Ausstattung hat, was auch für die Duschen und überdachten Kochbereiche gilt. Der See, die Startpunkte der Wanderwege sowie Restaurants und Geschäfte sind allesamt zu Fuß zu erreichen. Ein gewisses Kontingent an Stellplätzen wird vom **Parks Canada Campground Reservation Service** (✆ 877/737-3783, www.pccamping.ca) vorab vergeben.

Der **Crandell Campground** (Mitte Mai bis Anfang Sept.; $ 21,50) liegt 10 km außerhalb von Waterton am Red Rock Canyon Parkway. Die 129 Stellplätze verteilen sich zwischen Bäumen auf dem Talboden. Der Platz hat WCs und überdachte Kochbereiche, aber keine Anschlüsse. Der hübsche

Crandell Lake ist problemlos über einen 2,4 km langen Weg von der südwestlichen Ecke des Platzes aus zu erreichen.

Der **Belly River Campground** (Mitte Mai bis Anfang Sept.; $ 15) liegt 26 km vom Ort entfernt an einem seichten, langsam fließenden Fluss am Chief Mountain International Hwy. Er ist mit nur 24 Stellplätzen der kleinste und auch der primitivste offizielle Campingplatz im Park. Die Einrichtungen beschränken sich auf Plumpsklos, einen überdachten Kochbereich und Trinkwasser.

• *Private Campingplätze* Die privaten Campingplätze außerhalb des Parks liegen ein wenig ab vom Schuss, sind aber dennoch eine gute Alternative, weil sie besser ausgestattet sind (besonders wichtig für Familien mit Kleinkindern) und in der Regel über alle Anschlüsse verfügen.

Waterton am nächsten liegt der **Waterton Springs Campground** (3 km nördlich vom Parktor am Hwy. 6, ✆ 403/859-2247 oder ✆ 866/859-2247, www.watertonspringscamping.com; Ende Mai bis Sept.; Zeltstellplatz $ 18, Stellplatz mit Anschlüssen $ 23–29).

Familienspaß ist Trumpf auf dem **Great Canadian Barn Dance Campground** (Wynder Rd., Hill Spring, ✆ 403/626-3407 oder ✆ 866/626-3407, www.gcbd.com; Mai bis Okt.; $ 22–37), einer umgebauten Farm, die 40 Autominuten vom Park entfernt liegt und über kleine Landstraßen zu erreichen ist. Wie der Name schon andeutet, gibt's hier am Wochenende Countrytanz in der Scheune. Anfahrt von Waterton: 18 km den Hwy. 5 Richtung Osten, 21 km den Hwy. 800 nach Norden und dann 1,6 km den Hwy. 505 Richtung Osten bis zur Wynder Rd.

Essen und Trinken

Wenn's ums Essen geht, bietet Waterton die gesamte Palette vom billigen Schnellimbiss bis zum feinen Dinner-Restaurant. Außer im Prince of Wales herrscht nirgendwo Kleiderzwang.

Waterton Bagel & Coffee Co. (im Theater an der Ecke Windflower Ave. und Cameron Falls Dr., ✆ 403/859-2211; tägl. 7–21.30 Uhr) brüht den besten Kaffee im Ort.

Das **Pizza of Waterton** (305 Windflower Ave., ✆ 403/859-2660; Mo–Fr 17–22 Uhr, Sa/So 12–22 Uhr) macht die beste (na ja, auch die einzige) Pizza im Ort, auf Wunsch zum Mitnehmen. Die Pizza ist wirklich gut und üppig belegt, die 12-inch-Variante kostet $ 21 und reicht für zwei Personen. Ein Bier geht für $ 5 über den Tresen, und es gibt Weine für unter $ 25 pro Flasche. Tische stehen drinnen und draußen.

Das **Bel Lago** (113 Waterton Ave., ✆ 403/859-0003; tägl. 11–22 Uhr; $ 18–32) hat Tische drinnen und draußen und am Wochenende abends Livemusik. Es gibt gute Pasta und italienische Spezialitäten.

High Tea (tägl. 14–17 Uhr; $ 34/Pers.) hat eine lange Tradition im Foyer des noblen **Prince of Wales Hotel** (✆ 403/859-2231). Was für den saftigen Preis auf den Tisch kommt, ist aber durchaus lecker: Sandwiches, Kuchen und Kekse, Tee, Kaffee und andere Getränke an weiß gedeckten Tischen mit dem besten Ausblick weit und breit. Jeder Brite, der etwas auf sich hält, wird bestätigen, dass es sich hier wohl eher um einen *Afternoon Tea* handelt als um einen *High Tea*, der normalerweise mit einem herzhaften Abendessen einhergeht. Die großen Fenster im **Royal Stewart Dining Room** des Hotels (Frühstück 6.30–10 Uhr, Mittagessen 11.30–14 Uhr, Abendessen 17–21.30 Uhr; $ 23–34) geben den Blick auf den Upper Waterton Lake frei, und die Alte-Welt-Eleganz ist konkurrenzlos in dieser Gegend. Das einfache Frühstücksbüfett ($ 18/Pers.) lohnt sich schon allein wegen des Ausblicks.

Information/Einkaufen/Adressen/Verbindungen

• *Information* Das **Waterton Visitor Centre** (✆ 403/859-5133; Juni bis Aug. tägl. 9–20 Uhr, Mai und Anfang Sept. 9–17 Uhr) an der Hauptzufahrtsstraße erteilt allgemeine Informationen zum Park, verkauft Angelscheine und stellt Genehmigungen für Exkursionen in die Wildnis aus. Die gleichen Dienstleistungen bietet außerhalb der Sommermonate das Büro der Parkverwaltung (Mount View Rd., ✆ 403/859-2224; Mo–Fr 8–16 Uhr). Parks Canada (www.pc.gc.ca) und die örtliche Handelskammer (www.watertonchamber.com) unterhalten informative Websites.

Der Ausrüster **Tamarack Outdoor Outfitters** (Adresse s. u.) hat auch einige Bücher über die Gegend in den Regalen.

Die **Waterton Natural History Association** im Waterton Heritage Centre (117 Waterton Ave., ✆ 403/859-2624; Mai bis Sept. 10–17 Uhr, Juli/Aug. 10–20 Uhr) hat alle Bücher im Archiv, die jemals über den Nationalpark geschrieben wurden.

• *Einkaufen* Die vielen touristischen Giftshops entlang der Waterton Avenue laden bei schlechtem Wetter zum Stöbern ein. **Tamarack Outdoor Outfitters** (Mount View Rd., ✆ 403/859-2378; tägl. 8–20 Uhr) ist ein Familienbetrieb in fünfter Generation, der von allem ein bisschen hat: eine gute Auswahl an Outdoor-Kleidung, Campingausrüstung, Angelzubehör, Bücher, Picknickvorräte und Geldwechsel.

• *Adressen* In Waterton gibt's keine Bank, aber mehrere **Geldautomaten**, die meisten Geschäfte akzeptieren aber Reiseschecks.

Die **Post** befindet sich neben der Feuerwehrhalle in der Fountain Ave.

In der Windflower Ave. gibt's einen **Waschsalon.**

• *Verbindungen* **Greyhound-Busse** fahren bis Pincher Creek, 50 km vom Nationalpark entfernt. Die einfache Fahrt mit einem Taxi vom Busbahnhof (1015 Hewetson St., ✆ 403/627-2716) zum Park kostet ca. $ 70 (zu bestellen bei **Crystal Taxi** unter ✆ 403/627-4262).

Tamarack Outdoor Outfitters (Mount View Rd., ✆ 403/859-2378, www.watertonvisitorservices.com) unterhält einen Shuttleservice zu diversen Startpunkten von Wanderwegen im Park.

Pat's (Mount View Rd., ✆ 403/859-2266) verleiht Mountainbikes (erste Stunde $ 9,50, jede weitere Stunde $ 7, ganzer Tag $ 40). Ein Motorroller kostet $ 31/Std. bzw. $ 120/Tag.

Crowsnest Pass

Die Gemeinde Crowsnest Pass besteht aus mehreren Siedlungen am Hwy. 3, die zwischen Pincher Creek und der Kontinentalen Wasserscheide in der südwestlichen Ecke der Provinz liegen. Sie umfasst eine Handvoll ehemals boomender Kohlebergbausiedlungen wie Bellevue, Hillcrest, Frank, Blairmore und Coleman. Viele topografische Merkmale dieser Gegend tragen „Crowsnest" im Namen, darunter ein Fluss, ein Berg und der eigentliche Pass (1396 m), der 62 km von Pincher Creek entfernt über die Kontinentale Wasserscheide führt. Ein Abstecher in diese Region lohnt sich schon wegen der herrlichen Landschaft und der vielen Freizeitmöglichkeiten. Der Crowsnest River gilt als eines der besten Reviere zum Forellenfischen in ganz Kanada. Aber erst eine Besichtigung der historischen Orte und Bergwerke in dieser Gegend macht das Erlebnis zu einer runden Sache.

Pincher Creek und Umgebung

Die Kleinstadt Pincher Creek liegt in einem flachen Tal 211 km südlich von Calgary und ist angeblich der windigste Ort in ganz Alberta. Das Land in der Umgebung bietet hervorragende Bedingungen für die Rinderzucht, wie sie besser kaum irgendwo in Kanada zu finden sind. 1876 gründete die NWMP eine Pferdezucht an der Stelle, wo heute Pincher Creek liegt. Die Mounties hatten herausgefunden, dass Hafer und Heu, die Grundnahrung der Pferde, hier im Gebirgsvorland viel besser gediehen als in der Umgebung des neu gegründeten Außenpostens Fort Macleod. Der Überlieferung nach fand ein Mitglied der Abteilung in der Nähe des Flusses eine Zange (engl. *pincers*), die Goldsucher aus Montana hier Jahre zuvor verloren hatten, und der Name blieb haften. Die Kunde von dem fruchtbaren Ackerland verbreitete sich schnell, und schon bald war die gesamte Gegend besiedelt.

Sehenswertes im Ort

Das große Holzgebäude **Pioneer Place,** von der Main St. aus gesehen auf der anderen Seite des Flusses, beherbergt nicht nur das örtliche Informationszentrum, sondern dient auch als Eingang zum **Kootenai Brown Pioneer Village** (1037 Bev

McLachlin Dr., ✆ 403/627-3684; Juni bis Aug. tägl. 10–18 Uhr, Sept. bis Mai Mo–Fr 10–16.30 Uhr; Erwachsene $ 6, Senioren $ 5, Kinder ab 7 Jahren $ 4). In diesem Freilichtmuseum wurden zahlreiche historische Gebäude aus der Region wiederaufgebaut. Zu den Highlights zählen die Hütte des legendären Bergbewohners Kootenai Brown (siehe Kasten S. 515), eine große Ranch von 1894, eine Schmiede, eine Duchoborzen-Scheune, eine Grassodenhütte und eine NWMP-Scheune von 1878. Alle Gebäude können besichtigt werden und wurden gemäß ihrem damaligen Erscheinungsbild restauriert.

Die Umgebung von Pincher Creek

1991 wurde nördlich von Pincher Creek (unterhalb des Zusammenflusses von Crowsnest River, Castle River und Oldman River) der **Oldman River Dam** fertig gestellt. Das Wasser der 25 km langen Talsperre wird durch einen der höchsten Staudämme Albertas zurückgehalten. Über die Staumauer führt der Hwy. 785, der 3 km östlich der Ausfahrt Pincher Creek vom Hwy. 3 abzweigt. Am Fuß der Überlaufrinne gibt es Möglichkeiten zum Zelten, ein ausgezeichnetes Angelrevier mit Regenbogenforellen und einen speziell angelegten Kajakkurs. Der Stausee weiter oben ist ein beliebtes Ziel für Wassersportaktivitäten wie Windsurfen, Bootfahren und Angeln.

Tief im Gebirgsvorland liegt 20 km südwestlich von Pincher Creek der **Beauvais Lake Provincial Park** mit seinem 18 km langen Netz aus Wanderwegen, darunter auch eine Kurzwanderung zu einem Biberteich. Der Beauvais Lake eignet sich auch zum Bootfahren und Angeln von Regenbogen- und Bachforellen. Der Hauptcampingplatz am Westufer (✆ 403/382-4097; $ 15–21) ist recht primitiv (Plumpsklos, keine Duschen), doch mittlerweile gibt es ein paar Stellplätze mit Anschlüssen. Wer mit dem Zelt unterwegs ist, findet hinter den Sommerhütten einige Plätze, die ohne Reservierung vergeben werden.

Reisepraktisches

• *Übernachten* Die älteren Motels in Pincher Creek konzentrieren sich an einem vier Häuserblocks langen Abschnitt des Hwy. 6 östlich der Downtown. Dazu gehört mit dem **Blue Mountain Motel** (981 Main St., ✆ 403/627-5335; $ 65 für 1 Pers., $ 75 für 2 Pers.) auch ein echtes Schnäppchen.

Südlich der Stadt liegt etwas abseits des Hwy. 6 (Anfahrt telefonisch erfragen) die **Valley Blue Ranch** (✆ 403/627-2382, www.valleyblueranch.com; $ 90 für 1 Pers., $ 120 für 2 Pers. inkl. Frühstück). Es handelt sich in erster Linie um eine noch betriebene Rinderfarm, die in ihrem modernen Ranchhaus ganzjährig Besucher aufnimmt. Die beiden hellen Gästezimmer haben Western-Atmosphäre, der große Aufenthaltsraum und das Frühstückszimmer bieten weite Ausblicke auf das Gebirgsvorland.

• *Camping* Der **Memorial Campground** (Mai bis Okt.; Zeltstellplatz $ 15, Stellplatz mit Anschlüssen $ 20–25) liegt unweit vom Hwy. 6 in einer Wohngegend an der Wentworth Ave. Vom Platz führt ein Wanderweg am Fluss entlang zum Kootenai Brown Pioneer Village. Duschen und eine unbegrenzte Menge Feuerholz sind im Preis enthalten.

Wer keine Anschlüsse braucht, hat's wesentlich hübscher auf dem **Cottonwood Campground** (Mai bis Anfang Sept.; $ 15–21), 500 m flussabwärts vom Oldman River Dam, der rund 10 km nordöstlich von Pincher Creek liegt. Die 82 Stellplätze verteilen sich zwischen hohen Pappeln in der Nähe des Flusses.

• *Essen und Trinken* Das **Swiss Alpine Restaurant** (988 Main St., Ecke Waterton Ave., ✆ 403/627-5079; Di–Sa 11–22 Uhr; $ 15–22) mit Western-Atmosphäre und ausgestopften Tieren ist ein alteingesessener Favorit bei Ortskundigen und eingeweihten Travellern. Im Speisesaal gibt es gutes Essen, z. B. Rindfleisch und Lamm aus Alberta, leckere Salate (Tipp: Alpine Salad) und traditionelle Schweizer Gerichte wie Fondue.

Knapp 25 km südlich von Pincher Creek in Richtung Waterton Lakes steht einsam am Hwy. 6 der Gemischtwarenladen **Twin Butte General Store** (✆ 403/627-4035; tägl. 10–20 Uhr; $ 9–21). Ein kleines Restaurant tischt mittags und abends warme Mahlzeiten auf. Die Spezialität sind einfache und preiswerte mexikanische Gerichte, die mit einem Lächeln serviert werden.

• *Information* Das **Pincher Creek Tourist Information Centre** (1037 Bev McLachlin Dr., ✆ 403/627-5855 oder ✆ 888/298-5855, www.pinchercreek.ca; Juni bis Aug. tägl. 10–18 Uhr, Sept. bis Mai Mo–Fr 10–16.30 Uhr) befindet sich im Pioneer Place, einem beeindruckenden Holzgebäude auf der anderen Seite des Flusses.

Von Pincher Creek nach Leitch Collieries

Von Pincher Creek in Richtung Westen beginnt der Hwy. 3 seinen langsamen Aufstieg zum Crowsnest Pass. Der erste lohnenswerte Zwischenstopp sind die **Lundbreck Falls** (am Highway ausgeschildert), wo der Crowsnest River 12 m tief in einen Canyon stürzt. Unterhalb des Wasserfalls, in der **Lundbreck Falls Recreation Area** (Mai bis Okt.; Stellplatz ohne Anschlüsse $ 12, mit Anschlüssen $ 17), verteilen sich 65 Stellplätze über zwei sichelförmige Areale, von denen eines direkt am Fluss liegt.

Hinter dem Wasserfall stößt der Hwy. 3 auf den Hwy. 22, der Richtung Norden zum Kananaskis Country und nach Calgary führt. Die nächste Siedlung weiter westlich am Hwy. 3 ist **Burmis.** Der Ort wurde bekannt durch den **Burmis Tree,** eine fotogene biegsame Kiefer nördlich des Highways.

Leitch Collieries

Zu Beginn des 20. Jh. war Leitch Collieries die größte Bergbau- und Kokereianlage in Crowsnest Pass, und 1915 war sie die erste, die wieder stillgelegt wurde. Heute sind noch einige recht idyllische Überreste vorhanden, die mit den informativsten Exponaten weit und breit versehen sind. Ein Bretterweg durch die Ruinen führt zu Informationstafeln und Hörstationen mit Informationen vom Band. Die Stätte ist ganzjährig geöffnet, im Sommer werden auch Führungen angeboten (tägl. 11–14 Uhr).

Bellevue

An der Ortseinfahrt nach Bellevue aus Richtung Osten steht die winzige Kapelle **Wayside Chapel** mit nur acht Sitzplätzen. Ihre Türen sind immer geöffnet, und den ganzen Sommer über laufen Predigten vom Band. Hauptgrund für einen Aufenthalt in Bellevue ist die **Underground Mine Tour** (21814 28th Ave., ✆ 403/564-4700; Mitte Mai bis Aug. 10–17.30 Uhr alle halbe Stunde; Erwachsene $ 10, Senioren $ 9, Kinder $ 8), die einzige Führung unter Tage in Alberta. Die Tour durch die kalte, dunkle und feuchte Mine ist absolut realistisch – fehlt nur noch, dass die Teilnehmer Kohle schaufeln müssen. Vor der Einfahrt in den Stollen bekommen die Besucher einen Schutzhelm mit Stirnlampe, die am Helm befestigt oder in der Hand gehalten werden kann. Die Guides haben Decken dabei, falls jemand friert, denn die Durchschnittstemperatur in der Mine beträgt nur 7 °C. Anfahrt: vom oberen Ende der 213th St. den Berg hinunter und der Beschilderung folgen.

Frank

Frank ist wahrscheinlich der berühmteste (und berüchtigtste) Ort in Crowsnest Pass. Seine Geschichte begann, als zwei Amerikaner 1901 die Schürfrechte für ein Areal direkt unterhalb des Turtle Mountain erwarben. Innerhalb weniger Monate errichtete das von ihnen gegründete Unternehmen, die kanadisch-amerikanische Coal and Coke Company, ein Bergwerk und die Siedlung Frank. Das erste Kohlebergwerk der Region entwickelte sich prächtig – ebenso wie der Ort, dessen Einwohnerzahl rasch auf 600 anwuchs.

Frank Slide

Es geschah kurz vor dem Morgengrauen am 29. April 1903. Der ganz Ort schlief. Nur die Nachtschicht verrichtete tief im Inneren des Turtle Mountain ihre Knochenarbeit, als plötzlich wie aus dem Nichts ein gigantisches Stück von der Nordflanke des Berges wegbrach, donnernd ins Tal stürzte und einen Teil des Ortes unter sich begrub. Der zerstörerischste Erdrutsch aller Zeiten tötete 68 Bewohner von Frank. Wie durch ein Wunder überlebten alle 20 Kumpel, die sich zur Zeit des Unglücks unter Tage befanden. Nachdem sie 14 Stunden lang eingeschlossen gewesen waren, gelang es ihnen, sich zu befreien.

Wer sich die Nordwand des Turtle Mountain anschaut, bekommt schon eine Vorstellung von dem Erdrutsch, aber das gesamte Ausmaß wird erst deutlich, wenn man durch den Ort des Geschehens fährt und die fächerförmig verstreuten Felsbrocken sieht, die sich über mehr als 3 km vom Fuß des Berges aus und über 2 km nach Osten und Westen verteilen. Heute wird der Turtle Mountain rund um die Uhr mit modernster Technik überwacht, doch seit damals hat er sich nicht mehr gerührt.

Das **Frank Slide Interpretive Centre** (✆ 403/562-7388; Juli/Aug. tägl. 9–18 Uhr, sonst tägl. 10–17 Uhr; Erwachsene $ 9, Senioren $ 8, Kinder $ 5) auf einer leichten Anhöhe am nördlichen Rand des Erdrutschgebiets beleuchtet auf eindrucksvolle Weise die Geschichte des Tals, seiner Siedler und seiner Tragödien. Die audiovisuelle Präsentation *In the Mountain's Shadow* ist ein besonders bewegendes Dokument

Südliches Alberta
Karte S. 498/499

Nur wer vor dem Frank Slide steht, kann die Ausmaße der Katastrophe erahnen

über die grauenvollen Arbeitsbedingungen und die erbärmlichen sozialen Verhältnisse im Tal. Ein 1,5 km langer Wanderweg führt hinunter zum Erdrutschgebiet. Wer auf den Hang hinter dem Parkplatz klettert und auf dem Bergkamm entlangläuft, hat einen Überblick über die gesamte Fläche.

Blairmore

Blairmore (4900 Einw.) ist die größte Siedlung der Gemeinde Crowsnest Pass. Die meisten historischen Gebäude aus rotem Backstein stehen in der Main St. (20th Ave.). Am beeindruckendsten ist das dreistöckige **Cosmopolitan Hotel** von 1912. Dort verlor ein freigebiger Gastwirt seine Schanklizenz ein ums andere Mal, weil er regelmäßig auf die abendliche Sperrstunde pfiff, um durstige Kumpel zu bewirten.

Die jährlichen **Rum Runner Days** am zweiten Juliwochenende sind ein sagenhaftes Fest, mit dem der Ort seine zwielichtige Vergangenheit feiert. Es beginnt mit einem Pfannkuchenfrühstück und einem Umzug am Samstag, gefolgt von einem Grillfest und Musik im Bandstand Park. Seinen Höhepunkt findet das Fest mit Livemusik auf dem örtlichen Skihang.

• *Übernachten* Das historische **Cosmopolitan Hotel** (13001 20th Ave., ✆ 403/562-7321; $ 65 für 1 Pers., $ 75–95 für 2 Pers.) hat 16 schlichte Zimmer (einige davon mit Gemeinschaftsbad), aber der Preis stimmt.

Weiter Richtung Westen an der Hauptstraße steht das **Highwood Motel** (11373 20th Ave., ✆ 403/562-8888 oder ✆ 888/562-8881; $ 65 für 1 Pers., $ 80 für 2 Pers.) mit einem Restaurant und einem Pub.

• *Camping* Der **Lost Lemon Campground** (11001 19th Ave., ✆ 403/562-2932, www.lostlemon.com; April bis Okt.; Zeltstellplatz $ 22, Stellplatz mit Anschlüssen $ 27–32) ist ein privater Campingplatz hinter den Bahngleisen am westlichen Ortsrand. Zur Ausstattung gehören Duschen, ein Swimmingpool, Whirlpool, Spielplatz und eine Laundry. Da der Platz direkt am Crowsnest River liegt, ist er eine ideale Basis für Angler.

• *Essen und Trinken* Die beste Adresse zum Essen ist das **Stone's Throw Café** (13047 20th Ave., ✆ 403/562-2230; Mo und Mi–Sa 7–17 Uhr, So 10–16 Uhr; Mittagessen $ 5,50–8) in einem restaurierten alten Haus mit Blick auf die Hauptstraße. Alles wird frisch zubereitet: Frühstücks-Wraps, leckere Pita mit Füllung, Suppe & Sandwich oder Obstsäfte. Der Kaffee ist der beste weit und breit, es gibt aber auch jede Menge Teesorten im Angebot. Weiteres Plus: WLAN.

Coleman und Umgebung

Coleman, die westlichste Siedlung der Gemeinde Crowsnest Pass, liegt 15 km vor der Grenze zu British Columbia. Der Ort nahm gegen Ende des 19. Jh. eine rasche Entwicklung und hatte bereits 1904 zwei Hotels, zwei Kirchen und mehrere Geschäfte in der Main St. Als die Coleman Colliery 1983 dichtmachte, wurden viele Bergarbeiter arbeitslos. Einige fanden einen Job in den Bergwerken British Columbias, andere packten ihre Sachen und kehrten der Gegend für immer den Rücken. Heute sind viele Häuser an der Hauptstraße mit Brettern verschlagen.

Im Gebäude der ehemaligen High School befindet sich das **Crowsnest Museum** (7701 19th Ave., ✆ 403/563-5434; im Sommer Di–So 8–17 Uhr, sonst Mo–Fr 10–12 und 13–17 Uhr; Erwachsene $ 7, Senioren $ 5, Kinder $ 4). Auf zwei Stockwerken sind haufenweise Exponate und Artefakte aus der Region zu besichtigen. Auf dem benachbarten Schulhof wurden Ausstellungen zu Themen wie Landwirtschaft, Bergbau und Brandbekämpfung eingerichtet. Auf der anderen Straßenseite steht das **Coleman-Journal-Verlagshaus.** Das *Coleman Journal* war eine Wochenzeitung, die bis 1970 erschien und sogar einen Pulitzer-Preis gewann. Nach umfangreicher Restaurierung ist das Gebäude jetzt wieder öffentlich zugänglich. Anhand von Informationstafeln wird der langwierige Herstellungsprozess in den Anfangsjahren des Zeitungswesens beleuchtet. Das Haus hat dieselben Öffnungszeiten wie das Museum.

• *Übernachten* Das **Crowsnest Mountain Resort** (4210 21st Ave., ✆ 403/562-7993, www.albertaresort.com; $ 110 für 1 Pers., $ 135 für 2 Pers.), ein Komplex aus fünf modernen Chalets, einem Restaurant und mehreren anderen Gebäuden, liegt an der Nordseite des Highways, 3 km westlich von Coleman. Die schlichten, aber praktischen Chalets haben Fußbodenheizung, Kochnische, Bad und eine überdachte Terrasse mit Grill.

• *Essen und Trinken* Während die meisten Geschäfte in Coleman vom Zentrum an den Highway umgezogen sind, hält **Chris's Restaurant** (7802 17th Ave., ✆ 403/563-3093; Mo–Fr 6–22 Uhr, Sa/So 8–20 Uhr; $ 3,50–9) tapfer die Stellung. Die Auswahl ist begrenzt, aber die Burger sind gut: Hamburger, Cheeseburger, Bacon Burger oder Loaded Burger gibt's ab $ 3,50.

Die **Cinnamon Bear Bakery** (8342 20th Ave., ✆ 403/562-2443; Mo–Sa 7.30–17.30 Uhr; $ 5,50–9) am Highway hat ein süß duftendes Café mit Kaffee unter $ 2. Ein großer Eistee kostet nur $ 3,50, und eine Kombination aus Suppe nach Wahl und Sandwich gibt's für $ 8,50.

Weiter nach Westen über den Highway 3

Rund 3 km westlich von Coleman führt die Atlas Rd. in Richtung Norden zur **Allison Creek Trout Brood Station** (✆ 403/563-3385; Juli/Aug. Mi–So 10–12 und 13–15 Uhr). Im Rahmen eines Rundgangs erfahren die Besucher, wie See-, Bach- und Regenbogenforellen aufgezogen und Eier für andere Forellenzuchtstationen in der Provinz produziert werden. Von der Station führt die Allison Creek Rd. links ab zur **Allison/Chinook Recreation Area,** einem Erholungsgebiet mit Wanderwegen und Wäldern. Mittelpunkt ist der Chinook Lake, ein hübsches Gewässer vor der imposanten Kulisse des **Crowsnest Mountain.** Ein Rundgang um den See dauert ungefähr eine halbe Stunde, wenn man sich nicht zu lange von den Fischadlern faszinieren lässt. Im Park gibt es einen recht großen Campingplatz (✆ 403/563-5395, www.rockymountaincamping.ca; Mai bis Mitte Okt.; $ 15) mit begrenzten Einrichtungen.

Am Hwy. 3 liegt das **Travel Alberta Information Centre** (✆ 403/563-3888; Mitte Mai bis Mitte Juni 10–18 Uhr, Mitte Juni bis Aug. 9–18 Uhr) mit spektakulärem Blick auf den Crowsnest Mountain.

Von Lethbridge nach Medicine Hat

Auf dem Highway 4 von Lethbridge nach Süden

Von Lethbridge sind es schnelle 105 km zum US-Grenzübergang Coutts-Sweetgrass, der nach Montana führt. Vor der Abreise aus Alberta warten aber noch zwei etwas abgelegene Attraktionen, die einen Abstecher durchaus lohnen.

Das beherrschende geografische Merkmal der Prärielandschaft südlich von Lethbridge ist der **Milk River.** Er fließt als einziger Fluss Westkanadas Richtung Süden in den Missouri River, der wiederum im Mississippi aufgeht und schließlich in den Golf von Mexiko mündet.

Devil's Coulee

Als die Hobby-Paläontologin Wendy Slobada am 14. Mai 1987 die Schluchten in der Nähe ihrer Familienranch bei Milk River erkundete, stieß sie plötzlich auf mehrere fossilierte Eierschalen – ein Fund, der Wissenschaftler aus aller Welt in helle Aufregung versetzte. Der Ort wurde als **Devil's Coulee Dinosaur Egg Site** bekannt und zählt zu den spektakulärsten Fossilienfundstätten aller Zeiten. Die prähistorischen Eier stammen von Hadrosauriern und wurden vor schätzungsweise 75 Mio. Jahren gelegt. Jedes einzelne ist ca. 20 cm lang und enthält die perfekt ausgebildeten Knochen eines Dinosaurierembryos. Kein anderer Einzelfund auf dem Globus brachte der Wissenschaft mehr Aufschlüsse über den ersten Abschnitt im Lebenszyklus der Dinosaurier.

Das kleine **Devil's Coulee Dinosaur Heritage Museum** (✆ 403/642-2118, www.devilscoulee.com; Ende Mai bis Aug. tägl. 9–17 Uhr) befindet sich in dem Ort Warner am Hwy. 4, 66 km südöstlich von Lethbridge. Es beherbergt eine Rekonstruktion der Fundstätte und veranstaltet Touren zum Originalschauplatz (an Juniwochenenden und im Juli/Aug. tägl. 10 und 13 Uhr; $ 18, Vorabreservierung erforderlich).

Writing-on-Stone Provincial Park

Dieser Provinzpark liegt 43 km östlich von Milk River etwas abseits des Hwy. 501 und besitzt die größte Dichte an Felsmalereien und -zeichnungen in ganz Nordamerika. Das ist aber nur einer von mehreren Gründen für einen Abstecher in diesen abgelegenen Teil der Provinz. Writing-on-Stone, einer der schönsten Flachlandparks Albertas, bietet auch einen warmen Fluss zum Schwimmen, ausgezeichnete Möglichkeiten zum Kanufahren, faszinierende Felsformationen und eine üppige Flora und Fauna. Er schützt einen Abschnitt des Milk River, der hier ein tiefes Tal in die sanft hügelige Kurzgrasprärie geschnitten hat. Auf den weichen Sandsteinformationen und Schieferklippen haben sich härtere, stark eisenhaltige Sedimente abgelagert. Erosion durch Wind und Wasser hat aus den weicheren unteren Gesteinsschichten pilzförmige Spitzen und Säulen geformt, die als **Hoodoos** bezeichnet werden.

Writing-on-Stone ist ein Ort, der für Generationen von Ureinwohnern von großer spiritueller Bedeutung war, denn hier nahmen sie Kontakt zu den Geistern ihrer Toten auf. Sie versuchten, alte Felsritzungen und Zeichnungen zu deuten, fügten neue Felsmalereien hinzu und brachten Opfergaben wie Tabak und Perlen dar, um auf diese Weise mit ihren Geistern zu kommunizieren. Viele Felszeichnungen sind noch heute zu sehen und lassen Rückschlüsse auf die frühen Bewohner dieser Region zu. Ausgrabungen von Artefakten unter den Klippen deuten darauf hin, dass diese Gegend schon vor mindestens 3000 Jahren bewohnt war, doch Felsmalereien aus so früher Zeit hatten gegen die Kräfte der Erosion keine Chance. Von den heute noch sichtbaren Zeichnungen wurden die ältesten wahrscheinlich vor ungefähr 700 Jahren von den Shoshoni angefertigt, die in den 1730er Jahren von den Blackfoot in die Berge vertrieben wurden. Wegen der bizarren Felsformationen hielten die Blackfoot das Tal für einen magischen Ort, den sie achteten und fürchteten. Sie waren der Überzeugung, dass die existierenden Felszeichnungen von ihren Geistern stammten. Die Blackfoot fügten eigene Felsmalereien hinzu, von denen viele aneinandergereiht sind und eine ganze Geschichte erzählen. Der 2 km lange Lehrpfad **Hoodoo Interpretive Trail** führt an den Klippen entlang; die nummerierten Stellen werden in einer Broschüre erläutert, die im Informationszentrum erhältlich ist. Unterwegs finden sich einige Beispiele von Petroglyphen und Piktogrammen (darunter auch eine berühmte Schlachtfeldszene), an denen Zeit und Vandalismus allerdings ihre Spuren hinterlassen haben.

Bevor man zum Fluss hinabsteigt, sollte man zunächst das **Interpretive Centre** (✆ 403/647-2364; Mitte Mai bis Anfang Sept. tägl. 9–19 Uhr) besichtigen, dessen

Panoramafenster eindrucksvolle Ausblicke auf die Hoodoos und den Fluss eröffnen. Der Park hat einen ausgezeichneten Campingplatz (Reservierungen online über www.reserve.albertaparks.ca; Stellplatz ohne Anschlüsse $ 20, mit Anschlüssen $ 26) mit 67 Stellplätzen in einem Pappelhain unterhalb der Hoodoos. Vom Rand des Campingplatzes aus führt ein Trail flussaufwärts am Ufer entlang, der zu den spektakulärsten Hoodoos führt. Obwohl der Campingplatz ganzjährig geöffnet ist, sind die Einrichtungen, wie etwa die Duschen, nur von Mai bis Anfang Sept. geöffnet. Auch Feuerholz ($ 10 pro Bündel) kann man nur in diesem Zeitraum kaufen.

Am Highway 3 östlich von Lethbridge

Coaldale

Coaldale (7200 Einw.) ist die erste Kleinstadt östlich von Lethbridge am Hwy. 3. Hauptgrund für einen Abstecher vom Highway ist das **Alberta Birds of Prey Centre** (vom Hwy. 3 die 20th St. nach Norden, dann links in die 16th Ave., ✆ 403/345-4262; Mitte Mai bis Mitte Sept.; Erwachsene $ 8,50, Senioren $ 7,50, Kinder $ 5,50). Ziel der Einrichtung ist die Sicherung des Überlebens von Raubvögeln wie Habicht, Falke, Adler, Kaninchenkauz und Amerikanischem Uhu. Viele Vögel werden mit Verletzungen oder schon als Küken in das Zentrum gebracht. Dort werden sie von Menschenhand aufgezogen, bis sie stark genug sind, um allein in der Wildnis zu überleben. Im Hautgebäude befindet sich das Natural History Centre mit Arbeiten diverser Wildtiermaler; eine Ausstellung dokumentiert die Faszination, die Raubvögel seit Jahrtausenden auf den Menschen ausüben. Zum Hauptkomplex gehört auch ein großes Vogelhaus. Dort können Besucher mehr oder weniger frei fliegende Vögel beobachten, die sich gerade von einer Verletzung erholen oder gezähmt wurden. Der Eintrittspreis beinhaltet tägliche Vogelflugshows (10, 12.30, 14 und 15.30 Uhr) und die Gelegenheit, sich mit einem Falken fotografieren zu lassen.

Taber

Der Ort Taber, 51 km östlich von Lethbridge, ist v. a. als Heimat des herrlich süßen **Taber Corn** bekannt. Lange, heiße Tage und kühle Nächte verschaffen diesem Mais eine Süße, mit der herkömmliche Sorten nicht mithalten können. August und Anfang September ist die beste Zeit, um nach Verkäufern an der Straße Ausschau zu halten. Zusammen mit anderen Frischeprodukten aus der Gegend wird der Mais auch donnerstags auf dem Bauernmarkt im Taber Agriplex verkauft. Am letzten Wochenende im August, zur Zeit der Maisreife, findet in Taber das **Cornfest** statt, ein Volksfest mit Pfannkuchenfrühstück, Ballonflügen, Oldtimershow und Mais ohne Ende.

Von Calgary nach Medicine Hat

Von Calgary aus führt der Trans-Canada Hwy. in Richtung Südwesten zunächst durch Bassano und dann nach Brooks, das Tor zum Dinosaur Provincial Park (siehe Kapitel „Calgary und Umgebung"). Nach 300 km erreicht der Highway schließlich Medicine Hat.

Strathmore und Umgebung

Von Calgary verläuft der Trans-Canada Hwy. auf einer Länge von 100 km bis nach Bassano etwa parallel zum Bow River, der aber von der Straße aus nie zu sehen ist.

Die einzige Stadt an diesem Streckenabschnitt ist Strathmore. Anfang August finden hier die Strathmore Heritage Days (✆ 403/934-5811, www.strathmore rodeo.com) statt, ein Volksfest mit Planwagenrennen, Countrybands und einem der größten kanadischen Rodeos. Ein weiterer Höhepunkt ist das Stiertreiben am Samstagabend: Einheimische Adrenalinjunkies blättern $ 100 hin, um sich von 30 blutrünstigen Stieren durch die große Rodeo-Arena jagen zu lassen. Das Spektakel ist wesentlich handzahmer als die Version in Pamplona, und zudem müssen die Teilnehmer hier nüchtern sein.

Wyndham-Carseland Provincial Park

Angeln und Vogelbeobachtung sind Trumpf in diesem 178 ha großen Park, der rund 30 km südlich von Strathmore liegt und über die Highways 24 oder 817 zu erreichen ist. Durch den Provinzpark fließt der Bow River, in dem die Regenbogen- und Seeforellen bis zu 60 cm lang werden (das beste Angelrevier ist der tiefere Hauptflusslauf). Im Park tummelt sich außerdem eine große Population weißer Pelikane, zu denen sich Präriefalken, Kanadagänse, Eisvögel und Reiher gesellen. Am Südufer des Flusses liegt ein Campingplatz mit 200 Stellplätzen (Mai bis Okt.; $ 20).

Bassano

Das florierende Agrarstädtchen Bassano (1200 Einw.) liegt am Trans-Canada Hwy., auf halber Strecke zwischen Calgary und Medicine Hat.

Bassano Dam

Die größte lokale Attraktion der Gegend ist dieser Staudamm 9 km südlich vom Hwy. 1. Um ihn zu erreichen, folgt man vom Ort aus der Beschilderung, fährt an den Bahngleisen entlang und durch die Felder (wer über eine einspurige Brücke kommt, ist auf dem richtigen Weg). Der Damm ist eine 2,3 km lange Erdaufschüttung mit Überlaufrinne an einem scharfen Knick des Bow River. Über die Rinne wird das Wasser in ein 4500 km langes Netz aus tiefer gelegenen Kanälen geleitet. Dieses System speist das 100.000 ha große **Eastern Irrigation District,** das ansonsten nicht landwirtschaftlich nutzbar wäre. Der Staudamm wurde zwischen 1910 und 1914 von der Canadian Pacific Railway erbaut und war damals wegen seiner Länge und des einzigartigen Fundaments weltweit das bedeutendste Bauwerk seiner Art.

Brooks

Brooks (14.000 Einw.) am Trans-Canada Hwy. liegt im Herzen der großen bewässerten Ackerflächen Albertas, 160 km östlich von Calgary. Die Stadt entstand in den 1880er Jahren als Eisenbahnstation und wuchs rasch an, nachdem die Canadian Pacific Railway das Bewässerungssystem und den Bassano-Staudamm fertig gestellt hatte. Heute hat die Öl- und Gasindustrie größere Bedeutung für die lokale Wirtschaft, aber am bekanntesten ist Brooks als Standort der größten Fleischverpackungsfabrik Kanadas. Die rund 2500 Beschäftigten des Betriebs am westlichen Stadtrand sind größtenteils Zuwanderer aus Ländern wie dem Sudan und Kenia. Diesem Umstand verdankt die Stadt ihre interessante Multikulti-Atmosphäre, die es so sonst nirgendwo in Kanada gibt. Brooks bietet seinen Besuchern die ganze Palette an touristischen Einrichtungen und eignet sich daher gut als Basis für einen Abstecher in den Dinosaur Provincial Park (siehe Kapitel „Calgary und Umgebung“).

Red Rock Coulee

Südlich von Seven Persons, der letzten Siedlung am Hwy. 3 vor Medicine Hat, liegt ein kleines Ödlandareal auf einer leichten Anhöhe in der Prärie. Das Grundgestein befindet sich hier relativ dicht an der Oberfläche und wurde durch Wind- und Wassererosion frei gelegt. An einigen Stellen ist die Erosion sogar bis in das Grundgestein vorgedrungen und hat mehrfarbige Gesteinsschichten zum Vorschein gebracht, die mehrere Millionen Jahre alt sind. Verstreut in dieser seltsamen Landschaft liegen rötliche Felsbrocken mit einem Durchmesser von bis zu 2,5 m. Diese faszinierenden Felsformationen entstanden unter der Oberfläche eines prähistorischen Meeres, als sich Sand, Kalkspat und Eisenoxid auf einem Kern aus Muscheln, Knochen und Korallen ablagerten. Diese Masse bildete das Grundgestein, auf dem sich nach und nach verschiedene Sedimentschichten ablagerten. Als die Kräfte der Erosion zu wirken begannen, trugen sie die oberen Gesteinsschichten ab und legten die Konkretionen frei. Die Formationen in Red Rock Coulee sollen weltweit die größten ihrer Art sein. Anfahrt: Von Seven Persons den Hwy. 887 in Richtung Süden nehmen, bis die Straße nach 23 km einen scharfen Linksknick macht; dort geradeaus über eine unbefestigte Straße den Berg hinauf bis zu einem einsamen Picknicktisch fahren. Unterhalb und südlich von hier liegen die Felsblöcke.

Sehenswertes

Rund 7 km südöstlich der Stadt verläuft das **Brooks Aqueduct.** Bis in die 1970er Jahre transportierte es Wasser durch das flache Tal in die trockene Prärie auf der anderen Seite und ermöglichte damit die Bewirtschaftung riesiger Ackerflächen, die ansonsten nutzlos gewesen wären. Bei seiner Fertigstellung im Jahr 1914 war das Bauwerk mit 3,2 km das längste Betonaquädukt der Welt und galt als einzigartiges Meisterwerk der Ingenieurskunst. Inzwischen wurde es durch einen Erdkanal ersetzt, doch die beeindruckende Konstruktion steht als nationalhistorische Stätte unter Denkmalschutz und erinnert heute an die Pioniere, die diese Region einst urbar machten. Der Eintritt zum kleinen Informationszentrum (✆ 403/362-4451; Mitte Mai bis Aug. 10–18 Uhr) ist frei.

Das **Brooks and District Museum** (Sutherland Dr., ✆ 403/362-5073; Ende Mai bis Anfang Sept tägl. 9–17 Uhr; Spende) beleuchtet die Geschichte der Region vom Dinosaurierzeitalter bis zu den rauschhaften Tagen des kurzlebigen Ölbooms. Hobbygärtner kommen im **Crop Diversification Centre** (2 km östlich der Stadt, ✆ 403/362-3391) auf ihre Kosten. In diesem Forschungszentrum für Treibhauspflanzen, Früchte, Zierblumen, Gemüse, Ölsamen und Unkrautbekämpfung werden im Sommer kostenlose Rundgänge veranstaltet (Juni bis Aug. Mo–Fr 10.15 und 14 Uhr).

Der rund 13 km südlich von Brooks gelegene, 48 ha große **Kinbrook Island Provincial Park** ist eine Insel im Lake Newell, dem größten künstlichen Gewässer Kanadas. Der See wurde ursprünglich angelegt, um die Bewässerung von Farmland sicherzustellen. Auf die Insel gelangt man über einen Damm. Im Sommer ist der See ein beliebtes Ausflugsziel zum Schwimmen, Angeln und Bootfahren. In ihm tummeln sich Hechte, Zander und Weißfische, wobei die beiden letztgenannten Arten in dem Gewässer von Menschenhand ausgesetzt wurden. Der Campingplatz (✆ 403/362-2962; Stellplatz ohne Anschlüsse $ 20, mit Anschlüssen $ 26) hat Duschen, eine Laundry, Feuerholz und überdachte Picknickplätze. Am angrenzenden Strand gibt es einen Spielplatz und einen Imbissstand.

Reisepraktisches

• *Übernachten* Das beste von mehreren Billigmotels an der 2nd St. W (am westlichen Stadtrand) ist das **Tel-Star Motor Inn** (813 2nd St. W, ✆ 403/362-3466 oder ✆ 800/260-6211; $ 75 für 1 Pers., $ 79 für 2 Pers.). Alle Zimmer haben Klimaanlage, Mikrowelle und Kühlschrank.

Die **Travelodge Brooks** (1240 Cassils Rd., ✆ 403/362-8000 oder ✆ 800/578-7878, www.travelodge.com; $ 125 für 1/2 Pers.) ist wie immer eine gute Wahl

• *Camping* Der **Kiwanis Campground** (zu erreichen über die östliche Zufahrt der Cassils Rd., ✆ 403/362-5073; $20–30) liegt günstig am Highway und hat einige Stellplätze mit Anschlüssen.

Weiter außerhalb gibt es aber noch eine bessere Alternative für Camper: Auf halber Strecke zwischen Brooks und Tilley liegt der **Tillebrook Provincial Park** (✆ 403/362-4525; Mitte April bis Okt.; Zeltstellplatz $ 20, Stellplatz mit Anschlüssen $ 26), einer von mehreren Campingplätzen, die beim Bau des Trans-Canada Hwy. an der Straße entstanden sind.

Medicine Hat und Umgebung

Die prosperierende Industriestadt Medicine Hat (61.000 Einw.) liegt auf einem der größten Erdgasfelder Westkanadas, 168 km östlich von Lethbridge und 40 km westlich der Grenze zu Saskatchewan. Die Stadt – von ihren Bewohnern schlicht „The Hat“ genannt – erstreckt sich beiderseits des South Saskatchewan River, an dem mehrere Naturschutzgebiete eingerichtet wurden. Medicine Hat hat einige interessante Attraktionen zu bieten, darunter die Überbleibsel der einst sehr erfolgreichen Keramikindustrie und eine Ausgrabungsstätte, die als eine der größten und bedeutendsten Fundstellen für die späte prähistorische Periode der Ureinwohner gilt. Wer sein Reisebudget im Auge behalten muss, wird Medicine Hat zu schätzen wissen, denn die Stadt erfreut mit einigen der billigsten Motels in Westkanada und den günstigsten Benzinpreisen im ganzen Land.

Der Name „Medicine Hat"

Die Entstehung des Namens „Medicine Hat" wird von diversen Legenden umrankt. Eine der populärsten lautet so: Als der Häuptling der Cree seinen Stamm auf die Klippen über dem South Saskatchewan River führte, erschien ihm die Große Schlange und befahl ihm, seine Frau dem Fluss zu opfern, um im Gegenzug einen *Saamis* (Hut eines Medizinmannes) zu erhalten. Dieser Hut würde ihm Zauberkräfte verleihen und zum Sieg über die Blackfoot verhelfen, die in der folgenden Nacht angreifen würden.

Eine andere Legende berichtet, wie Cree-Krieger die Blackfoot in den South Saskatchewan River trieben und dem Medizinmann der Blackfoot einen Pfeil ins Herz schossen. Nachdem der Medizinmann im Fluss tödlich getroffen worden war, trieb sein Hut auf dem Wasser in die Hände der Cree. Die Blackfoot deuteten dies als verhängnisvolles Omen und traten den Rückzug an.

Sehenswertes

Saamis Tepee

Wer sich der Stadt auf dem Trans-Canada Hwy. nähert, nimmt am besten die ausgeschilderte Ausfahrt *South Ridge Drive.* Sie führt zum Saamis Tepee, wo sich die Haupttouristeninformation von Medicine Hat befindet. Das Tipi ist vom Trans-Canada Hwy. kaum zu übersehen: Es ist über 20 Stockwerke hoch, hat am Boden einen Durchmesser von 50 m, besteht komplett aus Stahl und wiegt 1000 t. Es wurde anlässlich der Olympischen Winterspiele 1988 in Calgary gebaut, um an die kulturelle Bedeutung der Ureinwohner für die Geschichte Nordamerikas zu erinnern. Später wurde es an seinen heutigen Standort verlegt. Das Tipi blickt auf Seven Persons Creek Coulee, eine archäologische Stätte, die gegen Ende der prähistorischen Zeit von den Ureinwohnern als Lager zur Trocknung und Verarbeitung von Bisons genutzt wurde. Ein informativer Lehrpfad beginnt am Tipi und führt über einen Felsvorsprung ins Tal, wo sich einst das Camp befand.

Downtown

Viele Gebäude im Zentrum stammen aus dem frühen 20. Jh. und werden noch immer als private Wohnhäuser, Kirchen oder Geschäfte genutzt. Ende des 19. Jh. entstanden in dieser Gegend mit reichen Lehmböden große Ziegelfabriken, und die vielen erhaltenen Originalgebäude sind stumme Zeugen für die gute Qualität der Backsteine. Die Hauptattraktion ist allerdings moderneren Ursprungs: Das **Esplanade Arts & Heritage Centre** (401 1st St. SE, ✆ 403/502-8580; Mo–Fr 10–17 Uhr, Sa/So 12–17 Uhr; Erwachsene $ 4, Kinder $ 3, donnerstags Eintritt frei) ist ein Komplex aus Museum, Kunstgalerie, Giftshop, Theater und Archiv. Das Museum zeigt eine ständige Ausstellung zu verschiedenen Themen, darunter die Geschichte der Ureinwohner, die einst hier lebten, die Entwicklung der Stadt zum bedeutenden Viehzucht- und Ackerbauzentrum im Südosten Albertas, die NWMP und die Ankunft der Eisenbahn. Die Kunstgalerie beherbergt Arbeiten bekannter Künstler aus allen Teilen des Landes. Am meisten Beachtung aber finden die nationalen und internationalen Gastausstellungen.

Clay Industries National Historic District

Die reichen Lehmvorkommen in der Umgebung von Medicine Hat führten zur Entstehung einer bedeutenden Keramik- und Backsteinindustrie, die von den 1880er Jahren bis zum Zweiten Weltkrieg in voller Blüte stand. Der Ton wurde in diversen Fabriken östlich der Stadt in Massenproduktion zu qualitativ hochwertigem Porzellan verarbeitet. Der ganze Bezirk nördlich der Bahngleise steht inzwischen unter Denkmalschutz. In der ersten Hälfte des vorigen Jahrhunderts war **Medalta-Porzellan** in ganz Kanada ein Begriff. Die örtliche Fabrik produzierte beliebte Porzellangegenstände für den Hausgebrauch. Sie wurden auch in allen Hotels der Eisenbahngesellschaft verwendet und sind heute begehrte Sammlerstücke. Seit der Schließung der Fabrik im Jahr 1954 haben Feuer, Wind und Regen den Gebäuden, die als National Historical Site ausgewiesen wurden, arg zugesetzt. Der teilweise restaurierte Komplex beherbergt ein Museum (713 Medalta Ave. SE, ✆ 403/526-2777; Mitte Mai bis Anfang Sept. tägl. 9.30–17 Uhr, sonst Di–Sa 10–16 Uhr; Erwachsene $ 10, Senioren und Kinder $ 8), das eine Ausstellung zur Geschichte der Tonverarbeitung in Medicine Hat mit einigen schönen Beispielen hoch gehandelter Medalta-Keramiken zeigt. Die originalen Brennöfen können besichtigt werden, und ein Giftshop verkauft Töpferwaren. Der Eintritt beinhaltet auch eine Führung.

Medicine Hat Exhibition & Stampede

Dieses Spektakel (✆ 403/527-1234, www.mhstampede.com) findet seit 1887 jedes Jahr statt und hat sich inzwischen als zweitgrößte Rodeo-Veranstaltung Albertas – nach der Calgary Stampede – etabliert. In der letzten Juliwoche sind Adrenalinausstoß, Wildpferdreiten, wüstes Gestampfe und Spaß ohne Ende garantiert. Während der ganzen Woche finden Veranstaltungen statt, der Höhepunkt ist das Wochenende mit Rodeo und Planwagenrennen. Außerdem bietet das Volksfest Ausstellungen, einen Jahrmarkt, ein Pionierdorf, eine Handelsmesse und jede Menge kostenlose Unterhaltung. Am Samstagabend tritt eine erstklassige Countryband auf.

Reisepraktisches

• *Übernachten* In Medicine Hat stößt man auf einige der billigsten Motelzimmer in ganz Alberta. Die meisten Billigunterkünfte konzentrieren sich in der Umgebung des Gershaw Dr., der vom Trans-Canada Hwy. stadteinwärts führt. Eine davon ist das **Bel-Aire Motel** (633 14th St. SW, ✆ 403/527-4421; $ 55 für 1 Pers., $ 60 für 2 Pers.), dessen zwölf Zimmer mit geräuschvollen Klimaanlagen und kleinen Kühlschränken ausgestattet sind. Die anderen Motels sind nicht so schön (ist natürlich auch Geschmackssache), aber die Preise sind insgesamt so günstig wie sonst fast nirgendwo in Kanada.

Aus einem Einkaufszentrum am Trans-Canada Hwy. ragt das **Comfort Inn** (2317 Trans-Canada Hwy., ✆ 403/504-1700 oder ✆ 800/228-5150, www.choicehotels.ca; $ 95–145 für 1/2 Pers.) in die Höhe, leicht zu erkennen an seiner modernen Architektur und der Farbgestaltung in Weinrot und Gelb. Das schicke Design setzt sich auch in den 100 Zimmern fort, die allesamt opulent ausgestattet sind. Weitere Pluspunkte: überdachter Pool, Businesscenter, Internet und Fitnessraum. Ortsgespräche und ein großes Continental Breakfast sind im Preis enthalten.

• *Camping* Der **Gas City Campground** (580 1st St. SE, ✆ 403/528-8158; Mai bis Okt.; Stellplatz $ 20, mit Anschlüssen $ 33–38) am Stadtrand hat fast 100 Stellplätze und genügend Abstand zum Highway, um einigermaßen Ruhe zu garantieren. Vom hinteren Bereich führt ein Weg am Fluss entlang in die Stadt. Bei Dunkelheit hat man von hier einen schönen Blick auf die beleuchtete Innenstadt. Der Platz hat gute heiße Duschen, eine Laundry, einen Lebensmittelladen und alle denkbaren Anschlüsse. An-

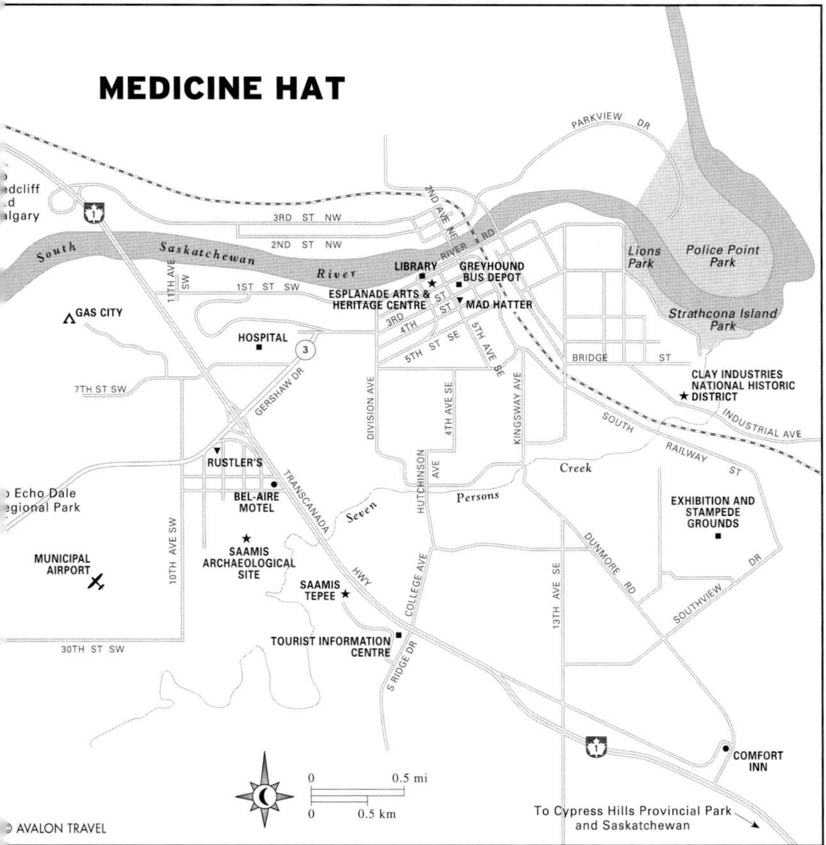

fahrt: Vom Highway auf die 7th St. SW und von dieser auf die 11th Ave. abbiegen und der Beschilderung folgen.

• *Essen und Trinken* Das **Mad Hatter** (513 3rd St. SE, ✆ 403/529-2344; Mo–Fr 7–17.30 Uhr, Sa 8–17.30 Uhr, So 10–17 Uhr; Mittagessen $ 5,50–7,50) ist ein abgefahrenes kleines Lokal mit freundlicher Kleinstadtatmosphäre. Die Kaffeebohnen werden im Haus geröstet und die nicht übermäßig großen Mahlzeiten täglich frisch zubereitet.

Wer in einem der billigen Motels am Highway übernachtet, muss offensichtlich seine Reisekasse schonen. Da bietet sich das **Rustler's** (901 8th St. SW, ✆ 403/526-8004; tägl. 8–22 Uhr; $ 13–20,50) für eine Mahlzeit an. Es zählt zu den ältesten Restaurants der Stadt und hat sich – passend zu seiner Geschichte (die Speisekarte erzählt die amüsante Story) – eine echte Wildwest-Atmosphäre bewahrt. Gegessen wird in der Kneipe oder im Speisesaal, wo als Deko ein gläserner Pokertisch mit Schießeisen und blutverschmierten Karten steht. In dem Lokal ist den ganzen Tag über viel los, besonders morgens zum Frühstück, denn dann gibt's große Portionen Eier, Speck und Hash Browns ab $ 5 oder ein Omelett für $ 5,50. Als Hauptgericht sind die Rindfleischgerichte kaum zu überbieten, wie etwas das Ribeye-Steak nach Alberta-Art mit Röstkartoffeln und Gemüse.

• *Information* Die **Touristeninformation** (8 Gehring Rd. SE, ✆ 403/527-6422 oder ✆ 800/481-2822, www.tourismmedicinehat.com; Mitte Juni bis Aug. tägl. 8–19 Uhr, sonst Mo–Fr 9–17 Uhr, Sa 10–15 Uhr) liegt an der Abfahrt Southridge Dr. vom Trans-Canada Hwy., unmittelbar östlich vom großen Tipi.

Die große **Medicine Hat Public Library** (414 1st St. SE, ✆ 403/502-8527; Mo–Do 10–21 Uhr, Fr/Sa 10–17.30 Uhr, So 13–17.30 Uhr) in der Downtown bietet kostenlosen Internetzugang und Ausblicke auf den Fluss.

Cypress Hills Provincial Park

Mit einer Fläche von 200 km² nehmen die Cypress Hills einen kleinen Abschnitt eines Hochplateaus ein, das noch ein gutes Stück nach Saskatchewan hineinragt. Das gesamte Gebiet ist als **Cypress Hills Provincial Park** geschützt. Die Berge ragen hier durchschnittlich 500 m aus dem umliegenden Grasland. Der höchste Gipfel liegt mit 1466 m so hoch wie die Stadt Banff und ist die größte Erhebung zwischen den kanadischen Rocky Mountains und Labrador. Die Drehkiefer heißt auf Französisch *cyprès,* und nach ihr wurde diese Berglandschaft *Les Montagnes de Cyprès* benannt; später wurde daraus Cypress Hills, auch wenn es hier in Wirklichkeit nie Zypressen gegeben hat.

Der Park liegt 70 km südöstlich von Medicine Hat am Hwy. 41. Er bietet nette Möglichkeiten zum Wandern und Angeln und eignet sich gut zur Erholung von der Sommerhitze in der Prärie. Die einzigen kommerziellen Einrichtungen hat **Elkwater,** ein kleiner Ort in einem natürlichen Amphitheater mit Blick auf den **Elkwater Lake.** Viel gibt's aber auch hier nicht: ein Restaurant, ein Motel und eine Tankstelle, aber keine Bank.

Pflanzen- und Tierwelt

Im Park wachsen über 400 offiziell erfasste Pflanzenarten in vier ökologischen Zonen: **Prärie, Parkland, Gebirgsvorland** und **borealer Wald.** Am besten lässt sich die Vegetation zu Fuß entdecken, denn viele Wanderwege führen innerhalb von 1 Std. durch zwei bis drei Zonen. Im Park gibt es allein 16 verschiedene Orchideenarten – einige sind weit verbreitet, andere dagegen sehr selten, z. B. der „Königin-Frauenschuh" *(Cypripedium passerinum).*

Die einzigartigen natürlichen Gegebenheiten dieser Berglandschaft bilden den Lebensraum für 37 Säugetierarten, 400 Vogelarten und einige Schildkröten. Früher waren hier auch große Säugetiere stark vertreten, von denen das vorerst letzte (ein Wolf) 1926 erlegt wurde. Kurz darauf wurden wieder Wapitis im Park angesiedelt, deren Zahl inzwischen auf 200 Exemplare angewachsen ist. Elche, die hier früher nicht heimisch waren, wurden in den 1950er Jahren ausgesetzt und haben heute eine Population von etwa 60 Stück erreicht.

Streifzug durch den Park

Vom Hwy. 41 Richtung Osten führt die Reesor Lake Rd. tief ins Innere des Parks, vorbei an einer Rinderherde und einem Aussichtspunkt mit spektakulären Ausblicken auf eine Übergangszone von Grasland zu Wald. Danach geht's steil bergab zum **Reesor Lake** mit einem Campingplatz, einem Picknickbereich, einem kurzen Wanderweg zu einem weiteren Aussichtspunkt und ausgezeichneten Möglichkeiten zum Angeln von Regenbogenforellen. Von der Reesor Lake Rd. zweigt die Bull Trail Rd. zum Tal **Spruce Coulee** ab, wo sich in einem Stausee Bachsaiblinge und Regenbogenforellen tummeln. Die meisten Wanderwege dieser Gegend sind leicht bis mittelschwer; sie folgen entweder dem Elkwater Lake (das Ufer ist auch per Rollstuhl zugänglich) oder führen bergauf durch freies Feld und Mischwald. Der längste, der **Spruce Coulee Trail** (8 km), beginnt hinter dem Rodeo-Platz und führt durch Wälder und an Biberteichen vorbei ins Spruce Coulee.

Unmittelbar östlich der Marina verleiht **Elkwater Boat & Bike Rentals** (✆ 403/893-3835) Mountainbikes ($ 6/Std., $ 30/Tag), Kanus ($ 8/Std., $ 40/Tag) und Motorboote ($ 22/Std.). Golfer schätzen seit 1937 die sanft gewellten Fairways des **Elkwater Park Golf Club** (✆ 403/893-2167; Platzgebühr $ 28) an der südlichen Ecke des Parks.

Reisepraktisches

- *Übernachten/Essen und Trinken* Im Ort bietet die **Elkwater Lake Lodge** (401 4th St., ✆ 403/893-3811 oder ✆ 888/893-3811, www.elkwaterlakelodge.com; $ 135–200 für 1 Pers., $ 115–160 für 2 Pers.) geräumige Standardzimmer mit Klimaanlage und Küche. Außerdem gibt es Zimmer mit Kamin, Apartments mit ein bis drei Schlafzimmern und rustikale Hütten mit Küche. Weitere Pluspunkte: überdachter Salzwasserpool, Whirlpool, Bibliothek mit lokaler Literatur und gepflegter Garten mit Felssteinkamin. Zum Komplex gehört auch das einladende Restaurant **Buglers**, das tägl. zum Frühstück, Mittag- und Abendessen geöffnet ist. Die umfangreiche Abendkarte lockt u. a. mit Hauptgerichten für $ 16–28 und köstlichem Käsekuchen für $ 6.
- *Camping* Die zwölf Campingplätze im Park haben insgesamt über 500 Stellplätze. Die Campingsaison läuft normalerweise von Mitte Mai bis Mitte September, einige Plätze sind aber auch ganzjährig geöffnet, dann allerdings mit begrenzten Einrichtungen. Elkwater am nächsten liegen der **Beaver Creek Campground** ($ 34 mit allen Anschlüssen) und der **Elkwater Campground** ($ 22–34, teilweise mit Anschlüssen); beide haben Duschen. Der **Reesor Lake Campground** ($ 22, weder Duschen noch Anschlüsse) am östlichen Parkrand ist wesentlich ruhiger, im Herbst ist hier sogar das Röhren der Wapitihirsche zu hören. Einige Campingplätze nehmen Reservierungen entgegen (✆ 403/893-3835 oder ✆ 403/893-3782, nur Mo–Fr).
- *Information* Das **Cypress Hills Visitor Centre** (✆ 403/893-3833; Mitte Mai bis Sept. tägl. 9–17 Uhr, Okt. bis Mitte Mai Do–So 9–16 Uhr) mit Blick auf den Elkwater Lake liegt nur wenige Gehminuten von den ortsnahen Campingplätzen entfernt. Audiovisuelle Präsentationen erläutern naturgeschichtliche, archäologische und historische Besonderheiten des Parks, und im Juli und August findet jeden Abend eine Informationsveranstaltung statt.

Was haben Sie entdeckt?

Haben Sie einen schönen Campground entdeckt, ein stilvolles Restaurant oder einen tollen Wanderweg? Wenn Sie Tipps, Anregungen oder Verbesserungsvorschläge haben, schreiben Sie uns:

Michael Müller Verlag
Stichwort „Kanada – der Westen“
Gerberei 19
D-91054 Erlangen
E-Mail: info@michael-mueller-verlag.de

Die Nationalparks Banff und Jasper

In den kanadischen Rocky Mountains gibt es mehrere Naturschutzgebiete. Die bekanntesten und landschaftlich schönsten sind die Nationalparks Banff und Jasper. Sie schützen eine der herrlichsten Berglandschaften der Welt: mächtige schneebedeckte Gipfel als spektakuläre Kulisse für Gletscherseen, Wildwasserflüsse, endlose Wälder und die drei bekannten Urlaubsorte Banff, Lake Louise und Jasper.

Der 6641 km^2 große Banff National Park und der 10.900 km^2 große Jasper National Park sind zusammen nur ein Baustein in einem komplexen geologischen und landschaftlichen Gefüge. Gemeinsam mit zwei weiteren angrenzenden Nationalparks (Kootenay und Yoho weiter westlich in British Columbia) wurden sie von der UNESCO zum Weltnaturerbe erklärt. In den riesigen Wildnisgebieten der Parks leben Hirsche, Elche, Wapitis, Schneeziegen, Dickhornschafe, Schwarz- und Grizzlybären, Wölfe und Pumas. Manchmal sind die Tiere von der Straße aus zu sehen. Einige wagen sich zur Futtersuche sogar bis in die Ortschaften vor, andere ziehen sich lieber weit ins Hinterland zurück. Die meisten Menschen leben in dem bildhübschen Städtchen Banff, das 128 km westlich von Calgary liegt, nicht weit vom südöstlichen Zufahrtstor zum Banff National Park. Nordwestlich von Banff führt der Trans-Canada Hwy. weiter zum Lake Louise, der als eines der sieben natürlichen Weltwunder gilt. In seiner makellosen Schönheit wird der See allenfalls vom Moraine Lake übertroffen, der ein Stück weiter am Ende einer Zufahrtsstraße liegt. Unmittelbar nördlich von Lake Louise nimmt der spektakuläre Icefields Parkway entlang der Kontinentalen Wasserscheide Kurs auf den Jasper National Park und weitere Naturwunder, darunter das Columbia Icefield. Noch weiter nördlich liegt das Städtchen Jasper, eine kleinere und weniger kommerzialisierte Ausgabe von Banff.

Highlights

Fairmont Banff Springs (S. 553): Man muss hier kein Zimmer buchen, um die zahlreichen Attraktionen eines Berghotels zu genießen, das zu den besten der Welt zählt. Besucher können sich einer Führung anschließen, in einem der Restaurants etwas essen oder einfach durch die grandiosen Gemeinschaftsbereiche schlendern.

Sunshine Meadows (S. 557): Das entzückende Bergdorf Sunshine Village ist nicht über öffentliche Straßen erreichbar und daher ein bevorzugtes Ziel zum Wandern ohne Massenauflauf.

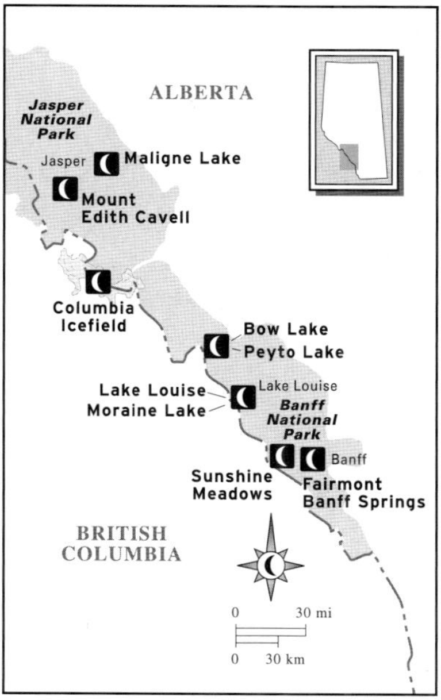

Lake Louise (S. 574): Besucher aus aller Welt lassen sich schon seit über 100 Jahren von der Schönheit dieses berühmten Sees verzaubern. Im Bootshaus gibt es einen Kanuverleih.

Moraine Lake (S. 576): Falls irgendein einzelnes Ziel in den kanadischen Rocky Mountains den Spitzenplatz unter den Topattraktionen verdient, ist es dieser tiefblaue, von Gletschern umgebene See. Wer den Massen entfliehen möchte, unternimmt eine Wanderung ins Larch Valley.

Bow Lake (S. 581): Die Schönheit dieses Sees lässt sich schon vom Icefields Parkway erahnen, doch erst bei einem Morgenspaziergang am Nordufer entlang entfaltet sich der ganze Zauber dieses landschaftlichen Juwels.

Peyto Lake (S. 581): Das Besondere an diesem wunderschönen See, einem weiteren berühmten Gewässer im Banff National Park, ist die Perspektive, aus der sich sein Anblick genießen lässt: von einem hoch oben gelegenen Aussichtspunkt.

Columbia Icefield (S. 583): Dieses einzigartige Eisfeld am Südrand des Jasper National Park sollte sich niemand entgehen lassen. Mit der Ice Explorer Tour lässt sich das Naturwunder aus nächster Nähe erleben.

Mount Edith Cavell (S. 592): Dieser auffällige Gipfel ist von verschiedenen Punkten im Jasper National Park zu sehen, doch keiner ist so spektakulär wie der Aussichtspunkt an seinem Fuß. Er ist über einen Wanderweg erreichbar, der am Ende einer kurvenreichen Zufahrtsstraße beginnt.

Maligne Lake (S. 593): Der berühmteste See im Jasper National Park bietet einen schlichtweg atemberaubenden Anblick. Wie sich seine Schönheit am besten genießen lässt? Auf einer Bootsfahrt nach Spirit Island oder bei einer Wanderung über den Lake Trail (Mary Schäffer Loop) am Ostufer.

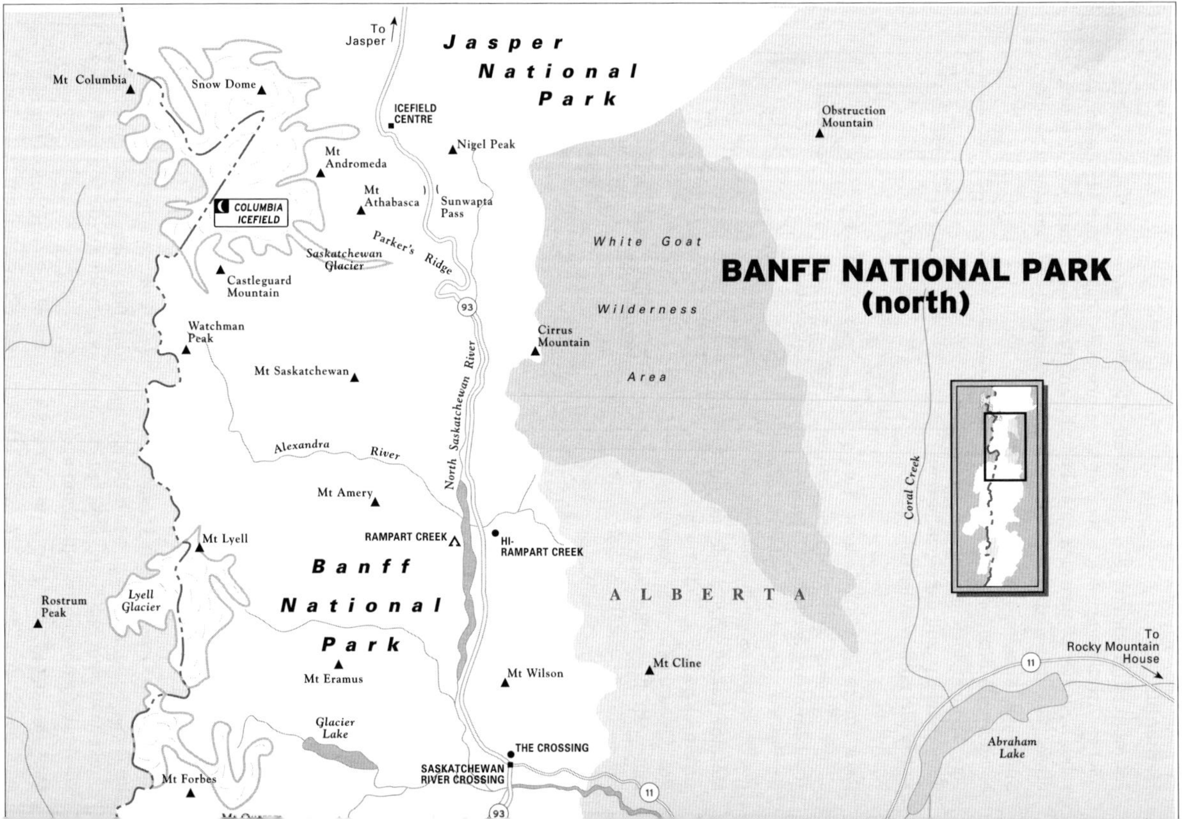
BANFF NATIONAL PARK
(north)
Jasper National Park
To Jasper
Mt Columbia
Snow Dome
ICEFIELD CENTRE
Nigel Peak
Mt Andromeda
Mt Athabasca
Sunwapta Pass
COLUMBIA ICEFIELD
Parker's Ridge
Saskatchewan Glacier
Castleguard Mountain
White Goat Wilderness Area
Obstruction Mountain
93
Cirrus Mountain
Watchman Peak
Mt Saskatchewan
North Saskatchewan River
Alexandra River
Mt Amery
Coral Creek
RAMPART CREEK
HI-RAMPART CREEK
Mt Lyell
Banff National Park
ALBERTA
Rostrum Peak
Lyell Glacier
To Rocky Mountain House
11
Mt Cline
Mt Wilson
Mt Eramus
Glacier Lake
THE CROSSING
SASKATCHEWAN RIVER CROSSING
Abraham Lake
Mt Forbes
11
93

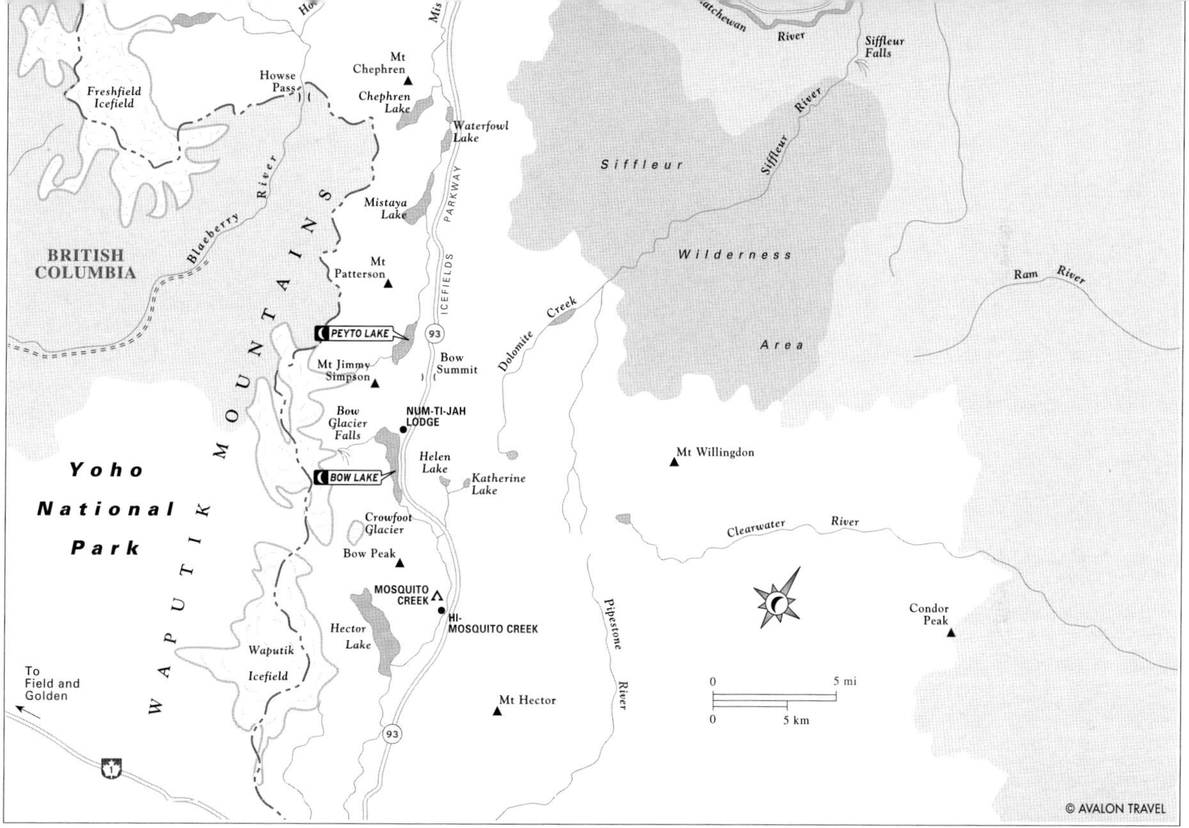
Freshfield Icefield
Howse Pass
Mt Chephren
Chephren Lake
Waterfowl Lake
Siffleur Falls
River
Siffleur River
Siffleur
Wilderness
Area
Ram River
Mistaya Lake
PARKWAY
ICEFIELDS
93
BRITISH COLUMBIA
Blaeberry River
MOUNTAINS
Mt Patterson
PEYTO LAKE
Mt Jimmy Simpson
Bow Summit
Dolomite Creek
Bow Glacier Falls
NUM-TI-JAH LODGE
Mt Willingdon
Helen Lake
Katherine Lake
BOW LAKE
Yoho National Park
WAPUTIK
Crowfoot Glacier
Bow Peak
Clearwater River
MOSQUITO CREEK
HI-MOSQUITO CREEK
Hector Lake
Waputik Icefield
Pipestone River
Condor Peak
To Field and Golden
Mt Hector
0 5 mi
0 5 km
1
© AVALON TRAVEL

BANFF NATIONAL PARK (south)

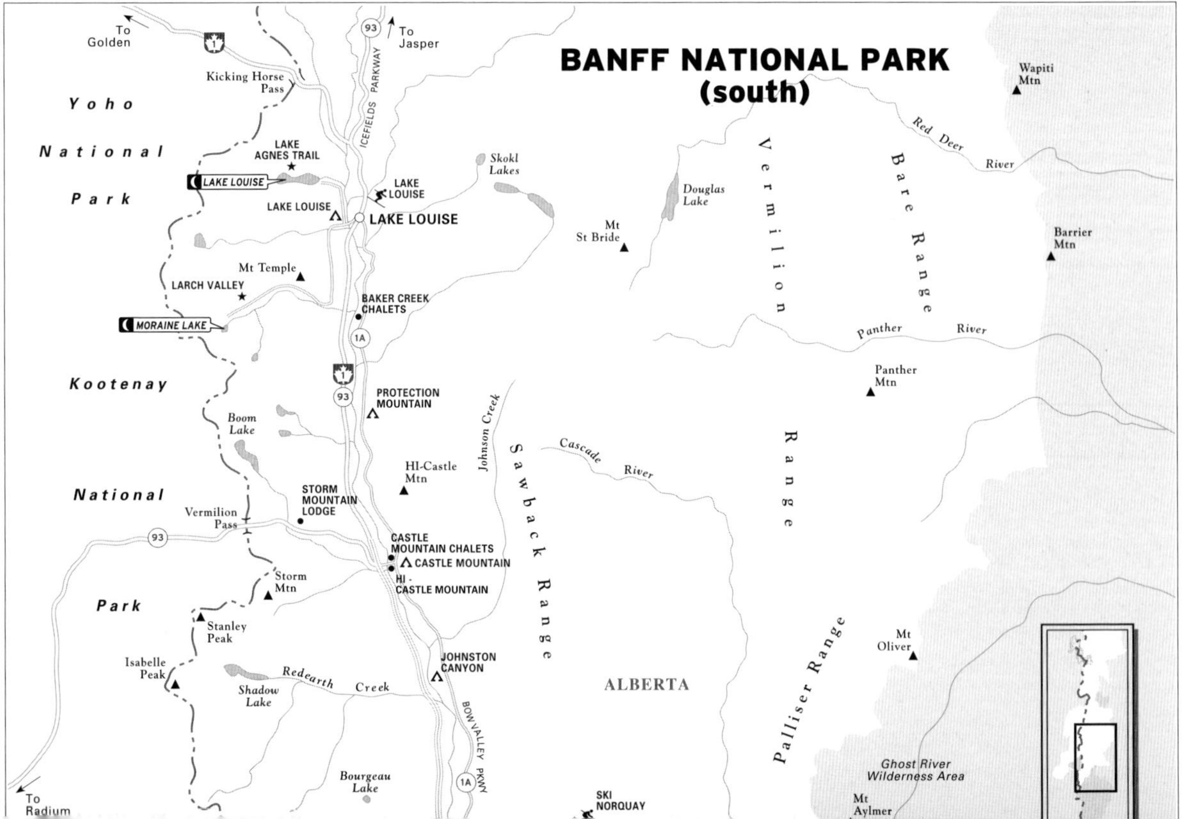

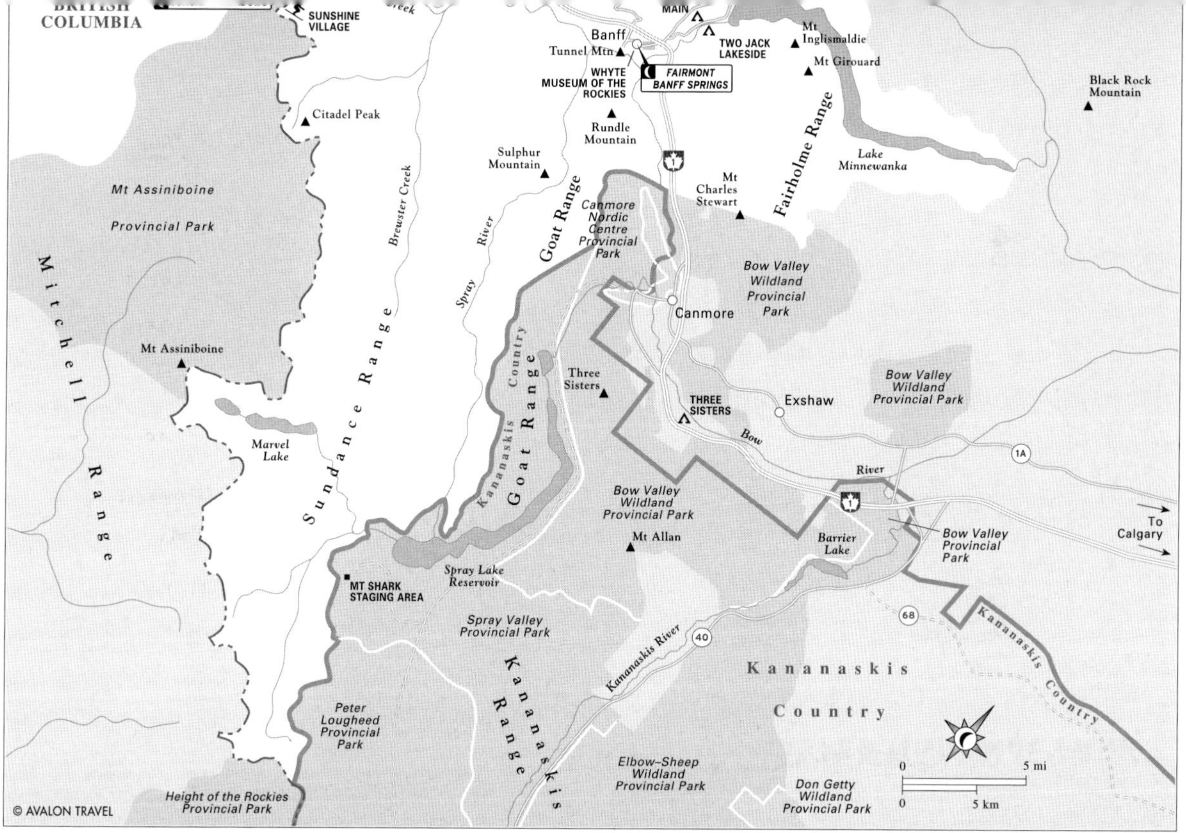

BRITISH COLUMBIA
SUNSHINE VILLAGE
MAIN
Banff
Tunnel Mtn
TWO JACK LAKESIDE
Mt Inglismaldie
Mt Girouard
WHYTE MUSEUM OF THE ROCKIES
FAIRMONT BANFF SPRINGS
Black Rock Mountain
Citadel Peak
Rundle Mountain
Fairholme Range
Lake Minnewanka
Sulphur Mountain
Mt Charles Stewart
Mt Assiniboine Provincial Park
Brewster Creek
River
Spray
Goat Range
Canmore Nordic Centre Provincial Park
Bow Valley Wildland Provincial Park
Canmore
Mitchell Range
Sundance Range
Mt Assiniboine
Kananaskis Country
Three Sisters
THREE SISTERS
Exshaw
Marvel Lake
Bow
1A
River
Bow Valley Wildland Provincial Park
Mt Allan
Barrier Lake
Bow Valley Provincial Park
To Calgary
MT SHARK STAGING AREA
Spray Lake Reservoir
Spray Valley Provincial Park
68
40
Kananaskis River
Kananaskis Country
Kananaskis Range
Peter Lougheed Provincial Park
Elbow-Sheep Wildland Provincial Park
Don Getty Wildland Provincial Park
Height of the Rockies Provincial Park
0 5 mi
0 5 km
© AVALON TRAVEL

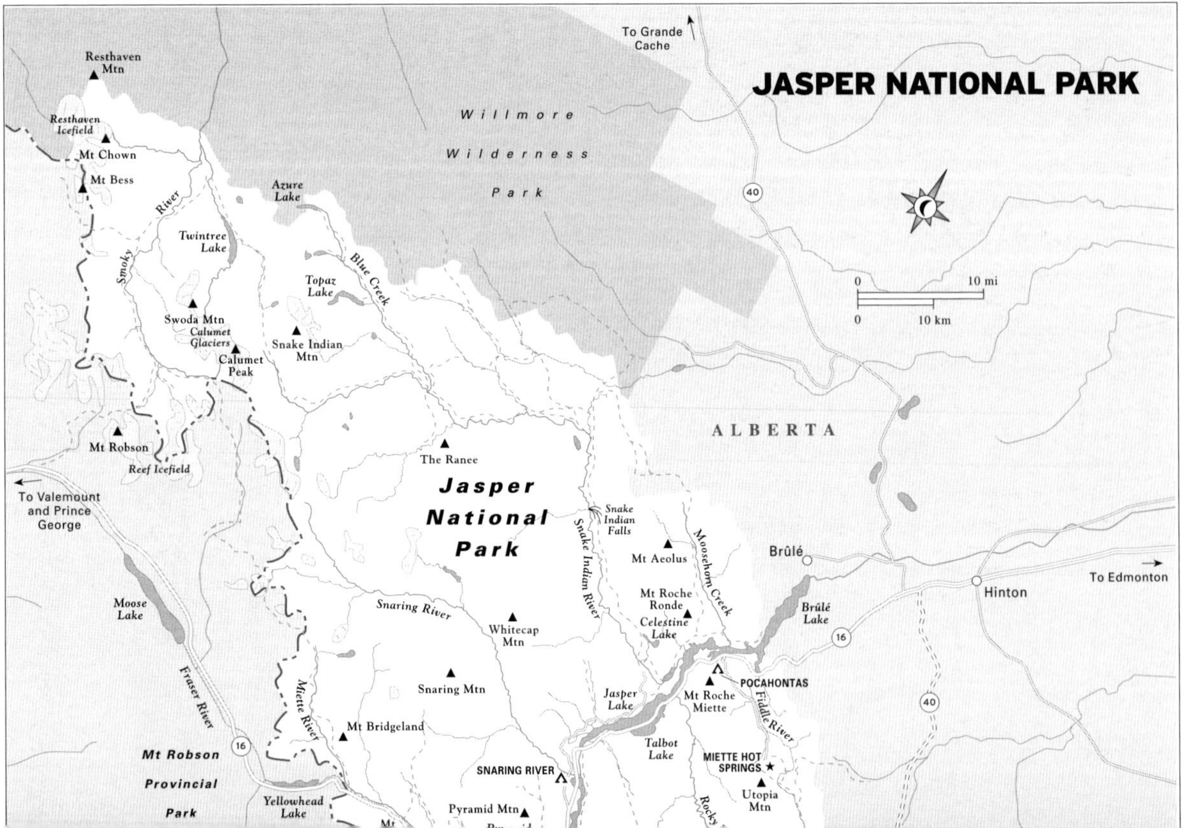
JASPER NATIONAL PARK
To Grande Cache
Resthaven Mtn
Resthaven Icefield
Mt Chown
Mt Bess
Willmore Wilderness Park
Azure Lake
Smoky River
Twintree Lake
Blue Creek
Topaz Lake
Swoda Mtn
Calumet Glaciers
Calumet Peak
Snake Indian Mtn
40
0 10 mi
0 10 km
ALBERTA
Mt Robson
Reef Icefield
The Ranee
To Valemount and Prince George
Jasper National Park
Snake Indian Falls
Snake Indian River
Mt Aeolus
Moosehorn Creek
Brûlé
Hinton
To Edmonton
Moose Lake
Snaring River
Whitecap Mtn
Mt Roche Ronde
Celestine Lake
Brûlé Lake
16
POCAHONTAS
Mt Roche Miette
Fraser River
Miette River
Snaring Mtn
Jasper Lake
Fiddle River
Mt Bridgeland
Talbot Lake
MIETTE HOT SPRINGS
Mt Robson Provincial Park
SNARING RIVER
Utopia Mtn
Yellowhead Lake
Pyramid Mtn
Rocky

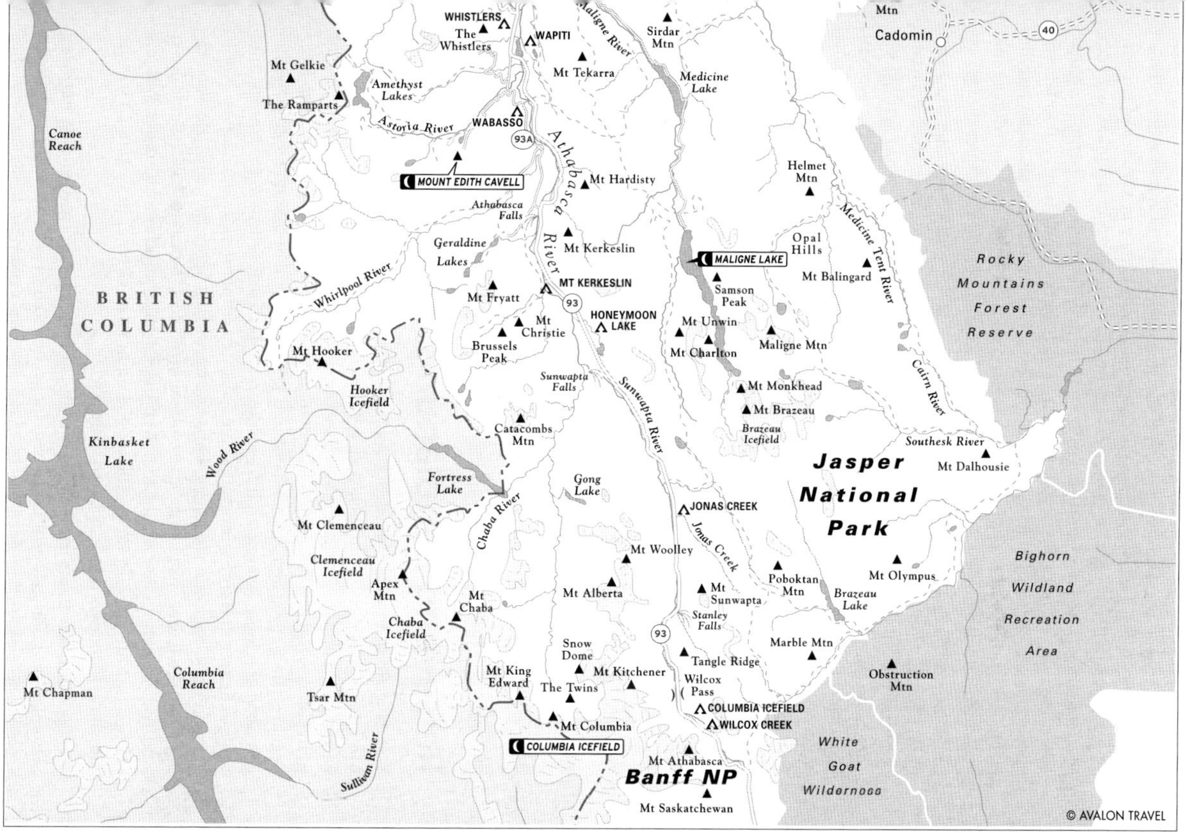
Mtn
Cadomin
40
WHISTLERS
The Whistlers
WAPITI
Sirdar Mtn
Maligne River
Mt Tekarra
Medicine Lake
Mt Gelkie
Amethyst Lakes
The Ramparts
Astoria River
WABASSO
93A
Athabasca River
Canoe Reach
MOUNT EDITH CAVELL
Mt Hardisty
Helmet Mtn
Medicine Tent River
Athabasca Falls
Opal Hills
Geraldine Lakes
Mt Kerkeslin
MALIGNE LAKE
Rocky Mountains Forest Reserve
Mt Balingard
MT KERKESLIN
Mt Fryatt
93
Samson Peak
BRITISH COLUMBIA
Whirlpool River
HONEYMOON LAKE
Mt Christie
Mt Unwin
Brussels Peak
Mt Charlton
Maligne Mtn
Mt Hooker
Sunwapta Falls
Cairn River
Hooker Icefield
Sunwapta River
Mt Monkhead
Mt Brazeau
Catacombs Mtn
Brazeau Icefield
Kinbasket Lake
Southesk River
Wood River
Jasper National Park
Mt Dalhousie
Fortress Lake
Gong Lake
JONAS CREEK
Chaba River
Mt Clemenceau
Jonas Creek
Mt Woolley
Bighorn Wildland Recreation Area
Clemenceau Icefield
Mt Olympus
Poboktan Mtn
Mt Sunwapta
Apex Mtn
Mt Alberta
Brazeau Lake
Mt Chaba
Stanley Falls
Chaba Icefield
Marble Mtn
Snow Dome
Tangle Ridge
Obstruction Mtn
Columbia Reach
Mt King Edward
Mt Kitchener
Wilcox Pass
Mt Chapman
Tsar Mtn
The Twins
COLUMBIA ICEFIELD
WILCOX CREEK
Mt Columbia
White Goat Wilderness
COLUMBIA ICEFIELD
Mt Athabasca
Sullivan River
Banff NP
Mt Saskatchewan
© AVALON TRAVEL

Einer der größten Trümpfe der kanadischen Rockies ist die Zugänglichkeit seiner landschaftlichen Attraktionen, denn die meisten liegen relativ nah an der Straße. Abenteuerlustigere Traveller finden ein ausgezeichnetes Netz von Wanderwegen vor. Sie erschließen Bergseen, Gletschertäler und spektakuläre Aussichtspunkte, wo kein Massenandrang herrscht und Eingriffe durch den Menschen bislang minimal geblieben sind. Beliebte Freizeitaktivitäten in den Parks sind Angeln, Bootfahren, Skifahren, Golf, Reiten und Rafting. Im Sommer ist hier am meisten los, denn fast die Hälfte der jährlich 4 Mio. Gäste der beiden Nationalparks entfällt auf die Monate Juli und August. In den übrigen Monaten ist das Besucheraufkommen dagegen gering.

Im Winter setzen vier Skigebiete von Weltrang ihre Lifte in Bewegung: Ski Norquay, Sunshine Village, Lake Louise und Marmot Basin. Dann herrscht Nebensaison, und die Hotelpreise liegen entsprechend niedriger. Wer oft genug auf Skiern oder Snowboard die steilen Pisten hinabgebrettert ist, hat noch zahlreiche weitere Möglichkeiten, seine Freizeit zu gestalten. Wie wär's mit Skilanglauf, Schlittschuhlaufen, Snowshoeing, Schlittenfahren, Baden in heißen Quellen oder Heliskiing in den Bergen von British Columbia?

Eintritt

Besucher der Nationalparks Banff und Jasper benötigen ein Permit. Der **Day Pass** kostet $ 9,80 für Erwachsene, $ 8,30 für Senioren, $ 4,90 für Kinder und maximal $ 20 pro Fahrzeug. Die Gültigkeit erstreckt sich auf beide Parks und erlischt jeweils um 16 Uhr am Folgetag. Wer viel Zeit in den Nationalparks verbringen möchte, kann den **National Pass** in Betracht ziehen. Er gilt für alle kanadischen Nationalparks und kostet $ 53 für Erwachsene, $ 45 für Senioren, $ 27 für Kinder und maximal $ 107 pro Fahrzeug. Die Pässe gibt's an allen Parkeingängen, in den Informationszentren der Nationalparks und auf Campingplätzen. Detaillierte Informationen liefert die Website von Parks Canada (www.pc.gc.ca).

Reise- und Zeitplanung

Wer eine Reise in den Westen Kanadas plant, kommt wohl kaum an den Rocky Mountains vorbei, sowohl wegen der vielfältigen Outdoor-Attraktionen als auch wegen der zentralen Lage zwischen Vancouver und Calgary. Je nach Jahreszeit und individuellen Interessen bieten die beiden großen Nationalparks alles, was das Herz begehrt. Die wichtigsten Städte, Banff und Jasper, sind nicht besonders groß, verfügen aber über eine komplette Infrastruktur, zu der auch sehenswerte Unterkünfte wie das **Fairmont Banff Springs** und die Fairmont Jasper Park Lodge zählen. Nördlich von Banff liegt der traumhafte **Lake Louise,** dessen Schönheit allenfalls von seinem unmittelbaren Nachbarn übertroffen wird, dem **Moraine Lake.** Beide Seen sind von der Straße aus zugänglich. Wer landschaftliche Schönheit in der Wildnis erleben möchte, schnürt die Wanderstiefel und macht sich auf in Gegenden wie die **Sunshine Meadows** oder das **Larch Valley.**

Für die Tour von Banff nach Jasper ist ein ganzer Tag auf dem **Icefields Parkway** einzuplanen. Lohnenswerte Zwischenstopps sind die Seen **Bow Lake** und **Peyto Lake** sowie ein Ausflug mit dem Ice Explorer zum **Columbia Icefield,** bevor der Massenansturm einsetzt. Wer nicht viel Zeit für den Jasper National Park hat, sollte den **Maligne Lake** ganz oben auf seine Liste setzen. Die landschaftlich schönste Wanderung in diesem Nationalpark führt zu den **Cavell Meadows.**

Wo gibt's hier eigentlich Bären?

Auf diese häufig gestellte Frage gibt es keine eindeutige Antwort, aber wer das Glück hat, einer dieser faszinierenden Kreaturen in ihrem natürlichen Lebensraum zu begegnen, macht eine unvergessliche Erfahrung.

Wenn sich Bären an der Straße zeigen, handelt es sich mit größter Wahrscheinlichkeit um **Schwarzbären,** deren Farbspektrum von Pechschwarz bis Zimtbraun reicht. Im Morgengrauen oder am späten Nachmittag sind sie häufig am Bow Valley Parkway anzutreffen, die besten Aussichten bestehen im Frühling. Weiter nördlich treiben sich Schwarzbären auch am Icefields Parkway herum, v. a. in der Umgebung des Cirrus Mountain.

Grizzlybären verbringen den größten Teil des Jahres in abgelegenen Tälern, häufig an den Südhängen der Berge. Gegen Ende des Frühjahrs zeigen sie sich gelegentlich in der Umgebung des Bow Pass. In den letzten Jahren hat ein Grizzly das Bow Valley zwischen der Stadt Banff und dem Lake Minnewanka für sich entdeckt. Der einzige Ort, an dem man unter Garantie einen Grizzly zu sehen bekommt, ist das Lake Louise Visitor Centre. Er ist zwar nur ausgestopft, vermittelt aber einen guten Eindruck von der unglaublichen Größe und Pracht dieser Tiere.

Die Wahrscheinlichkeit, einem Bären in der Wildnis von Angesicht zu Angesicht zu begegnen, ist sehr gering. Um sie noch weiter zu verringern, sollte man einige simple Vorsichtsmaßnahmen beherzigen: niemals allein oder in der Abenddämmerung wandern, in dichter Vegetation immer reichlich Krach machen, das eigene Camp sauber halten und die in allen Besucherzentren erhältlichen Broschüren zum Thema aufmerksam studieren. Wer von der Straße aus einen Bären sichtet, sollte auf keinen Fall das Fahrzeug verlassen. Die Besucherzentren in Banff und Lake Louise führen aktuelle Listen mit sämtlichen Sichtungen von Bären.

Beim Aufbau dieses Kapitels wurde davon ausgegangen, dass die meisten Reisenden an Outdoor-Aktivitäten wie Wandern, Angeln, Wildtierbeobachtung usw. interessiert sind, aber nicht unbedingt jederzeit einen Rucksack mit kompletter Verpflegung auf dem Rücken tragen. Ein Aufenthalt von vier Tagen in den beiden Nationalparks lässt sich sinnvoll wie folgt einteilen: je ein Tag für **Banff, Lake Louise** und **Jasper** und der vierte für die Fahrt über den **Icefields Parkway.**

Der Sommer ist definitiv die beste Reisezeit, wenn man nicht gerade passionierter Skifahrer oder Snowboarder ist. Im Juli und August ist am meisten los, in den Wochen vor und nach diesen beiden Monaten nimmt der Besucherandrang stark ab. Juni und September eignen sich ebenfalls wunderbar für einen Urlaub in dieser Gegend. Im Juni sind zwar auch viele Leute unterwegs, aber dann blühen die Wildblumen, und man bekommt viele Tiere zu sehen. Im September, wenn die Laubfärbung ihren Höhepunkt erreicht, sind die Temperaturen zum Wandern noch recht angenehm. Sowohl im Juni als auch im September sind die Unterkünfte billiger als in der Spitzensaison. Am ruhigsten ist es im Mai und Oktober/November. Die Saison in den drei großen Skigebieten läuft von Dezember bis April oder Mai. Skifahren und Snowboarden sind die größten Attraktionen im Winter, aber es locken auch andere interessante Aktivitäten wie Schlittenfahren, Snowshoeing oder Eisfischen.

Banff

Viele Besucher sind überrascht, dass die Kleinstadt Banff im gleichnamigen Nationalpark in Wirklichkeit ein äußerst geschäftiges Versorgungszentrum mit 8000 permanenten Einwohnern ist. Die Stadt hat eine traumhafte Lage am Bow River und erstreckt sich bis auf den niedrigeren Ausläufer des Sulphur Mountain im Süden und den Tunnel Mountain im Osten. Auf einer Seite der Stadt wird das Panorama von der hohen Steilwand des Mount Rundle beherrscht, auf der anderen, jenseits der Banff Ave., bestimmt der große Cascade Mountain das Bild.

Am nördlichen Ende der Banff Ave. reihen sich Hotels und Motels aneinander, am südlichen Abschnitt dominieren Geschäfte, Boutiquen, Cafés und Restaurants. Ganz am südlichen Ende, hinter der Brücke über den Bow River, steht das Gebäude der Parkverwaltung. Dort gabelt sich die Straße: Nach rechts geht es zu den historischen Cave and Basin Hot Springs, nach links zum The Fairmont Banff Springs Hotel und zur Seilbahn Banff Gondola auf den Sulphur Mountain. Viele Leute stürzen sich gern in den Trubel von Banff, um vor einer wahrhaft einzigartigen Kulisse zu shoppen. Wer Ruhe sucht, spaziert einfach ein paar Minuten stadtauswärts und findet sich schon bald in mehr oder weniger unberührter Wildnis wieder.

Geschichte

Am 8. November 1883 hatten drei junge Eisenbahnarbeiter – Franklin McCabe und seine Freunde William und Thomas McCardell – einen freien Tag und machten sich auf die Suche nach Gold. Nachdem sie den Bow River mit einem Floß überquert hatten, kamen sie an einen warmen Bach. Sie folgten ihm bis zu seiner Quelle, einem kleinen Becken voller Treibholz, dessen Wasser warm war und auffällig nach Schwefel roch. In der Nähe kamen die drei hinter die Ursache des fauligen Geruchs, der aus einem Loch im Boden kroch. Aufgeregt stiegen sie hinab und stießen auf ein unterirdisches Becken mit türkisfarbenem, warmem Wasser. Dies war zwar kein Gold, sollte sich aber als etwas ähnlich Wertvolles erweisen: eine heiße Mineralquelle, die von da an wohlhabende Gäste aus aller Welt anlockte. Die Entdeckung sprach sich rasch herum, und die Regierung machte die neuen Cave and Basin Hot Springs als Touristenziel bekannt – eine heiße Quelle dauerhafter Einnahmen zur Finanzierung der neuen Eisenbahn.

Am 25. November 1885 richtete die Regierung an den Quellen ein kleines Schutzgebiet ein, das zwei Jahre später erweitert wurde und den Namen **Rocky Mountains Park** bekam. Es handelte sich im Prinzip um ein kommerzielles Angebot für die wohlhabenden Gönner der Eisenbahn. Das Banff Springs Hotel war bei seiner Eröffnung 1888 das größte Hotel der Welt. Geschäftstüchtige Leute aus der Gegend erkannten schnell das wirtschaftliche Potenzial der heißen Quellen und eröffneten Restaurants bzw. boten Jagdtouren und Bootsrundfahrten an. Zur Jahrhundertwende hatte die aufstrebende Siedlung Banff bereits acht Hotels und lockte als beliebtester Urlaubsort Kanadas Besucher aus aller Welt an.

Neue Sichtweisen

Zu Beginn des 20. Jh. gab es in Kanada noch so viele Wildnisgebiete, dass weiß Gott kein Naturpark vonnöten war, um sie zu schützen. Der einzige Zweck des Rocky Mountains Park bestand darin, Einnahmen für die Regierung und die Canadian Pacific Railway zu generieren. 1902 wurden die Parkgrenzen nochmals erweitert

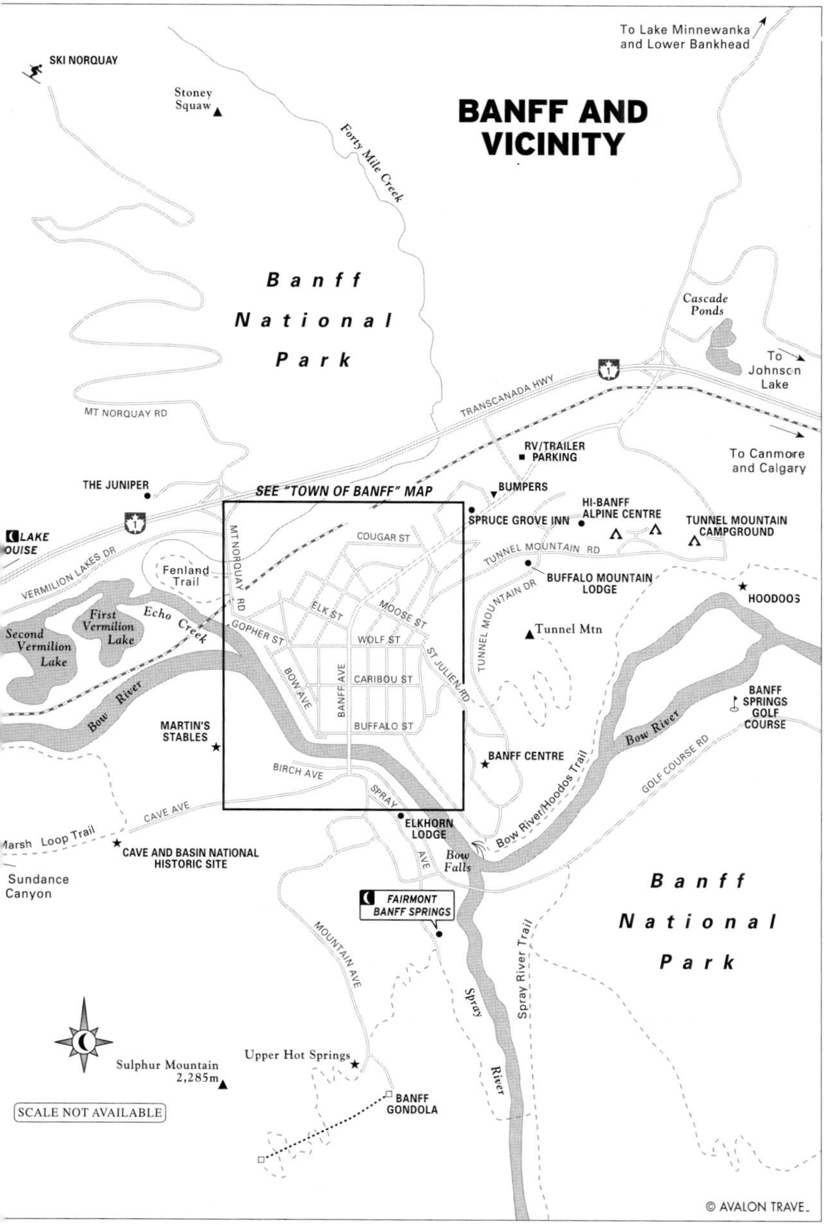
BANFF AND VICINITY
SKI NORQUAY
Stoney Squaw
Forty Mile Creek
To Lake Minnewanka and Lower Bankhead
Banff National Park
Cascade Ponds
To Johnson Lake
TRANSCANADA HWY
MT NORQUAY RD
RV/TRAILER PARKING
To Canmore and Calgary
THE JUNIPER
SEE "TOWN OF BANFF" MAP
BUMPERS
SPRUCE GROVE INN
HI-BANFF ALPINE CENTRE
TUNNEL MOUNTAIN CAMPGROUND
COUGAR ST
TUNNEL MOUNTAIN RD
VERMILION LAKES DR
Fenland Trail
MT NORQUAY RD
BUFFALO MOUNTAIN LODGE
TUNNEL MOUNTAIN DR
HOODOOS
ELK ST
MOOSE ST
Echo Creek
First Vermilion Lake
Second Vermilion Lake
GOPHER ST
WOLF ST
Tunnel Mtn
ST JULIEN RD
CARIBOU ST
BOW AVE
BANFF AVE
Bow River
BANFF SPRINGS GOLF COURSE
MARTIN'S STABLES
BUFFALO ST
BANFF CENTRE
BIRCH AVE
SPRAY
Bow River/Hoodoos Trail
GOLF COURSE RD
CAVE AVE
ELKHORN LODGE
Marsh Loop Trail
CAVE AND BASIN NATIONAL HISTORIC SITE
AVE
Bow Falls
Sundance Canyon
FAIRMONT BANFF SPRINGS
MOUNTAIN AVE
Spray River Trail
Spray River
Upper Hot Springs
Sulphur Mountain 2,285m
BANFF GONDOLA
SCALE NOT AVAILABLE
© AVALON TRAVEL

Tiere – lebend oder ausgestopft – gibt es im Banff Park Museum zu sehen

und umfassten damit 11.440 km² der kanadischen Rocky Mountains. Diese erhebliche Ausdehnung bedeutete aber nicht, dass der Park ausschließlich für den Tourismus reserviert war, sondern es entstanden auch Kohlebergwerke, forstwirtschaftliche Unternehmen und Wasserkraftwerke. Die Regierung mochte darin keinen Interessenkonflikt erkennen und betrachtete die Bergbausiedlung **Bankhead** vielmehr als eine weitere der vielen Attraktionen des Parks. Doch langsam begannen sich neue Sichtweisen durchzusetzen, und schließlich gab die Regierung das Gebiet als „Dominion Park" aus. Der erste Verwalter, J. B. Hawkins, vertrat die Ansicht, dass solche Parks in erster Linie der Erholung und Bildung dienen sollten, und demzufolge wurde die Rohstoffindustrie schrittweise abgebaut. Hawkins' Verdienste gipfelten im *National Parks Act* von 1930, und der Rocky Mountains Park erhielt die offizielle Bezeichnung Banff National Park.

Entwicklung und Zukunft

Im ersten Jahrhundert seines Bestehens war das Städtchen Banff in erster Linie ein Versorgungszentrum für Parkbesucher. Verwaltet wurde es vom Canadian Parks Service in Ottawa, einer Regierungsbehörde mit großen Finanzmitteln, aber ohne feste Vorstellungen von der Organisation der Alltagsgeschäfte einer Kleinstadt. Unannehmlichkeiten, die den Parkbewohnern durch diesen Status entstanden, wurden durch günstige Mieten und Subventionen abgefedert. Im Juni 1988 entschieden die Bewohner von Banff in einer Abstimmung, diese Bande zu lösen. Seit dem 1. Januar 1990 ist Banff auch offiziell eine eigenständige Stadt wie jede andere in Alberta. Einzige Ausnahme: Parks Canada ist nach wie vor für den Umweltschutz innerhalb der Stadtgrenzen verantwortlich.

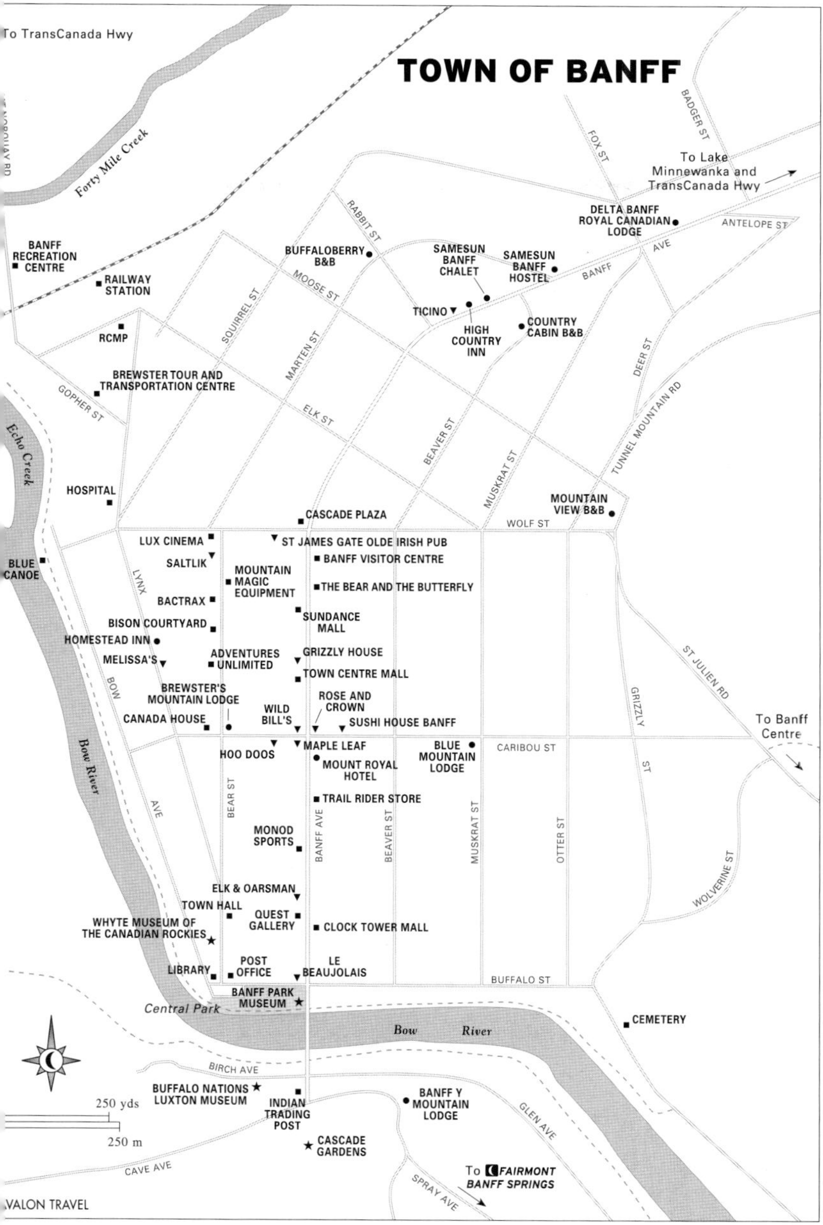
TOWN OF BANFF
To TransCanada Hwy
Forty Mile Creek
To Lake Minnewanka and TransCanada Hwy
BADGER ST
FOX ST
RABBIT ST
ANTELOPE ST
BANFF AVE
MOOSE ST
SQUIRREL ST
MARTEN ST
ELK ST
GOPHER ST
BEAVER ST
MUSKRAT ST
DEER ST
TUNNEL MOUNTAIN RD
WOLF ST
LYNX
BOW AVE
ST JULIEN RD
GRIZZLY ST
CARIBOU ST
BEAR ST
BANFF AVE
BEAVER ST
MUSKRAT ST
OTTER ST
WOLVERINE ST
BUFFALO ST
BIRCH AVE
GLEN AVE
SPRAY AVE
CAVE AVE
Echo Creek
Bow River
Central Park
Bow River
DELTA BANFF ROYAL CANADIAN LODGE
BANFF RECREATION CENTRE
RAILWAY STATION
BUFFALOBERRY B&B
SAMESUN BANFF CHALET
SAMESUN BANFF HOSTEL
TICINO
HIGH COUNTRY INN
COUNTRY CABIN B&B
RCMP
BREWSTER TOUR AND TRANSPORTATION CENTRE
HOSPITAL
MOUNTAIN VIEW B&B
CASCADE PLAZA
LUX CINEMA
ST JAMES GATE OLDE IRISH PUB
BANFF VISITOR CENTRE
BLUE CANOE
SALTLIK
MOUNTAIN MAGIC EQUIPMENT
THE BEAR AND THE BUTTERFLY
BACTRAX
SUNDANCE MALL
BISON COURTYARD
HOMESTEAD INN
ADVENTURES UNLIMITED
GRIZZLY HOUSE
MELISSA'S
TOWN CENTRE MALL
BREWSTER'S MOUNTAIN LODGE
ROSE AND CROWN
WILD BILL'S
CANADA HOUSE
SUSHI HOUSE BANFF
To Banff Centre
HOO DOOS
MAPLE LEAF
BLUE MOUNTAIN LODGE
MOUNT ROYAL HOTEL
TRAIL RIDER STORE
MONOD SPORTS
ELK & OARSMAN
TOWN HALL
QUEST GALLERY
CLOCK TOWER MALL
WHYTE MUSEUM OF THE CANADIAN ROCKIES
LIBRARY
POST OFFICE
LE BEAUJOLAIS
BANFF PARK MUSEUM
CEMETERY
BUFFALO NATIONS LUXTON MUSEUM
INDIAN TRADING POST
BANFF Y MOUNTAIN LODGE
CASCADE GARDENS
To FAIRMONT BANFF SPRINGS
250 yds
250 m
AVALON TRAVEL

Sehenswertes/Abstecher

Banff Park Museum

Ausgestopfte Tiere werden meistens nicht in einem Atemzug mit Nationalparks genannt, aber im Banff Park Museum (93 Banff Ave., ✆ 403/762-1558; Mai bis Sept. tägl. 10–18 Uhr, sonst tägl. 13–17 Uhr; Erwachsene $ 4, Senioren $ 3,50, Kinder $ 3) bieten sie einen Einblick in die frühe Geschichte des Parks. Im viktorianischen Zeitalter waren die Besucher auch darauf aus, die wilden Tiere des Parks zu sehen, wollten sich dafür aber nicht in die Wildnis begeben. Da es kaum Straßen gab und große Säugetiere durch Jäger bereits stark dezimiert waren, wurden andere Möglichkeiten geboten: Besucher konnten lebende Tiere im Wildgehege und im Zoo sowie ausgestopfte Tiere in diesem 1903 erbauten Museum besichtigen. Heute werden auch Führungen veranstaltet (Mo–Fr 15 Uhr, Sa/So 14.30 Uhr). Bestandteile des Komplexes sind ein interaktiver „Entdeckungsraum", wo die Exponate angefasst werden dürfen, und ein Lesezimmer mit Literatur über den Park.

Whyte Museum of the Canadian Rockies

Dieses Museum im Zentrum von Banff (111 Bear St., ✆ 403/762-2291; tägl. 10–17 Uhr; Erwachsene $ 7, Kinder frei) beherbergt die weltweit beste Sammlung von Literatur und Kunst aus den kanadischen Rocky Mountains. Das Archiv umfasst über 4000 Bände, Tonaufnahmen von frühen Pionieren und Ausrüstern, antike Postkarten, alte Kameras, Manuskripte und eine große Fotosammlung. Das Highlight sind die Schwarz-Weiß-Fotografien von Byron Harmon, mit denen er die ganze Welt auf die traumhafte Landschaft der kanadischen Rocky Mountains aufmerksam machte. Auf dem Gelände stehen mehrere historische Häuser, die von den ersten Siedlern (u. a. der berühmte Guide Bill Peyto) bewohnt wurden, und eine Wildnishütte für Jagdaufseher.

Im Sommer veranstaltet das Whyte Museum auch Stadtspaziergänge. Der beliebteste ist der 90-minütige *Historic Banff Walk*. Er beginnt täglich um 14.30 Uhr am Museum und führt zu den historischen Gebäuden der Stadt. Im Rahmen der *Heritage Homes Tour* erhalten Besucher die Gelegenheit, einige alte Wohnhäuser zwischen den Bäumen hinter dem Museum zu besichtigen, darunter das Haus von Peter und Catharine Whyte. Diese Tour beginnt in Sommer täglich um 11 Uhr und 14.30 Uhr. Die *Luxton Home & Garden Tour* beinhaltet eine 40-minütige Besichtigung des Hauses einer prominenten Familie aus Banff (Start im Sommer tägl. um 13 Uhr). Alle genannten Stadtspaziergänge kosten jeweils $ 8/Pers.

Cascade Gardens

Die vom Zentrum aus gesehen auf der anderen Seite des Flusses gelegenen Cascade Gardens eröffnen einen weiten Ausblick auf Banff und den Cascade Mountain. An einem sonnigen Tag ist ein Bummel durch die makellos gepflegten Gärten ein nettes Vergnügen. Das aus dem Jahr 1936 stammende Steingebäude in der Mitte ist das **Park Administration Building** (101 Mountain Ave.). Es steht an der Stelle eines ehemaligen Hospitals, das von einem der ersten Unternehmer des Parks, Dr. R. G. Brett, gegründet wurde. Im 1886 errichteten Brett's Sanatorium wurden die Gäste beherbergt, die wegen der angeblichen Heilwirkung der heißen Quellen nach Banff kamen.

Skyscrapertown Calgary (AH)

CANDY LAND
CANDY APPLES CARAMEL
POPCORN
CALGARY STAMPEDE
LONG DOG

Blick auf den Chinaman's Peak (AH) ▲▲

Der weltgrößte Dinosaurier in Drumheller (AH) ▲▲

Hoodoos im Red Deer River Valley (AH) ▲

▲▲ Das Saamis Tepee in Medicine Hat (AH)
▲ Mit dem Hundeschlitten auf dem Spray Lake, Kananaskis Country (AH)

▲▲ Café am Sylvan Lake (AH)

Buffalo Nations Luxton Museum

Dieses Museum (1 Birch Ave., ✆ 403/762-2388; im Sommer tägl. 10–18 Uhr, sonst 13–17 Uhr; Erwachsene $ 8, Senioren $ 6, Kinder $ 2,50) sieht aus wie ein Fort aus dem Wilden Westen und befindet sich gegenüber vom Central Park, südlich des Bow River. Es widmet sich dem Erbe der Ureinwohner, die einst in den kanadischen Rocky Mountains und der angrenzenden Prärie lebten. Zu den Exponaten zählen ein aufwendig dekoriertes Tipi, Jagdausrüstung, 4000 Jahre alte Pfeilspitzen, ausgestopfte Tiere, Originalkunstwerke, Friedenspfeifen und traditionelle Kleidung. Der benachbarte Indian Trading Post zählt zu den besseren Giftshops in Banff und lohnt sich zum Stöbern.

Cave and Basin National Historic Site

Die unter Denkmalschutz gestellten heißen Quellen mit der offiziellen Bezeichnung Cave and Basin National Historic Site (✆ 403/762-1566; im Sommer tägl. 9–18 Uhr, sonst Mo–Fr 11–16 Uhr, Sa/So 9.30–17 Uhr; Erwachsene $ 4, Senioren $ 3,50, Kinder $ 2,50) liegen am Ende der Cave Ave. Sie waren die Keimzelle des Banff National Park, der wiederum den Beginn des gesamten kanadischen Nationalparkwesens markierte. Nach der Entdeckung der Quellen im Jahr 1883 wurden Badehäuser gebaut, für die $ 0,10 Eintritt zu entrichten waren (sich im warmen Wasser zu aalen galt im Wilden Westen noch als echter Luxus). Später wurden die Becken mit Beton ausgekleidet und die Einrichtungen erweitert. Ironischerweise wurden die lindernden Mineralstoffe im Wasser, die zuvor Millionen Badegäste angelockt hatten, auch zum Grund für die Schließung der Anlage: In Verbindung mit Chlor produzierten sie Ablagerungen, die so lange am Beton nagten, bis der Komplex 1993 aus Sicherheitsgründen geschlossen werden musste. Baden kann man in den Becken nicht mehr, aber ein schmaler Tunnel windet sich durch die schummrig beleuchtete Höhle. Kurze Wanderwege vom Hauptgebäude zum Höhleneingang führen durch eine einzigartige Vegetation, die vom warmen Quellwasser begünstigt wird.

Banff Gondola

Die Seilbahn (Mountain Ave., ✆ 403/762-2523; im Sommer 7.30–21 Uhr, sonst verkürzte Öffnungszeiten, zwei Wochen im Jan. geschlossen; Erwachsene $ 28, Kinder $ 13,50) ist die bequemste Art, den Anblick der Stadt aus der Vogelperspektive zu genießen, ohne einen Tropfen Schweiß zu vergießen. Die modernen Gondeln für vier Personen fahren in 8 Min. 700 m hoch auf den Gipfel des **Sulphur Mountain** (2285 m). Von der Aussichtsplattform an der oberen Station eröffnen sich sagenhafte Ausblicke auf Banff, das Bow Valley, die Cascade Mountain, den Lake Minnewanka und die Fairholme Range. Hier oben gibt es auch drei Restaurants sowie einen Giftshop, und oft treiben sich Dickhornschafe hier herum. Der kurze **Vista Trail** führt an einem Bergkamm entlang zu einer restaurierten Wetterbeobachtungsstation.

Fairmont Banff Springs

Auf einer Terrasse oberhalb einer Biegung des Bow River steht eines der feudalsten und berühmtesten Berghotels der Welt. „The Springs" wuchs mit dem Ort und ist integraler Bestandteil seiner Geschichte. Das Hotel wurde von der Canadian Pacific Railway gebaut und war bei seiner Eröffnung 1888 das größte Hotel der Welt. Praktisch über Nacht wurde aus der ruhigen Siedlung Banff ein Urlaubsziel für wohlhabende Gäste aus aller Welt, und das Hotel zählte schon bald zu den beliebtesten

Unterkünften Nordamerikas. Während der kurzen Sommersaison waren alle Zimmer jedes Jahr aufs Neue ausgebucht. Als 1911 die Zahl der Übernachtungen auf 22.000 anstieg, wurde noch im gleichen Jahr mit einem Neubau nach Entwürfen von Walter Painter begonnen. Das ursprüngliche Design – ein elfstöckiger Turm als Bindeglied zwischen zwei feudalen Flügeln – war eine Kombination aus schottischer Burg und französischem Landschloss.

Der Prunk des Hotels sollte niemanden davon abhalten, hier ein paar Stündchen zu verbringen. Es besteht die Möglichkeit, das Hotel auf eigene Faust zu erkunden. In seinem Inneren gibt es 5000 Einrichtungsgegenstände und Antiquitäten (die meisten in den öffentlichen Bereichen sind Reproduktionen), Gemälde, Kunstdrucke, Gobelins und Teppiche. Die Mount Stephen Hall mit ihrem grünen Steinplattenboden, gewaltigen Fenstern und großen Eichenbalken verströmt mittelalterliche Atmosphäre. Ein luxuriöser Wellnessbereich, zwölf Speiselokale und vier Lounges runden das Verwöhnprogramm ab.

Das Hotel liegt 15 Gehminuten südöstlich der Stadt und ist über die Spray Ave. oder einen Wanderweg am Südufer des Bow River zu erreichen. Stündlich fahren von der Banff Ave. zwei Busse von **Banff Transit** zum Hotel ($ 2). Alternativ dazu verkehren Pferdekutschen, die Passagiere vom Trail Rider Store (132 Banff Ave., ✆ 403/762-4551) zum Fairmont befördern ($ 90 für zwei Pers.).

Bow Falls

Der kleine, aber spektakuläre Wasserfall Bow Falls hinter dem Hotel Fairmont Banff Springs ist von der Stadt aus bequem zu Fuß zu erreichen. Er ist das Ergebnis einer scharfen Biegung des Bow River, die durch Vergletscherung entstanden ist. Früher einmal verlief der Fluss nördlich des Tunnel Mountain und verließ die Berge über das Tal des Lake Minnewanka. Als sich die Gletscher zurückzogen, hinterließen sie Endmoränen, bildeten natürliche Staudämme und zwangen den Fluss, sich einen anderen Weg zu suchen. Ein Ventil fand das aufgestaute Wasser schließlich zwischen dem Tunnel Mountain und dem Nordwestkamm des Mount Rundle. Am spektakulärsten präsentiert sich der Wasserfall gegen Ende des Frühjahrs, wenn die Schneeschmelze den Pegel aller Flüsse und Bäche in der Bow-Valley-Wasserscheide ansteigen lässt.

Vermilion Lakes

Diese Aneinanderreihung flacher Seen bildet ein ausgedehntes montanes Feuchtgebiet, das zahlreichen Säugetieren und 238 Vogelarten einen Lebensraum bietet. Am einfachsten ist es über den Vermilion Lakes Dr. zu erreichen, der unmittelbar westlich von Banff parallel zum Trans-Canada Hwy. verläuft. Der Wasserpegel des **First Vermilion Lake** wurde früher durch einen Staudamm kontrolliert. Nachdem er entfernt wurde, sank der Wasserspiegel wieder ab. Das ist erst der Anfang eines langwierigen Prozesses, in dessen Verlauf sich diese Gegend in einen Auenwald verwandeln wird, wie er am Fenland Trail zu sehen ist. Der **Second Vermilion** und **Third Vermilion Lake** haben einen höheren Wasserspiegel, der auf natürliche Weise von Biberdämmen gehalten wird. In der Nähe des First Vermilion Lake liegt ein Nistgebiet von Fischadlern. Die ganze Gegend eignet sich ausgezeichnet zum Beobachten von Tieren in freier Wildbahn. Besonders im Winter zeigen sich Wapitis, Kojoten und gelegentlich auch ein Wolf.

Mount Norquay Road

Diese Straße ist eine der besten Möglichkeiten, spektakuläre Aussichtspunkte auf die Stadt per Fahrzeug zu erreichen. Sie windet sich steil nach oben bis zur Basis von Ski Norquay, einem beliebten Ziel für Skifahrer und Snowboarder. Auf dem Weg nach oben kommt man an mehreren Aussichtspunkten vorbei. Einer liegt kurz vor dem höchsten Punkt der Straße und wird auch gern von Dickhornschafen zum Grasen aufgesucht.

Lake Minnewanka

Am nordöstlichen Ende der Stadt, wo die Banff Ave. endet, beginnt die Lake Minnewanka Rd. Nachdem man eine Unterführung des Trans-Canada Hwy. passiert hat, sind hinter dem Flugplatz zur Linken die **Cascade Falls** zu erkennen. Im Winter, wenn der Wasserfall gefroren ist, arbeiten sich häufig Eiskletterer auf der schmalen Eisspur langsam nach oben. An der ersten Kreuzung geht es geradeaus weiter bis zum ersten Zwischenstopp, **Lower Bankhead.** Dort führt ein kurzer Lehrpfad durch die Ruinen einer 100 Jahre alten Kohlebergbausiedlung.

Der Lake Minnewanka („See des Wassergeistes"), das größte Gewässer im Banff National Park, wird auf drei Seiten von einer imposanten Bergkulisse flankiert. Auch wenn man keinen Drang zu einer dynamischen Wanderung verspürt – ein kurzer Spaziergang am Seeufer lohnt sich. **Minnewanka Lake Cruise** (✆ 403/762-3473) veranstaltet eine 90-minütige Bootsfahrt an der Felsformation Devil's Gap vorbei zum anderen Ende des Sees (Abfahrt Mitte Mai bis Ende Sept. 3- bis 5-mal tägl. ab 10.30 Uhr; Erwachsene $ 44, Kinder $ 19). Der See eignet sich auch hervorragend zum Angeln (die Seeforellen bringen bis zu 15 kg auf die Waage) und ist der einzige im Park, auf dem Motorboote erlaubt sind. Lake Minnewanka Boat Tours verleiht Aluminiumboote mit kleinem Außenbordmotor und vermittelt Angelführer, die sich gut in der Gegend auskennen.

Bow Valley Parkway

Zwei Straßen verbinden Banff mit Lake Louise. Die schnellere Route für den Fernverkehr ist der Trans-Canada Hwy. Die Alternative ist der landschaftlich schönere Bow Valley Parkway (51 km bis Lake Louise), der 5 km westlich von Banff vom Trans-Canada Hwy. abzweigt. Zwischen März und Ende Juni ist der südliche Anschnitt des Parkway bis zum Johnston Canyon täglich von 18 bis 9 Uhr zum Schutz der Tiere gesperrt.

Gleich am ersten Teilstück des Parkway liegt an einem Flüsschen der ruhige Picknickplatz **Fireside,** wo anhand von Informationstafeln die Entstehungsgeschichte des Bow Valley erläutert wird. Das Feuchtgebiet **Muleshoe** besteht aus toten Flussarmen und wurde geschaffen, als sich der Bow River einen neuen Weg bahnte und diese Mäander zurückließ.

Im **Johnston Canyon** stürzt der Johnston Creek in mehreren spektakulären Wasserfällen nach unten. Die Schlucht ist zwar nicht so tief wie der Maligne Canyon im Jasper National Park (30 m im Vergleich zu 50 m), aber hier führt der Laufsteg zu den unteren Fällen nicht an der Oberkante des Canyon entlang. Stattdessen wurde er tief in die Schlucht gebaut und sorgt damit für ein ebenso eindrucksvolles Erlebnis. Die unteren Fälle liegen 1 km vom Highway entfernt, die nicht minder beeindruckenden oberen Fälle liegen noch einmal 1,6 km flussaufwärts. Jenseits davon befinden sich die Mineralquellen **Ink Pots** („Tintentöpfe"), deren Sedimente das Sonnenlicht reflektieren und dem Wasser seine brillante Färbung verleihen. In der Schlucht nisten Bartkäuze und Schwarzsegler.

Am westlichen Ende der **Moose Meadows** markiert eine kleine Tafel die Stelle, wo sich einst **Silver City** befand. Zu ihrer Blütezeit hatte die Boomtown 2000 Einw. und war damit größer als Calgary. Damals waren hier fünf Bergwerke in Betrieb, die zwar kein Silber, aber stark kupfer- und bleihaltige Erze zutage förderten.

Auf dem Weg von den Moose Meadows nach Lake Louise rückt der **Castle Mountain** ins Blickfeld, der seinen Namen zu Recht trägt. Er zählt zu den auffälligsten Bergen des Parks und besteht aus ca. 500 Mio. Jahre alten Gesteinsschichten, die auf wesentlich jüngeren („nur" 200 Mio. Jahre alten) Felsen sitzen. Diese ungewöhnliche Konstellation ergab sich, als die Berge durch Druck unter der Erdoberfläche nach oben gepresst wurden. Dabei wurden auch Felsen aus älteren Schichten in die Luft geschleudert und kamen an einigen Stellen über jüngeren Schichten wieder zum Liegen.

Die Straße windet sich am Fuß des Berges entlang zum **Castle Mountain Village,** wo es eine Tankstelle, Essen und Unterkünfte gibt. Danach steigt sie wieder leicht an und erreicht einen Picknickplatz mit dem **Storm Mountain Viewpoint,** der weitere traumhafte Ausblicke eröffnet.

Wandern

Viele Wahrzeichen des Nationalparks sind von der Straße aus zu sehen, doch wer ihn wirklich kennen lernen möchte, muss schon eine Wanderung unternehmen. Vor allem die Vielfalt der rund 80 Wanderwege ist bemerkenswert: Die Palette reicht von kurzen Lehrpfaden über leichte Wanderungen mit spektakulären Ausblicken bis zu einer Vielzahl längerer Exkursionen mit Übernachtungen in der Wildnis; es ist also für jeden etwas dabei. Vor dem Aufbruch ist ein Besuch im **Banff Visitor Centre** (224 Banff Ave., ✆ 403/762-1550) ratsam, denn das Personal hat alle aktuellen Informationen über den Zustand der Wege und eventuelle Sperrungen. Ein kleiner Giftshop verkauft Wanderführer, darunter auch den empfehlenswerten *Canadian Rockies Trail Guide.*

Von der Stadt aus

Die schöne Kurzwanderung über den **Fenland Trail** (2 km; 30 Min.) vermittelt einen Vorgeschmack auf das komplexe Ökosystem des Bow Valley. Vom Picknickplatz Forty Mile Creek (an der Mount Norquay Rd. unmittelbar hinter dem Bahnübergang) führt der Wanderweg direkt in eine Übergangszone zwischen Feuchtgebiet und bewaldeter Schwemmebene. Der Sumpf ist ein bevorzugter Lebensraum für viele Vogelarten und wird im Winter gerne von Wapitis aufgesucht. Unterwegs sind einige Biberdämme zu sehen.

Beim Weg auf den Gipfel des **Tunnel Mountain** (2,3 km; einfach 30–60 Min.), der in der St. Julien Rd. (350 m südlich der Wolf St.) beginnt, ist ein Höhenunterschied von 300 m zu überwinden. Der Wanderweg führt die westliche Bergflanke hinauf durch einen Drehkiefernwald und windet sich an einigen Aussichtspunkten vorbei, bevor er unmittelbar unterhalb des Gipfels einen Bergkamm erreicht. Von dort verläuft die Route nordwärts und klettert durch einen Douglasienwald auf den Gipfel, der teilweise bewaldet ist und daher kein 360-Grad-Panorama bietet.

Eine herrliche Wanderung führt zum **Sundance Canyon** (4,4 km; einfach 90 Min.). Besonders schön ist sie an einem sonnigen Nachmittag, denn der Weg führt größtenteils an einem Fluss mit großen Freiflächen entlang. Er beginnt an der Cave and Basin National Historic Site und folgt auf den ersten 3 km einer Asphaltstraße, führt dann in den Wald und endet an einem schattigen Picknickplatz, dem Ausgangspunkt für den 2,4 km langen Rundwanderweg Sundance Loop.

Der **Bow River/Hoodoos Trail** (4,8 km; einfach 90 Min.) hat einen Aussichtspunkt zum Ziel, von dem sich ein toller Blick auf das Hotel Fairmont Banff Springs eröffnet. Er führt zunächst unter der nackten Ostwand des Tunnel Mountain entlang und folgt dem Fluss durch eine Wiese, auf der gerne Hirsche und Wapitis äsen. Der Weg endet an den Hoodoos, bizarren Felsnadeln aus Kalkstein und Sedimenten, die hier geheimnisvoll aus dem Waldboden ragen. Wer keine Lust hat, den gleichen Weg zurückzulaufen, nimmt den Bus von **Banff Transit** ($ 1), der alle 30 Min. vom Tunnel Mountain Campground in die Stadt fährt.

Sunshine Meadows

Sunshine Meadows, eine einzigartige und wunderschöne Region der kanadischen Rockies, erstreckt sich beiderseits der Kontinentalen Wasserscheide. Am bekanntesten ist das Bergdorf Sunshine Village, das nur per Seilbahn zugänglich ist. Für ein paar kurze Monate im Sommer ist die Gegend schneefrei und erweist sich dann als wahres Wanderparadies. Hohe Niederschlagsmengen sorgen für eine üppige Vegetation (allein über 300 Wildblumenarten sind hier offiziell erfasst). Zum beliebtesten Ziel, dem **Rock Isle Lake,** führt eine leichte, 2,5 km lange Wanderung vom Sunshine Village über die Kontinentale Wasserscheide, die nur einen Höhenunterschied von 100 m überwindet. Von der Aussichtsplattform am See hat man die Auswahl zwischen mehreren Optionen, darunter die Umrundung des Larix Lake oder die Überquerung der Standish Ridge.

Es ist natürlich möglich, die 6 km lange und nur eingeschränkt befahrbare Zufahrtsstraße zum Sunshine Village hochzulaufen. Eine bequemere Alternative ist aber der Sunshine Meadows Shuttle, der auf einer ansonsten gesperrten Straße nach oben fährt, Betreiber dieser Verbindung ist **White Mountain Adventures** (✆ 403/762-7889 oder ✆ 800/408-0005, www.sunshinemeadowsbanff.com). Zwischen Juni und September starten die Busse täglich in Banff (8.30 Uhr; Erwachsene hin und zurück $ 55, Kinder $ 30) und am Parkplatz im Sunshine Village (stündl. 9–17 Uhr; Erwachsene hin und zurück $ 15, Kinder $ 15).

Zwischen Banff und Lake Louise

Die leichteste Wanderung zwischen Banff und Lake Louise führt durch den Johnston Canyon (siehe *Bow Valley Parkway*), aber es gibt auch anspruchsvollere Alternativen. Die folgenden drei sind besonders empfehlenswert:

Der Weg vom Picknickplatz Fireside zum **Cory Pass** (5,8 km; einfach 2:30 Std.) mit einem Höhenunterschied von 920 m ist eine lange, harte Plackerei, aber sobald das Ziel – ein wildes, windiges und von spitzen Gipfeln umgebenes Ödland – erreicht ist, lässt der Blick auf den gezackten Mount Louis alle Strapazen vergessen.

Der **Rockbound Lake** ist ein entzückender kleiner See, der sich hinter dem Castle Mountain versteckt und von beeindruckenden Bergen umgeben ist. Der Wanderweg (8,4 km; einfach 2,5 Std.) ist an sich nichts Besonderes, aber dafür sind hier kaum Leute unterwegs. Er beginnt 30 km westlich von Banff an der Castle Mountain Junction.

Von einem ausgeschilderten Parkplatz am Trans-Canada Hwy., 3 km westlich der Sunshine Village Junction, beginnt der Wanderweg zum **Bourgeau Lake** (7,6 km; einfach 2,5 Std.; Höhenunterschied 730 m). Wer durchhält, wird mit einem kleinen subalpinen See belohnt, der am Fuße eines beeindruckenden Amphitheaters aus Kalkstein vor sich hin plätschert.

Weiterer Sport

Im Sommer

• *Mountainbiken* Ob man ein eigenes Fahrrad dabeihat oder sich eines von den vielen Verleihern in der Stadt mietet – die Radwege im Nationalpark sind für alle da. Beliebt sind die Routen über den Golfplatz, am Lake Minnewanka und der Bow Valley Parkway, während die steile Mount Norquay Rd. eher von Einheimischen als Trainingsstrecke favorisiert wird. Mehrere Routen in die Wildnis wurden als Mountainbikestrecken ausgewiesen, z. B. Sundance (einfach 3,7 km), Rundle Riverside (nach Canmore; einfach 15 km) und Spray River Loop (über Goat Creek; hin und zurück 48 km).

Abominable (229 Wolf St., ✆ 403/762-5065), **Bactrax** (225 Bear St., ✆ 403/762-8177), **Banff Adventures Unlimited** (211 Bear St., ✆ 403/762-4554) und **Banff Springs Ski & Mountain Sports** (Fairmont Banff Springs, 405 Spray Ave., ✆ 403/762-5333) vermieten Mountainbikes mit Vorderrad- oder kompletter Federung für $ 8–15/Std. bzw. $ 35–60/Tag (inkl. Helm, Schloss und Fahrradkarte).

• *Reiten* **Warner Guiding & Outfitting** (www.horseback.com) veranstaltet eine Vielzahl von Ausritten. Das Hauptbüro ist der Trail Rider Store in Banff (132 Banff Ave., ✆ 403/762-4551). Die Ausritte beginnen aber entweder am Reiterhof **Martin's Stables** (✆ 403/762-2832) hinter dem Freizeitgelände an der Birch Ave. oder bei **Banff Springs Corral** (✆ 403/762-2848) an der Spray Ave. Martin's Stables bietet täglich von 9 bis 18 Uhr Ausritte unterschiedlicher Länge an. Der einstündige ist ein schöner Rundritt namens Marsh Loop ($ 40), der zweistündige heißt Sundance Loop ($ 72) und findet viermal täglich statt. Der dreistündige Mountain Morning Breakfast Ride (Start um 9 Uhr; $ 102/Pers.) beinhaltet ein herzhaftes Frühstück unterwegs. Ebenfalls 3 Std. dauert der abendliche Evening Steak Fry (Start um 17 Uhr; $ 102/Pers.), bei dem es ein dickes Steak mit weißen Bohnen gibt.

• *Rafting und Kanufahren* **Rocky Mountain Raft Tours** (✆ 403/762-3632) veranstaltet einstündige Raftingtouren über den Bow River (Erwachsene $ 42, Kinder $ 21). Sie beginnen unmittelbar unterhalb der Bow Falls und enden an der Ringstraße um den Golfplatz. Da keine Stromschnellen passiert werden, bleiben die Teilnehmer trocken.

An einem ruhigen Abschnitt des Bow River am nördlichen Ende der Wolf St. befindet sich der Kanuverleih **Blue Canoe** (✆ 403/762-3632 oder ✆ 403/760-5007; Mai bis Sept. tägl. 9–21 Uhr). Von dort führt eine einfache Tour flussaufwärts durch die Vermilion Lakes zum Forty Mile Creek ($ 30/1 Std., $ 45/2 Std., $ 60/Tag).

• *Golfen* Am Bow River unterhalb des Mount Rundle erstreckt sich der weitläufige **Banff Springs Golf Course** (✆ 403/762-6801), einer der am schönsten gelegenen Golfplätze der Welt. Aber der Platz ist nicht nur bildschön, sondern auch anspruchsvoll für alle Schwierigkeitsgrade. In dem Buch *The 500 World's Greatest Golf Holes* ist das vierte Loch auf Rundle Nine abgebildet: 70 m unter diesem Par-3-Loch brodelt der „Teufelskessel" (Devil's Cauldron), und das kleine Green liegt vor der spektakulären Kulisse des Mount Rundle, der über 1000 m steil in die Höhe ragt. Ein weiteres einzigartiges Merkmal des Platzes sind die vielen Tiere in freier Wildbahn. Es kommt nicht selten vor, dass Wapitis auf den Fairways äsen oder Hirsche, Kojoten und Schwarzbären beim Putten vorbeihuschen. Die Platzgebühr beträgt $ 220 (inkl. Wagen und Driving Range), im Mai und in der ersten Oktoberhälfte gilt ein ermäßigter Tarif von $ 125. Der 9-Loch-Kurs (Platzgebühr je nach Saison $ 60–80) ist landschaftlich genauso spektakulär wie der Hauptplatz, hat aber nicht die gleiche Tradition. Am Clubhaus gibt es einen Profishop mit Schlägerverleih ($ 50–65), eine Driving Range, Putting Greens, zwei Chipping Greens und ein Restaurant mit atemberaubendem Rundumblick von der Terrasse.

• *Touren* **Brewster** (✆ 403/762-6767 oder ✆ 877/791-5500, www.brewster.ca) ist der Marktführer unter den regionalen Busunter-

Die Brewster Boys

Nur wenige Guides in Banff wurden so berühmt wie die Brüder Jim und Bill Brewster. Das Banff Springs Hotel stellte die beiden 1892 im Alter von zehn und zwölf Jahren ein, um Gäste zu den Sehenswürdigkeiten der Umgebung zu führen. Schnell erarbeiteten sie sich einen guten Ruf als Fremdenführer und machten daraus ein florierendes Geschäft. Bereits 1900 besaßen sie eine eigene Transport- und Ausrüsterfirma und erweiterten ihre Aktivitäten in der Folge auch auf Lake Louise. Weitere frühe geschäftliche Interessen der Brewsters waren ein Handelsposten, das Mount Royal Hotel, die erste Skihütte in den Sunshine Meadows und das Hotel am Columbia Icefield.

Das heutige Transport- und Reiseunternehmen **Brewster** ist ein Vermächtnis des Geschäftssinns der Brüder und hat sich zu einem der Marktführer in der Branche entwickelt. Das Unternehmen betreibt einige der modernsten Sightseeing-Fahrzeuge der Welt, darunter auch eine Flotte von Snocoaches auf dem Athabasca Glacier.

nehmen. Die dreistündige *Discover Banff Bus Tour* beinhaltet Downtown Banff, den Tunnel Mountain Dr., die Hoodoos, die Cave and Basin Hot Springs und die Banff Gondola (Erwachsene $ 78, Kinder die Hälfte, Seilbahn im Preis enthalten). Die Tour findet nur im Sommer statt und beginnt täglich um 8.30 Uhr am Busbahnhof; Abholzeiten an den Hotels können telefonisch erfragt werden. Brewster veranstaltet auch noch andere Touren. Eine vierstündige nach Lake Louise ($ 65) beginnt täglich an bestimmten Hotels in Banff. Im Winter findet diese Tour nur dienstags und freitags statt (Start am Vormittag), sie dauert 5 Std. und beinhaltet auch einige Sehenswürdigkeiten in der Stadt. Im Sommer veranstaltet das Unternehmen auch Touren von Banff zum Lake Minnewanka ($ 64 inkl. zweistündiger Bootsrundfahrt) und zum Columbia Icefield ($ 149).

Discover Banff Tours (Sundance Mall, 215 Banff Ave., ✆ 403/760-5007 oder ✆ 877/565-9372, www.banfftours.com) ist ein kleineres Unternehmen mit nicht so großen Bussen und persönlicher Atmosphäre. Die Strecken ähneln denen von Brewster: Die dreistündige *Discover Banff Tour* beinhaltet den Lake Minnewanka, die Cave and Basin Hot Springs, das Fairmont Banff Springs und die Hoodoos (Erwachsene $ 52, Kinder $ 32), außerdem gibt's einen ganztägigen Ausflug zum Columbia Icefield (Erwachsene $ 154, Kinder $ 79) und eine zweistündige Wildtiersafari bei Dunkelheit (Erwachsene $ 42, Kinder $ 25). Das Unternehmen hat ganzjährig noch eine gute Auswahl an anderen Touren im Angebot, darunter einen winterlichen „Icewalk" durch den zugefrorenen Johnston Canyon (Erwachsene $ 66, Kinder $ 40).

• *Spas und heiße Quellen* Im luxuriösen Wellnessparadies **Willow Stream** (Hotel Fairmont Banff Springs, ✆ 403/762-2211; tägl. 6–22 Uhr) ist reines Verwöhnprogramm angesagt. Im Zentrum der Einrichtung steht ein kreisrundes Mineralbad unter einem hohen Glasdach. An einer Wand reichen die Panoramafenster vom Fußboden bis zur Decke, an der anderen reihen sich Whirlpools aneinander, die von Kaskaden mit unterschiedlichen Temperaturen gespeist werden. Zum Komplex gehören auch Salzwasser-Whirlpools unter freiem Himmel, Solarien, Saunen, Luxusbäder, ein Café mit leichten Mahlzeiten und nach Geschlechtern getrennte Aufenthaltsräume mit Kamin (Getränke und Snacks gibt's gratis). Das umfangreiche Wellnessprogramm beinhaltet Gesichts- und Körperpackungen, Massagen, Schönheitspflege und Hydrotherapie. Der Eintritt ist manchmal in Pauschalangeboten für Hotelgäste enthalten, ansonsten kostet das Vergnügen inkl. Schließfach und Badekleidung $ 80/Tag. Gegen Aufpreis werden fast 100 zusätzliche Wellnessdienste angeboten, von denen die meisten den Eintrittspreis für Willow Stream einschließen (Beispiel: Aufenthalt in Willow Stream mit einstündiger Massage für $ 185).

Die **Upper Hot Springs** (Mountain Ave., ✆ 403/762-1515; 10–22 Uhr; $ 7,50) wurden ab 1901 mit entsprechender Infrastruktur ausgestattet und sind seitdem eine Alternative zu den Cave and Basin Hot Springs; sie werden nach wie vor von Parks Canada verwaltet. Die meisten Leute genießen hier ein Entspannungsbad, gegen Aufpreis sind aber auch Massagen erhältlich.

Im Winter

Von den fünf bedeutendsten Skigebieten Albertas liegen drei im Banff National Park. Neben einer großen Schneesicherheit haben sie noch etwas gemeinsam, nämlich spektakuläre Ausblicke, die allein schon den Preis für den Lift wert sind. Wer nichts mit rasanten Abfahrten oder Snowboarden am Hut hat, findet hier auch gemäßigtere Alternativen wie Skilanglauf, Schlittschuhlaufen oder Snowshoeing. Massenandrang herrscht hier nie, und die Hotels senken ihre Preise in der Nebensaison (außer in den Weihnachtsferien) oft um bis zu 70 %, was schon Grund genug für einen Abstecher in die Berge ist. Pauschalpakete mit Liftgebühr und Unterkunft gibt's ab $ 100/Pers.

• *Ski Norquay* Von Banff aus sind bereits die steilen Osthänge des Mount Norquay zu erkennen, wo sich ein kleines Skigebiet (✆ 403/762-4421, www.banffnorquay.com) mit großer Reputation befindet. Seit hier 1948 Kanadas erster Sessellift eingeweiht wurde, gehört dieses Revier zum Extremsten, was die Canadian Rockies zu bieten haben. Für besonders üppigen Adrenalinausstoß sorgen die Pisten, die mit dem North American Chair erreichbar sind, z. B. die berühmte Extremabfahrt Upper Lone Pine. Es gibt aber auch diverse Pisten mittleren Schwierigkeitsgrades, die vom Talboden aus nicht sichtbar sind. Die Lifttickets kosten für Erwachsene $ 65, für Jugendliche und Senioren $ 55 und für Kinder $ 25. Für Flexibilität sorgen zeitlich beschränkte Tickets ($ 30/2 Std., $ 40/3 Std. usw.). Einige Pisten werden freitagabends für Nachtfahrten beleuchtet (Erwachsene $ 28, Senioren $ 26, Kinder $ 15). Ein Shuttlebus fährt von den Hotels in Banff zum 6 km entfernten Skigebiet (Ticket $ 8).

• *Sunshine Village* Für Skifahren und Snowboarden in Sunshine (✆ 403/762-6500 oder ✆ 877/542-2633, www.skibanff.com) spricht einiges: über 6 m Schnee jährlich (Schneemaschinen werden hier oben nicht gebraucht), eine Saison mit fast 200 Skitagen und die einzigen Übernachtungsmöglichkeiten im Nationalpark, die direkt am Skihang liegen. Eine 6 km lange Seilbahn fährt von der Talstation zum Bergdorf, danach bringen acht superschnelle Sessellifte (darunter der schnellste der Welt) die Wintersportler nach oben. Dort warten Pisten sämtlicher Schwierigkeitsgrade, vom Idiotenhügel bis zum berüchtigten Delirum Dive, einer von mehreren Extrempisten, die nur aus der Luft erreichbar sind und zu den steilsten Abfahrten Kanadas gehören. Der Gesamthöhenunterschied beträgt 1070 m, die längste Abfahrt (zum unteren Parkplatz) zieht sich über 8 km hin. Eine Tageskarte kostet $ 78 für Erwachsene, $ 64 für Senioren, $ 58 für Jugendliche und $ 31 für Kinder (Kleinkinder unter 6 Jahren fahren umsonst). In der Hochsaison gibt es eine zwei Tage gültige Liftkarte mit einer Übernachtung im Sunshine Inn für $ 220/Pers. – ein gutes Geschäft. Das Hotel am Hang hat ein Restaurant, eine Lounge, einen Game Room und einen großen Whirlpool draußen.

• *Verleih und Verkauf* In allen Resorts kann man Ski- und Snowboardausrüstung leihen und kaufen, in Banff ist das allerdings in der Regel etwas einfacher. **Abominable Ski & Sportswear** (229 Banff Ave., ✆ 403/762-2905) und **Monod Sports** (129 Banff Ave., ✆ 403/762-4571) stehen seit Jahrzehnten als Synonyme für Banff und die Ski-Industrie. **Rude Boys Snowboard Shop** (im Untergeschoss der Sundance Mall, 215 Banff Ave., ✆ 403/762-8480) existiert erst seit den 80ern, hat sich aber zur Topadresse für Snowboarder gemausert.

• *Langlauf* Viele Sommerwanderwege werden im Winter zu Loipen umfunktioniert; dann lässt sich die entzückende Winterlandschaft des Nationalparks am besten auf Langlaufskiern genießen. Die beliebtesten Gebiete sind am Johnson Lake, an der Golf Course Rd., am Spray River und am Sundance Canyon. Wettervorhersagen (✆ 403/762-2088) und Lawinenberichte (✆ 403/762-1460) sind an beiden Informationszentren angeschlagen. Leihausrüstung bieten **Banff Springs Ski & Mountain Sports** (Fairmont Banff Springs, 405 Spray Ave., ✆ 403/762-5333), **Snow Tips** (225 Bear St., ✆ 403/762-8177) und **Mountain Magic Equipment** (224 Bear St., ✆ 403/762-2591; $ 30–60/Tag).

• *Schlittschuhlaufen und Schlittenfahren* Schlittschuhbahnen unter freiem Himmel gibt es in der Bow St. am **Bow River** und an der Golfplatzseite des Hotels **Fairmont Banff Springs.** Letztere ist abends oft beleuchtet, und am Rand wird ein riesiges Feuer angezündet – die perfekte Gelegenheit für einen heißen Kakao. Zu Beginn der Wintersaison kann man auch auf den **Vermilion Lakes** und auf dem **Johnson Lake** Schlittschuh laufen, zunächst sollten aber Informationen über die aktuellen Eisverhältnisse eingeholt werden. **Banff Springs Ski & Mountain Sports** (Fairmont Banff Springs, 405 Spray Ave., ✆ 403/762-5333) verleiht Schlittschuhe für $ 7/Std.

Warner Guiding and Outfitting (✆ 403/762-4551) veranstaltet im Winter Schlittenfahrten über den zugefrorenen Bow River ($ 25/Pers.).

Nachtleben/Veranstaltungen

Nachtleben

Wie andere berühmte Skigebiete in aller Welt hat auch Banff einen guten Ruf als Partystadt bei Saisonarbeitern, Après-Ski-Fans und jungen Leuten aus Calgary. Bars und Clubs verteilen sich über die ganze Stadt, es gibt kaum Szenebars oder bestimmte Kneipen für Touristen. Wegen der besonderen Lage und der Urlaubsatmosphäre sind die Getränkepreise entsprechend happig, und eine gute Portion Sno(w)bismus gibt's oft gratis dazu.

• *Kneipen* Die legendäre Kneipe **Wild Bill's** (201 Banff Ave., OG, ✆ 403/762-0333) ist nach dem aus Banff stammenden Guide Bill Peyto benannt. An den meisten Abenden gibt's Livemusik: anfang der Woche vorzugsweise Indie-Bands oder Underground-Country, donnerstags bis sonntags eher Rock und Pop für den Massengeschmack. Das **Maple Leaf** (137 Banff Ave., ✆ 403/760-7680) auf der anderen Straßenseite hat eine stilvolle Bar im Keller. Das gepflegte **Elk & Oarsman** (119 Banff Ave., ✆ 403/762-4616) zählt mit seiner lockeren Atmosphäre zu den freundlichsten Kneipen in Banff. Direkt gegenüber von Wild Bill's serviert **Rose and Crown** (202 Banff Ave., ✆ 403/762-2121) britische Biersorten und herzhafte Mahlzeiten; der Laden hat auch eine Dachterrasse und veranstaltet mehrmals pro Woche Livekonzerte, hat aber nicht viel Platz zum Tanzen. Ebenfalls an der Hauptstraße liegt **Tommy's** (120 Banff Ave., ✆ 403/762-8888), ein Dauerfavorit bei jungen Saisonarbeitern und solchen, die es einmal waren und in Banff sesshaft wurden.

Abseits der belebten Banff Ave. ist die Kneipe **Melissa's** (218 Lynx St., ✆ 403/762-5776) ein alteingesessener Favorit in Banff. Garanten dafür sind eine kleine Terrasse unter freiem Himmel, eine lange Happy Hour am Abend, ein Poolbillardtisch und mehrere Fernsehgeräte. Von „Mel's" geht's durch die Bear St. weiter zu **The Bison Restaurant and Lounge** (Bison Courtyard, Bear St., ✆ 403/762-5550). Die Preise sind dort vernünftig, und die flippige Einrichtung ergibt zusammen mit dem sonnigen Hof die perfekte Umgebung für ein Essen oder einen Drink. Das **Saltlik** (221 Bear St., ✆ 403/762-2467) verfügt über eine Lounge und eine kleine Terrasse zur Straße raus sowie ein exklusives Steakhaus im Obergeschoss. Um die Ecke liegt das große **St. James Gate Olde Irish Pub** (207 Wolf St., ✆ 403/762-9355) mit ausgezeichneten Mahlzeiten im britischen Stil und gelegentlichen Liveauftritten von Folkbands.

• *Nachtclubs* Banff hat zwei Diskotheken: Das riesige **Aurora** (im Keller der Clock Tower Mall, 110 Banff Ave., ✆ 403/760-5300) war früher ein berüchtigter Schuppen namens *Silver City*, bevor eine Renovierung Ende der 90er Jahre frischen Wind in die Banffer Szene brachte. Früher am Abend geht's hier noch anständig zu, aber nach Mitternacht mutiert der Club zu einem unausstehlich lauten, überteuerten und verrauchten Abschleppschuppen. Die Alternative ist **Hoo Doos** (137 Banff Ave., Eingang in der Caribou St., ✆ 403/762-8434), eine stilvolle Disco mit Großstadtflair.

Feste und Veranstaltungen

• *Frühling* Die meisten großen Frühjahrsveranstaltungen finden in den Skigebieten statt. Tradition unter diversen Snowboard-Wettbewerben mit großem Spaßfaktor hat der **Slush Cup** Ende Mai im Sunshine Village, wenn draufgängerische Skifahrer und Snowboarder ein eiskaltes Wasserloch zu überspringen versuchen. Wenn Wintersportbegeisterte gegen Ende des Frühjahrs auf höhere Lagen ausweichen (es gibt kaum Skigebiete in Nordamerika, die länger Saison haben), öffnet der Golfplatz Banff Springs bereits für die Sommersaison.

In der zweiten Juniwoche findet das **Banff Television Festival** (✆ 403/678-9260, www.banfftvfest.com) statt. Fernsehregisseure, Produzenten, Autoren und Schauspieler aus aller Welt strömen dann nach Banff, um sich bei Meetings, Workshops und Preisverleihungen auszutauschen. Viele

Filmvorführungen sind für die interessierte Öffentlichkeit zugänglich.

• *Sommer* Da der Sommer Hochsaison für Wandern und Campen ist, erlebt er nur relativ wenige Feste. Die größte Veranstaltung ist das **Banff Arts Festival** (✆ 403/762-6214 oder ✆ 800/413-8368, www.banffcentre.ca). Während des dreiwöchigen Spektakels von Mitte Juli bis Anfang August bringen die Schauspiel- und Musikstudenten des Banff Centre an verschiedenen Veranstaltungsorten Tanz, Theater, Oper und Jazz auf die Bühne.

Am 1. Juli feiert Banff mit Pfannkuchenfrühstück und Umzug über die Banff Ave. den **Canada Day.** Am Nachmittag steht der Central Park mit viel Amüsement und Livemusik im Mittelpunkt des Geschehens.

Jeden Sommer präsentiert die Nationalparkverwaltung ihr **Park Interpretive Program**, eine breit gefächerte Informationsveranstaltung. Die Aktionen laufen an verschiedenen Veranstaltungsorten in Banff und im ganzen Nationalpark, u. a. jeden Abend um 20.30 Uhr im Besucherzentrum. Alle Veranstaltungen sind kostenlos, darunter Diashows, Vorträge, gemütliche Lagerfeuer und geführte Wanderungen in die Natur. Veranstaltungshinweise enthalten *The Mountain Guide*, der im Banff Visitor Centre (✆ 403/762-1550) erhältlich ist, und die Anschlagbretter auf den Campingplätzen.

• *Herbst* Der Herbst ist allgemein die ruhigste Jahreszeit im Nationalpark, aber die lebhafteste, wenn es um Feste und Veranstaltungen geht. Eröffnet wird die Herbstsaison am letzten Samstag im September mit **Melissa's Road Race** (www.melissasroadrace.ca). Die Langlaufveranstaltung über 10 und 22 km lockt jährlich über 2000 Teilnehmer an, und bereits Monate vorher geht bei den Anmeldungen nichts mehr. Ende Oktober ist das Hotel Fairmont Banff Springs Gastgeber für das kulinarische **International Banff Springs Wine and Food Festival.** Um den Tourismus in der ruhigsten Zeit des Jahres anzukurbeln, werden zum **Winterstart** (Nov. bis Mitte Dez.) billige Übernachtungen und diverse Vergnügungen angeboten. Das Fest fällt mit der Eröffnung der Skilifte in den drei Skigebieten des Parks zusammen (die ersten machen Mitte Nov. auf).

Eine der größten Veranstaltungen des Jahres ist das **Banff Mountain Film Festival** (Banff Centre, ✆ 403/762-6675 oder ✆ 800/413-8368, www.banffcentre.ca) am ersten Wochenende im November. Bei dem Festival werden Berg- und Abenteuersportfilme aus aller Welt vorgestellt, von einer Jury bewertet und anschließend einem begeisterten Publikum von mehreren Tausend Zuschauern präsentiert. Begleitend finden Ausstellungen und Seminare statt, bei denen Spitzenkletterer und Bergsteiger aus aller Welt als Gastredner auftreten. Tickets für Vorführungen tagsüber gibt's ab $ 45 (für maximal zehn Filme), Abendveranstaltungen kosten ab $ 38, eine Karte fürs ganze Wochenende bekommt man für ungefähr $ 180.

In der Woche davor beginnt das **Banff Mountain Book Festival** und fällt dann am Wochenende mit dem Filmfestival zusammen. Im Rahmen der Buchmesse präsentieren Verlage, Schriftsteller und Fotografen ihre Publikationen rund um die spektakulärsten Berge der Erde.

• *Winter* Spätestens Mitte Dezember sind alle Skigebiete in der Umgebung von Banff geöffnet. Am letzten Samstag im November gibt sich **Santa Claus** nachmittags auf der Banff Ave. die Ehre. Wer ihn verpasst, kann ihn auch am 1. Weihnachtstag erleben, wenn er noch einmal auf Skiern in den Resorts aufläuft. In den Skigebieten finden während der langen Wintersaison zahlreiche Veranstaltungen statt, darunter die alpine **Weltcup-Abfahrt** in Lake Louise Ende November. Das traditionelle **Banff/Lake Louise Winter Festival** ist ein zehntägiges Fest Ende Januar, das erstmals 1917 veranstaltet wurde. Höhepunkte sind die Eisskulpturen auf dem zugefrorenen See vor dem Château Lake Louise, der Skimarathon Lake Louise Loppet, die Town Party im Fairmont Banff Springs und diverse Tanzveranstaltungen.

Einkaufen

• *Kaufhäuser und Boutiquen* Nur wenige Unternehmen auf der Welt hatten so großen Anteil an der Entwicklung eines Landes wie die **Hudson's Bay Company** für Kanada. Die 1670 gegründete HBC errichtete überall in Westkanada Handelsposten, die neue Siedler anlockten und zu Keimzellen für kleine und große Städte wurden, die noch heute existieren – wie Edmonton, die Hauptstadt Albertas. Noch immer erfüllen

HBC-Geschäfte im ganzen Land ihre traditionelle Rolle als Kaufhaus mit breit gefächertem Warensortiment. Das HBC-Geschäft in Banff befindet sich in der 125 Banff Ave. (✆ 403/762-5525). Ein weiteres typisch kanadisches Kaufhaus ist **Roots** (227 Banff Ave., ✆ 403/762-9434), Ausrüster der kanadischen Olympiamannschaft und bekannt für Fleecetextilien, Sweater sowie Lederwaren.

Der **Trail Rider Store** (132 Banff Ave., ✆ 403/762-4551) ist ein Spezialgeschäft für Gürtel, Schnallen und Stiefel. Im Untergeschoss der Sundance Mall ist der Snowboard- und Skatershop **Rude Boys** (215 Banff Ave., ✆ 403/762-8480) ein beliebter Treffpunkt der jüngeren Szene.

• *Camping- und Outdoor-Ausrüstung* Günstige Camping- und Outdoor-Ausrüstung führen **Home Hardware** (221 Bear St., ✆ 403/762-2080) und **Hudson's Bay Company** (125 Banff Ave., ✆ 403/762-5525), Letztere in einer Abteilung im Untergeschoss mit niedrigen Decken. Speziellere Ansprüche bedient **Mountain Magic Equipment** (224 Bear St., ✆ 403/762-2591) mit seiner großen Auswahl an qualitativ hochwertiger Kletter-, Outdoor- und Survivalausrüstung. Das Geschäft verleiht auch tageweise Zelte ($ 20), Schlafsäcke ($ 12), Rucksäcke ($ 10) und Stiefel ($ 10) und hat eine Fahrradabteilung mit Reparaturwerkstatt.

Zwei der besten alteingesessenen Ausrüster sind **Abominable Ski & Sportswear** (229 Banff Ave., ✆ 403/762-2905) und **Monod Sports** (129 Banff Ave., ✆ 403/762-4571).

• *Souvenirs und Kunst* In Banff gibt es zahlreiche Galerien, die vorwiegend Arbeiten kanadischer Künstler verkaufen. Die **Canada House Gallery** (201 Bear St., ✆ 403/762-3757) führt neben einer großen Auswahl an kanadischen Landschafts- und Tierbildern auch Kunst der Ureinwohner. Die **Quest Gallery** (105 Banff Ave., ✆ 403/762-2722) verkauft diverse erschwingliche kanadische Gemälde und Kunsthandwerksobjekte, aber auch Exotisches wie prähistorische Mammutstoßzähne und Inuit-Schnitzarbeiten aus Nunavut. Bei **Indian Trading Post** (vom Zentrum aus gesehen auf der anderen Seite des Bow River, 1 Birch Ave., ✆ 403/762-2456) bekommt man von Ureinwohnern gefertigtes Kunsthandwerk.

Übernachten

Mitten im Zentrum von Banff gibt es ein paar Hotels, aber die meisten Unterkünfte liegen etwas außerhalb an der Banff Ave. und sind von der Innenstadt aus zu Fuß zu erreichen. Weitere Übernachtungsmöglichkeiten finden sich am Tunnel Mountain. Dieser Abschnitt beinhaltet auch drei ausgezeichnete Unterkünfte auf dem Weg zwischen Banff und Lake Louise.

Im Sommer ein Zimmer in Banff zu finden ist fast so schwierig, wie die Preise zu schlucken, denn schon ein einfaches Hotelzimmer kostet dann um die $ 150. Trotzdem sind am späten Nachmittag so gut wie alle Hotelzimmer und Campingplätze im Nationalpark belegt. Glücklicherweise gibt es aber reichlich Alternativen, darunter Backpacker Lodges, B&B-Zimmer in Privathäusern und Hütten als preiswerte Option für Familien oder kleine Gruppen. Wofür man sich auch entscheidet, für den Sommer und die Weihnachtsferien muss auf jeden Fall lange im Voraus gebucht werden. In der Nebensaison von Oktober bis Mai bieten die Hotels teilweise enorme Rabatte.

Alle nachfolgend genannten Preise beziehen sich auf ein Standardzimmer während der Hochsaison (Juni bis Anfang Sept.).

• *Unter $ 50* Das große, moderne Hostel **HI-Banff Alpine Centre** (801 Hidden Ridge Way, ✆ 403/762-4123 oder ✆ 866/762-4122, www.hihostels.ca) liegt 3 km vom Zentrum entfernt in unmittelbarer Nähe der Tunnel Mountain Rd. Die 216 Betten verteilen sich auf kleine Schlafsäle mit zwei, vier oder sechs Betten und auf 4-Bett-Hütten. Der große Aufenthaltsbereich hat einen Kamin, außerdem gibt es ein Ruhezimmer, Internetzugang, eine große Küche, ein Selbstbedienungscafé, eine Laundry und eine Werkstatt für Fahrrad-, Ski- und Snowboardreparaturen. Im Sommer kostet eine Übernachtung im Schlafsaal für Mitglieder von Hostelling International $ 33/Pers., Nichtmitglieder zahlen $ 37. Ein eigenes Zimmer kostet $ 83 für Mitglieder und $ 88 für Nichtmitglieder. Das Hostel ist den ganzen Tag über geöffnet, Check-in ist aber erst ab 12 Uhr. Im Sommer fährt der Bus von Banff Transit ($ 2) 2-mal stündl. von der Stadt zum Hostel.

Zu den Einrichtungen der **Banff Y Mountain Lodge** (102 Spray Ave., ✆ 403/762-3560 oder ✆ 800/813-4138, www.ymountainlodge.com; Bett im Schlafsaal $ 33, Zimmer $ 88 für 1 Pers., $ 99 für 2 Pers.) gehören das legere Sundance Bistro (7–22 Uhr), eine Laundry und ein Gemeinschaftsbereich mit Schreibtischen, Büchern und wuchtigem Steinkamin.

Das fünf Gehminuten von der Downtown gelegene **Samesun Banff Chalet** (433 Banff Ave., ✆ 403/762-4499 oder ✆ 877/972-6378, www.samesun.com; Bett im Schlafsaal $ 35, Zimmer $ 149 für 1/2 Pers.) ist ein umgebautes Motel. Jeder der kleinen Schlafsäle hat ein eigenes Badezimmer. Zusätzlich gibt es eine Lounge, drahtlosen Internetzugang, kostenloses kontinentales Frühstück und eine Tiefgarage zum Parken. Fast in derselben Gehweite liegt das Hostel **Samesun Banff** (449 Banff Ave., ✆ 403/762-5521, www.samesun.com; Schlafsaal $ 33, Zimmer ab $ 89 für 1/2 Pers.), dessen Zimmer ein wenig älter sind, das aber dafür nett gelegen ist.

Am Bow Valley Parkway, 32 km von Banff entfernt, liegt das **HI-Castle Mountain** (✆ 403/760-7580 oder ✆ 866/762-4122, www.hihostels.ca; $ 23–27) mit mehreren interessanten Wanderwegen in der Nähe und einem einfachen Laden direkt gegenüber. Das Hostel hat 28 Betten in zwei Dorms, eine Küche, einen achteckigen Gemeinschaftsraum mit offenem Kamin, warme Duschen und einen Fahrradverleih. Check-in ist von 17–22 Uhr.

• *$ 50–100* Die Optionen in dieser Preiskategorie beschränken sich auf Privatzimmer in den drei Backpacker Lodges (s. o.) und einige B&Bs. Das beste Preis-Leistungs-Verhältnis bietet **Mountain View B&B** (347 Grizzly St., ✆ 403/760-9353, www.mountainviewbanff.ca; $ 95–130 für 1/2 Pers.). Die beiden schlicht eingerichteten Gästezimmer in einer ruhigen Wohngegend drei Blocks vom Zentrum haben Doppelbett, TV, Waschbecken und einen kleinen Kühlschrank. Sie teilen sich ein Badezimmer, eine Terrasse und einen Gemeinschaftsbereich mit einfachen Kochvorrichtungen (Mikrowelle, Toaster und Wasserkessel). Eigene Parkplätze und ein leichtes Frühstück runden das ausgezeichnete Angebot ab.

• *$ 100–150* Die **Blue Mountain Lodge** (137 Muskrat St., ✆ 403/762-5134, www.bluemtnlodge.com; $ 105–109 für 1 Pers., $ 129–179 für 2 Pers.) bietet Bed & Breakfast in einer weitläufigen traditionellen Lodge mit Gemeinschaftsküche, Aufenthaltsraum und Internetzugang. Alle zehn Gästezimmer haben ein eigenes Bad, TV und Telefon. Die Trapper's Cabin ist am teuersten, aber dafür sorgen ein Giebeldach, ein elektrischer Ofen sowie Schneeschuhe und Bärenfelle als Deko an den Wänden für echte Bergatmosphäre. Das umfangreiche Frühstücksbüfett schafft die Grundlage für eine anstrengende Tageswanderung.

Die acht Gästezimmer der schon etwas älteren **Elkhorn Lodge** (124 Spray Ave., ✆ 403/762-2299 oder ✆ 877/818-8488, www.elkhornbanff.ca; ab $ 135 für 1/2 Pers.) sind an sich nichts Besonderes, aber eine gute Wahl für Reisende mit kleinem Budget, die nicht auf B&Bs stehen. Die vier kleineren Zimmer mit Bad, TV und Kaffeemaschine kosten $ 135 (1/2 Pers.), die größeren Zimmer mit Kühlschrank gibt's für $ 195–265, ein kleines Frühstück ist immer dabei. Die Lodge liegt auf halbem Weg den Berg hinauf zum Fairmont Banff Springs.

• *$ 150–200* Das **Johnston Canyon Resort** (✆ 403/762-2971 oder ✆ 888/378-1720, www.johnstoncanyon.com; Mitte Mai bis Anfang Okt.; $ 149–314 für 1/2 Pers.) liegt 26 km westlich von Banff. Keine andere Unterkunft in dieser Preisklasse hat eine vergleichbare Lage in der Wildnis aufzuweisen. Einige der schon etwas älteren Hütten haben Küchenzeilen. Auf dem Gelände befinden sich Tennisplätze, ein Grillbereich und ein Gemischtwarenladen. Schlichte Hütten für zwei Personen kosten $ 149, solche mit Gasofen und Sitzbereich $ 189. Die teuerste Variante ist der Classic Bungalow für $ 314 mit zwei Schlafzimmern, Antikmöbeln und Küchenzeile. Einige weitere Optionen liegen preislich dazwischen.

Einige Hausbesitzer in Banff vermieten Hütten für Übernachtungsgäste. Die Holzhütte von **Country Cabin Bed & Breakfast** (419 Beaver St., ✆ 403/762-3591, www.banffmountaincountry.com/cabin; $ 150 für 1/2 Pers.) zählt auch deshalb zu den besten, weil sie relativ ruhig abseits der belebten Banff Ave. liegt, aber vom Zentrum aus leicht zu Fuß zu erreichen ist. Sie hat ein separates Schlafzimmer, ein Bad mit Holzvertäfelung, Fliesen und Wanne sowie einen Wohnbereich mit ausklappbarem Futon und TV-Video-Kombination. Wer keine Lust hat, essen zu gehen, kann sich etwas auf dem vorhandenen Grill brutzeln.

Das **Spruce Grove Inn** (545 Banff Ave., ✆ 403/762-3301 oder ✆ 800/879-1991, www.banffsprucegroveinn.com; $ 165–275 für 1/2 Pers.) ist eine moderne Lodge im Alpenhüttenstil mit relativ gutem Preis-Leistungs-Verhältnis: Standardzimmer $ 185 (1/2 Pers.), Zimmer mit riesigem Doppelbett ab $ 200 (1/2 Pers.), Loft Suite für vier Personen $ 225.

Auf dem Weg vom Spruce Grove in Richtung Zentrum liegt das **High Country Inn** (419 Banff Ave., ✆ 403/762-2236 oder ✆ 800/293-5142, www.banffhighcountryinn.com; ab $ 175 für 1/2 Pers.) mit beheiztem Hallenbad, großen Whirlpools, Zedernholzsauna und dem allseits beliebten schweizerisch-italienischen Restaurant Ticino. Alle Zimmer haben eine nette Einrichtung mit bequemen Betten und warmen Farben.

Die **Storm Mountain Lodge** (Hwy. 93, ✆ 403/762-4155, www.stormmountainlodge.com; Anfang Dez. bis Mitte Okt.; $ 169–289) wurde 1922 von der Eisenbahngesellschaft Canadian Pacific Railway gebaut und liegt am Vermilion Pass, jeweils 25 Autominuten von Banff und Lake Louise entfernt (an der Kreuzung Castle Mountain in Richtung Westen abbiegen). Alle Hütten haben noch ihre originalen Holzwände, dazu Holzbetten, überdachte Terrassen, offene Kamine und Bäder mit antiken Wannen. Da es weder Telefon noch Fernseher gibt, werden die Gäste durch nichts von ihrer Reise in die Vergangenheit abgelenkt. In der Nebensaison (Mitte April bis Mitte Juni) gilt es ein Pauschalangebot: eine Übernachtung inkl. Frühstück und Abendessen für $ 225 (2 Pers.). Das hauseigene Restaurant zählt zu den besten im Nationalpark (siehe *Essen und Trinken*).

• *$ 200–250* In bester Innenstadtlage beeindruckt die stilvolle Holzkonstruktion der **Brewster's Mountain Lodge** (208 Caribou St., ✆ 403/762-2900 oder ✆ 888/762-2900, www.brewstermountainlodge.com; $ 220–280 für 1/2 Pers.) bereits von außen, aber auch die Lobby kann sich sehen lassen. In den 77 Zimmern im Obergeschoss setzt sich das Western-Thema fort. Die Superior Rooms haben zwei Queen-Size-Betten oder ein King-Size-Bett, die Deluxe-Zimmer kommen mit eigenem Balkon, und die Loft Suites haben eigene Whirlpools; bei allen ist ein Frühstück im Preis inbegriffen. Wer nicht essen gehen will, kann sich ab 12 Uhr eine Mahlzeit aufs Zimmer bestellen.

Das Fairmont Banff Springs

Das **Banff Ptarmigan Inn** (337 Banff Ave., ✆ 403/762-2207 oder ✆ 800/661-8310, www.bestofbanff.com; $ 245 für 1/2 Pers.) ist ein elegantes Hotel mit 134 geschmackvoll dekorierten Zimmern mit Daunendecken auf den Betten, Restaurant, beheizter Parkgarage und WLAN. Müde Knochen freuen sich über eine Vielfalt von Wellnessangeboten wie Spa, Whirlpool und Sauna.

Das **Hidden Ridge Resort** (Tunnel Mountain Rd., ✆ 403/762-3544 oder ✆ 800/661-1372, www.bestofbanff.com; $ 220–540 für 1/2 Pers.) liegt auf einem bewaldeten Hügel abseits der Hauptstraßen. Es besteht die Auswahl zwischen modernen Einheiten im Apartmentstil oder den wesentlich größeren Premier King Jacuzzi Suites. Alle Einheiten haben einen offenen Kamin sowie Balkon oder Terrasse. Im Zentrum des Komplexes gibt es einen Grillbereich und einen Whirlpool.

• *$ 250–300* An der Castle Mountain Junction, 32 km nordwestlich von Banff, liegen die **Castle Mountain Chalets** (✆ 403/762-3868 oder ✆ 877/762-2281, www.decorehotels.com; $ 255–335 für 1/2 Pers.). Mehrere herrliche Holz-Chalets verteilen sich auf einem 1,5 ha großen Gelände. Alle haben hohe Decken, wunderschöne Holzschnitzarbeiten, mindestens zwei Betten, Steinkamin, Satelliten-TV, eine komplett ausgestattete Küche mit Geschirrspüler und ein Bad mit Whirlpool. Zum Komplex gehören ein Lebensmittelgeschäft, ein Grillbereich und die einzige Tankstelle zwischen Banff und Lake Louise.

Fährt man weiter den Bow Valley Parkway entlang in Richtung Lake Louise, kommt man zu den **Baker Creek Chalets** (✆ 403/522-3761, www.bakercreek.com; $ 290–365 für 1/2 Pers.) am Bow Valley Parkway, 40 km nordwestlich von Banff. Alle Holz-Chalets haben zwei Etagen, Kochnischen, Kamine und Außenterrassen mit süßen Holzschnitzereien (Bären, die über das Geländer klettern). Die Trapper's Cabin ist eine Riesenhütte mit Holzbett, Geweihkronleuchter, offenem Kamin, Badewanne und Küchenzeile. In einem Flügel der Lodge befinden sich acht luxuriöse Suiten, alle mit edler Holzeinrichtung, Terrasse, Mikrowelle, Kühlschrank und Luxusbad. Das hauseigene Restaurant ist absolut empfehlenswert.

Die beste Unterkunft an der Motelmeile von Banff ist die **Delta Banff Royal Canadian Lodge** (459 Banff Ave., ✆ 403/762-3307 oder ✆ 888/778-5050, www.deltahotels.com; ab $ 290 für 1/2 Pers.). Die Lodge hat 99 luxuriös ausgestattete Zimmer, eine beheizte Parkgarage, eine Lounge, ein Restaurant mit exklusiven kanadischen Spezialitäten, einen großen Wellnessbereich und einen hübsch begrünten Innenhof.

• *Über $ 300* B&B-Liebhaber vergucken sich schnell ins **Buffaloberry B&B** (417 Marten St., ✆ 403/762-3750, www.buffaloberry.com; $ 325 für 1/2 Pers.), eine nur für Feriengäste errichtete Unterkunft, die vom Zentrum aus zu Fuß erreichbar ist. Das Haus ist ein sehr schönes Bauwerk aus Holz und Stein, im Inneren erwartet die Gäste Luxus im Alpenhüttenstil. Der Aufenthaltsraum mit Gewölbedecke hat einen Steinkamin, superkomfortable Sofas und eine Bibliothek mit Büchern über die Gegend. Die geräumigen Zimmer bieten Nettigkeiten wie Hightech-Matratzen, TV-DVD-Kombi, Fußbodenheizung im Bad und Bademäntel.

Die **Buffalo Mountain Lodge** (am Tunnel Mountain Dr., ✆ 403/762-2400 oder ✆ 800/661-1367, www.crmr.com; $ 319 für 1/2 Pers.) liegt 15 Gehminuten von der Stadt entfernt und ist über die Tunnel Mountain Rd. zu erreichen. Es handelt sich um eine beeindruckende Holzkonstruktion mit grob behauenen Balken im Foyer, hohen Decken und einem auffälligen Feldsteinkamin. Die 108 Zimmer, Chalets und Bungalows sind allesamt mit Kamin, Balkon, großem Bad und bequemen Betten mit Daunendecken ausgestattet, viele haben auch eine Küchenzeile. Gäste müssen zum Essen nicht in die Stadt fahren, denn nebenan befindet sich das Cilantro Mountain Café, eines der besten Restaurants in Banff.

Das **Fairmont Banff Springs** (✆ 403/762-2211 oder ✆ 800/257-7544, www.fairmont.com; ab $ 439 für 1/2 Pers.) zählt zu den besten Berghotels der Welt. Die Zimmer wurden erst vor Kurzem renoviert und haben jetzt Klimaanlage und Internetzugang. Da viele Zimmer noch aus den 1920er Jahren stammen, sind sie entsprechend klein (14,4 m²), weil damals so gebaut wurde. Das ist aber nicht so entscheidend, wenn man in diesem historischen Juwel absteigt, denn kaum jemand verbringt viel Zeit auf seinem Zimmer, weil das Hotel mit einem gigantischen Angebot aufwarten kann: Es gibt zwölf Lokale, vier Lounges, einen luxuriösen Wellnessbereich, ein riesiges Hallenbad, schicke Aufenthaltsräume, einen 27-Loch-Golfplatz, Tennisplätze, Pferdeställe für Ausritte und derart viele verwinkelte Flure, Gänge, Türme und Läden, dass nur ein detaillierter Lageplan weiterhilft. Die meisten Sommergäste nutzen günstige Pauschalangebote, die teilweise auch auf der Website von Fairmont (www.fairmont.com) zu finden sind.

Camping

Im Banff National Park gibt es 13 Campingplätze mit über 2000 Stellplätzen. Allein in der unmittelbaren Umgebung der Stadt verteilen sich über 1500 Stellplätze auf fünf Campingplätze, die aber trotzdem in der Hochsaison schon am frühen Nachmittag voll sind. Die drei größten Plätze befinden sich an einem 1,5 km langen Abschnitt an der Tunnel Mountain Rd., der nächstgelegene beginnt 2,5 km außerhalb von Banff. Ein Bruchteil der Stellplätze auf dem Tunnel Mountain Campground kann über den **Parks Canada Campground Reservation Service** (✆ 877/737-3783, www.pccamping.ca) reserviert werden, und das ist unbedingt zu empfehlen, sofern Strom benötigt wird. Obwohl auch viele Stellplätze ohne Reservierung vergeben werden, sind die Plätze besonders im Juli und August praktisch jeden Tag umgehend ausgebucht. Check-out ist offiziell um 11 Uhr, man muss also rechtzeitig erscheinen, um sich noch einen Platz für die nächste Nacht zu sichern.

• *In der Umgebung von Banff* Am nächsten zur Stadt liegt der **Tunnel Mountain Campground**, im Prinzip drei verschiedene Campingplätze unter gemeinsamer Verwaltung. Sie verteilen sich auf einer locker bewaldeten Fläche östlich der Downtown, mit Blick auf den Cascade Mountain im Norden und den Mount Rundle im Süden. Anfahrt von Banff: die Tunnel Mountain Rd. nach Osten am Douglas Fir Resort vorbei (bei diesem Hotel, das vom Campingplatz leicht zu Fuß zu erreichen ist, gibt's Lebensmittel, Spirituosen und eine Laundry). Wer aus Richtung Osten vom Trans-Canada Hwy. kommt, fährt komplett um die Stadt herum (beim Banff Rocky Mountain Resort nach links in die Tunnel Mountain Rd. abbiegen). Aus dieser Richtung kommend, ist der erste Campingplatz auch gleich der größte. Er bietet 622 große Stellplätze ($ 28) mit Feuerstelle, Picknicktisch und relativ viel Privatsphäre. Außerdem gibt's Trinkwasser, warme Duschen und überdachte Kochbereiche, aber keine Anschlüsse. Der Platz ist von Mitte Mai bis Anfang September geöffnet. Knapp 1 km weiter an der Tunnel Mountain Rd. in Richtung Stadt führt eine beschilderte Abzweigung („Hookups") zur Rezeption für zwei weitere Campingplätze. Wer keine Reservierung hat (s. o.), kann sich zwischen Stellplätzen mit Stromanschluss ($ 32) oder mit Strom, Wasser und Abwasserbeseitigung ($ 38) entscheiden und wird auf den entsprechenden Campground verwiesen. Der Platz nur mit Strom (weiter zur Stadt hin gelegen) ist ganzjährig geöffnet, der andere von Mitte Mai bis September. Beide haben warme Duschen, aber die einzelnen Stellplätze liegen relativ dicht beieinander.

An der Lake Minnewanka Rd. nordöstlich von Banff liegen zwei weitere Campingplätze. Sie sind spärlicher ausgestattet als die zuvor beschriebenen, bieten dafür aber mehr Privatsphäre. Der bessere heißt **Two Jack Lakeside Campground** (Juni bis Mitte Sept.) und hat 80 Stellplätze ($ 32). Sie verteilen sich zwischen Bäumen am Südufer des Two Jack Lake, einem verlängerten Arm des Lake Minnewanka. Der Platz liegt nur gut 6 km von der Unterführung des Trans-Canada Hwy. entfernt und hat warme Duschen, überdachte Kochbereiche, Trinkwasser und WCs. Der wesentlich größere **Two Jack Main Campground** (Mitte Juni bis Mitte Sept.; $ 22) liegt ein Stück weiter die Straße hinunter. Seine 381 Stellplätze ($ 21) verteilen sich über ein leicht bewaldetes Tal. Er hat – bis auf Duschen – die gleiche Ausstattung wie der Two Jack Lakeside Campground.

• *Am Bow Valley Parkway* Am Bow Valley Parkway zwischen Banff und Lake Louise liegen drei Campingplätze. Der erste von Banff aus heißt **Johnston Canyon Campground** (Anfang Juni bis Mitte Sept.; $ 28). Er liegt 26 km westlich von Banff, zwischen der Straße und den Bahngleisen, und ist mit 140 Stellplätzen der größte der drei. Es gibt warme Duschen, aber keine Anschlüsse. Beim Johnston Canyon Resort schräg gegenüber gibt's einen Lebensmittelladen und ein Restaurant. Dort beginnt auch der Wanderweg zum bekanntesten Wasserfall im Banff National Park.

Der **Castle Mountain Campground** (Anfang Juni bis Anfang Sept.; $ 22) liegt 8 km weiter in Richtung Lake Louise. Auch dort gibt's einen Lebensmittelladen ganz in der Nähe, aber kein Restaurant. Castle Mountain hat nur 44 Stellplätze und keine Duschen. Die Ausstattung beschränkt sich auf überdachte Kochbereiche, Trinkwasser und WCs.

Weitere 14 km westlich taucht gut 20 km vor Lake Louise der **Protection Mountain Campground** (Juli/Aug.; $ 22) auf. Er wird erst geöffnet, wenn die Nachfrage ausreichend ist, meistens gegen Ende Juni. Der Platz hat 89 Stellplätze, Trinkwasser, WCs und überdachte Kochbereiche mit Herd.

Essen und Trinken

Lobster oder Linguini, Krokodil oder Fajitas – in Banff gibt es Essen für jeden Geschmack und jeden Geldbeutel. Da die beliebtesten Restaurants in der Spitzensaison keine Tischreservierungen annehmen, muss im Juli und August mit Wartezeiten gerechnet werden.

Karten S. 540–545

• *Cafés* Das **Wild Flour** (Bison Courtyard, 211 Bear St., ✆ 403/760-5074; tägl. 7–18 Uhr), die einzige Bäckerei in Banff, ist qualitativ gut, aber nicht gerade billig. Es werden weitgehend biologische Zutaten verwendet, und alles kommt tägl. frisch aus dem Backofen. Das Ergebnis ist eine große Auswahl an gesunden Broten, köstlichen Kuchen und Keksen sowie leckeren Fleischpasteten. Man kann drinnen und draußen essen.

Die in derselben Straße ansässige **Cake Company** (220 Bear St., ✆ 403/762-8642) macht hervorragenden Kaffee, und tägl. kommen Leckereien wie Torten, Muffins und Kuchen frisch aus dem Backofen.

Evelyn's Coffee Bar (201 Banff Ave., ✆ 403/762-0352) serviert guten Kaffee und riesige Sandwiches. Die paar Tische draußen stehen am belebtesten Abschnitt der belebtesten Straße der Stadt und sind daher ideal zum Leutebeobachten.

• *Steaks* Das **Bumper's** (603 Banff Ave., ✆ 403/762-2622; 16.30–22 Uhr; $ 18–34) liegt zwar ein Stück vom Zentrum entfernt, doch die Anfahrt zu diesem beliebten Steakhaus lohnt sich. Große Alberta-Rindersteaks, eine lockere Atmosphäre, die rasche Bedienung und vernünftige Preise sind die Garanten dafür, dass die Leute gerne wiederkommen. Der Favorit heißt Roast Prime Rib, ist in vier Größen erhältlich und wird so zubereitet, wie der Gast es wünscht.

Das schickste Steakhaus in Banff ist **Saltlik** (221 Bear St., ✆ 403/762-2467; tägl. ab 11 Uhr; $ 21–39). Das große Restaurant mit mehreren Ebenen ist die perfekte Wahl für passionierte Fleischesser mit dem nötigen Kleingeld. Die Inneneinrichtung aus Beton und Stahl wird durch modisches Holzdesign ergänzt. Faltbare Glastüren öffnen sich zur Straße hin, wo die Gäste bei schönem Wetter auf der Terrasse essen. Die Spezialität ist AAA-Alberta-Rind, das ausschließlich mit Getreide gefüttert wurde und daher einen besonders guten Geschmack hat. Das Fleisch wird blitzschnell bei 650 °C angebraten, damit sich die Poren schließen; als Beilage gibt es einen Teller Gemüse der Saison. Die Hauptgerichte sind preislich mit denen anderer Steakhäuser vergleichbar, aber die Beilagen machen das Essen hier letztlich zu einem teuren Vergnügen.

• *Kanadisch* Das Restaurant **Maple Leaf** (137 Banff Ave., ✆ 403/760-7680; tägl. 11–23 Uhr; $ 21–37) befindet sich auf einem Filetgrundstück an einer der belebtesten Ecken der Stadt. Die typisch kanadische Einrichtung ist spektakulär: nackter Flussstein, blank poliertes Holz, eine zweistöckige Felssteinwand im Inneren und ein Elchkopf als Deko (etwas versteckt hinter einer Ecke der Lounge im Erdgeschoss). Einige Tische stehen im hektischen Bereich des Obergeschosses neben Bar und Küche, die Sitzecken in der hinteren Ecke versprechen hingegen mehr Ruhe. Die moderne Küche verarbeitet alle möglichen Arten von Wildfleisch und Erzeugnisse aus kanadischer Produktion. Auf der Mittagskarte steht Atlantiklachs-Burger, außerdem gibt's viele leichte Salate und Kurzgebratenes. Die Abendkarte enthält einige der besten kanadischen Gerichte, zwei Highlights sind Heilbutt im Kräuter-Zitrus-Mantel und Bisonlendchen.

The Bison Restaurant and Lounge (Bison Courtyard, Bear St., ✆ 403/762-5550) bietet im Untergeschoss eine Lounge mit lockerem Ambiente (tägl. Mittag- und Abendessen; $ 10–28) und im Obergeschoss ein wesentlich teureres Restaurant, in dem es auch viel formeller zugeht (tägl. Abendessen; $ 26–45). Die begehrtesten Tische der Lounge sind die im Hof; im Inneren reicht das Design von bemalten Baumstümpfen bis zu einer langen Bartheke. Die Küche ist exzellent und arbeitet mit heimischen Zutaten. Auf der Karte stehen u. a. Ceasar Salad und Bison Chili (jeweils $ 10) sowie Gourmet Sandwiches ($ 13–17). Das Restaurant im Obergeschoss ist vom Design her eine interessante Mischung aus industriellem Schick und rustikalem Bergambiente. Tische gibt es drinnen und draußen, größtenteils mit Einblick in die offene Küche. Das Essen ist durch und durch kanadisch, auf der Karte stehen u. a. Wild, Seafood und Alberta-Rind. Die Weinkarte ist im Vergleich zu anderen Restaurants in Banff ebenfalls extrem preisgünstig.

• *Europäisch* Das **Cilantro Mountain Café** (Buffalo Mountain Lodge, ✆ 403/760-3008; im Sommer tägl. 11–23 Uhr, sonst Mi–So 17–22 Uhr, Mitte Sept. bis Mitte Dez. geschlossen; $ 15–28) auf dem Tunnel Mountain ist eine ausgezeichnete Adresse für ein zwangloses und preiswertes Essen. Tische stehen in der gemütlichen Holzhütte mit offener Küche und draußen auf der Terrasse. Die Vorspeisen bestehen hauptsächlich aus Seafood, aber auch das frisch gebackene Fladenbrot mit verschiedenen Dips ist lecker. Herausragend ist die dünnkrustige Holzofenpizza, daneben gibt's auch eine kleine, aber feine Auswahl an Hauptgerichten mit Beilagen der Saison.

Viele haben schon mal exotische Fleischsorten ausprobiert, aber nur wenige in einem Restaurant wie dem **Grizzly House** (207 Banff Ave., ✆ 403/762-4055; tägl. 11.30–24 Uhr; $ 18–32). Dort wartet das ausgefallenste kulinarische Erlebnis, das Banff zu bieten hat. Die Einrichtung ist – gelinde ausgedrückt – gemischt, viele bezeichnen sie auch als exzentrisch: jede Menge verschnörkeltes Holz, ein Motorrad an der Decke, ein geschmolzenes Telefon an der Wand. Alle Gäste haben ein Telefon für Gespräche von Tisch zu Tisch, können sich aber auch von der Zentrale weiterverbinden lassen: mit der Bedienung, der Bar, einem Taxi, Gästen in privaten Sitzecken und sogar mit den Toiletten („Was machst du da so lange?"). Das Essen ist einzigartig und die Bedienung genauso professionell wie überall in Banff. Es hat sich noch kein Gast darüber beschwert, dass sich die Speisekarte seit Jahrzehnten nicht verändert hat. Die meisten bestellen das traditionelle Schweizer Fondue, dessen Zutaten allerdings alles andere als traditionell sind: Klapperschlange, Krokodil, Hai, Strauß, Jakobsmuscheln, Wapiti oder Wildschwein.

Das **Ticino** (High Country Inn, 415 Banff Ave., ✆ 403/762-3848; tägl. 17–22 Uhr; $ 15–38), eine Institution im Banff National Park, hält die Tradition der ersten Bergführer dieser Gegend aufrecht: solide Holzmöbel, jede Menge entrindetes und poliertes Holz, alte Holzskier, riesige Kuhglocken und ein Alphorn an der Wand. Der Name stammt von dem Südschweizer Kanton Ticino (Tessin) mit seiner stark italienisch beeinflussten Küche. Zu den Spezialitäten des Schweizer Chefkochs zählen eine cremige Wildpilzsuppe (in dieser Region einzigartig), Rindfleisch- und Käsefondues, saftiges Alberta-Rindersteak und Kalbfleischgerichte. Tipp: unbedingt für eines der sündhaft guten Desserts Platz lassen. Ein weiteres Plus ist der sehr professionelle Service.

Wer das Restaurant **Le Beaujolais** (212 Buffalo St., ✆ 403/762-2712; tägl. ab 18 Uhr; $ 26–38) betritt, fühlt sich unvermittelt nach Europa versetzt. Das Nobellokal gilt als eines der besten französischen Restaurants in Kanada und zählt seit 20 Jahren zu den beliebtesten Gourmetrestaurants in Banff: blütenweiße Tischdecken, prachtvolles Dekor im europäischen Stil und tadelloser Service. Die Lage im Obergeschoss sorgt für fantastische Ausblicke auf Banff, besonders natürlich von den Fenstertischen. Die Gerichte bestehen aus kanadischen Erzeugnissen und werden traditionell französisch zubereitet und kredenzt. Vorspeisen gibt's ab $ 26, aber die Schlussrechnung hängt maßgeblich davon ab, ob man sich für ein Gericht à la carte oder für eines der 3- bis 6-Gänge-Menüs zum Festpreis entscheidet – und natürlich von der Menge des konsumierten Weins (im Keller stapeln sich stolze 10.000 Flaschen, darunter eine große Auswahl Bordeaux und Burgunder).

Das kulinarische Aushängeschild von Banff ist der **Banffshire Club** im Hotel Fairmont Banff Springs (Banff Ave., ✆ 403/662-6860; Di–Sa 18–22 Uhr; $ 28–45). Dieses Gourmetrestaurant mit 76 Sitzplätzen ist eine Bastion purer Eleganz. Im Inneren erwarten den Gast extravagant verzierte Holzmöbel, perfekt gedeckte Tische, eine diskret gedämpfte Beleuchtung und Personal im Schottenrock. Welten scheinen dieses Ambiente von der umliegenden Wildnis zu trennen. Reservierung und angemessene Kleidung sind Pflicht.

• *Asiatisch* Das **Pad Thai** (110 Banff Ave., ✆ 403/762-4911; tägl. Mittag- und Abendessen; $ 9–15) hinter der Clock Tower Mall ist eine echte Entdeckung. Der Namensgeber Pad Thai kostet $ 10,50, Currys gibt's ungefähr zum selben Preis, und köstliche Frühlingsrollen sind für $ 4,50 zu haben, alles auch zum Mitnehmen.

Ein paar Schritte abseits der Banff Ave. liegt das **Sushi House Banff** (304 Caribou St., ✆ 403/762-2971; tägl. Mittag- und Abendessen), ein winziges Lokal mit einem Dutzend Hockern um eine Miniatureisenbahn, von der sich die Gäste Sushi und andere Köstlichkeiten picken. Der Zug umkreist den Küchenchef, der die Waggons unverzüglich wieder auffüllt, sobald sie leer sind.

• *Außerhalb der Stadt* Das **Juniper Bistro** (The Juniper, Mount Norquay Rd., ✆ 403/763-6205; tägl. 7–21.30 Uhr; $ 25–37) ist eine lohnenswerte Adresse – nicht nur wegen der kanadischen Küche, sondern auch wegen des unvergleichlichen Ausblicks über die Stadt auf den Mount Rundle und das Spray Valley. Das stilvolle Innere ist sehr einladend, aber bei schönem Wetter ist die Terrasse mit ihrem spektakulären Panorama die erste Wahl. Abends gibt's traditionelle kanadische Hauptgerichte.

The Bistro (Baker Creek Chalets, 40 km nordwestlich von Banff am Bow Valley Parkway, ✆ 403/522-2182; Sa/So 7–14 Uhr, Mo–Fr 12–14 Uhr, tägl. 17–21.30 Uhr; $ 18–34) mutet an wie ein verstecktes Schlupfloch in den Bergen. Die Speisekarte ist nicht sehr umfangreich, aber die kanadischen Gerichte können sich sehen lassen. Wie wär's mit in Bier geschmorten Bisonrippchen oder dem auf Zedernholz gekochten Lachs?

Das Essen in der **Storm Mountain Lodge** (Hwy. 93, ✆ 403/762-4155; Mai bis Mitte Okt. tägl. 7.30–10.30 und 17–21 Uhr, Dez. bis April Fr–So 17–21 Uhr; $ 24–36) ist ausgezeichnet. Es ist aber v. a. die Atmosphäre, eine berauschende Kombination aus historischem Ambiente und rustikalem Alpencharme, die nachhaltig in Erinnerung bleibt. Der Küchenchef verwendet vorwiegend Bioerzeugnisse mit saisonal erhältlichem Wild oder Seafood. Die leckeren und interessanten Gerichte wie Bison, Rehbraten und Wildlachs passen perfekt zum Ambiente der kanadischen Wildnis. Die Lodge liegt 25 Autominuten nordwestlich von Banff (über den Trans-Canada Hwy. in Richtung Lake Louise und an der Kreuzung Castle Mountain nach Westen fahren).

Information/Adressen

Information

Erster Anlaufpunkt bei der Ankunft in der Stadt ist das **Banff Visitor Centre** (224 Banff Ave., ✆ 403/762-1550; Mitte Juni bis Aug. tägl. 8–20 Uhr, Mitte Mai bis Mitte Juni und Sept. tägl. 8–18 Uhr, sonst tägl. 9–17 Uhr). An einem Infotisch zur Rechten beantworten Angestellte von **Parks Canada** sämtliche Fragen zu den Naturwundern des Nationalparks und weisen auf gesperrte Wanderwege hin. Die andere Seite der Halle nimmt das **Banff/Lake Louise Tourism Bureau** (✆ 403/762-8421, www.banfflakelouise.com) ein. Dort gibt es alle Infos zu Unternehmen und kommerziellen Einrichtungen im Nationalpark, z. B. zu Unterkünften und Restaurants. Eine Antwort auf die häufigste Frage schon mal vorweg: Die Toiletten sind unten.

• *Bibliothek* Die **Banff Public Library** (gegenüber vom Central Park, 101 Bear St., ✆ 403/762-2661; Mo–Do 10–20 Uhr, Fr 10–18 Uhr, Sa 11–18 Uhr, So 13–17 Uhr) ist eine ausgezeichnete Ausweichmöglichkeit an einem verregneten Tag. Sie hat eine umfangreiche Sammlung von Sachbüchern, viele davon über den Nationalpark und seine Natur, und kostenlosen Internetzugang nach vorheriger Anmeldung.

• *Bücher* Die gemeinnützige Organisation Friends of Banff betreibt den Buchladen **The Beat and the Butterfly** (214 Banff Ave., ✆ 403/762-8911; im Sommer tägl. 9.30–21.30 Uhr, sonst kürzere Öffnungszeiten), in dem es eine gute Auswahl an Natur- und Freizeitführern gibt. Eine kleinere Filiale befindet sich im Banff Visitor Centre (224 Banff Ave., ✆ 403/762-8918).

Der **Whyte Museum Bookstore** (111 Bear St., ✆ 403/762-2291; tägl. 10–17 Uhr) ist auf regionale Geschichte und Naturgeschichte spezialisiert.

Adressen

• *Post* Die **Post** (Mo–Fr 9–17.30 Uhr) liegt gegenüber vom Central Park an der Kreuzung Buffalo und Bear St.

• *Geldwechsel* Das Wechselbüro **Freya's Currency Exchange** befindet sich in der Clock Tower Mall (108 Banff Ave., ✆ 403/762-4652).

• *Internet* Alle großen Hotels bieten ihren Gästen auf die eine oder andere Art Internetzugang an; kostenlose Internetnutzung ist auch in der Bibliothek (s. o.) möglich. Im Untergeschoss der Sundance Mall hat sich das **Cyberweb Internet Café** (215 Banff Ave., ✆ 403/762-9226; tägl. 9–24 Uhr) eingerichtet.

• *Waschsalons* Der einzige Waschsalon im Zentrum ist **Cascade Coin Laundry** (im Untergeschoss des Einkaufszentrums Cascade Plaza; tägl. 7.30–22 Uhr). Die **Chalet Coin Laundry** (tägl. 8–22 Uhr) an der Tunnel Mountain Rd. (beim Douglas Fir Resort) ist von allen Unterkünften am Tunnel Mountain aus zu Fuß erreichbar.

• *Notfälle* Das **Mineral Springs Hospital** (301 Lynx St., ✆ 403/762-2222) hat eine rund um die Uhr besetzte Notaufnahme. Die Apotheke **Rexall Drug Store** (im Untergeschoss der Cascade Plaza, 317 Banff Ave., ✆ 403/762-2245) hat tägl. bis 21 Uhr geöffnet.

Verbindungen

• *Anreise* Der nächste Flughafen ist der **Calgary International Airport** 128 km östlich von Banff. **Brewster** (✆ 403/762-6767 oder ✆ 800/661-1152, www.brewster.ca) ist eines von vielen Busunternehmen, die zwischen dem Flughafen und dem Banff National Park hin- und herfahren. Der Bus fährt 2-mal tägl. vom Flughafen über Banff nach Lake Louise (bis Banff $ 52 für Erwachsene, $ 26 für Kinder). Er hält an allen großen Hotels der Stadt und am Hauptbusbahnhof, dem **Brewster Tour and Transport Centre** (5 Gehminuten vom Zentrum in der 100 Gopher St.). Für etwa den gleichen Preis setzt der **Banff Airporter** (✆ 403/762-3330 oder ✆ 888/449-2901, www.banffairporter.com) seine Fahrgäste direkt bei der Adresse ihrer Wahl ab. Tickets gibt es an den beiden benachbarten Schaltern im Ankunftsterminal des Flughafens, es empfiehlt sich aber eine Vorabreservierung über Telefon oder Internet.

Greyhound (✆ 403/762-1092 oder ✆ 800/661-8747, www.greyhound.ca) fährt fahrplanmäßig 5-mal tägl. vom Busbahnhof in Calgary (877 Greyhound Way SW) zur Banff Railway Station und weiter zur Samson Mall in Lake Louise. Vom Busbahnhof in Vancouver (1150 Station St.) fahren Greyhound-Busse 3-mal tägl. nach Banff; die landschaftlich schöne Fahrt dauert 14 Std.

• *Unterwegs in Banff* **Banff Transit** (✆ 403/760-8294) unterhält zwei Buslinien in Banff und Umgebung: eine vom Hotel Fairmont Banff Springs zum Wohnmobilparkplatz am nördlichen Ende der Banff Ave. und eine vom Fairmont Banff Springs zu den Campingplätzen am Tunnel Mountain. Von Mitte Mai bis September verkehren die Busse 2-mal stündl. zwischen 7 und 24 Uhr. Von Oktober bis Dezember werden beide Routen zu einer zusammengefasst, und die Busse fahren stündl. von 12 bis 24 Uhr. In den übrigen Monaten verkehren keine lokalen Busse. Der Fahrpreis beträgt $ 2 pro Zone.

Taxis in Banff sind preiswert: Der Einstiegstarif beträgt $ 5, danach werden etwa $ 2 pro Kilometer fällig. Eine Fahrt vom Busbahnhof in Banff zu den Unterkünften am Tunnel Mountain oder zum Fairmont Banff Springs kostet ca. $ 10, nach Mitternacht gilt ein höherer Tarif. Lokales Taxiunternehmen ist **Banff Taxi** (✆ 403/762-4444).

Wer mit einem **Mietwagen** in den Nationalpark fahren möchte, sollte sich vorab darum kümmern. Die lokalen Verleiher verlangen hohe Preise von Kunden ohne Reservierung und bieten keine unbegrenzten Kilometer an, was ein erheblicher Nachteil ist. Das höchste der Gefühle sind 150 Freikilometer, danach werden in der Regel $ 0,25 pro Kilometer fällig. Folgende Autovermietungen haben Filialen in Banff: **Avis** (Cascade Plaza, 317 Banff Ave., ✆ 403/762-3222), **Budget** (Brewster's Mountain Lodge, 208 Caribou St., ✆ 403/762-4565), **Hertz** (Fairmont Banff Springs, Spray Ave., ✆ 403/762-2027) und **National** (Ecke Lynx und Caribou St., ✆ 403/762-2688). Es ist ratsam, die Fahrzeugreservierung in Banff schon weit im Voraus vorzunehmen, besonders wenn die Reisezeit in den Juli und August fällt.

Lake Louise und Umgebung

Wenn die ersten Strahlen der Morgensonne auf den Victoria Glacier fallen und sich die unglaublich steile Nordwand des Mount Victoria im perlenden, smaragdgrünen Wasser des Lake Louise spiegelt, begreift jeder, warum dieser See zu den sieben Naturwundern der Welt gehört. Etwas oberhalb des Sees thront das Château Lake Louise, eines der meistfotografierten Hotels der Welt. Abgesehen von dem See bietet auch die Umgebung reichlich Möglichkeiten zur körperlichen Betätigung, denn die Wanderwege, Kanustrecken und Reitwege gehören zum Besten, was der Banff National Park zu bieten hat. In der Nähe liegt der Moraine Lake, der nicht so berühmt ist wie der Lake Louise, ihm aber in Schönheit kaum nachsteht.

Lake Louise liegt 56 km nordwestlich von Banff am Trans-Canada Hwy., die Fahrt über den ruhigeren Bow Valley Parkway dauert etwas länger. Der Ort Lake Louise mit einer kleinen Mall und ein paar Hotels und Restaurants liegt im Bow Valley, unmittelbar westlich vom Trans-Canada Hwy. Der See selbst befindet sich 200 m über dem Talboden und ist über eine kurvenreiche, 4 km lange Straße zugänglich. Auf der anderen Seite des Tals erstreckt sich Kanadas zweitgrößtes Skigebiet: Lake Louise ist zu Recht berühmt, denn es bietet ein abwechslungsreiches Gelände, jede Menge Schnee und atemberaubende Ausblicke.

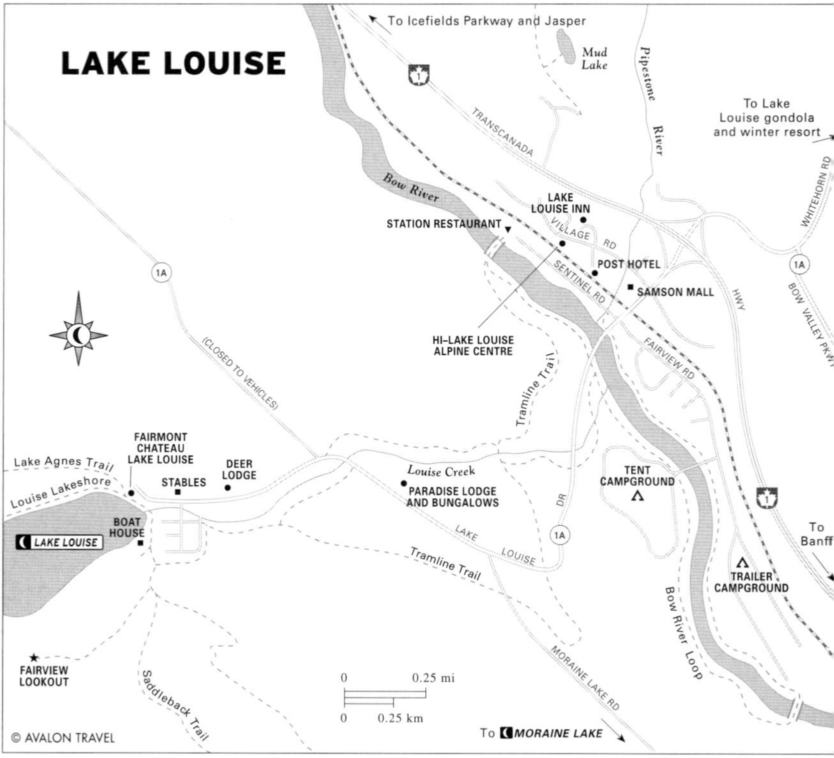

Der Lake Louise

Im Sommer fahren rund 10.000 Tagesausflügler vom Bow Valley hinauf zum Lake Louise. Schon mittags ist der stufenförmig angelegte Parkplatz oft voll. Von dort führt ein asphaltierter Weg vor dem Fairmont Château Lake Louise zum Ostufer des Sees. Der Lake Louise ist 2,4 km lang, 500 m breit und bis zu 90 m tief. Das kalte Wasser erreicht im August seine Höchsttemperatur von 4 °C. Der schneebedeckte Berg, der hinter dem See aufragt, heißt **Mount Victoria** (3459 m) und gehört zur kontinentalen Wasserscheide.

Das **Fairmont Château Lake Louise** ist eine Touristenattraktion für sich. Das Hotel wurde einst von der Eisenbahngesellschaft als Entlastung für das beliebte Fairmont Banff Springs gebaut. Es hat in den vergangenen 100 Jahren diverse Metamorphosen durchlaufen und zählt nach wie vor zu den großartigsten Berghotels der Welt. Niemand schert sich um die fotografierenden und filmenden Touristen, die Tag für Tag hier entlangkommen – man kann ihnen sowieso nicht entgehen. Die tadellos gepflegten Gärten zwischen Hotel und See sind ein interessanter Vordergrund für die vielen Millionen Fotos, die jedes Jahr vom Lake Louise gemacht werden. Neben dem Genießen des Ausblicks ist Wandern eine der wenigen Aktivitäten, für die man hier nicht zahlen muss. Das Bootshaus am Seeufer verleiht Kanus für $ 50/Std., ein Ausritt vom Reiterhof **Lake Louise Stables** (✆ 403/522-3511) kostet $ 72/2 Std.

Moraine Lake

Der Moraine Lake ist nicht einmal halb so groß wie der Lake Louise, aber ebenso spektakulär und genauso viel Filmmaterial wert. Er liegt 13 km entfernt an einer kurvenreichen Straße, die vom Lake Louise Dr. in die Berge führt. Vor einer zerklüfteten Kulisse schmiegt sich der See zwischen den gewaltigen Gipfeln der Hauptgebirgskette ins Valley of the Ten Peaks. Von dieser Szenerie ließen sich bereits Millionen von Besuchern aus aller Welt inspirieren, seit Walter Wilcox 1899 als erster Weißer den Moraine Lake erblickte. Seine anschließenden Aufzeichnungen enthalten Lobeshymnen auf diese Landschaft – er zeigte sich zutiefst inspiriert von der Einsamkeit und der zerklüfteten Schönheit – und legten den Grundstein dafür, dass sich viele Menschen von diesem Ort angezogen fühlen.

Der See ist oft bis Juni zugefroren, und im Winter ist die Zufahrtsstraße gesperrt. Ein Wanderweg führt am Nordufer des Sees entlang, und ein Bootshaus verleiht Kanus für $ 30 pro halbe Stunde.

Der See der kleinen Fische

Im Sommer 1882 campierte der Ausrüster Tom Wilson in der Nähe des Zusammenflusses von Bow River und Pipestone River, als er in der Ferne das Grollen einer Lawine vernahm. Er befragte indigene Guides vom Stamm der Stoney und bekam zur Antwort, die Geräusche kämen aus dem „See der kleinen Fische". Am folgenden Tag ließ sich Wilson von einem Guide zum See führen, um sich selbst zu überzeugen. Damit war er der erste Weiße, der diesen See erblickte. Er taufte ihn *Emerald Lake* (Smaragdsee), aber zwei Jahre später wurde der Name in *Lake Louise* geändert – zu Ehren von Prinzessin Louise Caroline Alberta, der Tochter von Queen Victoria. 1890 ersetzte ein bescheidenes Holzhotel mit zwei Gästezimmern die provisorische Hütte am Ufer, die errichtet worden war, nachdem sich die Kunde von der Schönheit des Sees verbreitet hatte. Nach zahlreichen Anbauten, einem verheerenden Feuer und dem Neubau eines Betonflügels im Jahre 1925 nahm das heutige Hotel allmählich Gestalt an. Der jüngste Anbau ist ein Konferenzzentrum, das Anfang 2004 hinzukam.

Sightseeing mit der Seilbahn

Im Sommer befördert der Hauptskilift am Lake Louise Mountain Resort (✆ 403/ 522-3555) Besucher in offenen Sesselliften oder geschlossenen Gondeln hinauf zur Whitehorn Lodge. Der Ausblick von oben über das Bow Valley, den Lake Louise und die kontinentale Wasserscheide gehört zum Spektakulärsten, das die kanadischen Rocky Mountains zu bieten haben. Kurze Wanderwege führen durch Wälder und über freie Wiesen. Besonders fitte Wanderer können auch auf den Gipfel des Mount Whitehorn klettern, wobei über 600 Höhenmeter zu überwinden sind. Alle dürfen sich frei auf diesen Trails bewegen, aber es lohnt sich durchaus, eine geführte Wanderung ($ 5) mitzumachen, weil man dabei eine Menge über die Umwelt in dieser Region erfährt. Der Lift verkehrt von Mai bis September täglich zwischen 9 und 16 Uhr, im Sommer von 8.30 bis 18 Uhr (Erwachsene $ 26, Kinder

$ 13). Die Kombitickets mit Seilbahnfahrt und Mahlzeiten sind ein ausgezeichnetes Angebot: Für $ 3 extra pro Person gibt's ein Frühstück (8–11 Uhr), für $ 7 extra ein Mittagsbüfett (11.30–14.30 Uhr).

Wandern

Die Wandermöglichkeiten in der Umgebung des Lake Louise und des Moraine Lake sind äußerst vielfältig. Das Potenzial dieser Gegend für Aktivitäten an der frischen Luft wurde erstmals Ende des 19. Jh. erkannt, und schon bald entwickelte sie sich zum beliebtesten Wanderziel in den kanadischen Rockies. Diese Beliebtheit ist bis heute ungebrochen, die Wanderwege dieser Gegend zählen zu den am meisten frequentierten im Nationalpark. Am schönsten ist das Wandern hier zu Beginn und gegen Ende der kurzen Sommersaison. Wer frühmorgens aufbricht, entwischt den Kinderwagen, Stöckelschuhen, Hunden und Bärenglocken, die hier tagsüber garantiert unterwegs sind. Die beiden Hauptwanderwege beginnen am Fairmont Château Lake Louise und am Moraine Lake. Zwei Trails vom Ort zum Hotel sind eine angenehme Alternative zum extrem hohen Verkehrsaufkommen auf dem steilen Lake Louise Dr. Der kürzere ist der 2,7 km lange **Louise Creek Trail.** Er beginnt ein Stück flussabwärts, wo der Lake Louise Dr. den Bow River überquert, führt dreimal über das Flüsschen Louise Creek und endet am Parkplatz beim Lake Louise. Der andere Weg heißt **Tramline,** ist 4,5 km länger, aber nicht so steil. Er beginnt hinter dem Bahnhof und folgt der Route einer Schmalspurbahn, die früher Fahrgäste der Canadian Pacific Railway zum Fairmont Château Lake Louise beförderte.

Lake Louise

Wer vom Trans-Canada Hwy. 4 km in Richtung Lake Louise fährt, kommt zu den Wanderwegen, die nachfolgend beschrieben werden. Der **Louise Lakeshore Trail** (2 km; einfach 30 Min.) ist wohl der am meisten frequentierte Wanderweg in den kanadischen Rockies. Er folgt dem Nordufer des Lake Louise bis zu seinem westlichen Ende, wo viele verzweigte und zum Teil schlammige Gletscherbäche in den See fließen. Überall am Weg stehen Bänke, auf denen sich über das sinnieren lässt, was der englische Bergsteiger James Outram einst als einzigartiges „Juwel der Komposition und Farbgestaltung" beschrieb. Wer am Ende des Sees noch weitergeht, kommt zur **Plain of the Six Glaciers** (5,3 km; 2 Std.), einem etwas anstrengenderen Trail mit 370 m Höhenunterschied, an dessen Ende ein Snack vom Teehaus die Strapazen belohnt.

Der Wanderweg zum **Lake Agnes** (3,6 km; einfach 90 Min.) ist ein kurzer, steiler Aufstieg zu einem weiteren Teehaus, das sehr malerisch am Rand eines Bergsees liegt und hausgemachte Suppen, gesunde Sandwiches und heiße Getränke verkauft. Von dort führt ein 1 km langer Weg zum **Little Beehive** mit beeindruckendem Ausblick auf das Bow Valley. Ein anderer Trail umkurvt das Nordufer des Lake Agnes und klettert hoch zum **Big Beehive** (vom Château aus insgesamt 5 km), von wo man eine fantastische Aussicht auf den einzigartig gefärbten Lake Louise direkt unterhalb hat.

Paradise Valley

Dieses Tal mit dem treffenden Namen breitet sich zwischen dem Lake Louise und dem Moraine Lake aus. Der Zugang liegt an der Moraine Lake Rd., 3,5 km vom Lake Louise Dr. entfernt. Das ganze Tal ist für Wanderer zugänglich, doch die belieb-

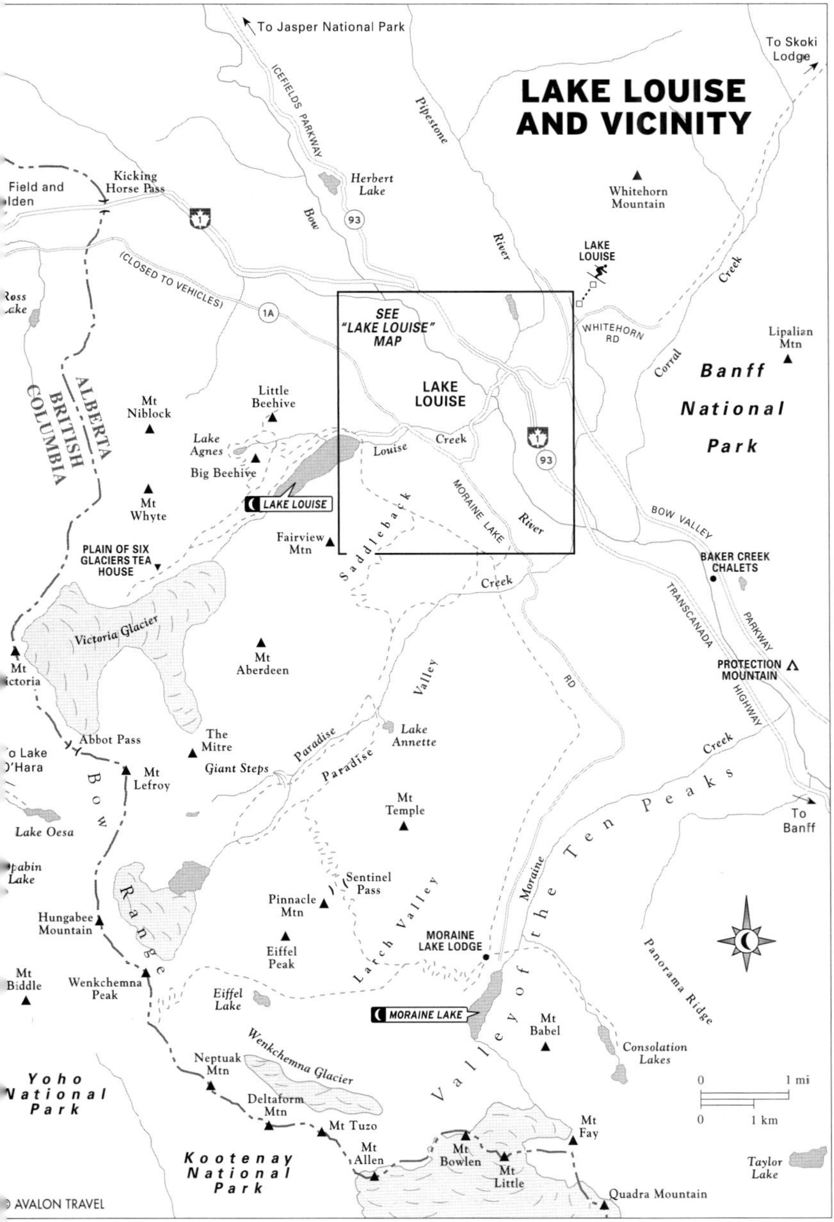

LAKE LOUISE AND VICINITY
To Jasper National Park
To Skoki Lodge
ICEFIELDS PARKWAY
Pipestone
Herbert Lake
Whitehorn Mountain
Kicking Horse Pass
Field and
Golden
Bow
93
River
LAKE LOUISE
Creek
(CLOSED TO VEHICLES)
1A
SEE "LAKE LOUISE" MAP
WHITEHORN RD
Lipalian Mtn
Ross Lake
Corral
Banff National Park
ALBERTA
BRITISH COLUMBIA
Mt Niblock
Little Beehive
LAKE LOUISE
Lake Agnes
Big Beehive
Louise
Creek
Mt Whyte
LAKE LOUISE
MORAINE LAKE
River
BOW VALLEY
Fairview Mtn
Saddleback
PLAIN OF SIX GLACIERS TEA HOUSE
BAKER CREEK CHALETS
Creek
TRANSCANADA
PARKWAY
Victoria Glacier
Mt Aberdeen
Mt Victoria
PROTECTION MOUNTAIN
RD
Valley
HIGHWAY
Abbot Pass
The Mitre
Lake Annette
To Lake O'Hara
Paradise
Paradise
Creek
Mt Lefroy
Giant Steps
Bow
Valley of the Ten Peaks
Mt Temple
To Banff
Lake Oesa
Opabin Lake
Sentinel Pass
Pinnacle Mtn
Moraine
Range
Hungabee Mountain
Larch Valley
MORAINE LAKE LODGE
Eiffel Peak
Panorama Ridge
Mt Biddle
Wenkchemna Peak
Eiffel Lake
MORAINE LAKE
Mt Babel
Consolation Lakes
Wenkchemna Glacier
Neptuak Mtn
0
1 mi
0
1 km
Yoho National Park
Deltaform Mtn
Mt Tuzo
Mt Fay
Kootenay National Park
Mt Allen
Mt Bowlen
Mt Little
Taylor Lake
Quadra Mountain
© AVALON TRAVEL

teste Strecke ist ein 18 km langer Rundwanderweg, der ohne längere Pausen etwa 6 Std. dauert. Auf den ersten 5 km überquert der Trail mehrmals den Paradise Creek, dann gabelt er sich und führt in einer Schlaufe um beide Seiten des Tals herum. Wer sich für die linke Gabelung entscheidet, erreicht nach 700 m den **Lake Annette.** Der typische subalpine See schmiegt sich in einzigartiger Lage an die nahezu vertikale, 1200 m hohe Nordwand des von Schnee und Eis bedeckten **Mount Temple.** Wer noch weiter läuft, wird mit herrlichen Ausblicken auf das Tal und mehreren Wasserfällen belohnt, die als **Giant Steps** bezeichnet werden.

Moraine Lake

Bevor es zum Wandern in die Berge geht, warten noch zwei Stellen, von denen der herrliche Moraine Lake besonders schön anzusehen ist: der hohe Felshaufen am Abfluss des Sees und der asphaltierte Wanderweg am Seeufer. Dann können die vielen umliegenden Wanderwege in Angriff genommen werden. Unmittelbar hinter dem Kanuanleger beginnt die Wanderung zum **Larch Valley** (2,9 km; einfach 60 Min.), auf der es 400 Höhenmeter zu überwinden gilt. Im Herbst, wenn die Lärchen bei Sonne in herrlichen Goldtönen erstahlen, gibt es nur wenige Orte in den kanadischen Rockies, die sich mit der Schönheit dieses Tals messen können. Aber erwarten Sie nicht viel Einsamkeit (und seien Sie nicht zu enttäuscht, wenn einige Stellen wegen Wildwechsels gesperrt sind). Die beliebteste Jahreszeit für einen Abstecher in das Tal ist der Herbst, aber auch im Sommer ist es ein lohnenswertes Ziel, denn dann blühen überall bunte Wildblumen auf den Wiesen. Der Wanderweg zum **Eiffel Lake** zweigt nach 2,4 km vom Larch Valley Trail ab, wenn ein Großteil des Höhenunterschieds bereits überwunden ist. Es dauert nicht lange, bis der kleine See ins Blickfeld rückt. Wie er so einsam zwischen den zerklüfteten Gipfeln des berühmten Valley of the Ten Peaks daliegt, wirkt er sogar noch kleiner. Die Gesamtlänge des Wanderwegs vom Parkplatz beträgt 5,6 km (einfach 2 Std.).

Wintersport

Lake Louise ist ein gigantischer Winterspielplatz mit einem der besten alpinen Skigebiete der Welt. Daneben gibt es Loipen ohne Ende für Langläufer und Möglichkeiten zum Schlittschuhlaufen, Schlittenfahren und Heliskiing.

• *Lake Louise Mountain Resort* Kanadas Antwort auf Mega-Skiresorts in den USA wie Vail und Killington ist Lake Louise (✆ 403/522-3555 oder ✆ 877/253-6888, www.skilouise.com; Saison von Nov. bis Mitte Mai). Das zweitgrößte Wintersportgebiet Kanadas (nach Whistler/Blackcomb) umfasst insgesamt 1700 ha mit sanften Loipen, langen Abfahrten, Buckelpisten, supersteilen Extremabfahrten und riesigen Pulverschneehängen mit dem berühmten „Rocky Mountain Powder". Das Skigebiet verteilt sich auf vier separate Hänge und wird durch acht Lifte erschlossen, darunter Westkanadas einzigen Sessellift für sechs Passagiere. Die Statistik ist beeindruckend: 990 m Höhenunterschied, 1700 ha überwachtes Gelände und über 100 ausgewiesene Pisten. Jeder einzelne der vier hinteren Hänge hat die Ausmaße eines mittelgroßen Skigebiets, und alle liegen ein gutes Stück oberhalb der Baumgrenze. Eine Tageskarte für den Lift kostet $ 79 für Erwachsene, $ 65 für Senioren, $ 54 für Jugendliche und $ 23 für Kinder unter 12 Jahren. Kostenlose Shuttlebusse fahren regelmäßig von den Unterkünften in Lake Louise zum Skigebiet. Von Banff kostet die Fahrt nach Lake Louise $ 15 hin und zurück. Infos über Pauschalpakete und Dauerkarten für alle drei Skigebiete des Nationalparks gibt es im Internet unter www.skibig3.com.

• *Langlauf* Die beliebtesten Skilanglauf-Reviere liegen am Lake Louise, an der Moraine Lake Rd. und im Skoki Valley hinter dem Alpinskigebiet Lake Louise. Einzelheiten und eine nützliche Klassifizierung der Loipen liefert die Broschüre *Cross-Country*

Skiing – Nordic Trails in Banff National Park, die im Lake Louise Visitor Centre erhältlich ist.

• *Schlittschuhlaufen und Schlittenfahren* Die **Eislaufbahn** auf dem gefrorenen Lake Louise vor dem Château ist ohne Zweifel die spektakulärste in ganz Kanada. Flutlicht ermöglicht hier auch das Schlittschuhlaufen bei Dunkelheit, und zu bestimmten Gelegenheiten wird heißer Kakao serviert. **Monod Sports** (✆ 403/522-3837) im Château hat einen Schlittschuhverleih ($ 12/2 Std.).

Brewster Lake Louise Sleigh Rides (✆ 403/522-3511) veranstaltet traditionelle Pferdeschlittenfahrten (Erwachsene $ 28, Kinder $ 14; Reservierung erforderlich). Sie beginnen vor dem Château und führen am Ufer des Lake Louise entlang. Es werden zwar Decken gestellt, aber trotzdem sollte man sich für die Fahrt gut einpacken. Das einstündige Vergnügen beginnt zu jeder vollen Stunde (am Wochenende ab 11 Uhr, unter der Woche ab 15 Uhr).

Übernachten/Camping

Im Sommer sind die Übernachtungsmöglichkeiten in Lake Louise sogar noch knapper als in Banff, was eine Vorabreservierung unerlässlich macht. Falls ein Zimmer am frühen Nachmittag noch frei ist, wird es unter Garantie teuer.

Übernachten

• *Unter $ 50* Da ein Bett im **HI-Lake Louise Alpine Centre** (Village Rd., ✆ 403/522-2200 oder ✆ 866/762-4122, www.hihostels.ca) $ 100 weniger kostet als irgendwo sonst in der Gegend, ist das Hostel mit 164 Betten entsprechend beliebt. Das Holzgebäude mit großen Fenstern und hohen Decken hat ein flippiges Café, eine Bibliothek mit Bergliteratur, Internet, eine Laundry und einen Game Room. Für ein Bett im Schlafsaal zahlen Mitglieder von Hostelling International $ 38 (Nichtmitglieder $ 42), ein eigenes Zimmer kostet für Mitglieder $ 109 (1/2 Pers.) und für Nichtmitglieder $ 119. Das Haus ist ganzjährig geöffnet, Check-in ist ab 15 Uhr. Im Sommer und an Wochenenden während der Skisaison ist eine Reservierung bis zu sechs Monate im Voraus unabdingbar.

• *$ 150–200* Die historische **Deer Lodge** (✆ 403/410-7417 oder ✆ 800/661-1595, www.crmr.com; $ 175–208 für 1/2 Pers.) begann ihr Dasein 1921 als Teehaus, die ersten Gästezimmer wurden 1925 eingerichtet. Zum Komplex gehören ein Whirlpool auf dem Dach mit Blick auf den Gletscher, ein Game Room, ein Restaurant mit Frühstück und Abendessen und eine Bar. Die billigsten Zimmer sind klein und haben kein Telefon, die Zimmer der Preisklasse $ 200–250 sind schon wesentlich größer, und für $ 275 ist der nostalgisch gestaltete Tower Room zu haben. Die Lodge liegt am Lake Louise Dr. (vom Ort den Berg hinauf), nur 5 Gehminuten vom See entfernt.

• *$ 200–250* **Paradise Lodge and Bungalows** (✆ 403/522-3595, www.paradiselodge.com; Mitte Mai bis Anfang Okt.; $ 215–345 für 1/2 Pers.) bieten ausgezeichnete Möglichkeiten für Familien und Urlauber auf der Suche nach altmodischem Bergcharme. Der Familienbetrieb bietet ein hervorragendes Preis-Leistungs-Verhältnis in herrlich friedlicher Umgebung. Auf dem Gelände mit gepflegten Gärten verteilen sich 21 attraktive Hütten in vier Ausführungen. Alle sind rustikal, aber sehr warm und einladend eingerichtet – mit komfortablen Betten, separaten Sitzbereichen und frisch renovierten Bädern. Die kleinsten Hütten haben einen kleinen Kühlschrank, Mikrowelle und Kaffeemaschine, die größeren sind mit kompletter Küche und separatem Schlafzimmer ausgestattet. Fernseher gibt es nicht, dafür finden Kinder einen Spielplatz mit Sandkasten. Es gibt 24 Luxus-Suiten mit Kamin, TV, ein oder zwei Schlafzimmern und herrlichem Blick auf die Berge (ab $ 290). Die Lodge liegt am Lake Louise Dr., vom Tal aus 3 km in Richtung Fairmont Château Lake Louise; bis zum See ist es nur noch 1 km den Berg hinauf.

Neben dem Château ist das **Lake Louise Inn** (210 Village Rd., ✆ 403/522-3791 oder ✆ 800/661-9237, www.lakelouiseinn.com; ab $ 220 für 1/2 Pers.) die größte Unterkunft in Lake Louise. Über 200 Einheiten verteilen sich auf fünf verschiedene Gebäude. Im Eingangsbereich des Hauptgebäudes gibt es einen Giftshop und einen Schalter zur Buchung von Freizeitaktivitäten, dahinter liegen eine Pizzeria, ein Restaurant, eine Bar und ein großes Hallenbad. Bei Onlinebuchung ist meistens ein Frühstück im Preis enthalten.

• *Über $ 250* Das europäisch angehauchte **Post Hotel** (✆ 403/522-3989 oder ✆ 800/661-1586, www.posthotel.com; $ 335–455 für 1/2 Pers.) ist eine von ganz wenigen kanadischen Lodges, die zum erlesenen Kreis der Organisation *Relais & Châteaux* gehören. Der moderne Komplex mit viel Holz wird an seiner Ost- und Südseite vom Pipestone River begrenzt und braucht in puncto Eleganz keinen Vergleich mit anderen schicken Berghotels zu scheuen. Viele Zimmer haben Whirlpool und Kamin, einige sind auch mit Küche ausgestattet. Zu den Gemeinschaftsbereichen zählen das exklusive Temple Mountain Spa, ein Hallenbad, eine Sauna und eine Bibliothek. Das Hotel hat 17 verschiedene Zimmerkategorien in 26 Preisklassen (je nach Ausblick).

Das berühmte **Fairmont Château Lake Louise** (✆ 403/522-3511 oder ✆ 800/257-7544, www.fairmont.com; ab $ 659 für 1/2 Pers.) ist ein sagenhaftes 500-Zimmer-Hotel am Ufer des gleichnamigen Sees, die Kulisse ist fantastisch. Doch der historische Charme und die herrliche Lage haben ihren Preis: In der Sommersaison (Ende Juni bis Mitte Okt.) kostet ein Zimmer *ohne* Seeblick offiziell satte $ 659 (1/2 Pers.), mit Ausblick sogar $ 829. Die Zimmer auf der Etage *Fairmont Gold Floor* haben einen eigenen Concierge und bieten allen erdenklichen Luxus für knapp über $ 1000/Nacht. Wie im Schwesterhotel in Banff buchen die meisten Gäste auch hier im Rahmen eines Pauschalpakets, entweder online unter www.fairmont.com oder über ein Reisebüro, und zahlen so in der Spitzensaison im Sommer letztendlich etwa $ 400.

Übernachten in der Wildnis

Wer bereit ist, seine Wanderstiefel für ein echtes Bergabenteuer zu schnüren, sollte einen Aufenthalt in der **Skoki Lodge** (✆ 403/256-8473 oder ✆ 800/258-7669, www.skoki.com; Mitte Juni bis Mitte Okt. und Mitte Dez. bis Mitte April; ab $ 194/Pers.) in Betracht ziehen. Die Lodge liegt nördlich des Skigebiets Lake Louise weit abseits irgendwelcher Straßen. Wer sie erreichen will, muss – je nach Jahreszeit – 11 km zu Fuß oder auf Skiern zurücklegen. Als Belohnung winkt eine ausgezeichnete Basis zur Erkundung der umliegenden Gebirgslandschaft. Die Lodge entstand 1931 als Unterkunft für einheimische Skifahrer und ist heute als nationalhistorische Stätte geschützt. Der Komplex besteht aus Hauptgebäude, Schlafhütten und einer holzgefeuerten Sauna. Die Unterkünfte sind rustikal (Propangasheizung und kein Strom), aber bequem. Das Hauptgebäude hat größtenteils Zimmer mit zwei Einzelbetten, während in den Hütten bis zu fünf Personen Platz finden. Im Preis sind drei Mahlzeiten pro Tag enthalten, darunter auch ein Lunchpaket, das sich die Gäste am Büfett zusammenstellen, bevor sie zum Wandern oder Skifahren aufbrechen.

Camping

Wer zum **Lake Louise Campground** möchte, nimmt 56 km nordwestlich von Banff vom Trans-Canada Hwy. die Ausfahrt Lake Louise, biegt die erste Straße hinter der Samson Mall links ab und fährt unter der Eisenbahnbrücke hindurch. Der Platz am Bow River ist vom Ort aus auch gut zu Fuß zu erreichen und besteht aus zwei verschiedenen Bereichen. Sie sind durch den Rundwanderweg Bow River Loop miteinander verbunden, der beiderseits des Flusses in den Ort führt. Die Stellplätze liegen überall relativ dicht beisammen, aber hohe Drehkiefern sorgen für ein wenig Privatsphäre und Schatten. Das Areal am Ende der Straße besteht aus 200 Stellplätzen mit Anschlüssen ($ 38) und hat Duschen und WCs. Der Bereich am anderen Flussufer hat 216 Stellplätze ohne Anschlüsse ($ 34), aber allesamt mit Feuerstelle und Picknicktisch; dort gibt es auch überdachte Kochbereiche und einen modernen Sanitärkomplex mit heißen Duschen. In der Nähe der Einfahrt zum Campingplatz wurde eine Entsorgungsstation für Wohnmobile eingerichtet (einmalige Nutzung $ 8). Den ganzen Sommer über läuft ein Bildungsprogramm. Die Veranstaltungen finden immer abends (außer Di) um 21 Uhr im Freilichttheater statt. Ein gewisses Kontingent an Stellplätzen wird über den **Parks Canada Campground Reservation Service** (✆ 877/737-3783, www.pccamping.ca) vergeben. Viele werden auch ohne Reservierung zugeteilt, sind aber im Juli und August schnell ausgebucht, sodass man spätestens am frühen Nachmittag ankommen muss, um sich einen Platz zu sichern. Der Bereich mit Anschlüssen ist ganzjährig geöffnet, derjenige ohne Anschlüsse von Mitte Mai bis September.

Essen und Trinken

Auch wenn Lake Louise ein rein touristisches Versorgungszentrum ist, hat es einige gute Restaurants für jeden Geldbeutel zu bieten.

• *Frühstück* Ein guter Start in den Tag ist ein warmes Frühstück bei **Laggan's Mountain Bakery** (Samson Mall, ✆ 403/552-2017; tägl. 6–20 Uhr). Die Bäckerei ist *die* Adresse in Lake Louise für einen Kaffee und etwas Frisches aus dem Backofen wie Croissants, Muffins und Kuchen. Besonders lecker sind die Schoko-Brownies (am besten gleich zwei bestellen, um für den zweiten nicht wieder anstehen zu müssen).

Auf der anderen Seite des Trans-Canada Hwy. steht am Fuße des Skigebiets Lake Louise die **Lodge of the Ten Peaks** (✆ 403/522-3555). Dort gibt es im Sommer tägl. von 7.30 bis 10.30 Uhr ein großes und reichhaltiges Frühstücksbüfett, das extrem günstig ist (Erwachsene $ 13). Ein noch besseres Angebot ist ein Kombiticket mit Frühstück und Seilbahnfahrt für $ 29, denn allein die Fahrt kostet schon $ 26. Das Mittagsbüfett (11.30–14.30 Uhr) kostet $ 19 bzw. $ 33 inkl. Seilbahnfahrt.

Wer früh aufgestanden ist, um die morgendliche Ruhe am Moraine Lake zu genießen, darf sich mit einem Frühstück in der **Moraine Lake Lodge** (✆ 403/522-3733; Juni bis Sept. tägl. ab 7.30 Uhr) belohnen. Vom Speisesaal kann man in aller Ruhe zuschauen, wie nach und nach die Reisebusse eintreffen. Eine Übernachtung in der Lodge ist ein extravagantes und entsprechend teures Vergnügen, aber das Frühstück ist durchaus erschwinglich: Das einfache, hübsch präsentierte Continental-Büfett kostet nur $ 15, ein warmes Frühstück gibt's für vernünftige $ 18,50.

• *Europäisch* 1987 wurde das **Post Hotel** um einen luxuriösen Anbau erweitert. Das originale Holzgebäude wurde als rustikaler Speisesaal (✆ 403/522-3989; tägl. 11.30–14 und 17–21.30 Uhr; $ 31–44) hergerichtet und durch eine gemütliche Lounge mit den übrigen Bereichen des Hotels verbunden. Obwohl das Essen hier nicht billig ist, wird das Restaurant von Einheimischen und Touristen gerne besucht. Der Chefkoch ist auf europäische Küche spezialisiert, und mehrere Schweizer Gerichte (z. B. Kalb nach Zürcher Art) sorgen dafür, dass der Besitzer George Schwarz nicht so schnell Heimweh bekommt. Weitere Highlights auf der Karte sind Alberta-Rindfleisch, Pazifiklachs und Pekingente. Der Weinkeller mit 32.000 Flaschen zählt zu den schönsten in Kanada. Fürs Abendessen ist eine Tischreservierung Pflicht.

• *Lake Louise Railway Station Restaurant* Vor 100 Jahren steuerten die Touristen, die an der Laggan Station aus den Zügen stiegen, meistens geradewegs das Château Lake Louise an, um ihr Bergabenteuer zu beginnen. Heute kommen Gäste des Château sowie anderer Hotels und sogar Leute aus Banff extra hierher, um im Lake Louise Railway Station Restaurant (200 Sentinel Rd., ✆ 403/522-2600; $ 16–34) zu essen. Der Komplex besteht aus einem Saal im alten Bahnhof (tägl. 11.30–21 Uhr) und zwei restaurierten Speisewagen (im Sommer Fr/Sa 18–21 Uhr). Die Karte ist nicht besonders umfangreich, dafür sind die Gerichte aber sehr fantasievoll zubereitet, oft als Kombination kanadischer und asiatischer Zutaten. Eine leichte Mittagsmahlzeit wie Caesar Salad mit gebratenem Knoblauch ist die ideale Grundlage für eine Wanderung am Nachmittag. Abends gibt es Vorspeisen wie Bruschetta mit Birne und Schinken und als Hauptgericht z. B. ein exzellentes Lachsfilet aus der Pfanne in einer Soße mit angebratenem Mais.

• *Fairmont Château Lake Louise* Das berühmte Hotel am See beherbergt mehrere Restaurants und einen Eissalon. Alle Tischreservierungen fürs Château werden unter ✆ 403/522-1817 entgegengenommen. Die **Poppy Brasserie** bietet keinen ungehinderten Blick auf den See, ist aber das legerste Restaurant. Das Frühstücksbüfett (tägl. 7–11.30 Uhr) ist mit $ 25/Pers. nicht gerade billig, Mittag- und Abendessen (tägl. 11.30–20.30 Uhr; $ 18,50–32) werden à la carte bestellt.

Die **Walliser Stube** (tägl. 18–21 Uhr) ist eine elegante, zweistöckige Weinstube mit hübscher Holzvertäfelung und soliden Eichenmöbeln. Neben Käsefondue stehen einfache deutsche Gerichte ab $ 21 auf der Speisekarte.

Die **Lakeview Lounge** (tägl. 12–21 Uhr) hat Panoramafenster vom Fußboden bis zur Decke und bietet Mittagessen bei fabelhaftem Ausblick auf den See (tägl. 12–16 Uhr; Reservierung erforderlich; $ 31/Pers. bzw. $ 39 mit einem Glas Champagner).

Das absolute Prunkstück ist der **Fairview Dining Room** (tägl. 18–21 Uhr; $ 31–37): Als Aushängeschild des Château bietet er den besten Ausblick und das eleganteste Ambiente. Die Karte vereint kanadische Erzeugnisse mit klassischer europäischer Küche.

Information/Adressen/Verbindungen

• *Information* Das **Lake Louise Visitor Centre** (✆ 403/522-3833; Mitte Juni bis Aug. tägl. 8–20 Uhr, Mitte Mai bis Mitte Juni und Sept. tägl. 8–18 Uhr, sonst tägl. 9–16 Uhr) liegt neben der Samson Mall in der Village Rd. Die ausgezeichnete Einrichtung von Parks Canada zeigt neben anschaulichen Exponaten auch Dias und Videos. Das Personal beantwortet bereitwillig alle Fragen, empfiehlt maßgeschneiderte Wanderungen und erteilt Campinggenehmigungen für Übernachtungen in der Wildnis. Auf einer Tafel neben der ausgestopften Grizzlybärin ist ihre gleichermaßen faszinierende wie traurige Lebensgeschichte nachzulesen.

• *Adressen* Die kleine **Postfiliale** in der Samson Mall fungiert auch als Vermittlungsbüro für Reisebusse und Mietwagen. In Lake Louise gibt es **keine Bank**, aber das Fairmont Château Lake Louise hat ein Wechselbüro, und im Lebensmittelladen steht ein Geldautomat. In der Mall gibt es einen betriebsamen **Waschsalon** (im Sommer tägl. 8–20 Uhr, sonst verkürzte Öffnungszeiten) und das Fotogeschäft **Pipestone Photo** (✆ 403/522-3617; tägl. 9–19 Uhr).

• *Verbindungen* **Brewster** (✆ 403/762-6767 oder ✆ 800/661-1152, www.brewster.ca) und **Banff Airporter** (✆ 403/762-3330 oder ✆ 888/449-2901, www.banffairporter.com) unterhalten jeweils mindestens zwei Busverbindungen tägl. vom Calgary International Airport über Banff nach Lake Louise. Die einfache Fahrt kostet um die $ 70, die Rückfahrkarte ist etwas günstiger als zwei Einzeltickets. **Greyhound** (✆ 403/522-3870) fährt 5-mal tägl. vom Busbahnhof in Calgary (850 16th St. SW) nach Lake Louise. Von Vancouver braucht der Greyhound 13 Std. bis Lake Louise.

Die einzige Autovermietung im Ort ist **National** (✆ 403/522-3870); es ist aber günstiger, ein Fahrzeug am Flughafen von Calgary zu mieten.

Eine Taxifahrt mit **Lake Louise Taxi & Tours** (Samson Mall, ✆ 403/522-2020) kostet $ 3 Einstiegsgebühr plus $ 1,85 pro gefahrenen Kilometer (von der Mall zum Fairmont Château Lake Louise ca. $ 15, zum Moraine Lake $ 35, nach Banff $ 165).

Wilson Mountain Sports (Samson Mall, ✆ 403/522-3636) verleiht Mountainbikes ab $ 15/Std. bzw. $ 45/Tag inkl. Helm, Schloss und Wasserflasche. Außerdem gibt's hier leihweise Camping-, Kletter- und Angelausrüstung.

Icefields Parkway

Der 1939 fertig gestellte Icefields Parkway zwischen Lake Louise und Jasper zählt zu den landschaftlich schönsten und faszinierendsten Straßen, die jemals gebaut wurden. Von Lake Louise verläuft der 230 km lange Parkway parallel zur kontinentalen Wasserscheide im Schatten der höchsten und wildesten Berge der kanadischen Rockies. Die Strecke kann in 3 Std. zurückgelegt werden, die meisten aber lassen sich dafür einen ganzen Tag Zeit, viele auch mehrere Tage. Zu Recht, denn die Landschaft ist wirklich herrlich.

Die Straße ist steil und teilweise sehr kurvenreich, hat aber einen breiten Randstreifen und eignet sich daher auch ideal für eine lange Fahrradtour. Für die Fahrt von Banff nach Jasper sind sieben Tage zu veranschlagen, unterwegs kann man in Hostels oder auf Campingplätzen übernachten. Die genannte Richtung ist mit dem Fahrrad vorzuziehen, denn Jasper liegt über 500 m tiefer als Banff und Lake Louise.

Der Parkway ist ganzjährig geöffnet, hat aber im Winter seine Tücken. Da die Straße häufig kurzfristig für Lawinenkontrollmaßnahmen gesperrt wird, ist es dringend zu empfehlen, sich vor der Abfahrt in Banff oder Lake Louise über die aktuelle Lage zu informieren. Wer mit dem Auto unterwegs ist, sollte unbedingt volltanken, denn zwischen Mitte Oktober und April hat an der gesamten Strecke keine Tankstelle geöffnet.

Sehenswertes

Der Icefields Parkway zweigt unmittelbar nördlich von Lake Louise vom Trans-Canada Hwy. ab und führt sofort durch eine beeindruckende Landschaft. Schon nach 3 km taucht der **Herbert Lake** auf, frühmorgens oder am Abend ein perfektes Fotomotiv, wenn sich die **Waputik Range** und der auffällig geformte **Mount Temple** im See spiegeln.

Obwohl das Panorama am **Hector Lake Viewpoint** teilweise durch Bäume beeinträchtigt wird, ist das smaragdgrüne Wasser vor einer gigantischen Kalksteinwand ein atemberaubender Anblick. Schaut man am Highway entlang in Richtung Norden, ist deutlich der Gipfel des **Bow Peak** zu erkennen. Der Berg ist zwar „nur" 2868 m hoch, aber komplett aus der Waputik Range herausgelöst und daher eine beliebte Herausforderung für Bergsteiger. Beim Verlassen des Aussichtspunktes ragt fern im Nordosten hinter dem Hector Lake der 3246 m hohe **Mount Balfour** aus der Gebirgssilhouette heraus.

Crowfoot Glacier

Der beste Blick auf diesen Gletscher mit dem zutreffenden Namen „Krähenfuß" bietet sich von einigen Punkten nördlich des Bow Lake. Von einem Aussichtspunkt 17 km nördlich vom Hector Lake kann man genau erkennen, wie der Crowfoot geformt ist: Er sitzt knapp unterhalb des Gipfels des Crowfoot Mountain auf einem breiten Felsvorsprung, wo sich seine vergletscherten „Klauen" an die steilen Bergwände klammern. Das Abschmelzen dieses Gletschers vollzieht sich mit dramatischer Geschwindigkeit. Noch vor 50 Jahren reichten zwei seiner Ausläufer bis an den Fuß der unteren Klippe.

Bow Lake

Das perlende, glasklare Wasser des Bow Lake gehört zu den schönsten Ansichten, die der Icefields Parkway zu bieten hat. Der See entstand durch Moränen, die von abschmelzenden Gletschern zurückgelassen wurden und das Schmelzwasser aufstauten. An windstillen Tagen spiegeln sich auf dem Wasser schneebedeckte Gipfel, nackte Felswände und Geröllfelder, die bis in den See reichen. Man muss keinen Fotokurs belegt haben, um hier tolle Bilder zu schießen. Am südöstlichen Ende des Sees befindet sich eine tagsüber zugängliche Picknickfläche mit Tischen am Wasser. Am oberen Abschnitt des Sees liegen die *Num-Ti-Jah Lodge* und der Startpunkt für eine Wanderung zu den Bow Glacier Falls (siehe *Wandern*).

Hinter dem Bow Lake klettert die Straße auf den **Bow Summit.** Wenn man zurückschaut, wird die echte Färbung des Bow Lake sichtbar, und der Crowfoot Glacier offenbart seine einzigartige Form. Mit einer Höhe von 2069 m zählt dieser Pass zu den höchsten Kanadas, die mit dem Fahrzeug überquert werden können. Hier entspringt auch der Bow River, bevor er seine Reise durch Lake Louise, Banff und Calgary beginnt.

Peyto Lake

Vom Parkplatz am Bow Summit führt ein kurzer, asphaltierter Wanderweg zu einem der atemberaubendsten Aussichtspunkte, die man sich vorstellen kann. Weit unterhalb liegt der Peyto Lake, ein in unglaublich intensives Grün getauchter See, dessen Farbschattierung sich jeweils mit den Jahreszeiten ändert. Vor dem Einset-

Der Mount Chephren liefert eine dramatische Kulisse für den Lower Waterfowl Lake

zen der großen Schneeschmelze auf den benachbarten Gletschern (Juni bis Anfang Juli) ist er dunkelblau. Mit Fortschreiten des Sommers ergießt sich immer mehr Schmelzwasser über ein Delta in den See. Es ist mit feinen Partikeln zermahlener Gesteinsmasse angereichert, die als *Felsmehl* bezeichnet wird. Nicht der Mineralgehalt des Felsmehls ist verantwortlich für die einzigartige Farbe des Sees, vielmehr sind es die Teilchen selbst, weil sie den blaugrünen Bereich des Lichtspektrums reflektieren. Je nach Menge des im Wasser treibenden Felsmehls ändert sich auch die Färbung des Sees.

Zur Saskatchewan River Crossing

Vom Bow Pass aus führt der Parkway stetig bergab bis zu einem Aussichtspunkt. Von dort hat man einen tollen Blick über den Mistaya River auf den **Mount Patterson** und den **Snowbird Glacier,** der sich in die steile Nordostwand des Berges schmiegt. Der **Mistaya Lake** ist ein 3 km langer See im Tal zwischen der Straße und dem Gebirge, der aber vom Parkway aus nicht zu sehen ist. Der beste Platz für einen Panoramablick auf den See ist der **Howse Peak Viewpoint** am Upper Waterfowl Lake. Von dort ist die hohe Bergkette, die die kontinentale Wasserscheide bildet, gut zu erkennen. Zahlreiche Wanderwege führen um die sumpfigen Ufer des **Upper Waterfowl Lake** und des **Lower Waterfowl Lake.** Eine bessere Gelegenheit zum Beobachten von Elchen bietet sich sonst kaum irgendwo im Nationalpark. Die Tiere ernähren sich von der üppigen Vegetation, die am Upper Waterfowl Lake gedeiht.

Von einem Parkplatz 14 km nordöstlich vom Waterfowl Lake Campground führt ein kurzer Wanderweg durch einen Montanwald hinunter in den **Mistaya Canyon.** Dort, wo der Mistaya River den Talboden des Mistaya Valley verlässt und sich durch eine enge Schlucht ins North Saskatchewan Valley ergießt, sind die Auswirkungen der Erosion zu erkennen. Die vielen Löcher im Boden stammen von Felsblöcken, die vom Wildwasser herumgewirbelt wurden und deutliche Vertiefungen in der Bodenschicht aus Kalkstein hinterlassen haben.

Von der Saskatchewan River Crossing bis zum Sunwapta Pass

Jenseits des North Saskatchewan River führt der Icefields Parkway am Fuß des **Mount Wilson** entlang. Ein Aussichtspunkt unmittelbar hinter dem Rampart Creek Campground garantiert gute Ausblicke auf den Mount Amery im Westen und die Gipfel der Berge Sarbach, Chephren und Murchison im Süden. Ein Stück weiter ragt die **Weeping Wall** in die Höhe, eine lang gezogene Klippe aus grauem Kalkstein, wo mehrere Wasserfälle von den Steilhängen des **Cirrus Mountain** über 100 m in die Tiefe stürzen. Im Winter ist diese Wasserwand gefroren und ein beliebtes Revier für Eiskletterer. Vor dem Aufstieg zum Sunwapta Pass beschreibt die Straße einen weiten Bogen oberhalb einer Schwemmebene des North Saskatchewan River. Auf halbem Weg zum Pass wartet ein weiterer lohnenswerter Aussichtspunkt: Der Blick schweift über das Tal auf den Mount Saskatchewan, während auf der anderen Straßenseite der Cirrus Mountain in die Höhe ragt. Ein Stück weiter folgt noch ein Aussichtspunkt mit Blick über das Tal auf die **Panther Falls.**

Ein Steinhaufen auf dem **Sunwapta Pass** (2023 m) markiert sowohl die Grenze zwischen den Nationalparks Banff und Jasper als auch die Wasserscheide zwischen dem North Saskatchewan River, der letztlich in den Atlantik mündet, und dem Sunwapta River, der seine Reise zum Nordpolarmeer antritt.

Columbia Icefield

Das größte und am einfachsten zugängliche Gletschergebiet von insgesamt 17 am Icefields Parkway ist das 325 km² große Columbia Icefield, 132 km nördlich von Lake Louise und 105 km südlich von Jasper. Es ist ein Überbleibsel der letzten großen Vergletscherung, die sich vor 20.000 Jahren über einen Großteil des heutigen Kanada verbreitete. Es hat die Zeiten überdauert, weil es 1900–2800 m über dem Meeresspiegel liegt und daher niedrigen Temperaturen und starken Schneefällen ausgesetzt ist. Von der Haupteiskappe, die rittlings auf der kontinentalen Wasserscheide liegt, erstrecken sich sechs Gletscher in drei große Täler. Am leichtesten zugänglich ist der **Athabasca Glacier,** der auch vom Icefields Parkway aus zu sehen ist; er ist einer von sehr wenigen Gletschern auf der Erde, an den man direkt heranfahren kann.

Das fantastische **Icefield Centre** schmiegt sich mit Blick auf den Athabasca Glacier an den Fuß des Mount Wilcox. Das Zentrum ist der Startpunkt für Touren auf den Gletscher und beherbergt die **Glacier Gallery;** dort werden sämtliche Aspekte dieser Eislandschaft beleuchtet, darunter auch die Geschichte von der Entstehung und Wanderung der Gletscher. Die Haupthalle beherbergt einen Informationsstand von Parks Canada (✆ 780/852-6288), den Ticketverkauf für die Touren, einen großen Giftshop und die Toiletten, im Obergeschoss gibt es einige durchschnittliche Restaurants (wer aus Richtung Süden kommt, sollte sich schon in der Bäckerei Laggan's Mountain in Lake Louise für die Fahrt eindecken). Das Icefield Centre bleibt in der Wintersaison von Mitte Oktober bis Mitte April geschlossen. Im Juli und August ist der Komplex täglich von 9 bis 23 Uhr geöffnet, in den übrigen Monaten der Sommersaison gelten eingeschränkte Öffnungszeiten.

Gegenüber vom Icefield Centre führt eine unbefestigte Straße – durch Haufen von Tillit, die der Athabasca Glacier bei seinem Rückzug hinterlassen hat – bergab zu

Mit dem Ice Explorer über das Columbia Icefield

einem Parkplatz am Sunwapta Lake. Wie bei allen Gletschern ist auch die Oberfläche des Athabasca besonders tückisch, weil sich unter vermeintlich sicheren Schneebrücken gefährliche Gletscherspalten verbergen können.

Die sicherste Methode, den Gletscher aus nächster Nähe zu erleben, ist eine Tour mit dem Ice Explorer, denn das Spezialfahrzeug mit Ballonreifen überwindet auch Gletscherspalten. Die 90-minütige Tour mit informativem Kommentar beinhaltet einen Spaziergang über einen garantiert spaltenfreien Abschnitt auf dem Eisfeld. Die Touren werden von Mitte April bis Mitte Oktober zwischen 9 und 17 Uhr veranstaltet (Tipp: vor 10 oder nach 15 Uhr aufbrechen, um den vielen Reisegruppen zu entgehen). Die Tour, für die keine Reservierungen angenommen werden, kostet $ 47 für Erwachsene und $ 23 für Kinder, Karten gibt es in der Haupthalle des Icefield Centre. Weitere Informationen zu den Touren erteilt **Brewster** (✆ 403/762-6700, www.explorerockies.com).

Vom Columbia Icefield nach Jasper

Der Sunwapta Lake am Fuß des Athabasca Glacier ist die Quelle des **Sunwapta River,** der dem Icefields Parkway über 48 km in Richtung Norden bis zu den Sunwapta Falls folgt. Nach 8 km ist ein etwas tiefer gelegener Aussichtspunkt auf den **Stutfield Glacier** erreicht, 6 km weiter bergab taucht die **Tangle Ridge** auf, eine graubraune Kalksteinwand, über die der Beauty Creek kaskadenförmig in die Tiefe stürzt. An diesem Punkt folgt der Icefields Parkway dem verzweigten Lauf des Sunwapta River vor der Kulisse der **Endless Range,** der Ostwand eines typischen Gletschertals. Nach weiteren 41 km führt ein 500 m langer Weg vom Sunwapta Falls Resort zu den **Sunwapta Falls.** Dort macht der Sunwapta River einen scharfen Knick und stürzt als Wasserfall in einen tiefen Canyon. Der beste Aussichtspunkt ist die Brücke über den Fluss, eine schöne Wanderung führt vom Parkplatz flussabwärts am Rand der Schlucht entlang.

Nachdem die Straße über einen Abschnitt von 17 km den Athabasca River begleitet hat, steigt sie wieder an zum **Goat Lookout,** einem Platz mit Picknicktischen und Panoramablick über den Fluss. Unterhalb des Aussichtspunktes ist eine abschüssige Bank aus frei gelegtem, von Gletschern zerriebenem Material, das natürliche Salzablagerungen enthält. Die heimischen Schneeziegen halten sich meistens an den steilen Hängen des nordöstlich gelegenen Mount Kerkeslin auf, überqueren aber gelegentlich auch die Straße und suchen nach Salzlecken am Ufer, um ihren Nährstoffvorrat wieder aufzufüllen.

Knapp 10 km hinter dem Goat Lookout und 32 km südlich von Jasper gabelt sich der Icefields Parkway: Ein alter Abschnitt des Hwy. 93A überquert den Athabasca River, folgt über 25 km dem Westufer des Flusses und trifft 7 km südlich von Jasper wieder auf den Parkway. Am südlichen Ende dieser Schlaufe zwängt sich der Athabasca River durch eine enge Schlucht und stürzt bei den **Athabasca Falls** tosend in die Tiefe.

Wandern

Die Wanderwege am Icefields Parkway werden in den folgenden Abschnitten von Süden nach Norden behandelt.

Banff National Park

Der Wanderweg zu den **Bow Glacier Falls** (3,4 km; einfach 1 Std.) weist kaum Höhenunterschiede auf und ist daher leicht zu bewältigen. Er folgt zunächst dem Ufer eines der schönsten Seen in den kanadischen Rocky Mountains und endet an einem spektakulären Wasserfall. Startpunkt ist die Num-Ti-Jah Lodge 36 km nordwestlich des Trans-Canada Hwy.

Vom Waterfowl Lakes Campground, 20 km weiter nördlich am Icefields Parkway, beginnt ein Wanderweg zum **Chephren Lake** (4 km; einfach 60–90 Min.). Minimale Anstrengung (der Höhenunterschied beträgt nur 100 m) wird maximal belohnt, denn der See ist wunderschön, und es sind nur wenige Menschen unterwegs.

An einem hohen Punkt am Icefields Parkway, 4 km südlich vom Sunwapta Pass, beginnt der Aufstieg zur **Parker's Ridge** (2,4 km; einfach 1 Std.). Der Wanderweg führt durch eine fragile alpine Umgebung bis zum Gipfel einer Bergkette mit Panoramablick über den 2 km breiten Saskatchewan Glacier zum Castleguard Mountain.

Jasper National Park

Die recht anspruchsvolle Wanderung zum **Wilcox Pass** (4 km; einfach 90 Min.) beginnt 3 km südlich vom Icefield Centre am Wilcox Creek Campground. Für die Überwindung des Höhenunterschieds von 340 m entschädigt das Panorama: Der Blick schweift über das Tal, das Columbia Icefield und die umliegenden Gipfel. Für Farbtupfer sorgen die vielen Blumen auf den Bergwiesen.

Wer 1 km hinter den Athabasca Falls vom Hwy. 93A in die Geraldine Fire Rd. abbiegt, erreicht nach 5,5 km den Wanderweg zu den **Geraldine Lakes** (5 km; einfach 2 Std.). Die anfänglichen 2 km bis zum ersten von vier Seen sind leicht zu bewältigen. Am Ende des Sees führt der Weg steil bergauf (an einem schönen, 100 m hohen Wasserfall vorbei) und durchquert anschließend raues Gelände, wo zur

Orientierung Steinhaufen aufgeschichtet wurden, weil er nicht immer genau zu erkennen ist. Am Ende des Tals wartet ein weiterer Wasserfall. Östlich davon klettert der Weg auf einen Bergkamm oberhalb des zweiten Sees, 5 km vom Startpunkt entfernt. Die beiden anderen Seen liegen weiter unten im Tal und sind nur durch dichten Busch zugänglich.

Reisepraktisches

Am Icefields Parkway stehen vier Lodges und vier Hostels. Weitere Unterkünfte und die Hauptcampingplätze von Jasper liegen ebenfalls am Parkway, aber bereits in unmittelbarer Nähe der Stadt (siehe *Jasper*).

Übernachten/Essen und Trinken

• *Unter $ 50* Die Einrichtungen in den vier Hostels am Icefields Parkway sind begrenzt, und die Betten sollten so weit wie möglich im Voraus reserviert werden (✆ 403/670-7580 oder ✆ 866/762-4122, www.hihostels.ca).

Das südlichste Hostel, das **HI-Mosquito Creek** (Juni bis März; Mitglieder $ 23/Nacht, Nichtmitglieder $ 27), liegt 24 km von Lake Louise entfernt und bietet Platz für 32 Personen in Hütten zu vier oder sechs Betten. Zur Einrichtung gehören Küche, Holzofensauna und ein großer Gemeinschaftsraum mit Kamin. Das ganzjährig geöffnete Hostel hat keine Duschen, Gäste dürfen aber die im nahe gelegenen Lake Louise Alpine Centre benutzen.

Das **HI-Rampart Creek** (Mai bis März; Mitglieder $ 23/Nacht, Nichtmitglieder $ 27) 64 km weiter nördlich am Parkway ist vor der mächtigen Kulisse des schneebedeckten Mount Wilson kaum zu erkennen. Vom Hostel eröffnen sich Ausblicke über den North Saskatchewan River auf noch höhere Gipfel der kontinentalen Wasserscheide. Wie am Mosquito Creek gibt es auch in dieser Gegend gute Wanderwege. Insgesamt 24 Etagenbetten verteilen sich auf vier Hütten, außerdem gibt es eine Küche und eine Sauna.

Das **HI-Beauty Creek** (Mai bis Sept.; Mitglieder $ 23/Nacht, Nichtmitglieder $ 27), 17 km nördlich vom Columbia Icefield und 144 km von Lake Louise entfernt, kuschelt sich in einen kleinen Douglasienwald zwischen Icefields Parkway und Sunwapta River. Die beiden nach Geschlechtern getrennten 12-Bett-Hütten haben Holzofen und Propangaslampen. In einem dritten Gebäude sind Küche und Speisesaal untergebracht, aber es gibt weder Duschen noch WCs.

Das **HI-Athabasca Falls** (Okt. bis April dienstags geschlossen, Nov. komplett geschlossen; Mitglieder $ 23/Nacht, Nichtmitglieder $ 27) liegt 32 km südlich von Jasper und 198 km nördlich von Lake Louise. Es ist ähnlich rustikal wie Beauty Creek, aber größer und hat Strom. Der Wasserfall liegt nur wenige Gehminuten entfernt.

• *$ 150–200* Der große Motelkomplex **The Crossing** (✆ 403/761-7000, www.thecrossingresort.com; Mitte März bis Mitte Okt.; $ 159–209 für 1/2 Pers.) liegt 87 km nördlich von Lake Louise und 45 km südlich vom Columbia Icefield. Die geräumigen Zimmer sind ihr Geld wert, und von den meisten kann man in Richtung Westen auf die Kontinentalscheide sehen. Zum Komplex gehören die einzige Tankstelle zwischen Lake Louise und Jasper, ein riesiger Giftshop, eine Cafeteria mit Selbstbedienung, ein Restaurant und ein Pub, in dem sich Gäste ihr eigenes Steak grillen können.

• *Über $ 200* Das alteingesessene **Sunwapta Falls Resort** (✆ 780/852-4852 oder ✆ 888/828-5777, www.sunwapta.com; Mai bis Mitte Okt.; $ 199–395 für 1/2 Pers.) liegt 55 km südlich von Jasper. Der malerische Wasserfall, dem es seinen Namen verdankt, ist zu Fuß zu erreichen. Den Gästen stehen 52 motelähnliche Einheiten (teils mit Balkon) zur Auswahl, entweder mit zwei großen Betten oder mit einem großen Bett und Kamin. In der großen Lodge gibt es einen Speisesaal mit Selbstbedienung, in dem auch viele Touristen einkehren, die nicht hier übernachten. Abends wird daraus ein Restaurant mit einfachen kanadischen Wild- und Seafoodgerichten ($ 21–29); der köstliche Streuselkuchen mit Wildbeeren kostet $ 7,50.

Das **Glacier View Inn** (✆ 780/852-6550 oder ✆ 877/423-7433, www.brewster.ca; Mai bis Sept.; $ 250–265 für 1/2 Pers.) nimmt das oberste Stockwerk des Columbia Icefield

Centre ein und liegt 132 km nördlich von Lake Louise und 105 km südlich von Jasper. Der Ausblick aufs Eisfeld ist schlichtweg atemberaubend. Es gibt 29 Standardzimmer (17 mit Gletscherblick) und drei größere und luxuriösere Zimmer über Eck, alle Einheiten haben Satelliten-TV und Telefon. Wegen der abgeschiedenen Lage beschränken sich die Optionen zum Essengehen auf ein Café und ein Restaurant im Haus. Der **Glacier Dining Room** bietet tägl. ab 7 Uhr ein Frühstücksbüfett und hat von 18 bis 21.30 Uhr zum Abendessen geöffnet. Auf derselben Etage gibt es eine Cafeteria und eine Snackbar.

Simpson's Num-Ti-Jah Lodge (✆ 403/522-2167, www.num-ti-jah.com; ab $ 320 für 1/2 Pers.) liegt am Nordufer des Bow Lake, 40 km nördlich von Lake Louise. Der Pionier, Guide und Ausrüster Jimmy Simpson baute sie 1920 als Basis für sein Geschäft. Damals war die Route nördlich vom Lake Louise nur ein einfacher Reitweg. Da sich die rustikale Bergatmosphäre seit Simpsons Tagen kaum verändert hat, ist eine Nacht in der Num-Ti-Jah Lodge ein unvergessliches Erlebnis, die Annehmlichkeiten eines normalen Motels sind hier allerdings nicht zu erwarten. Unter dem auffälligen roten Spitzdach des Hauptgebäudes liegen 25 Zimmer (einige mit Gemeinschaftsbad), und es gibt weit und breit weder TV noch Telefon. Im Erdgeschoss befindet sich ein gemütlicher Lesesaal mit offenem Kamin und alten Bildbänden über die Berge. Im mit antiken Erinnerungsstücken dekorierten Speisesaal werden Frühstück und Abendessen serviert.

Camping

Der ganzjährig geöffnete **Mosquito Creek Campground** (Stellplatz $ 21) liegt 24 km von der Kreuzung mit dem Trans-Canada Hwy. entfernt und ist die erste Campingmöglichkeit am Icefields Parkway nördlich von Lake Louise. Vom Namen sollte sich niemand abschrecken lassen, denn hier gibt's nicht mehr Mücken als anderswo in der Gegend. Die 32 Stellplätze liegen im Wald, ein rauschender Bach trennt den Campingplatz vom gleichnamigen Hostel. Alle Stellplätze haben Picknicktisch und Feuerstelle, die übrige Ausstattung beschränkt sich auf Brunnenwasser, Plumpsklos und einen überdachten Kochbereich mit altem Holzofen.

Der **Waterfowl Lake Campground** (Ende Juni bis Mitte Sept.; $ 27) liegt 33 km nördlich vom Mosquito Creek am Icefields Parkway. Er besteht aus 116 Stellplätzen zwischen dem Upper Waterfowl Lake und dem Lower Waterfowl Lake, einige davon mit Blick auf den unteren See. Zur Ausstattung gehören WCs, Wasser aus dem Brunnen und überdachte Kochbereiche mit Holzöfen. Wer früh aufsteht, kann vom Ufer des unteren Sees beobachten, wie die ersten Strahlen der Morgensonne den Mount Chephren in schönes Licht tauchen. Wer jetzt die 4 km zum Chephren Lake wandert, hat den Wanderweg praktisch für sich allein und ist rechtzeitig zu einem späten Frühstück zurück.

In Richtung Jasper passiert der Icefields Parkway The Crossing, wo es eine Tankstelle gibt und den letzten Lebensmittelladen vor dem **Rampart Creek Campground** (Ende Juni bis Anfang Sept.; $ 21), 31 km vom Waterfowl Lake und 88 km von Lake Louise entfernt. Der Campingplatz hat nur 50 Stellplätze und ist daher schnell ausgebucht. Zur Ausstattung gehören überdachte Kochbereiche, Plumpsklos und Brunnenwasser.

Hinter dem Sunwapta Pass – und damit schon im Jasper National Park – folgen zwei weitere Campingplätze: **Wilcox Creek** und **Columbia Icefield** liegen nur 2 km voneinander entfernt unmittelbar südlich des Columbia Icefield, ca. 125 km nördlich von Lake Louise und gut 100 km südlich von Jasper. Alle Stellplätze auf den recht primitiv ausgestatteten Campingplätzen (Feuerstellen, Plumpsklos und überdachte Kochbereiche) kosten $ 16. Die ziemlich kleinen Parzellen auf dem Columbia Icefield Campground liegen in einem verkümmerten subalpinen Wald mit Espen und Fichten, aber der Ausblick reicht bis zum Athabasca Glacier. Unmittelbar südlich bietet der Wilcox Creek Campground größere Stellplätze und eignet sich damit besser für Wohnmobile, wenn auf Anschlüsse verzichtet werden kann. Weiter nördlich liegen die Campgrounds **Jonas Creek**, **Honeymoon Lake** und **Mount Kerkeslin.** Alle sind primitiv ausgestattet und kosten $ 16/Nacht.

Jasper

Am oberen Ende des Icefields Parkway, 280 km nördlich von Banff und dreieinhalb Autostunden westlich der Provinzhauptstadt Edmonton, liegt die Kleinstadt Jasper, das Versorgungszentrum des Nationalparks. Für Touristen ist Jasper ein herrliches Pendant zu Banff, denn die Stadt hat nur halb so viele Einwohner, ist weniger kommerzialisiert und insgesamt wesentlich beschaulicher. Einer ihrer besonderen Reize ist die herrliche Lage am Zusammenfluss von Athabasca und Miette River vor der Kulisse der zerklüfteten, schneebedeckten Gipfel des gleichnamigen Nationalparks.

Die Hauptstraße Connaught Dr. verläuft parallel zu den Bahngleisen im Bogen durch den Ort. An ihr liegen das Informationszentrum des Nationalparks, der Busbahnhof, der Bahnhof sowie mehrere Restaurants, Motels und Parkplätze. Westlich davon verläuft ebenfalls parallel die Patricia St. (Einbahnstraße in Richtung Norden) mit weiteren Restaurants und Geschäften. Die nächste Parallelstraße westlich ist die Geikie St. mit mehreren Hotels und Motels. Die Vororte bestehen aus gepflegten Häuserreihen, die wesentlich weniger protzig sind als die Wohnhäuser in Banff. Dort befinden sich auch sämtliche Einrichtungen einer typischen Kleinstadt wie Bibliothek, Schule, Schwimmbad und Krankenhaus.

Geschichte

Nach seinen Ursprüngen als Handelsposten und Versorgungsdepot für Pelzhändler wurde die kleine Siedlung über viele Jahre hinweg von einem Kaufmann namens Jasper Hawes geleitet und erwarb sich mit der Zeit unter dem Namen Jasper's House einen gewissen Bekanntheitsgrad. 1907 steckte die Bundesregierung offiziell die Grenzen des Jasper Forest Park ab und kaufte das gesamte Land innerhalb dieser Grenzen auf (mit Ausnahme eines kleinen Gehöfts, das einem sturköpfigen Farmer namens Lewis Swift gehörte und bis 1962 in Privatbesitz blieb, als Swift schon längst das Zeitliche gesegnet hatte). Nachdem 1911 die Grand Trunk Pacific Railway fertig gestellt war, kamen die ersten Besucher in das abgelegene Bergdorf und läuteten damit eine verheißungsvolle Zukunft ein. Die erste Unterkunft für Feriengäste waren zehn Zelte am Ufer des Lac Beauvert, die als Jasper Park Camp bekannt wurden. Anstelle des Zeltplatzes entstand 1921 ein neues Holzgebäude, die Jasper Park Lodge. Im Sommer 1928 wurden eine Straße zwischen Jasper und Edmonton fertig gestellt und ein Golfplatz angelegt.

Eigenständigkeit

Obwohl die Infrastruktur sich schon in den 1960er Jahren zu entwickeln begann, wurde die Stadt noch jahrzehntelang durch Parks Canada von Ottawa aus verwaltet. Erst 2002 bekam Jasper den Status einer eigenständigen Gemeinde, deren Bürger ihren Bürgermeister und ihre Ratsmitglieder selbst wählen dürfen. Die Kommunalpolitik hat einen schwierigen Spagat zu bewältigen, denn die Stadt muss sowohl ihrer Aufgabe als Versorgungszentrum eines Nationalparks gerecht werden als auch den Bedürfnissen ihrer ständigen Bewohner. Die am deutlichsten sichtbaren Veränderungen seit Erlangung der Eigenständigkeit sind ein neues Krankenhaus mit Notaufnahme, eine neue Kläranlage und eine Entschärfung der enormen

JASPER AND VICINITY

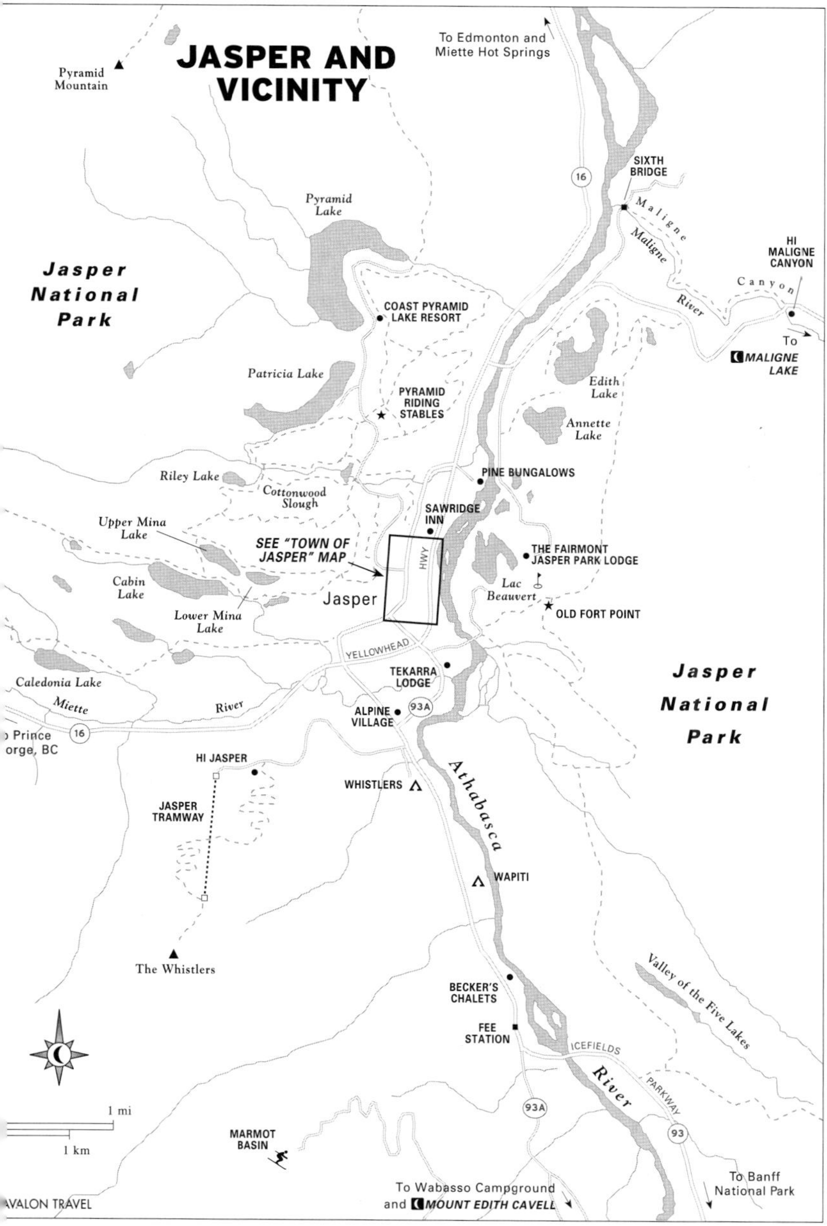

Parkplatzprobleme in der Innenstadt. Was sich nicht geändert hat, ist die Existenzgrundlage der Stadt: Über 50 % der 5200 Einw. arbeiten im Fremdenverkehr und bedienen die Bedürfnisse von rund 2 Mio. Besuchern pro Jahr.

Sehenswertes/Abstecher

Da man im Nationalpark unglaublich viel sehen und unternehmen kann, verwundert es schon, dass sich so viele Menschen in der Stadt aufhalten, ganz besonders im Juli und August. Die dringend notwendige Verbesserung der Parkplatzsituation hatte kaum Einfluss auf den Verkehr. Wer mit dem eigenen Fahrzeug anreist, kann sein Glück auf dem großen Gelände an den Bahngleisen versuchen. Es ist generell davon abzuraten, tagsüber mit dem Auto in die Stadt zu fahren, wenn es nicht unbedingt sein muss. Es gibt ohnehin nur einen einzigen wirklich triftigen Grund für einen Aufenthalt in Jasper: das Informationszentrum des Nationalparks am Connaught Dr. Der schattige Park vor dem Gebäude ist ein guter Ort zum Leutebeobachten.

Museen

Am Ortsausgang in Richtung Pyramid Lake steht das ausgezeichnete **Jasper-Yellowhead Museum and Archives** (400 Pyramid Lake Rd., ✆ 780/852-3013; Mitte Juni bis Sept. tägl. 10–21 Uhr, sonst Do–So 10–17 Uhr; Erwachsene $ 5, Senioren und Kinder $ 4). Das Museum ist alles andere als steif: Im Hauptausstellungsbereich stehen moderne, bunte Informationstafeln und Exponate, die anhand einer Zeitachse die Entwicklungsgeschichte von Jasper erläutern. Wichtige Etappen waren der Pelzhandel, die Ankunft der Eisenbahn und die Gründung des Nationalparks.

Das Museum **The Den** (Ecke Connaught Dr. und Miette Ave., ✆ 780/852-3361; tägl. 9–22 Uhr; $ 3) verbirgt sich in den düsteren Eingeweiden des Whistlers Inn und führt seine Besucher zurück in eine längst vergangene Epoche. Damals waren ausgestopfte Tiere die bevorzugte Methode, die Wunder der Natur zu würdigen. „Besichtigen Sie die Tiere in ihrem natürlichen Lebensraum", preisen die Werbebroschüren des Museums. Dabei sieht der Busch verdächtig nach künstlichen Weihnachtsbäumen aus, und der Wapiti-Bulle scheint „Holt mich hier raus!" zu schreien.

Patricia Lake und Pyramid Lake

Vom Ortsausgang führt eine kurvenreiche Straße durch die Berge zu zwei malerischen Seen. Ihre Entstehung haben sie Gletschermoränen zu verdanken, die das Wasser in den tief liegenden Tälern aufstauten. Der See linker Hand ist der Patricia Lake, ein Stück weiter die Straße hinauf liegt der Pyramid Lake vor der Kulisse des **Pyramid Mountain** (2765 m). Beide sind beliebte Ausflugsziele zum Picknicken, Angeln, Bootfahren und Schwimmen (Letzteres nur im Pyramid Lake). **Pyramid Lake Boat Rentals** (✆ 780/852-4900) verleiht Kanus, Ruderboote, Paddelboote und Kajaks ($ 35 für die erste und $ 25 für jede weitere Stunde). Motorboote kosten $ 55/Std. Die Straße führt weiter um den See herum zu einer Fußgängerbrücke, über die man auf eine beliebte Picknickinsel gelangt.

Jasper Tramway

Diese Seilbahn (✆ 780/852-3093; im Sommer tägl. 9–20 Uhr, April bis Juni und Sept. bis Mitte Okt. verkürzte Fahrzeiten, in den übrigen Monaten geschlossen; Erwachsene $ 28, Kinder von 5 bis 14 Jahren $ 14) überwindet über 1000 m Höhenun-

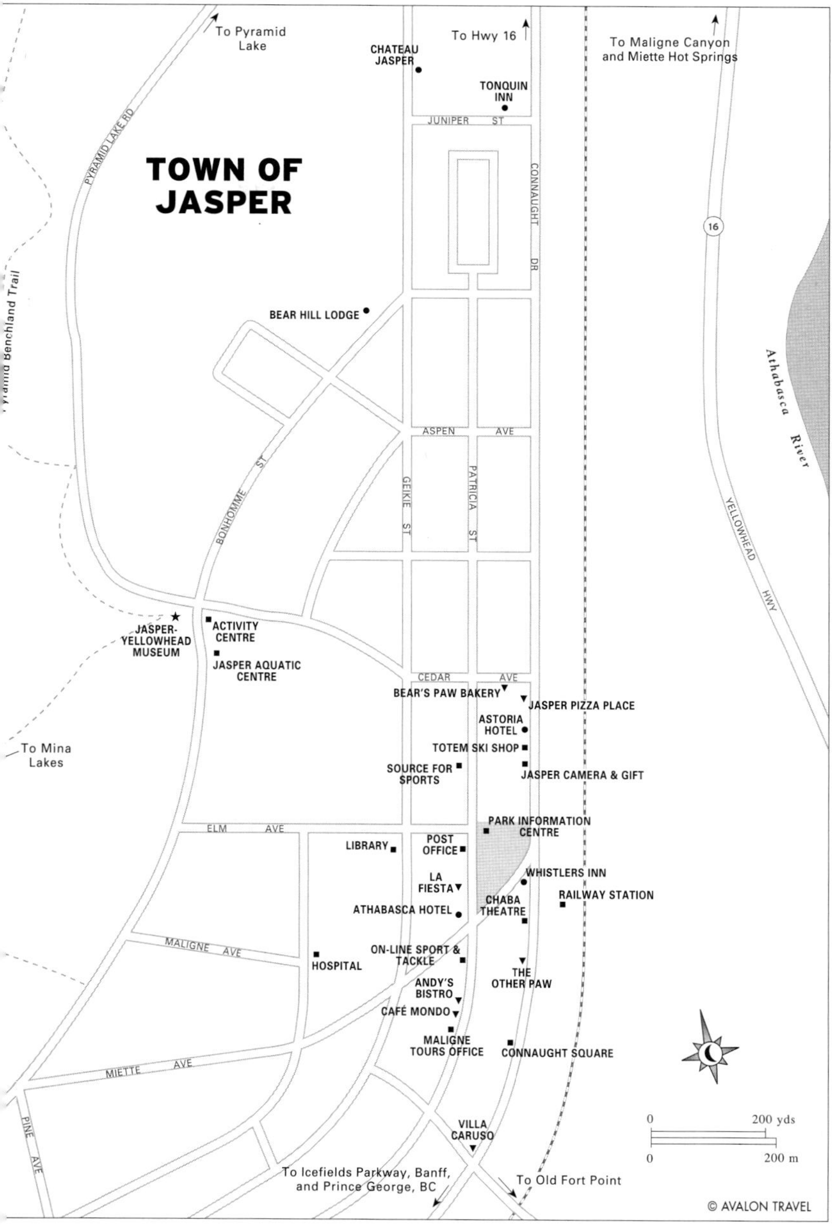

TOWN OF JASPER
To Pyramid Lake
To Hwy 16
To Maligne Canyon and Miette Hot Springs
CHATEAU JASPER
TONQUIN INN
JUNIPER ST
PYRAMID LAKE RD
CONNAUGHT DR
16
Pyramid Benchland Trail
BEAR HILL LODGE
Athabasca River
ASPEN AVE
BONHOMME ST
GEIKIE ST
PATRICIA ST
YELLOWHEAD HWY
JASPER-YELLOWHEAD MUSEUM
ACTIVITY CENTRE
JASPER AQUATIC CENTRE
CEDAR AVE
BEAR'S PAW BAKERY
JASPER PIZZA PLACE
ASTORIA HOTEL
TOTEM SKI SHOP
To Mina Lakes
SOURCE FOR SPORTS
JASPER CAMERA & GIFT
ELM AVE
PARK INFORMATION CENTRE
LIBRARY
POST OFFICE
LA FIESTA
WHISTLERS INN
RAILWAY STATION
ATHABASCA HOTEL
CHABA THEATRE
MALIGNE AVE
HOSPITAL
ON-LINE SPORT & TACKLE
THE OTHER PAW
ANDY'S BISTRO
CAFÉ MONDO
MALIGNE TOURS OFFICE
CONNAUGHT SQUARE
MIETTE AVE
PINE AVE
VILLA CARUSO
0
200 yds
0
200 m
To Icefields Parkway, Banff, and Prince George, BC
To Old Fort Point
© AVALON TRAVEL

terschied. Sie klettert an der steilen Nordwand den Berg **The Whistlers** hinauf, der seinen Namen den eisgrauen Murmeltieren verdankt, die dort oben heimisch sind. Die beiden Gondeln befördern jeweils bis zu 30 Passagiere in 7 Min. zur oberen Station. Während der Fahrt hält der Schaffner einen Vortrag über den Berg und seine Natur. Von der oberen Station führt ein 1,4 km langer Wanderweg zum eigentlichen Gipfel in 2470 m Höhe. An klaren Tagen ist im Nordwesten der Mount Robson zu erkennen, mit 3954 m der höchste Berg der kanadischen Rockies. Kostenlose zweistündige Wanderungen mit Führung zum Gipfel beginnen täglich um 10, 11, 14 und 15 Uhr an der oberen Station. Für die Zeit auf dem Gipfel sollten 2 Std. veranschlagt werden, an klaren Sommertagen ist mit weiteren 2 Std. Wartezeit vor der Abfahrt an der unteren Station zu rechnen. Anfahrt von der Stadt zur Seilbahn: den Hwy. 93 (Icefields Parkway) 3 km in Richtung Süden und noch einmal ca. 3 km die Whistlers Rd. hinauf.

Mount Edith Cavell

Der ursprüngliche Icefields Parkway (Hwy. 93A) verlief am südöstlichen Ufer des Athabasca River. Inzwischen gibt es eine schnellere Straße am anderen Flussufer. Von der ursprünglichen Route, die auch als Athabasca Parkway bezeichnet wurde, windet sich eine 14,5 km lange Straße hinauf bis zu einem Parkplatz unterhalb der Nordostwand des 3363 m hohen Mount Edith Cavell, dem auffälligsten Berg des Nationalparks. Er ist von vielen Punkten des Parks aus zu sehen (auch von der Stadt und vom Golfplatz), doch keine Ansicht ist beeindruckender als die, die man hat, wenn man direkt unter ihm steht. In einem Sattel auf den tiefer gelegenen Hängen des Bergs ist der **Angel Glacier** zu erkennen. Vom Parkplatz führt der **Path of the Glacier Trail** (hin und zurück 1 Std.) durch Moränen, die vom schmelzenden Angel Glacier zurückgelassen wurden, zu einigen großartigen Aussichtspunkten. Für weitere Möglichkeiten zum Wandern in dieser Gegend siehe *Wandern/Am Mount Edith Cavell.*

Edith Lake und Annette Lake

Diese beiden Seen an der Straße zur Fairmont Jasper Park Lodge – von der Stadt aus gesehen am anderen Ufer des Athabasca River – sind ein ideales Ausflugsziel für ein Picknick, zum Baden oder für einen schönen Spaziergang. Sie sind alles, was noch von einem viel größeren See übrig geblieben ist, der sich in grauer Vorzeit über das gesamte Tal erstreckte. Die Gewässer sind nicht besonders tief und heizen sich daher im Sommer auf Badetemperatur auf (im ganzen Nationalpark gibt es keinen wärmeren See). Der 2,5 km lange **Lee Foundation Trail** umrundet den Lake Annette und ist auch per Rollstuhl zugänglich. An beiden Seen gibt es Day-Use Areas mit Stränden und Picknickplätzen.

Maligne Canyon

Der Canyon ist eine einzigartige geologische Formation, die der Maligne River in den weichen Kalkstein geschliffen hat. Da das Oberflächenwasser zusätzlich aus unterirdischen Quellen gespeist wird, fließt mehr Wasser aus der Schlucht heraus als hinein. Im oberen Abschnitt des Canyons, gegenüber vom Teehaus, sind große Löcher im Flussbett zu erkennen. Sie entstehen, wenn Felsbrocken in zunächst kleineren Vertiefungen zurückgehalten werden und unter den Kräften des schnell fließenden Wassers schüsselförmige Hohlräume ins Grundgestein schleifen. Anfahrt:

Die Zufahrtsstraße zum Canyon, die Maligne Lake Rd., zweigt 11 km nordöstlich von Jasper nach links zur Schlucht ab.

Am Parkplatz beginnt ein Lehrpfad, der insgesamt sechsmal die Schlucht überquert. Die spektakulärsten Abschnitte des Canyons liegen am oberen Abschnitt des Wanderwegs, unterhalb der beiden ersten Brücken. Da dort häufig viel Betrieb herrscht, ist es keine schlechte Idee, an der letzten Brücke (Sixth Bridge, unweit des Zusammenflusses von Maligne River und Athabasca River) zu parken und von dort aus in die entgegengesetzte Richtung zu laufen.

Medicine Lake

Vom Canyon klettert die Maligne Lake Rd. zum Medicine Lake hinauf, der jedes Jahr im Herbst aufs Neue austrocknet. Der Wasserspiegel schwankt aufgrund eines natürlichen unterirdischen Dränagesystems aus porösem Karstgestein. Am nordwestlichen Ende des Sees, wo sich normalerweise sein Abfluss befindet, ist das Flussbett oft ausgetrocknet. Im Herbst, wenn kaum noch Wasser aus den Bergen kommt, beginnt der Wasserspiegel zu sinken, bis der See im November praktisch ausgetrocknet ist. Die frühen indigenen Bewohner machten Geister für dieses Phänomen verantwortlich, daher auch der Name.

Maligne Lake

Vom Medicine Lake führt die Straße weiter zum Maligne Lake (48 km von Jasper entfernt). Er ist der größte gletschergespeiste See in den kanadischen Rocky Mountains und der zweitgrößte seiner Art auf der Erde. Dort werden jede Menge Freizeitaktivitäten angeboten, für die allerdings durchweg in die Tasche gegriffen werden muss, wenn man einmal von den spektakulären Ausblicken und den zahlreichen Wanderwegen absieht. Die beliebteste Freizeitbeschäftigung ist eine 90-minütige Kreuzfahrt mit Kommentar zur viel fotografierten **Spirit Island.** Die Rundfahrten auf Schiffen mit Panoramafenstern beginnen im Sommer zu jeder vollen Stunde (10–17 Uhr; Erwachsene $ 55, Kinder $ 27,50), im Mai und September fahren die Boote weniger häufig. Da ganze Kontingente oft blockweise von Reisegruppen gebucht werden, ist eine Reservierung zu empfehlen. Der Anbieter im historischen Bootshaus von 1929 verleiht Kanus und Kajaks für $ 30/Std. bzw. $ 89/Tag, Seekajaks (Doppelsitzer) kosten $ 35/Std. bzw. $ 107/Tag. Am See, der sich übrigens ausgezeichnet zum Forellenangeln eignet, gibt es außerdem einen Giftshop und ein Café. Von Jasper fährt **Maligne Lake Shuttle** von Mitte Mai bis Ende September drei- bis viermal täglich zum See (erste Abfahrt 8.30 Uhr; hin und zurück $ 40). Sämtliche Touren zum See und vor Ort werden von **Maligne Tours** (616 Patricia St., ✆ 780/852-3370 oder ✆ 866/625-4463, www.malignelake.com) in Jasper organisiert.

Miette Hot Springs

Von Jasper sind es 50 km bis zur östlichen Grenze des Nationalparks. Der Hwy. 16 folgt dabei die ganze Zeit dem Athabasca River. Nach 43 km zweigt eine Seitenstraße ab und erreicht nach 18 km die heißesten Quellen in den kanadischen Rockies (✆ 780/866-3939; Mitte Mai bis Mitte Okt. 10.30–21 Uhr, im Sommer 8.30–22.30 Uhr; Erwachsene $ 6,25, Senioren und Kinder $ 5,25). 1910 baute die Regierung ein Badehaus im Tal und legte einen Reitweg für Packpferde an, um den Transport zu erleichtern. In den 1930er Jahren wurde das Originalbauwerk aus grob behauenen Holzstämmen durch ein neues Badehaus ersetzt, das in Benutzung blieb, bis 1985 die heutigen Einrichtungen entstanden. Das in die Becken fließende Wasser wird künstlich von 54 °C auf erträgliche 39 °C abgekühlt. Die jüngste Erweiterung des Komplexes ist ein kaltes Tauchbecken.

Wandern

Die Wanderwege im Jasper National Park sind insgesamt 1200 km lang und unterscheiden sich deutlich von denen anderer Gebirgsnationalparks. Das ausgedehnte Netz aus miteinander verbundenen Trails bietet erfahrenen Wanderern ein Wildnisabenteuer, mit dem sich nur wenige Regionen auf der Erde messen können. In den folgenden Abschnitten werden die besten Tageswanderungen beschrieben.

Vor dem Aufbruch zu einer Wanderung, egal welcher Länge, empfiehlt sich ein Besuch im **Park Information Centre** in Downtown Jasper, das Wanderkarten und Informationen über aktuelle Bedingungen und temporäre Sperrungen bereithält.

Rund um Jasper

Zahlreiche offizielle und inoffizielle Wanderwege winden sich kreuz und quer durch die stufenförmig ansteigende Landschaft unmittelbar westlich von Jasper, viele beginnen in der Nähe des Museums. Einen guten Eindruck von diesem leicht zugänglichen Teil des Nationalparks vermittelt der **Pyramid Benchland Trail** (7 km; hin und zurück 5 Std.). Er steigt zunächst an und erreicht nach einiger Zeit einen Felsvorsprung mit Blick auf das Athabasca River Valley. In der Nähe, 2 km die Pyramid Lake Rd. hinauf, beginnt der **Patricia Lake Circle** (5 km; hin und zurück 90 Min.). Er führt am Südufer des Patricia Lake entlang, wo gute Aussichten auf das Erspähen von Bibern bestehen, die sich gern im angrenzenden Sumpf Cottonwood Slough aufhalten.

Wer sich fit fühlt und 850 m Höhenunterschied nicht scheut, kann bis zum Ende der Pyramid Lake Rd. laufen und den Wanderweg **The Palisade** (11 km; einfach 4 Std.) in Angriff nehmen.

Am Mount Edith Cavell

Die Cavell Rd. beginnt 13 km südlich von Jasper am Hwy. 93A und endet nach 14,5 km am Startpunkt des **Cavell Meadows Trail** (4 km; einfach 90 Min.). Dieser Wanderweg, einer der schönsten im Tal, folgt zunächst dem asphaltierten Path of the Glacier Loop. Dann zweigt er nach links ab und klettert durch einen subalpinen Wald aus Engelmannfichten und verkümmerten subalpinen Tannen bis zu einem Punkt, von dem die Nordostwand des Mount Edith Cavell mit dem Angel Glacier zu sehen ist. Der Blick auf den Gletscher ist unglaublich beeindruckend: Die Eismassen schwappen aus einem Gletschertal und klammern sich an eine 300 m hohe Klippenwand. Der Wanderweg führt noch weiter zu höher gelegenen Aussichtspunkten und einer Bergwiese, die Mitte Juli mit Wildblumen gespickt ist.

Der Trail hinunter ins **Tonquin Valley** ist eine von mehreren mehrtägigen Wanderungen, die zu beschreiben den Rahmen dieses Buches sprengen würde. Diese ist aber einfach zu gut, um sie links liegen zu lassen. Der leichter zugängliche von zwei Wanderwegen beginnt gegenüber dem Hostel an der Cavell Rd. und folgt über weite Strecken dem **Astoria River** (19 km; einfach 6–7 Std.). Nach 13 km rücken zunächst die Amethyst Lakes und die 1000 m hohen Ramparts-Klippen ins Blickfeld. Bei km 17 teilt sich der Weg. Die linke Abzweigung führt ins Eremite Valley mit einem Campingplatz, die rechte folgt weiter dem Lauf des Astoria River ins Tonquin Valley und zu den Amethyst Lakes, wo vier Campingplätze und zwei Lodges müde Wanderer aufnehmen (siehe *Übernachten*).

Am Maligne Lake und in der Umgebung

Die Wanderwege am Maligne Lake, 48 km südöstlich von Jasper gelegen, bieten die Möglichkeit, den See aus vielen verschiedenen Perspektiven zu betrachten und seine Umgebung zu erkunden. Anfahrt: auf dem Hwy. 16 zunächst 4 km von Jasper in Richtung Osten fahren, dann nach Süden in die Maligne Lake Rd. abbiegen.

Der **Lake Trail** alias **Mary Schäffer Loop** (3,2 km; hin und zurück 1 Std.) ist der leichteste Wanderweg dieser Gegend, bietet aber auch die spektakulärsten Ausblicke. Vom Bootshaus folgt er zunächst dem Seeufer über eine Freifläche mit Picknicktischen am Wasser bis zum **Schäffer Viewpoint,** benannt nach der ersten Weißen, die dieses Tal erblickte. Am anderen Seeufer erheben sich die kahlen Hänge der Bald Hills und die Maligne Range, im Südwesten zeichnen sich die auffälligen Zwillingsgipfel Mount Unwin und Mount Charlton ab. Wenn man sich von diesem spektakulären Panorama losgeeist hat, geht es weiter an einer seichten Bucht entlang, bevor der Weg in einen Wald mit Fichten und subalpinen Tannen abzweigt und schließlich in einer Schleife zurück zum mittleren Parkplatz führt.

Der Rundwanderweg durch die **Opal Hills** (8,2 km; hin und zurück 3 Std.) beginnt am oberen Parkplatz und weist auf seinem Weg zu den hoch gelegenen Bergwiesen einen Höhenunterschied von 455 m auf.

Der **Bald Hills Trail** (5,2 km; einfach 2 Std.) überwindet 495 Höhenmeter auf einer alten Straße, die zu einem Aussichtspunkt zur Früherkennung von Waldbränden führt. Das 360-Grad-Panorama umfasst die jadegrüne Oberfläche des Maligne Lake, die Queen Elizabeth Ranges und die Zwillingsgipfel Mount Unwin und Mount Charlton. Startpunkt ist der Picknickplatz am Ende der Maligne Lake Rd.

Weiterer Sport

Im Sommer

Mehrere Reisebüros vermitteln die Angebote der vielen Freizeit- und Reiseveranstalter in Jasper. Das **Jasper Adventure Centre** (Chaba Theatre, 604 Connaught Dr., ✆ 780/852-5595, www.jasperadventure centre.com) übernimmt Reservierungen für alle nachfolgend beschriebenen Aktivitäten und Buchungen von Unterkünften und Reisen zu diversen Zielen im Nationalpark und darüber hinaus. **Maligne Tours** (616 Patricia St., ✆ 780/852-3370, www.malignelake.com) betreibt sämtliche Aktivitäten in der Umgebung des Maligne Lake, darunter auch die berühmte Bootsrundfahrt.

• *Mountainbiken* Neben den Asphaltstraßen führen auch viele unbefestigte Fahrradwege von Jasper aus in die umliegende Natur. Zu den beliebtesten zählt der Athabasca River Trail, der am Old Fort Point beginnt und dem Fluss bis zu einem Punkt jenseits des Maligne Canyon folgt. Da bei Radtouren die Wahrscheinlichkeit für plötzliche Begegnungen mit Bären besonders groß ist, sollte man in dicht bewaldeten Gegenden laute Geräusche machen. Die Broschüre *Mountain Biking Trail Guide* mit Beschreibungen ausgewiesener Radwege ist im Informationszentrum und in allen Sportgeschäften in Jasper erhältlich. Fahrradverleiher sind **Source for Sports** (406 Patricia St., ✆ 780/852-3654), **Freewheel Cycle** (618 Patricia St., ✆ 780/852-3898), **Vicious Cycle** (630 Connaught Dr., ✆ 780/852-1111) und das **Activity Centre** in der Jasper Park Lodge (✆ 780/852-5708). Die Preise liegen bei $ 8–12/Std. bzw. $ 28–50/24 Std. inkl. Helm und Schloss.

Grandios golfen

Selbst wenn man nichts mit Golf am Hut hat, ist ein Bummel über den **Jasper Park Lodge Golf Course** (✆ 780/852-6090) ein wunderbares Erlebnis. Der Platz hat praktisch ein Abonnement auf einen Rang unter den Top Ten der kanadischen Golfplätze. Der von dem berühmten Golfplatzdesigner Stanley Thompson gestaltete Kurs wurde 1925 eröffnet, nachdem 200 Männer ein ganzes Jahr damit zugebracht hatten, Bäume zu fällen und die Löcher nach Thompsons Plänen anzulegen.

Der 18-Loch-Platz mit einer Länge von 6100 m folgt den Konturen des Athabasca River Valley am Ufer des türkisfarbenen Lac Beauvert. Die Löcher mit Namen wie *The Maze, The Bad Baby* und *The Bay* sind eine echte Herausforderung. Die Platzgebühr für 18 Löcher ist je nach Saison unterschiedlich: Mitte Juni bis September $ 195, Mitte Mai bis Mitte Juni unter $ 140, Anfang Mai und vom 1. Oktober bis zum Saisonende (in der Regel Mitte Okt.) $ 110. Ein Elektrowagen kostet $ 40 pro Runde. Nach 17 Uhr kostet eine Runde mit Wagen nur $ 110, ein hervorragendes Angebot an den langen Tagen im Juni und Juli. Zum Komplex gehören eine Driving Range, ein Schlägerverleih ($ 35–55), ein Restaurant und eine Lounge.

• *Reiten* Auf dem Hochplateau unmittelbar außerhalb der Stadt bietet der Reiterhof **Pyramid Riding Stables** (Pyramid Lake Rd., ✆ 780/852-7433) geführte Ausritte an ($ 45/1 Std., $ 70/2 Std., $ 95/3 Std.). Der einstündige Ausritt mit hervorragenden Ausblicken auf das Athabasca River Valley führt über einen Bergkamm hoch über der Stadt. **Skyline Trail Rides** (The Fairmont Jasper Park Lodge, ✆ 780/852-4215 oder ✆ 888/852-7787, www.skylinetrail.com) veranstaltet geführte Ausritte um den Lake Annette ($ 39/1 Std.) und über den Valleyview Trail ($ 60/2 Std.). Beide Reiterhöfe haben von Mitte April bis Oktober geöffnet. Mehrtägige Ausritte bestehen in der Regel aus 4–6 Std. Reiten pro Tag und Übernachtung in einer abgelegenen Lodge in den Bergen. Solche Touren bieten auch Gelegenheiten zum Wandern, Bootfahren und Angeln und kosten $ 180/Pers. und Tag inkl. Mahlzeiten und Unterkunft. Detaillierte Auskünfte erteilen **Skyline Trail Rides** (s. o.) oder **Tonquin Valley Adventures** (✆ 780/852-1188, www.tonquinadventures.com).

• *Rafting* Der *Mile 5 Run* auf dem **Athabasca River** ist ein einfaches zweistündiges Wassertreiben für alle Altersgruppen. Weiter flussaufwärts veranstalten mehrere Anbieter eine dreistündige Tour, die unterhalb der Athabasca Falls beginnt und die Fahrt durch einen schmalen Canyon beinhaltet. Die Touren durch die mit Felsbrocken übersäten Stromschnellen des **Sunwapta River** setzen noch mehr Adrenalin frei und dauern 3–4 Std. Die meisten Anbieter haben mehrere Flüsse im Programm und übernehmen auch den Transport von und zu den Hotels im Zentrum von Jasper. Die Preise liegen bei $ 60–70 für Touren auf dem Athabasca River und ab $ 80 auf dem Sunwapta River. Die folgenden Veranstalter bieten Raftingtouren mit Abholung aus der Stadt an: **Maligne Rafting Adventures** (✆ 780/852-3370 oder ✆ 866/625-4463), **Raven Adventures** (✆ 780/852-4292 oder ✆ 866/496-7238), **Rocky Mountain River Guides** (✆ 780/852-3777 oder ✆ 866/952-3777) und **White Water Rafting** (780/852-7238 oder ✆ 800/557-7238). **Jasper Raft Tours** (✆ 780/852-2665 oder ✆ 888/553-5628) ist auf familienfreundliche Fahrten spezialisiert, bei denen man auf einem großen und stabil im Wasser liegenden aufblasbaren Floß ein 16 km langes Stück des Athabasca River befährt (Erwachsene $ 55, Kinder $ 20).

• *Angeln* Die vielen Bergseen im Jasper National Park bieten hervorragende Bedingungen zum Angeln nach Regenbogenforellen, Bachsaiblingen, Dolly Vardens, Cutthroat- und Seeforellen, Hechten und Weißfischen. Viele Veranstalter haben geführte Angeltouren im Programm. Egal ob man mit einem Guide oder allein fischen geht, erforderlich ist auf jeden Fall eine Angellizenz für den Nationalpark. Sie kostet $ 10/Tag ($ 35/Jahr) und ist im Parkinformationszentrum erhältlich. Geführte Angeltouren für jeweils zwei Personen veranstaltet **Maligne Tours** (am Bootshaus, ✆ 780/852-3370; halber Tag $ 180/Pers., ganzer Tag $ 225/Pers.).

Source for Sports (406 Patricia St., ✆ 780/852-3654) und **On-line Sport & Tackle** (600 Patricia St., ✆ 780/852-3630) verkaufen und verleihen Angelzubehör, Kanus und Boote.

• *Touren* Die vierstündige *Discover Jasper Tour* von **Brewster** (✆ 780/852-3332) beinhaltet den Patricia Lake, den Pyramid Lake, den Maligne Canyon und die Jasper Tramway (Seilbahnticket extra). Die Tour beginnt zwischen April und Oktober tägl. um 8.30 Uhr am Bahnhof und kostet $ 52. **Maligne Tours** (616 Patricia St., ✆ 780/852-3370, www.malignelake.com) hat viele unterschiedliche Ausflüge im Programm, darunter einen sechsstündigen zum Maligne Lake ($ 95 inkl. Bootsrundfahrt). Das **Jasper Adventure Centre** (im Chaba Theatre, 604 Connaught Dr., ✆ 780/852-5595, www.jasperadventurecentre.com) veranstaltet diverse preisgünstige Touren, u. a. zum Mount Edith Cavell (Abfahrt 14 Uhr; 3 Std.; $ 65), zum Maligne Valley (Abfahrt 9.30 Uhr; 5 Std.; $ 95 inkl. Bootsrundfahrt) und zu den Miette Hot Springs (Abfahrt 18 Uhr; 4 Std.; $ 72). Andere Touren zu ähnlichen Preisen beinhalten auch historische Stätten und Wildtierbeobachtung.

Im Winter

Der Winter ist eine ruhige Zeit im Nationalpark, ermöglicht aber dennoch eine breite Palette an Aktivitäten. Marmot Basin ist ein alpines Skigebiet von Weltrang, auf vielen schneebedeckten Wanderwegen werden Langlaufloipen angelegt und gepflegt, Abschnitte auf dem Lac Beauvert und dem Pyramid Lake werden zum Schlittschuhlaufen geräumt, in der Stadt verkehren Pferdeschlitten, und der Maligne Canyon verwandelt sich in eine zauberhafte Eislandschaft. Im Winter senken viele Hotels ihre Preise um 40–70 % und bieten Pauschalpakete mit Übernachtung und Liftpass für unter $ 100/Pers. an.

• *Marmot Basin* Das Weltklasse-Skigebiet Marmot Basin (✆ 780/852-3816 oder ✆ 800/363-3078, www.skimarmot.com) wird extrem unterschätzt (die meisten abenteuerlustigen Skifahrer und Snowboarder bevorzugen den riesigen Pulverschneehang Charlie's Basin). Marmot Basin hat sieben Lifte, die ein 600 ha großes Gelände mit 900 m Höhenunterschied bedienen, die längste Piste misst 5,6 km. Da hier weit weniger Betrieb herrscht als in den drei Skigebieten im Banff National Park, sind Warteschlangen an den Liften eher selten. Die Saison läuft von Anfang Dezember bis Ende April, der Liftpass kostet $ 72 für Erwachsene und $ 58 für Senioren sowie Kinder. Einen Skiverleih gibt es vor Ort und in der Stadt bei **Totem Ski Shop** (408 Connaught Dr., ✆ 780/852-3078).

• *Langlauf* Viele empfinden die Wanderwege im Jasper National Park auf Langlaufskiern als ebenso spannend wie im Sommer zu Fuß. Ein 300 km langes Netz von Wanderwegen dient im Winter als Langlaufrevier, rund 100 km davon sind präparierte Loipen. Die vier Hauptgebiete befinden sich an der Pyramid Lake Rd., um den Maligne Lake, bei den Athabasca Falls und beim Whistlers Campground. Das Parkinformationszentrum hält eine Broschüre bereit, in der alle Langlaufstrecken detailliert beschrieben sind. Am Schwarzen Brett sind Wettervorhersagen und Lawinengefahrberichte angeschlagen.

Leihausrüstung gibt es bei **Source for Sports** (406 Patricia St., ✆ 780/852-3654), in der **Fairmont Jasper Park Lodge** (✆ 780/852-3433) und im **Totem Ski Shop** (408 Connaught Dr., ✆ 780/852-3078), der auch Ausrüstung verkauft und Reparaturen erledigt.

• *Maligne Canyon* Gegen Ende Dezember friert der wilde Maligne River zu. Wo er sich sonst durch den Maligne Canyon stürzt, erstarrt das Wasser vorübergehend zu bizarren Eisformationen. Das **Jasper Adventure Centre** (306 Connaught Dr., ✆ 780/852-5595) veranstaltet im Winter aufregende dreistündige Touren mit Führung in die Tiefen der Schlucht (tägl. um 9, 13 und 18 Uhr; Erwachsene $ 55, Kinder $ 25).

Nachtleben/Veranstaltungen

• *Nachtleben* Die beliebteste Adresse für junge Nachtschwärmer in Jasper ist der Club **Atha-B** im Athabasca Hotel (510 Patricia St., ✆ 780/852-3386), wo gelegentlich auch Livekonzerte stattfinden. Wenn sich viele Saisonarbeiter im Ort aufhalten, wird's manchmal ganz schön chaotisch, aber der Laden macht Spaß und kostet nur einen symbolischen Betrag Eintritt. Das Hotel hat auch eine große Lounge und eine Bar mit Poolbillard und beliebter Happy Hour (17–19 Uhr). **Pete's Club** (614 Patricia St., OG, ✆ 780/852-6262) veranstaltet dienstags Jamsessions und bringt freitags bis sonntags Blues, Rock oder Folk auf die Bühne. Das mit zahllosen Andenken dekorierte **Whistle Stop Pub** im Whistlers Inn (105 Miette Ave., ✆ 780/852-3361) liegt mitten im Zentrum und hat eine tolle Atmosphäre mit klassischem Holztresen. Freitags und samstags gibt's Livemusik in der **Downstream Bar** (620 Connaught Dr., ✆ 780/852-9449).

Man muss nicht in der Fairmont Jasper Park Lodge (✆ 780/852-3301) übernachten, um das Ambiente der drei Lounges im schönsten Hotel der Stadt zu genießen. Die **Emerald Lounge** hat bequeme Sitzgelegenheiten im Inneren und eine große Terrasse mit Blick auf den Lac Beauvert; **Tent City** ist eine Art Sportbar mit entspannter Atmosphäre und zwei Pooltischen; die nur im Winter geöffnete Bar **Palisade's** lädt jeden Abend zum Après-Ski ein.

• *Feste und Veranstaltungen* Die Feiern zum **Canada Day** am 1. Juli beginnen in Jasper mit einem Pfannkuchenfrühstück, gefolgt von einer Zeremonie mit Hissen der Landesflagge vor dem Parkinformationszentrum und einem Umzug über den Connaught Dr. Zum Abschluss des Tages gibt es Livekonzerte und ein Feuerwerk.

Das **Jasper Heritage Rodeo** (www.jasperheritagerodeo.com) am zweiten Wochenende im August wird schon seit 1926 veranstaltet und lockt professionelle Cowboys aus ganz Kanada an. Neben dem traditionellen Rodeo wird reichlich was geboten: mechanische Bullen, Kinderrodeo, Kasino, Pfannkuchenfrühstück, ein allseits beliebter Steckenpferdumzug und die Krönung der Miss Rodeo Jasper. Die meisten Veranstaltungen finden im Jasper Activity Centre statt (unmittelbar außerhalb der Stadt an der Pyramid Lake Rd.).

Auch in der ersten Jahreshälfte finden einige Großveranstaltungen statt, darunter **Jasper in January,** ein zweiwöchiges Fest mit Feuerwerken, Abendveranstaltungen in diversen Restaurants, einem Chili-Kochwettbewerb, verbilligten Liftpreisen im Marmot Basin und allen möglichen winterlichen Aktivitäten.

Übernachten

Alle herkömmlichen Motels sind von der Stadt aus zu Fuß erreichbar, und die meisten haben ein eigenes Restaurant. Im Sommer sind die Unterkünfte in der Gegend teuer. Doch zum Glück gibt es Alternativen zu den Hotelzimmern ab $ 200 aufwärts. Die besten sind die Lodges, die größtenteils am Stadtrand angesiedelt sind. Sie sind nur im Sommer geöffnet und von einem rustikalen, aber individuellen Stil geprägt, der thematisch in engem Zusammenhang mit dem Nationalpark steht. Außerdem vermieten im Sommer viele Hausbesitzer Fremdenzimmer. In der Umgebung von Jasper gibt es darüber hinaus drei Hostels und mehrere Campingplätze.

Private Ferienzimmer

Bei der letzten Zählung gab es in Jasper über 100 Privathaushalte, die Fremdenzimmer vermieten. Oft besteht die Unterbringung nur aus einem Raum mit Bett, aber der Preis stimmt: $ 50–100 (1/2 Pers.). Das Badezimmer muss manchmal mit anderen Gästen oder der Familie geteilt werden, nur wenige bieten Kochgelegenheiten für Gäste oder ein kleines Frühstück. Viel Komfort ist normalerweise von solchen preiswerten Unterkünften nicht zu erwarten. Ein weiterer Pluspunkt neben dem Preis ist jedoch die Tatsache, dass die Gastgeber sich meistens gut in der Gegend auskennen und das Stadtzentrum in der Regel schnell zu Fuß erreichbar ist. Eine komplette Liste mit sämtlichen Einrichtungen in offiziell registrierten Privatunterkünften enthält die Website der Jasper Home Accommodation Association (www.stayinjasper.com). Im Parkinformationszentrum hängt eine Tafel mit allen privaten Ferienzimmern, die für die folgende Nacht noch frei sind.

• *Unter $ 50* Das Hostel **HI-Jasper** (✆ 780/852-3215 oder ✆ 877/852-0781, www.hihostels.ca) liegt 7 km außerhalb an der Straße zur Jasper Tramway, die südlich der Stadt vom Icefields Parkway abzweigt. Es hat 84 Betten, eine große Küche, einen Gemeinschaftsraum, Duschen, eine Laundry, öffentlichen Internetzugang, einen Mountainbikeverleih und einen Grillbereich unter freiem Himmel. Mitglieder von Hostelling International zahlen $ 26, Nichtmitglieder $ 30, ein eigenes Zimmer kostet $ 63 (1 Pers.) oder $ 71 (2 Pers.). In den Sommermonaten ist das Hostel jede Nacht ausgebucht. Die Rezeption ist tägl. von 12 bis 24 Uhr geöffnet.

Das recht rustikale **HI-Maligne Canyon** (an der Maligne Lake Rd.; Juni bis Sept.; Mitglieder $ 23, Nichtmitglieder $ 27) liegt landschaftlich schön am Ufer des Maligne River und nur eine kurze Wanderung vom gleichnamigen Canyon entfernt. Die 24 Dorm-Betten verteilen sich auf zwei Hütten, außerdem gibt's Strom, eine Küche und einen Speisesaal.

Das **HI-Mount Edith Cavell** (Mitte Juni bis Mitte Okt.; Mitglieder $ 23, Nichtmitglieder $ 27) bietet einen unbezahlbaren Ausblick zum kleinen Preis. Das Hostel liegt an der Cavell Rd., 13 km von der Kreuzung mit dem Hwy. 93A entfernt. Wegen der Entfernung zur Stadt ist hier meistens noch ein Bett zu haben. Gegenüber vom Hostel beginnen Wanderwege ins Tonquin Valley, ein kurzer Spaziergang führt zum Fuß des Mount Edith Cavell. Das Hostel ist recht primitiv (nur Plumpsklos und keine Duschen), hat aber eine Küche, einen Speisesaal und eine Holzsauna unter freiem Himmel. Check-in ist von 17 bis 23 Uhr.

• *$ 100–150* Wer nur ein einfaches Bett zum Schlafen sucht, findet die günstigsten Hotelzimmer im Zentrum von Jasper im 1928 erbauten **Athabasca Hotel** (510 Patricia St., ✆ 780/852-3386 oder ✆ 877/542-8422, www.athabascahotel.com; ab $ 105 für 1/2 Pers.). Die billigsten der 61 Zimmer teilen sich ein Gemeinschaftsbad und liegen über einer lauten Bar, aber der Preis stimmt. Die teureren Zimmer haben viktorianisch angehauchtes Dekor und ein eigenes Bad ($ 149–179 für 1/2 Pers.).

• *$ 150–200* Die Anlage **Becker's Chalets** (✆ 780/852-3779, www.beckerschalets.com; Mai bis Mitte Okt.; $ 160–250 für 1/2 Pers.) liegt an einer malerischen Biegung des Athabasca River, 6 km südlich der Stadt. Die günstigen Chalets mit Kochnische, Gasofen und Doppelbett ($ 145, am Flussufer $ 175) haben ein ausgezeichnetes Preis-Leistungs-Verhältnis. Zum Komplex gehört eines der schönsten Restaurants im Nationalpark.

Die **Bear Hill Lodge** (100 Bonhomme St., ✆ 780/852-3209, www.bearhilllodge.com; Mitte April bis Mitte Okt.; $ 189–225 für 1/2 Pers.) hat eine große Auswahl verschiedener Hütten in zentraler Lage und ist daher eine ausgezeichnete Basis für Reisende, die auch in Stadtnähe nicht auf das Holzhüttenerlebnis verzichten wollen. Die Hütten sind schlicht, haben aber allesamt TV, Bad, Gasofen und Kaffeemaschine. Es gibt auch größere Zimmer mit offenem Kamin.

Das **Alpine Village** (✆ 780/852-3285, www.alpinevillagejasper.com; Ende April bis Mitte Okt.; $ 190–320 für 1/2 Pers.) liegt ein Stück hinter der Tekarra Lodge an der Kreuzung von Hwy. 93A und Icefields Parkway, 3 km südlich der Stadt. Die Hütten verteilen sich auf sorgfältig gepflegten Rasenflächen und sind von bunten Gärten mit Geranien und Petunien umgeben. Nach einem anstrengenden Tag im Nationalpark können die Gäste in einem heißen Becken unter freiem Himmel oder auf Liegestühlen mit Blick auf den Athabasca River ausspannen. Die älteren Hütten wurden renoviert. Die erst 2009 eröffneten Deluxe Bedroom Suites sind luftig und haben luxuriöse Badezimmer, Steinkamin und eine Veranda mit Blick in die Wildnis.

• $ 200–250 Der Reiz der **Tekarra Lodge** (Hwy. 93A, ✆ 780/852-3058 oder ✆ 888/962-2522, www.tekarralodge.com; Mitte Mai bis Anfang Okt.; $ 210–290 für 1/2 Pers.) sind seine nostalgischen Holzhütten und seine Lage im Wald oberhalb des Zusammenflusses von Miette und Athabasca River (nur 1,6 km südlich vom Zentrum). Alle Hütten wurden komplett modernisiert, haben aber nichts von ihrer Gemütlichkeit eingebüßt: bequeme Betten, eine voll ausgestattete Küchenzeile, ein Kamin und ein kleines, aber ausreichendes Bad. Die geräumigen Athabasca Cabins eignen sich besonders gut für Kleinfamilien. Das Restaurant auf dem Gelände öffnet zum Frühstück (7.30–11 Uhr) und Abendessen (17–23 Uhr).

Mitten im Zentrum steht das 1924 erbaute **Astoria Hotel** (404 Connaught Dr., ✆ 780/852-3351 oder ✆ 800/661-7343, www.astoriahotel.com; $ 207–215 für 1/2 Pers.). Die freundlich eingerichteten Zimmer haben Kühlschrank, TV und Video. Außerhalb des Sommers bekommt man dieselben Zimmer für $ 120. Das vierstöckige Hotel hat keinen Lift.

Zwei weitere Hotels bieten ebenfalls Zimmer knapp über der 200-Dollar-Marke: Das **Tonquin Inn** (100 Juniper St., ✆ 780/852-4987 oder ✆ 800/661-1315, www.tonquininn.com; $ 211–398 für 1/2 Pers.) mit einem Whirlpool draußen, einer Laundry, einem Steakhaus und einer sonnigen Lounge mit Bar sowie die **Maligne Lodge** (✆ 780/852-3143 oder ✆ 800/661-1315, www.malignelodge.com; $ 204–271 für 1/2 Pers.). Diese beiden Unterkünfte sind besonders außerhalb der Sommersaison zu empfehlen, wenn andernorts die Hütten geschlossen sind und satte Rabatte locken.

Das große Gelände des **Pyramid Lake Resort** (✆ 780/852-4900 oder ✆ 888/962-2522, www.coasthotels.com; Ende April bis Ende Okt.; $ 225–325 für 1/2 Pers.) liegt gegenüber vom gleichnamigen See auf der anderen Straßenseite und ist unmöglich zu verfehlen. Jede Menge Wassersportmöglichkeiten mit Ausrüstungsverleih, ein Fitnesscenter und ein großer Grillbereich sorgen dafür, dass sich Familien hier besonders wohlfühlen.

• $ 250–350 Das **Château Jasper** (96 Geikie St., ✆ 780/852-5644 oder ✆ 800/661-1315, www.chateaujasper.com; $ 298 für 1/2 Pers.) bietet geräumige Zimmer mit eleganten Ahornmöbeln und niedrigen Decken, die eine gemütliche Atmosphäre schaffen. Die Bäder sind besonders gut ausgestattet, u. a. mit plüschigen Bademänteln. Der hauseigene Silverwater Grill ist eine Kombination aus Café und Bistro; besseren Kaffee gibt's kaum irgendwo in Jasper.

• Über $ 350 **The Fairmont Jasper Park Lodge** (✆ 780/852-3301 oder ✆ 800/257-7544, www.fairmont.com; ab $ 398 für 1/2 Pers.) liegt am Ufer des Lac Beauvert, von der Downtown aus gesehen auf der anderen Seite des Athabasca River. Sie war seinerzeit die erste Unterkunft im Nationalpark und erstreckt sich über ein weitläufiges Gelände, auf dem vielfältige Aktivitäten angeboten werden. Am bekanntesten ist der Golfplatz, aber Gäste finden hier auch Möglichkeiten zum Wandern, Reiten, Kanufahren und Tennisspielen. Ein ganzjährig geöffneter, beheizter Pool unter freiem Himmel lädt zum Schwimmen ein. Das Hauptgebäude hat Steinfußböden, mit Schnitzereien verzierte Holzsäulen und hohe Decken. Auch mehrere Restaurants und Aufenthaltsbereiche, einen Schalter zur Buchung von Freizeitaktivitäten, einen Fitnessraum, einen Game Room und die einzige überdachte Einkaufspassage in Jasper gibt es hier.

Die 446 Zimmer sind unterschiedlich ausgelegt und verteilen sich über das ganze Gelände. Alle haben Kaffeemaschine, TV, Telefon und Internetzugang. Die billigsten (Fairmont Rooms) mit zwei Einzelbetten sind recht klein und haben keinen ungehinderten Ausblick. Ebenfalls abseits vom Seeufer befinden sich die größeren Deluxe Rooms mit Auswahl zwischen Terrasse und Balkon. Die Junior Suites bieten reichlich ländlichen Charme und haben entweder Wohnzimmer und Balkon oder Terrasse mit Seeblick. Die Lakeview Suites überblicken den Lac Beauvert und das 18. Fairway des Golfplatzes; alle haben Terrasse oder Balkon, Kamin und zwei Fernseher. Wer das Geld noch lockerer sitzen hat, mietet sich eine Hütte für über $ 800. Die meisten Gäste zahlen allerdings nicht die hier angegebenen offiziellen Sommerpreise. Die Unterbringung erfolgt meistens im Rahmen eines der unzähligen Pauschalpakete (auf der Fairmont-Website auf „Packages" klicken, um alle Optionen angezeigt zu bekommen). Außerhalb der Sommersaison wird die Fairmont Jasper Park Lodge zu einem echten Schnäppchen: Die Zimmer mit Blick auf den See (der im Winter natürlich zugefroren ist) kosten dann unter $ 200.

Camping

Die Campingplätze im Jasper National Park öffnen ab Mitte Juni, und alle außer dem Wapiti Campground machen Mitte Oktober wieder dicht. Alle Stellplätze haben Picknicktisch und Feuerstelle (ein Erlaubnisschein zum Feuermachen kostet $ 8 inkl. Feuerholz). Ein gewisses Kontingent auf den beliebtesten Campingplätzen kann gegen eine geringe Gebühr über den **Parks Canada Campground Reservation Service** (✆ 877/737-3783, www.pccamping.ca) reserviert werden. Wer sich im Juli oder August in Jasper aufhält und seine Reisedaten schon kennt, sollte unbedingt einen Platz mit Anschlüssen reservieren, da diese Plätze wesentlich besser sind.

• *Rund um Jasper* Der **Whistlers Campground** liegt 3 km südlich der Stadt am Anfang der Whistlers Rd. und ist mit seinen 781 Stellplätzen (Zeltstellplatz $ 22,50, Stellplatz ohne Anschlüsse $ 27,40, Stellplatz mit Stromanschluss $ 32,30, mit Komplettanschluss $ 38,20) der größte Campingplatz in den kanadischen Rockies. Duschen sind vorhanden. Whistlers hat von Mai bis Mitte Oktober geöffnet.

Weitere 2 km den Icefields Parkway in Richtung Süden liegt der **Wapiti Campground** mit 366 Stellplätzen (ohne Anschlüsse $ 27,40, mit Anschlüssen $ 32,30) und Duschen. Es ist der einzige Campingplatz im Nationalpark, der ganzjährig geöffnet hat. Im Winter kostet ein Stellplatz mit Anschlüssen $ 20/Nacht.

Die Stellplätze auf dem **Wabasso Campground**, ca. 16 km südlich der Stadt am Hwy. 93A gelegen, liegen zwischen Fichten und Espen und kosten $ 21,50/Nacht.

• *Am Hwy. 16 in Richtung Osten* Östlich der Stadt liegen in der Nähe des Hwy. 16 zwei kleinere und primitivere Campingplätze. Ein Stellplatz auf dem **Snaring River Campground**, 17 km von Jasper entfernt an der Celestine Lake Rd., kostet $ 15,70/Nacht (auf abseits gelegenen, weniger schönen Plätzen $ 10). Der **Pocahontas Campground** liegt 45 km nordöstlich von Jasper und verlangt $ 21,50/Nacht. Beide Plätze haben von Mitte Mai bis Anfang September geöffnet.

Essen und Trinken

In Jasper ist es kein Problem, an eine gute bis sehr gute Mahlzeit zu kommen. Am Connaught Dr. und in der Patricia St. reihen sich zahlreiche Cafés und Restaurants aneinander. In Anbetracht der Tatsache, dass es sich hier um einen Nationalpark handelt, ist das Essen relativ preiswert. Die Betonung liegt auf herzhaften Gerichten, oft mit Rindfleisch und Wild, es gibt aber auch eine überraschend gute Auswahl an Fisch und Meeresfrüchten.

• *Cafés* Schon bevor man einen Fuß in die **Bear's Paw Bakery** (4 Cedar Ave., ✆ 780/852-3233; tägl. 6–18 Uhr) gesetzt hat, duftet es nach frischem Brot aus dem Backofen. Die Brote im europäischen Stil sind nicht ganz so verführerisch wie die Kuchen und Kekse, aber ideal fürs Mittagspicknick. Suppen und Sandwiches gibt's auch.

Von den selben Eigentümern wird auch **The Other Paw** (610 Connaught Dr., ✆ 780/852-2253; tägl. 7.30–18 Uhr) betrieben, das etwas mehr zeitgenössisches Flair verbreitet, aber ebenso leckere Backwaren und Salate anbietet.

Bei den Einheimischen beliebt ist das **Café Mondo** (616 Patricia St.; ✆ 780/852-9676; tägl. 8–20 Uhr), das man im Einkaufszentrum Jasper Marketplace findet und das auch einige Tische auf dem Gehsteig hat. Für ein Café eher ungewöhnlich: Am empfehlenswertesten sind die Pizza und die frisch zubereiteten Salate.

Im Bahnhof befindet sich die kleine Espressobar **Trains & Lattes** (607 Connaught Dr., ✆ 780/852-7444; tägl. 6–19 Uhr).

Nutter's (622 Patricia St., ✆ 780/852-5844) ist ebenfalls eine gute Anlaufstelle, bevor man zur nächsten Wanderung aufbricht. Dort gibt es süße Leckerein, die man selbst abwiegen kann.

• *Casual Dining* Pizzafans treffen sich im **Jasper Pizza Place** (402 Connaught Dr., ✆ 780/852-3225; $ 14–26). Die große und laute Pizzeria hat eine helle Einrichtung, Betonfußböden und nackte Heizungsrohre, an den Wänden hängen Fotos aus Jaspers Anfangstagen. Eine Hälfte ist Selbstbedienungsrestaurant, die andere hat Bedienung am Tisch, und eine Dachterrasse gibt's auch. Normale Pizza wird ab 11 Uhr verkauft, aber erst ab 17 Uhr ist der Holzofen auf Temperatur und produziert dünnkrustige Pizzen, die auch wegen ihrer abenteuerlichen Beläge geliebt werden.

In der Nähe des Jasper Pizza Place steht das Hotel Astoria mit einem der ältesten Restaurants der Stadt, **Papa George's** (406 Connaught Dr., ✆ 780/852-3351; tägl. 7–22 Uhr; $ 12–19). Das Gasthaus tischt Parkbesuchern bereits seit 1925 herzhafte Gerichte auf. Die Einrichtung ist altmodisch, die Fenster nach Osten blicken aufs Gebirge in der Ferne.

• *Kanadisch* **Becker's Gourmet Restaurant** (✆ 780/852-3535; Mai bis Mitte Okt. tägl. 8–11 und 17.30–22 Uhr; $ 19,50–34) zählt zu den besten Restaurants in Jasper. Es liegt 6 km südlich der Stadt am Icefields Parkway, aber die Anfahrt hat noch keiner bereut. Vom gemütlichen Speisesaal mit intimer Atmosphäre oder vom benachbarten Wintergarten eröffnen sich faszinierende Ausblicke auf den Mount Kerkeslin und den Athabasca River; alles wirkt wie eine Reise in die Vergangenheit. Die stets wechselnde Speisekarte mit Wild und Gemüse der Saison beinhaltet auch ein spezielles Tagesmenü mit Wild. Viele bestellen ein Rippenstück vom Lamm („Rack of Lamb") mit Aprikosenglasur, das im Backofen gegart wird. Ein Frühstück vom Büfett kostet $ 16.

Zwischen dem Becker's und der Stadt liegt am Hwy. 93A die historische **Tekarra Lodge** (✆ 780/852-4624; Mai bis Sept. 8–11 und 17.30–22 Uhr; $ 20–32). Rustikaler Alpenstil, aber die Küche hält allen modernen Ansprüchen stand. Wie wär's mit Hähnchenbrust in Bananenkruste mit süßer Mango-Curry-Soße?

• *Steaks* Die **Villa Caruso** (640 Connaught Dr., ✆ 780/852-3920; tägl. 11–24 Uhr; $ 19,50–37) bietet einen tollen Blick aufs Tal (bei schönem Wetter nach einem Tisch auf der Terrasse fragen). Auf der Speisekarte stehen viele Gerichte mit Alberta-Rind, darunter auch ein gigantisches T-Bone-Steak (450 g). Neben Steaks gibt's auch eine große Auswahl an anderen Gerichten, darunter Hähnchen, Seafood und Pasta.

Das **Prime Rib Village** (Tonquin Inn, 100 Juniper St., ✆ 780/852-4966; tägl. ab 17 Uhr; $ 27–36) ist ein alteingesessener Favorit. Steaks vom Holzkohlengrill und herzhafte Prime Ribs sind die Spezialität des Hauses, aber auch das Prime-Rib-Sandwich mit großem Beilagenteller befriedigt sämtliche Fleischgelüste für ein paar Dollar weniger. Auf der Karte stehen auch überraschend viele Seafoodgerichte.

• *Europäisch* **Andy's Bistro** (606 Patricia St., ✆ 780/852-4559; tägl. 17–21.30 Uhr; $ 24–43) ist ein schickes, aber legeres Speiselokal. Die Karte bietet eine große Auswahl an einfachen Gerichten mit kanadischem Fleisch und Gemüse, die nach Schweizer Art zubereitet werden. Als Vorspeise gibt es beispielsweise einen großen Teller gedämpfte Prince-Edward-Island-Muscheln, als Hauptgericht locken mit Hummer gefüllte Hähnchenbrüste oder das Käsefondue für zwei Personen. Es gibt zwar keine offizielle Weinkarte, aber ein großer Weinkeller ist vorhanden. Die Gäste wählen den Roten am Tresen aus und den Weißen im Kühlschrank. Bemerkenswert ist auch das routinierte und fachkundige Personal.

Das **Miss Italia Ristorante** (610 Patricia St., ✆ 780/852-4002; tägl. Frühstück, Mittag- und Abendessen; $ 15–21) im Obergeschoss der Patricia Centre Mall ist ein helles und luftiges Restaurant. Ein paar Tische stehen auf der schmalen Terrasse mit bunten Topfblumen. Ab 8 Uhr gibt's ein warmes Frühstück für $ 6–10, später wird tägl. frisch zubereitete Pasta serviert (durchschnittlich $ 15). Atlantiklachsfilet aus dem Backofen kostet $ 17, Souvlaki mit Salat und Pitabrot $ 18. Vor der Bestellung lohnt ein Blick auf das Tagesgericht; es entstammt der normalen Speisekarte, kostet dann aber ein paar Dollar weniger und kommt mit Suppe oder Salat.

In derselben Straße serviert das lockere **Something Else Restaurant** (621 Patricia St., ✆ 780/852-3850; tägl. 11–23 Uhr; $ 15–18,50) seine Spezialität: griechische Mahlzeiten in großzügigen Portionen.

Direkt hinter dem Parkinformationszentrum, in dem kleinen Speiselokal **La Fiesta** (504 Patricia St., ✆ 780/852-0404; tägl. 12–23 Uhr; $ 19–29), trifft das Mittelmeer auf Mexiko. Es gibt mexikanische Kleinigkeiten im Tapas-Stil und abenteuerliche Leckereien wie Schweinefleisch-Kebab mit Feigen-Pinienkern-Dressing oder in Tequila-Brühe gedämpfte Muscheln. Noch Fragen? Die beste Adresse für einen Martini in der Stadt.

• *The Fairmont Jasper Park Lodge* Das beste Haus am Platz liegt vom Zentrum aus gesehen am anderen Flussufer. Mehrere Restaurants und Lounges sorgen hier für vielfältige Möglichkeiten zum zwanglosen Essen oder förmlichen Dinieren. Im hinteren Abschnitt des Empfangsbereichs befindet sich ein Schalter speziell für die Tischreservierung (im Sommer tägl. 11–20 Uhr oder ✆ 780/852-6052), unverzichtbar für die Hotelrestaurants Edith Cavell und Moose's Nook.

Im Untergeschoss der Einkaufspassage serviert das legere **Meadows Restaurant** tägl. ein Frühstücksbüfett (6–11.30 Uhr; $ 24–30) und Abendessen (im Sommer Mi–So 18–21 Uhr). Die Zutaten sind stets frisch. Wer's etwas ruhiger mag, nimmt sich einen Tisch abseits vom Büfett.

Die **Emerald Lounge** (tägl. 11.30–22 Uhr; $ 18–36) im weitläufigen Foyer des Hauptgebäudes ist das Aushängeschild. Unterschiedlich angeordnete Tische verteilen sich im Speisesaal und draußen auf der Terrasse mit ungehindertem Blick auf den malerischen Lac Beauvert und die Berge.

Mittags und abends serviert die moderne kanadische Küche fantasievolle Gerichte; v. a. das Abendessen (ab 17.30 Uhr) ist allerdings richtig teuer. Mittags lassen sich verschiedene Salate mit Extras wie Räucherlachs und Hähnchenbruststreifen zu einer vollen Mahlzeit aufpeppen, es gibt aber natürlich auch Hauptgerichte wie Büffelburger.

Der elegant-rustikale **Moose's Nook Northern Grill** (tägl. 18–21 Uhr; $ 28–42) ist eine gute Adresse für traditionelle kanadische Küche. Es gibt z. B. Wildschweinkoteletts, in Whiskey flambierten Seesaibling oder Alberta-Ribeye-Steak vom Holzkohlegrill. Man sollte unbedingt noch Platz für den Nachtisch lassen, denn der in Ahornsirup gebackene Käsekuchen mit Kastanienkruste ist unglaublich.

Im **Edith Cavell** (tägl. 18–21 Uhr; $ 49), dem schönsten Nobelrestaurant in Jasper, wird so kultiviert diniert wie sonst nirgendwo in der Stadt. Die mit dunklem Eichenholz vertäfelten Wände kontrastieren mit blütenweißen Tischtüchern, Panoramafenster geben den Blick auf den Lac Beauvert und die dahinterliegenden Berge frei. Das Restaurant hat sich über die Jahre hinweg kaum verändert, auch wenn das Ambiente nicht mehr ganz so pompös ist wie früher und die Bedienung für mehr Wohlfühlatmosphäre sorgt. Die klassische Küche mit französischem Touch legt Wert auf lokale Erzeugnisse und verarbeitet mit Vorliebe kanadisches Wild und Seafood. Gästen mit T-Shirt oder Jeans wird der Einlass verwehrt, Jackett und Krawatte sind erwünscht, aber nicht Pflicht.

Information/Adressen/Verbindungen

Information

Die ehemalige Residenz des ersten Oberaufsehers im Jasper National Park ist ein schönes altes Steingebäude (Baujahr 1913) mitten in der Stadt. Heute beherbergt es das Informationszentrum von Parks Canada (Connaught Dr., ✆ 780/852-6176, www.pc.gc.ca; im Sommer tägl. 8.30–19 Uhr, sonst tägl. 9–16 Uhr). Das Personal erteilt allgemeine Auskünfte über den Nationalpark und weist auf Wanderwege in der unmittelbaren Umgebung hin. Im selben Gebäude informiert das **Parks Canada Trail Office** (✆ 780/852-6177) über Exkursionen in die Wildnis und stellt die erforderlichen Genehmigungen aus. **Jasper Tourism and Commerce** (✆ 780/852-3858, www.jaspercanadianrockies.com) hat hier ebenfalls einen Schalter, um Besuchern mit gleichbleibender Freundlichkeit zu versichern, dass wirklich kein Bett in der Stadt mehr frei ist. Neben allgemeinen Informationen über Jasper gibt es dort auch eine große Auswahl an Broschüren zu Freizeit- und Shoppingangeboten und Restaurants. Neben dem Hauptschalter von Parks Canada verkauft die Organisation **Friends of Jasper National Park** topografische Landkarten, Bücher und lokale Publikationen. Vor dem Gebäude ist das Tagesprogramm der laufenden Informationsveranstaltungen angeschlagen.

Jaspers Wochenzeitung **The Booster** erscheint mittwochs und ist überall in der Stadt erhältlich. Neben den neuesten Nachrichten enthält das Blatt aktuelle Veranstaltungshinweise und Meldungen über den Zustand von Wanderwegen.

Die offizielle Website der Stadt Jasper (www.jasper-alberta.com) bietet aktuelle Veranstaltungstipps, Wettervorhersagen und jede Menge nützliche Links.

Jasper National Park Radio sendet auf der Welle AM 1490. Wetterprognosen für den Nationalpark können unter ✆ 780/852-6176 erfragt werden.

• *Bücher* Die kleine **Jasper Municipal Library** (500 Robson St., ✆ 780/852-3652; Mo–Do 10–20 Uhr, Fr/Sa 10–17 Uhr) hat im ehemaligen Gebäude der Royal Canadian Mounted Police ihren Standort gefunden. Im Archiv findet sich so gut wie alles, was jemals über den Nationalpark veröffentlicht wurde.

Der Buchladen von **Friends of Jasper** (✆ 780/852-4767) im Parkinformationszentrum und das **Museum** führen eine große Auswahl an Büchern über Natur und Geschichte des Nationalparks. **Jasper Camera and Gift** (412 Connaught Dr., ✆ 780/852-3165; tägl. 9–22 Uhr) verkauft ebenfalls reichlich Literatur, darunter viele Bücher über Westkanada.

Adressen

• *Kommunikation* Die **Post** (502 Patricia St.) befindet sich hinter dem Parkinformationszentrum. **More Than Mail** (620 Connaught Dr., ✆ 780/852-3151; tägl. 9–22 Uhr) bietet umfangreiche Dienstleistungen im Bereich Kommunikation an, darunter normalen Postverkehr, öffentlichen Internetzugang, Fax- und Kopierservice, internationale Telefongespräche, Geldwechsel und einen Arbeitsbereich für Kunden mit Laptops. Internetzugang bieten auch das **Digital Den** (610 Patricia St., OG, ✆ 780/852-9765; tägl. 9–22 Uhr) und die **Jasper Municipal Library** (Elm Ave., ✆ 780/852-3652; Mo–Do 10–20 Uhr, Fr/Sa 10–17 Uhr).

• *Waschsalons* Die beiden Waschsalons in der Patricia St. haben von 6 bis 23 Uhr geöffnet und bieten auch Gelegenheit zum **Duschen** (10 Min. für $ 2 in Münzen zu $ 0,25).

• *Notfälle* Das **Krankenhaus** (518 Robson St.) ist unter ✆ 780/852-3344 zu erreichen, die **RCMP** unter ✆ 780/852-4848.

Verbindungen

• *Anreise* Die Anreise zum Nationalpark mit öffentlichen Verkehrsmitteln gestaltet sich problemlos, obwohl der nächste Flughafen 360 km östlich in Edmonton liegt. Jasper liegt an der transkontinentalen Bahnstrecke von **VIA Rail Canada** (✆ 800/561-8630, www.viarail.ca); die Züge fahren 3-mal wöchentl. in beide Richtungen.

Der Bahnhof liegt zentral (607 Connaught Dr.). Schließfächer kosten $ 1/Tag, außerdem gibt es dort Autovermietungen und ein Café.

Der Bahnhof fungiert gleichzeitig als Busbahnhof. **Greyhound-Busse** (✆ 780/852-332 oder ✆ 800/661-8747) fahren von Jasper aus Ziele in ganz Kanada an (außer Banff), darunter Vancouver (3-mal tägl., 12–13 Std.), Edmonton (5-mal tägl., 4,5 Std.) und Prince Rupert (1-mal tägl., 18 Std.). Haupttransporteur auf dem Icefields Parkway ist **Brewster** (✆ 780/852-3332 oder ✆ 866/606-6700, www.brewster.ca). Das Unternehmen unterhält tägl. eine Verbindung vom/zum Calgary International Airport (Mai bis Mitte Okt.; einfach $ 134).

• *Unterwegs in Jasper* Busse von **Maligne Lake Shuttle** (✆ 780/852-3370) fahren zwischen Mitte Mai und September 3- bis 4-mal tägl. vom eigenen Busbahnhof (616 Patricia St.) zum Maligne Lake (hin und zurück $ 40). Sie halten auch am Maligne Canyon und am gleichnamigen Hostel, Abholung wird u. a. vom Jasper Inn und von der Fairmont Jasper Park Lodge angeboten.

Ein Mietwagen kostet in Jasper mindestens $ 60/Tag inkl. 150 Freikilometer. **Avis** (✆ 780/852-3970), **Budget** (✆ 780/852-3222), **Hertz** (✆ 780/852-3888) und **National** (✆ 780/852-1117) haben Niederlassungen in der Stadt.

Auch Taxis sind in Jasper nicht billig. Die meisten Fahrer bieten zusätzlich private Sightseeing-Touren an und bringen Fahrgäste zu den Startpunkten der Wanderwege. Das größte Unternehmen ist **Jasper Taxi** (780/852-3600).

Westernstadt-Atmosphäre in Sexsmith

Edmonton und nördliches Alberta

Albertas Hauptstadt Edmonton liegt im Zentrum der Provinz und ist das Tor zu den riesigen Waldgebieten in Nord-Alberta. Die Stadt ist ein lebhaftes kulturelles Zentrum, doch ihr charakteristischstes Merkmal ist wohl ihr Boomtownstatus. Die stolze Stadt hat im 20. Jh. nicht weniger als drei große wirtschaftliche Konjunktursprünge erlebt und erfährt auch momentan wieder ein gewaltiges Wachstum. Die Bevölkerung ist inzwischen auf über 740.000 Einw. (mit Vororten 1 Mio.) explodiert, was Edmonton zur sechstgrößten Stadt Kanadas macht. Auch wenn Calgary das Wirtschafts- und Verwaltungszentrum der milliardenschweren Erdölindustrie der Provinz ist – Edmonton ist Albertas Schaltstelle für Technologie, Dienstleistung und Versorgung.

Auf 27 km Länge windet sich das **Tal des North Saskatchewan River** als größtenteils noch erhaltener Grüngürtel durch Edmonton – alles in allem der größte Stadtpark Kanadas. Statt eines Durcheinanders aus mehr oder weniger heruntergekommenen Vierteln, die man vielleicht in einer Großstadt erwartet, ist das moderne Edmonton extrem gut angelegt und vorausschauend geplant. Die Innenstadt liegt auf einem spektakulären Felsvorsprung mit Blick auf das Flusstal. Vor dem tiefblauen Himmel bildet die Silhouette der modernen Wolkenkratzer aus Glas und Stahl einen lebhaften Kontrast zum historischen Granitgebäude der Provinzregierung und dem Flusstal mit seiner üppigen Vegetation. Die Topattraktion der Stadt ist allerdings die **West Edmonton Mall,** die das ultimative Shoppingerlebnis im größten überdachten Einkaufs- und Freizeitzentrum der Welt bietet.

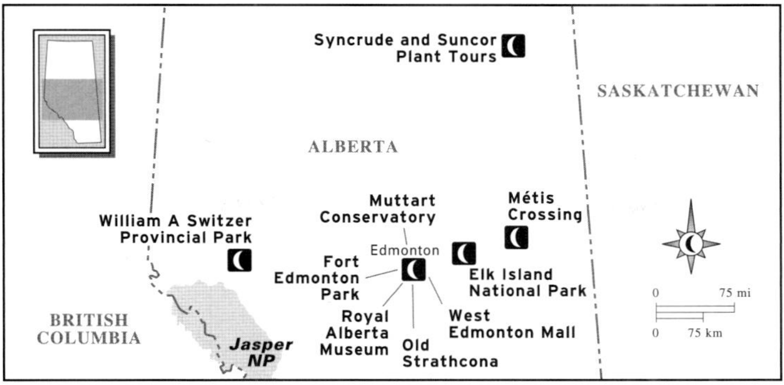

Highlights

Muttart Conservatory (S. 619): Dieser interessante botanische Garten ganz in der Nähe von Downtown Edmonton besteht aus vier Glaspyramiden. Ein ganz besonderes Erlebnis ist die tropisch-feuchte Dschungelpyramide im Winter, wenn draußen Schnee liegt.

Fort Edmonton Park (S. 620): Auf einem weitläufigen Gelände am Flussufer begeben sich die Besucher auf eine Reise in die Vergangenheit. Das Personal trägt mit Kostümen aus der damaligen Zeit zur historischen Atmosphäre bei.

Old Strathcona (S. 622): Das Herz des am besten erhaltenen historischen Viertels in Edmonton ist die Whyte Avenue, eine Einkaufsmeile mit Szeneboutiquen, flippigen Cafés und interessanten Buchhandlungen.

Royal Alberta Museum (S. 621): Eines der besten Museen Kanadas beleuchtet die Natur- und Besiedlungsgeschichte von Alberta.

West Edmonton Mall (S. 623): Absolut einmalig, nicht nur in Kanada – der größte überdachte Shopping- und Freizeitkomplex der Welt bietet für jeden etwas.

Elk Island National Park (S. 640): Dieser kleine Nationalpark bietet die besten Möglichkeiten zum Beobachten wilder Tiere in ganz Alberta. Sichtungen von Wapitis, Elchen und Bisons sind (fast) garantiert.

Métis Crossing (S. 645): Kanadas größtes Métis-Kulturzentrum erstreckt sich auf einem geschichtsträchtigen Gelände am Fluss, das große Bedeutung für die Nachkommen aus Mischehen zwischen Ureinwohnerinnen und französischen Händlern hat.

Syncrude/Suncor Plant Tours (S. 650): Kein Wunder, dass Fort McMurray boomt, denn hier schlummern mehr Ölreserven unter der Erde als in der ganzen restlichen Welt. Die beste Art der Besichtigung ist eine Bustour.

William A. Switzer Provincial Park (S. 662): Hier ein oder zwei Nächte das Zelt aufzuschlagen ist ein herrliches Wildnisabenteuer, denn der Provinzpark hat Seen mit großem Fischreichtum und eine eindrucksvolle Wildtierpopulation.

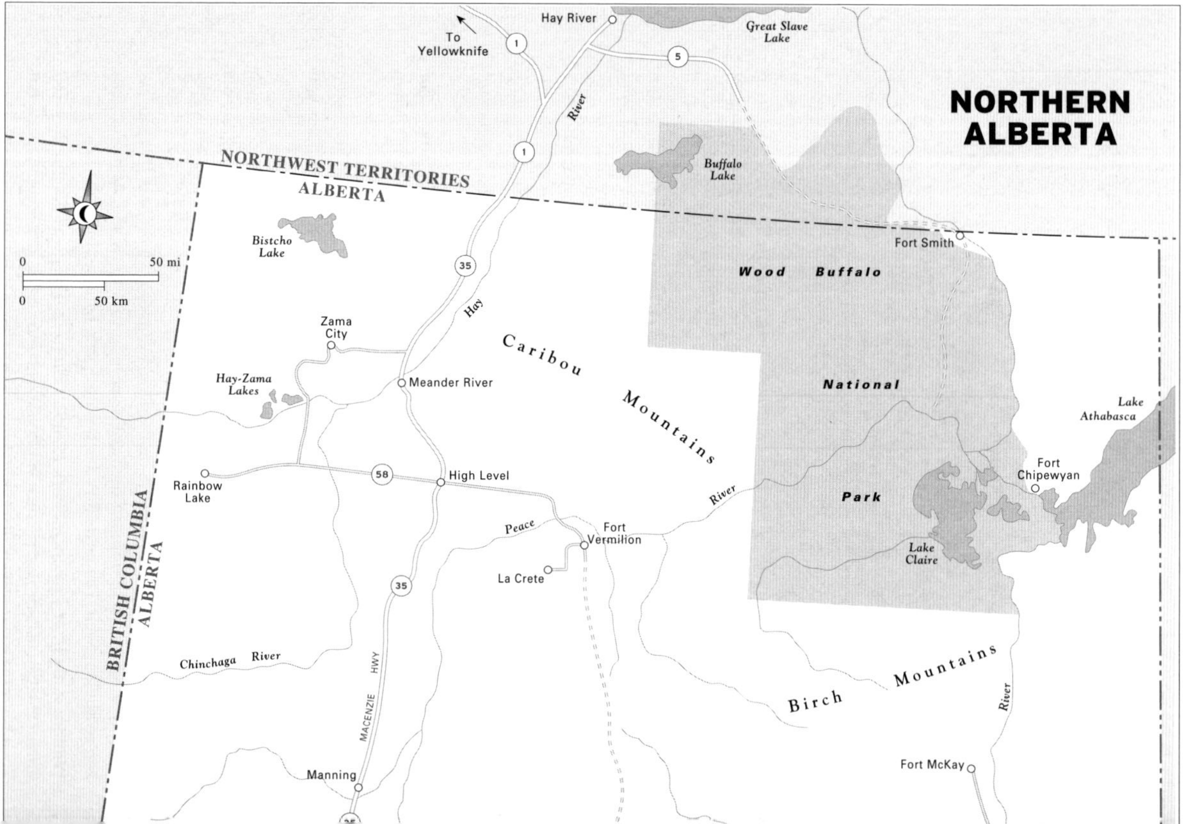
NORTHERN ALBERTA
Hay River
To Yellowknife
Great Slave Lake
River
Buffalo Lake
NORTHWEST TERRITORIES
ALBERTA
Fort Smith
Wood Buffalo National Park
Bistcho Lake
0
50 mi
0
50 km
Zama City
Hay
Caribou Mountains
Hay-Zama Lakes
Meander River
Lake Athabasca
Fort Chipewyan
Rainbow Lake
High Level
River
Peace
Fort Vermilion
Lake Claire
La Crete
BRITISH COLUMBIA
ALBERTA
Chinchaga River
MACENZIE HWY
Birch Mountains
River
Fort McKay
Manning

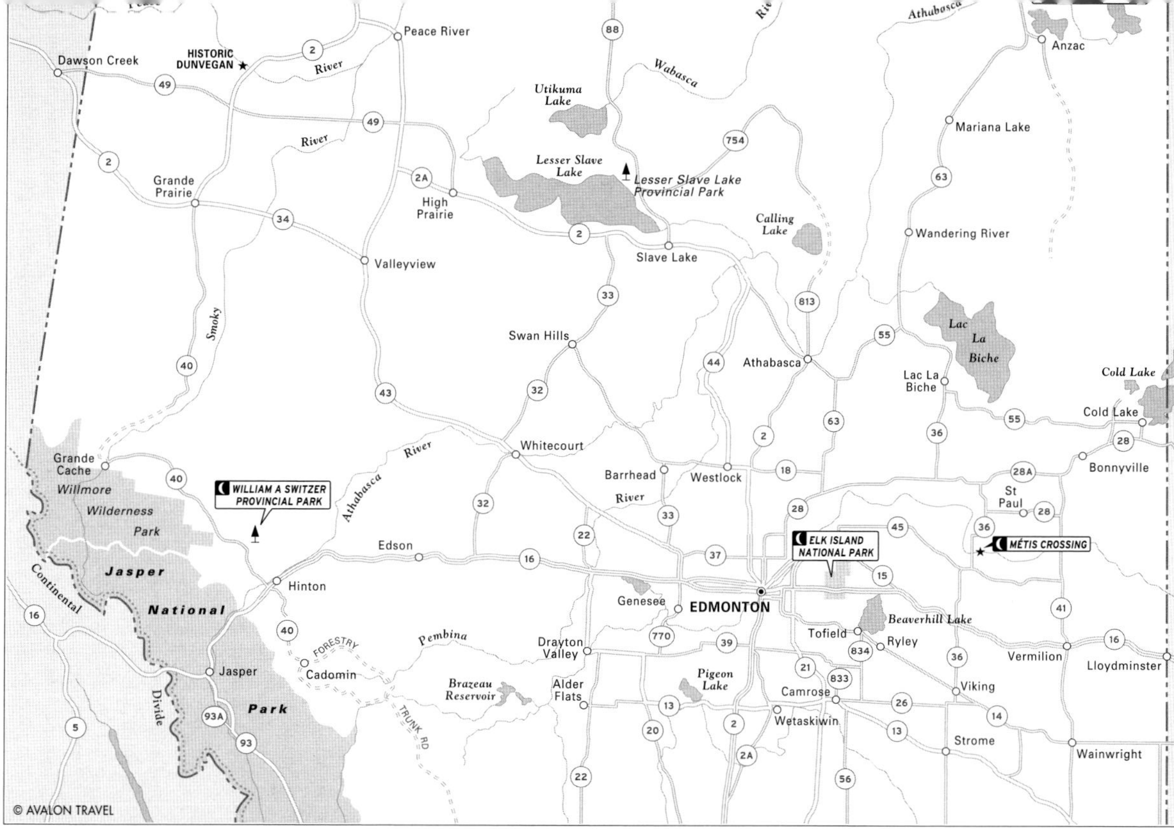
Peace River
Dawson Creek
HISTORIC DUNVEGAN
River
Utikuma Lake
Wabasca
Athabasca
Anzac
Mariana Lake
Grande Prairie
High Prairie
Lesser Slave Lake
Lesser Slave Lake Provincial Park
Calling Lake
Wandering River
Valleyview
Slave Lake
Smoky
Swan Hills
Athabasca
Lac La Biche
Lac La Biche
Cold Lake
Cold Lake
Grande Cache
Willmore Wilderness Park
WILLIAM A SWITZER PROVINCIAL PARK
Whitecourt
Barrhead
Westlock
Bonnyville
St Paul
ELK ISLAND NATIONAL PARK
MÉTIS CROSSING
Jasper National Park
Continental Divide
Edson
Hinton
Genesee
EDMONTON
Beaverhill Lake
Tofield
Ryley
Vermilion
Lloydminster
Pembina
FORESTRY TRUNK RD
Drayton Valley
Cadomin
Jasper
Pigeon Lake
Camrose
Viking
Brazeau Reservoir
Alder Flats
Wetaskiwin
Strome
Wainwright
© AVALON TRAVEL

Edmonton ist das Sprungbrett in den Norden Albertas, der sich vom Hwy. 16 bis zum 60. Breitengrad erstreckt – eine spärlich besiedelte, größtenteils unberührte Wildnis, in der viele wilde Tiere heimisch sind, darunter Hirsche, Elche, Kojoten, Füchse, Luchse, Schwarzbären und der scheue Swan-Hills-Grizzly. Ein Großteil der Landschaft ist von dichten borealen Wäldern bedeckt, die in der gesamten nördlichen Hemisphäre anzutreffen sind und nur vom Atlantischen und Pazifischen Ozean unterbrochen werden. Nur wenige Baumarten kommen mit den langen, kalten Wintern und der kurzen Wachstumsperiode im Sommer zurecht, wie sie in diesen nördlichen Breiten typisch sind. Die am weitesten verbreiteten Baumarten sind Koniferen wie Schimmelfichte, Schwarzfichte, Bankskiefer, Tanne und Lärche. Nord-Alberta hat eine gewaltige Ausdehnung und ist – mit Ausnahme der Swan Hills (bis zu 1200 m hoch) und der nördlicher gelegenen Birch Mountains und Caribou Mountains – relativ flach. Die größten Wasserwege der Region sind der Athabasca River und der Peace River mit ihren jeweiligen Nebenflüssen. Ein dritter großer Strom, der North Saskatchewan River, fließt von der kontinentalen Wasserscheide nach Osten und durchquert Nord-Alberta auf seinem Weg zur Hudson Bay. Die frühen Forschungsreisenden nutzten diese Flüsse, um den kanadischen Westen zu erschließen. Ihnen folgten schon bald die ersten Trapper, Missionare und Siedler.

Reise- und Zeitplanung

Das folgende Kapitel beschäftigt sich zunächst mit der Hauptstadt Albertas, behandelt aber auch die gesamte nördliche Hälfte der Provinz. Edmontons Topattraktionen ließen sich durchaus an einem einzigen Tag abhaken – doch das wäre schade, wenn schon einmal die Gelegenheit besteht, etwas Großstadtleben in einer ansonsten deutlich von der Natur geprägten Provinz zu genießen. Daher ist es keine schlechte Idee, mindestens eine Übernachtung in Edmonton einzulegen. Wer möchte, kann sich natürlich in einer exklusiven Unterkunft verwöhnen lassen, beispielsweise im Union Bank Inn (zentrale Lage), im Varscona (persönliche Atmosphäre) oder im Fantasyland Hotel (mit Kindern). Edmontons kulinarische Szene hat eine Vielzahl sehr guter Restaurants vorzuweisen. Wie die Entscheidung auch ausfällt, niemand darf sich das ultimative Highlight der Stadt entgehen lassen: die **West Edmonton Mall.** Auch wenn eine Shopping Mall für viele nicht gerade das ist, was man sich unter einem Kanada-Urlaub vorstellt – diese Topattraktion mit dem geradezu überwältigenden Angebot ist ein unvergessliches Erlebnis. Weitere erstklassige Sehenswürdigkeiten sind (in der genannten Reihenfolge) das **Royal Alberta Museum,** der **Fort Edmonton Park** und das **Muttart Conservatory.**

Der Norden Albertas ist eine Region von gewaltigen Ausmaßen. Sie kann in Verbindung mit einer Expedition in die Northwest Territories bereist werden, kommt aber auch durchaus als eigenes Ziel in Frage, wenn der Interessenschwerpunkt auf Aktivitäten in der freien Natur liegt, z. B. Kanufahren, Angeln, Campen oder Vogelbeobachtung. Spezielle Attraktionen liegen oft eine ganze Tagesreise voneinander entfernt. Eine Ausnahme ist der **Elk Island National Park,** der sich mit einem Aufenthalt in Edmonton verbinden lässt. Eine dreitägige Rundreise von der Hauptstadt aus könnte diesen Nationalpark beinhalten und dazu kulturelle Sehenswürdigkeiten wie **Métis Crossing** und einen Provinzpark, von denen es in der Umgebung gut ein Dutzend gibt (der **William A. Switzer Provincial Park** ist beispielsweise ein hervorragendes Ziel für Kanutouren und Wildtierbeobachtung).

Weiter nördlich findet Fort McMurray weltweite Beachtung wegen seiner gigantischen Ölsandreserven. Es ist zwar eine lange Fahrt dorthin (oder ein kurzer Flug), aber es lohnt sich: Man erlebt eine echte Boomtown, wie beispielsweise Dawson City vor über 100 Jahren eine war. Wer sich nach Fort McMurray aufmacht, sollte auf jeden Fall vorab eine Unterkunft und eine **Bustour durch die Abbaugebiete Syncrude/Suncor** reservieren.

Geschichte

Über einen Zeitraum von mindestens 3000 Jahren suchten Ureinwohner immer wieder das Flusstal auf, in dem heute Edmonton liegt, um nach Quarzit zu suchen, aus dem sie ihre Steinwerkzeuge anfertigten. Von den gewaltigen Ressourcen, die hier unter der Erde schlummern und schließlich eine Stadt mitten in der Wildnis entstehen ließen, wussten sie wahrscheinlich nichts – oder sie hatten einfach keine Verwendung dafür.

Die ersten 100 Jahre

Europäische Pelzhändler, die mit Kanus den North Saskatchewan River befuhren, fanden in der Gegend des heutigen Edmonton eine der reichsten Bezugsquellen für Felle auf dem gesamten Kontinent vor, weil in den Fichten-, Pappel- und Espenwäldern der Region enorme Populationen von Bibern und Bisamratten lebten. Wo heute das Gebäude der Provinzregierung (Alberta Legislature Building) steht, wurde 1795 ein Fort errichtet. Es war ein idealer Handelsposten: Hier konnten Cree und Assiniboine gefahrlos mit Biber-, Otter- und Marderfellen handeln, ohne auf das Territorium der gefürchteten Plains-Völker vorzudringen, zu denen auch die Blackfoot gehörten. Gleichzeitig lag das Fort weit genug südlich, um auch für die Blackfoot in Reichweite zu sein, die in den Norden kamen, um mit Bisonfleisch und anderen Erzeugnissen zu handeln. Nach 100 Jahren war es jedoch plötzlich mit dem Pelzhandel vorbei. Viele Posten im kanadischen Westen wurden aufgegeben, doch Edmonton blieb ein wichtiges Sprungbrett nach Norden. Waren wurden auf dem Landweg von Edmonton nach Athabasca Landing transportiert, wo sie auf Frachtkähne und Dampfschiffe verladen und auf dem Athabasca River weiter nach Norden verschifft wurden.

Die Hauptstadtfrage

Als Alberta am 1. September 1905 eine eigenständige Provinz wurde, fiel die Entscheidung über die künftige Hauptstadt nicht leicht. Edmonton wurde zunächst per Gesetz zur vorläufigen Hauptstadt bestimmt, doch die Konkurrenz war groß. Insbesondere Calgary hielt sich für den wichtigsten Finanz- und Verkehrsknotenpunkt der Provinz. In der Landeshauptstadt Ottawa sorgte das Thema für hitzige Debatten, doch am Status von Edmonton als Provinzhauptstadt hat sich bis heute nichts geändert.

Öl und Wachstum

Felle bescherten Edmonton den ersten Boom, den zweiten brachte die Kohle (die letzten von ehemals 150 Bergwerken wurden 1970 geschlossen), aber die Zukunft Edmontons war Öl. Die Entdeckung des „schwarzen Goldes“ 1947 im nahe gelegenen Leduc machte Edmonton zu einer der am schnellsten wachsenden Städte Kanadas.

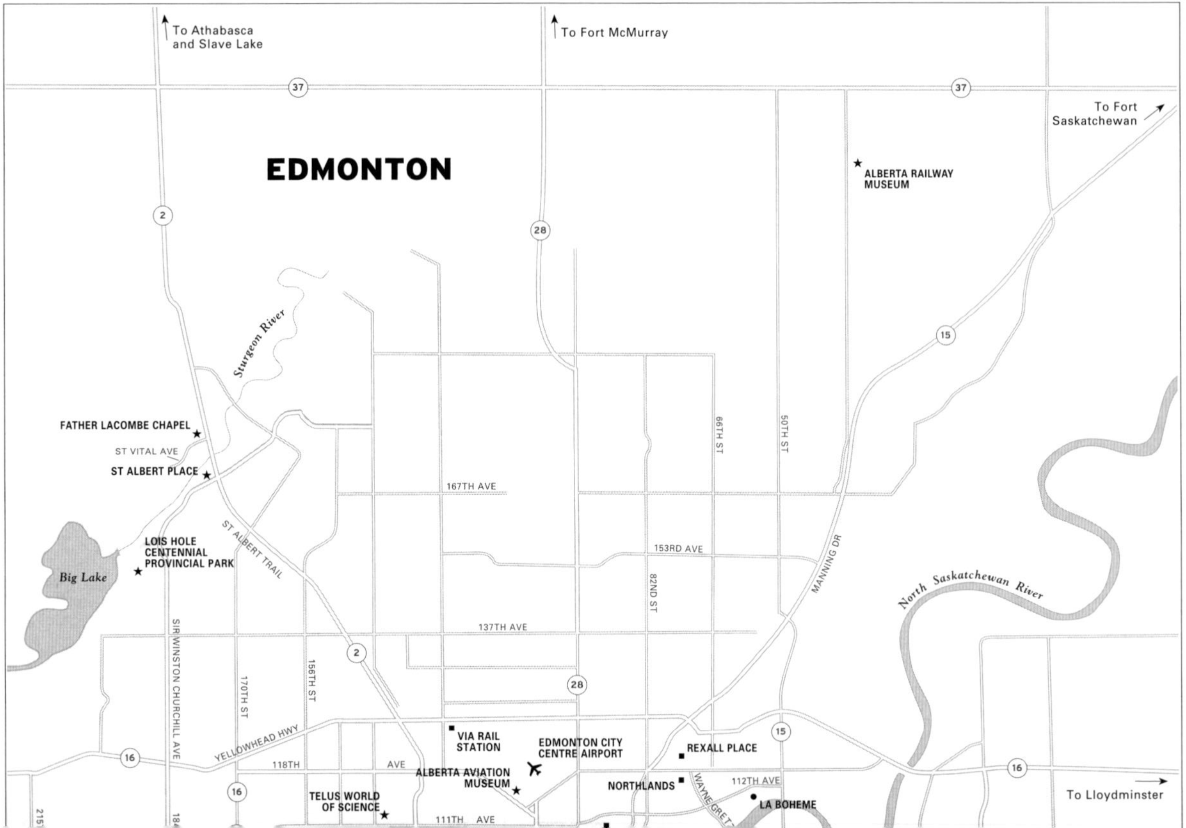
EDMONTON
To Athabasca and Slave Lake
To Fort McMurray
To Fort Saskatchewan
To Lloydminster
ALBERTA RAILWAY MUSEUM
Sturgeon River
North Saskatchewan River
Big Lake
FATHER LACOMBE CHAPEL
ST VITAL AVE
ST ALBERT PLACE
LOIS HOLE CENTENNIAL PROVINCIAL PARK
ST ALBERT TRAIL
167TH AVE
153RD AVE
137TH AVE
66TH ST
50TH ST
82ND ST
MANNING DR
SIR WINSTON CHURCHILL AVE
170TH ST
156TH ST
YELLOWHEAD HWY
118TH AVE
112TH AVE
111TH AVE
WAYNE GRET
VIA RAIL STATION
EDMONTON CITY CENTRE AIRPORT
REXALL PLACE
ALBERTA AVIATION MUSEUM
NORTHLANDS
TELUS WORLD OF SCIENCE
LA BOHEME
37
2
28
15
16

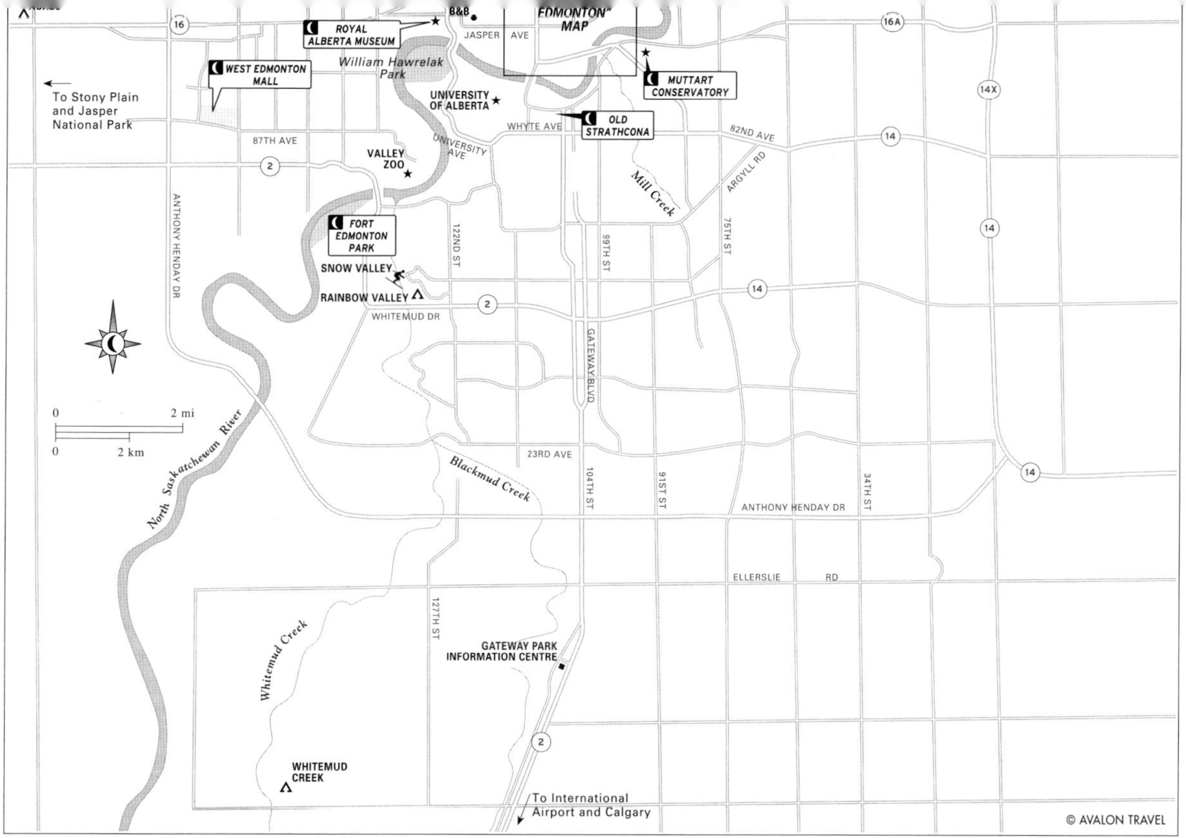

EDMONTON" MAP
B&B
ROYAL ALBERTA MUSEUM
WEST EDMONTON MALL
William Hawrelak Park
UNIVERSITY OF ALBERTA
MUTTART CONSERVATORY
OLD STRATHCONA
To Stony Plain and Jasper National Park
JASPER AVE
WHYTE AVE
82ND AVE
87TH AVE
UNIVERSITY AVE
VALLEY ZOO
ARGYLL RD
Mill Creek
75TH ST
99TH ST
122ND ST
FORT EDMONTON PARK
SNOW VALLEY
RAINBOW VALLEY
WHITEMUD DR
ANTHONY HENDAY DR
GATEWAY BLVD
23RD AVE
Blackmud Creek
104TH ST
91ST ST
34TH ST
North Saskatchewan River
ELLERSLIE RD
127TH ST
GATEWAY PARK INFORMATION CENTRE
Whitemud Creek
WHITEMUD CREEK
To International Airport and Calgary
16
16A
14X
14
2
0 2 mi
0 2 km
© AVALON TRAVEL

Mit dem Bau von Pipelines und Raffinerien entstanden neue Arbeitsplätze, und Edmonton entwickelte sich zum Zentrum der petrochemischen Industrie Westkanadas. Als die Nachfrage immer weiter stieg, wurden in der Umgebung der Stadt mehrere Hundert Explorationsbohrungen in Angriff genommen. Auf landwirtschaftlichen Anbauflächen standen plötzlich Bohrtürme, Absperrventile und Öltanks. 1956 waren im Umkreis von 100 km bereits über 3000 Bohrlöcher in Betrieb. Auf einem 20 km^2 großen Areal östlich der Stadt entstanden Vorratstanks, Raffinerien und petrochemische Anlagen von enormen Ausmaßen. Doch auch Edmonton selbst veränderte sich in dem Maße, wie sich der neue Reichtum zu etablieren begann. Das kulturelle Leben blühte auf, die Restaurants und Geschäfte wurden schicker, und prosperierende Firmen bezogen nach und nach die neuen Wolkenkratzer aus Glas und Stahl, von denen die Skyline heute beherrscht wird.

Derzeit profitiert Edmonton von den Auswirkungen des aktuellen Ölbooms. Das Gesamtvolumen der geplanten Baumaßnahmen im damit verbundenen Industrie- und Dienstleistungssektor erreicht allein im laufenden Jahrzehnt schätzungsweise mehr als 25 Mrd. €, und Edmonton wird unmittelbarer Nutznießer der Folgewirkungen dieser Infrastruktur sein. Ein Großteil dieser Entwicklung geht auf das Konto der **Ölsandfelder** im Norden Albertas. In Edmonton entstehen derzeit neben einer neuen Pipeline auch riesige Industrieanlagen zur Weiterverarbeitung des Öls.

Orientierung

Aus Calgary kommend, führt der Hwy. 2 aus Richtung Süden nach Edmonton hinein und endet unmittelbar nördlich der Touristeninformation (Gateway Park Tourist Information Centre). Von da an heißt die Schnellstraße in nördlicher Richtung **Gateway Boulevard (103rd St.)** und in südlicher Richtung **Calgary Trail (104th St.).** Wer von Süden kommt und zur West Edmonton Mall und zum Hwy. 16 W möchte, nimmt den **Anthony Henday Drive,** der südwestlich der Downtown den North Saskatchewan River überquert.

Der **Yellowhead Highway** verläuft nördlich der Downtown in Ost-West-Richtung durch die Stadt. Autofahrer aus Richtung Osten gelangen über die 97th St. ins Zentrum. Die westliche Verlängerung der Jasper Ave. heißt Stony Plain Rd. und trifft am westlichen Stadtrand auf den Hwy. 16.

„Avenues" verlaufen in Ost-West-Richtung, die Nummerierung beginnt im Süden mit der 1st Ave. „Streets" sind in Nord-Süd-Richtung ausgerichtet, die Nummerierung beginnt im Osten mit der 1st St. Gerade Hausnummern liegen an der Nordseite der Avenues und an der Westseite der Streets. Den Mittelpunkt der Stadt bildet die Kreuzung von 101st St. und 101st Ave., wobei Letztere ihren ursprünglichen Name **Jasper Avenue** behalten hat.

Sehenswertes

Downtown und Umgebung

Die recht kompakte Downtown Edmontons liegt nördlich des North Saskatchewan River. An der Hauptdurchgangsstraße **Jasper Avenue** (101st Ave.) reihen sich Restaurants und Geschäfte aneinander, und in der Gegend gibt es viele Hotels, die zu Fuß erreichbar sind. Am östlichen Ende der Jasper Ave. steht das **Shaw Conference**

Centre, ein spektakuläres Bauwerk aus Glas und Stahl, das förmlich an der Wand des Flusstals zu kleben scheint. Der höchste Wolkenkratzer der Stadt ist der 36 Stockwerke hohe ManuLife Place in der 102nd St. Ein paar Blocks weiter östlich liegt der **Arts District** mit den Gebäuden der Provinzregierung (darunter auch das futuristisch anmutende Rathaus) und mehreren Veranstaltungsorten für darstellende Künste. Übrigens: Die Gegend unmittelbar östlich der 97th St. ist ein zwielichtiges Viertel mit anrüchigen Bars, das man bei Dunkelheit nach Möglichkeit meidet.

Trotz der ungebremsten Bautätigkeit haben viele historische Gebäude die Zeiten überdauert und können im Rahmen des Stadtspaziergangs **Heritage Trail** besichtigt werden. Es handelt sich um eine alte Pelzhändlerroute zwischen der Altstadt und Fort Edmonton. Der Spaziergang beginnt am Shaw Conference Centre (Ecke Jasper Ave. und 97th St.) und endet im Regierungsviertel. Die Orientierung ist einfach, denn der Gehweg ist rot gepflastert und mit nostalgischen Sitzbänken, altmodischen Laternen und historischen Straßenschildern versehen.

Arts District

Dieses Viertel aus sechs rechteckig angelegten Straßenblocks im Herzen der Downtown zählt zu den Aushängeschildern der Stadt. Es beherbergt die Stanley A. Milner Library, die Art Gallery of Alberta, den Sir Winston Churchill Square, das Rathaus, die Gerichtsgebäude, das Shaw Conference Centre und den ganzen Stolz der Kulturgemeinde von Edmonton: das fantastische Citadel Theatre mit dem benachbarten Konzertsaal Winspear Centre.

Die Anfang 2010 neu eröffnete **Art Gallery of Alberta** (im Nordosten des Sir Winston Churchill Square, Eingang an der 99th St., ✆ 780/422-6223; Di–Fr 11–19 Uhr, Sa/So 11–17 Uhr, Mo geschl.; Erwachsene $ 12, Senioren und Schüler $ 8, Kinder unter 6 Jahren frei; jeweils am letzten Donnerstag des Monats ab 18 Uhr freier Eintritt) ist ein imposanter Bau, dessen Frontseite mit ihrer geschwungenen Stahlkonstruktion und den großen Fenstern das Nordlicht symbolisiert. Auf 7.800 m^2 Ausstellungsfläche wird die große Sammlung in Szene gesetzt: 4000 moderne kanadische Gemälde sowie historische und zeitgenössische Kunstwerke sämtlicher Stilrichtungen. Daneben werden ganzjährig diverse Wanderausstellungen präsentiert. Die wohl durchdachte und sorgfältig konzipierte Ausstellung *From Sea to Sea: The Development of Canadian Art* katalogisiert die gesamte Entwicklungsgeschichte der kanadischen Kunst. Zum Komplex gehören außerdem ein Theater, ein Giftshop und ein Café.

Chinatown

Ein kunstvoll gestaltetes Tor markiert die Stelle, an der einst Edmontons kleine Chinatown begann. Das Bauwerk nach Plänen eines chinesischen Meisterarchitekten überspannt die 102nd Ave. an der 97th St. und wird von acht Stahlsäulen in traditionellem chinesischem Rot gestützt. Die Zierkacheln auf dem First des Spitzdaches stellen zwei Drachen dar, das chinesische Symbol für Macht. Jede einzelne der 11.000 Kacheln, die in dem Tor verarbeitet sind, wurde in China von Hand gefertigt und glasiert. In den letzten Jahren hat sich Edmontons Chinatown allerdings ein paar Blocks weiter die Straße hinauf verschoben. Daher führt das Tor heute in ein Viertel, das von Billighotels und verlassenen Parkplätzen geprägt ist, aber wenigstens ist die Gegend ein Farbtupfer gegenüber den trostlosen Pfandleihhäusern in der 97th St.

Karte S. 612/613

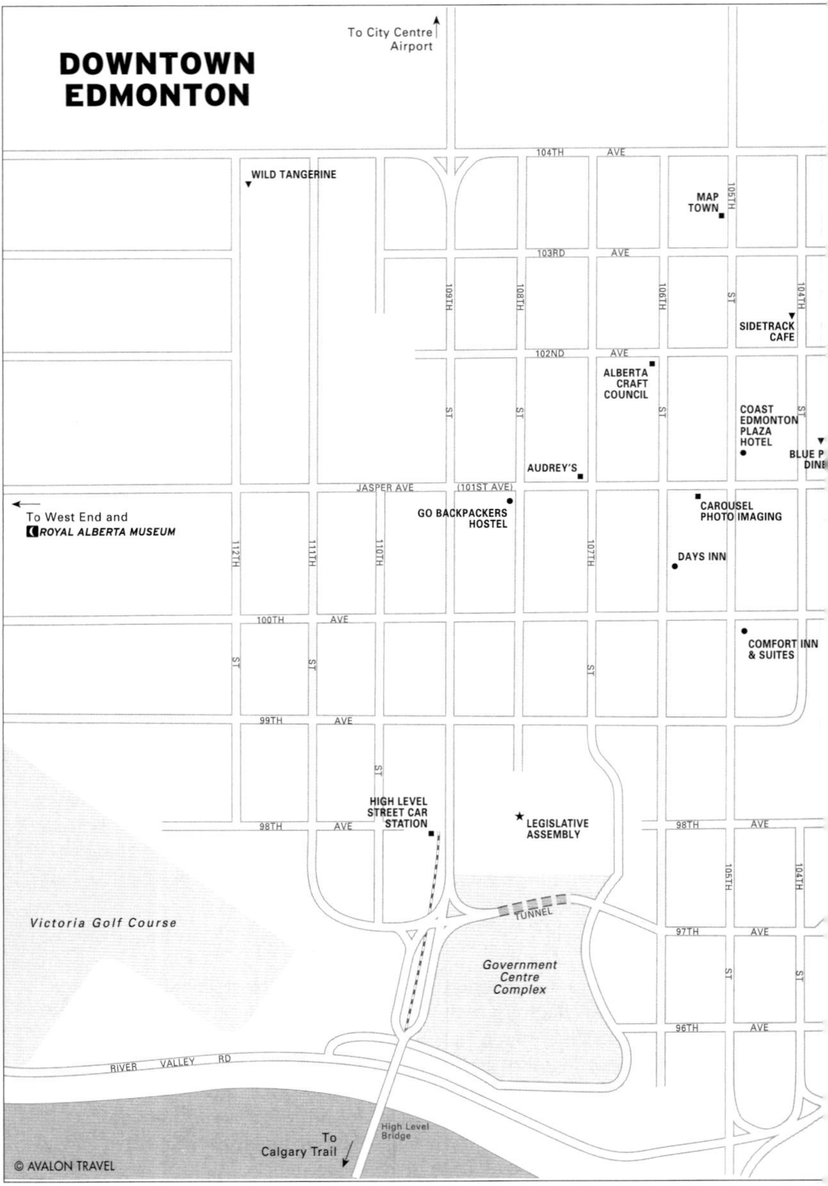

DOWNTOWN EDMONTON
To City Centre Airport
104TH AVE
WILD TANGERINE
MAP TOWN
105TH ST
103RD AVE
109TH ST
108TH ST
106TH ST
104TH ST
SIDETRACK CAFE
102ND AVE
ALBERTA CRAFT COUNCIL
COAST EDMONTON PLAZA HOTEL
BLUE P
DINE
AUDREY'S
JASPER AVE
(101ST AVE)
To West End and
ROYAL ALBERTA MUSEUM
GO BACKPACKERS HOSTEL
CAROUSEL PHOTO IMAGING
112TH ST
111TH ST
110TH ST
107TH ST
DAYS INN
100TH AVE
COMFORT INN & SUITES
99TH AVE
HIGH LEVEL STREET CAR STATION
98TH AVE
LEGISLATIVE ASSEMBLY
TUNNEL
97TH AVE
Victoria Golf Course
Government Centre Complex
96TH AVE
RIVER VALLEY RD
High Level Bridge
To Calgary Trail
© AVALON TRAVEL

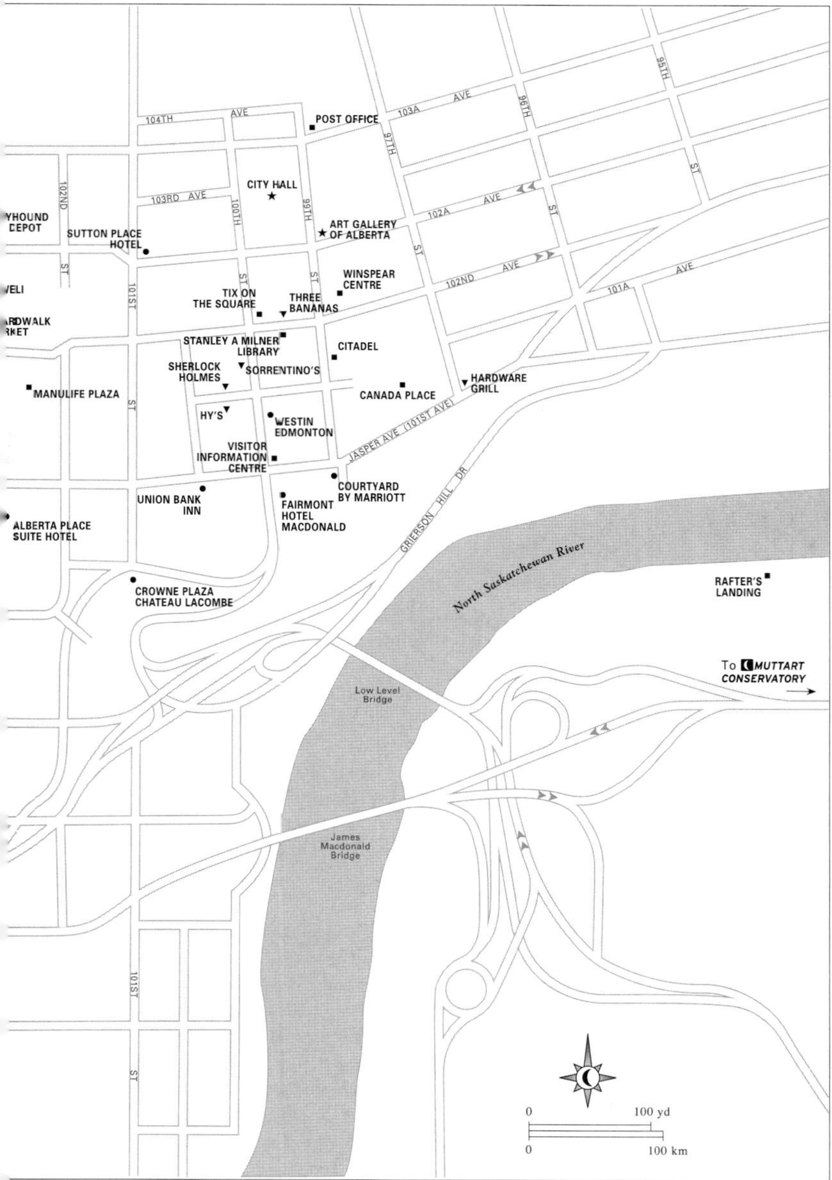

104TH AVE
POST OFFICE
103A AVE
96TH
95TH
97TH
ST
CITY HALL
103RD AVE
102ND
100TH
99TH
ART GALLERY OF ALBERTA
102A AVE
YHOUND DEPOT
SUTTON PLACE HOTEL
ST
WINSPEAR CENTRE
102ND AVE
101A AVE
101ST
TIX ON THE SQUARE
THREE BANANAS
STANLEY A MILNER LIBRARY
CITADEL
SHERLOCK HOLMES
SORRENTINO'S
HARDWARE GRILL
MANULIFE PLAZA
CANADA PLACE
HY'S
WESTIN EDMONTON
JASPER AVE (101ST AVE)
VISITOR INFORMATION CENTRE
COURTYARD BY MARRIOTT
UNION BANK INN
FAIRMONT HOTEL MACDONALD
GRIERSON HILL DR
ALBERTA PLACE SUITE HOTEL
North Saskatchewan River
RAFTER'S LANDING
CROWNE PLAZA CHATEAU LACOMBE
To MUTTART CONSERVATORY
Low Level Bridge
James Macdonald Bridge
101ST
ST
0
100 yd
0
100 km

Das Alberta Legislature Building

Fairmont Hotel Macdonald

Dieses Hotel (10065 100th St.) mit Blick auf den Fluss galt lange Zeit als das beste Haus am Platz und war über Jahre hinweg der gesellschaftliche Mittelpunkt Edmontons. Es wurde 1915 von der Grand Trunk Railway im Château-Stil errichtet, den auch viele Hotels der Canadian Pacific Railway im ganzen Land aufweisen. Das Hotel wurde 1983 geschlossen, aber anfängliche Abrisspläne verschwanden bald wieder in der Schublade. Stattdessen wurde es für $ 28 Mio. renoviert und erstrahlt heute wieder in seiner alten Pracht. Neben dem komplett restaurierten Foyer liegen die Confederation Lounge und The Library, eine Bar mit Blick auf den Fluss und der Atmosphäre eines Gentlemen's Club aus der edwardianischen Ära. An der Rezeption ist ein Lageplan des Hotels erhältlich.

Alberta Legislature Building

Der Sitz der Provinzregierung ist ein stilvolles edwardianisches Gebäude mit Blick auf das Tal des North Saskatchewan River. Das Bauwerk wird von einem 24 ha großen Gelände aus sorgsam gestalteten Gärten und manikürten Rasenflächen umgeben. Es wurde 1912 offiziell eingeweiht und hatte noch viele Jahre das originale Fort Edmonton zum Nachbarn. Seine Kuppel ist 16 Stockwerke hoch und zählt zu den Wahrzeichen der Stadt. Von der großen Rotunde im Foyer, wo Buntglasfenster und Bronzestatuen zu bestaunen sind, führt eine breite Marmortreppe nach oben zum Sitzungssaal.

Unmittelbar nördlich des Gebäudes, hinter den Springbrunnen, informiert das **Legislative Assembly Interpretive Centre** (10820 98th Ave; ✆ 780/427-7362) über den politischen Werdegang Albertas und dient als Ausgangspunkt für kostenlose Führungen durchs Parlamentsgebäude. Sie beginnen vormittags zu jeder vollen Stunde und nachmittags alle halbe Stunde (werktags ganzjährig 9–17 Uhr, am Wochenende Mitte Mai bis Okt. 9–17 Uhr, sonst 12–17 Uhr).

High Level Bridge

Die beeindruckende High Level Bridge überspannt den North Saskatchewan River am unteren Ende der 109th St. Sie wurde 1913 gebaut, um die neue Hauptstadt mit der damals noch eigenständigen Stadt Strathcona zu verbinden. Die 775 m lange und 53 m hohe Brücke diente in ihrer Geschichte bereits dem Straßenbahn-, Eisenbahn-, Fußgänger- und Autoverkehr. Heute fährt eine restaurierte Straßenbahn von der Grandin LRT Station über die Brücke bis Old Strathcona im Süden der Stadt (Abfahrt Mitte Mai bis Aug. immer 15 Min. vor und nach jeder vollen Stunde So–Fr 11–16 Uhr, Sa 9–16 Uhr; einfache Fahrt $ 4).

1980 wurde die Brücke um den künstlichen **Great Divide Waterfall** erweitert. Ist er in Betrieb, ergießt er sich schleierförmig über die gesamte Länge der Brücke in den Fluss. Zu sehen ist das Spektakel in der Regel zu besonderen Anlässen wie dem Volksfest Capital Ex und am Canada Day, aber auch sonntags an langen Wochenenden im Sommer.

Muttart Conservatory

Im Flusstal am Südufer des North Saskatchewan River stehen abseits der 98th Ave. die vier großen Glaspyramiden des Muttart Conservatory (9626 96A St., ✆ 780/442-5311; Mo–Fr 9.30–17.30 Uhr, Sa/So 11–17.30 Uhr; Erwachsene $ 9,75, Senioren $ 7,25, Kinder $ 5). Drei der Treibhäuser beherbergen Pflanzen aus bestimmten Klimazonen: In der ariden Pyramide wachsen Kakteen und andere widerstandsfähige Spezies, die unter wüstenähnlichen Bedingungen gedeihen. Die tropische Pyramide ist ein feuchtes Dschungelhabitat mit einer der größten Orchideensammlungen Nordamerikas und farbenprächtigen exotischen Vögeln, die kreischend zwischen den Palmen hin- und herflitzen. Die gemäßigte Pyramide enthält Pflanzen aus vier Kontinenten, die keine Chance hätten, unter natürlichen Bedingungen in der Umgebung von Edmonton zu überleben. In der vierten Pyramide werden je nach Jahreszeit verschiedene Pflanzen präsentiert, beispielsweise farbenprächtige Arrangements aus roten, weißen und gelben Weihnachtssternen. Anfahrt: mit dem Bus Nr. 85 oder 86 über die 100th St. in südlicher Richtung.

John Walter Museum

Dieser historische Komplex (10627 93rd Ave., ✆ 780/496-4852; Feb. bis Dez. So 13–16 Uhr; Spende) in der Nähe des Kinsmen Sport Centre besteht aus drei Häusern (Baujahr 1875, 1884 und 1900). Erbauer war der Unternehmer John Walter, der neben einem Fährbetrieb über den Fluss auch eine Kutschenfabrik, eine Sägemühle und ein Kohlebergwerk unterhielt. Einmal baute er sogar ein Dampfschiff. Heute sind in allen drei Häusern Erinnerungsstücke aus der damaligen Zeit zu besichtigen, die in Zusammenhang mit der Entwicklung Edmontons und der Bedeutung des North Saskatchewan River stehen. Sonntagnachmittags, wenn die Gebäude für die Öffentlichkeit zugänglich sind, stehen Aktionen wie Brotbacken und traditionelle Spiele auf dem Programm. An den übrigen Tagen ist das Museum geschlossen, aber das Gelände lädt zu einem schönen Spaziergang ein.

Rutherford House

Diese stilvolle edwardianische Villa (11153 Saskatchewan Dr., ✆ 780/442-2697; im Sommer tägl. 9–17 Uhr, sonst Di–So 12–17 Uhr) wurde 1911 für Alexander C. Rutherford gebaut, den ersten Premierminister Albertas. Die Familie Rutherford

Im Fort Edmonton Park wird die Zeit zurückgedreht

lebte 30 Jahre in diesem Haus. Die überdachte Sonnenterrasse dient im Sommer (Di–So 11.30–16 Uhr) als Restaurant für Mittagstisch ($ 8–11) und Nachmittagstee ($ 7–22). Das Essen wird nach historischen Rezepten von 1915 (oder noch älter) zubereitet. Das Haus steht auf dem Campus der University of Alberta.

Fort Edmonton Park

In der Nähe der Kreuzung von Whitemud Dr. und Fox Dr. liegt Kanadas größtes Freilichtmuseum, der Fort Edmonton Park (✆ 780/496-8787; Mai/Juni Mo–Fr 10–16 Uhr, Sa/So 10–18 Uhr, Juli/Aug. tägl. 10–18 Uhr, Sept. 10–16 Uhr; Erwachsene $ 13,50, Senioren $ 10,25, Kinder $ 6,75). Eine authentische Rekonstruktion des ersten Handelspostens, aus dem sich die Stadt entwickelte, ist nur ein kleiner Teil dieser spannenden Sehenswürdigkeit.

Vom Eingang zuckelt eine Dampflok (Baujahr 1919) mit den Besuchern zum Hudson's Bay Company Fort. Der Handelsposten wurde so wiederaufgebaut, wie er 1846 wohl ausgesehen hat – sogar unter Nachahmung bestimmter Arbeitsmethoden der Zimmermänner von anno dazumal. Nach Verlassen des Forts machen die Besucher einen Zeitsprung vorwärts zur **1885 Street.** Dort wurde das Zentrum Edmontons nach seinem Erscheinungsbild zwischen 1871 und 1891 rekonstruiert, als der Westen für die Besiedlung erschlossen wurde. Die Straße wird von alten Häusern mit Holzfassaden gesäumt, darunter eine Bäckerei, eine Bootsbauwerkstatt, eine Schmiede und ein Krämerladen. Um die Ecke geht's in die **1905 Street,** eine Rekonstruktion der Periode von 1892 bis 1914, als die Eisenbahn schon da war und Edmonton Provinzhauptstadt wurde. Fast am Ende der Straße kredenzt **Reed's Tea Room** von 12 bis 16 Uhr englischen Tee und Scones in traditioneller Atmosphäre. Dahinter repräsentiert die **1920 Street** die Jahre von 1914 bis 1929, eine Ära gesellschaftlicher Veränderungen als Folge der Neuansiedlung großer Unternehmen und

Industriebetriebe. Auf dem Gelände verkauft Bill's Confectionary (12–16 Uhr) Soda und Eisbecher, und eine kleine Straßenbahn lädt zur Bummelfahrt ein. Im Hotel Selkirk kann man sogar übernachten, um die Zeitreise in die Roaring Twenties stilgerecht abzurunden (siehe *Übernachten*).

Zum Leben erweckt wird das Museumsdorf von kostümierten Mitarbeitern, die den Alltag im damaligen Edmonton nachspielen: Sie backen Kuchen und Kekse, um sie in der Bäckerei zu verkaufen, pflegen sorgfältig angelegte Gemüsebeete, widmen sich vor dem Farmgebäude der Butterherstellung, erteilen interessierten Passanten Klavierunterricht oder fordern zu einer kleinen Partie Hufeisenwerfen auf.

John Janzen Nature Centre

Neben dem Fort Edmonton Park (denselben Parkplatz benutzen) befindet sich das John Janzen Nature Centre (✆ 780/496-2939; ganzjährig Mo–Fr 9–16 Uhr, an Sommerwochenenden länger; Erwachsene $ 2, Senioren und Kinder $ 1,65). Neben interaktiven Exponaten veranschaulichen ausgestopfte und lebende Tiere die regionale Flora und Fauna. In einem Raum simulieren Dioramen mit Fröschen, Fischen, Schlangen oder Salamandern diverse natürliche Lebensräume, darunter auch ein aktiver Bienenstock aus durchsichtigem Glas. Ein 4 km langer Rundwanderweg führt als Lehrpfad durchs Flusstal und wieder zurück zum Museum. Das ganze Jahr über finden spezielle Veranstaltungen, Filmvorführungen und sonntägliche Spaziergänge in die Natur statt.

Valley Zoo

Schräg gegenüber vom Fort Edmonton Park, auf der anderen Seite des Flusses, liegt der Zoo von Edmonton (13315 Buena Vista Rd., ✆ 780/496-6911; Mai–Aug. tägl. 9.30–18 Uhr, sonst 9.30–16 Uhr; Erwachsene $ 9,75 Senioren $ 7,25, Kinder $ 5). Das Gelände mit 350 Tieren aus allen sieben Kontinenten wurde in erster Linie für Kinder gestaltet (Streichelzoo, Kamel- und Ponyreiten, Paddelboote, Mini-Eisenbahn und Bücher mit Pappfiguren zum Ausschneiden). Der Tierpark liegt am Ende der Buena Vista Rd., die von der 142nd Ave. abzweigt. Um dorthin zu gelangen, nimmt man den Bus Nr. 12 in westlicher Richtung auf der 102nd Ave. bis zur Buena Vista Rd. und läuft dann 1,6 km zu Fuß zum Zoo. An Sonntagen im Sommer fährt der Bus Nr. 200 zu jeder vollen Stunde vom University Transit Centre direkt zum Zoo.

Royal Alberta Museum

Das Museum der Provinz Alberta (12845 102nd Ave., ✆ 780/453-9100; tägl. 9–17 Uhr; Erwachsene $ 10, Senioren $ 8, Kinder $ 5) liegt westlich der Downtown im historischen Viertel Glenora mit Blick auf den Fluss. Die Ausstellungen beleuchten 1 Mrd. Jahre Naturgeschichte sowie die Besiedlungsgeschichte Albertas; das Highlight ist zweifellos die **Wild Alberta Gallery** mit unglaublich akribischen Nachbildungen einer Wasserlandschaft und der vier Naturzonen der Provinz: Gebirge, Prärie, Parkland und borealer Wald. Lebensechte Dioramen machen aber nur einen Teil der Anziehungskraft aus, andernorts fordern zahlreiche Exponate die Besucher zur Interaktion auf. Um dem gefährlichsten Säugetier Albertas näher auf die Spur zu kommen, dürfen sie auch die Zähne eines Grizzlybären berühren. Dazwischen ertönt der Ruf eines Elchbullen, mit dem er die Kühe seiner Art anlockt. In einem anderen Museumsbereich erklärt die Natural History Gallery die natürlichen Kräfte, von denen die Landschaft Albertas geformt wurde. Daneben werden Dinosaurier aus der Kreidezeit und Säugetiere aus der Eiszeit (darunter ein wuscheliges

Mammut) sowie eine große Sammlung von Steinen und Edelsteinen gezeigt. In einem weiteren Abschnitt beschäftigt sich die Tausende von Artefakten umfassende Syncrude Gallery of Aboriginal Culture mit den Ureinwohnern von ihrer Ankunft vor 11.000 Jahren bis heute. Indigene Museumspädagogen und audiovisuelle Präsentationen erläutern die uralten Traditionen.

Vor dem Museum steht das **Government House** (✆ 780/427-2281; Führungen im Sommer So 11–16.30 Uhr; Eintritt frei), ein beeindruckendes dreistöckiges Gebäude aus Sandstein. Es entstand 1913 als Residenz für Albertas Vizegouverneur, der seine Gäste im feudalen Empfangssaal oder in den Gärten begrüßte. Später diente das Gebäude als Krankenhaus, bevor es in den 1970er Jahren in seinem alten Glanz wiederhergerichtet wurde.

Telus World of Science

Dieser Mehrzweckkomplex im Coronation Park (11211 142nd St., ✆ 780/452-9100; tägl. 10–17 Uhr, im Sommer 10–21 Uhr; Erwachsene $ 14, Senioren $ 12, Kinder $ 9,50) zählt zu den größten Attraktionen und auffälligsten Wahrzeichen der Stadt. Diverse Ausstellungen verteilen sich auf sechs Galerien auf drei Etagen. Besucher können einen Blick in die Zukunft der Kommunikationstechnik werfen oder in der Mystery Avenue einen Kriminalfall lösen, eine Amateurfunkstation ist mit ähnlichen Stationen rund um die Welt verbunden. Eine meteorologische Ausstellung beinhaltet eine audiovisuelle Darstellung des tödlichen Tornados, der Edmonton im Sommer 1987 heimsuchte. Ein weiterer Abschnitt widmet sich der Royal Canadian Mounted Police (RCMP). Im Kinosaal werden täglich von 12 bis 19 Uhr Lasershows gezeigt, im Green's House lernen die Besucher etwas über die Umwelt. Ein anderer Raum bietet Lernspaß für Kinder, und in einer interaktiven Galerie kann man bestimmte Sportarten ausprobieren – wie wär's mit einem Rollstuhlrennen?

Zum Komplex gehört auch ein **IMAX-Kino,** das spektakuläre Filmproduktionen zu interessanten Themen zeigt (Erwachsene $ 14, Senioren $ 12, Kinder $ 9,50, Kombiticket mit Museum $ 22,50, $ 19 bzw. $ 15,25).

Old Strathcona

Als die Calgary and Edmonton Railway Company die Eisenbahn zwischen den beiden größten Städten der Provinz plante, fassten die Verantwortlichen einen Entschluss: Sie bauten den Endbahnhof südlich vom North Saskatchewan River und errichteten dort eine Siedlung, anstatt eine Brücke zu bauen und die Linie bis nach Edmonton zu führen. Die neue Siedlung erhielt den Namen Strathcona, und ihre Einwohnerzahl stieg auf 7500 an, bevor sie 1912 eingemeindet wurde. Gemäß einer damaligen Brandschutzverordnung bestanden alle Gebäude aus Stein. Noch heute stehen viele davon und erinnern an die Zeit der vorletzten Jahrhundertwende. Old Strathcona ist der besterhaltene historische Bezirk Edmontons und wurde aufwendig saniert, u. a. mit Gehwegen aus Backstein und Nachbildungen alter Straßenlaternen.

Das beste Beförderungsmittel von der Downtown nach Old Strathcona ist die restaurierte Straßenbahn **High Level Streetcar** (✆ 780/437-7721). Sie fährt von der Westseite des Alberta Legislature Building zur Kreuzung 104th St. und 85th Ave. in Old Strathcona (Abfahrt in der Downtown Mitte Mai bis Aug. 15 Min. vor und nach jeder vollen Stunde So–Fr 11–16 Uhr, Sa 9–16 Uhr; einfache Fahrt $ 4). Die belebte Whyte Ave. liegt südlich der Haltestelle.

Sehenswertes

Das Zentrum von Old Strathcona ist die Whyte Ave. (82nd Ave.) westlich der Bahngleise. Nördlich der Whyte Ave. sind noch über 75 Wohnhäuser erhalten, die vor 1926 gebaut wurden. Auf der anderen Seite der Bahngleise steht das **Strathcona Hotel** (Ecke 103rd St. und Whyte Ave.), eines der wenigen Holzgebäude aus dem 19. Jh. Bevor Strathcona seine erste eigene Kirche bekam, versammelte sich die Gemeinde in diesem Hotel, das während der Prohibition als Mädchengymnasium diente. In den beiden Blocks östlich des Hotels konzentrieren sich zahlreiche Cafés, Restaurants, Secondhand-Buchhandlungen und interessante Läden. Der **Hub Cigar and Newsstand** (10345 82nd Ave., ✆ 780/439-0144), eines der ältesten Geschäfte in Old Strathcona, führt über 10.000 verschiedene Zeitungen und Magazine aus aller Welt. Ein umgebauter Busbahnhof einen Block nördlich ist Schauplatz des **Old Strathcona Farmer's Market** (10310 83rd Ave., ✆ 780/439-1844; ganzjährig Sa 8–15 Uhr), eines Biomarktes mit frischen Erzeugnissen, hausgemachten Leckereien und Kunsthandwerk. Mehrere kleine Museen sind von der Whyte Ave. zu Fuß zu erreichen.

An den Fassaden vieler historischer Gebäude sind Hinweistafeln angebracht, aber noch interessanter wird ein Bummel durch die Altstadt mit den Broschüren *A Walk Through Old Strathcona* und *Historical Walking and Driving Tour: Strathcona.* Weitere Informationen über das Viertel erteilt die Stiftung **Old Strathcona Foundation** (✆ 780/433-5866, www.oldstrathconafoundation.ca).

West Edmonton Mall

Wie wär's mit einem Abstecher zum Strand, um ein bisschen Sonne zu tanken oder zu surfen? Eine Runde Golf gefällig? Den einzigen überdachten Bungee-Sprung der Welt riskieren? In einem Pariser Café essen? Einem professionellen Eishockeyteam beim Nachmittagstraining zuschauen? Vielleicht doch lieber eine Seelöwenshow mit den Kids? Abends im Whirlpool relaxen, umgeben von tropischer Vegetation? Und das alles unter einem einzigen Dach?

Möglich macht's die West Edmonton Mall, das größte überdachte Shopping- und Freizeitzentrum der Welt. Calgary mag die größte *Outdoor*-Show der Welt zu bieten haben, aber Edmonton gebührt ohne Zweifel der Titel für die größte *Indoor*-Show, was 22 Mio. Besucher jährlich gerne bezeugen. Edmontons touristische Topattraktion ist viel, viel mehr als eine überdimensionierte Shopping Mall, nämlich ein Vierjahreszeiten-Wunderland zum Einkaufen und Spielen. Viele Besucher checken in einem der 355 Luxuszimmer des Fantasyland Hotel ein und bleiben ein ganzes Wochenende, ohne auch nur einen Fuß vor eine der 58 Eingangstüren der Mall zu setzen.

Attraktionen

Der **Galaxyland Amusement Park** (Tagesticket für Erwachsene $ 31,95, Familien $ 84,95, Senioren sowie Kinder ab 2 Jahren unter 1,20 m Körpergröße $ 24,95) ist der größte überdachte Vergnügungspark der Welt. Für reichlich Adrenalinausstoß sorgen 25 Fahrgeschäfte, darunter *Mindbender,* eine über 40 m hohe Achterbahn mit Dreifach-Looping und damit die größte Indoor-Achterbahn der Welt, und der *Space Shot,* ein herzstillstandverdächtiger freier Fall aus über 35 m Höhe. In einem Nebenbereich bietet der *Galaxy Kids Playpark* mit seiner bunten Spaßatmosphäre

WEST EDMONTON MALL

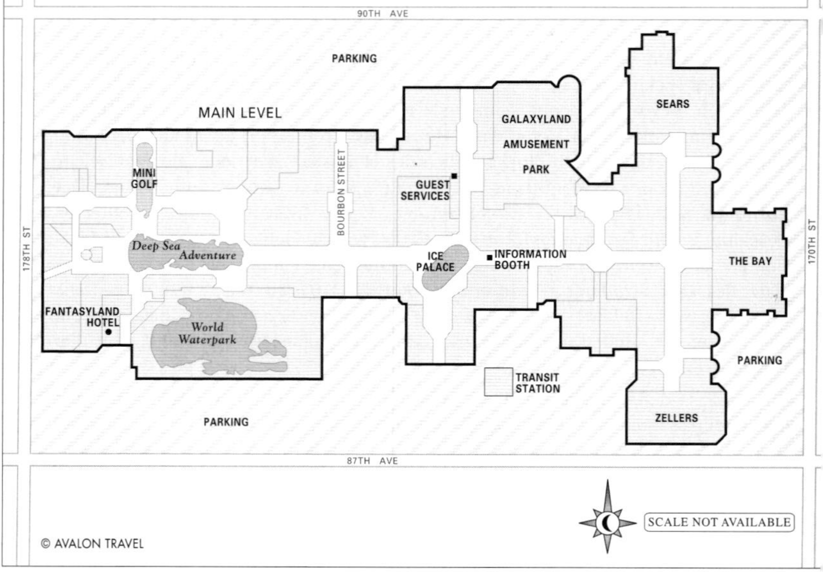

das Gleiche in Grün für die jüngere Generation. Der Eintritt zum Playpark ist frei, die Fahrten kosten Geld.

Im 20.000 m² großen **World Waterpark** (Tagesticket für Erwachsene $ 31,95, Familien $ 84,95, Senioren sowie Kinder ab 2 Jahren unter 1,20 m Körpergröße $ 24,95) fühlen sich die Besucher fast wie am Strand: Temperaturen von 30 °C, ein langer „Strand" aus rutschfestem Spezialsand, tropische Palmen, bunte Strohhütten, eine Tiki-Bar und krachende Wellen simulieren das echte Stranderlebnis. Das computergesteuerte Wellenbad fasst 12,3 Mio. l Wasser und ist so programmiert, dass in regelmäßigen Abständen Wellenserien produziert werden. Die größte von 22 Wasserrutschen ist 26 m hoch. Im World Waterpark befinden sich auch drei Whirlpools, ein Beachvolleyballfeld und der einzige überdachte Bungee-Sprung der Welt, **Center for Gravity** (✆ 780/489-4339; $ 75).

Im selben Abschnitt der Mall, in dem sich der World Waterpark befindet, plätschert der größte überdachte See der Welt. Besucher können das Wunderwerk mit einer Gesamtlänge von 122 m vom Erdgeschoss oder vom 1. Stock aus bewundern. Das Auffälligste an der Lagune ist ein lebensgroßer Nachbau der *Santa María,* dem Flaggschiff von Christoph Kolumbus. Man kann auf dem See Schlauchboot fahren (5 Min. für $ 4), einen Tauchkurs belegen oder in die tiefen Grotten der **Sea Life Caverns** ($ 5,95/Pers.) hinabsteigen, um Haie, Pinguine und viele bunte Fische zu bestaunen. Hinter dem Indoor-See liegt das **Playdium** (✆ 780/444-7529; 10–24 Uhr), ein ultramodernes Gamecenter mit über 150 Attraktionen von simulierten Wettkämpfen gegen Profisportler bis zur Speed Zone mit den neuesten Computer-Rennspielen.

Weitere Hauptattraktionen der Mall sind **Professor WEM's Adventure Golf** (Erwachsene $ 10, Senioren und Kinder $ 7) und – mitten in der Mall – der **Ice Palace,** eine Eislaufbahn von olympischen Ausmaßen (Erwachsene $ 8, Senioren und Kinder $ 6, Schlittschuhverleih $ 4). Einige der 100 Restaurants der Mall finden sich auf den drei Themenstraßen **Europa Boulevard, Chinatown** und der schicken **Bourbon Street** mit New-Orleans-Flair.

Die West Edmonton Mall in Zahlen

Der größte überdachte Shopping- und Freizeitkomplex der Welt erstreckt sich über 483.000 m² (das entspricht etwa 70 Fußballfeldern).

Die West Edmonton Mall hat

- über 800 Geschäfte
- über 100 Restaurants
- 58 Eingänge
- 21 Kinos
- 325.000 Glühbirnen
- fünf Postleitzahlen
- den größten Parkplatz der Welt (20.000 Fahrzeuge)
- den größten überdachten Vergnügungspark der Welt
- den größten Wasserpark der Welt (20.000 m², 12,3 Mio. l Wasser)
- den größten Indoor-See der Welt (122 m Länge)
- den einzigen überdachten Bungee-Sprung der Welt.

Die West Edmonton Mall

- verschlang über $ 1 Mrd. Baukosten
- beschäftigt 23.500 Menschen
- verbraucht so viel Strom wie eine Stadt mit 50.000 Einw.
- begrüßt 22 Mio. Besucher pro Jahr (über 60.000 täglich).

Öffnungszeiten und weitere praktische Infos

Die **Ladenöffnungszeiten** variieren je nach Saison, im Allgemeinen sind die Geschäfte jedoch Mo–Sa 10–21 Uhr und So 12–18 Uhr geöffnet. Die Öffnungszeiten der diversen Fahrgeschäfte und Restaurants sind unterschiedlich. Viele Restaurants haben abends länger geöffnet, und die Diskotheken schließen erst in den frühen Morgenstunden.

Im **Lageplan** der Mall sind vier Bereichen, den sog. *Phases*, verschiedene Farben zugeordnet, damit sich die Besucher leichter zurechtfinden (Geschäfte und Fahrgeschäfte tragen in ihrer Adresse auch die Nummer des Bereichs, in dem sie liegen, z. B. Phase I). Den Plan gibt's am Informationsschalter im Erdgeschoss (in der Nähe des Ice Palace), Technikfreaks können die „Mobile Mall Map" auch auf ihren Palmtop herunterladen. Wer müde Beine bekommen hat, kann sich in der Nähe der Information einen Roller leihen (erste Stunde $ 6, jede weitere $ 4).

Auskünfte erteilt die West Edmonton Mall unter ✆ 780/444-5200, die Internetadresse lautet www.wem.ca. Die Mall liegt in der 170th St., zwischen der 87th und 90th Ave. Parken ist in der Regel kein Problem, schwieriger kann es werden, das Auto wiederzufinden – also schön merken, welcher der 58 Eingänge dem Stellplatz am nächsten liegt (ein Parkplatz an der 90th Ave., Ecke 175th St. ist für Wohnmobile reserviert). Von der Downtown fährt der Bus Nr. 100 zur Mall.

Edmonton
Karte S. 612/613

Devon

Devonian Botanic Garden

Dieser botanische Garten (✆ 780/987-3054; Juli/Aug. Mo–Mi 10–21 Uhr, Do–So 10–20 Uhr, Mai bis Sept. tägl. 10–17 Uhr; Erwachsene $ 13, Senioren $ 8,50, Kinder $ 5) wurde von der University of Alberta gestaltet und liegt südwestlich von Edmonton, 5 km nördlich der Kleinstadt Devon. Hauptattraktion ist der **Kurimoto Japanese Garden,** einer der nördlichsten japanischen Gärten der Welt. Ein dekoratives Tor, eine gewölbte Brücke und Zierlaternen ergänzen die natürlichen Gestaltungselemente. Weitere Bereiche sind der große *Alpine Garden* mit Pflanzen aus Bergregionen, der *Herb Garden,* dessen Kräuter im August ein fast schon penetrantes Aroma entfalten, die *Peony Collection,* wo die Pfingstrosen im Juli am farbenprächtigsten blühen, ein Treibhaus mit exotischen Pflanzen der südlichen Hemisphäre und der von Wasser umgebene *Native People's Garden* mit Nutzpflanzen, die von den Ureinwohnern Albertas angebaut wurden.

St. Albert

St. Albert (59.000 Einw.) liegt nordwestlich von Edmonton am St. Albert Trail. Die Stadt ging aus einer der ältesten Siedlungen Albertas hervor, gehört aber inzwischen zum Speckgürtel von Edmonton. Albert Lacombe, der Namenspatron des Ortes, war ein Priester, der Pionierarbeit in Westkanada leistete. 1861, als Fort Edmonton noch ein kleiner Handelsposten war, baute er an diesem Ort ein großes Anwesen mit Blick auf den Sturgeon River. Anschließend entstanden ein Sägewerk und eine Mühle, und bereits 1870 war St. Albert die größte landwirtschaftliche Siedlung westlich von Winnipeg.

Der Missionar Albert Lacombe

Im zerfledderten schwarzen Talar und mit dem Kreuz in der Hand widmete der Missionar Albert Lacombe sein Leben den kanadischen Ureinwohnern. Sein guter Ruf – die Natives nannten ihn „Mann mit dem guten Herzen" – eilte ihm in alle Winkel der Provinz voraus. Er setzte sich stets für die Belange der Kirche ein und hatte großen Einfluss auf die Politik der Regierung. Doch was am wichtigsten war: Der Diener Gottes hatte fast immer seine Hand im Spiel, wenn es um Fortschritte in den oft angespannten Beziehungen zwischen verfeindeten Stämmen und Weißen ging.

Pater Lacombe kam erstmals 1852 in das heutige Alberta, um sich um die Métis und Natives zu kümmern, die sich in Fort Edmonton niedergelassen hatten. Später gründete er eine Mission an dem Ort, wo heute St. Albert liegt. Lacombe reiste viel, brachte Kanadas erste Gewerbeschule für Ureinwohner auf den Weg, schlichtete den Streit zwischen der Eisenbahngesellschaft und zornigen Häuptlingen um den Bau einer Trasse durchs Blackfoot-Territorium und verfasste das erste Wörterbuch der Cree-Sprache. Lacombe genoss großes Ansehen unter den Ureinwohnern, sie vertrauten ihm. Während eines Aufstands der Blackfoot Confederacy soll er durch seinen Einfluss ein Massaker an sämtlichen weißen Siedlern der Prärie verhindert haben.

Sehenswertes

Westlich vom Hwy. 2 steht Lacombes erste Holzkapelle, die **Father Lacombe Chapel** (St. Vital Ave., ✆ 780/459-7663; Mitte Mai bis Aug. tägl. 10–18 Uhr; Erwachsene $ 2, Senioren und Kinder $ 1,50). Vor der 1861 errichteten Kapelle steht eine gusseiserne, in Frankreich angefertigte Statue des Missionars, wie er auf die Stadt blickt. Das imposante Nachbargebäude heißt **Vital Grandin Centre** und entstand 1887 als Krankenhaus. Weiter unten im Flusstal, in der St. Anne St., steht **St. Albert Place,** ein auffällig geschwungenes Backsteingebäude, das von dem Architekten Douglas Cardinal entworfen wurde. Im Inneren befindet sich das **Musée Héritage** (✆ 780/459-1528; Di–Sa 10–17 Uhr, So 13–17 Uhr; Spende) mit Ausstellungen über die Geschichte von St. Albert und die Menschen, die maßgeblich an der Entwicklung der Stadt beteiligt waren. Vom Museum führt ein Weg am Fluss entlang zum 3 km entfernten **Lois Hole Centennial Provincial Park** (Anfahrt mit dem Auto über die Sir Winston Churchill Ave. bis zum Riel Dr.). Der Provinzpark schützt den Big Lake und die umliegenden Feuchtgebiete, wo an die 40 verschiedene Wasser- und Watvogelarten heimisch sind, darunter auch Trompeterschwäne.

Sport und Freizeit

• *River Valley Park System* Eines der auffälligsten Merkmale Edmontons ist die hohe Dichte an Parks. Keine andere kanadische Stadt hat mehr Grünfläche pro Einwohner aufzuweisen. Die meisten Parks sind miteinander verbunden und erstrecken sich am Ufer des North Saskatchewan River sowie in den angrenzenden Schluchten. Mit insgesamt 7400 ha Fläche bilden sie das größte Stadtparknetz Nordamerikas. In den Parks gibt es Picknickplätze, Schwimmbäder, historische Stätten, Golfplätze und viele Kilometer Wander- und Radwege. Eine der größeren Einzelanlagen ist der **William Hawrelak Park** westlich der Universität an der Groat Rd. (eine Einbahnstraße führt rund um den Park). Dort gibt es einen künstlichen See zum Paddeln und Angeln, viele ruhige Picknickplätze und ein Freilichtamphitheater mit abwechslungsreichen Veranstaltungen im Sommer.

Im Winter bieten die Parks im Flusstal reichlich Gelegenheit zum Skilanglauf. Über 75 km Wanderwege werden von Dezember bis Anfang März als Loipe präpariert. Die beliebtesten Gegenden sind der William Hawrelak Park, die Schlucht Mill Creek Ravine und der Capilano Park. Das **Kinsmen Sports Centre** (9100 Walterdale Hill, ✆ 780/944-7400) verleiht Langlaufskier mit Skistiefeln und Stöcken ($ 12/2 Std., $ 18/Tag).

• *Schwimmen und Fitnesscenter* Sehr kommerziell, oft überfüllt und nicht billig, aber trotzdem Edmontons ultimatives Erlebnis zum Schwimmen, Rutschen und Sonnenbaden ist der **World Waterpark** in der West Edmonton Mall (Ecke 170th St. und 87th Ave., ✆ 780/444-5200; Tagesticket für Erwachsene $ 31,95, Familien $ 84,95, Senioren sowie Kinder unter 1,20 m Körpergröße $ 24,95).

Die Saison für die fünf städtischen Freibäder beginnt Ende Mai und dauert etwa drei Monate. Das Bad im **Queen Elizabeth Park** liegt besonders schön zwischen hohen Pappeln mit Blick auf die Skyline auf der anderen Seite des Flusses; der Eingang ist an der 90th Ave. Ein weiteres Schwimmbad in Zentrumsnähe befindet sich im **Mill Creek Park,** nördlich der Whyte Ave. (82nd Ave.) an der 95A St. Der Eintritt beträgt für alle städtischen Freibäder $ 4. In der kalten Jahreszeit öffnen zahlreiche Hallenbäder, teilweise mit Saunen, Whirlpools, Fitnesscentern und Wasserrutschen. Das größte gehört zum **Kinsmen Sports Centre** (9100 Walterdale Hill, ✆ 780/944-7400), einem Anfang 2007 aufwendig modernisierten Komplex am Südufer des North Saskatchewan River. Der Eintrittspreis von $ 8 für Erwachsene, $ 6 für Senioren und $ 4 für Kinder beinhaltet die Benutzung des Fitnesscenters, der Sauna und der Joggingbahn. Informationen über alle städtischen Bäder können unter ✆ 780/496-7946 erfragt werden.

• *Golfen* An der River Rd. westlich vom Legislature Building liegt der **Victoria Golf Course** (✆ 780/496-4710; Platzgebühr $ 38–46), der älteste städtische Golfplatz Kana-

Eishockey, der inoffizielle Nationalsport

Die häufigste Antwort auf die Frage nach dem Nationalsport Kanadas ist Eishockey (wobei Kanadier einfach Hockey sagen), ganz Schlaue sagen Hundeschlittenrennen. Beide Antworten sind falsch, denn der offizielle Nationalsport ist Lacrosse, doch dafür haben echte Eishockeyfans nur ein müdes Lächeln übrig. Die **Edmonton Oilers** (✆ 780/414-4625 oder ✆ 866/414-4625, www.edmontonoilers.com) spielen u. a. mit Teams aus Calgary und Vancouver in der National Hockey League (NHL) um den Stanley Cup.

In den 1980er Jahren, als Superstar Wayne Gretzky noch Kapitän der Oilers war, hatte die „City of Champions" praktisch ein Abonnement auf den Stanley Cup. Seit 1988, als Gretzky zu den L.A. Kings wechselte, haben die Oilers eine durchwachsene Bilanz aufzuweisen, auch wenn sie 2006 erneut im Finale standen. Die Heimspiele werden von September bis April im Rexall Place ausgetragen (Wayne Gretzky Pl., ✆ 780/414-4625 oder ✆ 866/414-4625, www.edmontonoilers.com). Von der Downtown kommt man am einfachsten mit der U-Bahn (LRT) zum Eisstadion an der Coliseum Station. Tickets gibt's ab $ 45, die teuersten Plätze an der Bande kosten bis zu $ 150.

das. Besitzer und Betreiber ist nach wie vor die Stadt Edmonton. Der 18-Loch-Platz ist zwar nur knapp 5500 m lang, aber wegen seiner schmalen Fairways und des eher kleinen Greens recht anspruchsvoll.

Passionierten Golfern sehr zu empfehlen sind die folgenden Plätze, die alle erst in den letzten zehn Jahren eröffnet wurden: **Red Tail Landing** (am Hwy. 2 in der Nähe des Flughafens, ✆ 780/890-7888; $ 95) ist ein 6700 m langer Linkskurs mit zahlreichen Wasserhindernissen und gut platzierten Bunkern. Die letzten drei Löcher auf **The Ranch** (52516 Range Rd., Spruce Grove, ✆ 780/470-4700; $ 75) haben allesamt Wasserhindernisse. **Northern Bear** (Township Rd. 510, ✆ 780/922-2327; $ 95) wurde von keinem Geringeren als Jack Nicklaus gestaltet.

• *Touren* Vor allem wenn der Aufenthalt in Edmonton knapp bemessen ist, bietet sich eine geführte Stadtrundfahrt an. Mehrere kleine Veranstalter nutzen den Umstand, dass Edmonton nicht auf dem Plan der großen Reiseunternehmen steht, und bieten persönlichen Service und flexible Zeiten an. Wie von einem ehemaligen Museumsführer zu erwarten, legt Cameron Malcolm bei seinen **Out an' About Tours** (✆ 780/909-8687, www.outanabouttours.com) den Schwerpunkt auf die Geschichte und Kultur von Edmonton und Old Strathcona. Die halbtägige Stadtrundfahrt Alberta Past & Present Tour kostet $ 65 und beinhaltet als zusätzliche Option den Fort Edmonton Park ($ 65).

Wayne Millar von **Watchable Wildlife** (✆ 780/405-4880, www.birdsandbackcountry.com) führt seine Gäste durch die regionalen Parks von Edmonton. Seine Stärke ist die Umgebung östlich von Edmonton, darunter der Elk Island National Park und die Cooking Lake Moraine (dreistündige Abendtouren für $ 79).

Die **Edmonton Queen** (Rafter's Landing, 9734 98th Ave., ✆ 780/424-2628), ein 52 m langer Schaufelraddampfer, legt vom Muttart Conservatory zu Kreuzfahrten über den North Saskatchewan River ab: einstündige Rundfahrt Fr–So 12 und 15 Uhr ($ 18, Kinder unter 11 Jahren $ 12, Mittagessen extra); Abendkreuzfahrt 19.30 Uhr (Erwachsene $ 48, Kinder unter 11 Jahren $ 22, inkl. Abendessen).

Nachtleben, Kunst und Veranstaltungen

Die kostenlosen Stadtmagazine **See Magazine** (www.seemagazine.com) und **Vue Weekly** (www.vueweekly.com) enthalten Veranstaltungshinweise für Theater, Kunst und Kultur, Konzerte, Kino und Feste in Edmonton. Beide erscheinen donnerstags, sind in der ganzen Stadt erhältlich und präsentieren ihre Informationen auch auf den jeweiligen Websites. Tickets für die meisten Großveranstaltungen verkauft **Tix on the Square** (Sir Winston Churchill Sq., 9930 102nd Ave., ✆ 780/420-1757, www.tixonthesquare.ca; Mo–Fr 9.30–18 Uhr, Sa/So 9.30–16 Uhr), eine nicht kommerzielle Einrichtung der städtischen Kulturverwaltung.

Nachtleben

• *Bars und Nachtclubs* Das **Sidetrack Café** (10238 104th St., ✆ 780/421-1326) mitten in der Downtown serviert ausgezeichnetes Essen und bietet jeden Abend ab 21 Uhr Liveunterhaltung (Eintritt meistens $ 4–10). Das Programm ist eine wilde Mischung: mal Comedy, mal Blues, mal Jazz. Verlassen kann man sich einzig darauf, dass der Laden voll wird. Montags treten meistens Kabarettisten auf, sonntags steht Varieté auf dem Programm.

Ebenfalls im Zentrum zapft **Sherlock Holmes** (10012 101A Ave., ✆ 780/426-7784) eine große Auswahl britischer und irischer Biere. Am St. Patrick's Day (17. März) steppt hier der Bär, bei Normalbetrieb singen die Gäste allabendlich die Lieder des Klavierspielers mit. Das Sherlock Holmes hat auch Ableger in Old Strathcona (10341 82nd Ave., ✆ 780/433-9676) und an der Themenstraße Bourbon St. in der West Edmonton Mall (✆ 780/444-1752). In Old Strathcona bringt **O'Byrne's Irish Pub** (10616 82nd Ave., ✆ 780/414-6766) gerne Irish Folk auf die Bühne.

Das **Stonehouse Pub** (11012 Jasper Ave., ✆ 780/420-0448) liegt ein paar Blocks westlich der Downtown und lockt mit klassischem Rock 'n' Roll aus der Jukebox ein älteres Publikum an; der Laden hat eine Terrasse, mehrere Pooltische, große TV-Monitore und allabendliche Getränke-Specials. Die **Confederation Lounge** (Fairmont Hotel Macdonald, 10065 100th St., ✆ 780/424-5181) verströmt historisches Flair. **Bellamy's** (Crowne Plaza Château Lacombe, 10111 Bellamy Hill, ✆ 780/428-6611) ist eine ruhige Bar mit Blick auf den Fluss.

Der **Cook County Saloon** (8010 Gateway Blvd., ✆ 780/432-2665) wird mit schöner Regelmäßigkeit von der Canadian Country Music Association zum besten Countryclub Kanadas gewählt. Die herzerfrischende Honky-Tonk-Atmosphäre und natürlich die kanadischen und internationalen Countrybands locken ein großes Publikum an. An bestimmten Abenden finden kostenlose Two-Step-Paartanzkurse statt, aber erst am Wochenende geht die Action richtig los, wenn Livebands dem Publikum einheizen und ein DJ die Top 40 der Countrycharts auflegt. Freitag- und samstagabends ab 20 Uhr werden $ 8 Eintritt kassiert.

Hinter der West Edmonton Mall zieht das **Cowboys** (10102 180th St., ✆ 780/481-8739) mit seinem Western-Ambiente ein konservatives junges Publikum an. Garanten dafür sind Themenabende, beliebte Promotion-Aktionen, eine riesige Tanzfläche und spärlich bekleidete Partygirls mit Cowboyhüten.

• *Jazz und Comedy* Die Freiwilligenorganisation Edmonton Jazz Society betreibt den Jazzclub **Yardbird Suite** (11 Tommy Banks Way, ✆ 780/432-0428, www.yardbirdsuite.com). Von September bis Juni kommt hier jeden Abend von 22 bis 2 Uhr Livejazz auf die Bühne. Der Eintritt kostet $ 5–24.

Der **Full Moon Folk Club** (✆ 780/438-6410, www.fmfc.org) sponsert Livekonzerte an diversen Veranstaltungsorten wie dem St. Basil's Cultural Centre (10819 71st St.); die Tickets sind mit ca. $ 15 recht preiswert.

Die Auftritte in **Yuk Yuk's Komedy Kabaret** (Century Casino, 13103 Fort Rd., ✆ 780/481-9857, www.yukyuks.com) haben unterschiedliche Anfangszeiten. Mittwochs treten Amateure auf, Do–Sa sind Profis am Werk. Die Tickets kosten $ 5–19.

Theater und Konzerte

Edmonton hat 14 Theaterensembles, die das ganze Jahr über Produktionen an diversen Veranstaltungsorten auf die Bühne bringen. Für die meisten läuft die Hauptsaison von September bis Mai. Das **Citadel Theatre** (9828 101A Ave., ✆ 780/425-1820 oder ✆ 888/425-1820, www.citadeltheatre.com) ist das größte Theater Kanadas und nimmt einen ganzen Häuserblock in der Downtown ein. Von außen sieht es aus wie ein überdimensionales Treibhaus, ein Flügel besteht komplett aus Glas und umschließt einen herrlichen Innengarten mit Gehwegen und Bänken. Der Komplex setzt sich aus fünf verschiedenen Theatern zusammen: Das Maclab Theatre zeigt Stücke von Kindern und Jugendlichen; das intime Rice Theatre bringt hauptsächlich experimentelle und innovative Produktionen zur Aufführung; die Zeidler Hall präsentiert Filme, Vorträge und Kindertheater; das Tucker Amphitheatre (mit tropischen Pflanzen und einem kleinen Teich in der Mitte) veranstaltet Konzerte und häufig auch kleinere Theater-Matinées; das Shoctor Theatre ist die Hauptbühne und bietet seit Langem ein Abonnement an

Edmonton Karte S. 612/613

($ 28–65 pro Produktion). Die Citadel Box Office verkauft Tickets.

Das **Northern Light Theatre** (11516 103rd St., ✆ 780/471-1586, www.northernlighttheatre.com; $ 20) veranstaltet etwas gewagtere Produktionen und gelegentlich Gastspiele ausländischer Ensembles. Das **Walterdale Playhouse** (10322 83rd Ave., ✆ 780/439-2845, www.walterdaleplayhouse.com; ab $ 8) im Zentrum von Old Strathcona ist das älteste Theater Edmontons. Spielstätte ist eine alte Feuerwehrhalle aus dem Jahr 1910, in der von Oktober bis Juni historische Stücke und Komödien aufgeführt werden.

Herzstück des Kulturviertels ist das fantastische **Winspear Centre** (Ecke 99th St. und 102nd Ave., www.winspearcentre.com). Der Konzertsaal ist als ein Akustikwunder bekannt, das aber auch in der Lage ist, einen hervorragenden Sound über die Verstärkeranlage zu erzeugen. Das Winspear Centre ist die Heimat des **Edmonton Symphony Orchestra** (✆ 780/428-1414 oder ✆ 800/563-1108, www.edmontonsymphony.com; $ 29–48) und zieht viele verschiedene nationale und internationale Musikensembles an, vom Chor bis zum Klassikorchester. Das Jubilee Auditorium in der University of Alberta (11455 87th Ave.) ist Spielstätte der **Edmonton Opera** (✆ 780/429-1000, www.edmontonopera.com) und des **Alberta Ballet** (✆ 780/428-6839, www.albertaballet.com).

Feste und Veranstaltungen

• *Frühjahr* Das **International Children's Festival** (✆ 780/459-1542, www.childfest.com) findet an dem Wochenende statt, das dem 1. Juni am nächsten liegt. Veranstaltungsort des Kulturfestivals für Kinder ist das Arden Theatre in St. Albert. Darsteller aus aller Welt bringen Theater, Musik, Tanz, Geschichte und Puppenspiel auf die Bühne.

The Works: Art & Design Festival (✆ 780/426-2122, www.theworks.ab.ca) veranstaltet jedes Jahr ab Ende Juni zwei Wochen lang Kunstausstellungen in den Straßen, Parks und Kunstgalerien von Old Strathcona.

In der letzten Woche im Juni und bis in den Juli hinein findet das **Edmonton Jazz Festival** (✆ 780/990-0222, www.edmontonjazz.com) statt. Unter den Künstlern sind auch zahlreiche ausländische Größen, die ihre Künste auf vielen unterschiedlichen Bühnen (auch im Freien) präsentieren, u. a. in der berühmten Yardbird Suite.

• *Sommer* Anfang Juli herrscht für zehn Tage Ausnahmezustand auf dem Winston Churchill Square in der Downtown. Der Grund ist das **Edmonton International Street Performers Festival** (✆ 780/425-5162, www.edmontonstreetfest.com) mit fast 1000 Aufführungen von Zauberern, Komikern, Jongleuren, Musikern und Pantomimen.

Das zehntägige Volksfest **Capital Ex** (✆ 780/471-7210, www.capitalex.ca) beginnt am dritten Donnerstag im Juli mit einem großen Umzug durch die Innenstadt. Schauplatz eines Großteils der Aktivitäten ist das Northlands-Gelände (7300 116th St.). Zum Programm gehören Jahrmarkt, Kasino, Livemusik, Goldwaschen, Militärmusikparaden (Alberta Tattoo und RCMP Musical Ride), Pferderennen, die internationale Messe Global Connections Pavillon und eine Handelsmesse für exklusive Kunst- und Kunsthandwerksobjekte. Die größte Veranstaltung in Edmonton lockt jährlich rund 800.000 Besucher an, es kann also eng werden in der Stadt. Zeitgleich mit Capital Ex findet das kulinarische Fest **A Taste of Edmonton** (✆ 780/423-2822, www.eventsedmonton.ca) statt. Auf dem Sir Winston Churchill Square können Besucher Kostproben der typischen Gerichte zahlreicher Edmontoner Restaurants genießen.

Die 50 Multikultipavillons im Hawrelak Park sind nur ein kleiner Teil des **Heritage Festival** (✆ 780/488-3378, www.heritage-festival.com), mit dem die Stadt am langen Wochenende im August ihre multikulturellen Wurzeln feiert. Auf die Besucher warten Gesangs- und Tanzdarbietungen, Kunst- und Kunsthandwerkausstellungen, ethnische Kostüme und kulinarische Genüsse aus über 60 verschiedenen Kulturen.

Beim **Edmonton Folk Music Festival** (✆ 780/429-1999, www.edmontonfolkfest.org) am zweiten Augustwochenende bringen Livebands den Gallagher Park mit Folk, Jazz, Blues, Country, Bluegrass und traditioneller Musik zum Beben. Eine Tageskarte kostet $ 55, doch mit den Wochenendtickets kommen passionierte Folkfreaks besser weg.

Das **Fringe Theatre Festival** (✆ 780/448-9000, www.fringetheatreadventures.ca) entwickelt sich mit rasanter Geschwindigkeit zu einer der beliebtesten Veranstaltungen der Stadt. Das zehntägige Spektakel in Old Strathcona beginnt am zweiten Donnerstag im August und verteilt sich über den ganzen Bezirk: Künstler aus aller Welt präsentieren ihre Stücke in Parks, auf der Straße, in Parkhäusern und in den restaurierten alten Theatern. Mit über 1000 Aufführungen und einer halben Million Besuchern ist das Festival inzwischen die größte Off-Theater-Veranstaltung Nordamerikas. Die Tickets sind in der Regel preiswert.

Das fünftägige Klassikfestival **Symphony under the Sky** (✆ 780/428-1414, www.edmontonsymphony.com) ist der letzte Programmpunkt auf dem prall gefüllten Sommerkalender. Am Wochenende, das dem 31. August am nächsten liegt, treten Klassikinterpreten im William Hawrelak Park auf, allen voran das Edmonton Symphony Orchestra.

• *Herbst und Winter* Die große Landwirtschaftsmesse **Farmfair International** (✆ 780/471-7210, www.farmfair-international.com) findet in der zweiten Novemberwoche auf dem Northlands-Gelände statt. Die Viehauktionen, auf denen einige der besten Rinder Nordamerikas unter den Hammer kommen, werden von einem bunten Rahmenprogramm begleitet, darunter diverse Ausstellungen und die Wahl zur Miss Rodeo Canada.

In derselben Woche ist der Rexall Place Austragungsort für das traditionelle **Canadian Finals Rodeo** (✆ 780/471-7210, www.canadianfinalsrodeo.com). Die Veranstaltung mit sieben Rodeos und $ 500.000 Preisgeld ist der Saisonhöhepunkt für die Crème de la crème der kanadischen Cowboys und Cowgirls. Von Mittwoch bis Sonntag jeweils tägl. um 19 Uhr und am Sonntag um 13 Uhr schwingen sich die Profis in den Sattel.

Einkaufen

Wenn in Edmonton das Thema Shopping zur Sprache kommt, denkt natürlich jeder sofort an die **West Edmonton Mall** (Ecke 87th Ave. und 170th St.), den größten überdachten Einkaufs- und Freizeitkomplex der Welt. Die Mall wird im Abschnitt *Sehenswertes* weiter oben in diesem Kapitel ausführlich beschrieben. Das **City Centre** und der **ManuLife Place** sind die größten Einkaufszentren in der Downtown. Das **South Edmonton Common** (Ecke Gateway Blvd. und 23rd Ave.) ist ein Komplex aus 35 großflächigen Geschäften am südlichen Stadtrand.

• *Campingausrüstung und Westernkleidung* Im Stadtzentrum verkauft **Uniglobe Geo Travel** (10237 109th St., ✆ 780/424-8310) neben einer großen Auswahl an Outdoor-Kleidung und Accessoires auch Reisen.

Mountain Equipment Co-op, eine als Genossenschaft organisierte kanadische Kette für Outdoor-Ausrüstung (die Mitgliedschaft kostet einmalig $ 5), ist westlich vom Royal Alberta Museum zu finden (12328 102nd Ave., ✆ 780/488-6614).

Jenseits der Bahngleise in Old Strathcona hat **Track 'n' Trail** (10148 82nd Ave., ✆ 780/432-1707) eine große Auswahl an Skilanglauf-, Camping- und Kletterausrüstung zu bieten.

Lammle's, Albertas größter Anbieter von Westernklamotten, betreibt fünf Filialen in der Stadt, darunter auch eine in der West Edmonton Mall (Phase I, ✆ 780/444-7877). Qualitätsstiefel gibt's auch bei **Diablo Boots** (3440 Gateway Blvd., ✆ 780/435-2592).

• *Kunst* Überall in der ganzen Stadt gibt es kommerzielle Kunstgalerien, viele davon mit Schwerpunkt auf kanadischer und indigener Kunst. In der Umgebung der Jasper Ave. und 124th St. haben sich acht Galerien in einem Umkreis von neun Häuserblocks zur **Gallery Walk Association of Edmonton** (www.gallery-walk.com) zusammengeschlossen. Alle lohnen einen Besuch, wobei die **Bearclaw Gallery** (10403 124th St., ✆ 780/482-1204) besonders für Freunde der einzigartigen Kunst nordamerikanischer Ureinwohner von Interesse ist. Zwischen Schuhgeschäften und Souvenirständen in der West Edmonton Mall versteckt sich **Northern Images** (✆ 780/444-1995), ebenfalls mit einer guten Auswahl an Kunst und Kunsthandwerk der Ureinwohner sowie aus dem Norden. Der in der ganzen Provinz präsente Kunsthandwerksverband **Alberta Craft Council** hat sein Hauptgeschäft in Edmonton (10186 106th St., ✆ 780/488-6611).

• *Bücher/Landkarten* Unter den unabhängigen Buchhandlungen hat **Audrey's** (10702 Jasper Ave., ✆ 780/423-3487; Mo–Fr 9–21 Uhr, Sa 9.30–17.30 Uhr, So 12–17 Uhr) die größte Auswahl der Stadt. Auf zwei riesigen Etagen reihen sich Regale mit Reiselektüre und Literatur über Westkanada aneinander.

Map Town (10344 105th St., ✆ 780/429-2600; Mo–Fr 9–17.30 Uhr, Sa 10–17 Uhr) führt die ganze Palette topografischer Landkarten der Provinz Alberta im Maßstab 1:50.000 und 1:250.000; außerdem gibt es Stadtpläne,

Edmonton Karte S. 612/613

Weltkarten, Alberta-Landkarten als Poster, Reiseführer, Atlanten, Outdoor-Führer und eine Riesenauswahl an Spezialkarten.

Old Strathcona ist die beste Adresse für gebrauchte Bücher. Die größte Secondhand-Buchhandlung, **Wee Book Inn** (10310 82nd Ave., ✆ 780/432-7230), führt auch neuere Titel und eine große Auswahl an Zeitschriften. **Alhambra Books** (10115 81st Ave., OG, ✆ 780/439-4195) ist auf gebrauchte Bücher über Kanada spezialisiert und hat ein umfangreiches Sortiment an Literatur über Alberta, darunter auch Broschüren und Zeitungen. Das Antiquariat **Athabasca Books** (8228 105th St., ✆ 780/431-1776) verkauft vorwiegend Belletristik und Geschichtsbücher.

Die einzigen Buchläden mit druckfrischen Titeln in Old Strathcona sind **Greenwood's** (7925 104th St., ✆ 780/439-2005) und **Chapters** (10504 82nd Ave., ✆ 780/435-1290).

Übernachten

Die besten Hotels der Stadt liegen fast ausnahmslos in der Downtown. Zahlreiche Motels konzentrieren sich am Gateway Blvd. (Hwy. 2 aus Richtung Süden) und an der Stony Plain Rd. im Westen der Stadt. In den Städten Leduc und Nisku gibt es mehrere Motels in günstiger Lage zum Edmonton International Airport. Weitere Übernachtungsmöglichkeiten sind B&Bs, zwei Backpacker Lodges und Campingplätze (einer liegt nur 5 Min. von der Downtown entfernt, die anderen verteilen sich im Westen, Osten und Süden der Stadt).

Downtown

Bis auf zwei Ausnahmen (Glenora B&B Inn und La Boheme) liegen alle nachfolgend beschriebenen Unterkünfte nah beieinander im Stadtzentrum. Wie bei Innenstadthotels in der ganzen Welt kostet auch hier das Parken extra ($ 15–25), ist aber manchmal in Wochenendpaketen enthalten.

• *Unter $ 50* In einem der älteren Downtown-Hotels, die bislang noch nicht der Abrissbirne zum Opfer gefallen sind, befindet sich das **Go Backpackers Hostel** (10815 Jasper Ave., ✆ 780/423-4146 oder ✆ 877/646-7835, www.gohostels.ca; Bett im Schlafsaal $ 25–28, Zimmer $ 80 für 1/2 Pers.). Im Umkreis von wenigen Häuserblocks gibt es viele Cafés, Restaurants und Kneipen. Die 184 Betten verteilen sich auf 8-Bett-Dorms, 4-Bett-Dorms und eine Hand voll Privatzimmer mit zwei großen Einzelbetten oder einem Doppelbett. Zur Ausstattung gehören zwei Aufenthaltsräume, eine Gemeinschaftsküche und Internetzugang im Foyer.

• *$ 50–100* Das **Glenora B&B Inn** (12327 102nd Ave., ✆ 780/488-6766 oder ✆ 877/453-6672, www.glenorabnb.com; $ 70–155 für 1 Pers., $ 90–175 für 2 Pers.) liegt zwischen der Downtown und dem Royal Alberta Museum, nur wenige Gehminuten von den Galerien der 124th St. entfernt. Das Gebäude entstand 1912 als Apartmentkomplex und wurde vollständig renoviert. Die Gästezimmer liegen über dem Salon und einem Restaurant, das ein großes Frühstück serviert (im Preis enthalten). Sämtliche Zimmer haben ein eigenes Bad, die Medium Suite bietet zusätzlich eine kleine Kochgelegenheit.

• *$ 100–150* Zugegeben, es ist ein Kettenhotel, aber dennoch ist das **Comfort Inn Edmonton** (10425 100th Ave., ✆ 780/423-5611 oder ✆ 888/384-6835, www.comfortinnedmonton.com; $ 110–150 für 1/2 Pers.) eine gute Wahl. Die Einrichtung der 108 Zimmer ist gut durchdacht und eignet sich sowohl für Urlauber als auch für Geschäftsreisende. Parkplätze, Ortsgespräche und Kaffee auf dem Zimmer sind im Preis enthalten.

Das **Days Inn** (10041 106th St., ✆ 780/423-1925 oder ✆ 800/329-7466, www.daysinn.com; ab $ 119 für 1/2 Pers.) ist ebenfalls eine solide Unterkunft in der Downtown. Parken und drahtloser Internetzugang sind kostenlos, das hauseigene Restaurant ist von 6.30 bis 21 Uhr geöffnet, die Lounge schließt um Mitternacht.

Das B&B **La Boheme** (6427 112th Ave., ✆ 780/474-5693; $ 125 für 1 Pers., $ 155 für 2 Pers., jeweils inkl. Continental Breakfast) liegt nicht in der Downtown, aber in der Nähe. Es ist im historischen Gibbard Building untergebracht, seinerzeit der erste Luxusapartmentblock Edmontons. Das Restaurant La Boheme im Erdgeschoss zählt zu den besten der Stadt. Im Obergeschoss liegen sechs geschmackvoll renovierte Zimmer mit einfacher Ausstattung und separatem Schlafbereich. Das ganze Gebäude ist einfach charmant, bis hin zu den knarrenden Holzfußböden.

Wer sich mehrere Tage in der Stadt aufhält und selbst kochen möchte, findet in den sog. Suite-Hotels (auch als Apartment-Hotels bezeichnet) ein gutes Preis-Leistungs-Verhältnis. Zu den besten zählt das **Alberta Place Suite Hotel** (10049 103rd St., ✆ 780/423-1565 oder ✆ 800/661-3982, www.albertaplace.com; $ 112–179 für 1/2 Pers.). Die 86 großen Suiten haben gut ausgestattete Küchen. Der Autovermieter Hertz ist im Hotel vertreten und bietet Sonderkonditionen für Hotelgäste. Die Jasper Ave. liegt nur einen halben Block entfernt.

• *$ 150–200* In puncto Preis-Leistungs-Verhältnis, Charme und Lage ist das **Union Bank Inn** (10053 Jasper Ave., ✆ 780/423-3600 oder ✆ 888/423-3601, www.unionbankinn.com; $ 199–208 für 1/2 Pers.) in dieser Preisklasse nur schwer zu toppen. Das restaurierte Bankgebäude aus dem Jahr 1911 liegt im Herzen der Stadt und wurde von den neuen Besitzern in ein luxuriöses Boutique-Hotel verwandelt. Alle 34 Zimmer sind geschmackvoll dekoriert und haben Kamin, Daunenbettdecken und Bademäntel. Die Zimmerpreise in den zwei Flügeln mit unterschiedlichem Motto (nostalgisch und modern) beinhalten ein warmes Frühstück und jeden Abend bekommen die Gäste ein Tablett mit Käse und Wein gereicht, von 15 bis 9 Uhr am Folgetag kann man kostenlos parken.

Das zentrale **Courtyard Edmonton** (1 Thornton Court, ✆ 780/423-9999 oder ✆ 866/441-7591, www.marriott.com; $ 169 für 1/2 Pers.) an der Kreuzung Jasper Ave. und 99th St. ist ein modernes, unprätentiöses Hotel mit herrlichem Blick auf den Fluss. Die 177 Zimmer haben viel Tageslicht (oder gar keines, wenn die schweren Vorhänge zugezogen sind), jede Menge Platz und große, moderne Bäder. Im Erdgeschoss befindet sich ein Bistro mit Tischen auf einer fantastischen Terrasse am Fluss.

Das Foyer im **Edmonton Plaza Hotel** (10155 105th St., ✆ 780/423-4811 oder ✆ 800/716-6199, www.coasthotels.com; $ 169–189 für 1/2 Pers.) besitzt eine auffällige Alpenatmosphäre, während die übrigen Bereiche des Komplexes großstädtisch daherkommen. Kleine Nettigkeiten (z. B. Bademäntel) in den hübschen Zimmern vermitteln das Gefühl, man sei in einem teureren Hotel, als es tatsächlich der Fall ist. Man *kann* natürlich mehr bezahlen, z. B. für einen Superior Room, und das Geld ist sogar gut angelegt. Zu den Gemeinschaftsbereichen gehören Hallenbad, Fitnessraum, Laundry, Lounge und Restaurant.

Das elegante Fairmont Hotel Macdonald

Das 24-stöckige **Crowne Plaza Château Lacombe** (10111 Bellamy Hill, ✆ 780/428-6611 oder ✆ 800/661-8801, www.chateaulacombe.com; $ 129–229 für 1/2 Pers.) thront auf dem Bellamy Hill, wo sich sein ungewöhnliches zylindrisches Design aus der Skyline heraushebt. Das 1998 renovierte Hotel hat ein Fitnesscenter, einen Giftshop, eine Bar mit Blick auf den Fluss und ein Drehrestaurant mit ordentlichen Mahlzeiten.

• *Über $ 200* Das **Fairmont Hotel Macdonald** (10065 100th St., ✆ 780/424-5181 oder ✆ 800/441-1414, www.fairmont.com; ab $ 229 für 1/2 Pers.) zählt zu den Wahrzeichen Edmontons. Es gehörte ursprünglich zur Hotelkette Canadian Pacific (mit dem Palliser Hotel in Calgary und dem Banff Springs Hotel in Banff), bevor es von der Fairmont-Gruppe übernommen wurde. Die 198 Zimmer gibt es in diversen Auslegungen, die teilweise recht klein ausfallen. Im ganzen Haus atmen die Gäste subtile alteuropäische Eleganz, auch im exklusiven Restaurant und in der herrlichen Lounge mit Blick auf den Fluss.

Edmonton Karte S. 612/613

Das 20-stöckige **Westin Edmonton** (10135 100th St., ✆ 780/426-3636 oder ✆ 800/228-3000, www.thewestinedmonton.com; $ 249–329 für 1/2 Pers.) ist an das Pedway-Netz aus überirdischen Fußgängerkorridoren angeschlossen und liegt sehr zentral, bietet aber dennoch hervorragende Ausblicke auf den Fluss. Die 416 großen, luxuriösen Zimmer bieten sämtlichen Komfort, ein großes Hallenbad und ein Fitnesscenter ermöglichen körperliche Betätigung. Die Tische des stilvollen Hotelrestaurants Pradera reichen bis ins weitläufige Foyer. Bei den Pauschalangeboten am Wochenende fällt der Zimmerpreis fast um die Hälfte.

Das durch und durch exklusive **Sutton Place Hotel** (10235 101st St., ✆ 780/428-7111 oder ✆ 866/378-8866, www.suttonplace.com; $ 319–459 für 1/2 Pers.) ist ebenfalls durch Pedway-Korridore mit den umliegenden Gebäuden im Finanzbezirk verbunden. Jedes der 313 elegant eingerichteten Zimmer hat Tischplatten aus Marmor, Möbel aus Walnussholz, Messingbeschläge, Erkerfenster und eine große Arbeitsfläche. Zu den Gemeinschaftsbereichen gehören ein Hallenbad, ein Fitnessraum, eine Lounge und ein Restaurant, das ein preiswertes Frühstücksbüfett ($ 18) und eine Speisekarte mit vielen regionalen Spezialitäten bietet.

Südlich der Downtown

Der Gateway Blvd. ist die Verlängerung des Hwy. 2, wenn man von Süden in die Stadt kommt. Unmittelbar hinter dem Gateway Park stehen mehrere billige Motels direkt an der Straße. Im weiteren Verlauf der Hauptstraße haben sich Kettenhotels angesiedelt, die sich bis nach Old Strathcona ziehen. Bei den Adressen ist Folgendes zu beachten: In Richtung Norden heißt der Hwy. 2 Gateway Blvd., in Richtung Süden heißt er Calgary Trail.

• *Unter $ 50* Das Hostel **HI-Edmonton** (10647 81st Ave., Old Strathcona, ✆ 780/988-6836 oder ✆ 866/762-4122, www.hihostels.ca; Bett im Schlafsaal $ 28–35,50, Zimmer $ 89 für 1 Pers., $ 99 für 2 Pers.) mit eigenem Parkplatz liegt nur wenige Gehminuten vom angesagtesten Szeneviertel Edmontons entfernt. Auf den ersten Blick wirkt es ein wenig steril, doch das legt sich, wenn man die Räumlichkeiten für sich erschließt: geräumige und komfortable Aufenthaltsbereiche, ein ruhiger und gemütlicher Hinterhof und viel Platz in der Küche. Im Sommer werden diverse Touren und Barbecues veranstaltet, ein Schalter im Foyer nimmt Buchungen für lokale Sehenswürdigkeiten und Freizeitaktivitäten vor. Die meisten Zimmer sind 2-Bett-Dorms, aber es gibt auch Schlafsäle mit sechs Betten. Check-in ist ab 15 Uhr. Wer mit dem Greyhound am Busbahnhof ankommt, läuft zwei Blocks nach Osten zur 101st St. und steigt in einen der Stadtbusse (Linie 4, 6, 7 oder 9) Richtung Süden bis zur 82nd Ave., danach geht es zu Fuß zwei Blocks nach Osten und einen nach Süden.

• *$ 50–100* Das **Château Motel** (1414 Calgary Trail SW, ✆ 780/988-6661; $ 60–69 für 1 Pers., $ 69–89 für 2 Pers.) am südlichen Stadtrand liegt günstig zum Flughafen. Alle Zimmer haben Mikrowelle und Kühlschrank. Die kleinsten Einzelzimmer sind winzig, aber genauso sauber und komfortabel wie die anderen.

• *$ 150–200* Bei der Fahrt auf dem Gateway Boulevard in Richtung Norden ist das pastellfarbene **Delta Edmonton South** (4404 Gateway Blvd., ✆ 780/434-6415 oder ✆ 800/286-1133, www.deltahotels.com; $ 189 für 1/2 Pers.) nicht zu übersehen, denn das elfstöckige Gebäude ragt an der großen Kreuzung mit dem Whitemud Dr. in die Höhe. Gäste genießen ein großes Angebot an Einrichtungen und Serviceleistungen, darunter Hallenbad, Restaurant, Lounge, Flughafenshuttle und Parken des Fahrzeugs durch einen Angestellten.

Etwas weiter an derselben Straße steht das **Radisson Hotel Edmonton South** (4440 Gateway Blvd., ✆ 780/437-6010 oder ✆ 888/837-7223, www.radisson.com; ab $ 169 für 1/2 Pers.), ein weiteres Full-Service-Hotel mit über 200 Zimmern und einem Atrium mit vielen Grünpflanzen.

Im Herzen von Old Strathcona steht **The Varscona** (8208 106th St., ✆ 780/434-6111 oder ✆ 866/465-8150, www.varscona.com; ab $ 180 für 1/2 Pers.), eines der schönsten Hotels der Stadt. Es kombiniert die persönliche Atmosphäre eines Boutique-Hotels mit allen Annehmlichkeiten, die von einer besseren Kette zu erwarten sind. Die 89 geräumigen und eleganten Zimmer sind in drei unterschiedlichen Stilrichtungen eingerichtet. Alle haben King-Size-Betten, große Bäder und Nettigkeiten wie Bademäntel und Gourmetkaffee auf dem Zimmer. Das legere Murieta's ist Varsconas Beitrag zur lebhaften Restaurantszene in Old Strathcona, in O'Byrne's Irish Pub können sich die Gäste bei einem Bierchen zurücklehnen. Der Service beinhaltet Parkplätze, ein kleines Frühstück, eine Tageszeitung und eine Wein-und-Käse-Probe am Abend.

Das **Hotel Selkirk** (Nähe Whitemud Dr., ✆ 780/496-7227 oder ✆ 877/496-7227, www.hotelselkirk.com; Mitte Mai bis Aug.; $ 185–235 für 1/2 Pers.) ist die perfekte Wahl für eine unvergessliche Übernachtung in historischer Atmosphäre. Das originale Selkirk in der Jasper Ave. brannte 1962 nieder, doch das historische Bauwerk wurde mit viel Liebe zum Detail an einem neuen Standort nachgebaut, nämlich im Freilichtmuseum Fort Edmonton Park südwestlich der Downtown. Die Zimmer haben gemütliches viktorianisches Flair, aber sämtlichen modernen Komfort wie Klimaanlage und Internet. Es gibt Übernachtungsangebote mit Halbpension, bei denen das Frühstück und Abendessen im Johnson's Café im Erdgeschoss enthalten sind. Die Getränke an einer Replik der längsten Theke Kanadas im Mahogany Room kosten extra.

West Edmonton

• *$ 50–100* Das dreistöckige **West Harvest Inn** (17803 Stony Plain Rd., ✆ 780/484-8000 oder ✆ 888/882-9378, www.westharvest.ca; $ 99 für 1/2 Pers.) hat 160 gut ausgestattete, klimatisierte Zimmer und einen Shuttleservice zur West Edmonton Mall.

• *$ 100–150* Das **Sandman Hotel West Edmonton** (17635 Stony Plain Rd., ✆ 780/483-1385 oder ✆ 800/726-3626, www.sandman.ca; $ 139–169 für 1/2 Pers.) ist die beste von mehreren Unterkünften an der Stony Plain Rd., fünf Autominuten von der Mall entfernt. Die hübschen und komfortablen Zimmer haben todschicke Farben, im zentralen Atrium sorgen ein Pool und ein Restaurant für Erholung von dem lebhaften Treiben vor der Tür.

• *$ 150–200* Das **West Edmonton Mall Inn** (17504 90th Ave., ✆ 780/444-9378 oder ✆ 800/737-3783, www.weminn.com; $ 169 für 1 Pers., $ 189 für 2 Pers.) liegt seinem Namensgeber gegenüber auf der anderen Straßenseite. Das Hotel hat 88 gut ausgestattete Zimmer, jeweils mit zwei bequemen Betten, Kaffeemaschine und Sony PlayStation. Auf der Website werden Pauschalpakete mit Aktivitäten in der Mall angeboten.

• *Über $ 200* Zum Komplex der West Edmonton Mall gehört das **Fantasyland Hotel** (17700 87th Ave., ✆ 780/444-3000 oder ✆ 800/737-3783, www.fantasylandhotel.com; $ 249–449 für 1/2 Pers.). Die 355 Zimmer sind berühmt für ihre maßlos übertriebene Fantasy-Deko in den 100 Themenzimmern. Daneben gibt es über 200 normale Zimmer, ein paar riesige Executive Suites mit Whirlpool und drei Restaurants. Wer nach einem Tag in der Mall zurück auf sein Zimmer möchte, braucht nur den Fahrstuhl zu nehmen. Jede Etage hat ein anderes Motto, das bis ins allerletzte Detail ausgereizt wird: Hollywood, Rom, Südsee, Viktorianisches England, Afrika, Orient, Iglu, Aquapark, Wilder Westen, kanadische Eisenbahn und sogar Truck (das Bett befindet sich auf der Ladefläche eines echten Pickup-Trucks). Die Südsee-Etage hat einen Flur mit handgemaltem Tropenstrandmotiv an der Wand und Grasmatten auf dem Fußboden. Die Gäste laufen durch einen Palmenhain, bevor sie ihr buntes Zimmer betreten. Dort wartet ein riesiger Whirlpool in einer Felsgrotte, und das Bett hat die Form eines Kriegerkanus (eher ein Katamaran) mit einem Segel als Kopfteil.

Camping

• *Im Süden* Der **Rainbow Valley Campground** (13204 45th Ave., ✆ 780/434-5531 oder ✆ 888/434-3991, www.rainbow-valley.com; Mitte April bis Mitte Okt.; Zeltstellplatz $ 26, Stellplatz mit Anschlüssen $ 30) ist der beste Campingplatz innerhalb der Stadtgrenzen. Die Lage ist hervorragend, und für einen Campingplatz in der Stadt ist die Atmosphäre sehr nett. Zur Ausstattung gehören kostenlose Duschen, eine Laundry, ein Grillbereich, ein Spielplatz und überdachte Kochstellen. Im Sommer sind die Plätze schon mittags ausgebucht, also am besten vorab mit Kreditkarte reservieren. Anfahrt: vom Whitemud Dr. in die 119th St. gen Süden abbiegen, dann die erste Straße rechts nehmen und bis hinunter ins Tal fahren.

Wer von Süden auf dem Hwy. 2 nach Edmonton kommt, nimmt die Abfahrt Ellerslie Rd. in Richtung Westen zum **Whitemud Creek Golf and RV Resort** (3428 156th St., ✆ 780/988-6800, www.whitemudcreek.com; $ 45). Die 125 Stellplätze haben sämtliche Anschlüsse und liegen in der Mitte eines 9-Loch-Golfplatzes, der von einem Flüsschen begrenzt wird (Platzgebühr $ 35). Auf dem Platz gibt es einen Forellenteich, moderne Waschräume, eine Laundry und ein Clubhaus mit Restaurant. Anfahrt: vom Hwy. 2 auf die Ellerslie Rd., diese 3 km in Richtung Westen und dann die 127th St. 3 km in Richtung Süden fahren, dann in die 40th Ave. Richtung Westen abbiegen. Auf dieser sind es noch einmal ca. 3 km bis zum Campingplatz.

• *Im Westen* Westlich der West Edmonton Mall und nördlich der Stony Plain Rd. liegt der Campingplatz **Shakers Acres** (21530 103rd Ave., ✆ 780/447-3564 oder ✆ 877/447-3924, www.shakersacresrvpark.com; $ 31–38).

Noch weiter draußen, in Spruce Grove, erstreckt sich das Gelände des **Glowing Embers Travel Centre** (26309 Hwy. 16, ✆ 780/962-8100 oder ✆ 877/785-7275, www.glowingembersrvpark.com; April bis Okt.; $ 38–45). Die Ausstattung ist durchweg modern, aber die Zelte wirken ein wenig deplatziert zwischen den großen Wohnmobilen mit ihren Satellitenschüsseln. Vorhanden sind auch ein Aufenthaltsraum, ein Lebensmittelladen, eine Laundry, drahtloser Internetzugang, ein Restaurant (nur Frühstück und Mittagessen), eine Waschanlage für Wohnmobile und ein Kfz-Service mit ausgebildeten Mechanikern.

• *Im Osten* Der Campingplatz **Half Moon Lake Resort** (21524 Hwy. 520, ✆ 780/922-3045, www.halfmoonlakeresort.ca; Zeltstellplatz $ 35, Stellplatz mit Anschlüssen $ 38–42) liegt 30 km östlich von Edmonton am Ufer eines flachen Sees. Der Platz hat große Bereiche für Zelte und Wohnmobile, aber die Betonung liegt auf Aktivitäten wie Angeln, Schwimmen, Kanufahren und Reiten. Anfahrt von der Downtown: die 82nd Ave. in Richtung Osten, 3 km hinter dem Sherwood Park auf den Hwy. 21 in Richtung Süden bis zum Hwy. 520 und weitere 10 km in Richtung Osten.

Essen und Trinken

Essengehen in Edmonton war stets untrennbar mit dem bewährten Alberta-Rind verbunden, aber das beginnt sich langsam zu ändern. Inzwischen bieten die rund 2000 Restaurants der Stadt eine Kombination aus internationaler Küche und einheimischen Gerichten in sämtlichen Preisklassen und für jeden Geschmack – von legendärer Hausmacherküche bei Barb and Ernie's bis zu nostalgischem Schick im Madison's Grill.

Downtown

• *Cafés und günstige Restaurants* Das **Three Bananas** (9918 102nd Ave., ✆ 780/428-2200, Mo–Fr 8–19 Uhr, Sa 10–19 Uhr, So 11–17 Uhr; Mittagessen $ 4,50–12) ist ein helles Lokal mitten in der Stadt mit Blick aufs Rathaus. Die Karte bietet neben den üblichen Kaffeesorten auch Pizza und gegrillte Panini. Alles wird den Wünschen der Gäste entsprechend zubereitet.

In einer unauffälligen Ecke im Westen der Downtown liegt das gastfreundliche **Blue Plate Diner** (10145 104th St., ✆ 780/429-0740; Mo–Fr 11–22 Uhr, Sa/So 9–22 Uhr; $ 12–18). Die Einrichtung ist zweckmäßig, sämtliche Gerichte werden täglich frisch zubereitet. Vegetarier aufgepasst: Wie wär's mit einem Linsen-Nuss-Klops in Miso-Soße?

• *Pubs* Zwischen den höchsten Wolkenkratzern der Stadt versteckt sich das **Sherlock Holmes** (10012 101A Ave., ✆ 780/426-7784; Mo–Sa ab 11.30 Uhr; $ 12–16), ein reizendes englisches Pub mit Schindeldach, hellen Fachwerkmauern und weißem Palisadenzaun. Zur Mittagszeit ist das Pub rappelvoll mit Büroangestellten. Traditionelle britische Mahlzeiten wie Würstchen mit Kartoffelbrei, Hackbraten und eine Steak and Mushroom Pie werden mit einem Pint Newcastle Ale oder Guinness heruntergespült. Noch hungrig? Bread and Butter Pudding ($ 8) ist ein köstlicher Nachtisch.

Das **Sidetrack Café** (10238 104th St., ✆ 780/421-1326; Mo–Fr ab 7 Uhr, am Wochenende ab 9 Uhr; $ 9–14) im West End ist seit über zwei Jahrzehnten eine heiße Adresse für Musikfans, aber auch das Essen genießt einen ausgezeichneten Ruf. Ein großes, herzhaftes Frühstück kostet zwischen $ 4 und $ 7,50, außerdem gibt's Suppen, Salate, Burger, Sandwiches, Pizza und andere Speisen aus aller Welt. Das Suppe-und-Sandwich-Lunch beinhaltet beliebiges Nachfüllen aus der Suppenterrine. Von 17–22 Uhr werden vorwiegend Pub-Mahlzeiten serviert.

• *Kanadisch* Die Gegend um die 97th St. ist immer schon Edmontons Problemviertel gewesen, aber das ändert sich langsam. Dafür sorgt auch der **Hardware Grill** (9698 Jasper Ave., ✆ 780/423-0969; Mo–Fr 11.30–

13.30 Uhr, Mo–Sa ab 17 Uhr; $ 30–49), eines der schönsten Restaurants der Stadt. Im restaurierten Erdgeschoss eines roten Backsteingebäudes aus dem frühen 20. Jh. (ehemals ein Haushalts- und Eisenwarengeschäft) kontrastieren weiße Tischdecken und Silberbesteck mit dunkler Einrichtung. Die abwechslungsreiche Speisekarte enthält Gerichte auf der Grundlage saisonaler kanadischer Produkte, darunter Schwein, Lamm, Rind, Reh und Lachs. Alles wird sehr schön zubereitet und bezaubernd präsentiert.

Madison's Grill (10053 Jasper Ave., ✆ 780/401-2222; tägl. Frühstück und Abendessen, Mittagessen nur werktags; $ 28–40) nimmt die nüchterne Architektur des einstigen Bankgebäudes auf. Die moderne Einrichtung schafft einen Gegenpol zu den tragenden Säulen und der verzierten Decke. Die Küche verarbeitet beste kanadische Zutaten; besonders empfehlenswert ist die Lasagne mit Königskrabben, mittags gibt's u. a. Salat mit Kalamari. Gutes Essen und tadelloser Service machen Madison's zur idealen Adresse für ein fürstliches Mahl.

Im Allgemeinen sind Drehrestaurants genauso berühmt für ihren tollen Ausblick wie für ihr unterirdisches Essen. Eine Ausnahme ist das **La Ronde** (10111 Bellamy Hill, ✆ 780/420-8366; tägl. 17.30–22.30 Uhr, So zusätzlich 10.30–14 Uhr Brunch; $ 28–39) im obersten Stock des Hotels Crowne Plaza Château Lacombe. Die Speisekarte mit Betonung auf kanadischer Küche beinhaltet Köstlichkeiten wie gebratenen Seesaibling mit einer Glasur aus Ahornsirup, gegrillte Bisonrippchen und Hummer von der Ostküste. Ein 3-Gänge-Menü kostet $ 53.

• *Europäisch* Zu den beliebtesten von zig italienischen Restaurants in Edmonton zählt **Sorrentino's** (10162 100th St., ✆ 780/424-7500; Mo–Fr 11.30–22 Uhr, Sa 17–22 Uhr; $ 15–31). Es ist geschmackvoll eingerichtet und hat ein tolles traditionell italienisches Ambiente. Die schlichten Gerichte – ob Garnelen in Gorgonzolasoße als Vorspeise, typisch schwere Pastagerichte oder Leichteres wie griechische Lammmedaillons – stellen jeden zufrieden.

Im Untergeschoss des Boardwalk Market versteckt sich **The Crêperie** (10220 103rd St., ✆ 780/420-6656; Di–Fr Mittagessen, tägl. Abendessen; $ 20–26). Bereits auf der Treppe wabert dem Gast ein verführerischer Duft aus den Eingeweiden des ehrwürdigen Gebäudes entgegen. Sobald sich das Auge an die Lichtverhältnisse im schummrigen Speisesaal gewöhnt hat, wird die einladende, ländlich-französische Atmosphäre offenkundig. Unschwer zu erraten, dass Crêpes die Spezialität des Hauses sind. Die Palette reicht vom kanadischen Crêpe Pacific ($ 20) mit Garnelen, Lachs und Spargel bis zum Nachtischklassiker Crêpe Chocolate ($ 8).

Der **Harvest Room** im Fairmont Hotel Macdonald (10065 100th St., ✆ 780/429-6424; tägl. Frühstück, Mittag- und Abendessen; $ 28–45) sieht aus wie der Speisesaal auf einem Kreuzfahrtdampfer von anno dazumal, ist aber alles andere als steif. Die kanadischen Spezialitäten mit europäischer Note und Zutaten aus der Region werden durch eine umfangreiche Weinkarte ergänzt. Im Sommer wird jeden Nachmittag um 15 Uhr High Tea kredenzt, am Wochenende ist eine Reservierung ratsam ($ 33/Pers. inkl. Führung durchs Hotel).

• *Asiatisch* Im westlichen Abschnitt der Downtown serviert das **Wild Tangerine** (10383 112th St., ✆ 780/429-3131; Mo–Fr 11.30–22 Uhr, Sa 17–23.30 Uhr; $ 13–26) in legerer, vielfarbiger Umgebung fantasievolle Mahlzeiten. Viele Gerichte sind asiatischen Ursprungs, haben aber einen modernen Touch und werden mit kanadischen Produkten zubereitet (z. B. gegrillter Lachs mit Zitronentee beträufelt oder in rotem Curry gekochte Muscheln). Unbedingt die Desserts wie Schoko-Brownie mit Orangenmarmelade oder den Käsekuchen versuchen.

Einer der besten Inder in Edmonton ist **Haweli** (10220 103rd St., ✆ 780/421-8100; tägl. mittags und abends; $ 14–22). Das Ambiente ist erfrischend schlicht, Vorhänge aus Seide trennen bestimmte Sitzbereiche voneinander, dazu plätschert besänftigende Musik.

Old Strathcona

Nirgendwo in Edmonton herrscht eine so große Auswahl und hohe Konzentration an Cafés und Restaurants wie in diesem historischen Vorort südlich des Flusses. Da Old Strathcona ein beliebtes Revier für Nachtschwärmer ist, haben viele Speiselokale bis in die frühen Morgenstunden geöffnet.

• *Cafés* Das **Block 1912** (10361 82nd Ave., ✆ 780/433-6575; Mo–Sa 9–22 Uhr, So 10–22 Uhr; Mittagessen $ 5,50–8,50) serviert diverse Heißgetränke, Kuchen, Gebäck und gesunde Hauptmahlzeiten in einladender Atmosphäre, so z. B. in mehreren gemütlichen Lounges. Außerdem sind Zeitungen aus aller Welt vorhanden.

Edmonton
Karte S. 612/613

Bei **Muddy Waters** (8211 111th St., ✆ 780/433-4390; Mo–Fr 10.30–24 Uhr, Sa 12–1 Uhr, So 16–23 Uhr) hängen vorwiegend die Kaffeekenner unter den Studenten der nahe gelegenen Universität ab und lesen im Schein der hellen Lampen bis spät in die Nacht.

• *Mexikanisch und Cajun* **Julio's Barrio Mexican Restaurant** (10450 Whyte Ave., ✆ 780/431-0774; tägl. bis 24 Uhr; $ 11–19) ist ein riesiges Lokal mit erdigen Farben und echt mexikanischem Fiesta-Ambiente. Die Speisekarte ist verführerisch, aber nicht besonders umfangreich. Wer nur einen kleinen Snack probieren möchte, bestellt Maischips mit Käse und frisch zubereiteter Salsa ($ 7,25). Etwas substanzieller sind Fajitas, die in der gusseisernen Pfanne serviert werden. Richtig voll wird's erst ab 21 Uhr.

Das **Da-de-o** (10548 Whyte Ave., ✆ 780/433-0930; Mo/Di und Do–Sa 11.30–23 Uhr, So 12–22; $ 9–18) sieht aus wie ein 50er-Jahre-Diner aus New Orleans. Auf der Speisekarte stehen Cajun-Gerichte, z. B. Po'boys, das sind Sandwiches nach Südstaatenart mit französischem Weißbrot und Belägen wie Wels im schwarzen Kräutermantel und Tequila-Salsa ($ 11). Ansonsten gibt's Catfisch-Salat, Südstaaten-Brathähnchen, Jambalaya und preiswerte Gerichte wie gegrillte Bohnen und Reis ($ 8), die auch von notorisch klammen Studenten geschätzt werden. Abends, wenn der Laden zum Szeneschuppen mutiert, verhält sich die Bedienung mitunter selbstgefällig, um es gelinde auszudrücken.

• *Chinesisch* Das **Mandarin Restaurant** (11044 82nd Ave., ✆ 780/433-8494; Mo–Fr 11.30–14.30 Uhr, tägl. ab 16.30 Uhr; $ 9–18), westlich von Old Strathcona in Richtung University of Alberta, wird mit schöner Regelmäßigkeit zum besten chinesischen Restaurant der Stadt gewählt. Von allein würde man nie darauf kommen, denn es handelt sich um ein zwangloses und lautes Restaurant für die ganze Familie. Die Wände sind mit Erinnerungsstücken aus der Welt des Sports zugepflastert, die von zufriedenen Gästen gestiftet wurden. Die meisten Gerichte stammen aus Nordchina und sind traditionell scharf, es gibt aber auch genügend kantonesische Speisen, um alle Geschmäcker zu bedienen.

• *Fine Dining* Ein paar Blocks östlich der Bahngleise befindet sich in einem renovierten Ladenlokal eines der beliebtesten Restaurants der Stadt, das **Unheardof** (9602 82nd Ave., ✆ 780/432-0480; Di–So ab 17.30 Uhr; $ 35–45). Nie davon gehört? Jede Menge Antiquitäten im Speisesaal, gestärkte weiße Tischdecken und Silberbesteck auf den Tischen, wöchentlich wechselnde Speisekarte. Im Herbst gibt's frische Wildgerichte (Lendenstück vom Hirsch) mit hausgemachten Chutneys und Soßen, in den übrigen Monaten stehen Hühnchen und Rindfleisch im Vordergrund. Es handelt sich zweifellos um ein Nobelrestaurant, aber die Bedienung verhält sich keineswegs gekünstelt, und der Anblick der Speisen lässt einem das Wasser im Mund zusammenlaufen. Ohne Tischreservierung geht hier gar nichts.

Information/Adressen

Information

Die zentralste Informationsstelle ist die Downtown-Filiale von **Edmonton Tourism** (9990 Jasper Ave., ✆ 780/426-4715 oder ✆ 800/463-4667, www.edmonton.com; Mo–Fr 7–19 Uhr) gegenüber vom Fairmont Hotel Macdonald.

Wer von Süden auf dem Hwy. 2 nach Edmonton reinfährt, sollte bei der Einfahrt in die Stadt auf die linke Fahrspur wechseln, denn es geht links ab zum **Gateway Park Visitor Information Centre** von Edmonton Tourism (✆ 780/496-8400; Mo–Fr 8.30–16.30 Uhr und Sa/So 9–17 Uhr). Dort gibt es eine Ausstellung über Albertas Ölindustrie, Ständer voller Broschüren und Telefone mit direktem Draht zu Hotels in Edmonton.

Eine weitere Touristeninformation (Mo–Fr 8–24 Uhr und Sa/So 9–24 Uhr) befindet sich auf der Ankunftsebene *(Arrivals)* im **Edmonton International Airport.**

• *Bibliotheken* Das Edmonton Public Library System (www.epl.ca) setzt sich aus 16 Einzelbibliotheken zusammen, die sich über die ganze Stadt verteilen. Die größte ist die **Stanley A. Milner Library** (7 Sir Winston Churchill Sq., ✆ 780/496-7000; Mo–Fr 9–21 Uhr, Sa 9–18 Uhr, So 13–17 Uhr). Das zweistöckige Gebäude ist durch Fußgängerkorridore (Pedways) mit anderen Teilen der Innenstadt verbunden. Zum Archiv gehören Zeitungen, Zeitschriften und Telefonbücher aus aller Welt und endlose Regale mit Literatur über Kanadas Westen. Außerdem finden hier zahlreiche Veranstaltungen statt, darunter

Autorenlesungen im Erdgeschoss. Ein toller Ort für einen verregneten Nachmittag!

Adressen

• *Post* Die Hauptfiliale der **Post** befindet sich im Zentrum (9808 103A Ave.).

• *Internet* Alle Downtown-Hotels bieten ihren Gästen Internetanschluss auf dem Zimmer, die meisten anderen haben entweder WLAN oder Internetzugang im Foyer. Kostenloses Surfen ermöglichen alle städtischen Bibliotheken, ein kommerzieller Anbieter in der Innenstadt ist das **Bohemia Cyber Café** (11812 Jasper Ave., ✆ 780/429-3442; Mo–Fr 10–1 Uhr, Sa 11–1 Uhr, So 11–24 Uhr).

• *Geldwechsel* Die größeren Filialen der meisten Banken im Zentrum sowie **Currencies International** (✆ 780/484-3868) neben dem Foyer des Hotels Fantasyland in der West Edmonton Mall wechseln ausländische Währung.

• *Waschsalon* Im Westen der Stadt, in günstiger Entfernung zu den Hotels der Gegend, liegt die **LaPerle Homestyle Laundry** (9756 182nd St., ✆ 780/483-9200) mit großen Trommeln und Trocknern, die sich auch für Schlafsäcke eignen.

• *Notfälle* Im medizinischen Notfall 911 wählen oder bei einem der folgenden Krankenhäuser anrufen: **Grey Nuns Community Hospital** (Ecke 34th Ave. und 66th St., ✆ 780/735-7000), **Northeast Community Health Centre** (14007 50th St., ✆ 780/472-5000), **Royal Alexandra Hospital** (10240 Kingsway Ave., ✆ 780/735-4111) oder **University of Alberta Hospital** (8440 112th St., ✆ 780/407-8822).

Der **Edmonton Police Service** ist unter ✆ 780/423-4567 erreichbar.

Verbindungen

• *Anreise* Der **Edmonton International Airport** (www.flyeia.com) liegt 29 km südlich der Downtown am Hwy. 2. Auf der Ankunftsebene *(Arrivals)* befindet sich eine kleine Touristeninformation (Mo–Fr 8–24 Uhr und Sa/So 9–24 Uhr). Am Flughafen gibt's außerdem Schalter von Autovermietungen, kostenlosen telefonischen Draht zu den Hotels, ein Restaurant und ein Wechselbüro. Die Busse von **Sky Shuttle** (✆ 780/465-8515 oder ✆ 888/438-2342; www.edmontonskyshuttle.com) fahren alle 20 Min. (am Wochenende alle 30 Min.) auf drei verschiedenen Routen vom Flughafen zu den Hotels im Zentrum (einfach $ 15, hin und zurück $ 30), Ticketverkauf am Schalter neben der Touristeninformation. Ein Taxi in die Innenstadt kostet $ 50.

Der **Bahnhof** von VIA Rail (12360 121st St., ✆ 800/561-8630, www.viarail.ca; 8–15.30 Uhr) ist ein kleines, modernes Bauwerk hinter dem City Centre Airport nordwestlich der Downtown. (Dort hat auch der Autovermieter Hertz einen Schalter, aber ohne vorherige Reservierung läuft nichts.) Von den Bahnhöfen in Vancouver (1150 Station St.) und Prince Rupert fahren 3-mal wöchentl. Züge in 23,5 Std. über Jasper nach Edmonton und weiter in die östlichen Provinzen des Landes.

Der **Greyhound-Busbahnhof** (10324 103rd St., ✆ 780/420-2400 oder ✆ 800/661-8747, www.greyhound.ca; Mo–Sa 5.30–24 Uhr, So 10–18 Uhr) ist von der Downtown zu Fuß zu erreichen. Die Station hat ein Fastfood-Restaurant, einen Gemischtwarenladen, einen Geldautomaten und große Schließfächer ($ 2). Tägl. fahren Busse von hier aus Ziele in ganz Kanada an, darunter Calgary (3,5 Std.), Jasper (4,5 Std.) und Vancouver (15–17 Std.). Busse von **Red Arrow** (✆ 780/424-3339, www.redarrow.ca) fahren 5- bis 7-mal tägl. von Edmonton nach Red Deer und Calgary sowie 1-mal tägl. nach Fort McMurray; das Downtown-Büro (am Holiday Inn Express Plaza, 10014 104th St.) fungiert gleichzeitig als Haltestelle.

• *Unterwegs in Edmonton* Am besten erreicht man die Sehenswürdigkeiten von Edmonton mit öffentlichen Verkehrsmitteln. Wer sein Ziel lieber mit dem Mietwagen ansteuert, wird angesichts des einfachen Straßensystems und der deutlichen Beschilderung ebenfalls keine Schwierigkeiten haben. Die von Osten, Westen und Süden kommenden großen Highways treffen sich in der Downtown. Wer von Süden nach Westen (beispielsweise zur Edmonton Mall) unterwegs ist, kann dabei eine der zahlreichen Umgehungsstraßen nutzen (in unserem Beispiel den Whitemud Dr.) und dadurch den Stadtverkehr meiden.

Das **Edmonton Transit System** (✆ 780/496-1611, www.edmonton.ca) setzt sich aus Bussen und der S-/U-Bahn Light Rail Transit (LRT) zusammen, die die Downtown mit allen Stadtteilen und den meisten Touristenattraktionen verbinden. Die LRT-Linie mit derzeit dreizehn Haltestellen ist die kleinste U-Bahn Kanadas. Die Linie verläuft in Ost-

Edmonton Karte S. 612/613

West-Richtung entlang der Jasper Ave. (101st Ave.), nach Nordosten bis Clareville und nach Süden zur Universität, ein neuer Abschnitt bis Century Park soll 2010 fertig sein. Im Stadtzentrum verläuft die LRT unterirdisch und bietet Anschluss an zahlreiche wettergeschützte Fußgängerkorridore, die sog. Pedways. Die Fahrt zwischen den LRT-Stationen Grandin und Churchill ist zu bestimmten Zeiten kostenlos (Mo–Fr 9–15 Uhr, Sa 9–18 Uhr), ansonsten kostet ein Einzelfahrschein innerhalb der Stadt $ 2,50/Person. Beim Einstieg sind Transfertickets erhältlich, die zum beliebigen Umsteigen innerhalb von 90 Min. berechtigen. Eine Tageskarte kostet $ 7,50. Weitere Informationen zu Fahrplänen und Sammelkarten hat das LRT-Kundencenter **Customer Services Outlet** (Churchill LRT Station, 99th St., ✆ 780/496-1622, Mo–Fr 8.30–16.30 Uhr).

Ein prima Transportmittel zwischen der Downtown und Old Strathcona ist die Straßenbahn **High Level Streetcar** (✆ 780/437-7721; einfache Fahrt $ 4). Früher verkehrten Eisenbahnen und Straßenbahnen regelmäßig auf dieser Strecke über die High Level Bridge, heute fährt nur noch eine restaurierte Straßenbahn alle 30 Min. (Mitte Mai bis Aug. tägl. 11–16 Uhr) von der Westseite des Alberta Legislature Building nach Old Strathcona.

Der Standardtarif für Taxis beträgt $ 3,29 Einsteigegebühr plus $ 1,85 pro Kilometer, aber die meisten Unternehmen nehmen Pauschalpreise für bedeutende Fahrtziele in der Stadt. Große Taxiunternehmen sind **Checker Cabs** (✆ 780/484-8888), **Alberta Co-op Taxi Line** (✆ 780/425-2525), **Prestige Cabs** (✆ 780/462-4444) und **Yellow Cab** (✆ 780/462-3456).

Autovermieter mit Niederlassung in Edmonton sind **Avis** (✆ 780/448-0066), **Budget** (✆ 780/448-2000), **Discount** (✆ 780/448-3888), **Enterprise** (✆ 780/440-4550), **Hertz** (✆ 780/415-5283), **National** (✆ 780/422-6097), **Rent-a-Wreck** (✆ 780/986-3335) und **Thrifty** (✆ 780/890-4555).

Lakeland

Östlich von Edmonton säumt der Hwy. 16 den südlichen Rand einer Region mit mehreren Hundert Seen, die sich gegen Ende der letzten Eiszeit bildeten, als eine fast 1000 m dicke Eisdecke langsam abschmolz. Geschichtsinteressierte zieht es v. a. zu den Stätten, an denen die ersten weißen Siedler ihre Spuren hinterließen: restaurierte Pelzhandelsposten, ehemalige Missionen oder das Ukrainian Village bei Vegreville. Andere lassen sich von der riesigen, fast unberührten Wildnis der Region faszinieren, allein sieben Provinzparks sind zu entdecken. Passionierte Angler finden an den unzähligen Seen traumhafte Bedingungen vor. Viele Tierfreunde zieht es zum Elk Island National Park, der sogar der Serengeti in Afrika Konkurrenz macht, wenn es um die Dichte der Tierpopulation geht.

Elk Island National Park

Elk Island ist von Edmonton aus über den Hwy. 16 in Richtung Osten in knapp 1 Std. erreichbar. Dieser kleine, eingezäunte Nationalpark ist 194 km² groß und schützt einen Rest des Aspen Parkland, das einst die gesamte nördliche Grenze der Prärie säumte. Der Nationalpark zählt zu den besten Gegenden Albertas für die Beobachtung von Tieren in freier Natur. Mit ungefähr 3000 großen Säugetieren hat Elk Island weltweit eine der höchsten Konzentrationen großer Wildtiere. Der 1906 zum Schutz einer Wapiti-Herde gegründete Park (heute leben hier wieder 1600 Exemplare) bietet einen geschützten Lebensraum für Elche, zwei Bisonarten, Weißwedel- und Maultierhirsche, Kojoten, Biber, Bisamratten, Nerze und Stachelschweine. Die vielen Seen und Feuchtgebiete des Parks sind beliebte Nistplätze für Wasservögel, rund 230 verschiedene Vogelarten wurden hier bereits gesichtet.

Eine Tageskarte für den Nationalpark kostet $ 7,90 für Erwachsene, $ 6,90 für Senioren und $ 3,90 für Kinder, pro Fahrzeug zahlt man maximal $ 20. Wer im Besitz einer Jahreskarte ist, wird am Eingangstor durchgewunken (aber nicht vergessen, Informationsmaterial mitzunehmen).

• *Sport* Zwölf Wanderwege mit einer Länge von 1,4 bis 18,5 km erschließen sämtliche Abschnitte des Nationalparks und bieten ausgezeichnete Gelegenheiten zum Beobachten der Tiere. In der Informationsbroschüre werden alle Wege detailliert beschrieben. Wasser gehört unbedingt ins Gepäck, denn im Park gibt es kein genießbares Trinkwasser. Der asphaltierte **Shoreline Trail** (einfach 3 km) beginnt am Parkplatz beim Golfplatz und führt am Ufer des Astotin Lake entlang. Der **Lakeview Trail** (hin und zurück 3,3 km) beginnt am nördlichen Ende des Freizeitgeländes und eröffnet schöne Ansichten des Sees; abends zeigen sich hier auch schon mal Biber. Der einzige Wanderweg südlich des Hwy. 16 ist der **Wood Bison Trail** (hin und zurück 18,6 km) mit aufschlussreichen Informationstafeln am Startpunkt. Im Winter sind die Wanderwege ein ausgezeichnetes Revier für Skilanglauf und Snowshoeing.

Die Day-Use Area am **Astotin Lake,** 14 km nördlich vom Hwy. 16, steht im Mittelpunkt zahlreicher Aktivitäten. Dort gibt es einen schönen Strand, einen Picknickplatz und einen Verleih für Kanus, Ruderboote und kleine Segelboote. Golfer schätzen die sanften Fairways des benachbarten **Elk Island Golf Course** (✆ 780/998-3161; Platzgebühr $ 36).

• *Camping* Der **Sandy Beach Campground** (Stellplatz $ 26 plus $ 9 für Feuerholz), die einzige Übernachtungsmöglichkeit im Nationalpark, liegt an der Nordseite der Day-Use Area am Astotin Lake. Der Platz hat Feuerstellen, Picknicktische, WCs und Duschen. Wer in der Hochsaison im Sommer (besonders am Wochenende) anreist, sollte auf jeden Fall im Voraus buchen, und zwar gegen eine Reservierungsgebühr von $ 11 beim **Parks Canada Campground Reservation Service** (✆ 877/737-3783, www.pccamping.

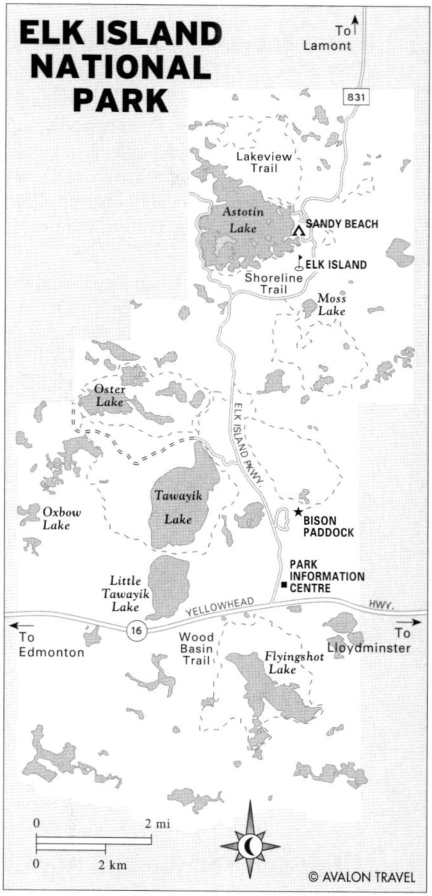

ca). Von Mai bis Oktober hat ein Laden mit Snacks und einfachen Campingartikeln am Astotin Lake geöffnet, und am Golfplatz (✆ 780/998-3161) lädt ein legeres Restaurant zum Essen ein.

• *Information* Das **Park Information Centre** (✆ 780/992-5790; Mai/Juni nur am Wochenende, Juli/Aug. tägl. 10–18 Uhr) liegt knapp 1 km nördlich vom Hwy. 16 am Elk Island Parkway. Informationen im Internet bietet die Website von Parks Canada (www.pc.gc.ca).

Die Bisons von Elk Island

Im Elk Island National Park sind zwei Bisonarten heimisch. Zur Verhinderung einer Vermischung untereinander leben sie getrennt: Auf der Nordseite des Hwy. 16 leben **Präriebisons,** auf der Südseite **Waldbisons**. Der Waldbison hat ein dunkleres Fell, ist größer (ein durchschnittlicher Bulle wiegt 840 kg) und hat eine lange, glatte Behaarung auf der Stirn. Der Präriebison hat kürzere Beine, aber einen größeren Kopf und eine krause Behaarung. Im Sommer entwickelt er ein dünneres, flauschiges Fell, das Vorderbeine, Kopf und Schultern bedeckt.

Ende des 18. Jh. lebten noch rund 60 Mio. Präriebisons in den nordamerikanischen Ebenen. In weniger als einem Jahrhundert schaffte es der Mensch, die zotteligen Rinder an den Rand des Aussterbens zu bringen. Es klingt unglaublich, aber bis 1880 war der Bestand auf wenige Hundert Exemplare dezimiert. Daraufhin wurde eine kleine Herde (die Vorfahren der heutigen Herde) in einem eingezäunten Schutzgebiet angesiedelt, das damals noch Elk Island Reserve hieß. Ein kleiner Teil der Herde wird in einem großen Gehege unmittelbar nördlich vom Parkinformationszentrum gehalten, die übrigen Tiere streifen frei durch den nördlichen Abschnitt des Parks. Derzeit leben ungefähr 630 Präriebisons im Nationalpark.

Der Waldbison galt viele Jahre lang als ausgestorben – ein Opfer von Jägern, strengen Wintern und der Kreuzung mit seinem nahen Verwandten, dem Präriebison. 1957 wurde jedoch eine Herde von 200 Tieren in der abgelegenen nordwestlichen Ecke des Wood Buffalo National Park entdeckt. Tierschützer fingen einige Exemplare ein und brachten sie in den Elk Island National Park, um das Überleben der Art zu sichern. Inzwischen dient diese reinrassigste Herde der Welt als Zuchtgrundstock für mehrere in Gefangenschaft lebende Herden in Nordamerika. Zu sehen ist die Herde mit etwa 400 Exemplaren im Parkabschnitt südlich des Hwy. 16 oder bei einer Wanderung über den Wood Bison Trail.

Über den Yellowhead Highway nach Osten

Südlich des Elk Island National Park liegt das 97 km² große Erholungsgebiet **Cooking Lake-Blackfoot Recreation Area** im Bereich der Cooking Lake Moraine, die sich während der letzten Eiszeit bildete, als das Abschmelzen einer dicken Eisschicht eine Zeit lang zum Stillstand kam. Dabei bildeten sich Vertiefungen, in denen sich Wasser sammeln konnte. Die ausgedehnten Wälder und Feuchtgebiete sind Lebensraum für zahlreiche Tiere, darunter Elche, Wapitis, Weißwedelhirsche, Kojoten, Biber und über 200 Vogelarten. Einige der gut beschilderten Wanderwege sind auch für Pferde und Mountainbikes zugänglich. Die **Blackfoot Staging Area** am Hwy. 16 ist Ausgangspunkt für mehrere Kurzwanderungen.

Ukrainian Cultural Heritage Village

Dieses Freilichtmuseum 50 km östlich von Edmonton (✆ 780/662-3640; Ende Mai bis Aug. tägl. 10–18 Uhr, Sept. Sa/So 10–18 Uhr; Erwachsene $ 8, Senioren $ 7, Kinder $ 4) ist der realistische Nachbau einer ukrainischen Siedlung, wie es sie um die Wende zum 20. Jh. in den ländlichen Gebieten Zentral- und Ost-Albertas häufig gab. Die erste und größte ukrainische Siedlung Kanadas lag in dieser Region. Nach der Vertreibung aus ihrer osteuropäischen Heimat ließen sich die Ukrainer in der kanadischen Prärie nieder, wo sie noch über Jahrzehnte ihren traditionellen Lebensstil pflegten. Mit kostümiertem Personal und einem bunten Kulturprogramm kümmert sich das Museum um die Bewahrung des ukrainischen Erbes.

Vegreville

Die Kleinstadt Vegreville (5300 Einw.) wurde ursprünglich von französischen Bauern aus Kansas gegründet, ist aber v. a. für ihre ukrainischen Wurzeln bekannt. Topattraktion ist das größte **Pysanka** der Welt, ein überdimensionales, traditionell bemaltes ukrainisches Osterei am östlichen Stadtrand. Es ist 8 m lang, wiegt 2270 kg und dreht sich wie eine riesige Wetterfahne im Wind.

Vegreville feiert seine kulturelle Vergangenheit am Wochenende des Canada Day (1. Juli) mit einem Volksfest, dem **Ukrainian Pysanka Folk Festival.**

Das größte Pysanka der Welt steht am Rand von Vegreville

Vermilion

Ein Großteil der Gebäude im Zentrum dieser Kleinstadt stammt aus den Jahren 1919 und 1920, da ein Großfeuer 1918 die Hauptstraße (heute 50th Ave.) zerstörte. Viele der Häuser, die aus vor Ort gebrannten Ziegeln gebaut wurden, sind mit Informationstafeln zu ihrer Geschichte versehen. In der Touristeninformation (im Sommer tägl. 10–18 Uhr) an der Ortseinfahrt gibt es eine Broschüre, in der ein Stadtspaziergang beschrieben ist. Das **Vermilion Heritage Museum** (50th Ave., Ecke 53rd St., ✆ 780/853-6211; Mitte Juni bis Aug. tägl. 13–17 Uhr; Spende) ist in einer alten Schule von 1928 untergebracht und zeigt eine große Fotosammlung und Artefakte der Ureinwohner.

Lloydminster

Lloydminster gehört zu zwei Provinzen. Rund 60 % der 22.000 Einw. leben in Alberta und werden durch die Hauptstraße von ihren Nachbarn in Saskatchewan getrennt.

Im **Barr Colony Heritage Cultural Centre** (4515 44th St., ✆ 306/825-5655; Juli/Aug. tägl. 10–20 Uhr, sonst Mi–So 13–17 Uhr; Erwachsene $ 6,95, Kinder $ 4,75) befindet sich das Richard Larsen Museum mit einer Ausstellung von Artefakten und Antiquitäten aus dem Besitz der ersten weißen Siedler. Zum Komplex gehört auch die Imhoff Art Gallery mit über 200 Arbeiten des deutschstämmigen Künstlers Graf Berthold von Imhoff aus dem frühen 20. Jh. Ein anderer Raum widmet sich der Technik der Rohölgewinnung aus Ölsanden. Im Innenhof stehen mehrere historische Gebäude.

• *Übernachten* Auch wenn es von außen ausgesprochen untropisch aussieht – Kids lieben das Hallenbad mit zwei Wasserrutschen im **Tropical Inn** (5621 44th St., ✆ 780/825-7000 oder ✆ 800/219-5244, www.tropicalinns.com; $ 105–155 für 1/2 Pers.). Die 165 Zimmer unterschiedlicher Kategorien sind für den Preis überraschend gut, mit praktischen Extras wie chemischer Reinigung und Internet.

• *Camping* Der **Weaver Park Campsite** (hinter dem Barr Colony Centre, ✆ 306/825-3726; Stellplatz ohne Anschlüsse $ 15, mit Anschlüssen $ 20–25) hat Duschen und ein Lebensmittelgeschäft. Wesentlich netter ist der Campingplatz **Rolling Green Fairways** (✆ 780/875-4653, www.lloydminstergolf.com; $ 28–30). Zur Anlage gehören Duschen, eine Laundry, kostenloses Feuerholz und ein angrenzender Golfplatz. Anfahrt: 2 km den Hwy. 16 in Richtung Westen, dann 1 km nach Norden.

• *Information* Lloydminster hat zwei große Informationszentren: das von der Provinz Alberta verwaltete **Travel Alberta Information Centre** (1 km östlich der Stadt; Mitte Mai bis Mitte Juni tägl. 9–18 Uhr, im Sommer 8–18 Uhr) und das **Saskatchewan Visitor Reception Centre** (neben dem Barr Colony Centre, ✆ 306/825-8690; im Frühjahr tägl. 9–17 Uhr, im Sommer tägl. 8–20 Uhr); Letzteres ist v. a. für die Weiterreise nach Osten von Interesse.

Von Edmonton nach Cold Lake

Der Hwy. 28 führt von Edmonton nach Norden durch die Vororte aus der Stadt. Nach mehreren 90-Grad-Richtungswechseln – erst in die eine Richtung, dann in die andere, dann wieder zurück – erreicht er **Waskatenau** und führt von dort nach Osten in Richtung Cold Lake.

Long Lake Provincial Park

Während der letzten Eiszeit gehörte dieses tief liegende Gebiet, das heute von einem 764 ha großen Provinzpark eingenommen wird, zu einem tiefen Gletschergraben, der sich nach der Eisschmelze mit Wasser füllte. Heute ist der See von borealem Wald umgeben, der nach zahlreichen Waldbränden fast nur noch aus Espen

Wir warten noch ...

Die Stadt **St. Paul,** 210 km nordöstlich von Edmonton, hat viel Geld in eine touristische Attraktion investiert, die in über 30 Jahren noch keinen einzigen offiziellen Besucher gesehen hat. Und Skeptiker bezweifeln, dass jemals einer kommen wird.

Die Rede ist vom einzigen **UFO-Landeplatz** der Welt. Das Ding mit der offiziellen Bezeichnung *UFO Landing Pad* – eine erhöhte, runde Plattform in Form eines unbekannten Flugobjekts – wartet seit Jahren geduldig auf Besucher aus dem Weltraum. Neben der Plattform zeigt das **Tourist Information Centre** (50th Ave., Ecke 53rd St., ✆ 780/645-6800; tägl. 9–17 Uhr) eine interessante Ausstellung, darunter auch Fotos von „echten" UFOs und Schilderungen berühmter Fälle von blindem Alarm. Wer mit dem eigenen Raumfahrzeug anreist, kann sich an dem grünen Blinklicht auf der Plattform orientieren.

besteht. Angler haben es v. a. auf Hechte, Barsche und Zander abgesehen. Direkt am Ufer liegt ein Campingplatz (✆ 780/576-3959; April bis Okt.; Stellplatz ohne Anschlüsse $ 20, mit Anschlüssen $ 26) mit 220 Stellplätzen, WCs, Duschen, Lebensmitteladen und Kanuverleih. Anfahrt: auf dem Hwy. 28 bis Waskatenau, dort auf den Hwy. 831 und 48 km in Richtung Norden.

Métis Crossing

An der Kreuzung von Hwy. 855 und Victoria Trail, 10 km südlich von Smoky Lake, liegt Métis Crossing (✆ 780/656-2229; Mitte Mai bis Aug. tägl. 11–18 Uhr; Erwachsene $ 5, Senioren und Kinder $ 3). Es ist die größte Einrichtung des Landes, die sich der Kultur der Métis widmet, den Nachkommen aus Beziehungen zwischen europäischen Pelzhändlern (v. a. Franzosen) und Frauen indigener Abstammung (v. a. vom Volk der Cree). Die Mission, die George McDougall 1862 hier gründete, war innerhalb eines Jahrzehnts von einer lebhaften Métis-Gemeinde umgeben, die am Flussufer einen Handelsposten gründete. Die Restaurierung steckt noch in den Kinderschuhen (der erste Abschnitt wurde Ende 2006 eröffnet), doch man kann hier schon jetzt eine Menge unternehmen und besichtigen. Die restaurierte Scheune beherbergt eine Ausstellung über die bedeutende Rolle der Métis im Pelzhandel und die Entwicklung einer völlig eigenen Kultur. Zum Komplex gehören ein Kunsthandwerksladen, ein Spielplatz und ein Campground.

Victoria Settlement

Victoria Settlement (✆ 780/656-2333; Mitte Mai bis Aug. tägl. 10–18 Uhr; Erwachsene $ 3, Senioren $ 2, Kinder $ 1,50) liegt 7 km weiter östlich, etwas abseits des Hwy. 855, und ist die perfekte Ergänzung zu Métis Crossing. Die Hudson's Bay Company gründete hier 1864 einen Pelzhandelsposten, der 1897 wieder geschlossen wurde und verwaist blieb, bis sich Anfang des 20. Jh. ukrainische Siedler an dem Ort niederließen. Als 1918 die Eisenbahn gebaut wurde und Victoria Settlement links liegen ließ, zogen die meisten Bewohner in Richtung Norden nach Smoky Lake, und der Ort lag erneut verlassen da. Heute wird in der Methodistenkirche von 1906 eine Diashow über die Siedlung gezeigt. Zu besichtigen sind auch die Holzhütte des HBC-Kommissionärs (Baujahr 1864) am Flussufer und die Gräber der drei Töchter des Gründers. Picknicktische stehen unter dicken Ahornbäumen, die in den Tagen des Pelzhandels gepflanzt wurden.

Fort George/Buckingham House

Diese beiden ehemaligen Pelzhandelsposten am Nordufer des North Saskatchewan River stehen als Provincial Historical Site unter Denkmalschutz (13 km östlich von Elk Point, ✆ 780/724-2611; Mitte Mai bis Aug. tägl. 10–18 Uhr; Erwachsene $ 3, Senioren $ 2, Kinder $ 1,50). 1792, kurz nachdem die North West Company ihren Posten Fort George gegründet hatte, wollte die Hudson's Bay Company nicht nachstehen und errichtete in unmittelbarer Nachbarschaft das Buckingham House. Beide Posten wurden Anfang des 19. Jh. aufgegeben und vor langer Zeit zerstört – geblieben sind nur Vertiefungen in der Erde, ein paar Steinhaufen und kaum noch zu erkennende Pfade. Oberhalb der Stätte beleuchtet ein Besucherzentrum mit audiovisuellen Präsentationen die Rivalität zwischen den beiden Handelsgesellschaften und die Geschichte der Forts. Lehrpfade führen vom Besucherzentrum hinunter zum Fluss.

Whitney Lakes Provincial Park

Dieser 1490 ha große Provinzpark am Hwy. 646 schützt insgesamt vier Seen. Alle außer dem Borden Lake bieten ausgezeichnete Bedingungen zum Angeln. Da der Park in einer Übergangszone liegt, beherbergt er eine große Artenvielfalt an Pflanzen, Säugetieren und Vögeln. In den höheren Lagen wächst Mischwald aus Espen, Schimmelfichten, Balsampappeln und Bankskiefern, in den niedrigeren und feuchteren Gebieten haben Schwarzfichten und Lärchen die Oberhand. Biber kommen hier häufig vor, ein guter Beobachtungspunkt sind die Teiche an der Nordseite des Laurier Lake. Im Park sind Stachelschweine, Weißwedelhirsche, Kojoten und während der Beerensaison auch Schwarzbären anzutreffen. Es wimmelt von Vögeln, besonders häufig sind Wasser- und Watvögel. Ein 1,5 km langer Lehrpfad beginnt bei der Day-Use Area an der nordöstlichen Ecke des Ross Lake. Angler fangen hier meistens Hechte, Barsche und Zander.

Im Park gibt es zwei Campingplätze mit insgesamt über 200 Stellplätzen. Der **Ross Lake Campground** hat 149 Stellplätze mit Anschlüssen auf sechs kleinen Arealen (Loops) am südöstlichen Seeufer. Duschen mit Münzeinwurf stehen zwischen Loop A und Loop B. Der **Whitney Lakes Campground** ist kleiner und hat keine Duschen, aber Stromanschlüsse. Ein Wanderweg am Ufer verbindet die beiden Campgrounds miteinander. Die Stellplätze kosten $ 15–21, Reservierungen sind nicht möglich. Beide Campingplätze sind von Mai bis Mitte Okt. geöffnet.

Glendon

Rund 25 km östlich vom Provinzpark kommt am Hwy. 646 die Abfahrt nach Glendon. Seinen Bekanntheitsgrad verdankt der Ort seinem Kuchen, genauer gesagt einer überdimensionalen Skulptur der **größten Pirogge der Welt.** Piroggen (mit Kartoffeln oder Zwiebeln gefüllte Teigtaschen) sind existenzieller Bestandteil des ukrainischen Speiseplans. Probieren kann man sie im Pyrogy Park Café neben dem Pyrogy Park (Camping frei) am Pyrogy Dr., gegenüber vom Pyrogy Motel (✆ 780/635-3002; ab $ 65 für 1/2 Pers.).

Bonnyville

Das Agrarzentrum Bonnyville (5500 Einw.) liegt am Nordufer des **Jessie Lake,** an dem bereits über 300 verschiedene Arten von Wasser- und Watvögeln registriert wurden. Frühjahr und Herbst sind die besten Jahreszeiten zur Vogelbeobachtung am See, viele Arten nisten aber auch in den Marschen und im Aspen Parkland der Umgebung und sind ganzjährig präsent. Der **Wetlands Nature Trail** verbindet mehrere Aussichtsplattformen am Lakeshore Dr. und am Hwy. 41 miteinander.

Westlich der Kleinstadt liegt zwischen den Highways 28A und 660 der **Moose Lake Provincial Park.** Der See ist aus verschiedenen Richtungen zugänglich, der 736 ha große Provinzpark erstreckt sich am Nordufer. Erdhörnchen und Kojoten sind weit verbreitet, auch Schwarzbären schauen gelegentlich vorbei. Der Namensgeber des Parks – der Elch – ist hingegen schon vor langer Zeit abgewandert. Am Seeufer gibt es viel zu entdecken, Wanderwege führen beiderseits der Day-Use Area zu schönen Sandstränden. Ein weiterer Weg hat die Landspitze von Deadman's Point zum Ziel, wo sich viele verschiedene Vögel in einem Sumpf tummeln. Der kleine Campingplatz (Mitte Mai bis Mitte Sept.; Stellplatz ohne Anschlüsse $ 15, mit Anschlüssen $ 21) hat 59 Stellplätze auf zwei Arealen, beide mit Zugang zum Strand.

Cold Lake

Cold Lake ist der Sammelname für drei verschiedene Gemeinden mit insgesamt 12.500 Einw. Sie liegen am Ende des Hwy. 28, knapp 300 km nordöstlich von Edmonton. Von touristischem Interesse ist Cold Lake North am Südufer des siebtgrößten Sees in Alberta. Das Militär ist schon seit über einem halben Jahrhundert in dieser Gegend präsent, doch der Schlüssel zur wirtschaftlichen Zukunft dieser Region sind die **Cold Lake Oil Sands.** Das Schweröl nördlich von Cold Lake ähnelt dem der Athabasca-Ölfelder in Fort McMurray, doch seine Förderung gestaltet sich schwieriger. Da die Ölsande hier in einer 50 m dicken Schicht unter der Erde lagern, ist Übertagebau keine Option. Stattdessen wird Dampf in die Erde geblasen, um das teerähnliche Bitumen zu verflüssigen, bevor es an die Oberfläche gepumpt und per Pipeline nach Edmonton befördert wird.

Sehenswertes/Sport und Freizeit

Der See selbst hat riesige Ausmaße: Er ist 22 km breit, 27 km lang und stellenweise bis zu 100 m tief. An der **Marina** mit ihren 250 Liegeplätzen findet man **Cap'n Ronn Charters** (✆ 780/812-8895), die unterschiedliche Touren auf einem 5 m langen Boot anbieten. Die Touren kosten ab $ 80/Std. (für bis zu 4 Pers.), am günstigsten kommt man mit einer ganztägigen Angeltour für $ 525 weg.

Der 5855 ha große **Cold Lake Provincial Park** erstreckt sich auf einer Landenge östlich der Stadt, die über die 16th Ave. zu erreichen ist. Wesentlich schönere Strände liegen am Nordwestufer des Sees, aber der Provinzpark ist insgesamt ein hervorragendes Angelrevier und hat viele interessante Ecken, die es zu erkunden gilt. Das auffälligste Merkmal des Parks ist die **Hall's Lagoon** an der Nordwestseite der Landenge, eine seichte Lagune mit dichter Vegetation. Da dies auch der beste Vogelbeobachtungspunkt ist, wurde eine Observationsplattform mit Tafeln zur Artenbestimmung aufgestellt. Durch den Park verlaufen viele kurze Wanderwege, die meisten beginnen an der Day-Use Area und am Campingplatz (Mai bis Okt., Stellplatz ohne Anschlüsse $ 18, mit Anschlüssen $ 24). Der ganzjährig geöffnete Platz hat Münzduschen, Feuerholz und einen Strand, im Sommer finden auch Informationsveranstaltungen statt.

Reisepraktisches

• *Übernachten* In Gehweite zur Marina liegt das **Dockside Inn** (1002 8th Ave.; ✆ 780/639-3030 oder ✆ 877/639-3038; $ 75 für 1 Pers., $ 85 für 2 Pers.). Die Zimmer sind in Ordnung und mit Klimaanlage ausgestattet; es gibt einen Internet-Kiosk und einen Waschsalon.

Wesentlich schöner ist das **Lakeland Inn** (5411 55th St., ✆ 780/594-3311 oder ✆ 877/594-3311 $ 120 für 1 Pers., $ 138 für 2 Pers.), dessen 121 Zimmer über drahtlosen Internetzugang, komfortable Betten und Klimaanlage verfügen. Essen gibt es im zugehörigen Café, in der Lounge oder im Restaurant.

• *Camping* Im Cold Lake Provincial Park (s. o.).

• *Information* Das **Cold Lake Information Centre** (✆ 780/594-4497 oder ✆ 800/840-6140, www.coldlake.com; Mai bis Aug. Mo–Fr 9–21 Uhr, Sa/So 10–18 Uhr) ist in einem zweistöckigen Gebäude an dem durch Cold Lake South führenden Highway untergebracht.

Lac La Biche und Umgebung

Der historische Ort Lac La Biche mit 2600 Einw. liegt 225 km nordöstlich von Edmonton an den südlichen Ausläufern der borealen Waldzone. Die Kleinstadt ist kaum von Interesse, aber in der Umgebung gibt es einiges zu sehen, darunter eine restaurierte Mission, zwei interessante Provinzparks und viele tolle Angelseen. Eine Schotterstraße führt nach Fort McMurray.

Die Stadt liegt an einer Wasserscheide zwischen zwei Flusssystemen: Das Netz des Athabasca River und seiner Nebenflüsse mündet ins Nordpolarmeer, der Churchill River mit Nebenflüssen mündet in die Hudson Bay. Die historische Portage La Biche war eine lebenswichtige Verbindung auf der transkontinentalen Route der frühen Pelzhändler. Die Voyageure paddelten damals von Osten kommend den Beaver River hinauf bis zum Beaver Lake und trugen ihre Kanus dann über diese 5 km lange Tragepassage zum Lac La Biche; dort ließen sie ihre Boote wieder zu Wasser, um ihre Reise in die reichen Trappergebiete am Athabasca River fortzusetzen. 1798 errichtete David Thompson für die North West Company das Red Deer Lake House am Südostufer des Sees. Kurze Zeit später baute Peter Fidler ganz in der Nähe das Greenwich House für die konkurrierende Hudson's Bay Company. Anfang der 1820er Jahre wurde diese nördliche Route durch den Kontinent aufgegeben, nachdem eine kürzere über den North Saskatchewan River via Edmonton House entdeckt worden war.

Die Mission (s. u.) ist der beste Anlaufpunkt, um etwas über die bewegte Geschichte dieses Landstrichs zu erfahren. Einen guten Eindruck vermittelt auch **McArthur Place** (Churchill Dr., ✆ 780/623-4323), ein Nachbau des Lac La Biche Inn, das einst an dieser Stelle am Seeufer stand. Es dient heute in erster Linie als Rathaus, beherbergt aber auch ein Informationszentrum, geschichtliche Exponate und einen ausgestopften Puma. Von hier führt ein asphaltierter Wanderweg am Ufer entlang zu einer Statue des großen Entdeckungsreisenden David Thompson.

Die Mission Lac La Biche

Die Mission wurde 1853 neben dem Handelsposten der Hudson's Bay Company errichtet und 1855 an ihren heutigen Standort verlegt, 11 km nordwestlich von Lac La Biche. Sie war eine Basis für Priester, die andere Missionen am Athabasca River, Peace River und am Mackenzie River gründeten, aber auch ein Versorgungsdepot für Voyageure, die noch auf der nördlichen Handelsroute unterwegs waren. Die Pfarrgemeinde wuchs und wurde nach und nach um ein Sägewerk, eine Mühle, eine Druckerpresse und eine kleine Bootsbauwerkstatt erweitert. Die Originalgebäude sind noch erhalten, und jeden Sonntag finden in der Kirche Gottesdienste statt. Die kostenlose Führung dauert 1 Std. (✆ 780/623-3274; Mitte Mai bis Anfang Sept. tägl. 10–17 Uhr; Erwachsene $ 5, Senioren $ 4,25, Kinder $ 3,50), die Kirche kann aber auch ohne Führung besichtigt werden.

Parks in der Umgebung

Der **Sir Winston Churchill Provincial Park** nimmt die größte von neun Inseln im Lac La Biche ein und ist durch einen 2,5 km langen Damm mit dem Festland verbunden. Die Bäume auf dieser Insel sind deutlich größer als die auf dem Festland, weil sie in den letzten 300 Jahren von erheblichen Umwelteingriffen und größeren Waldbränden verschont geblieben ist. Eine Ringstraße um die Insel durchquert einen dichten Koniferenwald mit alten Beständen. Mehrere Wanderwege führen zu Sandstränden (der beste liegt im Nordosten der Insel) und durch Marschen mit guten Gelegenheiten zur Vogelbeobachtung. Eine Aussichtsplattform mit fest installiertem Teleskop ermöglicht die Beobachtung von weißen Pelikanen und Kormoranen, die sich mit Vorliebe auf dem großen Kiesbett am Wasser aufhalten. Im süd-

Auf dem Icefields Parkway am Chephren Lake, Banff National Park (AH)

▲▲ Bow Summit, Banff National Park (AH)
▲ Am Lake Louise, Banff National Park (TM)

Am Pyramid Lake, Jasper National Park (TM) ▲▲
Mit dem Ice Explorer auf dem Columbia Icefield, Jasper National Park (AH) ▲

Edmonton

▲▲ Northern Bear Golf Course (AH)
▲ Stadtzentrum und Muttart Conservatory (TM)
▲▲ Der größte Cowboystiefel der Welt (AH)

lichen Abschnitt der Insel befindet sich ein Campingplatz (✆ 780/623-4144; Mai bis Mitte Okt.; $ 23–26). Einige Stellplätze haben Anschlüsse, und es gibt Duschen. Der Provinzpark ist über den Hwy. 881 zu erreichen.

Der **Lakeland Provincial Park** schützt 60.000 ha borealen Wald, der noch größtenteils in seinem Urzustand erhalten ist. Der Park und das angrenzende Erholungsgebiet mit elf größeren Seen bieten traumhafte Bedingungen zum Erspähen von Tieren in freier Wildbahn. Hirsche, Elche, Biber, Rotfüchse, Luchse, Kojoten, Schwarzbären, ein paar Wölfe und über 200 Vogelarten sind dort heimisch. Am **Pinehurst Lake,** 27 km vom Hwy. 55 entfernt, lebt eine Kolonie von Kanadareihern, den größten Watvögeln Albertas. Die Seen **Pinehurst Lake, Ironwood Lake, Seibert Lake** und **Touchwood Lake** haben Campingplätze ($ 13–18/Nacht) mit überdachten Kochbereichen und Plumpsklos; Feuerholz kostet extra.

Reisepraktisches

• *Übernachten/Essen* Das **La Biche Inn** (101st Ave., ✆ 780/623-4427 oder ✆ 888/884-8886; $ 65 für 1 Pers., $ 75 für 2 Pers.) hat ein Restaurant und eine Diskothek mit so riesiger Anlage, dass der DJ kaum zu sehen ist.

• *Camping/Diverses* Die nächsten Campgrounds liegen östlich und nördlich der Stadt in zwei Provinzparks. Der große Wohnmobilpark **Fish 'N Friends** (✆ 780/623-9222, www.fish-nfriends.com; Mitte Mai bis Okt.; $ 22–25) bietet den kompletten Service und hat noch dazu eine große Marina, einen Bootsverleih, einen Gemischtwarenladen mit Angelzubehör und Grillplätze, wo man den frisch gefangenen Zander in die Pfanne hauen kann. Anfahrt: den Hwy. 36 ca. 3 km in Richtung Osten und noch einmal die gleiche Entfernung in Richtung Süden.

Fort McMurray

Die 450 km von Edmonton nach Norden sind eine beachtliche Strecke, aber Fort McMurray ist alles andere als ein verlorenes Nest. Die Stadt ist eine echte Boomtown, und das verdankt sie den **Athabasca Oil Sands** – nichts Geringeres als die größten bekannten Erdölreserven der Welt. Fort McMurray schwimmt im Geld, und die Arbeiter auf Montage geben es mit vollen Händen aus. Die Auswirkungen dieses Booms auf die Finanzkraft von Alberta und ganz Kanada sind gewaltig. Wenn man aber kein Bauarbeiter oder Ölhändler ist, warum sollte man sich dann auf den langen Weg nach Norden machen? Weil nirgendwo auf der Erde jemals eine wirtschaftliche Entwicklung von derartigen Ausmaßen an einem einzigen Ort konzentriert war, und das macht Fort McMurray zu einer spannenden Studie in Sachen Sozioökonomie. Die eigentlichen „Sehenswürdigkeiten“ stehen alle in Zusammenhang mit der Erdölgewinnung aus Ölsanden, die Touren durch das Abbaugebiet sind äußerst beliebt.

Karten S. 608/609

Sehenswertes/Sport und Freizeit

Oil Sands Discovery Centre

Dieses große Besucherzentrum (515 Mackenzie Blvd., ✆ 780/743-7167; Mitte Mai bis Aug. tägl. 9–17 Uhr, sonst Di–So 10–16 Uhr; Erwachsene $ 6, Senioren $ 5, Kinder $ 4) bietet erste Einblicke in die Geschichte, Geologie und Technologie des Ölabbaus auf den Athabasca-Ölfeldern. Der Besuch beginnt mit *Quest for Energy,* einer Multimediapräsentation über die Industrie, die sich um den Abbau herum entwickelt hat. Das Haus beherbergt eine interessante Maschinensammlung und beleuchtet das Geschehen mit interaktiven Installationen, Exponaten zum Anfassen und aufschlussreichen Erläuterungen. Im Industrial Equipment Garden vor der Tür sind ein alter Schaufelradbagger und weitere Maschinen ausgestellt. Um den Bagger an seinen jetzigen Standort zu transportieren, musste er komplett demontiert werden. Einige Teile wurden auf einem 45 m langen Schwertransporter mit 144 Rädern auf die 45 km lange Fahrt zum Besucherzentrum geschickt.

Syncrude/Suncor Plant Tours

Eine Tour durch das Abbaugebiet ist die beste Art, sich aus erster Hand ein Bild von diesem gigantischen Unternehmen zu machen. Die Dimensionen der Bautätigkeit sind überwältigend, die Abmessungen der Maschinen unfassbar. Die Unternehmen Syncrude und Suncor sind an den Touren beteiligt, Vermarkter ist Fort McMurray Tourism (✆ 780/791-4336 oder ✆ 800/565-3947, www.fortmcmurraytourism.com). Die Touren beinhalten entweder das Gelände von Syncrude (im Juni Sa, im Juli/Aug. Mi–Sa, im Sept. Fr/Sa, immer um 9 Uhr) oder das von Suncor (im Juni So/Mo, im Juli/Aug. So–Di, immer um 13 Uhr). Der Ablauf ist bei beiden ähnlich: Es geht los am Oil Sands Discovery Centre mit dem Bus in Richtung Norden, erste Zwischenstopps werden am Tor zum Wood Bison Trail und an der Maschinenausstellung *Giants of Mining* eingelegt. Es folgt eine Rundfahrt über das Abbaugelände (entweder Syncrude oder Suncor) mit Pause an einem Aussichtspunkt. Die Tour dauert insgesamt 4 Std. und kostet $ 30 für Erwachsene bzw. $ 25 für Senioren und Jugendliche inkl. Eintritt zum Discovery Centre und Heritage Park (s. u.). Kinder unter 12 Jahren sind nicht zugelassen, vor der Abfahrt wird ein Sicherheits-Check durchgeführt (Ausweis mit Lichtbild bereithalten), und ohne vorherige Reservierung geht sowieso nichts. Die Touristeninformation hat Pauschalpakete inkl. Unterkunft und Tour mit ausgezeichnetem Preis-Leistungs-Verhältnis im Programm (ca. $ 180/Pers. mit zwei Übernachtungen).

Die Giants of Mining am Wood Bison Trail

Wood Bison Trail

Wer von der Stadt den Hwy. 63 in Richtung Norden fährt, kann aus einiger Entfernung sehen, was sich auf den Abbaugebieten abspielt. Außerdem warten an der Strecke ein paar interessante Zwischenstopps. Da diese Strecke von bis zu 40.000 Fahrzeugen täglich befahren wird (darunter 400 Busse mit Arbeitern), muss man sich auf viel Verkehr einstellen, besonders während der Schichtwechsel.

Der erste Stopp ist das **Wood Bison Trail Gateway** 27 km nördlich von Fort McMurray. Highlights sind die beeindruckende Ölsandskulptur eines Waldbisons und ein 100 Mio. Jahre alter Zypressen-

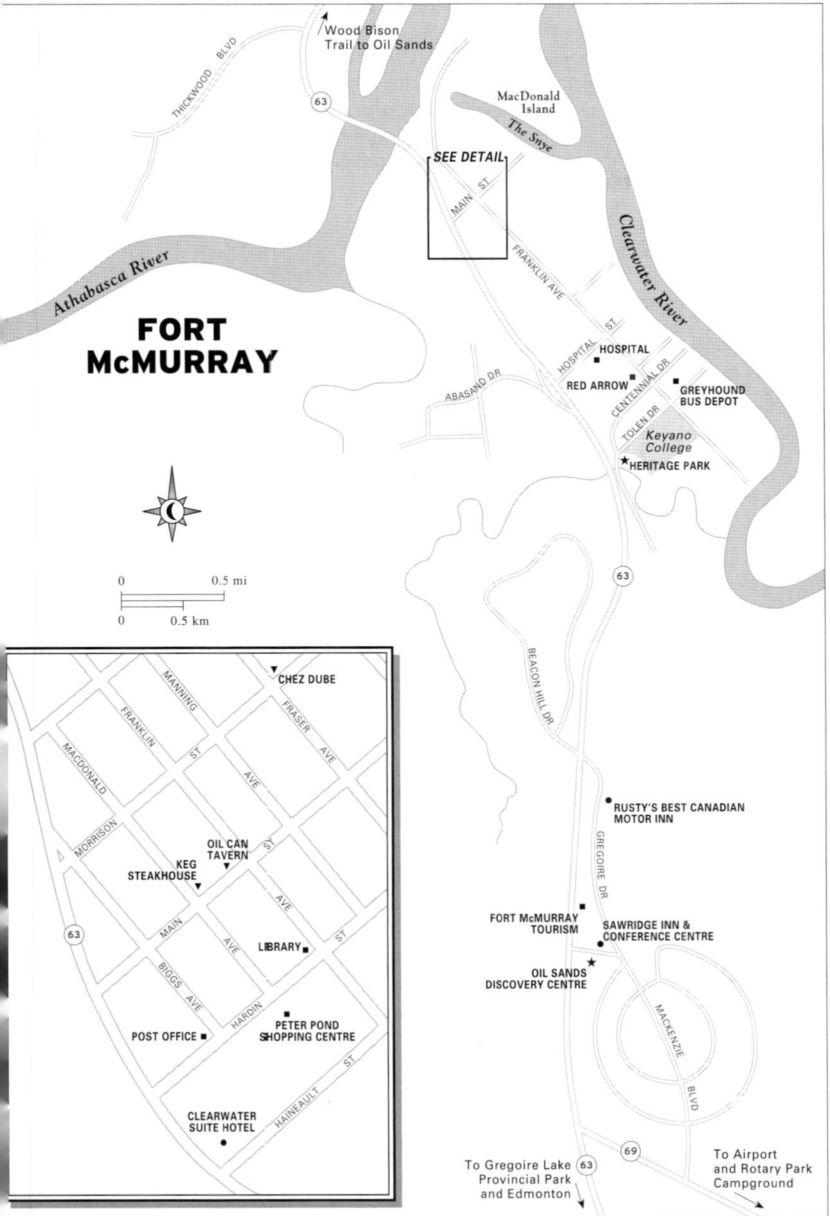

FORT McMURRAY
Wood Bison Trail to Oil Sands
THICKWOOD BLVD
63
MacDonald Island
The Snye
SEE DETAIL
MAIN ST
FRANKLIN AVE
Athabasca River
Clearwater River
HOSPITAL ST
HOSPITAL
RED ARROW
CENTENNIAL DR
GREYHOUND BUS DEPOT
ABASAND DR
TOLEN DR
Keyano College
HERITAGE PARK
0
0.5 mi
0
0.5 km
BEACON HILL DR
RUSTY'S BEST CANADIAN MOTOR INN
GREGOIRE DR
FORT McMURRAY TOURISM
SAWRIDGE INN & CONFERENCE CENTRE
OIL SANDS DISCOVERY CENTRE
MACKENZIE BLVD
69
To Gregoire Lake Provincial Park and Edmonton
To Airport and Rotary Park Campground
CHEZ DUBE
MANNING
FRANKLIN
FRASER AVE
MACDONALD
ST
AVE
MORRISON
OIL CAN TAVERN
KEG STEAKHOUSE
MAIN
LIBRARY
BIGGS AVE
HARDIN
PETER POND SHOPPING CENTRE
POST OFFICE
CLEARWATER SUITE HOTEL
HAINEAULT ST

baum, der fossiliert in den Ölsanden gefunden wurde. Dies ist auch der Startpunkt für die **Matcheetawin Discovery Trails,** zwei informative Rundwanderwege durch ein renaturiertes Abbaugebiet, auf dem jetzt ein Mischwald aus Espen und Fichten nachwächst. Der längere der beiden führt an einem Aussichtspunkt vorbei, von dem das Syncrude-Gelände zu überblicken ist. Nach weiteren 3 km in nördlicher Richtung führt eine Abzweigung nach links hinauf zu einer Stelle, von der man eine Bisonherde sehen kann. Der Hauptweg verläuft an einem renaturierten Teich

Die Athabasca-Ölfelder

Die Zahlen, mit denen die Ölwirtschaft um sich wirft, wenn es um die Athabasca-Ölsande geht, sprengen jegliche Vorstellungskraft. Unter der Erde bei Fort McMurray lagert eine Gesamtreserve von 1,6 Billionen Barrel (die konventionellen Rohölreserven auf diesem Planeten belaufen sich insgesamt nur auf 800 Mrd. Barrel), davon sind 315 Mrd. Barrel gewinnbares Öl, das ist mehr als in ganz Saudi-Arabien. Für Normalverbraucher heißt das einfach nur *verdammt viel Öl,* und die Rechnung ist ebenso einfach: In den nächsten 100 Jahren können gerade einmal 20 % des gewinnbaren Öls gefördert werden.

Unter den Athabasca-Ölfeldern lagert kein herkömmliches Rohöl, sondern ein Schweröl, das Fachleute als *Bitumen* bezeichnen. Dessen Gewinnung und die Weiterverarbeitung zu einem leichteren, besser verwertbaren Öl sind teuer. Die Kosten sind der bedeutendste von vielen grundlegenden Unterschieden zwischen konventionellen Ölreserven und den schweren, teerähnlichen Ölsanden bei Fort McMurray. Die Kosten für die Gewinnung von Bitumen aus Ölsand belaufen sich derzeit auf $ 15 pro Barrel, während das einfache Hochpumpen des Rohöls im Nahen Osten gerade einmal $ 1 pro Barrel kostet. Es gibt aber auch Vorteile: Die Athabasca-Ölsande erfordern keine teuren Explorationsbohrungen, und die Raffinerien sind durch Pipelines direkt mit dem gierigen US-Markt verbunden. Neue technische Entwicklungen, das langsame Versiegen konventioneller Ölreserven auf der Erde und der schwankende Ölpreis sorgen dafür, dass die großen Ölkonzerne Fort McMurray fest im Visier haben und enorme Investitionen tätigen. Das Gesamtvolumen der geplanten Bauvorhaben zur Vervollständigung der bestehenden Infrastruktur beläuft sich auf schätzungsweise $ 100 Mrd.

Das Abbauverfahren: Beim Abbau von Ölsanden kommen zwei verschiedene Methoden zur Anwendung. Die Vorkommen nahe der Oberfläche werden im Tagebau gewonnen. Die Dimensionen der Maschinen, die zur Abtragung der morastigen oberen Erdschicht und Freilegung der darunterliegenden Ölsande verwendet werden, sind unfassbar. Das Öl in den tieferen Erdschichten wird dagegen durch das sog. In-situ-Verfahren mittels Dampfinjektion verflüssigt. Diese Art der Gewinnung ist sehr kostspielig und läuft – vereinfacht beschrieben – wie folgt ab: Die Ölsande werden zunächst durch zwei nebeneinanderliegende Bohrlöcher angezapft. In eines der Löcher wird Dampf injiziert, um das Öl zu verflüssigen und von den Sandkörnern zu trennen. Durch ein zweites tieferes Bohrloch wird das Öl anschließend an die Oberfläche befördert. Danach muss es unter chemischen Verfahren weiterverarbeitet werden, um ein leichteres, besser verwertbares Öl zu gewinnen.

vorbei zur Ausstellung **Giants of Mining,** wo einige Originalmaschinen zu besichtigen sind. Dort beginnt das Syncrude-Gelände, und während der Weg den Teich umrundet, bekommt man allmählich ein Gefühl für die gewaltigen Ausmaße dieses Unternehmens.

Rund 55 km von Fort McMurray entfernt gabelt sich die Straße. Links geht es nach Fort McKay, nach rechts überquert der Hwy. 63 den Athabasca River und erreicht nach 10 km einen Kai. Dort werden Versorgungsgüter wie Benzin und Baumaterial auf Frachtkähne verladen und flussabwärts (Richtung Norden) in abgelegene Gemeinden wie Fort Chipewyan verschifft.

Hier endet auch die Sommerstraße. Von Dezember bis März führt eine 225 km lange Winterstraße über das gefrorene Sumpfland und den Fluss nach Fort Chipewyan und weiter den Slave River hinauf nach Fort Smith in den Northwest Territories.

Gregoire Lake Provincial Park

Gregoire Lake, der einzige per Straße erreichbare See in der Gegend, liegt 29 km südöstlich von Fort McMurray. Der 690 ha große Provinzpark am Westufer besteht aus typischem borealen Mischwald und Schwarzfichtenmoor. Am See nisten zahlreiche Wasservogelarten, auch Säugetiere wie Elche und Schwarzbären kommen relativ häufig vor. Einige kurze Wanderwege schlängeln sich durch den Park, und es gibt eine Day-Use Area mit Sandstrand, Spielplatz und Kanuverleih.

Übernachten/Camping/Essen und Trinken

Wegen der großen Nachfrage nach Übernachtungsmöglichkeiten sind in Fort McMurray keine Schnäppchen zu machen. Es kann sich sogar als ausgesprochen schwierig erweisen, ein Zimmer zu bekommen. Daher ist es unerlässlich, die Unterkunft so weit wie möglich im Voraus zu buchen. Auskünfte über Pauschalpakete inkl. Übernachtung und Tour erteilt Fort McMurray Tourism (✆ 780/791-4336 oder ✆ 800/565-3947, www.fortmcmurraytourism.com).

Übernachten

• *$ 50–100* **Rusty's Best Canadian Motor Inn** (385 Gregoire Dr., ✆ 780/791-4646, www.bestcdn.com; $ 84 für 1 Pers., $ 94 für 2 Pers.) ist eine von mehreren Unterkünften 4 km südlich der Stadt in der Nähe des Besucherzentrums. Alle Zimmer haben einen Kühlschrank, einige auch eine komplette Küche. Im Hotel gibt's ein Restaurant und eine Lounge.

• *$ 150–200* Eine ausgezeichnete Alternative zu den Hotels ist das B&B **Chez Dube** (10102 Fraser Ave., ✆ 780/790-2367 oder ✆ 800/565-0757, www.chezdube.com; $ 175 für 1 Pers., $ 190 für 2 Pers.). Das Anwesen besteht aus einem großen Gebäude mit Spitzturm, einem gepflegten Garten und einer Veranda, wo Töpfe mit bunten Blumen aufgehängt sind. Die 14 pastellfarbenen Zimmer haben bequeme Betten, ein eigenes Bad, Fernseher und Internetzugang. Im Preis enthalten sind ein großes Frühstück und die Benutzung eines Game Rooms. Hinter dem Haus erstreckt sich ein Park am Flussufer, die Hauptstraße liegt nur wenige Häuserblocks entfernt.

• *Über $ 200* Das **Sawridge Inn and Conference Centre** (530 Mackenzie Blvd., ✆ 780/791-7900 oder ✆ 800/661-6567, www.sawridge.com; $ 219–249 für 1/2 Pers.) ist mit 190 Zimmern die größte Unterkunft in Fort McMurray. Seit einer umfangreichen Renovierung im Jahr 2003 bieten alle Zimmer typischen Standard für Geschäftsreisende, darunter auch Internetzugang. Das Restaurant im Erdgeschoss serviert das beste Frühstück der Stadt (im Preis enthalten); eine Lounge umschließt den überdachten Poolkomplex.

Erst seit 2005 gibt es das **Clearwater Suite Hotel** (4 Haineault St., ✆ 780/799-7676 oder ✆ 877/799-7676, www.clearwaterfortmcmurray.com; $ 259–299 für 1/2 Pers. inkl. Frühstück). Das schönste Hotel im Stadtzentrum ist allerdings eher auf Langzeitgäste ausge-

Nördliches Alberta
Karten S. 608/609

richtet. Die modernen Zimmer haben eine Küche, Waschmaschine und Trockner, einen 32-Zoll-Fernseher und kostenlosen Internetzugang. Die paar Dollar extra für die King Suite sind eine lohnenswerte Ausgabe.

Camping

Der ganzjährig geöffnete **Rotary Park Campground** (Hwy. 69, ✆ 780/790-1581; $ 20) hat Anschlüsse, Duschen und Kochgelegenheiten. Trotz Beschilderung ist er leicht zu verfehlen (wenn man vom Hwy. 69 nach Osten abbiegt, liegt die Einfahrt linker Hand).

Weiter von der Stadt entfernt liegt der bewaldete Campingplatz im **Gregoire Lake Provincial Park** (✆ 780/334-2111; Stellplatz ohne Anschlüsse $ 20, mit Anschlüssen $ 23). Die 140 Stellplätze bieten recht viel Privatsphäre, 60 haben Stromanschlüsse. Außerdem gibt es Duschen, Feuerholz und einen Bootsverleih.

Essen und Trinken

Obwohl die Arbeiter in Fort McMurray doppelt so viel verdienen wie der durchschnittliche Lohnempfänger in Kanada, sind sie nicht überkandidelt, wenn es ums Essen geht. Tatsächlich gibt es in der Stadt kein wirklich gutes Restaurant, dafür umso mehr Fastfood-Lokale und familienorientierte Kettenrestaurants. Eines der besten ist das **Keg Steakhouse** (Nomad Inn, 10006 MacDonald Ave., ✆ 780/791-4770; Mo–Sa 11–24 Uhr, So 16–23 Uhr; $ 18–28), das für seine guten Alberta-Rindersteaks bekannt ist.

Die beste Adresse fürs Frühstück ist der **Hearthstone Grill** (Sawridge Inn, 530 Mackenzie Blvd., ✆ 780/791-7900; tägl. ab 6.30 Uhr; $ 18–31). Das überraschend gute Büfett hat einen noch besseren Preis: nur $ 12 inkl. Kaffee. Ein weiteres Plus ist der offene Speisesaal mit stilvoller und gastfreundlicher Atmosphäre.

Information/Adressen/Verbindungen

Information

Fort McMurray Tourism (✆ 780/791-4336 oder ✆ 800/565-3947, www.fortmcmurraytourism.com) leistet ausgezeichnete Arbeit bei der Vermarktung und Besucherwerbung. Das Büro (Juni bis Aug. Mo–Fr 8–17 Uhr, Sa/So 9–17 Uhr, Sept. bis Mai Mo–Fr 8.30–16.30 Uhr) liegt südlich des Stadtzentrums, unmittelbar nördlich vom Oil Sands Discovery Centre. Neben allen möglichen Informationen über Fort McMurray vermittelt die Organisation auch zahlreiche Pauschalpakete mit Übernachtung und Tour und Aufenthalte in Fishing Lodges im hohen Norden, die nur per Flugzeug erreichbar sind.

Adressen

• *Post* Die **Post** befindet sich in der Franklin Ave. Nr. 9521.

• *Waschsalon* Der Waschsalon **Fort Laundromat** (Plaza I, Franklin Ave.) ist tägl. von 9 bis 21 Uhr geöffnet.

• *Internet* Die **Fort McMurray Public Library** (9907 Franklin Ave., ✆ 780/743-7800; Mo 17–21 Uhr, Di/Mi 10–17 Uhr, Do 13–21 Uhr, Fr/Sa 10–17 Uhr, So 13–17 Uhr) ist in einem großen, rostroten Gebäude untergebracht und ermöglicht kostenloses Surfen. Ein kommerzieller Internetanbieter ist **Frogz** (8706 Franklin Ave., ✆ 780/743-3839; Di–So 15–22 Uhr).

• *Notfälle* Im Notfall hilft das **Fort McMurray Regional Hospital** (7 Hospital St., ✆ 780/791-6161) oder die **RCMP** (✆ 780/799-8888).

Verbindungen

Die 450 km lange Fahrt nach Fort McMurray führt über den gefährlichsten Highway Albertas. Dieser unrühmliche Titel ist in erster Linie der hohen Verkehrsdichte geschuldet. Auch deshalb bevorzugen viele Besucher die Anreise mit dem Flugzeug.

Um zum **Flughafen** zu gelangen, fährt man von der Downtown 9 km nach Süden und dann 6 km nach Osten. **Air Canada** (✆ 888/247-2262, www.aircanada.com), **Westjet** (✆ 800/538-5696, www.westjet.com) und **Air Mikisew** (✆ 780/743-8218 oder ✆ 888/268-7112, www.airmikisew.com) fliegen tägl. von Fort McMurray nach Edmonton und zurück. Die Maschinen von Air Mikisew landen auf dem zentralen Edmonton City Centre Airport, die Weiterfahrt mit dem Taxi in die Downtown kostet $ 35.

Busse von **Greyhound** (8220 Manning Ave., ✆ 780/791-3664) fahren 3-mal tägl. nach Edmonton. Besser ausgestattet sind allerdings die Busse von **Red Arrow** (8217 Franklin Ave., ✆ 800/232-1958): weniger Zwischenstopps, mehr Beinfreiheit, Kaffee und

Snacks gratis. Die Busfahrt nach Edmonton dauert 5 Std.

Wood Buffalo Transit (✆ 780/743-4157) betreibt Stadtbusse in die Vororte und zum Oil Sands Discovery Centre. Die Busse verkehren tägl., ein Einzelfahrschein kostet $ 1,75 pro Tarifzone, Senioren fahren unentgeltlich.

Taxiunternehmen in Fort McMurray sind **Access Taxi** (✆ 780/799-3333), **Sun Taxi** (✆ 780/743-5050) und **United Class Cabs** (✆ 780/743-1234).

Die folgenden Autovermieter sind vor Ort präsent und haben allesamt Schalter am Flughafen: **Avis** (✆ 780/743-4773), **Budget** (✆ 780/743-8215), **Hertz** (✆ 780/743-4047) und **National** (✆ 780/743-6393).

Nördliches Zentral-Alberta

Von Downtown Edmonton führt der Hwy. 2 (in der näheren Umgebung von Edmonton heißt er St. Albert Trail) nach Norden in eine Region, die einst dicht bewaldet war. Der Highway folgt dem Athabasca Landing Trail, einer historischen Umtragestrecke zwischen dem Saskatchewan und dem Athabasca River, die zunächst von Ureinwohnern und später von Händlern und Forschungsreisenden genutzt wurde.

Athabasca

Am Ende des Athabasca Landing Trail, 147 km nördlich von Edmonton, liegt auf einer sanft zum Fluss abfallenden Anhöhe die Kleinstadt Athabasca (2300 Einw.). Die Häuser der Hudson's Bay Company sind längst verschwunden, doch es stehen noch viele alte Gebäude aus den Tagen der Schaufelraddampfer, darunter der Bahnhof

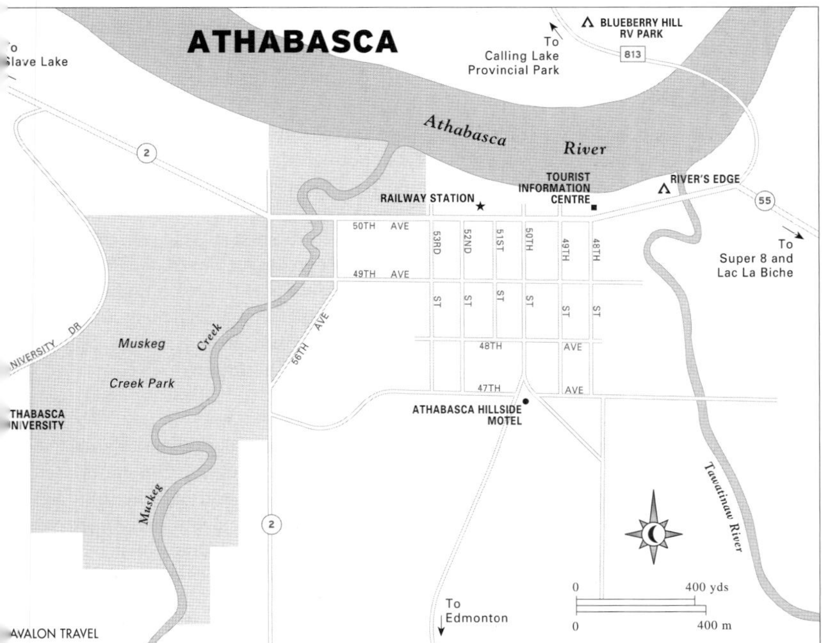

von 1912 und eine Schule aus Backstein, Baujahr 1913. Vom Zentrum aus lässt sich ein Spaziergang durch den **Muskeg Creek Park** (gut zum Beerenpflücken im Spätsommer) zur **Athabasca University** (✆ 780/675-6111, www.athabascau.ca) unternehmen. Die Uni hat 1.200 Vollzeitangestellte und eine Auswahl von 700 Studienprogrammen für jedes Niveau bis hin zur Graduierung. Der Jahresetat von über $ 110 Mio. deckt auch die Kosten der Bibliothek mit 100.000 Bänden und einer umfangreichen Kunstsammlung – aber warum ist hier eigentlich kein einziger Student zu sehen? Weil die Athabasca University eine Fernuniversität ist, und zwar eine der größten Nordamerikas. Sie steht allen Studierwilligen offen, egal, wo sie leben oder welchen Abschluss sie haben.

• *Übernachten* Am Hwy. 2 südlich der Stadt stehen mehrere Motels. Das **Athabasca Hillside Motel** (4804 46th Ave., ✆ 780/675-5111 oder ✆ 888/675-8900, www.athabascahillsidemotel.net; $ 65–90 für 1 Pers., $ 75–95 für 2 Pers.) hat 17 Zimmer mit Küchenzeile.

Eine Klasse besser ist das **Super 8** (4820 Wood Heights Rd., ✆ 780/675-8888 oder ✆ 800/800-8000, www.super8.com; $ 109 für 1/2 Pers. inkl. Frühstück) östlich der Stadt, ein großes, modernes Hotel mit geräumigen Zimmern, einem Businesscenter und einem Fastfood-Restaurant der Kette A&W nebenan.

• *Camping* Der **River's Edge Campground** (50th Ave.; Mai bis Aug.; Stellplatz ohne Anschlüsse $ 15, mit Anschlüssen $ 20) liegt am Stadtrand, und zwar dort, wo der Tawatinaw River in den breiteren Athabasca River mündet. Die Ausstattung beschränkt sich auf einen kleinen Sanitärkomplex mit Münzduschen.

Die meisten Wohnmobile fahren weiter nach Norden über den Fluss zum **Blueberry Hill RV Park** (Hwy. 813, ✆ 780/675-3733 oder ✆ 800/859-9452, www.blueberryhillrvpark.ca; Mai bis Okt.; Zeltstellplatz $ 22, Stellplatz mit Anschlüssen $ 29). Der Platz hat moderne Waschräume, eine Laundry, einen Spielplatz und kostenloses Feuerholz. Nebenan befindet sich ein ausgezeichneter Golfplatz.

• *Information* Die **Touristeninformation** (50th Ave., ✆ 780/675-9297; Ende Mai bis Anfang Sept. tägl. 10–20 Uhr) ist in einem ausrangierten, orangefarbenen Eisenbahndienstwagen am Fluss untergebracht.

Slave Lake

Die Kleinstadt Slave Lake (6700 Einw.) liegt am Südostufer des **Lesser Slave Lake,** 110 km westlich von Athabasca und 250 km nordwestlich von Edmonton. Der Ort war einmal eine wichtige Zwischenstation für Frachtschiffe und Personenfähren. Heute ist sie eine beliebte Basis für Angler und Anschlussstelle an den Hwy. 88 **(Bicentennial Hwy.),** der sich durch unbewohnte Wildnis nach High Level schlängelt. Der erste Abschnitt der Schnellstraße führt durch den **Lesser Slave Lake Provincial Park** mit langen Sandstränden, einzigartigen Dünen, Feuchtgebieten und borealen Wäldern, in denen viele wilde Tiere heimisch sind. Am nördlichen Ende des Provinzparks führt eine steile Straße 8 km hinauf zum 1030 m hohen Marten Mountain. Ein Hochplateau auf dem Gipfel eröffnet Ausblicke auf den See.

Angeln

Der 1150 km^2 große **Lesser Slave Lake** ist der größte über die Straße zugängliche See in Alberta und eines der besten Angelreviere der Provinz. Für die großen Hechte (bis 9 kg), Zander (bis 4 kg), Weißfische (bis 2,5 kg) und Barsche (bis 4 kg) hat schon mancher passionierte Angler seinen Job hingeworfen, um sein Angelzeug einzupacken und nach Norden zu reisen. Die meisten Fische tummeln sich in der Mitte des Sees. Die Touristeninformation hat eine Liste lokaler Angelführer, die auch Boote verleihen (ab $ 25/Std., $ 60/halber Tag, $ 120/ganzer Tag).

Reisepraktisches

• *Übernachten* Am Hwy. 2 neben der Touristeninformation liegen die schlichten Zimmer des **Highway Motor Inn** (600 14th Ave. SW, ✆ 780/849-2400 oder ✆ 888/848-2400; $ 65 für 1 Pers., $ 75 für 2 Pers.).

Eine Klasse besser ist das **Sawridge Inn and Conference Centre** (1200 Main St. S, ✆ 780/849-4101 oder ✆ 800/661-6657, www.sawridge.com; $ 119 für 1 Pers., $ 129 für 2 Pers.). Es bietet sämtlichen Komfort und hat hauseigene Restaurants, darunter den legeren **Hearthstone Grille.** Die Zimmer vom Typ Business Class sind deutlich größer als die Standardzimmer; sie bieten Internetzugang und Bademäntel für gerade einmal $ 10 mehr.

• *Camping* Im Lesser Slave Lake Provincial Park, 6 km nördlich der Stadt, liegt der **Marten River Campground** (✆ 780/849-7100; Mai bis Okt.; Stellplatz ohne Anschlüsse $ 20, mit Anschlüssen $ 26). Dort gibt es Münzduschen, einen Strand und im Sommer Informationsveranstaltungen.

• *Information* Die **Touristeninformation** (✆ 780/849-4611, www.slavelake.com; Mai bis Aug. tägl. 10–19 Uhr) liegt westlich der Main St. am Hwy. 2.

Von Slave Lake in Richtung Westen

Von Slave Lake folgt der Hwy. 2 dem Südufer des Lesser Slave Lake in Richtung High Prairie. In **Kinuso** gibt es ein kleines Museum (✆ 780/775-3774; Mai bis Aug. Mo–Fr 10–16 Uhr) mit einem über 2,50 m großen Grizzly, zum Glück ausgestopft. Ein Stück weiter zweigt eine 9 km lange Schotterstraße vom Highway nach Norden zum See mit dem Campingplatz **Spruce Point Park** ab (✆ 780/775-2117; www.sprucepointpark.ca; Mai bis Mitte Sept.; $ 21–28). Dort tummeln sich den ganzen Sommer über Familien und Angler. Vom Hauptplatz zieht sich eine breite Rasenfläche hinunter zum Strand, wo es eine Marina mit Boot- und Kanuverleih und einen Unterstand zum Ausnehmen von Fischen gibt. Der Campingplatz hat Duschen, einen Gemischtwarenladen mit haufenweise Angelzubehör, Plätze zum Hufeisenwerfen und Wanderwege in der Nähe.

Das Nest **Grouard** (400 Einw.) am westlichen Ende des Lesser Slave Lake entwickelte sich rund um die Mission St. Bernard. Auf dem Gelände des Northern Lakes College bemüht sich das **Native Cultural Arts Museum** (✆ 780/751-3306; Mai bis Sept. Di–Fr 10–16 Uhr, Sa 10–18 Uhr; Spende) um ein besseres Verständnis der Kunst und Kultur der indigenen Bewohner Nordamerikas. Neben einer Ausstellung mit Kunst- und Kunsthandwerksobjekten ist draußen ein nachgebautes Dorf der Ureinwohner Nordwest-Albertas zu besichtigen.

Im **Hilliard's Bay Provincial Park,** 13 km östlich von Grouard am Nordwestufer des Lesser Slave Lake gelegen, schlängelt sich der **Boreal Forest Interpretive Trail** durch einen Wald, in dem auch knorrige Papierbirken wachsen. Der Campingplatz im Park (✆ 780/849-7124; Mai bis Anfang Okt.; Stellplatz ohne Anschlüsse $ 20, mit Anschlüssen $ 26) hat überdachte Kochbereiche, Duschen und Feuerholz.

McLennan

Dieses Nest mit 1000 Einw. am **Kimiwan Lake** gilt als „Vogelhauptstadt" Kanadas, denn es liegt an der Schnittstelle der drei großen Vogelzugkorridore Mississippi, Pacific und Central. Schätzungsweise 27.000 Watvögel und 250.000 Wasservögel leben hier oder ziehen zumindest vorbei, jedes Jahr werden über 200 verschiedene Arten gesichtet. Das ausgezeichnete Besucherzentrum (✆ 780/324-2004; Mai bis Sept. tägl. 10–19 Uhr) mit Blick auf den See hat eine Ausstellung über Vogelzugmuster und Computerprogramme mit massenhaft Informationen über heimische

Karten S. 608/609

Arten. Besucher können Vogel-Checklisten mitnehmen und Ferngläser ausleihen. Vom Besucherzentrum führt ein Bretterweg durch ein Feuchtgebiet zu einer Wand mit Gucklöchern. Unterwegs informieren Text- und Bildtafeln über häufig vorkommende Arten.

Auf dem Highway 18 nach Westen

Knapp 75 km nördlich von Edmonton trifft der Hwy. 2 auf den Hwy. 18, der in Richtung Westen eine rege landwirtschaftlich genutzte Gegend erschließt. Die wichtigsten Nutzpflanzen sind Weizen, Gerste, Hafer, Canola-Raps und Heu. Auf den Viehfarmen werden v. a. Rinder, Mastschweine, Geflügel, Milchkühe und Schafe gezüchtet. In der Gegend gibt es mehrere große Mastbetriebe und die beiden größten Viehauktionen Albertas. An der Kreuzung von Hwy. 2 und Hwy. 18 führt eine Schotterstraße nach Norden zu **Nilsson Bros. Inc.** (✆ 780/348-5893, www.nbinc.com), dem größten Rindermarkt Kanadas. Im Sommer findet hier jeden Dienstagmorgen eine große Auktion statt. Dann kommen Interessenten aus ganz Nordamerika, aber auch die Öffentlichkeit ist willkommen. Der Auktionator versteigert mit der Frequenz eines Maschinengewehrs. Mehrere Hundert der besten Mastrinder Albertas kommen gleichzeitig unter den Hammer, der Preis geht nach Bruttogewicht. Der Betrieb ist täglich geöffnet, Besucher können sich nach einer Führung erkundigen. Die Mittagskantine hat 1 Std. lang geöffnet und serviert preiswerte herzhafte Mahlzeiten mit Fleisch und Kartoffeln (nur nicht nach Lamm fragen!).

Barrhead und Umgebung

Weiter geht es auf dem Hwy. 18 in Richtung Westen nach Barrhead (4200 Einw.), einem Agrar- und Holzfällerstädtchen eineinhalb Stunden nordwestlich von Edmonton. In der Nähe des Hwy. 33, nördlich vom Stadtzentrum, liegt das **Barrhead Centennial Museum** (57th Ave., ✆ 780/674-5203; Mitte Mai bis Aug. Di–Sa 10–17 Uhr, So 13–17 Uhr; Erwachsene $ 2) mit einer Ausstellung über die Agrargeschichte der Gegend. Das Symbol von Barrhead ist der Kanadareiher, eine Skulptur des Vogels steht am oberen Ende der 50th St. Lebendige Exemplare sind im **Thunder Lake Provincial Park** zu sehen, der 21 km westlich der Stadt am Hwy. 18 liegt.

Auf dem Highway 43 nach Westen

Diese wichtige Route verbindet Edmonton mit der 460 km nordwestlich gelegenen Stadt Grande Prairie. Unterwegs bieten ein paar Kleinstädte und Naturschutzgebiete Gelegenheiten für Zwischenstopps.

Whitecourt

Whitecourt (9000 Einw.) liegt am Zusammenfluss von Athabasca, McLeod und Sakwatamau River am Hwy. 43, 177 km nordwestlich von Edmonton und 341 km südöstlich von Grande Prairie. Über die Bedingungen der lokalen Forstwirtschaft informiert das **Forest Interpretive Centre** (im Süden der Stadt, ✆ 780/778-2214; ganzjährig Mo–Fr 9–18 Uhr, Juli/Aug. tägl. 9–18 Uhr; Eintritt frei). Die anschauliche Ausstellung beinhaltet Nachbildungen des Naturraums Wald und eines Holzfällercamps, während zahlreiche interaktive Exponate sämtliche Aspekte der Forstwirtschaft beleuchten. Im Gebäude befindet sich auch das städtische Informationszentrum (✆ 780/778-5363).

• *Übernachten* Die meisten Motels in Whitecourt stehen am Hwy. 43 am südöstlichen Stadtrand. Das beste und teuerste ist das **Green Gables Inn** (3527 Caxton St., ✆ 780/778-4537 oder ✆ 888/779-4537, www.greengablesinn.ca; $ 104 für 1 Pers., $ 109 für 2 Pers.) mit drahtlosem Internetzugang, Fitnessraum und einem Restaurant, in dem Gäste ein kostenloses Frühstück erhalten.

• *Camping* Der **Lions Club Campground** (Mitte April bis Mitte Okt.; Zeltstellplatz $ 20, Wohnmobilstellplatz $ 24–28) hat Duschen und eine Laundry. Er liegt südöstlich der Stadt kurz vor der Ortseinfahrt in einem dicht bewaldeten Gebiet.

Carson-Pegasus Provincial Park

Dieser 1178 ha große, 30 km nördlich von Whitecourt gelegene Provinzpark umfasst die südlichen Ausläufer der Swan Hills. Da er in einer Übergangszone liegt, wachsen dort sowohl Bäume, die typisch für Gebirgsvorland sind, (Drehkiefern und Fichten) als auch boreale Bestände (Espen, Pappeln, Birken und Tannen). Über 40 Säugetierarten wurden hier beobachtet, darunter Hirsche, Elche und Schwarzbären. Mittelpunkt des Parks ist der McLeod Lake, ein ausgezeichnetes Angelrevier, das jährlich mit Regenbogenforellen aufgestockt wird. In der Day-Use Area mit Sandstrand gibt es einen Verleih für Ruderboote, Kanus und Motorboote. Der Campingplatz (✆ 780/778-2664, www.carsonpegasus.com; $ 22–28, Feuerholz $ 7) hat WCs, Duschen, überdachte Kochbereiche und einen informativen Ausstellungsbereich.

Von Whitecourt nach Grande Prairie

Weiter geht es über Valleyview in Richtung Westen zum **Sturgeon Lake.** Der See ist bekannt für seine ausgezeichneten Bedingungen zum Angeln (Hecht, Barsch und Zander) und zwei interessante Provinzparks. Der **Williamson Provincial Park** ist nur 17 ha groß, hat aber einen Sandstrand mit guter Bademöglichkeit und einen Campingplatz (Mai bis Mitte Sept.; $ 20–25). Ein wesentlich größeres Stück bewaldeter Fläche am Seeufer schützt der 3100 ha große **Young's Point Provincial Park.** Dort finden sich gute Gelegenheiten zum Beobachten von Wald- und Wasservögeln, aber auch gute Fischgründe in der dichten Ufervegetation. An der Day-Use Area beginnen Wanderwege am See entlang und zu einem Biberteich. Der Campingplatz (Stellplatz ohne Anschlüsse $ 20, mit Anschlüssen $ 26) hat WCs und Duschen, ein Sandstrand ist in der Nähe.

Westlich von Edmonton

Von Edmonton führt der Yellowhead Hwy. (Hwy. 16) nach Westen durch eine Landschaft mit Aspen Parkland und Seen und im weiteren Verlauf durch das Gebirgsvorland der kanadischen Rocky Mountains zum Jasper National Park. Die andere Hauptverkehrsstraße in dieser Region, der Hwy. 40, zweigt vom Yellowhead nach Norden in Richtung Grande Cache und Willmore Wilderness Park ab. Während einer rasanten Entwicklung in den 1970er Jahren hat sich westlich von Edmonton eine große Ölindustrie angesiedelt, andere Wirtschaftszweige sind Land- und Forstwirtschaft, Kohlebergbau und Stromerzeugung. Die Kleinstädte Edson und Hinton sind wichtige Stationen auf dem Yellowhead Hwy.

Von Edmonton nach Hinton

Noch ein gutes Stück außerhalb von Edmonton reihen sich am Yellowhead Hwy. Motels, Industriegebiete und Wohnsiedlungen aneinander. Nachdem die Städte Spruce Grove und Stony Plain vorbeigehuscht sind, wird die Gegend immer ländlicher.

Wabamun und die Seen in der Umgebung

Wabamun liegt gut 30 km westlich von Stony Plain und bezeichnet eine Stadt, einen See und einen Provinzpark. Der Ausblick am Wabamun Lake wird von den Hochspannungsleitungen der drei Kohlekraftwerke beherrscht, die über zwei Drittel des Strombedarfs von Alberta decken. Der **Wabamun Lake Provincial Park** erstreckt sich am östlichen Seeufer, wo die Moonlight Bay liegt, eine glitzernde blaue Bucht. Angler fangen hier viele Hechte (besonders im Herbst), der künstliche Strand ist ideal zum Baden, und ein Wanderweg bietet Gelegenheiten zum Beobachten wilder Tiere. Im Park gibt es einen Campingplatz (✆ 780/892-2702; Mitte Mai bis Anfang Okt.; Stellplatz ohne Anschlüsse $ 20, mit Anschlüssen $ 26) mit fast 300 Stellplätzen, doch wegen der Nähe zu Edmonton herrscht dort am Wochenende viel Betrieb. Zur Ausstattung gehören Münzduschen, Feuerholz, überdachte Kochbereiche und ein Laden.

Pembina River Provincial Park

Das Tal des Pembina River ist das erste echte Wildnisgebiet westlich von Edmonton. Schimmelfichten und Espen bedecken den Park, in dem Biber, Maultierhirsche, Weißwedelhirsche, Elche und viele andere Säugetiere leben. Angler fangen im Fluss v. a. Hechte und Zander, eine tiefere Stelle hinter einem Wehr lädt zum Schwimmen ein, Wanderwege durchziehen den nördlichen Abschnitt des Parks. Am Ostufer des Flusses liegt ein Campingplatz (✆ 780/727-3643; Mitte Mai bis Okt.; Stellplatz ohne Anschlüsse $ 20, mit Anschlüssen $ 26) mit WCs, Duschen, überdachten Kochbereichen und Feuerholz; dort wird auch eine Informationsveranstaltung angeboten.

Edson

Edson (8100 Einw.) liegt 199 km westlich von Edmonton. Die meisten Motels befinden sich am Highway, der durch die Stadt verläuft. Innerhalb der Stadtgrenzen heißt er 2nd Ave. (Richtung Osten) oder 4th Ave. (Richtung Westen).

• *Übernachten* Das Motel **Sundowner Inn** (5150 2nd Ave., ✆ 780/723-5591 oder ✆ 877/723-5591; $ 99 für 1 Pers., $ 109 für 2 Pers.) hat neben der Standardausstattung auch ein paar Extras, darunter ein Hallenbad und einen Aufenthaltsraum mit Kamin und Poolbillard.

• *Camping* Am östlichen Stadtrand liegt der **Lions Park Campground** (✆ 780/723-3169; Mai bis Sept.; Stellplatz ohne Anschlüsse $ 18, mit Anschlüssen $ 21). Die 48 schattigen Stellplätze sind weit genug vom Highway entfernt, um einigermaßen Ruhe zu garantieren. Der Platz hat besonders heiße und kräftige Duschen und jede Menge kostenloses Feuerholz – und das ist auch gut so, denn es muss schon ein mittleres Lagerfeuer her, um etwas auf den überdimensionierten Feuerstellen brutzeln zu können.

Hinton

Inmitten absoluter Wildnis, 287 km westlich von Edmonton, liegt Hinton (9500 Einw.). Die Stadt am Südufer des Athabasca River eignet sich ideal als Basis für eine mehrtägige Erkundung der Gegend. Der berühmte Jasper National Park ist nur 75 km entfernt, doch es lohnt sich, zuvor ein wenig Zeit in der unmittelbaren Umgebung von Hinton zu verbringen. Die unattraktive Lage des **Natural Resource Interpretive Park** hinter dem Haushaltswarenmarkt Canadian Tire im Westen der Stadt sollte nicht abschrecken, denn ein Großteil des Parks liegt außer Sichtweite in

Sundance Provincial Park

Eine Alternativstrecke zum Hwy. 16 auf dem Abschnitt zwischen Edson und Hinton ist die unbefestigte **Emerson Creek Road,** die nördlich des Highways verläuft und beide Städte miteinander verbindet. Sie führt auch zum 3712 ha großen Sundance Provincial Park, der interessante geologische Formationen und die idyllischen Emerson Lakes zu bieten hat. Ein 5,7 km langer Wanderweg schlängelt sich um die Seen herum zu einer alten Trapperhütte. Der komplette Rundwanderweg, an dem auch Biberdämme zu sehen sind, dauert ungefähr 1,5 Std. In den Seen und im Sundance Creek tummeln sich Forellen. Im Park gibt es einen kleinen Campground (Mai bis Sept.; $ 9) ohne Abschlüsse, aber mit kostenlosem Feuerholz.

Um sich in dieser Gegend nicht zu verfahren, ist eine gute Umgebungskarte erforderlich, auf der auch lokale Forstwirtschaftswege verzeichnet sind. Es gibt sie in den Touristeninformationen in Edson und Hinton.

einem tiefer gelegenen Tal. Am Aussichtspunkt an der höchsten Stelle ist ein 154 t schwerer Kipplaster ausgestellt. Informationstafeln erläutern diverse Zweige der Rohstoffindustrie, und ein Wanderweg führt hinunter zu einer kleinen Baumschule und durch ein Feuchtgebiet.

Auf dem Campus des **Hinton Training Centre** (1176 Switzer Dr., ✆ 780/865-8200; Mo–Fr 8.30–16.30 Uhr) widmet sich ein kleines Museum der Geschichte der Forstwirtschaft; dazu gehört auch eine Ausstellung über Waldbrandbekämpfung. Daneben steht eine Rangerhütte aus dem Jahr 1922. Das Museum ist Ausgangspunkt für den **Interpretive Nature Trail.** Der 1,6 km lange Naturlehrpfad schlängelt sich um das Ausbildungszentrum durch unterschiedliche Waldbestände. Zwei Highlights des Rundgangs sind „Edna“ (ein riesiger Felsbrocken, der hier während der letzten Eiszeit weit von seinem Ursprungsort entfernt zum Liegen kam) und ein Aussichtspunkt mit herrlichem Blick auf das Tal des Athabasca River und die Rockies.

• *Übernachten* Die beiden nachfolgend beschriebenen Unterkünfte sind besser als die Standardmotels der Stadt. Auf halber Strecke zwischen Hinton und Jasper liegt, von Wildnis umgeben, die attraktive **Overlander Mountain Lodge** (✆ 780/866-2330 oder ✆ 877/866-2330, www.overlandermountainlodge.com; $ 159–219 für 1/2 Pers.). Die dynamischen Gastgeber haben massenhaft Vorschläge parat, wie sich die Zeit in der Gegend sinnvoll vertreiben lässt. Zur Auswahl stehen drei unterschiedlich gestaltete Gästezimmer, gemütliche Hütten und eine große Blockhütte mit drei Schlafzimmern. Die gemütliche Bergatmosphäre setzt sich auch im Speisesaal fort, wo saisonale kanadische Spezialitäten aufgetischt werden.

Näher an Hinton liegt die **Black Cat Guest Ranch** (✆ 780/865-3084 oder ✆ 800/859-6840, www.blackcatguestranch.ca; $ 115 für 1/2 Pers.), eine weitere schöne Unterkunft in den Bergen. Alle Zimmer haben ein eigenes Bad und Blick auf die Berge. Tagsüber werden Ausritte angeboten, abends entspannen die Gäste im großen Wohnzimmer oder im Whirlpool. Vollpension kann gegen Aufpreis (Erwachsene $ 44, Kinder $ 33) dazugebucht werden. Anfahrt von Hinton: den Hwy. 40 gen Norden nehmen, nach 6 km links in Richtung Brûlé abbiegen, nach weiteren 11 km rechts abbiegen und der Beschilderung folgen.

• *Essen und Trinken* Abgesehen von den Fastfood-Restaurants, die den Highway von einem Ende der Stadt zum anderen säumen, hat Hinton dem hungrigen Reisenden wenig zu bieten. Das Kettenrestaurant **Husky** (24 Std. geöffnet) serviert die gewohnt großen Portionen zu günstigen Preisen.

Wer nicht gerne neben der Tankstelle isst, kann auch **Tokyo Sushi** (Black Bear Inn, 571 Gregg Ave., ✆ 780/865-2120; $ 8–16) ansteuern, ein modernes und preiswertes japanisches Restaurant mit familiärer Atmosphäre.

• *Information* Die von Gärten umgebene **Touristeninformation** (Gregg Ave., ✆ 780/865-2777; im Sommer tägl. 8.30–18 Uhr, sonst werktags 9–16.15 Uhr) liegt mitten im Zentrum an der Südseite der Hauptstraße und ist nicht zu verfehlen. Die Stadt selbst hat nicht allzu viel zu bieten, aber das sehr hilfsbereite Personal gibt hervorragende Tipps, wie man Ziele zum Wandern, Angeln und Kanufahren in der Umgebung auf eigene Faust entdecken kann.

Auf dem Highway 40 nach Grande Prairie

Verlässt man Hinton auf dem Hwy. 16 in Richtung Westen, zweigt nach wenigen Kilometern der Hwy. 40 nach Norden ab. Er passiert die beiden nachfolgend beschriebenen Provinzparks und erreicht nach 142 km die abgelegene Kleinstadt Grande Cache in den Bergen. Von dort führt eine größtenteils unbefestigte Straße weiter nach Grande Prairie, noch einmal 181 km nördlich von Grande Cache.

William A. Switzer Provincial Park

Dieser 2688 ha große Provinzpark liegt 26 km nordwestlich von Hinton am Hwy. 40. Der größtenteils dicht bewaldete Park hat mehrere seichte Seen, die durch das Flüsschen Jarvis Creek miteinander verbunden sind. Im Wald leben Wapitis, Elche und Rotwild, die Seen eignen sich hervorragend zum Kanufahren und Beobachten von Vögeln und Säugetieren, Angler finden aber allenfalls durchschnittliche Bedingungen vor. Der Hwy. 40 führt mitten durch den Park, der über mehrere Zufahrtsstraßen erschlossen wird. Von Süden kommend, führt die erste Straße in einer Schleife um das Westufer des Jarvis Lake (mit einem schönen Picknickplatz und Campingmöglichkeit), bevor er wieder auf den Hwy. 40 trifft. Am Nordufer des Jarvis Lake liegt die Day-Use Area Kelley's Bathtub, wo ein kurzer Wanderweg zu einer Vogelbeobachtungswand mit Gucklöchern führt. Der größte Campingplatz liegt am **Gregg Lake.** Er hat 164 Stellplätze (ganzjährig geöffnet; Stellplatz ohne Anschlüsse $ 20, mit Anschlüssen $ 26), Münzduschen, überdachte Kochbereiche und einen kleinen Ausstellungsbereich. Ganz in der Nähe liegen der **Graveyard/Halfway Campground** und der **Cache Campground** ($ 17–20), eine Alternative im südlichen Parkabschnitt ist der **Jarvis Lake Campground** ($ 20). Auskünfte werden unter ✆ 780/865-5600 erteilt, Stellplatzreservierungen unter ✆ 780/865-5152 entgegengenommen.

Weiter nach Grande Cache

Vom William A. Switzer Provincial Park sind es noch 118 km nach Grande Cache. Ein verlockender Abstecher führt über eine 32 km lange Schotterstraße zum **Rock Lake-Solomon Creek Wildland Provincial Park,** 15 km nördlich vom Switzer Park gelegen. Der Provinzpark erstreckt sich vom Willmore Wilderness Park im Norden bis zum Brûlé Lake im Süden, der größte Teil ist Wildnis. Die einzigen Einrichtungen befinden sich am Rock Lake (Camping $ 20). Von der Rock Lake Rd. klettert der Hwy. 40 stetig bergauf, überquert die Flüsse Pinto Creek und Berland River (mit einem kleinen Campingplatz) und folgt anschließend ein kurzes Stück dem Muskeg River. Auf der weiteren Fahrt in Richtung Norden passiert der Highway die **Pierre Grey Lakes.** Diese landschaftlich sehr schöne Kette aus fünf Seen hat eine vielfältige Vogelwelt und ist als Erholungsgebiet ausgewiesen. Die Fischbestände der Seen werden jährlich mit Regenbogenforellen aufgestockt. Vom Bootsanleger führt ein holpriger Wanderweg am Seeufer entlang und erreicht nach 1,6 km den Standort eines ehemaligen Handelspostens. Camping kostet $ 17/Nacht.

Grande Cache

Grande Cache, eine abgelegene Kohlebergbausiedlung mit 3700 Einw., liegt 450 km westlich von Edmonton und 182 km südlich von Grande Prairie. Die umliegende Wildnis ist völlig unerschlossen und bietet schier unerschöpfliche Gelegenheiten zum Wandern, Kanufahren, Angeln und Reiten.

Das fantastische **Grande Cache Tourism and Interpretive Centre** (✆ 780/827-3300 oder ✆ 888/827-3790; im Sommer tägl. 9–18 Uhr, sonst Mo–Sa 9–17 Uhr) bietet eine überragende Fülle an Informationen, die man in einer so kleinen Stadt überhaupt nicht erwartet. In dem zweistöckigen Komplex lässt sich ohne Weiteres eine Stunde verbringen, denn die Exponate beleuchten alle möglichen Themen: Besiedlungsgeschichte, lokale Wirtschaft, Baumartbestimmung und mehr. Außerdem gibt es einen Informationstresen, einen Giftshop und eine große Aussichtsterrasse mit Blick über das Tal des Smoky River auf die höchsten Gipfel der kanadischen Rockies.

In den letzten Jahren hat sich Grande Cache als fester Termin auf dem Kalender von Ultramarathonläufern aus aller Welt etabliert, denn Anfang August findet alljährlich das **Canadian Death Race** (www.canadiandeathrace.com) statt. Bei diesem extrem anspruchsvollen Langstreckenlauf über 125 km müssen u. a. drei hohe Gipfel erklommen werden.

• *Übernachten* Am Highway, der durch die Stadt führt, liegen mehrere preiswerte Motels wie das **Big Horn Motor Inn** (✆ 780/827-3744 oder ✆ 888/880-2444, www.bighorninn.com; $ 90 für 1 Pers., $ 100 für 2 Pers.).

Wer es etwas abenteuerlicher mag, entscheidet sich vielleicht für die **Sheep Creek Back Country Lodge & Cabins** (✆ 780/831-1087 oder ✆ 877/945-3786, www.sheepcreek.net; Mitte Juni bis Mitte Sept.; $ 95–110 für 1/2 Pers.). Die Lodge liegt 24 km nördlich der Stadt und ist vom Parkplatz aus nur zu Fuß über eine Hängebrücke zu erreichen. Viele der Gäste sind Angler, Jäger oder Mountainbiker, aber willkommen ist jeder. Die rustikalen Hütten haben eine einfache Küchenzeile, einen Schlafraum, eine Terrasse, eine chemische Toilette und simple „Schwerkraftduschen" ohne Druckwasser. Im Hauptgebäude steht eine Kühl-Gefrier-Kombi für Gäste, Essen und Handtücher bringt jeder selbst mit.

• *Camping* Der **Marv Moore Campground** (Shand Ave., ✆ 780/827-2404; Mai bis Mitte

Okt.; Stellplatz ohne Anschlüsse $ 20, mit Anschlüssen $ 25) hat schattige Stellplätze mit etwas Privatsphäre, Duschen, überdachte Kochbereiche, eine Laundry und Feuerholz.

Willmore Wilderness Park

Dieses 460.000 ha große Gebiet südwestlich von Grande Cache ist die nördliche Erweiterung des Jasper National Park. Es wird vom Smoky River in zwei ungefähr gleich große Hälften geteilt. Die Gegend ist nur zu Fuß, zu Pferde oder im Winter auf Skiern zugänglich. Es handelt sich um eine beinahe unerschlossene Wildnis. Die wenigen existierenden Wege, größtenteils alte Trapperpfade, werden nicht instand gehalten. Zu den Hauptattraktionen des Parks zählt die vielfältige Tierwelt. Weit verbreitet sind Weißwedel- und Maultierhirsche, Schneeziegen, Dickhornschafe, Elche, Wapitis, Karibus und Schwarzbären, aber es gibt auch Wölfe, Pumas und Grizzlys.

Am einfachsten ist der Park vom Erholungsgebiet **Sulphur Gates Provincial Recreation Area** aus zu erreichen. Hierfür fährt man von Grande Cache auf dem Hwy. 40 ca. 6 km nach Norden und dann noch einmal ungefähr die gleiche Entfernung auf einer Schotterstraße in Richtung Westen. Dort erheben sich am Zusammenfluss von Sulphur und Smoky River die Klippen **Sulphur Gates.** An der Nahtstelle wird der Farbunterschied der beiden Flüsse deutlich, denn der Smoky River wird von Gletschern, der Sulphur River dagegen durch unterirdische Quellen gespeist. Wer eine längere Exkursion in den Willmore Wilderness Park plant, sollte sich über folgende Tatsachen im Klaren sein: Es gibt keinerlei Einrichtungen, die meisten Wege sind nicht gekennzeichnet, und in bestimmten Gegenden sind viele Camper mit Pferden unterwegs. Den besten Eindruck vom Park bekommt man auf einer Wanderung mit dem Tourenanbieter **Taste of Wilderness Tours** (✆ 780/827-4250, www.tasteofwilderness.ab.ca), der Tages- und Mehrtagestouren im Programm hat.

Grande Prairie und der Nordwesten

Der **Peace River** entspringt im Binnenland von British Columbia und schlägt in seinem weiteren Verlauf eine majestätische Schneise durch die borealen Wälder im entlegenen Nordwesten Albertas. Früher reisten Entdecker, Trapper, Siedler und Missionare flussaufwärts und errichteten im fruchtbaren Flusstal und in den umliegenden Ebenen Handelsposten. Die verlassenen Posten Fort Vermilion und Fort Dunvegan sind als historische Stätten ausgewiesen und können besichtigt werden. Die größte Stadt der Region, Grande Prairie, hat eine erstaunliche Entwicklung als regionales Versorgungszentrum genommen.

Wie der Name bereits sagt, ist Grande Prairie (51.000 Einw.) von weiter Prärie umgeben, eine echte Besonderheit in solch nördlichen Breiten. Im Süden und Westen erheben sich dicht bewaldete Berge, im Norden und Osten erstrecken sich boreale Wälder und Sümpfe. Es war aber das Grasland, *la grande prairie,* das den Anschub für das Wachstum dieser Region gab. Edmonton liegt 460 km südöstlich, Dawson Creek (British Columbia) und der Ausgangspunkt des Alaska Hwy. liegen 135 km nordwestlich.

Sehenswertes/Sport und Freizeit

Während sich Malls, Motels, Restaurants und Gewerbezentren am Hwy. 2 westlich und nördlich der Stadt ausgebreitet haben, hat sich Grande Prairie im Zentrum noch

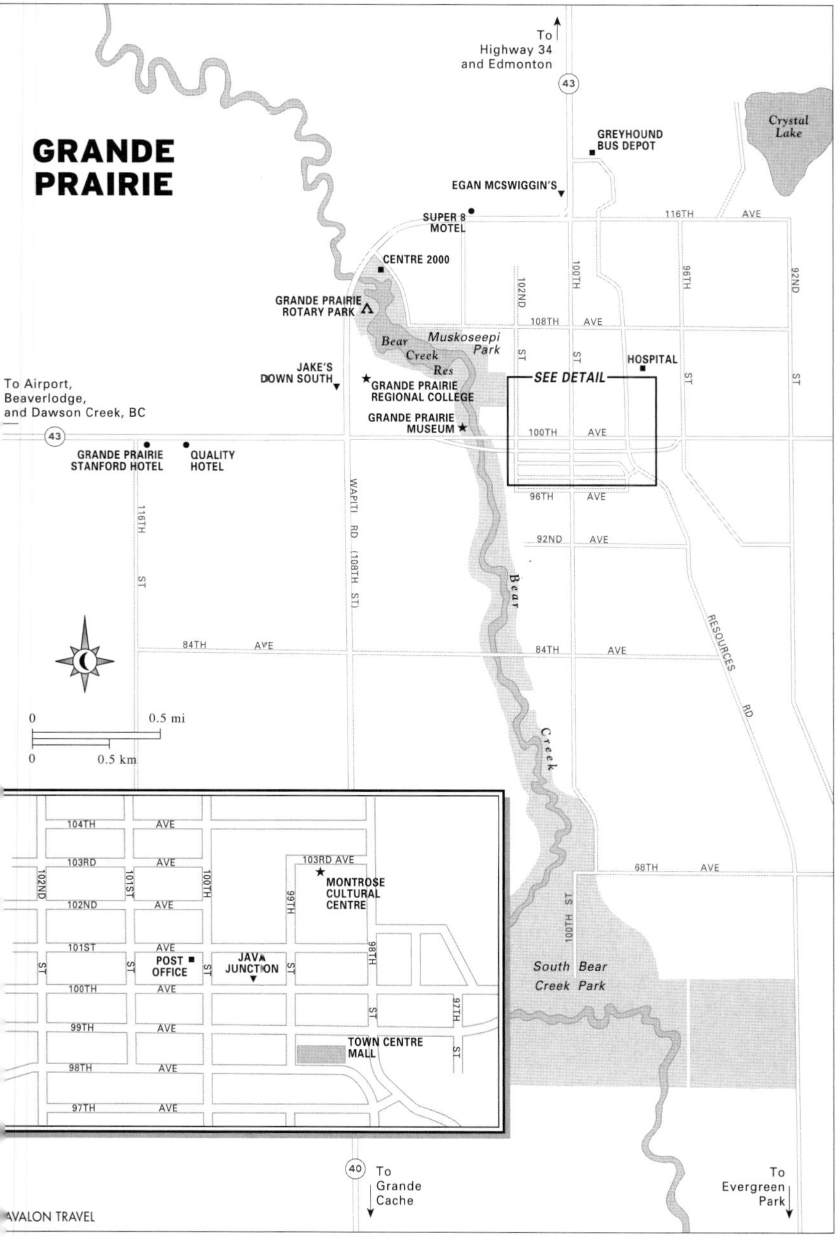
GRANDE PRAIRIE
To Highway 34 and Edmonton
43
Crystal Lake
GREYHOUND BUS DEPOT
EGAN MCSWIGGIN'S
SUPER 8 MOTEL
116TH AVE
CENTRE 2000
102ND ST
100TH ST
96TH ST
92ND ST
GRANDE PRAIRIE ROTARY PARK
108TH AVE
Bear Creek Res
Muskoseepi Park
HOSPITAL
JAKE'S DOWN SOUTH
GRANDE PRAIRIE REGIONAL COLLEGE
SEE DETAIL
To Airport, Beaverlodge, and Dawson Creek, BC
GRANDE PRAIRIE MUSEUM
100TH AVE
GRANDE PRAIRIE STANFORD HOTEL
QUALITY HOTEL
96TH AVE
WAPITI RD (108TH ST)
116TH ST
92ND AVE
Bear Creek
RESOURCES RD
84TH AVE
0 0.5 mi
0 0.5 km
68TH AVE
100TH ST
South Bear Creek Park
104TH AVE
103RD AVE
102ND ST
101ST ST
100TH ST
99TH ST
98TH ST
97TH ST
MONTROSE CULTURAL CENTRE
102ND AVE
101ST AVE
POST OFFICE
JAVA JUNCTION
100TH AVE
99TH AVE
TOWN CENTRE MALL
98TH AVE
97TH AVE
40
To Grande Cache
To Evergreen Park
AVALON TRAVEL

viel ursprünglichen Charme bewahrt. Ein kurzer Spaziergang von der Downtown die 100th Ave. entlang in Richtung Westen führt zum **Bear Creek,** an dem die meisten Sehenswürdigkeiten liegen.

Muskoseepi Park

Muskoseepi („Bärenfluss" in der Sprache der Cree) ist ein 405 ha großer Park im Herzen der Stadt. An seinem nördlichen Ende liegt das **Bear Creek Reservoir,** wo sich die meisten Freizeitaktivitäten konzentrieren. Dort gibt es einen Ausstellungspavillon, ein beheiztes Freibad, Tennisplätze, eine Minigolfanlage und einen Kanuverleih ($ 10/Std.). Am Nordufer steht das **Centre 2000,** eine fantastische Touristeninformation (eine Treppe führt nach oben zum Aussichtspunkt **Northern Lights Lookout**). Vom Centre 2000 führen insgesamt 40 km Rad- und Wanderwege beiderseits des Bear Creek bis an den äußersten Stadtrand. Das auffälligste Wahrzeichen des Parks sind die fließenden Backsteinrundungen des **Grande Prairie Regional College.** Die Entwürfe für das Hochschulgebäude mit Blick auf den Stausee (Zufahrt über die Entlastungsstraße für den Hwy. 2) stammen von dem berühmten kanadischen Architekten Douglas Cardinal.

Ein 20-minütiger Spaziergang durch den Park nach Süden führt zum **Grande Prairie Museum** (✆ 780/532-5482; Mo–Fr 8.30–16.30 Uhr, Sa 10–16.30 Uhr, So 12–16.30 Uhr; Erwachsene $ 5, Senioren $ 4, Kinder $ 3). Innen beleuchtet das Heritage Discovery Centre anhand einer interaktiven Ausstellung die Entstehungsgeschichte der Siedlung. Außerdem sind eine naturgeschichtliche Ausstellung und Dinosaurierknochen von einer nahe gelegenen Ausgrabungsstätte zu besichtigen. Im Außenbereich stehen einige historische Gebäude, darunter eine Kirche, eine Schule, eine Schmiede und ein Feuerwehrhaus. Von der Downtown führt die 102nd Ave. zum Museum.

Saskatoon Island Provincial Park

Schon seit Jahrtausenden kommen Ureinwohner immer wieder in diese Gegend, um Saskatoonbeeren zu pflücken. Der Namensteil „Island" stammt aus den 1920er Jahren, als ein Großteil des heutigen Schutzgebiets noch eine Insel war. Inzwischen ist der Park eine Landenge zwischen den beiden Seen Little Lake und Saskatoon Lake. Die süßen, purpurroten Saskatoonbeeren gibt es hier noch immer in Hülle und Fülle, sie bedecken beinahe ein Drittel des 102 ha großen Provinzparks. Ende Juli und August ist die beste Zeit zum Beerenpflücken, auch wenn den Rangern diese Aktivität ein Dorn im Auge ist. Der Park zählt zudem zu den wenigen Orten in Kanada, wo Trompeterschwäne während der Nistzeit im Frühling beobachtet werden können. Der Campingplatz (✆ 780/538-5350; Mai bis Sept.; Stellplatz ohne Anschlüsse $ 20, mit Anschlüssen $ 26) hat Duschen, Lebensmittel, eine Snackbude, einen Minigolfplatz und einen Strand direkt nebenan. Anfahrt von Grande Prairie zum Park: auf dem Hwy. 2 ca. 20 km nach Westen, dann 3 km in Richtung Norden.

Reisepraktisches

• *Veranstaltungen* Im **Evergreen Park** südlich von Downtown Grande Prairie finden viele der größeren Veranstaltungen statt, darunter Pferderennen, Erntefeste im Herbst und ein samstäglicher Bauernmarkt im Sommer. Das Wochenende, das dem 31. Mai am nächsten liegt, ist der jährliche Termin für die **Grande Prairie Stompede**

(✆ 780/532-4646, www.gpstompede.com), ein Treffen der besten Cowboys und Planwagenfahrer Nordamerikas. Das **regionale Volksfest** mit Viehschau, Jahrmarkt und Planwagenrennen findet am letzten Wochenende im Juli statt. Weitere Auskünfte über die genannten Veranstaltungen erteilt die Parkverwaltung unter ✆ 780/532-3279. Der Muskoseepi Park ist am vierten Wochenende im Juni Schauplatz des **National Aboriginal Day**.

• *Übernachten* Die Motels liegen westlich und nördlich der Downtown am Hwy. 2. Das **Grand Prairie Stanford Hotel** (11401 100th Ave., ✆ 780/539-5678 oder ✆ 800/661-8160, www.grandprairiestanfordhotel.com; $ 130 für 1 Pers., $ 135 für 2 Pers.) ist ein weitläufiger Komplex mit 204 mittelgroßen Zimmern, Fitnessraum, Whirlpool unter freiem Himmel, Restaurant und Bar.

Das **Quality Hotel** (11201 100th Ave., ✆ 780/539-6000 oder ✆ 800/661-7954, www.choicehotels.ca; $ 135 für 1/2 Pers.) besticht nicht nur durch seine elegante Außenansicht, sondern auch durch moderne, schön gestaltete Zimmer mit allem Komfort. Außerdem gibt es ein Fitness- und ein Businesscenter, ein Restaurant und eine Lounge. Der Zimmerpreis beinhaltet Ortsgespräche, ein kleines Frühstück und den Flughafentransfer.

Das preiswerte **Super 8 Motel** (10050 116th Ave., ✆ 780/532-8288 oder ✆ 800/800-8000, www.super8.com; $ 139 für 1/2 Pers. inkl. Continental Breakfast) bietet keine Überraschungen, aber gewohnt guten Standard auf den Zimmern. Weitere Pluspunkte: das Hallenbad mit Wasserrutsche und die Laundry.

• *Camping* Direkt gegenüber vom Centre 2000 liegt der **Grande Prairie Rotary Park** (an der Entlastungsstraße des Hwy. 2, ✆ 780/532-1137; Mai bis Sept.; Zeltstellplatz $ 20, Wohnmobilstellplatz $ 28–35). Der Campingplatz mit Blick auf den Bear Creek hat Duschen und eine Laundry, aber kaum Bäume; eine Reservierung ist nicht möglich.

• *Essen und Trinken* Grande Prairies Restaurantszene ist kaum bemerkenswert, um es gelinde auszudrücken. **Jake's Down South** (10702 108th St., ✆ 780/532-5667; tägl. 11–22 Uhr; $ 15–27) macht von außen nicht viel her, aber die Südstaatenküche (z. B. Jambalaya oder Amerikanischer Wels im schwarzen Kräutermantel) ist mit das Beste, was Grande Prairie zu bieten hat.

Im Grande Prairie Regional College auf der anderen Straßenseite gibt es eine **Cafeteria**, in der es während des Semesters von Studenten wimmelt, dazu gesellen sich Leute aus der Stadt, die es auf eine billige Mahlzeit abgesehen haben.

Das **Delmonica's** (Grande Prairie Stanford Hotel, 11401 100th St., ✆ 780/539-5678; tägl. Frühstück, Mittag- und Abendessen) ist eines der vielen Hotelrestaurants, die ein Mittagsbüfett anbieten.

• *Information* Das **Centre 2000** (11330 106th St., Anfahrt über die Entlastungsstraße des Hwy. 2, ✆ 780/593-7688, www.gptourism.ca; Mai bis Sept. tägl. 9–17 Uhr, sonst tägl. 8.30–16.30 Uhr) am Nordufer des Stausees beherbergt auch die örtliche Touristeninformation. Ein Tresen ist mit Angestellten von Travel Alberta besetzt, im benachbarten Bereich werden lokale Auskünfte erteilt.

Die **Grande Prairie Public Library** (9839 103rd Ave., ✆ 780/532-3580; Mo–Do 10–21 Uhr, Fr/Sa 10–18 Uhr, So 14–17 Uhr) im Montrose Cultural Centre ist eine ausgezeichnete Bibliothek mit Internetzugang (auch drahtlos möglich).

Von Grande Prairie nach Norden

Sexsmith

Die Kleinstadt Sexsmith ist ein netter Zwischenstopp nördlich von Grande Prairie. Die meisten Geschäfte haben Fassaden im Stil des frühen 20. Jh. Einen Block abseits der Hauptstraße steht der **Sexsmith Blacksmith Shop** (✆ 780/568-3668; Juni bis Anfang Sept. Mo–Fr 9.30–16.30 Uhr, Sa/So 10–16 Uhr; Spende), eine zum Museum umfunktionierte Schmiede, die gemäß ihrem ursprünglichen Erscheinungsbild von 1916 restauriert wurde. In dem Holzhaus haut noch ein echter Schmied auf den Amboss. Mehr als 10.000 Artefakte sind zu besichtigen, darunter auch Geheimfächer für schwarz gebrannten Schnaps, der während der Prohibition in den Holzwänden vor der North West Mounted Police versteckt wurde.

Von Rycroft nach Westen

Einer der landschaftlich schönsten Flecken dieser Region ist als **Moonshine Lake Provincial Park** geschützt. Über 100 Vogelarten sind in dem 1080 ha großen Provinzpark zu Hause, im Winter auch eine große Population von Elchen. Einige Leute behaupten, der Name des Sees stamme von der Mondspiegelung auf der Wasseroberfläche, aber wahrscheinlicher ist die Version, dass er nach einem Gauner benannt wurde, der während der Prohibition schwarz gebrannten Schnaps an Reisende auf dem Weg nach Dawson Creek verkaufte (*Moonshine* = illegal gebrannter Whiskey). Auf dem ganzjährig geöffneten Campingplatz (Stellplatz ohne Anschlüsse $ 20, mit Anschlüssen $ 25; keine Reservierung möglich) verteilen sich die Stellplätze zwischen Espen, Pappeln und Schimmelfichten. Zur Ausstattung gehören Duschen, WCs, überdachte Kochbereiche, ein Laden und Feuerholz.

Der Sexsmith Blacksmith Shop

Historic Dunvegan

Bei seinem Abstieg ins Tal des Peace River überquert der Hwy. 2, aus Süden kommend, die längste Hängebrücke Albertas. Dort liegt der historische Ort Dunvegan, an dem sich früher mehrere Handelsposten und eine Mission befanden. Auf der Nordseite des Flusses steht das **Visitor Reception Centre** (✆ 780/835-7150; Mitte Mai bis Anfang Sept. tägl. 10–18 Uhr; Erwachsene $ 3, Senioren $ 2, Kinder $ 1,50), ein Besucherzentrum mit einer Ausstellung zur Geschichte Dunvegans und seiner Bedeutung für die Erschließung Nord-Albertas. Am Flussufer steht die restaurierte Kirche (mit Pfarrhaus) der römisch-katholischen Mission St. Charles, Baujahr ca. 1885. Der knorrige Ahornbaum hinter der Kirche wurde seinerzeit von den Missionaren gepflanzt. Eine Schotterstraße führt unter der Brücke hindurch zu der Stelle, wo einmal die Siedlung **Fort Dunvegan** stand. Sie wurde 1805 als Handelsposten der North West Company gegründet und war bis 1918 bewohnt. Heute sind nur noch einige Vertiefungen im Boden zu erkennen, doch etwas abseits der Straße steht bis heute das weiße Haus des Repräsentanten der Hudson's Bay Company. In der Nähe liegt der **Dunvegan Provincial Park,** wo es einen Campingplatz mit 67 Stellplätzen gibt (✆ 780/538-5350; April bis Okt.; Stellplatz mit Anschlüssen $ 26).

Peace River

Historische Gebäude säumen die Hauptstraße (100th St.) dieser dynamischen Kleinstadt mit 6200 Einw. im Norden Albertas. Am Fluss zeigt das **Peace River**

Centennial Museum (10302 99th St., ✆ 780/624-4261; Mo–Sa 10.30–16 Uhr; Erwachsene $ 3) Ausstellungen zu verschiedenen Themen, u. a. Kleidung der Ureinwohner, Pelzhandel, frühe Forschungsreisende und Entstehungsgeschichte der Stadt. Zwei Aussichtspunkte in der Nähe des Stadtzentrums eröffnen hervorragende Ausblicke auf den Peace River und sein breites Tal. Der näher gelegene ist zu erreichen, indem man auf der 100th Ave. unter dem Hwy. 2 hindurchläuft und der kurvenreichen Straße bis zum Ende folgt. Alternativ dazu kann man die 101st St. nach Süden bis zur 107th Ave. gehen, die auf die Judah Hill Rd. trifft; diese wiederum führt am **Sagitawa Lookout** vorbei, der den Blick auf die Stadt, das Tal und den Zusammenfluss von Peace River und Smoky River freigibt.

• *Übernachten* Das günstige **Western Budget Motel** (7701 100th Ave., ✆ 780/624-3445, www.westernbudgetmotel.com; $ 89 für 1 Pers., $ 99 für 2 Pers.) liegt zwar von der Downtown aus gesehen auf der anderen Seite des Flusses, aber die Zimmer sind komfortabel, und es gibt ein hauseigenes Restaurant.

• *Camping* Der Campingplatz **Lions Club Park** (am Westufer des Flusses, ✆ 780/624-2120; April bis Okt.; Stellplatz ohne Anschlüsse $ 20, mit Anschlüssen $ 25–30) hat schattige Stellplätze, Duschen und eine Laundry.

• *Information* Die **Mighty Peace Tourist Association** (✆ 780/338-2364 oder ✆ 800/215-4535, www.mightypeace.com; Juni bis Sept. tägl. 10–18 Uhr) ist im ausrangierten Bahnhof am oberen Ende der 100th St. untergebracht.

Mackenzie Highway

Diese Route ist nach dem großen Forschungsreisenden Alexander Mackenzie aus dem 18. Jh. benannt. Sie heißt auch Hwy. 35 und verläuft von Grimshaw (24 km westlich von Peace River) 473 km in Richtung Norden bis in die Northwest Territories. Dabei durchquert der Highway eine riesige, menschenleere Wildnis, die vom Peace River und scheinbar endlosen Wäldern aus Fichten, Pappeln und Bankskiefern beherrscht wird.

Grimshaw

Ein lohnenswerter Zwischenstopp ist die örtliche **Touristeninformation** (Juni bis Anfang Sept. 9–17 Uhr) in einem ausrangierten blauen Eisenbahnwaggon an der Hauptkreuzung. Das Personal besteht aus freundlichen Anwohnern, die viele Broschüren bereithalten und aufrichtiges Interesse an den Reiseplänen ihrer Besucher zeigen.

Lac Cardinal

Nördlich von Grimshaw, am Ostufer des Lac Cardinal, liegt der **Queen Elizabeth Provincial Park.** Der See ist sehr seicht und hat keine abgehenden Flüsse. Dadurch ist er ein idealer Lebensraum für viele Arten von Wasservögeln. Auch Biber, Elche und Schwarzbären sind hier heimisch. Der Campingplatz (✆ 780/624-6486; Mitte Mai bis Mitte Okt.; Stellplatz ohne Anschlüsse $ 20, mit Anschlüssen $ 26) hat Plumpsklos, überdachte Kochbereiche und Feuerholz. Unmittelbar südlich des Parks liegt das Freilichtmuseum **Lac Cardinal Pioneer Village Museum** (✆ 780/332-2030; Mai bis Sept. tägl. 11–17 Uhr). Die große Ausstellung zeigt Artefakte aus der Region des Peace River.

Manning

Bei seinem Abstieg ins malerische Tal des Notikewin River kommt der Highway durch den Ort Manning (1200 Einw.). Am südlichen Ortsrand, 1 km den Hwy. 691 nach Osten, steht das ausgezeichnete **Battle River Pioneer Museum** (✆ 780/836-2374; Mai bis Sept. tägl. 13–18 Uhr, Juli/Aug. 10–18 Uhr; Spende). Die Ausstellung beinhaltet eine große Sammlung uralter Schraubenschlüssel, ausgestopfte Tiere (darunter ein seltener Albino-Elch), Kutschen und Karren, landwirtschaftliche Maschinen, eine Halskette aus einem einzigen Stück Birkenholz und eine Sammlung prähistorischer Pfeilspitzen, eine davon aus Walknochen.

Das **Old Hospital Gallery & Museum** (✆ 780/836-3606; Mai bis Sept. Mo–Sa 10–17 Uhr) ist eine Kombination aus medizinhistorischer Ausstellung, Kunstgalerie und Touristeninformation.

- *Übernachten* Das **Manning Motor Inn** (✆ 780/836-2801; $ 109 für 1 Pers., $ 119 für 2 Pers.) liegt am südlichen Ortsrand und hat ein Restaurant.
- *Camping* Der kleine **Town of Manning Campground** (Mai bis Sept.; $ 20) liegt unmittelbar westlich der Touristeninformation auf einem schattigen Gelände am Notikewin River. Er hat nur neun Stellplätze, aber die haben Strom. Zelten kann man auch am Golfplatz nördlich der Stadt (✆ 780/836-2176; Mai bis Sept.; $ 20), der Anschlüsse und ein Clubrestaurant hat.

Ein kleiner Abstecher

Nördlich von Paddle Prairie führt eine unbefestigte Straße (Hwy. 697) nach Osten zum Peace River mit dem Anleger Tomkin's Landing, wo eine von nur acht Fähren in der Provinz verkehrt (im Sommer rund um die Uhr). Noch weiter östlich hat sich das Dorf **La Crete** (2300 Einw.) zu einem kleinen Agrarzentrum am äußersten nördlichen Saum der bebaubaren Fläche des Kontinents entwickelt. Die meisten Bewohner sind Mennoniten, die sich in den 1930er Jahren in dieser Region ansiedelten. Sie sind Mitglieder einer alten protestantischen Sekte mit Wurzeln in Holland, deren Mitglieder sich in abgelegenen Regionen auf der ganzen Welt niederließen, um Subsistenzlandwirtschaft zu betreiben – in der Hoffnung, ihren Glauben endlich in Frieden praktizieren zu können. Auf der Straße und in Lokalen hört man Plattdeutsch, das von Mennoniten in aller Welt gesprochen wird.

Fort Vermilion

Fort Vermilion (780 Einw.) liegt am Südufer des Peace River, 40 km nördlich von La Crete und 77 km östlich von High Level. Der Ort entstand 1788 als Handelsposten, und viele alte Gebäude und Hütten stehen noch mehr oder weniger verfallen da. Das **Fort Vermilion Heritage Centre** (✆ 780/927-4603; Juni bis Aug. Mo–Do 9–21 Uhr, Fr/Sa 9–17 Uhr, So 13–21 Uhr) verteilt die Broschüre *Fort Vermilion Heritage Guide.* Sie enthält die Beschreibung eines Spaziergangs zu den zahlreichen historischen Plätzen im Ort. Der **Mary Batt & Son General Store** wurde aus Holzstämmen gebaut, die noch von dem 1897 errichteten Handelsposten der Hudson's Bay Company stammen.

• *Übernachten/Essen* Das **Sheridan Lawrence Inn** (4901 River Rd., ✆ 780/927-4400; $ 82 für 1 Pers., $ 89 für 2 Pers.) am anderen Flussufer ist die einzige Unterkunft vor Ort. Das Haus hat 16 Zimmer und ein kleines Restaurant (tägl. ab 7 Uhr), das kanadische und chinesische Gerichte serviert.

High Level

High Level (4100 Einw.), 279 km nördlich von Grimshaw, ist die letzte Stadt vor der Grenze zwischen Alberta und den Northwest Territories. Der Name stammt von ihrer Lage auf einer Wasserscheide zwischen den Flusssystemen Peace River und Hay River. Die Stadt ist ein wichtiges Versorgungszentrum für die umliegende Region, die reich an Bodenschätzen ist. Die Getreidespeicher in den landwirtschaftlichen Siedlungen östlich von High Level sind die nördlichsten der Welt. Nordöstlich von High Level befindet sich 800 m über dem Peace River das bewaldete Hochplateau der **Caribou Mountains.** Der am einfachsten zugängliche Teil des Waldes ist der **Hutch Lake** 32 km nördlich der Stadt. Der von Espen und Pappeln umgebene See ist die Quelle des **Meander River.** Das beherrschende geologische Merkmal dieser Gegend ist der 780 m hohe **Watt Mountain,** der nordwestlich von High Level aufragt. Vom Hutch Lake führt eine Versorgungsstraße nach 10 km zu einem Aussichtspunkt und nach 21 km zu einem Waldbrandbeobachtungsturm auf dem Gipfel. Im Freizeitbereich am Nordufer des Sees gibt es einen großen Picknickplatz, einen Lehrpfad und Campingmöglichkeiten. Umgebungskarten hält die Touristeninformation bereit.

Das Gebäude der Touristeninformation am südlichen Stadtrand beherbergt die einzige Sehenswürdigkeit der Stadt, das **Mackenzie Crossroads Museum** (✆ 780/926-2470; Mai bis Sept. Mo–Sa 9–19 Uhr, sonst Mo–Fr 9–17 Uhr; Erwachsene $ 2, Studenten $ 1). Es beschäftigt sich mit ehemaligen Handelsposten im hohen Norden und zeigt interessante Exponate zur Geschichte der Menschen in Nord-Alberta. Ein anderer Raum widmet sich mit Fotografien und Informationstafeln den Wirtschaftszweigen, denen High Level seine Entstehung verdankt. Eine dreidimensionale Landkarte von Nordwest-Alberta vermittelt einen ausgezeichneten Eindruck von diesem unzugänglichen Teil der Provinz.

• *Übernachten* Die Motelpreise in High Level sind ein erster Vorgeschmack auf die Kurse jenseits der Grenze in den Northwest Territories, d. h. man blättert schnell mal $ 80 für ein Zimmer hin, das gefühlt die Hälfte wert ist. Am günstigsten ist noch das **Our Place Motel** (10402 97th St., ✆ 780/926-3556 oder ✆ 866/926-3631; $ 79 für 1 Pers., $ 89 für 2 Pers.) mit drahtlosem Internetzugang und einem angrenzenden Restaurant.

Hundeschlittenfahrt am Klondike Loop

Kanadas hoher Norden

Northwest Territories

Zusammen mit dem Yukon Territory und Nunavut bilden die Northwest Territories die ebenso unermessliche wie unerbittliche Wildnis von Kanadas Norden. Auf einer Fläche, die sich vom 60. Breitengrad über den Polarkreis bis in die hohe Arktis erstreckt, beherbergen die Northwest Territories einige der größten und tiefsten Seen der Erde, den gewaltigen Mackenzie-Strom und eine scheinbar unendliche, baumlose Tundra. Trotz der unvorstellbaren Größe sind viele lohnenswerte Ziele auf dem Luftweg oder per Straße erreichbar; eine der Hauptrouten hat ihren Ausgangspunkt in Grimshaw, einer Kleinstadt im Norden Albertas. Egal, ob man den 60. Breitengrad zum ersten oder zum vierzigsten Mal überquert, eine Reise in die Northwest Territories ist jedes Mal aufs Neue ein spannendes Abenteuer.

Für Traveller, die auf der Straße in den hohen Norden reisen, beginnt das Abenteuer im am leichtesten zugänglichen Teil der Territories, auf der sog. *Waterfalls Route*. Sie führt durch einen riesigen Gürtel aus verkümmerten borealen Wäldern, der lediglich von zwei der größten Ströme Nordamerikas unterbrochen wird, dem Slave River und dem Mackenzie. Der Great Slave Lake, ein riesiges Süßwasserbinnenmeer und der zehntgrößte See der Erde, verdankt seinen Namen den indigenen Slavey Dene, die seit Jahrtausenden an seinen südlichen Ufern Fallen stellen und fischen. Die Hauptsiedlungen dieser Region sind Hay River (am Südufer des Great Slave Lake) und Fort Smith, das Tor zum Wood Buffalo National Park, dem zweitgrößten Nationalpark der Welt. Asphaltierte Straßen und gut ausgebaute Schotterstraßen verbinden beide Städte miteinander und erschließen auch die Gegend west-

Highlights

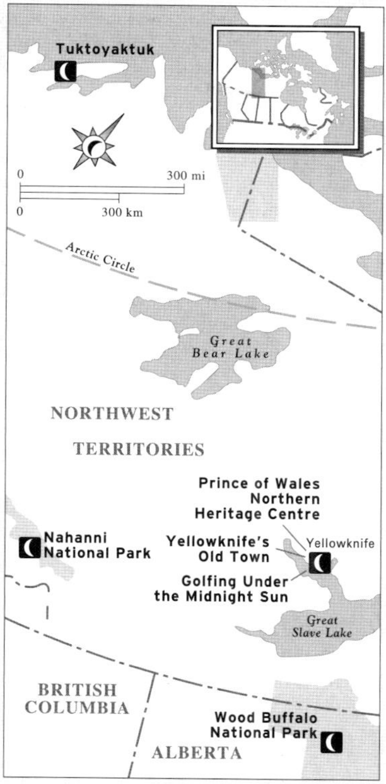

Wood Buffalo National Park (S. 681): Wer im zweitgrößten Nationalpark der Welt viel Zeit und Geduld aufbringt, erblickt vielleicht die größte wilde Bisonherde der Erde.

Prince of Wales Northern Heritage Centre (S. 686): Die Topattraktion von Yellowknife beleuchtet in einem modernen, attraktiven Komplex am Seeufer die gesamte Natur- und Besiedlungsgeschichte der Northwest Territories.

Old Town Yellowknife (S. 686): Die Altstadt von Yellowknife, eines der exzentrischsten Stadtviertel Westkanadas, lässt sich am besten zu Fuß erkunden – und zwischendurch stärkt man sich im einzigartigen Wildcat Café.

Golf unter der Mitternachtssonne (S. 688): Gibt's etwas Besseres als eine Runde Golf um Mitternacht in Yellowknife? Ende Juni und Anfang Juli kann man hier Tag und Nacht den Schläger schwingen.

Nahanni National Park (S. 694): Der Rundflug mit dem Wasserflugzeug ist eine tolle Sache, aber die meisten Abenteurer erkunden den abgelegenen und gebirgigen Nationalpark im Rahmen einer geführten Kanutour über den South Nahanni River.

Tuktoyaktuk (S. 703): Wer zu den Typen gehört, die unbedingt wissen müssen, wie es am Ende der Welt aussieht, fliegt in einem Tagesausflug von Inuvik in die winzige Siedlung „Tuk" am Nordpolarmeer.

lich und nördlich des Sees einschließlich Yellowknife, der „Diamantenhauptstadt Nordamerikas". Von dort geht die Reise nach Norden nur noch mit dem Flugzeug weiter, doch es gibt noch unglaublich viel zu entdecken: zwei der zehn größten Seen der Welt, einen der längsten Flüsse der Erde, einen Wasserfall doppelt so hoch wie die Niagarafälle, ein Welterbe der UNESCO, drei weitere Nationalparks und einen erstaunlichen Reichtum an wilden Tieren. Wandern auf der Canol Rd., Kanufahren auf dem South Nahanni River, die rekordverdächtigen Seeforellen im Great Bear Lake und die ausgelassenen Belugawale in der Beaufort Sea – das sind nur die Highlights.

Northwest Territories
Karte S. 675

Reise- und Zeitplanung

Eine Reise in die Northwest Territories auf die leichte Schulter zu nehmen, wäre ein schwerer Fehler. Eine gute Planung ist unerlässlich, auch für bestimmte Aktivitäten. Eine geführte Raftingtour im **Nahanni National Park** muss beispielsweise ebenso weit im Voraus gebucht werden wie die Anreise dorthin. Wer mit dem Auto aus Alberta anreist, sollte mindestens eine Woche für die Northwest Territories veranschlagen. Das reicht aus, um die Naturwunder im **Wood Buffalo National Park** zu sehen und die Hauptstadt Yellowknife zu besuchen. Dort kann man in zwei Tagen das **Prince of Wales Northern Heritage Centre** besichtigen, durch die **Old Town** schlendern, ein wenig angeln und eine Paddeltour auf einem der vielen Seen unternehmen. **Golfen unter der Mitternachtssonne** Ende Juni ist ein unvergessliches Erlebnis, der örtliche Golfplatz ist allerdings den ganzen Sommer über ein lohnenswertes Ziel. Bei der Abreise aus Yellowknife sind bereits fünf Tage seit Überquerung des 60. Breitengrads verstrichen, also nichts wie weiter Richtung Westen nach Fort Simpson, um einen Tagesausflug mit dem Wasserflugzeug in den Nahanni National Park zu unternehmen. Wer die Northwest Territories über Fort Liard verlässt, hat weitere Abenteuer im Norden British Columbias und im Yukon Territory vor sich.

Weil es viele Reisende auf eine Überquerung des Polarkreises abgesehen haben, kombinieren sie eine Autofahrt bis Yellowknife mit einem Flug nach Inuvik. Die Stadt selbst ist schon interessant genug, aber wer schon so weit im Norden ist, dass Ende Juni die Sonne gar nicht mehr untergeht, hängt in aller Regel noch einen Flug nach **Tuktoyaktuk** dran, um endlich am Rand des Nordpolarmeers zu stehen (einige springen sogar kurz rein). Ideal wäre eine Tour mit drei Übernachtungen: Flug von Yellowknife (bzw. Calgary oder Edmonton) nach Inuvik, ein ganzer Tag zur Erkundung der Stadt und ein weiterer für einen Flug nach „Tuk". Wer ein zuverlässiges Fahrzeug hat, kann Inuvik auch über die Straße durch das Yukon Territory erreichen. Für die Fahrt von Dawson City und zurück sind mindestens vier Tage zu veranschlagen.

Waterfalls Route

Diese Route ist nach den vielen beeindruckenden Wasserfällen an der Strecke benannt und erschließt den leichter zugänglichen mittleren Süden der Northwest Territories. Diese Region ist über eine Straße von Nord-Alberta aus zu erreichen und gleichzeitig das Tor nach Yellowknife. Die größte Siedlung ist Hay River am Südufer des Great Slave Lake.

Vom 60. Breitengrad nach Hay River

Die Steinkonstruktion, an der ein Holzschild den 60. Breitengrad markiert, ist ein lang ersehnter Anblick nach der langen Fahrt durch Nord-Alberta über den Mackenzie Hwy. nach Norden. Nördlich der Grenze heißt der Hwy. 35 plötzlich Hwy. 1 und folgt dem Lauf des Hay River über 118 km bis zum Great Slave Lake auf der sog. **Waterfalls Route.**

Unmittelbar hinter der Grenze steht das **60th Parallel Visitors Centre** (✆ 867/875-5570; Mai bis Mitte Sept. tägl. 8.30–20.30 Uhr), ein lohnenswerter Stopp für ein kleines Pläuschchen mit den netten Angestellten. Das Besucherzentrum hat Landkarten, Broschüren, Camping-Permits, Angellizenzen und eine Ausstellung mit indigenem

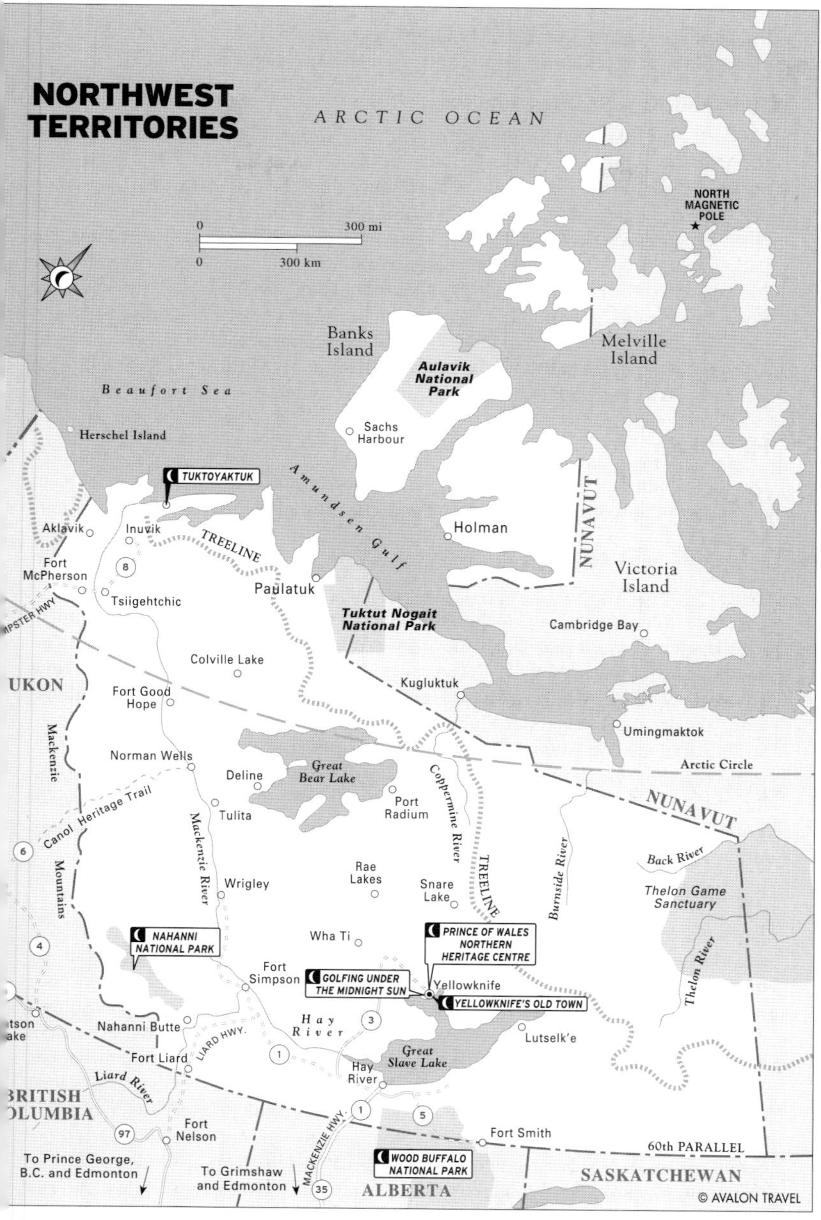

NORTHWEST TERRITORIES
ARCTIC OCEAN
0
300 mi
0
300 km
NORTH MAGNETIC POLE
Banks Island
Aulavik National Park
Melville Island
Beaufort Sea
Herschel Island
Sachs Harbour
TUKTOYAKTUK
Amundsen Gulf
NUNAVUT
Aklavik
Inuvik
TREELINE
Holman
Fort McPherson
Tsiigehtchic
Paulatuk
Victoria Island
Tuktut Nogait National Park
Cambridge Bay
Colville Lake
UKON
Fort Good Hope
Kugluktuk
Umingmaktok
Mackenzie
Norman Wells
Great Bear Lake
Arctic Circle
Deline
Port Radium
Coppermine River
Canol Heritage Trail
Tulita
Mackenzie River
NUNAVUT
Back River
Mountains
Wrigley
Rae Lakes
Snare Lake
TREELINE
Burnside River
Thelon Game Sanctuary
NAHANNI NATIONAL PARK
Wha Ti
PRINCE OF WALES NORTHERN HERITAGE CENTRE
Thelon River
Fort Simpson
GOLFING UNDER THE MIDNIGHT SUN
Yellowknife
YELLOWKNIFE'S OLD TOWN
Nahanni Butte
Hay River
LIARD HWY.
Lutselk'e
Fort Liard
Great Slave Lake
Hay River
Liard River
BRITISH COLUMBIA
MACKENZIE HWY.
Fort Nelson
Fort Smith
60th PARALLEL
To Prince George, B.C. and Edmonton
To Grimshaw and Edmonton
WOOD BUFFALO NATIONAL PARK
SASKATCHEWAN
ALBERTA
© AVALON TRAVEL

Kunsthandwerk. Der Kaffee steht immer bereit, und mit etwas Glück gibt's frische Scones dazu. Hinter der Touristeninformation liegt am Ufer des Hay River der kleine **60th Parallel Campground** (Mitte Mai bis Mitte Sept.; Stellplatz $ 17).

Twin Falls Gorge Territorial Park

Nördlich der Grenze hat der Hay River eine tiefe Schlucht in den Kalkstein geschliffen. Der Fluss wird von zwei spektakulären Wasserfällen unterbrochen; sie stellten für die frühen Forschungsreisenden ein unüberwindliches Hindernis dar, weswegen das Westufer angesteuert und das Boot umgetragen werden musste. Beide Wasserfälle werden durch den nicht minder beeindruckenden Twin Falls Gorge Territorial Park geschützt. Von der ersten Day-Use Area führt ein kurzer Wanderweg zu einer Aussichtsplattform mit Blick auf die **Alexandra Falls,** wo der schlammbraune Hay River 34 m in die Tiefe donnert. Die 3 km flussabwärts gelegenen **Louise Falls** sind nicht so hoch, doch faszinierende Kaskaden machen diesen Wasserfall ebenso interessant. Auf dem **Louise Falls Campground** (Mitte Mai bis Mitte Sept.; Stellplatz $ 15) stehen Trinkwasser, Plumpsklos und ungeziefergeschützte Kochstellen zur Verfügung.

Hay River

Die Kleinstadt Hay River (3600 Einw.) liegt 118 km nördlich der Grenze, 1070 km nördlich von Edmonton und 500 km von der Territorialhauptstadt Yellowknife entfernt. Hay River ist ein wichtiger Umschlagpunkt für die Versorgung der Siedlungen entlang dem Mackenzie River und in der gesamten westlichen und zentralen Arktis auf dem Wasserweg.

Die Gemeinde setzt sich aus mehreren Siedlungen um das Delta herum zusammen, wo der Hay River in den Great Slave Lake mündet. Die meisten modernen Gebäude, einschließlich Motels, Restaurants und Regierungsbüros, liegen in **New Town** am Westufer des Hay River. Eine Brücke verbindet New Town mit **Vale Island;** auf der Insel liegen der Flughafen, der Campingplatz, einige ausgezeichnete Strände und die **Old Town.** Die Altstadt wurde 1963 bei einer Flutkatastrophe teilweise zerstört. Ebenfalls auf der Insel liegt die Siedlung **West Channel Village,** die ihre Entwicklung dem erfolgreichen Angeltourismus verdankt. Auf der anderen Seite der Mündung liegt das **Katl'odeeche (Hay River Dene Reserve),** das einzige Ureinwohner-Reservat in den Northwest Territories.

Sehenswertes

Einen ersten Überblick ermöglicht das Büro des Managers im 1. Stock des 17-stöckigen **Mackenzie Place Apartment Building.** Dort gibt es nämlich den Schlüssel für einen Klaustrophobie erweckenden Fahrstuhl aufs Dach, von dem sich ein tolles Panorama eröffnet: die Stadt, das Delta, der Great Slave Lake und boreale Wälder, so weit das Auge reicht. Die **Diamond Jenness High School** am Riverview Dr. ist nach einem berühmten Anthropologen aus dem kanadischen Norden benannt und zweifellos das auffälligste Gebäude der Stadt. Es wurde von dem Architekten Douglas Cardinal entworfen, dessen außergewöhnliche Bauwerke auch überall in seiner Heimatprovinz Alberta anzutreffen sind. Allein die Wölbungen an der Außenfassade hätten die Schule zu einem Wahrzeichen des Nordens gemacht, aber dann noch diese Farbe ... Die Auswahl wurde den Schülern überlassen, und die entschieden sich für Lila! Die Einheimischen nennen das Bauwerk übrigens etwas spöttisch den „Purple People Eater“ (lila Menschenfresser). Hinter der Schule beginnt der **Kiwanis Nature Trail.**

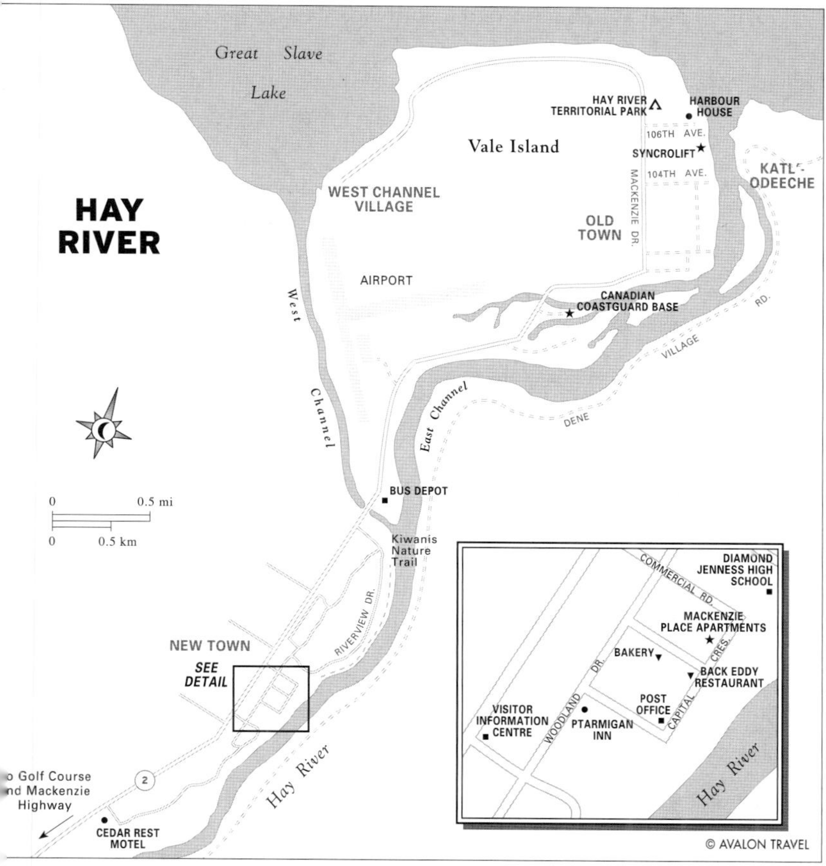

Der Naturwanderweg führt am Westufer des Hay River entlang (nach Fossilien Ausschau halten!) zu diversen Stellen mit Informationstafeln, bevor er den Hwy. 2 überquert und parallel zum West Channel Kurs auf das Ufer des Great Slave Lake nimmt.

Auf **Vale Island** täuschen brettervernagelte Ladenfassaden, staubige Straßen und leer stehende Häuser darüber hinweg, wie viel Leben noch in dieser Siedlung am Wasser steckt. Die **Canadian Coast Guard Base,** ein großer Stützpunkt der kanadischen Küstenwache, ist für alle Such- und Rettungsaktionen in der westlichen Arktis verantwortlich. Zu den Anlagen der großen Reederei **Northern Transport Company Ltd.** (NTCL) gehören Werften, ein Trockendock, Lagerhallen und der sog. „Syncrolift", eine hydraulische Schiffshebeplattform für Reparatur- und Wartungsarbeiten. Dieser Kran, von dem es in ganz Kanada nur vier Stück gibt, ist von der 106th Ave. aus zu sehen.

Die Hauptdurchgangsstraße der Insel namens Mackenzie Dr. führt an einem beliebten Badestrand und einem Observatorium für Radioastronomie vorbei. Die Straße endet als Sackgasse in **West Channel Village,** einer einstmals florierenden Fischergemeinde.

Sport und Freizeit

Die Strände auf Vale Island erfreuen sich im Sommer großer Beliebtheit, obwohl das Wasser vergleichsweise kalt ist. Der beste Strand liegt im **Hay River Territorial Park** am Ende der 106th Ave., ruhiger sind allerdings die Strände weiter nördlich auf der Insel. Angler geraten über die vielen Hechte und Zander im Hay River ins Schwärmen.

Der **Hay River Golf Club** (13 km südlich der Stadt, ✆ 867/874-6290) ist der schönste Golfplatz der Northwest Territories. Er hat neun Löcher, begrünte Fairways, künstliche Greens, eine Driving Range und einen Shop mit Schlägerverleih. Das kunstfertig gestaltete Clubhaus aus Holz ist auch interessant, wenn man nichts mit Golf am Hut hat. Eine Runde kostet $ 40.

Übernachten/Camping/Essen und Trinken

• *Übernachten* Das **Harbour House Bed and Breakfast** (106th St., ✆ 867/874-2233, www.greenwayaccomodations.ca; $ 80 für 1 Pers., $ 90 für 2 Pers., jeweils mit komplettem Frühstück) mit seinen sieben Zimmern ist eine ausgezeichnete Wahl. Die Lage (gegenüber dem besten Strand auf Vale Island) ist herrlich, die Atmosphäre locker.

Rund 2 km südlich der Downtown steht das **Cedar Rest Motel** (938 Mackenzie Hwy., ✆ 867/874-3732; $ 95 für 1 Pers., $ 105 für 2 Pers.). Das Haus sieht irgendwie nur halb fertig aus, mitten auf dem riesigen Schotterparkplatz vor der Tür steht eine Tankstelle.

Im zentralen **Ptarmigan Inn** (✆ 867/874-6781 oder ✆ 800/661-0842, www.ptarmiganinn.com; $ 134 für 1/2 Pers.) haben alle Zimmer Klimaanlage und Breitband-Internetanschluss.

• *Camping* Der Campingplatz im **Hay River Territorial Park** (Vale Island, ✆ 867/874-3772; Mitte Mai bis Mitte Sept.; $ 17–21) liegt 7 km von der Downtown und nur wenige Gehminuten vom Strand entfernt. Die 35 Stellplätze (teils mit Stromanschluss) inkl. Picknicktisch und Feuerstelle bieten reichlich Privatsphäre.

• *Essen und Trinken* Die **Hay River Bakery** (✆ 867/874-2322; Mo–Fr 8–18 Uhr) bietet nicht nur eine große Auswahl an Kuchen und Gebäck, sondern auch preiswertes Mittagessen.

Keys Dining Room (Ptarmigan Inn, ✆ 867/874-6781; Mo–Sa 7–21 Uhr, So 8–21 Uhr; $ 16–29) ist ein typisches Hotelrestaurant. Hier ist für jeden was dabei, z. B. gibt es Gegartes, Nudeln, Rindfleisch oder frischen Weißfisch aus der Gegend.

Nicht leicht zu finden ist das **Back Eddy Restaurant** (6 Courtoreille St., ✆ 867/874-6680; Mo–Fr 11–14 und 17–21 Uhr, Sa 11–22 Uhr; $ 15–27) über dem Rings Drug Store am Capital Cres., aber die Suche lohnt sich. Die Mahlzeiten werden in der Lounge oder in einem separaten Familienspeisesaal serviert. Auf der Speisekarte stehen auch fangfrische Zander und Weißfische aus dem See.

Information/Verbindungen

• *Information* Das **Hay River Visitor Informations Centre** (73 Woodland Dr., ✆ 867/874-3180, www.hayriver.com; Mitte Mai bis Mitte Sept. tägl. 9–21 Uhr) befindet sich an der südlichen Ortseinfahrt. Dort gibt es massenhaft Broschüren und Bücher, und was fast genauso wichtig ist: Die Kaffeemaschine ist immer an.

Die **Hay River Centennial Library** (75 Woodland Dr., ✆ 867/874-6486; Mo–Do 10–17 Uhr, Fr–So 13–17 Uhr) bietet kostenlosen drahtlosen Internetzugang.

• *Verbindungen* Der **Hay River Airport** liegt auf Vale Island, eine Anfahrt mit dem Taxi in die Stadt kostet $ 15. Seine betriebsamste Zeit erlebt der Flughafen in den Wochen, wenn der Mackenzie River zufriert und wieder auftaut, weil dann der Straßenverkehr nach Yellowknife unterbrochen ist. Fracht und Passagiere, die auf der Straße von Süden ankommen, werden dann auf dem Luftweg über den Great Slave Lake nach Yellowknife befördert, was mit dem Flugzeug nur ein kleiner Katzensprung ist. **First Air** (✆ 800/267-1247, www.firstair.ca) unterhält tägl. eine oder zwei Verbindungen zwischen Hay River und Yellowknife.

Vom Busbahnhof an der Südspitze von Vale Island fährt tägl. ein **Greyhound-Bus** nach Edmonton (16 Std.). Anschlussverbindungen an die Greyhound-Busse bestehen vom selben Busbahnhof aus mit **Frontier Coachlines** (✆ 867/873-4892).

Von Hay River nach Fort Smith

Die 270 km lange Straße von Hay River nach Fort Smith (Hwy. 5) ist auf den ersten 60 km asphaltiert und hat im weiteren Verlauf eine feste Schotterdecke. An der Strecke gibt es keinerlei Einrichtungen. Nach 49 km zweigt eine 2 km lange Schotterstraße nach Norden zum **Polar Lake** ab. Im See tummeln sich viele Regenbogenforellen, das Ufer eignet sich gut zur Vogelbeobachtung.

Weitere 11 km hinter der Abzweigung zum Polar Lake teilt sich der Highway: Rechts geht's nach Fort Smith, links nach Fort Resolution.

Fort Resolution

Diese geschichtsträchtige Siedlung mit 470 Einw. liegt in einem Waldgebiet am Ufer des Great Slave Lake, ca. 170 km östlich von Hay River. Das ursprüngliche Fort, das die North West Company 1786 errichtete, lag etwas weiter östlich am Slave River Delta. Als der Posten verlegt wurde, entstand in seiner Umgebung eine Siedlung der Chipewyan. 1852 bauten römisch-katholische Missionare dort eine Schule und ein Krankenhaus, eine Straße nach Pine Point wurde in den 1960er Jahren fertig gestellt. Heute lebt die Bevölkerung von Fort Resolution, die hauptsächlich aus Chipewyan und Métis besteht, vom Fallenstellen und einem Sägewerk.

Pine Point – eine moderne Geisterstadt

1951 begann der Bergbauriese Cominco mit dem Abbau von Blei und Zink in einer Tagebaumine an einem Ort namens Pine Point östlich von Hay River. Die Produktion wurde gesteigert, und um das Bergwerk entstand eine Siedlung, die zu ihrer Blütezeit über 2000 Einw. hatte. Doch sinkende Blei- und Zinkpreise bei steigenden Betriebskosten zwangen Cominco 1988 schließlich zur Schließung der Mine. Im Pachtvertrag war jedoch seinerzeit festgelegt worden, dass der Konzern das Land nach Beendigung des Abbaus so zurücklassen müsse, wie er es vorgefunden habe. Aus diesem Grunde musste die ganze Stadt verschwinden, einschließlich Schule, Krankenhaus, Supermarkt und Hunderten von Wohnhäusern. Nachdem die Gebäude einige Jahre leer gestanden hatten, wurden sie an diversen Standorten im kanadischen Norden wieder aufgebaut. Geblieben sind nur noch die Geröllhalden vom Abbau, ein paar asphaltierte Straßen und Gehwege und ein Golfplatz mit einem Rough, von dem man bei den US Open nur träumen kann.

Auf dem Highway 5 nach Fort Smith

Von der Abzweigung nach Fort Resolution, 60 km östlich von Hay River, sind es noch 210 km in Richtung Südosten bis Fort Smith. Nach 1 Std. geruhsamer Fahrt erreicht man den **Wood Buffalo National Park,** den größten Nationalpark Nordamerikas. Rund 5 km hinter dem Schild, das die Parkgrenze markiert, steht der **Angus Fire Tower.** Hinter dem Feuerturm ist eines der Sinklöcher zu sehen, die überall in den nördlichen Abschnitten des Parks zu finden sind. Diese typischen Merkmale einer Karstlandschaft bilden sich bei Einstürzen unterirdischer Höhlen, wodurch kraterähnliche Vertiefungen entstehen. Das Sinkloch am Feuerturm ist

40 m breit und 26 m tief. Der nächste lohnenswerte Stopp ist der **Nyarling River** 14 km weiter östlich. Das ausgetrocknete Flussbett kennzeichnet den Lauf eines unterirdischen Flusses – daher auch der Name, denn *nyarling* heißt in der Sprache der Slavey „unterirdisch".

In seinem weiteren Verlauf Richtung Osten erreicht der Highway eine Gegend, wo der Kanadische Schild an seiner Oberfläche frei gelegt ist: eine felsige Landschaft mit verkümmerten Bäumen, die sich mühsam in kleinen Vertiefungen festklammern, wo sich noch etwas Erde sammeln konnte. Richtung Norden führt eine Zufahrtsstraße zu mehreren kleinen Wasserfällen im **Little Buffalo Falls Territorial Park.** Dort gibt es einen Campingplatz (Mitte Mai bis Mitte Sept.; $ 17) mit Plumpsklos, überdachtem Kochbereich und Feuerholz.

Fort Smith

Bis 1967 war diese Kleinstadt mit 2300 Einw. die Hauptstadt der Northwest Territories. Noch heute dient Fort Smith als Verwaltungssitz diverser Regierungsbehörden und ist die Bildungshauptstadt der Northwest Territories. Die Stadt entstand an einem Abschnitt spektakulärer Stromschnellen des Slave River, einer lebenswichtigen Verbindungsader auf dem Weg in den hohen Norden. 1872 gründete die Hudson's Bay Company am südlichen Ende der Stromschnellen einen Handelsposten, der als Fort Fitzgerald bekannt wurde. Zwei Jahre später errichtete die Gesellschaft am nördlichen Ende der Umtragestrecke die Festung Fort Smith.

Sehenswertes

Die meisten Reisenden, die es nach Fort Smith verschlägt, haben den Wood Buffalo National Park (s. u.) im Visier, doch auch die Stadt selbst hat ein paar interessante Sehenswürdigkeiten zu bieten.

In den 1920er Jahren, als Fort Smith noch Hauptstadt der Northwest Territories war, fielen die administrativen Aufgaben dem örtlichen Bischof zu. Dessen Haus und die umliegenden Gärten gehören heute zum **Fort Smith Mission Historic Park** (Ecke Mercredi Ave. und Breynat St., ✆ 867/874-6702; Eintritt frei). Das Anwesen steht seit 1991 unter Denkmalschutz und ist ein kontinuierliches Restaurierungsprojekt, zur Zeit der Recherche gaben Informationstafeln Aufschluss über die einzelnen Gebäude, und jedes Jahr im Sommer werden die Gärten hübsch bepflanzt. Das festungsähnliche **Northern Life Museum** (110 King St., ✆ 867/872-2859; Juni bis Aug. tägl. 13–17 Uhr; Eintritt frei) beherbergt zahlreiche Artefakte, die von den frühen Missionaren gesammelt wurden, darunter Hundeschlittenzubehör, Inuit-Schnitzarbeiten und die erste Druckerpresse des kanadischen Nordens. Der Marine Dr. führt am Flussufer entlang zum Aussichtspunkt **Slave River Lookout.** Durch ein fest installiertes Teleskop lassen sich weiße Pelikane beobachten, die sich die Felseninseln im Fluss zum Nisten ausgesucht haben.

Reisepraktisches

• *Übernachten* Das zentral gelegene **Thebacha Bed & Breakfast** (53 Portage Ave., ✆ 867/872-2060, www.taigatour.com; $ 80 für 1 Pers., $ 100 für 2 Pers.) bietet vier Gästezimmer, Frühstück und Küchenbenutzung für Gäste.

Pelican Rapids Inn (152 McDougal Rd., ✆ 867/872-2789; $ 140 für 1/2 Pers.) hat 31 einfache, aber geräumige Motelzimmer.

• *Camping* Der einzige Campingplatz in Stadtnähe ist der im **Queen Elizabeth Territorial Park**, 4 km westlich in Richtung Flughafen (die Teepee Trail Rd. nach Nordosten abbiegen). Die Stellplätze ($ 17/Nacht) liegen weit auseinander und bieten daher viel Privatsphäre, ansonsten beschränkt sich die Ausstattung auf Plumpsklos und überdachte Kochstellen, im Verwaltungsgebäude gibt's WCs und Duschen.

Wood Buffalo National Park

Hinter der Stadtgrenze von Fort Smith macht der Hwy. 5 einen Knick und nimmt in Richtung Süden Kurs auf Alberta. Die Provinzgrenze ist gleichzeitig die nördliche Begrenzung des Wood Buffalo National Park, des zweitgrößten Nationalparks der Welt (der größte liegt in Grönland). Das 45.000 km² große Gebiet aus borealen Wäldern und Ebenen, seichten Seen und Sümpfen wird von zwei großen Strömen durchquert, dem Peace River und dem Athabasca River. Beide münden weiter nördlich an einem der größten Süßwasserdeltas der Welt in den **Lake Claire.** Das Peace-Athabasca Delta ist ein riesiges Gebiet aus verwirrenden Kanälen, flachen Seen und Riedgrasweiden. Das Feuchtgebiet ist ein bevorzugtes Winterrevier von Bisons, äußerst reich an Wasservögeln und Heimat von Bibern, Bisamratten, Elchen, Luchsen, Wölfen und Schwarzbären. Der Slave River, der die östliche Begrenzung des Nationalparks bildet, fließt nach Norden in den Great Slave Lake.

Bekannt ist der Nationalpark auch als letztes natürliches Nistgebiet des seltenen Schreikranichs und als Heimat der größten wilden Bisonherde der Welt. Neben ausgedehnten Salzebenen findet sich hier auch die schönste Gipskarstlandschaft Nordamerikas – ein Phänomen, das durch unterirdische Wasseraktivität entsteht. Wegen seiner einzigartigen Natur und als noch intaktes Beispiel einer borealen Waldlandschaft, wie sie einst die gesamte nördliche Hemisphäre bedeckte, wurde der Nationalpark im Dezember 1983 zum Weltnaturerbe der UNESCO erklärt.

Schreikraniche

Dank eines erfolgreichen Aufzuchtprogramms in Gefangenschaft ist der Schreikranich *(Grus americana)* zum Symbol der menschlichen Bemühungen um die Erhaltung gefährdeter Arten in Nordamerika geworden. „Whoopers", wie sie von den Einheimischen genannt werden, waren noch nie besonders weit verbreitet. Der schneeweiße Vogel mit den langen schwarzen Beinchen wird 1,3 m groß und hat eine Flügelspannweite von 2,4 m. Er wird oft mit dem etwas kleineren, rötlich-braunen Kanadakranich (gelegentlich auch als *Sandhügelkranich* bezeichnet) verwechselt, der im Park weit verbreitet ist. Infolge der von Natur aus geringen Fortpflanzungsrate und der drastischen Verringerung ihres natürlichen Lebensraums war die Zahl der Schreikraniche 1954 auf nur noch 21 Exemplare zusammengeschrumpft – eine einzige Gruppe nistete im Wood Buffalo National Park. Inzwischen ist die Population dieser Vogelschar, die großes Medieninteresse erregt und eingehend studiert wird, wieder auf über 350 Stück angewachsen; das ist mehr als die Hälfte aller Schreikraniche, die noch auf der Erde leben (die meisten anderen in Gefangenschaft). Die Vögel nisten in einem abgelegenen Marsch- und Sumpfgebiet in den nördlichen Ausläufern des Nationalparks, fernab von jeglichem menschlichen Kontakt. Jedes Jahr im Herbst wandern sie nach Süden an die texanische Golfküste.

Northwest Territories
Karte S. 675

Sehenswertes

Die ausgedehnten **Salzebenen** (Salt Plains) im nordöstlichen Abschnitt zählen zu den auffälligsten Naturphänomenen des Nationalparks. Die unterirdischen Flüsse fließen durch Salzablagerungen, die von einem prähistorischen Ozean hinterlassen wurden und in Form salzhaltiger Quellen an die Oberfläche treten. Dort bilden sich große, weiße Aufschüttungen, und wo das Wasser verdunstet ist, bedeckt eine feine Salzschicht den Boden. Der beste Aussichtspunkt für dieses Phänomen ist der **Salt Plains Overlook** (35 km von Fort Smith nach Westen, dann 11 km die Parson's Lake Rd. nach Süden). Dort eröffnet sich ein spektakuläres Panorama auf die Salzebenen, aber noch besser ist die Aussicht am Ende des 1 km langen Wanderwegs am Fuß des Hügels.

Im besagten Bereich des Nationalparks besteht das Grundgestein größtenteils aus weißem **Gipskarst,** einem weichen, wasserlöslichen Gestein. Eine solche Landschaft, wo das Grundwasser große Hohlräume in den empfindlichen Stein geschliffen hat, wird als Karst bezeichnet. Wood Buffalo ist das beste Beispiel einer Karstlandschaft in Nordamerika. Während sich das Grundgestein langsam auflöst, vergrößern sich die unterirdischen Höhlen, bis sie schließlich unter ihrem Eigengewicht einstürzen und große Vertiefungen hinterlassen, die sog. **Sinklöcher.** In dieser Gegend gibt es davon Tausende mit einem Durchmesser zwischen 3 m und 100 m. Das am einfachsten zugängliche große Sinkloch liegt hinter dem Angus Fire Tower, 150 km westlich von Fort Smith.

Das **Peace-Athabasca Delta** befindet sich in einer entlegenen Ecke dieses abgeschiedenen Nationalparks, in die sich nur wenige Besucher verirren. Die Anreise erfordert ein gewisses Maß an Planung, denn das Gebiet ist nicht über eine Straße zugänglich. Das bevorzugte Ziel im Delta ist **Sweetgrass Station,** 12 km südlich vom Ufer des Peace River. Der Ort liegt am Nordwestufer des Lake Claire am Rand eines riesigen Gebiets aus Weideflächen, die im Sommer gern von den Bisons des Nationalparks aufgesucht werden. Eine Hütte mit Stockbetten und Holzofen steht Besuchern kostenlos zur Verfügung, sie muss aber im Parkinformationszentrum reserviert werden. Die Hütte ist eine ausgezeichnete Basis zur Erkundung der Weidelandschaft am See und zum Beobachten der überaus zahlreichen Tiere. **Northwestern Air** (✆ 867/872-2216, www.nwal.ca) unterhält eine Flugverbindung zwischen Fort Smith und Sweetgrass Station (einfacher Flug für 2 Pers. inkl. Ausrüstung etwa $ 500).

Reisepraktisches

• *Information* Das **Visitor Reception Centre** (126 McDougal Rd., Fort Smith, ✆ 867/872-7900; Mo–Fr 9–17 Uhr, im Sommer auch Sa/So 13–17 Uhr) erteilt Auskünfte über Wanderungen und zeigt eine kleine Ausstellung mit Diashow. Ein weiteres Parkinformationszentrum (✆ 780/697-3662; Mo–Fr 9–17 Uhr, im Sommer auch Sa/So 13–17 Uhr) befindet sich in Fort Chipewyan.

• *Versorgung/Camping* Die einzigen Einrichtungen im Nationalpark gibt es am **Pine Lake** 60 km südlich von Fort Smith. Am See befindet sich ein Campingplatz ($ 15,70/Nacht) mit Plumpsklos, überdachten Kochstellen und Feuerholz ($ 6,80/Bündel). Auf einer Landzunge, die hinter dem Campingplatz in den See ragt, befindet sich ein Picknickplatz mit ungeziefergeschützten Unterständen. Das Nationalparkpersonal bietet jeden Sommer an unterschiedlichen Orten ein Bildungsprogramm. Informationen über die einzelnen Veranstaltungen gibt es im Parkinformationszentrum und am Infobrett auf dem Campingplatz.

Die Lady Evelyn Falls

Von Hay River nach Yellowknife

Yellowknife liegt am Nordufer des Great Slave Lake. Von Hay River ist es eine 480 km lange Fahrt durch eintönige Wälder aus Fichten, Pappeln und Bankskiefern.

Hinweis: Zweimal im Jahr, wenn der Mackenzie River zufriert und wieder auftaut, ist die Straße nach Yellowknife ein paar Tage lang (manchmal bis zu drei Wochen) unpassierbar. Die aktuelle Lage kann telefonisch unter ✆ 800/661-0750 erfragt werden, Auskunft im Internet gibt die Website www.gov.nt.ca. Im Sommer verkehrt eine kostenlose Fähre (tägl. 6–24 Uhr), im Winter wird eine Eisstraße auf dem Fluss eingerichtet.

Lady Evelyn Falls Territorial Park

Bei Enterprise, einem kleinen Ort südlich von Hay River, macht der Hwy. 1 einen Schlenker Richtung Nordwesten und erreicht nach 53 km den Lady Evelyn Falls Territorial Park. Die Lady Evelyn Falls donnern vom breiten **Kakisa River** über eine 15 m hohe Stufe in die Tiefe. Der Wasserfall ist vom Highway über eine 7 km lange Schotterstraße leicht zu erreichen. Ein kurzer Wanderweg führt von der Day-Use Area hinunter zu einer Plattform mit Blick auf den Wasserfall, der durch einen Territorialpark geschützt wird. Dort gibt es auch einen Campingplatz (Mitte Mai bis Mitte Sept.; $ 17) mit Plumpsklos, ungeziefergeschützten Kochstellen und Feuerholz.

Fort Providence

Der Highway gabelt sich 85 km nordwestlich von Enterprise: Links führt der Hwy. 1 in Richtung Westen nach Fort Simpson, rechts der Hwy. 3 nach Norden in Richtung Yellowknife. 24 km hinter der Gabelung stößt der Hwy. 3 auf den Mackenzie River, der im Winter zugefroren überquert werden kann, während man im Sommer mit der Fähre übersetzen muss (s. o.). Am anderen Ufer zweigt schon bald eine 8 km lange Stichstraße nach Fort Providence (600 Einw.) ab, eine Siedlung der Slavey hoch über dem Fluss. Dort erinnern mehrere Gedenktafeln an Alexander Mackenzie und die Kirche, die entscheidenden Anteil an der Entwicklung der Region hatten.

Rae-Edzo

Rae-Edzo, 214 km nördlich von Fort Providence, ist die größte Dene-Gemeinde in den Northwest Territories. Dort leben 1900 Tlicho (die zum Volk der Dene zählen), deren Vorfahren sich hier bereits 1852 um einen Handelsposten der Hudson's Bay Company angesiedelt haben. In den 1960er Jahren begann die Regierung mit dem Bau des neuen Stadtteils Edzo, der näher am Highway liegt. Die Schule in Rae wurde geschlossen und nach Edzo verlegt. Die meisten Menschen leben noch immer in Rae, wo die Bedingungen zum Fischen und Jagen besser sind, die Verwaltungsgebäude stehen dagegen am Highway in Edzo. Der 10 km lange Abstecher nach Rae lohnt sich. Die unverwüstliche Gemeinde siedelt auf einem Felsvorsprung, der in den **Marian Lake** ragt. Die Hauptstraße durch die Stadt führt zu einer kleinen Insel mit Steinstränden. Dort liegen dicht an dicht Fischerboote, Angelnetze und angeleinte Hunde, die auf den Schnee warten. Die Szenerie hat sich in den letzten 100 Jahren kaum verändert, wenn man sich die Schneemobile einmal wegdenkt.

Yellowknife

Yellowknife, die Hauptstadt der Northwest Territories, verdankt seine Entstehung der Vision, der Beharrlichkeit und dem Einfallsreichtum einer kleinen Gruppe von Pionieren, die einst als Goldsucher in diese Gegend kamen. Heute hat sich Yellowknife zu einer modernen Stadt mit 16.000 Einw. entwickelt. Wegen seiner Lage am Rande der Zivilisation und des anhaltenden Pioniergeists seiner Bewohner unterscheidet sich Yellowknife deutlich von anderen kanadischen Städten. Yellowknife ist die nördlichste Stadt in Kanada, die einzige größere Stadt in den Northwest Territories und die einzige Gemeinde der Territorien, in der nicht überwiegend Ureinwohner leben. Am Nordarm des Great Slave Lake zwängt sie sich auf den uralten, gletschervernarbten Felsboden des Kanadischen Schildes. Yellowknife liegt 440 km südlich des Polarkreises und auf dem Landweg 1530 km nördlich von Edmonton (Luftlinie sind es 965 km).

Auf den ersten Blick unterscheidet sich Yellowknife kaum von anderen kanadischen Städten, doch schon bald offenbaren sich einzigartige Kontraste: Während einige Bewohner ihren Lebensunterhalt als Softwareprogrammierer verdienen, verarbeiten andere Karibufelle, zwischen architektonisch beeindruckende Bauten zwängen sich illegale, baufällige Holzhütten, und die Straßen sind infolge von Permafrost scheinbar andauernd in Reparatur. Die Na-Dene nennen Yellowknife *Som Bak'e* (Ort des Geldes).

Geschichte

Samuel Hearne verpasste den einheimischen Ureinwohnern, den Dene, den Namen *Yellowknife*, weil sie immer Kupfermesser bei sich trugen. Glücksritter auf dem Weg zum Klondike waren die Ersten, die hier Gold entdeckten, aber die Funde zogen keinen Goldrausch nach sich, weil die Gegend zu abgelegen war und sich das Edelmetall nur unter großem Aufwand aus dem harten Gestein lösen ließ. Doch mit der

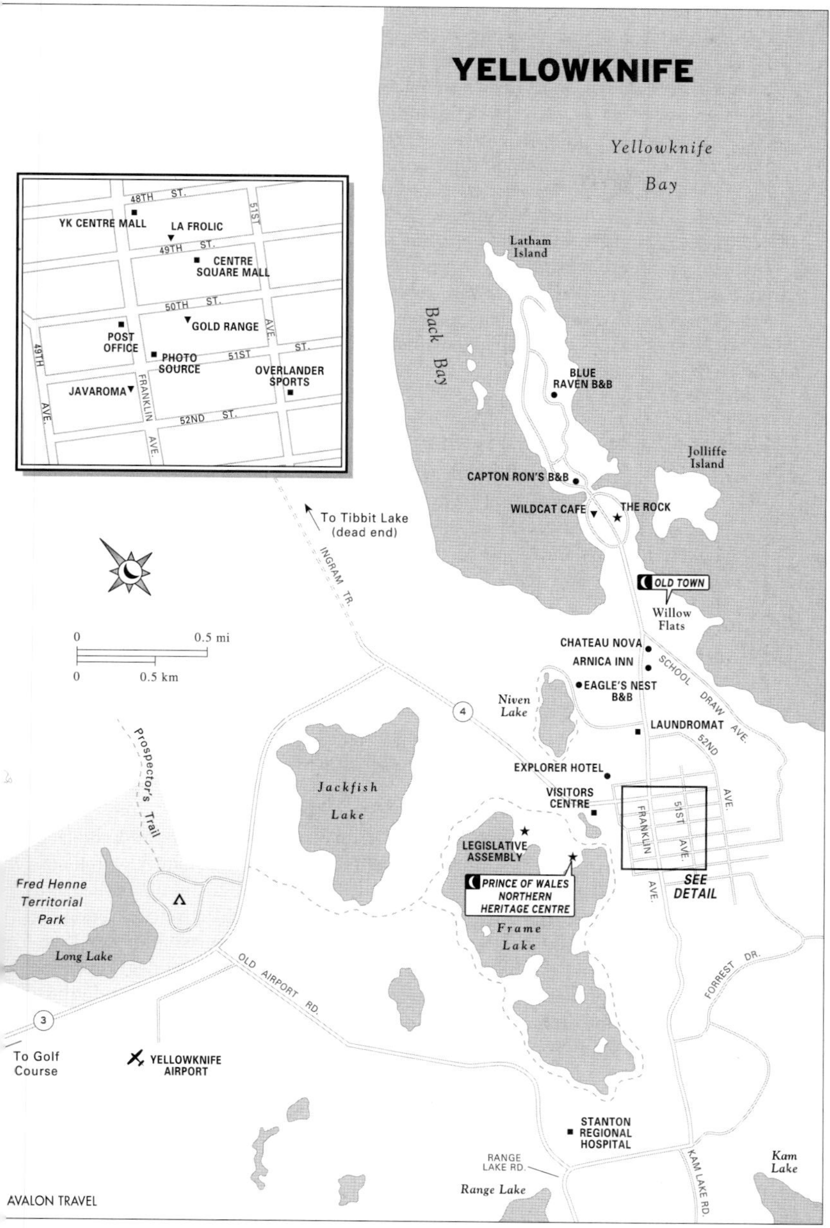
YELLOWKNIFE
Yellowknife Bay
Latham Island
Back Bay
BLUE RAVEN B&B
Jolliffe Island
CAPTON RON'S B&B
WILDCAT CAFE
THE ROCK
To Tibbit Lake (dead end)
INGRAM TR.
OLD TOWN
Willow Flats
CHATEAU NOVA
ARNICA INN
SCHOOL DRAW AVE.
EAGLE'S NEST B&B
Niven Lake
LAUNDROMAT
52ND
EXPLORER HOTEL
VISITORS CENTRE
Jackfish Lake
LEGISLATIVE ASSEMBLY
PRINCE OF WALES NORTHERN HERITAGE CENTRE
Frame Lake
FRANKLIN AVE.
51ST AVE.
SEE DETAIL
Prospector's Trail
Fred Henne Territorial Park
Long Lake
OLD AIRPORT RD.
FORREST DR.
To Golf Course
YELLOWKNIFE AIRPORT
STANTON REGIONAL HOSPITAL
RANGE LAKE RD.
Range Lake
KAM LAKE RD.
Kam Lake
0 0.5 mi
0 0.5 km
48TH ST.
YK CENTRE MALL
LA FROLIC
49TH ST.
CENTRE SQUARE MALL
50TH ST.
GOLD RANGE
POST OFFICE
PHOTO SOURCE
51ST ST.
OVERLANDER SPORTS
JAVAROMA
49TH AVE.
FRANKLIN AVE.
51ST AVE.
52ND ST.
AVALON TRAVEL

Erschließung des Nordens durch den Luftverkehr wurde auch Yellowknife für Goldgräber zunehmend attraktiver. Zwischen 1934 und 1936 wurden mehrere Hundert Claims abgesteckt, und am Ufer der Yellowknife Bay schoss eine Boomtown aus dem Boden. Nach dem Zweiten Weltkrieg setzte sich das Wachstum fort, bis die ganze Bucht zugebaut war. Daraufhin begannen ein Stück den Hügel hinauf die Vermessungsarbeiten für eine neue Stadt, und bereits 1947 nahm das heutige Stadtzentrum langsam Form an. 1967 wurde Yellowknife durch eine Straße mit der Außenwelt verbunden und war fortan weniger abhängig von der Versorgung aus der Luft. Noch im gleichen Jahr wurde Yellowknife Hauptstadt der Northwest Territories. Zeitgleich mit der Schließung der letzten Goldmine (2004) setzte ein Diamantrausch ein. Obwohl die wertvollen Edelsteine Hunderte von Kilometern entfernt im Kanadischen Schild verborgen liegen, hat sich Yellowknife zum Zentrum des Abbaus und der weiterverarbeitenden Schneide- und Schleifindustrie entwickelt und trägt seitdem den Beinamen „Diamantenhauptstadt Nordamerikas".

Sehenswertes

Prince of Wales Northern Heritage Centre

Dieses moderne Museum (4750 48th St., ✆ 867/873-7551; Juni bis Aug. tägl. 10.30–17.30 Uhr, sonst Mo–Fr 10.30–17 Uhr und Sa/So 12–17 Uhr; Eintritt frei) beleuchtet alle Aspekte der Geschichte der Northwest Territories. Der Komplex steht am Ufer des Frame Lake und ist von der Downtown zu Fuß zu erreichen. Die Galerie *Feature II* zeigt eine Ausstellung mit Artefakten der Dene, Métis und Inuit. In der Galerie *Land Speaks* geht es um die Ankunft der Forschungsreisenden, Bergleute und Missionare aus Europa und ihren Einfluss auf das Erscheinungsbild der Region. Die *Aviation Gallery* zeigt anhand der realistischen Darstellung eines Buschpiloten und seines Flugzeugs die Rolle der mutigen Piloten bei der Erschließung des hohen Nordens. Dieselbe Galerie unterhält eine Liveschaltung zur Flugverkehrskontrolle am Yellowknife Airport. Die Bibliothek archiviert 6000 historische Bücher und Romane über den kanadischen Norden.

Legislative Assembly of the Northwest Territories

In diesem Regierungsgebäude am Ufer des Frame Lake schlägt das politische Herz der Northwest Territories. Beim Bau des 1993 eingeweihten Gebäudes wurde ausschließlich Material aus dem Norden verwendet, um es nahtlos in die umliegende Landschaft einzufügen. Die Eingangstüren in der massiven Glasfront führen in die *Great Hall,* wo das Licht durch die Dachfenster auf eine Steinskulptur des Inuit-Bildhauers Angus Cockney fällt. Zentrales Element des Bauwerks ist der kreisrunde Sitzungssaal des Parlaments. Die riesige Zinktafel hinter dem Sprecherpodium ist eine Art Wandgemälde mit einer Landschaft des kanadischen Nordens. Das Gebäude (geöffnet Mo–Fr 7–18 Uhr, Sa/So 10–18 Uhr) kann im Rahmen einer kostenlosen einstündigen Führung besichtigt werden (✆ 867/669-2300; Juni bis Aug. Mo–Fr 10.30, 13.30 und 15.30 Uhr, So 13.30 Uhr, sonst nur Mo–Fr 10.30). Draußen beherbergt der Capital Area Park den sog. *Ceremonial Circle* mit Flaggen aller 33 Gemeinden der Northwest Territories.

Old Town

Vom Stadtzentrum auf dem Hügel beginnt die Franklin Ave. (50th Ave.) ihren langen, staubigen Abstieg in die Altstadt von Yellowknife, wo in den 1930er Jahren die

An der Ragged Ass Road

ersten Blockhütten und Holzhäuser errichtet wurden. Der Mix aus Wellblechhütten, alten Siedlungshäusern, umgebauten Bussen und klapprigen Booten in den engen Straßen wirkt eher unpassend für eine kanadische Territorialhauptstadt. Einige der ungewöhnlichsten Behausungen stehen östlich der Franklin Ave. im Ortsteil **Willow Flats.** Die befremdlichsten Häuser finden sich allerdings in der **Ragged Ass Road,** viele davon mit Informationstafeln zur Geschichte des Gebäudes. Das Viertel weiter nördlich an der Franklin Ave. heißt schlicht **The Rock,** weil seine Topografie von einem gewaltigen Felsblock des Kanadischen Schildes beherrscht wird. Oben auf dem Felsen steht das **Pilot's Monument,** ein Denkmal für die Buschpiloten und ihren Beitrag zur Erschließung des Nordens. An der Kreuzung Pilots Ln. und Wiley Rd. verkauft der altmodische Gemischtwarenladen **Weaver & Devore** so gut wie alles und liefert größere Bestellungen per Flugzeug in abgelegene Siedlungen des Nordens. Östlich von The Rock, in der Yellowknife Bay, liegt **Jolliffe Island.** Der Standort eines ehemaligen Kraftstoffdepots ist heute eine Wohngegend, die im Sommer per Boot und im Winter über eine Eisstraße erreichbar ist. Am nördlichen Ende von The Rock verbindet ein 1948 aufgeschütteter Damm **Latham Island** mit dem Festland. An der Südspitze der Insel haben die Buschpiloten ihren Stützpunkt. Das kontinuierliche Brummen der Flugzeugmotoren zählt zu den typischen Merkmalen des kanadischen Nordens.

Ingraham Trail

Außer dem Hwy. 3 nach Süden ist der Ingraham Trail (Hwy. 4) nach Osten die einzige Straße, die aus der Stadt herausführt. Sie überquert den Yellowknife River und nimmt zunächst Kurs auf die Seen **Prosperous Lake, Pontoon Lake** und **Prelude Lake,** allesamt mit Day-Use Areas und tollen Bedingungen zum Angeln, Bootfahren und Schwimmen. Weiter östlich durchquert die Straße parallel zum Cameron River den **Hidden Lake Territorial Park,** 48 km von Yellowknife entfernt. Im Park verteilen sich mehrere Wasserfälle, und einige Wanderwege führen hinunter zum Fluss. Die Straße endet 71 km von Yellowknife entfernt am **Tibbit Lake.**

Fred Henne Territorial Park

Der von Wäldern umgebene **Long Lake,** gegenüber vom Yellowknife Airport auf der anderen Seite des Highways, wird in erster Linie wegen seiner ausgezeichneten Campingeinrichtungen aufgesucht, ist aber auch ein gutes Beispiel für die Wildnis, die bereits direkt hinter der Stadtgrenze beginnt. Der Campingplatz ist Ausgangspunkt für eine schöne Wanderung auf dem **Prospector's Trail** (hin und zurück 4 km), der diese einzigartige Landschaft erschließt. Vom Stadtzentrum führen Wanderwege um den **Frame Lake** herum zum Long Lake.

Sport und Freizeit

• *Angeln und Kanufahren* Im **Northern Frontier Regional Visitors Centre** stapeln sich die Broschüren der Anbieter von Angelchartertouren. Greg Robertson von **Bluefish Services** (✆ 867/873-4818, www.bluefishservices.ca) bietet die größte Auswahl: Arktische Äschen am Flussufer in Stadtnähe, Hechte am Nordarm des Great Slave Lake oder Schleppnetzfischen nach riesigen Seeforellen an den tiefsten Stellen des Great Slave Lake. Ein vierstündiger Trip kostet einschließlich, Angeln, Sightseeing und Verpflegung $ 110/Pers., ein ganzer Tag $ 235. **Enodah Wilderness Travel** (✆ 867/873-4334, www.enodah.com) hat eine Lodge auf Trout Rock, einer kleinen Insel 30 km westlich von Yellowknife, auf der sich früher eine Siedlung der Tlicho befand. Eine Tagestour einschließlich Angeln mit Anleitung und Transport per Wasserflugzeug kostet $ 520/Pers., für drei Tage müssen $ 1685/Pers. hingeblättert werden.

Bei **Overlander Sports** (4909 50 St., ✆ 867/873-2474; So geschlossen) kostet ein Kanu oder Kajak $ 45/Tag; ein Tag reicht für die Erkundung von Jolliffe Island und der umliegenden Gewässer aus. Wer längere Touren unternehmen möchte, zahlt $ 200/Woche.

• *Golfen unter der Mitternachtssonne* Ein einzigartiges Erlebnis im hohen Norden ist eine Runde Golf auf dem 18-Loch-Platz des **Yellowknife Golf Club** (westlich der Stadt am Hwy. 3, ✆ 867/873-4326; Mai bis Sept.). Um mit Steinen und Schotter auf den Fairways fertigzuwerden, tragen die Spieler eine kleine Matte für den Abschlag bei sich, die Greens bestehen aus Kunstrasen. Die Platzgebühr beträgt $ 36, die Matte kostet leihweise $ 5. Bis auf die einzigartige Beschaffenheit des Platzes sind die Einrichtungen ähnlich wie in anderen Golfclubs: Profishop mit Schlägerverleih ($ 21), Driving Range, Restaurant und natürlich ein Handwagen für das ganze Bier. Im Clubhaus hängen tolle Fotos aus den Anfangstagen des Platzes.

Nachtleben/Veranstaltungen

• *Nachtleben* Das **Gold Range Hotel** (5010 50th St., ✆ 867/873-4441), allgemein als „Strange Range" bekannt, ist mit keiner anderen Kneipe in Kanada vergleichbar. Von den schrägen Typen, unzähligen leeren Biergläsern und den Rausschmeißern mit Beinen wie Baumstämmen sollte sich niemand abschrecken lassen, denn der Schuppen ist nicht so chaotisch, wie er aussieht. Wer sich unter die Einheimischen mischen möchte, ist hier genau richtig und kann der Stadt helfen, endlich den Titel für den höchsten Pro-Kopf-Bierkonsum in Kanada zu erringen, denn sie liegt derzeit nur auf dem zweiten Platz. Etwas beschaulicher geht es in der **Trapline Lounge** des Explorer Hotels (4825 49th Ave., ✆ 867/873-3531) zu.

• *Feste und Veranstaltungen* In der Sonnwendwoche um den längsten Tag des Jahres (21. Juni) findet in Yellowknife das **Summer Solstice Festival** (www.solsticefestival.ca) statt. Zum Programm gehören Straßentheater, Veranstaltungen zur Kultur der Ureinwohner und das Golfturnier North Midnight Classic (frühzeitig anmelden, denn das Turnier ist sehr beliebt, ✆ 867/873-4326, www.yellowknifegolf.com). An einem

Wochenende Mitte Juli ist der Long Lake Schauplatz des Festivals **Folk on the Rocks** (✆ 867/920-7806, www.folkontherocks.com), bei dem Bands aus ganz Kanada Folk, Reggae und Inuit-Musik zum Besten geben. Das Wochenendticket kostet $ 100.

Am letzten Märzwochenende steht ganz Yellowknife im Zeichen des ausgelassenen **Caribou Carnival** (www.cariboucarnival.net). Die Tradition begann vor über 50 Jahren, als die Einheimischen erstmals ihre Fähigkeiten im Umgang mit Karibus untereinander messen wollten. Seitdem treten sie jedes Jahr in verschiedenen Kategorien gegeneinander an. Im Rahmenprogramm gibt es u. a. ein Kinderzelt, Ausstellungen der Ureinwohner, Livemusik, Pfannkuchenfrühstücke und Delikatessen wie Karibu-Kuchen, den man als Besucher einmal versuchen sollte.

Übernachten/Camping

Übernachten

• *$ 50–100* B&Bs sind die einzigen Unterkünfte in Yellowknife mit Zimmern unter $ 100. Die Touristeninformation hält eine aktuelle Liste mit allen B&Bs bereit, man kann sich aber auch direkt an die folgende Adresse wenden:

Captain Ron's (8 Lessard Dr., ✆ 867/873-3746; $ 85 für 1 Pers., $ 95 für 2 Pers. inkl. Frühstück), in der Nähe der Wasserflugzeugbasis, hat vier Gästezimmer, eine Sonnenterrasse, eine Bibliothek und eine Lounge.

• *$ 100–200* Vom modernen **Eeagle's Nest B&B** (222 Niven Dr., ✆ 867/920-2688, www.ykeaglesnest.ca; $ 100 für 1 Pers., $ 110 für 2 Pers.) sind es genau zehn Gehminuten in die Downtown und in die Old Town. Drei der vier kleinen Gästezimmer haben Etagenbad, aber alle Zimmer sind sauber, sehen modern aus und verfügen über Hartholzfußböden und komfortable Betten. Vorhanden sind ferner ein Wohnzimmer, ein Businesscenter, Balkone und eine Küche, die von den Gästen genutzt werden kann. Im Zimmerpreis ist ein kleines Frühstück enthalten.

Das billigste Motel in Yellowknife ist das **Arnica Inn** (4115 Franklin Ave., ✆ 867/873-8511, www.arnicainn.ca; $ 149–169 für 1/2 Pers.) auf halbem Weg zwischen Zentrum und Altstadt. Die Zimmer sind in vernünftigem Zustand und haben drahtlosen Internetzugang. Das kleine Café im Haus ist preiswert (tägl. Frühstück und Mittagessen).

Château Nova (4401 50th Ave., ✆ 867/873-9700 oder ✆ 877/839-1236, www.chateaunova.com; $ 179–219 für 1/2 Pers.) ist der recht hochtrabende Name eines neueren Hotels, ein paar Blocks vom Zentrum entfernt auf dem Weg zur Altstadt. Die modernen Zimmer haben nette Details wie Bademäntel und Schreibtische. Außerdem gibt es Annehmlichkeiten wie einen kleinen Fitnessraum mit großem Whirlpool, ein Businesscenter mit Internetzugang, einen Wellnessbereich, kostenlosen Flughafentransfer und im Restaurant die beste Pizza der Stadt.

• *$ 200–250* Mit 187 Zimmern ist das **Explorer Hotel** (4825 49th Ave., ✆ 867/873-3531 oder ✆ 800/661-0892, www.explorerhotel.ca; $ 220–232 für 1/2 Pers.) die größte Unterkunft in Yellowknife. Es hat auch die hübschesten Zimmer und ist modern mit Kaffeemaschine, Haartrockner und kostenlosem drahtlosen Internet ausgestattet. Weitere Pluspunkte: Zimmerservice, kostenloser Flughafentransfer, Restaurant, Lounge, Fitnessraum und Giftshop.

Camping

Der einzige Campingplatz der Stadt liegt im **Fred Henne Territorial Park** (✆ 867/920-2472; $ 17–21), gegenüber vom Flughafen und 1 Std. zu Fuß von der Downtown. Dort gibt es einige Stellplätze mit Anschlüssen, ungeziefergeschützte Kochstellen, Holzöfen und Duschen. Der Ingraham Trail am Reid Lake und der Prelude Lake Territorial Park haben primitive Campingplätze. Alle drei sind von Mitte Mai bis Mitte September geöffnet, Onlinereservierung unter www.campingnwt.ca.

Essen und Trinken

Yellowknife hat eine ordentliche Auswahl an Restaurants zu bieten, auch die gewohnten Fastfood-Ketten sind vertreten. Urbane Kaffeesorten gibt es u. a. bei **Javaroma** (5201 50th Ave., ✆ 867/669-0725). Das Restaurant **Northern Fancy Meats**

Karte S. 675

(314 Woolgar Ave., ✆ 867/873-8767; Mo–Sa 9–18 Uhr) serviert Wildgerichte aus dem kanadischen Norden, aber auch Würstchen und Jerky (haltbares Trockenfleisch) nach Hausmacherart.

• *Downtown* Das beste der zahlreichen Hotelrestaurants ist der **Traders Grill** im Explorer Hotel (4825 49th Ave., ✆ 867/873-3531; Mo–Sa 7–21 Uhr, Sa/So 8–21 Uhr; $ 22–38). Die breit gefächerte Speisekarte in dem stilvollen Lokal mit professionellem Service beinhaltet auch einige heimische Seafoodspezialitäten (Steinbutt, Seafood Chowder und gebackenen Seesaibling). Das teuerste warme Frühstück kostet $ 15 (Eier Benedikt mit geräuchertem Seesaibling).

Das **Le Frolic** (5019 49th St., ✆ 867/669-9852; $ 17–35) ist die eine Hälfte eines zweigeteilten französischen Restaurants (L'Heritage im Obergeschoss ist förmlicher und teurer). Auf der Karte stehen Fleisch- und Fischgerichte mit französischer Note, z. B. Seesaibling, Moschusochse oder Karibu. Hier muss man kein Vermögen ausgeben (Bisonburger gibt's für $ 17), solange man dem Wildfondue (Hirsch, Karibu und Bison) mit würziger Fleischbrühe widersteht.

• *Old Town* Alle nachfolgend beschriebenen Restaurants liegen in der Altstadt und servieren in gastfreundlicher Atmosphäre typische Gerichte aus dem kanadischen Norden. Das berühmte **Wildcat Café** (3904 Wiley Rd., ✆ 867/873-8850; Juni bis Aug. Mo–Sa 7.30–21 Uhr, So 10–21 Uhr; $ 19–28) wurde 1937 von Willy Wiley und Smoky Stout eröffnet und war der erste Laden in Yellowknife, in dem es Eiscreme zu kaufen gab. Das Café wurde 1959 geschlossen, aber nach Umbauarbeiten 1977 wiedereröffnet. Das typische Ambiente des hohen Nordens wurde bewahrt: Blockhüttenfeeling, Holztische, schiefer Fußboden und eine gesellige Atmosphäre sorgen für viel Charme. Da das Lokal nur wenige Sitzgelegenheiten hat und immer voll ist, teilt man sich den Tisch schon mal mit anderen Gästen. Die Speisekarte auf der Kreidetafel wechselt tägl., z. B. gibt es Seeforelle, Weißfisch oder Moschusochse.

Information/Adressen

Information

Am Ufer des Frame Lake liegt das **Northern Frontier Regional Visitors Centre** (4807 49th St., ✆ 867/873-4262 oder ✆ 877/881-4261, www.northernfrontier.com; Juni bis Aug. tägl. 8.30–18 Uhr, sonst Mo–Fr 8.30–17.30 Uhr und Sa/So 12–16 Uhr). Zahlreiche Broschüren informieren über alles Sehenswerte in Yellowknife, historische Fotos und eine interessante Ausstellung runden das Angebot ab.

• *Bibliothek* Im 1. Stock der Centre Square Mall befindet sich die **Yellowknife Public Library** (5022 49th St., ✆ 867/920-5642; Mo–Do 10–21 Uhr, Fr/Sa 10–18 Uhr). Die öffentliche Bibliothek ist nicht sehr groß, hat aber Zeitungen aus ganz Kanada, viele Bücher über den kanadischen Norden und kostenlosen Internetzugang.

Adressen

• *Einkaufen* Die Buchhandlung **Yellowknife Book Cellar** (Panda II Mall, ✆ 867/920-2220, www.yellowknifebooks.com) bietet ein breites Sortiment an Literatur über den Norden und andere Regionen Kanadas, darunter auch Spezialtitel und lokale Literatur. Das Geschäft beliefert auch Kunden in abgelegenen Regionen.

• *Post* Das **Postamt** befindet sich in 4902 50th St.

• *Internet* Kostenlosen Internetzugang für alle bietet die Bibliothek (s. o.), außerdem gibt es einen kommerziellen Anbieter: das **Frostbyte Café** (5110 50th Ave., ✆ 867/669-8840).

• *Waschsalon* Der Waschsalon **Arctic Laundromat** (tägl. 8.30–23 Uhr) liegt in 4310 Franklin Ave.

• *Fotogeschäft* **Yellowknife Foto Source** (5005 Franklin Ave., ✆ 867/873-2196) war genauso schnell am digitalen Zahn der Zeit wie die Fotogeschäfte im Süden Kanadas. Der Laden bietet Service, Zubehörteile und Printabzüge von Digitalfotos.

• *Notfälle* Das **Stanton Regional Hospital** (✆ 867/920-4111) liegt an der Old Airport Rd., Höhe Range Lake Rd. Polizeiruf der **RCMP:** ✆ 867/669-5100.

Verbindungen

• *Anreise* Der **Yellowknife Airport** liegt 5 km westlich der Stadt am Hwy. 3 und ist der wichtigste Luftknotenpunkt der Northwest Territories. Er ist tägl. rund um die Uhr geöffnet und hat ein preiswertes Café (5.30–22 Uhr), eine Bar, Gepäckschließfächer, und Autovermietungsschalter. Die Fluggesellschaft **First Air** (✆ 867/669-8500 oder ✆ 800/267-1247) nutzt Yellowknife als Drehkreuz im kanadischen Westen und unterhält tägl. Verbindungen von und nach Edmonton und Inuvik sowie in viele Siedlungen Nunavuts. Weitere Airlines mit Verbindungen nach Yellowknife sind **Canadian North** (✆ 867/873-4484 oder ✆ 800/661-1505) und **Northwestern Air** (✆ 867/872-2216 oder ✆ 877/872-2216).

Busse von **Frontier Coachlines** (113 Kamlake Rd., ✆ 867/873-4892) fahren 5-mal wöchentl. nach Hay River, wo Anschluss an Greyhound-Busse in andere Landesteile besteht.

• *Unterwegs in Yellowknife* Die Stadtbusse von **Yellowknife Transit** (✆ 867/873-4693; Erwachsene $ 2,50, Senioren und Kinder $ 1,50 pro Zone) verkehren auf drei Routen, darunter zum Campingplatz und zum Flughafen (Mo–Fr, Sa weniger häufig).

Taxiunternehmen sind **City Cab** (✆ 867/873-4444) und **Sunshine Taxi** (✆ 867/873-4414).

Zu den Autovermietungen mit Niederlassung in Yellowknife zählen **Budget** (✆ 867/920-9209), **Hertz** (✆ 867/766-3838) und **National** (✆ 867/873-3424). Einen kleinen Mietwagen gibt's ab $ 60/Tag bzw. $ 360/Woche. Im Tagestarif sind keine Freikilometer enthalten, beim Wochentarif sind 250 km inkl.

Nahanni Country und Mackenzie Valley

Das Nahanni Country (*Nahanni* ist das Wort der Dene für „Geist") erstreckt sich von dem Punkt, wo die Hauptstraße nach Yellowknife den Mackenzie River überquert, nach Westen bis in die totale Wildnis der Mackenzie Mountains. Die beiden wichtigsten Städte, Fort Simpson und Fort Liard, sind Sprungbretter für ein spektakuläres Abenteuer im Nahanni National Park: eine Schlauchboot- oder Kanutour auf dem South Nahanni River.

In Richtung Westen nach Fort Simpson

Von der Abzweigung nach Yellowknife nimmt der Mackenzie Hwy. Kurs Richtung Westen durch eine typisch nördliche Waldlandschaft und erreicht nach 268 km Fort Simpson, die größte Stadt weit und breit. Die Straße ist nicht asphaltiert, aber in gutem Zustand.

Sambaa Deh Falls Territorial Park

Der Mackenzie Hwy. erreicht 136 km hinter der Abzweigung vom Hwy. 3 die Sambaa Deh Falls am Trout River. Der Wasserfall liegt ein kleines Stück flussabwärts der Straßenbrücke und ist von der Day-Use Area auf der anderen Seite der Straße leicht zugänglich. An dieser Stelle zwängt sich der Fluss durch eine schmale Schlucht und ergießt sich als gewaltiger Schwall in ein tiefes Becken. Der 1 km lange Wanderweg flussaufwärts führt zu einem Kalksteinfelsen, in dem zahllose Fossilien gefunden wurden. Im Park gibt es einen gepflegten Campground (Stellplatz $ 17, mit Duschen und ungeziefergeschützten Kochstellen). Das **Visitors Centre** (Mitte Mai bis Mitte Sept. tägl. 8–20 Uhr) hat eine Fossilienausstellung und einen Vorführungsraum für Naturfilme.

Fort Simpson

Am bekanntesten ist Fort Simpson (1200 Einw.) als Sprungbrett für Touren in den Nahanni National Park. Die Stadt liegt am Zusammenfluss der beiden großen Flüsse Liard und Mackenzie. Um die Stadt vom Mackenzie Hwy. zu erreichen, muss der Fluss mit der Fähre überquert werden (Ende Mai bis Ende Okt. tägl. 8–23.45 Uhr; kostenlos). Den ganzen Sommer über herrscht in Fort Simpson ein reges Treiben. Indiz dafür sind die unablässigen Motorengeräusche der Wasserflugzeuge, die Abenteurer zum Fischen und Jagen in abgelegene Camps fliegen. Globetrotter aus aller Welt in Goretex checken noch einmal ihre Ausrüstung, bevor sie sich für das Abenteuer ihres Lebens auf den South Nahanni River begeben. Gelegentlich macht auch eine Gruppe waghalsiger Kanuten auf ihrem Weg zum Nordpolarmeer Station in Fort Simpson.

Sehenswertes/Sport und Freizeit

Die Hauptstraße durch Fort Simpson ist typisch für den kanadischen Norden: die gewohnten Einrichtungen, zwei Hotels und jede Menge Fertighäuser in Modulbauweise. Die interessantesten Sehenswürdigkeiten liegen einen Block östlich am Mackenzie Dr., der parallel zum Fluss verläuft. Dies war die Hauptstraße gewesen, bevor der Highway gebaut wurde und die Geschäfte sich dorthin verlagerten. Am südlichen Ende steht ein alter Schaufelraddampfer ausgemustert auf dem Flussufer. Das Schiff, Baujahr 1920, war eines von vielen, die damals auf dem Mackenzie River verkehrten. Dort erinnert auch ein kleines Denkmal an die Bedeutung des Flusses

Albert Faille

Nach jeder Schneeschmelze zwischen 1916 und 1961 machte sich Albert Faille mit seinem Frachtkahn von Fort Simpson auf, um fest entschlossen seine fieberhafte Suche nach dem legendären Gold in der Nahanni-Wildnis fortzusetzen. Für die einen war es reinster Irrsinn, für andere nichts als Zeitverschwendung. Doch seine unermüdliche Obsession und seine heroische Überwindung scheinbar unbezwingbarer Hindernisse machten Faille zu einer wahren Legende.

Faille wurde in Minnesota geboren und war schweizerischer Abstammung. Er zählte zu den ersten Männern, die sich allein auf den wilden South Nahanni River wagten. Vor ihm hatte sieben Jahre lang kein Mensch mehr am Nahanni überwintert. Er baute sich eine Hütte an der Mündung des Flat River, doch das Gold vermutete Faille ein Stück flussaufwärts am Murder Creek. Es rankten sich viele Gerüchte und Legenden um Faille, der mehrmals für tot erklärt wurde – um eines Tages wieder in Fort Simpson aufzutauchen und neue Vorräte zu holen. Die meisten Winter verbrachte Faille in seiner kleinen Hütte am Mackenzie in Fort Simpson, die noch immer am Flussufer steht. Dort starb er 1974, doch seine Lastenboote liegen am Fluss, als warteten sie noch immer auf die Eisschmelze und einen neuen Versuch, das legendäre Gold zu finden. Auf seiner letzten Tour wurde Faille 1961 von einem Filmteam im Auftrag des National Film Board begleitet. Die Dokumentation ist in den Touristeninformationen von Fort Simpson und Blackstone zu sehen.

für die Entwicklung der Stadt. Auf der anderen Straßenseite liegt der **Fort Simpson Heritage Park,** wo einst der erste Handelsposten der Hudson's Bay Company stand; nur ein ehemaliges Nebengebäude ist noch original erhalten. Ein restauriertes altes Wohnhaus im Park wird für diverse kulturelle Veranstaltungen genutzt. Ein Stück weiter am Fluss entlang weisen Informationstafeln auf verschiedene Gebäude von historischer Bedeutung hin, darunter auch die Hütte der Nahanni-Legende **Albert Faille,** der hier während seiner Goldsucherzeit viele Male überwinterte. Ein Blick durch die Fenster und die alten Holzboote am Ufer vermitteln einen faszinierenden Einblick in das Leben dieses bemerkenswerten Mannes, v. a. wenn man in der Touristeninformation den Dokumentarfilm über ihn gesehen hat.

Viele Seen in der Umgebung eignen sich wunderbar zum Angeln nach Hecht, Zander, Seeforelle und Arktischer Äsche, sind aber nur auf dem Luftweg zugänglich. **Simpson Air** (✆ 867/695-2505, www.simpsonair.ca) fliegt zum Little Doctor Lake und unterhält dort eine Lodge, steuert aber auch den **McGill Lake** und den **Mustard Lake** an.

Reisepraktisches

• *Übernachten/Essen und Trinken* An der Ortseinfahrt steht das **Bannockland B&B** (✆ 867/695-3337; $ 155–175 für 1/2 Pers.). Im Preis der fünf Zimmer enthalten sind ein warmes Frühstück und Flughafentransfers.

Die Zimmer in den beiden Hotels der Stadt (ab $ 120 für 1 Pers., ab $ 140 für 2 Pers.) sind relativ schlicht. Die im **Maroda Motel** (✆ 867/695-2602) haben zum Teil Küchenzeilen, das **Nahanni Inn** (✆ 867/695-2201) hat ein Café (tägl. ab 8 Uhr) und einen Speisesaal.

• *Camping* An der Straße zu den Papal Grounds liegt der **Fort Simpson Territorial Park** (Mitte Mai bis Mitte Sept.; $ 17) mit 32 Stellplätzen, die reichlich Privatsphäre bieten. Vier der Stellplätze sind mit Stromanschluss; außerdem gibt's Duschen und jede Menge Feuerholz.

• *Information* An der südlichen Ortseinfahrt liegt das ausgezeichnete **Fort Simpson Visitor Centre** (✆ 867/695-3182, www.fortsimpson.com; Mitte Mai bis Mitte Sept. tägl. 9–20 Uhr). Neben einer interessanten Ausstellung zur Geschichte von Fort Simpson ist ein Nachbau des Handelspostens der Hudson's Bay Company zu besichtigen. Absolut sehenswert ist der 1961 im Auftrag des National Film Board gedrehte Dokumentarfilm über die Nahanni-Legende Albert Faille, der zusammen mit anderen Filmen in einem Vorführraum gezeigt wird.

Die **Bibliothek** am Antoine Dr. bietet öffentlichen Internetzugang.

• *Adressen* Schräg gegenüber vom Besucherzentrum steht das **Tourist Service Centre** mit Münzduschen, Autowaschanlage und Waschmaschinen.

Liard Highway

Südöstlich von Fort Simpson zweigt vom Mackenzie Hwy. eine Straße nach Fort Nelson ab, das 394 km entfernt in British Columbia liegt. Die überwiegend gerade Strecke verläuft durch boreale Wälder mit Fichten, Espen und Pappeln und bietet gute Möglichkeiten zum Erspähen wilder Tiere; besonders im Morgengrauen und in der Abenddämmerung zeigen sich auch Elche und Schwarzbären. Die einzige Versorgungsstation unterwegs ist Fort Liard.

Blackstone Territorial Park

Gut 100 km hinter der Kreuzung mit dem Mackenzie Hwy. mündet der Blackstone River in den Liard River. An dieser Stelle, die als **Blackstone Landing** bekannt ist, wurde ein kleiner Territorialpark eingerichtet. Das Besucherzentrum (Mitte Mai bis Mitte Sept. tägl. 8–20 Uhr) zeigt eine interessante Ausstellung zur Geschichte der Gegend und eine gute Auswahl an Dokumentarfilmen, die in der Umgebung gedreht

Karte S. 675

wurden. Dort beginnt auch ein kurzer Wanderweg zu einer Trapperhütte. Der Campingplatz im Park (Stellplatz $ 21) hat WCs, Duschen und zwei ungeziefergeschützte Kochstellen mit Holzöfen. Da es in der Gegend viele Schwarzbären gibt, sollte das Essen stets geruchssicher verpackt werden.

Fort Liard

Die Gegend um Fort Liard (400 Einw.) gilt mit ihrem relativ warmen Mikroklima als „Tropen des Nordens". Der Ort, in dem viele Bewohner ihre eigenen Gemüsegärten haben, liegt zwischen dichten Pappel- und Birkenwäldern am Ufer des Liard River. Dieser Landstrich ist bereits seit 1807 besiedelt, als die North West Company an der Mündung des Petitot River in den Liard einen Handelsposten errichtete. Bis in die 1960er Jahre verbrachten die meisten Bewohner, bei denen es sich um Dene handelt, nur die Sommer in Fort Liard. Die Moderne hielt erst Einzug, nachdem der Highway nach Fort Nelson fertig gestellt worden war. Die Menschen pflegen hier noch weitgehend ihren traditionellen Lebensstil, fast alle verdienen ihren Lebensunterhalt mit Fallenstellen, Jagen, Fischen oder der Herstellung von Kleidung und Kunsthandwerk.

• *Übernachten/Camping* Der kleine, aber gepflegte **Hay Lake Campground** an der Zufahrtsstraße nach Fort Liard bietet Trinkwasser, Plumpsklos und Feuerholz. Eine weitere Übernachtungsmöglichkeit sind die 24 Betten in zwölf einfachen Zimmern über dem **Liard Valley General Store** (✆ 867/770-4441; $ 125 für 1 Pers., $ 150 für 2 Pers.).

• *Tankstelle* In Ortsnähe am Highway liegt die einzige Tankstelle (7–23 Uhr) zwischen Fort Simpson und Fort Nelson.

Körbe aus Birkenrinde

Die Frauen von Fort Liard sind bekannt für ihre Körbe, die sie aus Birkenrinde flechten. Sie dienen als Behältnisse für Nahrungsmittel, Beeren, Vorräte und sogar kochendes Wasser. Birken gibt es in dieser Gegend in Hülle und Fülle, und die leicht formbare Rinde eignet sich ideal zum Biegen und Vernähen. Sie enthält ein natürliches Wachs, das sie vor Fäulnis schützt und wasserdicht macht. Die Körbe werden wie eh und je nach einer langwierigen, aufwendigen Methode hergestellt, die von Generation zu Generation weitergegeben wird. Sie werden mit speziell präparierten Wurzeln zusammengenäht und mithilfe von Stachelschweinborsten bemalt. Das herrlich authentische Souvenir gibt es in einem kleinen Shop an der Hauptstraße in Fort Liard zu kaufen, aber auch in Fort Simpson und Hay River.

Nahanni National Park

Der **South Nahanni River** zählt zu den spektakulärsten, wildesten und saubersten Wildwasserflüssen der Welt. Ein 300 km langer Abschnitt dieses abgelegenen Flusses wird durch den 4766 km² großen Nahanni National Park geschützt. In dieser riesigen, straßenlosen und menschenleeren Wildnis leben Bären, Schneeziegen, Dickhornschafe, Karibus, Elche und Wölfe.

Die beste Art, den nur aus der Luft zugänglichen Nationalpark zu erleben, ist eine Schlauchboot- oder Kanutour auf dem South Nahanni River. Ob man sich für einen

Tagesausflug oder für einen längeren Zeitraum entscheidet – eines steht fest: Man wird dieses Abenteuer nie in seinem Leben vergessen. Angesichts von Namen wie Headless Creek, Deadmen Valley, Hell's Gate, Funeral Range, Devils Kitchen, Broken Skull River und Death Canyon auf der Landkarte ist es aber wohl besser, jemanden vor der Abreise über seine Pläne zu informieren.

Geschichte

Die Slavey Dene, die in den Tiefebenen am Mackenzie und Liard River lebten, fürchteten eine geheimnisvolle Ureinwohnergruppe, die hoch oben in den Mackenzie Mountains ansässig war und die sie die Nahanni nannten („Menschen, die weit weg leben"). Die ersten Weißen, die sich auf den South Nahanni River vorwagten, waren Pelzhändler, Trapper und Missionare, denen später die ersten Goldsucher folgten. 1905 begannen Willie und Frank McLeod, in den Nebenflüssen des Flat River nach Gold zu schürfen. Drei Jahre später wurden ihre geköpften Leichen am Ufer eines Flüsschens gefunden, das seitdem Headless Creek heißt. Noch viele Jahre später wurde das ganze Tal als Deadmen Valley bezeichnet. In Windeseile verbreiteten sich Gerüchte über Gold, Mord, üppige Tropentäler und einen Indianerstamm, dessen Häuptling angeblich eine weißhäutige Frau war. Vor allem die Geschichten vom Gold lockten viele neue Glücksritter ins Tal. Viele von ihnen kamen unter mysteriösen Umständen ums Leben: Das Skelett eines Mannes namens Jorgenson wurde vor seiner Hütte gefunden, sein kostbares Gewehr war verschwunden, der Goldsucher Shebbach verhungerte an der Mündung des Caribou Creek, die Leiche eines gewissen Phil Powers wurde in seiner ausgebrannten Hütte gefunden, und Angus Hall verschwand plötzlich von der Bildfläche und ward nie mehr gesehen.

Geografie

Die Quelle des South Nahanni liegt hoch oben in den **Mackenzie Mountains,** dem abgelegenen Grenzgebiet zwischen den Northwest Territories und dem Yukon. Von dort verläuft er grob gesehen in südöstlicher Richtung, bevor er nach 540 km in den Liard mündet, einen großen Nebenfluss des Mackenzie. Der uralte, tief in den Fels geschliffene South Nahanni war schon vor den Bergen da und mäanderte einst durch eine weite Ebene. Als sich die Erdplatte zu heben begann, bahnte sich der Fluss seinen Weg durch die anwachsende Steinschicht und bildete dabei die tiefen, mäandernden Canyons aus, die heute so typisch für ihn sind.

Startpunkt für viele Flusstouren und Ziel der meisten Tagesausflügler sind die **Virginia Falls,** die mit 92 m doppelt so hoch sind wie die Niagarafälle. Über Jahrtausende zwang die Erosion die Fälle flussaufwärts und schuf ein Netz aus Canyons, deren Steilwände ein Stück flussabwärts der Fälle über 1000 m hoch sind.

Touren

• *Geführte Touren auf dem South Nahanni River* Für die meisten Touristen, ob erfahrene Kanuten oder Novizen, bietet eine geführte Tour mit offiziellen Guides auf dem South Nahanni wesentlich mehr Vor- als Nachteile.

Zwei empfehlenswerte Veranstalter sind **Nahanni River Adventures** (✆ 867/668-3180 oder ✆ 800/297-6927, www.nahanni.com) und **Nahanni Wilderness Adventures** (✆ 403/678-3374 oder ✆ 888/897-5223, www.nahanniwild.com). Beide haben Touren verschiedener Länge im Programm (Preise ab $ 3900), z. B. acht bis zwölf Tage mit Start an den Virginia Falls, zwei Wochen vom Rabbitkettle Lake aus oder bis zu drei Wochen von Moose Ponds. Dabei kommen Schlauchboote, Zweierkanus oder Langkanus nach Art der Voyageur-Kanus zum Einsatz. Am besten bekommt man ein Gefühl dafür, welche Tour die richtige ist, wenn man sich mit den Guides unterhält; sie lieben alle „ihren" Fluss und unterhalten sich gerne darüber. Geführte Touren finden von Mitte Juni bis Anfang September statt und sind sehr beliebt. Beide Ausrüster haben ihre Basis am nördlichen Ende des alten Flugplatzes im Zentrum von Fort Simpson.

• *Wildwasser-Expeditionen ohne Guide* Erfahrene Wildwasserkanuten, die eine Tour auf dem Nahanni planen, haben vier wichtige Aspekte zu berücksichtigen: Permits und Gebühren, Transport zum Fluss, Transport auf dem Fluss und ausreichend Vorräte. Die beste Adresse zur Planung einer solchen Expedition ist zunächst die Website von Parks Canada (www.pc.gc.ca/nahanni), auf der Buchungsformulare zum Download bereitstehen und über die die Parkbenutzungsgebühr ($ 147,20/Pers.) bezahlt werden kann. Da jeden Tag nur zwölf Personen ohne Guide auf dem Fluss zugelassen sind, ist Reservieren ein absolutes Muss. Die meisten Touren beginnen mit dem Transport per Wasserflugzeug zu den Virginia Falls und enden außerhalb der Parkgrenzen, wo der Liard River in der Nähe des gleichnamigen Highways verläuft. Die Kosten für den Charterflug von Fort Simpson zu den Virginia Falls belaufen sich für zwei Personen, ein Kanu und 225 kg Ausrüstung auf ca. $ 1200. Bei vier Personen kommt ein größeres Flugzeug vom Typ Beaver zum Einsatz, das ca. $ 2000 kostet. Auskunft über die genauen Preise geben **Simpson Air** (✆ 867/695-2505, www.simpsonair.ca) und **Wolverine Air** (✆ 867/695-2263, www.wolverineair.com). Mit diesen Unternehmen fliegen auch die offiziellen Guides, es heben also ständig Flugzeuge zum Nationalpark ab. Wer ein Kanu oder sonstige Leihausrüstung benötigt, kann bei den Charterfirmen und den kommerziellen Ausrüstern nachfragen.

• *Rundflüge* Ehrfurchteinflößend wäre als Beschreibung eines Rundflugs über den Nahanni National Park noch zu wenig – es ist ein Erlebnis, dass man nie mehr vergisst. Es ist nicht ganz einfach, einen Tagesausflug in den Nationalpark zu organisieren, aber alle Mühen und Kosten zahlen sich aus. Eine solche Tour beinhaltet normalerweise den Flug mit einem Wasserflugzeug von Fort Simpson zu den Virginia Falls und knapp 2 Std. Aufenthalt an den Wasserfällen – genug Zeit, um über die 1,3 km lange Umtragestrecke zum Fuß der Fälle zu wandern. Wenn die Gruppe aus drei oder mehr Personen besteht, gibt es keine Probleme: einfach bei allen Anbietern oder im Fort Simpson Visitor Centre nach dem günstigsten Preis fragen und ca. $ 500/Pers. für eine vier- bis fünfstündige Tour hinblättern. Bei weniger als drei Personen bestehen zwei Möglichkeiten: entweder ein ganzes Flugzeug chartern (ab ca. $ 1400) oder so lange warten, bis das Flugzeug voll ist. Alle Charterfirmen bieten ihren Kunden maßgeschneiderte Flüge an. Wer im Voraus bucht oder wartet, bis alle Plätze im Flugzeug besetzt sind, hat die besten Aussichten, den Preis einigermaßen niedrig zu halten. Die Charterfirmen **Simpson Air** (✆ 867/695-2505) und **Wolverine Air** (✆ 867/695-2263) haben ihre Basis in Fort Simpson.

• *Informationen* Die Tourveranstalter sind ausnahmslos Experten und können viele Fragen schon lange vor der Abreise beantworten. Spezielle Informationen über den Nationalpark liefern die Website des Parks (www.pc.gc.ca/nahanni) und die **Park Headquarters** (✆ 867/695-3151) in Fort Simpson. Das **Fort Simpson Visitor Centre** (✆ 867/695-3182; Mitte Mai bis Mitte Sept. 9–20 Uhr) zeigt eine Ausstellung mit interessanten Videos und überlässt Besuchern seine Bibliothek zur Benutzung.

Siedlungen am Mackenzie River

Alexander Mackenzie bereiste 1789 als erster Europäer den Fluss, der heute seinen Namen trägt. Nachdem sich seine Kunde von reichen Pelzvorkommen verbreitet hatte, errichtete die North West Company mehrere Handelsposten am Fluss. Die Dene, von Natur aus eigentlich Nomaden, ließen sich in der Nähe der Handelsposten nieder und gründeten kleine Siedlungen, die noch heute existieren. Die einzige Straße in dieser Region führt von Fort Simpson Richtung Norden nach Wrigley.

Wrigley

Die Strecke von Fort Simpson nach Wrigley durch dichten borealen Wald wird nur bei km 84 von einer kurzen Überfahrt mit der Fähre in **Ndulee** (tägl. 9–11 und 14–20 Uhr) unterbrochen.

Die meisten der 160 Einw. von Wrigley sind Slavey Dene, die eine Art semitraditionellen Lebensstil aufrechterhalten. Vom Dorf aus gesehen auf der anderen Seite des Mackenzie River thront der **Roche qui-Trempe-à-L'eau** („Fels, der ins Wasser taucht"), ein allein stehender Berg, der auf einer Seite durch Wassererosion eine Steilwand ausgebildet hat, die 400 m tief ins Wasser abfällt.

• *Übernachten/Essen/Information* Das **Petanea Hotel** (✆ 867/581-3102, www.wrigleyhotel.com; $ 240/Pers. inkl. Vollpension) ist ein Fertighaus in Modulbauweise mit fünf Gästezimmern. Dort gibt es auch ein kleines Café und einen abends geöffneten Speisesaal; das Personal erteilt Auskünfte über Bootsverleiher und Touren.

Die Mackenzie-Region ist großenteils nur per Wasserflugzeug erreichbar

Norman Wells

Öl ist das Lebenselixier für Norman Wells (800 Einw.), ein Dorf am Mackenzie River auf halbem Weg zwischen Fort Simpson und Inuvik. Im Gegensatz zu anderen Siedlungen am Mackenzie verdankt Norman Wells seine Existenz nicht einem früheren Handelsposten, sondern dem Öl. Die Mineralölgesellschaft Imperial Oil fördert hier aus über 150 Bohrlöchern (der größten konventionellen Rohölquelle des Unternehmens) 10 Mio. Barrel jährlich und versorgt den Markt per Pipeline. Die Infrastruktur ist einzigartig, denn auf Höhe des Ortes wurden mitten im Mackenzie River mehrere künstliche Inseln aufgeschüttet, damit die Bohrungen während des Zufrierens und der Eisschmelze nicht unterbrochen werden müssen.

Das Ortszentrum, 20 Gehminuten vom Flughafen entfernt, ist ein Halbkreis aus mehr oder weniger provisorischen Gebäuden, die sich um einen staubigen Parkplatz gruppieren.

• *Übernachten* Im Zentrum steht das **Yamouri Inn** (✆ 867/587-2744; $ 130 für 1 Pers., $ 140 für 2 Pers.) mit schummrig beleuchteter Cocktail-Lounge, Café und Restaurant.

Näher am Flughafen liegt das **Mackenzie Valley Hotel** (✆ 867/587-2511, www.mackenzievalleyhotel.com; $ 130 für 1 Pers., $ 160 für 2 Pers.), dessen 34 Zimmer in lebhaften Farben gestrichen und allesamt mit TV und Telefon ausgestattet sind.

• *Verbindungen* Norman Wells hat ein beeindruckendes, dreistöckiges Flughafengebäude (1 km vom Ort entfernt) mit Aussichtsplattform und automatischer Gepäckausgabe – nicht schlecht für ein Nest mit 800 Einw. **North-Wright Airways** (✆ 867/587-2333, www.north-wrightairways.com) unterhält täglich Verbindungen nach Yellowknife und in alle Siedlungen am Mackenzie River.

Northwest Territories Karte S. 675

Canol Heritage Trail

Im Zweiten Weltkrieg, als die USA ein großes Aufgebot an Streitkräften in Alaska stationierten, wurden Unmengen von Treibstoff für die Flugzeuge und Schiffe benötigt, die für den erwarteten Angriff der Japaner bereitstanden. Als Rohölquelle entschied man sich für die strategisch günstig gelegenen Ölfelder bei Norman Wells – ohne Rücksicht auf die enorme technische Herausforderung, eine Pipeline über die Mackenzie Mountains bauen zu müssen. Bis heute zählt das Projekt zu den größten Vorhaben, die jemals in Nordkanada in Angriff genommen wurden. Zwischen 1942 und 1945 wurden über $ 300 Mio. ausgegeben, damit 30.000 Arbeiter insgesamt 2650 km Pipeline mit vier und sechs Zoll Durchmesser verlegen und eine Straße über eines der abgelegensten und unzugänglichsten Gebirge Nordamerikas bauen konnten. Nur ein Jahr nach ihrer Fertigstellung lag die Straße schon wieder verlassen da. Heute ist nur noch das Fundament der ehemaligen Straßendecke erhalten, am Wegesrand rosten alte Bauteile, Trucks und Werkzeuge vor sich hin. Der Weg gilt heute für viele als eine der ganz großen Wildniswanderungen auf dieser Erde. Er beginnt am Mackenzie River (am gegenüberliegenden Ufer von Norman Wells) und folgt der ehemaligen Straße über 372 km bis zur Grenze zum Yukon. Die Orientierung ist relativ einfach, aber die komplizierte Logistik einer solchen Wanderung erfordert vorausschauende Planung; zu berücksichtigen sind v. a. der Transport zum Ausgangspunkt, der Abwurf von Vorratspaketen aus der Luft, die Überquerung der Flüsse (die meisten Brücken sind unterspült und nicht mehr passierbar) und der Rücktransport nach Norman Wells. Rick Muyres von **Mountain River Outdoor Adventures Inc.** (✆ 867/587-2697, www.mountainriver.nt.ca) bietet Transportmöglichkeiten und logistische Unterstützung an.

Tulita

Diese kleine Siedlung der Slavey Dene (300 Einw.) liegt südlich von Norman Wells, wo der Great Bear River in den Mackenzie mündet. Wegen seiner strategischen Lage war dieser Ort schon zu Sir John Franklins Zeiten ein wichtiger Knotenpunkt. Am Flussufer, neben dem ehemaligen Handelsposten der Hudson's Bay Company, befindet sich eine alte anglikanische Holzkirche aus den 1860er Jahren. Hinter vielen Häusern stehen bunte Tipis zum Trocknen und Räuchern von Fisch. Einen deutlichen Kontrast dazu bildet die moderne Schule.

• *Übernachten/Essen/Touren* Das **Two Rivers Hotel** (✆ 867/588-3320; $ 169 für 1 Pers., $ 219 für 2 Pers.) hat acht Zimmer mit Einzel- und Doppelbetten; Bad und Küche werden geteilt. Das Hotel serviert auf Vorbestellung Mahlzeiten im Speisesaal und vermittelt Bootstouren auf dem Great Bear River zum Angeln von Arktischen Äschen oder Touren in die **Smoking Hills,** wo ein exponiertes Kohleflöz seit Jahren unbeachtet vor sich hinglimmt.

Great Bear Lake

Östlich des Mackenzie River erstreckt sich der Great Bear Lake, der zu den besten Süßwasserfischgründen der Welt zählt. Der See hält die Weltrekorde für Seeforelle und Arktische Äsche in ausnahmslos *allen* Leinenklassen; die größte Forelle der Welt wurde hier gefangen, sie wog unglaubliche 32,5 kg und war über 1 m lang.

Am See stehen kleine Angel-Lodges, für die All-inclusive-Pakete angeboten werden. **Plummer's Arctic Lodges** (✆ 204/774-5775 oder ✆ 800/665-0240, www.canadianarcticfishing.com) unterhält die Great Bear Lake Lodge und bietet Pauschalpakete an: Unterkunft, sämtliche Mahlzeiten, Guides, professionell ausgerüstete Boote und Flugtransfer von Winnipeg oder Edmonton und zurück kosten alles in allem ca. 3350 €.

Die einzige Siedlung am See ist **Déline** („Fließendes Wasser"), das früher Fort Franklin hieß. 1825 überwinterte Sir John Franklin an diesem ehemaligen Handelsposten, bevor er zu einer seiner zahlreichen Expeditionen auf der Suche nach der Nordwestpassage aufbrach. Noch heute leben die Slavey Dene in Déline nach traditioneller Art vom Fallenstellen und Fischen. Von ihren kunsthandwerklichen Gegenständen sind v. a. die hochwertigen Mokassins bekannt. Die tipiförmige Kirche lohnt eine Besichtigung, eine Wanderung am Ufer des Great Bear Lake führt an schönen Aussichtspunkten und mehreren historischen Stätten vorbei. Im Dorf steht die **Grey Goose Lodge** (✆ 867/589-5500, www.greygooselodge.ca; $ 185/Pers. inkl. Frühstück), eine moderne Unterkunft mit zwölf Gästezimmern, die auch Kanu- und Motorboote verleiht und Angelcharter vermittelt.

Fort Good Hope

Diese kleine Siedlung der Slavey Dene (550 Einw.) liegt inmitten borealer Wälder am Ostufer des Mackenzie, 190 km flussabwärts von Norman Wells und unmittelbar südlich des Polarkreises. Die North West Company errichtete hier 1805 einen Handelsposten, doch das älteste erhaltene Gebäude im Dorf ist die **Kirche Our Lady of Good Hope** von 1860, die als nationalhistorische Stätte unter Denkmalschutz steht. Das Innere ist mit detailreichen Wandtafeln und Friesen dekoriert, ein Werk des frühen Missionars Emile Petitot, der hier seine Eindrücke vom Reisen und Leben im Norden verewigte.

Zu den Höhepunkten einer Tour nach Fort Good Hope zählen die 200 m hohen **Ramparts,** wo sich der Mackenzie River durch einen 500 m breiten Canyon zwängt. Die Klippen erstrecken sich viele Kilometer am Ufer entlang, doch der spektakulärste Abschnitt liegt flussaufwärts der Stadt und ist zu Fuß oder per Boot erreichbar. Bootsverleih und Touren vermittelt das **Ramparts Hotel** (✆ 867/598-2500; $ 165/Pers.); das Hotel mit Blick auf den Fluss hat ein Restaurant mit einfacher Speisekarte (Hauptgerichte $ 21–32).

Colville Lake

Diese kleine Gemeinde besteht aus gerade einmal 50 Einwohnern, die zum Volk der North Slavey Dene gehören. Sie liegt unmittelbar nördlich des Polarkreises am Südostufer des Colville Lake und wurde 1962 gegründet, als hier eine römisch-katholische Mission gebaut wurde. Es handelt sich um das einzige Dorf in den Northwest Territories, das ausschließlich aus Holzhäusern besteht. Das größte Gebäude ist die Kirche mit einer 454 kg schweren Glocke. Die Mission wurde von dem Priester Bern Will Brown gegründet, der seine Hauptaufgabe inzwischen nicht mehr in der Kirche sieht, sondern zu einem der angesehensten Künstler des Nordens avanciert ist. Seine Gemälde von der Lebensart der Menschen im kanadischen Norden sind in ganz Nordamerika begehrt. Brown empfängt auch Gäste in der **Colville Lake Lodge** (✆ 867/709-2500), wo eine kleine Ausstellung über das Leben in der nördlichen Wildnis zu sehen ist. Die Lodge hat außerdem eine Kunstgalerie, einen Kanuverleih und eine Gemeinschaftsküche. In der Umgebung bieten sich ausgezeichnete Möglichkeiten zum Angeln, u. a. nach Seeforellen, Arktischen Äschen, Hechten und Weißfischen.

Northwest Territories Karte S. 675

Westliche Arktis

Die äußerste nordwestliche Ecke der Northwest Territories bildet die Mündung des Mackenzie River ins Nordpolarmeer. Das abgelegene Gebiet ist durch den Dempster Hwy. (siehe Kapitel „Yukon Territory"), die nördlichste öffentliche Straße des Kontinents, mit der Außenwelt verbunden. Die Region der westlichen Arktis, die komplett oberhalb des Polarkreises liegt, umfasst das Tal des Mackenzie River und die gewaltigen Ödlandflächen an der Küste des Nordpolarmeeres.

Inuvik

Inuvik (3300 Einw.) muss man mit eigenen Augen gesehen haben, und selbst dann traut man ihnen kaum: hell angestrichene Häuser auf Stelzen, eine monströse Kirche in Form eines Iglus, große Metallröhren auf den Straßen und Geschäfte mit

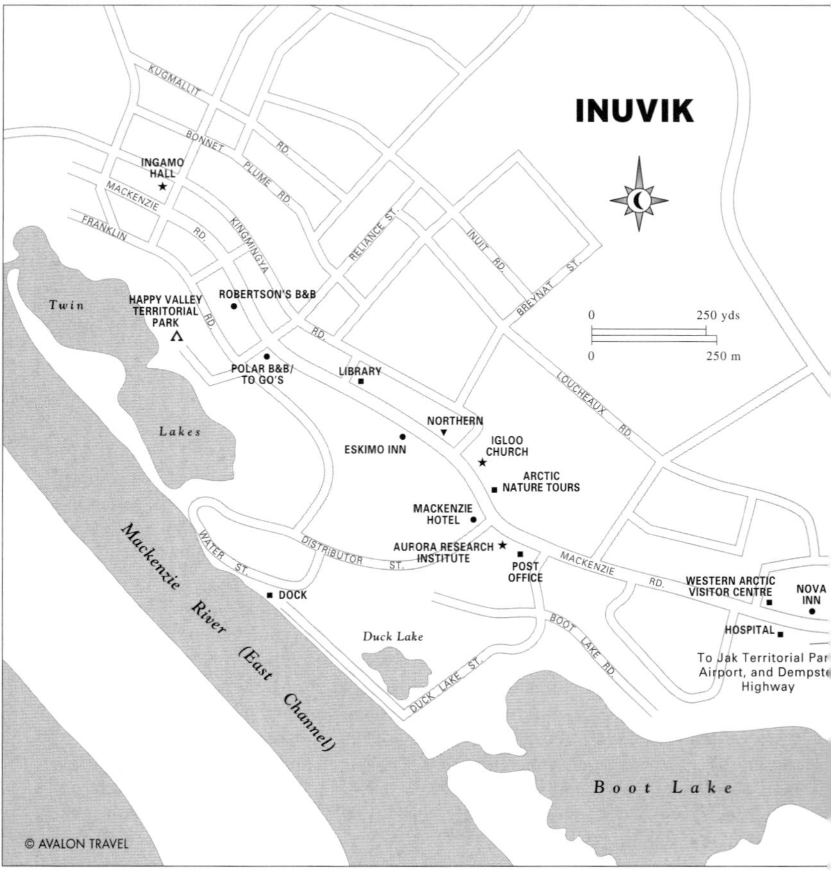

Namen wie *Eskimo Inn, 60 Below Construction* und *Polar TV*. Inuvik (= „Ort des Menschen") ist eine Stadt, die auf dem Reißbrett entworfen worden war, bevor sie sich zur Vollbildrealität jenseits des Polarkreises entwickelte. Sämtliche Details wurden mit wissenschaftlicher Akribie geplant, bis hin zu den Fundamenten: Alle Häuser mussten auf aufgeschütteten Steinen errichtet werden, damit die Stabilität auch unter Permafrostbedingungen gewährleistet ist und die abstrahlende Wärme den Boden nicht in Morast verwandelt.

Inuvik ist die Endstation des Dempster Hwy. und der nördlichste Punkt auf dem amerikanischen Kontinent, der mit dem Auto erreichbar ist. Das allein ist Grund genug für viele, die lange und beschwerliche Fahrt auf sich zu nehmen. Mit dem Auto sind es nach Calgary 3560 km, nach Seattle 4030 km, nach Los Angeles 6100 km und nach New York 7600 km.

Sehenswertes

Bei einem Stadtrundgang, mit dem sich hier ohne Weiteres ein ganzer Tag verbringen lässt, kann man darüber sinnieren, was das Leben für die Menschen oberhalb des Polarkreises so mit sich bringt – z. B. *Utilidors,* das sind riesige Metallröhren, die sich durch die ganze Stadt winden, Geschäfte und Häuser miteinander verbinden und sogar mitten über den Schulhof laufen. Die Ummantelungen enthalten kleinere Wasser-, Abwasser- und Heizungsrohre, die wegen der Permafrostbedingungen nicht unterirdisch verlegt werden können. Inuviks berühmtestes Wahrzeichen ist die **Kirche Our Lady of Victory**(174 Mackenzie Rd., ✆ 867/777-2236), die wegen ihrer auffälligen Form auch als **Igloo Church** bezeichnet wird. Falls sie geschlossen ist, kann man im Pfarrhaus um Einlass bitten. Im Inneren hängen Gemälde mit diversen religiösen Szenen der Inuvialuit-Künstlerin Mona Thrasher. Ein paar Blocks östlich befindet sich das **Aurora Research Institute** (191 Mackenzie Rd., ✆ 867/777-3298; Mo–Fr 9–17 Uhr), eines von drei wissenschaftlichen Forschungsinstituten in den Northwest Territories. Weiter westlich an der Mackenzie Rd. steht die **Ingamo Hall,** ein dreistöckiges Bauwerk aus über 1000 Holzstämmen. Die besten Ausblicke auf das Delta bieten sich natürlich aus der Luft, dem am nächsten kommt der 20 m hohe Beobachtungsturm im **Jak Territorial Park,** 6 km südlich vom Zentrum.

Touren

Es gibt kaum jemanden, der nach Inuvik kommt und nicht mindestens eine Tour unternimmt, sei es eine Stadtrundfahrt, eine Tour durchs Delta oder ein Flug in eine abgelegene Siedlung. Neben der Iglukirche ist das Büro des Tourveranstalters **Arctic Nature Tours** (Mackenzie Rd., ✆ 867/777-3300, www.arcticnaturetours.com), der zwischen Juni und Anfang September ein vielfältiges Programm anbietet. Bei Touren mit dem Flugzeug ist der Transport zum Flughafen inklusive. Die Stadtrundfahrt ($ 45/Pers.) dauert ungefähr 2 Std. und beinhaltet alle Sehenswürdigkeiten. Ein beliebter Ausflug ist die Mackenzie Delta Legends Tour ($ 160/Pers.), die zum Camp eines Inuvialuit-Ältesten führt, wo Tee und Fladenbrot gereicht werden. Ähnlich wie Tuk Tours (s. u.) bietet der Veranstalter auch Touren zur abgelegenen **Herschel Island** in der Beaufort Sea an. Anfang des 20. Jh. war die Insel eine wichtige Walfangstation, heute sind dort nur noch Ruinen erhalten. Diese Tour eignet sich besonders gut für Vogelbeobachtungen, denn auf der Insel wurden bereits über 70 Arten registriert. Unterwegs überfliegt man den **Ivvavik National Park** im nördlichen Yukon Territory, wo mit etwas Glück Moschusochsen, Karibus und Grizzlybären aus der Luft zu erkennen sind. Die Tour mit einem 90-minütigen Flug (einfach) und zweistündigem Aufenthalt auf der Insel kostet $ 425/Pers., mit Übernachtung ab $ 805/Pers.

Karte S. 675

Veranstaltungen

• *Veranstaltungen* Die Sommersonnenwende im Juni wird mit der **Midnight Madness** gefeiert. Das genaue Datum ist nicht so wichtig, denn die Sonne geht sowieso einen Monat lang nicht unter. Am Wochenende, das der Sonnenwende (21. Juni) am nächsten liegt, wird zu traditioneller Musik getanzt, der Hummer fürs Festessen wird von der Ostküste eingeflogen. Das **Great Northern Arts Festival** (www.gnaf.org) findet in der dritten Juliwoche statt. Im Mittelpunkt stehen Schnitzkunstvorführungen, musikalische Darbietungen wie Inuit-Trommeln sowie Ausstellungen und Verkäufe von Kunst aus dem Norden.

Übernachten/Camping/Essen und Trinken/Versorgung

• *Übernachten* Ein paar Einheimische betreiben B&Bs, eine nette Alternative zu den unpersönlichen Hotels und dazu noch relativ preiswert. Das zentrale **Polar B&B** (75 Mackenzie Rd., ✆ 867/777-2198; $ 105 für 1 Pers., $ 115 für 2 Pers. inkl. Frühstücksbüfett) hat komfortable Zimmer mit Gemeinschaftsbad, eine Küche, eine Laundry und einen Aufenthaltsraum mit Fernseher.

Einen Block den Hügel hinunter liegt **Robertson's B&B** (41 Mackenzie Rd., ✆ 867/777-3111; Juni bis Sept.; $ 90 für 1 Pers., $ 100 für 2 Pers.) mit einer großen Terrasse und tollem Blick aufs Delta. Die beiden Gästezimmer teilen sich ein Bad, aber der Preis stimmt.

Die zwei nachfolgend beschriebenen Motels gehören der einheimischen Kooperative *Mackenzie Delta Hotel Group* (www.mackenziedeltahotel.com). Alle haben ein Café, ein Restaurant und einfache Zimmer mit eigenem Bad. Das nicht besonders aufregende **Eskimo Inn** (133 Mackenzie Rd., ✆ 867/777-2801; $ 119–149 für 1 Pers., $ 129–159 für 2 Pers.) bietet auch Nichtraucherzimmer an. Die Zimmer im klimatisierten **Mackenzie Hotel** (185 Mackenzie Rd., ✆ 867/777-2861; $ 189 für 1 Pers., $ 204 für 2 Pers.) haben Internetzugang. Auf dem Weg zum Flughafen liegt das **Nova Inn** (288 Mackenzie Rd., ✆ 867/777-2647 oder ✆ 866/374-6682, www.novainninuvik.com; ab $ 89 für 1 Pers. bzw. $ 129 für 2 Pers.) mit den qualitativ besten Zimmern dieser drei Unterkünfte. Die 42 komfortablen Zimmer haben Kühlschrank, Kaffeemaschine, Schreibtisch und Internetzugang.

• *Camping* Der Campingplatz im **Happy Valley Territorial Park** (✆ 867/777-3652; Juni bis Aug.; Stellplatz ohne Anschlüsse $ 18, mit Anschlüssen $ 21) liegt auf einem Felsvorsprung mit Blick aufs Delta, aber nur einen Block von der Hauptstraße entfernt. Er hat 20 Stellplätze ohne Anschlüsse, die aber viel persönlichen Freiraum bieten, und einen Schotterparkplatz mit Stromanschlüssen für Wohnmobile. Ansonsten gibt es WCs, Duschen und Feuerholz.

Vor den Toren der Stadt in Richtung Flughafen liegt der Campground im **Jak Territorial Park** (Juni bis Aug.; Stellplatz ohne Anschlüsse $ 18, mit Anschlüssen $ 21). Die Ausstattung ist ähnlich wie im Happy Valley Territorial Park, ein Plus ist der Beobachtungsturm mit Blick auf den Fluss.

• *Essen und Trinken* Das Richtige so weit im Norden sind einheimische Speisen wie Moschusochse, Karibu oder Seesaibling. Am günstigsten ist das Schnellrestaurant **To Go's** (71 Mackenzie Rd., ✆ 867/777-3030), wo es ein paar Sitzgelegenheiten gibt, aber v. a. Speisen zum Mitnehmen, wie der Name schon sagt. Burger mit Karibu- und Moschusochsenfleisch kosten genauso viel wie normale Hamburger ($ 8,50), Pilzburger sind teurer. Eine Pizza bekommt man in Inuvik ab $ 16, Extrabeläge wie Moschusochse kosten $ 3,50, für die Northern Pizza mit allem Drum und Dran muss man $ 25 hinblättern.

Tonimoes (Mackenzie Hotel, 185 Mackenzie Rd., ✆ 867/777-2861; Di–Sa 18–20 Uhr und So 10–14 Uhr Brunch) serviert Gutes aus dem Norden, das günstigste Hauptgericht ist der Karibu-Burger für $ 17,95.

Information/Adressen/Verbindungen

• *Information* Das **Western Arctic Visitor Centre** (✆ 867/777-4727, www.inuvik.ca; Mitte Mai bis Mitte Sept. tägl. 9–20 Uhr) liegt an der Ortseinfahrt, 10 Min. zu Fuß vom Zentrum. Es ist eine moderne Touristeninformation mit einer Ausstellung über die Menschen im hohen Norden. Die Angestellten informieren über alle Siedlungen in der westlichen Arktis und Touren dorthin. Hinter dem Haus beginnt ein Wanderweg durch ein nachgebautes Walfängercamp der Inuvialuit und ein Angelcamp der Gwich'in.

Die **Inuvik Centennial Library** (100 Mackenzie Rd., ✆ 867/777-8620; Mo–Do 10–21 Uhr, Fr 10–18 Uhr, Sa/So 13–17 Uhr) hat eine ordentliche Auswahl an Romanen und Büchern über den kanadischen Norden sowie kostenlosen Internetzugang.

• *Adressen* Die **Post** befindet sich in 817 Mackenzie Rd.

Das **Inuvik Regional Hospital** (✆ 867/777-8000) liegt am östlichen Stadtrand.

• *Verbindungen* Inuviks **Mike Zubko Airport** liegt 12 km südlich der Stadt und ist der wichtigste Luftknotenpunkt der westlichen Arktis. Ein Taxi ins Zentrum kostet $ 35 für eine oder zwei Personen. **First Air** (✆ 867/669-8500 oder ✆ 800/267-1247) und **Canadian North** (✆ 867/873-4484 oder ✆ 800/661-1505) fliegen von Calgary und Edmonton über Yellowknife nach Inuvik. Auf dem Flug nach Norden sind aus den Fenstern auf der linken Seite des Flugzeugs bei klarer Sicht die Mackenzie Mountains zu sehen. Die regionale Fluggesellschaft **Aklak Air** (✆ 867/777-3777, www.aklakair.ca) fliegt fahrplanmäßig Siedlungen der westlichen Arktis an.

Die Wagen von **United Taxi** (✆ 867/777-5050) haben keine Taxameter, denn es gelten Festpreise: Stadtfahrt $ 10, zum Flughafen $ 45, über die Winterstraße nach Tuktoyaktuk $ 460.

Aklavik

Theoretisch ist diese Siedlung mitten im Mackenzie Delta vor über 35 Jahren verlassen worden, als die Regierung 58 km weiter östlich Inuvik baute, doch davon wollen die 700 Dene und Inuvialuit in Aklavik verständlicherweise nichts wissen. Hölzerne Gehwege, ein Hinweis auf die ehemalige Bedeutung der Siedlung, verbinden den originalen Handelsposten der Hudson's Bay Company und die Missionskirche (heute ein kleines Museum) mit Gebäuden neueren Datums, die vor dem großen Umzug entstanden sind. Viele große Häuser stehen noch heute, stumme Zeugen des Wohlstands, zu dem es erfolgreiche Händler in der Vergangenheit brachten. Vom Ort führen Wanderwege in alle Richtungen, damit Neugierige die kleine Insel im Delta erkunden können.

• *Touren* Die meisten besuchen Aklavik von Inuvik aus im Rahmen einer Tour mit **Arctic Nature Tours** (✆ 867/777-3300). An einem klaren Tag ist der 20-minütige Flug ein sensationelles Erlebnis. Unabhängige Traveller können sich von diesem Veranstalter nach Aklavik fliegen lassen und im einzigen Hotel des Orts übernachten, finden aber auch Angebote bei **Aklak Air** (✆ 867/777-3777, www.aklakair.ca).

Tuktoyaktuk

Die meisten Inuvik-Besucher belassen es nicht bei der Autofahrt, sondern steigen in ein kleines Flugzeug, um über das Mackenzie Delta nach Tuktoyaktuk zu fliegen, eine kleine Siedlung in unsicherer Lage auf einer exponierten Landzunge an der Küste der Beaufort Sea. Zum Leben wäre dieser Ort den meisten wohl zu rau und unerbittlich, aber ein Aufenthalt in „Tuk", wie es liebevoll genannt wird, öffnet manchem Besucher die entzückten Augen. Der Ort breitet sich um den **Tuktoyaktuk Harbour** aus und erstreckt sich mittlerweile bis zum Steinstrand, wo meterhohe, vom eiskalten arktischen Wind gepeitschte Wellen ans Ufer krachen. Die auffälligsten Merkmale der Landschaft sind die sog. **Pingos,** riesige Eishügel, die vom Permafrost durch Volumenausdehnung nach oben gedrückt werden und aussehen wie kleine Vulkane in einer ansonsten flachen Landschaft. Dass der Eiskern von einer Schicht natürlicher Tundravegetation bedeckt wird, lässt die Pingos noch geheimnisvoller erscheinen. An die 1400 Eishügel heben sich aus der Küstenebene in der Umgebung von Tuk hervor, eine der höchsten Konzentrationen der wunderlichen geologischen Erscheinung, die für arktische Regionen typisch ist.

Northwest Territories
Karte S. 675

Gestrandetes Boot in Tuktoyaktuk

Sehenswertes

Die meisten Touristen erleben Tuk aus einem Minivan, der von einem gastfreundlichen Inuit gefahren wird. Die Einheimischen werden niemals müde, immer wieder die gleichen abgedroschenen Fragen nach ihren Lebensumständen am Ende der Welt zu beantworten. Der Bus hält auch beim Schiff **Our Lady of Lourdes,** einst Bestandteil einer Flotte, die isolierte Siedlungen in der Arktis mit Versorgungsgütern belieferte. Dort stehen zwei Missionskirchen, die Ende der 1930er Jahre gebaut wurden. Ein weiterer Stopp wird an der Eismeerküste eingelegt, wo die Fahrgäste aufgefordert werden, ihre Zehen ins eiskalte Wasser zu stecken (einige springen auch kurz rein, um mit den Fotos die Freunde zu Hause zu beeindrucken). Wer ein paar Dollar extra hinblättert, kann sich hier eine Zeit lang allein umschauen, am Steinstrand entlanglaufen, auf einen nahe gelegenen Pingo klettern und den gut ausgerüsteten Ozeanhafen besichtigen. Übrigens: Tuk liegt streng genommen an der Küste der Beaufort Sea, einem Arm des Nordpolarmeers, aber kalt ist es trotzdem.

Reisepraktisches

• *Touren* Tuk ist das beliebteste Reiseziel für Rundflüge von Inuvik, wo diverse Pakete angeboten werden. Allein der Flug ist schon das Geld wert, die Touren ab $ 305 beinhalten Hin- und Rückflug und eine Rundfahrt vor Ort. Der Flug nach Tuk ist atemberaubend, die Piloten fliegen auf geringer Höhe, um den besten Ausblick zu ermöglichen. Es werden auch Touren mit längerem Aufenthalt in Tuk angeboten, wo man sich mindestens einen Tag lang gut beschäftigen kann; sie beinhalten eine Besichtigung des einzigartigen Kühlraums des Dorfes und ein Mittagessen mit einer Inuvialuit-Familie für insgesamt $ 385/Pers. Auskünfte zu diesen Touren erteilt **Arctic Nature Tours** (✆ 867/777-3300).

• *Verbindungen* **Aklak Air** (✆ 867/777-3777) unterhält fahrplanmäßige Flüge.

• *Übernachten* Unterkunft vor Ort bietet das **Hotel Tuk Inn** (✆ 867/977-2381; $ 165–225 für 1/2 Pers.), in dem es 18 Zimmer gibt.

Paulatuk

Paulatuk bedeutet „Ort der Kohle" in der Sprache der Einheimischen. Der Ort 400 km östlich von Inuvik ist eine kleine Inuvialuit-Gemeinde mit 190 Einw., die größtenteils noch wie eh und je vom Jagen, Fischen und Fallenstellen leben, denn die Natur bietet hier reichlich zum Überleben für alle. Eine römisch-katholische Mission und ein Handelsposten, die hier 1935 errichtet wurden, lockten mehrere Inuvialuit-Familien aus Camps an der Nordpolarmeerküste an. Nordöstlich von Paulatuk liegen die **Smoking Hills.** Die stark schwefelhaltigen Kohleflöze wurden vor Jahrhunderten angezündet, glimmen noch immer vor sich hin und schicken auffällig geformte Rauchwolken in die Luft. Auf der Parry Peninsula östlich von Paulatuk erstreckt sich der ausgedehnte **Tuktut Nogait National Park,** der wichtigste Sammelplatz der 125.000 Köpfe starken **Bluenose-Karibu-Herde,** die auf ihren Wanderungen den gesamten Norden durchstreift.

• *Übernachten* Die einzige Unterkunft vor Ort, das **Paulatuk Visitor Centre Hotel** (✆ 867/580-3051; $ 185/Pers.), hat zehn Zimmer, die sich mehrere Bäder und eine kleine Küche teilen.

• *Verbindungen/Touren* Fahrplanmäßig fliegt nur **Aklak Air** (✆ 867/777-3777, www.aklakair.ca) von Inuvik nach Paulatuk. Das Unternehmen bietet auch Charterflüge in den Nationalpark an, dieser kann aber auch per Boot erkundet werden; Auskünfte dazu erteilt die Paulatuk Community Corporation unter ✆ 867/580-3601.

Banks Island

Banks Island ist einer der besten Orte der Welt zum Beobachten von Moschusochsen. Etwa 60.000 Exemplare dieser zotteligen Biester leben im **Aulavik National Park,** das ist etwa die Hälfte der weltweiten Population. Banks wird durch den **Amundsen Gulf** vom Festland getrennt und ist die westlichste von mehreren Inseln in der kanadischen Arktis. Durch das sanft hügelige Ödland fließen einige große Flüsse, darunter der **Thomsen River,** der nördlichste schiffbare Fluss Kanadas.

Sachs Harbour (Ikaahuk)

Die einzige permanente Siedlung auf Banks Island ist Sachs Harbour (150 Einw.). Der Ort liegt am Fuße eines niedrigen Felsvorsprungs an der Südwestküste, 520 km nordöstlich von Inuvik. In Sachs Harbour gibt es kein Restaurant, aber einen kleinen Lebensmittelladen, der von einer Kooperative betrieben wird (So geschlossen). **Aklak Air** (✆ 867/777-3777) fliegt planmäßig zweimal wöchentlich von Inuvik nach Sachs Harbour.

Ulukhaktok

Der größte Teil von **Victoria Island,** das durch die Prince of Wales Strait von Banks Island getrennt wird, liegt im Territorium Nunavut. Nur die westliche Ecke gehört zu den Northwest Territories, einschließlich der Diamond Jenness Peninsula mit der Siedlung Ulukhaktok (360 Einw.). Der Ort hieß früher *Holman,* die Häuser stehen an einem Kieselstrand am Ende der hufeisenförmigen Queens Bay, die von steilen, bis zu 200 m hohen Klippen umgeben ist. Die Siedlung entstand 1939 mit der Gründung eines Handelspostens durch die Hudson's Bay Company. Der Missionar Henri Tardi brachte den Inuit das Anfertigen von Kunstdrucken bei, und noch heute sind grafische Arbeiten eine wichtige Einkommensquelle für die Bewohner. Ulukhaktok hat sogar einen Golfplatz, den nördlichsten der Welt. Wer hier eine Runde spielt, hat den Freunden im heimischen Club etwas zu erzählen, denn wer hat schon mal auf 70° 44' nördlicher Breite einen Golfball versenkt? Mitte Juli findet hier das Turnier **Billy Joss Open** (✆ 867/396-3080) statt, zu dem sogar Golfer aus den USA anreisen.

• *Übernachten* Das einzige Hotel in Ulukhaktok ist das **Arctic Char Inn** (✆ 867/396-3501, www.arcticcharinn.com; $ 219/Pers. inkl. Mahlzeiten).

• *Verbindungen* **First Air** (✆ 867/396-3063) fliegt 3-mal wöchentl. von Yellowknife nach Ulukhaktok.

• *Touren* Der mit hervorragenden Kritiken bedachte Abenteuertourveranstalter **Whitney & Smith** (✆ 403/678-3052, www.legendaryex.com) bietet mindestens 1-mal jährl. eine Kanutour über den Thomsen River an.

Northwest Territories
Karte S. 675

Allein in der Natur

Yukon Territory

Das Yukon Territory sitzt in der nordwestlichen Ecke Kanadas wie ein umgedrehter Keil, der von Alaska, British Columbia, den Northwest Territories und dem Nordpolarmeer begrenzt wird. Die Kombination aus Wildnis und Legenden, die sich v. a. um den Goldrausch am Klondike ranken, macht diese Region zu einem besonders faszinierenden Reiseziel. Das sich deutlich von den übrigen Landesteilen unterscheidende Yukon Territory ist mit dem Flugzeug oder über den Alaska Hwy. relativ gut erreichbar. Das Gebirgsmassiv der St. Elias Mountains nimmt die südwestliche Ecke ein, der Rest des Yukon ist eine riesige Wildnis mit hügeligen Landschaften, lang gezogenen Seen und borealen Wäldern, die nördlich vom Polarkreis in weite Tundra übergehen. Das Herz der Region ist der sagenumwobene Yukon River. An wilden Tieren herrscht kein Mangel: 300.000 Karibus, 50.000 Elche, 22.000 Dickhorn- und Steinschafe, 10.000 Schwarzbären, 7000 Grizzlys, 4500 Wölfe und 2000 Schneeziegen durchstreifen diese Wildnis.

Im Yukon Territory leben gerade einmal 31.000 Menschen, fast 75 % davon allein in der Hauptstadt Whitehorse, die zu den größten Städten im hohen Norden zählt. Whitehorse ist eine dynamische Stadt voller Geschichten über den Goldrausch, aber auch der richtige Ort, um vor dem Aufbruch in die Wildnis noch einmal den gewohnten Luxus zu genießen. Whitehorse bietet moderne Hotels, zwei Golfplätze, tolle Möglichkeiten für Rad- und Kanutouren, gute Restaurants und eine faustdicke Überraschung: göttlichen Kaffee, der vor Ort geröstet wird.

Von der Hauptstadt lockt der Alaska Hwy. viele wagemutige Langstreckenfreaks in Richtung Nordwesten. Sie genießen zunächst die herrliche Wildnis des Kluane Natio-

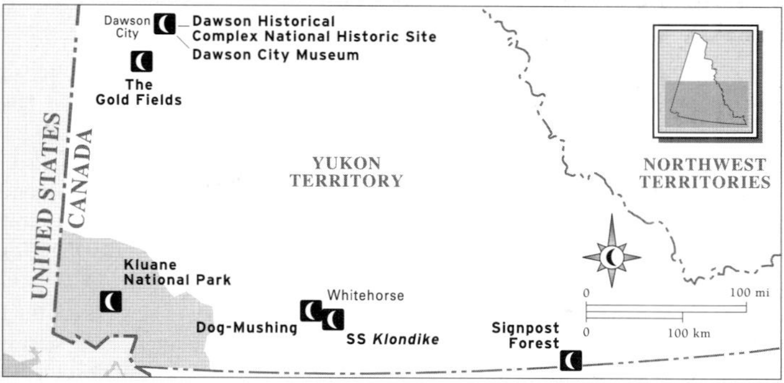

Highlights

Signpost Forest (S. 711): Die erste Sehenswürdigkeit nördlich der Grenze ist ein bisschen kitschig, aber mit ihrer interessanten Geschichte und Tausenden von Ortsschildern ein netter Zwischenstopp, um sich die Beine zu vertreten.

SS Klondike (S. 716): Willkommen an Bord eines der großartigsten Schaufelraddampfer, die jemals auf dem Yukon River unterwegs waren.

Hundeschlitten (S. 720): Im Sommer liefert ein Besuch der Schlittenhundezucht von Frank Turner einen Vorgeschmack auf den Winter. Wer im Winter da ist, kann es gleich selbst ausprobieren.

Kluane National Park (S. 727): Der Nationalpark liegt zwar direkt am Alaska Hwy., doch die raue Schönheit seiner nördlichen Ausläufer lässt sich nur auf einer längeren Wanderung oder einer Kanutour genießen.

Dawson Historical Complex National Historic Site (S. 735): Das Dawson City Museum ist die beste Vorbereitung auf einen Stadtrundgang zu den sehenswerten historischen Gebäuden der Stadt.

Goldfelder (S. 737): In der Umgebung von Dawson City können sich Besucher selbst auf Goldsuche begeben.

nal Park, bevor sie den langen Weg nach Alaska in Angriff nehmen. Der Klondike Hwy. führt über 536 km von Whitehorse nach Dawson City, Schauplatz des fieberhaftesten Goldrausches, den die Welt jemals gesehen hat. Die Strecke von Whitehorse nach Norden folgt dem Yukon River, also derselben Route, auf der Ende des 19. Jh. Abertausende von Glücksrittern unterwegs waren – nur dass die modernen Abenteurer von heute nicht mehr in Booten, sondern mit Wohnmobilen und Mietwagen unterwegs sind. Parks Canada und die Klondike Visitors Association (KVA) haben hervorragende Arbeit geleistet und Dawson City neues Leben eingehaucht. Baufällige Häuser wurden in bunten Farben gestrichen und erhielten Informationstafeln zu ihrer Geschichte, und auch die meisten Hotels, B&Bs, Restaurants, Giftshops, Schönheitssalons sowie andere Geschäfte wurden restauriert. Glücklicherweise konnte sich Dawson City trotz all dieser Maßnahmen den Charme einer halben Geisterstadt erhalten.

Yukon Territory Karte S. 709

Reise- und Zeitplanung

Das Yukon Territory ist ein Reiseziel für sich. Die regionale Fluggesellschaft **Air North** (✆ 867/668-2228, www.flyairnorth.com) hat einige ausgezeichnete Pauschalangebote im Programm. Die Pakete beinhalten den Hin- und Rückflug von und nach Vancouver, Edmonton oder Calgary und alle Übernachtungen. Als Option wird angeboten, eine Strecke zu fliegen und die andere mit einem gemieteten Wohnmobil zurückzulegen. Für Urlauber, die den hohen Norden einmal erleben möchten, aber nur ein paar Tage Zeit haben, sind diese Pauschalangebote die beste Lösung.

Wer mit dem eigenen Fahrzeug anreist, sollte mindestens zwei lange Tage für die Fahrt von Vancouver oder Edmonton nach Watson Lake einplanen, dazu kommen fünf Tage für den Aufenthalt im Yukon sowie die Rückreise, also mindestens neun Tage. Angesichts der zeitraubenden Fahrerei ist das keine wirklich ideale Angelegenheit. Wenn man aus Süden kommt, sind mindestens zwei Wochen empfehlenswert, um die lange Strecke auf dem Highway durch Zwischenstopps im nördlichen oder zentralen British Columbia aufzulockern oder einen Bogen durch den Süden der Northwest Territories (siehe vorheriges Kapitel) zu machen. Die beliebteste Reisevariante für zwei Wochen einschließlich des Yukon ist die, eine Strecke mit der Autofähre zurückzulegen: An der Westküste British Columbias geht es dabei hoch durch die Inside Passage nach Alaska. Die Fähren von BC Ferries (www.bcferries.com) legen in Prince Rupert an, wo Anschluss an die Fähren des Alaska Marine Highway System (www.dot.state.ak.us/amhs) besteht, die weiter nach Norden bis Skagway und Haines fahren, beide nur eine Autostunde von der Grenze zum Yukon entfernt.

Und warum sollte man eine solch lange und beschwerliche Anreise überhaupt auf sich nehmen? Sicherlich nicht wegen der offiziellen „Sehenswürdigkeiten“, sondern v. a. um die Wildnis in ihrer reinsten Form zu erleben – in ausgewiesenen Schutzgebieten wie dem **Kluane National Park,** bei einer Kanufahrt in der Morgendämmerung, beim Baden in heißen Quellen oder beim Beobachten wilder Tiere in freier Natur, die es im Yukon massenhaft gibt. Abgesehen davon legen fast alle Reisenden einen Zwischenstopp am **Signpost Forest** in Watson Lake ein und verbringen anschließend einen Tag in Whitehorse, um etwas über die Geschichte der Stadt zu erfahren und Attraktionen wie die **SS Klondike** zu besichtigen. Im Winter entwickeln sich **Hundeschlittenfahrten** momentan zur großen Touristennummer. Im Sommer bietet die Besichtigung einer Schlittenhundezucht – etwa der des Schlittenrennfahrers Frank Turner – einen Vorgeschmack auf diese aufregende Sportart.

Von Whitehorse ist es eine bequeme Tagesfahrt Richtung Norden bis Dawson City, wo mindestens zwei Tage eingeplant werden sollten. Das **Dawson City Museum** beleuchtet die Geschichte der berüchtigten Minenstadt, doch wer das echte Dawson erleben möchte, verbringt den Rest des Tages draußen: die eine Hälfte mit einem Stadtrundgang durch die Altstadt mit der offiziellen Bezeichnung **Dawson Historical Complex National Historic Site** und die andere mit einem Abstecher auf die nahe gelegenen **Goldfelder,** wo die Möglichkeit besteht, sich im Goldwaschen zu versuchen und in einem traditionellen Hauszelt zu übernachten.

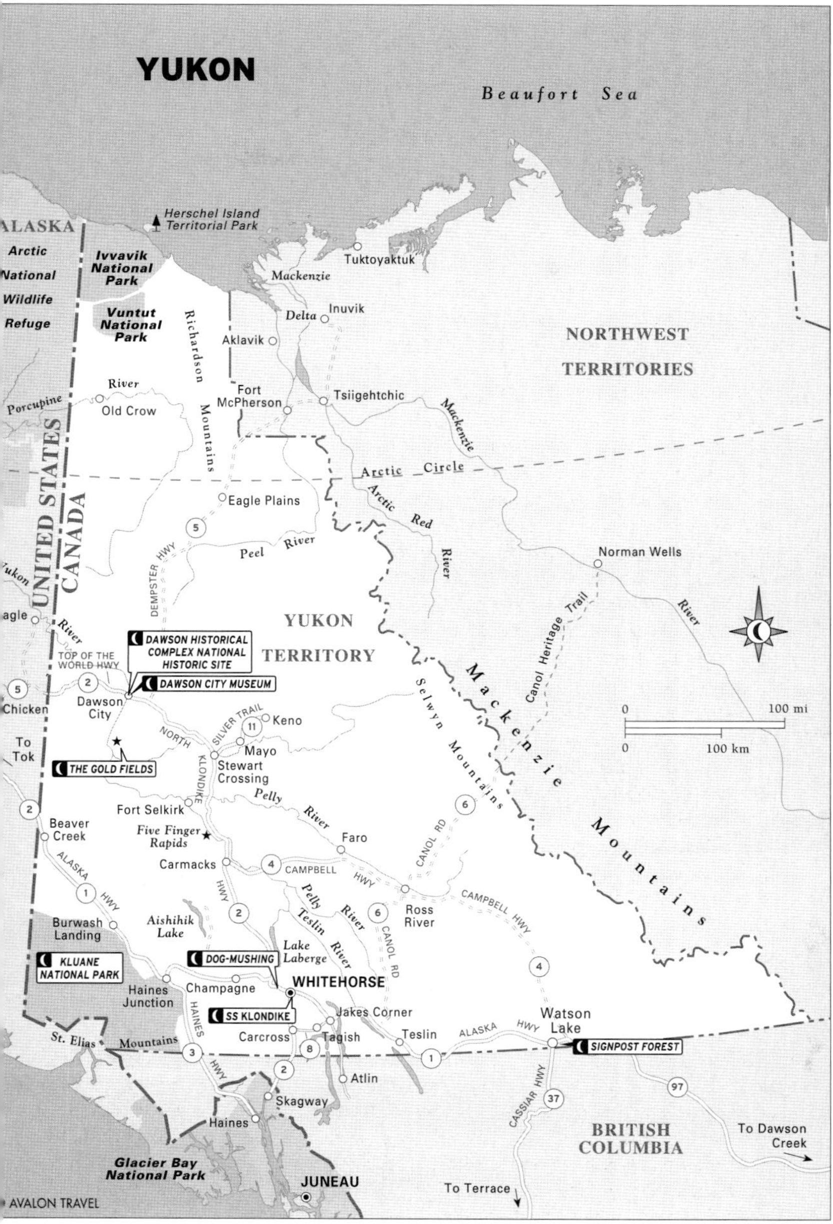

YUKON
Beaufort Sea
ALASKA
Arctic National Wildlife Refuge
Herschel Island Territorial Park
Ivvavik National Park
Vuntut National Park
Tuktoyaktuk
Mackenzie
Delta
Inuvik
Aklavik
Richardson Mountains
NORTHWEST TERRITORIES
Fort McPherson
Tsiigehtchic
Porcupine
River
Old Crow
UNITED STATES
CANADA
Arctic Circle
Mackenzie
Arctic Red River
Eagle Plains
Peel River
DEMPSTER HWY
Norman Wells
River
Canol Heritage Trail
Yukon
Eagle
River
YUKON TERRITORY
DAWSON HISTORICAL COMPLEX NATIONAL HISTORIC SITE
TOP OF THE WORLD HWY
DAWSON CITY MUSEUM
Dawson City
Chicken
Selwyn Mountains
Mackenzie Mountains
0 100 mi
0 100 km
SILVER TRAIL
Keno
NORTH
Mayo
To Tok
THE GOLD FIELDS
KLONDIKE
Stewart Crossing
Pelly River
Fort Selkirk
Beaver Creek
Five Finger Rapids
Faro
CANOL RD
Carmacks
CAMPBELL HWY
ALASKA HWY
Pelly River
Teslin River
Ross River
CAMPBELL HWY
Burwash Landing
Aishihik Lake
Lake Laberge
KLUANE NATIONAL PARK
DOG-MUSHING
WHITEHORSE
Haines Junction
Champagne
HAINES HWY
SS KLONDIKE
Jakes Corner
Watson Lake
St. Elias Mountains
Carcross
Tagish
Teslin
ALASKA HWY
SIGNPOST FOREST
Atlin
Skagway
CASSIAR HWY
Haines
BRITISH COLUMBIA
To Dawson Creek
Glacier Bay National Park
JUNEAU
To Terrace
AVALON TRAVEL

WATER LILY
2
MERCURY

Der Südosten

Etwa 1000 km nordwestlich von Dawson Creek erreicht der **Alaska Highway** (alias Alcan) die Grenze zum Yukon Territory. Dann taucht er noch zweimal kurz nach British Columbia ein, bevor er die Highwaystadt Watson Lake erreicht. Von dort bestehen zwei Möglichkeiten für die Weiterreise: entweder weiter nach Westen in Richtung Whitehorse oder nach Süden über den Cassiar Hwy. (Hwy. 37) zur Meziadin Junction, um die Schleife durch den Norden British Columbias komplett zu machen.

Im Laufe der Jahre ist der Alaska Hwy. immer kürzer geworden, weil Abschnitte begradigt und große Schlenker durch Abkürzungen komplett beseitigt wurden. Die Schilder mit Entfernungsangaben in British Columbia wurden bereits durch neue mit den aktuellen Angaben ersetzt, die auf der Yukon-Seite noch nicht; jenseits der Grenze ergibt sich demzufolge eine Diskrepanz von 40 km.

Watson Lake

Für alle, die von British Columbia aus mit dem Auto nach Norden fahren, ist Watson Lake die erste Stadt im Yukon Territory. Sie ist zwar nicht hübsch, aber ein willkommener Anblick nach mehreren Hundert Kilometern auf dem Cassiar Hwy. oder einer langen Tagesfahrt von Fort Nelson über den Alaska Hwy.

Wo heute Watson Lake liegt, lebten ursprünglich Angehörige des indigenen Volks der Kaska. Der Ort entstand 1940 als Versorgungszentrum für einen von mehreren Flugplätzen im kanadischen Norden. Der Ort konnte seine Existenz auf lange Sicht sichern, als der Alcan nach Watson Lake erweitert wurde, um die Versorgung des örtlichen Flugplatzes zu erleichtern. Heute ist Watson Lake das Versorgungszentrum eines großen Gebiets, das den Süden Yukons, den Südwesten der Northwest Territories und den Norden British Columbias umfasst. Mit 1500 Einw. ist Watson Lake die drittgrößte Stadt im Yukon Territory.

Signpost Forest

Der berühmte Signpost Forest wurde 1942 von einem amerikanischen G.I. ins Leben gerufen, der am Bau des Highways beteiligt war und ein Straßenschild neu streichen musste. Der Heimwehgeplagte fügte dem Schild kurzerhand die Richtung und Meilenangabe seiner Heimatstadt Danville in Illinois hinzu. Seitdem sind über 40.000 Objekte hinzugekommen, darunter Ortsschilder, Autokennzeichen, Poster, Backformen, Goldwaschpfannen, Auspufftöpfe, Treibholz und sogar Zahnräder aus Automotoren mit Aufschriften, wie der Besitzer heißt und woher er kommt. Jeder kann ein persönliches Objekt seiner Wahl hinzufügen oder nebenan im **Watson Lake Visitor Information Centre** (Ecke Alaska Hwy. und Robert Campbell Hwy., ✆ 867/536-7469; Anfang Mai bis Ende Sept. tägl. 10–18 Uhr, Juli/Aug. tägl. 8–20 Uhr) abgeben, damit es später aufgestellt wird. Die Touristeninformation erteilt eine Geschichtslektion in Sachen Signpost Forest und informiert über den Alaska Hwy.; Fotos, Schaukästen, Dioramen und eine audiovisuelle Präsentation mit drei Projektoren beleuchten dieses Meisterwerk der Straßenbaukunst.

Weitere Attraktionen

Gegenüber der Touristeninformation steht das **Northern Lights Centre** (✆ 867/536-7827; Mai bis Sept.; Vorführungen tägl. 13–20.30 Uhr), das sich ganz der faszinierenden Himmelserscheinung der Nordlichter (oder auch ein wenig wissenschaftlicher Aurora Borealis genannt) verschrieben hat. Es ist eine Art Planetarium, das den Besucher mehrmals täglich auf eine einstündige Reise in die geheimnisvolle Welt des Nordlichts entführt. Das dabei gezeigte Bildmaterial wurde im Yukon aufgenommen. Das Northern Lights Centre verfügt außerdem über eine Live-Verbindung zum Hubble Teleskop. Im SciDome findet zudem mittels modernster HD-Technik eine Space Show statt.

Ein paar Blocks nördlich vom Alaska Hwy. führt die 8th St. zum **Wye Lake.** Ein Wanderweg umrundet den See, unterwegs steht eine Holzplattform zum Beobachten wandernder Watvögel und einheimischer Seetaucher. Wer mit Kindern unterwegs ist, sollte sich zum 5 km südlich der Stadt gelegenen **Lucky Lake** begeben (Juni bis Aug.), einer Day-Use Area mit einer Wasserrutsche, die in einem überraschend warmen See landet.

Reisepraktisches

• *Übernachten/Camping* Wer mit dem Auto in Watson Lake ankommt, ist unter Garantie hungrig und v. a. müde. Abhilfe schafft ein halbes Dutzend Motels, mehrere Campgrounds und eine Handvoll Restaurants. Das **Cedar Lodge Motel** (✆ 867/536-7406, www.cedarlodge.yk.net; $ 85 für 1/2 Pers.) bietet Standardzimmer mit Telefon und Kabel-TV. Die aktiven Besitzer haben zusätzlich Suiten in einem Gebäude eingerichtet, das ursprünglich aus einer verlassenen Bergbausiedlung stammt (ab $ 95 für 1/2 Pers.).

Das modernere **Big Horn Hotel** (✆ 867/536-2020) hat hübsch eingerichtete Zimmer mit Kochnische für $ 125 (1/2 Pers.).

Nugget City (✆ 867/536-2307 oder ✆ 888/536-2307, www.nuggetcity.com; Mai bis Okt.) ist ein großer Touristenkomplex 20 km westlich von Watson Lake, unmittelbar hinter der Abzweigung zum Cassiar Hwy. Am günstigsten sind die makellos sauberen Holzhütten mit Terrasse und Satelliten-TV. Selbst in Anbetracht der etwas langweiligen Einrichtung ist das Preis-Leistungs-Verhältnis gut ($ 125–210 für 1/2 Pers.). Die schickeren Suiten haben einen Whirlpool und eine überdachter Terrasse. Die Zeltstellplätze kosten $ 22 und sind sehr großzügig bemessen. Die Stellplätze mit Anschlüssen für Strom, Wasser und Satelliten-TV kosten $ 38–50. Das Restaurant hat eine schöne Terrasse und serviert eine gute Auswahl an Gerichten aus dem Norden.

Weitere Campingmöglichkeiten in der Umgebung sind der **Downtown RV Park** (mitten in der Stadt, ✆ 867/536-2646; $ 32) mit sämtlichen Anschlüssen und Duschen und der **Watson Lake Public Campground**, 3 km vom Highway entfernt bei km 1025 (keine Anschlüsse, $ 17/Nacht).

• *Essen und Trinken* Das **Hotel Belvedere** (✆ 867/536-7712) und das **Watson Lake Hotel** (✆ 867/536-7781) haben jeweils ein Café, ein Restaurant (ab 6 Uhr geöffnet) und eine Bar. Jene im Watson Lake ist mit Erinnerungsstücken aus dem kanadischen Norden dekoriert.

Das **Wolf it Down Restaurant** in Nugget City (20 km westlich der Stadt, ✆ 867/536-2307; Mai bis Okt. tägl. 6.30–21.30 Uhr) ist ein touristisches Lokal mit ordentlichen Mahlzeiten, darunter auch Spezialitäten des Nordens wie etwa Bisonburger, und hauseigener Bäckerei.

Von Watson Lake nach Whitehorse

Der Streckenabschnitt zwischen Watson Lake und Whitehorse ist 454 km lang. Ein Aussichtspunkt bei km 1163 markiert die **kontinentale Wasserscheide** zwischen Flüssen, die (über das Mackenzie-Flusssystem) in das Nordpolarmeer münden, und solchen, die (über den Yukon) in den Pazifischen Ozean fließen.

Was Lage und Einrichtungen betrifft, hebt sich **Dawson Peaks Resort & RV Park** (km 1232, ✆ 867/390-2244 oder ✆ 866/402-2244, www.dawsonpeaks.ca; Mitte Mai bis Mitte Sept.) positiv von den anderen Unterkünften zwischen Watson Lake und

Teslin ab. Die Anlage liegt direkt am Teslin Lake und hat baumbestandene Zeltstellplätze ($ 14), Stellplätze für Wohnmobile ($ 16–27), Motelzimmer ($ 79 für 1/2 Pers.) und einfache Hütten am See ($ 104–109für 1/2 Pers.). Das Restaurant serviert gutes Essen (Hauptgerichte $ 12–19, köstlicher Rhabarberkuchen $ 4/ Stück) an gedeckten Tischen auf einer wunderbaren Terrasse mit Blick auf den See. Die Besitzer David Hett und Carolyn Allen sind sehr zuvorkommend, und so mancher Gast ist hier schon etwas länger geblieben als geplant. Der Grund sind die interessanten Freizeitangebote wie Kanuverleih (halber Tag $ 24) und Motorbootverleih ($ 35/Std.), geführte Angeltouren (Forellen, Hechte und mehr; $ 75/Std.) und andere geführte Touren über Land oder auf dem Fluss (ab $ 60/Std.).

Teslin

Auf etwas mehr als halber Strecke zwischen Watson Lake und Whitehorse liegt bei km 1293, nachdem die beeindruckende Nisutlin Bay Bridge (die längste auf dem Alaska Hwy.) überquert ist, der Ort Teslin. Dort leben vorwiegend Tlingit, die sich durch ihre traditionellen Fähigkeiten ernähren, darunter Jagen, Angeln, Fallenstellen, Schnitzen und Nähen. Das **George Johnston Museum** (✆ 867/390-2550; im Sommer tägl. 9–19 Uhr; $ 3) zeigt eine Ausstellung zur Kultur der Ureinwohner, Artefakte aus dem Yukon vom Rand der Zivilisation und einzigartige Fotografien, die zwischen 1910 und 1940 von Johnston aufgenommen wurden, einem Jäger und Trapper vom Stamm der Tlingit.

Außer dem oben beschriebenen **Dawson Peaks Resort & RV Park** gibt es im Ort noch das nahe am See gelegene **Yukon Motel** (✆ 867/390-2443, www.yukonmotel.com; Motelzimmer $ 85 für 1 Pers., $ 95 für 2 Pers., Stellplätze $ 27), ein Komplex mit Bootsverleih, Tankstelle, Restaurant und Ausstellungsraum mit Dioramen wilder Tiere. Zelten kann man auch auf dem **Teslin Lake Campground** ($ 14) außerhalb von Teslin bei km 1307.

Von Teslin nach Whitehorse

Auf dem 183 km langen Streckenabschnitt von Teslin nach Whitehorse verläuft der Alaska Hwy. auf den ersten 40 km mehr oder weniger parallel zum Ufer des Teslin Lake. Am nördlichen Abfluss des Sees liegt der winzige Weiler **Johnson's Crossing** (km 1346, ✆ 867/390-2607; Mai bis Sept.) mit den für den Alaska Hwy. typischen touristischen Einrichtungen: Campingplatz (Stellplatz $ 22–32, einige Stellplätze mit Strom), Duschen, Tankstelle, Lebensmittelladen und Restaurant (leckere Zimtbrötchen).

Bei km 1413, auf halbem Weg zwischen Jake's Corner und Whitehorse, liegt die exklusivste Unterkunft am Alaska Hwy., das **Inn on the Lake** (✆ 867/660-5253, www.exceptionalplaces.com; $ 229–249 für 1/2 Pers.). Das Hauptgebäude ist eine Lodge aus Schälholz mit Wohnzimmer, Bibliothek, Solarium und einem tollen Speisesaal mit Gewölbedecke. Alle 15 Zimmer bzw. Holzhütten haben eine stilvolle Einrichtung, bequeme Betten, Qualitätsbettwäsche, drahtlosen Internetzugang und ein gut ausgestattetes Bad. Die Preise beinhalten Frühstück und die Benutzung von Kanus und Kajaks.

Atlin

Der kleine Ort Atlin liegt 100 km südlich von Jake's Corner, jenseits der Provinzgrenze in British Columbia. Atlin ist nicht nur die nördlichste und westlichste Siedlung British Columbias, sondern auch eine der malerischsten, weit abgeschieden vom Rest der Provinz. Die vergletscherten Gipfel der Coast Mountains bilden eine atemberaubende Kulisse für den Ort, der auf einer sanft abfallenden Anhöhe mit Blick auf den herrlichen, 140 km langen **Atlin Lake** liegt.

Mit dem Klondike-Goldrausch von 1898 entwickelte sich Atlin zu einer Boomtown mit über 8000 Einw., nachdem im nahe gelegenen Pine Creek Goldvorkommen entdeckt worden waren. Noch heute wird hier gelegentlich Gold gefunden, doch die Bevölkerung ist inzwischen auf 400 Seelen zusammengeschrumpft.

Das Herausragende an Atlin ist die umliegende Landschaft. Eine Wanderung am Seeufer eröffnet traumhafte Ausblicke auf glitzernde Berge, Gletscher, Wasserfälle und Gebirgsflüsse. Die **SS Tarahne,** ein restauriertes Dampfschiff aus dem Jahr 1916, liegt im Hafen vertäut.

Sehenswertes

In einer ehemaligen Schule von 1902 erweckt das **Atlin Historical Museum** (Ecke 3rd St. und Trainor St., ✆ 250/651-7522; Juni bis Anfang Sept. tägl. 9–17.50 Uhr; Erwachsene $ 3) die aufregenden Goldrauschzeiten wieder zum Leben. Überall im Ort finden sich historische Gebäude und praktisch unverändert erhaltene Zeugnisse aus Goldgräberzeiten.

Südlich von Atlin führt die Warm Springs Rd. an mehreren Seen und Campgrounds vorbei und endet an den **warmen Quellen,** denen sie ihren Namen verdankt. Die Quellen sprudeln mit wohl temperierten 29 °C in von Blumenwiesen umgebene flache Becken.

Reisepraktisches

• *Übernachten* Auf einem zentralen Filetgrundstück am Seeufer steht das **Atlin Inn** (1st St., ✆ 250/651-7546 oder ✆ 800/682-8546; ab $ 135 für 1/2 Pers.) mit 18 Motelzimmern und mehreren Cottages mit Küche. Zum Komplex gehören ein Restaurant (tägl. ab 7 Uhr geöffnet) und eine Lounge mit toller Terrasse.

• *Camping* Der erste von vier primitiven Campingplätzen südlich von Atlin ist der **Pine Creek Campground** ($ 8) mit Plumpsklos und Feuerholz, aber ohne Trinkwasser.

Carcross und Umgebung

Anstatt nach Whitehorse durchzufahren, biegen viele Reisende bei Jake's Corner links vom Alaska Hwy. nach Carcross ab (der Name ist eine Verkürzung von „Caribou Crossing"). Der malerische Ort mit 400 Einw. liegt am Hwy. 2 zwi-schen Skagway (Alaska) und Whitehorse am Nordufer des Lake Bennett, wo der Yukon River entspringt. Carcross war beim Klondike-Goldrausch eine wichtige Zwischenstation für Goldgräber, mehrere erhaltene Gebäude erinnern an die damalige Zeit.

Sehenswertes

Ein erster Orientierungspunkt ist das **Carcross Visitor Information Centre** (✆ 867/821-4431; Anfang Mai bis Ende Sept. tägl. 10–18 Uhr, Juli/Aug. tägl. 8–20 Uhr), das in einem ehemaligen Bahnhof der White Pass & Yukon Route (WP&YR) untergebracht ist. Dort gibt es Broschüren über Sehenswertes im gesamten Yukon Territory und einige schöne historische Ausstellungsstücke. Die Züge der WP&YR überquerten vor der Einfahrt nach Carcross die original erhaltene Drehbrücke, die so konzipiert war, dass sie zum Durchlassen von Schiffen geöffnet werden konnte; unmittelbar nördlich davon befindet sich eine Fußgängerbrücke. Auf dem alten **Fried-**

hof 2 km außerhalb von Carcross ruhen bedeutende Persönlichkeiten aus den Zeiten des Goldrausches wie Skookum Jim, Tagish Charlie und Kate Carmack.

Reisepraktisches

• *Übernachten/Camping/Essen* Die beste Unterkunft der Gegend liegt am Spirit Lake, zehn Autominuten nördlich von Carcross in Richtung Whitehorse: Das **Spirit Lake Wilderness Resort** (✆ 867/821-4337 oder ✆ 866/739-8566, www.spiritlakeyukon.com) hat Hütten am See ($ 69 für 1/2 Pers.), die wegen des tollen Ausblicks und ihres rustikalen Charmes sehr empfehlenswert sind, auch wenn sie weder Strom noch fließend Wasser haben und die Duschen mit anderen Gästen geteilt werden müssen. Die Cottages ($ 65 für 1/2 Pers.) und Motelzimmer ($ 99 für 1/2 Pers.) bieten mehr Komfort, aber längst nicht so viel Atmosphäre. Zur Anlage gehören auch Zeltstellplätze ($ 25), Stellplätze mit Anschlüssen ($ 30–35), ein Restaurant und Freizeitangebote wie Kanufahren und Reiten.

Das **Wheaton River Wilderness Retreat** (✆ 867/668-2997, www.wheatonriver.net; $ 125 für 1/2 Pers.) liegt mitten in der Wildnis, 22 km die Annie Lake Rd. hinauf, die nördlich von Spirit Lake vom Hwy. 2 abzweigt. In der schönen, selbst gebauten Holzhütte am Fluss finden maximal vier Personen Platz. Die Hütte ist groß, luftig und mit modernen Holzmöbeln eingerichtet, die ebenfalls von den Besitzern angefertigt wurden. Das Frühstück kostet $ 10 und es gibt auch Abendessen, alternativ dazu können sich Gäste auf dem Holzofen oder Grill ihr eigenes Festessen brutzeln.

Whitehorse

Whitehorse, eine freundliche Oase inmitten einer unerbittlichen Wildnis, hat 25.000 Einw. und ist damit Nordkanadas größte Stadt, in der fast 75 % der Bevölkerung des Yukon leben. Sie liegt am Westufer des Yukon River zwischen hohen Klippen, die wie eine Art Windkanal wirken. Im Osten wird der Horizont von dem kahlen, rundlichen Grey Mountain (1494 m) dominiert. Whitehorse steckt voller nostalgischer Geschichten über den Goldrausch, wird aber nicht von dem Thema beherrscht. Der Ort ist seit einem halben Jahrhundert Hauptstadt des Yukon Territory und hat als solcher eine ureigene Dynamik am Rande der Zivilisation entwickelt. Leicht verliert man sich im Strom des geschäftigen Treibens von Whitehorse, eine gewisse Analogie zu den reißenden Stromschnellen des Yukon ist nicht zu verhehlen. Gleichzeitig verströmt die Stadt eine gewisse Behaglichkeit, die an ein gemütliches Lagerfeuer in einer eiskalten Nordnacht erinnert.

Geschichte

Der Name Whitehorse geht auf die tückischen Stromschnellen zurück, die von den frühen Goldgräbern gern mit der rauschenden Mähne eines wilden Appaloosa-Hengstes verglichen wurden. Ein Artikel in einer alten Ausgabe des *Klondike Nugget* beschreibt die Szenerie:

Einige Männer ertranken, viele überlebten nur mit knapper Not, verloren dabei aber ihre Boote und Vorräte. Als Konsequenz wurde eine Verordnung erlassen, nach der nur noch erfahrene Bootsführer ein Kanu durch die Stromschnellen steuern durften. Die Verfügung rettete mit Sicherheit viele Menschenleben und Vorräte, als im ersten Schub des wahnwitzigen Wettlaufs zum Klondike rund 7000 Boote die Schnellen passierten. Schon bald darauf wurde eine 8 km lange, von Pferden gezogene Schienenbahn gebaut, die dort endete, wo sich heute die Stadt befindet. Am Ende wurden die Waren wieder verladen, und die Boote konnten ihre Reise

Yukon Territory
Karte S. 709

auf dem Yukon nach Dawson City fortsetzen. Als am unteren Ende der Schienenbahn eine Zeltstadt entstand, war Whitehorse geboren.

> Viele Männer, die es mit den gefährlichen Stromschnellen aufnahmen, hatten noch nie in einem Boot gesessen, als sie am Lake Bennett ankamen und sich fragten, welches Ende des Paddels denn nun ins Wasser gehört. [...] Die Boote fädelten sich in die Furcht erregende Einfahrt zum Canyon, umschifften den ersten Strudel in der Mitte, rauschten hinunter in den zweiten Abschnitt der Schlucht, wurden eine Weile vom schäumenden Wildwasser hin und her geworfen, bevor sie in tollkühner Kurvenfahrt nach White Horse einbogen, um sich in rasender Geschwindigkeit in das finale Getöse der zornigen Fluten zu stürzen [...]

Ihre Funktion als Verkehrsknotenpunkt hat die Stadt seit 1900, als die WP&YR in Whitehorse ihren Betrieb aufnahm und die Verbindung von Skagway (Alaska) zum Yukon endlich fertig gestellt war. In Whitehorse wurden Passagiere und Fracht auf dem Yukon River nach Dawson City verschifft. 1942/43 läutete der Bau des Alaska Hwy. auch für Whitehorse ein neues Zeitalter mit rapidem Wachstum ein. Zehn Jahre später hatte Whitehorse schon mehr Einwohner als Dawson und wurde Sitz der Territorialregierung. Heute verdankt die Stadt ihren Wohlstand v. a. dem Highwayverkehr, ihren territorialen Verwaltungsaufgaben und der Funktion als Versorgungszentrum für die Minen im Yukon.

Sehenswertes

Whitehorse bietet vor dem Aufbruch in die Wildnis letztmals die Annehmlichkeiten einer größeren Stadt und ausreichend Sehenswürdigkeiten für mindestens zwei volle Tage. Viele dieser Attraktionen sind von der Downtown und den meisten Unterkünften aus zu Fuß zu erreichen. Ein natürliches Highlight, für das es durchaus ein wenig Zeit zu erübrigen lohnt, ist der Yukon River. Im Zuge eines langfristig angelegten Sanierungsprojekts wird das Flussufer auf Höhe der Innenstadt verschönert. Der **Shipyards Park** am nördlichen Ende der Downtown liefert einen Vorgeschmack darauf, was die Zukunft bringen wird. Der Park hat eine große Grünfläche, Picknicktische, eine Aussichtsplattform und eine Bühne.

SS Klondike

Ein guter Start für einen Rundgang durch Whitehorse ist die SS Klondike II (✆ 867/667-3910; Mitte Mai bis Mitte Sept. tägl. 9.30–17 Uhr; $ 6,05/Pers.). Der größte Schaufelraddampfer, der jemals auf dem Yukon verkehrte, steht unter Denkmalschutz und liegt am südlichen Stadtrand auf Trockendock. Sein Vorgänger, die SS Klondike I, ging 1929 auf Jungfernfahrt und lief 1936 auf Grund, woraufhin die SS Klondike II gebaut wurde. Pro Saison verkehrte sie 15 Mal zwischen Whitehorse und Dawson. Die Fahrt flussabwärts nach Dawson dauerte eineinhalb Tage und erforderte 140 m^3 Brennholz, die Rückfahrt nach Whitehorse dauerte viereinhalb Tage und verschlang 420 m^3. Das Schiff ist herrlich authentisch restauriert, bis hin zu den *Life*-Magazinen des Jahrgangs 1937 und den Essensflecken auf den weißen Kellnerwesten. Als Mitte der 50er Jahre mehrere Brücken für den Highway nach Dawson gebaut wurden, konnte die Klondike nicht mehr passieren, und so liegt sie

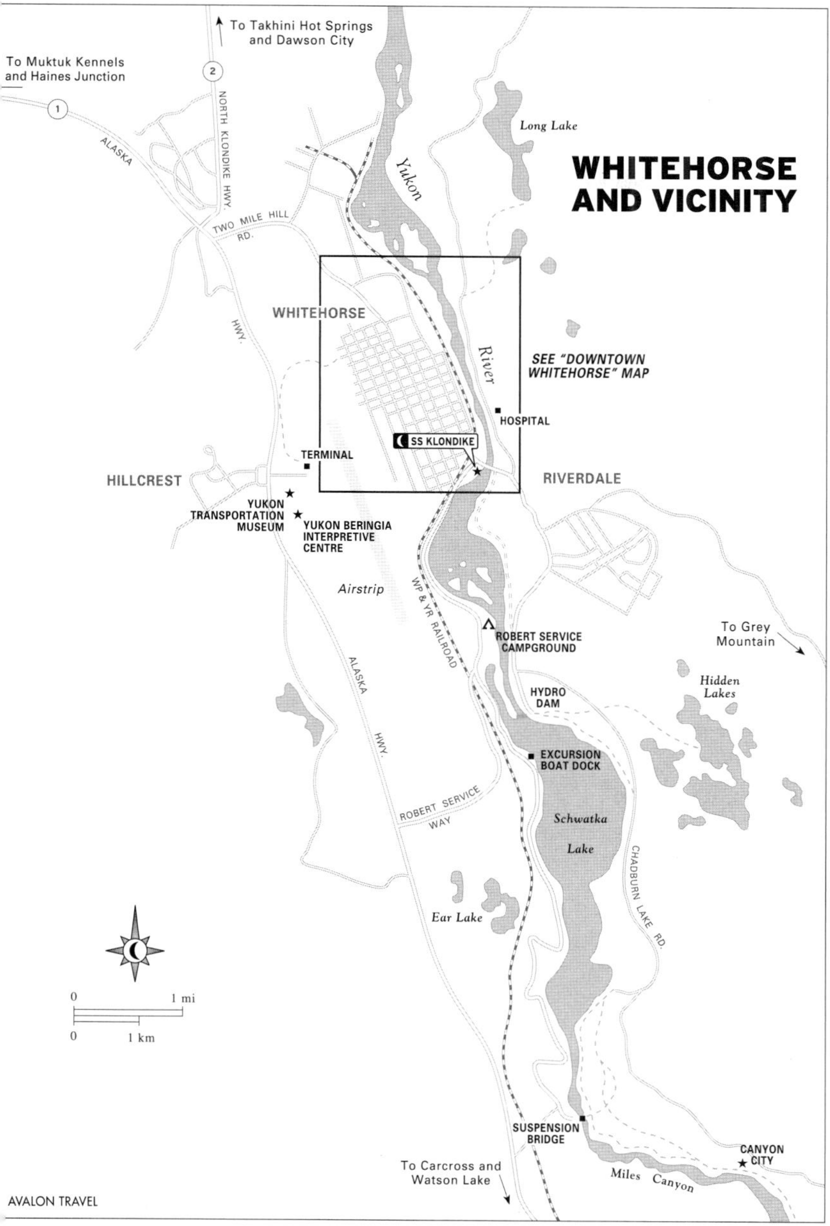
WHITEHORSE AND VICINITY
To Takhini Hot Springs and Dawson City
To Muktuk Kennels and Haines Junction
2
1
NORTH KLONDIKE HWY.
ALASKA
TWO MILE HILL RD.
Long Lake
Yukon
River
WHITEHORSE
SEE "DOWNTOWN WHITEHORSE" MAP
HWY.
HOSPITAL
SS KLONDIKE
TERMINAL
HILLCREST
RIVERDALE
YUKON TRANSPORTATION MUSEUM
YUKON BERINGIA INTERPRETIVE CENTRE
Airstrip
WP & YR RAILROAD
ROBERT SERVICE CAMPGROUND
To Grey Mountain
Hidden Lakes
ALASKA
HWY.
HYDRO DAM
EXCURSION BOAT DOCK
ROBERT SERVICE WAY
Schwatka Lake
CHADBURN LAKE RD.
Ear Lake
0
1 mi
0
1 km
SUSPENSION BRIDGE
CANYON CITY
To Carcross and Watson Lake
Miles Canyon
AVALON TRAVEL

seit 1955 an ihrem heutigen Standort. Wer mehr über das Schiff und seine interessante Geschichte erfahren möchte, schließt sich am besten einer Führung an (alle halbe Stunde). Sie beinhaltet Kessel-, Fracht- und Maschinenräume, den Speisesaal, die Kabinen erster Klasse und die Brücke.

MacBride Museum

Nördlich der Touristeninformation steht auf der dem Fluss abgewandten Straßenseite das ausgezeichnete MacBride Museum (1124 1st Ave., Ecke Wood St., ✆ 867/667-2709; im Sommer tägl. 9.30–17.30 Uhr, sonst Di–Sa 12–16 Uhr; Erwachsene $ 8, Senioren $ 7, Kinder $ 4,50). Das Hauptgebäude, ein Blockhaus mit Grassodendach, steckt voller historischer Gegenstände, darunter ausgestopfte Wildtiere und Hunderte von Fotografien vom Goldrausch. Um die Haupthütte herum stehen weitere Gebäude und Ausrüstungsgegenstände: das alte Telegrafenamt der Regierung, die Lokomotive Nr. 51 der WP&YR, die Hütte des Goldgräbers Sam McGee und ein tonnenschwerer Nugget aus Kupfer.

Yukon Beringia Interpretive Centre

Dieses spektakuläre Multimediacenter (Alaska Hwy., ✆ 867/667-8855; Mai bis Sept. tägl. 9–18 Uhr, sonst So 13–17 Uhr; Erwachsene $ 7,50, Senioren $ 6,50, Kinder $ 5) ist nach der Landmasse benannt, die in grauer Vorzeit Nordamerika und Asien miteinander verband. Das Naturkundemuseum am Flughafen zeigt lebensgroße Exponate von Tieren aus der letzten Eiszeit, darunter das fantastische 12.000 Jahre alte und 4 m hohe Skelett eines Mammuts. Displays, Computerstationen, Dioramen und ein faszinierender 30-minütiger Film informieren über die prähistorischen Tiere, die früher den Norden durchstreiften. Zum Komplex gehören auch die Rekonstruktion einer 24.000 Jahre alten Ausgrabungsstätte, ein Giftshop und ein Café.

Yukon Transport Museum

Neben dem Beringia Interpretive Centre befindet sich eines der schönsten Museen des kanadischen Nordens (30 Electra Cres., ✆ 867/668-4792; Mitte Mai bis Aug. tägl. 10–18 Uhr; Erwachsene $ 6, Senioren $ 5, Kinder $ 3). Ein paar Stunden vergehen wie im Flug beim Betrachten der vielen faszinierenden Exponate und der langen Videos zur Geschichte des Transportwesens im Yukon. Die *Queen of the Yukon,* das erste kommerzielle Flugzeug im Territory, hängt an der Decke. Die Treppe *Golden Stairs* führt ins Obergeschoss mit Wandmalereien und Artefakten zum Goldrausch von Skagway bis Dawson. Im Eisenbahnwaggon „Lake Annie" der WP&YR sehen die Besucher ein 30-minütiges Video, während eine Modelleisenbahn die historische Strecke zurücklegt. Im *Alcan Room* läuft ein faszinierender Film über den Bau des Alaska Hwy. Vor dem Gebäude fungiert ein Flugzeug des Typs DC-3 als größte Wetterfahne der Welt.

Schwatka Lake und Miles Canyon

Nach Überquerung der Brücke über den Yukon neben der SS Klondike gelangt man über den Lewis Blvd. in Richtung Süden oder über einen Wanderweg am Fluss entlang nach ca. 4,5 km zum **Whitehorse Dam.** Der Staudamm schuf den Schwatka Lake, zähmte die gefürchteten Stromschnellen White Horse Rapids und versorgt die Stadt heute mit Elektrizität. Die **längste Holzfischleiter der Welt** (366 m) ermöglicht den Fischen die Umgehung des Staudamms, damit sie ihre Laichgründe flussaufwärts erreichen können. Drei Unterwasserfenster im Fishway Building

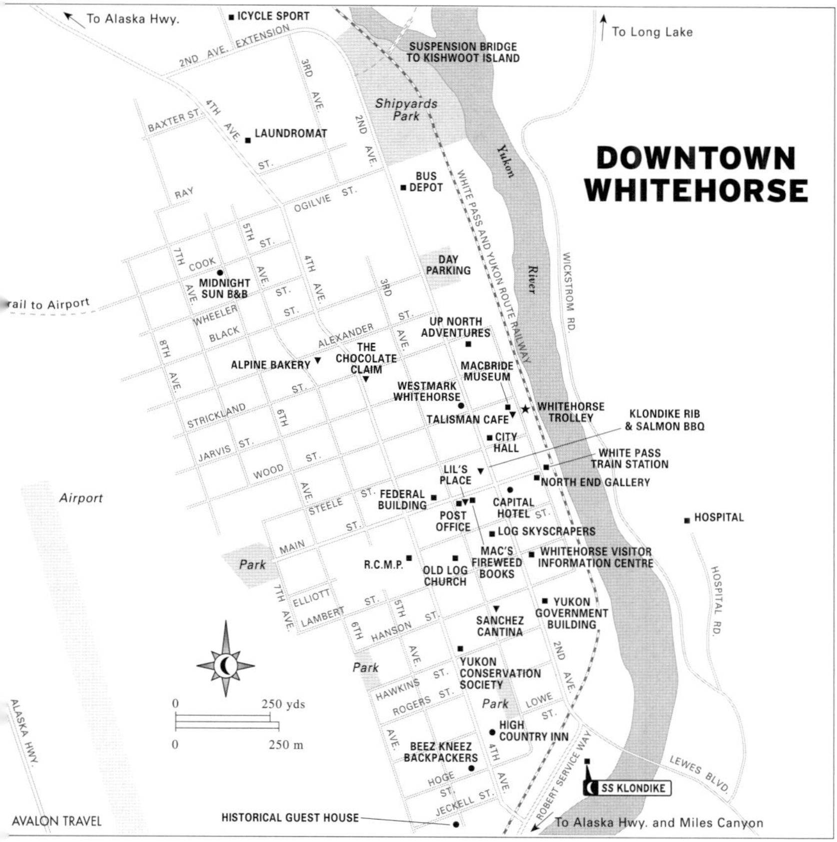

(✆ 867/633-5965; Juni bis Anfang Sept. tägl. 8.30–20.30 Uhr) geben den Blick auf wandernde Königslachse frei, die beste Zeit zum Beobachten ist von Ende Juli bis Anfang September.

Vom Staudamm führt die Chadburn Lake Rd. weiter nach Süden zum oberen Ende des Sees, wo der Yukon durch den spektakulären Miles Canyon rauscht. Ein Weg am Rand des Canyons hat die eindrucksvolle Hängebrücke **Lowe Suspension Bridge** (Baujahr 1923) zum Ziel, damals die erste Brücke über den Yukon. Von dort eröffnen sich herrliche Ausblicke.

Weitere 2 km hinter der Brücke, immer noch am Ostufer, lag einmal **Canyon City,** doch der Ort hatte ausgedient, nachdem die Eisenbahn fertig war und die Reise über den Fluss unnötig machte.

Eine Alternative zur Besichtigung der obigen Sehenswürdigkeiten mit dem Auto ist eine rund 10 km lange Rundwanderung von der Downtown aus mit der Option, die Hängebrücke zu überqueren und am Westufer des Flusses zurückzulaufen. An der South Access Rd. am Westufer kommt auch stündlich ein Bus vorbei, der in die Stadt fährt. Eine weitere Möglichkeit zur Erkundung des Sees und der umliegenden

Sehenswürdigkeiten ist eine Bootsrundfahrt mit **Yukon River Cruises** (✆ 867/668-4716; Erwachsene $ 30, Kinder $ 15). Das Schiff *MV Schwatka* legt von Juni bis Anfang September täglich um 14 Uhr (von Mitte Juli bis Mitte August auch um 18 Uhr) zu einer zweistündigen Kreuzfahrt ab. Startpunkt ist der Anleger an der Miles Canyon Rd., 1 km südlich der Downtown an der Westseite des Staudamms.

Takhini Hot Springs

Die geruchslosen, nicht schwefelhaltigen Quellen von Takhini (✆ 867/456-8000; Mitte Mai bis Mitte Juni tägl. 12–22 Uhr, Mitte Juni bis Mitte Sept. tägl. 8–22 Uhr) sprudeln nördlich von Whitehorse mit einer Temperatur von 36 °C aus dem Boden. Sie wurden kommerziell erschlossen und sind bei den Einheimischen genauso beliebt wie bei Touristen. Eine Tageskarte kostet $ 8 für Erwachsene, $ 6,50 für Senioren und $ 5,75 für Kinder. Das dazugehörige Café serviert eine der besten Hühnersuppen nördlich von Vancouver. Der Campingplatz (Zeltstellplatz $ 16,50, Wohnmobilstellplatz $ 25–35) ist eine gute Adresse zum Übernachten – am nächsten Morgen noch ein heißes Bad und dann ab nach Dawson City. Anfahrt mit dem Auto: von Whitehorse 18 km der Straße nach Dawson folgen, dann links ab auf die 10 km lange, gut ausgeschilderte Zufahrtsstraße.

Sport und Freizeit

• *Historische Stadtspaziergänge und Naturwanderungen* Da Whitehorse nicht übermäßig groß ist, lässt sich das Stadtzentrum gut per pedes erschließen.

Die Hauptattraktion von Whitehorse

Ein hübscher, asphaltierter **Spazierweg** folgt dem Yukon River von der SS Klondike bis zum nördlichen Stadtrand.

Wer Näheres über die Geschichte von Whitehorse erfahren möchte, kann sich einem 45-minütigen Stadtspaziergang zu einigen historischen Gebäuden im Zentrum anschließen, die Führung übernehmen ehrenamtliche Mitarbeiter der **Yukon Historical & Museums Association** (Juni/Aug. Mo–Sa 9, 11, 13 und 15 Uhr). Der Rundgang beginnt am Donnenworth House (3126 3rd Ave., ✆ 867/667-4704), wo auch eine Broschüre für einen Stadtspaziergang erhältlich ist, falls die Anfangszeiten nicht in den Zeitplan passen.

Die **Yukon Conservation Society** (302 Hawkins St., ✆ 867/668-5678; Mo–Fr 10–16 Uhr) veranstaltet im Juli und Anfang August mehrmals täglich diverse Naturwanderungen, die zwischen zwei und sechs Stunden dauern. Eine der interessantesten ist die zweistündige Tour zum Miles Canyon. Für Familien mit Kindern bietet die Organisation vormittags das Programm „Kid Ed-Ventures" an. Die Touren sind kostenlos, aber Insektenschutzmittel und robustes Schuhwerk sollten mitgebracht werden, bei längeren Wanderungen auch ein Lunchpaket. Im Büro gibt es auch eine Broschüre mit Wanderbeschreibungen zu kaufen.

• *Hundeschlittenfahrten* Hundeschlitten waren früher ein reines Transportmittel, die Fahrt mit ihnen hat sich aber inzwischen als beliebte Freizeitaktivität im Winter und als sportlicher Wettkampf etabliert. Eine der Legenden dieser faszinierenden Sportart ist Frank Turner, Besitzer der Schlittenhundezucht **Muktuk Kennels** (westlich von Whitehorse in Richtung Haines Jct., ✆ 867/668-3647, www.muktuk.com). Der Arbeitsplatz von Turner und seinem Team hat sich zu einer echten Touristenattraktion entwickelt, und es werden informative dreistündige Führungen durch das Gelände angeboten (tägl. 13 Uhr; $ 35; inkl. Abendessen mit nördlichen Spezialitäten $ 75). Im Herbst (Sept./November) können Besucher die Hunde auf Quads beim Training begleiten ($ 85). Im Winter geht die Action dann richtig los: Ganztägige Hundeschlittentouren kosten $ 185–265/Pers., für eine Woche auf der Rookie Ranch zahlt man $ 2270.

• *Mountainbiken und Golfen* Da Whitehorse relativ flach ist, macht Radfahren richtig Spaß. **Up North Adventures** (103 Strickland St., ✆ 867/667-7035) verleiht Mountainbikes. Wer Lust hat, sich Leuten aus Whitehorse bei einer Radtour anzuschließen, erkundigt sich bei **Icycle Sport** (9002 Quartz Rd., ✆ 867/668-7559) nach Gruppenfahrten, die gelegentlich nach Ladenschluss (18 Uhr) veranstaltet werden.

Am Alaska Hwy. südlich der Stadt liegt **Meadow Lakes Golf Resort** (✆ 867/668-4653), ein kleiner 9-Loch-Golfplatz, der während der Sommersaison hervorragend gepflegt wird. Wie auf dem Golfplatz in Yellowknife besteht auch hier die einmalige Gelegenheit, Ende Juni und Anfang Juli noch um 22.30 Uhr eine Runde zu spielen.

Mit dem Kanu auf dem Yukon

Jedes Jahr aufs Neue folgen abgehärtete Naturburschen den Pfaden der Goldgräber und begeben sich auf die 742 km lange Reise von Whitehorse über den Yukon zu den Goldfeldern am Klondike. Das authentischste Erlebnis ist eine Kanutour, für die 12–15 Tage zu veranschlagen sind. Auf eigene Faust sollte eine solche Expedition nur von erfahrenen Wildnistravellern unternommen werden, zwei Ausrüster in Whitehorse erleichtern die Organisation durch Kanuverleih und Transport. Beide bieten auch geführte Kanuexpeditionen über den Yukon an.

Kanoe People (✆ 867/668-4899, www.kanoepeople.com), der älteste Ausrüster in Whitehorse (seit 1974), verleiht Kanus für $ 30/Tag oder $ 180/Woche. Die Spezialität sind der Kanuverleih für Touren nach Carmacks oder Dawson sowie geführte Touren, darunter eine siebentägige Tour über den Yukon für $ 2000 inkl. Mahlzeiten und Unterkunft.

Up North Adventures (103 Strickland St., ✆ 867/667-7035, www.upnorth.yk.ca) verleiht Kanus, Kajaks und Mountainbikes mit Bring- und Abholservice für einen perfekten Tag auf dem Fluss. Ein Leihkanu für einen ganzen Tag mit Rücktransport vom Lake Laberge kostet $ 65/Pers., für eine siebzehntägige Tour von Whitehorse nach Dawson werden $ 2280/Pers. verlangt.

Einkaufen

Whitehorse ist eine tolle Stadt zum Shoppen. Die Auswahl ist großartig, und die Preise sind günstig.

• *Galerien* In der ganzen Stadt verteilen sich mehrere schöne Galerien. Die Northern Fibres Guild gibt eine kostenlose Broschüre mit Beschreibungen einheimischer Künstler und ihrer Arbeit heraus, die in der Touristeninformation erhältlich ist. Einen Besuch wert sind die **North End Gallery** (118 1st Ave., ✆ 867/393-3590) und die **Midnight Sun Gallery** (205 Main St., ✆ 867/668-4350). In der Letztgenannten hängen Gemälde von Ted Harrison mit Motiven aus dem hohen Norden, die er in hellen Farben umsetzt.

• *Kleidung* Gegenüber der Touristeninformation verkauft **Folknits** (3123 3rd Ave., ✆ 867/456-4192) Garne und fertige Strickmoden aus *Quviuq*, der feinen Unterwolle des Moschusochsen. Das Blockhaus ist an den beiden Elchen auf dem Dach zu erkennen.

• *Buchhandlungen* **Mac's Fireweed Books** (203 Main St., ✆ 867/668-6104, www.yukonbooks.com) ist die größte und bestsortierte Buchhandlung im Yukon mit einer

Yukon Territory
Karte S. 709

großen Auswahl an lokaler und allgemeiner Literatur, Kinderbüchern und Zeitschriften. Im Sommer ist das Geschäft tägl. bis 24 Uhr geöffnet.

Im Secondhand-Buchladen **Well-Read Books** (4137 4th Ave., ✆ 867/393-2987, www.wellreadbooks.yk.net) können Leseratten in der Computerdatenbank nach bestimmten Titeln suchen. Verläuft die Recherche erfolglos, helfen die freundlichen Mitarbeiter gern mit ihrem Expertenwissen weiter.

Unterhaltung/Führungen/Veranstaltungen

• *Unterhaltung* **Frantic Follies,** eine von vielen Varietéshows im Norden auf dem Weg nach Alaska, orientiert sich an den Revuen, von denen sich die Glücksritter in den Tagen des Goldrausches am Klondike unterhalten ließen. Die Show findet allabendlich im Westmark Whitehorse statt (201 Wood St., ✆ 867/668-2042; Mai bis Mitte Sept. tägl. 10.30 Uhr; Erwachsene $ 24, Kinder $ 10).

• *Nachtleben* In Whitehorse herrscht kein Mangel an krawalligen Kneipen, und die beliebteste von allen ist **The Cap** (im Capital Hotel, 103 Main St., ✆ 867/667-2565). Der renommierteste Musikclub der Stadt bringt jeden Abend Rockbands auf die Bühne.

• *Führungen* Die **Yukon Brewing Company** (102 Copper Rd., ✆ 867/668-4183) ist die einzige Brauerei im Yukon Territory. Kostenlose Führungen mit Bierprobe finden tägl. um 14 Uhr statt, der dazugehörige Giftshop ist von 11 bis 18 Uhr geöffnet. Die hier gebrauten Biere sind in ganz Kanada erhältlich und natürlich überall in Whitehorse vom Fass.

• *Veranstaltungen* Eine der größten Veranstaltungen im Yukon ist das Hundeschlittenrennen **Yukon Quest** (✆ 867/668-4711, www.yukonquest.com). Jedes Jahr im Februar begeben sich die Gespanne auf ihre 1600 km lange Reise von Whitehorse nach Fairbanks in Alaska. Während sie unterwegs sind, trifft sich in Whitehorse die aktive kanadische Indie-Musikszene beim mehrtägigen **Frostbite-Festival** (www.frostbitefest.ca), einem bunten Mix aus Konzerten, Tanzveranstaltungen und Workshops.

Die Sommersonnenwende (21. Juni) wird mit dem **Midnight Sun Golf Tournament** auf dem Golfplatz Mountainview gefeiert (✆ 867/633-6020). Das **Yukon International Storytelling Festival** (www.storytelling.yk.net) zieht Geschichtenerzähler aus aller Welt an, die ihre Erzählungen mit Musik und Tanz unterlegen. Veranstaltungsort ist das **Yukon Arts Centre** (300 College Dr., ✆ 867/667-8574), in dem das ganze Jahr über Veranstalungen stattfinden.

Übernachten/Camping

Für seine Größe hat Whitehorse überraschend viele Motels und Hotels – 23, um genau zu sein, mit über 900 Zimmern. Der starke Wettbewerb sorgt dafür, dass die Unterkünfte hier erschwinglicher sind als anderswo im hohen Norden.

Übernachten

• *Unter $ 50* **Beez Kneez Bakpakers** (408 Hoge St., ✆ 867/456-2333, www.bzkneez.com; Dorm-Bett $ 25, Privatzimmer $ 60 für 1/2 Pers.) bietet Betten im Schlafsaal, Privatzimmer mit zwei Einzelbetten und eine Blockhütte für zwei Personen an. Es gibt einen Aufenthaltsraum, eine Gemeinschaftsküche, eine Laundry, kostenlose Leihfahrräder und Internetzugang.

• *$ 50–100* Das **Historical Guest House** (5128 5th Ave., ✆ 867/668-3907, www.yukongold.com; $ 85–110 für 1 Pers., $ 95–110 für 2 Pers.), ein gemütliches Wohnhaus aus dem Jahr 1907 in der Downtown, wurde aufwendig restauriert, viele der grob behauenen Holzbalken sind noch original erhalten. Die beiden Gästezimmer im Obergeschoss haben jeweils ein eigenes Bad, im Keller wurde ein kleines Apartment für Selbstversorger eingerichtet. Gästen stehen eine Gemeinschaftsküche und ein Wohnzimmer zur Verfügung, hinter dem Haus gibt's einen Garten mit Grill. Ein kleines Frühstücksbüfett ist im Preis enthalten, die Besitzer wohnen nebenan.

Wer sich so weit nach Norden vorwagt, hat mehr Abenteuergeist als die meisten Traveller, warum also nicht noch eins drauflegen und auf einer Ranch mit 100 Schlittenhunden übernachten? Das ermöglichen die **Muktuk Adventures** (westlich von Whitehorse in Richtung Haines Jct., ✆ 867/668-3647, www.muktuk.com; $ 85–95 für 1/2 Pers. inkl. Frühstück) auf der Ranch der Hundeschlittenlegende Frank Turner. Gegen einen Aufpreis kann man dort auch abendessen. Die Ranch liegt am Ufer des Takhini River und bietet ein gemischtes Freizeitangebot, darunter Führungen über das Gelände, Kanuverleih, Wanderungen und Ausritte.

• *$ 100–150* Bei **Midnight Sun B&B** (6188 6th Ave., ✆ 867/667-2255, www.midnightsunbb.com; $ 119 für 1 Pers., $ 135–140 für 2 Pers., inkl. Frühstück) gibt es ebenso moderne wie komfortable B&B Zimmer. Die Downtown mit ihren Geschäften und Restaurants liegt in Gehweite. Vier der fünf Gästezimmer sind mit eigenem Bad ausgestattet, eines hat das Badezimmer am Ende des Ganges. In jedem Zimmer gibt es Fernseher, Telefon und Internetzugang. Die Gäste dürfen die Lounge und die Küche benutzen.

Das **Sundog Retreat** (Anfahrt über den Klondike Hwy., ✆ 867/633-4183, www.sundogretreat.com; $ 130–200 pro Blockhütte) verfügt über sechs Blockhütten, die über das 60 ha große Gelände nördlich der Downtown verteilt sind (exakter Lageplan auf der Homepage). Jede Hütte hat eine Küche und ein oder zwei Schafzimmer. Manche haben eine Terrasse, und man wohnt in jedem Fall recht abgeschieden.

• *$ 150–200* Eine der besten Downtown-Unterkünfte ist das **High Country Inn** (4051 4th Ave., ✆ 867/667-4471 oder ✆ 800/554-4471, www.highcountryinn.yk.ca; $ 169–269 für 1/2 Pers.), ein großes und gut ausgestattetes Hotel mit diversen Zimmerkategorien vom Standardzimmer bis zur Presidential Suite ($ 269). Attraktive Extras sind ein Fitnessraum, ein Businesscenter mit Internetzugang und ein hoteleigener Flughafentransfer. Im Erdgeschoss befinden sich ein Restaurant im Bistro-Stil und eine Lounge mit einer großen Terrasse.

Camping

Die beste Wahl für Reisende mit Zelt (Wohnmobile sind nicht zugelassen) ist der **Robert Service Campground** (South Access Rd., ✆ 867/668-3721; Mitte Mai bis Sept.; $ 18) 2 km südlich der Stadt am Fluss und in 20 Min. zu Fuß über den Millenium Trail zu erreichen. Dort gibt es Duschen, einen kleinen Laden, ein Cafe und kostenloses Feuerholz.

Der staatliche **Wolf Creek Campground** (ohne Anschlüsse, $ 14) liegt 11 km südlich von Whitehorse am Alaska Hwy. Die Anlage hat Stellplätze für Zelte und Wohnmobile, Trinkwasser, Plumpsklos, überdachte Kochstellen und einen Naturwanderweg.

Der **Hi Country RV Park** (✆ 867/667-7445 oder ✆ 877/458-3806, www.hicountryrv.yukon.ca; Zeltplätze $ 16, Stellplätze $ 25–33) ist einer von einem halben Dutzend privater Campingplätze, die sich südlich der Stadt am Alaska Hwy. verteilen und von der Downtown in 5 Min. mit dem Auto zu erreichen sind. Der Platz hat 130 Stellplätze unter Bäumen, moderne Duschen, eine Laundry, eine Waschanlage, eine Entsorgungsstation, drahtlosen Internetzugang und einen Lebensmittelladen. Der etwas weiter südlich gelegene **Pioneer RV Park** (91091 Alaska Hwy., ✆ 867/668-5944, www.pioneer-rv-park.com; Mai bis Sept., Zeltplätze $ 15, Stellplätze $ 22–28) ist ähnlich ausgestattet, hat aber zusätzlich einen Kfz-Mechaniker vor Ort, verbilligtes Benzin für Gäste und drahtlosen Internetzugang.

Essen und Trinken

• *Cafés und preiswerte Lokale* Obwohl es mittlerweile einige Kettencafés wie Starbucks bis nach Whitehorse verschlagen hat, sollte man sich durchaus mal an etwas anderes wagen. **Midnight Sun Coffee Roaster** (9002 Quartz Rd., ✆ 867/668-7559; Mo–Sa 8–17 Uhr) ist keinen Deut schlechter als die bekannten Ketten. Unter den Sorten findet man auch lokale Bezeichnungen wie *Sam McGees Black*.

Interessant ist auch **The Chocolate Claim** (305 Strickland St., ✆ 867/667-2202; Mo–Fr 7.30–18 Uhr, Sa 8.30–18 Uhr; Mittagessen $ 6,50–9), eine Art Künstlercafé, das selbst gemachte Schokolade, frisch gebackenes Sonnenblumenbrot, Sandwiches, leckere Suppen und Cappuccino serviert.

In einem zweistöckigen Blockhaus, etwas abseits der 4th Ave. im nördlichen Abschnitt der Downtown, backt die **Alpine Bakery** (411 Alexander St., ✆ 867/668-6871; Mo–Sa 8–18 Uhr) Biovollkornbrote im europäischen Stil, die aber nicht billig sind. Eine Spezialität ist das „Expedition Bread“, das sich bis zu einem Monat hält. Der Laden ist halb Bäckerei, halb Feinkostgeschäft.

Lil's Place (209 Main St., ✆ 867/668-3545; tägl 7–21 Uhr; $ 5,50–12) ist im Stil eines Diners

Yukon Territory
Karte S. 709

aus den 1950er Jahren gehalten, komplett mit Jukebox, Kaugummiautomaten, Sitzkabinen und einer Speisekarte voller Burger und Mixgetränke.

• *Kanadisch* Mitten in der Stadt kombiniert das **Bistro on Fourth** (im High Country Inn, 4051 4th Ave., ✆ 867/667-4471; 7–21.30 Uhr; $ 15–31) typische Mahlzeiten aus dem Norden mit einer gepflegten, gemütlichen Atmosphäre und vernünftigen Preisen. Die beste Wahl sind klassische Gerichte mit nördlichem Einschlag wie Karibu-Burger. Die meisten Hauptgerichte (Steak, Seafood, gegrillte Schweinerippchen usw.) kosten unter $ 30.

Im ältesten Geschäftshaus von Whitehorse hat sich **Klondike Rib & Salmon BBQ** (2116 2nd Ave., ✆ 867/667-7554; Mitte Mai bis Sept. tägl. Abendessen; $ 14–29) eingenistet. Das familienfreundliche Restaurant hat lange Tische mit karierten Decken und eine Speisekarte, die einem das Wasser im Mund zusammenlaufen lässt. Spezialität des Hauses sind Rippchen vom Grill, aber es gibt auch Steaks, Caesar Salad, Räucherlachs, Fish 'n' Chips, Goldgräbersuppe mit Karibu-Wurst und Bumbleberry-Kuchen – ein volles, lautes, fröhliches Restaurant mit leckerem Essen.

Eine völlig andere Atmosphäre bietet das in der Nähe gelegene **Talisman Café** (im River View Hotel, 102 Wood St., ✆ 867/667-7801; Mo–Sa 7–20 Uhr, So 6–16 Uhr). Die Speisekarte umfasst das gesamte Spektrum: Fladenbrot mit Marmelade ($ 3) zum Frühstück, Couscous-Salat ($ 7) oder eine mediterrane Platte am Abend ($ 18).

• *Mexikanisch* Die **Sanchez Cantina** (211 Hanson St., ✆ 867/668-5858; Mo–Sa 11.30–14.30 und 17–21.30 Uhr; $ 10–16,50) ist ein legeres, ruhiges Restaurant mit gewohnten mexikanischen Speisen. Die selbst gemachten Salsa- und Guacamole-Dips sind köstlich.

Information/Verbindungen

Information

Das **Whitehorse Visitor Information Centre** (Ecke 2nd Ave. und Lambert St., ✆ 867/667-3084; Anfang Mai bis Ende Sept. tägl. 10–18 Uhr, Juli/Aug. tägl. 8–20 Uhr, sonst Mo–Fr 8.30–17 Uhr, Sa 10–14 Uhr) deckt Whitehorse und das gesamte Yukon Territory ab.

Die Website der **City of Whitehorse** (www.whitehorse.ca) eignet sich gut für die Recherche vor Antritt der Reise.

• *Bibliothek* Die **Whitehorse Public Library** (2071 2nd Ave., ✆ 867/667-5239; Mo–Fr 10–21 Uhr, Sa 10–18 Uhr, So 13–21 Uhr) ist eine ausgezeichnete öffentliche Bibliothek direkt gegenüber dem Informationszentrum: gute Auswahl an Literatur über den Norden, Zeitungen aus aller Welt und Internetzugang für alle.

Verbindungen

• *Anreise* Der Flughafen liegt auf einem Felsvorsprung oberhalb der Stadt. Nicht zu verfehlen ist die „größte Wetterfahne der Welt": ein restauriertes Flugzeug vom Typ DC-3, das seine Nase auf einem beweglichen Sockel in den Wind hält. Der Weg von der Downtown zum Flughafen führt entweder über die 4th Ave. Richtung Norden bis zum Alaska Hwy. und dann links ab oder über die 2nd Ave. Richtung Süden und am Alaska Hwy. rechts ab. Die meisten Hotels übernehmen den Transport vom und zum Flughafen, ein Taxi in die Downtown kostet ca. $ 14. Whitehorse ist der Heimatflughafen der regionalen Fluggesellschaft **Air North** (✆ 800/661-0407, www.flyairnorth.com), die Verbindungen mit Edmonton, Calgary, Vancouver, Dawson City und Inuvik unterhält. **Air Canada** (✆ 888/247-2262) fliegt von Calgary aus Whitehorse an. **First Air** (✆ 800/267-1247, www.firstair.ca) verkehrt 3-mal wöchentl. zwischen Whitehorse und Yellowknife (NWT).

Das **Whitehorse Bus Depot** (2191 2nd Ave., hinter der Qwanlin Mall, ✆ 867/668-2223) ist die nördliche Endstation der **Greyhound-Busse.** Im Sommer fährt ein Bus tägl. um 13 Uhr über den Alaska Hwy. nach Süden. Die einzigen Busverbindungen von Whitehorse nach Alaska unterhält die **Alaska Direct Bus Line** (✆ 867/668-4833 oder ✆ 800/770-6652, www.alaskadirectbusline.com; Mitte Mai bis Sept.), und zwar nach Anchorage (US$ 220) und Fairbanks (US$ 190). **Alaska/Yukon Trails** (✆ 800/770-7275, www.alaskashuttle.com) nimmt US$ 149 für die einfache Fahrt von Whitehorse nach Dawson City, wo Anschluss nach Fairbanks (Alaska) besteht.

• *Unterwegs in Whitehorse* Die lokale Transportgesellschaft **Whitehorse Transit** (✆ 867/668-7433; Mo–Sa 6–19 Uhr, Fr 6–22 Uhr; $ 2,50) bedient das gesamte Stadtgebiet mit Bussen, Fahrpläne gibt es in der Touristeninformation oder direkt beim Fahrer. Alle Linien beginnen und enden neben dem Haushaltswarenmarkt Canadian Tire gegenüber der Qwanlin Mall.

Lokale Taxiunternehmen sind **5th Avenue Taxi** (✆ 867/667-4111), **Whitehorse Taxi** (✆ 867/393-6543) und **Yellow Cab** (✆ 867/668-4811).

Alle größeren Autovermieter haben einen Schalter am Flughafen. Wer sich in Whitehorse ein Fahrzeug leiht, sollte auf die Freikilometer achten. Im Gegensatz zu anderen Gegenden Kanadas gestatten die Vermieter hier keine unbegrenzten Freikilometer. Ein Beispiel: **National** verlangt für die kleinste Fahrzeugklasse $ 70/Tag bzw. $ 420/Woche bei 200 Freikilometern pro Tag.

Whitehorse ist ein beliebtes Sprungbrett für Touristen aus Europa, die den Yukon und Alaska per Wohnmobil bereisen wollen; dementsprechend groß ist die Auswahl. Für einen Truck oder einen Camper ist mit $ 1200/Woche zu rechnen, ein 7,30 m langes Wohnmobil kostet ca. $ 1800/Woche, jeweils mit 100 Freikilometern pro Tag. Zu den lokalen Verleihern zählen **Cana Dream** (✆ 867/668-3610, www.canadream.com) und **Fraserway** (✆ 867/668-3438 oder ✆ 800/806-1976, www.fraserway.com).

Von Whitehorse nach Beaver Creek

Für die Weiterreise von Whitehorse gibt es zwei Alternativen: entweder über den Alaska Hwy. direkt nach Alaska oder zunächst in Richtung Norden nach Dawson City und dann weiter über den Top of the World Hwy., der bei Tok wieder auf den Alaska Hwy. trifft. Die zweite Strecke ist nicht einmal 200 km länger und hat den Vorteil, dass sie Dawson City beinhaltet, im Grunde ein Muss auf jeder Reise in den hohen Norden. Die komplette Rundstrecke Whitehorse – Dawson – Tok – Whitehorse ist 1480 km lang.

Der folgende Abschnitt behandelt die direkte Route über den Alaska Hwy. nach Beaver Creek. Die Entfernung bis zur Grenze nach Alaska beträgt 460 km. Haines Junction ist die einzige nennenswerte Stadt auf dieser Strecke, die hinter Haines am Kluane National Park entlangführt.

Von Whitehorse nach Haines Junction

Von der Hauptstadt bis Haines Junction sind es problemlose 160 km. Die Landschaft wird erst kurz vor Haines Junction wirklich interessant, wenn die vereisten Gipfel des Kluane National Park und das Gebirgsvorland der St. Elias Mountains ins Blickfeld rücken. An einem klaren Tag ist der schneebedeckte, 4577 m hohe Mount Hubbard zu erkennen.

Ein lohnenswerter Zwischenstopp wartet 21 km östlich von Haines Junction. Dort wurde bei km 1604 eine alte Holzbrücke aus dem frühen 20. Jh. wieder instand gesetzt. Wer zu Fuß hingeht, sieht die Holzkonstruktion und die durch Stahlträger gestützte Highwaybrücke im direkten Vergleich.

Staatliche Campingplätze zwischen Whitehorse und Haines Junction liegen bei km 1543, km 1602 und km 1628.

Haines Junction

Dieser kleine Ort mit 800 Einw. entstand 1942 als Basislager für den Bau des Alaska Hwy. Haines Junction ist die größte Siedlung zwischen Whitehorse und Tok und fungiert als Sprungbrett zum Kluane National Park, dem am leichtesten zugänglichen der drei Nationalparks im Yukon Territory. Da Haines Junction die erste Stadt nördlich von Haines (dem Fährhafen in Alaska) ist, kommt auch eine Menge Verkehr aus Richtung Süden durch.

Karte S. 709

Auf dem Alaska Highway

Sehenswertes

Auf dem zentralen Platz nahe der Kreuzung von Alaska Hwy. und Haines Hwy. steht eine groteske Skulptur aus Bergen, Tieren und Menschen. Das Ding – ironischerweise Teil des Yukon-Verschönerungsprojekts – erinnert an einen missratenen Topfkuchen mit einem echt hässlichen Zuckerguss. Dort stehen auch Informationstafeln über die Geschichte und Attraktionen von Haines Junction und seiner Umgebung, Besucher können ihren Namen in das gigantische Gästebuch eintragen. Ein kleines Stück die Straße nach Whitehorse hinauf steht die **Kirche Our Lady of the Way.** Sie wurde 1954 von einem katholischen Priester gebaut, der eine alte Wellblechhütte mit einer Holzfassade verkleidete und einen kleinen Glockenturm draufsetzte.

Reisepraktisches

• *Übernachten* Haines Junction bietet neben mehreren Motels, die im offiziellen Yukon-Touristenführer aufgeführt sind, noch drei weitere Übernachtungsmöglichkeiten:

Paddle Wheel Adventures (✆ 867/634-2683, www.paddlewheeladventures.com) vermietet moderne Wellblechhütten mit Kochmöglichkeit und eigenem Bad für vernünftige $ 60/Nacht. Da es sich in erster Linie um einen Ausrüster handelt, kann man sich auch Kanus und Mountainbikes leihen oder geführte Schlauchboot- und Angeltouren buchen.

The Cabin (27 km südlich von Haines Jct. am Hwy. 3, ✆ 867/634-2626, www.thecabinyukon.com; $ 85 für 1 Pers., $ 95 für 2 Pers.) besteht aus fünf rustikalen Hütten. Alle haben eine Kochnische und eine Terrasse mit Blick auf den Kluane National Park.

Das **Raven Hotel** (✆ 867/634-2500, www.ravenhotelyukon.com; Mai bis Sept.; $ 120 für 1 Pers., $ 135 für 2 Pers. inkl. Frühstück) hat die zwölf hübschesten Motelzimmer der Stadt, ein Restaurant mit vielen heimischen Spezialitäten und eine Kunstgalerie mit Giftshop. Der große Komplex mit zahlreichen Anbauten mitten im Ort ist nicht zu verfehlen.

• *Camping* Der **Kluane RV Kampground** (✆ 867/634-2709, www.kluanerv.ca; Zeltstellplätze $ 18, Stellplätze mit Anschlüssen $ 24–30) im Zentrum von Haines Junction hat getrennte Bereiche für Zelte und Wohnmobile, aber reichlich Komfort für alle. Dafür, dass er mitten im Ort liegt, sind die Zeltstellplätze sehr nett: viele schattige Bäume, Grillplätze und Feuerholz. Die Stellplätze mit Anschlüssen haben auch Kabel-TV und Internetzugang., man steht aber recht nahe an den Nachbarn. Zum Komplex gehören ein Sanitärblock mit Duschen, eine Laundry, eine Auto- und Wohnmobilwaschanlage, ein Lebensmittelladen und eine Tankstelle.

• *Essen und Trinken* Die **Village Bakery** (✆ 867/634-2867; Mai bis Sept.) ist ein beliebter Treffpunkt. Es gibt köstliche Muffins, Strudel, Donuts, Käsesticks, Brote, Sauerteigsandwiches (Tipp: mit hausgeräuchertem Lachs), Suppen, Quiche, Sauerteigpizza, Lasagne, Fleischpasteten und was immer dem kreativen Bäcker gerade einfällt. Freitags ab 18.30 Uhr ist Lachs vom Grill ($ 17) mit Livemusik auf der Terrasse angesagt.

Mehrere Hotels servieren auch Mahlzeiten, empfehlenswert ist v. a. das **Raven Hotel** (✆ 867/634-2500; Mai bis Sept. tägl. 17.30–22 Uhr; $ 18–31). Die Speisekarte wechselt tägl., ist aber stets abwechslungsreich und gut durchdacht. Angesichts der abgeschiedenen Lage bringt das Restaurant erstaunlich viele frische Beilagen auf den Tisch, die Fleisch und Fisch aus der Umgebung ergänzen. Ein Bonus ist der Ausblick auf die schneebedeckten Gipfel des Kluane National Park.

• *Information* Das **Haines Junction Visitor Information Centre** (✆ 867/634-2345; Anfang Mai bis Ende Sept. tägl. 10–18 Uhr, Juli/Aug. tägl. 8–20 Uhr) ist eine von der Regierung des Territoriums betriebene Einrichtung, die direkt an der Hauptstraße liegt.

Kluane National Park

Der 21.980 km² große Kluane (Aussprache: Kloo-AH-nee) National Park schützt die hohen, schneebedeckten Berge im Südwesten des Yukon mitsamt ihrer herunterfließenden Talgletscher und einer reichen Fauna in den niedrigeren Lagen. Obwohl der Nationalpark vom Alaska Hwy. und Haines Hwy. gesäumt wird und daher relativ gut zugänglich ist, handelt es sich um eine Wildnisregion, die bislang von Menschenhand so gut wie unberührt geblieben ist. Abseits des Highways sieht man kaum noch eine Menschenseele. Da es innerhalb des Nationalparks keine Straßen gibt, lässt sich die ganze Pracht dieser Wildnis nur bei einer Wanderung mit Übernachtung oder vom Flugzeug aus genießen.

Geografie

Die Bergkette St. Elias Range, die sich von Alaska durch das Yukon Territory bis nach British Columbia erstreckt, ist das höchste Gebirge Nordamerikas und das zweithöchste Küstengebirge der Welt (nur die Anden sind höher). Der **Mount Logan** ist mit 6050 m der höchste Berg Kanadas. Der Anblick des Gebirges vom Alaska Hwy. aus ist sehr beeindruckend, doch von den fantastischen Icefield Ranges, die direkt dahinter liegen, lassen sich nur ein paar flüchtige Blicke durch einige Lücken erhaschen. Jenes gewaltige, 2500–3000 m hohe Eisplateau ist das größte nicht polare Eisfeld der Welt und nimmt etwas mehr als die Hälfte der Nationalparkfläche ein. Bis zu 60 km lange, teilweise sehr aktive Talgletscher ergießen sich wie die Speichen eines Rades vom Eisfeld nach unten. Die Bedeutung des Kluane National Park wird auch dadurch gewürdigt, dass er – zusammen mit den Nationalparks Wrangell-Saint Elias und Glacier Bay in Alaska und dem Provinzpark Tatshenshini-Alsek in British Columbia – in das Welterbe der UNESCO aufgenommen wurde.

Mehr als die Hälfte des Kluane National Park besteht aus Eis, Schnee und Felsen, doch in den übrigen Gebieten tummeln sich dafür umso mehr wilde Tiere. Etwa 4000 Dickhornschafe, eine der größten Populationen weltweit, fühlen sich an den

Karte S. 709

hohen Bergflanken nordwestlich des Kaskawulsh Glacier und in anderen Gegenden des Parks heimisch. Sie sind häufig vom Highway aus in der Umgebung des Sheep Mountain zu sehen. Außerdem leben im Nationalpark zahlreiche Elche, Karibus, Schneeziegen und Grizzlys.

Reisepraktisches

- *Rundflüge* Der Haines Junction Airport ist Ausgangspunkt für Rundflüge über den Nationalpark. Der einstündige Flug ist wegen seiner spektakulären Ausblicke auf den Mount Logan und mehrere Gletscher an einem klaren Tag sehr zu empfehlen, Auskünfte erteilt **Sifton Air** (✆ 867/634-2916). Rundflüge mit **Trans North Helicopters** (✆ 867/634-2242) kosten ab $ 180/Pers. für eine 30-minütige Gletschertour; der Hubschrauberstützpunkt liegt hinter Haines Junction am Alaska Hwy. bei km 1698.
- *Touren* Wer sich ungern ohne erfahrenen Führer in die Wildnis begibt, kann sich an **Kluane Ecotours** (✆ 867/634-2600, www.kluaneco.com) wenden. Der Ausrüster veranstaltet Tagesausflüge und mehrtägige Wander- und Kanutouren, darunter auch eine Kombination aus Paddeltour und Wanderung zum King's Throne.
- *Camping* Der problemlos zugängliche **Kathleen Lake Campground** (✆ 867/634-7250; Mitte Mai bis Mitte Sept.; $ 16) liegt 27 km südlich von Haines Junction und mitten im Kluane National Park. Die 32 Stellplätze verteilen sich in bezaubernder Lage zwischen dem Highway und dem See, der ein beliebtes Paddelrevier ist. Die Ausstattung beschränkt sich allerdings auf Trinkwasser, Plumpsklos und Feuerholz (eine Erlaubnis zum Feuermachen – *Fire Permit* – kostet $ 9). Ein kurzer Lehrpfad ist gleichzeitig Ausgangspunkt für eine 5 km lange Wanderung auf den King's Throne, der seinen Namen den weiten Ausblicken auf den Nationalpark verdankt. Hin und zurück braucht man für die Wanderung gut fünf Stunden.
- *Information* Das **Kluane Visitor Reception Centre** (✆ 867/634-2293, www.pc.gc.ca; Mitte Mai bis Mitte Sept. tägl. 9–17 Uhr), die Touristeninformation von Haines Junction, zeigt eine Reliefkarte des Nationalparks und alle halbe Stunde eine ausgezeichnete, 20-minütige Diashow mit Kommentar.

Am Alaska Hwy., 72 km nördlich von Haines Junction, befindet sich das **Tachal Dhal Visitor Centre** (✆ 867/734-7250; Mitte Mai bis Mitte Sept. tägl. 9–16 Uhr). Besucher können durch ein Teleskop die Dickhornschafe auf dem nahe gelegenen Sheep Mountain beobachten, die beste Zeit dafür ist von Ende August bis Mitte Juni.

Von Haines Junction nach Beaver Creek

Auf dem 300 km langen Streckenabschnitt bis Beaver Creek verläuft der Alaska Hwy. größtenteils parallel zum Kluane National Park und zum Wildschutzgebiet Kluane Wildlife Sanctuary – ein vergleichsweise dicht besiedelter und atemberaubend schöner Landstrich. Unterwegs liegen drei staatliche Campingplätze (bei km 1725, km 1853 und km 1913), drei kleine Ortschaften und ein Dutzend Lodges.

Am **Soldier's Summit,** 1 km nördlich vom Tachal Dhal Visitor Information Centre, erinnert ein Schild an die offizielle Eröffnung des Alcan am 20. November 1942, gerade einmal acht Monate nach Baubeginn. Ein Lehrpfad führt vom Parkplatz zum Schauplatz der Eröffnungsfeierlichkeiten.

Destruction Bay

Diese winzige Siedlung bei km 1743 ist nach dem ursprünglichen Straßenbaucamp benannt, das 1942 von einem schweren Sturm zerstört wurde. In Destruction Bay gibt es das **Talbot Arm Motel** (✆ 867/841-4461; $ 90 für 1 Pers., $ 105 für 2 Pers.) mit 32 Zimmern. Die Ausstattung kann sich sehen lassen: Stellplätze für Wohnmobile, Tankstelle, Cafeteria, Restaurant, Gemischtwarenladen, Giftshop und Duschen.

Burwash Landing

Am Kluane Lake, 127 km nordwestlich von Haines Junction, liegt Burwash Landing (90 Einw.). Das schöne **Kluane Museum of Natural History** (✆ 867/841-5561; Mitte Mai bis Mitte Sept. tägl. 9–18.30 Uhr; Erwachsene $ 5, Kinder $ 4) beherbergt eine Ausstellung über wilde Tiere, Artefakte von Ureinwohnern, ein großes Modell der Region, einige interessante Fossilien und einen Vorführraum für einen Film über die heimische Tierwelt. Sehenswert ist auch die **Kirche Our Lady of the Rosary,** eine Holzkonstruktion aus dem Jahre 1944.

Das **Burwash Landing Resort** (✆ 867/841-4441) hat Hotelzimmer ab $ 95 (1/2 Pers.), ein Restaurant, eine Lounge, Stellplätze für Wohnmobile und einen Bootsverleih. Zum Komplex gehören auch eine riesige Cafeteria, ein netter Speisesaal und eine Bar, in der es abends in der Regel recht laut zugeht; interessant ist die hintere Wand, an der lauter Geldscheine kleben. Von hier kann man Boots- und Angeltouren unternehmen, auf Wunsch auch mit Führung.

Beaver Creek

Beaver Creek (110 Einw.), die letzte Siedlung im Yukon mit Serviceeinrichtungen, lebt v. a. vom Tourismus.

• *Übernachten/Camping* Das ganzjährig geöffnete **1202 Motor Inn** (von Alaska aus ✆ 867/862-7600, ✆ 800/764-7601, von Westkanada aus ✆ 800/661-0540, www.1202motorinn.ca; $ 85–175 für 1/2 Pers.) liegt an der Ortsausfahrt. Das Angebot umfasst Motelzimmer in einem älteren Block, modernere Zimmer, geräumige Suiten mit Küche und Stellplätze für Wohnmobile. Zum Komplex gehören auch ein Speisesaal mit rustikaler Holzeinrichtung, ein Aufenthaltsraum, Internetanschluss und eine Tankstelle (auf der US-Seite der Grenze ist Benzin aber billiger).

Die größte Unterkunft vor Ort ist das Hotel **Westmark Inn Beaver Creek** (✆ 867/862-7501 oder ✆ 800/544-0970, www.westmarkhotels.com; Mitte Mai bis Mitte Sept.; $ 99 für 1/2 Pers.), dessen 174 kleine, nichtssagende Zimmer v. a. von Reisegruppen belegt sind.

• *Unterhaltung* Das Westmark ist der Veranstaltungsort des **Rendezvous Dinner Theatre**, eines heiteren Musicals, das im Sommer jeden Abend aufgeführt wird (Show inkl. Abendessen $ 55, nur Show $ 25).

• *Information* Das **Beaver Creek Visitor Information Centre** (✆ 867/862-7321; Anfang Mai bis Ende Sept. tägl. 10–18 Uhr, Juli/Aug. 8–20 Uhr) wird von der Regierung des Yukon unterhalten und dient v. a. als Informationsquelle für Reisende, die auf dem Weg von Alaska ins Yukon Territory sind.

Weiter nach Alaska

Die Grenze zwischen Kanada und den USA liegt 32 km westlich von Beaver Creek, der **Kontrollpunkt der US-Zollbehörde** befindet sich noch 1 km weiter. Wer nach Alaska einreist, muss die Uhr eine Stunde zurückdrehen, es gilt die Alaska Standard Time. In entgegengesetzter Richtung liegt der **kanadische Zoll** ein gutes Stück weiter auf kanadischem Gebiet, nur 3 km nordwestlich von Beaver Creek. Beide Kontrollposten sind ganzjährig rund um die Uhr geöffnet.

Wer diesen Abschnitt vor der Abreise liest, sollte seine Planung für Alaska damit beginnen, die **Alaska Travel Industry Association** (✆ 907/465-2017, www.travelalaska.com) zu kontaktieren und ein Informationspaket anzufordern.

Yukon Territory
Karte S. 709

Von Whitehorse nach Dawson City

Die Fahrt von Whitehorse in Richtung Norden nach Dawson City ist 536 km lang. Ohne größere Zwischenstopps dauert die Reise 6–7 Std., man kann sie aber durchaus auf einen ganzen Tag oder zwei Tage strecken, um sich die nachfolgend beschriebenen Orte anzuschauen.

Lake Laberge

Lake Laberge, 62 km nördlich von Whitehorse, wurde von dem kanadischen Dichter Robert Service mit seinem Werk *The Cremation of Sam McGee* als Schauplatz der Leichenverbrennung eines Goldgräbers unsterblich gemacht. Dass man hier ausgezeichnet Forellen angeln kann, wussten auch schon die Goldsucher vor über 100 Jahren, als der Fisch gleich tonnenweise nach Dawson verfrachtet wurde. Campen kann man am 22 km weiter nördlich gelegenen **Fox Lake Campground,** an dem man im Sommer auch schwimmen kann.

Carmacks

Gut 180 km nördlich von Whitehorse liegt die Siedlung Carmacks (420 Einw.) am Flussufer des Yukon. Sie ist nach George Washington Carmack benannt, dem jener Fund am Bonanza Creek zugeschrieben wurde, der den berühmten Goldrausch am Klondike auslöste.

Am leichtesten bekommt man einen Überblick, wenn man mit dem Auto die Three Gold Rd. (am Carmacks Hotel) in Richtung Yukon River fährt. Am Flussufer führt eine 2 km lange **Holzpromenade** zu einem Park mit Pavillon. Unterwegs stehen Bänke, Aussichtsplattformen und Informationstafeln. Das Museum **Tage Cho Hudan Interpretive Centre** (✆ 867/863-5830) zeigt archäologische Exponate und ein Diorama mit dem Modell einer Mammutfalle, außerdem gibt es hier einige Lehrpfade und einen Giftshop. Das Museum liegt an der zweiten Auffahrt nördlich der Brücke.

Das **Hotel Carmacks** (✆ 867/863-5221, www.hotelcarmacks.com; ab $ 95 für 1/2 Pers.) hat Hütten und moderne Zimmer in einem rückwärtigen Gebäude. Dort gibt es eine große Lounge, zwei Pooltische und ein interessantes Messinggeländer an der Bar, perfekt zum Anlehnen. Ein Teil des Restaurants erstreckt sich auch auf das alte Carmacks Roadhouse (Baujahr 1903), dem einzigen noch erhaltenen Rasthaus von ehemals 16 an der Strecke zwischen Whitehorse und Dawson.

Five Finger Rapids

Nördlich von Carmacks kommt nach 25 km eine Haltebucht mit Blick auf die Stromschnellen Five Finger Rapids. Dort drosseln vier große Felsen den Lauf des Flusses, dessen Stromschnellen durch fünf Kanäle rauschen. Am Freizeitgelände **Five Finger Rapids Recreation Site** hat man von einer Holzplattform einen guten Blick auf den Fluss, eine Treppe führt hinunter ans Ufer. Der Hin- und Rückweg zum Fluss dauert insgesamt etwa 1 Std. – eine schöne Kurzwanderung als Kontrastprogramm zur Autofahrt.

Pelly Crossing

Nach weiteren 108 km ist Pelly Crossing erreicht, ungefähr auf halbem Weg zwischen Whitehorse und Dawson. Im Ort stehen Informationstafeln mit Beschreibungen der Siedlung und ihrer indigenen Einwohner, die vom abgelegenen Fort Selkirk flussaufwärts zogen, nachdem in den 1950er Jahren der Klondike Hwy. fertig gestellt worden war.

Silver Trail

Die erste Siedlung nördlich des Pelly River ist **Stewart Crossing,** wo 1883 ein Handelsposten gegründet wurde. Dort befindet sich die letzte Tankstelle vor Dawson City, das noch 181 km entfernt liegt.

An diesem Ort zweigt der Silver Trail (Hwy. 11) nach Nordosten ab und erschließt eine Gegend, in der früher wegen reicher Silbervorkommen großflächig Bergbau betrieben wurde. Zwei kleine Orte und viel Geschichte machen einen Abstecher lohnenswert.

Der Ort **Mayo** (400 Einw.) liegt über einer breiten Biegung des Stewart River und war einst ein lebhaftes Silberabbauzentrum. Das Erz wurde mit Schaufelraddampfern aus der Wildnis abtransportiert und landete irgendwann in den Schmelzhütten von San Francisco. Das zweistöckige Besucherzentrum **Binet House** (304 2nd Ave, ✆ 867/996-2926; Mai bis Sept. tägl. 10–18 Uhr) zeigt einige Exponate zu Flora und Fauna und beleuchtet die Geschichte der Gegend anhand von historischen Fotos und einer geologischen Ausstellung mit Proben von Mineral- und Silberfunden. Das **Bedrock Motel** (im nördlichen Ortsteil, ✆ 867/996-2290, www.bedrockmotel.com; $ 95 für 1/2 Pers.) ist ein modernes Blockhaus mit zwölf sauberen, komfortablen Zimmern und Stellplätzen für Wohnmobile ($ 25). Dort gibt es auch eine Laundry und einen Kanuverleih.

Von Mayo geht es zunächst über 8 km Asphaltstraße und anschließend über 51 km harte Schotterpiste nach **Keno City.** Auf der Strecke liegt **Elsa,** Standort einer Silbermine, die erst 1989 geschlossen wurde. Keno, einst eine Silber-Boomtown, hat heute nur noch 20 Einw. Seine lange und interessante Geschichte archiviert das **Keno City Mining Museum** (✆ 867/995-3103; Juni bis Anfang Sept. 10–18 Uhr), das passenderweise in einem Saloon aus den 1920er Jahren untergebracht ist. Die benachbarte Hütte enthält eine interessante Sammlung von Fossilien aus der Umgebung.

Im südlichen Abschnitt des Ortes stehen die **Keno City Cabins** (✆ 867/995-2829; $ 85–105 für 2 Pers.). Die beiden Hütten sind gut ausgestattet und haben einen Holzofen zum Kochen.

Dawson City

Dawson City (nicht zu verwechseln mit Dawson Creek in British Columbia) hat von allen kanadischen Städten den legendärsten Ruf und die wildeste Vergangenheit. Der Goldrausch am Klondike war zwar nur von kurzer Dauer, doch dank ihres historischen Charmes hat sich die Stadt zu einer großen Touristenattraktion entwickelt. Viele alte Häuser sind in bunten Farben neu gestrichen, andere wurden ihrem natürlichen Verfall überlassen. Ein Stadtbummel ist die beste Möglichkeit, sich einen Eindruck von der Geschichte Dawsons zu verschaffen, aber längst nicht die einzige: Besucher lauschen den Gedichten von Robert Service vor der Hütte des berühmten Poeten, versuchen sich im Goldwaschen oder schlagen sich beim Glücksspiel im alten Kasino die Nacht um die Ohren.

Dawson City hat etwa 1400 ständige Einwohner, doch im Sommer treiben sich hier fast doppelt so viele Menschen herum. Obwohl die Fahrt von Whitehorse nach Norden 536 km lang ist, nehmen sie jährlich 60.000 Besucher auf sich. Angelockt werden die vielen Touristen von einem bezaubernden Mix aus bunten historischen Fassaden und verlassenen Gebäuden, winzigen alten Hütten und riesigen neuen Blockhäusern, verrosteten Schaufelraddampfern und mehreren Kasinos.

Geschichte

Die Goldfelder am Klondike erstrecken sich auf einer 2000 km^2 großen Fläche südöstlich von Dawson. 1896 machte ein Schürfer aus Nova Scotia namens Robert Henderson hier den ersten Goldfund – Wert pro Goldpfanne: ca. $ 0,20. Er verbrachte den Rest des Sommers mit der Goldsuche in dem Flüsschen, das er Gold-Bottom Creek nannte, und erzählte anderen Schürfern in der Gegend von seinem Fund. Einer von ihnen war George „Siwash" Washington Carmack, der mit seinen Partnern Tagish Charlie und Skookum Jim im nahe gelegenen Rabbit Creek (der schon bald darauf Bonanza Creek hieß) auf große Mengen Gold stieß ($ 3–4 pro Pfanne). Bevor sich die Kunde von ihrem Glück verbreiten konnte, hatten sie die vielversprechendsten Claims abgesteckt.

Goldfieber

Die Nachricht von den Goldfunden erreichte die Außenwelt ungefähr ein Jahr später, als in San Francisco und Seattle mehrere Glücksritter an Land gingen, die so viel Gold im Gepäck hatten, dass sie es selbst nicht mehr tragen konnten. Das Schauspiel löste auf dem gesamten Kontinent eine Massenhysterie aus, die einen Goldrausch nach sich zog, wie ihn die Welt selten gesehen hatte und seitdem auch nie wieder gesehen hat. Büroangestellte, Verkäufer, Straßenbahnschaffner, Ärzte, Priester, Generäle – sogar der Bürgermeister von Seattle – warfen, ohne zu zögern, ihre Arbeit hin und machten sich auf den Weg zum Klondike. Stadtbewohner, Fabrikarbeiter und Männer, die noch niemals einen Berg bestiegen, ein Boot gesteuert oder einen Rucksack getragen hatten, besorgten sich in San Francisco, Seattle, Vancouver und Edmonton Vorräte und Ausrüstung. Dann begaben sie sich auf eine unglaubliche Reise durch unerforschte Wildnis nach Dawson City, 1500 km von der nächsten Stadt entfernt, denn dort erträumten sie sich den großen Hauptgewinn. Von schätzungsweise 100.000 Abenteurern, die damals fast gleichzeitig aufbrachen, schafften es 35.000 bis nach Dawson.

In der Zwischenzeit waren einige Hundert Glückliche in Dawson angekommen, bevor die Flüsse im Winter 1897 zufroren. Doch sie fanden in der Stadt eine derartige Nahrungsknappheit vor, dass viele panikartig wieder die Flucht ergriffen, um ihre nackte Haut zu retten. Zur selben Zeit waren neue Glücksritter zu Zehntausenden auf unterschiedlichen Routen unterwegs nach Dawson, viele kamen über den **Chilkoot Pass** und fuhren mit dem Boot über den Yukon weiter. Unzählige Männer wurden völlig unvorbereitet mit dem unerbittlichen, sieben Monate langen arktischen Winter konfrontiert. Viele starben an Unterkühlung, Skorbut, Hunger und Erschöpfung, andere wurden ermordet oder nahmen sich das Leben. Als die Eisschmelze im Frühjahr 1898 den restlichen Horden endlich den Weg nach Dawson freimachte, waren bereits alle lohnenswerten Claims abgesteckt.

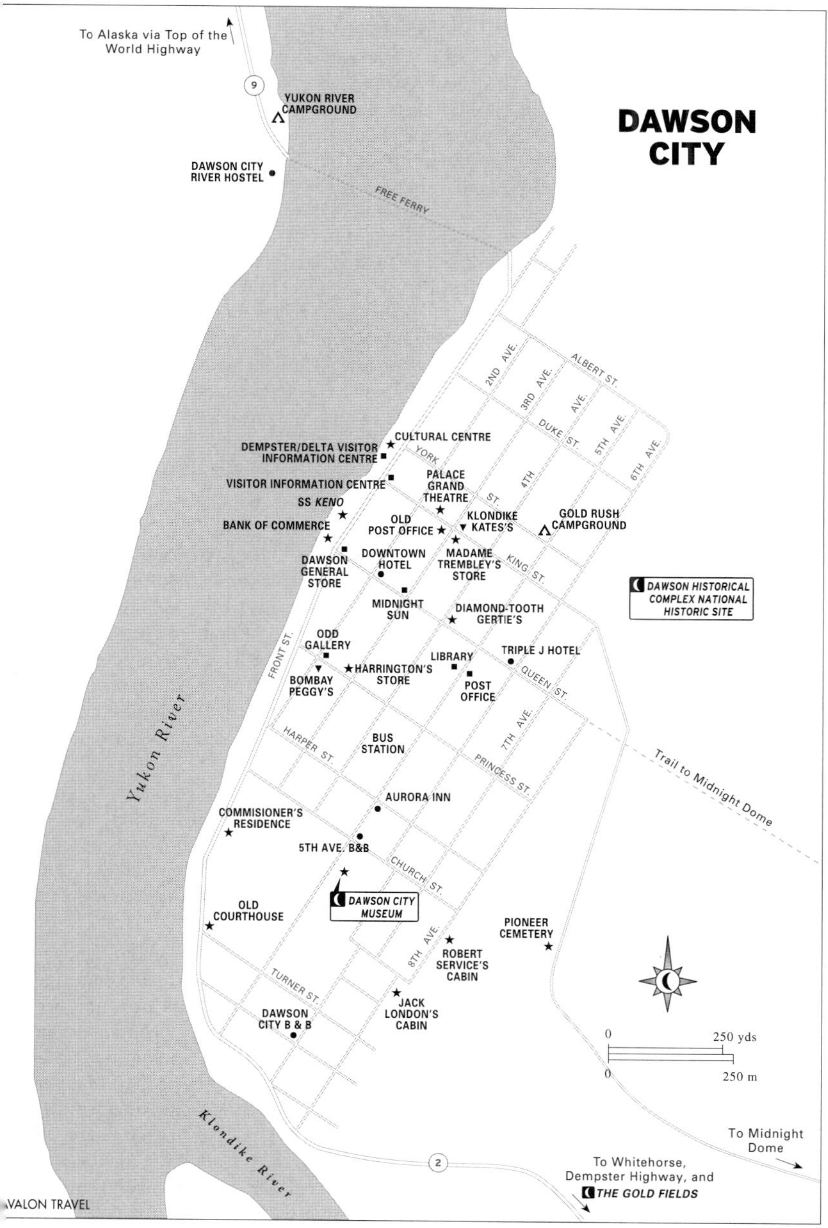
DAWSON CITY
To Alaska via Top of the World Highway
9
YUKON RIVER CAMPGROUND
DAWSON CITY RIVER HOSTEL
FREE FERRY
2ND AVE.
3RD AVE.
4TH AVE.
5TH AVE.
6TH AVE.
7TH AVE.
8TH AVE.
FRONT ST.
ALBERT ST.
DUKE ST.
YORK ST.
KING ST.
QUEEN ST.
HARPER ST.
PRINCESS ST.
CHURCH ST.
TURNER ST.
CULTURAL CENTRE
DEMPSTER/DELTA VISITOR INFORMATION CENTRE
VISITOR INFORMATION CENTRE
PALACE GRAND THEATRE
SS KENO
BANK OF COMMERCE
OLD POST OFFICE
KLONDIKE KATES'S
GOLD RUSH CAMPGROUND
DOWNTOWN HOTEL
MADAME TREMBLEY'S STORE
DAWSON GENERAL STORE
DAWSON HISTORICAL COMPLEX NATIONAL HISTORIC SITE
MIDNIGHT SUN
DIAMOND-TOOTH GERTIE'S
ODD GALLERY
LIBRARY
TRIPLE J HOTEL
HARRINGTON'S STORE
BOMBAY PEGGY'S
POST OFFICE
Yukon River
BUS STATION
Trail to Midnight Dome
AURORA INN
COMMISIONER'S RESIDENCE
5TH AVE. B&B
DAWSON CITY MUSEUM
OLD COURTHOUSE
PIONEER CEMETERY
ROBERT SERVICE'S CABIN
JACK LONDON'S CABIN
DAWSON CITY B & B
0
250 yds
0
250 m
Klondike River
2
To Midnight Dome
To Whitehorse, Dempster Highway, and THE GOLD FIELDS
AVALON TRAVEL

Glanzvolle Zeiten und schmutziges Geld

Das folgende Jahr, vom Sommer 1898 bis zum Sommer 1899, war ein einzigartiger Augenblick der Geschichte. Während Dawson von Menschen und Waren überschwemmt wurde, warfen die Goldschürfer ihre gewaltigen Reichtümer, für die sie zuvor nichts hatten kaufen können, plötzlich mit fieberhafter Hingabe zum Fenster raus. Die reichsten Goldjäger eröffneten Bars, Tanzsäle, Spielkasinos, Handelsfirmen, ja sogar Dampfschiffreedereien und Banken – denn so ließ sich inzwischen wesentlich einfacher das große Geld machen als durch mühseliges Schürfen. Die Kasinos und Hotels konnten sich in ihrer Pracht mit denen in Paris messen. Revuegirls nahmen $ 5 in Gold pro Minute fürs Tanzen (langsame Tänze kosteten extra), die Barkeeper schmierten sich Klebstoff an die Finger, um nebenbei ein bisschen Goldstaub abzusahnen, und wer das Glück hatte, am nächsten Morgen das Sägemehl auf dem Kneipenfußboden zusammenzufegen, konnte sich täglich $ 50 Goldstaub extra einsacken. Dawson brannte mit einer unbeschreiblichen Intensität aus Lust und Gier in Reinkultur, der absolute Höhepunkt im Leben jedes einzelnen, dem es nach der langen und beschwerlichen Reise vergönnt war, diese Zeit mitzuerleben.

1899 wurde Dawson durch ein Großfeuer weitgehend zerstört. Zur gleichen Zeit machten Gerüchte von neuen Goldfunden bei Nome in Alaska die Runde. Und genauso wie der Klondike-Rausch die anderen Boomtowns im Norden leer gefegt hatte, fegte der Nome-Rausch Dawson City leer. Im Sommer 1899, als die letzten verlotterten und zerlumpten Desperados zwei Jahre nach ihrem Aufbruch in die Stadt humpelten, war Dawsons zwölfmonatiges Intermezzo als Boomtown schon wieder Geschichte, aus und vorbei. Die Blüte der Stadt war genauso kurzlebig wie ihre vulgären Sitten, und Dawson City verkümmerte in Windeseile wieder zu einem ganz normalen Städtchen am Ufer des Yukon.

Sehenswertes

Dawson hat viele kostenlose oder zumindest preiswerte Attraktionen zu bieten, die für mehrere Tage Zerstreuung sorgen. Das kompakte Stadtzentrum ist ein Mix aus unbefestigten Straßen, zerbröselnden Holzfassaden, Imitaten von Häusern aus der Goldrausch-Ära und vollen Souvenirläden. Die eigentlichen Goldfelder liegen außerhalb der Stadt. Wer eine Tour auf den Berg Midnight Dome unternimmt, wird mit herrlichen Ausblicken auf die Stadt und den Yukon River belohnt.

Ein guter Ausgangspunkt für eine Stadtbesichtigung ist das **Dawson City Visitor Information Centre** (✆ 867/993-5274; Anfang Mai bis Ende Sept. tägl. 10–18 Uhr, Juli/Aug. tägl. 8–20 Uhr) mitten im Zentrum an der Ecke Front und King St. Dort

Parks and Partner's Pass

Die preiswerteste Möglichkeit, alle historischen Sehenswürdigkeiten in Dawson zu besichtigen, ist der sog. Parks and Partner's Pass ($ 30,90/Pers.). Der Pass ist einen Tag gültig und beinhaltet den Eintritt für elf Attraktionen und einen geführten Stadtrundgang. Es gibt auch Sammelkarten für drei beliebige Attraktionen ($ 13,70) oder fünf beliebige Attraktionen ($ 22). Die Tickets werden in der Touristeninformation verkauft, weitere Informationen finden sich auf der Website www.pc.gc.ca unter der Rubrik „Dawson Historical Complex National Historic Site".

beginnen mehrmals täglich hervorragende einstündige **Stadtspaziergänge,** die vor geschichtlichen Details strotzen. Die Anfangszeiten sind im Besucherzentrum angeschlagen.

Das Dawson City Museum

Dawson City Museum

Falls möglich, sollte ein Besuch dieses ausgezeichneten und umfangreichen Museums vor allen anderen Unternehmungen in der Stadt stehen (595 5th Ave., ✆ 867/993-5291; Mitte Mai bis Anfang Sept. tägl. 10–18 Uhr; Erwachsene $ 9, Senioren und Kinder $ 7). Die Süd- und Nordgalerie im diesem imposanten Verwaltungsgebäude von 1901 präsentieren einen enormen Reichtum an (natur)geschichtlichen Details von Fossilien, Flora und Fauna über das Leben der Nord-Athabasken bis zum Goldrausch und seinen Folgen. Das Museum kann aus einem großen Fundus schöpfen und präsentiert seine Exponate sehr ansprechend. Allein die Bergbauausstellung, in der es vom Schürfen per Hand bis zum Einsatz von Baggern geht, ist das Eintrittsgeld wert. Interessant sind auch die Informationen zu Recht und Gesetz während des Goldrausches. Der sichtbare Ausstellungsbereich beinhaltet nur etwa ein Fünftel der insgesamt 30.000 sich im Besitz des Museums befindenden Artefakte.

SS Keno

Der restaurierte Flussdampfer **SS Keno** wurde 1922 in Whitehorse gebaut und liegt in der Front St. auf Trockendock. Das Schiff diente seinerzeit zum Transport von Erz aus dem Abbaugebiet in der Umgebung von Mayo. Die Fracht wurde über den Stewart River bis zur Mündung in den Yukon verschifft, mit größeren Schiffen flussaufwärts nach Whitehorse transportiert und dort auf Güterzüge verladen. Die SS Keno fuhr 1960 zu ihrem jetzigen Ruheplatz, wurde aber erst 40 Jahre später restauriert. Eine Führung kostet $ 7,50 für Erwachsene, $ 6,50 für Senioren und $ 4,50 für Kinder.

Dawson Historical Complex National Historic Site

Die bedeutendsten historischen Gebäude der Stadt stehen als nationalhistorische Stätte unter Denkmalschutz. Dazu gesellen sich als Kontrastprogramm die Häuser, die absichtlich dem Verfall durch Permafrost und Schwerkraft überlassen worden

Karte S. 709

sind. Zusammen ergibt das einen äußerst spannenden Stadtspaziergang, mit dem sich ohne Weiteres ein halber oder ganzer Tag verbringen lässt. Die nachfolgend beschriebenen Gebäude sind von Mitte Mai bis Mitte September geöffnet und bieten jeweils Informationsveranstaltungen an.

In der King St., einen Block vom Besucherzentrum entfernt, steht das **Palace Grand Theatre.** Es wurde 1899 von „Arizona Charlie" Meadows gebaut, dem berühmtesten Barkeeper und Revolverhelden der Goldrausch-Ära, das Holz stammte von ausgedienten Schaufelraddampfern. Zur damaligen Zeit war das Grand eines der luxuriösesten Theater im Westen und zeigte alle möglichen Aufführungen vom Wildwestspektakel bis zur Oper. Der original erhaltene Hufeisenbalkon, die privaten Logen und die opulente Innenausstattung wurden liebevoll restauriert. Täglich um 14 Uhr findet eine Führung statt (Erwachsene $ 7,50, Senioren $ 6,50, Kinder $ 4,50).

Die wunderschön restaurierte **Commissioner's Residence** in der Front St. (hinter der Church St.) war von 1900 bis 1916 offizielle Residenz des Commissioner of the Yukon, dem obersten Regierungsvertreter in Dawson City. Täglich finden Führungen mit kostümiertem Personal durch die Villa und ihre Gärten statt (Erwachsene $ 7,50, Senioren $ 6,50, Kinder $ 4,50).

In unmittelbarer Nachbarschaft zum Theater stehen viele Gebäude mit historischen Schaufensterauslagen. Drei Blocks die 3rd Ave. nach Süden steht an der Ecke Harper St. das fürchterlich windschiefe **Strait's Auction House,** ein beliebtes Fotomotiv.

Robert Service Cabin

Drei Straßenblocks bergauf vom Museum steht in der 8th Ave. (Höhe Hanson St.) die Holzhütte, die der berühmte Dichter Robert Service von 1909 bis 1912 bewohnte. Service, der niemals Schaufel oder Pfanne in die Hand nahm, landete als Troubadour und Bankkassierer in Dawson und gelangte durch klassische Prosagedichte wie *The Cremation of Sam McGee* und *The Shooting of Dan McGrew* zu unerwartetem Ruhm. Die Hütte steht leer, seit Service die Stadt 1912 als berühmter Mann verließ, und hat sich seitdem zu einer Pilgerstätte entwickelt. Sie ist im Sommer täglich von 9 bis 17 Uhr geöffnet, jeden Tag um 15 Uhr liest Charlie Davis aus den bekanntesten Werken des Dichters (Erwachsene $ 7,50, Senioren $ 6,50, Kinder $ 4,50).

Midnight Dome

Dieser 885 m hohe Berg eröffnet ein 360-Grad-Panorama auf Dawson City und seine Umgebung. Dawson liegt direkt unterhalb, während der Yukon River in beiden Richtungen am Horizont verschwindet. Im Westen nimmt der kurvige Top of the World Hwy. Kurs auf Alaska, im Süden fließt der Bonanza Creek an Geröllhalden und Berghängen vorbei, aus denen noch heute hydraulische Hochdruckdüsen kostbaren Schlamm in die Waschrinnen befördern. Die Informationstafel auf dem Gipfel erläutert alle sichtbaren topografischen Merkmale. Anfahrt mit dem Auto: von der Front St. über die King St. durch die Stadt und der Beschilderung folgen; es sind 7 km bis zum Gipfel. In der Touristeninformation gibt es eine Wanderkarte mit Beschreibung eines steilen Wanderwegs, der am Ende der Queen St. beginnt.

Die Goldfelder

Wer hautnah erleben möchte, wo sich der Klondike-Goldrausch abgespielt hat, fährt 2 km in Richtung Süden aus der Stadt heraus und biegt in die Bonanza Creek Rd. ein.

Das Highlight unterwegs ist die Besichtigung von **Dredge No. 4,** dem größten hölzernen Goldbagger Nordamerikas. Das Monstrum wurde 1912 gebaut und schaufelte noch bis 1966 Goldschlamm aus den Flussbetten. Von Mai bis August finden hier Führungen statt (Erwachsene $ 7,50, Senioren $ 6,50, Kinder $ 4,50, Eintritt im Parks and Partner's Pass enthalten).

Dem Fremdenverkehrsverband *Klondike Visitors Association* gehört der **Claim 6** am berühmten Bonanza Creek. Besucher können hier von Mitte Mai bis Mitte September kostenlos nach Gold schürfen. Pfannen gibt es in vielen Geschäften in Dawson, leihweise auch am RV Park an der Abzweigung zur Bonanza Creek Rd. Ein Stück flussabwärts liegt **Claim 33** (✆ 867/993-5303), ein kommerzieller Schürfanbieter mit garantierten Goldfunden. Es ist kein Geheimnis, dass die Betreiber hier heimlich Gold verstecken, aber die Sache macht trotzdem Spaß und dient auf jedem Fall der Verbesserung der Technik.

Am **Discovery Claim,** 16 km südlich vom Highway, markiert ein Denkmal die Stelle, wo George Carmack 1896 seinen spektakulären Fund machte, der den Goldrausch am Klondike auslöste.

Hinter dem Denkmal führt die Straße zum Zusammenfluss von Bonanza Creek und Eldorado Creek, wo einst die Goldgräberstadt Grand Forks stand. Hier gabelt sich die Straße: Links beginnt eine 100 km lange Rundstrecke durch eine abgeschiedene Region, bis die Straße in der Nähe des Flughafens wieder auf den Klondike Hwy. trifft.

Unterhaltung/Einkaufen

• *Unterhaltung* Das erste legale Spielkasino Kanadas, **Diamond Tooth Gerties Gambling Hall** (Ecke 4th und Queen St., ✆ 867/993-5575; Anfang Mai bis Mitte Sept., So–Mi 19–2 Uhr, Do–Sa 14–2 Uhr), verdankt seinen Namen einer Tanzkönigin von Dawson, die einen Diamanten zwischen den vorderen Schneidezähnen trug. Obwohl Kasinos auf dem Höhepunkt des Goldrausches in Dawson ein genauso gewohnter Anblick waren wie Goldwaschrinnen und Saloons, erfolgte die offizielle Legalisierung des Glückspiels im Yukon (und ganz Kanada) erst 1971, dem Gründungsjahr von Diamond Tooth Gerties. Das Kasino hat einarmige Banditen und Tische für Blackjack, Poker, Sic Bo und Roulette, wobei das Haus tendenziell den Löwenanteil der Einsätze einsackt. Getränke kosten extra, selbst wenn man mit haufenweise Cash um sich wirft – Dawson City ist schließlich nicht Las Vegas. Die 30-minütige Bühnenshow mit Oldies und Cancan findet jeden Abend um 20.30, 22.30 und 24.00 Uhr statt, Eintritt $ 10.

Besitzer vom Gerties ist der Fremdenverkehrsverband KVA, der das Kasino als Einnahmequelle für die Restaurierung und Vermarktung von Dawson City betreibt. Wer sich in der Stadt umschaut, sieht sofort, wie viel Geld mit Gerties verdient wird, d. h. wie viel die Touristen verlieren: ca. $ 1 Mio. pro Jahr. Das heißt nicht zwangsläufig, dass man nichts gewinnen kann, aber besser ist es, das Glücksspiel hier als eine Art Spende zu betrachten. Warum auch nicht, ist ja für einen guten Zweck.

• *Einkaufen* Das Klondike Institute of Art and Culture betreibt die **Odd Gallery** (Ecke 2nd Ave. und Princess St., ✆ 867/993-5005) mit Ausstellungen von Künstlern aus dem Yukon. Der Kunst- und Kulturverband organisiert auch jedes Jahr Mitte August das **Yukon Riverside Arts Festival** am Ufer des Yukon River in der Nähe der Downtown. Die **Art's Gallery** (Ecke 3rd Ave. und King St., ✆ 867/993-6967) verkauft ausge-

Karte S. 709

zeichnete handgeblasene Glaskunst, Keramik, Batiken, Schnitzereien aus Walknochen und geflochtene Körbe aus Birken-, Zedern- und Fichtenwurzeln.

Der interessanteste unter den vielen touristischen Giftshops in Dawson ist **Gold Claim** (Ecke 3rd Ave. und Princess St., ✆ 867/993-6387). Der Großvater des Besitzers Stuart Schmidt zählte zu den ersten Goldgräbern am Klondike. Schmidt verarbeitet seine eigenen Funde zu handgeschmiedetem Goldschmuck. Der **Fortymile Gold Placers** (Ecke 3rd Ave. und York St., ✆ 867/993-5690) macht sein Geschäft mit dem An- und Verkauf von Claims und dem Verkauf von Rohgold.

Das gibt's auch nur im Norden

Dawsons berüchtigtsten Absacker gibt's im **Downtown Hotel** (Ecke Queen St. und 2nd Ave., ✆ 867/993-5346). Alles begann 1973, als „Captain" Dick Stevenson eine verlassene Hütte durchwühlte und dabei in einem Einmachglas eine konservierte Zehe fand, die von einer Axt abgetrennt worden war. Stevenson ließ sich inspirieren (falls man es so nennen kann) und steckte die Zehe in einen Drink. Die Originalzehe gibt's schon lange nicht mehr, weil sie versehentlich von einem übereifrigen Gast verschluckt wurde. Bei der letzten Recherche hatte die Hotelbar im Downtown aber noch acht Zehen zur Auswahl, die – gelinde ausgedrückt – grauenhaft aussahen. Sie werden in Salz konserviert und sind Spenden von Gästen, die ihre Gliedmaßen durch Unfälle oder Erfrierungen verloren haben. Das Geschäft hat Konjunktur: Rund 2000 Leute lassen sich jährlich als Mitglieder des Sourtoe Cocktail Club registrieren. Ein Sauerzeh-Cocktail kostet $ 5, wobei die Zehe in einen beliebigen Drink gesteckt werden kann. Die Barkeeper achten aber peinlich genau darauf, dass die Zehe auch tatsächlich die Lippen berührt, denn sonst gibt's keine offizielle Tapferkeitsurkunde.

Übernachten/Camping/Essen und Trinken

Übernachten

Die Website der **Klondike Visitors Association** (www.dawsoncity.ca) enthält eine komplette Liste aller Unterkünfte der Stadt. Wer ohne Reservierung in Dawson ankommt, sollte die Unterkunftsbroschüre in der Touristeninformation durchblättern, denn dort bieten Hotels, Motels und B&Bs oft Sonderpreise an.

• *Unter $ 50* Das **Dawson City River Hostel** (✆ 867/993-6823, www.yukonhostels.com; Mitte Mai bis Sept.) ist das nördlichste Hostel Kanadas. Es liegt am Westufer des Yukon und ist mit einer kurzen Fährüberfahrt von Dawson zu erreichen. Die gastfreundliche Unterkunft ist deutlich nach dem Motto „Zurück zur Natur" gestaltet. Ein Etagenbett in einer der Hütten kostet $ 18 für Mitglieder von Hostelling International, sonst $ 22. Ein Privatzimmer ist für $ 46 (1/2 Pers.) zu haben, ein Zeltstellplatz kostet $ 14 für eine Person, $ 23 für zwei. Im Hostel gibt es keinen Strom (deshalb wird auch nur Bargeld genommen), aber eine Kochstelle mit Holzofen, einen Kanu- und Mountainbikeverleih, eine Gemeinschaftshütte und das abgefahrenste Badehaus weit und breit.

• *$ 50–100* Die billigste Unterkunft im Zentrum ist das in schockierendem Rosa gestrichene **Westminster Hotel** (975 3rd Ave., ✆ 867/993-5463, www.thewestminsterhotel-1898.com; $ 45–55 für 1 Pers., $ 55–65 für 2 Pers.). Die schlichten Zimmer mit Gemeinschaftsbad sind definitiv nicht jedermanns Sache. Sie schlafen wie ein Bär? Besser ist das, denn in der Bar im Erdgeschoss geht's besonders am Wochenende richtig rund, wenn die hauseigene Countryband loslegt.

Einmal so richtig in die alte Goldgräberkultur von Dawson eintauchen? Unweit der Bonanza Creek Rd. liegt am Flüsschen

Hunker Creek das Goldgräbercamp von **Eureka Gold Panning Adventures** (✆ 867/633-6519, www.eurekagoldpanning.com). Dort haben Morris und Sandy George mehrere Hauszelte, Kochstellen, Holzkamine und Solarduschen aufgestellt, Schlafsäcke und Essen bringen die Gäste selbst mit. Der Spaß kostet $ 60 für 1 Pers., $ 75 für 2 Pers. Die meisten Gäste buchen ein Pauschalpaket, z. B. eine Übernachtung im Zelt und zwei Tage Goldwaschen ($ 100/Pers.). Der Transport von Dawson (falls erforderlich) kostet $ 60/Pers. bzw. $ 85/2 Pers.

• *$ 100–150* Bei **Klondike Kate's** (Ecke 3rd und King St., ✆ 867/993-6527, www.klondikekates.ca; April bis Sept.; $ 100–140 für 1 Pers., $ 120–160 für 2 Pers.) gibt's nicht nur ein tolles Frühstück, sondern auch 15 geräumige Blockhütten mit Badezimmer, Kabel-TV, kostenlosem Internetzugang und Telefon.

Das **5th Avenue B&B** (✆ 867/993-5941 oder ✆ 866/631-5237, www.5thavebandb.com; $ 95–125 für 1 Pers., $ 105–135 für 2 Pers.) neben dem Museum hat zwar keinen einfallsreichen Namen, dafür ist die strahlend hellblaue Fassade unmöglich zu übersehen. Das Haus hat sieben komfortable Gästezimmer mit eigenem Bad oder Gemeinschaftsbad und einen großen Aufenthaltsraum. Ein Continental Breakfast („all you can eat") ist im Preis enthalten.

Gegenüber vom Diamond Tooth Gerties steht das **Triple J Hotel** (Ecke 5th Ave. und Queen St., ✆ 867/993-5323 oder ✆ 800/764-3555, www.triplejhotel.com; Mitte Mai bis Mitte Sept.). Es sieht aus wie ein Hotel aus der Goldrausch-Ära, doch hinter der Fassade verbirgt sich ein moderner Komplex mit Motelzimmern ($ 132 für 1 Pers., $ 142 für 2 Pers.), Hotelzimmern ($ 132 für 1 Pers., $ 142 für 2 Pers.) und Hütten ($ 142 für 1 Pers., $ 152 für 2 Pers.).

Von außen sieht das **Downtown Hotel** (Ecke Queen St. und 2nd Ave., ✆ 867/993-5346 oder ✆ 867/993-5346, www.downtownhotel.ca; $ 118 für 1 Pers., $ 133 für 2 Pers.) nett und interessant aus, aber die Zimmer sind ein wenig steril. Dafür ist es sehr zentral gelegen, und in der hauseigenen Bar ist abends schwer was los.

• *Über $ 150* Am Stadtrand, nicht einmal einen Block vom Ufer des Klondike River entfernt, liegt das **Dawson City B&B** (451 Craig St., ✆ 867/993-5649, www.dawsonbb.com; ($ 165 für 1/2 Pers.), ein hübsches, zweistöckiges Wohnhaus mit hellblauem Außenanstrich. Der Übernachtungspreis beinhaltet ein warmes Frühstück, Fahrräder, Angelruten und Flughafentransfer.

Das **Aurora Inn** (5th Ave., ✆ 867/993-6860, www.aurorainn.ca; $ 149 für 1 Pers., $ 169–199 für 2 Pers.) ist ein modernes Holzgebäude mit auffälliger gelber Fassade. Die hellen und geräumigen Zimmer sind einfach möbliert und haben praktische Bäder.

Bombay Peggy's Inn & Pub (Ecke 2nd Ave. und Princess St., ✆ 867/993-6969, www.bombaypeggys.com; $ 169–189 für 1 Pers., $ 179–199 für 2 Pers.) ist nach der Dame benannt, die früher das Bordell in diesem Gebäude leitete. Das Haus wurde nicht nur komplett renoviert, sondern sogar von seinem ursprünglichen Standort hierher verlegt. Die meisten Zimmer haben kräftige viktorianische Farben, Hartholzfußböden und üppig ausgestattete Bäder mit antiken Wannen. Das Hotel ist trotz der altmodischen Atmosphäre modern ausgestattet (inkl. Internet), ein kleines Frühstück ist im Preis enthalten. Außer der Telefonnummer und der feurigen Cocktailkarte in der Lounge im Erdgeschoss erinnert hier nicht mehr viel an das ehemalige Bordell. Das Haus zählt zu den wenigen Unterkünften, die ganzjährig geöffnet sind.

Camping

Von der Stadt aus gesehen am anderen Flussufer liegt der **Yukon River Campground** (Mitte Mai bis Mitte Sept.; Stellplatz $ 15), eine kostenlose Fähre verkehrt rund um die Uhr. Die spärliche Ausstattung beschränkt sich auf Trinkwasser, Plumpsklos und Feuerholz. Ein paar Gehminuten flussabwärts rosten seit Jahren drei Flussboote am Ufer vor sich hin.

Für Wohnmobile gibt es mitten in der Stadt den **Goldrush Campground** (Ecke 5th Ave. und York St., ✆ 867/993-5247, www.goldrushcampground.com; Mitte Mai bis Mitte Sept.; Stellplatz ohne Anschlüsse $ 19, mit Anschlüssen $ 31,50–38,50) mit Münzduschen, Waschsalon und drahtlosem Internetzugang.

Südlich der Stadt liegt der modern ausgestattete Campground **Bonanza Gold RV Park** (✆ 867/993-6789 oder ✆ 888/993-6789, www.bonanzagold.ca), der aber keine Stellplätze für Zelte hat.

Essen und Trinken

• *Restaurants* In Dawson kann man sehr gut essen gehen. Die Touristeninformation hat eine Liste mit allen Restaurants.

Yukon Territory
Karte S. 709

Das **Riverwest Bistro Restaurant** (Front St., ✆ 867/993-6339; tägl. ab 7.30 Uhr) hat guten Kaffee, ein Feinkostgeschäft, die besten Sandwiches der Stadt und eine hervorragende Auswahl an frischen Backwaren.

Das Frühstück bei **Klondike Kate's** (Ecke 3rd Ave. und King St., ✆ 867/993-6527; April bis Sept. tägl. 6.30–23 Uhr; $ 14–24) ist extrem beliebt. Eier mit Speck, Bohnen und Pommes kosten $ 9, Pfannkuchen und Omeletts ungefähr das Gleiche. Kein Salat oder Gourmetsandwich auf der Mittagskarte kostet mehr als $ 15, abends gibt's z. B. Garnelen in Ouzo als Vorspeise ($ 11) und gebratenen Wandersaibling hinterher ($ 23). Ein dickes Plus: Klondike Kate's verbreitet eine gemütliche Atmosphäre und hat die schönste Terrasse in Dawson City.

• *Lebensmittel* Der Gemischtwarenladen **Dawson City General Store** (540 Front St., ✆ 867/993-5813; tägl. 8–21 Uhr) hat auch eine eigene Bäckerei.

Die beste Adresse für Frischfleisch und Feinkost ist der **Bonanza Market** (Ecke 2nd Ave. und Princess St., ✆ 867/993-6567; Mo–Sa 9–19 Uhr).

Information/Verbindungen

• *Information* Das zentral gelegene **Dawson City Visitor Information Centre** (Ecke Front und King St., ✆ 867/993-5274; Anfang Mai bis Ende Sept. tägl. 10–18 Uhr, Juli/Aug. tägl. 8–20 Uhr) ist eine bestens organisierte Touristeninformation. Das Personal beantwortet bereitwillig alle Fragen von Neuankömmlingen, denn denen hat Dawson schließlich seit jeher seine Existenz zu verdanken. Touristen finden hier Broschüren und Informationen über Speisekarten von Restaurants, Zimmerpreise von Hotels, Adressen von Giftshops, Programme von Touranbietern, Öffnungszeiten von Sehenswürdigkeiten und noch viel, viel mehr.

Gespickt mit nützlichen Informationen ist die Homepage der **Klondike Visitors Association** (✆ 867/993-5575 oder ✆ 877/465-3006, www.dawsoncity.ca).

Die Bibliothek befindet sich in der öffentlichen Schule an der Ecke 5th Ave. und Queen St.; Besucher müssen vor dem Betreten ihre Schuhe ausziehen.

• *Einkaufen* **Maximillian's Gold Rush Emporium** (Front St., ✆ 867/993-5486) hat eine gute Auswahl an Literatur über den Norden.

Eines der interessantesten Dawson-Souvenirs ist die **Placer Map**, eine Landkarte mit allen Goldfeldern und Claims. Es gibt sie zusammen mit topografischen Landkarten im **Mining Recorder's Office** (5th Ave., zwischen Queen St. und Princess St.).

• *Verbindungen* Dawson ist von Süden her ganzjährig über den **North Klondike Hwy.** zugänglich (536 km von Whitehorse). Der nach Westen führende **Top of the World Hwy.** (280 km bis Tok, Alaska) ist nicht das ganze Jahr über befahrbar.

Der Flughafen von Dawson liegt 17 km östlich der Stadt. **Air North** (✆ 867/668-2228) verbindet Dawson mit Inuvik und Whitehorse; von Whitehorse gehen Direktflüge weiter nach Vancouver, Calgary und Edmonton. Alle ankommenden Flüge werden von Taxis und Stadtbussen erwartet.

Die Busse von **Alaska/Yukon Trails** (✆ 888/600-6001, www.alaskashuttle.com) fahren im Sommer 3-mal wöchentl. von Dawson City nach Whitehorse ($ 149) und nach Fairbanks in Alaska (US$ 169).

Weiter in Richtung Westen nach Alaska

Wer mit dem Auto von Whitehorse nach Dawson gekommen ist, muss nicht denselben Weg zurückfahren, sondern kann sich auch für den Top of the World Hwy. in Richtung Westen nach Alaska entscheiden. Mit öffentlichen Verkehrsmitteln bieten sich sogar noch mehr Möglichkeiten: Flüge in alle Richtungen, Busse nach Whitehorse und Alaska oder mit der *Yukon Queen* über den Fluss nach Eagle.

Top of the World Highway

Der Top of the World Hwy. führt von Dawson City in Richtung Westen nach Alaska. Die Fahrt beginnt mit der Überquerung des Yukon River auf einer kostenlosen

Dempster Highway

Dawson City ist der Startpunkt des 741 km langen Dempster Hwy., der über den **Polarkreis** bis nach **Inuvik** in den Northwest Territories führt. Die auf ihrer gesamten Länge unbefestigte Straße durchquert eine scheinbar endlose Wildnis aus Tundra und schneebedeckten Bergen. Sie passiert die Wanderroute der Porcupine-Karibus und führt im Winter über den zugefrorenen Mackenzie River sogar direkt bis ans **Nordpolarmeer.** Der Dempster Hwy. ist aber auch eine der abgelegensten öffentlichen Straßen Nordamerikas und erfordert daher auf jeden Fall einen vollen Tank und Ersatzreifen. Mangels Alternativen führt nur der gleiche Weg nach Dawson zurück.

• *Unterwegs auf dem Dempster Hwy.* Informationspakete können schon vor der Abreise bei der Touristeninformation der Northwest Territories angefordert werden. In Dawson informiert das **Dempster/Delta Visitor Information Centre** (Front St., Dawson City, ✆ 867/993-6167; Mitte Mai bis Mitte Sept. tägl. 9–20 Uhr) über die Einzelheiten. Die Fähre über den Peel River ist von Mitte Juni bis Oktober in Betrieb. Informationen über Fahrzeiten und Straßenzustand gibt's telefonisch unter ✆ 800/661-0750 oder im Internet unter www.dot.gov.nt.ca.

An der Strecke liegen mehrere Campingplätze und drei Lodges. Eine gute Unterkunft vor Antritt der großen Fahrt ist die **Klondike River Lodge** (✆ 867/993-6892; Zeltstellplatz $ 12, Stellplatz mit Anschlüssen $ 28, Motelzimmer $ 135 für 1/2 Pers.) östlich von Dawson am Beginn des Highways. Hier gibt es auch eine Tankstelle und ein kleines Restaurant. Bei km 403 ist der **Polarkreis** erreicht, die Grenze zwischen dem Yukon und den Northwest Territories liegt bei km 471. **Fort McPherson**, 550 km von Dawson entfernt, ist eine Siedlung der Gwich'in Dene mit 800 Einw., in der es ein Besucherzentrum und andere Einrichtungen wie Tankstelle, Lebensmittelgeschäft etc. gibt.

Inuvik, die Endstation des Dempster Hwy., wird im Kapitel „Northwest Territories" behandelt.

Autofähre. Sie bietet acht Fahrzeugen normaler Größe Platz und verkehrt von Mitte Mai bis Mitte September rund um die Uhr (außer Mi 5–7 Uhr). Die Überfahrt macht Spaß, selbst wenn man nicht auf dem Top of the World Hwy. weiterfahren will.

Vom Westufer des Yukon erklimmt der Highway zunächst die niedrigen Ausläufer der White Mountains. Die Fahrt durch die Bergtundra eröffnet weite Ausblicke auf die Straße, die sich in ihrem weiteren Verlauf durchs Gebirge schlängelt. Am Highway zeigen sich keinerlei Anzeichen für Zivilisation, bis bei km 106 **Poker Creek** in **Alaska** erreicht ist. An diesem nördlichsten Grenzposten der Vereinigten Staaten leben nur zwei Menschen. Solange die Autofähre von Dawson aus verkehrt (normalerweise Mitte Mai bis Mitte September), ist die Grenzstation täglich von 9 bis 21 Uhr geöffnet. Bei der Einreise nach Alaska wird die Uhr eine Stunde auf Alaska Standard Time zurückgestellt (in umgekehrter Richtung ist die Grenze demnach täglich von 8 bis 20 Uhr offen).

Hinweis: An der Dawson-Fährstation kann es im Hochsommer zu erheblichen Wartezeiten kommen, bis zu 2 Std. in den betriebsamsten Phasen (7–11 und 16–19 Uhr). Also nicht zu spät losfahren, wenn die Grenze noch am selben Tag passiert werden soll.

Yukon Territory
Karte S. 709

Informationsquellen

Broschüren

Accommodations. Tourism British Columbia. Die Broschüre informiert über Unterkünfte, wird jährlich aktualisiert und liegt in den Informationszentren von British Columbia aus. Man kann sie auch unter ✆ 250/387-1642 oder ✆ 800/435-5622 sowie online unter www.hellobc.com bestellen.

Alberta Accommodation Guide. Die Broschüre listet alle Hotels, Motels und sonstigen Übernachtungsmöglichkeiten der Provinz auf. Bestellen kann man sie unter ✆ 780/427-4321 oder ✆ 800/252-3782 bzw. online unter www.travelalberta.com. Besucher erhalten die Broschüre in allen Informationszentren von Alberta. Die Onlineversion findet man unter www.explorealberta.com.

Alberta Campground Guide. Alberta Hotel & Lodging Association. In der Broschüre sind alle Campingplätze der Provinz aufgelistet. Sie liegt in den Informationszentren aus oder ist über ✆ 780/427-4321 oder ✆ 800/252-3782 bzw. www.travelalberta.com zu beziehen. Die Onlineversion ist auf www.explorealberta.com verfügbar.

TourBook Western Canada/Alaska. Das TourBook listet u. a. Sehenswürdigkeiten, Unterkünfte und Restaurants auf. ADAC-Mitglieder erhalten es gegen Vorlage ihres Mitgliedsausweises vor Ort kostenlos in den Filialen der Canadian oder American Automobile Association (CAA bzw. AAA). Mitglieder, die sich bereits vorab in Deutschland informieren möchten, können das (nur in englischer Sprache erhältliche) TourBook über die Hauptgeschäftsstelle des ADAC bestellen. Anforderungsformulare erhält man in der örtlichen ADAC-Filiale, eine Onlinebestellung ist unter www.adac.de möglich (6,45 € zzgl. Versand).

CampBook Western Canada/Alaska. Das CampBook listet u. a. Kapazitäten und Öffnungszeiten von Campingplätzen sowie Anfahrtsbeschreibungen zu denselben auf. Es kann auf die gleiche Weise bezogen werden wie das oben genannte TourBook (4,25 € zzgl. Versand).

Internetadressen

Reiseplanung/Übersicht

Canadian Tourism Commission
www.canadatourism.com
Offizielle Website für alle Kanada-Touristen.

Tourism British Columbia
www.hellobc.com
Alles über die Provinz und Tipps zur Reiseplanung. Man kann auch Broschüren bestellen.

Travel Alberta
www.travelalberta.com
Fakten über die Provinz und Tipps zur Reiseplanung. Auch hier kann man Broschüren bestellen. Auf der Seite gibt es auch einen aktuellen Veranstaltungskalender, Tipps für Reisende mit Kindern und eine umfangreiche Fotogalerie.

Parks

Parks Canada
www.pc.gc.ca
Offizielle Website der kanadischen Nationalparkverwaltung, die auch für die nationalhistorischen Stätten zuständig ist. Hier gibt es Informationen zu allen im Westen gelegenen Nationalparks (Gebühren, Camping und Tierwelt) und National Historic Sites.

Parks Canada Campground Reservation Service
www.pccamping.ca
Über die Homepage kann man online Stellplätze für einige der in den Nationalparks gelegenen Campingplätze reservieren.

Regierungsstellen

Citizenship and Immigration Canada
www.cic.gc.ca
Website der Regierung, die über alle Einreiseformalitäten informiert.

Environment Canada
www.weatheroffice.gc.ca
Hier kann man die aktuelle Fünf-Tages-Wettervorhersage von fast 300 Orten in Westkanada abrufen. Es gibt auch ein Archiv mit Informationen über saisonale Trends und die Schneemengen der letzten Jahre.

Government of Canada
www.gc.ca
Offizielle Homepage der kanadischen Regierung.

Naturschutz

Biosphere Institute of the Bow Valley
www.biosphereinstitute.org
Die Organisation, die ihren Sitz in Canmore hat, informiert über die Wasserscheide des Bow River. Dazu kann man online Details in Studien und Broschüren nachlesen. Außerdem gibt es einen Leitfaden mit Tipps für Besucher der Region.

Bow Valley Wildsmart
www.wildsmart.ca
Die gemeinnützige Organisation gibt wichtige Hinweise dazu, wie man das Gebiet des Bow Valley gefahrlos besuchen kann. Auch wird darüber informiert, wo zuletzt wilde Tiere gesichtet worden sind.

Canadian Parks and Wilderness Society
www.cpaws.org
Die gemeinnützige Organisation trägt entscheidend dazu bei, dass der Naturschutzgedanke in Kanada nicht in Vergessenheit gerät. Über die Links zu den regionalen Abteilungen *(Regional Chapters)* bekommt man u. a. Informationen über British Columbia und Calgary. Dazu zählt z. B. ein Zeitplan mit geführten Touren in Calgary.

Yellowstone to Yukon Conservation Initiative
www.y2y.net
Dem Netzwerk gehören 800 unterschiedliche Initiativen an, die sich um den Erhalt der Natur entlang der Canadian Rockies von den nördlichen USA bis zum Yukon bemühen.

Yukon Conservation Society
www.yukonconservation.org
Die in Whitehorse ansässige Organisation befasst sich mit einer Vielzahl von Projekten. Darüber hinaus stehen auch Wanderungen und Vorträge auf dem Programm.

Verkehrsmittel und Touren

Air Canada
www.aircanada.ca
Nationale Fluglinie Kanadas.

Brewster
www.brewster.ca
Der Veranstalter mit Sitz in Banff bietet im gesamten Westen Kanadas Tagesausflüge und Pauschalreisen an. Darüber hinaus betreibt er Shuttleservices zu den Flughäfen.

Rocky Mountaineer Vacations
www.rockymountaineer.com
Luxuriöse Bahnreisen für alle, die von Vancouver nach Banff oder Jasper (bzw. umgekehrt) fahren wollen. Wer Lust hat, kann auch Whistler besuchen.

VIA Rail
www.viarail.ca
Personenverkehr der Bahn durch ganz Kanada.

Register

Was haben Sie entdeckt?

Haben Sie einen schönen Campground entdeckt, ein stilvolles Restaurant oder einen tollen Wanderweg? Wenn Sie Tipps, Anregungen oder Verbesserungsvorschläge haben, schreiben Sie uns:

Michael Müller Verlag / Stichwort „Kanada – der Westen“
Gerberei 19 / D-91054 Erlangen / E-Mail: info@michael-mueller-verlag.de

Museen

AB = Alberta, BC = British Columbia, NT = Northwest Territories, YT = Yukon Territory

National-, Provinz- und Territorialparks

AB = Alberta, BC = British Columbia, NT = Northwest Territories, YT = Yukon Territory